DAS KAPITAL

BAND I

Karl Marx

DAS KAPITAL BAND I / *Karl Marx*

EDİTÖR: Nurgül Polat

KAPAK VE İÇ DÜZEN: Repar Tasarım

BASKI: Ağustos 2019 - 1. Basım

ISBN: 978-605-7803-84-9

SERTİFİKA NO: 40675

KARBON KİTAPLAR
"kültür elementi"

Karbon Kitaplar Repar Tasarım Matbaa ve Reklamcılık Ticaret Limited ŞTİ.'nin tescilli markasıdır

Repar Tasarım Matbaa ve Reklamcılık Ticaret Limited ŞTİ.
Alemdar Mahallesi Güzelsanatlar Sk. No 2
CAĞALOĞLU/İST.
0212 522 48 45
iletisim@karbonkitaplar.com

BASIM VE CİLT

Repar Dijital Matbaası

Karl Marx

Geboren am 5.5.1818 in Trier, gestorben am 14.3.1883 in London. Sohn des späteren Justizrats Heinrich Marx (eigentlich Marx Levi, alter jüdischer Familienname Mardochai), der 1824 mit seiner Familie zur protestantischen Kirche übertrat.

In Paris studierte Marx den Sozialismus und Kommunismus, dort begann die engere Zusammenarbeit mit Friedrich Engels, mit dem er gegen B. Bauer »Die heilige Familie« (1845) schrieb; ferner verfaßte er die »Deutsche Ideologie« (1845, gedruckt erst 1926) und entwickelte die entscheidenden Grundgedanken der späteren Theorie.

Mit Engels gründete er 1847 in Brüssel den »Deutschen Arbeiter-Bildungsverein« und die »Association démocratique«, die ihrerseits mit dem von Weitling gegründeten kommunistischen Londoner »Bund der Gerechten« in Verbindung trat. Von diesem Bund erhielt er 1847 den Auftrag, zwecks Umgründung in den »Bund der Kommunisten« eine Programmschrift zu schreiben, die er gemeinsam mit Engels ausarbeitete. Diese wurde das »Kommunistische Manifest« (1848), das eine radikale Kritik der bürgerlichen Gesellschafts- und Wirtschaftsordnung und einen Aufruf zum Klassenkampf an das internationale Proletariat enthält.

INHALT

VORWORT UND NACHWORT

Vorwort zur ersten Auflage

Das Werk, dessen ersten Band ich dem Publikum übergebe, bildet die Fortsetzung meiner 1859 veröffentlichten Schrift: „Zur Kritik der Politischen Ökonomie“. Die lange Pause zwischen Anfang und Fortsetzung ist einer langjährigen Krankheit geschuldet, die meine Arbeit wieder und wieder unterbrach.

Der Inhalt jener früheren Schrift ist resümiert im ersten Kapitel dieses Bandes. Es geschah dies nicht nur des Zusammenhangs und der Vollständigkeit wegen. Die Darstellung ist verbessert. Soweit es der Sachverhalt irgendwie erlaubte, sind viele früher nur angedeuteten Punkte hier weiter entwickelt, während umgekehrt dort ausführlich Entwickeltes hier nur angedeutet wird. Die Abschnitte über die Geschichte der Wert- und Geldtheorie fallen jetzt natürlich ganz weg. Jedoch findet der Leser der früheren Schrift in den Noten zum ersten Kapitel neue Quellen zur Geschichte jener Theorie eröffnet.

Aller Anfang ist schwer, gilt in jeder Wissenschaft. Das Verständnis des ersten Kapitels, namentlich des Abschnitts, der die Analyse der Ware enthält, wird daher die meiste Schwierigkeit machen. Was nun näher die Analyse der Wertsubstanz und der Wertgröße betrifft, so habe ich sie möglichst popularisiert.[1] Die Wertform, deren fertige Gestalt die Geldform, ist sehr inhaltslos und einfach. Dennoch hat der Menschengeist sie seit mehr als 2.000 Jahren vergeblich zu ergründen gesucht, während andrerseits die Analyse viel inhaltsvollerer und komplizierterer Formen wenigstens annähernd gelang. Warum? Weil der ausgebildete Körper leichter zu studieren ist als die Körperzelle. Bei der Analyse der ökonomischen Formen kann außerdem weder das Mikroskop dienen noch chemische Reagentien. Die Abstraktionskraft muß beide ersetzen. Für die bürgerliche Gesellschaft ist aber die Warenform des Arbeitsprodukts oder die Wertform der Ware die ökonomische Zellenform. Dem Ungebildeten scheint sich ihre Analyse in bloßen Spitzfindigkeiten herumzutreiben. Es handelt sich dabei in der Tat um Spitzfindigkeiten, aber nur so, wie es sich in der mikrologischen Anatomie darum handelt.

[1] Es schien dies um so nötiger, als selbst der Abschnitt von F. Lassalles Schrift gegen Schulze-Delitzsch, worin er „die geistige Quintessenz“ meiner Entwicklung über jene Themata zu geben erklärt, bedeutende Mißverständnisse enthält. En passant. Wenn F. Lassalle die sämtlichen allgemeinen theoretischen Sätze seiner ökonomischen Arbeiten, z.B. über den historischen Charakter des Kapitals, über den Zusammenhang zwischen Produktionsverhältnissen und Produktionsweise usw. usw. fast wörtlich, bis auf die von mir geschaffene Terminologie hinab, aus meinen Schriften entlehnt hat, und zwar ohne Quellenangabe, so war dies Verfahren wohl durch Propagandarücksichten bestimmt. Ich spreche natürlich nicht von seinen Detailausführungen und Nutzanwendungen, mit denen ich nichts zu tun habe.

Mit Ausnahme des Abschnitts über die Wertform wird man daher dies Buch nicht wegen Schwerverständlichkeit anklagen können. Ich unterstelle natürlich Leser, die etwas Neues lernen, also auch selbst denken wollen.

Der Physiker beobachtet Naturprozesse entweder dort, wo sie in der prägnantesten Form und von störenden Einflüssen mindest getrübt erscheinen, oder, wo möglich, macht er Experimente unter Bedingungen, welche den reinen Vorgang des Prozesses sichern. Was ich in diesem Werk zu erforschen habe, ist die kapitalistische Produktionsweise und die ihr entsprechenden Produktions- und Verkehrsverhältnisse. Ihre klassische Stätte ist bis jetzt England. Dies der Grund, warum es zur Hauptillustration meiner theoretischen Entwicklung dient. Sollte jedoch der deutsche Laser pharisäisch die Achseln zucken über die Zustände der englischen Industrie- und Ackerbauarbeiter oder sich optimistisch dabei beruhigen, daß in Deutschland die Sachen noch lange nicht so schlimm stehn, so muß ich ihm zurufen: De te fabula narratur! (Über dich wird hier berichtet!)

An und für sich handelt es sich nicht um den höheren oder niedrigeren Entwicklungsgrad der gesellschaftlichen Antagonismen, welche aus den Naturgesetzen der kapitalistischen Produktion entspringen. Es handelt sich um diese Gesetze selbst, um diese mit eherner Notwendigkeit wirkenden und sich durchsetzenden Tendenzen. Das industriell entwickeltere Land zeigt dem minder entwickelten nur das Bild der eignen Zukunft.

Aber abgesehn hiervon. Wo die kapitalistische Produktion völlig bei uns eingebürgert ist, z.B. in den eigentlichen Fabriken, sind die Zustände viel schlechter als in England, weil das Gegengewicht der Fabrikgesetze fehlt. In allen andren Sphären quält uns, gleich dem ganzen übrigen kontinentalen Westeuropa, nicht nur die Entwicklung der kapitalistischen Produktion, sondern auch der Mangel ihrer Entwicklung. Neben den modernen Notständen drückt uns eine ganze Reihe vererbter Notstände, entspringend aus der Fortvegetation altertümlicher, überlebter Produktionsweisen, mit ihrem Gefolg von zeitwidrigen gesellschaftlichen und politischen Verhältnissen. Wir leiden nicht nur von den Lebenden, sondern auch von den Toten. Le mort saisit le vif! (Der Tote packt den Lebenden!)

Im Vergleich zur englischen ist die soziale Statistik Deutschlands und des übrigen kontinentalen Westeuropas elend. Dennoch lüftet sie den Schleier grade genug, um hinter demselben ein Medusenhaupt ahnen zu lassen. Wir würden vor unsren eignen Zuständen erschrecken, wenn unsre Regierungen und Parlamente, wie in England, periodische Untersuchungskommissionen über die ökonomischen Verhältnisse bestallten, wenn diese Kommissionen mit derselben Machtvollkommenheit, wie in England, zur Erforschung der Wahrheit ausgerüstet würden, wenn es gelänge, zu diesem Behuf ebenso sachverständige, unparteiische und rücksichtslose Männer zu finden, wie die Fabrikinspektoren Englands sind, seine ärztlichen Berichterstatter über „Public Health“ (Öffentliche Gesundheit), seine Untersuchungskommissäre über die Exploitation der Weiber und Kinder, über Wohnungs- und Nahrungszustände usw. Perseus brauchte eine Nebelkappe zur

Verfolgung von Ungeheuern. Wir ziehen die Nebelkappe tief über Aug' und Ohr, um die Existenz der Ungeheuer wegleugnen zu können.

Man muß sich nicht darüber täuschen. Wie der amerikanische Unabhängigkeitskrieg des 18. Jahrhunderts die Sturmglocke für die europäische Mittelklasse läutete, so der amerikanische Bürgerkrieg des 19. Jahrhunderts für die europäische Arbeiterklasse. In England ist der Umwälzungsprozeß mit Händen greifbar. Auf einem gewissen Höhepunkt muß er auf den Kontinent rückschlagen. Dort wird er sich in brutaleren oder humaneren Formen bewegen, je nach dem Entwicklungsgrad der Arbeiterklasse selbst. Von höheren Motiven abgesehn, gebietet also den jetzt herrschenden Klassen ihr eigenstes Interesse die Wegräumung aller gesetzlich kontrollierbaren Hindernisse, welche die Entwicklung der Arbeiterklasse hemmen. Ich habe deswegen u.a. der Geschichte, dem Inhalt und den Resultaten der englischen Fabrikgesetzgebung einen so ausführlichen Platz in diesem Bande eingeräumt. Eine Nation soll und kann von der andern lernen. Auch wenn eine Gesellschaft dem Naturgesetz ihrer Bewegung auf die Spur gekommen ist - und es ist der letzte Endzweck dieses Werks, das ökonomische Bewegungsgesetz der modernen Gesellschaft zu enthüllen -, kann sie naturgemäße Entwicklungsphasen weder überspringen noch wegdekretieren. Aber sie kann die Geburtswehen abkürzen und mildern.

Zur Vermeidung möglicher Mißverständnisse ein Wort. Die Gestalten von Kapitalist und Grundeigentümer zeichne ich keineswegs in rosigem Licht. Aber es handelt sich hier um die Personen nur, soweit sie die Personifikation ökonomischer Kategorien sind, Träger von bestimmten Klassenverhältnissen und Interessen. Weniger als jeder andere kann mein Standpunkt, der die Entwicklung der ökonomischen Gesellschaftsformation als einen naturgeschichtlichen Prozeß auffaßt, den einzelnen verantwortlich machen für Verhältnisse, deren Geschöpf er sozial bleibt, sosehr er sich auch subjektiv über sie erheben mag.

Auf dem Gebiete der politischen Ökonomie begegnet die freie wissenschaftliche Forschung nicht nur demselben Feinde wie auf allen anderen Gebieten. Die eigentümliche Natur des Stoffes, den sie behandelt, ruft wider sie die heftigsten, kleinlichsten und gehässigsten Leidenschaften der menschlichen Brust, die Furien des Privatinteresses, auf den Kampfplatz. Die englische Hochkirche z.B. verzeiht eher den Angriff auf 38 von ihren 39 Glaubensartikeln als auf 1/39 ihres Geldeinkommens. Heutzutage ist der Atheismus selbst eine culpa levis (kleine Sünde), verglichen mit der Kritik überlieferter Eigentumsverhältnisse. Jedoch ist hier ein Fortschritt unverkennbar. Ich verweise z.B. auf das in den letzten Wochen veröffentlichte Blaubuch: „Correspondence with Her Majesty's Missions Abroad, regarding Industrial Questions and Trades Unions". Die auswärtigen Vertreter der englischen Krone sprechen es hier mit dürren Worten aus, daß in Deutschland, Frankreich, kurz allen Kulturstaaten des europäischen Kontinents, eine Umwandlung der bestehenden Verhältnisse von Kapital und Arbeit ebenso fühlbar und ebenso unvermeidlich ist als in England. Gleichzeitig erklärte jenseits des Atlantischen Ozeans Herr Wade, Vizepräsident der Vereinigten Staaten von Nordamerika, in öffentlichen Meetings: Nach Beseitigung der Sklaverei trete die Umwandlung der Kapital- und Grundeigentumsverhältnisse auf die Tagesordnung! Es sind dies Zeichen der Zeit, die sich nicht verstecken lassen durch Purpurmäntel oder schwarze Kutten. Sie bedeuten nicht, daß morgen Wunder geschehen werden. Sie zeigen, wie selbst in den herrschenden Klassen die Ahnung aufdämmert, daß die jetzige Gesellschaft kein fester Kristall, sondern ein umwandlungsfähiger und beständig im Prozeß der Umwandlung begriffener Organismus ist.

Der zweite Band dieser Schrift wird den Zirkulationsprozeß des Kapitals (Buch II) und die Gestaltungen des Gesamtprozesses (Buch III), der abschließende dritte (Buch IV) die Geschichte der Theorie behandeln.

Jedes Urteil wissenschaftlicher Kritik ist mir willkommen. Gegenüber den Vorurteilen der sog. öffentlichen Meinung, der ich nie Konzessionen gemacht habe, gilt mir nach wie vor der Wahlspruch des großen Florentiners:

«Segui il tuo corso, e lascia dir le genti!» (Gehe deinen Weg, und laß die Leute reden!)

London, 25. Juli 1867
Karl Marx

Nachwort zur zweiten Auflage

Den Lesern der ersten Ausgabe habe ich zunächst Ausweis zu geben über die in der zweiten Ausgabe gemachten Veränderungen. Die übersichtlichere Einteilung des Buchs springt ins Auge. Zusätzliche Noten sind überall als Noten zur zweiten Ausgabe bezeichnet. Mit Bezug auf den Text selbst ist das Wichtigste:

Kapitel I, 1 ist die Ableitung des Werts durch Analyse der Gleichungen, worin sich jeder Tauschwert ausdrückt, wissenschaftlich strenger durchgeführt, ebenso der in der ersten Ausgabe nur angedeutete Zusammenhang zwischen der Wertsubstanz und der Bestimmung der Wertgröße durch gesellschaftlich-notwendige Arbeitszeit ausdrücklich hervorgehoben. Kapitel I, 3 (Die Wertform) ist gänzlich umgearbeitet, was schon die doppelte Darstellung der ersten Ausgabe gebot. - Im Vorbeigehn bemerke ich, daß jene doppelte Darstellung durch meinen Freund, Dr. L. Kugelmann in Hannover, veranlaßt ward. Ich befand mich bei ihm zum Besuch im Frühling 1867, als die ersten Probebogen von Hamburg ankamen, und er überzeugte mich, daß für die meisten Leser eine nachträgliche, mehr didaktische Auseinandersetzung der Wertform nötig sei. - Der letzte Abschnitt des ersten Kapitels, „Der Fetischcharakter der Ware etc.", ist großenteils verändert. Kapitel III, 1 (Maß der Werte) ist sorgfältig revidiert, weil dieser Abschnitt in der ersten Ausgabe, mit Hinweis auf die „Zur Kritik der Polit. Oek.", Berlin 1859, bereits gegebne Auseinandersetzung, nachlässig behandelt war. Kapitel VII, besonders Teil 2, ist bedeutend umgearbeitet.

Es wäre nutzlos, auf die stellenweisen Textänderungen, oft nur stilistisch, im einzelnen einzugehn. Sie erstrecken sich über das ganze Buch. Dennoch finde ich jetzt bei Revision der zu Paris erscheinenden französischen Übersetzung, daß manche Teile des deutschen Originals hier mehr durchgreifende Umarbeitung, dort größere stilistische Korrektur oder auch sorgfältigere Beseitigung gelegentlicher Versehn erheischt hätten. Es fehlte dazu die Zeit, indem ich erst im Herbst 1871, mitten unter andren dringenden Arbeiten die Nachricht erhielt, daß das Buch vergriffen sei, der Druck der zweiten Ausgabe aber bereits im Januar 1872 beginnen sollte.

Das Verständnis, welches „Das Kapital" rasch in weiten Kreisen der deutschen Arbeiterklasse fand, ist der beste Lohn meiner Arbeit. Ein Mann, ökonomisch auf dem Bourgeoisstandpunkt, Herr Mayer, Wiener Fabrikant, tat in einer während des deutsch-französischen Kriegs veröffentlichten Broschüre treffend dar, daß der große theoretische Sinn, der als deutsches Erbgut galt, den sog. gebildeten Klassen Deutschlands durchaus abhanden gekommen ist, dagegen in seiner Arbeiterklasse neu auflebt.

Die politische Ökonomie blieb in Deutschland bis zu dieser Stunde eine ausländische Wissenschaft. Gustav von Gülich hat in „Geschichtliche Darstellung des Handels, der Gewerbe usw.", namentlich in den 1830 herausgegebnen zwei ersten Bänden seines Werkes, großenteils schon die historischen Umstände erörtert, welche die Entwicklung der kapitalistischen Produktionsweise bei uns hemmten, daher auch den Aufbau der modernen bürgerlichen Gesellschaft. Es fehlte also der lebendige Boden der politischen Ökonomie. Sie ward als fertige Ware importiert aus England und Frankreich; ihre deutschen Professoren blieben Schüler. Der theoretische Ausdruck einer fremden Wirklichkeit verwandelte sich unter ihrer Hand in eine Dogmensammlung, von ihnen gedeutet im Sinn der sie umgebenden kleinbürgerlichen Welt, also mißdeutet. Das nicht ganz unterdrückbare Gefühl wissenschaftlicher Ohnmacht und das unheimliche Gewissen, auf einem in der Tat fremdartigen Gebiet schulmeistern zu müssen, suchte man zu verstecken unter dem Prunk literarhistorischer Gelehrsamkeit oder durch Beimischung fremden Stoffes, entlehnt den sog. Kameralwissenschaften, einem Mischmasch von Kenntnissen, deren Fegfeuer der hoffnungsvolle (3. und 4. Auflage: hoffnungslose) Kandidat deutscher Bürokratie zu bestehn hat.

Seit 1848 hat sich die kapitalistische Produktion rasch in Deutschland entwickelt und treibt heutzutage bereits ihre Schwindelblüte. Aber unsren Fachleuten blieb das Geschick gleich abhold. Solange sie politische Ökonomie unbefangen treiben konnten, fehlten die modernen ökonomischen Verhältnisse in der deutschen Wirklichkeit. Sobald diese Verhältnisse ins Leben traten, geschah es unter Umständen, welche ihr unbefangenes Studium innerhalb des bürgerlichen Gesichtskreises nicht länger zulassen. Soweit sie bürgerlich ist, d.h. die kapitalistische Ordnung statt als geschichtlich vorübergehende Entwicklungsstufe, umgekehrt als absolute und letzte Gestalt der gesellschaftlichen Produktion auffaßt, kann die politische Ökonomie nur Wissenschaft bleiben, solange der Klassenkampf latent bleibt oder sich in nur vereinzelten Erscheinungen offenbart.

Nehmen wir England. Seine klassische politische Ökonomie fällt in die Periode des unentwickelten Klassenkampfs. Ihr letzter großer Repräsentant, Ricardo, macht endlich bewußt den Gegensatz der Klasseninteressen, des Arbeitslohns und des Profits, des Profits und der Grundrente, zum Springpunkt seiner Forschungen, indem er diesen Gegensatz naiv als gesellschaftliches Naturgesetz auffaßt. Damit war aber auch die bürgerliche Wissenschaft der Ökonomie bei ihrer unüberschreitbaren Schranke angelangt. Noch bei Lebzeiten Ricardos und im Gegensatz zu ihm trat ihr in der Person Sismondis die Kritik gegenüber.[2]

Die nachfolgende Zeit von 1820-1830 zeichnet sich in England aus durch wissenschaftliche Lebendigkeit auf dem Gebiet der politischen Ökonomie. Es war die Periode wie der Vulgarisierung und Ausbreitung der Ricardosche Theorie, so ihres Kampfes mit der alten Schule. Es wurden glänzende Turniere gefeiert. Was damals geleistet worden, ist dem europäischen Kontinent wenig bekannt, da die Polemik großenteils in Revueartikeln, Gelegenheitsschriften und Pamphlets zerstreut ist. Der unbefangne Charakter dieser Polemik - obgleich die Ricardosche Theorie ausnahmsweise auch schon als Angriffswaffe wider die bürgerliche Wirtschaft dient - erklärt sich aus den Zeitumständen. Einerseits trat die große Industrie selbst nur aus ihrem Kindheitsalter heraus, wie schon dadurch bewiesen ist, daß sie erst mit der Krise von 1825 den periodischen Kreislauf ihres modernen Lebens eröffnet. Andrerseits blieb der Klassenkampf zwischen Kapital und Arbeit in den Hintergrund gedrängt, politisch durch den Zwist zwischen den um die Heilige Allianz gescharten Regierungen und Feudalen und der von der Bourgeoisie geführten Volksmasse, ökonomisch durch den Hader des industriellen Kapitals mit dem aristokratischen Grundeigentum, der sich in Frankreich hinter dem Gegensatz von Parzelleneigentum und großem Grundbesitz verbarg, in England seit den Korngesetzen offen ausbrach. Die Literatur der politischen Ökonomie in England erinnert während dieser Periode an die ökonomische Sturm- und Drangperiode in Frankreich nach Dr. Quesnays Tod, aber nur wie ein Altweibersommer an den Frühling erinnert. Mit dem Jahr 1830 trat die ein für allemal entscheidende Krise ein.

Die Bourgeoisie hatte in Frankreich und England politische Macht erobert. Von da an gewann der Klassenkampf, praktisch und theoretisch, mehr und mehr ausgesprochne und drohende Formen. Er läutete die Totenglocke der wissenschaftlichen bürgerlichen Ökonomie. Es handelte sich jetzt nicht mehr darum, ob dies oder jenes Theorem wahr sei, sondern ob es dem Kapital nützlich oder schädlich, bequem oder unbequem, ob polizeiwidrig oder nicht. An die Stelle uneigennütziger Forschung trat bezahlte Klopffechterei, an die Stelle unbefangner wissenschaftlicher Untersuchung das böse Gewissen und die schlechte Ab-

[2] Siehe meine Schrift „Zur Kritik etc.", p. 39. (Siehe Band 1, S.46)

sicht der Apologetik. Indes selbst die zudringlichen Traktätchen, welche die Anti-Corn-Law League, mit den Fabrikanten Cobden und Bright an der Spitze, in die Welt schleuderte, boten, wenn kein wissenschaftliches, doch ein historisches Interesse durch ihre Polemik gegen die grundeigentümliche Aristokratie. Auch diesen letzten Stachel zog die Freihandelsgesetzgebung seit Sir Robert Peel der Vulgärökonomie aus.

Die kontinentale Revolution von 1848 schlug auch auf England zurück. Männer, die noch wissenschaftliche Bedeutung beanspruchten und mehr sein wollten als bloße Sophisten und Sykophanten der herrschenden Klassen, suchten die politische Ökonomie des Kapitals in Einklang zu setzen mit den jetzt nicht länger zu ignorierenden Ansprüchen des Proletariats. Daher ein geistloser Synkretismus, wie ihn John Stuart Mill am besten repräsentiert. Es ist eine Bankrotterklärung der „bürgerlichen" Ökonomie, welche der große russische Gelehrte und Kritiker N. Tschernyschewski in seinem Werk „Umrisse der politischen Ökonomie nach Mill" bereits meisterhaft beleuchtet hat.

In Deutschland kam also die kapitalistische Produktionsweise zur Reife, nachdem ihr antagonistischer Charakter sich in Frankreich und England schon durch geschichtliche Kämpfe geräuschvoll offenbart hatte, während das deutsche Proletariat bereits ein viel entschiedneres theoretisches Klassenbewußtsein besaß als die deutsche Bourgeoisie. Sobald eine bürgerliche Wissenschaft der politischen Ökonomie hier möglich zu werden schien, war sie daher wieder unmöglich geworden.

Unter diesen Umständen teilten sich ihre Wortführer in zwei Reihen. Die einen, kluge, erwerbslustige, praktische Leute, scharten sich um die Fahne Bastiats, des flachsten und daher gelungensten Vertreters vulgär-ökonomischer Apologetik; die andren, stolz auf die Professoralwürde ihrer Wissenschaft, folgten J. St. Mill in dem Versuch, Unversöhnbares zu versöhnen. Wie zur klassischen Zeit der bürgerlichen Ökonomie blieben die Deutschen auch zur Zeit ihres Verfalls bloße Schüler, Nachbeter und Nachtreter, Kleinhausierer des ausländischen Großgeschäfts.

Die eigentümliche historische Entwicklung der deutschen Gesellschaft schloß hier also jede originelle Fortbildung der „bürgerlichen" Ökonomie aus, aber nicht deren - Kritik. Soweit solche Kritik überhaupt eine Klasse vertritt, kann sie nur die Klasse vertreten, deren geschichtlicher Beruf die Umwälzung der kapitalistischen Produktionsweise und die schließliche Abschaffung der Klassen ist - das Proletariat.

Die gelehrten und ungelehrten Wortführer der deutschen Bourgeoisie haben „Das Kapital" zunächst totzuschweigen versucht, wie ihnen das mit meinen frühern Schriften gelungen war. Sobald diese Taktik nicht länger den Zeitverhältnissen entsprach, schrieben sie, unter dem Vorwand, mein Buch zu kritisieren, Anweise „Zur Beruhigung des bürgerlichen Bewußtseins", fanden aber in der

Arbeiterpresse - sieh z.B. Joseph Dietzgens Aufsätze im „Volksstaat" - überlegene Kämpen, denen sie die Antwort bis heute schuldig.[3]

Eine treffliche russische Übersetzung des „Kapitals" erschien im Frühling 1872 zu Petersburg. Die Auflage von 3.000 Exemplaren ist jetzt schon beinahe vergriffen. Bereits 1871 hatte Herr N. Sieber, Professor der politischen Ökonomie an der Universität zu Kiew, in seiner Schrift: „D. Ricardos Theorie des Werts und des Kapitals etc." meine Theorie des Werts, des Geldes und des Kapitals in ihren Grundzügen als notwendige Fortbildung der Smith-Richardoschen Lehre nachgewiesen. Was den Westeuropäer beim Lesen seines gediegnen Buchs überrascht, ist das konsequente Festhalten des rein theoretischen Standpunkts.

Die im „Kapital" angewandte Methode ist wenig verstanden worden, wie schon die einander widersprechenden Auffassungen derselben beweisen.

So wirft mir die Pariser „Revue Positiviste" vor, einerseits, ich behandle die Ökonomie metaphysisch, andrerseits - man rate! -, ich beschränke mich auf bloß kritische Zergliederung des Gegebnen, statt Rezepte (comtistische?) für die Garküche der Zukunft zu verschreiben. Gegen den Vorwurf der Metaphysik bemerkt Prof. Sieber:

„Soweit es sich um die eigentliche Theorie handelt, ist die Methode von Marx die deduktive Methode der ganzen englischen Schule, deren Mängel und Vorzüge den besten theoretischen Ökonomisten gemein sind."

Herr M. Block - „Les Théoriciens du Socialisme en Allemagne. Extrait du Journal des Économistes, juillet et août 1872" - entdeckt, daß meine Methode analytisch ist, und sagt u.a.:

„Par cet ouvrage M. Marx se classe parmi les esprits analytiques les plus éminents." (Durch dieses Werk reiht sich Herr Marx unter die bedeutendsten analytischen Denker ein.)

Die deutschen Rezensenten schreien natürlich über Hegelsche Sophistik. Der Petersburger „Europäischer Bote", in einem Artikel, der ausschließlich die Methode des „Kapital" behandelt (Mainummer 1872, p. 427-436), findet meine Forschungsmethode streng realistisch. Er sagt:

„Auf den ersten Blick, wenn man nach der äußern Form der Darstellung urteilt, ist Marx der größte Idealphilosoph, und zwar im deutschen, d.h. schlechten Sinn des Wortes. In der Tat aber ist er unendlich mehr Realist als alle seine Vorgänger im Geschäft der ökonomischen Kritik ... Man kann ihn in keiner Weise einen Idealisten nennen."

[3] Die breimäuligen Faselhänse der deutschen Vulgärökonomie schelten Stil und Darstellung meiner Schrift. Niemand kann die literarischen Mängel des „Kapital" strenger beurteilen als ich selbst. Dennoch will ich, zu Nutz und Freud dieser Herren und ihres Publikums, hier ein englisches und ein russisches Urteil zitieren. Die meinen Ansichten durchaus feindliche „Saturday Review" sagte in ihrer Anzeige der ersten deutschen Ausgabe: Die Darstellung „verleiht auch den trockensten ökonomischen Fragen einen Reiz (charm)". Die „St.-Petersburger Zeitung" bemerkt in ihrer Nummer vom 20. April 1872 u.a.: „Die Darstellung mit Ausnahme weniger zu spezieller Teile zeichnet sich aus durch Allgemeinverständlichkeit, Klarheit und, trotz der wissenschaftlichen Höhe des Gegenstands, ungewöhnliche Lebendigkeit. In dieser Hinsicht gleicht der Verfasser ... auch nicht von fern der Mehrzahl deutscher Gelehrten, die ... ihre Bücher in so verfinsterter und trockner Sprache schreiben, daß gewöhnlichen Sterblichen der Kopf davon kracht." Den Lesern der zeitläufigen deutsch-national-liberalen Professoralliteratur kracht jedoch etwas ganz andres als der Kopf.

Ich kann dem Herrn Verfasser (I. I. Kaufmann) nicht besser antworten als durch einige Auszüge aus seiner eignen Kritik, die zudem manchen meiner Leser, dem das russische Original unzugänglich ist, interessieren mögen.

Nach einem Zitat aus meiner Vorrede zur „Kritik der Pol. Oek.", Berlin 1859, p. IV-VII (siehe Band 13, S. 8-10), wo ich die materialistische Grundlage meiner Methode erörtert habe, fährt der Herr Verfasser fort:

„Für Marx ist nur eins wichtig: das Gesetz der Phänomene zu finden, mit deren Untersuchung er sich beschäftigt. Und ihm ist nicht nur das Gesetz wichtig, das sie beherrscht, soweit sie eine fertige Form haben und in einem Zusammenhang stehn, wie er in einer gegebnen Zeitperiode beobachtet wird. Für ihn ist noch vor allem wichtig das Gesetz ihrer Veränderung, ihrer Entwicklung, d.h. der Übergang aus einer Form in die andre, aus einer Ordnung des Zusammenhangs in eine andre. Sobald er einmal dies Gesetz entdeckt hat, untersucht er im Detail die Folgen, worin es sich im gesellschaftlichen Leben kundgibt ... Demzufolge bemüht sich Marx nur um eins: durch genaue wissenschaftliche Untersuchung die Notwendigkeit bestimmter Ordnungen der gesellschaftlichen Verhältnisse nachzuweisen und soviel als möglich untadelhaft die Tatsachen zu konstatieren, die ihm zu Ausgangs- und Stützpunkten dienen. Hierzu ist vollständig hinreichend, wenn er mit der Notwendigkeit der gegenwärtigen Ordnung zugleich die Notwendigkeit einer andren Ordnung nachweist, worin die erste unvermeidlich übergehn muß, ganz gleichgültig, ob die Menschen das glauben oder nicht glauben, ob sie sich dessen bewußt oder nicht bewußt sind. Marx betrachtet die gesellschaftliche Bewegung als einen naturgeschichtlichen Prozeß, den Gesetze lenken, die nicht nur von dem Willen, dem Bewußtsein und der Absicht der Menschen unabhängig sind, sondern vielmehr umgekehrt deren Wollen, Bewußtsein und Absichten bestimmen ... Wenn das bewußte Element in der Kulturgeschichte eine so untergeordnete Rolle spielt, dann versteht es sich von selbst, daß die Kritik, deren Gegenstand die Kultur selbst ist, weniger als irgend etwas andres, irgendeine Form oder irgendein Resultat des Bewußtseins zur Grundlage haben kann. Das heißt, nicht die Idee, sondern nur die äußere Erscheinung kann ihr als Ausgangspunkt dienen. Die Kritik wird sich beschränken auf die Vergleichung und Konfrontierung einer Tatsache nicht mit der Idee, sondern mit der andren Tatsache. Für sie ist es nur wichtig, daß beide Tatsachen möglichst genau untersucht werden und wirklich die eine gegenüber der andren verschiedene Entwicklungsmomente bilden, vor allem aber wichtig, daß nicht minder genau die Serie der Ordnungen erforscht wird, die Aufeinanderfolge und Verbindung, worin die Entwicklungsstufen erscheinen. Aber, wird man sagen, die allgemeinen Gesetze des ökonomischen Lebens sind ein und dieselben; ganz gleichgültig, ob man sie auf Gegenwart oder Vergangenheit anwendet. Grade das leugnet Marx. Nach ihm existieren solche abstrakte Gesetze nicht ... Nach seiner Meinung besitzt im Gegenteil jede historische Periode ihre eignen Gesetze ... Sobald das Leben eine gegebene Entwicklungsperiode überlebt hat, aus einem gegebnen Stadium in ein andres übertritt, beginnt es auch durch andre Gesetze gelenkt zu werden. Mit einem Wort, das ökonomische Leben bietet uns eine der Entwicklungsgeschichte auf andren Gebieten der Biologie analoge Erscheinung ... Die alten Ökonomen verkannten die Natur ökonomischer Gesetze, als sie dieselben mit den Gesetzen der Physik und Chemie verglichen ... Eine tiefere Analyse der Erscheinungen bewies, daß soziale Organismen sich voneinander ebenso gründlich unterscheiden als Pflanzen- und Tierorganismen ... Ja, eine und dieselbe Erscheinung unterliegt ganz und gar verschiednen Gesetzen infolge des verschiednen Gesamtbaus jener Organismen, der Abweichung ihrer einzelnen Organe, des Unterschieds der Bedingungen, worin sie funktionieren usw. Marx leugnet z.B., daß das Bevölkerungsgesetz dasselbe ist zu allen Zeiten und an allen Orten. Er versichert im Gegenteil, daß jede Entwicklungsstufe ihr eignes Bevölkerungsgesetz hat ... Mit der verschiednen Entwicklung der Produktivkraft ändern sich die Verhältnisse und die sie regelnden Gesetze. Indem sich Marx das Ziel stellt, von diesem Gesichtspunkt aus die kapitalistische Wirtschaftsordnung zu erforschen und zu erklären, formuliert er nur streng wissenschaftlich das Ziel, welches jede genaue Untersuchung des ökonomischen Lebens haben muß ... Der wissenschaftliche Wert solcher Forschung liegt in der Aufklärung der besondren Gesetze, welche Entstehung, Existenz, Entwicklung, Tod eines gegebenen gesellschaftlichen Organismus und seinen Ersatz durch einen andren, höheren regeln. Und diesen Wert hat in der Tat das Buch von Marx."

Indem der Herr Verfasser das, was er meine wirkliche Methode nennt, so treffend und, soweit meine persönliche Anwendung derselben in Betracht kommt, so wohlwollend schildert, was andres hat er geschildert als die dialektische Methode?

Allerdings muß sich die Darstellungsweise formell von der Forschungsweise unterscheiden. Die Forschung hat den Stoff sich im Detail anzueignen, seine verschiednen Entwicklungsformen zu analysieren und deren innres Band aufzuspüren. Erst nachdem diese Arbeit vollbracht, kann die wirkliche Bewegung entsprechend dargestellt werden. Gelingt dies und spiegelt sich nun das Leben des Stoffs ideell wider, so mag es aussehn, als habe man es mit einer Konstruktion a priori zu tun.

Meine dialektische Methode ist der Grundlage nach von der Hegelschen nicht nur verschieden, sondern ihr direktes Gegenteil. Für Hegel ist der Denkprozeß, den er sogar unter dem Namen Idee in ein selbständiges Subjekt verwandelt, der Demiurg des wirklichen, das nur seine äußere Erscheinung bildet. Bei mir ist umgekehrt das Ideelle nichts andres als das im Menschenkopf umgesetzte und übersetzte Materielle.

Die mystifizierende Seite der Hegelschen Dialektik habe ich vor beinah 30 Jahren, zu einer Zeit kritisiert, wo sie noch Tagesmode war. Aber grade als ich den ersten Band des „Kapital" ausarbeitete, gefiel sich das verdrießliche, anmaßliche und mittelmäßige Epigonentum, welches jetzt im gebildeten Deutschland das große Wort führt, darin, Hegel zu behandeln, wie der brave Moses Mendelssohn zu Lessings Zeit den Spinoza behandelt hat, nämlich als „toten Hund". Ich bekannte mich daher offen als Schüler jenes großen Denkers und kokettierte sogar hier und da im Kapitel über die Werttheorie mit der ihm eigentümlichen Ausdrucksweise.

Die Mystifikation, welche die Dialektik in Hegels Händen erleidet, verhindert in keiner Weise, daß er ihre allgemeinen Bewegungsformen zuerst in umfassender und bewußter Weise dargestellt hat. Sie steht bei ihm auf dem Kopf. Man muß sie umstülpen, um den rationellen Kern in der mystischen Hülle zu entdecken.

In ihrer mystifizierten Form ward die Dialektik deutsche Mode, weil sie das Bestehende zu verklären schien. In ihrer rationellen Gestalt ist sie dem Bürgertum und seinen doktrinären Wortführern ein Ärgernis und ein Greuel, weil sie in dem positiven Verständnis des Bestehenden zugleich auch das Verständnis seiner Negation, seines notwendigen Untergangs einschließt, jede gewordne Form im Flusse der Bewegung, also auch nach ihrer vergänglichen Seite auffaßt, sich durch nichts imponieren läßt, ihrem Wesen nach kritisch und revolutionär ist.

Die widerspruchsvolle Bewegung der kapitalistischen Gesellschaft macht sich dem praktischen Bourgeois am schlagendsten fühlbar in den Wechselfällen des periodischen Zyklus, den die moderne Industrie durchläuft, und deren Gipfelpunkt - die allgemeine Krise. Sie ist wieder im Anmarsch, obgleich noch begriffen in den Vorstadien, und wird durch die Allseitigkeit ihres Schauplatzes, wie die Intensität ihrer Wirkung, selbst den Glückspilzen des neuen heilige, preußisch-deutschen Reichs Dialektik einpauken.

London, 24. Januar 1873
Karl Marx

Vor- und Nachwort zur französischen Ausgabe

An den Bürger Maurice La Châtre

Werter Bürger!

Ich begrüße Ihre Idee, die Übersetzung des „Kapitals" in periodischen Lieferungen herauszubringen. In dieser Form wird das Werk der Arbeiterklasse leichter zugänglich sein, und diese Erwägung ist für mich wichtiger als alle anderen.

Das ist die Vorderseite Ihrer Medaille, aber hier ist auch die Kehrseite: Die Untersuchungsmethode, deren ich mich bedient habe und die auf ökonomische Probleme noch nicht angewandt wurde, macht die Lektüre der ersten Kapitel ziemlich schwierig, und es ist zu befürchten, daß das französische Publikum, stets ungeduldig nach dem Ergebnis und begierig, den Zusammenhang zwischen den allgemeinen Grundsätzen und den Fragen zu erkennen, die es unmittelbar bewegen, sich abschrecken läßt, weil es nicht sofort weiter vordringen kann.

Das ist ein Nachteil, gegen den ich nichts weiter unternehmen kann, als die nach Wahrheit strebenden Leser von vornherein darauf hinzuweisen und gefaßt zu machen. Es gibt keine Landstraße für die Wissenschaft, und nur diejenigen haben, Aussicht, ihre lichten Höhen zu erreichen, die die Mühe nicht scheuen, ihre steilen Pfade zu erklimmen.

Karl Marx

An den Leser

Herr J. Roy hat es unternommen, eine so genaue und selbst wörtliche Übersetzung wie möglich zu geben; er hat seine Aufgabe peinlich genau erfüllt. Aber gerade seine peinliche Genauigkeit hat mich gezwungen, die Fassung zu ändern, um sie dem Leser zugänglicher zu machen. Diese Änderungen, die von Tag zu Tag gemacht wurden, da das Buch in Lieferungen erschien, sind mit ungleicher Sorgfalt ausgeführt worden und mußten Stilungleichheiten hervorrufen.

Nachdem ich mich dieser Revisionsarbeit einmal unterzogen hatte, bin ich dazu gekommen, sie auch auf den zugrunde gelegten Originaltext anzuwenden (die zweite deutsche Ausgabe), einige Erörterungen zu vereinfachen, andre zu vervollständigen, ergänzendes historisches oder statistisches Material zu geben, kritische Bemerkungen hinzuzufügen etc. Welches auch die literarischen Mängel dieser französischen Ausgabe sein mögen, sie besitzt einen wissenschaftlichen Wert unabhängig vom Original und sollte selbst von Lesern herangezogen werden, die der deutschen Sprache mächtig sind.

Ich gebe weiter unten die Stellen des Nachworts zur zweiten deutschen Ausgabe, die sich mit der Entwicklung der politischen Ökonomie in Deutschland und der in diesem Werk angewandten Methode befassen.

London, 28. April 1875
Karl Marx

Zur dritten Auflage

Es war Marx nicht vergönnt, diese dritte Auflage selbst druckfertig zu machen. Der gewaltige Denker, vor dessen Größe sich jetzt auch die Gegner neigen, starb am 14. März 1883.

Auf mich, der ich in ihm den vierzigjährigen, besten, unverbrüchlichsten Freund verlor, den Freund, dem ich mehr verdanke, als sich mit Worten sagen läßt, auf mich fiel nun die Pflicht, die Herausgabe sowohl dieser dritten Auflage wie des handschriftlich hinterlassenen zweiten Bandes zu besorgen. Wie ich den ersten Teil dieser Pflicht erfüllt, darüber bin ich dem Leser hier Rechenschaft schuldig.

Marx hatte anfangs vor, den Text des ersten Bandes großenteils umzuarbeiten, manche theoretischen Punkte schärfer zu fassen, neue einzufügen, das geschichtliche und statistische Material bis auf die neueste Zeit zu ergänzen. Sein Krankheitszustand und der Drang, zur Schlußredaktion des zweiten Bandes zu kommen, ließen ihn hierauf verzichten. Nur das Nötigste sollte geändert, nur die Zusätze eingefügt werden, die die inzwischen erschienene französische Ausgabe („Le Capital. Par Karl Marx", Paris, Lachâtre 1873) schon enthielt.

Im Nachlaß fand sich denn auch ein deutsches Exemplar, das von ihm stellenweise korrigiert und mit Hinweisen auf die französische Ausgabe versehen war; ebenso ein französisches, worin er die zu benutzenden Stellen genau bezeichnet hatte. Diese Änderungen und Zusätze beschränken sich, mit wenigen Ausnahmen, auf den letzten Teil des Buchs, den Abschnitt: Der Akkumulationsprozeß des Kapitals. Hier folgte der bisherige Text mehr als sonst dem ursprünglichen Entwurf, während die früheren Abschnitte gründlicher überarbeitet waren. Der Stil war daher lebendiger, mehr aus einem Guß, aber auch nachlässiger, mit Anglizismen versetzt, stellenweise undeutlich; der Entwicklungsgang bot hier und da Lücken, indem einzelne wichtige Momente nur angedeutet waren.

Was den Stil betrifft, so hatte Marx mehrere Unterabschnitte selbst gründlich revidiert und mir darin, sowie in häufigen mündlichen Andeutungen, das Maß gegeben, wie weit ich gehn durfte in der Entfernung englischer technischer Ausdrücke und sonstiger Anglizismen. Die Zusätze und Ergänzungen hätte Marx jedenfalls noch überarbeitet und das glatte Französisch durch sein eignes gedrungenes Deutsch ersetzt; ich mußte mich begnügen, sie unter möglichstem Anschluß an den ursprünglichen Text zu übertragen.

Es ist also in dieser dritten Auflage kein Wort geändert, von dem ich nicht bestimmt weiß, daß der Verfasser selbst es geändert hätte. Es konnte mir nicht in den Sinn kommen, in das „Kapital“ den landläufigen Jargon einzuführen, in welchem deutsche Ökonomen sich auszudrücken pflegen, jenes Kauderwelsch, worin z.B. derjenige, der sich für bare Zahlung von andern ihre Arbeit geben läßt, der Arbeitgeber heißt, und Arbeitnehmer derjenige, dessen Arbeit ihm für Lohn abgenommen wird. Auch im Französischen wird travail im gewöhnlichen Leben im Sinn von „Beschäftigung“ gebraucht. Mit Recht aber würden die Franzosen den Ökonomen für verrückt halten, der den Kapitalisten donneur de travail, und den Arbeiter receveur de travail nennen wollte.

Ebensowenig habe ich mir erlaubt, das im Text durchweg gebrauchte englische Geld, Maß und Gewicht auf seine neudeutschen Äquivalente zu reduzieren. Als die erste Auflage erschien, gab es in Deutschland so viel Arten von Maß und Gewicht wie Tage im Jahr, dazu zweierlei Mark (die Reichsmark galt damals nur im Kopf Soetbeers, der sie Ende der dreißiger Jahre erfunden), zweierlei Gulden und mindestens dreierlei Taler, darunter einer, dessen Einheit das „neue Zweidrittel“ war. In der Naturwissenschaft herrschte metrisches, auf dem Weltmarkt englisches Maß und Gewicht. Unter solchen Umständen waren englische Maßeinheiten selbstverständlich für ein Buch, das seine tatsächlichen Belege fast ausschließlich aus englischen industriellen Verhältnissen zu nehmen genötigt war. Und dieser letzte Grund bleibt auch noch heute entscheidend, um so mehr, als die bezüglichen Verhältnisse auf dem Weltmarkt sich kaum geändert haben und namentlich für die ausschlaggebenden Industrien - Eisen und Baumwolle - englisches Maß und Gewicht noch heute fast ausschließlich herrscht.

Schließlich noch ein Wort über Marx‘ wenig verstandne Art zu zitieren. Bei rein tatsächlichen Angaben und Schilderungen dienen die Zitate, z.B. aus den englischen Blaubüchern, selbstredend als einfache Belegstellen. Anders aber da, wo theoretische Ansichten andrer Ökonomen zitiert werden. Hier soll das Zitat nur feststellen, wo, wann und von wem ein im Lauf der Entwicklung sich ergebender ökonomischer Gedanke zuerst klar ausgesprochen ist. Wobei es nur darauf ankommt, daß die fragliche ökonomische Vorstellung für die Geschichte der Wissenschaft Bedeutung hat, daß sie der mehr oder weniger adäquate theoretische Ausdruck der ökonomischen Lage ihrer Zeit ist. Ob aber diese Vorstellung für den Standpunkt des Verfassers noch absolute oder relative Geltung hat, oder ob sie bereits ganz der Geschichte verfallen, darauf kommt es ganz und gar nicht an. Diese Zitate bilden also nur einen der Geschichte der ökonomischen Wissenschaft entlehnten laufenden Kommentar zum Text und stellen die einzelnen wichtigeren Fortschritte der ökonomischen Theorie nach Datum und Urheber fest. Und das war sehr nötig in einer Wissenschaft, deren Geschichtschreiber bisher nur durch tendenziöse, fast streberhafte Unwissenheit sich auszeichnen. - Man wird es nun auch begreiflich finden, weshalb Marx, im Einklang mit dem Nachwort zur zweiten Ausgabe, nur ganz ausnahmsweis deutsche Ökonomen anzuführen in den Fall kommt.

Der zweite Band wird hoffentlich im Laufe des Jahres 1884 erscheinen können.

London, 7. November 1883

Friedrich Engels

Zur vierten Auflage

Die vierte Auflage forderte von mir eine möglichst endgültige Feststellung des Textes sowohl wie der Anmerkungen. Wie ich dieser Anforderung nachgekommen, darüber kurz folgendes.

Nach nochmaliger Vergleichung der französischen Ausgabe und der handschriftlichen Notizen von Marx habe ich aus jener noch einige Zusätze in den deutschen Text aufgenommen. Sie finden sich auf S. 80 (dritte Auflage, S. 88), S. 458-460 (dritte, S. 509-510), S. 547-551 (dritte, S. 600), S. 591-593 (dritte, S. 644) und S. 596 (dritte, S. 648) in der Note 79. (Siehe vorliegender Band, S. 130, 517-519, 610-613, 655-657, 660) Ebenso habe ich nach Vorgang der französischen und englischen Ausgabe die lange Anmerkung über die Bergwerksarbeiter (dritte Aufl., S. 509-515) in den Text gesetzt (vierte Aufl., S. 461-467) (Siehe vorl. Band, S. 519-525). Sonstige kleine Änderungen sind rein technischer Natur.

Ferner habe ich noch einige erläuternde Zusatznoten gemacht, namentlich da, wo veränderte geschichtliche Umstände dies zu erfordern schienen. Alle diese Zusatznoten sind in eckige Klammern gesetzt und mit meinen Anfangsbuchstaben oder mit „D. H." bezeichnet. (im vorl. Band mit geschweiften Klammern {} und F. E. bezeichnet.)

Eine vollständige Revision der zahlreichen Zitate war notwendig geworden durch die inzwischen erschienene englische Ausgabe. Für diese hatte Marx' jüngste Tochter Eleanor sich der Mühe unterzogen, sämtliche angeführte Stellen mit den Originalen zu vergleichen, so daß in den bei weitem vorwiegenden Zitaten aus englischen Quellen dort keine Rückübersetzung aus dem Deutschen, sondern der englische Originaltext selbst erscheint. Es lag mir also ob, diesen Text bei der vierten Auflage zu Rate zu ziehen. Es fanden sich dabei mancherlei kleine Ungenauigkeiten. Hinweise auf unrichtige Seitenzahlen, teils beim Kopieren aus den Heften verschrieben, teils im Verlauf von drei Auflagen gehäufte Druckfehler. Unrichtig gesetzte Anführungszeichen oder Lückenpunkte, wie dies bei massenhaftem Zitieren aus Auszugsheften unvermeidlich. Hier und da ein weniger glücklich gewähltes Übersetzungswort. Einzelne Stellen zitiert aus den alten Pariser Heften 1843-1845, wo Marx noch kein Englisch verstand und englische Ökonomen in französischer Übersetzung las; wo denn der doppelten Übersetzung eine leichte Änderung der Klangfarbe entsprach, z.B. bei Steuart, Ure u.a. - wo jetzt der englische Text zu benutzen war. Und was dergleichen kleine Ungenauigkeiten und Nachlässigkeiten mehr sind. Wenn man nun die vierte Auflage mit den vorigen vergleicht, so wird man sich überzeugen, daß dieser ganze mühsame Berichtigungsprozeß an dem Buch aber auch nicht das geringste geändert hat, das der Rede wert ist. Nur ein einziges Zitat hat nicht gefunden werden können, das aus Richard Jones (4. Aufl., S.562, Note 47) (Siehe vorl. Band, S. 625); Marx hat sich wahrscheinlich im Titel des Buches verschrieben. Alle andern behalten ihre volle Beweiskraft oder verstärken sie in der jetzigen exakten Form.

Hier aber bin ich genötigt, auf eine alte Geschichte zurückzukommen.

Es ist mir nämlich nur ein Fall bekannt, wo die Richtigkeit eines Marxschen Zitats in Zweifel gezogen worden. Da dieser aber bis über Marx‘ Tod hinaus gespielt hat, kann ich ihn hier nicht gut übergehn.

In der Berliner „Concordia“, dem Organ des deutschen Fabrikantenbundes, erschien am 7. März 1872 ein anonymer Artikel: „Wie Karl Marx citiert.“ Hier wurde mit überreichlichem Aufwand von sittlicher Entrüstung und von unparlamentarischen Ausdrücken behauptet, das Zitat aus Gladstones Budgetrede vom 16. April 1863 (in der Inauguraladresse der Internationalen Arbeiterassoziation von 1864 (Band 16, S. 3-13) und wiederholt im „Kapital“, I, S. 617, vierter Aufl., Seite 670-671, dritte Aufl. (siehe vorl. Band, S. 680-681)) sei gefälscht. Der Satz: „Diese berauschende Vermehrung von Reichtum und Macht ... ist ganz und gar auf die besitzenden Klassen beschränkt“, stehe mit keinem Wort im (quasioffiziellen) stenographischen Bericht von Hansard. „Dieser Satz befindet sich aber nirgends in der Gladstoneschen Rede. Gerade das Gegenteil ist in derselben gesagt.“(Mit fetter Schrift) **„Marx hat den Satz formell und materiell hinzugelogen!“**

Marx, dem diese Nr. der „Concordia“ im folgenden Mai zugesandt wurde, antwortete dem Anonymus im „Volksstaat“ vom 1. Juni. Da er sich nicht mehr erinnerte, nach welchem Zeitungsreferat er zitierte, beschränkte er sich darauf, das gleichlautende Zitat zunächst in zwei englischen Schriften nachzuweisen, und sodann das Referat der „Times“ zu zitieren, wonach Gladstone sagt:

„That is the state of the case as regards the wealth of this country. I must say for one, I should look almost with apprehension and with pain upon this intoxicating augmentation of wealth and power, if it were my belief that it was confined to classes who are in easy circumstances. This takes no cognizance at all of the condition of the labouring population. The augmentation I have described and which is founded, I think, upon accurate returns, is an augmentation entirely confined to classes of property." („So steht's mit dem Reichtum dieses Landes. Ich für meinen Teil würde beinahe mit Besorgnis und mit Pein auf diese berauschende Vermehrung von Reichtum und Macht blicken, wenn ich sie auf die wohlhabenden Klassen beschränkt glaubte. Es ist hier gar keine Notiz genommen von der arbeitenden Bevölkerung. Die Vermehrung, die ich beschrieben habe, ist ganz und gar beschränkt auf Eigentumsklassen.")

Also Gladstone sagt hier, es würde ihm leid tun, wenn dem so wäre, aber es sei so: Diese berauschende Vermehrung von Macht und Reichtum sei ganz und gar auf die besitzenden Klassen beschränkt. Und was den quasioffiziellen Hansard betrifft, so sagt Marx weiter: „In seiner hier nachträglich zurechtgestümperten Ausgabe war Herr Gladstone so gescheit, die im Munde eines englischen Schatzkanzlers allerdings kompromittierliche Stelle wegzupfuschen. Es ist dies übrigens herkömmlicher englischer Parlamentsbrauch, und keineswegs eine Erfindung des Laskerchen contra Bebel."

Der Anonymus wird immer erboster. Die Quellen zweiter Hand in seiner Antwort, „Concordia", 4. Juli, beiseite schiebend, deutet er schamhaft an, es sei „Sitte", Parlamentsreden nach dem stenographischen Bericht zu zitieren; aber auch der Bericht der „Times" (worin der „hinzugelogene" Satz steht) und der von Hansard (worin er fehlt) „stimmen materiell völlig überein", und ebenso enthalte der „Times"-Bericht „das direkt Gegenteil jener berüchtigten Stelle der Inauguraladresse", wobei der Mann sorgsam verschweigt, daß er neben diesem angeblichen „Gegenteil" gerade „jene berüchtigte Stelle" ausdrücklich enthält! Trotz alledem fühlt der Anonymus, daß er festsitzt und daß nur ein neuer Winkelzug ihn retten kann. Während er also seinen, wie soeben nachgewiesen, von „frecher Verlogenheit" strotzenden Artikel mit erbaulichen Schimpfereien spickt, als da sind: „mala fides", „Unehrlichkeit", „lügenhafte Angabe", „jenes lügenhafte Zitat", „freche Verlogenheit", „ein Zitat, das völlig gefälscht war", „diese Fälschung", „einfach infam", usw., findet er es für nötig, die Streitfrage auf ein andres Gebiet überzuspielen, und verspricht daher, „in einem zweiten Artikel auseinanderzusetzen, welche Bedeutung wir" (der nicht „lügenhafte" Anonymus) „dem Inhalt der Gladstoneschen Worte beilegen". Als ob diese seine unmaßgebliche Meinung das geringste mit der Sache zu tun habe! Dieser zweite Artikel steht in der „Concordia" vom 11. Juli.

Marx antwortete noch einmal im „Volksstaat" vom 7. August, indem er nun auch die Referate der betreffenden Stelle aus dem „Morning Star" und dem „Morning Advertiser „ vom 17. April 1863 brachte. Nach beiden sagt Gladstone, er würde mit Besorgnis usw. auf diese berauschende Vermehrung von Reichtum und Macht blicken, wenn er sie auf die wirklich wohlhabenden Klassen (classes in easy circumstances) beschränkt glaubte. Aber diese Vermehrung sei beschränkt auf Klassen, die Eigentum besitzen (entirely confined to classes possessed of property). Also auch diese Referate bringen den angeblich „hinzugelogenen"

Satz wörtlich. Ferner stellte er nochmals fest, durch Vergleichung der Texte der „Times" und Hansards, daß der durch drei am nächsten Morgen erschienene, voneinander unabhängige, gleichlautende Zeitungsreferate als wirklich gesprochen konstatierte Satz in dem nach bekannter „Sitte" durchgesehenen Referat von Hansard fehlt, das Gladstone ihn in Marx' Worten „nachträglich" wegstipitzt hat", und erklärt schließlich, er habe keine Zeit, mit dem Anonymus weiter zu verkehren. Dieser scheint auch genug gehabt zu haben, wenigstens erhielt Marx keine ferneren Nummern der „Concordia" zugeschickt.

Damit schien die Sache tot und begraben. Allerdings kamen uns seitdem ein- oder zweimal von Leuten, die mit der Universität Cambridge in Verkehr standen, geheimnisvolle Gerüchte zu über ein unsagbares literarisches Verbrechen, das Marx im „Kapital" begangen haben sollte; aber trotz aller Nachforschungen war absolut nichts Bestimmteres zu erfahren. Da, am 29. November 1883, acht Monate nach Marx' Tod, erschien in der „Times" ein Brief, datiert Trinity College, Cambridge, und unterzeichnet Sedley Taylor, worin bei einer vom Zaun gebrochnen Gelegenheit dies in zahmster Genossenschafterei machende Männlein uns endlich Aufklärung verschaffte, nicht nur über die Munkeleien von Cambridge, sondern auch über den Anonymus der „Concordia".

„Was äußerst sonderbar erscheint", sagt das Männlein von Trinity College, „ist, daß es dem Professor Brentano (damals in Breslau, jetzt in Straßburg) vorbehalten war ... die mala fides zu enthüllen, welche augenscheinlich das Zitat aus Gladstones Rede in der" (Inaugural-)"Adresse diktiert hatte. Herr Karl Marx, der ... das Zitat zu verteidigen suchte, hatte die Verwegenheit, in den Todeswindungen (deadly shifts), auf die Brentanos meisterhaft geführte Angriffe ihn schleunigst herunterbrachten, zu behaupten, Herr Gladstone habe den Bericht seiner Rede in der ‚Times' vom 17. April 1863 zurechtgestümpert, ehe er in Hansard erschien, um eine Stelle wegzupfuschen, die allerdings für einen englischen Schatzkanzler kompromittierlich sei. Als Brentano, durch eine ins einzelne gehende Textvergleichung, bewies, daß die Berichte der ‚Times' und von Hansard übereinstimmten in absolutem Ausschluß des Sinnes, den pfiffig-isolierte Zitierung den Gladstoneschen Worten untergeschoben hatte, da zog Marx sich zurück unter dem Vorwand des Zeitmangels!"

Das also war des Pudels Kern! Und so glorios reflektierte sich in der produktivgenossenschaftlichen Phantasie von Cambridge die anonyme Kampagne Herrn Brentanos in der „Concordia"! So lag er, und so führt' er seine Klinge, in „meisterhaft geführtem Angriff", dieser Sankt Georg des deutschen Fabrikantenbundes, während der Höllendrache Marx zu seinen Füßen „schleunigst in Todeswindungen" verröchelt!

Jedennoch dient diese ganze ariostische Kampfschilderung nur dazu, die Winkelzüge unsres Sankt Georg zu verdecken. Hier ist schon nicht mehr die Rede von „Hinzulügen", von „Fälschung", sondern von „pfiffig isolierter Zitierung" (craftily isolated quotation). Die ganze Frage war verschoben, und Sankt Georg und sein Cambridger Schildknappe wußten sehr genau weshalb.

Eleanor Marx antwortete, da die „Times" die Aufnahme verweigerte, in der Monatsschrift „To-Day", Februar 1884, indem sie die Debatte auf den einzigen Punkt zurückführte, um welchen es sich gehandelt hatte: Hat Marx jenen Satz „hinzugelogen" oder nicht? Darauf erwidert Herr Sedley Taylor:

„Die Frage, ob ein gewisser Satz in Herrn Gladstones Rede vorgekommen sei oder nicht", sei nach seiner Ansicht „von sehr untergeordneter Bedeutung gewesen" im Streit zwischen Marx und Brentano, „verglichen mit der Frage, ob das Zitat gemacht worden sei in der Absicht, Gladstones Sinn wiederzugeben oder zu entstellen."

Und dann gibt er zu, daß der „Times"-Bericht" in der Tat einen Widerspruch in den Worten enthält"; aber, aber, der übrige Zusammenhang richtig, d.h. im liberal-gladstoneschen Sinn erklärt, zeige an, was Herr Gladstone habe sagen wollen. („To-Day", März 1884.) Das Komischste dabei ist, daß unser Männlein von Cambridge nun darauf besteht, die Rede nicht nach Hansard zu zitieren, wie es nach dem anonymen Brentano „Sitte" ist, sondern nach dem von demselben Brentano als „notwendig stümperhaft" bezeichneten Bericht der „Times". Natürlich, der fatale Satz fehlt ja im Hansard!

Eleanor Marx hatte es leicht, diese Argumentation in derselben Nummer von „To-Day" in Dunst aufzulösen. Entweder hatte Herr Taylor die Kontroverse von 1872 gelesen. Dann hatte er jetzt „gelogen", nicht nur „hinzu", sondern auch „hinweg". Oder er hatte sie nicht gelesen. Dann war er verpflichtet, den Mund zu halten. Jedenfalls stand fest, daß er die Anklage seines Freundes Brentano, Marx habe „hinzugelogen", keinen Augenblick aufrechtzuerhalten wagte. Im Gegenteil, Marx soll nun nicht hinzugelogen, sondern einen wichtigen Satz unterschlagen haben. Aber dieser selbe Satz ist zitiert auf S. 5 der Inauguraladresse, wenige Zeilen vor dem angeblich „hinzugelogenen". Und was den „Widerspruch" in Gladstones Rede angeht, ist es nicht gerade Marx, der im „Kapital", S. 618 (3. Aufl., S.672), Note 105 (siehe vorl. Band, S. 682) von den „fortlaufenden, schreienden Widersprüchen in Gladstones Budgetreden von 1863 und 1864" spricht! Nur daß er sich nicht à la Sedley Taylor unterfängt, sie in liberalem Wohlgefallen aufzulösen. Und das Schlußresumé in E. Marx' Antwort lautet dann: „Im Gegenteil, Marx hat weder etwas Anführenswertes unterdrückt noch das geringste hinzugelogen. Aber er hat wiederhergestellt und der Vergessenheit entzogen einen gewissen Satz einer Gladstoneschen Rede, der unzweifelhaft ausgesprochen worden, der aber, so oder so, seinem Weg gefunden hat - aus Hansard hinaus."

Damit hatte Herr Sedley Taylor denn auch genug, und das Resultat des ganzen, durch zwei Jahrzehnte und über zwei große Länder fortgesponnenen Professorenklüngels war, daß man nicht mehr gewagt hat, Marx' literarische Gewissenhaftigkeit anzutasten, daß aber seitdem Herr Sedley Taylor wohl ebensowenig Vertrauen setzen wird in die literarischen Schlachtbulletins des Herrn Brentano wie Herr Brentano in die päpstliche Unfehlbarkeit von Hansard.

London, 25. Juni 1890
F. Engels

WARE UND GELD

Die Ware

1. Die zwei Faktoren der Ware: Gebrauchswert und Wert (Wertsubstanz, Wertgröße)

Der Reichtum der Gesellschaften, in welchen kapitalistische Produktionsweise herrscht, erscheint als eine „ungeheure Warensammlung“[4], die einzelne Ware als seine Elementarform. Unsere Untersuchung beginnt daher mit der Analyse der Ware.

Die Ware ist zunächst ein äußerer Gegenstand, ein Ding, das durch seine Eigenschaften menschliche Bedürfnisse irgendeiner Art befriedigt. Die Natur dieser Bedürfnisse, ob sie z.B. dem Magen oder der Phantasie entspringen, ändert nichts an der Sache.[5] Es handelt sich hier auch nicht darum, wie die Sache das menschliche Bedürfnis befriedigt, ob unmittelbar als Lebensmittel, d.h. als Gegenstand des Genusses, oder auf einem Umweg, als Produktionsmittel.

Jedes nützliche Ding, wie Eisen, Papier usw., ist unter doppelten Gesichtspunkt zu betrachten, nach Qualität und Quantität. Jedes solches Ding ist ein Ganzes vieler Eigenschaften und kann daher nach verschiedenen Seiten nützlich sein. Diese verschiedenen Seiten und daher die mannigfachen Gebrauchsweisen der Dinge zu entdecken ist geschichtliche Tat.[6] So die Findung gesellschaftlicher Maße für die Quantität der nützlichen Dinge. Die Verschiedenheit der Warenmaße entspringt teils aus der verschiedenen Natur der zu messenden Gegenstände, teils aus Konvention.

Die Nützlichkeit eines Dings macht es zum Gebrauchswert.[7] Aber diese Nützlichkeit schwebt nicht in der Luft. Durch die Eigenschaften des Warenkörpers be-

[4] *Karl Marx*, „Zur Kritik der Politischen Ökonomie“, Berlin 1859, pag. 3. (Siehe Band 13, S. 15)

[5] „Verlangen schließt Bedürfnis ein; es ist der Appetit des Geistes, und so natürlich wie Hunger für den Körper ... die meisten (Dinge) haben ihren Wert daher, daß sie Bedürfnisse des Geistes befriedigen.“ (*Nicholas Barbon*, „A Discourse on coining the new money lighter. In answer to *Mr. Locke*'s Considerations etc.“, London 1696, p. 2, 3.)

[6] „Dinge haben einen intrinsick vertue“ (dies bei Barbon die spezifische Bezeichnung für Gebrauchswert), „der überall gleich ist, so wie der des Magnets, Eisen anzuziehen“ (l.c.p. 6). Die Eigenschaft des Magnets, Eisen anzuziehn, wurde erst nützlich, sobald man vermittelst derselben die magnetische Polarität entdeckt hatte.

[7] „Der natürliche worth jedes Dinges besteht in seiner Eignung, die notwendigen Bedürfnisse zu befriedigen oder den Annehmlichkeiten des menschlichen Lebens zu dienen.“ (*John Locke*, „Some Considerations on the Consequences of the Lowering of Interest“, 1691, in „Works“, edit. Lond. 1777, v. II, p. 28.) Im 17. Jahrhundert finden wir noch häufig bei englischen Schriftstellen „Worth“ für Gebrauchswert und „Value“ für Tauschwert, ganz im Geist einer Sprache, die es liebt, die unmittelbare Sache germanisch und die reflektierte Sache romanisch auszudrücken.

dingt, existiert sie nicht ohne denselben. Der Warenkörper selbst, wie Eisen, Weizen, Diamant usw., ist daher ein Gebrauchswert oder Gut. Dieser sein Charakter hängt nicht davon ab, ob die Aneignung seiner Gebrauchseigenschaften dem Menschen viel oder wenig Arbeit kostet. Bei Betrachtung der Gebrauchswerte wird stets ihre quantitative Bestimmtheit vorausgesetzt, wie Dutzend Uhren, Elle Leinwand, Tonne Eisen usw. Die Gebrauchswerte der Waren liefern das Material einer eignen Disziplin, der Warenkunde.[8] Der Gebrauchswert verwirklicht sich nur im Gebrauch oder der Konsumtion. Gebrauchswerte bilden den stofflichen Inhalt des Reichtums, welches immer seine gesellschaftliche Form sei. In der von uns zu betrachtenden Gesellschaftsform bilden sie zugleich die stofflichen Träger des - Tauschwerts.

Der Tauschwert erscheint zunächst als das quantitative Verhältnis, die Proportion, worin sich Gebrauchswerte einer Art gegen Gebrauchswerte anderer Art austauschen,[9] ein Verhältnis, das beständig mit Zeit und Ort wechselt. Der Tauschwert scheint daher etwas Zufälliges und rein Relatives, ein der Ware innerlicher, immanenter Tauschwert (valeur intrinsèque) also eine contradictio in adjecto.[10] Betrachten wir die Sache näher.

Eine gewisse Ware, ein Quarter Weizen z.B. tauscht, sich mit x Stiefelwichse oder mit y Seide oder mit z Gold usw., kurz mit andern Waren in den verschiedensten Proportionen. Mannigfache Tauschwerte also hat der Weizen statt eines einzigen. Aber da x Stiefelwichse, ebenso y Seide, ebenso z Gold usw. der Tauschwert von einem Quarter Weizen ist, müssen y Stiefelwichse, y Seide, z Gold usw. durch einander ersetzbare oder einander gleich große Tauschwerte sein. Es folgt daher erstens: Die gültigen Tauschwerte derselben Ware drücken ein Gleiches aus. Zweitens aber: Der Tauschwert kann überhaupt nur die Ausdrucksweise, die „Erscheinungsform" eines von ihm unterscheidbaren Gehalts sein.

Nehmen wir ferner zwei Waren, z.B. Weizen und Eisen. Welches immer ihr Austauschverhältnis, es ist stets darstellbar in einer Gleichung, worin ein gegebenes Quantum Weizen irgendeinem Quantum Eisen gleichgesetzt wird, z.B. 1 Quarter Weizen = a Ztr. Eisen. Was besagt diese Gleichung? daß ein Gemeinsames von derselben Größe in zwei verschiednen Dingen existiert, in 1 Quarter Weizen und ebenfalls in a Ztr. Eisen. Beide sind also gleich einem Dritten, das an und für sich weder das eine noch das andere ist. Jedes der beiden, soweit es Tauschwert, muß also auf dies Dritte reduzierbar sein.

Ein einfaches geometrisches Beispiel veranschauliche dies. Um den Flächeninhalt aller gradlinigen Figuren zu bestimmen und zu vergleichen, löst man sie in

[8] In der bürgerlichen Gesellschaft herrscht die fictio juris, daß jeder Mensch als Warenkäufer eine enzyklopädische Warenkenntnis besitzt.

[9] „Der Wert besteht in dem Tauschverhältnis, das zwischen einem Ding und einem anderen, zwischen der Menge eines Erzeugnisses und der eines anderen besteht." (Le Trosne, „De l'Intérêt Social", [in] „Physiocrates", éd. Daire, Paris 1846, p. 889.)

[10] „Nichts kann einen inneren Tauschwert haben" (*N. Barbon*, l.c.p. 6), oder wie *Butler* sagt: „Der Wert eines Dings ist grade so viel, wie es einbringen wird."

Dreiecke auf. Das Dreieck selbst reduziert man auf einen von seiner sichtbaren Figur ganz verschiednen Ausdruck - das halbe Produkt seiner Grundlinie mit seiner Höhe. Ebenso sind die Tauschwerte der Waren zu reduzieren auf ein Gemeinsames, wovon sie ein Mehr oder Minder darstellen.

Dies Gemeinsame kann nicht eine geometrische, physikalische, chemische oder sonstige natürliche Eigenschaft der Waren sein. Ihre körperlichen Eigenschaften kommen überhaupt nur in Betracht, soweit selbe sie nutzbar machen, also zu Gebrauchswerten. Andererseits aber ist es grade die Abstraktion von ihren Gebrauchswerten, was das Austauschverhältnis der Waren augenscheinlich charakterisiert. Innerhalb desselben gilt ein Gebrauchswert grade so viel wie jeder andre, wenn er nur in gehöriger Proportion vorhanden ist. Oder, wie der alte Barbon sagt:

„Die eine Warensorte ist so gut wie die andre, wenn ihr Tauschwert gleich groß ist. Da existiert keine Verschiedenheit oder Unterscheidbarkeit zwischen Dingen von gleich großem Tauschwert.“[11]

Als Gebrauchswerte sind die Waren vor allem verschiedner Qualität, als Tauschwerte können sie nur verschiedner Quantität sein, enthalten also kein Atom Gebrauchswert.

Sieht man nun vom Gebrauchswert der Warenkörper ab, so bleibt ihnen nur noch eine Eigenschaft, die von Arbeitsprodukten. Jedoch ist uns auch das Arbeitsprodukt bereits in der Hand verwandelt. Abstrahieren wir von seinem Gebrauchswert, so abstrahieren wir auch von den körperlichen Bestandteilen und Formen, die es zum Gebrauchswert machen. Es ist nicht länger Tisch oder Haus oder Garn oder sonst ein nützlich. Alle seine sinnlichen Beschaffenheiten sind ausgelöscht. Es ist auch nicht länger das Produkt der Tischlerarbeit oder der Bauarbeit oder der Spinnarbeit oder sonst einer bestimmten produktiven Arbeit. Mit dem nützlichen Charakter der Arbeitsprodukte verschwindet der nützlicher Charakter der in ihnen dargestellten Arbeiten, es verschwinden also auch die verschiedenen konkreten Formen dieser Arbeiten, sie unterscheiden sich nicht länger, sondern sind allzusamt reduziert auf gleiche menschliche Arbeit, abstrakt menschliche Arbeit.

Betrachten wir nun das Residuum der Arbeitsprodukte. Es ist nichts von ihnen übriggeblieben als dieselbe gespenstige Gegenständlichkeit, eine bloße Gallerte unterschiedsloser menschlicher Arbeit, d.h. der Verausgabung menschlicher Arbeitskraft ohne Rücksicht auf die Form ihrer Verausgabung. Diese Dinge stellen nur noch dar, daß in ihrer Produktion menschliche Arbeitskraft verausgabt, menschliche Arbeit aufgehäuft ist. Als Kristalle dieser ihnen gemeinschaftlichen Substanz sind sie Werte - Warenwerte.

Im Austauschverhältnis der Waren selbst erschien uns ihr Tauschwert als etwas von ihren Gebrauchswerten durchaus Unabhängiges. Abstrahiert man nun

[11] „One sort of wares are as good as another, if the value be equal. There is no difference or distinction in things of equal value ... One hundred pounds worth of lead or iron, is of as great a value as one hundred pounds worth of silver and gold.“ („ ... Blei oder Eisen im Werte von einhundert Pfund Sterling haben gleich großen Tauschwert wie Silber und Gold im Werte von einhundert Pfund Sterling.“) (*N. Barbon*, l.c.p. 53 u. 7.)

wirklich vom Gebrauchswert der Arbeitsprodukte, so erhält man ihren Wert, wie er eben bestimmt ward. Das Gemeinsame, was sich im Austauschverhältnis oder Tauschwert der Ware darstellt, ist also ihr Wert. Der Fortgang der Untersuchung wird uns zurückführen zum Tauschwert als der notwendigen Ausdrucksweise oder Erscheinungsform des Werts, welcher zunächst jedoch unabhängig von dieser Form zu betrachten ist.

Ein Gebrauchswert oder Gut hat also nur einen Wert, weil abstrakt menschliche Arbeit in ihm vergegenständlicht oder materialisiert ist. Wie nun die Größe seines Werts messen? Durch das Quantum der in ihm enthaltenen „wertbildenden Substanz", der Arbeit. Die Quantität der Arbeit selbst mißt sich an ihrer Zeitdauer, und die Arbeitszeit besitzt wieder ihren Maßstab an bestimmten Zeitteilen, wie Stunde, Tag usw.

Es könnte scheinen, daß, wenn der Wert einer Ware durch das während ihrer Produktion verausgabte Arbeitsquantum bestimmt ist, je fauler oder ungeschickter ein Mann, desto wertvoller seine Ware, weil er desto mehr Zeit zu ihrer Verfertigung braucht. Die Arbeit jedoch, welche die Substanz der Werte bildet, ist gleiche menschliche Arbeit, Verausgabung derselben menschlichen Arbeitskraft. Die gesamte Arbeitskraft der Gesellschaft, die sich in den Werten der Warenwelt darstellt, gilt hier als eine und dieselbe menschliche Arbeitskraft, obgleich sie aus zahllosen individuellen Arbeitskräften besteht. Jede dieser individuellen Arbeitskräfte ist dieselbe menschliche Arbeitskraft wie die andere, soweit sie den Charakter einer gesellschaftlichen Durchschnitts-Arbeitskraft besitzt und als solche gesellschaftliche Durchschnitts-Arbeitskraft wirkt, also in der Produktion einer Ware auch nur die im Durchschnitt notwendige oder gesellschaftlich notwendige Arbeitszeit braucht. Gesellschaftlich notwendige Arbeitszeit ist Arbeitszeit, erheischt, um irgendeinen Gebrauchswert mit den vorhandenen gesellschaftlich-normalen Produktionsbedingungen und dem gesellschaftlichen Durchschnittsgrad von Geschick und Intensität der Arbeit darzustellen. Nach der Einführung des Dampfwebstuhls in England z.B. genügte vielleicht halb so viel Arbeit als vorher, um ein gegebenes Quantum Garn in Gewebe zu verwandeln. Der englische Handweber brauchte zu dieser Verwandlung in der Tat nach wie vor dieselbe Arbeitszeit, aber das Produkt seiner individuellen Arbeitsstunde stellte jetzt nur noch eine halbe gesellschaftliche Arbeitsstunde dar und fiel daher auf die Hälfte seines frühern Werts.

Es ist also nur das Quantum gesellschaftlich notwendiger Arbeit oder die zur Herstellung eines Gebrauchswerts gesellschaftlich notwendige Arbeitszeit, welche seine Wertgröße bestimmt.[12] Die einzelne Ware gilt hier überhaupt als

[12] Note zur 2. Ausg. „The value of them (the necessaries of life) when they are exchagend the one for another, is regulated by the quantity of labour necessarily required, and commonly taken in producing them." „Der Wert von Gebrauchsgegenständen, sobald sie gegeneinander ausgetauscht werden, ist bestimmt durch das Quantum der zu ihrer Produktion notwendig erheischten und gewöhnlich angewandten Arbeit." („Some Thoughts on the Interest of Money in general, and particularly in the Public funds etc.", London, p. 36, 37.) Diese merkwürdige anonyme Schrift des vorigen Jahrhunderts trägt kein Datum. Es geht jedoch aus ihrem Inhalt hervor, daß sie unter Georg II., etwa 1739 oder 1740, erschienen ist.

Durchschnittsexemplar ihrer Art.[13] Waren, worin gleich große Arbeitsquanta enthalten sind oder die in derselben Arbeitszeit hergestellt werden können, haben daher dieselbe Wertgröße. Der Wert einer Ware verhält sich zum Wert jeder andren Ware wie die zur Produktion der einen notwendige Arbeitszeit zu der für die Produktion der andren notwendigen Arbeitszeit. „Als Werte sind alle Waren nur bestimmte Maße festgeronnener Arbeitszeit."[14]

Die Wertgröße einer Ware bliebe daher konstant, wäre die zu ihrer Produktion erheischte Arbeitszeit konstant. Letztere wechselt aber mit jedem Wechsel in der Produktivkraft der Arbeit. Die Produktivkraft der Arbeit ist durch mannigfache Umstände bestimmt, unter anderen durch den Durchschnittsgrad des Geschickes der Arbeiter, die Entwicklungsstufe der Wissenschaft und ihrer technologischen Anwendbarkeit, die gesellschaftliche Kombination des Produktionsprozesses, den Umfang und die Wirkungsfähigkeit der Produktionsmittel, und durch Naturverhältnisse. Dasselbe Quantum Arbeit stellt sich z.B. mit günstiger Jahreszeit in 8 Bushel Weizen dar, mit ungünstiger in nur 4. Dasselbe Quantum Arbeit liefert mehr Metalle in reichhaltigen als in armen Minen usw. Diamanten kommen selten in der Erdrinde vor, und ihre Findung kostet daher im Durchschnitt viel Arbeitszeit. Folglich stellen sie in wenig Volumen viel Arbeit dar. Jacob bezweifelt, daß Gold jemals seinen vollen Wert bezahlt hat. Noch mehr gilt dies vom Diamant. Nach Eschwege hatte 1823 die achtzigjährige Gesamtausbeute der brasilischen Diamantgruben noch nicht den Preis des 1 1/2 jährigen Durchschnittsprodukts der brasilischen Zucker oder Kaffeepflanzungen erreicht, obgleich sie viel mehr Arbeit darstellte, also mehr Wert. Mit reichhaltigeren Gruben würde dasselbe Arbeitsquantum sich in mehr Diamanten darstellen und ihr Wert sinken. Gelingt es, mit wenig Arbeit Kohle in Diamant zu verwandeln, so kann sein Wert unter den von Ziegelsteinen fallen. Allgemein: Je größer die Produktivkraft der Arbeit, desto kleiner die zur Herstellung eines Artikels erheischte Arbeitszeit, desto kleiner die in ihm kristallisierte Arbeitsmasse, desto kleiner sein Wert. Umgekehrt, je kleiner die Produktivkraft der Arbeit, desto größer die zur Herstellung eines Artikels notwendige Arbeitszeit, desto größer sein Wert. Die Wertgröße einer Ware wechselt also direkt wie das Quantum und umgekehrt wie die Produktivkraft der sich in ihr verwirklichenden Arbeit. (1. Auflage folgt: Wir kennen jetzt die Substanz des Werts. Es ist die Arbeit. Wir kennen sein Größenmaß. Es ist die Arbeitszeit. Seine Form, die den Wert eben zum Tausch-Wertstempelt, bleibt zu analysieren. Vorher jedoch sind die bereits gefundenen Bestimmungen etwas näher zu entwickeln.)

Ein Ding kann Gebrauchswert sein, ohne Wert zu sein. Es ist dies der Fall, wenn sein Nutzen für den Menschen nicht durch Arbeit vermittelt ist. So Luft, jungfräulicher Boden, natürliche Wiesen, wildwachsendes Holz usw. Ein Ding kann nützlich und Produkt menschlicher Arbeit sein, ohne Ware zu sein. Wer

[13] „Alle Erzeugnisse der gleichen Art bilden eigentlich nur eine Masse, deren Preis allgemein und ohne Rücksicht auf die besonderen Umstände bestimmt wird."

[14] K. Marx, l.c.p.6. (Siehe Band 13, S. 18)

durch sein Produkt sein eignes Bedürfnis befriedigt, schafft zwar Gebrauchswert, aber nicht Ware. Um Ware zu produzieren, muß er nicht nur Gebrauchswert produzieren, sondern Gebrauchswert für andre, gesellschaftliche Gebrauchswert. {Und nicht nur für andre schlechthin. Der mittelalterlichen Bauer produzierte das Zinskorn für den Feudalherrn, das Zehntkorn für den Pfaffen. Aber weder Zinskorn noch Zehntkorn wurden dadurch Ware, daß sie für andre produziert waren. Um Ware zu werden, muß das Produkt dem andern, dem es als Gebrauchswert dient, durch den Austausch übertragen werden.}[15] Endlich kann kein Ding Wert sein, ohne Gebrauchsgegenstand zu sein. Ist es nutzlos, so ist auch die in ihm enthaltene Arbeit nutzlos, zählt nicht als Arbeit und bildet daher keinen Wert.

2. Doppelcharakter der in den Waren dargestellten Arbeit

Ursprünglich erschien uns die Ware als ein Zwieschlächtiges, Gebrauchswert und Tauschwert. Später zeigte sich, daß auch die Arbeit, soweit sie im Wert ausgedrückt ist, nicht mehr dieselben Merkmale besitzt, die ihr als Erzeugerin von Gebrauchswerten zukommen. Diese zwieschlächtige Natur der in der Ware enthaltenen Arbeit ist zuerst von mir kritisch nachgewiesen worden.[16] Da dieser Punkt der Springpunkt ist, um den sich das Verständnis der politischen Ökonomie dreht, soll er hier näher beleuchtet werden.

Nehmen wir zwei Waren, etwa einen Rock und 10 Ellen Leinwand. Der erster habe den zweifachen Wert der letzteren, so daß, wenn 10 Ellen Leinwand = W, der Rock = 2 W.

Der Rock ist ein Gebrauchswert, der ein besonderes Bedürfnis befriedigt. Um ihn hervorzubringen, bedarf es einer bestimmten Art produktiver Tätigkeit. Sie ist bestimmt durch ihren Zweck, Operationsweise, Gegenstand, Mittel und Resultat. Die Arbeit, deren Nützlichkeit sich so im Gebrauchswert ihres Produkts oder darin darstellt, daß ihr Produkt ein Gebrauchswert ist, nennen wir kurzweg nützliche Arbeit. Unter diesem Gesichtspunkt wird sie stets betrachtet mit Bezug auf ihren Nutzeffekt.

Wie Rock und Leinwand qualitativ verschiedne Gebrauchswerte, so sind die ihr Dasein vermittelnden Arbeiten qualitativ verschieden - Schneiderei und Weberei. Wären jene Dinge nicht qualitativ verschiedne Gebrauchswerte und daher Produkte qualitativ verschiedner nützlicher Arbeiten, so könnten sie sich überhaupt nicht als Waren gegenübertreten. Rock tauscht sich nicht aus gegen Rock, derselbe Gebrauchswert nicht gegen denselben Gebrauchswert.

In der Gesamtheit der verschiedenartigen Gebrauchswerte oder Warenkörper erscheint eine Gesamtheit ebenso mannigfaltiger, nach Gattung, Art, Familie, Unterart, Varietät verschiedner nützlicher Arbeiten - eine gesellschaftliche Teilung

[15] Note zur 4. Aufl. - Ich schiebe das Eingeklammerte ein, weil durch dessen Weglassung sehr häufig das Mißverständnis entstanden, jedes Produkt, das von einem andern als dem Produzenten konsumiert wird, gelte bei Marx als Ware. - F. E.
[16] l.c.p. 12, 13 und passim. (Siehe Band 13, S. 22, 23 und passim)

der Arbeit. Sie ist Existenzbedingung der Warenproduktion, obgleich Warenproduktion nicht umgekehrt die Existenzbedingung gesellschaftlicher Arbeitsteilung. In der altindischen Gemeinde ist die Arbeit gesellschaftlich geteilt, ohne daß die Produkte zu Waren werden. Oder, ein näher liegendes Beispiel, in jeder Fabrik ist die Arbeit systematisch geteilt, aber diese Teilung nicht dadurch vermittelt, daß die Arbeiter ihre individuellen Produkte austauschen. Nur Produkte selbständiger und voneinander unabhängiger Privatarbeiten treten einander als Waren gegenüber.

Man hat also gesehn: in dem Gebrauchswert jeder Ware steckt eine bestimmte zweckmäßig produktive Tätigkeit oder nützliche Arbeit. Gebrauchswerte können sich nicht als Waren gegenübertreten, wenn nicht qualitativ verschiedne nützliche Arbeiten in ihnen stecken. In einer Gesellschaft, deren Produkte allgemein die Form der Ware annehmen, d.h. in einer Gesellschaft von Warenproduzenten, entwickelt sich dieser qualitative Unterschied der nützlichen Arbeiten, welche unabhängig voneinander als Privatgeschäfte selbständiger Produzenten betrieben werden, zu einem vielgliedrigen System, zu einer gesellschaftlichen Teilung der Arbeit.

Dem Rock ist es übrigens gleichgültig, ob er vom Schneider oder vom Kunden des Schneiders getragen wird. In beiden Fällen wirkt er als Gebrauchswert. Ebensowenig ist das Verhältnis zwischen dem Rock und der ihn produzierenden Arbeit an und für sich dadurch verändert, daß die Schneiderei besondre Profession wird, selbständiges Glied der gesellschaftlichen Teilung der Arbeit. Wo ihn das Kleidungsbedürfnis zwang, hat der Mensch jahrtausendelang geschneidert, bevor aus einem Menschen ein Schneider ward. Aber das Dasein von Rock, Leinwand, jedem nicht von Natur vorhandnen Element des stofflichen Reichtums, mußte immer vermittelt sein durch eine spezielle, zweckmäßig produktive Tätigkeit, die besondere Naturstoffe besondren menschlichen Bedürfnissen assimiliert. Als Bildnerin von Gebrauchswerten, als nützliche Arbeit, ist die Arbeit daher eine von allen Gesellschaftsformen unabhängige Existenzbedingung des Menschen, ewige Naturnotwendigkeit, um den Stoffwechsel zwischen Mensch und Natur, also das menschliche Leben zu vermitteln.

Die Gebrauchswerte Rock, Leinwand usw., kurz die Warenkörper, sind Verbindungen von zwei Elementen, Naturstoff und Arbeit. Zieht man die Gesamtsumme aller verschiednen nützlichen Arbeiten ab, die in Rock, Leinwand usw. stecken, so bleibt stets ein materielles Substrat zurück, das ohne Zutun des Menschen von Natur vorhanden ist. Der Mensch kann in seiner Produktion nur verfahren, wie die Natur selbst, d.h. nur die Formen der Stoffe ändern.[17] Noch mehr. In dieser Arbeit der

[17] „Alle Erscheinungen des Weltalls, seien sie hervorgerufen von der Hand des Menschen oder durch die allgemeinen Gesetze der Physik, sind nicht tatsächliche Neuschöpfungen, sondern lediglich eine Umformung des Stoffes. Zusammensetzen und Trennen sind die einzigen Elemente, die der menschliche Geist immer wieder bei der Analyse der Verstellung der Reproduktion findet; und ebenso verhält es sich mit der Reproduktion des Wertes" (Gebrauchswert, obgleich Verri hier in seiner Polemik gegen die Physiokraten selbst nicht recht weiß, von welcher Sorte Wert er spricht) „und des Reichtums, wenn Erde, Luft und Wasser auf den Feldern sich in Korn verwandeln, oder auch wenn sich durch die Hand des Menschen die Abscheidung eines Insekts in Seide verwandelt, oder einige Metallteilchen sich anordnen, um eine Repetieruhr zu bilden." (Pietro Verri, „Meditazioni sulla Economia Politica" - zuerst gedruckt 1771 - in der Ausgabe der italienischen Ökonomen von Custodi, Parte Moderna, t. XV, p. 21, 22.)

Formung selbst wird er beständig unterstützt von Naturkräften. Arbeit ist also nicht der einzige Quelle der von ihr produzierten Gebrauchswerte, des stofflichen Reichtums. Die Arbeit ist sein Vater, wie William Petty sagt, und die Erde seine Mutter.

Gehen wir nun von der Ware, soweit sie Gebrauchsgegenstand, über zum Waren-Wert.

Nach unsrer Unterstellung hat der Rock den doppelten Wert der Leinwand. Dies ist aber nur ein quantitativer Unterschied, der uns zunächst noch nicht interessiert. Wir erinnern daher, daß, wenn der Wert eines Rockes doppelt so groß als der von 10 Ellen Leinwand, 20 Ellen Leinwand dieselbe Wertgröße haben wie ein Rock. Als Werte sind Rock und Leinwand Dinge von gleicher Substanz, objektive Ausdrücke gleichartiger Arbeit. Aber Schneiderei und Weberei sind qualitativ verschiedne Arbeiten. Es gibt jedoch Gesellschaftszustände, worin derselbe Mensch abwechselnd schneidert und webt, diese beiden verschiednen Arbeitsweisen daher nur Modifikationen der Arbeit desselben Individuums und noch nicht besondre feste Funktionen verschiedner Individuen sind, ganz wie der Rock, den unser Schneider heute, und die Hosen, die er morgen macht, nur Variationen derselben individuellen Arbeit voraussetzen. Der Augenschein lehrt ferner, daß in unsrer kapitalistischen Gesellschaft, je nach der wechselnden Richtung der Arbeitsnachfrage, eine gegebene Portion menschlicher Arbeit abwechselnd in der Form von Schneiderei oder in der Form von Weberei zugeführt wird. Dieser Formwechsel der Arbeit mag nicht ohne Friktion abgehn, aber er muß gehn. Sieht man ab von der Bestimmtheit der produktiven Tätigkeit und daher vom nützlichen Charakter der Arbeit, so bleibt das an ihr, daß sie eine Verausgabung menschlicher Arbeitskraft ist. Schneiderei und Weberei, obgleich qualitativ verschiedne produktive Tätigkeiten, sind beide produktive Verausgabung von menschlichem Hirn, Muskel, Nerv, Hand usw., und in diesem Sinn beide menschliche Arbeit. Es sind nur zwei verschiedne Formen, menschliche Arbeitskraft zu verausgaben. Allerdings muß die menschliche Arbeitskraft selbst mehr oder minder entwickelt sein, um in dieser oder jener Form verausgabt zu werden. Der Wert der Ware aber stellt menschliche Arbeit schlechthin dar, Verausgabung menschlicher Arbeit überhaupt. Wie nun in der bürgerlichen Gesellschaft ein General oder Bankier eine große, der Mensch schlechthin dagegen eine sehr schäbige Rolle spielt,[18] so steht es auch hier mit der menschlichen Arbeit. Sie ist Verausgabung einfacher Arbeitskraft, die im Durchschnitt jeder gewöhnliche Mensch, ohne besondere Entwicklung, in seinem leiblichen Organismus besitzt. Die einfache Durchschnittsarbeit selbst wechselt zwar in verschiednen Ländern und Kulturepochen ihren Charakter, ist aber in einer vorhandnen Gesellschaft gegeben. Kompliziertere Arbeit gilt nur als potenzierte oder vielmehr multiplizierte einfache Arbeit, so daß ein kleineres Quantum komplizierter Arbeit gleich einem größeren Quantum einfacher Arbeit. Daß diese Reduktion beständig vorgeht, zeigt die Erfahrung. Eine Ware mag das Produkt der kompliziertesten Arbeit sein,

[18] Vgl. Hegel, „Philosophie des Rechts“, Berlin 1840, p. 250, § 190.

ihr Wert setzt sie dem Produkt einfacher Arbeit gleich und stellt daher selbst nur ein bestimmtes Quantum einfacher Arbeit dar.[19] Die verschiednen Proportionen, worin verschiedne Arbeitsarten auf einfache Arbeit als ihre Maßeinheit reduziert sind, werden durch einen gesellschaftlichen Prozeß hinter dem Rücken der Produzenten festgesetzt und scheinen ihnen daher durch das Herkommen gegeben. Der Vereinfachung halber gilt uns im Folgenden jede Art Arbeitskraft unmittelbar für einfache Arbeitskraft, wodurch nur die Mühe der Reduktion erspart wird.

Wie also in den Werten Rock und Leinwand von dem Unterschied ihrer Gebrauchswerte abstrahiert ist, so in den Arbeiten, die sich in diesen Werten darstellen, von dem Unterschied ihrer nützlichen Formen, der Schneiderei und Weberei. Wie die Gebrauchswerte Rock und Leinwand Verbindungen zweckbestimmter, produktiver Tätigkeiten mit Tuch und Garn sind, die Werte Rock und Leinwand dagegen bloße gleichartige Arbeitsgallerten, so gelten auch die in diesen Werten enthaltenen Arbeiten nicht durch ihr produktives Verhalten zu Tuch und Garn, sondern nur als Verausgabungen menschlicher Arbeitskraft. Bildungselemente der Gebrauchswerte Rock und Leinwand sind Schneiderei und Weberei eben durch ihre verschiednen Qualitäten; Substanz des Rockwerts und Leinwandwerts sind sie nur, soweit von ihrer besondren Qualität abstrahiert und beide gleiche Qualität besitzen, die Qualität menschlicher Arbeit.

Rock und Leinwand sind aber nicht nur Werte überhaupt, sondern Werte von bestimmter Größe, und nach unsrer Unterstellung ist der Rock doppelt soviel wert als 10 Ellen Leinwand. Woher diese Verschiedenheit ihre Wertgrößen? Daher, daß die Leinwand nur halb soviel Arbeit enthält als der Rock, so daß zur Produktion des letzteren die Arbeitskraft während doppelt soviel Zeit verausgabt werden muß als zur Produktion der erstern.

Wenn also mit Bezug auf den Gebrauchswert die in der Ware enthaltene Arbeit nur qualitativ gilt, gilt sie mit Bezug auf die Wertgröße nur quantitativ, nachdem sie bereits auf menschliche Arbeit ohne weitere Qualität reduziert ist. Dort handelt es sich um das Wie und Was der Arbeit, hier um ihr Wieviel, ihre Zeitdauer. Da die Wertgröße einer Ware nur das Quantum der in ihr enthaltenen Arbeit darstellt, müssen Waren in gewisser Proportion stets gleich große Werte sein.

Bleibt die Produktivkraft, sage aller zur Produktion eines Rocks erheischten nützlichen Arbeiten unverändert, so steigt die Wertgröße der Röcke mit ihrer eignen Quantität. Wenn 1 Rock x, stellen 2 Röcke 2 x Arbeitstage dar usw. Nimm aber an, die zur Produktion eines Rocks notwendige Arbeit steige auf das Doppelte oder falle um die Hälfte. Im ersten Fall hat ein Rock soviel Wert als vorher zwei Röcke, im letztern Fall haben zwei Röcke nur soviel Wert als vorher einer, obgleich in beiden Fällen ein Rock nach wie vor dieselben Dienste leistet und die in ihm enthaltene nützliche Arbeit nach wie vor von derselben Güte bleibt. Aber das in seiner Produktion verausgabte Arbeitsquantum hat sich verändert.

[19] Der Leser muß aufmerken, daß hier nicht vom Lohn oder Wert die Rede ist, den der Arbeiter für etwa einen Arbeitstag erhält, sondern vom Warenwert, worin sich sein Arbeitstag vergegenständlicht. Die Kategorie des Arbeitslohns existiert überhaupt noch nicht auf dieser Stufe unsrer Darstellung.

Ein größres Quantum Gebrauchswert bildet an und für sich größren stofflichen Reichtum, zwei Röcke mehr als einer. Mit zwei Röcken kann man zwei Menschen kleiden, mit einem Rock nur einen Menschen usw. Dennoch kann der steigenden Masse des stofflichen Reichtums ein gleichzeitiger Fall seiner Wertgröße entsprechen. Diese gegensätzliche Bewegung entspringt aus dem zwieschlächtigen Charakter der Arbeit. Produktivkraft ist natürlich stets Produktivkraft nützlicher, konkreter Arbeit und bestimmt in der Tat nur den Wirkungsgrad zweckmäßiger produktiver Tätigkeit in gegebnem Zeitraum. Die nützliche Arbeit wird daher reichere oder dürftigere Produktenquelle im direkten Verhältnis zum Steigen oder Fallen ihrer Produktivkraft. Dagegen trifft ein Wechsel der Produktivkraft die im Wert dargestellte Arbeit an und für sich gar nicht. Da die Produktivkraft der konkreten nützlichen Form der Arbeit angehört, kann sie natürlich die Arbeit nicht mehr berühren, sobald von ihrer konkreten nützlichen Form abstrahiert wird. Dieselbe Arbeit ergibt daher in denselben Zeiträumen stets dieselbe Wertgröße, wie immer die Produktivkraft wechsle. Aber sie liefert in demselben Zeitraum verschiedene Quanta Gebrauchswerte, mehr, wenn die Produktivkraft steigt, weniger, wenn sie sinkt. Derselbe Wechsel der Produktivkraft, der die Fruchtbarkeit der Arbeit und daher die Masse der von ihr gelieferten Gebrauchswerte vermehrt, vermindert also die Wertgröße dieser vermehrten Gesamtmasse, wenn er die Summe der zu ihrer Produktion notwendigen Arbeitszeit abkürzt. Ebenso umgekehrt.

Alle Arbeit ist einerseits Verausgabung menschlicher Arbeitskraft im physiologischen Sinn, und in dieser Eigenschaft gleicher menschlicher oder abstrakt menschlicher Arbeit bildet sie den Warenwert. Alle Arbeit ist andrerseits Verausgabung menschlicher Arbeitskraft in besondrer zweckbestimmter Form, und in dieser Eigenschaft konkreter nützlicher Arbeit produziert sie Gebrauchswerte.[20]

[20] Note zur 2. Ausg. Um zu beweisen, „daß die Arbeit allein das endgültige und reale Maß ist, woran der Wert aller Waren zu allen Zeiten geschätzt und verglichen werden kann", sagt *A. Smith*: „Gleiche Quantitäten Arbeit müssen zu allen Zeiten und an allen Orten für den Arbeiter selbst denselben Wert haben. In seinem normalen Zustand von Gesundheit, Kraft und Tätigkeit und mit dem Durchschnittsgrad von Geschicklichkeit, die er besitzen mag, muß er immer die nämliche Portion seiner Ruhe, seiner Freiheit und seines Glücks hingeben." („Wealth of Nations", b. I, ch. V, [p.104/105].) Einerseits verwechselt A. Smith hier (nicht überall) die Bestimmung des Werts durch das in der Produktion der Ware verausgabte Arbeitsquantum mit der Bestimmung der Warenwerte durch den Wert der Arbeit und sucht daher nachzuweisen, daß gleiche Quantitäten Arbeit stets denselben Wert haben. Andrerseits ahnt er, daß die Arbeit, soweit sie sich im Wert der Waren darstellt, nur als Verausgabung von Arbeitskraft gilt, faßt diese Verausgabung aber wieder bloß als Opfer von Ruhe, Freiheit und Glück, nicht auch als normale Lebensbetätigung. Allerdings hat er den modernen Lohnarbeiter vor Augen. - Viel treffender sagt der Note 9 zitierte anonyme Vorgänger von A. Smith: „Ein Mann hat eine Woche auf Herstellung dieses Bedarfsgegenstands verwandt ... und der, welcher ihm einen anderen Gegenstand im Austausch gibt, kann nicht richtiger abschätzen, was wirklich gleichwertig ist, als durch die Berechnung, was ihm ebensoviel labour und Zeit kostet. Das bedeutet in der Tat den Austausch der labour, die ein Mensch in einer bestimmten Zeit auf einen Gegenstand verwandt hat, gegen die labour eines andren, in der gleichen Zeit auf einen anderen Gegenstand verwandt." („Some Thoughts on the Interest of Money in general etc.", p. 39.) - {Zur 4. Auflage: Die englische Sprache hat den Vorzug, zwei verschiedne Worte für diese zwei verschiednen Aspekte der Arbeit zu haben. Die Arbeit, die Gebrauchswerte schafft und qualitativ bestimmt ist, heißt work, im Gegensatz zu labour; Die Arbeit, die Wert schafft und nur quantitativ gemessen wird, heißt labour im Gegensatz zu work. Siehe Note zu engl. Übersetzung, p. 14. - F. E.}

3. Die Wertform oder der Tauschwert

Waren kommen zur Welt in der Form von Gebrauchswerten oder Warenkörpern, als Eisen, Leinwand, Weizen usw. Es ist dies ihre hausbackene Naturalform. Sie sind jedoch nur Waren, weil Doppeltes, Gebrauchsgegenstände und zugleich Wertträger. Sie erscheinen daher nur als Waren oder besitzen nur die Form von Waren, sofern sie Doppelform besitzen, Naturalform und Wertform.

Die Wertgegenständlichkeit der Waren unterscheidet sich dadurch von der Wittib Hurtig, daß man nicht weiß, wo sie zu haben ist. Im graden Gegenteil zur sinnlich groben Gegenständlichkeit der Warenkörper geht kein Atom Naturstoff in ihre Wertgegenständlichkeit ein. Man mag daher eine einzelne Ware drehen und wenden, wie man will, sie bleibt unfaßbar als Wertding. Erinnern wir uns jedoch, daß die Waren nur Wertgegenständlichkeit besitzen, sofern sie Ausdrücke derselben gesellschaftlichen Einheit, menschlicher Arbeit, sind, daß ihre Wertgegenständlichkeit also rein gesellschaftlich ist, so versteht sich auch von selbst, daß sie nur im gesellschaftlichen Verhältnis von Ware zu Ware erscheinen kann. Wir gingen in der Tat vom Tauschwert oder Austauschverhältnis der Waren aus, um ihrem darin versteckten Wert auf die Spur zu kommen. Wir müssen jetzt zu dieser Erscheinungsform des Wertes zurückkehren.

Jedermann weiß, wenn er auch sonst nichts weiß, daß die Waren eine mit den bunten Naturalformen ihrer Gebrauchswerte höchst frappant kontrastierende, gemeinsame Wertform besitzen - die Geldform. Hier gilt es jedoch zu leisten, was von der bürgerlichen Ökonomie nicht einmal versucht ward, nämlich die Genesis dieser Geldform nachzuweisen, also die Entwicklung des im Wertverhältnis der Waren enthaltenen Wertausdrucks von seiner einfachsten unscheinbarsten Gestalt bis zur blendenden Geldform zu verfolgen. Damit verschwindet zugleich das Geldrätsel.

Das einfachste Wertverhältnis ist offenbar das Wertverhältnis einer Ware zu einzigen verschiedenartigen Ware, gleichgültig welcher. Das Wertverhältnis zweier Waren liefert daher den einfachsten Wertausdruck für eine Ware.

A) Einfache, einzelne oder zufällige Wertform

x Ware A = y Ware B oder: x Ware A ist y Ware B wert.

(20 Ellen Leinwand = 1 Rock oder: 20 Ellen Leinwand sind 1 Rock wert.)

1. Die beiden Pole des Wertausdrucks: Relative Wertform und Äquivalentform

Das Geheimnis aller Wertform steckt in dieser einfachen Wertform. Ihre Analyse bietet daher die eigentliche Schwierigkeit.

Es spielen hier zwei verschiedenartige Waren A und B, in unsrem Beispiel Leinwand und Rock, offenbar zwei verschiedene Rollen. Die Leinwand drückt ihren Wert aus im Rock, der Rock dient zum Material dieses Wertausdrucks. Die erste Ware spielt eine aktive, die zweite eine passive Rolle. Der Wert der ersten Ware ist als relativer Wert dargestellt, oder sie befindet sich in relativer Wertform. Die zweite Ware funktioniert als Äquivalent oder befindet sich in Äquivalentform.

Relative Wertform und Äquivalentform sind zueinander gehörige, sich wechselseitig bedingende, unzertrennliche Momente, aber zugleich einander ausschließende oder entgegengesetzte Extreme, d.h. Pole desselben Wertausdrucks; sie verteilen sich stets auf die verschiedenen Waren, die der Wertausdruck aufeinander bezieht. Ich kann z.B. den Wert der Leinwand nicht in Leinwand ausdrücken. 20 Ellen Leinwand = 20 Ellen Leinwand ist kein Wertausdruck. Die Gleichung sagt vielmehr umgekehrt: 20 Ellen Leinwand sind nichts andres als 20 Ellen Leinwand, ein bestimmtes Quantum des Gebrauchsgegenstandes Leinwand. Der Wert der Leinwand kann also nur relativ ausgedrückt werden, d.h. in andrer Ware. Die relative Wertform der Leinwand unterstellt daher, daß irgendeine andre Ware sich ihr gegenüber in der Äquivalentform befindet. Andrerseits, diese andre Ware, die als Äquivalent figuriert, kann sich nicht gleichzeitig in relativer Wertform befinden. Nicht sie drückt ihren Wert aus. Sie liefert nur dem Wertausdruck andrer Ware das Material.

Allerdings schließt der Ausdruck: 20 Ellen Leinwand = 1 Rock oder 20 Ellen Leinwand sind 1 Rock wert, auch die Rückbeziehungen ein: 1 Rock = 20 Ellen Leinwand oder 1 Rock ist 20 Ellen Leinwand wert. Aber so muß ich doch die Gleichung umkehren, um den Wert des Rocks relativ ausdrücken, und sobald ich das tue, wird die Leinwand Äquivalent statt des Rockes. Dieselbe Ware kann also in demselben Wertausdruck nicht gleichzeitig in beiden Formen auftreten. Diese schließen sich vielmehr polarisch aus.

Ob eine Ware sich nun in relativer Wertform befindet oder in der entgegengesetzten Äquivalentform, hängt ausschließlich ab von ihrer jedesmaligen Stelle im Wertausdruck, d.h. davon, ob sie die Ware ist, deren Wert, oder aber die Ware, worin Wert ausgedrückt wird.

2. Die relative Wertform

a) Gehalt der relativen Wertform

Um herauszufinden, wie der einfache Wertausdruck einer Ware im Wertverhältnis zweier Waren steckt, muß man letzteres zunächst ganz unabhängig von seiner quantitativen Seite betrachten. Man verfährt meist grade umgekehrt und sieht im Wertverhältnis nur die Proportion, worin bestimmte Quanta zweier Warensorten einander gleichgelten. Man übersieht, daß die Größen verschiedner Dinge erst quantitativ vergleichbar werden nach ihrer Reduktion auf dieselbe Einheit. Nur als Ausdrücke derselben Einheit sind sie gleichnamige, daher kommensurable Größen.[21]

Ob 20 Ellen Leinwand = 1 Rock oder = 20 oder = x Röcke, d.h., ob ein gegebenes Quantum Leinwand viele oder wenige Röcke wert ist, jede solche Proportion schließt stets ein, daß Leinwand und Röcke als Wertgrößen Ausdrücke

[21] Die wenigen Ökonomen, die sich, wie S. Bailey, mit der Analyse der Wertform beschäftigt haben, konnten zu keinem Resultat kommen, einmal, weil sie Wertform und Wert verwechseln, zweitens, weil sie, unter dem rohen Einfluß des praktischen Bürgers, von vornherein ausschließlich die quantitative Bestimmtheit ins Auge fassen. „Die Verfügung über die Quantität ... macht den Wert." („Money and its Vicissitudes", Lond. 1837, p.11.) Verfasser S. Bailey.

derselben Einheit, Dinge von derselben Natur sind. Leinwand = Rock ist die Grundlage der Gleichung.

Aber die zwei qualitativ gleichgesetzten Waren spielen nicht dieselbe Rolle. Nur der Wert der Leinwand wird ausgedrückt. Und wie? Durch ihre Beziehung auf den Rock als ihr „Äquivalent“ oder mit ihr „Austauschbares“. In diesem Verhältnis gilt der Rock als Existenzform von Wert, als Wertding, denn nur als solches ist er dasselbe wie die Leinwand. Andrerseits kommt das eigne Wertsein der Leinwand zum Vorschein oder erhält einen selbständigen Ausdruck, denn nur als Wert ist sie auf den Rock als Gleichwertiges oder mit ihr Austauschbares bezüglich. So ist die Buttersäure ein vom Propylformat verschiedner Körper. Beide bestehn jedoch aus denselben chemischen Substanzen - Kohlenstoff (C), Wasserstoff (H) und Sauerstoff (O), und zwar in gleicher prozentiger Zusammensetzung, nämlich $C_4H_8O_2$. Würde nun der Buttersäure das Propylformat gleichgesetzt, so gälte in diesem Verhältnis erstens das Propylformat bloß als Existenzform von $C_4H_8O_2$ und zweitens wäre gesagt, daß auch die Buttersäure aus $C_4H_8O_2$ besteht. Durch die Gleichsetzung des Propylformats mit der Buttersäure wäre also ihre chemische Substanz im Unterschied von ihrer Körperform ausgedrückt.

Sagen wir: als Werte sind die Waren bloße Gallerten menschlicher Arbeit, so reduziert unsre Analyse dieselben auf die Wertabstraktion, gibt ihnen aber keine von ihren Naturalformen verschiedne Wertform. Anders im Wertverhältnis einer Ware zur andern. Ihr Wertcharakter tritt hier hervor durch ihre eigne Beziehung zu der andern Ware.

Indem z.B. der Rock als Wertding der Leinwand gleichgesetzt wird, wird die in ihm steckende Arbeit der in ihr steckenden Arbeit gleichgesetzt. Nun ist zwar die Schneiderei, die den Rock macht, eine von der Weberei, die die Leinwand macht, verschiedenartiger konkrete Arbeit. Aber die Gleichsetzung mit der Weberei reduziert die Schneiderei tatsächlich auf das in beiden Arbeiten wirklich Gleiche, auf ihren gemeinsamen Charakter menschlicher Arbeit. Auf diesem Umweg ist dann gesagt, daß auch die Weberei, sofern sie Wert webt, keine Unterscheidungsmerkmale von der Schneiderei besitzt, also abstrakt menschliche Arbeit ist. Nur der Äquivalenzausdruck verschiedenartiger Waren bringt den spezifischen Charakter der wertbildenden Arbeit zum Vorschein, indem er die in den verschiedenartigen Waren steckenden, verschiedenartigen Arbeiten tatsächlich auf ihr Gemeinsames reduziert, auf menschliche Arbeit überhaupt.[22]

Es genügt indes nicht, den spezifischen Charakter der Arbeit auszudrücken, woraus der Wert der Leinwand besteht. Menschliche Arbeitskraft im flüssigen

[22] Note zur 2. Ausgabe. Einer der ersten Ökonomen, der nach William Petty die Natur des Werts durchschaut hat, der berühmte Franklin, sagt: „Da der Handel überhaupt nichts ist als der Austausch einer Arbeit gegen andre Arbeit, wird der Wert aller Dinge am richtigsten geschätzt in Arbeit.“ („The Works of B. Franklin etc.“, edited by Sparks, Boston 1836, v. II, p.267.) Franklin ist sich nicht bewußt, daß, indem er den Wert aller Dinge „in Arbeit“ schätzt, er von der Verschiedenheit der ausgetauschten Arbeiten abstrahiert - und sie so auf gleiche menschliche Arbeit reduziert. Was er nicht weiß, sagt er jedoch. Er spricht erst von „der einen Arbeit“, dann „von der andren Arbeit“, schließlich von „Arbeit“ ohne weitere Bezeichnung als Substanz des Werts aller Dinge.

Zustand oder menschliche Arbeit bildet Wert, aber ist nicht Wert. Sie wird Wert in geronnenem Zustand, in gegenständlicher Form. Um den Leinwandwert als Gallerte menschlicher Arbeit auszudrücken, muß er als eine „Gegenständlichkeit" ausgedrückt werden, welche von der Leinwand selbst dinglich verschieden und ihr zugleich mit andrer Ware gemeinsam ist. Die Aufgabe ist bereits gelöst.

Im Wertverhältnis der Leinwand gilt der Rock als ihr qualitativ Gleiches, als Ding von derselben Natur, weil er ein Wert ist. Er gilt hier daher als ein Ding, worin Wert erscheint oder welches in seiner handgreiflichen Naturalform Wert darstellt. Nun ist zwar der Rock, der Körper der Rockware, ein bloßer Gebrauchswert. Ein Rock drückt ebensowenig Wert aus als das erste beste Stück Leinwand. Dies beweist nur, daß er innerhalb des Wertverhältnisses zur Leinwand mehr bedeutet als außerhalb desselben, wie so mancher Mensch innerhalb eines galonierten Rockes mehr bedeutet als außerhalb desselben.

In der Produktion des Rockes ist tatsächlich, unter der Form der Schneiderei, menschliche Arbeitskraft verausgabt worden. Es ist also menschliche Arbeit in ihm aufgehäuft. Nach dieser Seite hin ist der Rock „Träger von Wert", obgleich diese seine Eigenschaft selbst durch seine größte Fadenscheinigkeit nicht durchblickt. Und im Wertverhältnis der Leinwand gilt er nur nach dieser Seite, daher als verkörperter Wert, als Wertkörper. Trotz seiner zugeknöpften Erscheinung hat die Leinwand in ihm die stammverwandte schöne Wertseele erkannt. Der Rock kann ihr gegenüber jedoch nicht Wert darstellen, ohne daß für sie gleichzeitig der Wert die Form eines Rockes annimmt. So kann sich das Individuum A nicht zum Individuum B als einer Majestät verhalten, ohne daß für A die Majestät zugleich die Leibesgestalt von B annimmt und daher Gesichtszüge, Haare und manches andre noch mit dem jedesmaligen Landesvater wechselt.

Im Wertverhältnis, worin der Rock das Äquivalent der Leinwand bildet, gilt also die Rockform als Wertform. Der Wert der Ware Leinwand wird daher ausgedrückt im Körper der Ware Rock, der Wert einer Ware im Gebrauchswert der andren. Als Gebrauchswert ist die Leinwand ein vom Rock sinnlich verschiednes Ding, als Wert ist sie „Rockgleiches" und sieht daher aus wie ein Rock. So erhält sie eine von ihrer Naturalform verschiedne Wertform. Ihr Wertsein erscheint in ihrer Gleichheit mit dem Rock wie die Schafsnatur des Christen in seiner Gleichheit mit dem Lamm Gottes.

Man sieht, alles, was uns die Analyse des Warenwerts vorher sagte, sagt die Leinwand selbst, sobald sie in Umgang mit andrer Ware, dem Rock, tritt. Nur verrät sie ihre Gedanken in der ihr allein geläufigen Sprache, der Warensprache. Um zu sagen, daß die Arbeit in der abstrakten Eigenschaft menschlicher Arbeit ihren eignen Wert bildet, sagt sie, daß der Rock, soweit er ihr gleichgilt, also Wert ist, aus derselben Arbeit besteht wie die Leinwand. Um zu sagen, daß ihre sublime Wertgegenständlichkeit von ihrem steifleinenen Körper verschieden ist, sagt sie, daß Wert aussieht wie ein Rock und daher sie selbst als Wertding dem Rock gleicht wie ein Ei dem andern. Nebenbei bemerkt, hat auch die Warensprache, außer dem

Hebräischen, noch viele andre mehr oder minder korrekte Mundarten. Das deutsche „Wertsein“ drückt z.B. minder schlagend aus als das romanische Zeitwort valere, valer, valoir, daß Gleichsetzung der Ware B mit der Ware der eigne Wertausdruck der Ware A ist. Paris vaut bien une messe! (Paris ist eine Messe wert!)

Vermittelst des Wertverhältnisses wird also die Naturalform der Ware B zur Wertform der Ware A oder der Körper der Ware B zum Wertspiegel der Ware A.[23] Indem sich die Ware A auf die Ware B als Wertkörper bezieht, als Materiatur menschlicher Arbeit, macht sie den Gebrauchswert B zum Material ihres eignen Wertausdrucks. Der Wert der Ware A, so ausgedrückt im Gebrauchswert der Ware B, besitzt die Form des relativen Werts.

b) Quantitative Bestimmtheit der relativen Wertform

Jede Ware, deren Wert ausgedrückt werden soll, ist ein Gebrauchsgegenstand von gegebnem Quantum, 15 Scheffel Weizen, 100 Pfd. Kaffee usw. Dieses gegebne Warenquantum enthält ein bestimmtes Quantum menschlicher Arbeit. Die Wertform hat also nicht nur Wert überhaupt, sondern quantitativ bestimmten Wert oder Wertgröße auszudrücken. Im Wertverhältnis der Ware A zur Ware B, der Leinwand zum Rocke, wird daher die Warenart Rock nicht nur als Wertkörper überhaupt der Leinwand qualitativ gleichgesetzt, sondern einem bestimmten Leinwandquantum, z.B. 20 Ellen Leinwand, ein bestimmtes Quantum des Wertkörpers oder Äquivalents, z.B. 1 Rock.

Die Gleichung: „20 Ellen Leinwand = 1 Rock oder: 20 Ellen Leinwand sind 1 Rock wert“ setzt voraus, daß in 1 Rock gerade so viel Wertsubstanz steckt als in 20 Ellen Leinwand, daß beide Warenquanta also gleich viel Arbeit kosten oder gleich große Arbeitszeit. Die zur Produktion von 20 Ellen Leinwand oder 1 Rock notwendiger Arbeitszeit wechselt aber mit jedem Wechsel in der Produktivkraft der Weberei oder der Schneiderei. Der Einfluß solcher Wechsel auf den relativen Ausdruck der Wertgröße soll nun näher untersucht werden.

I. Der Wert der Leinwand wechsle,[24] während der Rockwert konstant bleibt. Verdoppelt sich die zur Produktion der Leinwand notwendige Arbeitszeit, etwa infolge zunehmender Unfruchtbarkeit des flachstragenden Bodens, so verdoppelt sich ihr Wert. Statt 20 Ellen Leinwand = 1 Rock hätten wir 20 Ellen Leinwand = 2 Röcke, da 1 Rock jetzt nur halb so viel Arbeitszeit enthält als 20 Ellen Leinwand. Nimmt dagegen die zur Produktion der Leinwand notwendige Arbeitszeit um die Hälfte ab, etwa infolge verbesserter Webstühle, so sinkt der Leinwandwert um die Hälfte. Demgemäß jetzt: 20 Ellen Leinwand = 1/2 Rock. Der relative Wert der Ware A, d.h. ihr Wert ausgedrückt in der Ware B, steigt und fällt also direkt wie der Wert der Ware A, bei gleichbleibenden Wert der Ware B.

[23] In gewisser Art geht's dem Menschen wie der Ware. Da er weder mit einem Spiegel auf die Welt kommt noch als Fichtescher Philosoph: Ich bin ich, bespiegelt sich der Mensch zuerst in einem andren Menschen. Erst durch die Beziehung auf den Menschen Paul als seinesgleichen bezieht sich der Mensch Peter auf sich selbst als Mensch. Damit gilt ihm aber auch der Paul mit Haut und Haaren, in seiner paulinischen Leiblichkeit, als Erscheinungsform des Genus Mensch.
[24] Der Ausdruck „Wert“ wird hier, wie beiläufig schon früher stellenweis geschah, für quantitativ bestimmten Wert, also für Wertgröße gebraucht.

II. Der Wert der Leinwand bleibe konstant, während der Rockwert wechsle. Verdoppelt sich unter diesen Umständen die zur Produktion des Rockes notwendige Arbeitszeit, etwa infolge ungünstiger Wollschur, so haben wir statt 20 Ellen Leinwand = 1 Rock jetzt: 20 Ellen Leinwand = 1/2 Rock. Fällt dagegen der Wert des Rockes um die Hälfte, so 20 Ellen Leinwand = 2 Röcke. Bei gleichbleibendem Wert der Ware A fällt oder steigt daher ihr relativer, in der Ware B ausgedrückter Wert im umgekehrten Verhältnis zum Wertwechsel von B.

Vergleicht man die verschiednen Fälle sub I und II, so ergibt sich, daß derselbe Größenwechsel des relativen Werts aus ganz entgegengesetzten Ursachen entspringen kann. So wird aus 20 Ellen Leinwand = 1 Rock: 1. die Gleichung 20 Ellen Leinwand = 2 Röcke, entweder weil der Wert der Leinwand sich verdoppelt oder der Wert der Röcke um die Hälfte fällt, und 2. die Gleichung 20 Ellen Leinwand = 1/2 Rock, entweder weil der Wert der Leinwand um die Hälfte sinkt oder der Wert des Rockes auf das Doppelte steigt.

III. Die zur Produktion von Leinwand und Rock notwendigen Arbeitsquanta mögen gleichzeitig, in derselben Richtung und derselben Proportion wechseln. In diesem Falle nach wie vor 20 Ellen Leinwand = 1 Rock, wie immer ihre Werte verändert seien. Man entdeckt ihren Wertwechsel, sobald man sie mit einer dritten Ware vergleicht, deren Wert konstant blieb. Stiegen oder fielen die Werte aller Waren gleichzeitig und in derselben Proportion, so würden ihre relativen Werte unverändert bleiben. Ihren wirklichen Wertwechsel ersähe man daraus, daß in derselben Arbeitszeit nun allgemein ein größeres oder kleineres Warenquantum als vorher geliefert würde.

IV. Die zur Produktion von Leinwand und Rock resp. notwendigen Arbeitszeiten, und daher ihre Werte, mögen gleichzeitig in derselben Richtung wechseln, aber in ungleichem Grad, oder in entgegengesetzter Richtung usw. Der Einfluß aller möglichen derartigen Kombinationen auf den relativen Wert einer Ware ergibt sich einfach durch Anwendung der Fälle I, II und III.

Wirkliche Wechsel der Wertgröße spiegeln sich also weder unzweideutig noch erschöpfend wider in ihrem relativen Ausdruck oder in der Größe des relativen Werts. Der relative Wert einer Ware kann wechseln, obgleich ihr Wert konstant bleibt. Ihr relativer Wert kann konstant bleiben, obgleich ihr Wert wechselt, und endlich brauchen gleichzeitige Wechsel in ihrer Wertgröße und im relativen Ausdruck dieser Wertgröße sich keineswegs zu decken.[25]

[25] Note zur 2. Ausg. Diese Inkongruenz zwischen der Wertgröße und ihrem relativen Ausdruck ist von der Vulgärökonomie mit gewohntem Scharfsinn ausgebeutet worden. z.B.: „Gebt einmal zu, daß A fällt, weil B, womit es ausgetauscht wird, steigt, obgleich unterdessen nicht weniger Arbeit auf A verausgabt wird, und euer allgemeines Wertprinzip fällt zu Boden ...Wenn zugegeben wird, daß, weil der Wert von A relativ zu B steigt, der Wert von B relativ zu A fällt, ist der Grund unter den Füßen weggeschnitten, worauf Ricardo seinen großen Satz aufstellt, daß der Wert einer Ware stets bestimmt ist durch das Quantum der ihr einverleibten Arbeit; denn wenn ein Wechsel in den Kosten von A nicht nur seinen eignen Wert im Verhältnis zu B, womit es ausgetauscht wird, verändert, sondern auch den Wert von B relativ zu dem von A, obgleich kein Wechsel stattgefunden hat in dem zur Produktion von B erheischten Arbeitsquantum, dann fällt nicht nur die Doktrin zu Boden, die versichert, daß die auf einen Artikel verausgabte Quantität Arbeit seinen Wert reguliert, sondern auch die Doktrin, daß die Produktionskosten eines Artikel seinen Wert regulieren.“ (J. Broadhurst, „Political Economy“, London 1842, p. 11, 14.)

3. *Die Äquivalentform*

Man hat gesehn: Indem eine Ware A (die Leinwand) ihren Wert im Gebrauchswert einer verschiedenartigen Ware B (dem Rock) ausdrückt, drückt sie letzterer selbst eine eigentümliche Wertform auf, die des Äquivalents. Die Leinwandware bringt ihr eignes Wertsein dadurch zum Vorschein, daß ihr der Rock, ohne Annahme einer von seiner Körperform verschiednen Wertform, gleichgilt. Die Leinwand drückt also in der Tat ihr eignes Wertsein dadurch aus, daß der Rock unmittelbar mit ihr austauschbar ist. Die Äquivalentform einer Ware ist folglich die Form ihrer unmittelbaren Austauschbarkeit mit anderer Ware.

Wenn eine Warenart, wie Röcke, einer andren Warenart, wie Leinwand, zum Äquivalent dient, Röcke daher die charakteristische Eigenschaft erhalten, sich in unmittelbar austauschbarer Form mit Leinwand zu befinden, so ist damit in keiner Weise die Proportion gegeben, worin Röcke und Leinwand austauschbar sind. Sie hängt, da die Wertgröße der Leinwand gegeben ist, von der Wertgröße der Röcke ab. Ob der Rock als Äquivalent und die Leinwand als relativer Wert oder umgekehrt die Leinwand als Äquivalent und der Rock als relativer Wert ausgedrückt sei, seine Wertgröße bleibt nach wie vor durch die zu seiner Produktion notwendige Arbeitszeit, also unabhängig von seiner Wertform bestimmt. Aber sobald die Warenart Rock im Wertausdruck die Stelle des Äquivalents einnimmt, erhält ihre Wertgröße keinen Ausdruck als Wertgröße. Sie figuriert in der Wertgleichung vielmehr nur als bestimmtes Quantum einer Sache.

Z.B.: 40 Ellen Leinwand sind „wert“ - was? 2 Röcke. Weil die Warenart Rock hier die Rolle des Äquivalents spielt, der Gebrauchswert Rock der Leinwand gegenüber als Wertkörper gilt, genügt auch ein bestimmtes Quantum Röcke, um ein bestimmtes Wertquantum Leinwand auszudrücken. Zwei Röcke können daher die Wertgröße von 40 Ellen Leinwand, aber sie können nie ihre eigne Wertgröße, die Wertgröße von Röcken, ausdrücken. Die oberflächliche Auffassung dieser Tatsache, daß das Äquivalent in der Wertgleichung stets nur die Form eines einfachen Quantums einer Sache, eines Gebrauchswertes, besitzt, hat Bailey, wie viele seiner Vorgänger und Nachfolger, verleitet, im Wertausdruck ein nur quantitatives Verhältnis zu sehn. Die Äquivalentform einer Ware enthält vielmehr keine quantitative Wertbestimmung.

Die erste Eigentümlichkeit, die bei Betrachtung der Äquivalentform auffällt, ist diese: Gebrauchswert wird zur Erscheinungsform seines Gegenteils, des Werts.

Die Naturalform der Ware wird zur Wertform. Aber, notabene, dies Quidproquo ereignet sich für eine Ware B (Rock oder Weizen oder Eisen usw.) nur innerhalb des Wertverhältnisses, worin eine beliebige andre Ware A (Leinwand etc.) zu ihr tritt, nur innerhalb dieser Beziehung. Da keine Ware sich auf sich selbst als

---

Herr Broadhurst konnte ebensogut sagen: Man sehe sich einmal die Zahlenverhältnisse 10/20, 10/50, 10/100 usw. an. Die Zahl 10 bleibt unverändert, und dennoch nimmt ihre proportionelle Größe, ihre Größe relativ zu den Nennern 20, 50, 100, beständig ab. Also fällt das große Prinzip zu Boden, daß die Größe einer ganzen Zahl wie 10 z.B. durch die Anzahl der in ihr enthaltenen Einer „reguliert“ ist.

Äquivalent beziehn, also auch nicht ihre eigne Naturalhaut zum Ausdruck ihres eignen Werts machen kann, muß sie sich auf andre Ware als Äquivalent beziehn oder die Naturalhaut einer andren Ware zu ihrer eignen Wertform machen.

Dies veranschauliche uns das Beispiel eines Maßes, welches den Warenkörpern als Warenkörpern zukommt, d.h. als Gebrauchswerten. Ein Zuckerhut, weil Körper, ist schwer und hat daher Gewicht, aber man kann keinem Zuckerhut sein Gewicht ansehn oder anfühlen. Wir nehmen nun verschiedne Stücke Eisen, deren Gewicht vorher bestimmt ist. Die Körperform des Eisens, für sich betrachtet, ist ebensowenig Erscheinungsform der Schwere als die des Zuckerhuts. Dennoch, um den Zuckerhut als Schwere auszudrücken, setzen wir ihn in ein Gewichtsverhältnis zum Eisen. In diesem Verhältnis gilt das Eisen als ein Körper, der nichts darstellt außer Schwere. Eisenquanta dienen daher zum Gewichtsmaß des Zuckers und repräsentieren dem Zuckerkörper gegenüber bloße Schwergestalt, Erscheinungsform von Schwere. Diese Rolle spielt das Eisen nur innerhalb dieses Verhältnisses, worin der Zucker oder irgendein anderer Körper, dessen Gewicht gefunden werden soll, zu ihm tritt. Wären beide Dinge nicht schwer, so könnten sie nicht in dieses Verhältnis treten und das eine daher nicht zum Ausdruck der Schwere des andren dienen. Werfen wir beide auf die Waagschale, so sehn wir in der Tat, daß sie als Schwere dasselbe, und daher in bestimmter Proportion auch von demselben Gewicht sind. Wie der Eisenkörper als Gewichtsmaß dem Zuckerhut gegenüber nur Schwere, so vertritt in unsrem Wertausdruck der Rockkörper der Leinwand gegenüber nur Wert.

Hier hört jedoch die Analogie auf. Das Eisen vertritt im Gewichtsausdruck des Zuckerhuts eine beiden Körpern gemeinsame Natureigenschaft, ihre Schwere, während der Rock im Wertausdruck der Leinwand eine übernatürliche Eigenschaft beider Dinge vertritt: ihren Wert, etwas rein Gesellschaftliches.

Indem die relative Wertform einer Ware, z.B. der Leinwand, ihr Wertsein als etwas von ihrem Körper und seinen Eigenschaften durchaus Unterschiedenes ausdrückt, z.B. als Rockgleiches, deutet dieser Ausdruck selbst an, daß er ein gesellschaftliches Verhältnis verbirgt. Umgekehrt mit der Äquivalentform. Sie besteht ja gerade darin, daß ein Warenkörper, wie der Rock, dies Ding wie es geht und steht, Wert ausdrückt, also von Natur Wertform besitzt. Zwar gilt dies nur innerhalb des Wertverhältnisses, worin die Leinwandware auf die Rockware als Äquivalent bezogen ist.[26] Da aber Eigenschaften eines Dings nicht aus seinem Verhältnis zu andern Dingen entspringen, sich vielmehr in solchem Verhältnis nur betätigen, scheint auch der Rock seine Äquivalentform, seine Eigenschaft unmittelbarer Austauschbarkeit, ebensosehr von Natur zu besitzen wie seine Eigenschaft, schwer zu sein oder warm zu halten. Daher das Rätselhafte der Äquivalentform, das den bürgerlich rohen Blick des politischen Ökonomen erst schlägt, sobald diese Form ihm fertig gegenübertritt im Geld. Dann sucht er den

[26] Es ist mit solchen Reflexionsbestimmungen überhaupt ein eigenes Ding. Dieser Mensch ist z.B. nur König, weil sich andre Menschen als Untertanen zu ihm verhalten. Sie glauben umgekehrt Untertanen zu sein, weil er König ist.

mystischen Charakter von Gold und Silber wegzuklären, indem er ihnen minder blendende Waren unterschiebt und mit stets erneutem Vergnügen den Katalog all des Warepöbels ableiert, der seinerzeit die Rolle des Warenäquivalents gespielt hat. Er ahnt nicht, daß schon der einfachste Wertausdruck, wie 20 Ellen Leinwand = 1 Rock, das Rätsel der Äquivalentform zu lösen gibt.

Der Körper der Ware, die zum Äquivalent dient, gilt stets als Verkörperung abstrakt menschlicher Arbeit und ist stets das Produkt einer bestimmten nützlichen, konkreten Arbeit. Diese konkrete Arbeit wird also zum Ausdruck abstrakt menschlicher Arbeit. Gilt der Rock z.B. als bloße Verwirklichung, so die Schneiderei, die sich tatsächlich in ihm verwirklicht, als bloße Verwirklichungsform abstrakt menschlicher Arbeit. Im Wertausdruck der Leinwand besteht die Nützlichkeit der Schneiderei nicht darin, daß sie Kleider, also auch Leute, sondern daß sie einen Körper macht, dem man es ansieht, daß er Wert ist, also Gallerte von Arbeit, die sich durchaus nicht unterscheidet von der im Leinwandwert vergegenständlichten Arbeit. Um solch einen Wertspiegel zu machen, muß die Schneiderei selbst nichts widerspiegeln außer ihrer abstrakten Eigenschaft, menschliche Arbeit zu sein.

In der Form der Schneiderei wie in der Form der Weberei wird menschliche Arbeitskraft verausgabt. Beide besitzen daher die allgemeine Eigenschaft menschlicher Arbeit und mögen daher in bestimmten Fällen, z.B. bei der Wertproduktion, nur unter diesem Gesichtspunkt in Betracht kommen. All das ist nicht mysteriös. Aber im Wertausdruck der Ware wird die Sache verdreht. Um z.B. auszudrücken, daß das Weben nicht in seiner konkreten Form als Weben, sondern in seiner allgemeinen Eigenschaft als menschliche Arbeit den Leinwandwert bildet, wird ihm die Schneiderei, die konkrete Arbeit, die das Leinwand-Äquivalent produziert, gegenübergestellt als die handgreifliche Verwirklichungsform abstrakt menschlicher Arbeit.

Es ist also eine zweite Eigentümlichkeit der Äquivalentform, daß konkrete Arbeit zur Erscheinungsform ihres Gegenteils, abstrakt menschlicher Arbeit wird.

Indem aber diese konkrete Arbeit, die Schneiderei, als bloßer Ausdruck unterschiedsloser menschlicher Arbeit gilt, besitzt sie die Form der Gleichheit mit andrer Arbeit, der in der Leinwand steckenden Arbeit, und ist daher, obgleich Privatarbeit, wie alle andre, Waren produzierende Arbeit, dennoch Arbeit in unmittelbar gesellschaftlicher Form. Ebendeshalb stellt sie sich dar in einem Produkt, das unmittelbar austauschbar mit andrer Ware ist. Es ist also eine dritte Eigentümlichkeit der Äquivalentform, daß Privatarbeit zur Form ihres Gegenteils wird, zu Arbeit in unmittelbar gesellschaftlicher Form.

Die beiden zuletzt entwickelten Eigentümlichkeiten der Äquivalentform werden noch faßbarer, wenn wir zu dem großen Forscher zurückgehn, der die Wertform, wie so viele Denkformen, Gesellschaftsformen und Naturformen zuerst analysiert hat. Es ist dies Aristoteles.

Zunächst spricht Aristoteles klar aus, daß die Geldform der Ware nur die weiter entwickelte Gestalt der einfachen Wertform ist, d.h. des Ausdrucks des Werts einer Ware in irgendeiner beliebigen andren Ware, denn er sagt:

„5 Polster = 1 Haus“

Κλιυαι πεντε αντι οικ ιαζ

(Griechisch: Clinai pente anti oicias)

„unterscheidet sich nicht“ von:

„5 Polster = soundso viel Geld“

Κλιυαι πεντε αντι ... οσου αι πεντε κ λιναι

(Griechisch: clinai pente anti ... odson ai pente clinai)

Er sieht ferner ein, daß das Wertverhältnis, worin dieser Wertausdruck steckt, seinerseits bedingt, daß das Haus dem Polster qualitativ gleichgesetzt wird und daß diese sinnlich verschiednen Dinge ohne solche Wesensgleichheit nicht als kommensurable Größen aufeinander beziehbar wären. „Der Austausch“, sagt er,“ kann nicht sein ohne die Gleichheit, die Gleichheit aber nicht ohne die Kommensurabilität“ ("ουτ ισοτηζ μη ουσηζ συμμετρια ζ"). Hier aber stutzt er und gibt die weitere Analyse der Wertform auf. „Es ist aber in Wahrheit unmöglich (τη μεν ουν αληδεια αδυνατον) daß so verschiedenartige Dinge kommensurabel“, d.h. qualitativ gleich seien. Diese Gleichsetzung kann nur etwas der wahren Natur der Dinge Fremdes sein, also nur „Notbehelf für das praktische Bedürfnis“.

Aristoteles sagt uns also selbst, woran seine weitere Analyse scheitert, nämlich am Mangel des Wertbegriffs. Was ist das Gleiche, d.h. die gemeinschaftliche Substanz, die das Haus für den Polster im Wertausdruck des Polsters vorstellt? So etwas kann „in Wahrheit nicht existieren“, sagt Aristoteles. Warum? Das Haus stellt dem Polster gegenüber ein Gleiches vor, soweit es das in beiden, dem Polster und dem Haus, wirklich Gleiche vorstellt. Und das ist - menschliche Arbeit.

Daß aber in der Form der Warenwerte alle Arbeiten als gleiche menschliche Arbeit und daher als gleichgeltend ausgedrückt sind, konnte Aristoteles nicht aus der Wertform selbst herauslesen, weil die griechische Gesellschaft auf der Sklavenarbeit beruhte, daher die Ungleichheit der Menschen und ihrer Arbeitskräfte zur Naturbasis hatte. Das Geheimnis des Wertausdrucks, die Gleichheit und gleiche Gültigkeit aller Arbeiten, weil und insofern sie menschliche Arbeit überhaupt sind, kann nur entziffert werden, sobald der Begriff der menschlichen Gleichheit bereits die Festigkeit eines Volksvorurteils besitzt. Das ist aber erst möglich in einer Gesellschaft, worin die Warenform die allgemeine Form des Arbeitsprodukts, also auch das Verhältnis der Menschen zueinander als Warenbesitzer das herrschende gesellschaftliche Verhältnis ist. Das Genie des Aristoteles glänzt grade darin, daß er im Wertausdruck der Waren ein Gleichheitsverhältnis entdeckt. Nur die historische Schranke der Gesellschaft, worin er lebte, verhindert ihn herauszufinden, worin denn „in Wahrheit“ dies Gleichheitsverhältnis besteht.

4. Das Ganze der einfachen Wertform

Die einfache Wertform einer Ware ist enthalten in ihrem Wertverhältnis zu einer verschiedenartigen Ware oder im Austauschverhältnis mit derselben. Der Wert der Ware A wird qualitativ ausgedrückt durch die unmittelbare Austauschbarkeit der Ware B mit der Ware A. Er wird quantitativ ausgedrückt durch die Austauschbarkeit eines bestimmten Quantums der Ware B mit dem gegebenen Quantum der Ware A. In andren Worten: Der Wert einer Ware ist selbständig ausgedrückt durch seine Darstellung als „Tauschwert". Wenn es im Eingang dieses Kapitels in der gang und gäben Manier hieß: Die Ware ist Gebrauchswert und Tauschwert, so war dies, genau gesprochen, falsch. Die Ware ist Gebrauchswert oder Gebrauchsgegenstand und „Wert". Sie stellt sich dar als dies Doppelte, was sie ist, sobald ihr Wert eine eigne, von ihrer Naturalform verschiedene Erscheinungsform besitzt, die des Tauschwerts, und sie besitzt diese Form niemals isoliert betrachtet, sondern stets nur im Wert- oder Austauschverhältnis zu einer zweiten, verschiedenartigen Ware. Weiß man das jedoch einmal, so tut jene Sprechweise keinen Harm, sondern dient zur Abkürzung.

Unsere Analyse bewies, daß die Wertform oder der Wertausdruck der Ware aus der Natur des Warenwerts entspringt, nicht umgekehrt Wert und Wertgröße aus ihrer Ausdrucksweise als Tauschwert. Dies ist jedoch der Wahn sowohl der Merkantilisten und ihrer modernen Aufwärmer, wie Ferrier, Ganilh usw.,[27] als auch ihrer Antipoden, der modernen Freihandels-Commis-Voyageurs, wie Bastiat und Konsorten. Die Merkantilisten legen das Hauptgewicht auf die qualitative Seite des Wertausdrucks, daher auf die Äquivalentform der Ware, die im Geld ihre fertige Gestalt besitzt - die modernen Freihandelshausierer dagegen, die ihre Ware um jeden Preis losschlagen müssen, auf die quantitative Seite der relativen Wertform. Für sie existiert folglich weder Wert noch Wertgröße der Ware außer in dem Ausdruck durch das Austauschverhältnis, daher nur im Zettel des täglichen Preiskurants. Der Schotte Macleod, in seiner Funktion, die kreuzverwirrten Vorstellungen von Lombardstreet möglichst gelehrt herauszuputzen, bildet die gelungene Synthese zwischen den abergläubigen Merkantilisten und den aufgeklärten Freihandelshausierern.

Die nähere Betrachtung des im Wertverhältnis zur Ware B enthaltenen Wertausdrucks der Ware A hat gezeigt, daß innerhalb desselben die Naturalform der Ware A nur als Gestalt von Gebrauchswert, die Naturalform der Ware B nur als Wertform oder Wertgestalt gilt. Der in der Ware eingehüllte innere Gegensatz von Gebrauchswert und Wert wird also dargestellt durch einen äußeren Gegensatz, d.h. durch das Verhältnis zweier Waren, worin die eine Ware, deren Wert ausgedrückt werden soll, unmittelbar nur als Gebrauchswert, die andre Ware hingegen, worin Wert ausgedrückt wird, unmittelbar nur als Tauschwert gilt. Die einfache Wertform einer Ware ist also die einfache Erscheinungsform des in ihr enthaltenen Gegensatzes von Gebrauchswert und Wert.

Das Arbeitsprodukt ist in allen gesellschaftlichen Zuständen Gebrauchsgegenstand, aber nur eine historisch bestimmte Entwicklungsepoche, welche die in der

[27] Note zur 2. Ausg. F. L. A. Ferrier (sous-inspecteur des douanes (Unterinspekteur des Zollwesens)), „Du Gouvernement considéré dans ses rapports avec le commerce", Paris 1805, und Charles Ganilh, „Des Systèmes d'Économie Politique", 2ème éd., Paris 1821.

Produktion eines Gebrauchsdings verausgabte Arbeit als seine „gegenständliche“ Eigenschaft darstellt, d.h. als seinen Wert, verwandelt das Arbeitsprodukt in Ware. Es folgt daher, daß die einfache Wertform der Ware zugleich die einfache Warenform des Arbeitsprodukts ist, daß also auch die Entwicklung der Warenform mit der Entwicklung der Wertform zusammenfällt.

Der erste Blick zeigt das Unzulängliche der einfachen Wertform, dieser Keimform, die erst durch eine Reihe von Metamorphosen zur Preisform heranreift.

Der Ausdruck in irgendwelcher Ware B unterscheidet den Wert der Ware A nur von ihrem eignen Gebrauchswert und setzt sie daher auch nur in ein Austauschverhältnis zu irgendeiner einzelnen von ihr selbst verschiednen Warenart, statt ihre qualitative Gleichheit und quantitative Proportionalität mit allen andren Waren darzustellen. Der einfachen relativen Wertform einer Ware entspricht die einzelne Äquivalentform einer andren Ware. So besitzt der Rock, im relativen Wertausdruck der Leinwand, nur Äquivalentform oder Form unmittelbarer Austauschbarkeit mit Bezug auf diese einzelne Warenart Leinwand.

Indes geht die einzelne Wertform von selbst in eine vollständigere Form über. Vermittelst derselben wird der Wert einer Ware A zwar in nur einer Ware von andrer Art ausgedrückt. Welcher Art aber diese zweite Ware, ob Rock, ob Eisen, ob Weizen usw., ist durchaus gleichgültig. Je nachdem sie also zu dieser oder jener andren Warenart in ein Wertverhältnis tritt, entstehn verschiedne einfache Wertausdrücke einer und derselben Ware.[28] Die Anzahl ihrer möglichen Wertausdrücke ist nur beschränkt durch die Anzahl von ihr verschiedner Warenarten. Ihr vereinzelter Wertausdruck verwandelt sich daher in die stets verlängerbare Reihe ihrer verschiednen einfachen Wertausdrücke.

B) Totale oder entfaltete Wertform

z Ware A = u Ware B oder = v Ware C oder = w Ware D oder =
x Ware E oder = etc.

(20 Ellen Leinwand = 1 Rock oder = 10 Pfd. Tee oder = 40 Pfd. Kaffee oder = 1 Quarter Weizen oder = 2 Unzen Gold oder = 1/2 Tonne Eisen oder = etc.)

1. Die entfaltete relative Wertform

Der Wert einer Ware, der Leinwand z.B., ist jetzt ausgedrückt in zahllosen andren Elementen der Warenwelt. Jeder andre Warenkörper wird zum Spiegel des Leinwandwerts.[29] So erscheint dieser Wert selbst erst wahrhaft als Gallerte unter-

[28] Note zur 2. Aufl. Z.B. bei Homer wird der Wert eines Dings in einer Reihe verschiedner Dings ausgedrückt.

[29] Man spricht deshalb vom Rockwert der Leinwand, wenn man ihren Wert in Röcken, von ihrem Kornwert, wenn man ihn in Korn darstellt etc. Jeder solche Ausdruck besagt, daß es ihr Wert ist, der in den Gebrauchswerten Rock, Korn usw. erscheint. „Das der Wert jeder Waren ihr Verhältnis im Austausch bezeichnet, können wir ihn bezeichnen als ... Kornwert, Tuchwert, je nach der Ware, mit der sie verglichen wird; und daher gibt es tausend verschiedene Arten von Werten, so viele, wie Waren vorhanden sind, und alle sind gleich real und gleich nominell.“ („A Critical Dissertation on the Nature, Measures, and Causes of Value; chiefly in reference to the writings of Mr. Ricardo and his followers. By the Author of Essays on the Formation etc. of Opinions“, London 1825, p. 39.) S. Bailey, der Verfasser dieser anonymen Schrift, die ihrer Zeit viel Lärm in England machte, wähnt durch diesen Hinweis auf die kunterbunten relativen Ausdrücke desselben Warenwerts alle Begriffsbestimmung des Werts vernichtet zu haben. Daß er übrigens, trotz eigner Borniertheit, wunde Flecken der Ricardoschen Theorie sondiert hatte, bewies die Gereiztheit, womit die Ricardosche Schule ihn angriff, z.B. in der „Westminster Review“.

schiedsloser menschlicher Arbeit. Denn die ihn bildende Arbeit ist nun ausdrücklich als Arbeit dargestellt, der jede andre menschliche Arbeit gleichgilt, welche Naturalform sie immer besitze und ob sie sich daher in Rock oder Weizen oder Eisen oder Gold usw. vergegenständliche. Durch ihre Wertform steht die Leinwand daher jetzt auch in gesellschaftlichem Verhältnis nicht mehr zu nur einer einzelnen andren Warenart, sondern zur Warenwelt. Als Ware ist sie Bürger dieser Welt. Zugleich liegt in der endlosen Reihe seiner Ausdrücke, daß der Warenwert gleichgültig ist gegen die besondre Form des Gebrauchswerts, worin er erscheint.

In der ersten Form: 20 Ellen Leinwand = 1 Rock kann es zufällige Tatsache sein, daß diese zwei Waren in einem bestimmten quantitativen Verhältnisse austauschbar sind. In der zweiten Form leuchtet dagegen sofort ein von der zufälligen Erscheinung wesentlich unterschiedner und sie bestimmender Hintergrund durch. Der Wert der Leinwand bleibt gleich groß, ob in Rock oder Kaffee oder Eisen etc. dargestellt, in zahllos verschiednen Waren, den verschiedensten Besitzern angehörig. Das zufällige Verhältnis zweier individueller Warenbesitzer fällt fort. Es wird offenbar, daß nicht der Austausch die Wertgröße der Ware, sondern umgekehrt die Wertgröße der Ware ihre Austauschverhältnisse reguliert.

2. Die besondre Äquivalentform

Jede Ware, Rock, Tee, Weizen, Eisen usw., gilt im Wertausdruck der Leinwand als Äquivalent und daher als Wertkörper. Die bestimmte Naturalform jeder dieser Waren ist jetzt eine besondre Äquivalentform neben vielen andren. Ebenso gelten die mannigfaltigen in den verschiedenen Warenkörpern enthaltenen bestimmten, konkreten, nützlichen Arbeitsarten jetzt als ebenso viele besondre Verwirklichungs- oder Erscheinungsformen menschlicher Arbeit schlechthin.

3. Mängel der totalen oder entfalteten Wertform

Erstens ist der relative Wertausdruck der Ware unfertig, weil seine Darstellungsreihe nie abschließt. Die Kette, worin eine Wertgleichung sich zur andern fügt, bleibt fortwährend verlängerbar durch jede neu auftretende Warenart, welche das Material eines neuen Wertausdrucks liefert. Zweitens bildet sie eine bunte Mosaik auseinanderfallender und verschiedenartiger Wertausdrücke. Wird endlich, wie dies geschehn muß, der relative Wert jeder Ware in dieser entfalteten Form ausgedrückt, so ist die relative Wertform jeder Ware eine von der relativen Wertform jeder andren Ware verschiedne endlose Reihe von Wertausdrücken. - Die Mängel der entfalteten relativen Wertform spiegeln sich wider in der ihr entsprechenden Äquivalentform. Da die Naturalform jeder einzelnen Warenart hier eine besondre Äquivalentform neben unzähligen andren besondren Äquivalentformen ist, existieren überhaupt nur beschränkte Äquivalentformen, von denen jede die andre ausschließt. Ebenso ist die in jedem besondren Warenäquivalent enthaltene bestimmte, konkrete, nützliche Arbeitsart nur besondre, also nicht erschöpfende Erscheinungsform der menschlichen Arbeit. Diese besitzt ihre vollständige oder totale Erscheinungsform zwar in dem Gesamtumkreis jener besondren Erscheinungsformen. Aber so besitzt sie keine einheitliche Erscheinungsform.

Die entfaltete relative Wertform besteht jedoch nur aus einer Summe einfacher relativer Wertausdrücke oder Gleichungen der ersten Form, wie:

20 Ellen Leinwand = 1 Rock
20 Ellen Leinwand = 10 Pfd. Tee usw.

Jede dieser Gleichungen enthält aber rückbezüglich auch die identische Gleichung:

1 Rock = 20 Ellen Leinwand
10 Pfd. Tee = 20 Ellen Leinwand usw.

In der Tat: Wenn ein Mann seine Leinwand mit vielen andren Waren austauscht und daher ihren Wert in einer Reihe von andren Waren ausdrückt, so müssen notwendig auch die vielen andren Warenbesitzer ihre Waren mit Leinwand austauschen und daher die Werte ihrer verschiednen Waren in derselben dritten Ware ausdrücken, in Leinwand. - Kehren wir also die Reihe: 20 Ellen Leinwand = 1 Rock oder = 10 Pfd. Tee oder = usw. um, d.h., drücken wir die der Sache nach schon in der Reihe enthaltene Rückbeziehung aus, so erhalten wir:

C) Allgemeine Wertform

1 Rock	
10 Pfd. Tee	
40 Pfd. Kaffee	}
1 Qrtr. Weizen	} 20 Ellen Leinwand
2 Unzen Gold	}
1/2 Tonne Eisen	}
x Ware A	
usw. Ware	

1. Veränderter Charakter der Wertform

Die Waren stellen ihre Werte jetzt 1. einfach dar, weil in einer einzigen Ware und 2. einheitlich, weil in derselben Ware. Ihre Wertform ist einfach und gemeinschaftlich, daher allgemein.

Die Formen I und II kamen beide nur dazu, den Wert einer Ware als etwas von ihrem eignen Gebrauchswert oder ihrem Warenkörper Unterschiedenes auszudrücken.

Die erste Form ergab Wertgleichungen wie: 1 Rock = 20 Ellen Leinwand, 10 Pfd. Tee = 1/2 Tonne Eisen usw. Der Rockwert wird als Leinwandgleiches, der Teewert als Eisengleiches usw. ausgedrückt, aber Leinwandgleiches und Eisengleiches, diese Wertausdrücke von Rock und Tee, sind ebenso verschieden wie Leinwand und Eisen. Diese Form kommt offenbar praktisch nur vor in den ersten Anfängen, wo Arbeitsprodukte durch zufälligen und gelegentlichen Austausch in Waren verwandelt werden.

Die zweite Form unterscheidet vollständiger als die erste den Wert einer Ware von ihrem eignen Gebrauchswert, denn der Wert des Rocks z.B. tritt jetzt seiner Naturalform in allen möglichen Formen gegenüber, als Leinwandgleiches, Eisengleiches, Teegleiches usw., alles andre, nur nicht Rockgleiches. Andrerseits ist hier jeder gemeinsame Wertausdruck der Waren direkt ausgeschlossen, denn im Wertausdruck je einer Ware erscheinen jetzt alle andren Waren nur in der Form von Äquivalenten. Die entfaltete Wertform kommt zuerst tatsächlich vor, sobald ein Arbeitsprodukt, Vieh z.B., nicht mehr ausnahmsweise, sondern schon gewohnheitsmäßig mit verschiednen andren Waren ausgetauscht wird.

Die neugewonnene Form drückt die Werte der Warenwelt in einer und derselben von ihr abgesonderten Warenart aus, z.B. in Leinwand, und stellt so die Werte aller Waren dar durch ihre Gleichheit mit Leinwand. Als Leinwandgleiches ist der Wert jetzt nicht nur von ihrem eignen Gebrauchswert unterschieden, sondern von allem Gebrauchswert, und ebendadurch als das ihr mit allen Waren Gemeinsame ausgedrückt. Erst diese Form bezieht daher wirklich die Waren aufeinander als Werte oder läßt sie einander als Tauschwerte erscheinen.

Die beiden früheren Formen drücken den Wert je einer Ware, sei es in einer einzigen verschiedenartigen Ware, sei es in einer Reihe vieler von ihr verschiednen Waren aus. Beidemal ist es sozusagen das Privatgeschäft der einzelnen Ware, sich eine Wertform zu geben, und sie vollbringt es ohne Zutun der andren Waren. Diese spielen ihr gegenüber die bloß passive Rolle des Äquivalents. Die allgemeine Wertform entsteht dagegen nur als gemeinsames Werk der Warenwelt. Eine Ware gewinnt nur allgemeinen Wertausdruck, weil gleichzeitig alle andren Waren ihren Wert in demselben Äquivalent ausdrücken, und jede neu auftretende Warenart muß das nachmachen. Es kommt damit zum Vorschein, daß die Wertgegenständlichkeit der Waren, weil sie das bloß „gesellschaftliche Dasein" dieser Dinge ist, auch nur durch ihre allseitige gesellschaftliche Beziehung ausgedrückt werden kann, ihre Wertform daher gesellschaftlich gültige Form sein muß.

In der Form von Leinwandgleichen erscheinen jetzt alle Waren nicht nur als qualitativ Gleiche, Werte überhaupt, sondern zugleich als quantitativ vergleichbare Wertgrößen. Weil sie ihre Wertgrößen in einem und demselben Material, in Leinwand bespiegeln, spiegeln sich diese Wertgrößen wechselseitig wider. Z.B. 10 Pfd. Tee = 20 Ellen Leinwand, und 40 Pfd. Kaffee = 20 Ellen Leinwand. Also 10 Pfd. Tee = 40 Pfd. Kaffee. Oder in 1 Pfd. Kaffee steckt nur 1/4 soviel Wertsubstanz, Arbeit, als in 1 Pfd. Tee.

Die allgemeine relative Wertform der Warenwelt drückt der von ihr ausgeschlossenen Äquivalentware, der Leinwand, den Charakter des allgemeinen Äquivalents auf. Ihre eigne Naturalform ist die gemeinsame Wertgestalt dieser Welt, die Leinwand daher mit allen andren Waren unmittelbar austauschbar. Ihre Körperform gilt als die sichtbare Inkarnation, die allgemeine gesellschaftliche Verpuppung aller menschlichen Arbeit. Die Weberei, die Privatarbeit, welche Leinwand produziert, befindet sich zugleich in allgemein gesellschaftlicher Form, der Form der Gleichheit mit allen andren Arbeiten. Die zahllosen Gleichungen, woraus die allgemeine Wertform besteht, setzen der Reihe nach die in der Leinwand verwirklichte Arbeit jeder in andrer Ware enthaltenen Arbeit gleich und machen dadurch die Weberei zur allgemeinen Erscheinungsform menschlicher Arbeit überhaupt. So ist die im Warenwert vergegenständlichte Arbeit nicht nur negativ dargestellt als Arbeit, worin von allen konkreten Formen und nützlichen Eigenschaften der wirklichen Arbeiten abstrahiert wird. Ihre eigne positive Natur tritt ausdrücklich hervor. Sie ist die Reduktion aller wirkliche Arbeiten auf den ihnen gemeinsamen Charakter menschlicher Arbeit, auf die Verausgabung menschlicher Arbeitskraft.

Die allgemeine Wertform, welche die Arbeitsprodukte als bloße Gallerten unterschiedsloser menschlicher Arbeit darstellt, zeigt durch ihr eignes Gerüste, daß sie der gesellschaftliche Ausdruck der Warenwelt ist. So offenbart sie, daß innerhalb dieser Welt der allgemein menschliche Charakter der Arbeit ihren spezifisch gesellschaftlichen Charakter bildet.

2. Entwicklungsverhältnis von relativer Wertform und Äquivalentform

Dem Entwicklungsgrad der relativen Wertform entspricht der Entwicklungsgrad der Äquivalentform. Aber, und dies ist wohl zu merken, die Entwicklung der Äquivalentform ist nur Ausdruck und Resultat der Entwicklung der relativen Wertform.

Die einfache oder vereinzelte relative Wertform einer Ware macht eine andre Ware zum einzelnen Äquivalent. Die entfaltete Form des relativen Werts, dieser Ausdruck des Werts einer Ware in allen andren Waren, prägt ihnen die Form verschiedenartiger besonderer Äquivalente auf. Endlich erhält eine besondre Warenart die allgemeine Äquivalentform, weil alle andren Waren sie zum Material ihrer einheitlichen, allgemeinen Wertform machen.

In demselben Grad aber, worin sich die Wertform überhaupt entwickelt, entwickelt sich auch der Gegensatz zwischen ihren beiden Polen, der relativen Wertform und Äquivalentform.

Schon die erste Form - 20 Ellen Leinwand = 1 Rock - enthält diesen Gegensatz, fixiert ihn aber nicht. Je nachdem dieselbe Gleichung vorwärts oder rückwärts gelesen wird, befindet sich jedes der beiden Warenextreme, wie Leinwand und Rock, gleichmäßig bald in der relativen Wertform, bald in der Äquivalentform. Es kostet hier noch Mühe, den polarischen Gegensatz festzuhalten.

In den Form II kann immer nur je eine Warenart ihren relativen Wert total entfalten oder besitzt sie selbst nur entfaltete relative Wertform, weil und sofern alle andren Waren sich ihr gegenüber in der Äquivalentform befinden. Hier kann man nicht mehr die zwei Seiten der Wertgleichung - wie 20 Ellen Leinwand = 1 Rock oder = 10 Pfd. Tee oder = 1 Qrtr. Weizen etc. - umsetzen, ohne ihren Gesamtcharakter zu verändern und sie aus der totalen in die allgemeine Wertform zu verwandeln.

Die letztere Form, Form III, endlich gibt der Warenwelt allgemeingesellschaftliche relative Wertform, weil und sofern, mit einer einzigen Ausnahme, alle ihr angehörigen Waren von der allgemeinen Äquivalentform ausgeschlossen sind.

Eine Ware, die Leinwand, befindet sich daher in der Form unmittelbarer Austauschbarkeit mit allen andren Waren oder in unmittelbar gesellschaftlicher Form, weil und sofern alle andren Waren sich nicht darin befinden.[30]

Umgekehrt ist die Ware, die als allgemeines Äquivalent figuriert, von der einheitlichen und daher allgemeinen relativen Wertform der Warenwelt ausgeschlossen. Sollte die Leinwand, d.h. irgendeine in allgemeiner Äquivalentform befindliche Warc, auch zugleich an der allgemeinen relativen Wertform teilnehmen, so müßte sie sich selbst zum Äquivalent dienen. Wir erhielten dann: 20 Ellen Leinwand = 20 Ellen Leinwand, eine Tautologie, worin weder Wert noch Wertgröße ausgedrückt ist. Um den relativen Wert des allgemeinen Äquivalents auszudrücken, müssen wir vielmehr die Form III umkehren. Es besitzt keine mit den andren Waren gemeinschaftliche relative Wertform, sondern sein Wert drückt sich relativ aus in der endlosen Reihe aller andren Warenkörper. So erscheint jetzt die entfaltete relative Wertform oder Form II als die spezifische relative Wertform der Äquivalentware.

3. Übergang aus der allgemeinen Wertform zur Geldform

Die allgemeine Äquivalentform ist eine Form des Werts überhaupt. Sie kann also jeder Ware zukommen. Andrerseits befindet sich eine Ware nur in allgemeiner Äquivalentform (Form III), weil und sofern sie durch alle andren Waren als Äquivalent ausgeschlossen wird. Und erst vom Augenblick, wo diese Ausschließung sich endgültig auf eine spezifische Warenart beschränkt, hat die einheitliche relative Wertform der Warenwelt objektive Festigkeit und allgemein gesellschaftliche Gültigkeit gewonnen.

Die spezifische Warenart nun, mit deren Naturalform die Äquivalentform gesellschaftlich verwächst, wird zur Geldware oder funktioniert als Geld. Es wird ihre spezifisch gesellschaftliche Funktion, und daher ihr gesellschaftliches Monopol, innerhalb der Warenwelt die Rolle des allgemeinen Äquivalents zu spielen. Diesen bevorzugten Platz hat unter den Waren, welche in Form II als besondre Äquivalente der Leinwand figurieren und in Form III ihren relativen Wert gemeinsam in Leinwand ausdrücken eine bestimmte Ware historisch erobert, das Gold. Setzen wir daher in Form III die Ware Gold an die Stelle der Ware Leinwand, so erhalten wir:

[30] Man sieht es der Form allgemeiner unmittelbarer Austauschbarkeit in der Tat keineswegs an, daß sie eine gegensätzliche Warenform ist, von den Form nicht unmittelbarer Austauschbarkeit ebenso unzertrennlich wie die Positivität eines Magnetpols von der Negativität des andren. Man mag sich daher einbilden, man könne allen Waren zugleich den Stempel unmittelbarer Austauschbarkeit aufdrücken, wie man sich einbilden mag, man könne alle Katholiken zu Päpsten mache. Für den Kleinbürger, der in der Warenproduktion das nec plus ultra (den Gipfel) menschlicher Freiheit und individueller Unabhängigkeit erblickt, wäre es natürlich sehr wünschenswert, der mit dieser Form verbundnen Mißstände überhoben zu sein, namentlich auch der nicht unmittelbaren Austauschbarkeit der Waren. Die Ausmalung dieser Philisterutopie bildet Proudhons Sozialismus, der, wie ich anderswo gezeigt (Karl Marx, „Misère de la philosophie. Réponse à la philosophie de la misère de M. Proudhon", Paris, Bruxelles 1874, Kap. 1 (siehe Bd. 4, S, 67-124)), nicht einmal das Verdienst der Originalität besitzt, vielmehr lange vor ihm von Gray, Bray und andern weit besser entwickelt wurde. Dies verhindert solche Weisheit nicht, heutzutage, in gewissen Kreisen, unter dem Namen der „science" („Wissenschaft") zu grassieren. Nie hat eine Schule mehr als die Proudhonsche mit dem Wort „sceince" um sich geworfen, denn „wo Begriffe fehlen, da stellt zur rechten Zeit ein Wort sich ein".

D) Geldform

20 Ellen Leinwand	2 Unzen Gold
1 Rock	
10 Pfd. Tee	
40 Pfd. Kaffee	
1 Qrtr. Weizen	
2 Unzen Gold	
1/2 Tonne Eisen	
x Ware A	

Es finden wesentliche Veränderungen statt beim Übergang von Form I zu Form II, von Form II zu Form III. Dagegen unterscheidet Form IV sich durch nichts von Form III, außer daß jetzt statt Leinwand Gold die allgemeine Äquivalentform besitzt. Gold bleibt in Form IV, was die Leinwand in Form III war - allgemeines Äquivalent. Der Fortschritt besteht nur darin, daß die Form unmittelbarer allgemeiner Austauschbarkeit oder die allgemeine Äquivalentform jetzt durch gesellschaftliche Gewohnheit endgültig mit der spezifischen Naturalform der Ware Gold verwachsen ist.

Gold tritt den andren Waren nur als Geld gegenüber, weil es ihnen bereits zuvor als Ware gegenüberstand. Gleich allen andren Waren funktionierte es auch als Äquivalent, sei es als einzelnes Äquivalent in vereinzelten Austauschakten, sei es als besondres Äquivalent neben andren Warenäquivalenten. Nach und nach funktionierte es in engeren oder weiteren Kreisen als allgemeines Äquivalent. Sobald es das Monopol dieser Stelle im Wertausdruck der Warenwelt erobert hat, wird es Geldware, und erst von dem Augenblick, wo es bereits Geldware geworden ist, unterscheidet sich Form IV von Form III, oder ist die allgemeine Wertform verwandelt in die Geldform.

Der einfache relative Wertausdruck einer Ware, z.B. der Leinwand, in der bereits als Geldware funktionierenden Ware, z.B. dem Gold, ist Preisform. Die „Preisform" der Leinwand daher:

20 Ellen Leinwand = 2 Unzen Gold

oder, wenn 2 Pfd.St. der Münzname von 2 Unzen Gold,

20 Ellen Leinwand = 2 Pfd.St.

Die Schwierigkeit im Begriff der Geldform beschränkt sich auf das Begreifen der allgemeinen Äquivalentform, also der allgemeinen Wertform überhaupt, der Form III. Form III löst sich rückbezüglich auf in Form II, die entfaltete Wertform, und ihr konstituierendes Element ist Form I: 20 Ellen Leinwand = 1 Rock oder x Ware A = y Ware B. Die einfache Warenform ist daher der Keim der Geldform.

4. Der Fetischcharakter der Ware und sein Geheimnis

Eine Ware scheint auf den ersten Blick ein selbstverständliches, triviales Ding. Ihre Analyse ergibt, daß sie ein sehr vertracktes Ding ist, voll metaphysischer Spitzfindigkeit und theologischer Mucken. Soweit sie Gebrauchswert, ist nichts Mysteriöses an ihr, ob ich sie nun unter dem Gesichtspunkt betrachte, daß sie durch ihre Eigenschaften menschliche Bedürfnisse befriedigt oder diese Eigenschaften erst als Produkt menschlicher Arbeit erhält. Es ist sinnenklar, daß der Mensch durch seine Tätigkeit die Formen der Naturstoffe in einer ihm nützliche Weise verändert. Die Form des Holzes z.B. wird verändert, wenn man aus ihm einen Tisch macht. Nichtsdestoweniger bleibt der Tisch Holz, ein ordinäres sinnliches Ding. Aber sobald er als Ware auftritt, verwandelt er sich in ein sinnlich übersinnliches Ding. Er steht nicht nur mit seinen Füßen auf dem Boden, sondern er stellt sich allen andren Waren gegenüber auf den Kopf und entwickelt aus seinem Holzkopf Grillen, viel wunderlicher, als wenn er aus freien Stücken zu tanzen begänne.[31]

Der mystische Charakter der Ware entspringt also nicht aus ihrem Gebrauchswert. Er entspringt ebensowenig aus dem Inhalt der Wertbestimmungen. Denn erstens, wie verschieden die nützlichen Arbeiten oder produktiven Tätigkeiten sein mögen, es ist eine physiologische Wahrheit, daß sie Funktionen des menschlichen Organismus sind und daß jede solche Funktion, welches immer ihr Inhalt und ihre Form, wesentlich Verausgabung von menschlichem Hirn, Nerv, Muskel, Sinnesorgan usw. ist. Was zweitens der Bestimmung der Wertgröße zugrunde liegt, die Zeitdauer jener Verausgabung oder die Quantität der Arbeit, so ist die Quantität sogar sinnfällig von der Qualität der Arbeit unterscheidbar. In allen Zuständen mußte die Arbeitszeit, welche die Produktion der Lebensmittel kostet, den Menschen interessieren, obgleich nicht gleichmäßig auf verschiedenen Entwicklungsstufen.[32] Endlich, sobald die Menschen in irgendeiner Weise füreinander arbeiten, erhält ihre Arbeit auch eine gesellschaftliche Form.

Woher entspringt also der rätselhafte Charakter des Arbeitsprodukts, sobald es Warenform annimmt? Offenbar aus dieser Form selbst. Die Gleichheit der menschlichen Arbeiten erhält die sachliche Form der gleichen Wertgegenständlichkeit der Arbeitsprodukte, das Maß der Verausgabung menschlicher Arbeitskraft durch ihre Zeitdauer erhält die Form der Wertgröße der Arbeitsprodukte, endlich die Verhältnisse der Produzenten, worin jene gesellschaftlichen Bestimmungen ihrer Arbeiten betätigt werden, erhalten die Form eines gesellschaftlichen Verhältnisses der Arbeitsprodukte.

Das Geheimnisvolle der Warenform besteht also einfach darin, daß sie den Menschen die gesellschaftlichen Charaktere ihrer eignen Arbeit als gegenständli-

[31] Man erinnert sich, daß China und die Tische zu tanzen anfingen, als alle übrige Welt still zu stehn schien - pour encourager les autres (um die andern zu ermutigen).

[32] Note zur 2. Ausg. Bei den alten Germanen wurde die Größe eines Morgens Land nach der Arbeit eines Tages berechnet und daher der Morgen Tagwerk (auch Tagwanne) (jurnale oder jurnalis, terra jurnalis, jornalis oder diurnalis), Mannwerk, Mannskraft, Mannsmaad, Mannshauet usf. benannt. Sieh Georg Ludwig von Maurer, „Einleitung zur Geschichte der Mark-, Hof-, usw. Verfassung", München 1854, p. 129 sq.

che Charaktere der Arbeitsprodukte selbst, als gesellschaftliche Natureigenschaften dieser Dinge zurückspiegelt, daher auch das gesellschaftliche Verhältnis der Produzenten zur Gesamtarbeit als ein außer ihnen existierendes gesellschaftliches Verhältnis von Gegenständen. Durch dies Quidproquo werden die Arbeitsprodukte Waren, sinnlich übersinnliche oder gesellschaftliche Dinge. So stellt sich der Lichteindruck eines Dings auf den Sehnerv nicht als subjektiver Reiz des Sehnervs selbst, sondern als gegenständliche Form eines Dings außerhalb des Auges dar. Aber beim Sehen wird wirklich Licht von einem Ding, dem äußeren Gegenstand, auf ein andres Ding, das Auge, geworfen. Es ist ein physisches Verhältnis zwischen physischen Dingen. Dagegen hat die Warenform und das Wertverhältnis der Arbeitsprodukte, worin sie sich darstellt, mit ihrer physischen Natur und den daraus entspringenden dinglichen Beziehungen absolut nichts zu schaffen. Es ist nur das bestimmte gesellschaftliche Verhältnis der Menschen selbst, welches hier für sie die phantasmagorische Form eines Verhältnisses von Dingen annimmt. Um daher eine Analogie zu finden, müssen wir in die Nebelregion der religiösen Welt flüchten. Hier scheinen die Produkte des menschlichen Kopfes mit eignem Leben begabte, untereinander und mit den Menschen in Verhältnis stehende selbständige Gestalten. So in der Warenwelt die Produkte der menschlichen Hand. Dies nenne ich den Fetischismus, der den Arbeitsprodukten anklebt, sobald sie als Waren produziert werden, und der daher von der Warenproduktion unzertrennlich ist.

Dieser Fetischcharakter der Warenwelt entspringt, wie die vorhergehende Analyse bereits gezeigt hat, aus dem eigentümlichen gesellschaftlichen Charakter der Arbeit, welche Waren produziert.

Gebrauchsgegenstände werden überhaupt nur Waren, weil sie Produkte voneinander unabhängig betriebner Privatarbeiten sind. Der Komplex dieser Privatarbeiten bildet die gesellschaftliche Gesamtarbeit. Da die Produzenten erst in gesellschaftlichen Kontakt treten durch den Austausch ihrer Arbeitsprodukte, erscheinen auch die spezifisch gesellschaftlichen Charaktere ihrer Privatarbeiten erst innerhalb dieses Austausches. Oder die Privatarbeiten betätigen sich in der Tat erst als Glieder der gesellschaftlichen Gesamtarbeit durch die Beziehungen, worin der Austausch die Arbeitsprodukte und vermittelst derselben die Produzenten versetzt. Den letzteren erscheinen daher die gesellschaftlichen Beziehungen ihrer Privatarbeiten als das, was sie sind, d.h. nicht als unmittelbar gesellschaftliche Verhältnisse der Personen in ihren Arbeiten selbst, sondern vielmehr als sachliche Verhältnisse der Personen und gesellschaftliche Verhältnisse der Sachen.

Erst innerhalb ihres Austauschs erhalten die Arbeitsprodukte eine von ihrer sinnlich verschiednen Gebrauchsgegenständlichkeit getrennte, gesellschaftlich gleiche Wertgegenständlichkeit. Diese Spaltung des Arbeitsprodukts in nützliches Ding und Wertding betätigt sich nur praktisch, sobald der Austausch bereits hinreichende Ausdehnung und Wichtigkeit gewonnen hat, damit nützliche Dinge für den Austausch produziert werden, der Wertcharakter der Sachen also schon bei ihrer Produktion selbst in Betracht kommt. Von diesem Augenblick erhalten die Privatarbeiten der Produzenten tatsächlich einen doppelten gesellschaftlichen Charakter. Sie müssen einerseits als bestimmte nützliche Arbeiten ein bestimmtes gesellschaftliches Bedürfnis befriedigen und sich so als Glieder der Gesamtarbeit, des naturwüchsigen Systems der gesellschaftlichen Teilung der Arbeit, bewähren. Sie befriedigen andrerseits nur die mannigfachen Bedürfnisse ihrer eignen Produzenten, sofern jede besondre nützliche Privatarbeit mit jeder andren nützlichen Art Privatarbeit austauschbar ist, also ihr gleichgilt. Die Gleichheit toto coelo (völlig) verschiedner Arbeiten kann nur in einer Abstraktion von ihrer wirklichen Ungleichheit bestehn, in der Reduktion auf den gemeinsamen Charakter, den sie als Verausgabung menschlicher Arbeitskraft, abstrakt menschliche Arbeit, besitzen. Das Gehirn der Privatproduzenten spiegelt diesen doppelten gesellschaftlichen Charakter ihrer Privatarbeiten nur wider in den Formen, welche im praktischen Verkehr, im Produktenaustausch erscheinen - den gesellschaftlich nützlichen Charakter ihrer Privatarbeiten also in der Form, daß das Arbeitsprodukt nützlich sein muß, und zwar für andre - den gesellschaftlichen Charakter der Gleichheit der verschiedenartigen Arbeiten in der Form des gemeinsamen Wertcharakters dieser materiell verschiednen Dinge, der Arbeitsprodukte.

Die Menschen beziehen also ihre Arbeitsprodukte nicht aufeinander als Werte, weil diese Sachen ihnen als bloß sachliche Hüllen gleichartig menschlicher Arbeit gelten. Umgekehrt. Indem sie ihre verschiedenartigen Produkte einander im Austausch als Werte gleichsetzen, setzen sie ihre verschiednen Arbeiten einander als menschliche Arbeit gleich. Sie wissen das nicht, aber sie tun es.[33] Es steht daher dem Werte nicht auf der Stirn geschrieben, was er ist. Der Wert verwandelt vielmehr jedes Arbeitsprodukt in eine gesellschaftliche Hieroglyphe. Später suchen die Menschen den Sinn der Hieroglyphe zu entziffern, hinter das Geheimnis ihres eignen gesellschaftlichen Produkts zu kommen, denn die Bestimmung der Gebrauchsgegenstände als Werte ist ihr gesellschaftliches Produkt so gut wie die Sprache. Die späte wissenschaftliche Entdeckung, daß die Arbeitsprodukte, soweit sie Werte, bloß sachliche Ausdrücke der in ihrer Produktion verausgabten menschlichen Arbeit sind, macht Epoche in der Entwicklungsgeschichte der Menschheit, aber verscheucht keineswegs den gegenständlichen Schein der gesellschaftlichen Charaktere der Arbeit. Was nur für diese besondre Produktionsform, die Warenproduktion, gültig ist, daß nämlich der spezifisch gesellschaftliche Charakter der voneinander unabhängigen Privatarbeiten in ihrer Gleichheit als menschliche Arbeit besteht und die Form des Wertcharakters der Arbeitsprodukte annimmt, erscheint, vor wie nach jener Entdeckung, den in den Verhältnissen der Warenproduktion Befangenen ebenso endgültig, als daß die wissenschaftliche Zersetzung der Luft in ihre Elemente die Luftform als eine physikalische Körperform fortbestehn läßt.

[33] Note zur 2. Ausg. Wenn daher Galiani sagt: Der Wert ist ein Verhältnis zwischen Personen - „La Ricchezza è una ragione tra due persone", so hätte er hinzusetzen müssen: unter dinglicher Hülle verstecktes Verhältnis. (Galiani, „Della Moneta", p. 221, t. III von Custodis Sammlung der „Scrittori Classici Italiani di Economia Politica", Parte Moderna, Milano 1803.)

Was die Produktenaustauscher zunächst praktisch interessiert, ist die Frage, wieviel fremde Produkte sie für das eigne Produkt erhalten, in welchen Proportionen sich also die Produkte austauschen. Sobald diese Proportionen zu einer gewissen gewohnheitsmäßigen Festigkeit herangereift sind, scheinen sie aus der Natur der Arbeitsprodukte zu entspringen, so daß z.B. eine Tonne Eisen und 2 Unzen Gold gleichwertig, wie ein Pfund Gold und ein Pfund Eisen trotz ihrer verschiednen physikalischen und chemischen Eigenschaften gleich schwer sind. In der Tat befestigt sich der Wertcharakter der Arbeitsprodukte erst durch ihre Betätigung als Wertgrößen. Die letzteren wechseln beständig, unabhängig vom Willen, Vorwissen und Tun der Austauschenden. Ihre eigne gesellschaftliche Bewegung besitzt für sie die Form einer Bewegung von Sachen, unter deren Kontrolle sie stehen, statt sie zu kontrollieren. Es bedarf vollständig entwickelter Warenproduktion, bevor aus der Erfahrung selbst die wissenschaftliche Einsicht herauswächst, daß die unabhängig voneinander betriebenen, aber als naturwüchsige Glieder der gesellschaftlichen Teilung der Arbeit allseitig voneinander abhängigen Privatarbeiten fortwährend auf ihr gesellschaftlich proportionelles Maß reduziert werden, weil sich in den zufälligen und stets schwankenden Austauschverhältnissen ihrer Produkte die zu deren Produktion gesellschaftlich notwendige Arbeitszeit als regelndes Naturgesetz gewaltsam durchsetzt, wie etwas das Gesetz der Schwere, wenn einem das Haus über dem Kopf zusammenpurzelt.[34] Die Bestimmung der Wertgröße durch die Arbeitszeit ist daher ein unter den erscheinenden Bewegungen der relativen Warenwerte verstecktes Geheimnis. Seine Entdeckung hebt den Schein der bloß zufälligen Bestimmung der Wertgrößen der Arbeitsprodukte auf, aber keineswegs ihre sachliche Form.

Das Nachdenken über die Formen des menschlichen Lebens, also auch ihre wissenschaftliche Analyse, schlägt überhaupt einen der wirklichen Entwicklung entgegengesetzten Weg ein. Es beginnt post festum und daher mit den fertigen Resultaten des Entwicklungsprozesses. Die Formen, welche Arbeitsprodukte zu Waren stempeln und daher der Warenzirkulation vorausgesetzt sind, besitzen bereits die Festigkeit von Naturformen des gesellschaftlichen Lebens, bevor die Menschen sich Rechenschaft zu geben suchen nicht über den historischen Charakter dieser Formen, die ihnen vielmehr bereits als unwandelbar gelten, sondern über deren Gehalt. So war es nur die Analyse der Warenpreise, die zur Bestimmung der Wertgröße, nur der gemeinschaftliche Geldausdruck der Waren, der zur Fixierung ihres Wertcharakters führte. Es ist aber ebendiese fertige Form - die Geldform - der Warenwelt, welche den gesellschaftlichen Charakter der Privatarbeiten und daher die gesellschaftlichen Verhältnissen der Privatarbeiter sachlich verschleiert, statt sie zu offenbaren. Wenn ich sage, Rock, Stiefel usw. beziehen sich auf Leinwand als die allgemeine Verkörperung abstrakter menschlicher Arbeit, so springt die Verrücktheit dieses Ausdrucks ins Auge. Aber wenn die

[34] „Was soll man von einem Gesetze denken, das sich nur durch periodische Revolutionen durchsetzten kann?“ (Friedrich Engels, „Umrisse zu einer Kritik der Nationalökonomie“ in „Deutsch-Französische Jahrbücher“, herausg. von Arnold Ruge und Karl Marx, Paris 1844.) (Siehe Band 1, S. 515)

Produzenten von Rock, Stiefel usw. diese Waren auf Leinwand - oder auf Gold und Silber, was nichts an der Sache ändert - als allgemeines Äquivalent beziehn, erscheint ihnen die Beziehung ihrer Privatarbeiten zu der gesellschaftlichen Gesamtarbeit genau in dieser verrückten Form.

Derartige Formen bilden eben die Kategorien der bürgerlichen Ökonomie. Es sind gesellschaftlich gültige, also objektive Gedankenformen für die Produktionsverhältnisse dieser historisch bestimmten gesellschaftlichen Produktionsweise, der Warenproduktion. Aller Mystizismus der Warenwelt, all der Zauber und Spuk, welcher Arbeitsprodukte auf Grundlage der Warenproduktion umnebelt, verschwindet daher sofort, sobald wir zu andren Produktionsformen flüchten.

Da die politische Ökonomie Robinsonaden liebt,[35] erscheine zuerst Robinson auf seiner Insel. Bescheiden, wie er von Haus aus ist, hat er doch verschiedenartige Bedürfnisse zu befriedigen und muß daher nützliche Arbeiten verschiedner Art verrichten, Werkzeuge machen, Möbel fabrizieren, Lama zähmen, fischen, jagen usw. Vom Beten u. dgl. sprechen wir hier nicht, da unser Robinson daran sein Vergnügen findet und derartige Tätigkeit als Erholung betrachtet. Trotz der Verschiedenheit seiner produktiven Funktionen weiß er, daß sie nur verschiedne Betätigungsformen desselben Robinson, also nur verschiedne Weisen menschlicher Arbeit sind. Die Not selbst zwingt ihn, seine Zeit genau zwischen seinen verschiednen Funktionen zu verteilen. Ob die eine mehr, die andre weniger Raum in seiner Gesamttätigkeit einnimmt, hängt ab von der größeren oder geringeren Schwierigkeit, die zur Erzielung des bezweckten Nutzeffekts zu überwinden ist. Die Erfahrung lehrt ihn das, und unser Robinson, der Uhr, Hauptbuch, Tinte und Feder aus dem Schiffbruch gerettet, beginnt als guter Engländer bald Buch über sich selbst zu führen. Sein Inventarium enthält ein Verzeichnis der Gebrauchsgegenstände, die er besitzt, der verschiednen Verrichtungen, die zu ihrer Produktion erheischt sind, endlich der Arbeitszeit, die ihm bestimmte Quanta dieser verschiednen Produkte im Durchschnitt kosten. Alle Beziehungen zwischen Robinson und den Dingen, die seinen selbstgeschaffnen Reichtum bilden, sind hier so einfach und durchsichtig, daß selbst Herr M. Wirth sie ohne besondre Geistesanstrengung verstehn dürfte. Und dennoch sind darin alle wesentlichen Bestimmungen des Werts enthalten.

Versetzen wir uns nun von Robinsons lichter Insel in das finstre europäische Mittelalter. Statt des unabhängigen Mannes finden wir hier jedermann abhängig - Leibeigne und Grundherrn, Vasallen und Lehnsgeber, Laien und Pfaffen. Persönliche Abhängigkeit charakterisiert ebensosehr die gesellschaftlichen Verhältnisse der materiellen Produktion als die auf ihr aufgebauten Lebenssphären. Aber

[35] Note zur 2. Ausgabe. Auch Ricardo ist nicht ohne seine Robinsonade. „Den Urfischer und den Urjäger läßt er sofort als Warenbesitzer Fisch und Wild austauschen, im Verhältnis der in diesen Tauschwerten vergegenständlichten Arbeitszeit. Bei dieser Gelegenheit fällt er in den Anachronismus, daß Urfischer und Urjäger zur Berechnung ihrer Arbeitsinstrumente die 1817 auf der Londoner Börse gangbaren Annuitätentabellen zu Rate ziehn. Die ‚Parallelogramme des Herrn Owen‘ scheinen die einzige Gesellschaftsform, die er außer der bürgerlichen kannte." (Karl Marx, „Zur Kritik etc.", p.38, 39. (Siehe Band 13, S.46))

eben weil persönliche Abhängigkeitsverhältnisse die gegebne gesellschaftliche Grundlage bilden, brauchen Arbeiten und Produkte nicht eine von ihrer Realität verschiedne phantastische Gestalt anzunehmen. Sie gehn als Naturaldienste und Naturalleistungen in das gesellschaftliche Getriebe ein. Die Naturalform der Arbeit, ihre Besonderheit, und nicht, wie auf Grundlage der Warenproduktion, ihre Allgemeinheit, ist hier ihre unmittelbar gesellschaftliche Form. Die Fronarbeit ist ebensogut durch die Zeit gemessen wie die Waren produzierende Arbeit, aber jeder Leibeigne weiß, daß es ein bestimmtes Quantum seiner persönlichen Arbeitskraft ist, die er im Dienst seines Herrn verausgabt. Der dem Pfaffen zu leistende Zehnten ist klarer als der Segen des Pfaffen. Wie man daher immer die Charaktermasken beurteilen mag, worin sich die Menschen hier gegenübertreten, die gesellschaftlichen Verhältnisse der Personen in ihren Arbeiten erscheinen jedenfalls als ihre eignen persönlichen Verhältnisse und sind nicht verkleidet in gesellschaftliche Verhältnisse der Sachen, der Arbeitsprodukte.

Für die Betrachtung gemeinsamer, d.h. unmittelbar vergesellschafteter Arbeit brauchen wir nicht zurückzugehn zu der naturwüchsigen Form derselben, welche uns an der Geschichtsschwelle aller Kulturvölker begegnet.[36] Ein näherliegendes Beispiel bildet die ländlich patriarchalische Industrie einer Bauernfamilie, die für den eignen Bedarf Korn, Vieh, Garn, Leinwand, Kleidungsstücke usw. produziert. Diese verschiednen Dinge treten der Familie als verschiedne Produkte ihrer Familienarbeit gegenüber, aber nicht sich selbst wechselseitig als Waren. Die verschiednen Arbeiten, welche diese Produkte erzeugen, Ackerbau, Viehzucht, Spinnen, Weben, Schneiderei usw. sind in ihrer Naturalform gesellschaftliche Funktionen, weil Funktionen der Familie, die ihre eigne, naturwüchsige Teilung der Arbeit besitzt so gut wie die Warenproduktion. Geschlechts- und Altersunterschiede wie die mit dem Wechsel der Jahreszeit wechselnden Naturbedingungen der Arbeit regeln ihre Verteilung unter die Familie und die Arbeitszeit der einzelnen Familienglieder. Die durch die Zeitdauer gemeßne Verausgabung der individuellen Arbeitskräfte erscheint hier aber von Haus aus als gesellschaftliche Bestimmung der Arbeiten selbst, weil die individuellen Arbeitskräfte von Haus aus nur als Organe der gemeinsamen Arbeitskraft der Familie wirken.

Stellen wir uns endlich, zur Abwechslung, einen Verein freier Menschen vor, die mit gemeinschaftlichen Produktionsmitteln arbeiten und ihre vielen individuellen Arbeitskräfte selbstbewußt als eine gesellschaftliche Arbeitskraft verausgaben. Alle Bestimmungen von Robinsons Arbeit wiederholen sich hier, nur gesellschaftlich statt individuell. Alle Produkte Robinsons waren sein ausschließ-

[36] Note zur 2. Ausgabe. „Es ist ein lächerliches Vorurteil in neuester Zeit verbreitet, daß die Form des naturwüchsigen Gemeineigentums spezifische, sogar ausschließlich russische Form sei. Sie ist die Urform, die wir bei Römern, Germanen, Kelten nachweisen können, von der aber eine ganze Musterkarte mit mannigfachen Proben sich noch immer, wenn auch zum Teil ruinenweise, bei den Indiern vorfindet. Ein genaueres Studium der asiatischen, speziell der indischen Gemeineigentumsformen würde nachweisen, wie aus den verschiednen Formen des naturwüchsigen Gemeineigentums sich verschiedne Formen seiner Auflösung ergeben. So lassen sich z.B. die verschiednen Originaltypen von römischem und germanischem Privateigentum aus verschiednen Formen des indischen Gemeineigentums ableiten."(Karl Marx, „Zur Kritik etc.", p. 10. (Siehe Band 13 unserer Ausgabe, S.21))

lich persönliches Produkt und daher unmittelbar Gebrauchsgegenstände für ihn. Das Gesamtprodukt des Vereins ist ein gesellschaftliches Produkt. Ein Teil dieses Produkts dient wieder als Produktionsmittel. Er bleibt gesellschaftlich. Aber ein anderer Teil wird als Lebensmittel von den Vereinsgliedern verzehrt. Er muß daher unter sie verteilt werden. Die Art dieser Verteilung wird wechseln mit der besondren Art des gesellschaftlichen Produktionsorganismus selbst und der entsprechenden geschichtlichen Entwicklungshöhe der Produzenten. Nur zur Parallele mit der Warenproduktion setzen wir voraus, der Anteil jedes Produzenten an den Lebensmitteln sei bestimmt durch seine Arbeitszeit. Die Arbeitszeit würde also eine doppelte Rolle spielen. Ihre gesellschaftlich planmäßige Verteilung regelt die richtige Proportion der verschiednen Arbeitsfunktionen zu den verschiednen Bedürfnissen. Andrerseits dient die Arbeitszeit zugleich als Maß des individuellen Anteils des Produzenten an der Gemeinarbeit und daher auch an dem individuell verzehrbaren Teil des Gemeinprodukts. Die gesellschaftlichen Beziehungen der Menschen zu ihren Arbeiten und ihren Arbeitsprodukten bleiben hier durchsichtig einfach in der Produktion sowohl als in der Distribution.

Für eine Gesellschaft von Warenproduzenten, deren allgemein gesellschaftliches Produktionsverhältnis darin besteht, sich zu ihren Produkten als Waren, also als Werten, zu verhalten und in dieser sachlichen Form ihre Privatarbeiten aufeinander zu beziehn als gleiche menschliche Arbeit, ist das Christentum mit seinem Kultus des abstrakten Menschen, namentlich in seiner bürgerlichen Entwicklung, dem Protestantismus, Deismus usw., die entsprechendste Religionsform. In den altasiatischen, antiken usw. Produktionsweisen spielt die Verwandlung des Produkts in Ware, und daher das Dasein der Menschen als Warenproduzenten, eine untergeordnete Rolle, die jedoch um so bedeutender wird, je mehr die Gemeinwesen in das Stadium ihres Untergangs treten. Eigentliche Handelsvölker existieren nur in den Intermundien der alten Welt, wie Epikurs Götter oder wie Juden in den Poren der polnischen Gesellschaft. Jene alten gesellschaftlichen Produktionsorganismen sind außerordentlich viel einfacher und durchsichtiger als der bürgerliche, aber sie beruhen entweder auf der Unreife des individuellen Menschen, der sich von der Nabelschnur des natürlichen Gattungszusammenhangs mit andren noch nicht losgerissen hat, oder auf unmittelbaren Herrschafts- und Knechtschaftsverhältnissen. Sie sind bedingt durch eine niedrige Entwicklungsstufe der Produktivkräfte der Arbeit und entsprechend befangene Verhältnisse der Menschen innerhalb ihres materiellen Lebenserzeugungsprozesses, daher zueinander und zur Natur.

Diese wirkliche Befangenheit spiegelt sich ideell wider in den alten Natur- und Volksreligionen. Der religiöse Widerschein der wirklichen Welt kann überhaupt nur verschwinden, sobald die Verhältnisse des praktischen Werkeltagslebens den Menschen tagtäglich durchsichtig vernünftige Beziehungen zueinander und zur Natur darstellen. Die Gestalt des gesellschaftlichen Lebensprozesses, d.h. des materiellen Produktionsprozesses, streift nur ihren mystischen Nebelschleier ab, sobald sie als Produkt frei vergesellschafteter Menschen unter deren bewußter planmäßiger Kontrolle steht. Dazu ist jedoch eine materielle Grundlage der Gesellschaft erheischt oder eine Reihe materieller Existenzbedingungen, welch selbst wieder das naturwüchsige Produkt einer langen und qualvollen Entwicklungsgeschichte sind.

Die politische Ökonomie hat nun zwar, wenn auch unvollkommen[37] Wert und Wertgröße analysiert und den in diesen Formen versteckten In- halt entdeckt. Sie hat niemals auch nur die Frage gestellt, warum dieser Inhalt jene Form annimmt, warum sich also die Arbeit im Wert und das Maß der Arbeit durch ihre Zeitdauer in der Wertgröße des Arbeitsprodukts darstellt?[38] Formen, denen es auf der Stirn geschrieben steht, daß sie einer Gesellschaftsformation angehören, worin der Produktionsprozeß die Menschen, der Mensch noch nicht den Produktionsprozeß bemeistert, gelten ihrem bürgerlichen Bewußtsein für ebenso selbstverständliche Naturnotwendigkeit als die produktive Arbeit selbst. Vorbürgerliche Formen des

[37] Das Unzulängliche in Ricardos Analyse der Wertgröße - und es ist die beste - wird man aus dem dritten und vierten Buch dieser Schrift ersehn. Was aber den Wert überhaupt betrifft, so unterscheidet die klassische politische Ökonomie nirgendwo ausdrücklich und mit klarem Bewußtsein die Arbeit, wie sie sich im Wert, von derselben Arbeit, soweit sie sich im Gebrauchswert ihres Produkts darstellt. Sie macht natürlich den Unterschied tatsächlich, da sie die Arbeit das einemal quantitativ, da andremal qualitativ betrachtet. Aber es fällt ihr nicht ein, daß bloß quantitativer Unterschied der Arbeiten ihre qualitative Einheit oder Gleichheit voraussetzt, also ihre Reduktion auf abstrakt menschliche Arbeit. Ricardo z.B. erklärt sich einverstanden mit Destutt de Tracy, wenn dieser sagt: „Da es sicher ist, daß unsere körperlichen und geistigen Fähigkeiten allein unser ursprünglicher Reichtum sind, ist der Gebrauch dieser Fähigkeiten, eine gewisse Art Arbeit, unser ursprünglicher Schatz; es ist immer dieser Gebrauch, welcher alle jene Dinge schafft, die wir Reichtum nennen ... Zudem ist es gewiß, daß alle jene Dinge nur die Arbeit darstellen, die sie geschaffen hat, und wenn sie einen Wert haben, oder sogar zwei unterschiedliche Werte, so können sie dies doch nur haben aus dem" (dem Wert) „der Arbeit, der sie entspringen." (Ricardo, „The principles of Pol. Econ.", 3. ed., Lond. 1821, p. 334. (Vgl. Destutt de Tracy, „Elemens d'ideologie." IVe et Ve parties, Paris 1826, p.35, 36)) Wir deuten nur an, daß Ricardo dem Destutt seinen eignen tieferen Sinn unterschiebt. Destutt sagt in der Tat zwar einerseits, daß alle Dinge, die den Reichtum bilden, „die Arbeit repräsentieren, die sie geschaffen hat", aber andrerseits, daß sie ihre „zwei verschiedenen Werte" (Gebrauchswert und Tauschwert) vom „Wert der Arbeit" erhalten. Er fällt damit in die Flachheit der Vulgärökonomie, die den Wert einer Ware (hier der Arbeit) voraussetzt, um dadurch hinterher den Wert der andren Waren zu bestimmen. Ricardo liest ihn so, daß sowohl im Gebrauchswert als Tauschwert sich Arbeit (nicht Wert der Arbeit) darstellt. Er selbst aber scheidet so wenig den zwieschlächtigen Charakter der Arbeit, die doppelt dargestellt ist, daß er in dem ganzen Kapitel: „Value and Riches, their Distinctive Properties" („Wert und Reichtum, ihre unterscheidenden Eigenschaften") sich mühselig mit den Trivialitäten eines J. B. Say herumschlagen muß. Am Ende ist er daher auch ganz erstaunt, daß Destutt zwar mit ihm selbst über Arbeit als Wertquelle und dennoch andrerseits mit Say über den Wertbegriff harmoniere.

[38] Es ist einer der Grundmängel der klassischen politischen Ökonomie, daß es ihr nie gelang, aus der Analyse der Ware und spezieller des Warenwerts die Form des Werts, die ihn eben zum Tauschwert macht, herauszufinden. Grade in ihren besten Repräsentanten, wie A. Smith und Ricardo, behandelt sie die Wertform als etwas ganz Gleichgültiges oder der Natur der Ware selbst Äußerliches. Der Grund ist nicht allein, daß die Analyse der Wertgröße ihre Aufmerksamkeit ganz absorbiert. Er liegt tiefer. Die Wertform des Arbeitsprodukts ist die abstrakteste, aber auch allgemeinste Form der bürgerlichen Produktionsweise, die hierdurch als eine besondere Art gesellschaftlicher Produktion und damit zugleich historisch charakterisiert wird. Versieht man sie daher für die ewige Naturform gesellschaftlicher Produktion, so übersieht man notwendig auch das Spezifische der Wertform, also der Warenform, weiter entwickelt der Geldform, Kapitalform usw. Man findet daher bei Ökonomen, welche über das Maß der Wertgröße durch Arbeitszeit durchaus übereinstimmen, die kunterbuntesten und widersprechendsten Vorstellungen von Geld, d.h. der fertigen Gestalt des allgemeinen Äquivalents. Dies tritt schlagend hervor z.B. bei der Behandlung des Bankwesens, wo mit den gemeinplätzlichen Definitionen des Geldes nicht mehr ausgereicht wird. Im Gegensatz entsprang daher ein restauriertes Merkantilsystem (Ganilh usw.), welches im Wert nur die gesellschaftliche Form sieht oder vielmehr nur ihren substanzlosen Schein. - Um es ein für allemal zu bemerken, verstehe ich unter klassischer politischer Ökonomie alle Ökonomie seit W. Petty, die den innern Zusammenhang der bürgerlichen Produktionsverhältnisse erforscht im Gegensatz zur Vulgärökonomie, die sich nur innerhalb des scheinbaren Zusammenhangs herumtreibt, für eine plausible Verständlichmachung der sozusagen gröbsten Phänomene und den bürgerlichen Hausbedarf das von der wissenschaftlichen Ökonomie längst gelieferte Material stets von neuem wiederkaut, im übrigen aber sich darauf beschränkt, die banalen und selbstgefälligen Vorstellungen der bürgerlichen Produktionsagenten von ihrer eignen besten Welt zu systematisieren, pedantisieren und als ewige Wahrheiten zu proklamieren.

gesellschaftlichen Produktionsorganismus werden daher von ihr behandelt wie etwa von den Kirchenvätern vorchristliche Religionen.[39]

Wie sehr ein Teil der Ökonomen von dem der Warenwelt anklebenden Fetischismus oder dem gegenständlichen Schein der gesellschaftlichen Arbeitsbestimmungen getäuscht wird, beweist u.a. der langweilig abgeschmackte Zank über die Rolle der Natur in der Bildung des Tauschwerts. Da Tauschwert eine bestimmte gesellschaftliche Manier ist, die auf ein Ding verwandte Arbeit auszudrücken, kann er nicht mehr Naturstoff enthalten als etwa der Wechselkurs.

Da die Warenform die allgemeinste und unentwickeltste Form der bürgerlichen Produktion ist, weswegen sie früh auftritt, obgleich nicht in derselben herrschenden, also charakteristischen Weise wie heutzutag, scheint ihr Fetischcharakter noch relativ leicht zu durchschauen. Bei konkreteren Formen verschwindet selbst dieser Schein der Einfachheit. Woher die Illusionen des Monetarsystems? Es sah dem Gold und Silber nicht an, daß sie als Geld ein gesellschaftliches Produktionsverhältnis darstellen, aber in der Form von Naturdingen mit sonderbar gesellschaftlichen Eigenschaften. Und die moderne Ökonomie, die vornehm auf das Monetarsystem herabgrinst, wird ihr Fetischismus nicht handgreiflich, sobald sie das Kapital behandelt? Seit wie lange ist die physiokratische Illusion verschwunden, daß die Grundrente aus der Erde wächst, nicht aus der Gesellschaft?

Um jedoch nicht vorzugreifen, genüge hier noch ein Beispiel bezüglich der Warenform selbst. Könnten die Waren sprechen, so würden sie sagen, unser Gebrauchswert mag den Menschen interessieren. Er kommt uns nicht als Dingen zu. Was uns aber dinglich zukommt, ist unser Wert. Unser eigner Verkehr als

[39] „Die Ökonomen verfahren auf eine sonderbare Art. Es gibt für sie nur zwei Arten von Institutionen, künstliche und natürliche. Die Institutionen des Feudalismus sind künstliche Institutionen, die der Bourgeoisie natürliche. Sie gleichen darin den Theologen, die auch zwei Arten von Religionen unterscheiden. Jede Religion, die nicht die ihre ist, ist eine Erfindung der Menschen, während ihre eigene Religion eine Offenbarung Gottes ist. - Somit hat es eine Geschichte gegeben, aber es gibt keine mehr." (Karl Marx, „Misère de la Philosophie. Réponse à la Philosophie de la Misère de M. Proudhon", 1847, p. 113. (Siehe Band 4, S 139)) Wahrhaft drollig ist Herr Bastiat, der sich einbildet, die alten Griechen und Römer hätten nur von Raub gelebt. Wenn man aber viele Jahrhunderte durch von Raub lebt, muß doch beständig etwas zu rauben da sein oder der Gegenstand des Raubes sich fortwährend reproduzieren. Es scheint daher, daß auch Griechen und Römer einen Produktionsprozeß hatten, also eine Ökonomie, welche ganz so die materielle Grundlage ihrer Welt bildete wie die bürgerliche Ökonomie die der heutigen Welt. Oder meint Bastiat etwa, daß eine Produktionsweise, die auf der Sklavenarbeit beruht, auf einem Raubsystem ruht? Er stellt sich dann auf gefährlichen Boden. Wenn ein Denkriese wie Aristoteles in seiner Würdigung der Sklavenarbeit irrte, warum sollte ein Zwergökonom, wie Bastiat, in seiner Würdigung der Lohnarbeit richtig gehn? - Ich ergreife diese Gelegenheit, um einen Einwand, der mir beim Erscheinen meiner Schrift „Zur Kritik der Pol. Oekonomie", 1859, von einem deutsch-amerikanischen Blatte gemacht wurde, kurz abzuweisen. Es sagte, meine Ansicht, daß die bestimmte Produktionsweise und die ihr jedesmal entsprechenden Produktionsverhältnisse, kurz „die ökonomische Struktur der Gesellschaft die reale Basis sei, worauf sich ein juristischer und politischer Überbau erhebe und welcher bestimmte gesellschaftliche Bewußtseinsformen entsprächen", daß „die Produktionsweise des materiellen Lebens den sozialen, politischen und geistigen Lebensprozeß überhaupt bedinge" (siehe Band 13, S. 8/9), - alles dies sei zwar richtig für die heutige Welt, wo die materiellen Interessen, aber weder für das Mittelalter, wo der Katholizismus, noch für Athen und Rom, wo die Politik herrschte. Zunächst ist es befremdlich, daß jemand vorauszusetzen beliebt, diese weltbekannten Redensarten über Mittelalter und antike Welt seien irgend jemand unbekannt geblieben. Soviel ist klar, daß das Mittelalter nicht vom Katholizismus und die antike Welt nicht von der Politik leben konnte. Die Art und Weise, wie sie ihr Leben gewannen, erklärt umgekehrt, warum dort die Politik, hier der Katholizismus die Hauptrolle spielte. Es gehört übrigens wenig Bekanntschaft z.B. mit der Geschichte der römischen Republik dazu, um zu wissen, daß die Geschichte des Grundeigentums ihre Geheimgeschichte bildet. Andrerseits hat schon Don Quixote den Irrtum gebüßt, daß er die fahrende Ritterschaft mit allen ökonomischen Formen der Gesellschaft gleich verträglich wähnte.

Warendinge beweist das. Wir beziehn uns nur als Tauschwerte aufeinander. Man höre nun, wie der Ökonom aus der Warenseele heraus spricht:

„Wert“ (Tauschwert) „ist Eigenschaft der Dinge, Reichtum“ (Gebrauchswert) „des Menschen. Wert in diesem Sinn schließt notwendig Austausch ein, Reichtum nicht.“[40] „Reichtum“ (Gebrauchswert) „ist ein Attribut des Menschen, Wert ein Attribut der Waren. Ein Mensch oder ein Gemeinwesen ist reich; eine Perle oder ein Diamant ist wertvoll ... Eine Perle oder ein Diamant hat Wert als Perle oder Diamant.“[41]

Bisher hat noch kein Chemiker Tauschwert in Perle oder Diamant entdeckt. Die ökonomischen Entdecker dieser chemischen Substanz, die besondren Anspruch auf kritische Tiefe machen, finden aber, daß der Gebrauchswert der Sachen unabhängig von ihren sachlichen Eigenschaften, dagegen ihr Wert ihnen als Sachen zukommt. Was sie hierin bestätigt, ist der sonderbare Umstand, daß der Gebrauchswert der Dinge sich für den Menschen ohne Austausch realisiert, also im unmittelbaren Verhältnis zwischen Ding und Mensch, ihr Wert umgekehrt nur im Austausch, d.h. in einem gesellschaftlichen Prozeß. Wer erinnert sich hier nicht des guten Dogberry, der den Nachtwächter Seacoal belehrt:

„Ein gut aussehender Mann zu sein ist eine Gabe der Umstände, aber lesen und schreiben zu können kommt von Natur.“[42]

Der Austauschprozeß

Die Waren können nicht selbst zu Markte gehn und sich nicht selbst austauschen. Wir müssen uns also nach ihren Hütern umsehn, den Warenbesitzern. Die Waren sind Dinge und daher widerstandslos gegen den Menschen. Wenn sie nicht willig, kann er Gewalt brauchen, in andren Worten, sie nehmen.[43] Um diese Dinge als Waren aufeinander zu beziehn, müssen die Warenhüter sich zueinander als Personen verhalten, deren Willen in jenen Dingen haust, so daß der eine nur mit dem Willen des andren, also jeder nur vermittelst eines, beiden gemeinsamen Willensakts sich die fremde Ware aneignet, indem er die eigne veräußert. Sie

[40] „Value is a property of things, riches of man. Value, in this sense, necessarily implies exchange, riches do not.“ („Observations on some verbal disputes in Pol. Econ., particularly relating to value, and to supply and demand“, Lond. 1821, p. 16.)

[41] „Riches are the attribute of man, value is the attribute of commodities. A man or a community is rich, a pearl or a diamond is valuable ... A pearl or a diamond is valuable as a pearl or diamond.“ (S. Bailey, l.c.p. 165 sq.)

[42] Der Verfasser der „Observations“ und S. Bailey beschuldigen Ricardo, er habe den Tauschwert aus einem nur Relativen in etwas Absolutes verwandelt. Umgekehrt. Er hat die Scheinrelativität, die diese Dinge, Diamant und Perlen z.B., als Tauschwerte besitzen, auf das hinter dem Schein verborgene wahre Verhältnis reduziert, auf ihre Relativität als bloße Ausdrücke menschlicher Arbeit. Wenn die Ricardianer dem Bailey grob, aber nicht schlagend antworten, so nur, weil sie bei Ricardo selbst keinen Aufschluß über den inneren Zusammenhang zwischen Wert und Wertform oder Tauschwert fanden.

[43] Im 12., durch seine Frömmigkeit so berufenen Jahrhundert, kommen unter diesen Waren oft sehr zarte Dinge vor. So zählt ein französischer Dichter jener Zeit unter den Waren, die sich auf dem Markt von Landit einfanden, neben Kleidungsstoffen, Schuhen, Leder, Ackergeräten, Häuten usw. auch „femmes folles de leur corps“ („Frauen mit feurigem Körper“) auf.

müssen sich daher wechselseitig als Privateigentümer anerkennen. Dies Rechtsverhältnis, dessen Form der Vertrag ist, ob nun legal entwickelt oder nicht, ist ein Willensverhältnis, worin sich das ökonomische Verhältnis widerspiegelt. Der Inhalt dieses Rechts- oder Willensverhältnisses ist durch das ökonomische Verhältnis selbst gegeben.[44] Die Personen existieren hier nur füreinander als Repräsentanten von Ware und daher als Warenbesitzer. Wir werden überhaupt im Fortgang der Entwicklung finden, daß die ökonomischen Charaktermasken der Personen nur die Personifikationen der ökonomischen Verhältnisse sind, als deren Träger sie sich gegenübertreten.

Was den Warenbesitzer namentlich von der Ware unterscheidet, ist der Umstand, daß ihr jeder andre Warenkörper nur als Erscheinungsform ihres eignen Werts gilt. Geborner Leveller und Zyniker, steht sie daher stets auf dem Sprung, mit jeder andren Ware, sei selbe auch ausgestattet mit mehr Unannehmlichkeiten als Maritorne, nicht nur die Seele, sondern den Leib zu wechseln. Diesen der Ware mangelnden Sinn für das Konkrete des Warenkörpers ergänzt der Warenbesitzer durch seine eignen fünf und mehr Sinne. Seine Ware hat für ihn keinen unmittelbaren Gebrauchswert. Sonst führte er sie nicht zu Markt. Sie hat Gebrauchswert für andre. Für ihn hat sie unmittelbar nur den Gebrauchswert, Träger von Tauschwert und so Tauschmittel zu sein.[45] Darum will er sie veräußern für Ware, deren Gebrauchswert ihm Genüge tut. Alle Waren sind Nicht-Gebrauchswerte für ihre Besitzer, Gebrauchswerte für ihre Nicht-Besitzer. Sie müssen also allseitig die Hände wechseln. Aber dieser Händewechsel bildet ihren Austausch, und ihr Austausch bezieht sie als Werte aufeinander und realisiert sie als Werte. Die Waren müssen sich daher als Werte realisieren, bevor sie sich als Gebrauchswerte realisieren können.

Andrerseits müssen sie sich als Gebrauchswerte bewähren, bevor sie sich als Werte realisieren können. Denn die auf sie verausgabte menschliche Arbeit zählt nur, soweit sie in einer für andre nützlichen Form verausgabt ist. Ob sie andren nützlich, ihr Produkt daher fremde Bedürfnisse befriedigt, kann aber nur ihr Austausch beweisen.

[44] Proudhon schöpft erst sein Ideal der Gerechtigkeit, der justice éternelle (ewigen Gerechtigkeit), aus den der Warenproduktion entsprechenden Rechtsverhältnissen, wodurch, nebenbei bemerkt, auch der für alle Spießbürger so tröstliche Beweis geliefert wird, daß die Form der Warenproduktion ebenso ewig ist wie die Gerechtigkeit. Dann umgekehrt will er die wirkliche Warenproduktion und das ihr entsprechende wirkliche Recht diesem Ideal gemäß ummodeln. Was würde man von einem Chemiker denken, der, statt die wirklichen Gesetze des Stoffwechsels zu studieren und auf Basis derselben bestimmte Aufgaben zu lösen, den Stoffwechsel durch die „ewigen Ideen" der „naturalié" („Natürlichkeit") und der „affinité" („Verwandschaft") ummodeln wollte? Weiß man etwa mehr über den „Wucher", wenn man sagt, er widerspreche der „justice éternelle" und der „équité éternelle" („ewigen Billigkeit") und der „mutualité éternelle" („ewigen Gegenseitigkeit") und andren „vérités éternelles" („ewigen Wahrheiten"), als die Kirchenväter wußten, wenn sie sagten, er widerspreche der „grâce éternelle", der „foi éternelle", der „volonté éternelle de dieu" („ewigen Gnade", dem „ewigen Glauben", dem „ewigen Willen Gottes")?

[45] „Denn zweifach ist der Gebrauch jedes Guts. - Der eine ist dem Ding als solchem eigen, der andre nicht, wie einer Sandale, zur Beschuhung zu dienen und austauschbar zu sein. Beides sind Gebrauchswerte der Sandale, denn auch wer die Sandale mit dem ihm Mangelnden, z.B. der Nahrung austauscht, benutzt die Sandale als Sandale. Aber nicht in ihrer natürlichen Gebrauchsweise. Denn sie ist nicht da des Austausches wegen." (Aristoteles, „De Rep.", l. I, c. 9.)

Jeder Warenbesitzer will seine Ware nur veräußern gegen andre Ware, deren Gebrauchswert sein Bedürfnis befriedigt. Sofern ist der Austausch für ihn nur individueller Prozeß. Andrerseits will er seine Ware als Wert realisieren, also in jeder ihm beliebigen andren Ware von demselben Wert, ob seine eigne Ware nun für den Besitzer der andren Ware Gebrauchswert habe oder nicht. Sofern ist der Austausch für ihn allgemein gesellschaftlicher Prozeß. Aber derselbe Prozeß kann nicht gleichzeitig für alle Warenbesitzer nur individuell und zugleich nur allgemein gesellschaftlich sein.

Sehn wir näher zu, so gilt jedem Warenbesitzer jede fremde Ware als besondres Äquivalent seiner Ware, seine Ware daher als allgemeines Äquivalent aller andren Waren. Da aber alle Warenbesitzer dasselbe tun, ist keine Ware allgemeines Äquivalent und besitzen die Waren daher auch keine allgemeine relative Wertform, worin sie sich als Werte gleichsetzen und als Wertgrößen vergleichen. Sie stehn sich daher überhaupt nicht gegenüber als Waren, sondern nur als Produkte oder Gebrauchswerte.

In ihrer Verlegenheit denken unsre Warenbesitzer wie Faust. Im Anfang war die Tat. Sie haben daher schon gehandelt, bevor sie gedacht haben. Die Gesetze der Warennatur betätigten sich im Naturinstinkt der Warenbesitzer. Sie können ihre Waren nur als Werte und darum nur als Waren aufeinander beziehn, indem sie dieselben gegensätzlich auf irgendeine andre Ware als allgemeines Äquivalent beziehn. Das ergab die Analyse der Ware. Aber nur die gesellschaftliche Tat kann eine bestimmte Ware zum allgemeinen Äquivalent machen. Die gesellschaftliche Aktion aller andren Waren schließt daher eine bestimmte Ware aus, worin sie allseitig ihre Werte darstellen. Dadurch wird die Naturalform Ware gesellschaftlich gültige Äquivalentform. Allgemeines Äquivalent zu sein wird durch den gesellschaftlichen Prozeß zur spezifisch gesellschaftlichen Funktion der ausgeschlossenen Ware. So wird sie - Geld.

„Illi unum consilium habent et virtutem et potestatem suam bestiae tradunt. Et ne quis possit emere aut vendere, nisi qui habet characterem aut nomen bestiae, aut numerum nomisis ejus.“ („Die haben eine Meinung und werden ihre Kraft und Macht geben dem Tier, daß niemand kaufen oder verkaufen kann, er habe denn das Malzeichen, nämlich den Namen des Tiers oder die Zahl seines Namens.“) (Apokalypse)

Der Geldkristall ist ein notwendiges Produkt des Austauschprozesses, worin verschiedenartige Arbeitsprodukte einander tatsächlich gleichgesetzt und daher tatsächlich in Waren verwandelt werden. Die historische Ausweitung und Vertiefung des Austausches entwickelt den in der Warennatur schlummernden Gegensatz von Gebrauchswert und Wert. Das Bedürfnis, diesen Gegensatz für den Verkehr äußerlich darzustellen, treibt zu einer selbständigen Form des Warenwerts und ruht und rastet nicht, bis sie endgültig erzielt ist durch die Verdopplung der Ware in Ware und Geld. In demselben Maße daher, worin sich die Verwandlung der Arbeitsprodukte in Waren, vollzieht sich die Verwandlung von Ware in Geld.[46]

Der unmittelbare Produktenaustausch hat einerseits die Form des einfachen Wertausdrucks und hat sie andrerseits noch nicht. Jene Form war x Ware A = y Ware B. Die Form des unmittelbaren Produktenaustausches ist: x Gebrauchsgegenstand A = y Gebrauchsgegenstand B.[47] Die Dinge A und B sind hier nicht Waren vor dem Austausch, sondern werden es erst durch denselben. Die erste Weise, worin ein Gebrauchsgegenstand der Möglichkeit nach Tauschwert ist, ist sein Dasein als Nicht-Gebrauchswert, als die unmittelbaren Bedürfnisse seines Besitzers überschießendes Quantum von Gebrauchswert. Dinge sind an und für sich dem Menschen äußerlich und daher veräußerlich. Damit diese Veräußerung wechselseitig, brauchen Menschen nur stillschweigend sich als Privateigentümer jener veräußerlichen Dinge und eben dadurch als voneinander unabhängige Personen gegenüberzutreten. Solch ein Verhältnis wechselseitiger Fremdheit existiert jedoch nicht für die Glieder eines naturwüchsigen Gemeinwesens, habe es nun die Form einer patriarchalischen Familie, einer altindischen Gemeinde, eines Inkastaates usw. Der Warenaustausch beginnt, wo die Gemeinwesen enden, an den Punkten ihres Kontakts mit fremden Gemeinwesen oder Gliedern fremder Gemeinwesen. Sobald Dinge aber einmal im auswärtigen, werden sie auch rückschlagend im innern Gemeinleben zu Waren. Ihr quantitatives Austauschverhältnis ist zunächst ganz zufällig. Austauschbar sind sie durch den Willensakt ihrer Besitzer, sie wechselseitig zu veräußern. Indes setzt sich das Bedürfnis für fremde Gebrauchsgegenstände allmählich fest. Die beständige Wiederholung des Austausches macht ihn zu einem regelmäßigen gesellschaftlichen Prozeß. Im Laufe der Zeit muß daher wenigstens ein Teil der Arbeitsprodukte absichtlich zum Behuf des Austausches produziert werden. Von diesem Augenblick befestigt sich einerseits die Scheidung zwischen der Nützlichkeit der Dinge für den unmittelbaren Bedarf und ihrer Nützlichkeit zum Austausch. Ihr Gebrauchswert scheidet sich von ihrem Tauschwerte. Andrerseits wird das quantitative Verhältnis, worin sie sich austauschen, von ihrer Produktion selbst abhängig. Die Gewohnheit fixiert sie als Wertgrößen.

Im unmittelbaren Produktenaustausch ist jede Ware unmittelbar Tauschmittel für ihren Besitzer, Äquivalent für ihren Nichtbesitzer, jedoch nur soweit sie Gebrauchswert für ihn. Der Tauschartikel erhält also noch keine von seinem eignen Gebrauchswert oder dem individuellen Bedürfnis der Austauscher unabhängige Wertform. Die Notwendigkeit dieser Form entwickelt sich mit der wachsenden Anzahl und Mannigfaltigkeit der in den Austauschprozeß eintretenden Waren.

[46] Danach beurteile man die Pfiffigkeit des kleinbürgerlichen Sozialismus, der die Warenproduktion verewigen und zugleich den „Gegensatz von Geld und Ware“, also das Geld selbst, denn es ist nur in diesem Gegensatze, abschaffen will. Ebensowohl könnte man den Papst abschaffen und den Katholizismus bestehen lassen. Das Nähere hierüber sieh in meiner Schrift „Zur Kritik der Pol. Oekonomie“, p. 61 sqq. (Siehe Band 13, S. 66 ff.)

[47] Solange noch nicht zwei verschiedne Gebrauchsgegenstände ausgetauscht, sondern, wie wir das bei Wilden oft finden, eine chaotische Masse von Dingen als Äquivalent für ein Drittes angeboten wird, steht der unmittelbare Produktenaustausch selbst erst in seiner Vorhalle.

Die Aufgabe entspringt gleichzeitig mit den Mitteln ihrer Lösung. Ein Verkehr, worin Warenbesitzer ihre eignen Artikel mit verschiednen andren Artikeln austauschen und vergleichen, findet niemals statt, ohne daß verschiedne Waren von verschiednen Warenbesitzern innerhalb ihres Verkehrs mit einer und derselben dritten Warenart ausgetauscht und als Werte verglichen werden. Solche dritte Ware, indem sie Äquivalent für verschiedne andre Waren wird, erhält unmittelbar, wenn auch in engen Grenzen, allgemeine oder gesellschaftliche Äquivalentform. Diese allgemeine Äquivalentform entsteht und vergeht mit dem augenblicklichen gesellschaftlichen Kontakt, der sie ins Leben rief. Abwechselnd und flüchtig kommt sie dieser oder jener Ware zu. Mit der Entwicklung des Warenaustausches heftet sie sich aber ausschließlich fest an besondere Warenarten oder kristallisiert zur Geldform. An welcher Warenart sie kleben bleibt, ist zunächst zufällig. Jedoch entscheiden im großen und ganzen zwei Umstände. Geldform heftet sich entweder an die wichtigsten Eintauschartikel aus der Fremde, welche in der Tat naturwüchsige Erscheinungsformen des Tauschwerts der einheimischen Produkte sind, oder an den Gebrauchsgegenstand, welcher das Hauptelement des einheimischen veräußerlichen Besitztums bildet, wie z.B. Vieh. Nomadenvölker entwickeln zuerst die Geldform, weil all ihr Hab und Gut sich in beweglicher, daher unmittelbar veräußerlicher Form befindet, und weil ihre Lebensweise sie beständig mit fremden Gemeinwesen in Kontakt bringt, daher zum Produktenaustausch sollizitiert. Die Menschen haben oft den Menschen selbst in der Gestalt des Sklaven zum ursprünglichen Geldmaterial gemacht, aber niemals den Grund und Boden. Solche Idee konnte nur in bereits ausgebildeter bürgerlicher Gesellschaft aufkommen. Sie datiert vom letzten Dritteil des 17. Jahrhunderts, und ihre Ausführung, auf nationalem Maßstab, wurde erst ein Jahrhundert später in der bürgerlichen Revolution der Franzosen versucht.

In demselben Verhältnis, worin der Warenaustausch seine nur lokalen Bande sprengt, der Warenwert sich daher zur Materiatur menschlicher Arbeit überhaupt ausweitet, geht die Geldform auf Waren über, die von Natur zur gesellschaftlichen Funktion eines allgemeinen Äquivalents taugen, auf die edlen Metalle.

Daß nun, „obgleich Gold und Silber nicht von Natur Geld, Geld von Natur Gold und Silber ist“,[48] zeigt die Kongruenz ihrer Natureigenschaften mit seinen Funktionen.[49] Bisher kennen wir aber nur die eine Funktion des Geldes, als Erscheinungsform des Warenwerts zu dienen oder als das Material, worin die Wertgrößen der Waren sich gesellschaftlich ausdrücken. Adäquate Erscheinungsform von Wert oder Materiatur abstrakter und daher gleicher menschlicher Arbeit kann nur eine Materie sein, deren sämtliche Exemplare dieselbe gleichförmige Qualität besitzen. Andrerseits, da der Unterschied der Wertgrößen rein quantitativ ist, muß die Geldware rein quantitativer Unterschiede fähig, also nach Willkür teilbar

[48] Karl Marx, l.c. p. 135. (Siehe Band 13, S.131) „Die Metalle ... sind von Natur Geld.“(Galiani, „Della Moneta“ in Custodis Sammlung, Parte Moderna, t. III, p. 137.)

[49] Das Nähere darüber in meiner eben zitierten Schrift, Abschnitt: „Die edlen Metalle“.

und aus ihren Teilen wieder zusammensetzbar sein. Gold und Silber besitzen aber diese Eigenschaften von Natur.

Der Gebrauchswert der Geldware verdoppelt sich. Neben ihrem besondren Gebrauchswert als Ware, wie Gold z.B. zum Ausstopfen hohler Zähne, Rohmaterial von Luxusartikeln usw. dient, erhält sie einen formalen Gebrauchswert, der aus ihren spezifischen gesellschaftlichen Funktionen entspringt.

Da alle andren Waren nur besondre Äquivalente des Geldes, das Geld ihr allgemeines Äquivalent, verhalten sie sich als besondre Waren zum Geld als der allgemeinen Ware.[50]

Man hat gesehn, daß die Geldform nur der an einer Ware festhaftende Reflex der Beziehungen aller andren Waren. Daß Geld Ware ist,[51] ist also nur eine Entdeckung für den, der von seiner fertigen Gestalt ausgeht, um sie hinterher zu analysieren. Der Austauschprozeß gibt der Ware, die er in Geld verwandelt, nicht ihren Wert, sondern ihre spezifische Wertform. Die Verwechslung beider Bestimmungen verleitete dazu, den Wert von Gold und Silber für imaginär zu halten.[52] Weil Geld in bestimmten Funktionen durch bloße Zeichen seiner selbst ersetzt werden kann, entsprang der andre Irrtum, es sei ein bloßes Zeichen. Andrerseits lag darin die Ahnung, daß die Geldform des Dings ihm selbst äußerlich und bloß Erscheinungsform dahinter versteckter menschlicher Verhältnisse. In diesem Sinn wäre jede Ware ein Zeichen, weil als Wert nur sachliche Hülle der auf sie verausgabten menschlichen Arbeit.[53] Indem man aber die gesellschaftli-

[50] „Das Geld ist die allgemeine Ware."(Verri, l.c.p. 16.)

[51] „Silber und Gold an sich, die wir mit dem allgemeinen Namen Edelmetall bezeichnen können, sind im ... Werte ... steigende und fallende ... Waren ... Dem Edelmetall kann man dann einen höheren Wert zuerkennen, wenn ein geringeres Gewicht davon eine größere Menge des Produkts oder Fabrikats des Landes etc. kauft." ([S. Clement,] „A Discourse of the General Notions of Money, Trade, and Exchange, as they stand in relations to each other. By a Merchant", Lond. 1695, p. 7.) „Silber und Gold, gemünzt oder ungemünzt, werden zwar als Maßstab für alle anderen Dinge gebraucht, sind aber nicht weniger eine Ware als Wein, Öl, Tabak, Tuch oder Stoffe." ([J. Child,] „A Discourse concerning Trade, and that in particular of the East-Indies etc.", London 1689, p. 2.) „Vermögen und Reichtum des Königreiches können genaugenommen nicht auf Geld beschränkt, noch können Gold und Silber als Waren ausgeschlossen werden." (Th. Papillon,] „The East India Trade a most Profitable Trade", London 1677, p. 4.)

[52] „Gold und Silber haben Wert als Metalle, bevor sie Geld sind." (Galiani, l.c.[p. 72.]) Locke sagt:" Die allgemeine Übereinstimmung der Menschen legte dem Silber, wegen seiner Qualitäten, die es zum Geld geeignet machten, einen imaginären Wert bei." [John Locke, „Some Considerations etc.", 1691, in „Works", ed. 1777, v. II, p. 15.] Dagegen Law: „Wie könnten verschiedne Nationen irgendeiner Sache einen imaginären Wert geben ... oder wie hätte sich dieser imaginäre Wert erhalten können?" Wie wenig er selbst aber von der Sache verstand: „Das Silber tauschte sich aus nach dem Gebrauchswert, den es hatte, also nach seinem wirklichen Wert; durch seine Bestimmung als Geld erhielt es einen zuschüssigen Wert (une valeur additionnelle)." (Jean Law, „Considérations sur le numéraire et le commerce" in E. Daires Édit. der „Économistes Financiers du XVIII. siécle", p. 469, 470.)

[53] „Das Geld ist ihr" (der Waren) „Zeichen."(V. de Forbonnais, „Éléments du Commerce", Nouv. Édit. Leyde 1766, t. II, p. 143.)"Als Zeichen wird es von den Waren angezogen." (l.c.p. 155.) „Das Geld ist Zeichen für eine Sache und vertritt sie." (Montesquieu, „Esprit des Lois", Oeuvres, Lond. 1767, t. II, p. 3.) „Das Geld ist nicht bloßes Zeichen, denn es ist selbst Reichtum; es vertritt nicht die Werte, es ist ihr Äquivalent." (Le Trosne, l.c.p. 910.) „Betrachtet man den Begriff des Werts, so wird die Sache selbst nur als ein Zeichen angesehn, und sie gilt nicht als sie selber, sondern als was sie wert ist." (Hegel, l.c.p. 100.) Lange vor den Ökonomen brachten die Juristen die Vorstellung von Geld als bloßem Zeichen und dem nur imaginären Wert der edlen Metalle in Schwung, im Sykophantendienst der königlichen Gewalt, deren Münzverfälschungsrecht sie das ganze Mittelalter hindurch auf die Traditionen des römischen Kaiserreichs und die Geldbegriffe der Pandekten stützten. „Niemand kann und darf Zweifel hegen", sagt ihr gelehriger Schüler, Philipp von Valois, in einem Dekret von 1346, „daß nur Uns und Unserer königlichen Majestät zukommt ... das Münzgeschäft, die Herstellung, die Beschaffenheit, der Vorrat und alle die Münzen betreffenden Verordnungen, sie so und zu solchem Preis in Umlauf zu setzen, wie es Uns gefällt und gutdünkt." Es war römisches Rechtsdogma,

chen Charaktere, welche Sachen, oder die sachlichen Charaktere, welche gesellschaftliche Bestimmungen der Arbeit auf Grundlage einer bestimmten Produktionsweise erhalten, für bloße Zeichen, erklärt man sie zugleich für willkürliches Reflexionsprodukt der Menschen. Es war dies beliebte Aufklärungsmanier des 18. Jahrhunderts, um den rätselhaften Gestalten menschlicher Verhältnisse, deren Entstehungsprozeß man noch nicht entziffern konnte, wenigstens vorläufig den Schein der Fremdheit abzustreifen.

Es ward vorhin bemerkt, daß die Äquivalentform einer Ware die quantitative Bestimmung ihrer Wertgröße nicht einschließt. Weiß man, daß Gold Geld, daher mit allen andren Waren unmittelbar austauschbar ist, so weiß man deswegen nicht, wieviel z.B. 10 Pfund Gold wert sind. Wie jede Ware kann das Geld seine eigne Wertgröße nur relativ in andren Waren ausdrücken. Sein eigner Wert ist bestimmt durch die zu seiner Produktion erheischte Arbeitszeit und drückt sich in dem Quantum jeder andren Ware aus, worin gleichviel Arbeitszeit geronnen ist.[54] Diese Festsetzung seiner relativen Wertgröße findet statt an seiner Produktionsquelle in unmittelbarem Tauschhandel. Sobald es als Geld in die Zirkulation eintritt, ist sein Wert bereits gegeben. Wenn es schon in den letzten Dezennien des 17. Jahrhunderts weit überschrittner Anfang der Geldanalyse, zu wissen, daß Geld Ware ist, so aber auch nur der Anfang. Die Schwierigkeit liegt nicht darin zu begreifen, daß Geld Ware, sondern wie, warum, wodurch Ware Geld ist.[55]

Wir sahen, wie schon in dem einfachsten Wertausdruck, x Ware A = y Ware B, das Ding, worin die Wertgröße eines andren Dings dargestellt wird, seine Äquivalentform unabhängig von dieser Beziehung als gesellschaftliche Natureigenschaft zu besitzen scheint. Wir verfolgten die Befestigung dieses falschen Scheins. Er ist vollendet, sobald die allgemeine Äquivalentform mit der Naturalform einer besondren Warenart verwachsen oder zur Geldform kristallisiert ist. Eine Ware scheint nicht erst Geld zu werden, weil die andren Waren allseitig ihre Werte in ihr darstellen, sondern sie scheinen umgekehrt allgemein ihre Werte in

daß der Kaiser den Geldwert dekretiert. Es war ausdrücklich verboten, das Geld als Ware zu behandeln. „Geld jedoch zu kaufen soll niemand gestattet sein, denn zum allgemeinen Gebrauch geschaffen, darf es nicht Ware sein." Gute Auseinandersetzung hierüber von G. F. Pagnini, „Saggio sopra il giusto pregio delle cose", 1751, bei Custodi, Parte Moderna, t. II. Namentlich im zweiten Teil der Schrift polemisiert Pagnini gegen die Herren Juristen.

[54] „Wenn jemand eine Unze Silber aus dem Innern der Erde Perus in derselben Zeit nach London bringen kann, die er zur Produktion eines Bushel Korn brauchen würde, dann ist das eine der natürliche Preis des anderen; wenn er nun durch Abbau neuer und ergiebigerer Bergwerke statt der einen zwei Unzen Silber mit dem gleichen Aufwand gewinnen kann, wird das Korn bei einem Preis von 10 Shilling pro Bushel ebenso billig sein wie vorher bei einem Preis von 5 Shilling, caeteris paribus (unter sonst gleichen Umständen)."(William Petty, „A Treatise of Taxes and Contributions", Lond. 1667, p. 31.)

[55] Nachdem Herr Professor Roscher uns belehrt: „Die falschen Definitionen von Geld lassen sich in zwei Hauptgruppen teilen: solche, die es für mehr, und solche, die es für weniger halten als eine Ware", folgt ein kunterbunter Katalog von Schriften über das Geldwesen, wodurch auch nicht die entfernteste Einsicht in die wirkliche Geschichte der Theorie durchschimmert, und dann die Moral: „Zu leugnen ist übrigens nicht, daß die meisten neueren Nationalökonomen die Eigentümlichkeiten, welche das Geld von andren Waren unterscheiden" (also doch mehr oder weniger als Ware?), „nicht genug im Auge behalten haben ... Insofern ist die halbmerkantilistische Reaktion von Ganilh etc. nicht ganz unbegründet." (Wilhelm Roscher, „Die Grundlagen der Nationalökonomie", 3. Aufl., 1858, p. 207-210.) Mehr - weniger - nicht genug - insofern - nicht ganz! Welche Begriffsbestimmungen! Und dergleichen eklektische Professoralfaselei tauft Herr Roscher bescheiden „die anatomisch-physiologische Methode" der politischen Ökonomie! Eine Entdeckung ist ihm jedoch geschuldet, nämlich, daß Geld „eine angenehme Ware" ist.

ihr darzustellen, weil sie Geld ist. Die vermittelnde Bewegung verschwindet in ihrem eignen Resultat und läßt keine Spur zurück. Ohne ihr Zutun finden die Waren ihre eigne Wertgestalt fertig vor als einen außer und neben ihnen existierenden Warenkörper. Diese Dinge, Gold und Silber, wie sie aus den Eingeweiden der Erde herauskommen, sind zugleich die unmittelbare Inkarnation aller menschlichen Arbeit. Daher die Magie des Geldes. Das bloß atomistische Verhalten der Menschen in ihrem gesellschaftlichen Produktionsprozeß und daher die von ihrer Kontrolle und ihrem bewußten individuellen Tun unabhängige, sachliche Gestalt ihrer eignen Produktionsverhältnisse erscheinen zunächst darin, daß ihre Arbeitsprodukte allgemein die Warenform annehmen. Das Rätsel des Geldfetischs ist daher nur das sichtbar gewordne, die Augen blendende Rätsel des Warenfetischs.

Das Geld und die Warenzirkulation

1. Maß der Werte

Ich setze überall in dieser Schrift, der Vereinfachung halber, Gold als die Geldware voraus.

Die erste Funktion des Goldes besteht darin, der Warenwelt das Material ihres Wertausdrucks zu liefern oder die Warenwerte als gleichnamige Größen, qualitativ gleiche und quantitativ vergleichbare, darzustellen. So funktioniert es als allgemeines Maß der Werte, und nur durch diese Funktion wird Gold, die spezifische Äquivalentware, zunächst Geld.

Die Waren werden nicht durch das Geld kommensurabel. Umgekehrt. Weil alle Waren als Werte vergegenständlichte menschliche Arbeit, daher an und für sich kommensurabel sind, können sie ihre Werte gemeinschaftlich in derselben spezifischen Ware messen und diese dadurch in ihr gemeinschaftliches Wertmaß oder Geld verwandeln. Geld als Wertmaß ist notwendige Erscheinungsform des immanenten Wertmaßes der Waren, der Arbeitszeit.[56]

Der Wertausdruck einer Ware in Gold - x Ware A = y Geldware - ist ihre Geldform oder ihr Preis. Eine vereinzelte Gleichung, wie 1 Tonne Eisen = 2 Unzen Gold, genügt jetzt, um den Eisenwert gesellschaftlich gültig darzustellen. Die Gleichung braucht nicht länger in Reih und Glied mit den Wertgleichungen der

[56] Die Frage, warum das Geld nicht unmittelbar die Arbeitszeit selbst repräsentiert, so daß z.B. eine Papiernote x Arbeitsstunden vorstellt, kommt ganz einfach auf die Frage heraus, warum auf Grundlage der Warenproduktion die Arbeitsprodukte sich als Waren darstellen müssen, denn die Darstellung der Ware schließt ihre Verdopplung in Ware und Geldware ein. Oder warum Privatarbeit nicht als unmittelbar gesellschaftliche Arbeit, als ihr Gegenteil, behandelt werden kann. Ich habe den seichten Utopismus eines „Arbeitsgelds" auf Grundlage der Warenproduktion anderswo ausführlich erörtert. (l.c.p. 61 sqq. (Siehe Band 13, S. 66 ff.)) Hier sei noch bemerkt, daß z.B. das Owensche „Arbeitsgeld" ebensowenig „Geld" ist wie etwa eine Theatermarke. Owen setzt unmittelbar vergesellschaftete Arbeit voraus, eine der Warenproduktion diametral entgegengesetzte Produktionsform. Das Arbeitszertifikat konstatiert nur den individuellen Anteil des Produzenten an der Gemeinarbeit und seinen individuellen Anspruch auf den zur Konsumtion bestimmten Teil des Gemeinprodukts. Aber es fällt Owen nicht ein, die Warenproduktion vorauszusetzen und dennoch ihre notwendigen Bedingungen durch Geldpfuschereien umgehn zu wollen.

andren Waren aufzumarschieren, weil die Äquivalentware, das Gold, bereits den Charakter von Geld besitzt. Die allgemeine relative Wertform der Waren hat daher jetzt wieder die Gestalt ihrer ursprünglichen, einfachen oder einzelnen relativen Wertform. Andrerseits wird der entfaltete relative Wertausdruck oder die endlose Reihe relativer Wertausdrücke zur spezifisch relativen Wertform der Geldware. Diese Reihe ist aber jetzt schon gesellschaftlich gegeben in den Warenpreisen. Man lese die Quotationen eines Preiskurants rückwärts und man findet die Wertgröße des Geldes in allen möglichen Waren dargestellt. Geld hat dagegen keinen Preis. Um an dieser einheitlichen relativen Wertform der andren Waren teilzunehmen, müßte es auf sich selbst als sein eignes Äquivalent bezogen werden.

Der Preis oder die Geldform der Waren ist, wie ihre Wertform überhaupt, eine von ihrer handgreiflich reellen Körperform unterschiedne, also nur ideelle oder vorgestellte Form. Der Wert von Eisen, Leinwand, Weizen usw. existiert, obgleich unsichtbar, in diesen Dingen selbst; er wird vorgestellt durch ihre Gleichheit mit Gold, eine Beziehung zum Gold, die sozusagen nur in ihren Köpfen spukt. Der Warenhüter muß daher seine Zunge in ihren Kopf stecken oder ihnen Papierzettel umhängen, um ihre Preise der Außenwelt mitzuteilen.[57] Da der Ausdruck der Warenwerte in Gold ideell ist, ist zu dieser Operation auch nur vorgestelltes oder ideelles Gold anwendbar. Jeder Warenhüter weiß, daß er seine Waren noch lange nicht vergoldet, wenn er ihrem Wert die Form des Preises oder vorgestellte Goldform gibt, und daß er kein Quentchen wirkliches Gold braucht, um Millionen Warenwerte in Gold zu schätzen. In seiner Funktion des Wertmaßes dient das Geld daher - als nur vorgestelltes oder ideelles Geld. Dieser Umstand hat die tollsten Theorien veranlaßt.[58] Obgleich nur vorgestelltes Geld zur Funktion des Wertmaßes dient, hängt der Preis ganz vom reellen Geldmaterial ab. Der Wert, d.h. das Quantum menschlicher Arbeit, das z.B. in einer Tonne Eisen enthalten ist, wird ausgedrückt in einem vorgestellten Quantum der Geldware, welches gleich viel Arbeit enthält. Je nachdem also Gold, Silber oder Kupfer zum Wertmaß dienen, erhält der Wert der Tonne Eisen ganz verschiedne Preisausdrücke oder wird in ganz verschiednen Quantitäten Gold, Silber oder Kupfer vorgestellt.

Dienen daher zwei verschiedne Waren, z.B. Gold und Silber, gleichzeitig als Wertmaße, so besitzen alle Waren zweierlei verschiedne Preisausdrücke, Goldpreise und Silberpreise, die ruhig nebeneinander laufen, solange das Wertverhältnis von Silber zu Gold unverändert bleibt, z.B. = 1:15. Jede Veränderung dieses

[57] Der Wilde oder Halbwilde braucht die Zunge anders. Kapitän Parry bemerkt z.B. von den Bewohnern an der Westküste der Baffinsbay: „In diesem Falle“ (beim Produktenaustausch)“ ... beleckten sie es“ (das ihnen Angebotene) „zweimal mit der Zunge, wonach sie das Geschäft als zur Zufriedenheit abgeschlossen zu betrachten schienen.“ Ebenso beleckte bei den östlichen Eskimos der Eintauscher jedesmal den Artikel beim Empfang desselben. Wenn die Zunge so im Norden als Organ der Aneignung, ist es kein Wunder, daß der Bauch im Süden als Organ des akkumulierten Eigentums gilt und der Kaffer den Reichtum eines Mannes nach seinem Fettwanst schätzt. Die Kaffern sich grundgescheute Kerle, denn während der offizielle britische Gesundheitsbericht von 1864 den Mangel eines großen Teils der Arbeiterklasse an fettbildenden Substanzen beklagt, machte ein Dr. Harvey, der jedoch nicht die Blutzirkulation erfunden hat, in demselben Jahre sein Glück durch Puff-Rezepte, die der Bourgeoisie und Aristokratie Fettüberflusseslast abzutreiben versprachen.

[58] Siehe Karl Marx, „Zur Kritik etc.“, „Theorien von der Maßeinheit des Geldes“, p. 53 sqq. (Siehe Band 13, S. 59 ff.)

Wertverhältnisses stört aber das Verhältnis zwischen den Goldpreisen und den Silberpreisen der Waren und beweist so tatsächlich, daß die Verdopplung des Wertmaßes seiner Funktion widerspricht.[59]

Die preisbestimmten Waren stellen sich alle dar in der Form: a Ware A = x Gold, b Ware B = z Gold, c Ware C = y Gold usw., wo a, b, c bestimmte Massen der Warenarten A, B, C vorstellen, x, z, y bestimmte Massen des Goldes. Die Warenwerte sind daher verwandelt in vorgestellte Goldquanta von verschiedner Größe, also, trotz der wirren Buntheit der Warenkörper, in gleichnamige Größen, Goldgrößen. Als solche verschiedne Goldquanta vergleichen und messen sie sich untereinander, und es entwickelt sich technisch die Notwendigkeit, sie auf ein fixiertes Quantum Gold als ihre Maßeinheit zu beziehn. Diese Maßeinheit selbst wird durch weitere Einteilung in aliquote Teile zum Maßstab fortentwickelt. Vor ihrer Geldwerdung besitzen Gold, Silber, Kupfer bereits solche Maßstäbe in ihren Metallgewichten, so daß z.B. ein Pfund als Maßeinheit dient und nach der einen Seite wieder in Unzen usw. abgeteilt, nach der andren in Zentner usw. zusammenaddiert wird.[60] Bei aller metallischen Zirkulation bilden daher die vorgefundenen Namen des Gewichtsmaßstabs auch die ursprünglichen Namen des Geldmaßstabs oder Maßstabs der Preise.

Als Maß der Werte und als Maßstab der Preise verrichtet das Geld zwei ganz verschiedne Funktionen. Maß der Werte ist es als die gesellschaftliche Inkarnation der menschlichen Arbeit, Maßstab der Preise als ein festgesetztes Metallgewicht. Als Wertmaß dient es dazu, die Werte der bunt verschiednen Waren in Preise zu verwandeln, in vorgestellte Goldquanta; als Maßstab der Preise mißt es

---

[59] Note zur 2. Ausg. „Wo Gold und Silber gesetzlich als Geld, d.h. als Wertmaß nebeneinander bestehen, ist stets der vergebliche Versuch gemacht worden, sie als eine und dieselbe Materie zu behandeln. Unterstellt man, daß dieselbe Arbeitszeit sich unveränderlich in derselben Proportion von Silber und Gold vergegenständlichen muß, so unterstellt man in der Tat, daß Silber und Gold dieselbe Materie sind und daß eine bestimmte Masse des minder wertvollen Metalls, des Silbers, den unveränderlichen Bruchteil einer bestimmten Goldmasse bildet. Von der Regierung Edwards III. bis zur Zeit von Georg II. verläuft sich die Geschichte des englischen Geldwesens in eine fortlaufende Reihe von Störungen, hervorgehend aus der Kollision zwischen der gesetzlichen Festsetzung des Wertverhältnisses von Gold und Silber und ihren wirklichen Wertschwankungen. Bald war Gold zu hoch geschätzt, bald Silber. Das zu niedrig geschätzte Metall wurde der Zirkulation entzogen, umgeschmolzen und exportiert. Das Wertverhältnis beider Metalle wurde dann wieder gesetzlich verändert, aber der neue Nominalwert trat bald mit dem wirklichen Wertverhältnis in denselben Konflikt wie der alte. - In unserer eigenen Zeit hat der sehr schwache und vorübergehende Fall im Wert von Gold gegen Silber, infolge der indisch-chinesischen Silbernachfrage, dasselbe Phänomen auf der größten Stufenleiter in Frankreich erzeugt, Ausfuhr von Silber und seine Vertreibung aus der Zirkulation durch Gold. Während der Jahre 1855, 1856, 1857 betrug der Überschuß der Goldeinfuhr in Frankreich über die Goldausfuhr aus Frankreich 41.580.000 Pfd.St.., während der Überschuß der Silberausfuhr über die Silbereinfuhr 34.704.000 (2. bis 4. Auflage: 14.704.000) Pfd.St. betrug. In der Tat, in Ländern, wo beide Metalle gesetzliche Wertmaße sind, daher beide in Zahlung angenommen werden müssen, jeder aber beliebig in Silber oder Gold zahlen kann, trägt das im Wert steigende Metall ein Agio und mißt wie jede andere Ware seinen Preis in dem überschätzten Metall, während letzteres allein als Wertmaß dient. Alle geschichtliche Erfahrung in diesem Gebiet reduziert sich einfach darauf, daß, wo gesetzlich zwei Waren die Funktion des Wertmaßes versehen, faktisch immer nur eine als solches den Platz behauptet."(Karl Marx, l.c.p. 52, 53. (siehe Band 13, S.58/59))

[60] Note zur 2. Ausg. Die Sonderbarkeit, daß die Unze Gold in England als Einheit des Geldmaßstabs nicht in aliquote Teile abgeteilt ist, erklärt sich wie folgt: „Unser Münzwesen war ursprünglich nur der Verwendung von Silber angepaßt - daher kann eine Unze Silber immer in eine bestimmte aliquote Anzahl von Geldstücken geteilt werden; da aber Gold erst in einer spätern Zeit in ein Münzwesen eingeführt wurde, das nur dem Silber angepaßt war, kann eine Unze Gold nicht in eine aliquote Anzahl von Münzen ausgeprägt werden."(Maclaren, „History of the Currency", London 1858, p. 16.)

diese Goldquanta. Am Maß der Werte messen sich die Waren als Werte, der Maßstab der Preise mißt dagegen Goldquanta an einem Goldquantum, nicht den Wert eines Goldquantums am Gewicht des andren. Für den Maßstab der Preise muß ein bestimmtes Goldgewicht als Maßeinheit fixiert werden. Hier, wie in allen andren Maßbestimmungen gleichnamiger Größen, wird die Festigkeit der Maßverhältnisse entscheidend. Der Maßstab der Preise erfüllt daher seine Funktion um so besser, je unveränderlicher ein und dasselbe Quantum Gold als Maßeinheit dient. Als Maß der Werte kann Gold nur dienen, weil es selbst Arbeitsprodukt, also der Möglichkeit nach ein veränderlicher Wert ist.[61]

Es ist zunächst klar, daß ein Wertwechsel des Goldes seine Funktion als Maßstab der Preise in keiner Weise beeinträchtigt. Wie auch der Goldwert wechsle, verschiedne Goldquanta bleiben stets in selbem Wertverhältnis zueinander. Fiele der Goldwert um 1.000%, so würden nach wie vor 12 Unzen Gold 12mal mehr Wert besitzen als eine Unze Gold, und in den Preisen handelt es sich nur um das Verhältnis verschiedner Goldquanta zueinander. Da andrerseits eine Unze Gold mit dem Fallen oder Steigen ihres Werts keineswegs ihr Gewicht verändert, verändert sich ebensowenig das ihrer aliquoten Teile, und so tut das Gold als fixer Maßstab der Preise stets denselben Dienst, wie immer sein Wert wechsle.

Der Wertwechsel des Goldes verhindert auch nicht seine Funktion als Wertmaß. Er trifft alle Waren gleichzeitig, läßt also caeteris paribus ihre wechselseitigen relativen Werte unverändert, obgleich sie sich nun alle in höheren oder niedrigeren Goldpreisen als zuvor ausdrücken.

Wie bei der Darstellung des Werts einer Ware im Gebrauchswert irgendeiner andren Ware, ist auch bei der Schätzung der Waren in Gold nur vorausgesetzt, daß zur gegebnen Zeit die Produktion eines bestimmten Goldquantums ein gegebnes Quantum Arbeit kostet. In bezug auf die Bewegung der Warenpreise überhaupt gelten die früher entwickelten Gesetze des einfachen relativen Wertausdrucks.

Die Warenpreise können nur allgemein steigen, bei gleichbleibendem Geldwert, wenn die Warenwerte steigen; bei gleichbleibenden Warenwerten, wenn der Geldwert fällt. Umgekehrt. Die Warenpreise können nur allgemein fallen, bei gleichbleibendem Geldwert, wenn die Warenwerte fallen; bei gleichbleibenden Warenwerten, wenn der Geldwert steigt. Es folgt daher keineswegs, daß steigender Geldwert proportionelles Sinken der Warenpreise und fallender Geldwert proportionelles Steigen der Warenpreise bedingt. Dieses gilt nur für Waren von unverändertem Wert. Solche Waren z.B., deren Wert gleichmäßig und gleichzeitig steigt mit dem Geldwert, behalten dieselben Preise. Steigt ihr Wert langsamer oder rascher als der Geldwert, so wird der Fall oder das Steigen ihrer Preise bestimmt durch die Differenz zwischen ihrer Wertbewegung und der des Geldes usw.

Kehren wir nun zur Betrachtung der Preisform zurück.

[61] Note zur 2. Ausg. In englischen Schriften ist die Konfusion über Maß der Werte (measure of value) und Maßstab der Preise (standard of value) unsäglich. Die Funktionen und daher ihre Namen werden beständig verwechselt.

Die Geldnamen der Metallgewichte trennen sich nach und nach von ihren ursprünglichen Gewichtnamen aus verschiednen Gründen, darunter historisch entscheidend: 1. Einführung fremden Geldes bei minder entwickelten Völkern, wie z.B. im alten Rom Silber- und Goldmünzen zuerst als ausländische Waren zirkulierten. Die Namen dieses fremden Geldes sind von den einheimischen Gewichtnamen verschieden. 2. Mit der Entwicklung des Reichtums wird das minder edle Metall durch das edlere aus der Funktion des Wertmaßes verdrängt. Kupfer durch Silber, Silber durch Gold, sosehr diese Reihenfolge aller poetischen Chronologie widersprechen mag.[62] Pfund war nun z.B. Geldname für ein wirkliches Pfund Silber. Sobald Gold das Silber als Wertmaß verdrängt, hängt sich derselbe Name vielleicht an 1/15 usw. Pfund Gold, je nach dem Wertverhältnis von Gold und Silber. Pfund als Geldname und als gewöhnlicher Gewichtname des Goldes sind jetzt getrennt.[63] 3. Die Jahrhunderte fort- gesetzte Geldfälschung der Fürsten, welche vom ursprünglichen Gewicht der Geldmünzen in der Tat nur den Namen zurückließ.[64]

Diese historischen Prozesse machen die Trennung des Geldnamens der Metallgewichte von ihrem gewöhnlichen Gewichtsnamen zur Volksgewohnheit. Da der Geldmaßstab einerseits rein konventionell ist, andrerseits allgemeiner Gültigkeit bedarf, wird er zuletzt gesetzlich reguliert. Ein bestimmter Gewichtsteil des edlen Metalls, z.B. eine Unze Gold, wird offiziell abgeteilt in aliquote Teile, die legale Taufnamen erhalten, wie Pfund, Taler usw. Solcher aliquote Teil, der dann als die eigentliche Maßeinheit des Geldes gilt, wird untergeteilt in andre aliquote Teile mit gesetzlichen Taufnamen, wie Shilling, Penny etc.[65] Nach wie vor bleiben bestimmte Metallgewichte Maßstab des Metallgeldes. Was sich geändert, ist Einteilung und Namengebung.

Die Preise, oder die Goldquanta, worin die Werte der Waren ideell verwandelt sind, werden jetzt also ausgedrückt in den Geldnamen oder gesetzlich gültigen Rechennamen des Goldmaßstabs. Statt also zu sagen, der Quarter Weizen ist gleich einer Unze Gold, würde man in England sagen, er ist gleich 3 Pfd.St. 17 sh. 10 1/2 d. Die Waren sagen sich so in ihren Geldnamen, was sie wert sind, und das Geld dient als Rechengeld, sooft es gilt, eine Sache als Wert und daher in Geldform zu fixieren.[66]

[62] Sie ist übrigens auch nicht von allgemein historischer Gültigkeit.

[63] Note zur 2. Ausg. So bezeichnet das englische Pfund weniger als ein Drittel seines ursprünglichen Gewichts, das schottische Pfund vor der Union nur noch 1/36, der französische Livre 1/74, der spanische Maravedi weniger als 1/10000, der portugiesische Rei eine noch viel kleinere Proportion.

[64] Note zur 2. Ausg. „Die Münzen, deren Namen heute nur noch ideell sind, sind bei allen Nationen die ältesten; sie alle waren einst real, und eben weil sie real waren, hat man mit ihnen gerechnet." (Galiani, „Della Moneta", l.c.p. 153.)

[65] Note zur 2. Ausg. Herr David Urquhart bemerkt in seinen „Familiar Words" über das Ungeheuerliche (!), daß heutzutage ein Pfund (£ St.), die Einheit des englischen Geldmaßstabs, gleich ungefähr 1/4 Unze Gold ist: „Das ist Fälschung eines Maßes und nicht Festsetzung eines Maßstabs." [p. 105.] Er findet in dieser „falschen Benennung" des Goldgewichts wie überall sonst die fälschende Hand der Zivilisation.

[66] Note zur 2. Ausg. „Als man den Anacharsis fragte, wozu die Hellenen das Geld brauchen, antwortet er: zum Rechnen."(Athen[aeus], „Deipn.", l. IV, 49, v. 2 [p. 120], ed. Schweighäuser, 1802.)

Der Name einer Sache ist ihrer Natur ganz äußerlich. Ich weiß nichts vom Menschen, wenn ich weiß, daß ein Mensch Jacobus heißt. Ebenso verschwindet in den Geldnamen Pfund, Taler, Franc, Dukat usw. jede Spur des Wertverhältnisses. Die Wirre über den Geheimsinn dieser kabbalistischen Zeichen ist um so größer, als die Geldnamen den Wert der Waren und zugleich aliquote Teile eines Metallgewichts, des Geldmaßstabs, aus- drücken.[67] Andrerseits ist es notwendig, daß der Wert im Unterschied von den bunten Körpern der Warenwelt sich zu dieser begriffslos sachlichen, aber auch einfach gesellschaftlichen Form fortentwickle.[68]

Der Preis ist der Geldname der in der Ware vergegenständlichten Arbeit. Die Äquivalenz der Ware und des Geldquantums, dessen Name ihr Preis ist, ist daher eine Tautologie,[69] wie ja überhaupt der relative Wertausdruck einer Ware stets der Ausdruck der Äquivalenz zweier Waren ist. Wenn aber der Preis als Exponent der Wertgröße der Ware Exponent ihres Austauschverhältnisses mit Geld, so folgt nicht umgekehrt, daß der Exponent ihres Austauschverhältnisses mit Geld notwendig der Exponent ihrer Wertgröße ist. Gesellschaftlich notwendige Arbeit von gleicher Größe stelle sich in 1 Quarter Weizen und in 2 Pfd.St. (ungefähr 1/2 Unze Gold) dar. Die 2 Pfd.St. sind Geldausdruck der Wertgröße des Quarter Weizens, oder sein Preis. Erlauben nun die Umstände, ihn zu 3 Pfd.St., oder zwingen sie, ihn zu 1 Pfd.St. zu notieren, so sind 1 Pfd.St. und 3 Pfd.St. als Ausdrücke der Wertgröße des Weizens zu klein oder zu groß, aber sie sind dennoch Preise desselben, denn erstens sind sie seine Wertform, Geld, und zweitens Exponenten seines Austauschverhältnisses mit Geld. Bei gleichbleibenden Produktionsbedingungen oder gleichbleibender Produktivkraft der Arbeit muß nach wie vor zur Reproduktion des Quarter Weizen gleich viel gesellschaftliche Arbeitszeit verausgabt werden. Dieser Umstand hängt vom Willen weder des Weizenproduzenten noch der andren Warenbesitzer ab. Die Wertgröße der Ware drückt also ein notwendiges, ihrem Bildungsprozeß immanentes Verhältnis zur gesellschaftlichen Arbeitszeit aus. Mit der Verwandlung der Wertgröße in Preis erscheint dies notwendige Ver-

[67] Note zur 2. Ausg. „Weil das Gold (2. bis 4. Auflage: Geld) als Maßstab der Preise in denselben Rechennamen erscheint wie die Warenpreise, also z.B. eine Unze Gold ebensowohl wie der Wert einer Tonne Eisen in 3 Pfd.St. 17 sh. 10 1/2 d. ausgedrückt wird, hat man diese seine Rechennamen seinen Münzpreis genannt. Die wunderliche Vorstellung entstand daher, als ob das Gold (resp. Silber) in seinem eignen Material geschätzt werde und im Unterschied von allen Waren von Staats wegen einen fixen Preis erhalte. Man versah die Fixierung von Rechennamen bestimmter Goldgewichte für Fixierung des Werts dieser Gewichte." (Karl Marx, l.c.p. 52. (siehe Band 13, S.58))

[68] Vgl. „Theorien von der Maßeinheit des Geldes" in „Zur Kritik der Pol. Oekon. etc.", p. 53 sqq. (ebenda, S. 59 ff.) Die Phantasien über Erhöhung oder Erniedrigung des „Münzpreises", die darin besteht, die gesetzlichen Geldnamen für gesetzlich fixierte Gewichtteile Gold oder Silber auf größere oder kleinere Gewichtteile von Staats wegen zu übertragen und demgemäß auch etwa 1/4 Unze Gold statt in 20 künftig in 40 sh. zu prägen - diese Phantasien, soweit sie nicht ungeschickte Finanzoperationen gegen Staats- und Privatgläubiger, sondern ökonomische „Wunderkuren" bezwecken, hat Petty so erschöpfend behandelt in „Quantulumcunque concerning Money. To the Lord Marquis of Halifax, 1682", daß schon seine unmittelbaren Nachfolger, Sir Dudley North und John Locke, von späteren gar nicht zu reden, ihn nur verflachen konnten. „Wenn der Reichtum einer Nation", sagt er u.a., „durch eine Verordnung verzehnfacht werden könnte, wäre es eigenartig, daß unsere Regierungen nicht schon längst derartige Verordnungen erlassen haben." (l.c.p. 36.)

[69] „Oder man muß schon zugeben, daß eine Million in Geld mehr wert ist als ein gleicher Wert in Waren" (Le Trosne, l.c.p. 919), also „daß ein Wert mehr wert ist als ein gleicher anderer."

hältnis als Austauschverhältnis einer Ware mit der außer ihr existierenden Geldware. In diesem Verhältnis kann sich aber ebensowohl die Wertgröße der Ware ausdrücken, als das Mehr oder Minder, worin sie unter gegebnen Umständen veräußerlich ist. Die Möglichkeit quantitativer Inkongruenz zwischen Preis und Wertgröße, oder der Abweichung des Preises von der Wertgröße, liegt also in der Preisform selbst. Es ist dies kein Mangel dieser Form, sondern macht sie umgekehrt zur adäquaten Form einer Produktionsweise, worin sich die Regel nur als blindwirkendes Durchschnittsgesetz der Regellosigkeit durchsetzen kann.

Die Preisform läßt jedoch nicht nur die Möglichkeit quantitativer Inkongruenz zwischen Wertgröße und Preis, d.h. zwischen der Wertgröße und ihrem eignen Geldausdruck zu, sondern kann einen qualitativen Widerspruch beherbergen, so daß der Preis überhaupt aufhört, Wertausdruck zu sein, obgleich Geld nur die Wertform der Waren ist. Dinge, die an und für sich keine Waren sind, z.B. Gewissen, Ehre usw., können ihren Besitzern für Geld feil und so durch ihren Preis die Warenform erhalten. Ein Ding kann daher formell einen Preis haben, ohne einen Wert zu haben. Der Preisausdruck wird hier imaginär wie gewisse Größen der Mathematik. Andrerseits kann auch die imaginäre Preisform, wie z.B. der Preis des unkultivierten Bodens, der keinen Wert hat, weil keine menschliche Arbeit in ihm vergegenständlicht ist, ein wirkliches Wertverhältnis oder von ihm abgeleitete Beziehung verbergen.

Wie die relative Wertform überhaupt, drückt der Preis den Wert einer Ware, z.B. einer Tonne Eisen, dadurch aus, daß ein bestimmtes Quantum Äquivalent, z.B. eine Unze Gold, unmittelbar austauschbar mit Eisen, aber keineswegs umgekehrt, daß seinerseits das Eisen unmittelbar austauschbar mit Gold ist. Um also praktisch die Wirkung eines Tauschwerts auszuüben, muß die Ware ihren natürlichen Leib abstreifen, sich aus nur vorgestellten Gold in wirkliches Gold verwandeln, obgleich diese Transsubstantiation ihr „saurer" ankommen mag als dem Hegelschen „Begriff" der Übergang aus der Notwendigkeit in die Freiheit oder einem Hummer das Sprengen seiner Schale oder dem Kirchenvater Hieronymus das Abstreifen des alten Adam.[70] Neben ihrer realen Gestalt, Eisen z.B., kann die Ware im Preise ideelle Wertgestalt oder vorgestellte Goldgestalt besitzen, aber sie kann nicht zugleich wirklich Eisen und wirklich Gold sein. Für ihre Preisgebung genügt es, vorgestelltes Gold ihr gleichzusetzen. Durch Gold ist sie zu ersetzen, damit sie ihrem Besitzer den Dienst eines allgemeinen Äquivalents leiste. Träte der Besitzer des Eisens z.B. dem Besitzer einer weltlustigen Ware gegenüber und verwiese ihn auf den Eisenpreis, der Geldform sei, so würde der Weltlustige antworten, wie im Himmel der heilige Petrus dem Dante, der ihm die Glaubensformel hergesagt:

[70] Wenn Hieronymus in seiner Jugend viel mit dem materiellen Fleisch zu ringen hatte, wie sein Wüstenkampf mit schönen Frauenbildern zeigt, so im Alter mit dem geistigen Fleisch. „Ich glaube mich", sagt er z.B., „im Geist vor dem Weltrichter." „Wer bist du?" fragte eine Stimme. „Ich bin ein Christ." „Du lügst", donnerte der Weltrichter. „Du bist nur ein Ciceronianer!"

„Assai bene è trascorsa
D'esta moneta già la lega e'l peso,
Ma dimmi se tu l'hai nella tua borsa."

(„Gar wohl durchgangen
ist jetzo Schrot und Korn schon jener Münze
Doch sprich, ob du sie hast in deiner Börse.")

Die Preisform schließt die Veräußerlichkeit der Waren gegen Geld und die Notwendigkeit dieser Veräußerung ein. Andrerseits funktioniert Gold nur als ideelles Wertmaß, weil es sich bereits im Austauschprozeß als Geldware umtreibt. Im ideellen Maß der Werte lauert daher das harte Geld.

2. Zirkulationsmittel

a) Die Metamorphose der Waren

Man sah, daß der Austauschprozeß der Waren widersprechende und einander ausschließende Beziehungen einschließt. Die Entwicklung der Ware hebt diese Widersprüche nicht auf, schafft aber die Form, worin sie sich bewegen können. Dies ist überhaupt die Methode, wodurch sich wirkliche Widersprüche lösen. Es ist z.B. ein Widerspruch, daß ein Körper beständig in einen andren fällt und ebenso beständig von ihm wegflieht. Die Ellipse ist eine der Bewegungsformen, worin dieser Widerspruch sich ebensosehr verwirklicht als löst.

Soweit der Austauschprozeß Waren aus der Hand, worin sie Nicht-Gebrauchswerte, in die Hand überträgt, worin sie Gebrauchswerte, ist er gesellschaftlicher Stoffwechsel. Das Produkt einer nützlichen Arbeitsweise ersetzt das der andren. Einmal angelangt zur Stelle, wo sie als Gebrauchswert dient, fällt die Ware in die Sphäre der Konsumtion aus der Sphäre des Warenaustauschs. Letztre allein interessiert uns hier. Wir haben also den ganzen Prozeß nach der Formseite zu betrachten, also nur den Formwechsel oder die Metamorphose der Waren, welche den gesellschaftlichen Stoffwechsel vermittelt.

Die durchaus mangelhafte Auffassung dieses Formwechsels ist, abgesehn von Unklarheit über den Wertbegriff selbst, dem Umstand geschuldet, daß jeder Formwechsel einer Ware sich vollzieht im Austausch zweier Waren, einer gemeinen Ware und der Geldware. Hält man an diesem stofflichen Moment, dem Austausch von Ware mit Gold, allein fest, so übersieht man grade, was man sehn soll, nämlich was sich mit der Form zuträgt. Man übersieht, daß Gold als bloße Ware nicht Geld ist und daß die andren Waren sich selbst in ihren Preisen auf Gold als ihre eigne Geldgestalt beziehn.

Die Waren gehn zunächst unvergoldet, unverzuckert, wie der Kamm ihnen gewachsen ist, in den Austauschprozeß ein. Er produziert eine Verdopplung der Ware in Ware und Geld, einen äußeren Gegensatz, worin sie ihren immanenten Gegensatz von Gebrauchswert und Wert darstellen. In diesem Gegensatz treten die Waren als Gebrauchswerte dem Geld als Tauschwert gegenüber. Andrerseits sind beide Seiten des Gegensatzes Waren, also Einheiten von Gebrauchswert und Wert. Aber diese Einheit von Unterschieden stellt sich auf jedem der beiden Pole umgekehrt dar und stellt dadurch zugleich deren Wechselbeziehung dar. Die Ware ist reell Gebrauchswert, ihr Wertsein erscheint nur ideell im Preis, der sie auf das gegenüberstehende Gold als ihre reelle Wertgestalt bezieht. Umgekehrt gilt das Goldmaterial nur als Wertmateriatur, Geld. Es ist reell daher Tauschwert. Sein Gebrauchswert erscheint nur noch ideell in der Reihe der relativen Wertausdrücke, worin es sich auf die gegenüberstehenden Waren als den Umkreis seiner reellen Gebrauchsgestalten bezieht. Diese gegensätzlichen Formen der Waren sind die wirklichen Bewegungsformen ihres Austauschprozesses.

Begleiten wir nun irgendeinen Warenbesitzer, unsren altbekannten Leinweber z.B., zur Szene des Austauschprozesses, dem Warenmarkt. Seine Ware, 20 Ellen Leinwand, ist preisbestimmt. Ihr Preis ist 2 Pfd.St. Er tauscht sie aus gegen 2 Pfd.St. und, Mann von altem Schrot und Korn, tauscht die 2 Pfd.St. wieder aus gegen eine Familienbibel vom selben Preis. Die Leinwand, für ihn nur Ware, Wertträger, wird entäußert gegen Gold, ihre Wertgestalt, und aus dieser Gestalt rückveräußert gegen eine andre Ware, die Bibel, die aber als Gebrauchsgegenstand ins Weberhaus wandern und dort Erbauungsbedürfnisse befriedigen soll. Der Austauschprozeß der Ware vollzieht sich also in zwei entgegengesetzten und einander ergänzenden Metamorphosen - Verwandlung der Ware in Geld und ihre Rückverwandlung aus Geld in Ware.[71] Die Momente der Warenmetamorphose sind zugleich Händel des Warenbesitzers - Verkauf, Austausch der Ware mit Geld; Kauf, Austausch des Gelds mit Ware, und Einheit beider Akte: verkaufen, um zu kaufen.

Besieht sich der Leinweber nun das Endresultat des Handels, so besitzt er Bibel statt Leinwand, statt seiner ursprünglichen Ware eine andre vom selben Wert, aber verschiedner Nützlichkeit. In gleicher Weise eignet er sich seine andren Lebens- und Produktionsmittel an. Von seinem Standpunkt vermittelt der ganze Prozeß nur den Austausch seines Arbeitsprodukts mit fremdem Arbeitsprodukt, den Produktenaustausch.

Der Austauschprozeß der Ware vollzieht sich also in folgendem Formwechsel:

Ware - Geld - Ware.
W - G - W.

Nach ihrem stofflichen Inhalt ist die Bewegung W - W, Austausch von Ware gegen Ware, Stoffwechsel der gesellschaftlichen Arbeit, in dessen Resultat der Prozeß selbst erlischt.

W - G. Erste Metamorphose der Ware oder Verkauf. Das Überspringen des Warenwerts aus dem Warenleib in den Goldleib ist, wie ich es anderswo be-

[71] „Aus dem ... Feuer aber wird Alles, sagte Heraklit, und Feuer aus Allem, gleich wie aus Gold Güter und aus Gütern Gold." (F. Lassalle," Die Philosophie Herakleitos des Dunkeln", Berlin 1858, Bd. I, p. 222.) Lassalles Note zu dieser Stelle, p. 224, n. 3, erklärt das Geld unrichtig für bloßes Wertzeichen.

zeichnet (Siehe Band 13, S. 71), der Salto mortale der Ware. Mißlingt er, so ist zwar nicht die Ware geprellt, wohl aber der Warenbesitzer. Die gesellschaftliche Teilung der Arbeit macht seine Arbeit ebenso einseitig als seine Bedürfnisse vielseitig. Ebendeswegen dient ihm sein Produkt nur als Tauschwert. Allgemeine gesellschaftlich gültige Äquivalentform erhält es aber nur im Geld, und das Geld befindet sich in fremder Tasche. Um es herauszuziehn, muß die Ware vor allem Gebrauchswert für den Geldbesitzer sein, die auf sie verausgabte Arbeit also in gesellschaftlich nützlicher Form verausgabt sein oder sich als Glied der gesellschaftlichen Teilung der Arbeit bewähren. Aber die Teilung der Arbeit ist ein naturwüchsiger Produktionsorganismus, dessen Fäden hinter dem Rücken der Warenproduzenten gewebt wurden und sich fortweben. Vielleicht ist die Ware Produkt einer neuen Arbeitsweise, die ein neu aufgekommenes Bedürfnis zu befriedigen vorgibt oder auf eigne Faust ein Bedürfnis erst hervorrufen will. Gestern noch eine Funktion unter den vielen Funktionen eines und desselben Warenproduzenten, reißt sich eine besondre Arbeitsverrichtung heute vielleicht los von diesem Zusammenhang, verselbständigt sich und schickt ebendeswegen ihr Teilprodukt als selbständige Ware zu Markt. Die Umstände mögen reif oder unreif sein für diesen Scheidungsprozeß. Das Produkt befriedigt heute ein gesellschaftliches Bedürfnis. Morgen wird es vielleicht ganz oder teilweise von einer ähnlichen Produktenart aus seinem Platze verdrängt. Ist auch die Arbeit, wie die unsres Leinwebers, patentiertes Glied der gesellschaftlichen Arbeitsteilung, so ist damit noch keineswegs der Gebrauchswert grade seiner 20 Ellen Leinwand garantiert. Wenn das gesellschaftliche Bedürfnis für Leinwand, und es hat sein Maß wie alles andre, bereits durch nebenbuhlerische Leinweber gesättigt ist, wird das Produkt unsres Freundes überschüssig, überflüssig und damit nutzlos. Einem geschenkten Gaul sieht man nicht ins Maul, aber er beschreitet nicht den Markt, um Präsente zu machen. Gesetzt aber, der Gebrauchswert seines Produkts bewähre sich und Geld werde daher angezogen von der Ware. Aber nun fragt sich's, wieviel Geld? Die Antwort ist allerdings schon antizipiert im Preis der Ware, dem Exponenten ihrer Wertgröße. Wir sehn ab von etwaigen rein subjektiven Rechenfehlern des Warenbesitzers, die auf dem Markt sofort objektiv korrigiert werden. Er soll auf sein Produkt nur den gesellschaftlich notwendigen Durchschnitt von Arbeitszeit verausgabt haben. Der Preis der Ware ist also nur Geldname des in ihr vergegenständlichten Quantums gesellschaftlicher Arbeit. Aber ohne Erlaubnis und hinter dem Rücken unsres Leinwebers gerieten die altverbürgten Produktionsbedingungen der Leinweberei in Gärung. Was gestern zweifelsohne gesellschaftlich notwendige Arbeitszeit zur Produktion einer Elle Leinwand war, hört heute auf, es zu sein, wie der Geldbesitzer eifrigst demonstriert aus den Preisquotationen verschiedner Nebenbuhler unsres Freundes. Zu seinem Unglück gibt's viele Weber auf der Welt. Gesetzt endlich, jedes auf dem Markt vorhandne Stück Leinwand enthalte nur gesellschaftlich notwendige Arbeitszeit. Trotzdem kann die Gesamtsumme dieser Stücke überflüssig verausgabte Arbeitszeit enthalten. Vermag der Marktmagen das Gesamtquantum Leinwand, zum Normalpreis von

2 sh. per Elle, nicht zu absorbieren, so beweist das, daß ein zu großer Teil der gesellschaftlichen Gesamtarbeitszeit in der Form der Leinweberei verausgabt wurde. Die Wirkung ist dieselbe, als hätte jeder einzelne Leinweber mehr als die gesellschaftlich notwendige Arbeitszeit auf sein individuelles Produkt verwandt. Hier heißt's: Mitgefangen, mitgehangen. Alle Leinwand auf dem Markt gilt nur als ein Handelsartikel, jedes Stück nur als aliquoter Teil. Und in der Tat ist der Wert jeder individuellen Elle ja auch nur die Materiatur desselben gesellschaftlich bestimmten Quantums gleichartiger menschlicher Arbeit. (In einem Brief vom 28. November 1878 an N. F. Danielson, den russischen Übersetzer des „Kapitals", ändert Marx den letzten Satz wie folgt: „Und in der Tat ist der Wert jeder individuellen Elle ja auch nur die Materiatur eines Teils des im Gesamtquantum der Ellen verausgabten gesellschaftlichen Arbeitsquantums." Die gleiche Korrektur befindet sich auch in Marx' persönlichem Exemplar der zweiten deutschen Ausgabe des 1. Bandes des „Kapitals", jedoch nicht von seiner Hand.)

Man sieht, die Ware liebt das Geld, aber „the course of true love never does run smooth" („der Weg wahrer Liebe ist niemals eben"). Ebenso naturwüchsig zufällig wie die qualitative ist die quantitative Gliederung des gesellschaftlichen Produktionsorganismus, der seine membra disjecta im System der Teilung der Arbeit darstellt. Unsre Warenbesitzer entdecken daher, daß dieselbe Teilung der Arbeit, die sie zu unabhängigen Privatproduzenten, den gesellschaftlichen Produktionsprozeß und ihre Verhältnisse in diesem Prozeß von ihnen selbst unabhängig macht, daß die Unabhängigkeit der Personen voneinander sich in einem System allseitiger sachlicher Abhängigkeit ergänzt.

Die Teilung de Arbeit verwandelt das Arbeitsprodukt in Ware und macht dadurch seine Verwandlung in Geld notwendig. Sie macht es zugleich zufällig, ob diese Transsubstantiation gelingt. Hier ist jedoch das Phänomen rein zu betrachten, sein normaler Vorgang also vorauszusetzen. Wenn es übrigens überhaupt vorgeht, die Ware also nicht unverkäuflich ist, findet stets ihr Formwechsel statt, obgleich abnormal in diesem Formwechsel Substanz - Wertgröße - eingebüßt oder zugesetzt werden mag.

Dem einen Warenbesitzer ersetzt Gold seine Ware und dem andren Ware sein Gold. Das sinnfällige Phänomen ist der Hände- oder Stellenwechsel von Ware und Gold, von 20 Ellen Leinwand und 2 Pfd.St., d.h. ihr Austausch. Aber womit tauscht sich die Ware aus? Mit ihrer eignen allgemeinen Wertgestalt. Und womit das Gold? Mit einer besondren Gestalt seines Gebrauchswerts. Warum tritt Gold der Leinwand als Geld gegenüber? Weil ihr Preis von 2 Pfd.St. oder ihr Geldname sie bereits auf Gold als Geld bezieht. Die Entäußerung der ursprünglichen Warenform vollzieht sich durch die Veräußerung der Ware, d.h. in dem Augenblicke, wo ihr Gebrauchswert das in ihrem Preis nur vorgestellte Gold wirklich anzieht. Die Realisierung des Preises oder der nur ideellen Wertform der Ware ist daher zugleich umgekehrt Realisierung des nur ideellen Gebrauchswerts des Geldes, die Verwandlung von Ware in Geld zugleich Verwandlung von Geld in Ware. Der eine Prozeß ist zweiseitiger Prozeß, vom Pol des Warenbesitzers Verkauf, vom Gegenpol des Geldbesitzers Kauf. Oder Verkauf ist Kauf, W - G zugleich G - W.[72]

Wir kennen bisher kein ökonomisches Verhältnis der Menschen außer dem von Warenbesitzern, ein Verhältnis, worin sie fremdes Arbeitsprodukt nur aneignen, indem sie eignes entfremden. Einem Warenbesitzer kann der andre daher nur als Geldbesitzer gegenübertreten, entweder weil sein Arbeitsprodukt von Natur die Geldform besitzt, also Geldmaterial ist, Gold usw., oder weil seine eigne Ware sich bereits gehäutet und ihre ursprüngliche Gebrauchsform abgestreift hat. Um als Geld zu funktionieren, muß das Gold natürlich an irgendeinem Punkt in den Warenmarkt eintreten. Dieser Punkt liegt an seiner Produktionsquelle, wo es sich als unmittelbares Arbeitsprodukt mit andrem Arbeitsprodukt von demselben Wert austauscht. Aber von diesem Augenblick stellt es beständig realisierte Warenpreise vor.[73] Abgesehn vom Austausch des Golds mit Ware an seiner Produktionsquelle, ist das Gold in der Hand jedes Warenbesitzers die entäußerte Gestalt seiner veräußerten Ware, Produkt des Verkaufs oder der ersten Warenmetamorphose W -G.[74] Ideelles Geld oder Wertmaß wurde das Gold, weil alle Waren ihre Werte in ihm maßen und es so zum vorgestellten Gegenteil ihre Gebrauchsgestalt, zu ihrer Wertgestalt machten. Reelles Geld wird es, weil die Waren durch ihre allseitige Veräußerung es zu ihrer wirklich entäußerten oder verwandelten Gebrauchsgestalt und daher zu ihrer wirklichen Wertgestalt machen. In ihrer Wertgestalt streift die Ware jede Spur ihres naturwüchsigen Gebrauchswerts und der besondren nützlichen Arbeit ab, welcher sie den Ursprung verdankt, um sich in die gleichförmige gesellschaftliche Materiatur unterschiedsloser menschlicher Arbeit zu verpuppen. Man sieht dem Geld daher nicht an, welchen Schlags die in es verwandelte Ware. Eine sieht in ihrer Geldform grade aus wie die andre. Geld mag daher Dreck sein, obgleich Dreck nicht Geld ist. Wir wollen annehmen, daß die zwei Goldfüchse, wogegen unser Leinweber seine Ware veräußert, die verwandelte Gestalt eines Quarters Weizen sind. Der Verkauf der Leinwand, W - G, ist zugleich ihr Kauf, G - W. Aber als Verkauf der Leinwand beginnt dieser Prozeß eine Bewegung, die mit seinem Gegenteil endet, mit dem Kauf der Bibel; als Kauf der Leinwand endet er eine Bewegung, die mit seinem Gegenteil begann, mit dem Verkauf des Weizens. W - G (Leinwand - Geld), diese erste Phase von W - G - W (Leinwand - Geld - Bibel), ist zugleich G - W (Geld - Leinwand), die letzte Phase einer andren Bewegung W - G - W (Weizen - Geld - Leinwand). Die erste Metamorphose einer Ware, ihre Verwandlung aus der Warenform in Geld, ist stets zugleich zweite entgegengesetzte Metamorphose einer andren Ware, ihre Rückverwandlung aus der Geldform in Ware.[75]

[72] „Jeder Verkauf ist Kauf" (Dr. Quesnay," Dialogues sur le Commerce et les Travaux des Artisans", [in] „Physiocrates", éd. Daire, I. Partie, Paris 1846, p. 170), oder, wie Quesnay in seinen „Maximes Générales" sagt: „Verkaufen ist kaufen."

[73] „Der Preis einer Ware kann nur mit dem Preis einer anderen Ware bezahlt werden." (Mercier de la Rivière, „L'Ordre naturel et essentiel des sociétés politiques", [in] „Physiocrates", éd. Daire, p. 554.)

[74] „Um dieses Geld zu haben, muß man verkauft haben." (l.c.p. 543.)

[75] Ausnahme, wie vorher bemerkt, bildet der Gold- resp. Silberproduzent, der sein Produkt austauscht, ohne es vorher verkauft zu haben.

G - W. Zweite oder Schlußmetamorphose der Ware: Kauf. Weil die entäußerte Gestalt aller andren Waren oder das Produkt ihrer allgemeinen Veräußerung, ist Geld die absolut veräußerliche Ware. Es liest alle Preise rückwärts und spiegelt sich so in allen Warenleibern als dem hingebenden Material seiner eignen Warenwerdung. Zugleich zeigen die Preise, die Liebesaugen, womit ihm die Waren winken, die Schranke seiner Verwandlungsfähigkeit, nämlich seine eigne Quantität. Da die Ware in ihrer Geldwerdung verschwindet, sieht man dem Geld nicht an, wie es in die Hände seines Besitzers gelangt oder was in es verwandelt ist. Non olet (Es stinkt nicht), wessen Ursprungs auch immer. Wenn es einerseits verkaufte Ware repräsentiert, so andrerseits kaufbare Ware.[76]

G - W, der Kauf ist zugleich Verkauf, W - G; die letzte Metamorphose einer Ware daher zugleich die erste Metamorphose einer andren Ware. Für unsren Leinweber schließt der Lebenslauf seiner Ware mit der Bibel, worin er die 2 Pfd.St. rückverwandelt hat. Aber der Bibelverkäufer setzt die vom Leinweber gelösten 2 Pfd.St. in Kornbranntwein um. G - W, die Schlußphase von W - G - W (Leinwand - Geld - Bibel), ist zugleich W - G, die erste Phase von W - G - W (Bibel - Geld - Kornbranntwein). Da der Warenproduzent nur ein einseitiges Produkt liefert, verkauft er es oft in größeren Massen, während seine vielseitigen Bedürfnisse ihn zwinge, den realisierten Preis oder die gelöste Geldsumme beständig in zahlreiche Käufe zu zersplittern. Ein Verkauf mündet daher in viele Käufe verschiedner Waren. Die Schlußmetamorphose einer Ware bildet so eine Summe von ersten Metamorphosen andrer Waren.

Betrachten wir nun die Gesamtmetamorphose einer Ware, z.B. der Leinwand, so sehn wir zunächst, daß sie aus zwei entgegengesetzten und einander ergänzenden Bewegungen besteht, W - G und G - W. Diese zwei entgegengesetzten Wandlungen der Ware vollziehn sich in zwei entgegengesetzten gesellschaftlichen Prozessen des Warenbesitzers und reflektieren sich in zwei entgegengesetzten ökonomischen Charakteren desselben. Als Agent des Verkaufs wird er Verkäufer, als Agent des Kaufs Käufer. Wie aber in jeder Wandlung der Ware ihre beiden Formen, Warenform und Geldform, gleichzeitig existieren, nur auf entgegengesetzten Polen, so steht demselben Warenbesitzer als Verkäufer ein andrer Käufer und als Käufer ein andrer Verkäufer gegenüber. Wie dieselbe Ware die zwei umgekehrten Wandlungen sukzessiv durchläuft, aus Ware Geld und aus Geld Ware wird, so wechselt derselbe Warenbesitzer die Rollen von Verkäufer und Käufer. Es sind dies also keine festen, sondern innerhalb der Warenzirkulation beständig die Personen wechselnden Charaktere.

Die Gesamtmetamorphose einer Ware unterstellt, in ihrer einfachsten Form, vier Extreme und drei personae dramatis (handelnde Personen). Erst tritt der Ware das Geld als ihre Wert-Gestalt gegenüber, die jenseits, in fremder Tasche, sachlich harte Realität besitzt. So tritt dem Warenbesitzer ein Geldbesitzer gegen-

[76] „Wenn das Geld in unserer Hand die Dinge darstellt, die wir zu kaufen wünschen können, so stellt es auch die Dinge dar, die wir für dieses Geld verkauft haben." (Mercier de la Rivière, l.c.p. 586.)

über. Sobald die Ware nun in Geld verwandelt, wird letztres zu ihrer verschwindenden Äquivalentform, deren Gebrauchswert oder Inhalt diesseits in andren Warenkörpern existiert. Als Endpunkt der ersten Warenwandlung ist das Geld zugleich Ausgangspunkt der zweiten. So wird der Verkäufer des ersten Akts Käufer im zweiten, wo ihm ein dritter Warenbesitzer als Verkäufer gegenübertritt.[77]

Die beiden umgekehrten Bewegungsphasen der Warenmetamorphose bilden einen Kreislauf: Warenform, Abstreifung der Warenform, Rückkehr zur Warenform. Allerdings ist die Ware selbst hier gegensätzlich bestimmt. Am Ausgangspunkt ist sie Nicht-Gebrauchswert, am Endpunkt Gebrauchswert für ihren Besitzer. So erscheint das Geld erst als der feste Wertkristall, worin sich die Ware verwandelt, um hinterher als ihre bloße Äquivalentform zu zerrinnen.

Die zwei Metamorphosen, die den Kreislauf einer Ware, bilden zugleich die umgekehrten Teilmetamorphosen zweier andren Waren. Dieselbe Ware (Leinwand) eröffnet die Reihe ihrer eignen Metamorphosen und schließt die Gesamtmetamorphose einer andren Ware (des Weizens). Während ihrer ersten Wandlung, dem Verkauf, spielt sie diese zwei Rollen in eigner Person. Als Goldchrysalide dagegen, worin sie selbst den Weg alles Fleisches wandert, endet sie zugleich die erste Metamorphose einer dritten Ware. Der Kreislauf, den die Metamorphosenreihe jeder Ware beschreibt, verschlingt sich also unentwirrbar mit den Kreisläufen andrer Waren. Der Gesamtprozeß stellt sich dar als Warenzirkulation.

Die Warenzirkulation ist nicht nur formell, sondern wesentlich vom unmittelbaren Produktenaustausch unterschieden. Man werfe nur einen Rückblick auf den Vorgang. Der Leinweber hat unbedingt Leinwand mit Bibel vertauscht, eigne Ware mit fremder. Aber dies Phänomen ist nur wahr für ihn. Der Bibelagent, der dem Kühlen Heißes vorzieht, dachte nicht daran, Leinwand für Bibel einzutauschen, wie der Leinweber nicht davon weiß, daß Weizen gegen seine Leinwand eingetauscht worden ist usw. Die Ware des B ersetzt die Ware des A, aber A und B tauschen nicht wechselseitig ihre Waren aus. Es kann in der Tat vorkommen, daß A und B wechselweis voneinander kaufen, aber solche besondre Beziehung ist keineswegs durch die allgemeinen Verhältnisse der Warenzirkulation bedingt. Einerseits sieht man hier, wie der Warenaustausch die individuellen und lokalen Schranken des unmittelbaren Produktenaustausches durchbricht und den Stoffwechsel der menschlichen Arbeit entwickelt. Andrerseits entwickelt sich ein ganzer Kreis von den handelnden Personen unkontrollierbarer, gesellschaftlicher Naturzusammenhänge. Der Weber kann nur Leinwand verkaufen, weil der Bauer Weizen, Heißsporn nur die Bibel, weil der Weber Leinwand, der Destillateur nur gebranntes Wasser, weil der andre das Wasser des ewigen Lebens bereits verkauft hat usw.

Der Zirkulationsprozeß erlischt deswegen auch nicht, wie der unmittelbare Produktenaustausch, in dem Stellen- oder Händewechsel der Gebrauchswerte. Das Geld verschwindet nicht, weil es schließlich aus der Metamorphosenreihe ei-

[77] „Demnach gibt es vier Endpunkte und drei Vertragspartner, von denen einer zweimal eingreift.“ (Le Trosne, l.c.p. 909.)

ner Ware herausfällt. Es schlägt immer nieder auf eine durch die Waren geräumte Zirkulationsstelle. Z.B. in der Gesamtmetamorphose der Leinwand: Leinwand - Geld - Bibel fällt erst die Leinwand aus der Zirkulation, Geld tritt an ihre Stelle, fällt dann die Bibel aus der Zirkulation, Geld tritt an ihre Stelle. Der Ersatz von Ware durch Ware läßt zugleich an dritter Hand die Geldware hängen.[78] Die Zirkulation schwitzt beständig Geld aus.

Nichts kann alberner sein als das Dogma, die Warenzirkulation bedinge ein notwendiges Gleichgewicht der Verkäufe und Käufe, weil jeder Verkauf Kauf und vice versa (umgekehrt). Meint dies, daß die Zahl der wirklich vollzogenen Verkäufe gleich derselben Zahl von Käufen, so ist es platte Tautologie. Aber es soll beweisen, daß der Verkäufer seinen eignen Käufer zu Markt führt. Verkauf und Kauf sind ein identischer Akt als Wechselbeziehung zwischen zwei polarisch entgegengesetzten Personen, dem Warenbesitzer und dem Geldbesitzer. Sie bilden zwei polarisch entgegengesetzte Akte als Handlungen derselben Person. Die Identität von Verkauf und Kauf schließt daher ein, daß die Ware nutzlos wird, wenn sie, in die alchimistische Retorte der Zirkulation geworfen, nicht als Geld herauskommt, nicht vom Warenbesitzer verkauft, also vom Geldbesitzer gekauft wird. Jene Identität enthält ferner, daß der Prozeß, wenn er gelingt, einen Ruhepunkt, einen Lebensabschnitt der Ware bildet, der länger oder kürzer währen kann. Da die erste Metamorphose der Ware zugleich Verkauf und Kauf, ist dieser Teilprozeß zugleich selbständiger Prozeß. Der Käufer hat die Ware, der Verkäufer hat das Geld, d.h. eine Ware, die zirkulationsfähige Form bewahrt, ob sie früher oder später wieder auf dem Markt erscheine. Keiner kann verkaufen, ohne daß ein andrer kauft. Aber keiner braucht unmittelbar zu kaufen, weil er selbst verkauft hat. Die Zirkulation sprengt die zeitlichen, örtlichen und individuellen Schranken des Produktenaustausches ebendadurch, daß sie die hier vorhandne unmittelbare Identität zwischen dem Austausch des eignen und dem Eintausch des fremden Arbeitsprodukts in den Gegensatz von Verkauf und Kauf spaltet. Daß die selbständig einander gegenübertretenden Prozesse eine innere Einheit bilden, heißt ebensosehr, daß ihre innere Einheit sich in äußeren Gegensätzen bewegt. Geht die äußerliche Verselbständigung der innerlich Unselbständigen, weil einander ergänzenden, bis zu einem gewissen Punkt fort, so macht sich die Einheit gewaltsam geltend durch eine - Krise. Der der Ware immanente Gegensatz von Gebrauchswert und Wert, von Privatarbeit, die sich zugleich als unmittelbar gesellschaftliche Arbeit darstellen muß, von besondrer konkreter Arbeit, die zugleich nur als abstrakt allgemeine Arbeit gilt, von Personifizierung der Sache und Versachlichung der Personen - dieser immanente Widerspruch erhält in den Gegensätzen der Warenmetamorphose seine entwickelten Bewegungsformen. Diese Formen schließen daher die Möglichkeit, aber auch nur die Möglichkeit der Krisen ein. Die Endwicklung dieser Möglichkeit zur Wirklichkeit erfordert einen

[78] Note zur 2. Ausg. So handgreiflich dies Phänomen ist, wird es dennoch von politischen Ökonomen meist übersehen, namentlich vom Freihändler vulgaris.

ganzen Umkreis von Verhältnissen, die vom Standpunkt der einfachen Warenzirkulation noch gar nicht existieren.[79]

Als Vermittler der Warenzirkulation erhält das Geld die Funktion des Zirkulationsmittels.

b) Der Umlauf des Geldes

Der Formwechsel, worin sich der Stoffwechsel der Arbeitsprodukte vollzieht, W - G - W, bedingt, daß derselbe Wert als Ware den Ausgangspunkt des Prozesses bildet und zu demselben Punkt zurückkehrt als Ware. Diese Bewegung der Waren ist daher Kreislauf. Andrerseits schließt dieselbe Form den Kreislauf des Geldes aus. Ihr Resultat ist beständige Entfernung des Geldes von seinem Ausgangspunkt, nicht Rückkehr zu demselben. Solange der Verkäufer die verwandelte Gestalt seiner Ware festhält, das Geld, befindet sich die Ware im Stadium der ersten Metamorphose oder hat nur ihre erste Zirkulationshälfte zurückgelegt. Ist der Prozeß, verkaufen um zu kaufen, vervollständigt, so ist auch das Geld wieder aus der Hand seines ursprünglichen Besitzers entfernt. Allerdings, wenn der Leinweber, nachdem er die Bibel gekauft, von neuem Leinwand verkauft, kehrt auch das Geld in seine Hand zurück. Aber es kehrt nicht zurück durch die Zirkulation der ersten 20 Ellen Leinwand, wodurch es vielmehr aus den Händen des Leinwebers in die des Bibelverkäufers entfernt ist. Es kehrt nur zurück durch die Erneuerung oder Wiederholung desselben Zirkulationsprozesses für neue Ware und endet hier wie dort mit demselben Resultat. Die dem Geld durch die Warenzirkulation unmittelbar erteilte Bewegungsform ist daher seine beständige Entfernung vom Ausgangspunkt, sein Lauf aus der Hand eines Warenbesitzers in die eines andren, oder sein Umlauf (currency, cours de la monnaie).

Der Umlauf des Geldes zeigt beständige, eintönige Wiederholung desselben Prozesses. Die Ware steht stets auf Seite des Verkäufers, das Geld stets auf Seite des Käufers, als Kaufmittel. Es funktioniert als Kaufmittel, indem es den Preis der Ware realisiert. Indem es ihn realisiert, überträgt es die Ware aus der Hand des Verkäufers, während es sich gleichzeitig aus der Hand des Käufers in die des Verkäufers entfernt, um denselben Prozeß mit einer andren Ware zu wiederholen. Daß diese einseitige Form der Geldbewegung aus der doppelseitigen Formbewegung der Ware entspringt, ist verhüllt. Die Natur der Warenzirkulation selbst erzeugt den entgegengesetzten Schein. Die erste Metamorphose der Ware ist nicht nur als Bewegung des Geldes, sondern als ihre eigne Bewegung sicht-

[79] Vergleiche meine Bemerkungen über James Mill, „Zur Kritik etc.", p. 74-76 (Siehe Band 13, S. 77-79). Zwei Punkte sind hier charakteristisch für die Methode der ökonomistischen Apologetik. Erstens die Identifizierung von Warenzirkulation und unmittelbarem Produktenaustausch durch einfache Abstraktion von ihren Unterschieden. Zweitens der Versuch, die Widersprüche des kapitalistischen Produktionsprozesses wegzuleugnen, indem man die Verhältnisse seiner Produktionsagenten in die einfachen Beziehungen auflöst, die aus der Warenzirkulation entspringen. Warenproduktion und Warenzirkulation sind aber Phänomene, die den verschiedensten Produktionsweisen angehören, wenn auch in verschiednem Umfang und Tragweite. Man weiß also noch nichts von der differentia specifica (dem kennzeichnenden Unterschied) dieser Produktionsweisen und kann sie daher nicht beurteilen, wenn man nur die ihnen gemeinschaftlichen, abstrakten Kategorien der Warenzirkulation kennt. In keiner Wissenschaft außer der politischen Ökonomie herrscht so große Wichtigtuerei mit elementarischer Gemeinplätzlichkeit. Z.B. J. B. Say nimmt sich heraus, über die Krisen abzuurteilen, weil er weiß, daß die Ware Produkt ist.

bar, aber ihre zweite Metamorphose ist nur als Bewegung des Geldes sichtbar. In ihrer ersten Zirkulationshälfte wechselt die Ware den Platz mit dem Geld. Damit fällt zugleich ihre Gebrauchsgestalt der Zirkulation heraus, in die Konsumtion.[80] Ihre Wertgestalt oder Geldlarve tritt an ihre Stelle. Die zweite Zirkulationshälfte durchläuft sie nicht mehr in ihrer eignen Naturalhaut, sondern in ihrer Goldhaut. Die Kontinuität der Bewegung fällt damit ganz auf die Seite des Geldes und dieselbe Bewegung, die für die Ware zwei entgegengesetzte Prozesse einschließt, schließt als eigne Bewegung des Geldes stets denselben Prozeß ein, seinen Stellenwechsel mit stets andrer Ware. Das Resultat der Warenzirkulation, Ersatz von Ware durch andre Ware, erscheint nicht durch ihren eignen Formwechsel vermittelt, sondern durch die Funktion des Geldes als Zirkulationsmittel, welches die an und für sich bewegungslosen Waren zirkuliert, sie aus der Hand, worin sie Nicht-Gebrauchswerte, in die Hand überträgt, worin sie Gebrauchswerte, stets in entgegengesetzter Richtung zu seinem eignen Lauf. Es entfernt die Waren beständig aus der Zirkulationssphäre, indem es beständig an ihre Zirkulationsstelle tritt und sich damit von seinem eignen Ausgangspunkt entfernt. Obgleich daher die Geldbewegung nur Ausdruck der Warenzirkulation, erscheint umgekehrt die Warenzirkulation nur als Resultat der Geldbewegung.[81]

Andrerseits kommt dem Geld nur die Funktion des Zirkulationsmittels zu, weil es der verselbständigte Wert der Waren ist. Seine Bewegung als Zirkulationsmittel ist daher in der Tat nur ihre eigne Formbewegung. Diese muß sich daher auch sinnlich im Umlauf des Geldes widerspiegeln. So verwandelt z.B. die Leinwand zuerst ihre Warenform in ihre Geldform. Das letzte Extrem ihrer ersten Metamorphose W - G, die Geldform, wird dann das erste Extrem ihrer letzten Metamorphose G - W, ihrer Rückverwandlung in die Bibel. Aber jeder dieser zwei Formwechsel vollzieht sich durch einen Austausch zwischen Ware und Geld, durch ihren gegenseitigen Stellenwechsel. Dieselben Geldstücke kommen als entäußerte Gestalt der Ware in die Hand des Verkäufers und verlassen sie als absolut veräußerliche Gestalt der Ware. Sie wechseln zweimal die Stelle. Die erste Metamorphose der Leinwand bringt diese Geldstücke in die Tasche des Webers, die zweite holt sie wieder heraus. Die beiden entgegengesetzten Formwechsel derselben Ware spiegeln sich also wider im zweimaligen Stellenwechsel des Geldes in entgegengesetzter Richtung.

Finden dagegen nur einseitige Warenmetamorphosen statt, bloße Verkäufe oder bloße Käufe, wie man will, so wechselt dasselbe Geld auch nur einmal den Platz. Sein zweiter Stellenwechsel drückt stets die zweite Metamorphose der Ware aus, ihre Rückverwandlung aus Geld. In der häufigen Wiederholung des Stellenwechsels Geldstücke spiegelt sich wider nicht nur die Metamorphosenrei-

[80] Selbst wenn die Ware wieder und wieder verkauft wird, ein Phänomen, das hier noch nicht für uns existiert, fällt sie mit dem letzten definitiven Verkauf aus der Sphäre der Zirkulation in die der Konsumtion, um hier als Lebensmittel oder als Produktionsmittel zu dienen.

[81] „Es" (das Geld) „hat keine andere Bewegung als die, die ihm durch die Produkte verliehen wird." (Le Trosne, l.c.p. 885.)

he einer einzigen Ware, sondern auch die Verschlingung der zahllosen Metamorphosen der Warenwelt überhaupt. Es versteht sich übrigens ganz von selbst, daß alles dies nur für die hier betrachtete Form der einfachen Warenzirkulation gilt.

Jede Ware, bei ihrem ersten Schritt in die Zirkulation, bei ihrem ersten Formwechsel, fällt aus der Zirkulation heraus, in welche stets neue Ware eintritt. Das Geld dagegen als Zirkulationsmittel haust beständig in der Zirkulationssphäre und treibt sich beständig in ihr um. Es entsteht also die Frage, wieviel Geld diese Sphäre beständig absorbiert.

In einem Lande gehn jeden Tag zahlreiche, gleichzeitige und daher räumlich nebeneinander laufende einseitige Warenmetamorphosen vor, oder in andren Worten, bloße Verkäufe von der einen Seite, bloße Käufe von der andren. In ihren Preisen sind die Waren bereits bestimmten vorgestellten Geldquantis gleichgesetzt. Da nun die hier betrachtete, unmittelbare Zirkulationsform Ware und Geld einander stets leiblich gegenüberstellt, die eine auf den Pol des Verkaufs, das andre auf den Gegenpol des Kaufs, ist die für den Zirkulationsprozeß der Warenwelt erheischte Masse von Zirkulationsmitteln bereits durch die Preissumme der Waren bestimmt. In der Tat stellt das Geld nur reell die in der Preissumme der Waren bereits ideell ausgedrückte Goldsumme dar. Die Gleichheit dieser Summen versteht sich daher von selbst. Wir wissen jedoch, daß bei gleichbleibenden Werten der Waren ihre Preise mit dem Werte des Goldes (des Geldmaterials) selbst wechseln, verhältnismäßig steigen, wenn er fällt, und fallen, wenn er steigt. Ob die Preissumme der Waren so steige oder falle, die Masse des zirkulierenden Geldes muß gleichmäßig steigen oder fallen. Der Wechsel in der Masse der Zirkulationsmittel entspringt hier allerdings aus dem Geld selbst, aber nicht aus seiner Funktion als Zirkulationsmittel, sondern aus seiner Funktion als Wertmaß. Der Preis der Waren wechselt erst umgekehrt wie der Wert des Geldes, und dann wechselt die Masse der Zirkulationsmittel direkt wie der Preis der Waren. Ganz dasselbe Phänomen würde sich ereignen, wenn z.B. nicht der Wert des Goldes sänke, sondern Silber es als Wertmaß ersetzte, oder nicht der Wert des Silbers stiege, sondern Gold es aus der Funktion des Wertmaßes verdrängte. In dem einen Fall müßte mehr Silber zirkulieren als vorher Gold, in dem andren weniger Gold als vorher Silber. In beiden Fällen hätte sich der Wert des Geldmaterials verändert, d.h. der Ware, die als Maß der Werte funktioniert, daher der Preisausdruck der Warenwerte, daher die Masse des zirkulierenden Geldes, das zur Realisierung dieser Preise dient. Man hat gesehn, daß die Zirkulationssphäre der Waren ein Loch hat, wodurch Gold (Silber, kurz das Geldmaterial) in sie eintritt als Ware von gegebnem Wert. Dieser Wert ist vorausgesetzt bei der Funktion des Geldes als Wertmaß, also bei der Preisbestimmung. Sinkt nun z.B. der Wert des Wertmaßes selbst, so erscheint dies zunächst im Preiswechsel der Waren, die unmittelbar an den Produktionsquellen der edlen Metalle mit ihnen als Waren ausgetauscht werden. Namentlich in minder entwickelten Zuständen der bürgerlichen Gesellschaft wird ein großer Teil der andren Waren noch längere Zeit in dem nun illusorisch gewordnen, veralteten Wert des Wertmaßes geschätzt werden. Indes steckt die eine Ware die andre an durch ihr Wertverhältnis zu derselben, die Gold- oder Silberpreise der Waren gleichen sich allmählich aus in den durch ihre Werte selbst bestimmten Proportionen, bis schließlich alle Warenwerte dem neuen Wert des Geldmetalles entsprechend geschätzt werden. Dieser Ausgleichungsprozeß ist begleitet von dem fortwährenden Wachstum der edlen Metalle, welche im Ersatz für die direkt mit ihnen ausgetauschten Waren einströmen. In demselben Maß daher, worin die berichtigte Preisgebung der Waren sich verallgemeinert, oder ihre Werte dem neuen, gesunkenen und bis zu einem gewissen Punkt fortsinkenden Wert des Metalls gemäß geschätzt werden, ist auch bereits seine zu ihrer Realisierung notwendige Mehrmasse vorhanden. Einseitige Beobachtung der Tatsachen, welche der Entdeckung der neuen Gold- und Silberquellen folgten, verleitete im 17. und namentlich im 18. Jahrhundert zum Trugschluß, die Warenpreise seien gestiegen, weil mehr Gold und Silber als Zirkulationsmittel funktionierten. Im folgenden wird der Wert des Goldes als gegeben vorausgesetzt, wie er in der Tat im Augenblick der Preisschätzung gegeben ist.

Unter dieser Voraussetzung also ist die Masse der Zirkulationsmittel durch die zu realisierende Preissumme der Waren bestimmt. Setzen wir nun ferner den Preis jeder Warenart als gegeben voraus, so hängt die Preissumme der Waren offenbar von der in Zirkulation befindlichen Warenmasse ab. Es gehört wenig Kopfbrechens dazu, um zu begreifen, daß, wenn 1 Quarter Weizen 2 Pfd.St., 100 Quarter 200 Pfd.St., 200 Quarter 400 Pfd.St. usw. kosten, mit der Masse des Weizens daher die Geldmasse wachsen muß, die beim Verkauf den Platz mit ihm wechselt.

Der Warenmasse als gegeben vorausgesetzt, flutet die Masse des zirkulierenden Geldes auf und ab mit den Preisschwankungen der Waren. Sie steigt und fällt, weil die Preissumme der Waren infolge ihres Preiswechsels zu- oder abnimmt. Dazu ist keineswegs nötig, daß die Preise aller Waren gleichzeitig steigen oder fallen. Die Preissteigerung einer gewissen Anzahl leitender Artikel in dem einen oder ihre Preissenkung in dem andren Fall reicht hin, um die zu realisierende Preissumme aller zirkulierenden Waren zu erhöhn oder zu senken, also auch mehr oder weniger Geld in Zirkulation zu setzen. Ob der Preiswechsel der Waren wirkliche Wertwechsel wider spiegelt oder bloße Schwankungen der Marktpreise, die Wirkung auf die Masse der Zirkulationsmittel bleibt dieselbe.

Es sei gegeben eine Anzahl zusammenhangsloser, gleichzeitiger und daher räumlich nebeneinander laufender Verkäufe oder Teilmetamorphosen, z.B. von 1 Quarter Weizen, 20 Ellen Leinwand, 1 Bibel, 4 Gallons Kornbranntwein. Wenn der Preis jedes Artikels 2 Pfd.St., die zu realisierende Preissumme daher 8 Pfd.St., so muß eine Geldmasse von 8 Pfd.St. in die Zirkulation eingehn. Bilden dieselben Waren dagegen Glieder der uns bekannten Matamorphosenreihe: 1 Quarter Weizen - 2 Pfd.St. - 20 Ellen Leinwand - 2 Pfd.St. - 1 Bibel - 2 Pfd. St. - 4 Gallons Kornbranntwein - 2 Pfd.St., so machen 2 Pfd.St. die verschiednen Waren der Reihe nach zirkulieren, indem sie deren Preise der Reihe nach, also auch die Preissumme von 8 Pfd.St., realisieren, um schließlich in der Hand des Destillateurs auszuruhn. Sie vollbringen vier Umläufe. Dieser wiederholte Stellenwechsel derselben Geldstücke stellt den doppelten Formwechsel der Ware dar, ihre Bewegung durch zwei entgegengesetzte Zirkulationsstadien und die Verschlingung der Metamorphosen verschiedner Waren.[82] Die gegensätzlichen und einander ergänzenden Phasen, wodurch dieser Prozeß verläuft, können nicht räumlich nebeneinander fallen, sondern nur zeitlich aufeinander folgen. Zeitabschnitte bilden daher das Maß seiner Dauer, oder die Anzahl der Umläufe derselben Geldstücke in gegebner Zeit mißt die Geschwindigkeit des Geldumlaufs. Der Zirkulationsprozeß jener vier Waren dauere z.B. einen Tag. So beträgt die zu realisierende Preissumme: 8 Pfd.St., die Anzahl der Umläufe derselben Geldstücke während des Tags: 4 und die Masse des zirkulierenden Geldes: 2 Pfd.St., oder für einen gegebnen Zeitabschnitt des Zirkulationsprozesses: (Preissumme der Waren)/(Umlaufsanzahl gleichnamiger Geldstücke) = Masse des als Zirkulationsmittel funktionierenden Geldes. Dies Gesetz gilt allgemein. Der Zirkulationsprozeß eines Landes in einem gegebnen Zeitabschnitt umfaßt zwar einerseits viele zersplitterte, gleichzeitige und räumlich nebeneinander fallende Verkäufe (resp. Käufe) oder Teilmetamorphosen, worin dieselben Geldstücke nur einmal die Stelle wechseln oder nur einen Umlauf vollziehn, andrerseits viele teils nebeneinander herlaufende, teils sich ineinander verschlingende mehr oder minder gliederreiche Metamorphosenreihen, worin dieselben Geldstücke mehr oder minder zahlreiche Umläufe zurücklegen. Die Gesamtzahl der Umläufe aller in Zirkulation befindlichen gleichnamigen Geldstücke ergibt jedoch die Durchschnittsanzahl der Umläufe des einzelnen Geldstücks oder die Durchschnittsgeschwindigkeit des Geldumlaufs. Die Geldmasse, die bei Beginn z.B. des täglichen Zirkulationsprozesses in ihn hineingeworfen wird, ist natürlich bestimmt durch die Preissumme der gleichzeitig und räumlich nebeneinander zirkulierenden Waren. Aber innerhalb des Prozesses wird ein Geldstück sozusagen für das andre verantwortlich gemacht. Beschleunigt das eine seine Umlaufsgeschwindigkeit, so er lahmt die des andren, oder es fliegt ganz aus der Zirkulationssphäre heraus, da diese nur eine Goldmasse absorbieren kann, welche, multipliziert mit der mittlern Umlaufsanzahl ihres einzelnen Elements, gleich der zu realisierenden Preissumme ist. Wächst daher die Anzahl der Umläufe der Geldstücke, so nimmt ihre zirkulierende Masse ab. Nimmt die Anzahl ihrer Umläufe ab, so wächst ihre Masse. Weil die Masse des Geldes, die als Zirkulationsmittel funktionieren kann, bei gegebner Durchschnittsgeschwindigkeit gegeben ist, hat man daher z.B. nur eine bestimmte Quantität von Ein-Pfund-Noten in die Zirkulation hineinzuwerfen, um ebenso viele Sovereigns hinauszuwerfen, ein allen Banken wohlbekanntes Kunststück.

[82] „Die Produkte sind es, die es“ (das Geld) „in Bewegung setzen und es zirkulieren machen ... Durch die Geschwindigkeit seiner“ (d.h. des Geldes) „Bewegung wird seine Quantität ergänzt. Wenn notwendig, gleitet es nur von einer Hand in die andre, ohne sich einen Augenblick aufzuhalten.“ (Le Trosne, l.c.p. 915, 916.)

Wie im Geldumlauf überhaupt nur der Zirkulationsprozeß der Waren, d.h. ihr Kreislauf durch entgegengesetzte Metamorphosen erscheint, so in der Geschwindigkeit des Geldumlaufs die Geschwindigkeit ihres Formwechsels, das kontinuierliche Ineinandergreifen der Metamorphosenreihen, die Hast des Stoffwechsels, das rasche Verschwinden der Waren aus der Zirkulationssphäre und ihr ebenso rascher Ersatz durch neue Waren. In der Geschwindigkeit des Geldumlaufs erscheint also die flüssige Einheit der entgegengesetzten und sich ergänzenden Phasen, Verwandlung der Gebrauchsgestalt in Wertgestalt und Rückverwandlung der Wertgestalt in Gebrauchsgestalt, oder der beiden Prozesse des Verkaufs und Kaufs. Umgekehrt erscheint in der Verlangsamung des Geldumlaufs die Trennung und gegensätzliche Verselbständigung dieser Prozesse, die Stockung des Formwechsels und daher des Stoffwechsels. Woher diese Stockung entspringt, ist natürlich der Zirkulation selbst nicht anzusehn. Sie zeigt nur das Phänomen selbst. Der populären Anschauung, welche mit verlangsamtem Geldumlauf das Geld minder häufig auf allen Punkten der Zirkulationsperipherie erscheinen und verschwinden sieht, liegt es nah, das Phänomen aus mangelnder Quantität der Zirkulationsmittel zu deuten.[83]

Das Gesamtquantum des in jedem Zeitabschnitt als Zirkulationsmittel funktionierenden Geldes ist also bestimmt einerseits durch die Preissumme der zirkulierenden Warenwelt, andrerseits durch den langsameren oder rascheren Fluß ihrer gegensätzlichen Zirkulationsprozesse, von dem es abhängt, der wievielte Teil jener Preissumme durch dieselben Geldstücke realisiert werden kann. Die Preissumme der Waren hängt aber ab sowohl von der Masse als den Preisen jeder Warenart. Die drei Faktoren: die Preisbewegung, die zirkulierende Warenmasse und endlich die Umlaufsgeschwindigkeit des Geldes, können aber in verschiedner Richtung und verschiednen Verhältnissen wechseln, die zu realisierende Preissumme, daher die durch sie bedingte Masse der Zirkulationsmittel, also sehr zahlreiche Kombinationen durchmachen. Wir zählen hier nur die in der Geschichte der Warenpreise wichtigsten auf.

Bei gleichbleibenden Warenpreisen kann die Masse der Zirkulationsmittel wachsen, weil die Masse der zirkulierenden Waren zunimmt oder die Umlaufs-

[83] „Weil Geld ... das allgemeine Maß für Kauf und Verkauf darstellt, ist jeder, der etwas zu verkaufen hat, aber keinen Käufer finden kann, sofort geneigt, zu denken, daß Mangel an Geld im Kingdom oder im Lande schuld sei, wenn seine Waren keinen Absatz finden; daher allenthalben das Geschrei über den Mangel an Geld, was jedoch ein großer Irrtum ist ... Was brauchen diese Leute, die nach Geld schreien? ... Der Pächter klagt ... er denkt, wenn mehr Geld im Lande wäre, könnte er einen Preis für seine Güter bekommen ... Also fehlt ihm anscheinend nicht Geld, sondern ein Preis für sein Korn und sein Vieh, das er verkaufen möchte, aber nicht kann ... Warum kann er keinen Preis erzielen? ... 1. Entweder es gibt zu viel Korn und Vieh im Land, so daß den meisten, die auf den Markt kommen, ebenso wie ihm das Verkaufen not tut, das Kaufen aber nur wenigen, oder 2. der gewöhnliche Absatz durch Ausfuhr stockt ... oder 3. der Konsum wird geringer, wenn z.B. die Leute infolge Armut nicht mehr soviel für ihren Haushalt ausgeben wie früher. Deshalb ist es nicht die Vermehrung von Geld schlechthin, die sich günstig auf die Güter des Pächters auswirken würde, sondern die Beseitigung einer dieser drei Ursachen, die wirklich den Markt niederhalten ... Kaufmann und Krämer brauchen in gleicher Weise Geld, d.h., weil die Märkte stocken, fehlt ihnen der Absatz der Güter, mit denen sie handeln ... Eine Nation gedeiht niemals besser, als wenn die Reichtümer schnell von Hand zu Hand gehen." (Sir Dudley North, „Discourses upon Trade", Lond. 1691, p. 11-15 passim.) Herrenschwands Schwindeleien kommen alle darauf hinaus, daß die aus der Natur der Ware entspringenden und daher in der Warenzirkulation erscheinenden Widersprüche durch Vermehrung der Zirkulationsmittel beseitigt werden können. Aus der Volksillusion, welche Stockungen des Produktions- und Zirkulationsprozesses einem Mangel an Zirkulationsmitteln zuschreibt, folgt übrigens

geschwindigkeit des Geldes abnimmt oder beides zusammenwirkt. Die Masse der Zirkulationsmittel kann umgekehrt abnehmen mit abnehmender Warenmasse oder zunehmender Zirkulationsgeschwindigkeit.

Bei allgemein steigenden Warenpreisen kann die Masse der Zirkulationsmittel gleichbleiben, wenn die Masse der zirkulierenden Waren in demselben Verhältnis abnimmt, worin ihr Preis zunimmt, oder die Umlaufsgeschwindigkeit des Geldes ebenso rasch zunimmt als die Preiserhöhung, während die zirkulierende Warenmasse konstant bleibt. Die Masse der Zirkulationsmittel kann fallen, weil die Warenmasse rascher ab- oder die Umlaufsgeschwindigkeit rascher zunimmt als die Preise.

Bei allgemein fallenden Warenpreisen kann die Masse der Zirkulationsmittel gleichbleiben, wenn die Warenmasse in demselben Verhältnis wächst, worin ihr Preis fällt, oder die Umlaufsgeschwindigkeit des Geldes in demselben Verhältnis abnimmt wie die Preise. Sie kann wachsen, wenn die Warenmasse rascher wächst oder die Zirkulationsgeschwindigkeit rascher abnimmt, als die Warenprise fallen.

Die Variationen der verschiednen Faktoren können sich wechselseitig kompensieren, so daß ihrer beständigen Unstätigkeit zum Trotzt die zu realisierende Gesamtsumme der Warenpreise konstant bleibt, also auch die zirkulierende Geldmasse. Man findet daher, namentlich bei Betrachtung etwas längerer Perioden, ein viel konstanteres Durchschnittsniveau der in jedem Lande zirkulierenden Geldmasse und, mit Ausnahme starker Perturbationen, die periodisch aus den Produktions- und Handelskrisen, seltner aus einem Wechsel im Geldwert selbst entspringen, viel geringere Abweichungen von diesem Durchschnittsniveau, als man nach dem Augenschein erwarten sollte.

Das Gesetz, daß die Quantität der Zirkulationsmittel bestimmt ist durch die Preissumme der zirkulierenden Waren und die Durchschnittsgeschwindigkeit des Geldumlaufs,[84] kann auch so ausgedrückt werden, daß bei gegebner Wertsumme

umgekehrt, daß wirklicher Mangel an Zirkulationsmitteln, z.B. infolge offizieller Pfuschereien mit der „regulation of currency" („Regulierung des Geldumlaufs") nicht seinerseits Stockungen hervorrufen kann.

[84] „Es gibt ein bestimmtes Maß und Verhältnis des Geldes, das erforderlich ist, um den Handel einer Nation in Gang zu halten; ein Mehr oder Weniger würde ihm Abbruch tun. Geradeso wie in einem kleinen Detailgeschäft eine bestimmte Menge von Farthings notwendig ist, um die Silbermünzen zu wechseln und solche Zahlungen zu leisten, die mit den kleinsten Silbermünzen nicht geleistet werden können ... Ebenso wie nun das zahlenmäßige Verhältnis der im Handel notwendigen Farthings von der Zahl der Käufer, der Häufigkeit ihrer Käufe und vor allem auch von dem Wert der kleinsten Silbermünze abhängig ist, so ist in ähnlicher Weise das Verhältnis des für unseren Handel notwendigen Geldes (Gold- und Silbermünzen) bestimmt durch die Häufigkeit der Tauschvorgänge und die Höhe der Zahlungen." (William Petty, „A Treatise on Taxes and Contributions", Lond. 1667, p. 17.) Die Humesche Theorie ward gegen J. Steuart u.a. verteidigt von A. Young in seiner „Political Arithmetic", Lond. 1774, wo ein eignes Kapitel: „Prices depend on quantity of money" („Preise hängen von der Geldmenge ab"), p. 112 sqq. Ich bemerke „Zur Kritik etc.", p.149 (Siehe Band 13, S. 142/143): „Die Frage über die Quantität der zirkulierenden Münze beseitigt er (A. Smith) stillschweigend, indem er das Geld ganz falsch als bloße Ware behandelt." Dies gilt nur, soweit A. Smith ex officio das Geld behandelt. Gelegentlich jedoch, z.B. in der Kritik der früheren Systeme der Pol. Ökon., spricht er das Richtige aus: „Die Menge des gemünzten Geldes wird in jedem Lande durch den Wert der Waren geregelt, deren Umlauf es zu vermitteln hat ... Der Wert der in einem Lande jährlich gekauften und verkauften Güter erfordert eine gewisse Menge Geld, um sie zu zirkulieren und an ihre eigentlichen Verbraucher zu verteilen, kann aber für mehr Geld keine Verwendung schaffen. Der Kanal der Zirkulation zieht notwendigerweise eine Summe an, die genügt, um ihn zu füllen, nimmt aber nie eine größere auf." („Wealth of Nations", [vol. III,] l. IV, ch. I. [p. 87, 89.]) Ähnlich eröffnet A. Smith sein Werk ex officio mit einer Apotheose der Teilung der Arbeit. Hinterher, im letzten Buch über die Quellen des Staatseinkommens, reproduziert er gelegentlich A. Fergusons, seines Lehrers, Denunziation der Teilung der Arbeit.

der Waren und gegebner Durchschnittsgeschwindigkeit ihrer Metamorphosen, die Quantität des umlaufenden Geldes oder des Geldmaterials von seinem eignen Wert abhängt. Die Illusion, daß umgekehrt die Warenpreise durch die Masse der Zirkulationsmittel und letztre ihrerseits durch die Masse des in einem Lande befindlichen Geldmaterials bestimmt werden,[85] wurzelt bei ihren ursprünglichen Vertretern in der abgeschmackten Hypothese, daß Waren ohne Preis und Geld ohne Wert in den Zirkulationsprozeß eingehn, wo sich dann ein aliquoter Teil des Warenbreis mit einem aliquoten Teil des Metallbergs austausche.[86]

c) Die Münze - Das Wertzeichen

Aus der Funktion des Geldes als Zirkulationsmittel entspringt seine Münzgestalt. Der in dem Preise oder Geldnamen der Waren vorgestellte Gewichtsteil Gold muß ihnen in der Zirkulation als gleichnamiges Goldstück oder Münze gegenübertreten. Wie die Feststellung des Maßstabs der Preise, fällt das Geschäft der Münzung dem Staat anheim. In den verschiednen Nationaluniformen, die Gold und Silber als Münzen tragen, auf dem Weltmarkt aber wieder ausziehn, erscheint die Scheidung zwischen den innern oder nationalen Sphären der Warenzirkulation und ihrer allgemeinen Weltmarktssphäre.

[85] „Die Preise der Dinge werden sicherlich in jedem Lande so steigen, wie die Menge an Gold und Silber unter den Leuten anwächst; folglich müssen auch, wenn in einem Lande Gold und Silber sich vermindern, die Preise aller Waren einer solchen Verminderung des Geldes entsprechend fallen." (Jacob Vanderlint, „Money answers all Things", Lond. 1734, p. 5.) Nähere Vergleichung zwischen Vanderlint und Humes „Essays" läßt mir nicht den geringsten Zweifel, daß Hume V.'s übrigens bedeutende Schrift kannte und benutzte. Die Ansicht, daß die Masse der Zirkulationsmittel die Preise bestimmt, auch bei Barbon und noch viel älteren Schriftstellern. „Keine Ungelegenheit", sagt Vanderlint, „kann durch ungehinderten Handel entstehen, sondern nur sehr großer Nutzen, denn wenn die Bargeldmenge der Nation durch ihn verringert wird, was ja die Prohibitionsmaßnahmen verhindern sollen, so werden die Nationen, denen das Bargeld zufließt, sicher feststellen, daß alle Dinge in dem Maße im Preise steigen, wie die Bargeldmenge bei ihnen anwächst. Und ... unsere Manufakturprodukte und alle anderen Waren werden bald so billig, daß sich die Handelsbilanz wieder zu unseren Gunsten wendet, und infolgedessen das Geld zu uns zurückfließt." (l.c.p. 43, 44.)

[86] Daß jede einzelne Warenart durch ihren Preis ein Element der Preissumme aller zirkulierenden Waren bildet, ist selbstverständlich. Wie aber untereinander inkommensurable Gebrauchswerte sich en masse mit der in einem Land befindlichen Gold- oder Silbermasse austauschen sollen, ist völlig unbegreiflich. Verschwindelt man die Warenwelt in eine einzige Gesamtware, wovon jede Ware nur einen aliquoten Teil bildet, so kommt das schöne Rechenexempel heraus: Gesamtware = x Ztr. Gold. Ware A = aliquoter Teil der Gesamtware = derselbe aliquote Teil von x Ztr. Gold. Dies ehrlich heraus bei Montesquieu: „Wenn man die Masse des auf der Welt vorhandenen Goldes und Silbers mit der Summe der vorhandenen Waren vergleicht, so kann man gewiß jedes einzelne Erzeugnis bzw. Ware mit einer bestimmten Menge des Geldes vergleichen. Unterstellen wir einmal, daß es nur ein einziges Erzeugnis bzw. eine einzige Ware gibt oder daß nur eine gekauft wird und daß sie ebenso teilbar ist wie das Geld: ein gewisser Teil dieser Ware wird dann einem Teil der Geldmasse entsprechen; die Hälfte der Gesamtheit der Waren der Hälfte der gesamten Geldmasse usw. ... die Bestimmung der Warenpreise hängt im Grunde genommen stets vom Verhältnis der Gesamtmenge der Waren zur Gesamtmenge der Geldzeichen ab." (Montesquieu, l.c., t. III, p. 12,13.) Über die Weiterentwicklung dieser Theorie durch Ricardo, seinen Schüler James Mill, Lord Overstone usw. vgl. „Zur Kritik etc.", p. 140-146, und p. 150 sqq. (Siehe Band 13, S. 134-140 und S. 143 ff.) Herr J. St. Mill versteht es, mit der ihm geläufigen eklektischen Logik, der Ansicht seines Vaters J. Mill und zugleich der entgegengesetzten zu sein. Vergleicht man den Text seines Kompendiums: „Princ. of Pol. Econ.", mit der Vorrede (erste Ausgabe), worin er sich selbst als Adam Smith der Gegenwart ankündet, so weiß man nicht, was mehr bewundern, die Naivetät des Mannes oder die des Publikums, das ihn auf Treu und Glauben in den Kauf nahm als Adam Smith, zu dem er sich etwa verhält wie General Williams Kars von Kars zum Herzog von Wellington. Die weder umfangreichen noch gehaltreichen Originalforschungen des Herrn J. St. Mill im Gebiet der Pol. Ök. findet man alle in Reih' und Glied aufmarschiert in seinem 1844 erschienenen Schriftchen: „Some Unsettled Questions of Political Economy." Locke spricht direkt den Zusammenhang zwischen der Wertlosigkeit von Gold und Silber und der Bestimmung ihres Werts durch Quantität aus. „Da die Menschen übereingekommen sind, Gold und Silber einen imaginären Wert zu verleihen ... ist der innere Wert, den man in diesen Metallen erblickt, nichts als ihre Quantität."(„Some Considerations etc.", 1691, [in] „Works", ed. 1777, vol. II, p. 15.)

Goldmünze und Barrengold unterscheiden sich also von Haus nur durch die Figur, und das Gold ist beständig aus einer Form in die andre verwandelbar.[87] Der Weg aus der Münze ist aber zugleich der Gang zum Schmelztiegel. Im Umlauf verschleißen nämlich die Goldmünzen, die eine mehr, die andre weniger. Goldtitel und Goldsubstanz, Nominalgehalt und Realgehalt beginnen ihren Scheidungsprozeß. Gleichnamige Goldmünzen werden von ungleichem Wert, weil verschiednem Gewicht. Das Gold als Zirkulationsmittel weicht ab vom Gold als Maßstab der Preise und hört damit auch auf, wirkliches Äquivalent der Waren zu sein, deren Preise es realisiert. Die Geschichte dieser Wirren bildet die Münzgeschichte des Mittelalters und der Neuzeit bis ins 18. Jahrhundert. Die naturwüchsige Tendenz des Zirkulationsprozesses, das Goldsein der Münze in Goldschein oder die Münze in ein Symbol ihres offiziellen Metallgehalts zu verwandeln, ist selbst anerkannt durch die modernsten Gesetze über den Grad des Metallverlustes, der ein Goldstück kursunfähig macht oder demonetisiert.

Wenn der Geldumlauf selbst den Realgehalt vom Nominalgehalt der Münze scheidet, ihr Metalldasein von ihrem funktionellen Dasein, so enthält er die Möglichkeit latent, das Metallgeld in seiner Münzfunktion durch Marken aus andrem Material oder Symbole zu ersetzen. Die technischen Hindernisse der Münzung ganz diminutiver Gewichtsteile des Goldes resp. Silbers und der Umstand, daß niedrigere Metalle ursprünglich statt der edleren, Silber statt des Goldes, Kupfer statt des Silbers, zum Wertmaß dienen und daher als Geld zirkulieren im Augenblick, wo das edlere Metall sie entthront, erklären historisch die Rolle von Silber- und Kupfermarken als Substituten der Goldmünze. Sie ersetzen das Gold in den Kreisen der Warenzirkulation, worin die Münze am schnellsten zirkuliert und sich daher am schnellsten abnutzt, d.h., wo Käufe und Verkäufe unaufhörlich im kleinsten Maßstab erneuert werden. Um die Festsetzung dieser Trabanten an der Stelle des Goldes selbst zu verhindern, werden gesetzlich die sehr niedrigen Proportionen bestimmt, worin sie allein an Zahlungs Statt für Gold angenommen werden müssen. Die besondren Kreise, worin die verschiednen Münzsorten umlaufen, laufen natürlich ineinander. Die Scheidemünze erscheint neben dem Gold zur Zahlung von Bruchteilen der kleinsten Goldmünze; das Gold tritt beständig in die Detailzirkulation ein, wird aber durch Auswechslung mit Scheidemünze ebenso beständig herausgeworfen.[88]

---

[87] Es liegt natürlich ganz jenseits meines Zwecks, Details wie Schlagschatz u. dgl. zu behandeln. Gegenüber dem romantischen Sykophanten Adam Müller jedoch, der „die großartige Liberalität" bewundert, womit die „englische Regierung unentgeltlich münzt", folgendes Urteil Sir Dudley Norths: „Silber und Gold haben wie andere Waren ihre Ebbe und Flut. Wenn eine Ladung aus Spanien ankommt, ... wird sie in den Tower gebracht und ausgemünzt. Nicht lange danach entsteht Nachfrage nach Barren für die Ausfuhr. Wenn nun keine vorhanden sind, sondern zufällig alles gemünzt ist, was dann? Man wird es wieder einschmelzen; dies bedeutet keinen Verlust, da das Münzen den Eigentümer nichts kostet. Aber die Nation hat den Schaden, denn sie zahlt dafür, daß Stroh, mit dem man Esel füttert, vorher geflochten wird. Wenn der Kaufmann" (North war selbst einer der größten Kaufleute zu Charles II. Zeit) „einen Preis für das Münzen zu zahlen hätte, würde er nicht, ohne zu überlegen, sein Silber in den Tower schicken, und gemünztes Geld würde dann stets einen höheren Wert haben als ungemünztes Silber." (North, l.c.p. 18.)

[88] „Wenn nie mehr Silbergeld vorhanden ist, als man für die kleineren Zahlungen benötigt, kann es nicht in für größere Zahlungen ausreichenden Mengen angesammelt werden ... Die Verwendung von Gold für große Zahlungen schließt notwendig auch seine Verwendung im Detailhandel ein: Wer Goldmünzen hat, benutzt sie auch bei kleineren

Der Metallgehalt der Silber- oder Kupfermarken ist willkürlich durch das Gesetz bestimmt. Im Umlauf verschleißen sie noch rascher als die Goldmünze. Ihre Münzfunktion wird daher faktisch durchaus unabhängig von ihrem Gewicht, d.h. von allem Wert. Das Münzdasein des Goldes scheidet sich völlig von seiner Wertsubstanz. Relativ wertlose Dinge, Papierzettel, können also an seiner Statt als Münze funktionieren. In den metallischen Geldmarken ist der rein symbolische Charakter noch einigermaßen versteckt. Im Papiergeld tritt er augenscheinlich hervor. Man sieht: Ce n'est que le premier pas que coûte (Es kommt nur auf den ersten Schritt an).

Es handelt sich hier nur von Staatspapiergeld mit Zwangskurs. Es wächst unmittelbar aus der metallischen Zirkulation heraus. Kreditgeld unterstellt dagegen Verhältnisse, die uns vom Standpunkt der einfachen Warenzirkulation noch durchaus unbekannt sind. Im Vorbeigehn sei jedoch bemerkt, daß, wie eigentliches Papiergeld aus der Funktion des Geldes als Zirkulationsmittel entspringt, das Kreditgeld in der Funktion des Geldes als Zahlungsmittel seine naturwüchsige Wurzel besitzt.[89]

Papierzettel, denen Geldnamen, wie 1 Pfd.St., 5 Pfd.St. usw. aufgedruckt sind, werden vom Staat äußerlich in den Zirkulationsprozeß hineingeworfen. Soweit sie wirklich an der Stelle der gleichnamigen Goldsumme zirkulieren, spiegeln sich in ihrer Bewegung nur die Gesetze des Geldumlaufs selbst wider. Ein spezifisches Gesetz der Papierzirkulation kann nur aus ihrem Repräsentationsverhältnis zum Gold entspringen. Und dies Gesetz ist einfach dies, daß die Ausgabe des Papiergelds auf die Quantität zu beschränken ist, worin das von ihm symbolisch dargestellte Gold (resp. Silber) wirklich zirkulieren müßte. Nun schwankt zwar das Goldquantum, welches die Zirkulationssphäre absorbieren kann, beständig über oder unter ein gewisses Durchschnittsniveau. Jedoch sinkt die Masse des zirkulierenden Mediums in einem gegebnen Land nie unter ein gewisses Minimum, das sich erfahrungsmäßig feststellt. Daß diese Minimalmasse fortwährend ihre Bestandteile wechselt, d.h. aus stets andren Goldstücken besteht, ändert natürlich nichts an ihrem Umfang und ihrem konstanten Umtrieb in der Zirkulati-

Einkäufen und erhält mit der gekauften Ware den Rest in Silber zurück; dadurch wird der Überschuß an Silber, der sonst den Detailhändler belasten würde, diesem entzogen und in die allgemeine Zirkulation zurückgeführt. Wenn aber so viel Silber vorhanden ist, daß die kleinen Zahlungen unabhängig von Gold ausgeführt werden können, so wird der Detailhändler für kleine Käufe Silber erhalten, das sich dann notwendig bei ihm anhäufen wird." (David Buchanan, „Inquiry into the Taxation and Commercial Policy of Great Britain", Edinburgh 1844, p. 248, 249.)

[89] Der Finanzmandarin Wan-mao-in ließ sich beigehn, dem Sohn des Himmels ein Projekt zu unterbreiten, welches versteckt auf Verwandlung der chinesischen Reichsassignaten in konvertible Banknoten hinzielte. Im Bericht des Assignaten-Komitees vom April 1854 erhält er gehörig den Kopf gewaschen. Ob er auch die obligate Tracht Bambushiebe erhielt, wird nicht gemeldet. „Das Komitee", lautet es am Schluß des Berichts, „hat sein Projekt aufmerksam erwogen und findet, daß alles in ihm auf den Vorteil der Kaufleute ausgeht und nichts für die Krone vorteilhaft ist." („Arbeiten der Kaiserlich Russischen Gesandtschaft zu Peking über China." Aus dem Russischen von Dr. K. Abel und F. A. Mecklenburg. Erster Band, Berlin 1858, p. 54.) Über die beständige Entmetallung der Goldmünzen durch ihren Umlauf sagt ein „Governor" der Bank of England als Zeuge vor dem „House of Lord's Committee" (über „Bankacts"): „Jedes Jahr wird eine frische Klasse von Souverainen" (dies nicht politisch, sondern der Sovereign ist Name des Pfd.St.)" zu leicht. Die Klasse, welche das eine Jahr als vollwichtig passiert, verliert durch den Verschleiß hinreichend, um das nächste Jahr die Waagschale gegen sich zu drehn."(H. o. Lords' Committee 1848, n. 429.)

onssphäre. Sie kann daher durch Papiersymbole ersetzt werden. Werden dagegen heute alle Zirkulationskanäle zum vollen Grad ihrer Geldabsorptionsfähigkeit mit Papiergeld gefüllt, so können sie infolge der Schwankungen der Warenzirkulation morgen übervoll sein. Alles Maß geht verloren. Überschreitet aber das Papier sein Maß, d.h. die Quantität von Goldmünze gleicher Denomination, welche zirkulieren könnte, so stellt es, von der Gefahr allgemeiner Diskreditierung abgesehn, innerhalb der Warenwelt dennoch nur die durch ihre immanenten Gesetze bestimmte, also auch allein repräsentierbare Goldquantität vor. Stellt die Papierzettelmasse z.B. je 2 Unzen Gold statt je 1 Unze dar, so wird faktisch 1 Pfd. St. z.B. zum Geldnamen sage etwa von 1/8 Unze statt von 1/4 Unze. Die Wirkung ist dieselbe, als wäre das Gold in seiner Funktion als Maß der Preise verändert worden. Dieselben Werte, die sich daher vorher im Preise von 1 Pfd.St., drücken sich jetzt im Preise von 2 Pfd.St. aus.

Das Papiergeld ist Goldzeichen oder Geldzeichen. Sein Verhältnis zu den Warenwerten besteht nur darin, daß sie ideell in denselben Goldquantis ausgedrückt sind, welche vom Papier symbolisch sinnlich dargestellt werden. Nur sofern das Papiergeld Goldquanta repräsentiert, die, wie alle andren Warenquanta, auch Wertquanta, ist es Wertzeichen.[90]

Es fragt sich schließlich, warum das Gold durch bloße wertlose Zeichen seiner selbst ersetzt werden kann? Es ist aber, wie man gesehn, nur so ersetzbar, soweit es in seiner Funktion als Münze oder Zirkulationsmittel isoliert oder verselbständigt wird. Nun findet die Verselbständigung dieser Funktion zwar nicht für die einzelnen Goldmünzen statt, obgleich sie in dem Fortzirkulieren verschlissener Goldstücke erscheint. Bloße Münze oder Zirkulationsmittel sind die Goldstücke grade nur, solang sie sich wirklich im Umlauf befinden. Was aber nicht für die einzelne Goldmünze, gilt für die vom Papiergeld ersetzbare Minimalmasse Gold. Sie haust beständig in der Zirkulationssphäre, funktioniert fortwährend als Zirkulationsmittel und existiert daher ausschließlich als Träger dieser Funktion. Ihre Bewegung stellt also nur das fortwährende Ineinanderumschlagen der entgegengesetzten Prozesse der Warenmetamorphose W - G - W dar, worin der Ware ihre Wertgestalt nur gegenübertritt, um sofort wieder zu verschwinden. Die selbständige Darstellung des Tauschwerts der Ware ist hier nur flüchtiges Moment. Sofort wird sie wieder durch andre Ware ersetzt. Daher genügt auch die bloß symbolische Existenz des Geldes in einem Prozeß, der es beständig aus einer Hand in die andre entfernt. Sein funktionelles Dasein absorbiert sozusagen sein materielles. Verschwindend

[90] Note zur 2. Ausgabe. Wie unklar selbst die besten Schriftsteller über Geldwesen die verschiednen Funktionen des Geldes auffassen, zeigt z.B. folgende Stelle aus Fullarton: „Was unseren inländischen Austausch betrifft, können alle Geldfunktionen, die gewöhnlich von Gold- oder Silbermünzen erfüllt werden, ebenso wirksam durch eine Zirkulation von nicht einlösbaren Noten erfüllt werden, die keinen anderen Wert haben als diesen künstlichen und auf Übereinkunft beruhenden Wert, den sie durch Gesetz erhalten haben - eine Tatsache, die, denke ich, nicht geleugnet werden kann. Ein Wert dieser Art könnte all den Zwecken eines inneren Wertes dienstbar gemacht werden und sogar die Notwendigkeit eines Wertmaßstabs überflüssig machen, sofern nur die Quantität seiner Ausgaben in den gehörigen Schranken gehalten wird." (Fullarton, „Regulation of Currendies", 2. ed., London 1845, p. 21.) Also weil die Geldware durch bloße Wertzeichen in der Zirkulation ersetzt werden kann, ist sie als Maß der Werte und Maßstab der Preise überflüssig!

objektivierter Reflex der Warenpreise, funktioniert es nur noch als Zeichen seiner selbst und kann daher auch durch Zeichen ersetzt werden.[91] Nur bedarf das Zeichen des Geldes seiner eignen objektiv gesellschaftlichen Gültigkeit, und diese erhält das Papiersymbol durch den Zwangskurs. Nur innerhalb der von den Grenzen eines Gemeinwesens umschriebnen oder innern Zirkulationssphäre gilt dieser Staatszwang, aber auch nur hier geht das Geld völlig auf in seine Funktion als Zirkulationsmittel oder Münze und kann daher im Papiergeld eine von seiner Metallsubstanz äußerlich getrennte und bloß funktionelle Existenzweise erhalten.

3. Geld

Die Ware, welche als Wertmaß und daher auch, leiblich oder durch Stellvertreter, als Zirkulationsmittel funktioniert, ist Geld. Gold (resp. Silber) ist daher Geld. Als Geld funktioniert es, einerseits wo es in seiner goldnen (resp. silbernen) Leiblichkeit erscheinen muß, daher als Geldware, also weder bloß ideell, wie im Wertmaß, noch repräsentationsfähig, wie im Zirkulationsmittel; andrerseits wo seine Funktion, ob es selbe nun in eigner Person oder durch Stellvertreter vollziehe, es als alleinige Wertgestalt oder allein adäquates Dasein des Tauschwerts allen andren Waren als bloßen Gebrauchswerten gegenüber fixiert.

a) Schatzbildung

Der kontinuierliche Kreislauf der zwei entgegengesetzten Warenmetamorphosen oder der flüssige Umschlag von Verkauf und Kauf erscheint im rastlosen Umlauf des Geldes oder seiner Funktion als perpetuum mobile der Zirkulation. Es wird immobilisiert, oder verwandelt sich, wie Boisguillebert sagt, aus meuble in immeuble, aus Münze in Geld, sobald die Metamorphosenreihe unterbrochen, der Verkauf nicht durch nachfolgenden Kauf ergänzt wird.

Mit der ersten Entwicklung der Warenzirkulation selbst entwickelt sich die Notwendigkeit und die Leidenschaft, das Produkt der ersten Metamorphose, die verwandelte Gestalt der Ware oder ihre Goldpuppe festzuhalten.[92] Ware wird verkauft, nicht um Ware zu kaufen, sondern um Warenform durch Geldform zu ersetzen. Aus bloßer Vermittlung des Stoffwechsels wird dieser Formwechsel zum Selbstzweck. Die entäußerte Gestalt der Ware wird verhindert, als ihre absolut veräußerliche Gestalt oder nur verschwindende Geldform zu funktionieren. Das Geld versteinert damit zum Schatz, und der Warenverkäufer wird Schatzbilder.

Grade in den Anfängen der Warenzirkulation verwandelt sich nur der Überschuß an Gebrauchswerten in Geld. Gold und Silber werden so von selbst zu gesellschaft-

---

[91] Daraus, daß Gold und Silber als Münze oder in der ausschließlichen Funktion als Zirkulationsmittel zu Zeichen ihrer selbst werden, leitet Nicholas Barbon das Recht der Regierungen her, „to raise money" („den Geldwert zu erhöhen"), d.h., z.B. einem Quantum Silber, das Groschen hieß, den Namen eines größeren Silberquantums, wie Taler, zu geben und so den Gläubigern Groschen statt Taler zurückzuzahlen. „Geld verbraucht sich und wird leichter durch vielfaches Auszählen ... Es ist die Benennung und der Kurs des Geldes, was die Leute im Handel beachten, und nicht die Menge des Silbers ... Es ist die Staatsautorität, die das Metall zum Gelde macht."(N. Barbon, l.c.p. 29, 30, 25.)

[92] „Reichtum an Geld ist nichts weiter als ... Reichtum an Erzeugnissen, die in Geld verwandelt worden sind." (Mercier de la Rivière, l.c.p. 573.) „Ein Wert in Form von Erzeugnissen hat nur die Form gewechselt." (ib., p. 486.)

lichen Ausdrücken des Überflusses oder des Reichtums. Diese naive Form der Schatzbildung verewigt sich bei Völkern, wo der traditionellen und auf Selbstbedarf gerichteten Produktionsweise ein fest abgeschloßner Kreis von Bedürfnissen entspricht. So bei den Asiaten, namentlich den Indern. Vanderlint, der die Warenpreise durch die Masse des in einem Land befindliche Goldes und Silbers bestimmt wähnt, fragt sich, warum die indischen Waren so wohlfeil? Antwort: Weil die Inder das Geld vergraben. Von 1602-1734, bemerkt er, vergruben sie 150 Millionen Pfd. St. Silber, die ursprünglich von Amerika nach Europa kamen.[93] Von 1856-1866, also in 10 Jahren, exportierte England nach Indien und China (das nach China exportierte Metall fließt großenteils wieder nach Indien) 120 Millionen Pfd.St. in Silber, weiches vorher gegen australisches Geld eingewechselt wurde.

Mit mehr entwickelter Warenproduktion muß jeder Warenproduzent sich den nervus rerum, das „gesellschaftliche Faustpfand" sichern.[94] Seine Bedürfnisse erneuern sich unaufhörlich und gebieten unaufhörlichen Kauf fremder Ware, während Produktion und Verkauf seiner eignen Ware Zeit kosten und von Zufällen abhängen. Um zu kaufen, ohne zu verkaufen, muß er vorher verkauft haben, ohne zu kaufen. Diese Operation, auf allgemeiner Stufenleiter ausgeführt, scheint sich selbst zu widersprechen. An ihren Produktionsquellen jedoch tauschen sich die edlen Metalle direkt mit andren Waren aus. Es findet hier Verkauf (auf Seite der Warenbesitzer) ohne Kauf (auf Seite der Gold- und Silberbesitzer) statt.[95] Und spätere Verkäufe ohne nachfolgende Käufe vermitteln bloß die weitere Verteilung der edlen Metalle unter alle Warenbesitzer. So entstehn auf allen Punkten des Verkehrs Gold- und Silberschätze vom verschiedensten Umfang. Mit der Möglichkeit, die Ware als Tauschwert oder den Tauschwert als Ware festzuhalten, erwacht die Goldgier. Mit der Ausdehnung der Warenzirkulation wächst die Macht des Geldes, der stets schlagfertigen, absolut gesellschaftlichen Form des Reichtums.

„Gold ist ein wunderbares Ding! Wer dasselbe besitzt, ist Herr von allem, was er wünscht. Durch Gold kann man sogar Seelen in das Paradies gelangen lassen." (Columbus, im Brief aus Jamaica, 1503.)

Da dem Geld nicht anzusehn, was in es verwandelt ist, verwandelt sich alles, Ware oder nicht, in Geld. Alles wird verkäuflich und kaufbar. Die Zirkulation wird die große gesellschaftliche Retorte, worin alles hineinfliegt, um als Geldkristall wieder herauszukommen. Dieser Alchimie widerstehn nicht einmal Heiligenknochen und noch viel weniger minder grobe res sacrosanctae, extra commercium hominum (geheiligte Dinge, außerhalb des Handels der Menschen).[96] Wie im

[93] „Durch diese Maßnahme halten sie all ihre Güter und Fabrikate so niedrig im Preis." (Vanderlint, l.c.p. 95, 96.)

[94] „Geld ist ein Pfand." (John Bellers, „Essays about the Poor, Manufactures, Trade, Plantations, and Immorality", Lond. 1699, p. 13.)

[95] Kauf im kategorischen Sinn unterstellt nämlich Gold oder Silber schon als verwandelte Gestalt der Ware oder als Produkt des Verkaufs.

[96] Heinrich III., allerchristlichster König von Frankreich, raubt Klöstern usw. ihre Reliquien, um sie zu versilbern. Man weiß, welche Rolle der Raub der delphischen Tempelschätze durch die Phokäer in der griechischen Geschichte spielt. Dem Gott der Waren dienten bei den Alten bekanntlich die Tempel zum Wohnsitz. Sie waren „heilige Banken". Den Phöniziern, einem Handelsvolke par excellence, galt Geld als die entäußerte Gestalt aller Dinge. Es war daher in der Ordnung, daß die Jungfrauen, die sich an den Festen der Liebesgöttin den Fremden hingaben, das zum Lohn

Geld aller qualitative Unterschied der Waren ausgelöscht ist, löscht es seinerseits als radikaler Leveller alle Unterschiede aus.[97] Das Geld ist aber selbst Ware, ein äußerlich Ding, das Privateigentum eines jeden werden kann. Die gesellschaftliche Macht wird so zur Privatmacht der Privatperson. Die antike Gesellschaft denunziert es daher als die Scheidemünze ihrer ökonomischen und sittlichen Ordnung.[98] Die moderne Gesellschaft, die schon in ihren Kinderjahren den Plutus an den Haaren aus den Eingeweiden der Erde herauszieht,[99] begrüßt im Goldgral die glänzende Inkarnation ihres eigensten Lebensprinzips.

Die Ware als Gebrauchswert befriedigt ein besondres Bedürfnis und bildet ein besondres Element des stofflichen Reichtums. Aber der Wert der Ware mißt den Grad ihrer Attraktionskraft auf alle Elemente des stofflichen Reichtums, daher den gesellschaftlichen Reichtum ihres Besitzers. Dem barbarisch einfachen Warenbesitzer, selbst einem westeuropäischen Bauer, ist der Wert unzertrennlich von der Wertform, Vermehrung des Gold- und Silberschatzes daher Wertvermehrung. Allerdings wechselt der Wert des Geldes, sei es infolge seines eignen Wertwechsels, sei es des Wertwechsels der Waren. Dies verhindert aber einerseits nicht, daß 200 Unzen Gold nach wie vor mehr Wert enthalten als 100, 300 mehr als 200 usw., noch andrerseits, daß die metallne Naturalform dieses Dings die allgemeine Äquivalentform aller Waren bleibt, die unmittelbar gesellschaftliche Inkarnation aller menschlichen Arbeit. Der Trieb der Schatzbildung ist von Natur maßlos. Qualitativ oder seiner Form nach ist das Geld schrankenlos, d.h. allgemeiner Repräsentant des stofflichen Reichtums, weil in jede Ware unmittelbar umsetzbar. Aber zugleich ist jede wirkliche Geldsumme quantitativ beschränkt, daher auch nur Kaufmittel von beschränkter Wirkung. Dieser Widerspruch zwischen der quantitativen Schranke und der qualitativen Schrankenlosigkeit des Geldes treibt

---

empfangene Geldstück der Göttin opferten.

[97] „Gold! kostbar, flimmernd, rotes Gold!
Soviel hievon, macht schwarz weiß, häßlich schön;
Schlecht gut, alt jung, feig tapfer, niedrig edel.
... Ihr Götter! warum dies? warum dies, Götter;
Ha! dies lockt Euch den Priester vom Altar;
Reißt Halbgenes'nen weg das Schlummerkissen;
Ja dieser rote Sklave löst und bindet
Geweihte Bande; segnet den Verfluchten;
Er macht den Aussatz lieblich; ehrt den Dieb,
Und gibt ihm Rang, gebeugtes Knie und Einfluß
Im Rat der Senatoren; dieser führt
Der überjähr'gen Witwe Freier zu;
... Verdammt Metall,
Gemeine Hure du der Menschen."
(Shakespeare, „Timon of Athens".)

[98] „Denn kein so schmählich Übel, wie des Geldes Wert,
Erwuchs den Menschen: dies vermag die Städte selbst
Zu brechen, dies treibt Männer aus von Hof und Herd;
Dies unterweiset und verkehrt den edlen Sinn
Rechtschaff'ner Männer, nachzugeh'n ruchloser Tat,
Zeigt an die Wege böser List den Sterblichen,
Und bildet sie zu jedem gottverhaßten Werk."
(Sophokles, „Antigone".)

[99] „Der Geiz hofft Pluton selbst aus dem Innern der Erde zu ziehen." (Athen[aeus], „Deipnos".)

den Schatzbildner stets zurück zur Sisyphusarbeit der Akkumulation. Es geht ihm wie dem Welteroberer, der mit jedem neuen Land nur eine neue Grenze erobert.

Um das Gold als Geld festzuhalten und daher als Element der Schatzbildung, muß es verhindert werden zu zirkulieren oder als Kaufmittel sich in Genußmittel aufzulösen. Der Schatzbildner opfert daher dem Goldfetisch seine Fleischeslust. Er macht Ernst mit dem Evangelium der Entsagung. Andrerseits kann er der Zirkulation nur in Geld entziehn, war er ihr in Ware gibt. Je mehr er produziert, desto mehr kann er verkaufen. Arbeitsamkeit, Sparsamkeit und Geiz bilden daher seine Kardinaltugenden, viel verkaufen, wenig kaufen, die Summe seiner politischen Ökonomie.[100]

Neben der unmittelbaren Form des Schatzes läuft seine ästhetische Form, der Besitz von Gold- und Silberwaren. Er wächst mit dem Reichtum der bürgerlichen Gesellschaft. „Soyons riches ou paraissons riches." („Laßt uns reich sein oder reich erscheinen") (Diderot.) Es bildet sich so teils ein stets ausgedehnterer Markt für Gold und Silber, unabhängig von ihren Geldfunktionen, teils eine latente Zufuhrquelle des Geldes, die namentlich in gesellschaftlichen Sturmperioden fließt.

Die Schatzbildung erfüllt verschiedne Funktionen in der Ökonomie der metallischen Zirkulation. Die nächste Funktion entspringt aus den Umlaufsbedingungen der Gold- oder Silbermünze. Man hat gesehn, wie mit den beständigen Schwankungen der Warenzirkulation in Umfang, Preisen und Geschwindigkeit die Umlaufsmasse des Geldes rastlos ebbt und flutet. Sie muß also der Kontraktion und Expansion fähig sein. Bald muß Geld als Münze attrahiert, bald Münze als Geld repelliert werden. Damit die wirklich umlaufende Geldmasse dem Sättigungsgrad der Zirkulationssphäre stets entspreche, muß das in einem Lande befindliche Gold- oder Silberquantum größer sein als das in Münzfunktion begriffene. Diese Bedingung wird erfüllt durch die Schatzform des Geldes. Die Schatzreservoirs dienen zugleich als Abfuhr- und Zufuhrkanäle des zirkulierenden Geldes, welches seine Umlaufskanäle daher nie überfüllt.[101]

b) Zahlungsmittel

In der bisher betrachteten unmittelbaren Form der Warenzirkulation war dieselbe Wertgröße stets doppelt vorhanden, Waren auf dem einen Pol, Geld auf dem Gegenpol. Die Warenbesitzer traten daher nur in Kontakt als Repräsentanten wechselseitig vorhandner Äquivalente. Mit der Entwicklung der Warenzirkulation entwickeln

[100] „Die Zahl der Verkäufer jeder Ware soweit wie möglich zu vermehren, die Zahl der Käufer soweit wie möglich zu vermindern, das sind die Angelpunkte, um die sich alle Maßnahmen der politischen Ökonomie drehen." (Verri, l.c.p. 53, 53.)

[101] „Um Handel zu treiben, bedarf jede Nation einer bestimmten Summe von specifick money (Metallgeld), die wechselt und manchmal größer, manchmal kleiner ist, so wie es die Verhältnisse fordern ... Diese Ebben und Fluten des Geldes regeln sich selbst ohne jede Hilfe der Politiker ... Die Eimer arbeiten abwechselnd: wenn das Geld knapp ist, werden Barren gemünzt; sind Barren knapp, werden Münzen eingeschmolzen." (Sir D. North, l.c. [Postscript,] p.3.) John Stuart Mill, lange Zeit Beamter der Ostindischen Kompanie, bestätigt, daß in Indien immer noch der Silberschmuck unmittelbar als Schatz funktioniert. Die „silbernen Schmuckstücke werden zum Ausmünzen gebracht, wenn ein hoher Zinssatz besteht; sie wandern zurück, wenn der Zinssatz fällt". (J. St. Mills Evidence [in] „Repts. on Bankacts", 1857, n. 2084, 2101.) Nach einem parlamentarischen Dokument von 1864 über Gold- und Silberimport und -export in Indien überstieg 1863 der Import von Gold und Silber den Export um 19.367.764 Pfd.St. In den letzten 8 Jahren vor 1864 betrug der Excess des Imports über den Export der edlen Metalle 109.652.917 Pfd.St. Während dieses Jahrhunderts wurden weit über 200.000.000 Pfd.St. in Indien gemünzt.

sich jedoch Verhältnisse, wodurch die Veräußerung der Ware von der Realisierung ihres Preises zeitlich getrennt wird. Es genügt, die einfachsten dieser Verhältnisse hier anzudeuten. Die eine Warenart erheischt längere, die andere kürzere Zeitdauer zu ihrer Produktion. Die Produktion verschiedner Waren ist an verschiedne Jahreszeiten geknüpft. Die eine Ware wird auf ihrem Marktplatz geboren, die andre muß zu entferntem Markt reisen. Der eine Warenbesitzer kann daher als Verkäufer auftreten, bevor der andre als Käufer. Bei steter Wiederkehr derselben Transaktionen unter denselben Personen regeln sich die Verkaufsbedingungen der Waren nach ihren Produktionsbedingungen. Andrerseits wird die Benutzung gewisser Warenarten, z.B. eines Hauses, für einen bestimmten Zeitraum verkauft. Erst nach Ablauf des Termins hat der Käufer den Gebrauchswert der Ware wirklich erhalten. Er kauft sie daher, bevor er sie zahlt. Der eine Warenbesitzer verkauft vorhandne Ware, der andre kauft als bloßer Repräsentant von Geld oder als Repräsentant von künftigem Gelde. Der Verkäufer wird Gläubiger, der Käufer Schuldner. Da die Metamorphose der Ware oder die Entwicklung ihrer Wertform sich hier verändert, erhält auch das Geld eine andre Funktion. Es wird Zahlungsmittel.[102]

Der Charakter von Gläubiger oder Schuldner entspringt hier aus der einfachen Warenzirkulation. Ihre Formveränderung drückt dem Verkäufer und Käufer diese neuen Stempel auf. Zunächst also sind es ebenso verschwindende und wechselweis von denselben Zirkulationsagenten gespielte Rollen wie die von Verkäufer und Käufer. Jedoch sieht der Gegensatz jetzt von Haus minder gemütlich aus und ist größerer Kristallisation fähig.[103] Dieselben Charaktere können aber auch von der Warenzirkulation unabhängig auftreten. Der Klassenkampf der antiken Welt z.B. bewegt sich hauptsächlich in der Form eines Kampfes zwischen Gläubiger und Schuldner und endet in Rom mit dem Untergang des plebejischen Schuldners, der durch den Sklaven ersetzt wird. Im Mittelalter endet der Kampf mit dem Untergang des feudalen Schuldners, der seine politische Macht mit ihrer ökonomischen Basis einbüßt. Indes spiegelt die Geldform - und das Verhältnis von Gläubiger und Schuldner besitzt die Form eines Geldverhältnisses - hier nur den Antagonismus tiefer liegender ökonomischer Lebensbedingungen wider.

Kehren wir zur Sphäre der Warenzirkulation zurück. Die gleichzeitige Erscheinung der Äquivalente Ware und Geld auf den beiden Polen des Verkaufsprozesses hat aufgehört. Das Geld funktioniert jetzt erstens als Wertmaß in der Preisbestimmung der verkauften Ware. Ihr kontraktlich festgesetzter Preis mißt die Obligation des Käufers, d.h. die Geldsumme, die er an bestimmtem Zeittermin schuldet. Es funktioniert zweitens als ideelles Kaufmittel. Obgleich es nur im Geldversprechen des Käufers existiert, bewirkt es den Händewechsel der Ware. Erst am

[102] Luther unterscheidet zwischen Geld als Kaufmittel und Zahlungsmittel. „Machest mir einen Zwilling aus dem Schadewacht, das ich hie nicht bezalen und dort nicht kauffen kann." (Martin Luther, „An die Pfaffherrn, wider den Wucher zu predigen", Wittenberg 1540.)

[103] Über die Schuldner- und Gläubigerverhältnisse unter den englischen Handelsleuten Anfang des 18. Jahrhunderts: „Unter den Handelsleuten herrscht hier in England ein solcher Geist der Grausamkeit, wie er in keiner anderen menschlichen Gesellschaft und in keinem anderen Land der Welt anzutreffen ist." („An Essay on Credit and the Bankrupt Act", Lond. 1707, p. 2.)

fälligen Zahlungstermin tritt das Zahlungsmittel wirklich in Zirkulation, d.h. geht aus der Hand des Käufers in die des Verkäufers über. Das Zirkulationsmittel verwandelte sich in Schatz, weil der Zirkulationsprozeß mit der ersten Phase abbrach oder die verwandelte Gestalt der Ware der Zirkulation entzogen wurde. Das Zahlungsmittel tritt in die Zirkulation hinein, aber nachdem die Ware bereits aus ihr ausgetreten ist. Das Geld vermittelt nicht mehr den Prozeß. Es schließt ihn selbständig ab, als absolutes Dasein des Tauschwerts oder allgemeine Ware. Der Verkäufer verwandelte Ware in Geld, um ein Bedürfnis durch das Geld zu befriedigen, der Schatzbildner, um die Ware in Geldform zu präservieren, der schuldige Käufer, um zahlen zu können. Zahlt er nicht, so finden Zwangsverkäufe seiner Habe statt. Die Wertgestalt der Ware, Geld, wird also jetzt zum Selbstzweck des Verkaufs durch eine den Verhältnissen des Zirkulationsprozesses selbst entspringende, gesellschaftliche Notwendigkeit.

Der Käufer verwandelt Geld zurück in Ware, bevor er Ware in Geld verwandelt hat, oder vollzieht die zweite Warenmetamorphose vor der ersten. Die Ware des Verkäufers zirkuliert, realisiert ihren Preis aber nur in einem privatrechtlichen Titel auf Geld. Sie verwandelt sich in Gebrauchswert, bevor sie sich in Geld verwandelt hat. Die Vollziehung ihrer ersten Metamorphose folgt erst nachträglich.[104]

In jedem bestimmten Zeitabschnitt des Zirkulationsprozesses repräsentieren die fälligen Obligationen die Preissumme der Waren, deren Verkauf sie hervorrief. Die zur Realisierung dieser Preissumme nötige Geldmasse hängt zunächst ab von der Umlaufsgeschwindigkeit der Zahlungsmittel. Sie ist bedingt durch zwei Umstände: die Verkettung der Verhältnisse von Gläubiger und Schuldner, so daß A, der Geld von seinem Schuldner B erhält, es an seinen Gläubiger C fortzahlt usw. - und die Zeitlänge zwischen den verschiednen Zahlungsterminen. Die prozessierende Kette von Zahlungen oder nachträglichen ersten Metamorphosen unterscheidet sich wesentlich von der früher betrachteten Verschlingung der Metamorphosenreihen. Im Umlauf des Zirkulationsmittels wird der Zusammenhang zwischen Verkäufern und Käufern nicht nur ausgedrückt. Der Zusammenhang selbst entsteht erst in und mit dem Geldumlauf. Dagegen drückt die Bewegung des Zahlungsmittels einen schon vor ihr fertig vorhandnen gesellschaftlichen Zusammenhang aus.

Gleichzeitigkeit und Nebeneinander der Verkäufe beschränken den Ersatz der Münzmasse durch Umlaufsgeschwindigkeit. Sie bilden umgekehrt einen neuen Hebel in der Ökonomie der Zahlungsmittel. Mit der Konzentration der Zahlungen an demselben Platz entwickeln sich naturwüchsig eigne Anstalten und Methoden ihrer Ausgleichung. So z.B. die Virements im mittelaltrigen Lyon. Die

[104] Note zur 2. Ausg. Aus folgendem, meiner 1859 erschienenen Schrift entlehnten Zitat wird man sehn, warum ich im Text keine Rücksicht nehme auf eine entgegengesetzte Form: „Umgekehrt kann im Prozeß G - W das Geld als wirkliches Kaufmittel entäußert und der Preis der Ware so realisiert werden, ehe der Gebrauchswert des Geldes realisiert oder die Ware veräußert wird. Dies findet z.B. statt in der alltäglichen Form der Pränumeration. Oder in der Form, worin die englische Regierung das Opium der Ryots in Indien ... kauft. So wirkt jedoch das Geld nur in der schon bekannten Form des Kaufmittels ... Kapital wird natürlich auch in der Form des Geldes avanciert ... Dieser Gesichtspunkt fällt aber nicht in den Horizont der einfachen Zirkulation.“ („Zur Kritik etc.“, p.119, 120. (Siehe Band 13, S.117))

Schuldforderungen von A an B, B an C, C an A usw. brauchen bloß konfrontiert zu werden, um sich wechselseitig bis zu einem gewissen Belauf als positive und negative Größen aufzuheben. So bleibt nur eine Schuldbilanz zu saldieren. Je massenhafter die Konzentration der Zahlungen, desto kleiner relativ die Bilanz, also die Masse der zirkulierenden Zahlungsmittel.

Die Funktion des Geldes als Zahlungsmittel schließt einen unvermittelten Widerspruch ein. Soweit sich die Zahlungen ausgleichen, funktioniert es nur ideell als Rechengeld oder Maß der Werte. Soweit wirkliche Zahlung zu verrichten, tritt es nicht als Zirkulationsmittel auf, als nur verschwindende und vermittelnde Form des Stoffwechsels, sondern als die individuelle Inkarnation der gesellschaftlichen Arbeit, selbständiges Dasein des Tauschwerts, absolute Ware. Dieser Widerspruch eklatiert in dem Moment der Produktions- und Handelskrisen, der Geldkrise heißt.[105] Sie ereignet sich nur, wo die prozessierende Kette der Zahlungen und ein künstliches System ihrer Ausgleichung völlig entwickelt sind. Mit allgemeineren Störungen dieses Mechanismus, woher sie immer entspringen mögen, schlägt das Geld plötzlich und unvermittelt um aus der nur ideellen Gestalt des Rechengeldes in hartes Geld. Es wird unersetzlich durch profane Waren. Der Gebrauchswert der Ware wird wertlos, und ihr Wert verschwindet vor seiner eignen Wertform. Eben noch erklärte der Bürger in prosperitätstrunknem Aufklärungsdünkel das Geld für leeren Wahn. Nur die Ware ist Geld. Nur das Geld ist Ware! gellt's jetzt über den Weltmarkt. Wie der Hirsch schreit nach frischem Wasser, so schreit seine Seele nach Geld, dem einzigen Reichtum.[106] In der Krise wird der Gegensatz zwischen der Ware und ihrer Wertgestalt, dem Geld, bis zum absoluten Widerspruch gesteigert. Die Erscheinungsform des Geldes ist hier daher auch gleichgültig. Die Geldhungersnot bleibt dieselbe, ob in Gold oder Kreditgeld, Banknoten etwa, zu zahlen ist.[107]

Betrachten wir nun die Gesamtsumme des in einem gegebnen Zeitabschnitt umlaufenden Geldes, so ist sie, bei gegebner Umlaufsgeschwindigkeit der Zirku-

---

[105] Die Geldkrise, wie im Text bestimmt als besondre Phase jeder allgemeinen Produktions- und Handelskrise, ist wohl zu unterscheiden von der speziellen Sorte der Krise, die man auch Geldkrise nennt, die aber selbständig auftreten kann, so daß sie auf Industrie und Handel nur rückschlagend wirkt. Es sind dies Krisen, deren Bewegungszentrum das Geld-Kapital ist, und daher Bank, Börse, Finanz ihre unmittelbare Sphäre. (Note von M. zur 3. Aufl.)

[106] „Dieses plötzliche Umschlagen aus dem Kreditsystem in das Monetarsystem fügt den theoretischen Schrecken zum praktischen Panik: und die Zirkulationsagenten schaudern vor dem undurchdringlichen Geheimnis ihrer eignen Verhältnisse." (Karl Marx, l.c.p. 126.(Siehe Band 13, S. 123)) „Die Armen haben keine Arbeit, weil die Reichen kein Geld haben, um sie zu beschäftigen, obwohl sie die gleichen Ländereien und die gleiche Arbeitskräfte besitzen wie früher, um Lebensmittel und Kleider herstellen zu lassen: diese aber bilden den wahren Reichtum einer Nation und nicht das Geld." (John Bellers, „Proposals for raising a Colledge of Industry", Lond. 1696, p. 3, 4.)

[107] Wie solche Momente von den „amis du commerce" („Freunden des Handels") ausgebeutet werden: „Bei einer Gelegenheit" (1839) „hob ein alter habsüchtiger Bankier" (der City) „in seinem Privatzimmer den Deckel des Schreibtisches, an dem er saß, und breitete vor einem Freunde Bündel von Banknoten aus; mit innigem Vergnügen sagte er, das seien 600.000 Pfd.St., die zurückgehalten worden wären, um das Geld knapp zu machen, und die alle in den Verkehr gebracht würden nach 3 Uhr desselben Tages." ([H. Roy,] „The Theory of the Exchanges. The Bank Charter Act of 1844", Lond. 1864, p.81.) Das halboffizielle Organ, „The Observer", bemerkt am 24. April 1864: „Einige sehr eigenartige Gerüchte sind im Umlauf über die Mittel, die in der Absicht, eine Knappheit in Banknoten herbeizuführen, angewendet worden sind ... So fragwürdig es auch scheinen mag anzunehmen, daß irgendwelche derartige Tricks angewendet werden könnten, so war die Nachricht darüber doch so weit verbreitet, daß man sie in der Tat erwähnen muß."

lations- und Zahlungsmittel, gleich der Summe der zu realisierenden Warenpreise plus der Summe der fälligen Zahlungen, minus der sich ausgleichenden Zahlungen, minus endlich der Anzahl Umläufe, worin dasselbe Geldstück abwechselnd bald als Zirkulations-, bald als Zahlungsmittel funktioniert. Z.B. der Bauer verkauft sein Getreide für 2 Pfd.St., die so als Zirkulationsmittel dienen. Am Verfalltag zahlt er damit Leinwand, die ihm der Weber geliefert hat. Dieselben 2 Pfd. St. funktionieren jetzt als Zahlungsmittel. Der Weber kauft nun eine Bibel gegen bar - sie funktionieren von neuem als Zirkulationsmittel - usw. Selbst Preise, Geschwindigkeit des Geldumlaufs und Ökonomie der Zahlungen gegeben, decken sich daher nicht länger die während einer Periode, eines Tags z.B., umlaufende Geldmasse und zirkulierende Warenmasse. Es läuft Geld um, das der Zirkulation längst entzogne Waren repräsentiert. Es laufen Waren um, deren Geldäquivalent erst in der Zukunft erscheint. Andrerseits sind die jeden Tag kontrahierten und die denselben Tag fälligen Zahlungen durchaus inkommensurable Größen.[108]

Das Kreditgeld entspringt unmittelbar aus der Funktion des Geldes als Zahlungsmittel, indem Schuldzertifikate für die verkauften Waren selbst wieder zur Übertragung der Schuldforderungen zirkulieren. Andrerseits, wie sich das Kreditwesen ausdehnt, so die Funktion des Geldes als Zahlungsmittel. Als solches erhält es eigne Existenzformen, worin es die Sphäre der großen Handelstransaktionen behaust, während die Gold- oder Silbermünze hauptsächlich in die Sphäre des Kleinhandels zurückgedrängt wird.[109]

[108] „Der Umfang der Verkäufe oder Verträge, die während eines bestimmten Tages abgeschlossen werden, beeinflußt nicht die Geldmenge, die an diesem Tage umläuft, aber in der großen Mehrzahl der Fälle wird sie sich auflösen in mannigfaltiges Ziehen von Wechseln auf die Geldmenge, die an späteren, mehr oder weniger fernen Tagen im Umlauf sein mag ... Die heute gewährten Wechsel oder eröffneten Kredite brauchen weder in der Zahl noch in der Höhe noch in der Laufzeit irgendeine Ähnlichkeit zu haben mit denen, die auf morgen oder übermorgen gewährt oder aufgenommen wurden; vielmehr decken sich viele der heutigen Wechsel und Kredite, wenn fällig, mit einer Menge von Verbindlichkeiten, deren Ursprung sich über eine Reihe früherer, völlig unbestimmter Daten verteilt. Wechsel mit 12, 6, 3 oder 1 Monat Laufzeit treffen oft so zusammen, daß sie die an einem bestimmten Tage fälligen Verbindlichkeiten besonders anwachsen lassen ..." („The Currency Theory Reviewed; a letter to the Scotch people. By a Banker in England", Edinburgh 1845, p. 29, 30 passsim.)

[109] Als Beispiel, wie wenig reelles Geld in die eigentlichen Handelsoperationen eingeht, folgt hier das Schema eines der größten Londoner Handelshäuser (Morrison, Dillon & Co.) über seine jährlichen Geldeinnahmen und Zahlungen. Seine Transaktionen im Jahr 1856, die viele Millionen Pfd.St. umfassen, sind auf den Maßstab einer Million verkürzt.

Einnahmen	Pfd.St.	*Ausgaben*	Pfd.St.
Wechsel von Bankiers und Kaufleuten nach Datum zahlbar	553.596	Wechsel nach Datum zahlbar	302.674
Cheques von Bankiers etc. bei Sicht zahlbar	357.715	Cheques auf Londoner Bankiers	663.672
Landbank-Noten	9.627	Noten der Bank von England	22.743
Noten der Bank von England	68.554	Gold	9.427
Gold	28.089	Silber und Kupfer	1.484
Silber und Kupfer	1.486		
Post Office Orders (Postanweisungen)	933		
Totalsumme:	**1.000.000**	**Totalsumme:**	**1.000.000**

(„Report from the Select Committee on the Bankacts", July 1858, p. LXXI.)

Bei gewissem Höhegrad und Umfang der Warenproduktion greift die Funktion des Geldes als Zahlungsmittel über die Sphäre der Warenzirkulation hinaus. Es wird die allgemeine Ware der Kontrakte.[110] Renten, Steuern usw. verwandeln sich aus Naturallieferungen in Geldzahlungen. Wie sehr diese Umwandlung durch die Gesamtgestalt des Produktionsprozesses bedingt wird, beweist z.B. der zweimal gescheiterte Versuch des römischen Kaiserreichs, alle Abgaben in Geld zu erheben. Das ungeheure Elend des französischen Landvolks unter Ludwig XIV., das Boisguillebert, Marschall Vauban usw. so beredt denunzieren, war nicht nur der Steuerhöhe geschuldet, sondern auch der Verwandlung von Naturalsteuer in Geldsteuer.[111] Wenn andrerseits die Naturalform der Grundrente, in Asien zugleich das Hauptelement der Staatssteuer, dort auf Produktionsverhältnissen beruht, welche sich mit der Unwandelbarkeit von Naturverhältnissen reproduzieren, erhält jene Zahlungsform rückwirkend die alte Produktionsform. Sie bildet eines der Selbsterhaltungsgeheimnisse des türkischen Reichs. Zieht der durch Europa aufoktroyierte auswärtige Handel in Japan die Verwandlung von Naturalrente in Geldrente (3. und 4. Auflage: Goldrente) nach sich, so ist es um seine musterhafte Agrikultur geschehn. Ihre engen ökonomischen Existenzbedingungen werden sich auflösen.

In jedem Land setzen sich gewisse allgemeine Zahlungstermine fest. Sie beruhn teilweis, von andren Zirkelläufen der Reproduktion abgesehn, auf den an Wechsel der Jahreszeit gebundnen Naturbedingungen der Produktion. Sie regeln ebenso Zahlungen, die nicht direkt der Warenzirkulation entspringen, wie Steuern, Renten usw. Die Geldmasse, die zu diesen über die ganze Oberfläche der Gesellschaft zersplitterten Zahlungen an gewissen Tagen des Jahres erheischt ist, verursacht periodische, aber ganz oberflächliche Perturbationen in der Ökonomie der Zahlungsmittel.[112]

Aus dem Gesetz über die Umlaufsgeschwindigkeit der Zahlungsmittel folgt, daß für alle periodischen Zahlungen, welches immer ihre Quelle, die notwendige

[110] „Der Charakter des Geschäftsverkehrs hat sich derartig gewandelt, daß statt Tausch von Güter gegen Güter oder statt Lieferung und Abnahme, jetzt Verkauf und Bezahlung stattfindet und alle Geschäfte ... sich nunmehr als reine Geldgeschäfte darstellen." ([D. Defoe,] „An Essay upon Publick Credit", 3. ed., Lond. 1710, p. 8.)

[111] „Das Geld ist der Henker aller Dinge geworden." Die Finanzkunst ist „die Retorte, in der eine schreckenerregende Menge von Gütern und Waren verdampft worden ist, um diesen unheilvollen Extrakt zu gewinnen". „Das Geld erklärt dem ganzen Menschengeschlecht den Krieg." (Boisguillebert, „Dissertation sur la nature des richesses, de l'argent et des tributs", édit. Daire, „Économistes financiers", Paris 1843, t. I, p. 413, 419, 417, 418.)

[112] „Pfingstmontag 1824", erzählt Herr Craig dem parlamentarischen Untersuchungskomitee von 1826, „war eine solche ungeheure Nachfrage für Banknoten in Edinburgh, daß wir um 11 Uhr keine einzige Note mehr in unsrem Verwahrsam hatten. Wir sandten der Reihe nach zu den verschiednen Banken, um welche zu borgen, konnten aber keine erhalten, und viele Transaktionen konnten nur durch slips of paper (Zettel) berichtigt werden. Um 3 Uhr nachmittags jedoch waren bereits sämtliche Noten returniert zu den Banken, von denen sie ausliefen. Sie hatten nur die Hände gewechselt." Obgleich die effektive Durchschnittszirkulation der Banknoten in Schottland weniger als 3 Mill. Pfd. St. beträgt, wird dennoch, an verschiednen Zahlungsterminen im Jahr, jede im Besitz der Bankiers befindliche Note, alles in allem ungefähr 7 Mill. Pfd.St., in Aktivität gerufen. Bei diesen Gelegenheiten haben die Noten eine einzige und spezifische Funktion zu vollziehen, und sobald sie vollzogen, fließen sie zu den respektiven Banken zurück, von denen sie ausliefen. (John Fullarton,"Regulation of Currencies", 2nd. ed. Lond. 1845, p. 86, Nte.) Zum Verständnis ist hinzuzufügen, daß in Schottland zur Zeit von Fullartons Schrift nicht cheques, sondern nur Noten für die Deposits ausgegeben wurden.

Masse der Zahlungsmittel in geradem (1. bis 4. Auflage: umgekehrtem) Verhältnis zur Länge der Zahlungsperioden steht.[113]

Die Entwicklung des Geldes als Zahlungsmittel ernötigt Geldakkumulationen für die Verfalltermine der geschuldeten Summen. Während die Schatzbildung als selbständige Bereicherungsform verschwindet mit dem Fortschritt der bürgerlichen Gesellschaft, wächst sie umgekehrt mit demselben in der Form von Reservefonds der Zahlungsmittel.

c) Weltgeld

Mit dem Austritt aus der innern Zirkulationssphäre streift das Geld die dort aufschießenden Lokalformen von Maßstab der Preise, Münze, Scheidemünze und Wertzeichen, wieder ab und fällt in die ursprüngliche Barrenform der edlen Metalle zurück. Im Welthandel entfalten die Waren ihren Wert universell. Ihre selbständige Wertgestalt tritt ihnen daher hier auch gegenüber als Weltgeld. Erst auf dem Weltmarkt funktioniert das Geld in vollem Umfang als die Ware, deren Naturalform zugleich unmittelbar gesellschaftliche Verwirklichungsform der menschlichen Arbeit in abstracto ist. Seine Daseinsweise wird seinem Begriff adäquat.

In der innern Zirkulationssphäre kann nur eine Ware zum Wertmaß und daher als Geld dienen. Auf dem Weltmarkt herrscht doppeltes Wertmaß, Gold und Silber.[114]

[113] Auf die Frage, „ob, wenn die Notwendigkeit bestände, 40 Millionen im Jahre umzusetzen, dieselben 6 Millionen" (Gold) „für die sich ergebenden Umläufe und Kreisläufe genügen würden, die der Handel erfordere?" antwortet Petty mit seiner gewohnten Meisterschaft: „Ich antworte ja: für den Betrag von 40 Millionen würden schon 40/52 von 1 Million ausreichen, wenn die Umläufe so kurzfristige, d.h. wöchentliche wären, wie das unter armen Handwerkern und Arbeitern geschieht, die jeden Sonnabend erhalten und zahlen; wenn jedoch die Termine vierteljährlich sind, wie bei uns üblicherweise Pacht gezahlt und Steuern erhoben werden, dann benötigt man 10 Millionen. Wenn wir also annehmen, daß im allgemeinen die Zahlungen zu verschiedenen Terminen zwischen 1 und 13 Wochen erfolgen, muß man 10 Millionen zu 40/52 addieren, wovon die Hälfte ca. 5 1/2 Millionen beträgt, so daß also 5 1/2 Millionen ausreichen würden." (William Petty, „Political Anatomy of Ireland. 1672", edit. Lond. 1691, p. 13, 14.)

[114] Daher die Abgeschmacktheit jeder Gesetzgebung, die den Nationalbanken vorschreibt, nur das edle Metall aufzuschatzen, das im Innern des Landes als Geld funktioniert. Die so selbstgeschaffnen „holden Hindernisse" der Bank von England z.B. sind bekannt. Über die großen historischen Epochen des relativen Wertwechsels von Gold und Silber sieh Karl Marx, l.c.p. 136 sq. (Siehe Band 13, S. 131 f.) - Zusatz zur 2. Ausgabe: Sir Robert Peel suchte in seinem Bankact von 1844 dem Mißstand dadurch abzuhelfen, daß er der Bank von England erlaubte, Noten auf Silberbullion auszugeben, so daß jedoch der Silbervorrat nie mehr als ein Viertel des Goldvorrats. Der Silberwert wird dabei geschätzt nach seinem Marktpreis (in Gold) auf dem Londoner Markt. {Zur 4. Auflage. - Wir befinden uns wieder in einer Epoche starken relativen Wertwechsels von Gold und Silber. Vor etwa 25 Jahren war das Wertverhältnis des Goldes zum Silber = 15 1/2 :1, jetzt ist es ungefähr = 22:1, und Silber fällt noch fortwährend gegen Gold. Dies ist wesentlich Folge einer Umwälzung in der Produktionsweise beider Metalle. Früher wurde Gold fast nur durch Auswaschen goldhaltiger Alluvialschichten, der Verwitterungsprodukte goldhaltiger Gesteine, gewonnen. Jetzt reicht diese Methode nicht mehr aus und ist in den Hintergrund gedrängt durch die früher nur in zweiter Linie betriebne, obwohl schon den Alten (Diodor, III, 12-14) wohlbekannte Bearbeitung der goldhaltigen Quarzgänge selbst. Andrerseits wurden nicht nur im Westen der amerikanischen Felsengebirge ungeheure neue Silberlager entdeckt, sondern diese und die mexikanischen Silbergruben durch Eisenbahnen erschlossen, die Zufuhr von moderner Maschinerie und von Brennstoff und dadurch Silbergewinnung auf größtem Maßstab und mit geringeren Kosten ermöglicht. Es besteht aber ein großer Unterschied in der Art, wie beide Metalle in den Erzgängen vorkommen. Das Gold ist meist gediegen, aber dafür in winzig kleinen Mengen im Quarz zerstreut; die ganze Gangart muß daher zerstampft und das Gold ausgewaschen, resp. durch Quecksilber ausgezogen werden. Auf 1.000.000 Gramm Quarz kommt dann oft kaum 1-3, sehr selten 30-60 Gramm Gold. Silber kommt selten gediegen, dafür aber in eignen, verhältnismäßig leicht von der Gangart zu trennenden Erzen vor, die meist von 40-90 Prozent Silber enthalten; oder aber es ist in geringeren Mengen enthalten in den an sich schon Bearbeitung lohnenden Erzen von Kupfer, Blei etc. Schon hieraus geht hervor, daß, während die Produktionsarbeit des Goldes sich eher vermehrt, die des Silbers sich entschieden vermindert hat, der

Das Weltgeld funktioniert als allgemeines Zahlungsmittel, allgemeines Kaufmittel und absolut gesellschaftliche Materiatur des Reichtums überhaupt (universal wealth). Die Funktion als Zahlungsmittel, zur Ausgleichung internationaler Bilanzen, herrscht vor. Daher das Losungswort des Merkantilsystems - Handelsbilanz![115] Zum internationalen Kaufmittel dienen Gold und Silber wesentlich, sooft das herkömmliche Gleichgewicht des Stoffwechsels zwischen verschiednen Nationen plötzlich gestört wird. Endlich als absolut gesellschaftliche Materiatur des Reichtums, wo es sich weder um Kauf noch Zahlung handelt, sondern um Übertragung des Reichtums von einem Land zum andren, und wo diese Übertragung in Warenform entweder durch die Konjunkturen des Warenmarkt oder den zu erfüllenden Zweck selbst ausgeschlossen wird.[116]

Wie für seine innere Zirkulation, braucht jedes Land für die Weltmarktszirkulation einen Reservefonds. Die Funktionen der Schätze entspringen also teils aus der Funktion des Geldes als inneres Zirkulations- und Zahlungsmittel, teils aus seiner Funktion als Weltgeld.[117] In der letzteren Rolle ist stets die wirkliche Geldware, leibhaftes Gold und Silber, erheischt, weswegen James Steuart Gold und Silber, im Unterschied von ihren nur lokalen Stellvertretern, ausdrücklich als money of the world (Weltgeld) charakterisiert.

Wertfall des letztren sich also ganz natürlich erklärt. Dieser Wertfall würde sich in noch größrem Preisfall ausdrücken, würde nicht der Silberpreis auch jetzt noch durch künstliche Mittel hochgehalten. Die Silberschätze von Amerika sind aber erst zum kleinen Teil zugänglich gemacht, und so ist alle Aussicht vorhanden, daß der Silberwert noch längere Zeit am Sinken bleibt. Hierzu muß noch mehr beitragen die relative Abnahme des Silberbedarfs für Gebrauchs- und Luxusartikel, sein Ersatz durch plättierte Waren, Aluminium etc. Danach ermesse man den Utopismus der bimetallistischen Vorstellung, ein internationaler Zwangskurs werde das Silber auf das alte Wertverhältnis von 1:15 1/2 wieder hinaufschrauben. Eher dürfte das Silber auch auf dem Weltmarkt seine Geldqualität mehr und mehr einbüßen. - F. E.}

[115] Die Gegner des Merkantilsystems, welches die Saldierung überschüssiger Handelsbilanz durch Gold und Silber als Zweck des Welthandels behandelte, verkannten ihrerseits durchaus die Funktion des Weltgeldes. Wie die falsche Auffassung der Gesetze, welche die Masse der Zirkulationsmittel regeln, sich in der falschen Auffassung der internationalen Bewegung der edlen Metalle nur widerspiegelt, habe ich ausführlich an Ricardo nachgewiesen (l.c.p. 150 sqq. (Siehe Band 13, S. 143 ff.)). Sein falsches Dogma: „Eine ungünstige Handelsbilanz kann nie anders als durch als durch eine Überfülle von Zirkulationsmitteln entstehen ... Die Ausfuhr von Münzen ist ihrer Billigkeit geschuldet, und ist nicht die Frage, sondern die Ursache einer ungünstigen Bilanz" findet man daher schon bei Barbon: „Die Handelsbilanz, wenn es eine solche gibt, ist nicht die Ursache dafür, daß das Geld aus einem Lande ausgeführt wird. Die Ausfuhr ergibt sich vielmehr aus dem Wertunterschied der Edelmetalle in jedem Land." (N. Barbon, l.c.p. 59.) MacCulloch in „The Literature of Political Economy: a classified Catalogue", Lond. 1845, belobt Barbon für diese Antizipation, vermeidet aber wohlweislich die naiven Formen, worin bei B. die absurden Voraussetzungen des „currency prindiple" noch erscheinen, auch nur zu erwähnen. Die Kritiklosigkeit und selbst Unehrlichkeit jenes Katalogs gipfeln in den Abschnitten über die Geschichte der Geldtheorie, weil MacCulloch hier als Sykophant des Lord Overstone (ex-banker Loyd), den er „facile princeps argentariorum" („den anerkannten König der Geldleute") nennt, schwanzwedelt.

[116] Z.B. bei Subsidien, Geldanleihen zur Kriegführung oder zur Wiederaufnahme der Barzahlungen von Banken usw. kann Wert grade in der Geldform erheischt sein.

[117] Note zur 2. Ausgabe: „Tatsächlich könnte ich mir keinen überzeugenderen Beweis dafür wünschen, daß der Mechanismus der Schatzbildung in Ländern mit Metallwährung imstande ist, jede notwendige Funktion bei Begleichung internationaler Verbindlichkeiten zu erfüllen, und zwar ohne wahrnehmbare Unterstützung durch die allgemeine Zirkulation, als die Leichtigkeit, mit der Frankreich, das erst im Begriffe war, sich von der Erschütterung durch eine zerstörende Invasion zu erholen, in einem Zeitraum von 27 Monaten die Zahlung der ihm auferlegten Kriegsentschädigung von fast 20 Millionen an die verbündeten Mächte leistete, und zwar einen beträchtlichen Teil dieser Summe in Metallgeld, ohne merkbare Einschränkung oder Störung des inländischen Geldumlaufs oder irgendwelche alarmierende Schwankungen seines Wechselkurses." (Fullarton, l.c.p. 141.) {Zur 4. Auflage. - Ein noch schlagenderes Beispiel haben wir in der Leichtigkeit, womit dasselbe Frankreich 1871-1873 in 30 Monaten eine mehr als zehnfach größere Kriegsentschädigung, ebenfalls zum bedeutenden Teil in Metallgeld, abzutragen imstande war. - F. E.}

Die Bewegung des Gold- und Silberstroms ist eine doppelte. Einerseits wälzt er sich von seinen Quellen über den ganzen Weltmarkt, wo er von den verschiednen nationalen Zirkulationssphären in verschiednem Umfang abgefangen wird, um in ihre inneren Umlaufskanäle einzugehn, verschlissene Gold- und Silbermünzen zu ersetzen, das Material von Luxuswaren zu liefern und zu Schätzen zu erstarren.[118] Diese erste Bewegung ist vermittelt durch direkten Austausch der in Waren realisierten Nationalarbeiten mit der in edlen Metallen realisierten Arbeit der Gold und Silber produzierenden Länder. Andrerseits laufen Gold und Silber fortwährend hin und her zwischen den verschiednen nationalen Zirkulationssphären, eine Bewegung, die den unaufhörlichen Oszillationen des Wechselkurses folgt.[119]

Länder entwickelter bürgerlicher Produktion beschränken die in Bankreservoirs massenhaft konzentrierten Schätze auf das zu ihren spezifischen Funktionen erheischte Minimum.[120] Mit gewisser Ausnahme zeigt auffallendes Überfüllen der Schatzreservoirs über ihr Durchschnittsniveau Stockung der Warenzirkulation an oder unterbrochenen Fluß der Warenmetamorphose.[121]

[118] „Das Geld verteilt sich auf die Nationen nach ihren Bedürfnissen ... indem es immer durch die Produkte angezogen wird." (Le Trosne, l.c.p. 916.) „Die Minen, die fortwährend Gold und Silber liefern, sind ergiebig genug, um jeder Nation dieses notwendige Quantum zu liefern." (J. Vanderlint, l.c.p. 40.)

[119] „Die Wechselkurse steigen und fallen in jeder Woche, sie steigen zu bestimmten Zeiten des Jahres zuungunsten einer Nation in die Höhe und erreichen zu anderen Zeiten die gleiche Höhe zu deren Vorteil." (N. Barbon, l.c.p. 39.)

[120] Diese verschiednen Funktionen können in gefährlichen Konflikt geraten, sobald die Funktion eines Konversionsfonds für Banknoten hinzutritt.

[121] „Was an Geld mehr vorhanden ist, als für den inländischen Handel unbedingt notwendig, stellt totes Kapital dar, und bringt dem Lande, das es besitzt, keinen Gewinn, außer wenn es selbst exportiert bzw. importiert wird." (John Bellers, „Essays etc.", p. 13.) „Was aber, wenn wir nun zuviel gemünztes Geld haben? Wir können dann das vollwichtigste einschmelzen und es zu prächtigen Tischgerät, zu Gefäßen und Hausrat aus Gold und Silber umarbeiten; oder es als Ware dorthin schicken, wo Bedarf und Nachfrage danach besteht; oder es dort auf Zins ausleihen, wo man einen hohen Zinssatz zahlt." (W. Petty, „Quantulumcunque", p. 39.) „Geld ist nur das Fett des Staatskörpers, weshalb zuviel davon ebenso seine Beweglichkeit behindert, wie zu wenig ihn krank macht ... wie Fett die Bewegung der Muskeln geschmeidig macht, fehlende Nahrungsmittel ersetzt, Unebenheiten ausfüllt und den Körper verschönt, so erleichtert das Geld die Bewegungen des Staates, bringt, wenn Teuerung im Inlande, vom Auslande Lebensmittel herein, begleicht Schuldenrechnungen ... und verschönt das Ganze; allerdings", ironisch abschließend, „ganz besonders die einzelnen Personen, die viel davon haben." (W. Petty, „Political anatomy of Ireland", p. 14, 15.)

DIE VERWANDLUNG VON GELD IN KAPITAL

Verwandlung von Geld in Kapital

1. Die allgemeine Formel des Kapitals

Die Warenzirkulation ist der Ausgangspunkt des Kapitals. Warenproduktion und entwickelte Warenzirkulation, Handel, bilden die historischen Voraussetzungen, unter denen es entsteht. Welthandel und Weltmarkt eröffnen im 16. Jahrhundert die moderne Lebensgeschichte des Kapitals.

Sehn wir ab vom stofflichen Inhalt der Warenzirkulation, vom Austausch der verschiednen Gebrauchswerte, und betrachten wir nur die ökonomischen Formen, die dieser Prozeß erzeugt, so finden wir als sein letztes Produkt das Geld. Dies letzte Produkt der Warenzirkulation ist die erste Erscheinungsform des Kapitals.

Historisch tritt das Kapital dem Grundeigentum überall zunächst in der Form von Geld gegenüber, als Geldvermögen, Kaufmannskapital und Wucherkapital.[122] Jedoch bedarf es nicht des Rückblicks auf die Entstehungsgeschichte des Kapitals, um das Geld als seine erste Erscheinungsform zu erkennen. Dieselbe Geschichte spielt täglich vor unsren Augen. Jedes neue Kapital betritt in erster Instanz die Bühne, d.h. den Markt, Warenmarkt, Arbeitsmarkt oder Geldmarkt, immer noch als Geld, Geld, das sich durch bestimmte Prozesses in Kapital verwandeln soll.

Geld als Geld und Geld als Kapital unterscheiden sich zunächst nur durch ihre verschiedne Zirkulationsform.

Die unmittelbare Form der Warenzirkulation ist W = G = W, Verwandlung von Ware in Geld und Rückverwandlung von Geld in Ware, verkaufen um zu kaufen. Neben dieser Form finden wir aber eine zweite, spezifisch unterschiedne vor, die Form G = W = G, Verwandlung von Geld in Ware und Rückverwandlung von Ware in Geld, kaufen um zu verkaufen. Geld, das in seiner Bewegung diese letztre Zirkulation beschreibt, verwandelt sich in Kapital, wird Kapital und ist schon seiner Bestimmung nach Kapital.

Sehn wir uns die Zirkulation G = W = G näher an. Sie durchläuft, gleich der einfachen Warenzirkulation, zwei entgegengesetzte Phasen. In der ersten Phase, G = W, Kauf, wird das Geld in Ware verwandelt. In der zweiten Phase, W = G,

[122] Der Gegensatz zwischen der auf persönlichen Knechtschafts- und Herrschaftsverhältnissen beruhenden Macht des Grundeigentums und der unpersönlichen Macht des Geldes ist klar gefaßt in den zwei französischen Sprichworten: „Nulle terre sans seigneur.“ („Kein Land ohne Grundherrn.“) „L‘argent n‘a pas de maître.“ („Geld hat keinen Herrn.“)

Verkauf, wird die Ware in Geld rückverwandelt. Die Einheit beider Phasen aber ist die Gesamtbewegung, welche Geld gegen Ware und dieselbe wieder gegen Geld austauscht, Ware kauft, um sie zu verkaufen, oder wenn man die formellen Unterschiede von Kauf und Verkauf vernachlässigt, mit dem Geld Ware und mit der Ware Geld kauft.[123] Das Resultat, worin der ganze Prozeß erlischt, ist Austausch von Geld gegen Geld, G = G. Wenn ich für 100 Pfd.St. 2.000 Pfd. Baumwolle kaufe und die 2.000 Pfd. Baumwolle wieder für 110 Pfd.St. verkaufe, so habe ich schließlich 100 Pfd.St. gegen 110 Pfd.St. ausgetauscht, Geld gegen Geld.

Es ist nun zwar augenscheinlich, daß der Zirkulationsprozeß G - W - G abgeschmackt und inhaltslos wäre, wollte man vermittelst seines Umwegs denselben Geldwert gegen denselben Geldwert, also z.B. 100 Pfd.St. gegen 100 Pfd.St. austauschen. Ungleich einfacher und sichrer bliebe die Methode des Schatzbildners, der seine 100 Pfd.St. festhält, statt sie der Zirkulationsgefahr preiszugeben. Andrerseits, ob der Kaufmann die mit 100 Pfd.St. gekaufte Baumwolle wieder verkauft zu 110 Pfd.St., oder ob er sie zu 100 Pfd.St. und selbst zu 50 Pfd.St. losschlagen muß, unter allen Umständen hat sein Geld eine eigentümliche und originelle Bewegung beschrieben, durchaus andrer Art als in der einfachen Warenzirkulation, z.B. in der Hand des Bauern, der Korn verkauft und mit dem so gelösten Geld Kleider kauft. Es gilt also zunächst die Charakteristik der Formunterschiede zwischen den Kreisläufen G - W - G und W - G - W. Damit wird sich zugleich der inhaltliche Unterschied ergeben, der hinter diesen Formunterschieden lauert.

Sehn wir zunächst, was beiden Formen gemeinsam.

Beide Kreisläufe zerfallen in dieselben zwei entgegengesetzten Phasen, W - G, Verkauf, und G - W, Kauf. In jeder der beiden Phasen stehn sich dieselben zwei sachlichen Elemente gegenüber, Ware und Geld - und zwei Personen in denselben ökonomischen Charaktermasken, ein Käufer und ein Verkäufer. Jeder der beiden Kreisläufe ist die Einheit derselben entgegengesetzten Phasen, und beidemal wird diese Einheit vermittelt durch das Auftreten von drei Kontrahenten, wovon der eine nur verkauft, der andre nur kauft, der dritte aber abwechselnd kauft und verkauft.

Was jedoch die beiden Kreisläufe W - G - W und G - W - G von vornherein scheidet, ist die umgekehrte Reihenfolge derselben entgegengesetzten Zirkulationsphasen. Die einfache Warenzirkulation beginnt mit dem Verkauf und endet mit dem Kauf, die Zirkulation des Geldes als Kapital beginnt mit dem Kauf und endet mit dem Verkauf. Dort bildet die Ware, hier das Geld den Ausgangspunkt und Schlußpunkt der Bewegung. In der ersten Form vermittelt das Geld, in der andren umgekehrt die Ware den Gesamtverlauf.

In der Zirkulation W - G - W wird das Geld schließlich in Ware verwandelt, die als Gebrauchswert dient. Das Geld ist also definitiv ausgegeben. In der um-

[123] „Mit Geld kauft man Waren, und mit Waren kauft man Geld." (Mercier de la Riviè, „L'ordre naturel et essentiel des sociétés politiques", p. 543.)

gekehrten Form G - W - G gibt der Käufer dagegen Geld aus, um als Verkäufer Geld einzunehmen. Er wirft beim Kauf der Ware Geld in die Zirkulation, um es ihr wieder zu entziehn durch den Verkauf derselben Ware. Er entläßt das Geld nur mit der hinterlistigen Absicht, seiner wieder habhaft zu werden. Es wird daher nur vorgeschossen.[124]

In der Form W - G - W wechselt dasselbe Geldstück zweimal die Stelle. Der Verkäufer erhält es vom Käufer und zahlt es weg an einen andren Verkäufer. Der Gesamtprozeß, der mit der Einnahme von Geld für Ware beginnt, schließt ab mit der Weggabe von Geld für Ware. Umgekehrt in der Form G - W - G. Nicht dasselbe Geldstück wechselt hier zweimal die Stelle, sondern dieselbe Ware. Der Käufer erhält sie aus der Hand des Verkäufers und gibt sie weg in die Hand eines andren Käufers. Wie in der einfachen Warenzirkulation der zweimalige Stellenwechsel desselben Geldstücks sein definitives Übergehn aus einer Hand in die andre bewirkt, so hier der zweimalige Stellenwechsel derselben Ware den Rückfluß des Geldes zu seinem ersten Ausgangspunkt.

Der Rückfluß des Geldes zu seinem Ausgangspunkt hängt nicht davon ab, ob die Ware teurer verkauft wird, als sie gekauft war. Dieser Umstand beeinflußt nur die Größe der rückfließenden Geldsumme. Das Phänomen des Rückflusses selbst findet statt, sobald die gekaufte Ware wieder verkauft, also der Kreislauf G - W - G vollständig beschrieben wird. Es ist dies also ein sinnlich wahrnehmbarer Unterschied zwischen der Zirkulation des Geldes als Kapital und seiner Zirkulation als bloßem Geld.

Der Kreislauf W - G - W ist vollständig zurückgelegt, sobald der Verkauf einer Ware Geld bringt, welches der Kauf andrer Ware wieder entzieht. Erfolgt dennoch Rückfluß des Geldes zu seinem Ausgangspunkt, so nur durch die Erneuerung oder Wiederholung des ganzen Kursus. Wenn ich ein Quarter Korn verkaufe für 3 Pfd.St. und mit diesen 3 Pfd.St. Kleider kaufe, sind die 3 Pfd.St. für mich definitiv verausgabt. Ich habe nichts mehr mit ihnen zu schaffen. Sie sind des Kleiderhändlers. Verkaufe ich nun ein zweites Quarter Korn, so fließt Geld zu mir zurück, aber nicht infolge der ersten Transaktion, sondern nur infolge ihrer Wiederholung. Es entfernt sich wieder von mir, sobald ich die zweite Transaktion zu Ende führe und von neuem kaufe. In der Zirkulation W - G - W hat also die Verausgabung des Geldes nichts mit seinem Rückfluß zu schaffen. In G - W - G dagegen ist der Rückfluß des Geldes durch die Art seiner Verausgabung selbst bedingt. Ohne diesen Rückfluß ist die Operation mißglückt oder der Prozeß unterbrochen und noch nicht fertig, weil seine zweite Phase, der den Kauf ergänzende und abschließende Verkauf, fehlt.

Der Kreislauf W - G - W geht aus von dem Extrem einer Ware und schließt ab mit dem Extrem einer andren Ware, die aus der Zirkulation heraus und der Konsum-

[124] „Wenn ein Ding gekauft wird, um wieder verkauft zu werden, nennt man die hierzu verwendete Summe vorgeschossenes Geld; wird es gekauft, um nicht wieder verkauft zu werden, so kann man sie als verausgabt bezeichnen" (James Steuart, „Works etc.", edited by General Sir James Steuart, his son, Lond. 1805, v. I, p. 274.)

tion anheimfällt. Konsumtion, Befriedigung von Bedürfnissen, mit einem Wort, Gebrauchswert ist daher sein Endzweck. Der Kreislauf G - W - G geht dagegen aus von dem Extrem des Geldes und kehrt schließlich zurück zu demselben Extrem. Sein treibendes Motiv und bestimmender Zweck ist daher der Tauschwert selbst.

In der einfachen Warenzirkulation haben beide Extreme dieselbe ökonomische Form. Sie sind beide Ware. Sie sind auch Waren von derselben Wertgröße. Aber sie sind qualitativ verschiedne Gebrauchswerte, z.B. Korn und Kleider. Der Produktenaustausch, der Wechsel der verschiednen Stoffe, worin sich die gesellschaftliche Arbeit darstellt, bildet hier den Inhalt der Bewegung. Anders in der Zirkulation G - W - G. Sie scheint auf den ersten Blick inhaltslos, weil tautologisch. Beide Extreme haben dieselbe ökonomische Form. Sie sind beide Geld, also keine qualitativ unterschiedne Gebrauchswerte, denn Geld ist eben die verwandelte Gestalt der Waren, worin ihre besondren Gebrauchswerte ausgelöscht sind. Erst 100 Pfd.St. gegen Baumwolle und dann wieder dieselbe Baumwolle gegen 100 Pfd.St. austauschen, also auf einem Umweg Geld gegen Geld, dasselbe gegen dasselbe, scheint eine ebenso zwecklose als abgeschmackte Operation.[125] Eine Geldsumme kann sich von der andren Geldsumme überhaupt nur durch ihre Größe unterscheiden. Der Prozeß G - W - G schuldet seinen Inhalt daher keinem qualitativen Unterschied seiner Extreme, denn sie sind beide Geld, sondern nur ihrer quantitativen Verschiedenheit. Schließlich wird der Zirkulation mehr Geld entzogen, als anfangs hineingeworfen ward. Die zu 100 Pfd.St. gekaufte Baumwolle wird z.B. wieder verkauft zu 100 + 10 Pfd.St. oder 110 Pfd.St. Die vollständige Form dieses Prozesses ist daher G - W - G‘, wo G‘ = G + DG, d.h. gleich der ursprünglich vorgeschossenen Geldsumme plus einem Inkrement. Dieses Inkrement oder den Überschuß über den ursprünglichen Wert nenne ich - Mehrwert (surplus value). Der ursprünglich vorgeschoßne Wert erhält sich daher nicht nur in der Zirkulation, sondern in ihr verändert er seine Wertgröße, setzt einen Mehrwert zu oder verwertet sich. Und diese Bewegung verwandelt ihn in Kapital.

Es ist zwar auch möglich, daß in W - G - W die beiden Extreme W, W, z.B. Korn und Kleider, quantitativ verschiedne Wertgrößen sind. Der Bauer kann sein

[125] „Man tauscht nicht Geld gegen Geld aus“, ruft Mercier de la Rivière den Merkantilisten zu. (l.c.p. 486.) In einem Werke, welches ex professo vom „Handel“ und der „Spekulation“ handelt, lies man: „Aller Handel besteht im Austausch von Dingen verschiedner Art; und der Vorteil“ (für den Kaufmann?) „entspringt eben aus dieser Verschiedenheit. Ein Pfund Brot gegen ein Pfund Brot austauschen wäre ohne allen Vorteil ... daher der vorteilhafte Kontrast zwischen Handel und Spiel, welches nur Austausch von Geld gegen Geld ist.“ (Th. Corbet, „An Inquiry into the Causes and Models of the Wealth of Individuals; or the Principles of Trade and Speculation explained“, London 1841, p. 5.) Obgleich Corbet nicht sieht, daß G - G, Geld gegen Geld austauschen, die charakteristische Zirkulationsform, nicht nur des Handelskapitals, sondern alles Kapitals ist, gibt er wenigstens zu, daß diese Form einer Art des Handels, der Spekulation, mit dem Spiel gemein sei, aber dann kommt MacCulloch und findet, daß Kaufen, um zu verkaufen, Spekulation ist, und der Unterschied zwischen Spekulation und Handel also wegfällt. „Jedes Geschäft, bei dem eine Person ein Erzeugnis kauft, um es wieder zu verkaufen, ist tatsächlich eine Spekulation.“ (MacCulloch, „A Dictionary, practical etc. of Commerce“, London 1847, p.1009.) Ungleich naiver Pinto, der Pindar der Amsterdamer Börse: „Der Handel ist ein Spiel“ (dieser Satz entlehnt aus Locke), „und an Bettlern kann man nichts gewinnen. Wenn man lange Zeit hindurch allen alles abgenommen hätte, so müßte man in gütlichem Übereinkommen den größten Teil des Gewinns wieder zurückgeben, um das Spiel von neuem anzufangen.“ (Pinto, „Traité de la Circulation et du Crédit“, Amsterdam 1771, p. 231.)

Korn über dem Wert verkaufen oder die Kleider unter ihrem Wert kaufen. Er kann seinerseits vom Kleiderhändler geprellt werden. Solche Wertverschiedenheit bleibt jedoch für diese Zirkulationsform selbst rein zufällig. Sinn und Verstand verliert sie nicht schier, wie der Prozeß G - W - G, wenn die beiden Extreme, Korn und Kleider z.B., äquivalente sind. Ihr Gleichwert ist hier vielmehr Bedingung des normalen Verlaufs.

Die Wiederholung oder Erneuerung des Verkaufs, um zu kaufen, findet, wie dieser Prozeß selbst, Maß und Ziel an einem außer ihm liegenden Endzwecke, der Konsumtion, der Befriedigung bestimmter Bedürfnisse. Im Kauf für den Verkauf dagegen sind Anfang und Ende dasselbe, Geld, Tauschwert, und schon dadurch ist die Bewegung endlos. Allerdings ist aus G, G + DG geworden, aus den 100 Pfd.St., 100 + 10. Aber bloß qualitativ betrachtet, sind 110 Pfd.St. dasselbe wie 100 Pfd.St., nämlich Geld. Und quantitativ betrachtet, sind 110 Pfd. St. eine beschränkte Wertsumme wie 100 Pfd.St. Würden die 110 Pfd.St. als Geld verausgabt, so fielen sie aus ihrer Rolle. Sie hörten auf, Kapital zu sein. Der Zirkulation entzogen, versteinern sie zum Schatz, und kein Farthing wächst ihnen an, ob sie bis zum Jüngsten Tage fortlagern. Handelt es sich also einmal um Verwertung des Werts, so besteht dasselbe Bedürfnis für die Verwertung von 110 Pfd.St. wie für die von 100 Pfd.St., da beide beschränkte Ausdrücke des Tauschwerts sind, beide also denselben Beruf haben, sich dem Reichtum schlechthin durch Größenausdehnung anzunähern. Zwar unterscheidet sich für einen Augenblick der ursprünglich vorgeschossene Wert 100 Pfd.St. von dem in der Zirkulation ihm zuwachsenden Mehrwert von 10 Pfd.St., aber dieser Unterschied zerfließt sofort wieder. Es kommt am Ende des Prozesses nicht auf der einen Seite der Originalwert von 100 Pfd.St. und auf der andren Seite der Mehrwert von 10 Pfd.St. heraus. Was herauskommt, ist ein Wert von 110 Pfd. St., der sich ganz in derselben entsprechenden Form befindet, um den Verwertungsprozeß zu beginnen, wie die ursprünglichen 100 Pfd.St. Geld kommt am Ende der Bewegung wieder als ihr Anfang heraus.[126] Das Ende jedes einzelnen Kreislaufs, worin sich der Kauf für den Verkauf vollzieht, bildet daher von selbst den Anfang eines neuen Kreislaufs. Die einfache Warenzirkulation - der Verkauf für den Kauf - dient zum Mittel für einen außerhalb der Zirkulation liegenden Endzweck, die Aneignung von Gebrauchswerten, die Befriedigung von Bedürfnissen. Die Zirkulation des Geldes als Kapital ist dagegen Selbstzweck, denn die Verwertung des Werts existiert nur innerhalb dieser stets erneuerten Bewegung. Die Bewegung des Kapitals ist daher maßlos.[127]

[126] „Das Kapital teilt sich ... in das ursprüngliche Kapital und den Gewinn, den Zuwachs des Kapitals ... obwohl die Praxis selbst diesen Gewinn sogleich wieder zum Kapital schlägt und mit diesem in Fluß setzt." (F. Engels, „Umrisse zu einer Kritik der Nationalökonomie" in „Deutsch-Französische Jahrbücher", herausgegeben von Arnold Ruge und Karl Marx, Paris 1844, p. 99. (Siehe Band 1, S. 511))

[127] Aristoteles stellt der Chrematistik die Ökonomik entgegen. Er geht von der Ökonomik aus. Soweit sie Erwerbskunst, beschränkt sie sich auf die Verschaffung der zum Leben notwendigen und für das Haus oder den Staat nützlichen Güter. „Der wahre Reichtum (o alhdinoz ploutoz [Griechisch:] o alethinos ploutos) besteht aus solchen

Als bewußter Träger dieser Bewegung wird der Geldbesitzer Kapitalist. Seine Person, oder vielmehr seine Tasche, ist der Ausgangspunkt und der Rückkehrpunkt des Geldes. Der objektive Inhalt jener Zirkulation - die Verwertung des Werts - ist sein subjektiver Zweck, und nur soweit wachsende Aneignung des abstrakten Reichtums das allein treibende Motiv seiner Operationen, funktioniert er als Kapitalist oder personifiziertes, mit Willen und Bewußtsein begabtes Kapital. Der Gebrauchswert ist also nie als unmittelbarer Zweck des Kapitalisten zu behandeln.[128] Auch nicht der einzelnen Gewinn, sondern nur die rastlose Bewegung des Gewinnes.[129] Dieser absolute Bereicherungstrieb, diese leidenschaftliche Jagd auf den Wert[130] ist dem Kapitalisten mit dem Schatzbildner gemein, aber während der Schatzbildner nur der verrückte Kapitalist, ist der Kapitalist der rationelle Schatzbildner. Die rastlose Vermehrung des Werts, die der Schatzbildner anstrebt, indem er das Geld vor der Zirkulation zu retten sucht,[131] erreicht der klügere Kapitalist, indem er es stets von neuem der Zirkulation preisgibt.[132]

Die selbständigen Formen, die Geldformen, welche der Wert der Waren in der einfachen Zirkulation annimmt, vermitteln nur den Warenaustausch und verschwinden im Endresultat der Bewegung. In der Zirkulation G - W - G funktionieren dagegen beide, Ware und Geld, nur als verschiedne Existenzweisen des Werts

---

Gebrauchswerten; denn das zum guten Leben genügende Maß dieser Art von Besitz ist nicht unbegrenzt. Es gibt aber eine zweite Erwerbskunst, die vorzugsweise und mit Recht Chrematistik heißt, infolge deren keine Grenze des Reichtums und Besitzes zu existieren scheint. Der Warenhandel („h kaphlikh" [Griechisch:] „e kapelike") heißt wörtlich Kramhandel, und Aristoteles nimmt diese Form, weil in ihr der Gebrauchswert vorherrscht) gehört von Natur nicht zur Chrematistik, denn hier bezieht sich der Austausch nur auf das für sie selbst (Käufer und Verkäufer) Nötige." Daher, entwickelt er weiter, war auch die ursprüngliche Form des Warenhandels der Tauschhandel, aber mit seiner Ausdehnung entstand notwendig das Geld. Mit der Erfindung des Geldes mußte sich der Tauschhandel notwendig zur kaphlikh zum Warenhandel entwickeln, und dieser, im Widerspruch zu seiner ursprünglichen Tendenz, bildete sich zur Chrematistik aus, zur Kunst, Geld zu machen. Die Chrematistik nun unterscheidet sich von der Ökonomik dadurch, daß „für sie die Zirkulation die Quelle des Reichtums ist (poihtikh crhmatwn ... dia crhmatwn metabolhz [Griechisch:] poietike chrematon ... dia chrematon metaboles). Und um das Geld scheint sie sich zu drehen, denn das Geld ist der Anfang und das Ende dieser Art von Austausch (to gar nomisma stoiceion kai peraz thz allaghz estin [Griechisch:] to nomisma stoicheion tes allages estin). Daher ist auch der Reichtum, wie ihn die Chrematistik anstrebt, unbegrenzt. Wie nämlich jede Kunst, der ihr Ziel nicht als Mittel, sondern als letzter Endzweck gilt, unbegrenzt in ihrem Streben ist, denn sie sucht sich ihm stets mehr zu nähern, während die Künste, die nur Mittel zu Zwecke verfolgen, nicht unbegrenzt sind, da der Zweck selbst ihnen die Grenze setzt, so gibt es auch für diese Chrematistik keine Schranke ihres Ziels, sondern ihr Ziel ist absolute Bereicherung. Die Ökonomik, nicht die Chrematistik, hat eine Grenze ... die erstere bezweckt ein vom Gelde selbst Verschiednes, die andere seine Vermehrung ... Die Verwechslung beider Formen, die in einander überspielen, veranlaßt einige, die Erhaltung und Vermehrung des Geldes ins Unendliche als Endziel der Ökonomik zu betrachten." (Aristoteles, „De Rep.", edit. Bekker, lib. l.c. 8 und 9 passim.)

[128] „Waren" (hier im Sinn von Gebrauchswerten) „sind nicht der Endzweck des handeltreibenden Kapitalisten ... sein Endzweck ist Geld." (Th. Chalmers, „ On Politic. Econ. etc.", 2nd edit., Glasgow 1832, p. 165, 166.)

[129] „Wenn der Kaufmann den bereits erzielten Gewinn auch nicht geringschätzt, so ist sein Blick doch immer auf den zukünftigen Gewinn gerichtet." (A. Genovesi, „Lezioni di Economia Civile" (1765), Ausgabe der italienischen Ökonomen von Custodi, Parte Poderna, t.VIII, p. 139.)

[130] „Die unauslöschliche Leidenschaft für den Gewinn, die auri sacra fames (der verfluchte Hunger nach Gold) bestimmt stets den Kapitalisten." (MacCulloch, „The Principles of Polit. Econ.", London 1830, p. 179.) Diese Einsicht verhindert denselben MacCulloch und Konsorten natürlich nicht, in theoretischen Verlegenheiten, z.B. bei Behandlung der Überproduktion, denselben Kapitalisten in einen guten Bürger zu verwandeln, dem es sich nur um den Gebrauchswert handelt und der sogar einen wahren Werwolfsheißhunger entwickelt für Stiefel, Hüte, Eier, Kattune und andere höchst familiäre Sorten von Gebrauchswert.

[131] „Swzein „ (Griechisch: „Sozein" „retten") ist einer der charakteristischen Ausdrücke der Griechen für das Schatzbilden. Ebenso bedeutet „to save" zugleich retten und sparen.

[132] „Das Unendliche, das die Dinge im Fortschreiten nicht haben, haben sie im Kreislauf." (Galiani, [l.c.p. 156].)

selbst, das Geld seine allgemeine, die Ware seine besondre, sozusagen nur verkleidete Existenzweise.[133] Er geht beständig aus der einen Form in die andre über, ohne sich in dieser Bewegung zu verlieren, und verwandelt sich so in ein automatisches Subjekt. Fixiert man die besondren Erscheinungsformen, welche der sich verwertenden Wert im Kreislauf seines Lebens abwechselnd annimmt, so erhält man die Erklärungen: Kapital ist Geld, Kapital ist Ware.[134] In der Tat aber wird der Wert hier das Subjekt eines Prozesses, worin er unter dem beständigen Wechsel der Formen von Geld und Ware seine Größe selbst verändert, sich als Mehrwert von sich selbst als ursprünglichem Wert abstößt, sich selbst verwertet. Denn die Bewegung, worin er Mehrwert zusetzt, ist seine eigne Bewegung, seine Verwertung also Selbstverwertung. Er hat die okkulte Qualität erhalten, Wert zu setzen, weil er Wert ist. Er wirft lebendige Junge oder legt wenigstens goldne Eier.

Als das übergreifende Subjekt eines solchen Prozesses, worin er Geldform und Warenform bald annimmt, bald abstreift, sich aber in diesem Wechsel erhält und ausreckt, bedarf der Wert vor allem einer selbständigen Form, wodurch seine Identität mit sich selbst konstatiert wird. Und diese Form besitzt er nur im Gelde. Dies bildet daher Ausgangspunkt und Schlußpunkt jedes Verwertungsprozesses. Er war 100 Pfd.St., er ist jetzt 110 Pfd.St. usw. Aber das Geld selbst gilt hier nur als eine Form des Werts, denn er hat deren zwei. Ohne die Annahme der Warenform wird das Geld nicht Kapital. Das Geld tritt hier also nicht polemisch gegen die Ware auf, wie in der Schatzbildung. Der Kapitalist weiß, daß alle Waren, wie lumpig sie immer aussehn oder wie schlecht sie immer riechen, im Glauben und in der Wahrheit Geld, innerlich beschnittne Juden sind und zudem wundertätige Mittel, um aus Geld mehr Geld zu machen.

Wenn in der einfachen Zirkulation der Wert der Waren ihrem Gebrauchswert gegenüber höchstens die selbständige Form des Geldes erhält, so stellt er sich hier plötzlich dar als eine prozessierende, sich selbst bewegende Substanz, für welche Ware und Geld beide bloße Formen. Aber noch mehr. Statt Warenverhältnisse darzustellen, tritt er jetzt sozusagen in ein Privatverhältnis zu sich selbst. Er unterscheidet sich als ursprünglicher Wert von sich selbst als Mehrwert, als Gott Vater von sich selbst als Gott Sohn, und beide sind vom selben Alter und bilden in der Tat nur eine Person, denn nur durch den Mehrwert von 10 Pfd.St. werden die vorgeschossenen 100 Pfd.St. Kapital, und sobald sie dies geworden, sobald der Sohn und durch den Sohn der Vater erzeugt, verschwindet ihr Unterschied wieder und sind beide Eins, 110 Pfd.St.

Der Wert wird also prozessierender Wert, prozessierendes Geld und als solches Kapital. Er kommt aus der Zirkulation her, geht wieder in sie ein, erhält und vervielfältigt sich in ihr, kehrt vergrößert aus ihr zurück und beginnt denselben

---

[133] „Nicht der Stoff bildet das Kapital, sondern der Wert dieser Stoffe." (J. B. Say, „Traité d'Écon. Polit.", 3 ème éd., Paris 1817, t II, p.429.)

[134] „Das Zirkulationsmittel (!), das zu produktiven Zwecken verwendet wird, ist Kapital." (Macleod, „The Theory and Practice of Banking", London 1855, v. I, c. l, p. 55.) „Kapital ist gleich Waren." (James Mill, „Elements of Pol. Econ." Lond. 1821, p. 74.)

Kreislauf stets wieder von neuem.[135] G - G', geldheckendes Geld - money which begets money - lautet die Beschreibung des Kapitals im Munde seiner ersten Dolmetscher, der Merkantilisten.

Kaufen, um zu verkaufen, oder vollständiger, kaufen, um teurer zu verkaufen, G - W - G', scheint zwar nur einer Art des Kapitals, dem Kaufmannskapital, eigentümliche Form. Aber auch das industrielle Kapital ist Geld, das sich im Ware verwandelt und durch den Verkauf der Ware in mehr Geld rückverwandelt. Akte, die etwa zwischen dem Kauf und dem Verkaufe, außerhalb der Zirkulationssphäre, vorgehn, ändern nichts an dieser Form der Bewegung. In dem zinstragenden Kapital endlich stellt sich die Zirkulation G - W - G' abgekürzt dar, in ihrem Resultat ohne die Vermittlung, sozusagen im Lapidarstil, als G - G', Geld, das gleich mehr Geld, Wert, der größer als er selbst ist.

In der Tat also ist G - W - G' die allgemeine Formel des Kapitals, wie es unmittelbar in der Zirkulationssphäre erscheint.

2. Widersprüche der allgemeinen Formel

Die Zirkulationsform worin sich das Geld zum Kapital entpuppt, widerspricht allen früher entwickelten Gesetzen über die Natur der Ware, des Werts, des Geldes und der Zirkulation selbst. Was sie von der einfachen Warenzirkulation unterscheidet, ist die umgekehrte Reihenfolge derselben zwei entgegengesetzten Prozesse, Verkauf und Kauf. Und wie sollte solcher rein formelle Unterschied die Natur dieser Prozesse umzaubern?

Noch mehr. Diese Umkehrung existiert nur für einen der drei Geschäftsfreunde, die miteinander handeln. Als Kapitalist kaufe ich Ware von A und verkaufe sie wieder an B, während ich als einfacher Warenbesitzer Ware an B verkaufe und dann Ware von A kaufe. Für die Geschäftsfreunde A und B existiert dieser Unterschied nicht. Sie treten nur als Käufer oder Verkäufer von Waren auf. Ich selbst stehe ihnen jedesmal gegenüber als einfacher Geldbesitzer oder Warenbesitzer, Käufer oder Verkäufer, und zwar trete ich in beiden Reihenfolgen der einen Person nur als Käufer und der andren nur als Verkäufer gegenüber, der einen als nur Geld, der andren als nur Ware, keiner von beiden als Kapital oder Kapitalist oder Repräsentant von irgend etwas, das mehr als Geld oder Ware wäre oder eine andre Wirkung außer der des Geldes oder der Ware ausüben könnte. Für mich bilden Kauf von A und Verkauf an B eine Reihenfolge. Aber der Zusammenhang zwischen diesen beiden Akten existiert nur für mich. A schert sich nicht um meine Transaktion mit B, und B nicht um meine Transaktion mit A. Wollte ich ihnen etwa das besondre Verdienst klarmachen, das ich mir durch die Umkehrung der Reihenfolge erwerbe, so würden sie mir beweisen, daß ich mich in der Reihenfolge selbst irre und daß die Gesamttransaktion nicht mit einem Kauf begann und einem Verkauf endete, sondern umgekehrt mit einem Verkauf begann und mit

[135] „Kapital ... permanenter sich vervielfältigender Wert." (Sismondi, „Nouveaux Principes d'Écon. Polit.", t. I, p. 89.)

einem Kauf abschloß. In der Tat, mein erster Akt, der Kauf, war von A's Standpunkt ein Verkauf, und mein zweiter Akt, der Verkauf, war von B's Standpunkt ein Kauf. Nicht zufrieden damit, werden A und B erklären, daß die ganze Reihenfolge überflüssig und Hokuspokus war. A wird die Ware direkt an B verkaufen und B sie direkt von A kaufen. Damit verschrumpft die ganze Transaktion in einen einseitigen Akt der gewöhnlichen Warenzirkulation, vom Standpunkt A's bloßer Verkauf und vom Standpunkt B's bloßer Kauf. Wir sind also durch die Umkehrung der Reihenfolge nicht über die Sphäre der einfachen Warenzirkulation hinausgekommen und müssen vielmehr zusehn, ob sie ihrer Natur nach Verwertung der in sie eingehenden Werte und daher Bildung von Mehrwert gestattet.

Nehmen wir den Zirkulationsprozeß in einer Form, worin er sich als bloßer Warenaustausch darstellt. Dies ist stets der Fall, wenn beide Warenbesitzer Waren voneinander kaufen und die Bilanz ihrer wechselseitigen Geldforderungen sich am Zahlungstag ausgleicht. Das Geld dient hier als Rechengeld, um die Werte der Waren in ihren Preisen auszudrücken, tritt aber nicht den Waren selbst dinglich gegenüber. Soweit es sich um den Gebrauchswert handelt, ist es klar, daß beide Austauscher gewinnen können. Beide veräußern Waren, die ihnen als Gebrauchswert nutzlos, und erhalten Waren, deren sie zum Gebrauch bedürfen. Und dieser Nutzen mag nicht der einzige sein. A, der Wein verkauft und Getreide kauft, produziert vielleicht mehr Wein, als Getreidebauer B in derselben Arbeitszeit produzieren könnte, und Getreidebauer B in derselben Arbeitszeit mehr Getreide, als Weinbauer A produzieren könnte. A erhält also für denselben Tauschwert mehr Getreide und B mehr Wein, als wenn jeder von den beiden, ohne Austausch, Wein und Getreide für sich selbst produzieren müßte. Mit Bezug auf den Gebrauchswert also kann gesagt werden, daß „der Austausch eine Transaktion ist, worin beide Seiten gewinnen".[136] Anders mit dem Tauschwert.

„Ein Mann, der viel Wein und kein Getreide besitzt, handelt mit einem Mann, der viel Getreide und keinen Wein besitzt, und zwischen ihnen wird ausgetauscht Weizen zum Wert von 50 gegen einen Wert von 50 in Wein. Dieser Austausch ist keine Vermehrung des Tauschwerts weder für den einen noch für den andren; denn bereits vor dem Austausch besaß jeder von ihnen einen Wert gleich dem, den er sich vermittelst dieser Operation verschafft hat."[137]

Es ändert nichts an der Sache, wenn das Geld als Zirkulationsmittel zwischen die Waren tritt und die Akte des Kaufs und Verkaufs sinnlich auseinanderfallen.[138] Der Wert der Waren ist in ihren Preisen dargestellt, bevor sie in die Zirkulation treten, also Voraussetzung und nicht Resultat derselben.[139]

[136] „L'échange est une transaction admirable (wunderbare Transaktion) dans laquelle les deux contractants gagnent - toujours (immerfort)(!)." (Destutt de Tracy, „Traité de la Volonté et de ses effets", Paris 1826, p. 68.) Dasselbe Buch erschien auch als „Traité d'Éc. Pol."

[137] Mercier de la Rivière, l.c.p. 544.

[138] „Ob einer dieser beiden Werte Geld ist oder beide gewöhnliche Waren sind, nichts kann an sich gleichgültiger sein." (Mercier de la Rivière, l.c.p. 543.)

[139] „Über den Wert entscheiden nicht die Vertragspartner: er steht schon vor der Übereinkunft fest." (Le Trosne, l.c.p. 906.)

Abstrakt betrachtet, d.h. abgesehn von Umständen, die nicht aus den immanenten Gesetzen der einfachen Warenzirkulation hervorfließen, geht außer dem Ersatz eines Gebrauchswerts durch einen andren nichts in ihr vor als eine Metamorphose, ein bloßer Formwechsel der Ware. Derselbe Wert, d.h. dasselbe Quantum vergegenständlichter gesellschaftlicher Arbeit, bleibt in der Hand desselben Warenbesitzers in Gestalt erst seiner Ware, dann des Geldes, worin sie sich verwandelt, endlich der Ware, worin sich dies Geld rückverwandelt. Dieser Formwechsel schließt keine Änderung der Wertgröße ein. Der Wechsel aber, den der Wert der Ware selbst in diesem Prozeß durchläuft, beschränkt sich auf einen Wechsel seiner Geldform. Sie existiert erst als Preis der zum Verkauf angebotenen Ware, dann als eine Geldsumme, die aber schon im Preise ausgedrückt war, endlich als der Preis einer äquivalenten Ware. Dieser Formwechsel schließt an und für sich ebensowenig eine Änderung der Wertgröße ein wie das Auswechseln einer Fünfpfundnote gegen Sovereigns, halbe Sovereigns und Schilling.

Sofern also die Zirkulation der Ware nur einen Formwechsel ihres Werts bedingt, bedingt sie, wenn das Phänomen rein vorgeht, Austausch von Äquivalenten. Die Vulgärökonomie selbst, so wenig sie ahnt, was der Wert ist, unterstellt daher, sooft sie in ihrer Art das Phänomen rein betrachten will, daß Nachfrage und Zufuhr sich decken, d.h., daß ihre Wirkung überhaupt aufhört. Wenn also mit Bezug auf den Gebrauchswert beide Austauscher gewinnen können, können sie nicht beide gewinnen an Tauschwert. Hier heißt es vielmehr: „Wo Gleichheit ist, ist kein Gewinn.“[140] Waren können zwar zu Preisen verkauft werden, die von ihren Werten abweichen, aber diese Abweichung erscheint als Verletzung des Gesetzes des Warenaustausches.[141] In seiner reinen Gestalt ist er ein Austausch von Äquivalenten, also kein Mittel, sich an Wert zu bereichern.[142] Hinter den Versuchen, die Warenzirkulation als Quelle von Mehrwert darzustellen, lauert daher meist ein Quidproquo, eine Verwechslung von Gebrauchswert und Tauschwert. So z.B. bei Condillac:

„Es ist falsch, daß man im Warenaustausch gleichen Wert gegen gleichen Wert austauscht. Umgekehrt. Jeder der beiden Kontrahenten gibt immer einen kleineren für einen größeren Wert ... Tauschte man in der Tat immer gleiche Werte aus, so wäre kein Gewinn zu machen für irgendeinen Kontrahenten. Aber alle beide gewinnen oder sollten doch gewinnen. Warum? Der Wert der Dinge besteht bloß in ihrer Beziehung auf unsre Bedürfnisse. Was für den einen mehr, ist für den andren weniger, und umgekehrt ... Man setzt nicht voraus, daß wir für unsre Konsumtion unentbehrliche Dinge zum Verkauf ausbieten ... Wir wollen eine uns nutzlose Sache weggeben, um eine uns notwendige zu erhalten; wir wollen

[140] „Dove è egualità non è lucro.“ (Galiani, „Della Moneta“, in Custodi, Parte Moderna, t. IV, p. 244.)

[141] „Der Austausch wird für eine der beiden Parteien ungünstig, wenn irgendein fremder Umstand den Preis vermindert oder erhöht: dann ist die Gleichheit verletzt; aber diese Verletzung ist durch jene Ursache hervorgerufen und nicht durch den Austausch.“ (Le Trosne, l.c.p. 904.)

[142] „Der Austausch ist seiner Natur nach ein Vertrag, der auf Gleichheit aufbaut, d.h. zwischen zwei gleichen Werten zustande kommt. Er ist also kein Mittel, sich zu bereichern, da man ebensoviel gibt wie empfängt.“ (Le Trosne, l.c.p. 903, 904.)

weniger für mehr geben ... Es war natürlich, zu urteilen, daß man im Austausch gleichen Wert für gleichen Wert gebe, sooft jedes der ausgetauschten Dinge an Wert demselben Quantum Geld gleich war ... Aber eine andre Betrachtung muß noch in die Rechnung eingehn; es fragt sich, ob wir beide einen Überfluß gegen etwas Notwendiges austauschen."[143]

Man sieht, wie Condillac nicht nur Gebrauchswert und Tauschwert durcheinanderwirft, sondern wahrhaft kindlich einer Gesellschaft mit entwickelter Warenproduktion einen Zustand unterschiebt, worin der Produzent seine Subsistenzmittel selbst produziert und nur den Überschuß über den eignen Bedarf, den Überfluß, in die Zirkulation wirft.[144] Dennoch wird Condillacs Argument häufig bei modernen Ökonomen wiederholt, namentlich wenn es gilt, die entwickelte Gestalt des Warenaustausches, den Handel, als produktiv von Mehrwert darzustellen.

„Der Handel" heißt es z.B. „fügt den Produkten Wert zu, denn dieselben Produkte haben mehr Wert in den Händen des Konsumenten als in den Händen des Produzenten, und er muß daher wörtlich (strictly) als Produktionsakt betrachtet werden."[145]

Aber man zahlt die Waren nicht doppelt, das eine Mal ihren Gebrauchswert und das andre Mal ihren Wert. Und wenn der Gebrauchswert der Ware dem Käufer nützlicher als dem Verkäufer, ist ihre Geldform dem Verkäufer nützlicher als dem Käufer. Würde er sie sonst verkaufen? Und so könnte ebensowohl gesagt werden, daß der Käufer wörtlich (strictly) einen „Produktionsakt" vollbringt, indem er z.B. die Strümpfe des Kaufmanns in Geld verwandelt.

Werden Waren oder Waren und Geld von gleichem Tauschwert, also Äquivalente ausgetauscht, so zieht offenbar keiner mehr Wert aus der Zirkulation heraus, als er in sie hineinwirft. Es findet dann keine Bildung von Mehrwert statt. In seiner reinen Form aber bedingt der Zirkulationsprozeß der Waren Austausch von Äquivalenten. Jedoch gehn die Dinge in der Wirklichkeit nicht rein zu. Unterstellen wir daher Austausch von Nicht-Äquivalenten.

Jedenfalls steht auf dem Warenmarkt nur Warenbesitzer dem Warenbesitzer gegenüber, und die Macht, die diese Personen über einander ausüben, ist nur die Macht ihrer Waren. Die stoffliche Verschiedenheit der Waren ist das stoffliche Motiv des Austausches und macht die Warenbesitzer wechselseitig voneinander abhängig, indem keiner von ihnen den Gegenstand seines eignen Bedürfnisses und jeder von ihnen den Gegenstand des Bedürfnisses des andren in seiner Hand hält. Außer dieser stofflichen Verschiedenheit ihrer Gebrauchswerte besteht nur

[143] Condillac, „Le Commerce et le Gouvernement" (1776), Édit. Daire et Molinari in den „Mélanges d'Économie Politique", Paris 1847, p. 267, 291.

[144] Le Trosne antwortet daher seinem Freunde Condillac sehr richtig: „In der entwickelten Gesellschaft gibt es überhaupt nichts Überflüssiges." Zugleich neckt er ihn mit der Glosse, daß, „wenn beide Austauscher gleich viel mehr für gleich viel weniger erhalten, sie beide gleich viel erhalten". Weil Condillac noch nicht die geringste Ahnung von der Natur des Tauschwerts besitzt, ist er der passende Gewährsmann des Herrn Prof. Wilhelm Roscher für seine eignen Kinderbegriffe. Sieh dessen: „Die Grundlagen der Nationalökonomie", Dritte Auflage, 1858.

[145] S. P. Newman, „Elements of Polit. Econ.", Andover and New York 1835, p.175.

noch ein Unterschied unter den Waren, der Unterschied zwischen ihrer Naturalform und ihrer verwandelten Form, zwischen Ware und Geld. Und so unterscheiden sich die Warenbesitzer nur als Verkäufer, Besitzer von Ware, und als Käufer, Besitzer von Geld.

Gesetzt nun, es sei durch irgendein unerklärliches Privilegium dem Verkäufer gegeben, die Ware über ihrem Werte zu verkaufen, zu 110, wenn sie 100 wert ist, also mit einem nominellen Preisaufschlage von 10%. Der Verkäufer kassiert also einen Mehrwert von 10 ein. Aber nachdem er Verkäufer war, wird er Käufer. Ein dritter Warenbesitzer begegnet ihm jetzt als Verkäufer und genießt seinerseits das Privilegium, die Ware 10% zu teuer zu verkaufen. Unser Mann hat als Verkäufer 10 gewonnen, um als Käufer 10 zu verlieren.[146] Das Ganze kommt in der Tat darauf hinaus, daß alle Warenbesitzer ihre Waren einander 10% über dem Wert verkaufen, was durchaus dasselbe ist, als ob sie die Waren zu ihren Werten verkauften. Ein solcher allgemeiner nomineller Preisaufschlag der Waren bringt dieselbe Wirkung hervor, als ob die Warenwerte z.B. in Silber statt in Gold geschätzt würden. Die Geldnamen, d.h. die Preise der Waren würden anschwellen, aber ihre Wertverhältnisse unverändert bleiben.

Unterstellen wir umgekehrt, es sei das Privilegium des Käufers, die Waren unter ihrem Wert zu kaufen. Hier ist es nicht einmal nötig zu erinnern, daß der Käufer wird. Er war Verkäufer, bevor er Käufer ward. Er hat bereits 10% als Verkäufer verloren, bevor er 10% als Käufer gewinnt.[147] Aller bleibt wieder beim alten. Die Bildung von Mehrwert und daher die Verwandlung von Geld in Kapital, kann also weder dadurch erklärt werden, daß die Verkäufer die Waren über ihrem Werte verkaufen, noch dadurch, daß die Käufer sie unter ihrem Werte kaufen.[148]

Das Problem wird in keiner Weise dadurch vereinfacht, daß man fremde Beziehungen einschmuggelt, also etwa mit Oberst Torrens sagt:

„Die effektive Nachfrage besteht in dem Vermögen und der Neigung (!) der Konsumenten, sei es durch unmittelbaren oder vermittelten Austausch, für Waren eine gewisse größere Portion von allen Ingredienzien des Kapitals zu geben, als ihre Produktion kostet."[149]

In der Zirkulation stehn sich Produzenten und Konsumenten nur als Verkäufer und Käufer gegenüber. Behaupten, der Mehrwert für den Produzenten entspringe daraus, daß die Konsumenten die Ware über den Wert zahlen, heißt nur den einfachen Satz maskieren: Der Warenbesitzer besitzt als Verkäufer das Privilegium,

[146] „Durch die Heraufsetzung des nominellen Werts des Produkts ... werden die Verkäufer nicht reicher ... da sie genau das, was sie als Verkäufer gewinnen, in ihrer Eigenschaft als Käufer wieder ausgeben." ([J. Gray] „The Essential Priciples of the Wealth of Nations etc.", London 1797, p. 66.)

[147] „Wenn man für 18 Livres eine Menge eines bestimmten Erzeugnisses verkaufen muß, die 24 Livres wert ist, wird man, wenn man die gleiche Geldsumme zum Kauf verwendet, für 18 Livres ebenfalls so viel wie für 24 Livres erhalten." (Le Trosne, l.c.p. 897.)

[148] „Kein Verkäufer kann daher gewöhnlich seine Waren im Preis heraufsetzen, ohne ebenso die Waren der anderen Verkäufer teurer bezahlen zu müssen; und aus dem gleichen Grunde kann kein Verbraucher gewöhnlich billiger einkaufen, ohne ebenso die Waren, die er verkauft, im Preise herabsetzen zu müssen." (Mercier de la Rivière, l.c.p. 555.)

[149] R. Torrens, „An Essay on the Production of Wealth", London 1821, p. 349.

zu teuer zu verkaufen. Der Verkäufer hat die Ware selbst produziert oder vertritt ihren Produzenten, aber der Käufer hat nicht minder die in seinem Gelde dargestellte selbst produziert oder vertritt ihren Produzenten. Es steht also Produzent dem Produzenten gegenüber. Was sie unterscheidet, ist, daß der eine kauft und der andre verkauft. Es bringt uns keinen Schritt weiter, daß der Warenbesitzer unter dem Namen Produzent die Ware über ihrem Werte verkauft und unter dem Namen Konsument sie zu teuer zahlt.[150]

Die konsequenten Vertreter der Illusion, daß der Mehrwert aus einem nominellen Preiszuschlag entspringt oder aus dem Privilegium des Verkäufers, die Ware zu teuer zu verkaufen, unterstellen daher eine Klasse, die nur kauft, ohne zu verkaufen, also auch nur konsumiert ohne zu produzieren. Die Existenz einer solchen Klasse ist von unsrem bisher erreichten Standpunkt, dem der einfachen Zirkulation, noch unerklärlich. Aber greifen wir vor. Das Geld, womit eine solche Klasse beständig kauft, muß ihr beständig, ohne Austausch, umsonst, auf beliebige Rechts- und Gewaltstitel hin, von den Warenbesitzern selbst zufließen. Dieser Klasse die Waren über dem Wert verkaufen, heißt nur, umsonst weggegebenes Geld sich zum Teil wieder zurückschwindeln.[151] So zahlten die kleinasiatischen Städte jährlichen Geldtribut an das alte Rom. Mit diesem Geld kaufte Rom Waren von ihnen und kaufte sie zu teuer. Die Kleinasiaten prellten die Römer, indem sie den Eroberern einen Teil des Tributs wieder abluchsten auf dem Wege des Handels. Aber dennoch blieben die Kleinasiaten die Geprellten. Ihre Waren wurden ihnen nach wie vor mit ihrem eignen Gelde gezahlt. Es ist dies keine Methode der Bereicherung oder der Bildung von Mehrwert.

Halten wir uns also innerhalb der Schranken des Warenaustausches, wo Verkäufer Käufer und Käufer Verkäufer sind. Unsre Verlegenheit stammt vielleicht daher, daß wir die Personen nur als personifizierte Kategorien, nicht individuell, gefaßt haben.

Warenbesitzer A mag so pfiffig sein, seine Kollegen B oder C übers Ohr zu hauen, während sie trotz des besten Willens die Revanche schuldig bleiben. A verkauft Wein zum Wert von 40 Pfd.St. an B und erwirbt im Austausch Getreide zum Wert von 50 Pfd.St. A hat seine 40 Pfd.St. in 50 Pfd.St. verwandelt, mehr Geld aus weniger Geld gemacht und seine Ware in Kapital verwandelt. Sehn wir näher zu. Vor dem Austausch hatten wir für 40 Pfd.St. Wein in der Hand von A und für 50 Pfd.St. Getreide in der Hand von B, Gesamtwert von 90 Pfd. St. Nach dem Austausch haben wir denselben Gesamtwert von 90 Pfd.St. Der zirkulierende Wert hat sich um kein Atom vergrößert, seine Verteilung zwischen

[150] „Der Gedanke, daß die Profite von den Konsumenten gezahlt werden, ist sicher völlig absurd. Wer sind die Konsumenten?" (G. Ramsay, „An Essy on the Distribution of Wealth", Edinburgh 1836, p. 183.)

[151] „Wenn es jemand an Nachfrage mangelt, rät ihm dann Herr Malthus, eine andre Person zu bezahlen, damit diese ihm seine Waren abnehme?" fragt ein entrüsteter Ricardianer den Malthus, der wie sein Schüler, der Pfaffe Chalmers, die Klasse von bloßen Käufern oder Konsumenten ökonomisch verherrlicht. Sieh: „An Inquiry into those priciples, respecting the Nature of Demand and the Necessity of Consumption, lately advocated by Mr. Malthus etc.", London 1821, p. 55.

A und B hat sich verändert. Auf der einen Seite erscheint als Mehrwert, was auf der andren Minderwert ist, auf der einen Seite als Plus, was auf der andren als Minus. Derselbe Wechsel hätte sich ereignet, wenn A, ohne die verhüllende Form des Austausches, dem B 10 Pfd.St. direkt gestohlen hätte. Die Summe der zirkulierenden Werte kann offenbar durch keinen Wechsel in ihrer Verteilung vermehrt werden, sowenig wie ein Jude die Masse der edlen Metalle in einem Lande dadurch vermehrt, daß er einen Farthing aus der Zeit der Königin Anna für eine Guinee verkauft. Die Gesamtheit der Kapitalistenklasse eines Landes kann sich nicht selbst übervorteilen.[152]

Man mag sich also drehen und wenden, wie man will, das Fazit bleibt dasselbe. Werden Äquivalente ausgetauscht, so entsteht kein Mehrwert, und werden Nicht-Äquivalente ausgetauscht, so entsteht auch kein Mehrwert.[153] Die Zirkulation oder der Warenaustausch schafft keinen Wert.[154]

Man versteht daher, warum in unsrer Analyse der Grundform des Kapitals, der Form, worin es die ökonomische Organisation der modernen Gesellschaft bestimmt, seine populären und sozusagen antediluvianischen Gestalten, Handelskapital und Wucherkapital, zunächst gänzlich unberücksichtigt bleiben.

Im eigentlichen Handelskapital erscheint die Form G - W - G‘, kaufen, um teurer zu verkaufen, am reinsten. Andrerseits geht seine ganze Bewegung innerhalb der Zirkulationssphäre vor. Da es aber unmöglich ist, aus der Zirkulation selbst die Verwandlung von Geld in Kapital, die Bildung von Mehrwert zu erklären, erscheint das Handelskapital unmöglich, sobald Äquivalente ausgetauscht werden[155], daher nur ableitbar aus der doppelseitigen Übervorteilung der kaufenden und verkaufenden Warenproduzenten durch den sich parasitisch zwischen sie schiebenden Kaufmann. In diesem Sinn sagt Franklin: „Krieg ist Raub, Handel ist Prellerei.“[156] Soll die Verwertung des Handelskapitals nicht aus bloßer Prellerei der Warenproduzenten erklärt werden, so gehört dazu eine lange Reihe von Mittelgliedern, die hier, wo die Warenzirkulation und ihre einfachen Momente unsre einzige Voraussetzung bilden, noch gänzlich fehlt.

[152] Destutt de Tracy, obgleich - vielleicht weil - Membre de l‘Institut, war umgekehrter Ansicht. Die industriellen Kapitalisten, sagt er, machen dadurch ihre Profite, daß „sie alles teurer verkaufen, als es gekostet hat zu produzieren. Und an wen verkaufen sie? Erstens aneinander.“ (l.c.p. 239.)

[153] „Der Austausch von zwei gleichen Werten vermehrt weder die Masse der in der Gesellschaft vorhandenen Werte, noch vermindert er sie. Der Austausch zweier ungleiche Werte ... ändert ebenfalls nichts an der Summe der gesellschaftlichen Werte, da er dem Vermögen des einen zufügt, was er dem Vermögen des anderen wegnimmt.“ (J. B. Say, l.c., t. II, p. 443, 444.) Say, natürlich unbekümmert um die Konsequenzen dieses Satzes, entlehnt ihn ziemlich wörtlich den Physiokraten. Die Art, wie er ihre zu seiner Zeit verschollenen Schriften zur Vermehrung seines eigenen „Wertes“ ausgebeutet hat, zeige folgendes Beispiel. Der „berühmteste“ Satz des Monsieur Say: „Man kann Produkte nur mit Produkten kaufen“ (l.c., t. II, p. 438.), lautet im physiokratischen Original: „Erzeugnisse lassen sich nur mit Erzeugnissen bezahlen.“ (Le Trosne, l.c.p. 899.)

[154] „Der Austausch überträgt keinerlei Wert auf die Produkte.“ (F. Wayland, „The Elements of Pol. Econ.“, Boston 1843, p. 168.)

[155] „Unter der Herrschaft unveränderlicher Äquivalente würde der Handel unmöglich sein.“ (G. Opdyke, „A Treatise on polit. Economy“, New York 1851, p. 66 bis 69.) „Dem Unterschiede zwischen Realwert und Tauschwert liegt eine Tatsache zum Grunde - nämlich daß der Wert einer Sache verschieden ist von dem im Handel für sie gegebenen sogenannten Äquivalent, d.h., daß dies Äquivalent kein Äquivalent ist.“ (F. Engels, l.c.p. 95, 96. (Siehe Band 1, S. 508))

[156] Benjamin Franklin, „Works“, vol. II, edit. Sparks in „Positions to be examined concerning National Wealth“, [p. 376.]

Was vom Handelskapital, gilt noch mehr vom Wucherkapital. Im Handelskapital sind die Extreme, das Geld, das auf den Markt geworfen, und das vermehrte Geld, das dem Markt entzogen wird, wenigstens vermittelt durch Kauf und Verkauf, durch die Bewegung der Zirkulation. Im Wucherkapital ist die Form G - W - G‘ abgekürzt auf die unvermittelten Extreme G - G‘, Geld, das sich gegen mehr Geld austauscht, eine der Natur des Geldes widersprechende und daher vom Standpunkt des Warenaustausches unerklärliche Form. Daher Aristoteles:

„Da die Chrematistik eine doppelte ist, die eine zum Handel, die andre zu Ökonomik gehörig, die letztere notwendig und lobenswert, die erstere auf die Zirkulation gegründet und mit Recht getadelt (denn sie beruht nicht auf der Natur, sondern auf wechselseitiger Prellerei), so ist der Wucher mit vollstem Recht verhaßt, weil das Geld selbst hier die Quelle des Erwerbs und nicht dazu gebraucht wird, wozu es erfunden ward. Denn für den Warenaustausch entstand es, der Zins aber macht aus Geld mehr Geld. Daher auch sein Name“ (tokoz (griechisch: tokos) Zins und Geborenes). „Denn die Geborenen sind den Erzeugern ähnlich. Der Zins aber ist Geld von Geld, so daß von allen Erwerbszweigen dieser der naturwidrigste.“[157]

Wie das Handelskapital werden wir das zinstragende Kapital im Verlauf unsrer Untersuchung als abgeleitete Formen vorfinden und zugleich sehn, warum sie historisch vor der modernen Grundform des Kapitals erscheinen.

Es hat sich gezeigt, daß der Mehrwert nicht aus der Zirkulation entspringen kann, bei seiner Bildung also etwas hinter ihrem Rücken vorgehn muß, das in ihr selbst unsichtbar ist.[158] Kann aber der Mehrwert anderswoher entspringen als aus der Zirkulation? Die Zirkulation ist die Summe aller Wechselbeziehungen (3. und 4. Auflage: Warenbeziehungen) der Warenbesitzer. Außerhalb derselben steht der Warenbesitzer nur noch in Beziehung zu seiner eignen Ware. Was ihren Wert angeht, beschränkt sich das Verhältnis darauf, daß sie ein nach bestimmten gesellschaftlichen Gesetzen gemessenes Quantum seiner eignen Arbeit enthält. Dies Quantum Arbeit drückt sich aus in der Wertgröße seiner Ware, und, da sich Wertgröße in Rechengeld darstellt, in einem Preise von z.B. 10 Pfd.St. Aber seine Arbeit stellt sich nicht dar im Werte der Ware und einem Überschuß über ihrem eignen Wert, nicht in einem Preise von 10, der zugleich ein Preis von 11, nicht in einem Wert, der größer als er selbst ist. Der Warenbesitzer kann durch seine Arbeit Werte bilden, aber keine sich verwertenden Werte. Er kann den Wert einer Ware erhöhn, indem er vorhandnem Wert neuen Wert durch neue Arbeit zusetzt, z.B. aus Leder Stiefel macht. Derselbe Stoff hat jetzt mehr Wert, weil er ein größeres Arbeitsquantum enthält. Der Stiefel hat daher mehr Wert als das Leder, aber der Wert des Leders ist geblieben, was er war. Er hat sich nicht verwertet, nicht während der Stiefelfabrikation einen Mehrwert angesetzt. Es ist also unmöglich,

[157] Arist[oteles], l.c., c. 10, [p. 17].
[158] „Unter den üblichen Bedingungen des Marktes wird Profit nicht durch Austausch gemacht. Wäre er nicht vorher vorhanden gewesen, so könnte er es auch nach dieser Transaktion nicht sein.“ (Ramsey, l.c.p. 184.)

daß der Warenproduzent außerhalb der Zirkulationssphäre, ohne mit andren Warenbesitzern in Berührung zu treten, Wert verwerte und daher Geld oder Ware in Kapital verwandle.

Kapital kann also nicht aus der Zirkulation entspringen, und es kann ebensowenig aus der Zirkulation nicht entspringen. Es muß zugleich in ihr und nicht in ihr entspringen.

Ein doppeltes Resultat hat sich also ergeben.

Die Verwandlung des Geldes in Kapital ist auf Grundlage dem Warenaustausch immanenter Gesetze zu entwickeln, so daß der Austausch von Äquivalenten als Ausgangspunkt gilt.[159] Unser nur noch als Kapitalisten- raupe vorhandner Geldbesitzer muß die Waren zu ihrem Wert kaufen, zu ihrem Wert verkaufen und dennoch am Ende des Prozesses mehr Wert herausziehn, als er hineinwarf. Seine Schmetterlingsentfaltung muß in der Zirkulationssphäre und muß nicht in der Zirkulationssphäre vorgehn. Dies sind die Bedingungen des Problems. Hic Rhodus, hic salta! (Hier ist Rhodos, hier springe!)

3. Kauf und Verkauf der Arbeitskraft

Die Wertverändrung des Geldes, das sich in Kapital verwandeln soll, kann nicht an diesem Geld selbst vorgehn, denn als Kaufmittel und als Zahlungsmittel realisiert es nur den Preis der Ware, die es kauft oder zahlt, während es, in seiner eignen Form verharrend, zum Petrefakt von gleichbleibender Wertgröße erstarrt.[160] Ebensowenig kann die Veränderung aus dem zweiten Zirkulationsakt, dem Wiederverkauf der Ware, entspringen, denn dieser Akt verwandelt die Ware bloß aus der Naturalform zurück in die Geldform. Die Veränderung muß sich also zutragen mit der Ware, die im ersten Akt G - W gekauft wird, aber nicht mit ihrem Wert, denn es werden Äquivalente ausgetauscht, die Ware wird zu ihrem Werte bezahlt. Die Veränderung kann also nur entspringen aus ihrem Gebrauchswert als solchem, d.h. aus ihrem Verbrauch. Um aus dem Verbrauch einer Ware Wert herauszuziehn, müßte unser Geldbesitzer so glücklich sein, innerhalb der Zirkulationssphäre, auf dem Markt, eine Ware zu entdecken, deren Gebrauchswert

[159] Nach der gegebenen Auseinandersetzung versteht der Leser, daß dies nur heißt: Die Kapitalbildung muß möglich sein, auch wenn der Warenpreis gleich dem Warenwert. Sie kann nicht aus der Abweichung der Warenpreise von den Warenwerten erklärt werden. Weichen die Preise von den Werten wirklich ab, so muß man sie erst auf die letzteren reduzieren, d.h. von diesem Umstande als einem zufälligen absehn, um das Phänomen der Kapitalbildung auf Grundlage des Warenaustauschs rein vor sich zu haben und in seiner Beobachtung nicht durch störende und dem eigentlichen Verlauf fremde Nebenumstände verwirrt zu werden. Man weiß übrigens, daß diese Reduktion keineswegs eine bloß wissenschaftliche Prozedur ist. Die beständigen Oszillationen der Marktpreise, ihr Steigen und Sinken, kompensieren sich, heben sich wechselseitig auf und reduzieren sich selbst zum Durchschnittspreis als ihrer inneren Regel. Diese bildet den Leitstern z.B. des Kaufmanns oder des Industriellen in jeder Unternehmung, die längeren Zeitraum umfaßt. Er weiß also, daß, eine längere Periode im ganzen betrachtet, die Waren wirklich weder unter noch über, sondern zu ihrem Durchschnittspreis verkauft werden. Wäre interesseloses Denken also überhaupt sein Interesse, so müßte er sich das Problem der Kapitalbildung so stellen: Wie kann Kapital entstehn bei der Regelung der Preise durch den Durchschnittspreis, d.h. in letzter Instanz durch den Wert der Ware? Ich sage „in letzter Instanz", weil die Durchschnittspreise nicht direkt mit den Wertgrößen der Waren zusammenfallen, wie A. Smith, Ricardo usw. glauben.

[160] „In der Form von Geld ... erzeugt das Kapital keinen Profit." (Ricardo, „Princ. of Pol. Econ.", p. 267.)

selbst die eigentümliche Beschaffenheit besäße, Quelle von Wert zu sein, deren wirklicher Verbrauch also selbst Vergegenständlichung von Arbeit wäre, daher Wertschöpfung. Und der Geldbesitzer findet auf dem Markt eine solche spezifische Ware vor - das Arbeitsvermögen oder die Arbeitskraft.

Unter Arbeitskraft oder Arbeitsvermögen verstehen wir den Inbegriff der physischen und geistigen Fähigkeiten, die in der Leiblichkeit, der lebendigen Persönlichkeit eines Menschen existieren und die er in Bewegung setzt, sooft er Gebrauchswerte irgendeiner Art produziert.

Damit jedoch der Geldbesitzer die Arbeitskraft als Ware auf dem Markt vorfinde, müssen verschiedne Bedingungen erfüllt sein. Der Warenaustausch schließt an und für sich keine andren Abhängigkeitsverhältnisse ein als die aus seiner eignen Natur entspringenden. Unter dieser Voraussetzung kann die Arbeitskraft als Ware nur auf dem Markt erscheinen, sofern und weil sie von ihrem eignen Besitzer, der Person, deren Arbeitskraft sie ist, als Ware feilgeboten oder verkauft wird. Damit ihr Besitzer sie als Ware verkaufe, muß er über sie verfügen können, also freier Eigentümer seines Arbeitsvermögens, seiner Person sein.[161] Er und der Geldbesitzer begegnen sich auf dem Markt und treten in Verhältnis zueinander als ebenbürtige Warenbesitzer, nur dadurch unterschieden, daß der eine Käufer, der andre Verkäufer, beide also juristisch gleiche Personen sind. Die Fortdauer dieses Verhältnisses erheischt, daß der Eigentümer der Arbeitskraft sie stets nur für bestimmte Zeit verkaufe, denn verkauft er sie in Bausch und Bogen, ein für allemal, so verkauft er sich selbst, verwandelt sich aus einem Freien in einen Sklaven, aus einem Warenbesitzer in eine Ware. Er als Person muß sich beständig zu seiner Arbeitskraft als seinem Eigentum und daher seiner eignen Ware verhalten, und das kann er nur, soweit er sie dem Käufer stets nur vorübergehend, für einen bestimmten Zeittermin, zur Verfügung stellt, zum Verbrauch überläßt, also durch ihre Veräußerung nicht auf sein Eigentum an ihr verzichtet.[162]

Die zweite wesentliche Bedingung, damit der Geldbesitzer die Arbeitskraft auf dem Markt als Ware vorfinde, ist die, daß ihr Besitzer, statt Waren verkaufen zu können, worin sich seine Arbeit vergegenständlicht hat, vielmehr seine Arbeitskraft selbst, die nur in seiner lebendigen Leiblichkeit existiert, als Ware feilbieten muß.

[161] In Realenzyklopädien des klassischen Altertums kann man den Unsinn lesen, daß in der antiken Welt das Kapital völlig entwickelt war, „außer daß der freie Arbeiter und das Kreditwesen fehlten". Auch Herr Mommsen in seiner „Römischen Geschichte" begeht ein Quidproquo über das andre.

[162] Verschiedne Gesetzgebungen setzen daher ein Maximum für den Arbeitskontrakt fest. Alle Gesetzbücher bei Völkern freier Arbeit regeln Kündigungsbedingungen des Kontrakts. In verschiednen Ländern, namentlich in Mexiko (vor dem Amerikanischen Bürgerkrieg auch in den von Mexiko losgerissenen Territorien, und der Sache nach bis zu Kusas Umwälzung in den Donauprovinzen), ist die Sklaverei unter der Form von Peonage versteckt. Durch Vorschüsse, die in Arbeit abzutragen und sich von Generation zu Generation fortwälzen, wird nicht nur der einzelne Arbeiter, sondern seine Familie tatsächlich das Eigentum andrer Personen und ihrer Familien. Juárez hatte die Peonage abgeschafft. Der sogenannte Kaiser Maximilian führte sie wieder ein durch ein Dekret, das im Repräsentantenhaus zu Washington treffend als Dekret zur Wiedereinführung der Sklaverei in Mexiko denunziert ward. „Von meinen besondren körperlichen und geistigen Geschicklichkeiten und Möglichkeiten der Tätigkeit kann ich ... einen in der Zeit beschränkten Gebrauch an einen andren veräußern, weil sie nach dieser Beschränkung ein äußerliches Verhältnis zu meiner Totalität und Allgemeinheit erhalten. Durch die Veräußerung meiner ganzen durch die Arbeit konkreten Zeit und der Totalität meiner Produktion würde ich das Substantielle derselben, meine allgemeine Tätigkeit und Wirklichkeit, meine Persönlichkeit zum Eigentum eines andren machen." (Hegel, „Philosophie des Rechts", Berlin 1840, p. 104, § 67.)

Damit jemand von seiner Arbeitskraft unterschiedne Waren verkaufe, muß er natürlich Produktionsmittel besitzen, z.B. Rohstoffe, Arbeitsinstrumente usw. Er kann keine Stiefel machen ohne Leder. Er bedarf außerdem Lebensmittel. Niemand, selbst kein Zukunftsmusikant, kann von Produkten der Zukunft zehren, also auch nicht von Gebrauchswerten, deren Produktion noch unfertig, und wie am ersten Tage seiner Erscheinung auf der Erdbühne, muß der Mensch noch jeden Tag konsumieren, bevor und während er produziert. Werden die Produkte als Waren produziert, so müssen sie verkauft werden, nachdem sie produziert sind, und können die Bedürfnisse des Produzenten erst nach dem Verkauf befriedigen. Zur Produktionszeit kommt die für den Verkauf nötige Zeit hinzu.

Zur Verwandlung von Geld in Kapital muß der Geldbesitzer also den freien Arbeiter auf dem Warenmarkt vorfinden, frei in dem Doppelsinn, daß er als freie Person über seine Arbeitskraft als seine Ware verfügt, daß er andrerseits andre Waren nicht zu verkaufen hat, los und ledig, frei ist von allen zur Verwirklichung seiner Arbeitskraft nötigen Sachen.

Die Frage, warum dieser freie Arbeiter ihm in der Zirkulationssphäre gegenübertritt, interessiert den Geldbesitzer nicht, der den Arbeitsmarkt als eine besondre Abteilung des Warenmarkts vorfindet. Und einstweilen interessiert sie uns ebensowenig. Wir halten theoretisch an der Tatsache fest, wie der Geldbesitzer praktisch. Eins jedoch ist klar. Die Natur produziert nicht auf der einen Seite Geld- oder Warenbesitzer und auf der andren bloße Besitzer der eignen Arbeitskräfte. Dies Verhältnis ist kein naturgeschichtliches und ebensowenig ein gesellschaftliches, das allen Geschichtsperioden gemein wäre. Es ist offenbar selbst das Resultat einer vorhergegangenen historischen Entwicklung, das Produkt vieler ökonomischen Umwälzungen, des Untergangs einer ganzen Reihe älterer Formationen der gesellschaftlichen Produktion.

Auch die ökonomischen Kategorien, die wir früher betrachtet, tragen ihre geschichtliche Spur. Im Dasein des Produkts als Ware sind bestimmte historische Bedingungen eingehüllt. Um Ware zu werden, darf das Produkt nicht als unmittelbares Subsistenzmittel für den Produzenten selbst produziert werden. Hätten wir weiter geforscht: Unter welchen Umständen nehmen alle oder nimmt auch nur die Mehrzahl der Produkte die Form der Ware an, so hätte sich gefunden, daß dies nur auf Grundlage einer ganz spezifischen, der kapitalistischen Produktionsweise, geschieht. Eine solche Untersuchung lag jedoch der Analyse der Ware fern. Warenproduktion und Warenzirkulation können stattfinden, obgleich die weit überwiegende Produktenmasse, unmittelbar auf den Selbstbedarf gerichtet, sich nicht in Ware verwandelt, der gesellschaftliche Produktionsprozeß also noch lange nicht in seiner ganzen Breite und Tiefe vom Tauschwert beherrscht ist. Die Darstellung des Produkts als Ware bedingt eine so weit entwickelte Teilung der Arbeit innerhalb der Gesellschaft, daß die Scheidung zwischen Gebrauchswert und Tauschwert, die im unmittelbaren Tauschhandel erst beginnt, bereits vollzogen ist. Eine solche Entwicklungsstufe ist aber den geschichtlich verschiedensten ökonomischen Gesellschaftsformationen gemein.

Oder betrachten wir das Geld, so setzt es eine gewisse Höhe des Warenaustausches voraus. Die besondren Geldformen, bloßes Warenäquivalent oder Zirkulationsmittel oder Zahlungsmittel, Schatz und Weltgeld, deuten, je nach dem verschiednen Umfang und dem relativen Vorwiegen einer oder der andren Funktion, auf sehr verschiedne Stufen des gesellschaftlichen Produktionsprozesses. Dennoch genügt erfahrungsmäßig eine relativ schwach entwickelte Warenzirkulation zur Bildung aller dieser Formen. Anders mit dem Kapital. Seine historischen Existenzbedingungen sind durchaus nicht da mit der Waren- und Geldzirkulation. Es entsteht nur, wo der Besitzer von Produktions- und Lebensmitteln den freien Arbeiter als Verkäufer seiner Arbeitskraft auf dem Markt vorfindet, und diese eine historische Bedingung umschließt eine Weltgeschichte. Das Kapital kündigt daher von vornherein eine Epoche des gesellschaftlichen Produktionsprozesses an.[163]

Diese eigentümliche Ware, die Arbeitskraft, ist nun näher zu betrachten. Gleich allen andren Waren besitzt sie einen Wert.[164] Wie wird er bestimmt?

Der Wert der Arbeitskraft, gleich dem jeder andren Ware, ist bestimmt durch die zur Produktion, also auch Reproduktion, dieses spezifischen Artikels notwendige Arbeitszeit. So sie Wert, repräsentiert die Arbeitskraft selbst nur ein bestimmtes Quantum in ihr vergegenständlichter gesellschaftlicher Durchschnittsarbeit. Die Arbeitskraft existiert nur als Anlage des lebendigen Individuums. Ihre Produktion setzt also seine Existenz voraus. Die Existenz des Individuums gegeben, besteht die Produktion der Arbeitskraft in seiner eignen Reproduktion oder Erhaltung. Zu seiner Erhaltung bedarf das lebendige Individuum einer gewissen Summe von Lebensmitteln. Die zur Produktion der Arbeitskraft notwendige Arbeitszeit löst sich also auf in die zur Produktion dieser Lebensmittel notwendige Arbeitszeit, oder der Wert der Arbeitskraft ist der Wert der zur Erhaltung ihres Besitzers notwendigen Lebensmittel. Die Arbeitskraft verwirklicht sich jedoch nur durch ihre Äußerung, betätigt sich nur in der Arbeit. Durch ihre Betätigung, die Arbeit, wird aber ein bestimmtes Quantum von menschlichem Muskel, Nerv, Hirn usw. verausgabt, das wieder ersetzt werden muß. Diese vermehrte Ausgabe bedingt eine vermehrte Einnahme.[165] Wenn der Eigentümer der Arbeitskraft heute gearbeitet hat, muß er denselben Prozeß morgen unter denselben Bedingungen von Kraft und Gesundheit wiederholen können. Die Summe der Lebensmittel muß also hinreichen, das arbeitende Individuum als arbeitendes Individuum in seinem normalen Lebenszustand zu erhalten. Die natürlichen Bedürfnisse selbst, wie Nahrung, Kleidung, Heizung, Wohnung usw., sind verschieden je nach den klimatischen und andren natürlichen Eigentümlichkeiten eines Landes. Andrerseits ist der Um-

[163] Was also die kapitalistische Epoche charakterisiert, ist, daß die Arbeitskraft für den Arbeiter selbst die Form einer ihm gehörigen Ware, seine Arbeit daher die Form der Lohnarbeit erhält. Andrerseits verallgemeinert sich erst von diesem Augenblick die Warenform der Arbeitsprodukte.

[164] „Der Wert eines Mannes ist wie der aller anderen Dinge gleich seinem Preis: das will besagen, so viel, wie für den Gebrauchs seiner Kraft gezahlt wird." (Th. Hobbes, „Leviathan", in „Works", edit. Molesworth, London 1839-1844, v. III, p. 76.)

[165] Der altrömische villicus, als Wirtschafter an der Spitze der Ackerbausklaven, empfing daher, „weil er leichtere Arbeit hat als die Knechte, knapperes Maß als diese". (Th. Mommsen, „Röm. Geschichte", 1856, p. 810.)

fang sog. notwendiger Bedürfnisse, wie die Art ihrer Befriedigung, selbst ein historisches Produkt und hängt daher großenteils von der Kulturstufe eines Landes, unter andrem auch wesentlich davon ab, unter welchen Bedingungen, und daher mit welchen Gewohnheiten und Lebensansprüchen die Klasse der freien Arbeiter sich gebildet hat.[166] Im Gegensatz zu den andren Waren enthält also die Wertbestimmung der Arbeitskraft ein historisches und moralisches Element. Für ein bestimmtes Land, zu einer bestimmten Periode jedoch, ist der Durchschnitts-Umkreis der notwendigen Lebensmittel gegeben.

Der Eigentümer der Arbeitskraft ist sterblich. Soll also seine Erscheinung auf dem Markt eine kontinuierliche sein, wie die kontinuierliche Verwandlung von Geld in Kapital voraussetzt, so muß der Verkäufer der Arbeitskraft sich verewigen, „wie jedes lebendige Individuum sich verewigt, durch Fortpflanzung".[167] Die durch Abnutzung und Tod dem Markt entzogenen Arbeitskräfte müssen zum allermindesten durch eine gleiche Zahl neuer Arbeitskräfte beständig ersetzt werden. Die Summe der zur Produktion der Arbeitskraft notwendigen Lebensmittel schließt also die Lebensmittel der Ersatzmänner ein, d.h. der Kinder der Arbeiter, so daß sich diese Race eigentümlicher Warenbesitzer auf dem Warenmarkte verewigt.[168]

Um die allgemein menschliche Natur so zu modifizieren, daß sie Geschick und Fertigkeit in einem bestimmten Arbeitszweig erlangt, entwickelte und spezifische Arbeitskraft wird, bedarf es einer bestimmten Bildung oder Erziehung, welche ihrerseits eine größere oder geringere Summe von Warenäquivalenten kostet. Je nach dem mehr oder minder vermittelten Charakter der Arbeitskraft sind ihre Bildungskosten verschieden. Diese Erlernungskosten, verschwindend klein für die gewöhnliche Arbeitskraft, gehn also ein in den Umkreis der zu ihrer Produktion verausgabten Werte.

Der Wert der Arbeitskraft löst sich auf in den Wert einer bestimmten Summe von Lebensmitteln. Er wechselt daher auch mit dem Wert dieser Lebensmittel, d.h. der Größe der zu ihrer Produktion erheischten Arbeitszeit.

Ein Teil der Lebensmittel, z.B. Nahrungsmittel, Heizungsmittel usw., werden täglich neu verzehrt und müssen täglich neu ersetzt werden. Andre Lebensmittel, wie Kleider, Möbel usw., verbrauchen sich in längeren Zeiträumen und sind daher nur in längeren Zeiträumen zu ersetzen. Waren einer Art müssen täglich, andre wöchentlich, vierteljährlich usf. gekauft oder gezahlt werden. Wie sich die Summe dieser Ausgaben aber immer während eines Jahres z.B. verteilen möge, sie muß gedeckt sein durch die Durchschnittseinnahme tagein, tagaus. Wäre die Masse der täglich zur Produktion der Arbeitskraft erheischten Waren = A, die der wöchentlich erheischten = B, die der vierteljährlich erheischten = C usw., so

[166] Vgl. „Over-Population and its Remedy", London 1846, von W. Th. Thornton.

[167] Petty.

[168] „Ihr" (der Arbeit) „natürlicher Preis ... besteht in einer solchen Menge von Subsistenzmitteln und Dingen der Bequemlichkeit, wie sie entsprechend dem Klima und den Gewohnheiten eines Landes notwendig sind, um den Arbeiter zu erhalten und es ihm zu ermöglichen, eine Familie aufzuziehen, die auf dem Markt ein unvermindertes Angebot von Arbeit zu sichern vermag." (R. Torrens, „An Essay on the external Corn Trade", London 1815, p. 62.) Das Wort Arbeit steht hier fälschlich für Arbeitskraft.

wäre der täglich Durchschnitt dieser Waren = (365A + 52B + 4C + usw.)/365. Gesetzt, in dieser für den Durchschnittstag nötigen Warenmasse steckten 6 Stunden gesellschaftlicher Arbeit, so vergegenständlicht sich in der Arbeitskraft täglich ein halber Tag gesellschaftlicher Durchschnittsarbeit, oder ein halber Arbeitstag ist zur täglichen Produktion der Arbeitskraft erheischt. Dies zu ihrer täglichen Produktion erheischte Arbeitsquantum bildet den Tageswert der Arbeitskraft oder den Wert der täglich reproduzierten Arbeitskraft. Wenn sich ein halber Tag gesellschaftlicher Durchschnittsarbeit ebenfalls in einer Goldmasse von 3 sh. oder einem Taler darstellt, so ist ein Taler der dem Tauschwert der Arbeitskraft entsprechende Preis. Bietet der Besitzer der Arbeitskraft sie feil für einen Taler täglich, so ist ihr Verkaufspreis gleich ihrem Wert und, nach unsrer Voraussetzung, zahlt der auf Verwandlung seiner Taler in Kapital erpichte Geldbesitzer diesen Wert.

Die letzte Grenze oder Minimalgrenze des Werts der Arbeitskraft wird gebildet durch den Wert einer Warenmasse, ohne deren tägliche Zufuhr der Träger der Arbeitskraft, der Mensch, seinen Lebensprozeß nicht erneuern kann, also durch den Wert der physisch unentbehrlichen Lebensmittel. Sinkt der Preis der Arbeitskraft auf dieses Minimum, so sinkt er unter ihren Wert, denn sie kann sich so nur in verkümmerter Form erhalten und entwickeln. Der Wert jeder Ware ist aber bestimmt durch die Arbeitszeit, erfordert, um sie in normaler Güte zu liefern.

Es ist eine außerordentlich wohlfeile Sentimentalität, diese aus der Natur der Sache fließende Wertbestimmung der Arbeitskraft grob zu finden und etwa mit Rossi zu jammern:

„Das Arbeitsvermögen (puissance de travail) begreifen, während man von den Subsistenzmitteln der Arbeit während des Produktionsprozesses abstrahiert, heißt ein Hirngespinst (être de raison) begreifen. Wer Arbeit sagt, wer Arbeitsvermögen sagt, sagt zugleich Arbeiter und Subsistenzmittel, Arbeiter und Arbeitslohn."[169]

Wer Arbeitsvermögen sagt, sagt nicht Arbeit, so wenig als wer Verdauungsvermögen sagt, Verdauen sagt. Zum letztren Prozeß ist bekanntlich mehr als ein guter Magen erfordert. Wer Arbeitsvermögen sagt, abstrahiert nicht von den zu seiner Subsistenz notwendigen Lebensmitteln. Ihr Wert ist vielmehr ausgedrückt in seinem Wert. Wird es nicht verkauft, so nützt es dem Arbeiter nichts, so empfindet er es vielmehr als eine grausame Naturnotwendigkeit, daß sein Arbeitsvermögen ein bestimmtes Quantum Subsistenzmittel zu seiner Produktion erheischt hat und stets wieder von neuem zu seiner Reproduktion erheischt. Er entdeckt dann mit Sismondi: „Das Arbeitsvermögen ... ist nichts, wenn es nicht verkauft wird".[170]

Die eigentümliche Natur dieser spezifischen Ware, der Arbeitskraft, bringt es mit sich, daß mit der Abschließung des Kontrakts zwischen Käufer und Verkäufer ihr Gebrauchswert noch nicht wirklich in die Hand des Käufers übergegangen ist. Ihr Wert, gleich dem jeder andren Ware, war bestimmt, bevor sie in die Zirkulation trat, denn ein bestimmtes Quantum gesellschaftlicher Arbeit ward zur Produktion der Arbeitskraft verausgabt, aber ihr Gebrauchswert besteht erst in

[169] Rossi, „Cours d'Écon. Polit.", Bruxelles 1843, p. 370, 371.
[170] Sismondi, „Nouv. Princ. etc.", t. I, p. 113.

der nachträglichen Kraftäußerung. Die Veräußerung der Kraft und ihre wirkliche Äußerung, d.h. ihr Dasein als Gebrauchswert, fallen daher der Zeit nach auseinander. Bei solchen Waren aber,[171] wo die formelle Veräußerung des Gebrauchswerts durch den Verkauf und seine wirkliche Überlassung an den Käufer der Zeit nach auseinanderfallen, funktioniert das Geld des Käufers meist als Zahlungsmittel. In allen Ländern kapitalistischer Produktionsweise wird die Arbeitskraft erst gezahlt, nachdem sie bereits während des im Kaufkontrakt festgesetzten Termins funktioniert hat, z.B. am Ende jeder Woche. Überall schießt daher der Arbeiter dem Kapitalisten den Gebrauchswert der Arbeitskraft vor; er läßt sie vom Käufer konsumieren, bevor er ihrem Preis bezahlt erhält, überall kreditiert daher der Arbeiter dem Kapitalisten. Daß dies Kreditieren kein leerer Wahn ist, zeigt nicht nur der gelegentliche Verlust des kreditierten Lohns beim Bankrott des Kapitalisten,[172] sondern auch eine Reihe mehr nachhaltiger Wirkungen.[173] Indes ändert es an der Natur des Warenaustausches selbst nichts, ob das Geld als Kaufmittel oder als Zahlungsmittel funktioniert. Der Preis der Arbeitskraft ist kontraktlich festgesetzt, obgleich er erst hinterher realisiert wird, wie der Mietpreis eines Hauses. Die Arbeitskraft ist verkauft, obgleich sie erst hinterher bezahlt wird. Für

[171] „Alle Arbeit wird bezahlt, nachdem sie beendet ist." („An Inquiry into those Principles, respecting the Nature of Demand etc.", p. 104.) „Der kaufmännische Kredit mußte in dem Moment anfangen, in dem der Arbeiter, der erste Schöpfer der Produktion, auf Grund seiner Ersparnisse in der Lage war, auf den Lohn seiner Arbeit bis zum Ende von ein bis zwei Wochen, eines Monats, eines Vierteljahres usw. zu warten." (Ch. Ganilh, „Des Systèmes d'Écon. Polit.", 2ème édit., Paris 1821, t. II, p. 150.)
[172] „Der Arbeiter leiht seinen Fleiß", aber, setzt Storch schlau hinzu: er „riskiert nichts", außer „seinen Lohn zu verlieren ... der Arbeiter überträgt nichts Materielles". (Storch, „Cours d'Écon. Polit.", Pétersbourg 1815, t. II, p. 36, 37.)
[173] Ein Beispiel. In London existieren zweierlei Sorten von Bäckern, die „full priced", die das Brot zu seinem vollen Werte verkaufen, und die „undersellers", die es unter diesem Werte verkaufen. Letztere Klasse bildet über 3/4 der Gesamtzahl der Bäcker (p. XXXII im „Report" des Regierungskommissärs H. S. Tremenheere über die „Grievances complained of by the journeymen bakers etc.", London 1862). Diese undersellers verkaufen, fast ausnahmslos, Brot, das verfälscht ist durch Beimischung von Alaun, Seife, Perlasche, Kalk, Derbyshire-Steinmehl und ähnlichen angenehmen, nahrhaften und gesunden Ingredienzien. (Sieh das oben zitierte Blaubuch, ebenso den Bericht des „Committee of 1855 on the Adulteration of Bread" und Dr. Hassalls, „Adulterations Detected", 2nd. edit., London 1861.) Sir John Gordon erklärte vor dem Komitee von 1855, daß „infolge dieser Fälschungen der Arme, der von zwei Pfund Brot täglich lebt, jetzt nicht den vierten Teil des Nahrungsstoffes wirklich erhält, abgesehn von den schädlichen Wirkungen auf seine Gesundheit". Als Grund, warum „ein sehr großer Teil der Arbeiterklasse", obgleich wohl unterrichtet über die Fälschungen, dennoch Alaun, Steinmehl etc. mit in den Kauf nimmt, führt Tremenheere (l.c.p. XLVIII) an, daß es für sie „ein Ding der Notwendigkeit ist, von ihrem Bäcker oder dem chandler's shop (Kramladen) das Brot zu nehmen, wie man es ihnen zu geben beliebt". Da sie erst Ende der Arbeitswoche bezahlt werden, können sie auch „das während der Woche von ihren Familien verzehrte Brot erst Ende der Woche zahlen"; und, fügt Tremenheere mit Anführung der Zeugenaussagen hinzu: „Es ist notorisch, daß mit solchen Mixturen bereitetes Brot expreß für diese Art Kunden gemacht wird." („It is notorious that bread composed of those mixtures, is made expressly for sale in this manner.") „In vielen englischen Agrikulturdistrikten" (aber noch mehr in schottischen) „wird der Arbeitslohn vierzehntägig und selbst monatlich gezahlt. Mit diesen langen Zahlungsfristen muß der Agrikulturarbeiter seine Waren auf Kredit kaufen ... Er hat höhere Preise zu zahlen und ist tatsächlich an die Boutique gebunden, die ihm pumpt. So kostet ihm z.B. zu Horningsham in Wilts, wo die Löhnung monatlich, dasselbe Mehl 2 sh. 4 d. per stone, das er sonstwo mit 1 sh. 10 d. zahlt." („Sixth Report" on „Publich Health" by „The Medical Office of the Privy Council etc.", 1864, p. 264.) „Die Kattun-Handdrucker von Paisley und Kilmarnock" (Westschottland) „erzwangen 1853 durch einen strike (Streik) die Herabsetzung des Zahlungstermins von einem Monat auf 14 Tage." („Reports of the Inspectors of Factories for 31st Oct. 1853", p. 34.) Als eine weitere artige Entwicklung des Kredits, den der Arbeiter dem Kapitalisten gibt, kann man die Methode vieler englischer Kohlenbergwerksbesitzer betrachten, wonach der Arbeiter erst Ende des Monats bezahlt wird und in der Zwischenzeit Vorschüsse vom Kapitalisten erhält, oft in Waren, die er über ihren Marktpreis zahlen muß (Trucksystem). „Es ist eine übliche Praxis der Kohlenherren, einmal im Monat auszuzahlen und ihren Arbeitern am Ende jeder dazwischenliegenden Woche Vorschuß zu geben. Dieser Vorschuß wird im Laden gegeben" (nämlich dem tommy-shop oder dem Meister selbst gehörigen Kramladen). „Die Männer nehmen ihn auf der einen Seite des Ladens in Empfang und geben ihn auf der anderen wieder aus." („Children's Employment Commission, III. Report", Lond. 1864, p. 38, n. 192.)

die reine Auffassung des Verhältnisses ist es jedoch nützlich, einstweilen vorauszusetzen, daß der Besitzer der Arbeitskraft mit ihrem Verkauf jedesmal auch sogleich den kontraktlich stipulierten Preis erhält.

Wir kennen nun die Art und Weise der Bestimmung des Werts, welcher dem Besitzer dieser eigentümlichen Ware, der Arbeitskraft, vom Geldbesitzer gezahlt wird. Der Gebrauchswert, den letztrer seinerseits im Austausch erhält, zeigt sich erst im wirklichen Verbrauch, im Konsumtionsprozeß der Arbeitskraft. Alle zu diesem Prozeß nötigen Dinge, wie Rohmaterial usw., kauft der Geldbesitzer auf dem Warenmarkt und zahlt sie zum vollen Preis. Der Konsumtionsprozeß der Arbeitskraft ist zugleich der Produktionsprozeß von Ware und von Mehrwert. Die Konsumtion der Arbeitskraft, gleich der Konsumtion jeder andren Ware, vollzieht sich außerhalb des Markts oder der Zirkulationssphäre. Diese geräuschvolle, auf der Oberfläche hausende und aller Augen zugängliche Sphäre verlassen wir daher, zusammen mit Geldbesitzer und Arbeitskraftbesitzer, um beiden nachzufolgen in die verborgne Stätte der Produktion, an deren Schwelle zu lesen steht: No admittance except on business. (Eintritt nur in Geschäftsangelegenheiten.) Hier wird sich zeigen, nicht nur wie das Kapital produziert, sondern auch wie man es selbst produziert, das Kapital. Das Geheimnis der Plusmacherei muß sich endlich enthüllen.

Die Sphäre der Zirkulation oder des Warenaustausches, innerhalb deren Schranken Kauf und Verkauf der Arbeitskraft sich bewegt, war in der Tat ein wahres Eden der angebornen Menschenrechte. Was allein hier herrscht, ist Freiheit, Gleichheit, Eigentum und Bentham. Freiheit! Denn Käufer und Verkäufer einer Ware, z.B. der Arbeitskraft, sind nur durch ihren freien Willen bestimmt. Sie kontrahieren als freie, rechtlich ebenbürtige Personen. Der Kontrakt ist das Endresultat, worin sich ihre Willen einen gemeinsamen Rechtsausdruck geben. Gleichheit! Denn sie beziehen sich nur als Warenbesitzer aufeinander und tauschen Äquivalent für Äquivalent. Eigentum! Denn jeder verfügt nur über das Seine. Bentham! Denn jedem von den beiden ist es nur um sich zu tun. Die einzige Macht, die sie zusammen und in ein Verhältnis bringt, ist die ihres Eigennutzes, ihres Sondervorteils, ihrer Privatinteressen. Und eben weil so jeder nur für sich und keiner für den andren kehrt, vollbringen alle, infolge einer prästabilierten Harmonie der Dinge oder unter den Auspizien einer allpfiffigen Vorsehung, nur das Werk ihres wechselseitigen Vorteils, des Gemeinnutzens, des Gesamtinteresses.

Beim Scheiden von dieser Sphäre der einfachen Zirkulation oder des Warenaustausches, woraus der Freihändler vulgaris Anschauungen, Begriffe und Maßstab für sein Urteil über die Gesellschaft des Kapitals und der Lohnarbeit entlehnt, verwandelt sich, so scheint es, schon in etwas die Physiognomie unsrer dramatis personae. Der ehemalige Geldbesitzer schreitet voran als Kapitalist, der Arbeitskraftbesitzer folgt ihm nach als sein Arbeiter; der eine bedeutungsvoll schmunzelnd und geschäftseifrig, der andre scheu, widerstrebsam, wie jemand, der seine eigne Haut zu Markt getragen und nun nichts andres zu erwarten hat als die - Gerberei.

DIE PRODUKTION DES ABSOLUTEN MEHRWERTS

Arbeitsprozeß und Verwertungsprozeß

1. Arbeitsprozeß

Der Gebrauch der Arbeitskraft ist die Arbeit selbst. Der Käufer der Arbeitskraft konsumiert sie, indem er ihren Verkäufer arbeiten läßt. Letztrer wird hierdurch actu (tatsächlich) sich betätigende Arbeitskraft, Arbeiter, was er früher nur potentia (dem Vermögen nach) war. Um seine Arbeit in Waren darzustellen, muß er sie vor allem in Gebrauchswerten darstellen, Sachen, die zur Befriedigung von Bedürfnissen irgendeiner Art dienen. Es ist also ein besondrer Gebrauchtwert, ein bestimmter Artikel, den der Kapitalist vom Arbeiter anfertigen läßt. Die Produktion von Gebrauchswerten oder Gütern ändert ihre allgemeine Natur nicht dadurch, daß sie für den Kapitalisten und unter seiner Kontrolle vorgeht. Der Arbeitsprozeß ist daher zunächst unabhängig von jeder bestimmten gesellschaftlichen Form zu betrachten.

Die Arbeit ist zunächst ein Prozeß zwischen Mensch und Natur, ein Prozeß, worin der Mensch seinen Stoffwechsel mit der Natur durch seine eigne Tat vermittelt, regelt und kontrolliert. Er tritt dem Naturstoff selbst als eine Naturmacht gegenüber. Die seiner Leiblichkeit angehörigen Naturkräfte, Arme und Beine, Kopf und Hand, setzt er in Bewegung, um sich den Naturstoff in einer für sein eignes Leben brauchbaren Form anzueignen. Indem er durch diese Bewegung auf die Natur außer ihm wirkt und sie verändert, verändert er zugleich seine eigne Natur. Er entwickelt die in ihr schlummernden Potenzen und unterwirft das Spiel ihrer Kräfte seiner eignen Botmäßigkeit. Wir haben es hier nicht mit den ersten tierartig instinktmäßigen Formen der Arbeit zu tun. Dem Zustand, worin der Arbeiter als Verkäufer seiner eignen Arbeitskraft auf dem Warenmarkt auftritt, ist in urzeitlichen Hintergrund der Zustand entrückt, worin die menschliche Arbeit ihre erste instinktartige Form noch nicht abgestreift hatte. Wir unterstellen die Arbeit in einer Form, worin sie dem Menschen ausschließlich angehört. Eine Spinne verrichtet Operationen, die denen des Webers ähneln, und eine Biene beschämt durch den Bau ihrer Wachszellen manchen menschlichen Baumeister. Was aber von vornherein den schlechtesten Baumeister vor der besten Biene auszeichnet, ist, daß er die Zelle in seinem Kopf gebaut hat, bevor er sie in Wachs baut. Am Ende des Arbeitsprozesses kommt ein Resultat heraus, das beim Beginn desselben schon in der Vorstellung des Arbeiters, also schon ideell vorhanden war. Nicht daß er nur eine Formveränderung des Natürlichen bewirkt; er verwirklicht im Natürlichen zugleich seinen Zweck, den er weiß, der die Art und Weise seines Tuns als Gesetz bestimmt und dem er seinen Willen unterordnen muß. Und diese Unterordnung ist kein vereinzelter Akt. Außer der Anstrengung der Organe, die arbeiten, ist der zweckmäßige Wille, der sich als Aufmerksamkeit äußert, für die ganze Dauer der Arbeit erheischt, und um so mehr, je weniger sie durch den eignen Inhalt und die Art und Weise ihrer Ausführung den Arbeiter mit sich fortreißt, je weniger er sie daher als Spiel seiner eignen körperlichen und geistigen Kräfte genießt.

Die einfachen Momente des Arbeitsprozesses sind die zweckmäßige Tätigkeit oder die Arbeit selbst, ihr Gegenstand und ihr Mittel.

Die Erde (worunter ökonomisch auch das Wasser einbegriffen), wie sie den Menschen ursprünglich mit Proviant, fertigen Lebensmitteln ausrüstet,[174] findet sich ohne sein Zutun als der allgemeine Gegenstand der menschlichen Arbeit vor. Alle Dinge, welche die Arbeit nur von ihrem unmittelbaren Zusammenhang mit dem Erdganzen loslöst, sind von Natur vorgefundne Arbeitsgegenstände. So der Fisch, der von seinem Lebenselement, dem Wasser, getrennt, gefangen wird, das Holz, das im Urwald gefällt, das Erz, das aus seiner Ader losgebrochen wird. Ist der Arbeitsgegenstand dagegen selbst schon sozusagen durch frühere Arbeit filtriert, so nennen wir ihn Rohmaterial. Z.B. das bereits losgebrochene Erz, das nun ausgewaschen wird. Alles Rohmaterial ist Arbeitsgegenstand, aber nicht jeder Arbeitsgegenstand ist Rohmaterial. Rohmaterial ist der Arbeitsgegenstand nur, sobald er bereits eine durch Arbeit vermittelte Veränderung erfahren hat.

Das Arbeitsmittel ist ein Ding oder ein Komplex von Dingen, die der Arbeiter zwischen sich und den Arbeitsgegenstand schiebt und die ihm als Leiter seiner Tätigkeit auf diesen Gegenstand dienen. Er benutzt die mechanischen, physikalischen, chemischen Eigenschaften der Dinge, um sie als Machtmittel auf andre Dinge, seinem Zweck gemäß, wirken zu lassen.[175] Der Gegenstand, dessen sich der Arbeiter unmittelbar bemächtigt - abgesehn von der Ergreifung fertiger Lebensmittel, der Früchte z.B., wobei seine eignen Leibesorgane allein als Arbeitsmittel dienen - ist nicht der Arbeitsgegenstand, sondern das Arbeitsmittel. So wird das Natürliche selbst zum Organ seiner Tätigkeit, ein Organ, das er seinen eignen Leibesorganen hinzufügt, seine natürliche Gestalt verlängernd, trotz der Bibel. Wie die Erde seine ursprüngliche Proviantkammer, ist sie sein ursprüngliches Arsenal von Arbeitsmitteln. Sie liefert ihm z.B. den Stein, womit er wirft, reibt, drückt, schneidet usw. Die Erde selbst ist ein Arbeitsmittel, setzt jedoch zu ihrem Dienst als Arbeitsmittel in der Agrikultur wieder eine ganze Reihe andrer Arbeits-

[174] „Die naturwüchsigen Erzeugnisse der Erde, die in geringen Mengen und ganz unabhängig vom Menschen vorkommen, scheinen von der Natur in der gleichen Art gegeben zu sein, wie man einem jungen Mann eine knappe Summe gibt, um ihn auf den Weg des Fleißes und des Reichwerdens zu führen." (James Steuart, „Principles of Polt. Econ.", edit. Dublin 1770, v. I, p. 116.)

[175] „Die Vernunft ist ebenso listig als mächtig. Die List besteht überhaupt in der vermittelnden Tätigkeit, welche, indem sie die Objekte ihrer eigenen Natur gemäß aufeinander einwirken und sich aneinander abarbeiten läßt, ohne sich unmittelbar in diesem Prozeß einzumischen, gleichwohl nur ihren Zweck zur Ausführung bringt." (Hegel, „Enzyklopädie", Erster Teil, „Die Logik", Berlin 1840, p. 382.)

mittel und eine schon relativ hohe Entwicklung der Arbeitskraft voraus.[176] Sobald überhaupt der Arbeitsprozeß nur einigermaßen entwickelt ist, bedarf er bereits bearbeiteter Arbeitsmittel. In den ältesten Menschenhöhlen finden wir Steinwerkzeuge und Steinwaffen. Neben bearbeitetem Stein, Holz, Knochen und Muscheln spielt im Anfang der Menschengeschichte das gezähmte, also selbst schon durch Arbeit veränderte, gezüchtete Tier die Hauptrolle als Arbeitsmittel.[177] Der Gebrauch und die Schöpfung von Arbeitsmitteln, obgleich im Keim schon gewissen Tierarten eigen, charakterisieren den spezifisch menschlichen Arbeitsprozeß, und Franklin definiert daher den Menschen als „a toolmaking animal", ein Werkzeuge fabrizierendes Tier. Dieselbe Wichtigkeit, welche der Bau von Knochenreliquien für die Erkenntnis der Organisation untergegangner Tiergeschlechter, haben Reliquien von Arbeitsmitteln für die Beurteilung untergegangner ökonomischer Gesellschaftsformationen. Nicht was gemacht wird, sondern wie, mit welchen Arbeitsmitteln gemacht wird, unterscheidet die ökonomischen Epochen.[178] Die Arbeitsmittel sind nicht nur Gradmesser der Entwicklung der menschlichen Arbeitskraft, sondern auch Anzeiger der gesellschaftlichen Verhältnisse, worin gearbeitet wird. Unter den Arbeitsmitteln selbst bieten die mechanischen Arbeitsmittel, deren Gesamtheit man das Knochen- und Muskelsystem der Produktion nennen kann, viel entscheidendere Charaktermerkmale einer gesellschaftlichen Produktionsepoche als solche Arbeitsmittel, die nur zu Behältern des Arbeitsgegenstandes dienen und deren Gesamtheit ganz allgemein als das Gefäßsystem der Produktion bezeichnet werden kann, wie z.B. Röhren, Fässer, Körbe, Krüge usw. Erst in der chemischen Fabrikation spielen sie eine bedeutungsvolle Rolle.[179]

Im weitren Sinn zählt der Arbeitsprozeß unter seine Mittel außer den Dingen, welche die Wirkung der Arbeit auf ihren Gegenstand vermitteln und daher in einer oder der andren Weise als Leiter der Tätigkeit dienen, alle gegenständlichen Bedingungen, die überhaupt erheischt sind, damit der Prozeß stattfinde. Sie gehn nicht direkt in ihn ein, aber er kann ohne sie gar nicht oder nur unvollkommen vorgehn. Das allgemeine Arbeitsmittel dieser Art ist wieder die Erde selbst, denn sie gibt dem Arbeiter den locus standi (Standort) und seinem Prozeß den Wirkungsraum (field of employment). Durch die Arbeit schon vermittelte Arbeitsmittel dieser Art sind z.B. Arbeitsgebäude, Kanäle, Straßen usw.

Im Arbeitsprozeß bewirkt also die Tätigkeit des Menschen durch das Arbeitsmittel eine von vornherein bezweckte Veränderung des Arbeitsgegenstandes. Der Prozeß erlischt im Produkt. Sein Produkt ist ein Gebrauchswert, ein durch Form-

[176] In der sonst elenden Schrift: „Théorie de l'Écon. Polit.", Paris 1815, zählt Ganilh den Physiokraten gegenüber treffend die groß Reihe von Arbeitsprozessen auf, welche die Voraussetzung der eigentlichen Agrikultur bilden.

[177] In der „Réflexions sur la Formation et la Distribution des Richesses" (1766) entwickelt Turgot gut die Wichtigkeit des gezähmten Tiers für die Anfänge der Kultur.

[178] Von allen Waren sind eigentliche Luxuswaren die unbedeutendsten für die technologische Vergleichung verschiedner Produktionsepochen.

[179] Note zur 2. Ausg. So wenig die bisherige Geschichtsschreibung die Entwicklung der materiellen Produktion, also die Grundlage alles gesellschaftlichen Lebens und daher aller wirklichen Geschichte kennt, hat man wenigstens die vorhistorische Zeit auf Grundlage naturwissenschaftlicher, nicht sog. historischer Forschungen, nach dem Material der Werkzeuge und Waffen in Steinalter, Bronzealter und Eisenalter abgeteilt.

veränderung menschlichen Bedürfnissen angeeigneter Naturstoff. Die Arbeit hat sich mit ihrem Gegenstand verbunden. Sie ist vergegenständlicht, und der Gegenstand ist verarbeitet. Was auf seiten des Arbeiters in der Form der Unruhe erschien, erscheint nun als ruhende Eigenschaft, in der Form des Seins, auf seiten des Produkts. Er hat gesponnen, und das Produkt ist ein Gespinst.

Betrachtet man den ganzen Prozeß vom Standpunkt seines Resultats, des Produkts, so erscheinen beide, Arbeitsmittel und Arbeitsgegenstand, als Produktionsmittel[180] und die Arbeit selbst als produktive Arbeit.[181]

Wenn ein Gebrauchswert als Produkt aus dem Arbeitsprozeß herauskommt, gehn andre Gebrauchswerte, Produkte früherer Arbeitsprozesse, als Produktionsmittel in ihn ein. Derselbe Gebrauchswert, der das Produkt dieser, bildet das Produktionsmittel jener Arbeit. Produkte sind daher nicht nur Resultat, sondern zugleich Bedingung des Arbeitsprozesses.

Mit Ausnahme der extraktiven Industrie, die ihren Arbeitsgegenstand von Natur vorfindet, wie Bergbau, Jagd, Fischfang usw. (der Ackerbau nur, soweit er in erster Instanz die jungfräuliche Erde selbst aufbricht), behandeln alle Industriezweige einen Gegenstand, der Rohmaterial, d.h. bereits durch die Arbeit filtrierter Arbeitsgegenstand, selbst schon Arbeitsprodukt ist. So z.B. der Samen in der Agrikultur. Tiere und Pflanzen, die man als Naturprodukte zu betrachten pflegt, sind nicht nur Produkte vielleicht der Arbeit vom vorigen Jahr, sondern, in ihren jetzigen Formen, Produkte einer durch viele Generationen unter menschlicher Kontrolle, vermittelst menschlicher Arbeit, fortgesetzten Umwandlung. Was aber die Arbeitsmittel insbesondre betrifft, so zeigt ihre ungeheure Mehrzahl dem oberflächlichsten Blick die Spur vergangner Arbeit.

Das Rohmaterial kann die Hauptsubstanz eines Produkts bilden oder nur als Hilfsstoff in seine Bildung eingehn. Der Hilfsstoff wird vom Arbeitsmittel konsumiert, wie Kohle von der Dampfmaschine, Öl vom Rade, Heu vom Zugpferd, oder dem Rohmaterial zugesetzt, um darin eine stoffliche Veränderung zu bewirken, wie Chlor zur ungebleichten Leinwand, Kohle zum Eisen, Farbe zur Wolle, oder er unterstützt die Verrichtung der Arbeit selbst, wie z.B. zur Beleuchtung und Heizung des Arbeitslokals verwandte Stoffe. Der Unterschied zwischen Hauptstoff und Hilfsstoff verschwimmt in der eigentlich chemischen Fabrikation, weil keines der angewandten Rohmaterialien als die Substanz des Produkts wieder erscheint.[182]

Da jedes Ding vielerlei Eigenschaften besitzt und daher verschiedner Nutzanwendung fähig ist, kann dasselbe Produkt das Rohmaterial sehr verschiedner Arbeitsprozesse bilden. Korn z.B. ist Rohmaterial für Müller, Stärkefabrikant, Destillateur, Viehzüchter usw. Es wird Rohmaterial seiner eignen Produktion als

[180] Es scheint paradox, z.B. den Fisch, der noch nicht gefangen ist, ein Produktionsmittel für den Fischfang zu nennen. Bisher ist aber noch nicht die Kunst erfunden, Fische in Gewässern zu fangen, in denen sie sich nicht vorfinden.

[181] Diese Bestimmung produktiver Arbeit, wie sie sich vom Standpunkt des einfachen Arbeitsprozesses ergibt, reicht keineswegs hin für den kapitalistischen Produktionsprozeß.

[182] Storch unterscheidet das eigentliche Rohmaterial als „matière“ von den Hilfsstoffen als „matériaux“; Cherbuliez bezeichnet die Hilfsstoffe als „matières instrumentales“.

Samen. So geht die Kohle als Produkt aus der Minenindustrie hervor und als Produktionsmittel in sie ein.

Dasselbe Produkt mag in demselben Arbeitsprozeß als Arbeitsmittel und Rohmaterial dienen. Bei der Viehmast z.B., wo das Vieh, das bearbeitete Rohmaterial, zugleich Mittel der Düngerbereitung ist.

Ein Produkt, das in einer für die Konsumtion fertigen Form existiert, kann von neuem zum Rohmaterial eines andren Produkts werden, wie die Traube zum Rohmaterial des Weins. Oder die Arbeit entläßt ihr Produkt in Formen, worin es nur wieder als Rohmaterial brauchbar ist. Rohmaterial in diesem Zustand heißt Halbfabrikat und hieße besser Stufenfabrikat, wie z.B. Baumwolle, Faden, Garn usw. Obgleich selbst schon Produkt, mag das ursprüngliche Rohmaterial eine ganze Staffel verschiedner Prozesse zu durchlaufen haben, worin es in stets veränderter Gestalt stets von neuem als Rohmaterial funktioniert bis zum letzten Arbeitsprozeß, der es als fertiges Lebensmittel oder fertiges Arbeitsmittel von sich abstößt.

Man sieht: Ob ein Gebrauchswert als Rohmaterial, Arbeitsmittel oder Produkt erscheint, hängt ganz und gar ab von seiner bestimmten Funktion im Arbeitsprozesse, von der Stelle, die er in ihm einnimmt, und mit dem Wechsel dieser Stelle wechseln jene Bestimmungen.

Durch ihren Eintritt als Produktionsmittel in neue Arbeitsprozesse verlieren Produkte daher den Charakter des Produkts. Sie funktionieren nur noch als gegenständliche Faktoren der lebendigen Arbeit. Der Spinner behandelt die Spindel nur als Mittel, womit, den Flachs nur als Gegenstand, den er spinnt. Allerdings kann man nicht spinnen ohne Spinnmaterial und Spindel. Das Vorhandensein dieser Produkte (4. Auflage: dieses Produkts) ist daher vorausgesetzt beim Beginn des Spinnens. In diesem Prozeß selbst aber ist es ebenso gleichgültig, daß Flachs und Spindel Produkte vergangner Arbeit sind, wie es im Akt der Ernährung gleichgültig ist, daß Brot das Produkt der vergangnen Arbeiten von Bauer, Müller, Bäcker usw. Umgekehrt. Machen Produktionsmittel im Arbeitsprozeß ihren Charakter als Produkte vergangner Arbeit geltend, so durch ihre Mängel. Ein Messer, das nicht schneidet, Garn, das beständig zerreißt usw., erinnern lebhaft an Messerschmied A und Garnwichser E. Im gelungnen Produkt ist die Vermittlung seiner Gebrauchseigenschaften durch vergangne Arbeit ausgelöscht.

Eine Maschine, die nicht im Arbeitsprozeß dient, ist nutzlos. Außerdem verfällt sie der zerstörenden Gewalt des natürlichen Stoffwechsels. Das Eisen verrostet, das Holz verfault. Garn, das nicht verwebt oder verstrickt wird, ist verdorbne Baumwolle. Die lebendige Arbeit muß diese Dinge ergreifen, sie von den Toten erwecken, sie aus nur möglichen in wirkliche und wirkende Gebrauchswerte verwandeln. Vom Feuer der Arbeit beleckt, als Leiber derselben angeeignet, zu ihren begriffs- und berufsmäßigen Funktionen im Prozeß begeistet, werden sie zwar auch verzehrt, aber zweckvoll, als Bildungselemente neuer Gebrauchswerte, neuer Produkte, die fähig sind, als Lebensmittel in die individuelle Konsumtion oder als Produktionsmittel in neuen Arbeitsprozeß einzugehn.

Wenn also vorhandne Produkte nicht nur Resultate, sondern auch Existenzbedingungen des Arbeitsprozesses sind, ist andrerseits ihr Hineinwerfen in ihn, also ihr Kontakt mit lebendiger Arbeit, das einzige Mittel, um diese Produkte vergangner Arbeit als Gebrauchswerte zu erhalten und zu verwirklichen.

Die Arbeit verbraucht ihre stofflichen Elemente, ihren Gegenstand und ihr Mittel, verspeist dieselben und ist also Konsumtionsprozeß. Diese produktive Konsumtion unterscheidet sich dadurch von der individuellen Konsumtion, daß letztere die Produkte als Lebensmittel des lebendigen Individuums, erstere sie als Lebensmittel der Arbeit, seiner sich betätigenden Arbeitskraft, verzehrt. Das Produkt der individuellen Konsumtion ist daher der Konsument selbst, das Resultat der produktiven Konsumtion ein vom Konsumenten unterschiednes Produkt.

Sofern ihr Mittel und ihr Gegenstand selbst schon Produkte sind, verzehrt die Arbeit Produkte, um Produkte zu schaffen, oder vernutzt Produkte als Produktionsmittel von Produkten. Wie der Arbeitsprozeß aber ursprünglich nur zwischen dem Menschen und der ohne sein Zutun vorhandnen Erde vorgeht, dienen in ihm immer noch auch solche Produktionsmittel, die von Natur vorhanden, keine Verbindung von Naturstoff und menschlicher Arbeit darstellen.

Der Arbeitsprozeß, wie wir ihn in seinen einfachen und abstrakten Momenten dargestellt haben, ist zweckmäßige Tätigkeit zur Herstellung von Gebrauchswerten, Aneignung des Natürlichen für menschliche Bedürfnisse, allgemeine Bedingung des Stoffwechsels zwischen Mensch und Natur, ewige Naturbedingung des menschlichen Lebens und daher unabhängig von jeder Form dieses Lebens, vielmehr allen seinen Gesellschaftsformen gleich gemeinsam. Wir hatten daher nicht nötig, den Arbeiter im Verhältnis zu andren Arbeitern darzustellen. Der Mensch und seine Arbeit auf der einen, die Natur und ihre Stoffe auf der andren Seite genügten. So wenig man dem Weizen anschmeckt, wer ihn gebaut hat, so wenig sieht man diesem Prozeß an, unter welchen Bedingungen er vorgeht, ob unter der brutalen Peitsche des Sklavenaufsehers oder unter dem ängstlichen Auge des Kapitalisten, ob Cincinnatus ihn verrichtet in der Bestellung seiner paar jugera (Morgen) oder der Wilde, der mit einem Stein eine Bestie erlegt.[183]

Kehren wir zu unsrem Kapitalisten in spe zurück. Wir verließen ihn, nachdem er auf dem Warenmarkt alle zu einem Arbeitsprozeß notwendigen Faktoren gekauft hatte, die gegenständlichen Faktoren oder die Produktionsmittel, den persönlichen Faktor oder die Arbeitskraft. Er hat mit schlauem Kennerblick die für sein besondres Geschäft, Spinnerei, Stiefelfabrikation usw., passenden Produktionsmittel und Arbeitskräfte ausgewählt. Unser Kapitalist setzt sich also daran, die von ihm gekaufte Ware, die Arbeitskraft, zu konsumieren, d.h., er läßt den

[183] Aus diesem höchst logischen Grund entdeckt wohl Oberst Torrens in dem Stein des Wilden - den Ursprung des Kapitals. „In dem ersten Stein, den der Wilde auf die Bestie wirft, die er verfolgt, in dem ersten Stock, den er ergreift, um die Frucht niederzuziehn, die er nicht mit den Händen fassen kann, sehn wir die Aneignung eines Artikels zum Zweck der Erwerbung eines andren und entdecken so - den Ursprung des Kapitals.“ (R. Torrens, „An Essay on the Production of Wealth etc.“, p. 70, 71.) Aus jenem ersten Stock ist wahrscheinlich auch zu erklären, warum stock im Englischen synonym mit Kapital ist.

Träger der Arbeitskraft, den Arbeiter, die Produktionsmittel durch seine Arbeit konsumieren. Die allgemeine Natur des Arbeitsprozesses ändert sich natürlich nicht dadurch, daß der Arbeiter ihn für den Kapitalisten, statt für sich selbst verrichtet. Aber auch die bestimmte Art und Weise, wie man Stiefel macht oder Garn spinnt, kann sich zunächst nicht ändern durch die Dazwischenkunft des Kapitalisten. Er muß die Arbeitskraft zunächst nehmen, wie er sie auf dem Markt vorfindet, also auch ihre Arbeit, wie sie in einer Periode entsprang, wo es noch keine Kapitalisten gab. Die Verwandlung der Produktionsweise selbst durch die Unterordnung der Arbeit unter das Kapital kann sich erst später ereignen und ist daher erst später zu betrachten.

Der Arbeitsprozeß, wie er als Konsumtionsprozeß der Arbeitskraft durch den Kapitalisten vorgeht, zeigt nun zwei eigentümliche Phänomene.

Der Arbeiter arbeitet unter der Kontrolle des Kapitalisten, dem seine Arbeit gehört. Der Kapitalist paßt auf, daß die Arbeit ordentlich vonstatten geht und die Produktionsmittel zweckmäßig verwandt werden, also kein Rohmaterial vergeudet und das Arbeitsinstrument geschont, d.h. nur so weit zerstört wird, als sein Gebrauch in der Arbeit ernötigt.

Zweitens aber: Das Produkt ist Eigentum des Kapitalisten, nicht des unmittelbaren Produzenten, des Arbeiters. Der Kapitalist zahlt z.B. den Tageswert der Arbeitskraft. Ihr Gebrauch, wie der jeder andren Ware, z.B. eines Pferdes, das er für einen Tag gemietet, gehört ihm also für den Tag. Dem Käufer der Ware gehört der Gebrauch der Ware, und der Besitzer der Arbeitskraft gibt in der Tat nur den von ihm verkauften Gebrauchswert, indem er seine Arbeit gibt. Von dem Augenblicke, wo er in die Werkstätte des Kapitalisten trat, gehörte der Gebrauchswert seiner Arbeitskraft, also ihr Gebrauch, die Arbeit, dem Kapitalisten. Der Kapitalist hat durch den Kauf der Arbeitskraft die Arbeit selbst als lebendigen Gärungsstoff den toten ihm gleichfalls gehörigen Bildungselementen des Produkts einverleibt. Von seinem Standpunkt ist der Arbeitsprozeß nur die Konsumtion der von ihm gekauften Ware Arbeitskraft, die er jedoch nur konsumieren kann, indem er ihr Produktionsmittel zusetzt. Der Arbeitsprozeß ist ein Prozeß zwischen Dingen, die der Kapitalist gekauft hat, zwischen ihm gehörigen Dingen. Das Produkt dieses Prozesses gehört ihm daher ganz ebensosehr als das Produkt des Gärungsprozesses in seinem Weinkeller.[184]

[184] „Die Produkte sind appropriiert, bevor sie in Kapital verwandelt werden; diese Verwandlung entzieht sie nicht jener Appropriation." (Cherbuliez, „Richesse ou Pauvreté", édit. Paris 1841, p. 54.) „Indem der Proletarier seine Arbeit gegen ein bestimmtes Quantum Lebensmittel (approvisionnement) verkauft, verzichtet er vollständig auf jeden Anteil am Produkt. Die Appropriation der Produkte bleibt dieselbe wie vorher; sie ist in keiner Weise durch die erwähnte Konvention verändert. Das Produkt gehört ausschließlich dem Kapitalisten, der die Rohstoffe und das Approvisionnement geliefert hat. Es ist dies eine strenge Konsequenz des Gesetzes der Appropriation, dessen Fundamentalprinzip umgekehrt das ausschließliche Eigentumsrecht jedes Arbeiters an seinem Produkte war." (ibid., p. 58.) James Mill, „Elements of Pol. Econ. etc.", p. 70, 71: „Wenn die Arbeiter für Arbeitslohn arbeiten, ist der Kapitalist Eigentümer nicht nur des Kapitals" (meint hier die Produktionsmittel), „sondern auch der Arbeit (of the labour also). Wenn man das, was für Arbeitslohn gezahlt wird, wie dies gebräuchlich, in den Begriff Kapital einschließt, ist es abgeschmackt, von der Arbeit getrennt vom Kapital zu sprechen. Das Wort Kapital in diesem Sinn schließt beides ein, Kapital und Arbeit."

2. Verwertungsprozeß

Das Produkt - das Eigentum des Kapitalisten - ist ein Gebrauchswert, Garn, Stiefel usw. Aber obgleich Stiefel z.B. gewissermaßen die Basis des gesellschaftlichen Fortschritts bilden und unser Kapitalist ein entschiedner Fortschrittsmann ist, fabriziert er die Stiefel nicht ihrer selbst wegen. Der Gebrauchswert ist überhaupt nicht das Ding qu'on aime pour lui-même (das man um seiner selbst willen liebt) in der Warenproduktion. Gebrauchswerte werden hier überhaupt nur produziert, weil und sofern sie materielles Substrat, Träger des Tauschwerts sind. Und unsrem Kapitalisten handelt es sich um zweierlei. Erstens will er einen Gebrauchswert produzieren, der einen Tauschwert hat, einen zum Verkauf bestimmten Artikel, eine Ware. Und zweitens will er eine Ware produzieren, deren Wert höher als die Wertsumme der zu ihrer Produktion erheischten Waren, der Produktionsmittel und der Arbeitskraft, für die er sein gutes Geld auf dem Warenmarkt vorschoß. Er will nicht nur einen Gebrauchswert produzieren, sondern eine Ware, nicht nur Gebrauchswert, sondern Wert, und nicht nur Wert, sondern auch Mehrwert.

In der Tat, da es sich hier um Warenproduktion handelt, haben wir bisher offenbar nur eine Seite des Prozesses betrachtet. Wie die Ware selbst Einheit von Gebrauchswert und Wert, muß ihr Produktionsprozeß Einheit von Arbeitsprozeß und Wertbildungsprozeß sein.

Betrachten wir den Produktionsprozeß nun auch als Wertbildungsprozeß.

Wir wissen, daß der Wert jeder Ware bestimmt ist durch das Quantum der in ihrem Gebrauchswert materialisierten Arbeit, durch die zu ihrer Produktion gesellschaftlich notwendige Arbeitszeit. Dies gilt auch für das Produkt, das sich unsrem Kapitalisten als Resultat des Arbeitsprozesses ergab. Es ist also zunächst die in diesem Produkt vergegenständlichte Arbeit zu berechnen.

Es sei z.B. Garn.

Zur Herstellung des Garns war zuerst sein Rohmaterial nötig, z.B. 10 Pfund Baumwolle. Was der Wert der Baumwolle, ist nicht erst zu untersuchen, denn der Kapitalist hat sie auf dem Markt zu ihrem Wert, z.B. zu 10 sh. gekauft. In dem Preise der Baumwolle ist die zu ihrer Produktion erheischte Arbeit schon als allgemein gesellschaftliche Arbeit dargestellt. Wir wollen ferner annehmen, daß die in der Verarbeitung der Baumwolle verzehrte Spindelmasse, die uns alle andren aufgewandten Arbeitsmittel repräsentiert, einen Wert von 2 sh. besitzt. Ist eine Goldmasse von 12 sh. das Produkt von 24 Arbeitsstunden oder zwei Arbeitstagen, so folgt zunächst, daß im Garn zwei Arbeitstage vergegenständlicht sind.

Der Umstand, daß die Baumwolle ihre Form verändert hat und die aufgezehrte Spindelmasse ganz verschwunden ist, darf nicht beirren. Nach dem allgemeinen Wertgesetz sind z.B. 10 Pfund Garn ein Äquivalent für 10 Pfund Baumwolle und 1/4 Spindel, wenn der Wert von 40 Pfund Garn = dem Wert von 40 Pfund Baumwolle + dem Wert einer ganzen Spindel, d.h., wenn dieselbe Arbeitszeit erfordert ist, um beide Seiten dieser Gleichung zu produzieren. In diesem Fall stellt sich dieselbe Arbeitszeit das eine Mal in dem Gebrauchswert Garn, das andre Mal in den Gebrauchswerten Baumwolle und Spindel dar. Der Wert ist also gleichgültig dagegen, ob er in Garn, Spindel oder Baumwolle erscheint. Daß Spindel und Baumwolle, statt ruhig nebeneinander zu liegen, im Spinnprozesse eine Verbindung eingehn, welche ihre Gebrauchsformen verändert, sie in Garn Verwandelt, berührt ihren Wert ebensowenig, als wenn sie durch einfachen Austausch gegen ein Äquivalent von Garn umgesetzt worden wären.

Die zur Produktion der Baumwolle erheischte Arbeitszeit ist Teil der zur Produktion des Garns, dessen Rohmaterial sie bildet, erheischten Arbeitszeit und deshalb im Garn enthalten. Ebenso verhält es sich mit der Arbeitszeit, die zur Produktion der Spindelmasse erheischt ist, ohne deren Verschleiß oder Konsum die Baumwolle nicht versponnen werden kann.[185]

Soweit also der Wert des Garns, die zu seiner Herstellung erheischte Arbeitszeit, in Betrachtung kommt, können die verschiednen besondren, der Zeit und dem Raum nach getrennten Arbeitsprozesse, die durchlaufen werden müssen, um die Baumwolle selbst und die vernutzte Spindelmasse zu produzieren, endlich aus Baumwolle und Spindel Garn zu machen, als verschiedne aufeinander folgende Phasen eines und desselben Arbeitsprozesses betrachtet werden. Alle im Garn enthaltne Arbeit ist vergangne Arbeit. Daß die zur Produktion seiner Bildungselemente erheischte Arbeitszeit früher vergangen ist, im Plusquamperfektum steht, dagegen die zum Schlußprozeß, dem Spinnen, unmittelbar verwandte Arbeit dem Präsens näher, im Perfektum steht, ist ein durchaus gleichgültiger Umstand. Ist eine bestimmte Masse Arbeit, z.B. von 30 Arbeitstagen, zum Bau eines Hauses nötig, so ändert es nichts am Gesamtquantum der dem Hause einverleibten Arbeitszeit, daß der 30. Arbeitstag 29 Tage später in die Produktion einging als der erste Arbeitstag. Und so kann die im Arbeitsmaterial und Arbeitsmittel enthaltne Arbeitszeit ganz so betrachtet werden, als wäre sie nur in einem früheren Stadium des Spinnprozesses verausgabt worden, vor der zuletzt unter der Form des Spinnens zugesetzten Arbeit.

Die Werte der Produktionsmittel, der Baumwolle und der Spindel, ausgedrückt in dem Preise von 12 sh., bilden also Bestandteile des Garnwerts oder des Werts des Produkts.

Nur sind zwei Bedingungen zu erfüllen. Einmal müssen Baumwolle und Spindel wirklich zur Produktion eines Gebrauchswerts gedient haben. Es muß in unsrem Fall Garn aus ihnen geworden sein. Welcher Gebrauchswert ihn trägt, ist dem Wert gleichgültig, aber ein Gebrauchswert muß ihn tragen. Zweitens ist vorausgesetzt, daß nur die unter den gegebnen gesellschaftlichen Produktionsbedingungen notwendige Arbeitszeit verwandt wurde. Wäre also nur 1 Pfund Baumwolle nötig, um 1 Pfund Garn zu spinnen, so darf nur 1 Pfund Baumwolle verzehrt sein

[185] „Nicht nur die auf Waren unmittelbar angewandte Arbeit beeinflußt ihren Wert, sondern auch die Arbeit, die auf Geräte, Werkzeuge und Gebäude verwendet worden ist, welche die unmittelbar verausgabte Arbeit unterstützen." (Ricardo, l.c.p. 16.)

in der Bildung von 1 Pfund Garn. Ebenso verhält es sich mit der Spindel. Hat der Kapitalist die Phantasie, goldne statt eiserner Spindeln anzuwenden, so zählt im Garnwert dennoch nur die gesellschaftlich notwendige Arbeit, d.h. die zur Produktion eiserner Spindeln notwendige Arbeitszeit.

Wir wissen jetzt, welchen Teil des Garnwerts die Produktionsmittel, Baumwolle und Spindel, bilden. Er ist gleiche 12 sh. oder die Materiatur von zwei Arbeitstagen. Es handelt sich also nun um den Wertteil, welchen die Arbeit des Spinners selbst der Baumwolle zusetzt.

Wir haben diese Arbeit jetzt von einem ganz andren Gesichtspunkte zu betrachten, als während des Arbeitsprozesses. Dort handelte es sich um die zweckmäßige Tätigkeit, Baumwolle in Garn zu verwandeln. Je zweckmäßiger die Arbeit, desto besser das Garn, alle andren Umstände als gleichbleibend vorausgesetzt. Die Arbeit des Spinners war spezifisch verschieden von andren produktiven Arbeiten, und die Verschiedenheit offenbarte sich subjektiv und objektiv, im besondren Zweck des Spinnens, seiner besondren Operationsweise, der besondren Natur seiner Produktionsmittel, dem besondren Gebrauchswert seines Produkts. Baumwolle und Spindel dienen als Lebensmittel der Spinnarbeit, aber man kann mit ihnen keine gezogenen Kanonen machen. Sofern die Arbeit des Spinners dagegen wertbildend ist, d.h. Wertquelle, ist sie durchaus nicht verschieden von der Arbeit des Kanonenbohrers, oder, was uns hier näher liegt, von den in den Produktionsmitteln des Garns verwirklichten Arbeiten des Baumwollpflanzers und des Spindelmachers. Nur wegen diese Identität können Baumwollpflanzen, Spindelmachen und Spinnen bloß quantitativ verschiedne Teile desselben Gesamtwerts, des Garnwerts, bilden. Es handelt sich hier nicht mehr um die Qualität, die Beschaffenheit und den Inhalt der Arbeit, sondern nur noch um ihre Quantität. Diese ist einfach zu zählen. Wir nehmen an, daß die Spinnarbeit einfache Arbeit, gesellschaftliche Durchschnittsarbeit ist. Man wird später sehn, daß die gegenteilige Annahme nichts an der Sache ändert.

Während des Arbeitsprozesses setzt sich die Arbeit beständig aus der Form der Unruhe in die des Seins, aus der Form der Bewegung in die der Gegenständlichkeit um. Am Ende einer Stunde ist die Spinnbewegung in einem gewissen Quantum Garn dargestellt, also ein bestimmtes Quantum Arbeit, eine Arbeitsstunde, in der Baumwolle vergegenständlicht. Wir sagen Arbeitsstunde, d.h. die Verausgabung der Lebenskraft des Spinners während einer Stunde, denn die Spinnarbeit gilt hier nur, soweit sie Verausgabung von Arbeitskraft, nicht soweit sie die spezifische Arbeit des Spinnens ist.

Es ist nun entscheidend wichtig, daß während der Dauer des Prozesses, d.h. der Verwandlung von Baumwolle in Garn, nur die gesellschaftlich notwendige Arbeitszeit verzehrt wird. Müssen unter normalen, d.h. durchschnittlichen gesellschaftlichen Produktionsbedingungen, a Pfund Baumwolle während einer Arbeitsstunde in b Pfund Garn verwandelt sein, so gilt nur der Arbeitstag als Arbeitstag von 12 Stunden, der 12 x a Pfund Baumwolle in 12 x b Pfund Garn verwandelt. Denn nur die gesellschaftlich notwendige Arbeitszeit zählt als wertbildend.

Wie die Arbeit selbst, so erscheint hier auch Rohmaterial und Produkt in einem ganz andren Licht als vom Standpunkt des eigentlichen Arbeitsprozesses. Das Rohmaterial gilt hier nur als Aufsauger eines bestimmten Quantums Arbeit. Durch diese Aufsaugung verwandelt es sich in der Tat in Garn, weil die Arbeitskraft in der Form der Spinnerei verausgabt und ihm zugesetzt wurde. Aber das Produkt, das Garn, ist jetzt nur noch Gradmesser der von der Baumwolle eingesaugten Arbeit. Wird in einer Stunde 1 2/3 Pfund Baumwolle versponnen oder in 1 2/3 Pfund Garn verwandelt, so zeigen 10 Pfund Garn 6 eingesaugte Arbeitsstunden an. Bestimmte und erfahrungsmäßig festgestellte Quanta Produkt stellen jetzt nichts dar als bestimmte Quanta Arbeit, bestimmte Masse festgeronnener Arbeitszeit. Sie sind nur noch Materiatur von einer Stunde, zwei Stunden, einem Tag gesellschaftlicher Arbeit.

Daß die Arbeit grade Spinnarbeit, ihr Material Baumwolle und ihr Produkt Garn, wird hier ebenso gleichgültig, als daß der Arbeitsgegenstand selbst schon Produkt, also Rohmaterial ist. Wäre der Arbeiter, statt in der Spinnerei, in der Kohlengrube beschäftigt, so wäre der Arbeitsgegenstand, die Kohle, von Natur vorhanden. Dennoch stellte ein bestimmtes Quantum aus dem Bett losgebrochener Kohle, z.B. ein Zentner, ein bestimmtes Quantum aufgesaugter Arbeit dar.

Beim Verkauf der Arbeitskraft ward unterstellt, daß ihr Tageswert = 3 sh., und in den letztren 6 Arbeitsstunden verkörpert sind, dies Arbeitsquantum also erheischt ist, um die Durchschnittssumme der täglichen Lebensmittel des Arbeiters zu produzieren. Verwandelt unser Spinner nun während einer Arbeitsstunde 1 2/3 Pfund Baumwolle im 1 2/3 Pfund Garn,[186] so in 6 Stunden 10 Pfund Baumwolle in 10 Pfund Garn. Während der Dauer des Spinnprozesses saugt die Baumwolle also 6 Arbeitsstunden ein. Dieselbe Arbeitszeit stellt sich in einem Goldquantum von 3 sh. dar. Der Baumwolle wird also durch das Spinnen selbst ein Wert von 3 sh. zugesetzt.

Sehn wir uns nun den Gesamtwert des Produkts, der 10 Pfund Garn, an. In ihnen sind 2 1/2 Arbeitstage vergegenständlicht, 2 Tage enthalten in Baumwolle und Spindelmasse, 1/2 Tag Arbeit eingesaugt während des Spinnprozesses. Dieselbe Arbeitszeit stellt sich in einer Goldmasse von 15 sh. dar. Der dem Wert der 10 Pfund Garn adäquate Preis beträgt also 15 sh., der Preis eines Pfundes Garn 1 sh. 6 d.

Unser Kapitalist stutzt. Der Wert des Produkts ist gleich dem Wert des vorgeschossenen Kapitals. Der vorgeschossene Wert hat sich nicht verwertet, keinen Mehrwert erzeugt, Geld sich also nicht in Kapital verwandelt. Der Preis der 10 Pfund Garn ist 15 sh., und 15 sh. wurden verausgabt auf dem Warenmarkt für die Bildungselemente des Produkts oder, was dasselbe, die Faktoren des Arbeitsprozesses: 10 sh. für Baumwolle, 2 sh. für die verzehrte Spindelmasse und 3 sh. für

[186] Die Zahlen hier sind ganz willkürlich.

Arbeitskraft. Der aufgeschwollne Wert des Garns hilft nichts, denn sein Wert ist nur die Summe der früher auf Baumwolle, Spindel und Arbeitskraft verteilten Werte, und aus einer solchen bloßen Addition vorhandner Werte kann nun und nimmermehr ein Mehrwert entspringen.[187] Diese Werte sind jetzt alle auf ein Ding konzentriert, aber so waren sie in der Geldsumme von 15 sh., bevor diese sich durch drei Warenkäufe zersplitterte.

An und für sich ist dies Resultat nicht befremdlich. Der Wert eines Pfund Garn ist 1 sh. 6 d., und für 10 Pfund Garn müßte unser Kapitalist daher auf dem Warenmarkt 15 sh. zahlen. Ob er sein Privathaus fertig auf dem Markt kauft oder es selbst bauen läßt, keine dieser Operationen wird das im Erwerb des Hauses ausgelegte Geld vermehren.

Der Kapitalist, der in der Vulgärökonomie Bescheid weiß, sagt vielleicht, er haben sein Geld mit der Absicht vorgeschossen, mehr Geld daraus zu machen. Der Weg zur Hölle ist jedoch mit guten Absichten gepflastert, und er konnte ebensogut der Absicht sein, Geld zu machen, ohne zu produzieren.[188] Er droht. Man werde ihn nicht wieder ertappen. Künftig werde er die Ware fertig auf dem Markt kaufen, statt sie selbst zu fabrizieren. Wenn aber alle seine Brüder Kapitalisten desgleichen tun, wo soll er Ware auf dem Markt finden? Und Geld kann er nicht essen. Er katechisiert. Man soll seine Abstinenz bedenken. Er konnte seine 15 sh. verprassen. Statt dessen hat er sie produktiv konsumiert und Garn daraus gemacht. Aber dafür ist er ja im Besitz von Garn statt von Gewissensbissen. Er muß beileibe nicht in die Rolle des Schatzbildners zurückfallen, der uns zeigte, was bei der Asketik herauskommt. Außerdem, wo nichts ist, hat der Kaiser sein Recht verloren. Welches immer das Verdienst seiner Entsagung, es ist nichts da, um sie extra zu zahlen, da der Wert des Produkts, der aus dem Prozeß herauskommt, nur gleich der Summe der hineingeworfenen Warenwerte. Er beruhige sich also dabei, daß Tugend Lohn. Statt dessen wird er zudringlich. Das Garn ist ihm unnütz. Er hat es für den Verkauf produziert. So verkaufe er es, oder, noch einfacher, produziere in Zukunft nur Dinge für seinen eignen Bedarf, ein Rezept, das ihm bereits sein Hausarzt MacCulloch als probates Mittel gegen die Epidemie der Überproduktion verschrieben hat. Er stellt sich trutzig auf die Hinterbeine. Sollte der Arbeiter mit seinen eignen Gliedmaßen in der blauen Luft Arbeitsgebilde schaffen, Waren produzieren? Gab er ihm nicht den Stoff, womit und worin er allein seine Arbeit verleiblichen kann? Da nun der größte Teil der Gesellschaft aus solchen Habenichtsen besteht, hat er nicht der Gesellschaft durch seine Produktionsmittel, seine Baumwolle und seine

[187] Dies ist der Fundamentalsatz, worauf die Lehre der Physiokraten von der Unproduktivität aller nicht agrikolen Arbeit beruht, und er ist unumstößlich für den Ökonomen - von Fach. „Diese Art, einem einzigen Gegenstand den Wert mehrerer anderer zuzurechnen" (z.B. dem Flachs den Lebensunterhalt des Leinewebers), „also sozusagen verschiedene Werte schichtweise auf einen einzigen aufzuhäufen, bewirkt, daß dieser in gleichem Umfang anwächst ... Der Ausdruck Addition bezeichnet sehr gut die Art, wie der Preis der handwerklichen Erzeugnisse gebildet wird; dieser Preis ist nur die Gesamtsumme mehrerer verbrauchter und zusammengezählter Werte; addieren jedoch bedeutet nicht multiplizieren." (Mercier de la Rivière, l.c.p. 599.)

[188] So z.B. entzog er 1844-1847 [einen] Teil seines Kapitals dem produktiven Geschäft, um es in Eisenbahnaktien zu verspekulieren. So, zur Zeit des amerikanischen Bürgerkriegs, schloß er die Fabrik und warf den Fabrikarbeiter aufs Pflaster, um auf der Liverpooler Baumwollbörse zu spielen.

Spindel, einen unermeßlichen Dienst erwiesen, nicht dem Arbeiter selbst, den er obendrein noch mit Lebensmitteln versah? Und soll er den Dienst nicht berechnen? Hat der Arbeiter ihm aber nicht den Gegendienst erwiesen, Baumwolle und Spindel in Garn zu verwandeln? Außerdem handelt es sich hier nicht um Dienste.[189] Ein Dienst ist nichts als die nützliche Wirkung eines Gebrauchswerts, sei es der Ware, sei es der Arbeit.[190] Hier aber gilt's den Tauschwert. Er zahlte dem Arbeiter den Wert von 3 sh. Der Arbeiter gab ihm ein exaktes Äquivalent zurück in dem der Baumwolle zugesetzten Wert von 3 sh. Wert für Wert. Unser Freund, eben noch so kapitalübermütig, nimmt plötzlich die anspruchslose Haltung seines eignen Arbeiters an. Hat er nicht selbst gearbeitet? nicht die Arbeit der Überwachung, der Oberaufsicht über den Spinner verrichtet? Bildet diese seine Arbeit nicht auch Wert? Sein eigner overlooker (Aufseher) und sein Manager zucken die Achseln. Unterdes hat er aber bereits mit heitrem Lächeln seine alte Physiognomie wieder angenommen. Er foppte uns mit der ganzen Litanei. Er gibt keinen Deut darum. Er überläßt diese und ähnliche faule Ausflüchte und hohle Flausen den dafür eigens bezahlten Professoren der politischen Ökonomie. Er selbst ist ein praktischer Mann, der zwar nicht immer bedenkt, was er außerhalb des Geschäfts sagt, aber stets weiß, was er im Geschäft tut.

Sehn wir näher zu. Der Tageswert der Arbeitskraft betrug 3 sh., weil in ihr selbst ein halber Arbeitstag vergegenständlicht ist, d.h. weil die täglich zur Produktion der Arbeitskraft nötigen Lebensmittel einen halben Arbeitstag kosten. Aber die vergangne Arbeit, die in der Arbeitskraft steckt, und die lebendige Arbeit, die sie leisten kann, ihre täglichen Erhaltungskosten und ihre tägliche Verausgabung, sind zwei ganz verschiedne Größen. Die erstere bestimmt ihren Tauschwert, die andre bildet ihren Gebrauchswert. Daß ein halber Arbeitstag nötig, um ihn während 24 Stunden am Leben zu erhalten, hindert den Arbeiter keineswegs, einen ganzen Tag zu arbeiten. Der Wert der Arbeitskraft und ihre Verwertung im Arbeitsprozeß sind also zwei verschiedne Größen. Diese Wertdifferenz hatte der Kapitalist im Auge, als er die Arbeitskraft kaufte. Ihre nützliche Eigenschaft, Garn oder Stiefel zu machen, war nur eine conditio sine qua non, weil Arbeit in nützlicher Form verausgabt werden muß, um Wert zu bilden. Was aber entschied, war spezifische Gebrauchswert dieser Ware, Quelle von Wert zu sein und von mehr Wert, als sie selbst hat. Dies ist der spezifische Dienst, den der Kapitalist von ihr erwartet. Und er verfährt dabei den ewigen Gesetzen des Warenaustau-

[189] „Las du rhümen, schmücken und putzen ... Wer aber mehr oder besseres nimpt" (als er gibt), „das ist Wucher, und heisst, nicht Dienst, sondern Schaden gethan seinem Nehesten, als mit stelen und rauben geschieht. Es ist nicht alles Dienst und wolgethan dem Nehesten, was man heisst, Dienst und wolgethan. Denn eine Ehebrecherin und Ehebrecher thun einander grossen Dienst und wolgefallen. Ein Reuter thut einem Mordbrenner grossen reuterdienst, das er im hilfft auff der strassen rauben, Land und Leute bevehden. Die Papisten thun den unsern grossen Dienst, das sie nicht alle ertrenken, verbrennen, ermorden, im Gefengnis verfaulen lassen, sondern lassen doch etliche leben, und verjagen sie, oder nemen jnen was sie haben. Der Teuffel thut selber seinen Dienern grossen, unermesslichen Dienst ... Summa, die Welt ist vol grosser, tefflicher teglicher Dienst und wohlthaten." (Martin Luther, „An die Pfarrherrn, wider den Wucher zu predigen etc.", Wittenberg 1540.)

[190] Ich bemerke darüber in „Zur Kritik der Pol. Oek.", p.14 u.a.: „Man begreift, welchen „Dienst" die Kategorie „Dienst" (service) einer Sorte Ökonomen wie J. B. Say und F. Bastiat leisten muß." (Siehe Band 13, S. 24)

sches gemäß. In der Tat, der Verkäufer der Arbeitskraft, wie der Verkäufer jeder andren Ware, realisiert ihren Tauschwert und veräußert ihren Gebrauchswert. Er kann den einen nicht erhalten, ohne den andren wegzugeben. Der Gebrauchswert der Arbeitskraft, die Arbeit selbst, gehört ebensowenig ihrem Verkäufer, wie der Gebrauchswert des verkauften Öls dem Ölhändler. Der Geldbesitzer hat den Tageswert der Arbeitskraft gezahlt; ihm gehört daher ihr Gebrauch während des Tages, die tagelange Arbeit. Der Umstand, daß die tägliche Erhaltung der Arbeitskraft nur einen halben Arbeitstag kostet, obgleich die Arbeitskraft einen ganzen Tag wirken, arbeiten kann, daß daher der Wert, den ihr Gebrauch während eines Tags schafft, doppelt so groß ist als ihr eigner Tageswert, ist ein besondres Glück für den Käufer, aber durchaus kein Unrecht gegen den Verkäufer.

Unser Kapitalist hat den Kasus, der ihn lachen macht, vorgesehn. Der Arbeiter findet daher in der Werkstätte die nötigen Produktionsmittel nicht nur für einen sechsstündigen, sondern für einen zwölfstündigen Arbeitsprozeß. Saugten 10 Pfund Baumwolle 6 Arbeitsstunden ein und verwandelten sich in 10 Pfund Garn, so werden 20 Pfund Baumwolle 12 Arbeitsstunden einsaugen und in 20 Pfund Garn verwandelt. Betrachten wir das Produkt des verlängerten Arbeitsprozesses. In den 20 Pfund Garn sind jetzt 5 Arbeitstage vergegenständlicht, 4 in der verzehrten Baumwoll- und Spindelmasse, 1 von der Baumwolle eingesaugt während des Spinnprozesses. Der Goldausdruck von 5 Arbeitstagen ist aber 30 sh. oder 1 Pfd.St. 10 sh. Dies also der Preis der 20 Pfund Garn. Das Pfund Garn kostet nach wie vor 1 sh. 6 d. Aber die Wertsumme der in den Prozeß geworfenen Waren betrug 27 sh. Der Wert des Garns beträgt 30 sh. Der Wert des Produkts ist um 1/9 gewachsen über den zu seiner Produktion vorgeschoßnen Wert. So haben sich 27 sh. in 30 sh. verwandelt. Sie haben einen Mehrwert von 3 sh. gesetzt. Das Kunststück ist endlich gelungen. Geld ist in Kapital verwandelt.

Alle Bedingungen des Problems sind gelöst und die Gesetze des Warenaustausches in keiner Weise verletzt. Äquivalent wurde gegen Äquivalent ausgetauscht. Der Kapitalist zahlte als Käufer jede Ware zu ihrem Wert, Baumwolle, Spindelmasse, Arbeitskraft. Er tat dann, was jeder andre Käufer von Waren tut. Er konsumierte ihren Gebrauchswert. Der Konsumtionsprozeß der Arbeitskraft, der zugleich Produktionsprozeß der Ware, ergab ein Produkt von 20 Pfund Garn mit einem Wert von 30 sh. Der Kapitalist kehrt nun zum Markt zurück und verkauft Ware, nachdem er Ware gekauft hat. Er verkauft das Pfund Garn zu 1 sh. 6 d., keinen Deut über oder unter seinem Wert. Und doch zieht er 3 sh. mehr aus der Zirkulation heraus, als er ursprünglich in sie hineinwarf. Dieser ganze Verlauf, die Verwandlung seines Geldes in Kapital, geht in der Zirkulationssphäre vor und geht nicht in ihr vor. Durch die Vermittlung der Zirkulation, weil bedingt durch den Kauf der Arbeitskraft auf dem Warenmarkt. Nicht in der Zirkulation, denn sie leitet nur den Verwertungsprozeß ein, der sich in der Produktionssphäre zuträgt. Und so ist „tout pour le mieux dans le meilleur des mondes possibles" („Alles ist auf Beste bestellt in der besten der möglichen Welten")

Indem der Kapitalist Geld in Waren verwandelt, die als Stoffbildner eines neuen Produkts oder als Faktoren des Arbeitsprozesses dienen, indem er ihrer toten Gegenständlichkeit lebendige Arbeitskraft einverleibt, verwandelt er Wert, vergangne, vergegenständlichte, tote Arbeit in Kapital, sich selbst verwertenden Wert, ein beseeltes Ungeheuer, das zu „arbeiten" beginnt, als hätt' es Lieb' im Leibe.

Vergleichen wir nun Wertbildungsprozeß und Verwertungsprozeß, so ist der Verwertungsprozeß nichts als ein über einen gewissen Punkt hinaus verlängerter Wertbildungsprozeß. Dauert der letztre nur bis zu dem Punkt, wo der vom Kapital gezahlte Wert der Arbeitskraft durch ein neues Äquivalent ersetzt ist, so ist er einfacher Wertbildungsprozeß. Dauert der Wertbildungsprozeß über diesen Punkt hinaus, so wird er Verwertungsprozeß.

Vergleichen wir ferner den Wertbildungsprozeß mit dem Arbeitsprozeß, so besteht der letztre in der nützlichen Arbeit, die Gebrauchswerte produziert. Die Bewegung wird hier qualitativ betrachtet, in ihrer besondren Art und Weise, nach Zweck und Inhalt. Derselbe Arbeitsprozeß stellt sich im Wertbildungsprozeß nur von seiner quantitativen Seite dar. Es handelt sich nur noch um die Zeit, welche die Arbeit zu ihrer Operation braucht, oder um die Dauer, während deren die Arbeitskraft nützlich verausgabt wird. Hier gelten auch die Waren, die in den Arbeitsprozeß eingehn, nicht mehr als funktionell bestimmte, stoffliche Faktoren der zweckmäßig wirkenden Arbeitskraft. Sie zählen nur noch als bestimmte Quanta vergegenständlichter Arbeit. Ob in den Produktionsmitteln enthalten oder durch die Arbeitskraft zugesetzt, die Arbeit zählt nur noch nach ihrem Zeitmaß. Sie beträgt so viel Stunden, Tage usw.

Sie zählt jedoch nur, soweit die zur Produktion des Gebrauchswerts verbrauchte Zeit gesellschaftlich notwendig ist. Es umfaßt dies Verschiednes. Die Arbeitskraft muß unter normalen Bedingungen funktionieren. Ist die Spinnmaschine das gesellschaftlich herrschende Arbeitsmittel für die Spinnerei, so darf dem Arbeiter nicht ein Spinnrad in die Hand gegeben werden. Statt Baumwolle von normaler Güte muß er nicht Schund erhalten, der jeden Augenblick reißt. In beiden Fällen würde er mehr als die gesellschaftlich notwendige Arbeitszeit zur Produktion eines Pfundes Garn verbrauchen, diese überschüssige Zeit aber nicht Wert oder Geld bilden. Der normale Charakter der gegenständlichen Arbeitsfaktoren hängt jedoch nicht vom Arbeiter, sondern vom Kapitalisten ab. Fernere Bedingung ist der normale Charakter der Arbeitskraft selbst. In dem Fach, worin sie verwandt wird, muß sie das herrschende Durchschnittsmaß von Geschick, Fertigkeit und Raschheit besitzen. Aber unser Kapitalist kaufte auf dem Arbeitsmarkt Arbeitskraft von normaler Güte. Diese Kraft muß in dem gewöhnlichen Durchschnittsmaß der Anstrengung, mit dem gesellschaftlich üblichen Grad von Intensität verausgabt werden. Darüber wacht der Kapitalist ebenso ängstlich, als daß keine Zeit ohne Arbeit vergeudet wird. Er hat die Arbeitskraft für bestimmte Zeitfrist gekauft. Er hält darauf, das Seine zu haben. Er will nicht bestohlen sein. Endlich - und hierfür hat derselbe Herr einen eignen code pénal (ein eignes Strafgesetzbuch) - darf kein zweckwidriger Konsum von Rohmaterial und Arbeitsmitteln stattfinden, weil vergeudetes Material oder Arbeitsmittel überflüssig verausgabte Quanta vergegenständlichter Arbeit darstellen, also nicht zählen und nicht in das Produkt der Wertbildung eingehn.[191]

Man sieht: der früher aus der Analyse der Ware gewonnene Unterschied zwischen der Arbeit, soweit sie Gebrauchswert, und derselben Arbeit, soweit sie Wert schafft, hat sich jetzt als Unterscheidung der verschiednen Seiten des Produktionsprozesses dargestellt.

Als Einheit von Arbeitsprozeß und Wertbildungsprozeß ist der Produktionsprozeß Produktionsprozeß von Waren; als Einheit von Arbeitsprozeß und Verwertungsprozeß ist er kapitalistischer Produktionsprozeß, kapitalistische Form der Warenproduktion.

Es wurde früher bemerkt, daß es für den Verwertungsprozeß durchaus gleichgültig, ob die vom Kapitalisten angeeignete Arbeit einfache, gesellschaftliche Durchschnittsarbeit oder kompliziertere Arbeit, Arbeit von höherem spezifischen Gewicht ist. Die Arbeit, die als höhere, kompliziertere Arbeit gegenüber der gesellschaftlichen Durchschnittsarbeit gilt, ist die Äußerung einer Arbeitskraft, worin höhere Bildungskosten eingehn, deren Produktion mehr Arbeitszeit kostet und die daher einen höheren Wert hat als die einfache Arbeitskraft. Ist der Wert dieser Kraft höher, so äußert sie sich daher auch in höherer Arbeit und vergegenständlicht sich daher, in denselben Zeiträumen, in verhältnismäßig höheren Werten. Welches jedoch immer der Gradunterschied zwischen Spinnarbeit und Juwelierarbeit, die Portion Arbeit, wodurch der Juwelenarbeiter nur den Wert seiner eignen Arbeitskraft ersetzt, unterscheidet sich qualitativ in keiner Weise von der

[191] Dies ist einer der Umstände, die auf Sklaverei gegründete Produktion verteuern. Der Arbeiter soll sich hier, nach dem treffenden Ausdruck der Alten, nur als instrumentum vocale (sprachbegabtes Werkzeug) von dem Tier als instrumentum semivocale (stimmbegabtem Werkzeug) und dem toten Arbeitszeug als instrumentum mutum (stummen Werkzeug) unterscheiden. Er selbst aber läßt Tier und Arbeitszeug fühlen, daß er nicht ihresgleichen, sondern ein Mensch ist. Er verschafft sich das Selbstgefühl seines Unterschieds von ihnen, indem er sie mißhandelt und con amore verwüstet. Es gilt daher als ökonomisches Prinzip in dieser Produktionsweise, nur die rohesten, schwerfälligsten, aber grade wegen ihrer unbehilflichen Plumpheit schwer zu ruinierenden Arbeitsinstrumente anzuwenden. Bis zum Ausbruch des Bürgerkrieges fand man daher in den am Meerbusen von Mexiko liegenden Sklavenstaaten Pflüge altchinesischer Konstruktion, die den Boden aufwühlen wie ein Schwein oder Maulwurf, aber ihn nicht spalten und wenden. Vgl. J. E. Cairnes, „The Slave Power", London 1862, p. 46 sqq. In seinem „Seaboard Slave States" [p. 46, 46] erzählt Olmsted u.a.: „Man hat mir hier Werkzeuge gezeigt, mit denen bei uns kein vernünftiger Mensch seinen Arbeiter belasten würde, dem er Lohn zahlt. Ihr außerordentliches Gewicht und ihre Plumpheit müssen nach meiner Ansicht die Arbeit mit ihnen um mindestens 10 Prozent schwerer machen als mit den gewöhnlich bei uns verwendeten. Wie man mir jedoch versichert, ist es bei der fahrlässigen und klobigen Art, in der sie von den Sklaven anscheinend benutzt werden, nicht möglich, ihnen mit gutem Erfolg leichtere oder weniger derbe Werkzeuge anzuvertrauen; solche Werkzeuge, wie wir sie ständig, und zwar mit gutem Gewinn für uns, unseren Arbeitern anvertrauen, würden auf einem Kornfeld in Virginia nicht einen Tag überdauern - obwohl der Boden leichter und steinfreier ist als der unsere. Gleichfalls wurde mir auf meine Frage, warum auf den Farmen so allgemein Pferde durch Maultiere ersetzt werden, als erster und zugestandenermaßen ausschlaggebender Grund angegeben, daß Pferde die Behandlung nicht ertragen, die sie von den Negern ständig und zwangsläufig erfahren. Pferde werden von ihnen nach kurzer Zeit lahm gemacht und zu Krüppeln geschlagen, während Maultiere Prügel und hie und da den Ausfall von ein oder zwei Fütterungen aushalten, ohne körperlich geschädigt zu werden. Sie erkälten sich auch nicht und werden nicht krank, wenn sie vernachlässigt und überarbeitet werden. Doch ich brauche gar nicht weiter zu gehen als zum Fenster des Zimmers, in dem ich schreibe, um fast zu jeder Zeit eine Behandlung des Viehs zu sehen, die wohl bei jedem Farmer im Norden zur sofortigen Entlassung des Treibers führen würde."

zusätzlichen Portion Arbeit, wodurch er Mehrwert schafft. Nach wie vor kommt der Mehrwert nur heraus durch einen quantitativen Überschuß von Arbeit, durch die verlängerte Dauer desselben Arbeitsprozesses, in dem einen Fall Prozeß der Garnproduktion, in dem andren Fall Prozeß der Juwelenproduktion.[192]

Andrerseits muß in jedem Wertbildungsprozeß die höhere Arbeit stets auf gesellschaftliche Durchschnittsarbeit reduziert werden, z.B. ein Tag höherer Arbeit auf x Tage einfacher Arbeit.[193] Man erspart also eine überflüssige Operation und vereinfacht die Analyse durch die Annahme, daß der vom Kapital verwandte Arbeiter einfache gesellschaftliche Durchschnittsarbeit verrichtet.

Konstantes Kapital und variables Kapital

Die verschiednen Faktoren des Arbeitsprozesses nehmen verschiednen Anteil an der Bildung des Produkten-Werts.

Der Arbeiter setzt dem Arbeitsgegenstand neuen Wert zu durch Zusatz eines bestimmten Quantums von Arbeit, abgesehn vom bestimmten Inhalt, Zweck und technischen Charakter seiner Arbeit. Andrerseits finden wir die Werte der verzehrten Produktionsmittel wieder als Bestandteile des Produkten- Werts, z.B. die Werte von Baumwolle und Spindel im Garnwert. Der Wert der Produktionsmittel wird also erhalten durch seine Übertragung auf das Produkt. Dies Übertragen geschieht während der Verwandlung der Produktionsmittel in Produkt, im Arbeitsprozeß. Es ist vermittelt durch die Arbeit. Aber wie?

Der Arbeiter arbeitet nicht doppelt in derselben Zeit, nicht einmal, um der Baumwolle durch seine Arbeit einen Wert zuzusetzen, und das andremal, um ihren alten Wert zu erhalten, oder, was dasselbe, um den Wert der Baumwolle, die er verarbeitet, und der Spindel, womit er arbeitet, auf das Produkt, das Garn, zu

[192] Der Unterschied zwischen höherer und einfacher Arbeit, „skilled" und „unskilled labour", beruht zum Teil auf bloßen Illusionen oder wenigstens Unterschieden, die längst aufgehört haben, reell zu sein, und nur noch in traditioneller Konvention fortleben; zum Teil auf der hilfloseren Lage gewisser Schichten der Arbeiterklasse, die ihnen minder als andren erlaubt, den Wert ihrer Arbeitskraft zu ertrotzen. Zufällige Umstände spielen dabei so große Rolle, daß dieselben Arbeitsarten den Platz wechseln. Wo z.B. die physische Substanz der Arbeiterklasse abgeschwächt und relativ erschöpft ist, wie in allen Ländern entwickelter kapitalistischer Produktion, verkehren sich im allgemeinen brutale Arbeiten, die viel Muskelkraft erfordern, in höher gegenüber viel feineren Arbeiten, die auf die Stufe einfacher Arbeit herabsinken, wie z.B. die Arbeit eines bricklayer (Maurer) in England eine viel höhere Stufe einnimmt als die eines Damastwirkers. Auf der andren Seite figuriert die Arbeit eines fustian cutter (Baumwollsamtscherers), obgleich sie viel körperliche Anstrengung kostet und obendrein sehr ungesund ist, als „einfache" Arbeit. Übrigens muß man sich nicht einbilden, daß die sogenannte „skilled labour" einen quantitativ bedeutenden Umfang in der Nationalarbeit einnimmt. Laing rechnet, daß in England (und Wales) die Existenz von über 11 Millionen auf einfacher Arbeit beruht. Nach Abzug einer Million von Aristokraten und anderthalb Millionen Paupers, Vagabunden, Verbrecher, Prostituierte usw. von den 18 Millionen der Bevölkerungszahl, zur Zeit seiner Schrift, bleiben 4.650.000 Mittelklasse mit Einschluß kleinerer Rentner, Beamten, Schriftsteller, Künstler, Schulmeister usw. Um diese 4 2/3 Millionen herauszubekommen, zählt er zum arbeitenden Teil der Mittelklasse, außer Bankiers usw., alle besser bezahlten „Fabrikarbeiter"! Auch die bricklayers fehlen nicht unter den „potenzierten Arbeitern". Bleiben ihm dann die besagten 11 Millionen. (S. Laing, „National Distress etc.", London 1844, [p. 49-52 passim].) „Die große Klasse, die für Nahrung nichts zu geben vermag als gewöhnliche Arbeit, ist die große Masse des Volkes." (James Mill in Art. „Colony". „Supplement to the Encyclop. Brit.", 1831.)

[193] „Wo von Arbeit als Maßstab des Wertes gesprochen wird, versteht man darunter notwendigerweise Arbeit einer bestimmten Art ... das Verhältnis, in dem die andren Arten von Arbeit zu ihr stehen, ist leicht zu ermitteln." ([J. Cazenove,] „Outlines of Polit. Economy", London 1832, p. 22, 23.)

übertragen. Sondern durch bloßes Zusetzen von neuem Wert erhält er den alten Wert. Da aber der Zusatz von neuem Wert zum Arbeitsgegenstand und die Erhaltung der alten Werte im Produkt zwei ganz verschiedne Resultate sind, die der Arbeiter in derselben Zeit hervorbringt, obgleich er nur einmal in derselben Zeit arbeitet, kann diese Doppelseitigkeit des Resultats offenbar nur aus der Doppelseitigkeit seiner Arbeit selbst erklärt werden. In demselben Zeitpunkt muß sie in einer Eigenschaft Wert schaffen und in einer andren Eigenschaft Wert erhalten oder übertragen.

Wie setzt jeder Arbeiter Arbeitszeit und daher Wert zu? Immer nur in der Form seiner eigentümlich produktiven Arbeitsweise. Der Spinner setzt nur Arbeitszeit zu, indem er spinnt, der Weber, indem er webt, der Schmied, indem er schmiedet. Durch die zweckbestimmte Form aber, worin sie Arbeit überhaupt zusetzen und daher Neuwert, durch das Spinnen, Weben, Schmieden werden die Produktionsmittel, Baumwolle und Spindel, Garn und Webstuhl, Eisen und Amboß, zu Bildungselementen eines Produkts, eines neuen Gebrauchswerts.[194] Die alte Form ihres Gebrauchswert vergeht, aber nur um in einer neuen Form von Gebrauchswert aufzugehn. Bei Betrachtung des Wertbildungsprozesses ergab sich aber, daß, soweit ein Gebrauchswert zweckgemäß vernutzt wird zur Produktion eines neuen Gebrauchswerts, die zur Herstellung des vernutzten Gebrauchswerts notwendige Arbeitszeit einen Teil der zur Herstellung des neuen Gebrauchswerts notwendigen Arbeitszeit bildet, also Arbeitszeit ist, die vom vernutzten Produktionsmittel auf das neue Produkt übertragen wird. Der Arbeiter erhält also die Werte der vernutzten Produktionsmittel oder überträgt sie als Wertbestandteile auf das Produkt, nicht durch sein Zusetzen von Arbeit überhaupt, sondern durch den besondren nützlichen Charakter, durch die spezifisch produktive Form dieser zusätzlichen Arbeit. Als solche zweckgemäße produktive Tätigkeit, Spinnen, Weben, Schmieden, erweckt die Arbeit durch ihren bloßen Kontakt die Produktionsmittel von den Toten, begeistet sie zu Faktoren des Arbeitsprozesses und verbindet sich mit ihnen zu Produkten.

Wäre die spezifische produktive Arbeit des Arbeiters nicht Spinnen, so würde er die Baumwolle nicht in Garn verwandeln, also auch die Werte von Baumwolle und Spindel nicht auf das Garn übertragen. Wechselt dagegen derselbe Arbeiter das Metier und wird Tischler, so wird er nach wie vor durch einen Arbeitstag seinem Material Wert zusetzen. Er setzt ihn also zu durch seine Arbeit, nicht soweit sie Spinnarbeit oder Tischlerarbeit, sondern soweit sie abstrakte, gesellschaftliche Arbeit überhaupt, und er setzt eine bestimmte Wertgröße zu, nicht weil seine Arbeit einen besondren nützlichen Inhalt hat, sondern weil sie eine bestimmte Zeit dauert. In ihrer abstrakten, allgemeinen Eigenschaft also, als Verausgabung menschlicher Arbeitskraft, setzt die Arbeit des Spinners den Werten von Baumwolle und Spindel Neuwert zu, und in ihrer konkreten, besondren, nützlichen

[194] „Arbeit ergibt eine neue Schöpfung an Stelle einer vernichteten." („An Essay on the Polit. Econ. of Nations", London 1821, p. 13.)

Eigenschaft als Spinnprozeß, überträgt sie den Wert dieser Produktionsmittel auf das Produkt und erhält so ihren Wert im Produkt. Daher die Doppelseitigkeit ihres Resultats in demselben Zeitpunkt.

Durch das bloß quantitative Zusetzen von Arbeit wird neuer Wert zugesetzt, durch die Qualität der zugesetzten Arbeit werden die alten Werte der Produktionsmittel im Produkt erhalten. Diese doppelseitige Wirkung derselben Arbeit infolge ihres doppelseitigen Charakters zeigt sich handgreiflich an verschiednen Erscheinungen.

Nimm an, irgendeine Erfindung befähige den Spinner, in 6 Stunden so viel Baumwolle zu verspinnen wie früher in 36 Stunden. Als zweckmäßig nützliche, produktive Tätigkeit hat seine Arbeit ihre Kraft versechsfacht. Ihr Produkt ist ein sechsfaches, 36 statt 6 Pfund Garn. Aber die 36 Pfund Baumwolle saugen jetzt nur so viel Arbeitszeit ein als früher 6 Pfund. Sechsmal weniger neue Arbeit wird ihnen zugesetzt als mit der alten Methode, daher nur noch ein Sechstel des früheren Werts. Andrerseits existiert jetzt der sechsfache Wert von Baumwolle im Produkt, den 36 Pfund Garn. In den 6 Spinnstunden wird ein sechsmal größerer Wert von Rohmaterial erhalten und auf das Produkt übertragen, obgleich demselben Rohmaterial ein sechsmal kleinerer Neuwert zugesetzt wird. Dies zeigt, wie die Eigenschaft, worin die Arbeit während desselben unteilbaren Prozesses Werte erhält, wesentlich unterschieden ist von der Eigenschaft, worin sie Wert schafft. Je mehr notwendige Arbeitszeit während der Spinnoperation auf dasselbe Quantum Baumwolle geht, desto größer der Neuwert, der der Baumwolle zugesetzt wird, aber je mehr Pfunde Baumwolle in derselben Arbeitszeit versponnen werden, desto größer der alte Wert, der im Produkt erhalten wird.

Nimm umgekehrt an, die Produktivität der Spinnarbeit bleibe unverändert, der Spinner brauche also nach wie vor gleich viel Zeit, um ein Pfund Baumwolle in Garn zu verwandeln. Aber der Tauschwert der Baumwolle selbst wechsle, ein Pfund Baumwolle steige oder falle um das Sechsfache seines Preises. In beiden Fällen fährt der Spinner fort, demselben Quantum Baumwolle dieselbe Arbeitszeit zuzusetzen, also denselben Wert, und in beiden Fällen produziert er in gleicher Zeit gleich viel Garn. Dennoch ist der Wert, den er von der Baumwolle auf das Garn, das Produkt, überträgt, das eine Mal sechsmal kleiner, das andre Mal sechsmal größer als zuvor. Ebenso wenn die Arbeitsmittel sich verteuern oder verwohlfeilern, aber stets denselben Dienst im Arbeitsprozeß leisten.

Bleiben die technischen Bedingungen des Spinnprozesses unverändert und geht gleichfalls kein Wertwechsel mit seinen Produktionsmitteln vor, so verbraucht der Spinner nach wie vor in gleichen Arbeitszeiten gleiche Quanta Rohmaterial und Maschinerie von gleichbleibenden Werten. Der Wert, den er im Produkt erhält, steht dann in direktem Verhältnis zu dem Neuwert, den er zusetzt. In zwei Wochen setzt er zweimal mehr Arbeit zu als in einer Woche, also zweimal mehr Wert, und zugleich vernutzt er zweimal mehr Material von zweimal mehr Wert, und verschleißt zweimal mehr Maschinerie von zweimal mehr Wert, erhält also im Produkt von zwei Wochen zweimal mehr Wert als im Produkt einer Woche. Unter gegebnen gleichbleibenden Produktionsbedingungen erhält der Arbeiter um so mehr Wert, je mehr Wert er zusetzt, aber er erhält nicht mehr Wert, weil er mehr Wert zusetzt, sondern weil er ihn unter gleichbleibenden und von seiner eignen Arbeit unabhängigen Bedingungen zusetzt.

Allerdings kann in einem relativen Sinn gesagt werden, daß der Arbeiter stets in derselben Proportion alte Werte erhält, worin er Neuwert zusetzt. Ob die Baumwolle von 1 sh. auf 2 sh. steige oder auf 6 d. falle, er erhält in dem Produkt einer Stunde stets nur halb soviel Baumwollwert, wie der auch wechsle, als in dem Produkt von zwei Stunden. Wechselt ferner die Produktivität seiner eignen Arbeit, sie steige oder falle, so wird er z.B. in einer Arbeitsstunde mehr oder weniger Baumwolle verspinnen als früher, und dementsprechend mehr oder weniger Baumwollwert im Produkt einer Arbeitsstunde erhalten. Mit alledem wird er in zwei Arbeitsstunden zweimal mehr Wert erhalten als in einer Arbeitsstunde.

Wert, von seiner nur symbolischen Darstellung im Wertzeichen abgesehn, existiert nur in einem Gebrauchswert, einem Ding. (Der Mensch selbst, als bloßes Dasein von Arbeitskraft betrachtet, ist ein Naturgegenstand, ein Ding, wenn auch lebendiges, selbstbewußtes Ding, und die Arbeit selbst ist dingliche Äußerung jener Kraft.) Geht daher der Gebrauchswert verloren, so geht auch der Wert verloren. Die Produktionsmittel verlieren mit ihrem Gebrauchswert nicht zugleich ihren Wert, weil sie durch den Arbeitsprozeß die ursprüngliche Gestalt ihres Gebrauchswerts in der Tat nur verlieren, um im Produkt die Gestalt eines andren Gebrauchswerts zu gewinnen. So wichtig es aber für den Wert ist, in irgendeinem Gebrauchswert zu existieren, so gleichgültig ist es, in welchem er existiert, wie die Metamorphose der Waren zeigt. Es folgt hieraus, daß im Arbeitsprozeß Wert vom Produktionsmittel auf das Produkt nur übergeht, soweit das Produktionsmittel mit seinem selbständigen Gebrauchswert auch seinen Tauschwert verliert. Es gibt nur den Wert an das Produkt ab, den es als Produktionsmittel verliert. Die gegenständlichen Faktoren des Arbeitsprozesses verhalten sich aber in dieser Hinsicht verschieden.

Die Kohle, womit die Maschine geheizt wird, verschwindet spurlos, ebenso das Öl, womit man die Achse des Rades schmiert usw. Farbe und andre Hilfsstoffe verschwinden, zeigen sich aber in den Eigenschaften des Produkts. Das Rohmaterial bildet die Substanz des Produkts, hat aber seine Form verändert. Rohmaterial und Hilfsstoffe verlieren also die selbständige Gestalt, womit sie in den Arbeitsprozeß als Gebrauchswerte eintraten. Anders mit den eigentlichen Arbeitsmitteln. Ein Instrument, eine Maschine, ein Fabrikgebäude, ein Gefäß usw. dienen im Arbeitsprozeß nur, solange sie ihre ursprüngliche Gestalt bewahren und morgen wieder in ebenderselben Form in den Arbeitsprozeß eingehn wie gestern. Wie sie während ihres Lebens, des Arbeitsprozesses, ihre selbständige Gestalt dem Produkt gegenüber bewahren, so auch nach ihrem Tode. Die Leichen von Maschinen, Werkzeugen, Arbeitsgebäuden usw. existieren immer noch getrennt von den Produkten, die sie bilden halfen. Betrachten wir nun die ganze Periode, während deren ein solches Arbeitsmittel dient, von dem Tag seines Eintritts in die Werkstätte bis zum Tage seiner Verbannung in die Rumpelkammer, so ist während dieser Periode sein Gebrauchswert von der Arbeit vollständig verzehrt worden und sein Tauschwert daher vollständig auf das Produkt übergegangen. Hat eine Spinnmaschine z.B. in 10 Jahren ausgelebt, so ist während des zehnjährigen Arbeitsprozesses ihr Gesamtwert auf das zehnjährige Produkt übergegangen. Die Lebensperiode eines Arbeitsmittels umfängt also eine größere oder kleinere Anzahl stets von neuem mit ihm wiederholter Arbeitsprozesse. Und es geht dem Arbeitsmittel wie dem Menschen. Jeder Mensch stirbt täglich um 24 Stunden ab. Man sieht aber keinem Menschen genau an, wieviel Tage er bereits verstorben ist. Dies verhindert Lebensversicherungsgesellschaften jedoch nicht, aus dem Durchschnittsleben der Menschen sehr sichre, und was noch viel mehr ist, sehr profitliche Schlüsse zu ziehn. So mit dem Arbeitsmittel. Man weiß aus der Erfahrung, wie lang ein Arbeitsmittel, z.B. eine Maschine von gewisser Art, durchschnittlich vorhält. Gesetzt, sein Gebrauchswert im Arbeitsprozeß daure nur 6 Tage. So verliert es im Durchschnitt jeden Arbeitstag 1/6 seines Gebrauchswerts und gibt daher 1/6 seines Werts an das tägliche Produkt ab. In dieser Art wird der Verschleiß aller Arbeitsmittel berechnet, also z.B. ihr täglicher Verlust an Gebrauchswert und ihr entsprechende tägliche Wertabgabe an das Produkt.

Es zeigt sich so schlagend, daß ein Produktionsmittel nie mehr Wert an das Produkt abgibt, als es im Arbeitsprozeß durch Vernichtung seines eignen Gebrauchswerts verliert. Hätte es keinen Wert zu verlieren, d.h. wäre es nicht selbst Produkt menschlicher Arbeit, so würde es keinen Wert an das Produkt abgeben. Es diente als Bildner von Gebrauchswert, ohne als Bildner von Tauschwert zu dienen. Dies ist daher der Fall mit allen Produktionsmitteln, die von Natur, ohne menschliches Zutun, vorhanden sind, mit Erde, Wind, Wasser, dem Eisen in der Erzader, dem Holze des Urwaldes usw.

Ein andres interessantes Phänomen tritt uns hier entgegen. Eine Maschine sei z.B. 1.000 Pfd.St. wert und schleiße sich in 1.000 Tagen ab. In diesem Fall geht täglich 1/1.000 des Werts der Maschine von ihr selbst auf ihr tägliches Produkt über. Zugleich, wenn auch mit abnehmender Lebenskraft, wirkt stets die Gesamtmaschine im Arbeitsprozeß. Es zeigt sich also, daß ein Faktor des Arbeitsprozesses, ein Produktionsmittel, ganz in den Arbeitsprozeß, aber nur zum Teil in den Verwertungsprozeß eingeht. Der Unterschied von Arbeitsprozeß und Verwertungsprozeß reflektiert sich hier an ihren gegenständlichen Faktoren, indem dasselbe Produktionsmittel als Element des Arbeitsprozesses ganz und als Element der Wertbildung nur stückweis in demselben Produktionsprozeß zählt.[195]

[195] Es handelt sich hier nicht um Reparaturen der Arbeitsmittel, Maschinen, Baulichkeiten usw. Eine Maschine, die repariert wird, funktioniert nicht als Arbeitsmittel sondern als Arbeitsmaterial. Es wird nicht mit ihr gearbeitet, sondern sie selbst wird bearbeitet, um ihren Gebrauchswert zu flicken. Solche Reparaturarbeiten kann man für unsren Zweck immer eingeschlossen denken in die zur Produktion des Arbeitsmittels erheischte Arbeit. Im Text handelt es sich um den Verschleiß, den kein Doktor kurieren kann und der allmählich den Tod herbeiführt, um „jene Art der

Andrerseits kann umgekehrt ein Produktionsmittel ganz in den Verwertungsprozeß eingehn, obgleich nur stückweis in den Arbeitsprozeß. Nimm an, beim Verspinnen der Baumwolle fielen täglich auf 115 Pfund 15 Pfund ab, die kein Garn, sondern nur devil's dust (Baumwollstaub) bilden. Dennoch, wenn dieser Abfall von 15 Pfund normal, von der Durchschnittsverarbeitung der Baumwolle unzertrennlich ist, geht der Wert der 15 Pfund Baumwolle, die kein Element des Garns, ganz ebensosehr in den Garnwert ein, wie der Wert der 100 Pfund, die seine Substanz bilden. Der Gebrauchswert von 15 Pfund Baumwolle muß verstauben, um 100 Pfund Garn zu machen. Der Untergang dieser Baumwolle ist also eine Produktionsbedingung des Garns. Ebendeswegen gibt sie ihren Wert an das Garn ab. Dies gilt von allen Exkrementen des Arbeitsprozesses, in dem Grad wenigstens, worin diese Exkremente nicht wieder neue Produktionsmittel und daher neue selbständige Gebrauchswerte bilden. So sieht man in den großen Maschinenfabriken zu Manchester Berge von Eisenabfällen, durch zyklopische Maschinen gleich Hobelspänen abgeschält, am Abend auf großen Wagen aus der Fabrik in die Eisengießerei wandern, um den andren Tag wieder als massives Eisen aus der Eisengießerei in die Fabrik zurückzuwandern.

Nur soweit Produktionsmittel während des Arbeitsprozesses Wert in der Gestalt ihrer alten Gebrauchswerte verlieren, übertragen sie Wert auf die neue Gestalt des Produkts. Das Maximum des Wertverlustes, den sie im Arbeitsprozeß erleiden können, ist offenbar beschränkt durch die ursprüngliche Wertgröße, womit sie in den Arbeitsprozeß eintreten, oder durch die zu ihrer eignen Produktion erheischte Arbeitszeit. Produktionsmittel können dem Produkt daher nie mehr Wert zusetzen, als sie unabhängig vom Arbeitsprozeß, dem sie dienen, besitzen. Wie nützlich auch ein Arbeitsmaterial, eine Maschine, ein Produktionsmittel: wenn es 150 Pf. St., sage 500 Arbeitstage, kostet, setzt es dem Gesamtprodukt, zu dessen Bildung es dient, nie mehr als 150 Pfd.St. zu. Sein Wert ist bestimmt nicht durch den Arbeitsprozeß, worin es als Produktionsmittel eingeht, sondern durch den Arbeitsprozeß, woraus es als Produkt herauskommt. In dem Arbeitsprozeß dient es nur als Gebrauchswert, als Ding mit nützlichen Eigenschaften, und gäbe daher keinen Wert an das Produkt ab, hätte es nicht Wert besessen vor seinem Eintritt in den Prozeß.[196]

Abnutzung, die nicht von Zeit zu Zeit ersetzt werden kann und die beispielsweise ein Messer schließlich in einen solchen Zustand versetzt, daß der Messerschmied sagt, es sei keine neue Klinge mehr wert". Man hat im Text gesehn, daß eine Maschine z.B. ganz in jeden einzelnen Arbeitsprozeß, aber nur stückweis in den gleichzeitigen Verwertungsprozeß eingeht. Danach zu beurteilen die folgende Begriffsverwechslung: „Ricardo spricht von der beim Bau einer Strumpfwirkmaschine verausgabten Arbeitsmenge eines Maschinenbauers", als z.B. enthalten in dem Wert von ein paar Strümpfen. „Jedoch die ganze Arbeit, die jedes einzelne Paar Strümpfe hergestellt hat ... schließt die ganze Arbeit des Maschinenbauers ein und nicht nur einen Teil; denn eine Maschine macht zwar viele Paare, aber keines dieser Paare hätte unter Verzicht auf irgendeinen Teil der Maschine angefertigt werden können." („Observations on certain verbal disputes in Pol. Econ., particularly relating to Value, and to Demand and Supply", London 1821, p. 54.) Der Verfasser, ein ungemein selbstgefälliger „wiseacre" („Neunmalkluger"), hat mit seiner Konfusion und daher mit seiner Polemik nur so weit recht, als weder Ricardo noch irgendein andrer Ökonom, vor oder nach ihm, die beiden Seiten der Arbeit genau geschieden, daher noch weniger ihre verschiedne Rolle in der Wertbildung analysiert hat.

[196] Man begreift daher die Abgeschmacktheit des faden J. B. Say, der den Mehrwert (Zins, Profit, Rente) aus den „services productifs" („produktiven Diensten") ableiten will, welche die Produktionsmittel, Erde, Instrumente, Leder usw., durch ihre Gebrauchswerte im Arbeitsprozesse leisten. Herr Wilhelm Roscher, der es nicht leicht läßt, artige

Indem die produktive Arbeit Produktionsmittel in Bildungselemente eines neuen Produkts verwandelt, geht mit deren Wert eine Seelenwandrung vor. Er geht aus dem verzehrten Leib in den neu gestalteten Leib über. Aber diese Seelenwandrung ereignet sich gleichsam hinter dem Rücken der wirklichen Arbeit. Der Arbeiter kann neue Arbeit nicht zusetzen, also nicht neuen Wert schaffen, ohne alte Werte zu erhalten, denn er muß die Arbeit immer in bestimmter nützlicher Form zusetzen, und er kann sie nicht in nützlicher Form zusetzen, ohne Produkte zu Produktionsmitteln eines neuen Produkts zu machen und dadurch ihren Wert auf das neue Produkt zu übertragen. Es ist also eine Naturgabe der sich betätigenden Arbeitskraft, der lebendigen Arbeit, Wert zu erhalten, indem sie Wert zusetzt, eine Naturgabe, die dem Arbeiter nichts kostet, aber dem Kapitalisten viel einbringt, die Erhaltung des vorhandnen Kapitalwerts.[197] Solange das Geschäft flott geht, ist der Kapitalist zu sehr in die Plusmacherei vertieft, um diese Gratisgabe der Arbeit zu sehn. Gewaltsame Unterbrechungen des Arbeitsprozesses, Krisen, machen sie ihm empfindlich bemerksam.[198]

Was überhaupt an den Produktionsmitteln verzehrt wird, ist ihr Gebrauchswert, durch dessen Konsumtion die Arbeit Produkte bildet. Ihr Wert wird in der Tat nicht konsumiert,[199] kann also auch nicht reproduziert werden. Er wird erhalten, aber nicht weil eine Operation mit ihm selbst im Arbeitsprozeß vorgeht, sondern weil der Gebrauchswert, worin er ursprünglich existiert, zwar verschwindet, aber nur in einem andren Gebrauchswert verschwindet. Der Wert der Produktionsmittel erscheint daher wieder im Wert des Produkts, aber er wird, genau gesprochen,

---

apologetische Einfälle schwarz auf weiß zu registrieren, ruft aus: „Sehr richtig bemerkt J. B. Say, „Traité", t. I, ch. 4: der durch eine Ölmühle nach Abzug aller Kosten hervorgebrachte Werte sei doch etwas Neues, von der Arbeit, wodurch die Ölmühle selbst geschaffen worden, wesentlich Verschiednes." (l.c.p. 82, Note.) Sehr richtig! Das von der Ölmühle hervorgebrachte „Öl" ist etwas sehr Verschiednes von der Arbeit, welche der Bau der Mühle kostet. Und unter „Wert" versteht Herr Roscher solches Zeug wie „Öl", da „Öl" Wert hat, „in der Natur" aber sich Steinöl vorfindet, wenn auch relativ nicht „sehr viel", worauf wohl seine andre Bemerkung abzielt: „Tauschwerte bringt sie" (die Natur!) „fast gar nicht hervor." [l.c.p. 79.] Es geht der Roscherschen Natur mit dem Tauschwert wie der törichten Jungfrau mit dem Kind, das nur „ganz klein war". Derselbe „Gelehrte" („savant sérieux") bemerkt noch bei oben erwähnter Gelegenheit: „Die Schule Ricardos pflegt auch das Kapital unter den Begriff Arbeit zu subsumieren als ‚aufgesparte Arbeit'. Dies ist ungeschickt (!), weil (!) ja (!) der Kapitalbesitzer (!) doch (!) mehr (!) getan hat als die bloße (?!) Hervorbringung (?) und (??) Erhaltung desselben (wesselbigen?): eben (?!?) die Enthaltung vom eignen Genusse, wofür er z.B. (!!!) Zinsen verlangt." (l.c.[p. 82.]) Wie „geschickt"! diese „anatomisch-physiologische Methode" der politischen Ökonomie, die aus bloßem „Verlangen" ja doch eben „Wert" entwickelt.

[197] „Von allen Hilfsmitteln in der Landwirtschaft ist die Arbeit des Menschen ... dasjenige, auf das der Farmer am meisten zum Ersatz seines Kapitals angewiesen ist. Die beiden anderen - der Bestand an Arbeitsvieh und die ... Karren, Pflüge, Spaten usw. - sind gar nichts ohne eine gewisse Menge des ersten." (Edmund Burke, „Thoughts and Details on Scarcity, originally presented to the Rt. Hon. W. Pitt in the Month of November 1795", edit. London 1800, p. 10.)

[198] In der „Times" vom 26. Nov. 1862 jammert ein Fabrikant, dessen Spinnerei 800 Arbeiter beschäftigt und wöchentlich im Durchschnitt 150 Ballen ostindischer oder ungefähr 130 Ballen amerikanischer Baumwolle verzehrt, dem Publikum die jährlichen Stillstandskosten seiner Fabrik vor. Er schlägt sie auf 6.000 Pfd.St. an. Unter diesen Unkosten befinden sich viele Posten, die uns hier nichts angehn, wie Grundrente, Steuern, Versichrungsprämien, Salaire für jährlich engagierte Arbeiter, Manager, Buchhalter, Ingenieur usw. Dann aber berechnet er für 150 Pfd.St. Kohlen, um die Fabrik von Zeit zu Zeit zu wärmen und die Dampfmaschine gelegentlich in Gang zu setzen, außerdem Löhne für Arbeiter, die durch gelegentliche Arbeit die Maschinerie „flüssig" erhalten. Endlich 1.200 Pfd.St. für Verschlechterung der Maschinerie, da „das Wetter und die natürlichen Ursachen des Verfalls ihr Wirken nicht deshalb einstellen, weil die Dampfmaschine aufhört, sich zu drehen". Er bemerkt ausdrücklich, diese Summe von 1.200 Pfd.St. sei so gering angeschlagen, weil sich die Maschinerie bereits in sehr abgenutztem Zustande befinde.

[199] „Produktive Konsumtion: wo die Konsumtion einer Ware Teil des Produktionsprozesses ist ... In diesen Fällen findet keine Konsumtion von Wert statt." (S. P. Newman, l.c.p. 296.)

nicht reproduziert. Was produziert wird, ist der neue Gebrauchswert, worin der alte Tauschwert wieder erscheint.[200]

Anders mit dem subjektiven Faktor des Arbeitsprozesses, der sich betätigenden Arbeitskraft. Während die Arbeit durch ihre zweckmäßige Form den Wert der Produktionsmittel auf das Produkt überträgt und erhält, bildet jedes Moment ihrer Bewegung zusätzlichen Wert, Neuwert. Gesetzt, der Produktionsprozeß breche ab beim Punkt, wo der Arbeiter ein Äquivalent für den Wert seiner eignen Arbeitskraft produziert, durch sechsstündige Arbeit z.B. einen Wert von 3 sh. zugesetzt hat. Dieser Wert bildet den Überschuß des Produktenwerts über seine dem Wert der Produktionsmittel geschuldeten Bestandteile. Er ist der einzige Originalwert, der innerhalb dieses Prozesses entstand, der einzige Wertteil des Produkts, der durch den Prozeß selbst produziert ist. Allerdings ersetzt er nur das vom Kapitalisten beim Kauf der Arbeitskraft vorgeschoßne, vom Arbeiter selbst in Lebensmitteln verausgabte Geld. Mit Bezug auf die verausgabten 3 sh. erscheint der Neuwert von 3 sh. nur als Reproduktion. Aber er ist wirklich reproduziert, nicht nur scheinbar, wie der Wert der Produktionsmittel. Der Ersatz eines Werts durch den andren ist hier vermittelt durch neue Wertschöpfung.

Wir wissen jedoch bereits, daß der Arbeitsprozeß über den Punkt hinaus fortdauert, wo ein bloßes Äquivalent für den Wert der Arbeitskraft reproduziert und dem Arbeitsgegenstand zugesetzt wäre. Statt der 6 Stunden, die hierzu genügen, währt der Prozeß z.B. 12 Stunden. Durch die Betätigung der Arbeitskraft wird also nicht nur ihr eigner Wert reproduziert, sondern ein überschüssiger Wert produziert. Dieser Mehrwert bildet den Überschuß des Produktenwerts über den Wert der verzehrten Produktbildner, d.h. der Produktionsmittel und der Arbeitskraft.

Indem wir die verschiednen Rollen dargestellt, welche die verschiednen Faktoren des Arbeitsprozesses in der Bildung des Produktenwerts spielen, haben wir in der Tat die Funktionen der verschiednen Bestandteile des Kapitals in seinem eignen Verwertungsprozeß charakterisiert. Der Überschuß des Gesamtwerts des Produkts über die Wertsumme seiner Bildungselemente ist der Überschuß des verwerteten Kapitals über den ursprünglich vorgeschoßnen Kapitalwert. Produktionsmittel auf der einen Seite, Arbeitskraft auf der andren sind nur die verschiednen Existenzformen, die der ursprüngliche Kapitalwert annahm bei Abstreifung seiner Geldform und seiner Verwandlung in die Faktoren des Arbeitsprozesses.

[200] In einem nordamerikanischen Kompendium, das vielleicht 20 Auflagen erlebt hat, liest man: „Es ist nicht von Bedeutung, in welcher Form das Kapital wiedererscheint." Nach einer redseligen Aufzählung aller möglichen Produktionsingredienzien, deren Wert im Produkt wiedererscheint, heißt's schließlich: „Die verschiedenen Arten von Nahrung, Kleidung und Obdach, die für die Existenz und die Bequemlichkeit des Menschen erforderlich sind, werden ebenfalls verändert. Sie werden von Zeit zu Zeit aufgebraucht, und ihr Wert erscheint wieder in der neuen Kraft, die sie seinem Körper und Geist verleihen, und bildet so neues Kapital, das wieder im Produktionsprozeß angewandt wird." (F. Wayland, l.c.p. 31, 32.) Von allen andren Wunderlichkeiten abgesehn, ist es z.B. nicht der Preis des Brotes, der in der erneuten Kraft wiedererscheint, sondern seine blutbildenden Substanzen. Was dagegen als Wert der Kraft wiedererscheint, sind nicht die Lebensmittel, sondern ihr Wert. Dieselben Lebensmittel, wenn sie nur die Hälfte kosten, produzieren ganz ebensoviel Muskel, Knochen usw., kurz dieselbe Kraft, aber nicht Kraft vom selben Wert. Dies Umsetzen von „Wert" in „Kraft" und die ganze pharisäische Unbestimmtheit verstecken den allerdings vergeblichen Versuch, aus bloßem Wiedererscheinen vorgeschoßner Werte einen Mehrwert herauszudrechseln.

Der Teil des Kapitals also, der sich in Produktionsmittel, d.h. in Rohmaterial, Hilfsstoffe und Arbeitsmittel umsetzt, verändert seine Wertgröße nicht im Produktionsprozeß. Ich nenne ihn daher konstanten Kapitalteil, oder kürzer: konstantes Kapital.

Der in Arbeitskraft umgesetzte Teil des Kapitals verändert dagegen seinen Wert im Produktionsprozeß. Er reproduziert sein eignes Äquivalent und einen Überschuß darüber, Mehrwert, der selbst wechseln, größer oder kleiner sein kann. Aus einer konstanten Größe verwandelt sich dieser Teil des Kapitals fortwährend in eine variable. Ich nenne ihn daher variablen Kapitalteil, oder kürzer: variables Kapital. Dieselben Kapitalbestandteile, die sich vom Standpunkt des Arbeitsprozesses als objektive und subjektive Faktoren, als Produktionsmittel und Arbeitskraft unterscheiden, unterscheiden sich vom Standpunkt des Verwertungsprozesses als konstantes Kapital und variables Kapital.

Der Begriff des konstanten Kapitals schließt eine Wertrevolution seiner Bestandteile in keiner Weise aus. Nimm an, das Pfund Baumwolle koste heute 6 d. und steige morgen, infolge eines Ausfalls der Baumwollernte, auf 1 sh. Die alte Baumwolle, die fortfährt, verarbeitet zu werden, ist zum Wert von 6 d. gekauft, fügt aber jetzt dem Produkt einen Wertteil von 1 sh. zu. Und die bereits versponnene, vielleicht schon als Garn auf dem Markt zirkulierende Baumwolle fügt dem Produkt ebenfalls das Doppelte ihres ursprünglichen Werts zu. Man sieht jedoch, daß diese Wertwechsel unabhängig sind von der Verwertung der Baumwolle im Spinnprozeß selbst. Wäre die alte Baumwolle noch gar nicht in den Arbeitsprozeß eingegangen, so könnte sie jetzt zu 1 sh. statt zu 6 d. wieder verkauft werden. Umgekehrt: Je weniger Arbeitsprozesse sie noch durchlaufen hat, desto sichrer ist dies Resultat. Es ist daher Gesetz der Spekulation, bei solchen Wertrevolutionen auf das Rohmaterial in seiner mindest verarbeiteten Form zu spekulieren, also eher auf Garn als auf Gewebe und eher auf die Baumwolle selbst als auf das Garn. Die Wertänderung entspringt hier in dem Prozeß, der Baumwolle produziert, nicht in dem Prozeß, worin sie als Produktionsmittel und daher als konstantes Kapital funktioniert. Der Wert einer Ware ist zwar bestimmt durch das Quantum der in ihr enthaltnen Arbeit, aber dies Quantum selbst ist gesellschaftlich bestimmt. Hat sich die gesellschaftlich zu ihrer Produktion erheischte Arbeitszeit verändert - und dasselbe Quantum Baumwolle z.B. stellt in ungünstigen Ernten größeres Quantum Arbeit dar, als in günstigen - , so findet eine Rückwirkung auf die alte Ware statt, die immer nur als einzelnes Exemplar ihrer Gattung gilt,[201] deren Wert stets durch gesellschaftlich notwendige, also auch stets unter gegenwärtigen gesellschaftlichen Bedingungen notwendige Arbeit gemessen wird.

Wie der Wert des Rohmaterials, mag der Wert bereits im Produktionsprozeß dienender Arbeitsmittel, der Maschinerie usw., wechseln, also auch der Wertteil, den sie dem Produkt abgeben. Wird z.B. infolge einer neuen Erfindung Maschi-

[201] „Alle Erzeugnisse der gleichen Art bilden eigentlich nur eine Masse, deren Preis allgemein und ohne Rücksicht auf die besonderen Umstände bestimmt wird.“ (Le Trosne, l.c.p. 893.)

nerie derselben Art mit verminderter Ausgabe von Arbeit reproduziert, so entwertet die alte Maschinerie mehr oder minder und überträgt daher auch verhältnismäßig weniger Wert auf das Produkt. Aber auch hier entspringt der Wertwechsel außerhalb des Produktionsprozesses, worin die Maschine als Produktionsmittel funktioniert. In diesem Prozeß gibt sie nie mehr Wert ab, als sie unabhängig von diesem Prozeß besitzt.

Wie ein Wechsel im Wert der Produktionsmittel, ob auch rückwirkend nach ihrem bereits erfolgten Eintritt in den Prozeß, ihren Charakter als konstantes Kapital nicht verändert, ebensowenig berührt ein Wechsel in der Proportion zwischen konstantem und variablem Kapital ihren funktionellen Unterschied. Die technischen Bedingungen des Arbeitsprozesses mögen z.B. so umgestaltet werden, daß, wo früher 10 Arbeiter mit 10 Werkzeugen von geringem Wert eine verhältnismäßig kleine Masse von Rohmaterial verarbeiteten, jetzt 1 Arbeiter mit einer teuren Maschine das hundertfache Rohmaterial verarbeitet. In diesem Fall wäre das konstante Kapital, d.h. die Wertmasse der angewandten Produktionsmittel, sehr gewachsen und der variable Teil des Kapitals, der in Arbeitskraft vorgeschoßne, sehr gefallen. Dieser Wechsel ändert jedoch nur das Größenverhältnis zwischen konstantem und variablem Kapital oder die Proportion, worin das Gesamtkapital in konstante und variable Bestandteile zerfällt, berührt dagegen nicht den Unterschied von konstant und variabel.

Die Rate des Mehrwerts

1. Der Exploitationsgrad der Arbeitskraft

Der Mehrwert, den das vorgeschoßne Kapital C im Produktionsprozeß erzeugt hat, oder die Verwertung des vorgeschoßnen Kapitalwerts C stellt sich zunächst dar als Überschuß des Werts des Produkts über die Wertsumme seiner Produktionselemente.

Das Kapital C zerfällt in zwei Teile, eine Geldsumme c, die für Produktionsmittel, und eine andre Geldsumme v, die für Arbeitskraft verausgabt wird; c stellt den in konstantes, v den in variables Kapital verwandelten Wertteil vor. Ursprünglich ist also C = c + v, z.B. das vorgeschoßne Kapital von 500 Pfd.St. = 410 Pfd.St. + 90 Pfd.St. Am Ende des Produktionsprozesses kommt Ware heraus, deren Wert = c + v + m, wo m der Mehrwert, z.B. 410 Pfd.St. + 90 Pfd.St. + 90 Pfd.St. Das ursprüngliche Kapital C hat sich in C' verwandelt, aus 500 Pfd.St. in 590 Pfd.St. Die Differenz zwischen beiden ist = m, einem Mehrwert von 90. Da der Wert der Produktionselemente gleich dem Wert des vorgeschoßnen Kapitals, so ist es in der Tat eine Tautologie, daß der Überschuß des Produktenwerts über den Wert seiner Produktionselemente gleich der Verwertung des vorgeschoßnen Kapitals oder gleich dem produzierten Mehrwert.

Indes erfordert diese Tautologie eine nähere Bestimmung. Was mit dem Produktenwert verglichen wird, ist der Wert der in seiner Bildung aufgezehrten Produktionselemente. Nun haben wir aber gesehn, daß der aus Arbeitsmitteln bestehende Teil des angewandten konstanten Kapitals nur ein Stück seines Werts an das Produkt abgibt, während ein andres Stück in seiner alten Existenzform fortdauert. Da das letztre keine Rolle in der Wertbildung spielt, ist hier davon zu abstrahieren. Sein Hineinziehen in die Rechnung würde nichts ändern. Nimm an, c = 410 Pfd.St. bestehe aus Rohmaterial zu 312 Pfd.St., Hilfsstoffen zu 44 Pfd.St. und im Prozeß verschleißender Maschinerie von 54 Pfd.St., der Wert der wirklich angewandten Maschinerie betrage aber 1.054 Pfd.St. Als vorgeschossen zur Erzeugung des Produktenwerts berechnen wir nur den Wert von 54 Pfd.St., den die Maschinerie durch ihre Funktion verliert und daher dem Produkt abgibt. Rechneten wir die 1.000 Pfd.St. mit, die in ihrer alten Form fortexistieren als Dampfmaschine usw., so müßten wir sie auf beiden Seiten mitrechnen, auf Seite des vorgeschoßnen Werts und auf Seite des Produktenwerts,[202] und erhielten so resp. 1.500 Pfd.St. und 1.590 Pfd.St. Die Differenz oder der Mehrwert wäre nach wie vor 90 Pfd.St. Unter dem zur Wertproduktion vorgeschoßnen konstanten Kapital verstehen wir daher, wo das Gegenteil nicht aus dem Zusammenhang erhellt, stets nur den Wert der in der Produktion verzehrten Produktionsmittel.

Dies vorausgesetzt, kehren wir zurück zur Formel C = c + v, die sich in C = c + v + m und eben dadurch C in C' verwandelt. Man weiß, daß der Wert des konstanten Kapitals im Produkt nur wieder erscheint. Das im Prozeß wirklich neu erzeugte Wertprodukt ist also verschieden von dem aus dem Prozeß erhaltnen Produktenwert, daher nicht, wie es auf den ersten Blick scheint, c + v + m oder 410 Pfd.St. + 90 Pfd.St. + 90, sondern v + m oder 90 Pfd.St. + 90 Pfd.St., nicht 590 Pfd.St., sondern 180 Pfd.St. Wäre c, das konstante Kapital, = 0, in andren Worten, gäbe es Industriezweige, worin der Kapitalist keine produzierten Produktionsmittel, weder Rohmaterial noch Hilfsstoffe, noch Arbeitsinstrumente, sondern nur von Natur vorhandne Stoffe und Arbeitskraft anzuwenden hätte, so wäre kein konstanter Wertteil auf das Produkt zu übertragen. Dies Element des Produktenwerts, in unsrem Beispiel 410 Pfd.St., fiele fort, aber das Wertprodukt von 180 Pfd.St., welches 90 Pfd.St. Mehrwert enthält, bliebe ganz ebenso groß, als ob c die größte Wertsumme darstellte. Wir hätten C = 0 + v = v, und C', das verwertete Kapital, = v + m, C' - C nach wie vor = m. Wäre umgekehrt m = 0, in andren Worten, hätte die Arbeitskraft, deren Wert im variablen Kapital vorgeschossen wird, nur ein Äquivalent produziert, so C = c + v, und C' (der Produktenwert) = c + v + 0, daher C = C'. Das vorgeschoßne Kapital hätte sich nicht verwertet.

Wir wissen in der Tat bereits, daß der Mehrwert bloß Folge der Wertveränderung ist, die mit v, dem in Arbeitskraft umgesetzten Kapitalteil vorgeht, daß also

[202] „Wenn wir den Wert des angewandten fixen Kapitals als Teil des vorgeschossenen Kapitals rechnen, müssen wir am Ende des Jahres den verbliebenen Wert dieses Kapitals als einen Teil der Jahreseinnahme rechnen." (Malthus, „Pric. of Pol. Econ.", 2nd ed., London 1836, p. 269.)

v + m = v + Dv (v plus Inkrement von v) ist. Aber die wirkliche Wertveränderung und das Verhältnis, worin sich der Wert ändert, werden dadurch verdunkelt, daß infolge des Wachstums seines variierenden Bestandteils auch das vorgeschoßne Gesamtkapital wächst. Es war 500, und es wird 590. Die reine Analyse des Prozesses erheischt also von dem Teil des Produktenwerts, worin nur konstanter Kapitalwert wieder erscheint, ganz zu abstrahieren, also das konstante Kapital c = 0 zu setzen, und damit ein Gesetz der Mathematik anzuwenden, wo sie mit variablen und konstanten Größen operiert und die konstante Größe nur durch Addition oder Subtraktion mit der variablen verbunden ist.

Eine andre Schwierigkeit entspringt aus der ursprünglichen Form des variablen Kapitals. So im obigen Beispiel ist C' = 410 Pfd.St. konstantes Kapital + 90 Pfd.St. variables Kapital + 90 Pfd.St. Mehrwert. Neunzig Pfd.St. sind aber eine gegebne, also konstante Größe, und es scheint daher ungereimt, sie als variable Größe zu behandeln. Aber 90 Pfd.St. oder 90 Pfd.St. variables Kapital ist hier in der Tat nur Symbol für den Prozeß, den dieser Wert durchläuft. Der im Ankauf der Arbeitskraft vorgeschoßne Kapitalteil ist ein bestimmtes Quantum vergegenständlichter Arbeit, also konstante Wertgröße, wie der Wert der gekauften Arbeitskraft. Im Produktionsprozeß selbst aber tritt an die Stelle der vorgeschoßnen 90 Pfd.St. die sich betätigende Arbeitskraft, an die Stelle toter, lebendige Arbeit, an die Stelle einer ruhenden eine fließende Größe, an die Stelle einer konstanten eine variable. Das Resultat ist die Reproduktion von v plus Inkrement von v. Vom Standpunkt der kapitalistischen Produktion ist dieser ganze Verlauf Selbstbewegung des in Arbeitskraft umgesetzten, ursprünglich konstanten Werts. Ihm wird der Prozeß und sein Resultat zugut geschrieben. Erscheint die Formel 90 Pfd.St. variables Kapital oder sich verwertender Wert daher widerspruchsvoll, so drückt sie nur einen der kapitalistischen Produktion immanenten Widerspruch aus.

Die Gleichsetzung des konstanten Kapitals mit 0 befremdet auf den ersten Blick. Indes vollzieht man sie beständig im Alltagsleben. Will jemand z.B. Englands Gewinn an der Baumwollindustrie berechnen, so zieht er vor allem den an die Vereinigten Staaten, Indien, Ägypten usw. gezahlten Baumwollpreis ab; d.h., er setzt im Produktenwert nur wiedererscheinenden Kapitalwert = 0.

Allerdings hat das Verhältnis des Mehrwerts nicht nur zum Kapitalteil, woraus er unmittelbar entspringt und dessen Wertveränderung er darstellt, sondern auch zum vorgeschoßnen Gesamtkapital seine große ökonomische Bedeutung. Wir behandeln dies Verhältnis daher ausführlich im dritten Buch. Um einen Teil des Kapitals durch seinen Umsatz in Arbeitskraft zu verwerten, muß ein andrer Teil des Kapitals in Produktionsmittel verwandelt werden. Damit das variable Kapital funktioniere, muß konstantes Kapital in entsprechenden Proportionen, je nach dem bestimmten technischen Charakter des Arbeitsprozesses, vorgeschossen werden. Der Umstand jedoch, daß man zu einem chemischen Prozeß Retorten und andre Gefäße braucht, verhindert nicht, bei der Analyse von der Retorte selbst zu abstrahieren. Sofern Wertschöpfung und Wertveränderung für sich selbst, d.h. rein betrachtet werden, liefern die Produktionsmittel, diese stofflichen Gestalten des konstanten Kapitals, nur den Stoff, worin sich die flüssige, wertbildende Kraft fixieren soll. Die Natur dieses Stoffes ist daher auch gleichgültig, ob Baumwolle oder Eisen. Auch der Wert dieses Stoffes ist gleichgültig. Er muß nur in hinreichender Masse vorhanden sein, um das während des Produktionsprozesses zu verausgabende Arbeitsquantum einsaugen zu können. Diese Masse gegeben, mag ihr Wert steigen oder fallen, oder sie mag wertlos sein, wie Erde und Meer, der Prozeß der Wertschöpfung und Wertveränderung wird nicht davon berührt.[203]

Wir setzen also zunächst den konstanten Kapitalteil gleich Null. Das vorgeschoßne Kapital reduziert sich daher von c + v auf v, und der Produktenwert c + v + m auf das Wertprodukt v + m. Gegeben das Wertprodukt = 180 Pfd.St., worin sich die während der ganzen Dauer des Produktionsprozesses fließende Arbeit darstellt, so haben wir den Wert des variablen Kapitals = 90 Pfd.St. abzuziehn, um den Mehrwert = 90 Pfd.St. zu erhalten. Die Zahl 90 Pfd.St. = m drückt hier die absolute Größe des produzierten Mehrwerts aus. Seine proportionelle Größe aber, also das Verhältnis, worin das variable Kapital sich verwertet hat, ist offenbar bestimmt durch das Verhältnis des Mehrwerts zum variablen Kapital oder ist ausgedrückt in *m/v*. Im obigen Beispiel also in 90/90 = 100%. Diese verhältnismäßige Verwertung des variablen Kapitals oder die Verhältnismäßige Größe des Mehrwerts nenne ich Rate des Mehrwerts.[204]

Wir haben gesehn, daß der Arbeiter während eines Abschnitts des Arbeitsprozesses nur den Wert seiner Arbeitskraft produziert, d.h. den Wert seiner notwendigen Lebensmittel. Da er in einem auf gesellschaftlicher Teilung der Arbeit beruhenden Zustand produziert, produziert er seine Lebensmittel nicht direkt, sondern in Form einer besonderen Ware, des Garns z.B., einen Wert gleich dem Wert seiner Lebensmittel oder dem Geld, womit er sie kauft. Der Teil seines Arbeitstags, den er hierzu verbraucht, ist größer oder kleiner, je nach dem Wert seiner durchschnittlichen täglichen Lebensmittel, also je nach der zu ihrer Produktion erheischten durchschnittlichen täglichen Arbeitszeit. Wenn der Wert seiner täglichen Lebensmittel im Durchschnitt 6 vergegenständlichte Arbeitsstunden darstellt, so muß der Arbeiter im Durchschnitt täglich 6 Stunden arbeiten, um ihn zu produzieren. Arbeitete er nicht für den Kapitalisten, sondern für sich selbst, unabhängig, so müßte er, unter sonst gleichbleibenden Umständen, nach wie vor im Durchschnitt denselben aliquoten Teil des Tags arbeiten, um den Wert seiner Arbeitskraft zu produzieren, und dadurch die zu seiner eignen Erhaltung oder beständigen Reproduktion nötigen Lebensmittel zu gewinnen. Da er in dem Teil des Arbeitstags, worin er den Tageswert der Arbeitskraft, sage 3 sh., produziert, nur ein Äquivalent für ihren vom Kapitalis-

[203] Note zur 2. Ausg. Es versteht sich von selbst mit Lucretius „nil posse creari de nihilo". Aus nichts wird nichts. „Wertschöpfung" ist Umsatz von Arbeitskraft in Arbeit. Ihrerseits ist die Arbeitskraft vor allem in menschlichen Organismus umgesetzter Naturstoff.

[204] In derselben Weise, wie der Engländer „rate of profits", „rate of interest", usw. braucht. Man wird aus Buch III sehen, daß die Profitrate leicht zu begreifen, sobald man die Gesetze des Mehrwerts kennt. Auf dem umgekehrten Weg begreift man ni l'un, ni l'autre (weder das eine, noch das andere).

ten bereits gezahlten[205] Wert produziert, also durch den neu geschaffnen Wert nur den vorgeschoßnen variablen Kapitalwert ersetzt, erscheint diese Produktion von Wert als bloße Reproduktion. Den Teil des Arbeitstags also, worin diese Reproduktion vorgeht, nenne ich notwendige Arbeitszeit, die während derselben verausgabte Arbeit notwendige Arbeit.[206] Notwendig für den Arbeiter, weil unabhängig von der gesellschaftlichen Form seiner Arbeit. Notwendig für das Kapital und seine Welt, weil das beständige Dasein des Arbeiters ihre Basis.

Die zweite Periode des Arbeitsprozesses, die der Arbeiter über die Grenzen der notwendigen Arbeit hinaus schanzt, kostet ihm zwar Arbeit, Verausgabung von Arbeitskraft, bildet aber keinen Wert für ihn. Sie bildet Mehrwert, der den Kapitalisten mit allem Reiz einer Schöpfung aus Nichts anlacht. Diesen Teil des Arbeitstags nenne ich Surplusarbeitszeit, und die in ihr verausgabte Arbeit: Mehrarbeit (suplus labour). So entscheidend es für die Erkenntnis des Werts überhaupt, ihn als bloße Gerinnung von Arbeitszeit, als bloß vergegenständlichte Arbeit, so entscheidend ist es für die Erkenntnis des Mehrwerts, ihn als bloße Gerinnung von Surplusarbeitszeit, als bloß vergegenständlichte Mehrarbeit zu begreifen. Nur die Form, worin diese Mehrarbeit dem unmittelbaren Produzenten, dem Arbeiter, abgepreßt wird, unterscheidet die ökonomischen Gesellschaftsformationen, z.B. die Gesellschaft der Sklaverei von der der Lohnarbeit.[207]

Da der Wert des variablen Kapitals = Wert der von ihm gekauften Arbeitskraft, da der Wert dieser Arbeitskraft den notwendigen Teil des Arbeitstags bestimmt, der Mehrwert seinerseits aber bestimmt ist durch den überschüssigen Teil des Arbeitstags, so folgt: Der Mehrwert verhält sich zum variablen Kapital, wie die Mehrarbeit zur notwendigen, oder die Rate des Mehrwerts $^{m}/_{v}$ = (Mehrarbeit) / (Notwendige Arbeit). Beide Proportionen drücken dasselbe Verhältnis in verschiedner Form aus, das eine Mal in der Form vergegenständlichter, das andre Mal in der Form flüssiger Arbeit.

Die Rate des Mehrwerts ist daher der exakte Ausdruck für den Exploitationsgrad der Arbeitskraft durch das Kapital oder des Arbeiters durch den Kapitalisten.[208]

[205] {Note zur 3. Aufl. Der Verfasser gebraucht hier die landläufige ökonomische Sprache. Man erinnert sich, daß auf S.137 (siehe vorl. Band, S.188) nachgewiesen, wie in Wirklichkeit nicht der Kapitalist dem Arbeiter, sondern der Arbeiter dem Kapitalisten „vorschießt“. - F.E.}

[206] Wir haben bisher in dieser Schrift das Wort „notwendige Arbeitszeit“ angewandt für die zur Produktion einer Ware überhaupt gesellschaftlich notwendige Arbeitszeit. Wir brauchen es von jetzt ab auch für die zur Produktion der spezifischen Ware Arbeitskraft notwendige Arbeitszeit. Der Gebrauch derselben termini technici in verschiednem Sinn ist mißlich, aber in keiner Wissenschaft ganz zu vermeiden. Man vergleiche z.B. die höheren und niedren Teile der Mathematik.

[207] Mit wahrhaft Gottschedscher Genialität entdeckt Herr Wilhelm Thukydides Roscher, daß, wenn die Bildung von Mehrwert oder Mehrprodukt, und die damit verbundne Akkumulation, heurigen Tags der „Sparsamkeit“ des Kapitalisten geschuldet, der dafür „z.B. Zins verlangt“, dagegen „auf den niedrigsten Kulturstufen ... die Schwächeren von den Stärkeren zur Sparsamkeit gezwungen werden“. (l.c.p. 82, 78.) Zur Ersparung von Arbeit? oder nicht vorhandner überschüssiger Produkte? Neben wirklicher Ignoranz ist es apologetische Scheu vor gewissenhafter Analyse des Werts und Mehrwerts, und etwa verfänglich-polizeiwidrigem Resultat, die einen Roscher und Kons. zwingt, die mehr oder minder plausiblen Rechtfertigungsgründe des Kapitalisten für seine Aneignung vorhandner Mehrwerte in Entstehungsgründe des Mehrwerts zu verdrehen.

[208] Note zur 2. Ausg. Obgleich exakter Ausdruck für den Exploitationsgrad der Arbeitskraft, ist die Rate des Mehrwerts kein Ausdruck für die absolute Größe der Exploitation. Z.B. wenn die notwendige Arbeit = 5 Stunden und die

Nach unsrer Annahme war der Wert des Produkts = 410 Pfd.St. + 90 Pfd. St + 90, das vorgeschoßne Kapital = 500 Pfd.St. Da der Mehrwert = 90 und das vorgeschoßne Kapital = 500, würde man nach der gewöhnlichen Art der Berechnung herausbekommen, daß die Rate des Mehrwerts (die man mit der Profitrate verwechselt) = 18%, eine Verhältniszahl, deren Niedrigkeit Herrn Carey und andre Harmoniker rühren möchte. In der Tat aber ist die Rate des Mehrwerts nicht = *m/c* oder m/(c + m), sondern = *m/v*, also nicht 90/500, sondern 90/90 =100%, mehr als das Fünffache des scheinbaren Exploitationsgrads. Obgleich wir nun im gegebnen Fall die absolute Größe des Arbeitstags nicht kennen, auch nicht die Periode des Arbeitsprozesses (Tag, Woche usw.), endlich nicht die Anzahl der Arbeiter, die das variable Kapital von 90 Pfd.St. gleichzeitig in Bewegung setzt, zeigt uns die Rate des Mehrwerts *m/v* durch ihre Konvertibilität in (Mehrarbeit)/(Notwendige Arbeit) genau das Verhältnis der zwei Bestandteile des Arbeitstags zueinander. Es ist 100%. Also arbeitete der Arbeiter die eine Hälfte des Tags für sich und die andre für den Kapitalisten.

Die Methode zur Berechnung der Rate des Mehrwerts ist also kurzgefaßt diese: Wir nehmen den ganzen Produktenwert und setzen den darin nur wiedererscheinenden konstanten Kapitalwert gleich Null. Die übrigbleibende Wertsumme ist das einzige im Bildungsprozeß der Ware wirklich erzeugte Wertprodukt. Ist der Mehrwert gegeben, so ziehn wir ihn von diesem Wertprodukt ab, um das variable Kapital zu finden. Umgekehrt, wenn letztres gegeben und wir den Mehrwert suchen. Sind beide gegeben, so ist nur noch die Schlußoperation zu verrichten, das Verhältnis des Mehrwerts zum variablen Kapital, *m/v*, zu berechnen.

So einfach die Methode, scheint es doch passend, den Leser in die ihr zu Grunde liegende und ihm ungewohnte Anschauungsweise durch einige Beispiele einzuexerzieren.

Zunächst das Beispiel Spinnerei von 10.000 Mulespindeln, die Nr. 32 Garn aus amerikanischer Baumwolle spinnt und 1 Pfund Garn wöchentlich per Spindel produziert. Der Abfall ist 6%. Also werden 10.600 Pfund Baumwolle wöchentlich in 10.000 Pfund Garn und 600 Pfund Abfall verarbeitet. Im April 1871 kostet diese Baumwolle 7 1/2 d. per Pfund, also für 10.600 Pfund rund 342 Pfd.St. Die 10.000 Spindeln, inklusive Vorspinnmaschinerie und Dampfmaschine, kosten 1 Pfd.St. per Spindel, also 10.000 Pfd.St. Ihr Verschleiß beträgt 10% = 1.000 Pfd.St. oder wöchentlich 20 Pfd.St. Die Miete des Fabrikgebäudes ist 300 Pfd.St. oder 6 Pfd.St. per Woche. Kohlen (4 Pfund per Stunde und Pferdekraft, auf 100 Pferdekraft (Indikator), und 60 Stunden per Woche inklusive Heizung des Gebäudes) 11 tons per Woche, zu 8 sh. 6 d. die Tonne, kosten rund 4 1/2 Pfd.St. per Woche; Gas 1 Pfd.St. per Woche, Öl 4 1/2 Pfd.St. per Woche, also alle Hilfsstoffe 10 Pfd.St. per Woche. Also ist der konstante Wertteil 378 Pfd.St. per Woche. Der Arbeitslohn beträgt 52 Pfd.St.

Mehrarbeit = 5 Stunden, ist der Exploitationsgrad = 100%. Die Größe der Exploitation ist hier gemessen durch 5 Stunden. Ist dagegen die notwendige Arbeit = 6 Stunden und die Mehrarbeit = 6 Stunden, so bleibt der Exploitationsgrad von 100% unverändert, während die Größe der Exploitation um 20% wächst, von 5 auf 6 Stunden.

per Woche. Der Garnpreis ist 12 1/2 d. per Pfund oder 10.000 Pfd. = 510 Pfd.St., der Mehrwert also 510 - 430 = 80 Pfd.St. Wir setzen den konstanten Wertteil von 378 Pfd.St. = 0, da er in der wöchentlichen Wertbildung nicht mitspielt. Bleibt das wöchentliche Wertprodukt von 132 = 52 + 80 Pfd.St. Die Rate des Mehrwerts also = 80/52 = 153 11/13%. Bei zehnstündigem durchschnittlichem Arbeitstag ergibt dies: Notwedige Arbeit = 3 31/33 Stunden und Mehrarbeit = 6 2/33 Stunden.[209]

Jacob gibt für das Jahr 1815, bei Annahme eines Weizenpreises von 80 sh. per Quarter und eines Durchschnittsertrags von 22 Buschels per acre, so daß der acre 11 Pfd.St. einbringt, folgende durch vorherige Kompensation verschiedner Posten sehr mangelhafte, aber für unsren Zweck genügende Rechnung.

Wertproduktion per acre:

Samen (Weizen)	1 Pfd.St.	9 sh.	Zehnten, Rates, Taxes	1 Pfd.St.	1 sh.
Dünger	2 Pfd.St.	10 sh.	Rente	1 Pfd.St.	8 sh.
Arbeitslohn	3 Pfd.St.	10 sh.	Pächters Profit u. Zins	1 Pfd.St.	2 sh.
Summa:	7 Pfd.St.	9 sh.	Summa:	3 Pfd.St.	11 sh.

Der Mehrwert, stets unter der Voraussetzung, daß Preis des Produkts = seinem Wert, wird hier unter die verschiednen Rubriken, Profit, Zins, Zehnten usw. verteilt. Diese Rubriken sind uns gleichgültig. Wir addieren sie zusammen und erhalten einen Mehrwert von 3 Pfd.St. 11 sh. Die 3 Pfd.St. 19 sh. für Samen und Dünger setzen wir als konstanten Kapitalteil gleich Null. Bleibt vorgeschoßnes variables Kapital von 3 Pfd.St. 10 sh., an dessen Stelle ein Neuwert von 3 Pfd.St. 10 sh. + 3 Pfd.St. 11 sh. produziert worden ist. Also beträgt *m*/*v* = (3 Pfd.St. 11 sh.)/(3 Pfd.St. 10 sh.), mehr als 100%. Der Arbeiter verwendet mehr als die Hälfte seines Arbeitstags zur Produktion eines Mehrwerts, den verschiedne Personen auf verschiedne Verwände hin unter sich verteilen.[210]

2. Darstellung des Produktenwerts in proportionellen Teilen des Produkts

Kehren wir nun zum Beispiel zurück, das uns zeigte, wie der Kapitalist aus Geld Kapital macht. Die notwendige Arbeit seines Spinners betrug 6 Stunden, die Mehrarbeit desgleichen, der Exploitationsgrad der Arbeitskraft daher 100%.

Das Produkt des zwölfstündigen Arbeitstags sind 20 Pfd. Garn zum Wert von 30 sh. Nicht weniger als 8/10 dieses Garnwerts (24 sh.) sind gebildet durch den nur wieder erscheinenden Wert der verzehrten Produktionsmittel (20 Pfd. Baum-

[209] Note zur 2. Ausg. Das in der ersten Ausgabe gegebne Beispiel einer Spinnerei für das Jahr 1860 enthielt einige faktische Irrtümer. Die im Text gegebnen durchaus genauen Daten sind mir von einem Manchester Fabrikanten geliefert. - Es ist zu bemerken, daß in England die alte Pferdekraft nach dem Durchschnitt des Zylinders berechnet wurde, die neue nach der wirklichen Kraft zählt, die der Indikator anzeigt.

[210] Die gegebnen Rechnungen gelten nur als Illustration. Es wird nämlich unterstellt, daß die Preise = den Werten. Man wird in Buch III sehn, daß diese Gleichsetzung, selbst für die Durchschnittspreise, sich nicht in dieser einfachen Weise macht.

wolle zu 20 sh., Spindel usw. zu 4 sh.) oder bestehn aus konstantem Kapital. Die übrigen 2/10 sind der während des Spinnprozesses entstandne Neuwert von 6 sh., wovon eine Hälfte den vorgeschoßnen Tageswert der Arbeitskraft ersetzt oder das variable Kapital und die andre Hälfte eine Mehrwert von 3 sh. bildet. Der Gesamtwert der 20 Pfd. Garn ist also folgendermaßen zusammengesetzt:

Garnwert von 30 sh. = 24 sh. + 3 sh. + 3 sh.

Da dieser Gesamtwert sich in dem Gesamtprodukt von 20 Pfd. Garn darstellt, müssen auch die verschiednen Wertelemente in proportionellen Teilen des Produkts darstellbar sein.

Existiert ein Garnwert von 30 sh. in 20 Pfd. Garn, so 8/10 dieses Werts, oder sein konstanter Teil von 24 sh. In 8/10 des Produkts, oder in 16 Pfd. Garn. Davon stellen 13 1/3 Pfd. den Wert des Rohmaterial dar, der versponnenen Baumwolle zu 20 sh. und 2 2/3 Pfd. den Wert der verzehrten Hilfsstoffe und Arbeitsmittel, Spindel usw. zu 4 sh.

13 1/3 Pfund Garn stellen also alle im Gesamtprodukt vom 20 Pfd. Garn versponnene Baumwolle vor, das Rohmaterial des Gesamtprodukts, aber auch weiter nichts. In ihnen stecken zwar nur 13 1/3 Pfd. Baumwolle zum Wert von 13 1/3 sh., aber ihr zusätzlicher Wert von 6 2/3 sh. bildet ein Äquivalent für die in den andren 6 2/3 Pfd. Garn versponnene Baumwolle. Es ist, als ob letztren die Wolle ausgerupft und alle Wolle des Gesamtprodukts in 13 1/3 Pfd. Garn zusammengestopft wäre. Sie enthalten dagegen jetzt kein Atom des Werts der verbrauchten Hilfsstoffe und Arbeitsmittel noch des im Spinnprozeß geschaffnen Neuwerts.

Ebenso stellen weitre 2 2/3 Pfd. Garn, worin der Rest des konstanten Kapitals (= 4 sh.) steckt, nichts dar außer dem Wert der im Gesamtprodukt von 20 Pfd. Garn vernutzten Hilfsstoffe und Arbeitsmittel.

Acht Zehntel des Produkts, oder 16 Pfd. Garn, obgleich leiblich, als Gebrauchswert betrachtet, als Garn, ebensosehr Gebilde der Spinnarbeit wie die restierenden Produktteile, enthalten daher in diesem Zusammenhang keine Spinnarbeit, keine während des Spinnprozesses selbst eingesaugte Arbeit. Es ist, als ob sie sich ohne Spinnen in Garn verwandelt hätten und als wäre ihre Garngestalt reiner Lug und Trug. In der Tat, wenn der Kapitalist sie verkauft zu 24 sh. und damit seine Produktionsmittel zurückkauft, zeigt sich, daß 16 Pfd. Garn - nur verkleidete Baumwolle, Spindel, Kohle usw. sind.

Umgekehrt stellen die übrigbleibenden 8/10 des Produkts oder 4 Pfd. Garn jetzt nichts dar außer dem im zwölfstündigen Spinnprozeß produzierten Neuwert von 6 sh. Was vom Wert der vernutzten Rohmaterialien und Arbeitsmittel in ihnen steckte, ward bereits ausgeweidet und den ersten 16 Pfd. Garn einverleibt. Die in 20 Pfd. Garn verkörperte Spinnarbeit ist konzentriert auf 2/10 des Produkts. Es ist, als ob der Spinner 4 Pfd. Garn in der Luft gewirkt oder in Baumwolle und mit Spindeln, die ohne Zutat menschlicher Arbeit, von Natur vorhanden, dem Produkt keinen Wert zusetzen.

Von den 4 Pfd. Garn, worin so das ganze Wertprodukt des täglichen Spinnprozesses existiert, stellt die eine Hälfte nur den Ersatzwert der vernutzten Arbeitskraft dar, also das variable Kapital von 3 sh., die andren 2 Pfd. Garn nur den Mehrwert von 3 sh.

Da 12 Arbeitsstunden des Spinners sich in 6 sh. vergegenständlichen, sind im Garnwert von 30 sh. 60 Arbeitsstunden vergegenständlicht. Sie existieren in 20 Pfd. Garn, wovon 8/10 oder 16 Pfd. die Materiatur von 48 vor dem Spinnprozeß vergangnen Arbeitsstunden sind, nämlich der in den Produktionsmitteln des Garns vergegenständlichten Arbeit, 2/10 oder 4 Pfd. dagegen die Materiatur der im Spinnprozeß selbst verausgabten 12 Arbeitsstunden.

Früher sahen wir, daß der Garnwert gleich der Summe des in seiner Produktion erzeugten Neuwerts plus der bereits in seinen Produktionsmitteln präexistierenden Werte ist. Jetzt hat sich gezeigt, wie die funktionell oder begrifflich verschiednen Bestandteile des Produktenwerts in proportionellen Teilen des Produkts selbst darstellbar sind.

Diese Zerfällung des Produkts - des Resultats des Produktionsprozesses - in ein Quantum Produkt, das nur die in den Produktionsmitteln enthaltne Arbeit oder den konstanten Kapitalteil, ein andres Quantum, das nur die im Produktionsprozeß zugesetzte notwendige Arbeit oder den variablen Kapitalteil, und ein letztes Quantum Produkt, das nur die im selben Prozeß zugesetzte Mehrarbeit oder den Mehrwert darstellt, ist ebenso einfach als wichtig, wie ihre spätre Anwendung auf verwickelte und noch ungelöste Probleme zeigen wird.

Wir betrachteten eben das Gesamtprodukt als fertiges Resultat des zwölfstündigen Arbeitstags. Wir können es aber auch in seinem Entstehungsprozeß begleiten und dennoch die Teilprodukte als funktionell unterschiedne Produktenteile darstellen.

Der Spinner produziert in 12 Stunden 20 Pfd. Garn, daher in einer Stunde 1 2/3 und in 8 Stunden 13 2/3 Pfd., also ein Teilprodukt vom Gesamt- wert der Baumwolle, die während des ganzen Arbeitstags versponnen wird. In derselben Art und Weise ist das Teilprodukt der folgenden Stunde und 36 Minuten = 2 2/3 Pfd. Garn und stellt daher den Wert der während der 12 Arbeitsstunden vernutzten Arbeitsmittel dar. Ebenso produziert der Spinner in der folgenden Stunde und 12 Minuten 2 Pfd. Garn = 3 sh., ein Produktenwert gleich dem ganzen Wertprodukt, das er in 6 Stunden notwendiger Arbeit schafft. Endlich produziert er in den letzten 6/5 Stunden ebenfalls 2 Pfd. Garn, deren Wert gleich dem durch seine halbtägige Mehrarbeit erzeugten Mehrwert. Diese Art Berechnung dient dem englischen Fabrikanten zum Hausgebrauch, und er wird z.B. sagen, daß er in den ersten 8 Stunden oder 2/3 des Arbeitstags seine Baumwolle herausschlägt usw. Man sieht, die Formel ist richtig, in der Tat nur die erste Formel, übersetzt aus dem Raum, wo die Teile des Produkts fertig nebeneinander liegen, in die Zeit, wo sie aufeinander folgen. Die Formel kann aber auch von sehr barbarischen Vorstellungen begleitet sein, namentlich in Köpfen, die ebenso praktisch im Verwertungsprozeß interessiert sind, als sie ein Interesse haben, ihn theoretisch mißzuverstehn. So kann sich eingebildet werden, daß unser Spinner z.B. in den ersten 8 Stunden seines Arbeitstags den Wert der Baumwolle, in der folgenden Stunde und 36 Minuten den Wert der verzehrten Arbeitsmittel, in der folgenden Stunde und 12 Minuten den Wert des Arbeitslohns produziert oder ersetzt, und nur die vielberühmte „letzte Stunde“ dem Fabrikherrn, der Produktion von Mehrwert widmet. Dem Spinner wird so das doppelte Wunder aufgebürdet, Baumwolle, Spindel, Dampfmaschine, Kohle, Öl usw. in demselben Augenblick zu produzieren, wo er mit ihnen spinnt, und aus einem Arbeitstag von gegebnem Intensitätsgrad fünf solcher Tage zu machen. In unsrem Fall nämlich erfordert die Produktion des Rohmaterials und der Arbeitsmittel 24/6 = 4 zwölfstündige Arbeitstage und ihre Verwandlung in Garn einen andren zwölfstündigen Arbeitstag. Daß die Raubgier solche Wunder glaubt und nie den doktrinären Sykophanten mißt, der sie beweist, zeige nun ein Beispiel von historischer Berühmtheit.

3. Seniors „Letzte Stunde“

An einem schönen Morgen des Jahres 1836 wurde der wegen seiner ökonomischen Wissenschaft und seines schönen Stils berufene Nassau W. Senior, gewissermaßen der Clauren unter den englischen Ökonomen, von Oxford nach Manchester zitiert, um hier politische Ökonomie zu lernen, statt sie in Oxford zu lehren. Die Fabrikanten erkoren ihn zum Preisfechter gegen den neulich erlaßnen Factory Act und die darüber noch hinausstrebende Zehnstundenagitation. Mit gewohntem praktischen Scharfsinn hatten sie erkannt, daß der Herr Professor „wanted a good deal of finishing“ („noch tüchtigen Schliff brauchte“). Sie verschrieben ihn daher nach Manchester. Der Herr Professor seinerseits hat die zu Manchester von den Fabrikanten erhaltne Lektion stilisiert in dem Pamphlet: „Letters on the Factory Act, as it affects the cotton manufacture“, London 1837. Hier kann man u.a. folgendes Erbauliche lesen:

„Unter dem gegenwärtigen Gesetz kann keine Fabrik, die Personen unter 18 Jahren beschäftigt, länger als 11 1/2 Stunden täglich arbeiten, d.h. 12 Stunden während der ersten 5 Tage und 9 Stunden am Sonnabend. Die folgende Analyse (!) zeigt nun, daß in einer solchen Fabrik der ganze Reingewinn von der letzten Stunde abgeleitet ist. Ein Fabrikant legt 100.000 Pfd.St. aus - 80.000 Pfd.St. in Fabrikgebäude und Maschinen, 20.000 in Rohmaterial und Arbeitslohn. Der jährliche Umsatz der Fabrik, vorausgesetzt, das Kapital schlage jährlich einmal um und der Bruttogewinn betrage 15%, muß sich auf Waren zum Wert von 115.000 Pfd.St. belaufen ... Von diesen 115.000 Pfd.St. produziert jede der 23 halben Arbeitsstunden täglich 5/115 oder 1/23. Von diesen 23/23, die das Ganze der 115.000 Pfd.St. bilden (constituting the whole 115.000 Pfd.St.), ersetzen 20/23, d.h. 100.000 von den 115.000, nur das Kapital; 1/23 oder 5.000 Pfd.St. von den 15.000 Brutto-Gewinn (!) ersetzen die Abnutzung der Fabrik und Maschinerie. Die übrigbleibenden 2/23, d.h. die beiden letzten halben Stunden jedes Tages produzieren den Reingewinn von 10%. Wenn daher bei gleichbleibenden Preisen die Fabrik 13 Stunden statt 11 1/2 arbeiten dürfte, so würde, mit einer Zulage von ungefähr 2.600 Pfd.St. zum zirkulierenden Kapital, der Reingewinn mehr als verdoppelt werden. Andrerseits, wenn die Arbeitsstunden täglich um 1 Stunde reduziert würden, würde der Reingewinn verschwinden, wenn um 1 1/2 Stunden, auch der Bruttogewinn."[211]

Und das nennt der Herr Professor eine „Analyse"! Glaubte er den Fabrikantenjammer, daß die Arbeiter die beste Zeit des Tags in der Produktion, daher der Reproduktion oder dem Ersatz des Werts von Baulichkeiten, Maschinen, Baumwolle, Kohle usw. vergeuden, so war jede Analyse überflüssig. Er hatte einfach zu antworten: Meine Herren! Wenn ihr 10 Stunden arbeiten laßt statt 11 1/2, wird, unter sonst gleichbleibenden Umständen, der tägliche Verzehr von Baumwolle, Maschinerie usw. um 1 1/2 Stunden abnehmen. Ihr gewinnt also grade so viel, als ihr verliert. Eure Arbeiter werden in Zukunft 1 1/2 Stunden weniger für Reproduktion oder Ersatz des vorgeschoßnen Kapitalwerts vergeuden. Glaubte er ihnen nicht aufs Wort, sondern hielt als Sachverständiger eine Analyse für nötig, so mußte er vor allem, in einer Frage, die sich ausschließlich um das Verhältnis des Reingewinns zur Größe des Arbeitstags dreht, die Herren Fabrikanten ersuchen, Maschinerie und Fabrikgebäude, Rohmaterial und Arbeit nicht kunterbunt durcheinanderzuwirren, sondern gefälligst das in Fabrikgebäude, Maschinerie, Rohmaterial usw. enthaltne konstante Kapital auf die eine, das in Arbeitslohn vorgeschoßne Kapital auf die andre Seite zu stellen. Ergab sich dann etwa, daß nach der Fabrikantenrechnung der Arbeiter in 2/2 Arbeitsstunden, oder in einer Stunde, den Arbeitslohn reproduziert oder ersetzt, so hatte der Analytiker fortzufahren:

Nach eurer Angabe produziert der Arbeiter in der vorletzten Stunde seinen Arbeitslohn und in der letzten euren Mehrwert oder den Reingewinn. Da er in gleichen Zeiträumen gleiche Werte produziert, hat das Produkt der vorletzten Stunde denselben Wert wie das der letzten. Er produziert ferner nur Wert, soweit er Arbeit

[211] Senior, l.c.p. 12, 13. Wir gehn auf die für unsren Zweck gleichgültigen Kuriosa nicht ein, z.B. die Behauptung, daß die Fabrikanten den Ersatz der verschlißnen Maschinerie usw., also eines Kapitalbestandteils, zum Gewinn, Brutto oder Netto, schmutzig oder rein, rechnen. Auch nicht auf die Richtigkeit oder Falschheit der Zahlenangaben. Daß sie nicht mehr wert sind als die sogenannte „Analyse", bewies Leonard Horner in „A Letter to Mr. Senior etc", London 1837. Leonard Horner, einer der Factory Inquiry Commissioners (Kommissäre zur Untersuchung der Fabrikverhältnisse) von 1833 und Fabrikinspektor, in der Tat Fabrikzensor, bis 1859, hat unsterbliche Verdienste um die englische Arbeiterklasse gewonnen. Außer mit den erbitterten Fabrikanten führte er einen lebenslangen Kampf mit den Ministern, für die es ungleich wichtiger war, die „Stimmen" der Fabrikherrn im Unterhaus als die Arbeitsstunden der „Hände" in der Fabrik zu zählen.

Zusatz zur Note 32. Seniors Darstellung ist konfus, ganz abgesehn von der Falschheit ihres Inhalts. Was er eigentlich sagen wollte, war dies: Der Fabrikant beschäftigt die Arbeiter täglich 11 1/2 oder 23/2 Stunden. Wie der einzelne Arbeitstag, so besteht die Jahresarbeit aus 11 1/2 oder 23/2 Stunden (multipliziert mit der Anzahl der Arbeitstage während des Jahrs). Dies vorausgesetzt, produzieren die 23/2 Arbeitsstunden das Jahresprodukt von 115.000 Pfd. St.; 1/2 Arbeitsstunde produziert 1/23 × 115.000 Pfd.St.; 20/2 Arbeitsstunden produzieren 20/23 × 115.000 Pfd.St. = 100.000 Pfd.St., d.h. sie ersetzen nur das vorgeschoßne Kapital. Bleiben 3/2 Arbeitsstunden, die 3/23 × 115.000 Pfd. St. = 15.000 produzieren, d.h. den Bruttogewinn. Von diesen 3/2 Arbeitsstunden produziert 1/2 Arbeitsstunde 1/23 × 115.000 Pfd.St. = 5.000 Pfd.St., d.h. sie produziert nur den Ersatz für den Verschleiß der Fabrik und der Maschinerie. Die letzten zwei halben Arbeitsstunden, d.h. die letzte Arbeitsstunde, produziert 2/23 × 115.000 Pfd.St. = 10.000 Pfd.St., d.h. den Nettoprofit. Im Text verwandelt Senior die letzten 2/23 des Produkts in Teile des Arbeitstags selbst.

verausgabt, und das Quantum seiner Arbeit ist gemessen durch seine Arbeitszeit. Diese beträgt nach eurer Angabe 11 1/2 Stunden per Tag. Einen Teil dieser 11 1/2 Stunden verbraucht er zur Produktion oder zum Ersatz seines Arbeitslohns, den andren zur Produktion eures Reingewinns. Weiter tut er nichts während des Arbeitstags. Da aber, nach Angabe, sein Lohn und der von ihm gelieferte Mehrwert gleich große Werte sind, produziert er offenbar seinen Arbeitslohn in 5 3/4 Stunden und euren Reingewinn in andren 5 3/4 Stunden. Da ferner der Wert des zweistündigen Garnprodukts gleich der Wertsumme seines Arbeitslohns plus eures Reingewinns ist, muß dieser Garnwert durch 11 1/2 Arbeitsstunden gemessen sein, das Produkt der vorletzten Stunde durch 5 3/4 Arbeitsstunden, das der letzten ditto. Wir kommen jetzt zu einem häklichen Punkt. Also aufgepaßt! Die vorletzte Arbeitsstunde ist eine gewöhnliche Arbeitsstunde wie die erste. Ni plus, ni moins. (Nicht mehr, nicht weniger.) Wie kann der Spinner daher in einer Arbeitsstunde einen Garnwert produzieren, der 5 3/4 Arbeitsstunden darstellt? Er verrichtet in der Tat kein solches Wunder. Was er in einer Arbeitsstunde an Gebrauchswert produziert, ist ein bestimmtes Quantum Garn. Der Wert dieses Garns ist gemessen durch 5 3/4 Arbeitsstunden, wovon 4 3/4 ohne sein Zutun in den stündlich verzehrten Produktionsmitteln stecken, in Baumwolle, Maschinerie usw., 4/4 oder eine Stunde von ihm selbst zugesetzt ist. Da also sein Arbeitslohn in 5 3/4 Stunden produziert wird und das Garnprodukt einer Spinnstunde ebenfalls 5 3/4 Arbeitsstunden enthält, ist es durchaus keine Hexerei, daß das Wertprodukt seiner 5 3/4 Spinnstunden gleich dem Produktenwert einer Spinnstunde. Ihr seid aber durchaus auf dem Holzweg, wenn ihr meint, er verliere ein einziges Zeitatom seines Arbeitstags mit der Reproduktion oder dem „Ersatz" der Werte von Baumwolle, Maschinerie usw. Dadurch, daß seine Arbeit aus Baumwolle und Spindel Garn macht, dadurch, daß er spinnt, geht der Wert von Baumwolle und Spindel von selbst auf das Garn über. Es ist dies der Qualität seiner Arbeit geschuldet, nicht ihrer Quantität. Allerdings wird er in einer Stunde mehr Baumwollwert usw. auf Garn übertragen als in 1/2 Stunde, aber nur weil er in 1 Stunde mehr Baumwolle verspinnt als in 1/2. Ihr begreift also: Euer Ausdruck, der Arbeiter produziert in der vorletzten Stunde den Wert seines Arbeitslohns und in der letzten den Reingewinn, heißt weiter nichts, als daß in dem Garnprodukt von zwei Stunden seines Arbeitstags, ob sie vorn oder hinten stehen, 11 1/2 Arbeitsstunden verkörpert sind, grade so viel Stunden, als sein ganzer Arbeitstag zählt. Und der Ausdruck, daß er in den ersten 5 3/4 Stunden sei- nen Arbeitslohn und in den letzten 5 3/4 Stunden euren Reingewinn produziert, heißt wieder nichts, als daß ihr die ersten 5 3/4 Stunden zahlt und die letzten 5 3/4 Stunden nicht zahlt. Ich spreche von Zahlung der Arbeit, statt der Arbeitskraft, um euren slang zu reden. Vergleicht ihr Herren nun das Verhältnis der Arbeitszeit, die ihr zahlt, zur Arbeitszeit, die ihr nicht zahlt, so werdet ihr finden, daß es halber Tag zu halbem Tag ist, also 100%, was allerdings ein artiger Prozentsatz. Es unterliegt auch nicht dem geringsten Zweifel, daß, wenn ihr eure „Hände" statt 11 1/2 Stunden 13 abschanzt und, was euch so ähnlich sieht wie ein Ei dem andren, die überschüssigen 1 1/2 Stunden zur bloßen

Mehrarbeit schlagt, letztre von 5 3/4 Stunden auf 7 1/4 Stunden wachsen wird, die Rate des Mehrwerts daher von 100% auf 126 2/23%. Dagegen seid ihr gar zu tolle Sanguiniker, wenn ihr hofft, sie werde durch den Zusatz von 1 1/2 Stunden von 100 auf 200% und gar mehr als 200% steigen, d.h. sich „mehr als verdoppeln". Andrerseits - des Menschen Herz ist ein wunderlich Ding, namentlich wenn der Mensch sein Herz im Beutel trägt - seid ihr gar zu verrückte Pessimisten, wenn ihr fürchtet, mit der Reduktion des Arbeitstags von 11 1/2 auf 10 1/2 Stunden werde euer ganzer Reingewinn in die Brüche gehn. Beileibe nicht. Alle andren Umstände als gleichbleibend vorausgesetzt, wird die Mehrarbeit von 5 3/4 auf 4 3/4 Stunden fallen, was immer noch eine ganz erkleckliche Rate des Mehrwerts gibt, nämlich 82 14/23%. Die verhängnisvolle „letzte Stunde" aber, von der ihr mehr gefabelt habt als die Chiliasten vom Weltuntergang, ist „all bosh" („lauter Unsinn"). Ihr Verlust wird weder euch den „Reingewinn" noch den von euch verarbeiteten Kindern beiderlei Geschlechts die „Seelenreinheit" kosten.[212]

Wenn einmal euer „letztes Stündlein" wirklich schlägt, denkt an den Professor von Oxford. Und nun: In einer beßren Welt wünsch' ich mir mehr von eurem

[212] Wenn Senior bewies, daß an „der letzten Arbeitsstunde" der Reingewinn der Fabrikanten, die Existenz der englischen Baumwollindustrie, Englands Weltmarktgröße hängen, bewies dahin wiederum Dr. Andrew Ure in den Kauf, daß Fabrikkinder und junge Personen unter 18 Jahren, welche man nicht volle 12 Stunden in die warme und reine Moralluft der Fabrikstube bannt, sondern „eine Stunde" früher in die gemütskalte und frivole Außenwelt verstößt, von Müßiggang und Laster um ihr Seelenheil geprellt werden. Seit 1848 werden die Fabrikinspektoren nicht müde, in ihren halbjährlichen „Reports" die Fabrikanten mit „der letzten", der „verhängnisvollen Stunde" zu necken. So sagt Herr Howell in seinem Fabrikbericht vom 31. Mai 1855: „Wäre die folgende scharfsinnige Berechnung" (er zitiert Senior) „richtig, so hätte jede Baumwollfabrik im Ver. Königreich seit 1850 mit Verlust gearbeitet." („Reports of the Insp. of Fact. for the half year ending 30th April 1855", p.19, 20.) Als im Jahr 1848 die Zehnstundenbill durchs Parlament ging, oktroyierten die Fabrikanten einigen Normalarbeitern in den ländlichen, zwischen den Grafschaften Dorset und Somerset zerstreut liegenden Flachsspinnereien eine Gegenpetition, worin es u.a. heißt: „Eure Bittsteller, Eltern, glauben, daß eine zusätzliche Mußestunde weiter keinen Erfolg haben kann als die Demoralisation ihrer Kinder, denn Müßiggang ist alles Lasters Anfang." Hierzu bemerkt der Fabrikbericht vom 31. Oktober 1848: „Die Atmosphäre der Flachsspinnereien, worin die Kinder dieser tugendhaft-zärtlichen Eltern arbeiten, ist geschwängert mit so unzähligen Staub- und Faserpartikelchen des Rohmaterials, daß es außerordentlich unangenehm ist, auch nur 10 Minuten in den Spinnstuben zuzubringen, denn ihr könnt das nicht ohne die peinlichste Empfindung, indem Auge, Ohr, Nasenlöcher und Mund sich sofort füllen mit Flachsstaubwolken, vor denen kein Entrinnen ist. Die Arbeit selbst erheischt, wegen der Fieberhast der Maschinerie, rastlosen Aufwand von Geschick und Bewegung, unter der Kontrolle nie ermüdender Aufmerksamkeit, und es scheint etwas hart, Eltern den Ausdruck, ‚Faulenzerei' auf die eignen Kinder anwenden zu lassen, die, nach Abzug der Essenszeit, 10 volle Stunden an solche Beschäftigung, in einer solchen Atmosphäre, geschmiedet sind ... Diese Kinder arbeiten länger als die Ackerknechte in den Nachbardörfern ... Solch liebloses Gekohl über ‚Müßiggang und Laster' muß als der reinste Cant und die schamloseste Heuchelei gebrandmarkt werden ... Der Teil des Publikums, der vor ungefähr zwölf Jahren auffuhr über die Zuversicht, womit man öffentlich und ganz ernsthaft proklamierte, unter der Sanktion hoher Autorität, daß der ganze „Reingewinn" des Fabrikanten aus „der letzten Stunde" Arbeit fließt und daher die Reduktion des Arbeitstags um eine Stunde den Reingewinn vernichtet; dieser Teil des Publikums, sagen wir, wird kaum seinen Augen trauen, wenn er nun findet, daß die Original-Entdeckung über die Tugenden der „letzten Stunde" seitdem so weit verbessert worden ist, „Moral" und „Profit" gleichmäßig einzuschließen; so daß, wenn die Dauer der Kinderarbeit auf volle 10 Stunden reduziert wird, die Moral der Kinder zugleich mit dem Nettogewinn ihrer Anwender flöten geht, beide abhängig von dieser letzten, dieser fatalen Stunden." („Repts. of Insp. of Fact. for 31st Oct. 1848", p. 101.) Derselbe Fabrikbericht gibt dann Proben von der „Moral" und „Tugend" dieser Herrn Fabrikanten, von den Schlichen, Pfiffen, Lockungen, Drohmitteln, Fälschungen usw., die sie anwandten, um von wenigen ganz verwahrlosten Arbeitern dergleichen Petitionen unterzeichnen zu machen, um sie dann als Petitionen eines ganzen Industriezweigs, ganzer Grafschaften dem Parlament aufzubinden. - Höchst charakteristisch bleibt es für den heutigen Stand der sogenannten ökonomischen „Wissenschaft", daß weder Senior selbst, der später zu seiner Ehre energisch für die Fabrikgesetzgebung auftrat, noch seine ursprünglichen und spätren Widersacher, die Trugschlüsse der „Originalentdeckung" aufzulösen wußten. Sie appellierten an die tatsächliche Erfahrung. Das why und wherefore (Warum und Weshalb) blieb Mysterium.

werten Umgang. Addio![213]... Das Signal der von Senior 1836 entdeckten „letzten Stunde“ ward am 15. April 1848, polemisch gegen das Zehnstundengesetz, von James Wilson, einem der ökonomischen Hauptmandarine, im „London Economist“ von neuem geblasen.

4. Das Mehrprodukt

Den Teil des Produkts (1/10 von 20 Pfd. Garn oder 2 Pfd. Garn in dem Beispiel sub 2), worin sich der Mehrwert darstellt, nennen wir Mehrprodukt (surplus produce, produit net). Wie die Rate des Mehrwerts durch sein Verhältnis nicht zur Gesamtsumme, sondern zum variablen Bestandteil des Kapitals bestimmt wird, so die Höhe des Mehrprodukts durch sein Verhältnis nicht zum Rest des Gesamtprodukts, sondern zum Produktteil, worin sich die notwendige Arbeit darstellt. Wie die Produktion von Mehrwert der bestimmende Zweck der kapitalistischen Produktion, so mißt nicht die absolute Größe des Produkts, sondern die relative Größe des Mehrprodukts den Höhegrad des Reichtums.[214]

Die Summe der notwendigen Arbeit und der Mehrarbeit, der Zeitabschnitte, worin der Arbeiter den Ersatzwert seiner Arbeitskraft und den Mehrwert produziert, bildet die absolute Größe seiner Arbeitszeit - den Arbeitstag (working day).

Der Arbeitstag

1. Die Grenzen des Arbeitstags

Wir gingen von der Voraussetzung aus, daß die Arbeitskraft zu ihrem Werte gekauft und verkauft wird. Ihr Wert, wie der jeder andren Ware, wird bestimmt

[213] Indes hatte der Herr Professor doch etwas bei seinem Manchester Ausflug profitiert! In den „Letters on the Factory Act“ hängt der ganze Reingewinn, „Profit“ und „Zins“ und sogar „something more“ („etwas mehr“) an einer unbezahlten Arbeitsstunde des Arbeiters! Ein Jahr zuvor, in seinen zum Gemeinbesten Oxforder Stundenten und gebildeter Philister verfaßten „Outlines of Political Economy“ hatte er noch gegenüber Ricardos Wertbestimmung durch die Arbeitszeit „entdeckt“, daß der Profit aus der Arbeit des Kapitalisten und der Zins aus seiner Asketik, seiner „Abstinenz“ herstammte. Die Flause selbst war alt, aber das Wort „Abstinenz“ neu. Herr Roscher verdeutscht es richtig durch „Enthaltung“. Seine minder mit Latein beschlagnen Kompatrioten, Wirte, Schulzen und andre Michels, haben es in „Entsagung“ vermöncht.

[214] „Für ein Individuum mit einem Kapital von 20.000 Pfd.St., dessen Profite 2.000 Pfd.St. jährlich betragen, wäre es ein durchaus gleichgültig Ding, ob sein Kapital 100 oder 1.000 Arbeiter beschäftigt, ob die produzierten Waren sich zu 10.000 oder 20.000 Pfd.St. verkaufen, immer vorausgesetzt, daß seine Profite in allen Fällen nicht unter 2.000 Pfd. St. fallen. Ist das reale Interesse einer Nation nicht dasselbe? Vorausgesetzt, ihr reales Nettoeinkommen, ihre Renten und Profite bleiben dieselben, so ist es nicht von der geringsten Wichtigkeit, ob die Nation aus 10 oder 12 Millionen Einwohnern besteht.“ (Ricardo, l.c.p. 416.) Lange vor Ricardo sagte der Fanatiker des Mehrprodukts, Arthur Young, ein übrigens schwatzschweifiger, kritikloser Schriftsteller, dessen Ruf in umgekehrtem Verhältnis zu seinem Verdienst steht, u.a.: „von welchem Nutzen würde in einem modernen Königreich eine ganze Provinz sein, deren Boden in altrömischer Manier, von kleinen, unabhängigen Bauern, meinetwegen noch so gut bebaut würde? Von welchem Zwecke, außer dem einzigen, Menschen zu erzeugen (the mere purpose of breeding men), was an und für sich gar keinen Zweck hat (is a most useless purpose)“. (Arthur Young, „Political Arithmetic etc.“, London 1774, p.47.)

Zusatz zu Note 34. Sonderbar ist „die starke Neigung, das Reineinkommen als vorteilhaft für die arbeitende Klasse hinzustellen, ... dabei ist aber offensichtlich, daß dieses nicht deshalb vorteilhaft ist, weil es rein ist“. (Th. Hopkins, „On Rent of Land etc.“, London 1828, p.126.)

durch die zu ihrer Produktion nötige Arbeitszeit. Erheischt also die Produktion der durchschnittlichen täglichen Lebensmittel des Arbeiters 6 Stunden, so muß er im Durchschnitt 6 Stunden per Tag arbeiten, um seine Arbeitskraft täglich zu produzieren oder den in ihrem Verkauf erhaltnen Wert zu reproduzieren. Der notwendige Teil seines Arbeitstags beträgt dann 6 Stunden und ist daher, unter sonst gleichbleibenden Umständen, eine gegebne Größe. Aber damit ist die Größe des Arbeitstags selbst noch nicht gegeben.

Nehmen wir an, die Linie a______b stelle die Dauer oder Länge der notwendigen Arbeitszeit vor, sage 6 Stunden. Je nachdem die Arbeit über a b um 1, 3 oder 6 Stunden usw. verlängert wird, erhalten wir die 3 verschiednen Linien:

Arbeitstag I

a______b_c,

Arbeitstag II

a______b___c,

Arbeitstag III

a______b______c,

die drei verschiedne Arbeitstage von 7, 9 und 12 Stunden vorstellen. Die Verlängrungslinie b c stellt die Länge der Mehrarbeit vor. Da der Arbeitstag = a b + b c oder a c ist, variiert er mit der variablen Größe b c. Da a b gegeben ist, kann das Verhältnis von b c zu a b stets gemessen werden. Er beträgt in Arbeitstag I 1/6, in Arbeitstag II 3/6 und in Arbeitstag III 6/6 von a b. Da ferner die Proportion (Mehrarbeitszeit)/(Notwendige Arbeitszeit) die Rate des Mehrwerts bestimmt, ist letztre gegeben durch jenes Verhältnis. Sie beträgt in den drei verschiednen Arbeitstagen respektive 16 2/3, 50 und 100%. Umgekehrt würde die Rate des Mehrwerts allein uns nicht die Größe des Arbeitstags geben. Wäre sie z.B. gleich 100%, so könnte der Arbeitstag 8-, 10-, 12stündig usw. sein. Sie würde anzeigen, daß die zwei Bestandteile des Arbeitstags, notwendige Arbeit und Mehrarbeit, gleich groß sind, aber nicht, wie groß jeder dieser Teile.

Der Arbeitstag ist also keine konstante, sondern eine variable Größe. Einer seiner Teile ist zwar bestimmt durch die zur beständigen Reproduktion des Arbeiters selbst erheischte Arbeitszeit, aber seine Gesamtgröße wechselt mit der Länge oder Dauer der Mehrarbeit. Der Arbeitstag ist daher bestimmbar, aber an und für sich unbestimmt.[215]

Obgleich nun der Arbeitstag keine feste, sondern eine fließende Größe ist, kann er andrerseits nur innerhalb gewisser Schranken variieren. Seine Minimalschranke ist jedoch unbestimmbar. Allerdings, setzen wir die Verlängerungslinie b c, oder die Mehrarbeit, = 0, so erhalten wir eine Minimalschranke, nämlich den Teil des Tags, den der Arbeiter notwendig zu seiner Selbsterhaltung arbeiten

[215] „Ein Arbeitstag ist eine unbestimmte Größe, er kann lang oder kurz sein." („An Essay on Trade and Commerce, containing Observations on Taxation etc.", London 1770, p. 73.)

muß. Auf Grundlage der kapitalistischen Produktionsweise kann die notwendige Arbeit aber immer nur einen Teil seines Arbeitstages bilden, der Arbeitstag sich also nie auf dies Minimum verkürzen. Dagegen besitzt der Arbeitstag eine Maximalschranke. Er ist über eine gewisse Grenze hinaus nicht verlängerbar. Diese Maximalschranke ist doppelt bestimmt. Einmal durch die physische Schranke der Arbeitskraft. Ein Mensch kann während des natürlichen Tags von 24 Stunden nur ein bestimmtes Quantum Lebenskraft verausgaben. So kann ein Pferd tagaus, tagein nur 8 Stunden arbeiten. Während eines Teils des Tags muß die Kraft ruhen, schlafen, während eines andren Teils hat der Mensch andre physische Bedürfnisse zu befriedigen, sich zu nähren, reinigen, kleiden usw. Außer dieser rein physischen Schranke stößt die Verlängrung des Arbeitstags auf moralische Schranken. Der Arbeiter braucht Zeit zur Befriedigung geistiger und sozialer Bedürfnisse, deren Umfang und Zahl durch den allgemeinen Kulturzustand bestimmt sind. Die Variation des Arbeitstags bewegt sich daher innerhalb physischer und sozialer Schranken. Beide Schranken sind aber sehr elastischer Natur und erlauben den größten Spielraum. So finden wir Arbeitstage von 8, 10, 12, 14, 16, 18 Stunden, also von der verschiedensten Länge.

Der Kapitalist hat die Arbeitskraft zu ihrem Tageswert gekauft. Ihm gehört ihr Gebrauchswert während eines Arbeitstags. Er hat also das Recht erlangt, den Arbeiter während eines Tags für sich arbeiten zu lassen. Aber was ist ein Arbeitstag?[216] Jedenfalls weniger als ein natürlicher Lebenstag. Um wieviel? Der Kapitalist hat seine eigne Ansicht über dies ultima Thule, die notwendige Schranke des Arbeitstags. Als Kapitalist ist er nur personifiziertes Kapital. Seine Seele ist die Kapitalseele. Das Kapital hat aber einen einzigen Lebenstrieb, den Trieb, sich zu verwerten, Mehrwert zu schaffen, mit seinem konstanten Teil, den Produktionsmitteln, die größtmögliche Masse Mehrarbeit einzusaugen.[217] Das Kapital ist verstorbne Arbeit, die sich nur vampyrmäßig belebt durch Einsaugung lebendiger Arbeit und um so mehr lebt, je mehr sie davon einsaugt. Die Zeit, während deren der Arbeiter arbeitet, ist die Zeit, während deren der Kapitalist die von ihm gekaufte Arbeitskraft konsumiert.[218] Konsumiert der Arbeiter seine disponible Zeit für sich selbst, so bestiehlt er den Kapitalisten.[219]

Der Kapitalist beruft sich also auf das Gesetz des Warenaustausches. Er, wie jeder andre Käufer, sucht den größtmöglichen Nutzen aus dem Gebrauchswert

[216] Diese Frage ist unendlich wichtiger als die berühmte Frage Sir Robert Peels an die Birminghamer Handelskammer: „What is a pound?" („Was ist ein Pfund") eine Frage, die nur gestellt werden konnte, weil Peel über die Natur des Geldes ebenso unklar war als die „little shilling men" von Birmingham.

[217] „Es ist die Aufgabe des Kapitalisten, mit dem verausgabten Kapital die größtmögliche Summe Arbeit herauszuschlagen." („D'obtenir du capital dépensé la plus forte somme de travail possible.") (J.-G. Courcelle-Seneuil, „Traité théorique et pratique des entreprises industrieles", 2ème édit., 1857, p. 62.)

[218] „Der Verlust einer Arbeitsstunde pro Tag stellt einen außerordentlich großen Schaden für einen Handelsstaat dar." „Der Konsum von Luxusgütern unter den arbeitenden Armen dieses Königreichs ist sehr groß; besonders unter dem Manufakturpöbel; dabei konsumieren sie aber auch ihre Zeit, ein Verbrauch, verhängnisvoller als jeder andre." („An Essay on Trade and Commerce etc.", p. 47 u. 153.)

[219] „Wenn sich der freie Tagelöhner einen Augenblick ausruht, behauptet die schmutzige Ökonomie, die ihn mit unruhigen Augen verfolgt, daß er sie bestehle." (N. Linguet, „Théorie des Loix Civiles etc.", London 1767, t. II, p. 466.)

seiner Ware herauszuschlagen. Plötzlich aber erhebt sich die Stimme des Arbeiters, die im Sturm und Drang des Produktionsprozesses verstummt war:

Die Ware, die ich dir verkauft habe, unterscheidet sich von dem andren Warenpöbel dadurch, daß ihr Gebrauch Wert schafft und größren Wert als sie selbst kostet. Dies war der Grund, warum du sie kauftest. Was auf deiner Seite als Verwertung von Kapital erscheint, ist auf meiner Seite überschüssige Verausgabung von Arbeitskraft. Du und ich kennen auf dem Marktplatz nur ein Gesetz, das des Warenaustausches. Und der Konsum der Ware gehört nicht dem Verkäufer, der sie veräußert, sondern dem Käufer, der sie erwirbt. Dir gehört daher der Gebrauch meiner täglichen Arbeitskraft. Aber vermittelst ihres täglichen Verkaufspreises muß ich sie täglich reproduzieren und daher von neuem verkaufen können. Abgesehn von dem natürlichen Verschleiß durch Alter usw., muß ich fähig sein, morgen mit demselben Normalzustand von Kraft, Gesundheit und Frische zu arbeiten, wie heute. Du predigst mir beständig das Evangelium der „Sparsamkeit" und „Enthaltung". Nun gut! Ich will wie ein vernünftiger, sparsamer Wirt mein einziges Vermögen, die Arbeitskraft, haushalten und mich jeder tollen Verschwendung derselben enthalten. Ich will täglich nur soviel von ihr flüssig machen, in Bewegung, in Arbeit umsetzen, als sich mit ihrer Normaldauer und gesunden Entwicklung verträgt. Durch maßlose Verlängrung des Arbeitstags kannst du in einem Tage ein größres Quantum meiner Arbeitskraft flüssig machen, als ich in drei Tagen ersetzen kann. Was du so an Arbeit gewinnst, verliere ich an Arbeitssubstanz. Die Benutzung meiner Arbeitskraft und die Beraubung derselben sind ganz verschiedne Dinge. Wenn die Durchschnittsperiode, die ein Durchschnittsarbeiter bei vernünftigem Arbeitsmaß leben kann, 30 Jahre beträgt, ist der Wert meiner Arbeitskraft, den du mir einen Tag in den andren zahlst, 1/365 × 30 oder 1/10950 ihres Gesamtwerts. Konsumierst du sie aber in 10 Jahren, so zahlst du mir täglich 1/10950 statt 1/3650 ihres Gesamtwerts, also nur 1/3 ihres Tageswerts, und stiehlst mir daher täglich 1/3 des Werts meiner Ware. Du zahlst mir eintägige Arbeitskraft, wo du dreitägige verbrauchst. Das ist wider unsren Vertrag und das Gesetz des Warenaustausches. Ich verlange also einen Arbeitstag von normaler Länge, und ich verlange ihn ohne Appell an dein Herz, denn in Geldsachen hört die Gemütlichkeit auf. Du magst ein Musterbürger sein, vielleicht Mitglied des Vereins zur Abschaffung der Tierquälerei und obendrein im Geruch der Heiligkeit stehn, aber dem Ding, das du mir gegenüber repräsentierst, schlägt kein Herz in seiner Brust. Was darin zu pochen scheint, ist mein eigner Herzschlag. Ich verlange den Normalarbeitstag, weil ich den Wert meiner Ware verlange, wie jeder andre Verkäufer.[220]

Man sieht: Von ganz elastischen Schranken abgesehn, ergibt sich aus der Natur des Warenaustausches selbst keine Grenze des Arbeitstags, also keine Grenze der

[220] Während des großen strike (Streiks) der London builders (Bauarbeiter), 1860-1861, zur Reduktion des Arbeitstags auf 9 Stunden, veröffentlichte ihr Komitee eine Erklärung, die halb und halb auf das Plaidoyer unsres Arbeiters hinausläuft. Die Erklärung spielt nicht ohne Ironie darauf an, daß der Profitwütigste der „buiding masters" („Bauunternehmer") - ein gewisser Sir M. Peto - im „Geruch der Heiligkeit" stehe. (Derselbe Peto kam nach 1867 zu einem Ende mit - Strousberg!)

Mehrarbeit. Der Kapitalist behauptet sein Recht als Käufer, wenn er den Arbeitstag so lang als möglich und womöglich aus einem Arbeitstag zwei zu machen sucht. Andrerseits schließt die spezifische Natur der verkauften Ware eine Schranke ihres Konsums durch den Käufer ein, und der Arbeiter behauptet sein Recht als Verkäufer, wenn er den Arbeitstag auf eine bestimmte Normalgröße beschränken will. Es findet hier also eine Antinomie statt, Recht wider Recht, beide gleichmäßig durch das Gesetz des Warenaustausches besiegelt. Zwischen gleichen Rechten entscheidet die Gewalt. Und so stellt sich in der Geschichte der kapitalistischen Produktion die Normierung des Arbeitstags als Kampf um die Schranken des Arbeitstags dar - ein Kampf zwischen dem Gesamtkapitalisten, d.h. der Klasse der Kapitalisten, und dem Gesamtarbeiter, oder der Arbeiterklasse.

2. Der Heißhunger nach Mehrarbeit. Fabrikant und Bojar

Das Kapital hat die Mehrarbeit nicht erfunden. Überall, wo ein Teil der Gesellschaft das Monopol der Produktionsmittel besitzt, muß der Arbeiter, frei oder unfrei, der zu seiner Selbsterhaltung notwendigen Arbeitszeit überschüssige Arbeitszeit zusetzen, um die Lebensmittel für den Eigner der Produktionsmittel zu produzieren,[221] sei dieser Eigentümer nun atheniensischer καλοζ'κ'αγαδοζ [griechisch: kalos k'agathos] (Aristokrat), etruskischer Theokrat, civis romanus (römischer Bürger), normännischer Baron, amerikanischer Sklavenhalter, walachischer Bojar, moderner Landlord oder Kapitalist.[222] Indes ist klar, daß, wenn in einer ökonomischen Gesellschaftsformation nicht der Tauschwert, sondern der Gebrauchswert des Produkts vorwiegt, die Mehrarbeit durch einen engern oder weitern Kreis von Bedürfnissen beschränkt ist, aber kein schrankenloses Bedürfnis nach Mehrarbeit aus dem Charakter der Produktion selbst entspringt. Entsetzlich zeigt sich daher im Altertum die Überarbeit, wo es gilt, den Tauschwert in seiner selbständigen Geldgestalt zu gewinnen, in der Produktion von Gold und Silber. Gewaltsames zu Tod arbeiten ist hier die offizielle Form der Überarbeit. Man lese nur den Diodorus Siculus.[223] Doch sind dies Ausnahmen in der alten Welt. Sobald aber Völker, deren Produktion sich noch in den niedrigren Formen der Sklavenarbeit, Fronarbeit usw. bewegt, hineingezogen werden in einen durch die kapitalistische Produktionsweise beherrschten Weltmarkt, der den Verkauf ihrer Produkte ins Ausland zum vorwiegenden Interesse entwickelt, wird den barbarischen Greueln der Sklaverei, Leibeigenschaft usw. der zivilisierte Greuel

---

[221] „Diejenigen, die arbeiten ... , ernähren in Wirklichkeit sowohl die Pensionäre, genannt die Reichen, als auch sich selbst." (Edmund Burke, l.c.p. 2, 3.)

[222] Sehr naiv bemerkt Niebuhr in seiner „Römischen Geschichte": „Man kann sich nicht verhehlen, daß Werke wie die etruskischen, die in ihren Trümmern erstaunen, in kleinen (!) Staaten Fronherrn und Knechte voraussetzen." Viel tiefer sagte Sismondi, daß „Brüsseler Spitzen" Lohnherrn und Lohndiener voraussetzen.

[223] „Man kann diese Unglücklichen" (in den Goldbergwerken zwischen Ägypten, Äthiopien und Arabien), „die nicht einmal ihren Körper reinlich halten noch ihre Blöße decken können, nicht ansehn, ohne ihr jammervolles Schicksal zu beklagen. Denn da findet keine Nachsicht und keine Schonung statt für Kranke, für Gebrechliche, für Greise, für die weibliche Schwachheit. Alle müssen, durch Schläge gezwungen, fortarbeiten, bis der Tod ihren Qualen und ihrer Not ein Ende macht." (Diod. Sic., „Historische Bibliothek", Buch 3, c. 13, [p. 260].)

der Überarbeit aufgepfropft. Daher bewahrte die Negerarbeit in den südlichen Staaten der amerikanischen Union einen gemäßigt patriarchalischen Charakter, solange die Produktion hauptsächlich auf den unmittelbaren Selbstbedarf gerichtet war. In dem Grade aber, wie der Baumwollexport zum Lebensinteresse jener Staaten, ward die Überarbeitung des Negers, hier und da die Konsumtion seines Lebens in sieben Arbeitsjahren, Faktor eines berechneten und berechnenden Systems. Es galt nicht mehr, eine gewisse Masse nützlicher Produkte aus ihm herauszuschlagen. Es galt nun der Produktion des Mehrwerts selbst. Ähnlich mit der Fronarbeit, z.B. in den Donaufürstentümern.

Die Vergleichung des Heißhungers nach Mehrarbeit in den Donaufürstentümern mit demselben Heißhunger in englischen Fabriken bietet ein besondres Interesse, weil die Mehrarbeit in der Fronarbeit eine selbständige, sinnlich wahrnehmbare Form besitzt.

Gesetzt, der Arbeitstag zähle 6 Stunden notwendiger Arbeit und 6 Stunden Mehrarbeit. So liefert der freie Arbeiter dem Kapitalisten wöchentlich 6 x 6 oder 36 Stunden Mehrarbeit. Es ist dasselbe, als arbeite er 3 Tage in der Woche für sich und 3 Tage in der Woche umsonst für den Kapitalisten. Aber dies ist nicht sichtbar. Mehrarbeit und notwendige Arbeit verschwimmen ineinander. Ich kann daher dasselbe Verhältnis z.B. auch so ausdrücken, daß der Arbeiter in jeder Minute 30 Sekunden für sich und 30 Sekunden für den Kapitalisten arbeitet usw. Anders mit der Fronarbeit. Die notwendige Arbeit, die z.B. der walachische Bauer zu seiner Selbsterhaltung verrichtet, ist räumlich getrennt von seiner Mehrarbeit für den Bojaren. Die eine verrichtet er auf seinem eignen Felde, die andre auf dem herrschaftlichen Gut. Beide Teile der Arbeitszeit existieren daher selbständig nebeneinander. In der Form der Fronarbeit ist die Mehrarbeit genau abgeschieden von der notwendigen Arbeit. An dem quantitativen Verhältnis von Mehrarbeit und notwendiger Arbeit ändert diese verschiedne Erscheinungsform offenbar nichts. Drei Tage Mehrarbeit in der Woche bleiben drei Tage Arbeit, die kein Äquivalent für den Arbeiter selbst bildet, ob sie Fronarbeit heiße oder Lohnarbeit. Bei dem Kapitalisten jedoch erscheint der Heißhunger nach Mehrarbeit im Drang zu maßloser Verlängrung des Arbeitstags, bei dem Bojaren einfacher in unmittelbarer Jagt auf Frontage.[224]

Die Fronarbeit war in den Donaufürstentümern verknüpft mit Naturalrenten und sonstigem Zubehör von Leibeigenschaft, bildete aber den entscheidenden Tribut an die herrschende Klasse. Wo dies der Fall, entsprang die Fronarbeit selten aus der Leibeigenschaft, Leibeigenschaft vielmehr meist umgekehrt aus der Fronarbeit.[225] So in den rumänischen Provinzen.

Ihre ursprüngliche Produktionsweise war auf Gemeineigentum gegründet, aber nicht auf Gemeineigentum in slawischer oder gar indischer Form. Ein Teil

[224] Das Nachfolgende bezieht sich auf die Zustände der rumänischen Provinzen, wie sie sich vor der Umwälzung seit dem Krimkrieg gestaltet hatten.

[225] {Note zur 3. Aufl. - Dies gilt ebenfalls für Deutschland und speziell für das ostelbische Preußen. Im 15. Jahrhundert war der deutsche Bauer fast überall ein gewissen Leistungen in Produkt und Arbeit unterworfener, aber sonst wenigstens faktisch freier Mann. Die deutschen Kolonisten in Brandenburg, Pommern, Schlesien und Ostpreußen

der Ländereien wurde als freies Privateigentum von den Mitgliedern der Gemeinde selbständig bewirtschaftet, ein andrer Teil - der ager publicus - gemeinsam von ihnen bestellt. Die Produkte dieser gemeinsamen Arbeit dienten teils als Reservefonds für Mißernten und andre Zufälle, teils als Staatsschatz zur Deckung für die Kosten von Krieg, Religion und andre Gemeindeausgaben. Im Laufe der Zeit usurpierten kriegerische und kirchliche Würdenträger mit dem Gemeineigentum die Leistungen für dasselbe. Die Arbeit der freien Bauern auf ihrem Gemeindeland verwandelte sich in Fronarbeit für die Diebe des Gemeindelandes. Damit entwickelten sich zugleich Leibeigenschafts-Verhältnisse, jedoch nur tatsächlich, nicht gesetzlich, bis das weltbefreiende Rußland unter dem Vorwand, die Leibeigenschaft abzuschaffen, sie zum Gesetz erhob. Der Kodex der Fronarbeit, den der russische General Kisselew 1831 proklamierte, war natürlich von den Bojaren selbst diktiert. Rußland eroberte so mit einem Schlag die Magnaten der Donaufürstentümer und den Beifallsklatsch der liberalen Kretins von ganz Europa.

Nach dem „Règlement organique", so heißt jener Kodex der Fronarbeit, schuldet jeder walachische Bauer, außer einer Masse detaillierter Naturalabgaben, dem sog. Grundeigentümer 1. zwölf Arbeitstage überhaupt, 2. einen Tag Feldarbeit und 3. einen Tag Holzfuhre. Summa summarum 14 Tage im Jahre. Mit tiefer Einsicht in die politische Ökonomie wird jedoch der Arbeitstag nicht in seinem ordinären Sinn genommen, sondern der zur Herstellung eines täglichen Durchschnittsprodukts notwendige Arbeitstag, aber das tägliche Durchschnittsprodukt ist pfiffigerweise so bestimmt, daß kein Zyklope in 24 Stunden damit fertig würde. In den dürren Worten echt russischer Ironie erklärt daher das „Règlement" selbst, unter 12 Arbeitstagen sei das Produkt einer Handarbeit von 36 Tagen zu verstehn, unter einem Tag Feldarbeit drei Tage, und unter einem Tag Holzfuhr ebenfalls das Dreifache. Summa: 42 Frontage. Es kommt aber hinzu die sog. Jobagie, Dienstleistungen, die dem Grundherrn für außerordentliche Produktionsbedürfnisse gebühren. Im Verhältnis zur Größe seiner Bevölkerung hat jedes Dorf jährlich ein bestimmtes Kontingent zur Jobagie zu stellen. Diese zusätzliche Fronarbeit wird für jeden walachischen Bauer auf 14 Tage geschätzt. So beträgt die vorgeschriebne Fronarbeit 56 Arbeitstage jährlich. Das Ackerbaujahr zählt aber in der Walachei wegen des schlechten Klimas nur 210 Tage, wovon 40 für Sonn- und Feiertage, 30 durchschnittlich für Unwetter, zusammen 70 Tage ausfallen. Bleiben 140 Arbeitstage. Das Verhältnis der Fronarbeit zur notwendigen Arbeit, 56/84 oder 66 2/3 Prozent, drückt eine viel kleinere Rate des Mehrwerts aus als die, welche die Arbeit des englischen Agrikultur- oder Fabrikarbeiters reguliert. Dies ist jedoch nur die gesetzlich vorgeschriebne Fronarbeit. Und in noch „liberalerem" Geist als die englische Fabrikgesetzgebung hat das „Règlement organique" seine eigne Umgehung zu erleichtern gewußt. Nachdem es aus 12 Tagen 54 gemacht, wird das no-

---

waren sogar rechtlich als Freie anerkannt. Der Sieg des Adels im Bauernkrieg machte dem ein Ende. Nicht nur die besiegten süddeutschen Bauern wurden wieder leibeigen. Schon seit Mitte des 16. Jahrhunderts werden die ostpreußischen, brandenburgischen, pommerschen und schlesischen, und bald darauf auch die schleswig-holsteinischen freien Bauern zu Leibeignen erniedrigt. (Maurer, „Fronhöfe", IV. Bd. - Meitzen, „Der Boden des Pr. Staats". - Hanssen, „Leibeigenschaft in Schleswig-Holstein".) - F. E.}

minelle Tagwerk jedes der 54 Frontage wieder so bestimmt, daß eine Zubuße auf die folgenden Tage fallen muß. In einem Tag z.B. soll eine Landstrecke ausgejätet werden, die zu dieser Operation, namentlich auf den Maispflanzungen, doppelt soviel Zeit erheischt. Das gesetzliche Tagwerk für einzelne Agrikulturarbeiten ist so auslegbar, daß der Tag im Monat Mai anfängt und im Monat Oktober aufhört. Für die Moldau sind die Bestimmungen noch härter.

„Die zwölf Frontage des Règlement organique", rief ein siegtrunkner Bojar, „belaufen sich auf 365 Tage im Jahr!"[226]

War das Règlement organique der Donaufürstentümer ein positiver Ausdruck des Heißhungers nach Mehrarbeit, den jeder Paragraph legalisiert, so sind die englischen Factory-Acts negative Ausdrücke desselben Heißhungers. Diese Gesetze zügeln den Drang des Kapitals nach maßloser Aussaugung der Arbeitskraft durch gewaltsame Beschränkung des Arbeitstags von Staats wegen, und zwar von seiten eines Staats, den Kapitalist und Landlord beherrschen. Von einer täglich bedrohlicher anschwellenden Arbeiterbewegung abgesehn, war die Beschränkung der Fabrikarbeit diktiert durch dieselbe Notwendigkeit, welche den Guano auf die englischen Felder ausgoß. Dieselbe blinde Raubgier, die in dem einen Fall die Erde erschöpft, hatte in dem andren die Lebenskraft der Nation an der Wurzel ergriffen. Periodische Epidemien sprachen hier ebenso deutlich als das abnehmende Soldatenmaß in Deutschland und Frankreich.[227]

Der jetzt (1867) geltende Factory-Act von 1850 erlaubt für den durchschnittlichen Wochentag 10 Stunden, nämlich für die ersten 5 Wochentage 12 Stunden, von 6 Uhr morgens bis 6 Uhr abends, wovon aber 1/2 Stunde für Frühstück und eine Stunde für Mittagessen gesetzlich abgehn, also 10 1/2 Arbeitsstunden bleiben, und 8 Stunden für den Samstag, von 6 Uhr morgens bis 2 Uhr nachmittags, wovon 1/2 Stunde für Frühstück abgeht. Bleiben 60 Arbeitsstunden, 10 1/2 für die ersten fünf Wochentage, 7 1/2 für den letzten Wochentag.[228] Es sind eigne Wächter des Gesetzes bestellt, die dem Ministerium des Innern direkt untergeordneten Fabrikinspektoren, deren Berichte halbjährlich von Parlaments wegen veröffentlicht werden. Sie liefern also eine fortlaufende und offizielle Statistik über den Kapitalistenheißhunger nach Mehrarbeit.

[226] Weitere Details findet man in È. Regnault, „Histoire politique et sociale des Principautés Danubiennes", Paris 1855, [p. 304 sqq.].

[227] „Im allgemeinen spricht innerhalb gewisser Grenzen für das Gedeihen organischer Wesen das Überschreiten des Mittelmaßes ihrer Art. Für den Menschen verkleinert sich sein Körpermaß, wenn sein Gedeihen beeinträchtigt ist, sei es durch physische oder soziale Verhältnisse. In allen europäischen Ländern, wo Konskription besteht, hat seit Einführung derselben das mittlere Körpermaß der erwachsenen Männer und im ganzen ihre Tauglichkeit zum Kriegsdienst abgenommen. Vor der Revolution (1789) war das Minimum für den Infanteristen in Frankreich 165 Zentimeter; 1818 (Gesetz vom 10. März) 157, nach dem Gesetz vom 21. März 1832, 156 Zentimeter; durchschnittlich in Frankreich wegen mangelnder Größe und Gebrechen über die Hälfte ausgemustert. Das Militärmaß war in Sachsen 1780: 178 Zentimeter, jetzt 155. In Preußen ist es 157. Nach Angabe in der ‚Bayrischen Zeitung' vom 9. Mai 1862 von Dr. Meyer stellt sich nach einem 9jährigen Durchschnitt heraus, daß in Preußen von 1.000 Konskribierten 716 untauglich zum Militärdienst: 317 wegen Mindermaß und 399 wegen Gebrechen ... Berlin konnte 1858 sein Kontingent an Ersatz-Mannschaft nicht stellen, es fehlten 156 Mann." (J. v. Liebig, „Die Chemie in ihrer Anwendung auf Agrikultur und Physiologie", 1862. 7. Aufl. Band I, p. 117, 118.)

[228] Die Geschichte des Fabrikakts von 1850 folgt im Verlauf dieses Kapitels.

Hören wir einen Augenblick die Fabrikinspektoren.[229]

„Der betrügerische Fabrikant beginnt die Arbeit eine Viertelstunde, manchmal früher, manchmal später, vor 6 Uhr morgens und schließt sie eine Viertelstunde, manchmal früher, manchmal später, nachmittags. Er nimmt 5 Minuten weg vom Anfang und Ende der nominell für das Frühstück anberaumten halben Stunde, und knappt 10 Minuten ab zu Anfang und Ende der für Mittagessen anberaumten Stunde. Samstag arbeitet er eine Viertelstunde, manchmal mehr, manchmal weniger, nach 2 Uhr nachmittags. So beträgt sein Gewinn:

Vor 6 Uhr morgens	15 Minuten	Summa in 5 Tagen: 300 Minuten
Nach 6 Uhr nachmittags	15 Minuten	
Für Frühstückszeit	10 Minuten	
Beim Mittagessen	20 Minuten	
	60 Minuten	

Am Samstagen		
Vor 6 Uhr morgens	15 Minuten	Wöchentlicher Gesamtgewinn: 340 Minuten
Für Frühstück	10 Minuten	
Nach 2 Uhr nachmittags	15 Minuten	

Oder 5 Stunden 40 Minuten wöchentlich, was mit 50 Arbeitswochen multipliziert, nach Abzug von 2 Wochen für Feiertage oder gelegentliche Unterbrechungen, 27 Arbeitstage gibt."[230]

„Wird der Arbeitstag täglich 5 Minuten über die Normaldauer verlängert, so gibt das 2 1/2 Produktionstage im Jahr."[231] „Eine zusätzliche Stunde täglich, dadurch gewonnen, daß bald hier ein Stückchen Zeit erhascht wird, bald dort ein andres Stückchen, macht aus den 12 Monaten des Jahres 13."[232]

Krisen, worin die Produktion unterbrochen und nur „kurze Zeit", nur während einiger Tage in der Woche, gearbeitet wird, ändern natürlich nichts an dem

[229] Auf die Periode vom Beginn der großen Industrie in England bis 1845 gehe ich nur hier und da ein und verweise den Leser darüber auf „Die Lage der arbeitenden Klasse in England" von Friedrich Engels, Leipzig 1845 (Siehe Band 2.). Wie tief Engels den Geist der kapitalistischen Produktionsweise begriff, zeigen die Factory Reports, Reports on Mines usw., die seit 1845 erschienen sind, und wie bewundrungswürdig er die Zustände im Detail malte, zeigt der oberflächlichste Vergleich seiner Schrift mit den 18 bis 20 Jahre später veröffentlichten offiziellen Reports der Children's Employment Commission (1863-1867). Diese handeln nämlich von Industriezweigen, worin die Fabrikgesetzgebung bis 1862 noch nicht eingeführt war, zum Teil noch nicht eingeführt ist. Hier wurde also den von Engels geschilderten Zuständen mehr oder minder große Ändrung nicht von außen aufgeherrscht. Meine Beispiele entlehne ich hauptsächlich der Freihandelsperiode nach 1848, jener paradiesischen Zeit, wovon ebenso großmäulige als wissenschaftlich verwahrloste Freihandelshausierburschen den Deutschen so fabelhaft viel vorfauchen. - Übrigens figuriert England hier nur im Vordergrund, weil es die kapitalistische Produktion klassisch repräsentiert und allein eine offiziell fortlaufende Statistik der behandelten Gegenstände besitzt.

[230] „Suggestions etc. by Mr. L. Horner, Inspector of Factories", im „Factories Regulation Act. Ordered by the House of Commons to be printed 9. Aug. 1859", p. 4, 5.

[231] „Reports of the Insp. of Fact. for the half year, Oct. 1856", p. 35.

[232] „Report etc. 30th April 1858", p. 9.

Trieb nach Verlängrung des Arbeitstags. Je weniger Geschäfte gemacht werden, desto größer soll der Gewinn auf das gemachte Geschäft sein. Je weniger Zeit gearbeitet werden kann, desto mehr Surplusarbeitszeit soll gearbeitet werden. So berichten die Fabrikinspektoren über die Periode der Krise von 1857 bis 1858:

„Man mag es für eine Inkonsequenz halten, daß irgendwelche Überarbeit zu einer Zeit stattfinde, wo der Handel so schlecht geht, aber sein schlechter Zustand spornt rücksichtslose Leute zu Überschreitungen; sie sichern sich so einen Extraprofit ... „ „Zur selben Zeit", sagt Leonard Horner, „wo 122 Fabriken in meinem Distrikt ganz aufgegeben sind, 143 stillstehn und alle andren kurze Zeit arbeiten, wird die Überarbeit über die gesetzlich bestimmte Zeit fortgesetzt."[233] „Obgleich", sagt Herr Howell, „in den meisten Fabriken des schlechten Geschäftsstands wegen nur halbe Zeit gearbeitet wird, erhalte ich nach wie vor dieselbe Anzahl von Klagen, daß eine halbe Stunde oder 3/4 Stunden täglich den Arbeitern weggeschnappt (snatched) werden durch Eingriffe in die ihnen gesetzlich gesicherten Fristen für Mahlzeit und Erholung."[234]

Dasselbe Phänomen wiederholt sich auf kleinerer Stufenleiter während der furchtbaren Baumwollkrise von 1861 bis 1865.[235]

„Es wird zuweilen vorgeschützt, wenn wir Arbeiter während der Speisestunden oder sonst zu ungesetzlicher Zeit am Werk ertappen, daß sie die Fabrik durchaus nicht verlassen wollen und daß es des Zwangs bedarf, um ihre Arbeit" (Reinigen der Maschinen usw.) „zu unterbrechen, namentlich Samstags. Aber wenn die ‚Hände' nach Stillsetzung der Maschinerie in der Fabrik bleiben, geschieht es nur, weil ihnen zwischen 6 Uhr morgens und 6 Uhr abends, in den gesetzlich bestimmten Arbeitsstunden, keine Frist zur Verrichtung solcher Geschäfte gestattet worden ist."[236]

„Der durch Überarbeit über die gesetzliche Zeit zu machende Extraprofit scheint für viele Fabrikanten eine zu große Versuchung, um ihr widerstehn zu

[233] „Reports etc.", l.c.p. 10.

[234] „Reports etc.", l.c.p. 25.

[235] „Reports etc. for the half year ending 30th April 1861." Sieh Appendix Nr. 2; „Reports etc. 31st Octob. 1862", p.7,52,53. Die Überschreitungen werden wieder zahlreicher mit dem letzten Halbjahr 1863. Vgl. „Reports etc. ending 31st Oct. 1863", p. 7.

[236] „Reports etc. 31st Oct. 1860", p. 23. Mit welchem Fanatismus, nach gerichtlichen Aussagen der Fabrikanten, ihre Fabrikhände sich jeder Unterbrechung der Fabrikarbeit widersetzen, zeige folgendes Kuriosum: Anfang Juni 1836 gingen den Magistrates von Dewsbury (Yorkshire) Denunziationen zu, wonach die Eigner von 8 großen Fabriken in der Nähe von Batley den Fabrikakt verletzt hätten. Ein Teil dieser Herren war angeklagt, 5 Knaben zwischen 12 und 15 Jahren von 6 Uhr morgens des Freitags bis 4 Uhr nachmittags des folgenden Samstags abgearbeitet zu haben, ohne irgendeine Erholung zu gestatten, außer für Mahlzeiten und eine Stunde Schlaf um Mitternacht. Und diese Kinder hatten die rastlose, 30stündige Arbeit zu verrichten in dem „shoddyhole", wie die Höhle heißt, worin Wollenlumpen aufgerissen werden und wo ein Luftmeer von Staub, Abfällen usw. selbst den erwachsnen Arbeiter zwingt, den Mund beständig mit Schnupftüchern zu verbinden, zum Schutz seiner Lunge! Die Herren Angeklagten versicherten an Eides Statt - als Quäker waren sie zu skrupulös religiöse Männer, einen Eid zu leisten - , sie hätten in ihrer großen Barmherzigkeit den elenden Kindern 4 Stunden Schlaf erlaubt, aber die Starrköpfe von Kindern wollten durchaus nicht zu Bett gehn! Die Herrn Quäker wurden zu 20 Pfd. St. Geldbuße verurteilt. Dryden ahnte diese Quäker:

„Ein Fuchs voller Scheinheiligkeit,
der wie der Teufel lügt, doch fürchtet sich
vor'm Eid,
der wie ein Büßer ausschaut, doch seitwärts
gier'ge Blicke wirft,

können. Sie rechnen auf die Chance, nicht ausgefunden zu werden, und berechnen, daß selbst im Fall der Entdeckung die Geringfügigkeit der Geldstrafen und Gerichtskosten ihnen immer noch eine Gewinnbilanz sichert."[237] „Wo die zusätzliche Zeit durch Multiplikation kleiner Diebstähle (a multiplication of small thefts) im Laufe des Tages gewonnen wird, stehn den Inspektoren fast unüberwindliche Schwierigkeiten der Beweisführung im Weg."[238]

Diese „kleinen Diebstähle" des Kapitals an der Mahlzeit und Erholungszeit der Arbeiter bezeichnen die Fabrikinspektoren auch als „petty pilferings of minutes", Mausereien von Minuten,[239] „snatching a few minutes", Wegschnappen von Minuten,[240] oder wie die Arbeiter es technisch heißen, „nibbling and cribbling at meal times" („knabbern und knapsen an den Essenspausen").[241]

Man sieht, in dieser Atmosphäre ist die Bildung des Mehrwerts durch die Mehrarbeit kein Geheimnis.

„Wenn Sie mir erlauben", sagte mir ein sehr respektabler Fabrikherr, „täglich nur 10 Minuten Überzeit arbeiten zu lassen, stecken Sie jährlich 1.000 Pfd. St. in meine Tasche."[242] „Zeitatome sind die Elemente des Gewinns."[243]

Nichts ist in dieser Hinsicht charakteristischer als die Bezeichnung der Arbeiter, die volle Zeit arbeiten, durch „full times" und die der Kinder unter 13 Jahren, die nur 6 Stunden arbeiten dürfen, als „half times".[244]

Der Arbeiter ist hier nichts mehr als personifizierte Arbeitszeit. Alle individuellen Unterschiede lösen sich auf in die von „Vollzeitler" und „Halbzeitler".

3. Englische Industriezweige ohne legale Schranke der Exploitation

Den Trieb nach Verlängrung des Arbeitstags, den Werwolfsheißhunger für Mehrarbeit, beobachteten wir bisher auf einem Gebiet, wo maßlose Ausschreitungen, nicht übergipfelt, so sagt ein bürgerlicher englischer Ökonom, von den Grausamkeiten der Spanier gegen die Rothäute Amerikas,[245] das Kapital endlich an die Kette gesetzlicher Regulation gelegt haben. Werfen wir jetzt den Blick auf einige Produktionszweige, wo die Aussaugung der Arbeitskraft entweder noch heute fesselfrei ist oder es gestern noch war.

---

doch nicht zu sünd'gen wagt, bevor er sein
Gebet gesagt!

[237] „Rep. etc. 31st Oct. 1856", p. 34.

[238] l.c.p. 35.

[239] l.c.p. 48.

[240] l.c.

[241] l.c.

[242] l.c.p. 48.

[243] „Moments are the elements of profit." („Rep. of the Insp. etc. 30th April 1860", p. 56.)

[244] Der Ausdruck hat offizielles Bürgerrecht, wie in der Fabrik, so in den Fabrikberichten.

[245] „Die Habgier der Fabrikbesitzer, deren Grausamkeiten bei der Jagd nach Gewinn kaum von denjenigen übertroffen wurden, die die Spanier bei der Eroberung Amerikas, bei der Jagd nach dem Golde verübten." (John Wade, „History of the Middle and Working Classes", 3rd ed. Lond. 1835, p. 114.) Der theoretische Teil dieses Buchs, eine Art Grundriß der politischen Ökonomie, enthält für seine Zeit einiges Originelle, z.B. über Handelskrisen. Der historische Teil leidet an schamlosem Plagiarismus aus Sir M. Edens, „The State of the Poor", London 1797.

„Herr Broughton, ein County Magistrate, erklärte als Präsident eines Meetings, abgehalten in der Stadthalle von Nottingham, am 14. Januar 1860, daß in dem mit der Spitzenfabrikation beschäftigten Teile der städtischen Bevölkerung ein der übrigen zivilisierten Welt unbekannter Grad von Leid und Entbehrung vorherrscht ... Um 2, 3, 4 Uhr des Morgens werden Kinder von 9 bis 10 Jahren ihren schmutzigen Betten entrissen und gezwungen, für die nackte Subsistenz bis 10, 11, 12 Uhr nachts zu arbeiten, während ihre Glieder wegschwinden, ihre Gestalt zusammenschrumpft, ihre Gesichtszüge abstumpfen und ihr menschliches Wesen ganz und gar in einem steinähnlichen Torpor erstarrt, dessen bloßer Anblick schauderhaft ist. Wir sind nicht überrascht, daß Herr Mallett und andre Fabrikanten auftraten, um Protest gegen jede Diskussion einzulegen ... Das System, wie der Rev. Montagu Valpy es beschrieb, ist ein System unbeschränkter Sklaverei, Sklaverei in sozialer, physischer, moralischer und intellektueller Beziehung ... Was soll man denken von einer Stadt, die ein öffentliches Meeting abhält, um zu petitionieren, daß die Arbeitszeit für Männer täglich auf 18 Stunden beschränkt werden solle! ... Wir deklamieren gegen die virginischen und karolinischen Pflanzer. Ist jedoch ihr Negermarkt, mit allen Schrecken der Peitsche und dem Schacher in Menschenfleisch, abscheulicher als diese langsame Menschenabschlachtung, die vor sich geht, damit Schleier und Kragen zum Vorteil von Kapitalisten fabriziert werden?[246]

Die Töpferei (Pottery) von Staffordshire hat während der letzten 22 Jahre den Gegenstand dreier parlamentarischen Untersuchungen gebildet. Die Resultate sind niedergelegt im Bericht des Herrn Scriven von 1841 an die „Children's Employment Commissioners", im Bericht des Dr. Greenhow von 1860, veröffentlicht auf Befehl des ärztlichen Beamten des Privy Council („Public Health, 3rd Report", I, 102-113), endlich im Bericht des Herrn Longe von 1863, in „First Report of the Children's Employment Commission" vom 13. Juni 1863. Für meine Aufgabe genügt es, den Berichten von 1860 und 1863 einige Zeugenaussagen der exploitierten Kinder selbst zu entlehnen. Von den Kindern mag man auf die Erwachsenen schließen, namentlich Mädchen und Frauen, und zwar in einem Industriezweig, woneben Baumwollspinnerei und dgl. als ein sehr angenehmes und gesundes Geschäft erscheint.[247]

Wilhelm Wood, neunjährig, „war 7 Jahre 10 Monate alt, als er zu arbeiten begann". Er „ran moulds" (trug die fertig geformte Ware in die Trockenstube, um nachher die leere Form zurückzubringen) von Anfang an. Er kommt jeden Tag in der Woche um 6 Uhr morgens und hört auf ungefähr 9 Uhr abends. „Ich arbeite bis 9 Uhr abend jeden Tag in der Woche. So z.B. während der letzten 7-8 Wochen. „Also fünfzehnstündige Arbeit für ein siebenjähriges Kind! M. Murray, ein zwölfjähriger Knabe, sagt aus:

[246] London „Daily Teegraph" vom 17. Januar 1860.
[247] Vgl. Engels, „Lage etc.", p. 249-251. (Siehe Band 2 unserer Ausgabe, S. 423-425.)

„I run moulds and turn jigger (drehe das Rad). Ich komme um 6 Uhr, manchmal um 4 Uhr morgens. Ich habe während der ganzen letzten Nacht bis diesen Morgen 6 Uhr gearbeitet. Ich war nicht im Bett seit der letzten Nacht. Außer mir arbeiteten 8 oder 9 andre Knaben die letzte Nacht durch. Alle außer einem sind diesen Morgen wieder gekommen. Ich bekomme wöchentlich 3 sh. 6 d." (1 Taler 5 Groschen). „Ich bekomme nicht mehr, wenn ich die ganze Nacht durcharbeite. Ich habe in der letzten Woche zwei Nächte durchgearbeitet."

Fernyhough, ein zehnjähriger Knabe:

„Ich habe nicht immer eine ganze Stunde für das Mittagessen; oft nur eine halbe Stunde; jeden Donnerstag, Freitag und Samstag."[248]

Dr. Greenhow erklärt die Lebenszeit in den Töpferdistrikten von Stoke-upon-Trent und Wolstanton für außerordentlich kurz. Obgleich im Distrikt Stoke nur 36,6% und in Wolstanton nur 30,4% der männlichen Bevölkerung über 20 Jahre in den Töpfereien beschäftigt sind, fällt unter Männern dieser Kategorie im ersten Distrikt mehr als die Hälfte, im zweiten ungefähr 2/5 der Todesfälle infolge von Brustkrankheiten auf die Töpfer. Dr. Boothroyd, praktischer Arzt zu Haley, sagt aus:

„Jede sukzessive Generation der Töpfer ist zwerghafter und schwächer als die vorhergehende."

Ebenso ein andrer Arzt, Herr McBean:

„Seit ich vor 25 Jahren meine Praxis unter den Töpfern begann, hat sich die auffallende Entartung dieser Klasse fortschreitend in Abnahme von Gestalt und Gewicht gezeigt."

Diese Aussagen sind dem Bericht des Dr. Greenhow von 1860 entnommen.[249]

Aus dem Bericht der Kommissäre von 1863 folgendes: Dr. J. T. Arledge, Oberarzt des North Staffordshire Krankenhauses, sagt:

„Als eine Klasse repräsentieren die Töpfer, Männer und Frauen ..., eine entartete Bevölkerung, physisch und moralisch. Sie sind in der Regal verzwergt, schlecht gebaut, und oft an der Brust verwachsen. Sie altern vorzeitig und sind kurzlebig; phlegmatisch und blutlos, verraten sie die Schwäche ihrer Konstitution durch hartnäckige Anfälle von Dyspepsie, Leber- und Nierenstörungen und Rheumatismus. Vor allem aber sind sie Brustkrankheiten unterworfen, der Pneumonie, Phthisis, Bronchitis und dem Asthma. Eine Form des letztren ist ihnen eigentümlich und bekannt unter dem Namen des Töpfer-Asthma oder der Töpfer-Schwindsucht. Skrophulose, die Mandeln, Knochen oder andre Körperteile angreift, ist eine Krankheit von mehr als zwei Dritteln der Töpfer. Daß die Entartung (degenerescence) der Bevölkerung dieses Distrikts nicht noch viel größer ist, verdankt sie ausschließlich der Rekrutierung aus den umliegenden Landdistrikten und den Zwischenheiraten mit gesundren Racen."

[248] „Children's Employment Commission, First Report etc. 1863", Appendix, p. 16, 19, 18.
[249] „Public Health, 3rd Report etc.", p. 103, 105.

Herr Charles Parsons, vor kurzem noch House Surgeon (Anstaltsarzt) derselben Krankenanstalt, schreibt in einem Briefe an den Kommissär Longe u.a.:

„Ich kann nur aus persönlicher Beobachtung, nicht statistisch sprechen, aber ich stehe nicht an zu versichern, daß meine Empörung wieder und wieder aufkochte bei dem Anblick dieser armen Kinder, deren Gesundheit geopfert wurde, um der Habgier ihrer Eltern und Arbeitgeber zu frönen."

Er zählt die Ursachen der Töpferkrankheiten auf und schließt sie kulminierend ab mit „long hours" („langen Arbeitsstunden"). Der Kommissionsbericht hofft, daß „eine Manufaktur von so hervorragender Stellung in den Augen der Welt nicht lange mehr den Makel tragen wird, daß ihr großer Erfolg begleitet ist von physischer Entartung, vielverzweigten körperliche Leiden und frühem Tode der Arbeiterbevölkerung, durch deren Arbeit und Geschick so große Resultate erzielt worden sind."[250]

Was von den Töpfereien in England, gilt von denen in Schottland.[251]

Die Manufaktur von Zündhölzern datiert von 1833, von der Erfindung, den Phosphor auf die Zündrute selbst anzubringen. Seit 1845 hat sie sich rasch in England entwickelt und von den dicht bevölkerten Teilen Londons namentlich auch nach Manchester, Birmingham, Liverpool, Bristol, Norwich, Newcastle, Glasgow verbreitet, mit ihr die Mundsperre, die ein Wiener Arzt schon 1845 als eigentümliche Krankheit der Zündholzmacher entdeckte. Die Hälfte der Arbeiter sind Kinder unter 13 und junge Personen unter 18 Jahren. Die Manufaktur ist wegen ihrer Ungesundheit und Widerwärtigkeit so verrufen, daß nur der verkommenste Teil der Arbeiterklasse, halbverhungerte Witwen usw., Kinder für sie hergibt, „zerlumpte, halb verhungerte, ganz verwahrloste und unerzogne Kinder".[252] Von den Zeugen, die Kommissär White (1863) verhörte, waren 270 unter 18 Jahren, 40 unter 10 Jahren, 10 nur 8 und 5 nur 6 Jahre alt. Wechsel des Arbeitstags von 12 auf 14 und 15 Stunden, Nachtarbeit, unregelmäßige Mahlzeiten, meist in den Arbeitsräumen selbst, die vom Phosphor verpestet sind. Dante wird in dieser Manufaktur seine grausamsten Höllenphantasien übertroffen finden.

In der Tapetenfabrik werden die gröberen Sorten mit Maschine, die feineren mit der Hand (block printing) gedruckt. Die lebhaftesten Geschäftsmonate fallen zwischen Anfang Oktober und Ende April. Während dieser Periode dauert diese Arbeit häufig und fast ohne Unterbrechung von 6 Uhr vormittags bis 10 Uhr abends und tiefer in die Nacht.

J. Leach sagt aus:

„Letzten Winter" (1862) „blieben von 19 Mädchen 6 weg infolge durch Überarbeitung zugezogner Krankheiten. Um sie wach zu halten, muß ich sie anschreien." W. Duffy: „Die Kinder konnten oft vor Müdigkeit die Augen nicht aufhalten, in der Tat, wir selbst können es oft kaum." J. Lightbourne: „Ich bin 13 Jahre alt

[250] „Children's Employm. Commission, 1863", p. 24, 22 u. XI.
[251] l.c.p. XLVII.
[252] l.c.p. LIV.

... Wir arbeiteten letzten Winter bis 9 Uhr abends und den Winter vorher bis 10 Uhr. Ich pflegte letzten Winter fast jeden Abend vom Schmerz wunder Füße zu schreien." G. Aspden: „Diesen meinen Jungen pflegte ich, als er 7 Jahre alt war, auf meinem Rücken hin und her über den Schnee zu tragen, und er pflegte 16 Stunden zu arbeiten! ... Ich habe oft niedergekniet, um ihn zu füttern, während er an der Maschine stand, denn er durfte sie nicht verlassen oder stillsetzen." Smith, der geschäftsführende Associé einer Manchester Fabrik: „Wir" (er meint seine „Hände", die für „uns") „arbeiten ohne Unterbrechung für Mahlzeiten, so daß die Tagesarbeit von 10 1/2 Stunden um 4 1/2 Uhr nachmittags fertig ist, und alles spätere ist Überzeit."[253] (Ob dieser Herr Smith wohl keine Mahlzeit während 10 1/2 Stunden zu sich nimmt?) „Wir" (derselbe Smith) „hören selten auf vor 6 Uhr abends" (er meint mit der Konsumtion „unsrer" Arbeitskraftmaschinen), „so daß wir" (iterum Crispinus (schon wieder Crispinus)) „in der Tat das ganze Jahr durch Überzeit arbeiten ... Die Kinder und Erwachsnen „haben gleichmäßig während der letzten 18 Monate im Durchschnitt allermindestens 7 Tage und 5 Stunden in der Woche gearbeitet oder 78 1/2 Stunden wöchentlich. Für die 6 Wochen, endend am 2. Mai dieses Jahres" (1863), „war der Durchschnitt höher - 8 Tage oder 84 Stunden in der Woche!"

Doch fügt derselbe Herr Smith, der dem pluralis majestatis so sehr ergeben ist, schmunzelnd hinzu: „Maschinenarbeit ist leicht." Und so sagen die Anwender des block printing: „Handarbeit ist gesunder als Maschinenarbeit." Im ganzen erklären sich die Herrn Fabrikanten mit Entrüstung gegen den Vorschlag, „die Maschine wenigstens während der Mahlzeiten stillzusetzen".

„Ein Gesetz", sagt Herr Ottley, der Manager einer Tapetenfabrik im Borough (in London), „das Arbeitsstunden von 6 Uhr morgens bis 9 Uhr abends erlaubte, würde uns (!) sehr wohl zusagen, aber die Stunden des Factory Act von 7 Uhr morgens bis 6 Uhr abends passen uns (!) nicht ... Unsre Maschine wird während des Mittagessens" (welche Großmut) „stillgesetzt. Das Stillsetzen verursacht keinen nennenswerten Verlust an Papier und Farbe." „Aber", fügt er sympathetisch hinzu, „ich kann verstehn, daß der damit verbundne Verlust nicht geliebt wird."

Der Kommissionsbericht meint naiv, die Furcht einiger „leitenden Firmen", Zeit, d.h. Aneignungszeit fremder Arbeit, und dadurch „Profit zu verlieren", sei kein „hinreichender Grund", um Kinder unter 13 und junge Personen unter 18 Jahren während 12-16 Stunden ihr Mittagsmahl „verlieren zu lassen" oder es ihnen zuzusetzen, wie man der Dampfmaschine Kohle und Wasser, der Wolle Seife, dem Rad Öl usw. zusetzt - während des Produktionsprozesses selbst, als bloßen Hilfsstoff des Arbeitsmittels.[254]

[253] Dies ist nicht in unsrem Sinn der Surplusarbeitszeit zu nehmen. Diese Herrn betrachten die 10 1/2 stündige Arbeit als Normalarbeitstag, der also auch die normale Mehrarbeit einschließt. Dann beginnt „die Überzeit", die etwas besser bezahlt wird. Man wird bei einer spätren Gelegenheit sehn, daß die Verwendung der Arbeitskraft während des sogenannten Normaltages unter dem Werte bezahlt wird, so daß die „Überzeit" ein bloßer Kapitalistenpfiff ist, um mehr „Mehrarbeit" auszupressen, was es übrigens selbst dann bleibt, wenn die während des „Normaltages" verwandte Arbeitskraft wirklich voll bezahlt wird.

[254] l.c., Appendix, p. 123, 124, 125, 140 u. LXIV.

Kein Industriezweig in England - (wir sehn von dem erst neuerdings sich Bahn brechenden Maschinenbrot ab) - hat so altertümliche, ja, wie man aus den Dichtern der römischen Kaiserzeit ersehn kann, vorchristliche Produktionsweise bis heute beibehalten als die Bäckerei. Aber das Kapital, wie früher bemerkt, ist zunächst gleichgültig gegen den technischen Charakter des Arbeitsprozesses, dessen es sich bemächtigt. Es nimmt ihn zunächst, wie es ihn vorfindet.

Die unglaubliche Brotverfälschung, namentlich in London, wurde zuerst enthüllt durch das Komitee des Unterhauses „über die Verfälschung von Nahrungsmitteln" (1855-1856) und Dr. Hassalls Schrift „Adulterations detected".[255] Die Folge dieser Enthüllungen war das Gesetz vom 6. August 1860: „for preventing the adulteration of articles of food and drink" („zur Verhinderung der Verfälschung von Lebensmitteln und Getränken"), ein wirkungsloses Gesetz, da es natürlich die höchste Delikatesse gegen jeden freetrader beobachtet, der sich vornimmt, durch Kauf und Verkauf gefälschter Waren „to turn an honest penny" („einen ehrlichen Penny zu machen").[256] Das Komitee selbst formuliert mehr oder minder naiv seine Überzeugung, daß Freihandel wesentlich den Handel mit gefälschten, oder wie der Engländer es witzig nennt, „sophistizierten Stoffen" bedeute. In der Tat, diese Art „Sophistik" versteht es besser als Protagoras, schwarz aus weiß und weiß aus schwarz zu machen, und besser als die Eleaten, den bloßen Schein alles Realen ad oculos zu demonstrieren.[257]

Jedenfalls hatte das Komitee die Augen des Publikums auf sein „tägliches Brot" und damit auf die Bäckerei gelenkt. Gleichzeitig erscholl in öffentlichen Meetings und Petitionen an das Parlament der Schrei der Londoner Bäckergesellen über Überarbeitung usw. Der Schrei wurde so dringend, daß Herr H. S. Tremenheere, auch Mitglied der mehrerwähnten Kommission von 1863, zum königlichen Untersuchungskommissär bestallt wurde. Sein Bericht,[258] samt Zeugenaussagen, regte das Publikum auf, nicht sein Herz, sondern seinen Magen. Der bibelfeste Engländer wußte zwar, daß der Mensch, wenn nicht durch Gnadenwahl Kapitalist oder Landlord oder Sinekur ist, dazu berufen ist, sein Brot im Schweiße seines Angesichts zu essen, aber er wußte nicht, daß er in seinem

[255] Alaun, fein gerieben oder mit Salz gemischt, ist ein normaler Handelsartikel, der den bezeichnenden Namen „baker's stuff" (Bäckerstoff) führt.

[256] Ruß ist bekanntlich eine sehr energische Form des Kohlenstoffs und bildet ein Düngmittel, das kapitalistische Schornsteinfeger an englische Pächter verkaufen. Es hatte nun 1862 der britische „Juryman" (Geschworene) in einem Prozeß zu entscheiden, ob Ruß, welchem ohne Wissen des Käufers 90% Staub und Sand beigemischt sind, „wirklicher" Ruß im „kommerziellen" Sinn oder „gefälschter" Ruß im „gesetzlichen" Sinn sei. Die „amis du commerce" (Freunde des Handels) entschieden, es sei „wirklicher" kommerzieller Ruß, und wiesen den klagenden Pächter ab, der noch obendrein die Prozeßkosten zu zahlen hatte.

[257] Der französische Chemiker Chevallier, in einer Abhandlung über die „sophistications" (Verfälschungen) der Waren, zählt unter 600 und einigen Artikeln, die er Revue passieren läßt, für viele derselben 10, 20, 30 verschiedne Methoden der Fälschung auf. Er fügt hinzu, er kenne nicht alle Methoden und erwähne nicht alle, die er kenne. Für den Zucker gibt er 6 Fälschungsarten, 9 für das Olivenöl, 10 für die Butter, 12 für das Salz, 19 für die Milch, 20 für das Brot, 23 für den Branntwein, 24 für Mehl, 28 für Schokolade, 30 für Wein, 32 für Kaffee etc. Selbst der liebe Herrgott entgeht diesem Schicksal nicht. Sieh Rouard de Card, „De la falsification des substandes sacramentelles", Paris 1856.

[258] „Report etc. relating to the Grievances complained of by the Jorneymen Bakers etc.", London 1862, und „Second Report etc.", London 1863.

Brote täglich ein gewisses Quantum Menschenschweiß essen muß, getränkt mit Eiterbeulenausleerung, Spinnweb, Schaben-Leichnamen und fauler deutscher Hefe, abgesehn von Alaun, Sandstein und sonstigen angenehmen mineralischen Ingredienzien. Ohne alle Rücksicht auf seine Heiligkeit, den „Freetrade", wurde daher die anhero „freie" Bäckerei der Aufsicht von Staatsinspektoren unterworfen (Ende der Parlamentssitzung 1863) und durch denselben Parlamentsakt die Arbeitszeit von 9 Uhr abends bis 5 Uhr morgens für Bäckergesellen unter 18 Jahren verboten. Die letztre Klausel spricht Bände über die Überarbeitung in diesem uns so altväterisch anheimelnden Geschäftszweig.

„Die Arbeit eines Lononer Bäckergesellen beginnt in der Regel um 11 Uhr nachts. Zu dieser Stunde macht er den Teig, ein sehr mühsamer Prozeß, der 1/2 bis 3/4 Stunden währt, je nach der Größe des Gebäcks und seiner Feinheit. Er legt sich dann nieder auf das Knetbrett, das zugleich als Deckel des Trogs dient, worin der Teig gemacht wird, und schläft ein paar Stunden mit einem Mehlsack unter dem Kopf und einem andren Mehlsack auf dem Leib. Dann beginnt eine rasche und ununterbrochne Arbeit von 5 Stunden, Werfen, Wägen, Formen, in den Ofen schieben, aus dem Ofen holen usw. des Teiges. Die Temperatur eines Backhauses beträgt von 75 bis 90 Grad (Fahrenheit) und in den kleinen Backhäusern eher mehr als weniger. Wenn das Geschäft Brot, Wecken usw. zu machen, vollbracht ist, beginnt die Verteilung des Brots; und ein beträchtlicher Teil der Taglöhner, nachdem er die beschriebne harte Nachtarbeit vollbracht, trägt während des Tags das Brot in Körben, oder schiebt es in Karren von Haus zu Haus und operiert dazwischen auch manchmal im Backhaus. Je nach der Jahreszeit und dem Umfang des Geschäfts endet die Arbeit zwischen 1 und 6 Uhr nachmittags, während ein andrer Teil der Gesellen bis spät nachmittags im Backhaus beschäftigt ist."[259] „Während der Londoner Saison beginnen die Gesellen der Bäcker zu ‚vollen' Brotpreisen im Westend regelmäßig um 11 Uhr nachts und sind mit dem Brotbacken, unterbrochen durch einen oder zwei oft sehr kurze Zwischenräume, bis 8 Uhr des nächsten Morgens beschäftigt. Sie werden dann bis 4, 5, 6, ja 7 Uhr zur Brotherumträgerei vernutzt oder manchmal mit Biskuitbacken im Backhaus. Nach vollbrachtem Werk genießen sie einen Schlaf von 6, oft nur von 5 und 4 Stunden. Freitags beginnt die Arbeit stets früher, sage abends 10 Uhr, und dauert ohne Unterlaß, sei es in der Zubereitung, sei es in der Kolportierung des Brots, bis den folgenden Samstag abend 8 Uhr, aber meist bis 4 oder 5 Uhr in Sonntag nacht hinein. Auch in den vornehmen Bäckereien, die das Brot zum ‚vollen Preise' verkaufen, muß wieder 4 bis 5 Stunden am Sonntag vorbereitende Arbeit für den nächsten Tag verrichtet werden ... Die Bäckergesellen der ‚underselling masters'" (die das Brot unter dem vollen Preise verkaufen), „und diese betragen, wie früher bemerkt, über 3/4 der Londoner Bäcker, haben noch längere Arbeitsstunden, aber ihre Arbeit ist fast ganz auf das Backhaus beschränkt, da ihre Meister, die Lieferung an kleine Kramladen ausgenommen, nur in der eignen Boutique verkaufen. Gegen Ende der

[259] l.c. „First Report etc." p. VI/VII.

Woche ... d.h. am Donnerstag, beginnt hier die Arbeit um 10 Uhr in der Nacht und dauert mit nur geringer Unterbrechung bis tief in Sonntag nacht hinein."[260]

Von den „underselling masters" begreift selbst der bürgerliche Standpunkt: „die unbezahlte Arbeit der Gesellen (the unpaid labour of the men) bildet die Grundlage ihrer Konkurrenz."[261] Und der „full priced baker" denunziert seine „underselling" Konkurrenten der Untersuchungskommission als Diebe fremder Arbeit und Fälscher.

„Sie reussieren nur durch den Betrug des Publikums und dadurch, daß sie 18 Stunden aus ihren Gesellen für einen Lohn von 12 Stunden herausschlagen."[262]

Die Brotfälschung und die Bildung einer Bäckerklasse, die das Brot unter dem vollen Preis verkauft, entwickelten sich in England seit Anfang des 18. Jahrhunderts, sobald der Zunftcharakter des Gewerbs verfiel und der Kapitalist in der Gestalt von Müller oder Mehlfaktor hinter den nominellen Bäckermeister trat.[263] Damit war die Grundlage zur kapitalistischen Produktion, zur maßlosen Verlängrung des Arbeitstages und Nachtarbeit gelegt, obgleich letztre selbst in London erst 1824 ernsthaft Fuß faßte.[264]

Man wird nach dem Vorhergehenden verstehn, daß der Kommissionsbericht die Bäckergesellen zu den kurzlebigen Arbeitern zählt, die, nachdem sie der unter allen Teilen der Arbeiterklasse normalen Kinderdezimation glücklich entwischt sind, selten das 42. Lebensjahr erreichen. Nichtsdestoweniger ist das Bäckergewerbe stets mit Kandidaten überfüllt. Die Zufuhrquellen dieser „Arbeitskräfte" für London sind Schottland, die westlichen Agrikulturdistrikte Englands und - Deutschland.

In den Jahren 1858-1860 organisierten die Bäckergesellen in Irland auf ihre eignen Kosten große Meetings zur Agitation gegen die Nacht- und Sonntagsarbeit. Das Publikum, z.B. auf dem Maimeeting zu Dublin, 1860, ergriff mit irischer Wärme Partei für sie. Ausschließliche Tagarbeit wurde durch diese Bewegung in der Tat erfolgreich durchgesetzt zu Wexford, Kilkenny, Clonmel, Waterford usw.

„Zu Limerick, wo die Qualen der Lohngesellen bekanntermaßen alles Maß überstiegen, scheiterte diese Bewegung an der Opposition der Bäckermeister, namentlich der Bäcker-Müller. Das Beispiel Limericks führte zum Rückschritt in Ennis und Tipperary. Zu Cork, wo der öffentliche Unwille sich in der lebhaftesten Form kundgab, vereitelten die Meister die Bewegung durch den Gebrauch ihrer Macht, die Gesellen an die Luft zu setzen. Zu Dublin leisteten die Meister

[260] l.c. p. LXXI.

[261] George Read, „The Hostory of Baking", London 1848, p. 16.

[262] „Report (First) etc. Evidence." Aussage des „full priced baker" Cheesman, p. 108.

[263] George Read, l.c. Ende des 17. und anfangs des 18. Jahrhunderts wurden die in alle möglichen Gewerbe sich eindrängenden Factors (Agenten) noch offiziell als „Public Nuisances" („Anstifter öffentlichen Unfugs") denunziert. So erließ z.B. die Grand Jury bei der vierteljährigen Friedensrichtersitzung in der Grafschaft Somerset, ein „presentment" (eine „Denkschrift") an das Unterhaus, worin es u.a. heißt: „daß diese Agenten von Blackwell Hall ein öffentlicher Unfug sind und dem Tuchgewerbe Abbruch tun und als Schädlinge unterdrückt werden sollten". („The Case of our English Wool etc.", London 1685, p. 6,7.)

[264] „First Report etc.", p. VIII.

den entschiedensten Widerstand und zwangen durch Verfolgung der Gesellen, die an der Spitze der Agitation standen, den Rest zu Nachgeben, zur Fügung in die Nacht- und Sonntagsarbeit."[265]

Die Kommission der in Irland bis an die Zähne gewaffneten englischen Regierung remonstriert leichenbitterlich gegen die unerbittlichen Bäckermeister von Dublin, Limerick, Cork usw.:

„Das Komitee glaubt, daß die Arbeitsstunden durch Naturgesetze beschränkt sind, die nicht ungestraft verletzt werden. Indem die Meister durch die Drohung, sie fortzujagen, ihre Arbeiter zur Verletzung ihrer religiösen Überzeugung, zum Ungehorsam gegen das Landesgesetz und die Verachtung der öffentlichen Meinung zwingen" (dies letztre bezieht sich alles auf die Sonntagsarbeit), „setzen sie böses Blut zwischen Kapital und Arbeit und geben ein Beispiel, gefährlich für Religion, Moralität und öffentliche Ordnung ... Das Komitee glaubt, daß die Verlängrung des Arbeitstags über 12 Stunden ein usurpatorischer Eingriff in das häusliche und Privatleben des Arbeiters ist und zu unheilvollen moralischen Resultaten führt, durch Einmischung in die Häuslichkeit eines Mannes und die Erfüllung seiner Familienpflichten als Sohn, Bruder, Gatte und Vater. Arbeit über 12 Stunden hat die Tendenz, die Gesundheit des Arbeiters zu untergraben, führt zu vorzeitiger Alterung und frühem Tod und daher zum Unglück der Arbeiterfamilien, die der Vorsorge und der Stütze des Familienhaupts grade im notwendigsten Augenblick beraubt werden" („are deprived").[266]

Wir waren eben in Irland. Auf der andren Seite des Kanals, in Schottland, denunziert der Ackerbauarbeiter, der Mann des Pfluges, seine 13- bis 14stündige Arbeit, im rauhsten Klima, mit vierstündiger Zusatzarbeit für den Sonntag (in diesem Lande der Sabbat-Heiligen!),[267] während vor einer Londoner Grand Jury gleichzeitig drei Eisenbahnarbeiter stehn, ein Personenkondukteur, ein Lokomotivführer und ein Signalgeber. Ein großes Eisenbahnunglück hat Hunderte von Passagieren in die andre Welt expediert. Die Nachlässigkeit der Eisenbahnarbeiter ist die Ursache des Unglücks. Sie erklären vor den Geschwornen einstimmig, vor 10 bis 12 Jahren habe ihre Arbeit nur 8 Stunden täglich gedauert. Während der letzten 5-6 Jahre habe man sie auf 14, 18 und 20 Stunden aufgeschraubt und bei besonders lebhaftem Zudrang der Reiselustigen, wie in den Perioden der Exkursionszüge, währe sie oft ununterbrochen 40-50 Stunden. Sie seien gewöhnliche Menschen und keine Zyklopen. Auf einem gegebnen Punkt versage

[265] „Report of Committee on the Baking Trade in Ireland for 1861."

[266] l.c.

[267] Öffentliches Meeting der Agrikulturarbeiter in Lasswade, bei Glasgow, vom 5. Jan. 1866. (Sieh „Workman's Advocate" vom 13. Jan. 1866.) Die Bildung, seit Ende 1865, einer Trade's Union unter den Agrikulturarbeitern, zunächst in Schottland, ist ein historisches Ereignis. In einem der unterdrücktesten Agrikulturdistrikte Englands, in Buckinghamshire, machten die Lohnarbeiter März 1867 einen großen Strike zur Erhöhung des Wochenlohns von 9-10 sh. auf 12 sh. - (Man sieht aus Vorstehendem, daß die Bewegung des englischen Ackerbauproletariats, seit Unterdrückung seiner gewaltsamen Demonstrationen nach 1830 und namentlich seit Einführung des neuen Armengesetzes ganz und gar gebrochen, in den sechziger Jahren wieder beginnt, bis sie endlich 1872 epochemachend wird. Ich komme hierauf im II. Band zurück, ebenso auf die seit 1867 erschienenen Blaubücher über die Lage des englischen Landarbeiters. Zusatz zur 3. Aufl.)

ihre Arbeitskraft. Torpor ergreife sie. Ihr Hirn höre auf zu denken und ihr Auge zu sehn. Der ganz und gar „respectable Britisch Juryman" („ehrenwerte britische Geschworene") antwortet durch ein Verdikt, das sie wegen „manslaughter" (Totschlag) vor die Assisen schickt und in einem milden Anhang den frommen Wunsch äußert, die Herren Kapitalmagnaten der Eisenbahn möchten doch in Zukunft verschwenderischer im Ankauf der nötigen Anzahl von „Arbeitskräften" und „enthaltsamer" oder „cntsagender" oder „sparsamer" in der Aussaugung der bezahlten Arbeitskraft sein.[268]

Aus dem buntscheckigen Haufen der Arbeiter von allen Professionen, Altern, Geschlechtern, die eifriger auf uns andrängen als die Seelen der Erschlagnen auf den Odysseus und denen man, ohne die Blaubücher unter ihren Armen, auf den ersten Blick die Überarbeit ansieht, greifen wir noch zwei Figuren heraus, deren frappanter Kontrast beweist, daß vor dem Kapital alle Menschen gleich sind - eine Putzmacherin und einen Grobschmied.

In den letzten Wochen vom Juni 1863 brachten alle Londoner Tagesblätter einen Paragraph mit dem „sensational" Aushängeschild: „Death from simple Overwork" (Tod von einfacher Überarbeit). Es handelte sich um den Tod der Putzmacherin Mary Anne Walkley, zwanzigjährig, beschäftigt in einer sehr respektablen Hofputzmanufaktur, exploitiert von einer Dame mit dem gemütlichen Namen Elise. Die alte oft erzählte Geschichte ward nun neu entdeckt,[269] daß diese Mädchen durchschnittlich 16 1/2 Stunden, während der Saison aber oft 30 Stunden ununterbrochen arbeiten, indem ihre versagende „Arbeitskraft" durch gelegentliche Zufuhr von Sherry, Portwein oder Kaffee flüssig erhalten wird. Und es war grade die Höhe der Saison. Es galt, die Prachtkleider edler Ladies für den Huldigungsball bei der frisch importierten Prinzessin von Wales im Unsehn fertigzuzaubern. Mary Anne Walkley hatte 26 1/2 Stunden ohne Unterlaß gearbeitet zusammen mit 60 andren Mädchen, je 30 in einem Zimmer, das kaum 1/3 der nötigen Kubikzolle Luft gewährte, während sie nachts zwei zu zwei ein Bett teilten in einem der Sticklöcher, worin ein Schlafzimmer durch verschiedne Bretterwände abgepfercht ist.[270] Und dies war eine der besseren Putzmachereien

[268] „Reynolds' Paper", [21.] Jan. 1866. Woche für Woche bringt dasselbe Wochenblatt gleich darauf, unter den „sensational headings": „Fearful and fatal accidents", „Appalling tragedies" („sensationellen Überschriften": „Furchtbare und tödliche Unfälle", „Entsetzliche Tragödien") usw., eine ganze Liste neuer Eisenbahnkatastrophen. Darauf antwortet ein Arbeiter von der North Staffordlinie: „Jedermann kennt die Folgen, wenn die Aufmerksamkeit von Lokomotivenführer und Heizer einen Augenblick erlahmt. Und wie ist es anders möglich bei maßloser Verlängerung der Arbeit, im rauhsten Wetter, ohne Pause und Erholung? Nehmt als ein Beispiel, wie es täglich vorkommt, folgenden Fall. Letzten Montag begann ein Heizer sehr früh morgens sein Tagewerk. Er endete es nach 14 Stunden 50 Minuten. Bevor er auch nur die Zeit hatte, seinen Tee zu nehmen, rief man ihn von neuem an die Arbeit. Er hatte also 29 Stunden 15 Minuten ununterbrochen durchzuschanzen. Der Rest seines Wochenwerks aufgemacht wie folgt: Mittwoch 15 Stunden 35 Minuten; Freitag 14 1/2 Stunden; Sonnabend 14 Stunden 10 Minuten; zusammen für die Woche 88 Stunden 30 Minuten. Und nun denkt euch sein Erstaunen, als er nur Zahlung für 6 Arbeitstage erhielt. Der Mann war ein Neuling und fragte, was man unter einem Tagewerk verstehe. Antwort: 13 Stunden, also 78 Stunden per Woche. Aber wie mit der Zahlung für die überschüssigen 10 Stunden 30 Minuten? Nach langem Hader erhielt er eine Vergütung von 10 d." (noch nicht 10 Silbergroschen). (l.c., Nr. vom 4. Februar 1866.)

[269] Vgl. F. Engels, l.c.p. 253, 254. (Siehe Band 2, S.426/427)

[270] Dr. Letheby, beim Board of Health (Gesundheitsamt) funktionierender Arzt, erklärt damals: „Das Minimum für die Erwachsnen sollte in einem Schlafzimmer 300 Kubikfuß und in einem Wohnzimmer 500 Kubikfuß Luft sein." Dr.

Londons. Mary Anne Walkley erkrankte am Freitag und starb am Sonntag, ohne, zum Erstaunen von Frau Elise, auch nur vorher das letzte Putzstück fertigzumachen. Der zu spät ans Sterbebett gerufne Arzt, Herr Keys, bezeugte vor der „Coroner's Jury" (Totenschaukommission) in dürren Worten:

„Mary Anne Walkley sei gestorben an langen Arbeitsstunden in einem überfüllten Arbeitszimmer und überengem, schlechtventiliertem Schlafgemach."

Um dem Arzt eine Lektion in guter Lebensart zu geben, erklärte dagegen die „Coroner's Jury":

„Die Hingeschiedne sei gestorben an der Apoplexie, aber es sei Grund, zu fürchten, daß ihr Tod durch Überarbeit in einer überfüllten Werkstatt usw. beschleunigt worden sei."

Unsre „weißen Sklaven", rief der „Morning Star" das Organ der Freihandelsherrn Cobden und Bright, „unsere weißen Sklaven werden in das Grab hineingearbeitet und verderben und sterben ohne Sang und Klang".[271]

„Zu Tod arbeiten ist die Tagesordnung, nicht nur in der Werkstätte der Putzmacherinnen, sondern in tausend Plätzen, ja an jedem Platz, wo das Geschäft im Zug ist ... Laßt uns den Grobschmied als Beispiel nehmen. Wenn man den Dichtern glauben darf, gibt es keinen so lebenskräftigen, lustigen Mann als den Grobschmied. Er erhebt sich früh und schlägt Funken vor der Sonne; er ißt und trinkt und schläft wie kein anderer Mensch. Rein physisch betrachtet, befindet er sich, bei mäßiger Arbeit, in der Tat in einer der besten menschlichen Stellungen. Aber wir folgen ihm in die Stadt und sehn die Arbeitslast, die auf den starken

---

Richardson, Oberarzt eines Londoner Hospitals: „Näherinnen aller Art, Putzmacherinnen, Kleidermacherinnen und gewöhnliche Näherinnen leiden an dreifachem Elend - Überarbeit, Luftmangel und Mangel an Nahrung oder Mangel an Verdauung. Im ganzen paßt diese Art Arbeit unter allen Umständen besser für Weiber als für Männer. Aber es ist das Unheil des Geschäfts, daß es, namentlich in der Hauptstadt, von einigen 26 Kapitalisten monopolisiert wird, die durch Machtmittel, welche dem Kapital entspringen (that spring from capital), Ökonomie aus der Arbeit herauszwingen (force economy out of labour; er meint, Auslagen ökonomisieren durch Verschwendung der Arbeitskraft). Ihre Macht wird im Bereich dieser ganzen Klasse von Arbeiterinnen gefühlt. Kann eine Kleidermacherin einen kleinen Kreis von Kunden gewinnen, so zwingt die Konkurrenz sie, sich zu Hause totzuarbeiten, um ihn zu erhalten, und mit derselben Überarbeit muß sie notwendig ihre Gehilfinnen heimsuchen. Mißlingt ihr Geschäft oder kann sie sich nicht selbständig etablieren, so wendet sie sich an ein Etablissement, wo die Arbeit nicht geringer, aber die Zahlung sicher ist. So gestellt, wird sie eine reine Sklavin, hin und her geschleudert von jeder Flutung der Gesellschaft; bald zu Hause in einem keinen Zimmer verhungernd, oder nahe so; dann wieder von 24 Stunden 15, 16, ja 18 Stunden beschäftigt in kaum erträglicher Luft und mit einer Nahrung, die, selbst wenn gut, wegen Abwesenheit reiner Luft nicht verdaut werden kann. Von diesen Opfern lebt die Schwindsucht, welche nichts als eine Luftkrankheit ist." (Dr. Richardson, „Work and Overwork" in „Social Science Revier", 18. Juli 1863.)

[271] „Morning Star", 23. Juni 1863. Die „Times" benutzte den Vorfall zur Verteidigung der amerikanischen Sklavenhalter gegen Bright usw. „Sehr viele von uns", sagt sie, „meinen, daß, solange wir unsre eignen jungen Frauenzimmer zu Tode arbeiten mit der Geißel des Hungers statt dem Knall der Peitsche, wir kaum das Recht haben, Feuer und Schwert auf Familien zu hetzen, die als Sklavenhalter geboren waren und ihre Sklaven mindestens gut nähren und mäßig arbeiten lassen." („Times", 2. Juli 1863.) In derselben Weise kanzelte der „Standard", ein Toryblatt, den Rev. Newman Hall ab: „Er exkommuniziere die Sklavenhalter, bete aber mit den braven Leuten, die Kutscher und Omnibusführer von London usw. nur 16 Stunden täglich für einen Hundelohn arbeiten ließen." Endlich sprach das Orakel, Herr Thomas Carlyle, von dem ich schon 1850 drucken ließ: „Zum Teufel ist der Genius, der Kultus ist geblieben." In einer kurzen Parabel reduziert er das einzig großartige Ereignis der Zeitgeschichte, den Amerikanischen Bürgerkrieg, darauf, daß der Peter vom Norden dem Paul vom Süden mit aller Gewalt den Hirnschädel einschlagen will, weil der Peter vom Norden seinen Arbeiter „täglich" und der Paul vom Süden ihn für „Lebzeit mietet". („Macmillan's Magazine". Ilias Americana in nuce. Augustheft 1863.) So ist endlich die Schaumblase der Torysympathie für den städtischen - beileibe nicht den ländlichen! - Lohnarbeiter geplatzt. Der Kern heißt - Sklaverei!

Mann gewälzt wird, und welchen Rang nimmt er ein in den Sterlichkeitslisten unsres Landes? In Marylebone" (einem der größten Stadtviertel Londons) „sterben Grobschmiede in dem Verhältnis von 31 per 1000 jährlich, oder 11 über der Durchschnittssterblichkeit erwachsner Männer in England. Die Beschäftigung, eine fast instinktive Kunst der Menschheit, an und für sich tadellos, wird durch bloße Übertreibung der Arbeit der Zerstörer des Mannes. Er kann so viel Hammerschläge täglich schlagen, so viel Schritte gehn, so viel Atemzüge holen, so viel Werk verrichten, und durchschnittlich sage 50 Jahre leben. Man zwingt ihn, so viel mehr Schläge zu schlagen, so viel mehr Schritte zu gehn, so viel öfter des Tags zu atmen, und alles zusammen seine Lebensausgabe täglich um ein Viertel zu vermehren. Er macht den Versuch, und das Resultat ist, daß er für eine beschränkte Periode ein Viertel mehr Werk verrichtet und im 37. Jahre statt im 50. stirbt."[272]

4. Tag- und Nachtarbeit. Das Ablösungssystem

Das konstante Kapital, die Produktionsmittel, sind, vom Standpunkt des Verwertungsprozesses betrachtet, nur da, um Arbeit und mit jedem Tropfen Arbeit ein proportionelles Quantum Mehrarbeit einzusaugen. Soweit sie das nicht tun, bildet ihre bloße Existenz einen negativen Verlust für den Kapitalisten, denn sie repräsentieren während der Zeit, wo sie brachliegen, nutzlosen Kapitalvorschuß, und dieser Verlust wird positiv, sobald die Unterbrechung zusätzliche Auslagen nötig macht für den Wiederbeginn des Werks. Die Verlängrung des Arbeitstags über die Grenzen des natürlichen Tags in die Nacht hinein wirkt nur als Palliativ, stillt nur annähernd den Vampyrdurst nach lebendigem Arbeitsblut. Arbeit während aller 24 Stunden des Tags anzueignen ist daher der immanente Trieb der kapitalistischen Produktion. Da dies aber physisch unmöglich, würden dieselben Arbeitskräfte Tag und Nacht fortwährend ausgesaugt, so bedarf es, zur Überwindung des physischen Hindernisses, der Abwechslung zwischen den bei Tag und Nacht verspeisten Arbeitskräften, eine Abwechslung, die verschiedne Methoden zuläßt, z.B. so geordnet sein kann, daß ein Teil des Arbeiterpersonals eine Woche Tagdienst, Nachtdienst die andre Woche versieht usw. Man weiß, daß dies Ablösungssystem, diese Wechselwirtschaft, in der vollblütigen Jugendperiode der englischen Baumwollindustrie usw. vorherrschte und u.a. gegenwärtig in den Baumwollspinnereien des Gouvernements Moskau blüht. Als System existiert dieser 24stündige Produktionsprozeß heute noch in vielen bis jetzt „freien" Industriezweigen Großbritanniens, u.a. in den Hochöfen, Schmieden, Walzwerken und andren Metallmanufakturen von England, Wales und Schottland. Der Arbeitsprozeß umfaßt hier außer den 24 Stunden der 6 Werkeltage großenteils auch die 24 Stunden des Sonntags. Die Arbeiter bestehen aus Männern und Weibern, Erwachsnen und Kindern beiderlei Geschlechts. Das Alter der Kinder und jungen

[272] Dr. Richardson, l.c.

Personen durchläuft alle Zwischenstufen vom 8. (in einigen Fällen vom 6.) bis zum 18. Jahr.[273] In einigen Branchen arbeiten auch die Mädchen und Weiber des Nachts zusammen mit dem männlichen Personal.[274]

Von den allgemeinen schädlichen Wirkungen der Nachtarbeit abgesehn,[275] bietet die ununterbrochne, vierundzwanzigstündige Dauer des Produktions- prozesses höchst willkommne Gelegenheit, die Grenze des nominellen Arbeitstags zu überschreiten. Z.B. in den vorhin erwähnten, sehr anstrengenden Industriezweigen beträgt der offizielle Arbeitstag für jeden Arbeiter meist 12 Stunden, Nachtstunden oder Tagstunden. Aber die Überarbeit über diese Grenze hinaus ist in vielen Fällen, um die Worte des englischen offiziellen Berichts zu brauchen, „wirklich schauderhaft" („truly fearful").[276]

„Kein menschliches Gemüt", heißt es, „kann die Arbeitsmasse, die nach den Zeugenaussagen durch Knaben von 9 bis 12 Jahren verrichtet wird, überdenken, ohne unwiderstehlich zum Schluß zu kommen, daß dieser Machtmißbrauch der Eltern und Arbeitgeber nicht länger erlaubt werden darf."[277]

„Die Methode, Knaben überhaupt abwechselnd Tag und Nacht arbeiten zu lassen, führt, sowohl während des Geschäftsdranges als während des gewöhnlichen Verlaufs der Dinge, zu schmählicher Verlängrung des Arbeitstags. Diese Verlängrung ist in vielen Fällen nicht nur grausam, sondern gradezu unglaublich. Es kann nicht fehlen, daß aus einer oder der andren Ursache ein Ablösungsknabe hier und da wegbleibt. Einer oder mehrere der anwesenden Knaben, die ihren Arbeitstag bereits vollbracht, müssen dann den Ausfall gutmachen. Dies System ist so allgemein bekannt, daß der Manager eines Walzwerks auf meine Frage, wie

[273] „Children's Employment Commission. Third Report", Lond. 1864, p. IV, V, VI.

[274] „In Staffordshire wie auch in Süd-Wales werden junge Mädchen und Frauen in Kohlengruben und auf Kokshalden beschäftigt, nicht nur bei Tag, sondern auch bei Nacht. In den dem Parlament erstatteten Berichten wurde dies oft erwähnt als eine Praxis, die mit großen und offenkundigen Übeln verbunden sei. Diese mit den Männern zusammenarbeitenden und sich von ihnen in der Kleidung kaum unterscheidenden, mit Schmutz und Rauch beschmierten Frauen sind der charakterlichen Entartung ausgesetzt, weil sie ihre Selbstachtung verlieren, was die fast unvermeidliche Folge ihrer unweiblichen Beschäftigung ist." (l.c. 194, p. XXVI. Vgl. „Fourth Report" (1865) 61, p. XIII.) Ebenso in Glasfabriken.

[275] „Es scheint natürlich", bemerkte ein Stahlfabrikant, der Kinder zur Nachtarbeit verwendet, „daß die Jungen, die nachts arbeiten, bei Tag nicht schlafen und keine ordentliche Ruhe finden können, sondern rastlos am nächsten Tag herumlaufen." (l.c., „Fourth Rep.", 63, p. XIII.) Über die Wichtigkeit des Sonnenlichts zur Erhaltung und Entwicklung des Körpers bemerkt ein Arzt u.a.: „Licht wirkt auch direkt auf die Gewebe des Leibes, denen es Härte und Elastizität gibt. Die Muskeln von Tieren, denen man das normale Quantum Licht vorenthält, werden schwammig und unelastisch, die Nervenkraft verliert ihren Ton (ihre Spannkraft) durch Mangel an Stimulierung, und die Ausarbeitung von allem, was im Wachstum begriffen ist, wird verkümmert ... Im Fall von Kindern ist beständiger Zutritt von reichlichem Tageslicht und der direkten Sonnenstrahlen während eines Teils des Tags durchaus wesentlich für die Gesundheit. Licht hilft die Speisen zu gutem plastischen Blut verarbeiten und härtet die Fiber, nachdem sie gebildet ist. Es wirkt ebenso als Reizmittel auf die Sehorgane und ruft hierdurch größere Tätigkeit in verschiednen Hirnfunktionen hervor." Herr W. Strange, Oberarzt des Worcester „General Hospital", aus dessen Schrift über „Gesundheit" (1864) diese Stelle entlehnt ist, schreibt in einem Brief an einen der Untersuchungskommissäre, Herrn White: „Ich habe früher in Lancashire Gelegenheit gehabt, die Wirkungen der Nachtarbeit auf Fabrikkinder zu beobachten, und im Widerspruch zu der beliebten Versicherung einiger Arbeitgeber erkläre ich mit Entschiedenheit, daß die Gesundheit der Kinder bald davon litt." („Children's Employment Commission. Fourth Report", 284, p. 55.) Daß solche Dinge überhaupt den Gegenstand ernsthafter Kontroversen bilden, zeigt am besten, wie die kapitalistische Produktion auf die „Gehirnfunktionen" der Kapitalisten und ihrer retainers (Vasallen) wirkt.

[276] l.c. 57, p. XII.

[277] l.c. („4th Rep.", 1865), 58, p. XII.

die Stelle der abwesenden Ersatzknaben ausgefüllt würde, antwortete: Ich weiß wohl, daß Sie das ebenso gut wissen als ich, und er nahm keinen Anstand, die Tatsache zu gestehn."[278]

„In einem Walzwerke, wo der nominelle Arbeitstag von 6 Uhr morgens bis 5 1/2 Uhr abends dauerte, arbeitete ein Junge 4 Nächte jede Woche bis mindestens 8 1/2 Uhr abends des nächstens Tags ... und dies während 6 Monaten." „Ein andrer arbeitete im Alter von 9 Jahren manchmal drei zwölfstündige Arbeitsschichten nacheinander und im Alter von 10 Jahren zwei Tage und zwei Nächte nacheinander." „Ein dritter, jetzt 10 Jahre, arbeitete von morgens 6 Uhr bis 12 Uhr in die Nacht drei Nächte durch und bis 9 Uhr abends während der andren Nächte." „Ein vierter, jetzt 13 Jahre, arbeitete von 6 Uhr nachmittags bis den andren Tag 12 Uhr mittags während einer ganzen Woche, und manchmal drei Schichten nacheinander, z.B. von Montag morgen bis Dienstag nacht." „Ein fünfter, jetzt 12 Jahre, arbeitete in einer Eisengießerei zu Stavely von 6 Uhr morgens bis 12 Uhr nachts während 14 Tagen, ist unfähig, es länger zu tun." George Allinsworth, neunjährig: „Ich kam hierhin letzten Freitag. Nächsten Tag hatten wir um 3 Uhr morgens anzufangen. Ich blieb daher die ganze Nacht hier. Wohne 5 Meilen von hier. Schlief auf der Flur mit einem Schurzfell unter mir und einer kleinen Jacke über mir. Die zwei andren Tage war ich hier um 6 Uhr morgens. Ja! dies ist ein heißer Platz! Bevor ich herkam, arbeitete ich ebenfalls während eines ganzen Jahres in einem Hochofen. Es war ein sehr großes Werk auf dem Lande. Begann auch samstags morgens um 3 Uhr, aber ich konnte wenigstens nach Hause schlafen gehn, weil es nah war. An andren Tagen fing ich 6 Uhr morgens an und endete 6 oder 7 Uhr abends" usw.[279]

[278] l.c.

[279] l.c.p. XIII. Die Bildungsstufe dieser „Arbeitskräfte" muß natürlich so sein, wie sie in folgenden Dialogen mit einem der Untersuchungskommissäre erscheint! Jeremiah Haynes, 12 Jahre alt: „ ... Viermal vier ist acht, aber vier Vierer (4 fours) sind 16 ... Ein König ist ihm, der alles Geld und Gold hat. (A king is him that has all the money and gold.) Wir haben einen König, man sagt, er ist eine Königin, sie nennen sie Prinzessin Alexandra. Man sagt, sie heiratete der Königin Sohn. Eine Prinzessin ist ein Mann." Wm. Turner, zwölfjährig: „Lebe nicht in England. Denke, es gibt solch ein Land, wußte nichts davon zuvor." John Morris, vierzehnjährig: „Habe sagen hören, daß Gott die Welt gemacht und daß alles Volk ersoff, außer einem; habe gehört, daß der eine ein kleiner Vogel war." William Smith, fünfzehnjährig: „Gott machte den Mann; der Mann machte das Weib." Edward Taylor, fünfzehnjährig: „Weiß nichts von London." Henry Matthewman, siebzehnjährig: „Geh' manchmal in die Kirche ... Ein Name, worüber sie predigen, war ein gewisser Jesus Christ, aber ich kann keine andren Namen nennen, und ich kann auch nichts über ihn sagen. Er wurde nicht gemordet, sondern starb wie andre Leute. Er war nicht so wie andre Leute in gewisser Art, weil er religiös war in gewisser Art, und andre ist es nicht. (He was not the same as other people in some ways, because he was religious in some ways, and others isn't.)" (l.c. 74, p. XV.) „Der Teufel ist eine gute Person. Ich weiß nicht, wo er lebt. Christus war ein schlechter Kerl." („The devil is a good person. I don't know where he lives. Christ was a wicked man.') „Dies Mädchen (10 Jahre) buchstabiert God Dog und kannte den Namen der Königin nicht." („Ch. Empl. Comm. V. Rep.", 1866, p. 55 n. 278.) Dasselbe System, das in den erwähnten Metallmanufakturen, herrscht in den Glas- und Papierfabriken. In den Papierfabriken, wo das Papier mit Maschinen gemacht wird, ist Nachtarbeit die Regel für alle Prozesse außer dem der Lumpensortierung. In einigen Fällen wird die Nachtarbeit, vermittelst Ablösungen, unaufhörlich die ganz Woche durch fortgesetzt, gewöhnlich von Sonntag nacht bis 12 Uhr nachts des folgenden Samstags. Die Mannschaft, die sich an der Tagesreihe befindet, arbeitet 5 Tage von 12 und einen von 18 Stunden, und die der Nachtreihe 5 Nächte von 12 Stunden und eine von 6 Stunden, in jeder Woche. In andren Fällen arbeitet jede Reihe 24 Stunden, die eine nach der andren, an Wechseltagen. Eine Reihe arbeitet 6 Stunden am Montag und 18 am Samstag, um 24 Stunden vollzumachen. In andren Fällen ist ein Zwischensystem eingeführt, worin alle an der Papiermacher-Maschinerie Angestellten jeden Tag in der Woche 15-16 Stunden arbeiten. Dies System, sagt Untersuchungskommissär Lord, scheint alle Übel der Zwölfstunden- und Vierundzwanzigstunden-Ablösung zu

Laßt uns nun hören, wie das Kapital selbst dies Vierundzwanzigstundensystem auffaßt. Die Übertreibungen des Systems, seinen Mißbrauch zur „grausamen und unglaublichen" Verlängrung des Arbeitstags, übergeht es natürlich mit Stillschweigen. Es spricht nur von dem System in seiner „normalen" Form.

Die Herren Naylor und Vickers, Stahlfabrikanten, die zwischen 600 und 700 Personen anwenden, und darunter nur 10% unter 18 Jahren, und hiervon wieder nur 20 Knaben zum Nachtpersonal, äußern sich wie folgt:

„Die Knaben leiden durchaus nicht von der Hitze. Die Temperatur ist wahrscheinlich 86° bis 90° ... In den Schmiede- und Walzwerken arbeiten die Hände Tag und Nacht ablösungsweise, aber dahingegen ist auch alles andre Werk Tagwerk, von 6 Uhr morgens bis 6 Uhr abends. In der Schmiede wird von 12 Uhr bis 12 Uhr gearbeitet. Einige Hände arbeiten fortwährend des Nachts ohne Wechsel zwischen Tag- und Nachtzeit ... Wir finden nicht, daß Tag- oder Nachtarbeit irgendeinen Unterschied in der Gesundheit" (der Herren Naylor und Vickers?) „macht, und wahrscheinlich schlafen Leute besser, wenn sie dieselbe Ruheperiode genießen, als wenn sie wechselt ... Ungefähr zwanzig Knaben unter 18 Jahren arbeiten mit der Nachtmannschaft ... Wir könnten's nicht recht tun (not well do), ohne die Nachtarbeit von Jungen unter 18 Jahren. Unser Einwurf ist - die Vermehrung der Produktionskosten. Geschickte Hände und Häupter von Departements sind schwer zu haben, aber Jungens kriegt man, soviel man will ... Natürlich, in Anbetracht der geringen Proportion von Jungen, die wir verwenden, wären Beschränkungen der Nachtarbeit von wenig Wichtigkeit oder Interesse für uns."[280]

Herr J. Ellis, von der Firma der Herren John Brown et Co., Stahl- und Eisenwerke, die 3.000 Männer und Jungen anwenden, und zwar für [einen] Teil der schweren Stahl- und Eisenarbeit „Tag und Nacht, in Ablösungen", erklärt, daß in den schweren Stahlwerken ein oder zwei Jungen auf zwei Männer kommen. Ihr Geschäft zählt 500 Jungen unter 18 Jahren und davon ungefähr 1/3, oder 170, unter 13 Jahren. Mit Bezug auf die vorgeschlagne Gesetzänderung meint Herr Ellis:

„Ich glaube nicht, daß es sehr tadelhaft (very objectionable) wäre, keine Person unter 18 Jahren über 12 Stunden aus den 24 arbeiten zu lassen. Aber ich glaube nicht, daß man irgendeine Linie ziehen kann für die Entbehrlichkeit von Jungen über 12 Jahren für die Nachtarbeit. Wir würden sogar eher ein Gesetz annehmen, überhaupt keine Jungen unter 13 Jahren oder selbst unter 15 Jahren zu verwenden, als ein Verbot, die Jungen, die wir einmal haben, während der Nacht

---

vereinigen. Kinder unter 13 Jahren, junge Personen unter 18 Jahren und Weiber arbeiten unter diesem Nachtsystem. Manchmal, in dem Zwölfstundensystem, mußten sie, wegen Ausbleibens der Ablöser, die doppelte Reihe von 24 Stunden arbeiten. Zeugenaussagen beweisen, daß Knaben und Mädchen sehr oft Überzeit arbeiten, die sich nicht selten zu 24, ja 36 Stunden ununterbrochner Arbeit ausdehnt. In dem „kontinuierlichen und unveränderlichen" Prozeß der Glasierräume findet man Mädchen von 12 Jahren, die den ganzen Monat durch täglich 14 Stunden arbeiten, „ohne irgendeine regelmäßige Erholung oder Unterbrechung außer zwei, höchstens drei halbstündigen Ausfällen für Mahlzeiten". In einigen Fabriken, wo man die reguläre Nachtarbeit ganz aufgegeben, wird entsetzlich viel Überzeit gearbeitet und „dies häufig in den schmutzigsten, heißesten und monotonsten Prozessen". („Children's Employment Commission. Report IV", 1865, p. XXXVIII and XXXIX.)

[280] „Fourth Report etc.", 1865, 79, p. XVI.

zu brauchen. Die Jungen, die in der Tagesreihe, müssen wechselweise auch in der Nachtreihe arbeiten, weil die Männer nicht unaufhörlich Nachtarbeit verrichten können; es würde ihre Gesundheit ruinieren. Wir glauben jedoch, daß Nachtarbeit, wenn die Woche dafür wechselt, keinen Schaden tut."

(Die Herren Naylor und Vickers glaubten, übereinstimmend mit dem Besten ihres Geschäfts, umgekehrt, daß statt der fortwährenden grade die periodisch wechselnde Nachtarbeit möglicherweise Schaden anrichtet.)

„Wir finden die Leute, die die alternierende Nachtarbeit verrichten, grade so gesund als die, die nur am Tage arbeiten ... Unsre Einwürfe gegen die Nichtanwendung von Jungen unter 18 Jahren zur Nachtarbeit würden gemacht werden von wegen Vermehrung der Auslage, aber dies ist auch der einzige Grund." (Wie zynisch naiv!) „Wir glauben, daß diese Vermehrung größer wäre, als das Geschäft (the trade) mit schuldiger Rücksicht auf seine erfolgreiche Ausführung billigerweise tragen könnte. (As the trade with due regard to etc. could fairly bear!)" (Welche breimäulige Phraseologie!) „Arbeit ist hier rar und könnte unzureichend werden unter einer solchen Regulation"

(d.h., Ellis, Brown et Co. könnten in die fatale Verlegenheit kommen, den Wert der Arbeitskraft voll zahlen zu müssen).[281]

Die „Cyklops Stahl- und Eisenwerke" der Herren Cammell et Co. werden auf derselben großen Stufenleiter ausgeführt wie die des besagten John Brown et Co. Der geschäftsführende Direktor hatte dem Regierungskommissär White seine Zeugenaussage schriftlich eingehändigt, fand es aber später passend, das zur Revision ihm wieder zurückgestellte Manuskript zu unterschlagen. Jedoch Herr White hat ein nachhaltig Gedächtnis. Er erinnert sich ganz genau, daß für diese Herrn Zyklopen das Verbot der Nachtarbeit von Kindern und jungen Personen „ein Ding der Unmöglichkeit; es wäre dasselbe, als setzte man ihre Werke still", und dennoch zählt ihr Geschäft wenig mehr als 6% Jungen unter 18 und nur 1% unter 13 Jahren![282]

Über denselben Gegenstand erklärt Herr E. F. Sanderson, von der Firma Sanderson, Bros. et Co., Stahl-, Walz- und Schmiedewerke, in Attercliffe:

„Große Schwierigkeiten würden entspringen aus dem Verbot, Jungen unter 18 Jahren des Nachts arbeiten zu lassen, die Hauptschwierigkeit aus der Vermehrung der Kosten, welche ein Ersatz der Knabenarbeit durch Männerarbeit notwendig nach sich zöge. Wieviel das betragen würde, kann ich nicht sagen, aber wahrscheinlich wäre es nicht so viel, daß der Fabrikant den Stahlpreis erhöhen könnte, und folglich fiele der Verlust auf ihn, da die Männer" (welch querköpfig Volk!) „[sich] natürlich weigern würden, ihn zu tragen."

Herr Sanderson weiß nicht, wieviel er den Kindern zahlt, aber „vielleicht beträgt es 4 bis 5 sh. per Kopf die Woche ... Die Knabenarbeit ist von einer Art,

[281] l.c. 80, p. XVI, XVII.
[282] l.c. 82, p. XVII.

wofür im allgemeinen" („generally", natürlich nicht immer „im Besondern") „die Kraft der Jungen grade ausreicht, und folglich würde kein Gewinn aus der größren Kraft der Männer fließen, um den Verlust zu kompensieren, oder doch nur in den wenigen Fällen, wo das Metall sehr schwer ist. Die Männer würden es auch minder lieben, keine Knaben unter sich zu haben, da Männer minder gehorsam sind. Außerdem müssen die Jungen jung anfangen, um das Geschäft zu lernen. Die Beschränkung der Jungen auf bloße Tagarbeit würde diesen Zweck nicht erfüllen."

Und warum nicht? Warum können Jungen ihr Handwerk nicht bei Tag lernen? Deinen Grund?

„Weil dadurch die Männer, die in Wechselwochen bald den Tag, bald die Nacht arbeiten, von den Jungen ihrer Reihe während derselben Zeit getrennt, halb den Profit verlieren würden, den sie aus ihnen herausschlagen. Die Anleitung, die sie den Jungen geben, wird nämlich als Teil des Arbeitslohnes dieser Jungen berechnet und befähigt die Männer daher, die Jungenarbeit wohlfeiler zu bekommen. Jeder Mann würde seinen halben Profit verlieren."

In andren Worten, die Herren Sanderson müßten einen Teil des Arbeitslohnes der erwachsnen Männer aus eigner Tasche statt mit der Nachtarbeit der Jungen zahlen. Der Profit der Herren Sanderson würde bei dieser Gelegenheit etwas fallen, und dies ist der Sandersonsche gute Grund, warum Jungen ihr Handwerk nicht bei Tag lernen können.[283] Außerdem würde dies reguläre Nachtarbeit auf die Männer werfen, die nun von den Jungen abgelöst werden, und sie würden das nicht aushalten. Kurz und gut, die Schwierigkeiten wären so groß, daß sie wahrscheinlich zur gänzlichen Unterdrückung der Nachtarbeit führen würden. „Was die Produktion von Stahl selbst angeht", sagt E. F. Sanderson, „würde es nicht den geringsten Unterschied machen, aber!" Aber die Herren Sanderson haben mehr zu tun, als Stahl zu machen. Die Stahlmacherei ist bloßer Vorwand der Plusmacherei. Die Schmelzöfen, Walzwerke usw., die Baulichkeiten, die Maschinerie, das Eisen, die Kohle usw. haben mehr zu tun, als sich in Stahl zu verwandeln. Sie sind da, um Mehrarbeit einzusaugen, und saugen natürlich mehr in 24 Stunden als in 12. Sie geben in der Tat von Gottes und Rechts wegen den Sandersons eine Anweisung auf die Arbeitszeit einer gewissen Anzahl von Händen für volle 24 Stunden des Tags und verlieren ihren Kapitalcharakter, sind daher für die Sandersons reiner Verlust, sobald ihre Funktion der Arbeitseinsaugung unterbrochen wird.

„Aber dann wäre da der Verlust an so viel kostspieliger Maschinerie, welche die halbe Zeit brachläge, und für eine solche Produktenmasse, wie wir fähig sind, sie bei dem gegenwärtigen System zu leisten, müßten wir Räumlichkeiten und Maschinenwerke verdoppeln, was die Auslage verdoppeln würde."

[283] „In unsrer reflexionsreichen und räsonierenden Zeit muß es einer noch nicht weit gebracht haben, der nicht für alles, auch das Schlechteste und Verkehrteste, einen guten Grund anzugeben weiß. Alles, was in der Welt verdorben worden ist, das ist aus guten Gründen verdorben worden." (Hegel, l.c.p. 249.)

Aber warum beanspruchen grade diese Sandersons ein Privilegium vor den andren Kapitalisten, die nur bei Tag arbeiten lassen dürfen und deren Baulichkeiten, Maschinerie, Rohmaterial daher bei Nacht „brach" liegen?

„Es ist wahr", antwortet E. F. Sanderson im Namen aller Sandersons, „es ist wahr, daß dieser Verlust von brachliegender Maschinerie alle Manufakturen trifft, worin nur bei Tag gearbeitet wird. Aber der Gebrauch der Schmelzöfen würde in unsrem Fall einen Extraverlust verursachen. Hält man sie im Gang, so wird Brennmaterial verwüstet" (statt daß jetzt das Lebensmaterial der Arbeiter verwüstet wird), „und hält man sie nicht im Gang, so setzt das Zeitverlust im Wiederanlegen des Feuers und zur Gewinnung des nötigen Hitzegrads" (während der Verlust, selbst Achtjähriger, an Schlafzeit Gewinn von Arbeitszeit für die Sandersonsippe), „und die Öfen selbst würden vom Temperaturwechsel leiden" (während doch dieselbigen Öfen nichts leiden vom Tag- und Nachtwechsel der Arbeit.)[284]

5. Der Kampf um den Normalarbeitstag

Zwangsgesetze zur Verlängerung des Arbeitstags von der Mitte des 14. bis zu Ende des 17. Jahrhunderts

„Was ist ein Arbeitstag?" Wie groß ist die Zeit, während deren das Kapital die Arbeitskraft, deren Tageswert es zahlt, konsumieren darf? Wie weit kann der Arbeitstag verlängert werden über die zur Reproduktion der Arbeitskraft selbst notwendige Arbeitszeit? Auf diese Fragen, man hat es gesehn, antwortet das Kapital: Der Arbeitstag zählt täglich volle 24 Stunden nach Abzug der wenigen Ruhestunden, ohne welche die Arbeitskraft ihren erneuerten Dienst absolut versagt.

[284] „Children's Employment Commission. Fourth Report", 1865, 85, p. XVII. Auf ähnliches zartes Bedenken des Herrn Glasfabrikanten, daß „regelmäßige Mahlzeiten" der Kinder unmöglich sind, weil dadurch ein bestimmtes Quantum Hitze, das die Öfen ausstrahlen, „reiner Verlust" wäre oder „verwüstet" würde, antwortet Untersuchungskommissär White, durchaus nicht gleich Ure, Senior etc. und ihren schmalen deutschen Nachkläffern, wie Roscher etc., gerührt von der „Enthaltsamkeit", „Entsagung" und „Sparsamkeit" der Kapitalisten in Verausgabung ihres Geldes und ihrer Timur-Tamerlanschen „Verschwendung" von Menschenleben: „Ein gewisses Quantum Hitze mag über das jetzige Maß hinaus verwüstet werden infolge von Sicherung regulärer Mahlzeiten, aber selbst in Geldwert ist es nichts, verglichen mit der Verwüstung von Lebenskraft (the waste of animal power), die jetzt dem Königreich daraus erwächst, daß in den Glashütten beschäftigte und im Wachstum begriffene Kinder nicht einmal die Muße finden, ihre Speisen bequem einzunehmen und zu verdauen." (l.c.p. XLV.) Und das im „Fortschrittsjahr" 1865! Abgesehn von der Kraftausgabe im Heben und Tragen, marschiert ein solches Kind in den Hütten, die Flaschen und Flintglas machen, während der kontinuierlichen Verrichtung seiner Arbeit, 15 bis 20 (englische) Meilen in 6 Stunden! Und die Arbeit dauert oft 14 bis 15 Stunden! In vielen dieser Glashütten herrscht, wie in den Spinnereien von Moskau, das System sechsstündiger Ablösungen. „Während der Arbeitszeit der Woche sind sechs Stunden die äußerste ununterbrochene Rastperiode, und davon geht ab die Zeit, zur und von der Fabrik zu gehn, Waschen, Kleiden, Speisen, was alles Zeit kostet. So bleibt in der Tat nur die kürzeste Ruhezeit. Keine Zeit für Spiel und frische Luft, außer auf Kosten des Schlafs, so unentbehrlich für Kinder, die in solch heißer Atmosphäre solch anstrengendes Werk verrichten ... Selbst der kurze Schlaf ist dadurch unterbrochen, daß das Kind sich selbst wecken muß bei Nacht oder bei Tag vom Außenlärm geweckt wird. „Herr White gibt Fälle, wo ein Junge 36 Stunden nacheinander arbeitete; andre, wo Knaben von 12 Jahren bis 2 Uhr nachts schanzen und dann in der Hütte schlafen bis 5 Uhr morgens (3 Stunden!), um das Tagwerk von neuem zu beginnen! „Die Masse Arbeit", sagen die Redakteure des allgemeinen Berichts, Tremenheere und Tufnell, „die Knaben, Mädchen und Weiber im Lauf ihres täglichen oder nächtlichen Arbeitsbanns (spell of labour) verrichten, ist fabelhaft." (l.c.p. XLIII und XLIV.) Unterdes wankt vielleicht eines Abends späte das „entsagungsvolle" Glaskapital, portweinduslig, aus dem Klub nach Haus, idiotisch vor sich hersumend: „Britons never, never shall be slaves!" („Briten werden nie und nimmer Sklaven sein!")

Es versteht sich zunächst von selbst, daß der Arbeiter seinen ganzen Lebenstag durch nichts ist außer Arbeitskraft, daß daher alle seine disponible Zeit von Natur und Rechts wegen Arbeitszeit ist, also der Selbstverwertung des Kapitals angehört. Zeit zu menschlicher Bildung, zu geistiger Entwicklung, zur Erfüllung sozialer Funktionen, zu geselligem Verkehr, zum freien Spiel der physischen und geistigen Lebenskräfte, selbst die Feierzeit des Sonntags - und wäre es im Lande der Sabbatheiligen [285]- reiner Firlefanz! Aber in seinem maßlos blinden Trieb, seinem Werwolfs-Heißhunger nach Mehrarbeit, überrennt das Kapital nicht nur die moralischen, sondern auch die rein physischen Maximalschranken des Arbeitstags. Es usurpiert die Zeit für Wachstum, Entwicklung und gesunde Erhaltung des Körpers. Es raubt die Zeit, erheischt zum Verzehr von freier Luft und Sonnenlicht. Es knickert ab an der Mahlzeit und einverleibt sie womöglich dem Produktionsprozeß selbst, so daß dem Arbeiter als bloßem Produktionsmittel Speisen zugesetzt werden wie dem Dampfkessel Kohle und der Maschinerie Talg oder Öl. Den gesunden Schlaf zur Sammlung, Erneurung und Erfrischung der Lebenskraft reduziert es auf so viel Stunden Erstarrung, als die Wiederbelebung eines absolut erschöpften Organismus unentbehrlich macht. Statt daß die normale Erhaltung der Arbeitskraft hier die Schranke des Arbeitstags, bestimmt umgekehrt die größte täglich möglich Verausgabung der Arbeitskraft, wie krankhaft gewaltsam und peinlich auch immer, die Schranke für die Rastzeit des Arbeiters. Das Kapital fragt nicht nach der Lebensdauer der Arbeitskraft. Was es interessiert, ist einzig und allein das Maximum von Arbeitskraft, das in einem Arbeitstag flüssig gemacht werden kann. Es erreicht dies Ziel durch Verkürzung der Dauer der Arbeitskraft, wie ein habgieriger Landwirt gesteigerten Bodenertrag durch Beraubung der Bodenfruchtbarkeit erreicht.

Die kapitalistische Produktion, die wesentlich Produktion von Mehrwert, Einsaugung von Mehrarbeit ist, produziert also mit der Verlängrung des Arbeitstags nicht nur die Verkümmerung der menschlichen Arbeitskraft, welche ihrer normalen moralischen und physischen Entwicklungs- und Betätigungsbedingungen beraubt wird. Sie produziert die vorzeitige Erschöpfung und Abtötung der Arbeitskraft selbst.[286] Sie verlängert die Produktionszeit des Arbeiters während eines gegebenen Termins durch Verkürzung seiner Lebenszeit.

[285] In England z.B. wird immer noch hier und da auf dem Lande ein Arbeiter zu Gefängnisstrafe verurteilt wegen Entheiligung des Sabbats durch Arbeit auf dem Gärtchen vor seinem Hause. Derselbe Arbeiter wird wegen Kontraktbruches bestraft, bleibt er des Sonntags, sei es selbst aus religiösen Mucken, vom Metall-, Papier- oder Glaswerk weg. Das orthodoxe Parlament hat kein Ohr für Sabbatentheiligung, wenn sie im „Verwertungsprozeß" des Kapitals vorgeht. In einer Denkschrift (August 1863), worin die Londoner Taglöhner in Fisch- und Geflügelläden Abschaffung der Sonntagsarbeit verlangen, heißt es, ihre Arbeit daure während der ersten 6 Wochentage durchschnittlich 15 Stunden täglich und am Sonntag 8 bis 10 Stunden. Man entnimmt zugleich aus dieser Denkschrift, daß namentlich die kitzlige Gourmandise der aristokratischen Mucker von Exeter Hall diese „Sonntagsarbeit" ermutigt. Diese „Heiligen", so eifrig „in cute curanda" („in der Sorge um ihr leibliches Wohlergehen"), bewähren ihr Christentum durch die Ergebung, womit sie die Überarbeit, die Entbehrungen und den Hunger dritter Personen ertragen. Obsequium ventris istis (den Arbeitern) perniciosius est. (Die Schlemmerei ist für sie (die Arbeiter) viel verderblicher.)

[286] „In unseren früheren Berichten haben wir die Feststellungen verschiedner erfahrener Fabrikanten wiedergegeben, die besagen, daß Überstunden ... sicher die Gefahr in sich bergen, die Arbeitskraft des Menschen vorzeitig zu erschöpfen." (l.c. 64, p. XIII.)

Der Wert der Arbeitskraft schließt aber den Wert der Waren ein, welche zur Reproduktion des Arbeiters oder zur Fortpflanzung der Arbeiterklasse erheischt sind. Wenn also die naturwidrige Verlängrung des Arbeitstags, die das Kapital in seinem maßlosen Trieb nach Selbstverwertung notwendig anstrebt, die Lebensperiode der einzelnen Arbeiter und damit die Dauer ihrer Arbeitskraft verkürzt, wird rascherer Ersatz der verschlissenen nötig, also das Eingehen größerer Verschleißkosten in die Reproduktion der Arbeitskraft, ganz wie der täglich zu reproduzierende Wertteil einer Maschine um so größer ist, je rascher sie verschleißt. Das Kapital scheint daher durch sein eignes Interesse auf einen Normalarbeitstag hingewiesen.

Der Sklavenhalter kauft seinen Arbeiter, wie er sein Pferd kauft. Mit dem Sklaven verliert er ein Kapital, das durch neue Auslage auf dem Sklavenmarkt ersetzt werden muß. Aber „die Reisfelder von Georgien und die Sümpfe des Mississippi mögen fatalistisch zerstörend auf die menschliche Konstitution wirken; dennoch ist diese Verwüstung von menschlichem Leben nicht so groß, daß sie nicht gutgemacht werden könnte aus den strotzenden Gehegen von Virginien und Kentucky. Ökonomische Rücksichten, die eine Art Sicherheit für die menschliche Behandlung des Sklaven bieten könnten, sofern sie das Interesse des Herrn mit der Erhaltung des Sklaven identifizieren, verwandeln sich, nach Einführung des Sklavenhandels, umgekehrt in Gründe der extremsten Zugrunderichtung des Sklaven, denn sobald sein Platz einmal durch Zufuhr aus fremden Negergehegen ausgefüllt werden kann, wird die Dauer seine Lebens minder wichtig als dessen Produktivität, solange es dauert. Es ist daher eine Maxime der Sklavenwirtschaft in Ländern der Sklaveneinfuhr, daß die wirksamste Ökonomie darin besteht, die größtmöglichste Masse Leistung in möglichst kurzer Zeit dem Menschenvieh (human chattle) auszupressen. Grade in tropischer Kultur, wo die jährlichen Profite oft dem Gesamtkapital der Pflanzungen gleich sind, wird das Negerleben am rücksichtslosesten geopfert. Es ist die Agrikultur Westindiens, seit Jahrhunderten die Wiege fabelhaften Reichtums, die Millionen der afrikanischen Race verschlungen hat. Es ist heutzutage in Kuba, dessen Revenuen nach Millionen zählen, und dessen Pflanzer Fürsten sind, wo wir bei der Sklavenklasse außer der gröbsten Nahrung, der erschöpfendsten und unablässigsten Plackerei einen großen Teil durch die langsame Tortur von Überarbeit und Mangel an Schlaf und Erholung jährlich direkt zerstört sehn.“[287]

Mutato nomine de te fabula narratur! (Unter anderm Namen wird hier über dich berichtet!) Lies statt Sklavenhandel Arbeitsmarkt, statt Kentucky und Virginia Irland und die Agrikulturdistrikte vo England, Schottland und Wales, statt Afrika Deutschland! Wir hörten, wie die Überarbeit mit den Bäckern in London aufräumt, und dennoch ist der Londoner Arbeitsmarkt stets überfüllt mit deutschen und andren Todeskandidaten für die Bäckerei. Die Töpferei, wie wir sahen, ist einer der kurzlebigsten Industriezweige. Fehlt es deswegen an Töpfern? Josiah

[287] Cairnes, l.c.p. 110, 111.

Wedgwood, der Erfinder der modernen Töpferei, von Haus selbst ein gewöhnlicher Arbeiter, erklärte 1785 vor dem Hause der Gemeinen, daß die ganze Manufaktur 15.000 bis 20.000 Personen beschäftige.[288] Im Jahr 1861 betrug die Bevölkerung allein der städtischen Sitze dieser Industrie in Großbritannien 101.302.

„Die Baumwollindustrie zählt 90 Jahre ... In drei Generationen der englischen Race hat sie neun Generationen von Baumwollarbeitern verspeist."[289]

Allerdings, in einzelnen Epochen fieberhaften Aufschwungs zeigte der Arbeitsmarkt bedenkliche Lücken. So z.B. 1834. Aber die Herren Fabrikanten schlugen nun den Poor Law Commissioners (Kommissären der Armenbehörde) vor, die „Übervölkerung" der Ackerbaudistrikte nach dem Norden zu schicken, mit der Erklärung, daß „die Fabrikanten sie absorbieren und konsumieren würden". Dies waren ihre eigensten Worte.[290]

„Agenten wurden zu Manchester bestallt mit Einwilligung der Poor Law Commissioners. Agrikulturarbeiterlisten wurden ausgefertigt und diesen Agenten übermacht. Die Fabrikanten liefen in die Büros, und nachdem sie, was ihnen paßte, ausgewählt, wurden die Familien vom Süden Englands verschickt. Diese Menschenpakete wurden geliefert mit Etiketten gleich so viel Güterballen, auf Kanal und Lastwagen - einige strolchten zu Fuß nach, und viele irrten verloren und halb verhungert in den Manufakturdistrikten umher. Dies entwickelte sich zu einem wahren Handelszweig. Das Haus der Gemeinen wird es kaum glauben. Dieser regelmäßige Handel, dieser Schacher in Menschenfleisch dauerte fort, und diese Leute wurden gekauft und verkauft von den Manchester Agenten an die Manchester Fabrikanten, ganz so regelmäßig wie Neger an die Baumwollpflanzer der südlichen Staaten ... Das Jahr 1860 bezeichnet das Zenit der Baumwollindustrie ... Es fehlte wieder an Händen. Die Fabrikanten wandten sich wieder an die Fleischagenten ... und diese durchstöberten die Dünen von Dorset, die Hügel von Devon und die Ebnen von Wilts, aber die Übervölkerung war bereits verspeist."

Der „Bury Guardian" jammerte, daß 10.000 zusätzliche Hände nach Abschluß des englisch-französischen Handelsvertrags absorbiert werden könnten und bald an 30.000 oder 40.000 mehr nötig sein würden. Nachdem die Agenten und Subagenten des Fleischhandels die Agrikulturdistrikte 1860 ziemlich resultatlos durchgefegt, „wandte sich eine Fabrikantendeputation an Herrn Villiers, Präsidenten des Poor Law Board (der Armenbehörde), mit dem Gesuch, die Zufuhr der Armen- und Waisenkinder aus den Workhouses (Arbeitshäusern) wieder zu erlauben".[291]

[288] John Ward, „History of the Borough of Stoke-upon-Trent etc.", London 1843, p. 42.

[289] Ferrands Rede im „House of Commons" vom 27. April 1863.

[290] „That the manufacturers would absorb it and use it up. Those were the very words used by the cotton manufacturers." (l.c.)

[291] l.c. Villiers, trotz bestem Willen, war „gesetzlich" in der Lage, das Fabrikantenanliegen abschlagen zu müssen. Die Herren erreichten jedoch ihre Zwecke durch die Willfährigkeit der lokalen Armenverwaltungen. Herr A. Redgrave, Fabrikinspektor, versichert, daß diesmal das System, wonach die Waisen und Paupers Kinder „gesetzlich" als apprentices (Lehrlinge) gelten, „nicht begleitet war von den alten Mißständen" - (über diese „Mißstände" vgl. Engels, l.c.) -, obgleich allerdings in einem Fall „Mißbrauch mit dem System getrieben worden ist, in bezug auf

Was die Erfahrung dem Kapitalisten im allgemeinen zeigt, ist eine beständige Übervölkerung, d.h. Übervölkerung im Verhältnis zum augenblicklichen Verwertungsbedürfnis des Kapitals, obgleich sie aus verkümmerten, schnell hinlebenden, sich rasch verdrängenden, sozusagen unreif gepflückten Menschengenerationen ihren Strom bildet.[292] Allerdings zeigt die Erfahrung dem verständigen Beobachter auf der andren Seite, wie rasch und tief die kapitalistische Produktion, die, geschichtlich gesprochen, kaum von gestern datiert, die Volkskraft an der Lebenswurzel ergriffen hat, wie die Degeneration der industriellen Bevölkrung nur durch beständige Absorption naturwüchsiger Lebenselemente vom Lande verlangsamt wird und wie selbst die ländlichen Arbeiter, trotz freier Luft und des unter ihnen so allmächtig waltenden principle of natural selection (Prinzips der natürlichen Auslese), das nur die kräftigsten Individuen aufkommen läßt, schon abzuleben beginnen.[293] Das Kapital, das so „gute Gründe" hat, die Leiden der es umgebenden Arbeitergeneration zu leugnen, wird in seiner praktischen Bewegung durch die Aussicht auf zukünftige Verfaulung der Menschheit und schließlich doch unaufhaltsame Entvölkerung so wenig und so viel bestimmt als durch den möglichen Fall der Erde in die Sonne. In jeder Aktienschwindelei weiß jeder,

---

Mädchen und junge Weiber, die von den Agrikulturdistrikten Schottlands nach Lancashire und Cheshire gebracht wurden". In diesem „System" schließt der Fabrikant einen Kontrakt mit den Behörden der Armenhäuser für bestimmte Perioden. Er nährt, kleidet und logiert die Kinder und gibt ihnen einen kleinen Zuschuß in Geld. Sonderbar klingt folgende Bemerkung des Herrn Redgrave, namentlich wenn man bedenkt, daß selbst unter den Prosperitätsjahren der englischen Baumwollindustrie das Jahr 1860 einzig dasteht und die Arbeitslöhne außerdem hoch standen, weil die außerordentliche Arbeitsnachfrage auf Entvölkerung in Irland stieß, auf beispiellose Auswanderung aus englischen und schottischen Agrikulturdistrikten nach Australien und Amerika, auf positive Abnahme der Bevölkrung in einigen englischen Agrikulturdistrikten infolge teils glücklich erzielten Bruchs der Lebenskraft, teils des früheren Abschöpfens der disponiblen Bevölkrung durch die Händler in Menschenfleisch. Und trotz alledem sagt Herr Redgrave: „Diese Art Arbeit" (der Armenhauskinder) „wird jedoch nur gesucht, wenn keine andre gefunden werden kann, denn es ist teure Arbeit (high-priced labour). Der gewöhnliche Arbeitslohn für einen Jungen von 13 Jahren ist ungefähr 4 sh. wöchentlich; aber 50 oder 100 solcher Jungen logieren, kleiden, nähren, mit ärztlicher Hilfsleistung und passender Oberaufsicht versehn und ihnen obendrein eine kleine Zubuße in Geld geben, ist untubar für 4 sh. per Kopf wöchentlich." („Rep. of the Insp. of Factories for 30th April 1860", p. 27.) Herr Redgrave vergißt zu sagen, wie der Arbeiter selbst dies alles seinen Jungen für ihre 4 sh. Arbeitslohn leisten kann, wenn es der Fabrikant nicht kann für 50 oder 100 Jungen, die gemeinsam logiert, beköstigt und beaufsichtigt werden. Zur Abwehr falscher Schlußfolgerungen aus dem Text muß ich hier noch bemerken, daß die englische Baumwollindustrie, seit ihrer Unterwefung unter den Factory Act von 1850 mit seiner Reglung der Arbeitszeit usw., als die englische Musterindustrie betrachtet werden muß. Der englische Baumwollarbeiter steht in jeder Hinsicht höher als sein kontinentaler Schicksalsgenosse. „Der preußische Fabrikarbeiter arbeitet mindestens 10 Stunden mehr per Woche als sein englischer Rival, und wenn er an seinem eignen Webstuhl zu Hause beschäftigt wird, fällt selbst diese Schranke seiner zusätzlichen Arbeitsstunden weg." („Rep. of Insp. of Fact. 31st Oct. 1855", p. 103.) Der obenerwähnte Fabrikinspektor Redgrave reiste nach der Industrieausstellung von 1851 auf dem Kontinent, speziell in Frankreich und Preußen, um die dortigen Fabrikzustände zu untersuchen. Er sagt von dem preußischen Fabrikarbeiter: „Er erhält einen Lohn, ausreichend zur Verschaffung einfacher Kost und des wenigen Komforts, woran er gewöhnt und womit er zufrieden ist ... Er lebt schlechter und arbeitet härter als sein englischer Rivale." („Rep. of Insp. of Fact. 31st Oct. 1853", p. 85.)

[292] „Die Überarbeiteten sterben mit befremdlicher Raschheit; aber die Plätze derer, die untergehn, sind sofort wieder ausgefüllt, und ein häufiger Wechsel der Personen bringt keine Änderung auf der Bühne hervor." „England and America", London 1833, t. I, p. 55. (Verfasser E. G. Wakefield.)

[293] Siehe „Public Health. Sixth Report of the Medical Officer of the Privy Council. 1863". Veröffentlicht London 1864. Dieser Report handelt namentlich von den Agrikulturarbeitern. „Man hat die Grafschaft Sutherland als eine sehr verbesserte Grafschaft dargestellt, aber eine neuerliche Untersuchung hat entdeckt, daß hier in Distrikten, einst so berühmt wegen schöner Männer und tapfrer Soldaten, die Einwohner degeneriert sind zu einer magren und verkümmerten Race. In den gesundesten Lagen, auf Hügelabhängen im Angesicht des Meeres, sind die Gesichter ihrer Kinder so dünn und blaß, wie sie nur in der faulen Atmosphäre einer Londoner Winkelgasse sein können." (Thornton, l.c.p. 74, 75.) Sie gleichen in der Tat den 30.000 „gallant Highlanders" („ritterlichen Hochländern"), die Glasgow in seinen wynds und closes (Gassen und Höfen) mit Prostituierten und Dieben zusammenbettet.

daß das Unwetter einmal einschlagen muß, aber jeder hofft, daß es das Haupt seines Nächsten trifft, nachdem er selbst den Goldregen aufgefangen und in Sicherheit gebracht hat. Après moi le déluge! (Nach mir die Sindflut!) ist der Wahlruf jedes Kapitalisten und jeder Kapitalistennation. Das Kapital ist daher rücksichtslos gegen Gesundheit und Lebensdauer des Arbeiters, wo es nicht durch die Gesellschaft zur Rücksicht gezwungen wird.[294] Der Klage über physische und geistige Verkümmrung, vorzeitigen Tod, Tortur der Überarbeit, antwortet es: Sollte diese Qual uns quälen, da sie unsre Lust (den Profit) vermehrt? Im großen und ganzen hängt dies aber auch nicht vom guten oder bösen Willen des einzelnen Kapitalisten ab. Die freie Konkurrenz macht die immanenten Gesetze der kapitalistischen Produktion dem einzelnen Kapitalisten gegenüber als äußerliches Zwangsgesetz geltend.[295]

Die Festsetzung eines normalen Arbeitstags ist das Resultat eines vielhundertjährigen Kampfes zwischen Kapitalist und Arbeiter. Doch zeigt die Geschichte dieses Kampfes zwei entgegengesetzte Strömungen. Man vergleiche z.B. die englische Fabrikgesetzgebung unsrer Zeit mit den englischen Arbeitsstatuten vom 14. bis tief in die Mitte des 18. Jahrhunderts.[296] Während das moderne Fabrikgesetz den Arbeitstag gewaltsam abkürzt, suchen ihn jene Statute gewaltsam zu verlängern. Allerdings erscheinen die Ansprüche des Kapitals im Embryozustand, wo es erst wird, also noch nicht durch bloße Gewalt der ökonomischen Verhältnisse, sondern auch durch Hilfe der Staatsmacht sein Einsaugungsrecht eines genügenden Quantums Mehrarbeit sichert, ganz und gar bescheiden, vergleicht man sie mit den Konzessionen, die es in seinem Mannesalter knurrend und widerstrebig machen muß. Es kostet Jahrhunderte, bis der „freie" Arbeiter infolge entwickelter kapitalistischer Produktionsweise sich freiwillig dazu versteht, d.h. gesellschaftlich gezwungen ist, für den Preis seiner gewohnheitsmäßi-

[294] „Obgleich die Gesundheit der Bevölkrung ein so wichtiges Element des nationalen Kapitals ist, fürchten wir, gestehn zu müssen, daß die Kapitalisten durchaus nicht bei der Hand sind, diesen Schatz zu erhalten und wert zu achten ... Die Rücksicht auf die Gesundheit der Arbeiter wurde den Fabrikanten aufgezwungen." („Times", 5. Novbr. 1861.) „Die Männer des West Riding wurden die Tuchmacher der Menschheit ... die Gesundheit des Arbeitervolks wurde geopfert, und in ein paar Generationen wäre die Race degeneriert, aber eine Reaktion trat ein. Die Stunden der Kinderarbeit wurden beschränkt usw." („Twenty-second annual report of the Registrar-General", 1861.)

[295] Wir finden daher z.B., daß Anfang 1863 26 Firmen, welche ausgedehnte Töpfereien in Staffordshire besitzen, darunter auch J. Wedgwood und Söhne, in einer Dankschrift „um gewaltsame Einmischung des Staats" petitionieren. Die „Konkurrenz mit andren Kapitalisten" erlaube ihnen keine „freiwillige" Beschränkung der Arbeitszeit der Kinder usw. „Sosehr wir daher die oben erwähnten Übel beklagen, würde es unmöglich sein, sie durch irgendeine Art Übereinkunft unter den Fabrikanten zu verhindern ... In Anbetracht aller dieser Punkte, sind wir zur Überzeugung gelangt, daß ein Zwangsgesetz nötig ist." („Children's Emp. Comm., Rep. 1", 1863, p. 322.)

Zusatz zu Note 114. Ein viel frappantres Beispiel bot die jüngste Vergangenheit. Die Höhe der Baumwollpreise, in einer Epoche fieberhaften Geschäfts, hatte die Besitzer von Baumwollwebereien in Blackburn veranlaßt, durch gemeinschaftliche Übereinkunft die Arbeitszeit in ihren Fabriken während eines bestimmten Termins abzukürzen. Dieser Termin lief ab ungefähr Ende November (1871). Unterdes benutzten die reichren Fabrikanten, welche Spinnerei mit Weberei verbinden, den durch jene Übereinkunft veranlaßten Ausfall der Produktion dazu, ihr eignes Geschäft auszudehnen und so auf Kosten der kleinen Meister große Profite zu machen. Letztre wandten sich nun in ihrer Not - an die Fabrikarbeiter, riefen sie auf, die Neustundenagitation ernsthaft zu betreiben, und versprachen Geldbeiträge zu diesem Behuf!

[296] Diese Arbeiterstatute, die man gleichzeitig auch in Frankreich, den Niederlanden usw. findet, wurden in England erst 1813 formell aufgehoben, nachdem sie längst von den Produktionsverhältnissen beseitigt waren.

gen Lebensmittel seine ganze aktive Lebenszeit, ja seine Arbeitsfähigkeit selbst, seine Erstgeburt für ein Gericht Linsen zu verkaufen. Es ist daher natürlich, daß die Verlängrung des Arbeitstags, die das Kapital von Mitte des 14. bis Ende des 17. Jahrhunderts staatsgewaltig den volljährigen Arbeitern aufzudringen sucht, ungefähr mit der Schranke der Arbeitszeit zusammenfällt, die in der weiten Hälfte des 19. Jahrhunderts der Verwandlung von Kinderblut in Kapital hier und da von Staats wegen gezogen wird. Was heute, z.B. im Staate Massachusetts, bis jüngst dem freisten Staate der nordamerikanischen Republik, als Staatsschranke der Arbeit von Kindern unter 12 Jahren proklamiert ist, war in England noch Mitte des 17. Jahrhunderts der normale Arbeitstag vollblütiger Handwerker, robuster Ackerknechte und riesenhafter Grobschmiede.[297]

Das erste „Statute of Labourers" („Arbeiterstatut") (23 Eduard III. 1349) fand seinen unmittelbaren Vorwand (nicht seine Ursache, denn die Gesetzgebung dieser Art dauert Jahrhunderte fort ohne den Vorwand) in der großen Pest, welche die Bevölkerung dezimierte, so daß, wie ein Tory-Schriftsteller sagt, „die Schwierigkeit, Arbeiter zu räsonablen Preisen" (d.h. zu Preisen, die ihren Anwendern ein räsonables Quantum Mehrarbeit ließen) „an die Arbeit zu setzen, in der Tat unerträglich wurde".[298] Räsonable Arbeitslöhne wurden daher zwangsgesetzlich diktiert, ebenso wie die Grenze des Arbeitstags. Der letztre Punkt, der uns hier allein interessiert, ist wiederholt in dem Statut von 1496 (unter Henry VII.). Der Arbeitstag für alle Handwerker (artificers) und Ackerbauarbeiter vom März bis September sollte damals, was jedoch nie durchgesetzt wurde, dauern von 5 Uhr morgens bis zwischen 7 und 8 Uhr abends, aber die Stunden für Mahlzeiten betragen 1 Stunden für Frühstück, 1 1/2 Stunden für Mittagessen und 1/2 Stunde für Vieruhrbrot, also grade doppelt soviel als nach dem jetzt gültigen Fabrikakt.[299] Im Winter sollte gearbeitet werden von 5 Uhr morgens bis zum Dunkeln, mit denselben Unterbrechungen. Ein Statut der Elisabeth von 1562 für alle Arbeiter

[297] „Kein Kind unter 12 Jahren darf in einem Fabrikbetrieb länger als 10 Stunden täglich beschäftigt werden." („General Statutes of Massachusetts", ch. 60, § 3. Die Ordonnanzen wurden erlassen 1836 bis 1858.) „Arbeit, die in einem Zeitraum von 10 Stunden täglich in allen Baumwoll-, Woll-, Seiden-, Papier-, Glas- und Flachsfabriken oder in eisen- und anderen metallverarbeitenden Betrieben ausgeführt wird, soll als Tagewerk im Sinne des Gesetzes angesehen werden. Es sei ferner gesetzlich festgelegt, daß künftig kein Minderjähriger, der in irgendeiner Fabrik beschäftigt wird, angehalten oder aufgefordert werden darf, mehr als 10 Stunden täglich oder 60 Stunden wöchentlich zu arbeiten; weiter, daß in Zukunft kein Minderjähriger unter 10 Jahren als Arbeiter in einer Fabrik innerhalb des Gebietes dieses Staates beschäftigt werden darf." („State of New Jersey. An act to limit the hours of labour etc.", § 1 und 2. Gesetz vom 18. März 1851.) „Kein Minderjähriger zwischen 12 und 15 Jahren darf in irgendeinem Fabrikbetrieb mehr als täglich 11 Stunden oder vor 5 Uhr morgens oder nach 7 1/2 Uhr abends beschäftigt werden." („Revised Statutes of the State of Rhode Island etc.", ch. 139, § 23, 1st July 1857.)

[298] [J. B. Byles,] „Sophisms of Free Trade", 7th edit., Lond, 1850, p. 205. Derselbe Tory gibt übrigens zu: „Parlamentsakte, die die Arbeitslöhne gegen die Arbeiter zugunsten der Arbeitsanwender regulierten, währten für die lange Periode von 164 Jahren. Die Bevölkrung wuchs. Diese Gesetze wurden nun überflüssig und lästig." (l.c.p. 206.)

[299] J. Wade bemerkt mit Recht in bezug auf dies Statut: „Aus dem Statut von 1496 geht hervor, daß die Nahrung als Äquivalent für 1/2 des Einkommens eines Handwerkers und 1/2 des Einkommens eines Agrikulturarbeiters galt, und dies zeigt eine größere Stufe von Unabhängigkeit unter den Arbeitern an, als jetzt vorherrscht, wo die Nahrung der Arbeiter in Agrikultur und Manufaktur ein viel höheres Verhältnis zu ihren Löhne bildet." (J. Wade, l.c.p. 24, 25 und 577.) Die Meinung, als sei diese Differenz etwa der Differenz im Preisverhältnis zwischen Nahrungsmitteln und Kleidungsstücken, jetzt und damals, geschuldet, widerlegt der oberflächlichste Blick auf „Chronicon Preciosum etc." By Bishop Fleetwood, 1st edit., London 1707, 2nd edit., London 1745.

„gedungen für Lohn per Tag oder Woche", läßt die Länge des Arbeitstags unberührt, sucht aber die Zwischenräume zu beschränken auf 2 1/2 Stunden für den Sommer und 2 für den Winter. Das Mittagessen soll nur eine Stunde dauern und „der Nachmittagsschlaf von 1/2 Stunde" nur zwischen Mitte Mai und Mitte August erlaubt sein. Für jede Stunde Abwesenheit soll 1 d. (etwa 8 Pfennige) vom Lohn abgehn. In der Praxis jedoch war das Verhältnis den Arbeitern viel günstiger als im Statutenbuch. Der Vater der politischen Ökonomie und gewissermaßen der Erfinder der Statistik, William Petty, sagt in einer Schrift, die er im letzten Drittel des 17. Jahrhunderts veröffentlichte:

„Arbeiter" (labouring men, eigentlich damals Ackerbauarbeiter) „arbeiten 10 Stunden täglich und nehmen wöchentlich 20 Mahlzeiten ein, nämlich an Arbeitstagen täglich drei und an Sonntagen zwei; woraus man klärlich sieht, daß, wenn sie an Freitagabenden fasten wollten und in anderthalb Stunden zu Mittag speisen wollten, während sie jetzt zu dieser Mahlzeit zwei Stunden brauchen, von 11 bis 1 Uhr morgens, wenn sie also 1/20 mehr arbeiteten und 1/20 weniger verzehrten, das Zehntel der oben erwähnten Steuer aufbringbar wäre."[300]

Hatte Dr. Andrew Ure nicht recht, die Zwölfstundenbill von 1833 als Rückgang in die Zeiten der Finsternis zu verschreien? Allerdings gelten die in den Statuten und von Petty erwähnten Bestimmungen auch für „apprentices" (Lehrlinge). Wie es aber noch Ende des 17. Jahrhunderts mit der Kinderarbeit stand, ersieht man aus folgender Klage:

„Unser Jugend, hier in England, treibt gar nichts bis zu der Zeit, wo sie Lehrlinge werden, und dann brauchen sie natürlich lange Zeit - sieben Jahre -, um sich zu vollkommnen Handwekern zu bilden."

Deutschland wird dagegen gerühmt, weil dort die Kinder von der Wiege auf wenigstens zu „ein bißchen Beschäftigung erzogen werden".[301]

[300] W. Petty, „Political Anatomy of Ireland 1672", edit. 1691, p. 10.

[301] „A Discourse on the Necessity of Encouraging Mechanick Industy", London 1690, p. 13. Macaulay, der die englische Geschichte im Whig- und Bourgeoisinteresse zurechtgefälscht hat, deklamiert, wie folgt: „Die Praxis, Kinder vorzeitig an die Arbeit zu setzen, herrschte im 17. Jahrhundert in einem für den damaligen Zustand der Industrie fast unglaublichen Grad vor. Zu Norwich, dem Hauptsitz der Wollindustrie, wurde ein Kind von 6 Jahren für arbeitsfähig gehalten. Verschiedne Schriftsteller jener Zeit und darunter manche, die als außerordentliche wohlgesinnt betrachtet wurden, erwähnen mit „Exultation" (Entzücken) die Tatsache, daß in dieser Stadt allein Knaben und Mädchen einen Reichtum schaffen, der über ihren eignen Unterhalt hinaus 12.000 Pfd. St. in einem Jahr betrug. Je genauer wir die Geschichte der Vergangenheit untersuchen, desto mehr Grund finden wir, die Ansicht derer zu verwerfen, die unser Zeitalter für fruchtbar an neuen sozialen Übeln halten. Das, was neu ist, ist die Intelligenz, die die Übel entdeckt, und die Humanität, die sie heilt." („History of England", v. I, p. 417.) Macaulay hätte weiter berichten können, daß „außerordentlich wohlgesinnte" amis du commerce im 17. Jahrhundert mit „Exultation" erzählen, wie in einem Armenhaus in Holland ein Kind von 4 Jahren beschäftigt wurde, und daß dies Beispiel der „vertu mise en pratique" („angewandten Tugend") in allen Schriften von Humanitären à la Macaulay Muster passiert bis zur Zeit A. Smiths. Es ist richtig, daß mit dem Aufkommen der Manufaktur, im Unterschied zum Handwerk, sich Spuren der Kinderexploitation zeigen, die von jeher bis zu einem gewissen Grad bei den Bauern existiert und um so entwickelter, je härter das Joch, das auf dem Landmann lastet. Die Tendenz des Kapitals ist unverkennbar, aber die Tatsachen selbst stehn noch so vereinzelt wie die Erscheinung zweiköpfiger Kinder. Sie wurden daher mit „Exultation", als besonders merkwürdig und bewundernswert, von ahnungsvollen „amis du commerce" für Mit- und Nachwelt aufgezeichnet und zur Nachahmung empfohlen. Derselbe schottische Sykophant und Schönredner Macaulay sagt: „Man höre heute nur von Rückschritt und sehe nur Fortschritt." Was für Augen und namentlich was für Ohren!

Noch während des größten Teils des 18. Jahrhunderts, bis zur Epoche der großen Industrie, war es dem Kapital in England nicht gelungen, durch Zahlung des wöchentlichen Werts der Arbeitskraft sich der ganzen Woche des Arbeiters, Ausnahme bilden jedoch die Agritulturarbeiter, zu bemächtigen. Der Umstand, daß sie eine ganze Woche mit dem Lohn von 4 Tagen leben konnten, schien den Arbeitern kein hinreichender Grund, auch die andren zwei Tage für den Kapitalisten zu arbeiten. Eine Seite der englischen Ökonomen denunzierte im Dienst des Kapitals diesen Eigensinn aufs wütendste, eine andre Seite verteidigte die Arbeiter. Hören wir z.B. die Polemik zwischen Postlethwayt, dessen Handels-Diktionär damals denselben Ruf genoß wie heutzutage ähnliche Schriften von MacCulloch und MacGregor, und dem früher zitierten Verfasser des „Essay on Trade and Commerce".[302]

Postlethwayt sagt u.a.:

„Ich kann diese wenigen Bemerkungen nicht abschließen, ohne Notiz zu nehmen von der trivialen Redensart in dem Munde zu vieler, daß, wenn der Arbeiter (industrious poor) in 5 Tagen genug erhalten kann, um zu leben, er nicht volle 6 Tage arbeiten will. Daher schließen sie auf die Notwendigkeit, selbst die notwendigen Lebensmittel durch Steuern oder irgendwelche andre Mittel zu verteuern, um den Handwerker und Manufakturarbeiter zu unausgesetzter sechstägiger Arbeit in der Woche zu zwingen. Ich muß um die Erlaubnis bitten, andrer Meinung zu sein als diese großen Politiker, welche für die beständige Sklaverei der Arbeiterbevölkerung dieses Königreichs (the perpetual slavery of the working people) die Lanze einlegen; sie vergessen das Sprichwort „all work and no play" (nur Arbeit und kein Spiel) macht dumm. Brüsten sich die Engländer nicht mit der Genialität und Gewandtheit ihrer Handwerker und Manufakturarbeiter, die bisher den britischen Waren allgemeinen Kredit und Ruf verschafft haben? Welchem Umstand war dies geschuldet? Wahrscheinlich keinem andren als der Art und Weise, wie unser Arbeitsvolk, eigenlaunig, sich zu zerstreuen weiß. Wären sie gezwungen, das ganze Jahr durchzuarbeiten, alle sechs Tage in der Woche, in steter Wiederholung desselben Werkes, würde das nicht ihre Genialität abstumpfen und sie dumm-träg statt munter und gewandt machen; und würden unsre Arbeiter infolge solcher ewigen Sklaverei ihren Ruf nicht verlieren statt erhalten? ... Welche Art Kunstgeschick könnten wir erwarten von solch hart geplackten Tieren (hard driven animals)? ... Viele von ihnen verrichten soviel Arbeit in 4 Tagen als ein Franzose in 5 oder 6. Aber wenn Engländer ewige Schanzarbeiter sein sollen,

[302] Unter den Anklägern der Arbeiter ist der grimmigste der im Text erwähnte anonyme Verfasser von: „An Essay on Trade and Commerce: containing Observations on Taxation etc.", London 1770. Schon früher ins seiner Schrift „Consideration on Taxes", London 1765. Auch Polonius Arthur Young, der unsägliche statistische Schwätzer, folgt in derselben Linie. Unter den Verteidigern der Arbeiter stehn oben an: Jacob Vanderlint in „Money answers all things", London 1734, Rev. Nathaniel Forster, D. D. in „An Enquiry into the Causes of the Present [High] Price of Provisions", London 1767, Dr. Price, und namentlich auch Postlethwayt, sowohl in einem Supplement zu seinem „Universal Dictionary of Trade and Commerce" als in „Great-Britain's Commercial Interest explained and improved", 2nd edit., Lond. 1759. Die Tatsachen selbst findet man bei vielen andren gleichzeitigen Schriftstellern konstatiert, u.a. bei Josiah Tucker.

so steht zu fürchten, daß sie noch unter die Franzosen entarten (degenerate) werden. Wenn unser Volk wegen seiner Tapferkeit im Krieg berühmt ist, sagen wir nicht, daß dies einerseits dem guten englischen Roastbeef und Pudding in seinem Leibe, andrerseits nicht minder unsrem konstitutionellen Geiste der Freiheit geschuldet ist? Und warum sollte die größere Genialität, Energie und Gewandtheit unsrer Handwerker und Manufakturarbeiter nicht der Freiheit geschuldet sein, womit sie sich in ihrer eignen Art und Weise zerstreuen? Ich hoffe, sie werden nie wieder diese Privilegien verlieren, noch das gute Leben, woraus ihre Arbeitstüchtigkeit und ihr Mut gleichmäßig herstammen!"[303]

Darauf antwortet der Verfasser des „Essay on Trade and Commerce":

„Wenn es für eine göttliche Einrichtung gilt, den siebenten Tag der Woche zu feiern, so schließt dies ein, daß die andren Wochentage der Arbeit" (er meint dem Kapital, wie man gleich sehen wird) „angehören, und es kann nicht grausam gescholten werden, dies Gebot Gottes zu erzwingen ... Daß die Menschheit im allgemeinen von Natur zur Bequemlichkeit und Trägheit neigt, davon machen wir die fatale Erfahrung im Betragen unsres Manufakturpöbels, der durchschnittlich nicht über 4 Tage die Woche arbeitet, außer im Fall einer Teuerung der Lebensmittel ... Gesetzt, ein Bushel Weizen repräsentiere alle Lebensmittel des Arbeiters, koste 5 sh., und der Arbeiter verdiene einen Schilling täglich durch seine Arbeit. Dann braucht er bloß 5 Tage in der Woche zu arbeiten; nur 4, wenn der Bushel 4 sh. beträgt ... Da aber der Arbeitslohn in diesem Königreich viel höher steht, verglichen mit dem Preise der Lebensmittel, so besitzt der Manufakturarbeiter, der 4 Tage arbeitet, einen Geldüberschuß, womit er während des Rests der Woche müßig lebt ... Ich hoffe, ich habe genug gesagt, um klarzumachen, daß mäßige Arbeit während 6 Tagen in der Woche keine Sklaverei ist. Unsre Agrikulturarbeiter tun dies und, allem Anscheine nach, sind sie die Glücklichsten unter den Arbeitern (labouring poor),[304] aber die Holländer tun es in den Manufakturen und scheinen ein sehr glückliches Volk. Die Franzosen tun es, soweit nicht die vielen Feiertage dazwischenkommen...[305] Aber unser Pöbel hat sich die fixe Idee in den Kopf gesetzt, daß ihm als Engländer durch das Recht der Geburt das Privilegium zukommt, freier und unabhängiger zu sein als" (das Arbeitervolk) „in irgendeinem andren Lande von Europa. Nun, diese Idee, soweit sie auf die Tapferkeit unsrer Soldaten einwirkt, mag von einigem Nutzen sein; aber je weniger die Manufakturarbeiter davon haben, desto besser für sie selbst und den Staat. Arbeiter sollten sich nie für unabhängig von ihren Vorgesetzten (independent of their superiors) halten ... Es ist außerordentlich gefährlich, mobs in einem kommerziellen Staat, wie dem unsrigen, zu encouragieren, wo vielleicht 7 Teile von den 8 der Ge-

[303] Postlethwayt, l.c., „First Preliminary Discourse", p. 14.

[304] „An Essay etc." Er selbst erzählt p. 96, worin schon 1770 „das Glück" der englischen Agrikulturarbeiter bestand. „Ihre Arbeitskräfte (their working powers) sind stets auf das äußerste angespannt (on the stretch); sie können nicht schlechter leben, als sie tun (they cannot live cheaper than they do), noch härter arbeiten (nor work harder)."

[305] Der Protestantismus spielt schon durch seine Verwandlung fast aller traditionellen Feiertage in Werktage eine wichtige Rolle in der Genesis des Kapitals.

samtbevölkrung Leute mit wenig oder keinem Eigentum sind...[306] Die Kur wird nicht vollständig sein, bis unsre industriellen Armen sich bescheiden, 6 Tage für dieselbe Summe zu arbeiten, die sie nun in 4 Tagen verdienen."[307]

Zu diesem Zwecke, wie zur „Ausrottung der Faulenzerei, Ausschweifung und romantischen Freiheitsduselei", ditto „zur Minderung der Armentaxe, Förderung des Geistes der Industrie und Herabdrückung des Arbeitspreises in den Manufakturen", schlägt unser treuer Eckart des Kapitals das probate Mittel vor, solche Arbeiter, die der öffentlichen Wohltätigkeit anheimfallen, in einem Wort, Paupers, einzusperren in ein „ideales Arbeitshaus" (an ideal Workhouse). „Ein solches Haus muß zu einem Hause des Schreckens (House of Terror) gemacht werden."[308] In diesem „Hause des Schreckens", diesem „Ideal von einem Workhouse", soll gearbeitet werden „ 14 Stunden täglich mit Einbegriff jedoch der passenden Mahlzeiten, so daß volle 12 Arbeitsstunden übrigbleiben"[309]

Zwölf Arbeitsstunden täglich im „Ideal-Workhouse", im Hause des Schreckens von 1770! Dreiundsechzig Jahre später, 1833, als das englische Parlament in vier Fabrikzweigen den Arbeitstag für Kinder von 13 bis 18 Jahren auf 12 volle Arbeitsstunden herabsetzte, schien der Jüngste Tag der englischen Industrie angebrochen! 1852, als L. Bonaparte bürgerlich Fuß zu fassen suchte durch Rütteln am gesetzlichen Arbeitstag, schrie das französische Arbeitervolk (3. und 4. Auflage: Volk) aus einem Munde: „Das Gesetz, das den Arbeitstag auf 12 Stunden verkürzt, ist das einzige Gut, das uns von der Gesetzgebung der Republik blieb!"[310] In Zürich ist die Arbeit von Kindern über 10 Jahren auf 12 Stunden beschränkt; im Aargau wurde 1862 die Arbeit von Kindern zwischen 13 und 16 Jahren von 12 1/2 Stunden reduziert, in Östreich 1860 für Kinder zwischen 14 und 16 Jahren ditto auf 12 Stunden.[311] Welch ein „Fortschritt seit 1770", würde Macaulay „mit Exultation" aufjauchzen!

Das „Haus des Schreckens" für Paupers, wovon die Kapitalseele 1770 noch träumte, erhob sich wenige Jahre später als riesiges „Arbeitshaus" für die Manufakturarbeiter selbst. Es hieß Fabrik. Und diesmal erblaßte das Ideal vor der Wirklichkeit.

[306] „An Essay etc.", p. 41, 15, 96, 97, 55, 56, 57.

[307] l.c.p. 69. Jacob Vanderlint erklärte schon 1734, das Geheimnis der Kapitalistenklage über die Faulenzerei des Arbeitervolks sei einfach, daß sie für denselben Lohn 6 statt 4 Arbeitstage beanspruchten.

[308] „An Essay etc.", p.242, 243: „Such ideal workhouse must be made a ‚House of Terror', und nicht zu einem Asyl für die Armen, wo sie reichlich zu essen bekommen, warm und anständig gekleidet werden sollen und sie nur wenig arbeiten."

[309] „In this ideal workhouse the poor shall work 14 hours in a day, allowing proper time for meals, in such manner that there shall remain 12 hours of neat labour." (l.c.[p. 260.]) „Die Franzosen", sagt er, „lachen über unsre enthusiastischen Ideen von Freiheit." (l.c. p.78.)

[310] „Sie widersetzten sich besonders deshalb einer Arbeit von mehr als den 12 Stunden täglich, weil das Gesetz, das diese Stundenzahl festsetzte, das einzige Gut ist, was ihnen von der Gesetzgebung der Republik übrigbleibt." („Rep. of Insp. of Fact. 31st Octob. 1855", p.80.) Das französische Zwölfstundengesetz vom 5. September 1850, eine verbürgerlichte Ausgabe des Dekrets der provisorischen Regierung vom 2. März 1848, erstreckt sich auf alle Ateliers ohne Unterschied. Vor diesem Gesetz war der Arbeitstag in Frankreich unbeschränkt. Er währte in den Fabriken 14, 15 und mehr Stunden. Siehe „Des classes ouvrières en France, pendant l'année 1848. Par M. Blanqui". Herr Blanqui, der Ökonom, nicht der Revolutionär, war von Regierungs wegen mit der Enquete über die Arbeiterzustände betraut.

[311] Belgien bewährt sich auch mit Bezug auf die Regulation des Arbeitstags als bürgerlicher Musterstaat. Lord Howard

6. Der Kampf um den Normalarbeitstag.

Zwangsgesetzliche Beschränkung der Arbeitszeit. Die englische Fabrikgesetzgebung von 1833-1864

Nachdem das Kapital Jahrhunderte gebraucht, um den Arbeitstag bis zu seinen normalen Maximalgrenzen und dann über diese hinaus, bis zu den Grenzen des natürlichen Tags von 12 Stunden zu verlängern,[312] erfolgte nun, seit der Geburt der großen Industrie im letzten Drittel des 18. Jahrhunderts, eine lawinenartig gewaltsame und maßlose Überstürzung. Jede Schranke von Sitte und Natur, Alter und Geschlecht, Tag und Nacht, wurde zertrümmert. Selbst die Begriffe von Tag und Nacht, bäuerlich einfach in den alten Statuten, verschwammen so sehr, daß ein englischer Richter noch 1860 wahrhaft talmudistischen Scharfsinn aufbieten mußte, um „urteilskräftig" zu erklären, was Tag und Nacht sei.[313] Das Kapital feierte seine Orgien.

Sobald die vom Produktionslärm übertölpelte Arbeiterklasse wieder einigermaßen zur Besinnung kam, begann ihr Widerstand, zunächst im Geburtsland der großen Industrie, in England. Während drei Dezennien jedoch blieben die von ihr ertrotzten Konzessionen rein nominell. Das Parlament erließ 5 Arbeits-Akte von 1802 bis 1833, war aber so schlau, keinen Pfennig für ihre zwangsmäßige Ausführung, das nötige Beamtenpersonal usw. zu votieren.[314] Sie blieben ein toter Buchstabe.

„Die Tatsache ist, daß vor dem Akt von 1833 Kinder und junge Personen abgearbeitet wurden (were worked) die ganze Nacht, den ganzen Tag, oder beide ad libitum."[315]

de Walden, englischer Bevollmächtigter in Brüssel, berichtet dem Foreign Office (Auswärtigen Amt) d.d. 12. Mai 1862: „Der Minister Rogier erklärte mir, daß weder ein allgemeines Gesetz noch Lokalregulationen die Kinderarbeit irgendwie beschränken; daß die Regierung sich während der letzten 3 Jahre in jeder Sitzung mit dem Gedanken trug, den Kammern ein Gesetz über den Gegenstand vorzulegen, daß sie aber stets ein unüberwindliches Hindernis fand an der eifersüchtigen Angst gegen irgendwelche Gesetzgebung im Widerspruch mit dem Prinzip vollkommner Freiheit der Arbeit"!

[312] „Es ist sicher sehr bedauerlich, daß irgendeine Klasse von Personen 12 Stunden täglich sich abplacken muß. Rechnet man die Mahlzeiten zu und die Zeit, um zu und von der Werkstatt zu gehn, so beträgt dies in der Tat 14 von den 24 Tagesstunden ... Abgesehn von der Gesundheit, wird niemand, ich hoffe, anstehn zuzugeben, daß vom moralischen Gesichtspunkt eine so gänzliche Absorption der Zeit der arbeitenden Klassen, ohne Unterlaß, vom frühen Alter von 13 Jahren, und in den „freien" Industriezweigen selbst von viel frührem Alter an, außerordentlich schädlich und ein furchtbares Übel ist ... Im Interesse der öffentlichen Moral, für die Aufziehung einer tüchtigen Bevölkrung, und um der großen Masse des Volks einen vernünftigen Lebensgenuß zu verschaffen, muß darauf gedrungen werden, daß in allen Geschäftszweigen ein Teil jedes Arbeitstags reserviert werde für Erholung und Muße." (Leonard Horner in „Reports of Insp. of Fact. 31st Dec. 1841".)

[313] Sieh „Judgment of Mr. J. H. Otway, Belfast, Hilary Sessions, Couty Antrim 1860".

[314] Sehr charakteristisch ist es für das Regime Louis-Philippes, des roi bourgeois (Bürgerkönigs), daß das einzige unter ihm erlassenen Fabrikgesetz vom 22. März 1841 niemals durchgeführt worden ist. Und dies Gesetz betrifft nur Kinderarbeit. Es setzt 8 Stunden für Kinder zwischen 8 und 12, zwölf Stunden für Kinder zwischen 12 und 16 Jahren usw. fest, mit vielen Ausnahmen, welche die Nachtarbeit selbst für Achtjährige erlauben. Überwachung und Erzwingung des Gesetzes blieben in einem Lande, wo jede Maus polizeilich administriert wird, dem guten Willen der „amis du commerce" überlassen. Erst seit 1853 gibt es in einem einzigen Departement, dem Departement du Nord, einen bezahlten Regierungsinspektor. Nicht minder charakteristisch für die Entwicklung der französischen Gesellschaft überhaupt ist es, daß Louis-Philippes Gesetz bis zur Revolution von 1848 einzig dastand in der alles umspinnenden französischen Gesetzfabrik!

[315] „Rep. of Insp. of Fact. 30th April 1860", p. 50

Erst seit dem Fabrikakt von 1833 - umfassend Baumwoll-, Wolle-, Flachs- und Seidenfabriken - datiert für die moderne Industrie ein Normalarbeitstag. Nichts charakterisiert den Geist des Kapitals besser als die Geschichte der englischen Fabrikgesetzgebung von 1833 bis 1864!

Das Gesetz von 1833 erklärt, der gewöhnliche Fabrikarbeitstag solle beginnen um halb 6 Uhr morgens und enden halb 9 Uhr abends, und innerhalb dieser Schranken, einer Periode von 15 Stunden, solle es gesetzlich sein, junge Personen (d.h. Personen zwischen 13 und 18 Jahren) zu irgendeiner Zeit des Tags anzuwenden, immer vorausgesetzt, daß ein und dieselbe junge Person nicht mehr als 12 Stunden innerhalb eines Tags arbeite, mit Ausnahme gewisser speziell vorgesehner Fälle. Die 6. Sektion des Akts bestimmt, „daß im Laufe jedes Tags jeder solchen Person von beschränkter Arbeitszeit mindestens 1 1/2 Stunden für Mahlzeiten eingeräumt werden sollen". Die Anwendung von Kindern unter 9 Jahren, mit später zu erwähnender Ausnahme, ward verboten, die Arbeit der Kinder von 9 bis 13 Jahren auf 8 Stunden täglich beschränkt. Nachtarbeit, d.h. nach diesem Gesetz, Arbeit zwischen halb 9 Uhr abends und halb 6 Uhr morgens, ward verboten für alle Personen zwischen 9 und 18 Jahren.

Die Gesetzgeber waren so weit entfernt, die Freiheit des Kapitals in Aussaugung der erwachsnen Arbeitskraft oder, wie sie es nannten, „die Freiheit der Arbeit" antasten zu wollen, daß sie ein eignes System ausheckten, um solcher haarsträubenden Konsequenz des Fabrikakts vorzubeugen.

„Das große Übel des Fabriksystems, wie es gegenwärtig eingerichtet ist", heißt es im ersten Bericht des Zentralrats der Kommission vom 25. Juni 1833, „besteht darin, daß es die Notwendigkeit schafft, die Kinderarbeit zur äußersten Länge des Arbeitstags der Erwachsnen auszudehnen. Das einzige Heilmittel für dies Übel, ohne Beschränkung der Arbeit der Erwachsnen, woraus ein Übel entspringen würde, größer als das, dem vorgebeugt werden soll, scheint der Plan, doppelte Reihen von Kindern zu verwenden."

Unter dem Namen Relaissystem („System of Relays"; Relay heißt im Englischen wie im Französischen: das Wechseln der Postpferde auf verschiednen Stationen) wurde daher dieser „Plan" ausgeführt, so daß z.B. von halb 6 Uhr morgens bis halb 2 Uhr nachmittags eine Reihe von Kindern zwischen 9 und 13 Jahren, von halb 2 Uhr nachmittags bis halb 9 Uhr abends eine andre Reihe vorgespannt wird usw.

Zur Belohnung dafür, daß die Herren Fabrikanten alle während der letzten 22 Jahre erlaßnen Gesetze über Kinderarbeit aufs frechste ignoriert hatten, ward ihnen jetzt aber auch die Pille vergoldet. Das Parlament bestimmte, daß nach dem 1. März 1834 kein Kind unter 11 Jahren, nach dem 1. März 1835 kein Kind unter 12 Jahren und nach dem 1. März 1836 kein Kind unter 13 Jahren über 8 Stunden in einer Fabrik arbeiten solle! Dieser für das „Kapital" so schonungsvolle „Liberalismus" war um so anerkennenswerter, als Dr. Farre, Sir A. Carlisle, Sir B. Brodie, Sir C. Bell, Mr. Guthrie usw., kurz die bedeutendsten physicians und surgeons (Ärtze und Wundärzte) Londons in ihren Zeugenaussagen vor dem

Unterhaus erklärt hatten, daß periculum in mora! (Gefahr in Verzug!) Dr. Farre drückte sich noch etwas gröber dahin aus:

„Gesetzgebung ist gleich notwendig für die Vorbeugung des Tods in allen Formen, worin er vorzeitig angetan werden kann, und sicher dieser" (der Fabrikmodus) „muß als eine der grausamsten Methoden, ihn anzutun, betrachtet werden."[316]

Dasselbe „reformierte" Parlament, das aus Zartsinn für die Herrn Fabrikanten Kinder unter 13 Jahren noch jahrelang in die Hölle 72 stündiger Fabrikarbeit per Woche festbannte, verbot dagegen in dem Emanzipationsakt, der auch die Freiheit tropfenweise eingab, von vornherein den Pflanzern, irgendeinen Negersklaven länger als 45 Stunden per Woche abzuarbeiten!

Aber keineswegs gesühnt, eröffnete das Kapital jetzt eine mehrjährige und geräuschvolle Agitation. Sie drehte sich hauptsächlich um das Alter der Kategorien, die unter dem Namen Kinder auf 8stündige Arbeit beschränkt und einem gewissen Schulzwang unterworfen worden waren. Nach der kapitalistischen Anthropologie hörte das Kindesalter im 10. oder, wenn es hoch ging, im 11. Jahre auf. Je näher der Termin der vollen Ausführung des Fabrikakts, das verhängnisvolle Jahr 1836 rückte, um so wilder raste der Fabrikantenmob. Es gelang ihm in der Tat, die Regierung so weit einzuschüchtern, daß sie 1835 den Termin des Kindesalters von 13 auf 12 Jahre herabzusetzen vorschlug. Indes wuchs die pressure form without (der Druck von außen) drohend an. Der Mut versagte dem Unterhause. Es verweigerte, Dreizehnjährige länger als 8 Stunden täglich unter das Juggernaut-Rad des Kapitals zu werfen, und der Akt von 1833 trat in volle Wirkung. Er blieb unverändert bis Juni 1844.

Während des Dezenniums, worin er erst teilweise, dann ganz die Fabrikarbeit regulierte, strotzen die offiziellen Berichte der Fabrikinspektoren von Klagen über die Unmöglichkeit seiner Ausführung. Da das Gesetz von 1833 es nämlich den Herrn vom Kapital freistellte, in der fünfzehnstündigen Periode von halb 6 Uhr morgens bis halb 9 Uhr abends jede „junge Person" und jedes „Kind" zu irgend beliebiger Zeit die zwölf-, respektive die achtstündige Arbeit beginnen, unterbrechen, enden zu lassen, und ebenso den verschiednen Personen verschiedne Stunden der Mahlzeiten anzuweisen, fanden die Herrn bald ein neues „Relaissystem" aus, wonach die Arbeitspferde nicht an bestimmten Stationen gewechselt, sondern an wechselnden Stationen stets wieder von neuem vorgespannt werden. Wir verweilen nicht weiter bei der Schönheit dieses Systems, da wir später darauf zurückkommen müssen. So viel ist aber auf den ersten Blick klar, daß es den ganzen Fabrikakt nicht nur seinem Geist, sondern auch seinem Buchstaben nach aufhob. Wie sollten die Fabrikinspektoren bei dieser komplizierten Buchführung über jedes einzelne Kind und jede junge Person die gesetzlich bestimmte Arbeitszeit und die Gewährung der gesetzlichen Mahlzeiten erzwingen? In einem

[316] „Legislation is equally necessary for the prevention of death, in any form in which it can be prematurely inflicted, and certainly this must be viewed as a most cruel mode of inflicting it."

großen Teil der Fabriken blühte der alte brutale Unfug bald wieder ungestraft auf. In einer Zusammenkunft mit dem Minister des Innern (1844) bewiesen die Fabrikinspektoren die Unmöglichkeit jeder Kontrolle unter dem neuausgeheckten Relaissystem.[317] Unterdes hatten sich aber die Umstände sehr geändert. Die Fabrikarbeiter, namentlich seit 1838, hatten die Zehnstundenbill zu ihrem ökonomischen, wie die Charter zu ihrem politischen Wahlaufruf gemacht. Ein Teil der Fabrikanten selbst, der den Fabrikbetrieb dem Akt von 1833 gemäß geregelt hatte, überwarf das Parlament mit Denkschriften über die unsittliche „Konkurrenz" der „falschen Brüder", denen größere Frechheit oder glücklichere Lokalumstände den Gesetzesbruch erlaubten. Zudem, wie sehr immerhin der einzelne Fabrikant der alten Raubgier den Zügel frei schießen lassen mochte, die Wortführer und politischen Leiter der Fabrikantenklasse geboten eine veränderte Haltung und veränderte Sprache gegenüber den Arbeitern. Sie hatten den Feldzug zur Abschaffung der Korngesetze eröffnet und bedurften der Hilfe der Arbeiter zum Siege! Sie versprachen daher nicht nur Verdopplung des Laibes Brot, sondern Annahme der Zehnstundenbill unter dem tausendjährigen Reich des Free Trade.[318] Sie durften also um so weniger eine Maßregel bekämpfen, die nur den Akt von 1833 zur Wahrheit machen sollte. In ihrem heiligsten Interesse, der Grundrente, bedroht, donnerten endlich die Tories entrüstet philanthropisch über die „infamen Praktiken"[319] ihrer Feinde.

So kam der zusätzliche Fabrikakt vom 7. Juni 1844 zustande. Er trat am 10. September 1844 in Wirkung. Er gruppiert eine neue Kategorie von Arbeitern unter die Beschützten, nämlich die Frauenzimmer über 18 Jahre. Sie wurden in jeder Rücksicht den jungen Personen gleichgesetzt, ihre Arbeitszeit auf 12 Stunden beschränkt, Nachtarbeit ihnen untersagt usw. Zum erstenmal sah sich die Gesetzgebung also gezwungen, auch die Arbeit Volljähriger direkt und offiziell zu kontrollieren. In dem Fabrikbericht von 1844/1845 heißt es ironisch:

„Es ist kein einziger Fall zu unsrer Kenntnis gekommen, wo erwachsne Weiber sich über diesen Eingriff in ihre Rechte beschwert hätten."[320]

Die Arbeit von Kindern unter 13 Jahren wurde auf 6 1/2 und, unter gewissen Bedingungen, 7 Stunden täglich reduziert.[321]

Um die Mißbräuche des falschen „Relaisystems" zu beseitigen, traf das Gesetz u.a. folgende wichtige Detailbestimmungen:

„Der Arbeitstag für Kinder und junge Personen ist von der Zeit an zu zählen, wo irgendein Kind oder eine junge Person des Morgens in der Fabrik zu arbeiten anfängt."

[317] „Rep. of Insp. of Fact. 31st October 1849", p. 6.

[318] „Rep. of Insp. of Fact. 31st October 1848", p. 98.

[319] Übrigens braucht Leonard Horner den Ausdruck „nefarious practices" offiziell. („Reports of Insp. of Fact. 31st October 1859", p. 7.)

[320] „Rep. etc. for 30th Sept. 1844", p. 15.

[321] Der Akt erlaubt, Kinder 10 Stunden anzuwenden, wenn sie nicht Tag nach Tag, sondern nur einen Tag über den andren arbeiten. Im ganzen blieb diese Klausel wirkungslos.

So daß, wenn A z.B. um 8 Uhr morgens die Arbeit beginnt und B um 10 Uhr, der Arbeitstag dennoch für B zur selben Stunde enden muß wie für A. Der Anfang des Arbeitstags soll angezeigt werden durch eine öffentliche Uhr, z.B. die nächste Eisenbahnuhr, wonach die Fabrikglocke zu richten. Der Fabrikant hat eine großgedruckte Notiz in der Fabrik aufzuhängen, worin Anfang, Ende, Pausen des Arbeitstags angegeben sind. Kinder, die ihre Arbeit des Vormittags vor 12 Uhr beginnen, dürfen nicht wieder nach 1 Uhr mittags verwandt werden. Die Nachmittagsreihe muß also aus andren Kindern bestehn als die Vormittagsreihe. Die 1 1/2 Stunden für Mahlzeit müssen allen beschützten Arbeitern zu denselben Tagesperioden eingeräumt werden, eine Stunde wenigstens vor 3 Uhr nachmittags. Kinder oder junge Personen dürfen nicht länger als 5 Stunden vor 1 Uhr mittags verwandt werden, ohne eine mindestens halbstündige Pause für Mahlzeit. Kinder, junge Personen oder Frauenzimmer dürfen während keiner Mahlzeit in einer Fabrikstube bleiben, worin irgendein Arbeitsprozeß vorgeht usw.

Man hat gesehn: Diese minutiösen Bestimmungen, welche die Periode, Grenzen, Pausen der Arbeit so militärisch uniform nach dem Glockenschlag regeln, waren keineswegs Produkte parlamentarischer Hirnweberei. Sie entwickelten sich allmählich aus den Verhältnissen heraus, als Naturgesetze der modernen Produktionsweise. Ihre Formulierung, offizielle Anerkennung und staatliche Proklamation waren Ergebnis langwieriger Klassenkämpfe. Eine ihrer nächsten Folgen war, daß die Praxis auch den Arbeitstag der erwachsenen männlichen Fabrikarbeiter denselben Schranken unterwarf, da in den meisten Produktionsprozessen die Kooperation der Kinder, jungen Personen und Frauenzimmer unentbehrlich. Im großen und ganzen galt daher während der Periode von 1844-1847 der zwölfstündige Arbeitstag allgemein und uniform in allen der Fabrikgesetzgebung unterworfenen Industriezweigen.

Die Fabrikanten erlaubten diesen „Fortschritt“ jedoch nicht ohne einen kompensierenden „Rückschritt“. Auf ihren Antrieb reduzierte das Unterhaus das Minimalalter der zu verarbeitenden Kinder von 9 Jahren auf 8, zur Sicherung der dem Kapital von Gott und Rechts wegen geschuldeten „additionellen Fabrikkinderzufuhr“.[322]

Die Jahre 1846-1847 machen Epoche in der ökonomischen Geschichte Englands. Widerruf der Korngesetze, die Einfuhrzölle auf Baumwolle und andre Rohmaterialien abgeschafft, der Freihandel zum Leitstern der Gesetzgebung erklärt! Kurz, das tausendjährige Reich brach an. Andrerseits erreichten in denselben Jahren Chartistenbewegung und Zehnstundenagitation ihren Höhepunkt. Sie fanden Bundesgenossen in den racheschnaubenden Tories. Trotz des fanatischen Widerstands des wortbrüchigen Freihandelsheers mit Bright und Cobden an der Spitze ging die so lang erstrebte Zehnstundenbill durch das Parlament.

[322] „Da eine Herabsetzung ihrer Arbeitszeit zur Einstellung einer großen Anzahl“ (von Kindern) „führen würde, dachte man, daß die zusätzliche Zufuhr von Kindern im Alter von 8 und 9 Jahren die vermehrte Nachfrage decken würde.“ (l.c.p. 13.)

Der neue Fabrikakt vom 8. Juni 1847 setzte fest, daß am 1. Juli 1847 eine vorläufige Verkürzung des Arbeitstags der „jungen Personen" (von 13 bis 18 Jahren) und aller Arbeiterinnen auf 11 Stunden, am 1. Mai 1848 aber die definitive Beschränkung auf 10 Stunden eintreten solle. Im übrigen war der Akt nur ein amendierender Zusatz der Gesetze von 1833 und 1844.

Das Kapital unternahm einen vorläufigen Feldzug, um die volle Ausführung des Akts am 1. Mai 1848 zu verhindern. Und zwar sollten die Arbeiter selbst, angeblich durch die Erfahrung gewitzigt, ihr eignes Werk wieder zerstören helfen. Der Augenblick war geschickt gewählt.

„Man muß sich erinnern, daß infolge der furchtbaren Krise von 1846-1847 großes Leid unter den Fabrikarbeitern vorherrschte, da viele Fabriken nur für kurze Zeit gearbeitet, andre ganz stillgestanden hatten. Eine beträchtliche Anzahl der Arbeiter befand sich daher in drückendster Lage, viele in Schulden. Man konnte daher mit ziemlicher Gewißheit annehmen, daß sie die längere Arbeitszeit vorziehn würden, um die vergangnen Verluste gutzumachen, vielleicht Schulden abzuzahlen oder ihre Möbel aus dem Pfandhaus zu holen oder verkaufte Habseligkeiten zu ersetzen oder neue Kleidungsstücke sich selbst und ihren Familien zu verschaffen."[323]

Die Herrn Fabrikanten suchten die natürliche Wirkung dieser Umstände zu steigern durch eine allgemeine Lohnherabsetzung von 10%. Dies geschah sozusagen zur Einweihungsfeier der neuen Freihandelsära. Dann folgte weitre Herabsetzung um 8 1/3%, sobald der Arbeitstag auf 11, und um das Doppelte, sobald er definitiv auf 10 Stunden verkürzt wurde. Wo es daher irgendwie die Verhältnisse zuließen, fand eine Lohnherabsetzung von wenigstens 25% statt.[324] Unter so günstig vorbereiteten Chancen begann man die Agitation unter den Arbeitern für Widerruf des Akts von 1847. Kein Mittel des Betrugs, der Verführung und der Drohung wurde dabei verschmäht, aber alles umsonst. Mit Bezug auf das halbe Dutzend Petitionen, worin die Arbeiter klagen mußten über „ihre Unterdrückung durch den Akt", erklärten die Bittsteller selbst, bei mündlichem Verhör, ihre Unterschriften seien abgenötigt worden. „Sie seien unterdrückt, aber von jemand anders als dem Fabrikakt."[325] Wenn es aber den Fabrikanten nicht gelang, die Arbeiter in ihrem Sinn sprechen zu machen, schrien sie selbst nur um so lauter in Presse und Parlament im Namen der Arbeiter. Sie denunzierten die Fabrikinspektoren als eine Art Konventskommissäre, die ihrer Weltverbesserungsgrille den unglücklichen Arbeiter unbarmherzig aufopferten. Auch dies Manöver schlug fehl. Fabrikinspektor Leonard Horner stellte in eigner Person und durch seine Unterinspektoren zahlreiche Zeugenverhöre in den Fabriken Lancashires

[323] „Rep. of Insp. of Fact. 31st Oct. 1848", p. 16.

[324] „Ich fand, daß man Leuten, die 10 sh. wöchentlich erhalten hatten, 1 sh. abzog auf Rechnung der allgemeinen Lohnherabsetzung von 10% und weitre 1 sh. 6 d. für die Zeitverkürzung, zusammen 2 sh. 6 d., und trotz alledem hielt die Mehrzahl fest an der Zehnstundenbill." (l.c.)

[325] „Als ich die Petition unterzeichnete, erklärte ich zugleich, ich tue damit etwas Schlechtes. - Warum habt ihr sie denn unterzeichnet? - Weil man mich im Weigerungsfalle auf das Pflaster geworfen hätte. - Der Bittsteller fühlte sich in der Tat ‚unterdrückt', aber nicht grade durch den Fabrikakt." (l.c.p. 102.)

an. Ungefähr 70% der verhörten Arbeiter erklärten sich für 10 Stunden, eine viel geringere Prozentzahl für 11 und eine ganz unbedeutende Minorität für die alten 12 Stunden.[326]

Ein andres „gütliches" Manöver war, die erwachsnen männlichen Arbeiter 12 bis 15 Stunden arbeiten zu lassen und dann diese Tatsache für den besten Ausdruck der proletarischen Herzenswünsche zu erklären. Aber der „unbarmherzige" Fabrikinspektor Leonard Horner war wieder an Ort und Stelle. Die meisten „Überstündigen" sagten aus, „sie würden es bei weitem vorziehn, 10 Stunden für geringren Arbeitslohn zu arbeiten, aber sie hätten keine Wahl; so viele von ihnen seien arbeitslos, so viele Spinner gezwungen, als bloße piecers (Anstücker) zu arbeiten, daß, wenn sie die längre Arbeitszeit verweigerten, andre sofort ihre Stellen einnehmen würden, so daß die Frage so für sie stehe: entweder die längre Zeit arbeiten oder auf dem Pflaster liegen."[327]

Der vorläufige Feldzug des Kapitals war mißglückt, und das Zehnstundengesetz trat am 1. Mai 1848 in Kraft. Unterdes hatte jedoch das Fiasko der Chartistenpartei, deren Führer eingekerkert und deren Organisation zersprengt, bereits das Selbstvertrauen der englischen Arbeiterklasse erschüttert. Bald darauf vereinigte die Pariser Juni-Insurrektion und ihre blutige Erstickung, wie im kontinentalen Europa so in England, alle Fraktionen der herrschenden Klassen, Grundeigentümer und Kapitalisten, Börsenwölfe und Krämer, Protektionisten und Freihändler, Regierung und Opposition, Pfaffen und Freigeister, junge Huren und alte Nonnen, unter dem gemeinschaftlichen Ruf zur Rettung des Eigentums, der Religion, der Familie, der Gesellschaft! Die Arbeiterklasse wurde überall verfemt, in den Bann getan, unter das „loi des suspects" gestellt. Der Herrn Fabrikanten brauchten sich also nicht zu genieren. Sie brachen in offne Revolte aus nicht nur wider das Zehnstundengesetz, sondern wider die ganze Gesetzgebung, welche seit 1833 die „freie" Aussaugung der Arbeitskraft einigermaßen zu zügeln suchte. Es war eine Proslavery Rebellion in Miniatur, während mehr als zwei Jahren durchgeführt mit zynischer Rücksichtslosigkeit, mit terroristischer Energie, beide um so wohlfeiler, als der rebellische Kapitalist nichts riskierte außer der Haut seiner Arbeiter.

Zum Verständnis des Nachfolgenden muß man sich erinnern, daß die Fabrikakte von 1833, 1844 und 1847 alle drei in Rechtskraft, soweit der eine nicht den andren amendiert; daß keiner derselben den Arbeitstag des männlichen Arbeiters über 18 Jahre beschränkt und daß seit 1833 die fünfzehnstündige Periode von halb 6 Uhr morgens bis halb 9 Uhr abends der gesetzliche „Tag" blieb, innerhalb dessen erst die zwölf-, später die zehnstündige Arbeit der jungen Personen und Frauenzimmer unter den vorgeschriebnen Bedingungen zu verrichten war.

[326] l.c.p. 17. In Herrn Horners Distrikt wurden so 10.270 erwachsne männliche Arbeiter in 181 Fabriken verhört. Man findet ihre Aussagen im Appendix des Fabrikreports für das Halbjahr endend Oktober 1848. Diese Zeugenverhöre bieten auch in andrer Beziehung schätzbares Material.

[327] l.c. Siehe die von Leonard Horner selbst gesammelten Aussagen Nr. 69, 70, 71, 72, 92, 93 und die von Subinspektor A. gesammelten Nr. 51, 52, 58, 59, 62, 70 des „Appendix". Ein Fabrikant schenkte selbst klaren Wein ein. Siehe Nr. 14 nach Nr. 265 l.c.

Die Fabrikanten begannen hie und da mit Entlassung eines Teils, manchmal der Hälfte, der von ihnen beschäftigten jungen Personen und Arbeiterinnen und stellten dagegen die fast verschollne Nachtarbeit unter den erwachsnen männlichen Arbeitern wieder her. Das Zehnstundengesetz, riefen sie, lasse ihnen keine andre Alternative![328]

Der zweite Schritt bezog sich auf die gesetzlichen Pausen für Mahlzeiten. Hören wir dic Fabrikinspektoren.

„Seit der Beschränkung der Arbeitsstunden auf 10 behaupten die Fabrikanten, obgleich sie praktisch ihre Ansicht noch nicht bis zur letzten Konsequenz durchführen, daß, wenn z.B. von 9 Uhr morgens bis 7 Uhr abends gearbeitet wird, sie den gesetzlichen Vorschriften genug tun, indem sie eine Stunde für Mahlzeit vor 9 Uhr morgens und eine halbe Stunde nach 7 Uhr abends, also 1 1/2 Stunden für Mahlzeiten geben. In einigen Fällen erlauben sie jetzt eine halbe oder ganze Stunde für Mittagessen, bestehn aber zugleich darauf, sie seien durchaus nicht verpflichtet, irgendeinen Teil der 1 1/2 Stunden im Lauf des zehnstündigen Arbeitstags einzuräumen."[329]

Die Herrn Fabrikanten behaupteten also, die peinlich genauen Bestimmungen des Akts von 1844 über Mahlzeiten gäben den Arbeitern nur die Erlaubnis, vor ihrem Eintritt in die Fabrik und nach ihrem Austritt aus der Fabrik, also bei sich zu Hause, zu essen und zu trinken! Und warum sollten die Arbeiter auch nicht vor 9 Uhr morgens ihr Mittagessen einnehmen? Die Kronjuristen entschieden jedoch, daß die vorgeschriebenen Mahlzeiten

„in Pausen während des wirklichen Arbeitstags gegeben werden müssen und daß es ungesetzlich, 10 Stunden nacheinander von 9 Uhr morgens bis 7 Uhr abends ohne Unterbrechung arbeiten zu lassen".[330]

Nach diesen gemütlichen Demonstrationen leitete das Kapital seine Revolte ein durch einen Schritt, der dem Buchstaben des Gesetzes von 1844 entsprach, also legal war.

Das Gesetz von 1844 verbot allerdings, Kinder von 8 bis 13 Jahren, die vor 12 Uhr vormittags beschäftigt würden, wieder nach 1 Uhr mittags zu beschäftigen. Aber es regelte in keiner Weise die 6 1/2 stündige Arbeit der Kinder, deren Arbeitszeit um 12 Uhr vormittags oder später begann! Achtjährige Kinder konnten daher, wenn sie die Arbeit um 12 Uhr vormittags begannen, von 12 bis 1 Uhr verwandt werden, 1 Stunde; von 2 Uhr bis 4 Uhr nachmittags, 2 Stunden, und von 5 Uhr bis halb 9 Uhr abends, 3 1/2 Stunden; alles in allem die gesetzlichen 6 1/2 Stunden! Oder noch besser. Um ihre Verwendung der Arbeit erwachsner männlicher Arbeiter bis halb 9 Uhr abends anzupassen, brauchten ihnen die Fabrikanten kein Werk zu geben vor 2 Uhr nachmittags und konnten sie dann ununterbrochen in der Fabrik halten bis halb 9 Uhr abends!

[328] „Reports etc. for 31st October 1848", p. 133, 134.
[329] „Reports etc. for 30th April 1848", p. 47.
[330] „Reports etc. for 31st Oct. 1848", p. 130.

„Und es wird jetzt ausdrücklich zugestanden, daß neuerdings infolge der Fabrikantengier, ihre Maschinerie länger als 10 Stunden laufen zu lassen, sich die Praxis in England eingeschlichen hat, acht-bis dreizehnjährige Kinder beiderlei Geschlechts nach Entfernung aller jungen Personen und Weiber aus der Fabrik allein mit den erwachsnen Männern bis halb 9 Uhr abends arbeiten zu lassen.“[331]

Arbeiter und Fabrikinspektoren protestierten aus hygienischen und moralischen Gründen. Aber das Kapital antwortete:

„Meine Taten auf mein Haupt! Mein Recht verlang‘ ich! Die Buße und Verpfändung meines Scheins!“

In der Tat waren nach statistischer Vorlage an das Unterhaus vom 26. Juli 1850, trotz aller Proteste, am 15. Juli 1850 3.732 Kinder in 257 Fabriken dieser „Praxis“ unterworfen.[332] Noch nicht genug! Das Luchsauge des Kapitals entdeckte, daß der Akt von 1844 fünfstündige Arbeit des Vormittags nicht ohne Pause von wenigstens 30 Minuten für Erfrischung erlaubt, aber nichts der Art für die Nachmittagsarbeit vorschreibt. Es verlangte und ertrotzte daher den Genuß, achtjährige Arbeiterkinder unausgesetzt von 2 bis halb 9 Uhr abends nicht nur schanzen, sondern auch hungern zu lassen!

„Ja, die Brust, So sagt der Schein.“[333]

Die Shylocksche Festklammern am Buchstaben des Gesetzes von 1844, soweit es die Kinderarbeit regelt, sollte jedoch nur die offne Revolte gegen dasselbe Gesetz vermitteln, soweit es die Arbeit von „jungen Personen und Frauenzimmern“ regelt. Man erinnert sich, daß die Abschaffung des „falschen Relaissystems“ Hauptzweck und Hauptinhalt jenes Gesetzes bildet. Die Fabrikanten eröffneten ihre Revolte mit der einfachen Erklärung, die Sektionen des Akts von 1844, welche beliebigen Nießbrauch der jungen Personen und Frauenzimmer in beliebigen kürzeren Abschnitten des fünfzehnstündigen Fabriktags verbieten, seien „vergleichungsweise harmlose (comparatively harmless) geblieben, solange die Arbeitszeit auf 12 Stunden eingeschränkt war. Unter dem Zehnstundengesetz seien sie eine unerträgliche Unbill (hardship)“.[334]

Sie zeigten daher den Inspektoren in der kühlsten Weise an, daß sie sich über den Buchstaben des Gesetzes hinwegsetzen und das alte System auf eigne Faust wieder einführen würden.[335] Es geschehe im Interesse der übelberatnen Arbeiter

[331] „Reports ect.“, l.c.p. 142.
[332] „Reports etc. for 31st Oct. 1850“, p. 5, 6.
[333] Die Natur des Kapitals bleibt dieselbe, in seinen unentwickelten, wie in seinen entwickelten Formen. In dem Gesetzbuch, das der Einfluß der Sklavenhalter kurz vor Ausbruch des Amerikanischen Bürgerkriegs dem Territorium von New-Mexico aufherrschte, heißt es: der Arbeiter, soweit der Kapitalist seine Arbeitskraft gekauft hat, „ist sein (des Kapitalisten) Geld“. („The labourer is his (the capitalist‘s) money.“) Dieselbe Anschauung war gangbar bei den römischen Patriziern. Das Geld, das sie dem plebejischen Schuldner vorgeschossen, hatte sich vermittelst seiner Lebensmittel in Fleisch und Blut des Schuldners verwandelt. Dies „Fleisch und Blut“ war daher „ihr Geld“. Daher das Shylocksche Gesetz der 10 Tafeln! Linguets Hypothese, daß die patrizischen Gläubiger von Zeit zu Zeit jenseits der Tiber Festschmäuse in gekochtem Schuldnerfleisch veranstalteten, bleibe ebenso dahingestellt wie Daumers Hypothese über das christliche Abendmahl.
[334] „Report etc. for 31st Oct. 1848“, p. 133.
[335] So unter andren Philanthrop Aschworth in einem quäkerhaft widrigen Brief an Leonard Horner. („Rep. Apr. 1849“, p. 4.)

selbst, „um ihnen höhre Löhne zahlen zu können". „Es sei der einzig mögliche Plan, um unter dem Zehnstundengesetz die industrielle Suprematie Großbritanniens zu erhalten."[336] „Es möge schwer sein, Unregelmäßkeiten unter dem Relaissystem zu entdecken, aber was heiße das? (what of that?) Soll das große Fabrikinteresse dieses Landes als ein sekundäres Ding behandelt werden, um den Fabrikinspektoren und Subinspektoren ein bißchen mehr Mühe (some little trouble) zu sparen?"[337]

Alle diese Flausen halfen natürlich nichts. Die Fabrikinspektoren schritten gerichtlich ein. Bald aber überschüttete eine solche Staubwolke von Fabrikantenpetitionen den Minister des Innern, Sir George Grey, daß er in einem Zirkular vom 5. August 1848 die Inspektoren anwies, „im allgemeinen nicht einzuschreiten wegen Verletzung des Buchstabens des Akts, so oft das Relaissystem nicht erwiesenermaßen mißbraucht werde, um junge Personen und Frauenzimmer über 10 Stunden arbeiten zu lassen".

Hierauf erlaubte Fabrikinspektor J. Stuart das sogenannte Ablösungssystem während der fünfzehnstündigen Periode des Fabriktags in ganz Schottland, wo es bald wieder in alter Weise aufblühte. Die englischen Fabrikinspektoren dagegen erklärten, der Minister besitze keine diktatorische Gewalt zur Suspension der Gesetze, und fuhren mit gerichtlicher Prozedur wider die Proslavery-Rbellen fort.

Wozu jedoch alle Ladung vors Gericht, sobald die Gerichte, die county magistrates,[338] freisprachen? In diesen Gerichten saßen die Herrn Fabrikanten über sich selbst zu Gericht. Ein Beispiel. Ein gewisser Eskrigge, Baumwollspinner von der Firma Kershaw, Leese et Co., hatte dem Fabrikinspektor seines Distrikts das Schema eines für seine Fabrik bestimmten Relaissystems vorgelegt. Abschlägig beschieden, verhielt er sich zunächst passiv. Wenige Monate später stand ein Individuum namens Robinson, ebenfalls Baumwollspinner, und wenn nicht der Freitag, so jedenfalls der Verwandte des Eskrigge, vor den Borough Justices (städtischen Friedensrichtern) zu Stockport, wegen Einführung des identischen, von Eskrigge ausgeheckten Relaisplans. Es saßen 4 Richter, darunter 3 Baumwollspinner, an ihrer Spitze derselbe unvermeidliche Eskrigge. Eskrigge sprach den Robinson frei und erklärte nun, was dem Robinson recht, sei dem Eskrigge billig. Auf seine eigne rechtskräftige Entscheidung gestützt, führte er sofort das System in seiner eignen Fabrik ein.[339] Allerdings war schon die Zusammensetzung dieser Gerichte eine offne Verletzung des Gesetzes.[340]

„Diese Art gerichtlicher Farcen", ruft Inspektor Howell aus, „schreien nach einem Heilmittel ... entweder paßt das Gesetz diesen Urteilssprüchen an, oder

[336] „Reports etc. for 31st Oct. 1848", p. 138.

[337] l.c. p. 140.

[338] Diese „county magistrates", die „great unpaid" („großen Unbezahlten"), wie W. Cobbett sie nennt, sind eine Art unbezahlter Friedensrichter, aus den Honoratioren der Grafschaften gebildet. Sie bilden in der Tat die Patrimonialgerichte der herrschenden Klassen.

[339] „Reports etc. for 30th April 1849", p. 21, 22. Vgl. ähnliche Beispiele, ibid., p. 4, 5.

[340] Durch 1 und 2 W[illia]m IV., c. 29, s. 10, bekannt als Sir John Hobhouse's Factory Act, wird verboten, daß irgendein Besitzer einer Baumwollspinnerei oder Weberei oder Vater, Sohn und Bruder eines solchen Besitzers in Fragen, die den Factory Act betreffen, als Friedensrichter funktionieren.

laßt es verwalten durch ein minder fehlbares Tribunal, das seine Entscheidungen dem Gesetz anpaßt ... in allen solchen Fällen. Wie sehnt man sich nach einem bezahlten Richter!"[341]

Die Kronjuristen erklärten die Fabrikanten-Interpretation des Aktes von 1848 für abgeschmackt, aber die Gesellschaftsretter ließen sich nicht beirren.

„Nachdem ich", berichtet Leonard Horner, „durch 10 Verfolgungen in 7 verschiednen Gerichtsbezirken versucht habe, das Gesetz zu erzwingen und nur in einem Fall von den Magistraten unterstützt wurde, ... halte ich weitere Verfolgung wegen Umgehung des Gesetzes für nutzlos. Der Teil des Akts, der verfaßt wurde, um Uniformität in den Arbeitsstunden zu schaffen, ... existiert nicht mehr in Lancashire. Auch besitze ich mit meinen Unteragenten durchaus kein Mittel, uns zu versichern, daß Fabriken, wo das sog. Relaissystem herrscht, junge Personen und Frauenzimmer nicht über 10 Stunden beschäftigen ... Ende April 1849 arbeiteten schon 114 Fabriken in meinem Distrikt nach dieser Methode, und ihre Anzahl nimmt in der letzten Zeit reißend zu. Im allgemeinen arbeiten sie jetzt 13 1/2 Stunden, von 6 Uhr morgens bis halb 8 Uhr abends; in einigen Fällen 15 Stunden von halb 6 Uhr morgens bis halb 9 Uhr abends."[342]

Schon Dezember 1848 besaß Leonard Horner eine Liste von 65 Fabrikanten und 29 Fabrikaufsehern, die einstimmig erklärten, kein System der Oberaufsicht könne unter diesem Relaissystem die extensivste Überarbeit verhindern.[343] Bald wurden dieselben Kinder und jungen Personen aus der Spinnstube in die Webestube usw., bald, während 15 Stunden, aus einer Fabrik in die andre geschoben (shifted).[344] Wie ein System kontrollieren, „welches das Wort Ablösung mißbraucht, um die Hände in endloser Mannigfaltigkeit wie Karten durcheinanderzumischen und die Stunden der Arbeit und der Rast für die verschiednen Individuen täglich so zu verschieben, daß ein und dasselbe vollständige Assortiment von Händen niemals an demselben Platze zur selben Zeit zusammenwirkt"![345]

Aber ganz abgesehn von wirklicher Überarbeitung, war dies sog. Relaissystem eine Ausgeburt der Kapitalphantasie, wie sie Fourier in seinen humoristischen Skizzen der „courtes séances" nie übertroffen hat, nur daß die Attraktion der Arbeit verwandelt war in die Attraktion des Kapitals. Man sehe sich jene Fabrikantenschemas an, welche die gute Presse pries als Muster von dem, „was ein vernünftiger Grad von Sorgfalt und Methode ausrichten kann" (what a reasonable degree of care and method can accomplish"). Das Arbeiterpersonal wurde manchmal in 12 bis 15 Kategorien verteilt, die selbst wieder ihre Bestandteile beständig wechselten. Während der fünfzehnstündigen Periode des Fabriktags zog das Kapital den Arbeiter jetzt für 30 Minuten, jetzt für eine Stunde an und stieß ihn dann wieder ab, um ihn von neuem in die Fabrik zu ziehn und aus der

[341] „Reports etc. for 30th April 1849" [p. 22].
[342] „Reports etc. for 30th April 1849", p. 5.
[343] „Rep. etc. for 31st Oct. 1849", p. 6.
[344] „Rep. etc. for 30th April 1849", p. 21.
[345] „Rep. etc. 31st Oct. 1848", p. 95.

Fabrik zu stoßen, ihn hin und her hetzend in zerstreuten Zeitfetzen, ohne je den Halt auf ihn zu verlieren, bis die zehnstündige Arbeit vollgemacht. Wie auf der Bühne hatten dieselben Personen abwechselnd in den verschiednen Szenen der verschiednen Akte aufzutreten. Aber wie ein Schauspieler während der ganzen Dauer des Dramas der Bühne gehört, so gehörten die Arbeiter jetzt während 15 Stunden der Fabrik, nicht eingerechnet die Zeit, um von und zu ihr zu gehn. Die Stunden der Rast verwandelten sich so in Stunden erzwungnen Müßiggangs, welche den jungen Arbeiter in die Kneipe und die junge Arbeiterin in das Bordell trieben. Bei jedem neuen Einfall, den der Kapitalist täglich ausheckte, um seine Maschinerie ohne Vermehrung des Arbeiterpersonals 12 oder 15 Stunden im Gang zu halten, hatte der Arbeiter bald in diesem Stück Zeitabfall, bald in jenem seine Mahlzeit einzuschlucken. Zur Zeit der Zehnstundenagitation schrien die Fabrikanten, das Arbeiterpack petitioniere, in der Erwartung, zwölfstündigen Arbeitslohn für zehnstündige Arbeit zu erhalten. Sie hatten jetzt die Medaille umgekehrt. Sie zahlten zehnstündigen Arbeitslohn für zwölf- und fünfzehnstündige Verfügung über die Arbeitskräfte![346] Dies war des Pudels Kern, dies die Fabrikantenausgabe des Zehnstundengesetzes! Es waren dieselben salbungsvollen, Menschenliebe triefenden Freihändler, die den Arbeitern 10 volle Jahre, während der Anti-Corn-Law-Agitation, auf Heller und Pfennig vorgerechnet, daß bei freier Korneinfuhr eine zehnstündige Arbeit, mit den Mitteln der englischen Industrie, vollständig genüge, um die Kapitalisten zu bereichern.[347]

Die zweijährige Kapitalrevolte wurde endlich gekrönt durch den Urteilsspruch eines der vier höchsten Gerichtshöfe von England, des Court of Exchequer, der in einem vor ihn gebrachten Fall am 8. Februar 1850 entschied, daß die Fabrikanten zwar wider den Sinn des Akts von 1844 handelten, dieser Akt selbst aber gewisse Worte enthalte, die ihn sinnlos machten. „Mit dieser Entscheidung war das Zehnstundengesetz abgeschafft."[348] Eine Masse Fabrikanten, die bisher noch das Relaissystem für junge Personen und Arbeiterinnen gescheut, griffen nun mit beiden Händen zu.[349]

Mit diesem scheinbar definitiven Sieg des Kapitals trat aber sofort ein Umschlag ein. Die Arbeiter hatten bisher passiven, obgleich unbeugsamen und täglich erneuten Widerstand geleistet. Sie protestierten jetzt in laut drohenden Meetings in Lancashire und Yorkshire. Das angebliche Zehnstundengesetz sei also bloßer Humbug, parlamentarische Prelllerei, und habe nie existiert! Die Fabrikinspektoren warnten dringend die Regierung, der Klassenantagonismus sei zu einer unglaublichen Höhe gespannt. Ein Teil der Fabrikanten selbst murrte:

[346] Siehe „Reports etc. for 30th April 1849", p.6, und die weitläufige Auseinandersetzung des „shifting system" („Schichtsystems") durch die Fabrikinspektoren Howell und Saunders in „Reports etc. for 31st Oct. 1848". Siehe auch die Petition der Geistlichkeit von Ashton und Nachbarschaft, Frühling 1849, an die Königin, gegen das „shift system".

[347] Vgl. z.B. „The Factory Question and the Ten Hours Bill", von R. H. Greg, 1837.

[348] F. Engels, „Die englische Zehnstundenbill" (in der von mir herausgegebenen „Neuen Rh. Zeitung. Politisch-ökonomische Revue", Aprilheft 1850, p.13 (siehe Band 7, S. 240)). Derselbe „hohe" Gerichtshof entdeckte ebenfalls während des amerikanischen Bürgerkriegs eine Wortschraube, die das Gesetz gegen Ausrüstung von Piratenschiffen ins direkte Gegenteil verkehrt.

[349] „Rep. etc. for 30th April 1850."

„Durch die widersprechenden Entscheidungen der Magistrate herrsche ein ganz abnormer und anarchischer Zustand. Ein andres Gesetz gelte in Yorkshire, ein andres in Lancashire, ein andres Gesetz in einer Pfarrei von Lancashire, ein andres in ihrer unmittelbaren Nachbarschaft. Der Fabrikant in großen Städten könne das Gesetz umgehn, der in Landflecken finde nicht das nötige Personal für das Relaissystem und noch minder zur Verschiebung der Arbeiter aus einer Fabrik in die andre usw."

Und gleiche Exploitation der Arbeitskraft ist das erste Menschenrecht des Kapitals. Unter diesen Umständen kam es zu einem Kompromiß zwischen Fabrikanten und Arbeitern, der in dem neuen zusätzlichen Fabrikakt vom 5. August 1850 parlamentarisch besiegelt ist. Für „junge Personen und Frauenzimmer" wurde der Arbeitstag in den ersten 5 Wochentagen von 10 auf 10 1/2 Stunden erhöht, für den Samstag auf 7 1/2 Stunden beschränkt. Die Arbeit muß in der Periode von 6 Uhr morgens bis 6 Uhr abends vorgehn,[350] mit 1 1/2 stündigen Pausen für Mahlzeiten, die gleichzeitig und gemäß den Bestimmungen von 1844 einzuräumen sind usw. Damit war dem Relaissystem ein für allemal ein Ende gemacht.[351] Für die Kinderarbeit blieb das Gesetz von 1844 in Kraft.

Eine Fabrikantenkategorie sicherte sich diesmal, wie früher, besondere Seigneurialrechte auf Proletarierkinder. Es waren dies die Seidenfabrikanten. Im Jahr 1833 hatten sie drohend geheult, „wenn man ihnen die Freiheit raube, Kinder jedes Alters täglich 10 Stunden abzurackern, setze man ihre Fabriken still" („if the liberty of working children of any age for 10 hours a day was taken away, it sould stop their works"). Es sei ihnen unmöglich, eine hinreichende Anzahl von Kindern über 13 Jahren zu kaufen. Sie erpreßten das gewünschte Privilegium. Der Vorwand stellte sich bei später Untersuchung als bare Lüge heraus,[352] was sie jedoch nicht verhinderte, während eines Dezenniums aus dem Blut kleiner Kinder, die zur Verrichtung ihrer Arbeit auf Stühle gestellt werden mußten, täglich 10 Stunden Seide zu spinnen.[353] Der Akt von 1844 „beraubte" sie zwar der „Freiheit", Kinder unter 11 Jahren länger als 6 1/2 Stunden, sicherte ihnen dagegen das Privilegium, Kinder zwischen 11 und 13 Jahren 10 Stunden täglich zu verarbeiten, und kassierte den für andre Fabrikkinder vorgeschriebenen Schulzwang. Diesmal der Vorwand:

„Die Delikatesse des Gewebes erheische eine Fingerzartheit, die nur durch frühen Eintritt in die Fabrik zu sichern."[354]

Der delikaten Finger wegen wurden die Kinder ganz geschlachtet, wie Hornvieh in Südrußland wegen Haut und Talg. Endlich, 1850, wurde das 1844 einge-

[350] Im Winter kann die Periode zwischen 7 Uhr morgens und 7 Uhr abends an die Stellen treten.

[351] „Das gegenwärtige Gesetz" (von 1850) „war ein Kompromiß, bei dem die Arbeiter auf den Segen des Zehnstundengesetzes für den Vorteil eines einheitlichen Arbeitsbeginns und Arbeitsschlusses jener verzichteten, deren Arbeitszeit der Begrenzung unterliegt." („Reports etc. for 30th April 1852", p. 14.)

[352] „Reports etc. for 30th Sept. 1844", p. 13.

[353] l.c.

[354] „The delicate texture of the fabric in which they were employed requring a lightness of touch, only to be acquired by their early introduction to these factories." („Rep. etc. for 31st Oct. 1846", p. 20.)

räumte Privilegium auf die Departements der Seidenzwirnerei und Seidenhaspelei beschränkt, hier aber, zum Schadenersatz des seiner „Freiheit“ beraubten Kapitals, die Arbeitszeit für Kinder von 11 bis 13 Jahren von 10 auf 10 1/2 Stunden erhöht. Vorwand: „Die Arbeit sei leichter in Seidenfabriken als in den andren Fabriken und in keiner Weise so nachteilig für die Gesundheit.“[355] Offizielle ärztliche Untersuchung bewies hinterher, daß umgekehrt „die durchschnittliche Sterblichkeitsrate in den Seidendistrikten ausnahmsweise hoch und unter dem weiblichen Teil der Bevölkerung selbst höher ist als in den Baumwolldistrikten von Lancashire“.[356]

Trotz der halbjährlich wiederholten Proteste der Fabrikinspektoren dauert der Unfug bis zur Stunde fort.[357]

Das Gesetz von 1850 verwandelte nur für „junge Personen und Frauenzimmer“ die fünfzehnstündige Periode von halb 6 Uhr morgens bis halb 9 Uhr abends in die zwölfstündige Periode von 6 Uhr morgens bis 6 Uhr abends. Also nicht für Kinder, die immer noch eine halbe Stunde vor Beginn und 2 1/2 Stunden nach Schluß dieser Periode verwertbar blieben, wenn auch die Gesamtdauer ihrer Arbeit 6 1/2 Stunden nicht überschreiten durfte. Während der Diskussion des Gesetzes wurde dem Parlament von den Fabrikinspektoren eine Statistik über die infamen Mißbräuche jener Anomalie unterbreitet. Jedoch umsonst. Im Hintergrund lauerte die Absicht, den Arbeitstag der erwachsnen Arbeiter mit Beihilfe der Kinder in Prosperitätsjahren wieder auf 15 Stunden zu schrauben. Die Erfahrung der

[355] „Reports etc. for 31st Oct. 1861“, p. 26.

[356] l.c. p.27. Im allgemeinen hat sich die dem Fabrikgesetz unterworfene Arbeiterbevölkerung physisch sehr verbessert. Alle ärztlichen Zeugnisse stimmen darin überein und eigne persönliche Anschauung zu verschiednen Perioden hat mich davon überzeugt. Dennoch, und abgesehn von der ungeheuren Sterblichkeitsrate der Kinder in den ersten Lebensjahren, zeigen die offiziellen Berichte des Dr. Greenhow den ungünstigen Gesundheitszustand der Fabrikdistrikte, verglichen mit „Agrikulturdistrikten von normaler Gesundheit“. Zum Beweis u.a. folgende Tabelle aus seinem Bericht von 1861:

Prozentsatz der in der Manifaktur beschäftigten erwachsenen Männer	Sterblichkeitsrate von Lungenaffektion für je 100.000 Männer	Name des Distrikts	Sterblichkeitsrate von Lungenaffektion für je 100.000 Frauenzimmer	Prozentsatz der in der Manifaktur beschäftigten erwachsenen Frauenzimmer	Art der weiblichen Beschäftigung
14,9	598	Wigan	644	18	Baumwolle
42,6	708	Blackburn	734	34,9	ditto
37,3	547	Halifax	564	20,4	Worsted
41,9	611	Bradford	603	30	ditto
31	691	Macclesfield	804	26	Seide
14,9	588	Leek	705	17,2	ditto
36,6	721	Stoke-upon-Trent	665	19,3	Erdenware
30,4	726	Woollstanton	727	13,9	ditto
-	305	Acht gesunde Agrikulturdistrikte	340	-	

[357] Man weiß, wie widerstrebend die englischen „Freihändler“ dem Schutzzoll für Seidenmanufaktur entsagten. Statt des Schutzes gegen französische Einfuhr dient nun die Schutzlosigkeit englischer Fabrikkinder.

folgenden 3 Jahre zeigte, daß solcher Versuch am Widerstand der erwachsnen männlichen Arbeiter scheitern müsse.[358] Der Akt von 1850 wurde daher 1853 endlich ergänzt durch das Verbot, „Kinder des Morgens vor und Abends nach den jungen Personen und Frauenzimmern zu verwenden". Von nun an regelte, mit wenigen Ausnahmen, der Fabrikakt von 1850 in den ihm unterworfenen Industriezweigen den Arbeitstag aller Arbeiter.[359] Seit dem Erlaß des ersten Fabrikakts war jetzt ein halbes Jahrhundert verflossen.[360]

Über ihre ursprüngliche Sphäre griff die Gesetzgebung zuerst hinaus durch den „Printworks' Act" (Gesetz über Kattundruckereien usw.) von 1845. Die Unlust, womit das Kapital diese neue „Extravaganz" zuließ, spricht aus jeder Zeile des Akts! Er beschränkt den Arbeitstag für Kinder von 8-13 Jahren und für Frauenzimmer auf 16 Stunden zwischen 6 Uhr morgens und 10 Uhr abends, ohne irgendeine gesetzliche Pause für Mahlzeiten. Er erlaubt, männliche Arbeiter über 13 Jahre Tag und Nacht hindurch beliebig abzuarbeiten.[361] Er ist ein parlamentarischer Abort.[362]

Dennoch hatte das Prinzip gesiegt mit seinem Sieg in den großen Industriezweigen, welche das eigenste Geschöpf der modernen Produktionsweise. Ihre wundervolle Entwicklung von 1853-1860, Hand in Hand mit der physischen und moralischen Wiedergeburt der Fabrikarbeiter, schlug das blödeste Auge. Die Fabrikanten selbst, denen die gesetzliche Schranke und Regel des Arbeitstags durch halbhundertjährigen Bürgerkrieg Schritt für Schritt abgetrotzt, wiesen prahlend auf den Kontrast mit den noch „freien" Exploitationsgebieten hin.[363] Die Pharisäer der „politischen Ökonomie" proklamierten nun die Einsicht in die Notwendigkeit eines gesetzlich geregelten Arbeitstags als charakteristische Neuerrungenschaft ihrer „Wissenschaft".[364] Man versteht leicht, daß, nachdem sich die Fabrikmagnaten in das Unvermeidliche gefügt und mit ihm ausgesöhnt, die Widerstandskraft des Kapitals graduell abschwächte, während zugleich die Angriffskraft der Arbeiterklasse wuchs mit der Zahl ihrer Verbündeten in den

[358] „Reports etc. for 30th April 1853", p. 30.

[359] Während der Zenitjahre der englischen Baumwollindustrie, 1859 und 1860, versuchten einige Fabrikanten durch die Lockangel hoher Arbeitslöhne für Extrazeit, die erwachsnen männlichen Spinner usw. zur Verlängerung des Arbeitstags zu bestimmen. Die Hand-Mule Spinners und Self-Actor Minders machten dem Experiment ein Ende durch eine Denkschrift an ihre Anwender, worin es u.a. heißt: „Grad herausgesprochen, unser Leben ist uns zur Last, und solange wir fast 2 Tage die Woche" (20 Stunden) „länger an die Fabrik gekettet sind als die andren Arbeiter, fühlen wir uns gleich Heloten im Lande und werfen uns selbst vor, ein System zu verewigen, das uns selbst und unsre Nachkommen physisch und moralisch beschädigt ... Daher geben wir hier mit respektvolle Notiz, daß wir von Neujahrstag an keine Minute mehr als 60 Stunden wöchentlich, von 6 Uhr bis 6 Uhr, mit Abzug der gesetzlichen Pausen von 1 1/2 Stunden, arbeiten werden." („Reports etc. for 30th April 1860", p. 30.)

[360] Über die Mittel, die die Fassung dieses Gesetzes für seinen Bruch gewährt, cf. den Parliamentary Return „Factories Regulation Acts" (9. August 1859) und darin Leonard Horners „Suggestions for Amending the Factory Acts to enable the Inspectors to prevent illegal working, now become very prevalent".

[361] „Kinder von 8 Jahren und darüber sind in der Tat von 6 Uhr morgens bis 9 Uhr abends während des letzten Halbjahrs" (1857) „in meinem Distrikt abgerackert worden." („Reports etc. for 31st Oct. 1857", p. 39.)

[362] „Das Gesetz über Kattundruckereien ist zugestandenermaßen ein Fehlgriff sowohl in bezug auf seine Erziehungs- als auch seine Schutzmaßregeln." („Reports etc. for 31st Oct. 1862", p. 52.)

[363] So z.B. E. Potter in Brief an „Times" vom 24. März 1863. Die „Times" erinnert ihn an die Fabrikantenrevolte gegen das Zehnstundengesetz.

[364] So u.a. Herr W. Newmarch, Mitarbeiter an und Herausgeber von Tookes „History of Prices". Ist es wissenschaftlicher Fortschritt, der öffentlichen Meinung feige Konzessionen zu machen?

nicht unmittelbar interessierten Gesellschaftsschichten. Daher vergleichungsweis rascher Fortschritt seit 1860.

Die Färbereien und Bleichereien[365] wurden 1860, die Spitzenfabriken und Strumpfwirkereien 1861 dem Fabrikakt von 1850 unterworfen. Infolge des ersten Berichts der „Kommission über die Beschäftigung der Kinder" (1863) teilten dasselbe Schicksal die Manufaktur aller Erdenwaren (nicht nur Töpfereien), der Zündhölzer, Zündhütchen, Patronen, Tapetenfabrik, Baumwollsamt-Schererei (fustian cutting) und zahlreiche Prozesse, die unter dem Ausdruck „finishing" (letzte Appretur) zusammengefaßt sind. Im Jahre 1863 wurden die „Bleicherei in offner Luft"[366] und die Bäckerei unter eigne Akte gestellt, wovon der erste u.a. die Arbeit von Kindern, jungen Personen und Weibern zur Nachtzeit (von 8 Uhr abends bis 6 Uhr morgens) und der zweite die Anwendung von Bäcker-

[365] Der 1860 erlaßne Akt über Bleichereien und Färbereien bestimmt, daß der Arbeitstag am 1. August 1861 vorläufig auf 12, am 1. August 1862 definitiv auf 10 Stunden, d.h. 10 1/2 für Werkeltage und 7 1/2 für Samstage herabgesetzt werde. Als nun das böse Jahr 1862 anbrach, wiederholte sich die alte Farce. Die Herrn Fabrikanten petitionierten das Parlament, nur noch für ein einziges Jahr länger die zwölfstündige Beschäftigung von jungen Personen und Frauenzimmern zu dulden ... „Beim gegenwärtigen Zustand des Geschäfts" (zur Zeit der Baumwollnot) „sei es ein großer Vorteil für die Arbeiter, wenn man ihnen erlaubt, 12 Stunden täglich zu arbeiten und so viel Arbeitslohn als möglich herauszuschlagen ... Es war bereits gelungen, eine Bill in diesem Sinn ins Unterhaus zu bringen. Sie fiel vor der Agitation der Arbeiter in den Bleichereien Schottlands." („Reports etc. for 31st Oct. 1862", p. 14, 15.) So geschlagen von den Arbeitern selbst, in deren Namen es zu sprechen vorgab, entdeckte das Kapital nun, mit Hilfe juristischer Brillen, daß der Akt von 1860, gleich allen Parlamentsakten zum „Schutz der Arbeit", in sinnverwirrten Wortschraubungen abgefaßt, einen Vorwand gebe, die „calenderers" und „finishers" („Tuchpresser" und „Appreteure") von seiner Wirkung auszuschließen. Die englische Jurisdiktion, stets getreuer Knecht des Kapitals, sanktionierte durch den Hof der „Common Pleas" (Zivilgerichtshof) die Rabulisterei. „Es hat große Unzufriedenheit unter den Arbeitern erregt und ist sehr bedauerlich, daß die klare Absicht der Gesetzgebung auf Vorwand einer mangelhaften Wortdefinition vereitelt wird." (l.c. p. 18.)

[366] Die „Bleicher in offner Luft" hatten sich dem Gesetz von 1860 über „Bleicherei" durch die Lüge entzogen, daß sie keine Weiber des Nachts verarbeiteten. Die Lüge wurde von den Fabrikinspektoren aufgedeckt, zugleich aber das Parlament durch Arbeiterpetitionen seiner wiesenduftigkühlen Vorstellungen von „Bleicherei in offner Luft" beraubt. In dieser Luftbleicherei werden Trockenzimmer von 90 bis 100 Grad Fahrenheit angewandt, worin hauptsächlich Mädchen arbeiten. „Cooling" (Abkühlung) ist der technische Ausdruck für gelegentliches Entrinnen aus dem Trockenzimmer in die freie Luft. „Fünfzehn Mädchen in den Trockenzimmern. Hitze von 80 zu 90° für Leinwand, von 100° und mehr für Cambrics (Batiste). Zwölf Mädchen bügeln und legen auf (die Cambrics etc.) in einem kleinen Zimmer von ungefähr 10 Fuß im Quadrat, in der Mitte ein enggeschloßner Ofen. Die Mädchen stehn rund um den Ofen herum, der eine schreckliche Glut ausstrahlt und die Cambrics rasch für die Büglerinnen trocknet. Die Stundenzahl für diese Hände ist unbeschränkt. Wenn geschäftig, arbeiten sie bis 9 oder 12 Uhr nachts viele Tage hintereinander." („Reports etc. for 31st Oct. 1862", p. 56.) Ein Arzt erklärt: „Für die Abkühlung sind keine besondren Stunden erlaubt, aber wenn die Temperatur zu unerträglich wird, oder die Hände der Arbeiterinnen sich von Schweiß beschmutzen, ist ihnen gestattet, ein paar Minuten fortzugehn ... Meine Erfahrung in der Behandlung der Krankheiten dieser Arbeiterinnen zwingt mich zu konstatieren, daß ihr Gesundheitszustand tief unter dem der Baumwollspinnerinnen steht" (und das Kapital hatte sie in seinen Bittschriften an das Parlament in der Manier von Rubens übergesund gemalt!). „Ihre auffallendsten Krankheiten sind Phthisis, Bronchitis, Uterinkrankheiten, Hysterie in der scheußlichsten Form und Rheumatismus. Alle diese entspringen, wie ich glaube, direkt oder indirekt, aus der überhitzten Luft ihrer Arbeitszimmer und dem Mangel genügender komfortabler Kleidung, um sie beim Nachhausegehen während der Wintermonate vor der kaltfeuchten Atmosphäre zu schützen." (l.c.p. 56, 57.) Die Fabrikinspektoren bemerken über das den jovialen „Bleichern in offner Luft" nachträglich abgetrotzte Gesetz von 1863: „Dieser Akt hat nicht nur verfehlt, den Arbeitern den Schutz zu gewähren, den er zu gewähren scheint ... er ist so formuliert, daß der Schutz erst eintritt, sobald man Kinder und Frauenzimmer nach 8 Uhr abends an der Arbeit ertappt, und selbst dann ist die vorgeschriebene Beweismethode so verklausuliert, daß Bestrafung kaum erfolgen kann." (l.c.p. 52.) „Als ein Akt mit humanen und auf Erziehung gerichteten Zwecken ist er ganz und gar verfehlt. Man wird es doch kaum human nennen, Weibern und Kindern zu erlauben, oder, was auf dasselbe hinauskommt, sie zu zwingen, 14 Stunden täglich, mit oder ohne Mahlzeiten, wie es sich treffen mag, und vielleicht noch längere Stunden zu arbeiten, ohne Schranke mit Bezug auf das Alter, ohne Unterschied des Geschlechts und ohne Rücksicht auf die gesellschaftlichen Gewohnheiten der Familien der Nachbarschaft, worin die Bleichwerke liegen." („Reports etc. for 30th April 1863", p. 40.)

gesellen unter 18 Jahren zwischen 9 Uhr abends und 5 Uhr morgens verbietet. Auf die spätren Vorschläge der erwähnten Kommission, welche, mit Ausnahme des Ackerbaus, der Minen und des Transportwesens, alle wichtigen englischen Industriezweige der „Freiheit“ zu berauben drohen, kommen wir zurück.[367]

7. Der Kampf um den Normalarbeitstag. Rückwirkung der englischen Fabrikgesetzgebung auf andre Länder

Der Leser erinnert sich, daß die Produktion von Mehrwert oder die Extraktion von Mehrarbeit den spezifischen Inhalt und Zweck der kapitalistischen Produktion bildet, abgesehn von jedweder aus der Unterordnung der Arbeit unter das Kapital etwa entspringenden Umgestaltung der Produktionsweise selbst. Er erinnert sich, daß auf dem bisher entwickelten Standpunkt nur der selbständige und daher gesetzlich mündige Arbeiter als Warenverkäufer mit dem Kapitalisten kontrahiert. Wenn also in unsrer historischen Skizze einerseits die moderne Industrie eine Hauptrolle spielt, andrerseits die Arbeit physisch und rechtlich Unmündiger, so galt uns die eine nur als besondre Sphäre, die andre nur als besonders schlagendes Beispiel der Arbeitsaussaugung. Ohne jedoch der spätren Entwicklung vorzugreifen, folgt aus dem bloßen Zusammenhang der geschichtlichen Tatsachen:

Erstens: In den durch Wasser, Dampf und Maschinerie zunächst revolutionierten Industrien, in diesen ersten Schöpfungen der modernen Produktionsweise, den Baumwolle-, Wolle-, Flachs-, Seide-Spinnereien und Webereien wird der Trieb des Kapitals nach maß- und rücksichtsloser Verlängerung des Arbeitstags zuerst befriedigt. Die veränderte materielle Produktionsweise und die ihr entsprechend veränderten sozialen Verhältnisse der Produzenten[368] schaffen erst die maßlose Ausschreitung und rufen dann im Gegensatz die gesellschaftliche Kontrolle hervor, welche den Arbeitstag mit seinen Pausen gesetzlich beschränkt, reguliert und uniformiert. Diese Kontrolle erscheint daher während der ersten Hälfte des 19. Jahrhunderts bloß als Ausnahmegesetzgebung.[369] Sobald sie das Urgebiet der neuen Produktionsweise erobert hatte, fand sich, daß unterdes nicht nur viele andre Produktionszweige in das eigentliche Fabrikregime eingetreten, sondern daß Manufakturen mit mehr oder minder verjährter Betriebsweise, wie Töpfereien, Glasereien usw., daß altmodische Handwerke, wie die Bäckerei, und endlich selbst die zerstreute sog. Hausarbeit, wie Nägelmacherei usw.,[370] seit lange der kapitalistischen Exploitation ebensosehr verfallen waren als die Fabrik. Die Gesetzgebung ward daher gezwungen, ihren Ausnahmecharakter allmählich

[367] Note zur 2. Ausg. Seit 1866, wo ich das im Text Befindliche schrieb, ist wieder eine Reaktion eingetreten.

[368] „Das Verhalten jeder dieser Klassen“ (Kapitalisten und Arbeiter) „war das Ergebnis der jeweiligen Situation, in die sie versetzt worden waren.“ (Reports etc. for 31st Oct. 1848“, p. 113.)

[369] „Die Verrichtungen, die unter die Einschränkung fielen, waren mit der Herstellung von Textilerzeugnissen mit Hilfe von Dampf- oder Wasserkraft verbunden. Zwei Bedingungen mußte eine Arbeitstätigkeit erfüllen, damit sie unter den Schutz der Fabrikinspektion fiel, nämlich die Anwendung von Dampf- oder Wasserkraft und die Verarbeitung bestimmter spezifizierter Faserstoffe.“ („Reports etc. for 31st October 1864“, p. 8.)

[370] Über den Zustand dieser sogenannten häuslichen Industrie äußerst reichhaltiges Material in den letzten Berichten der „Children's Employment Commission“.

abzustreifen, oder, wo sie römisch kasuistisch verfährt, wie in England, irgendein Haus, worin man arbeitet, nach Belieben für eine Fabrik (factory) zu erklären.[371]

Zweitens: Die Geschichte der Reglung des Arbeitstags in einigen Produktionsweisen, in andren der noch fortdauernde Kampf um diese Reglung, beweisen handgreiflich, daß der vereinzelte Arbeiter, der Arbeiter als „freier“ Verkäufer seiner Arbeitskraft, auf gewisser Reifestufe der kapitalistischen Produktion, widerstandslos unterliegt. Die Schöpfung eines Normalarbeitstags ist daher das Produkt eines langwierigen, mehr oder minder versteckten Bürgerkriegs zwischen der Kapitalistenklasse und der Arbeiterklasse. Wie der Kampf eröffnet wird im Umkreis der modernen Industrie, so spielt er zuerst in ihrem Heimatland, England.[372] Die eng- lischen Fabrikarbeiter waren die Preisfechter nicht nur der englischen, sondern der modernen Arbeiterklasse überhaupt, wie auch ihre Theoretiker der Theorie des Kapitals zuerst den Fehdehandschuh hinwarfen.[373] Der Fabrikphilosoph Ure denunziert es daher als unauslöschliche Schmach der englischen Arbeiterklasse, daß sie „die Sklaverei der Fabrikakte“ auf ihre Fahne schrieb gegenüber dem Kapital, das männlich für „vollkommne Freiheit der Arbeit“ stritt.[374]

Frankreich hinkt langsam hinter England her. Es bedarf der Februarrevolution zur Geburt des Zwölfstundengesetzes,[375] das viel mangelhafter ist als sein englisches Original. Trotzdem macht die französische revolutionäre Methode auch ihre eigentümlichen Vorzüge geltend. Mit einem Schlag diktiert sie allen Ateliers und Fabriken ohne Unterschied dieselbe Schranke des Arbeitstags, während die englische Gesetzgebung bald an diesem Punkt, bald an jenem, dem Druck der

[371] „Die Gesetze der letzten Sitzungsperiode“ (1864) „ ... umfassen Beschäftigungszweige verschiedner Art, in denen sehr verschiedne Gewohnheiten herrschen, und die Verwendung mechanischer Kraft zum Antrieb der Maschinerie gehört nicht mehr, wie früher, zu den notwendigen Bedingungen, unter denen ein Betrieb im Sinne des Gesetzes als Fabrik galt.“ („Reports etc. for 31st Oct. 1864“, p. 8.)

[372] Belgien, das Paradies des kontinentalen Liberalismus, zeigt auch keine Spur dieser Bewegung. Selbst in seinen Kohlengruben und Metallminen werden Arbeiter beider Geschlechter und von jeder Altersstufe mit vollkommner „Freiheit“ für jede Zeitdauer und Zeitperiode konsumiert. Auf je 1.000 darin beschäftigten Personen kommen 733 Männer, 88 Weiber, 135 Jungen und 44 Mädchen unter 16 Jahren; in den Hochöfen usw. kommen auf je 1.000:668 Männer, 149 Weiber, 98 Jungen und 85 Mädchen unter 16 Jahren. Kommt nun noch hinzu niedriger Arbeitslohn für enorme Ausbeutung reifer und unreifer Arbeitskräfte, im Tagesdurchschnitt 2 sh. 8 d. für Männer, 1 sh. 8 d. für Weiber, 1 sh. 2 1/2 d. für Jungen. Dafür hat Belgien aber auch 1863, verglichen mit 1850, Quantum und Wert seiner Ausfuhr von Kohlen, Eisen usw. ziemlich verdoppelt.

[373] Als Robert Owen kurz nach dem ersten Dezennium dieses Jahrhunderts die Notwendigkeit einer Beschränkung des Arbeitstags nicht nur theoretisch vertrat, sondern den Zehnstundentag wirklich in seine Fabrik zu New-Lanark einführte, ward das als kommunistische Utopie verlacht, ganz so wie seine „Verbindung von produktiver Arbeit mit Erziehung der Kinder“, ganz wie die von ihm ins Leben gerufenen Kooperationsgeschäfte der Arbeiter. Heutzutage ist die erste Utopie Fabrikgesetz, die zweite figuriert als offizielle Phrase in allen „Factory Acts“, und die dritte dient sogar schon zum Deckmantel reaktionärer Schwindeleien.

[374] Ure (franz. Übers.), „Philosophie des Manufactures“, Paris 1836, t. II, p. 39, 40, 67, 77 etc.

[375] In dem Compte Rendu (Bericht) des „Internationalen Statistischen Kongresses zu Paris, 1855“, heißt es u.a.: „Das französische Gesetz, das die Dauer der täglichen Arbeit in Fabriken und Werkstätten auf 12 Stunden beschränkt, begrenzt diese Arbeit nicht innerhalb bestimmter fixer Stunden“ (Zeitperioden), „indem nur für die Kinderarbeit die Periode zwischen 5 Uhr vormittags und 9 Uhr abends vorgeschrieben ist. Daher bedient sich ein Teil der Fabrikanten des Rechts, welches ihnen dies verhängnisvolle Schweigen gibt, um tagaus, tagein, vielleicht mit Ausnahme der Sonntage, ohne Unterbrechung arbeiten zu lassen. Sie wenden dazu zwei verschiedne Arbeiterreihen an, von denen keine mehr als 12 Stunden in der Werkstätte zubringt, aber das Werk des Etablissements dauert Tag und Nacht. Das Gesetz ist befriedigt, aber ist es die Humanität ebenfalls? Außer dem „zerstörenden Einfluß der Nachtarbeit auf den menschlichen Organismus“, wird auch „der fatale Einfluß der nächtlichen Assoziation beider Geschlechter in denselben trüb erleuchteten Werkstätten“ betont.

Verhältnisse widerwillig weicht und auf dem besten Weg ist, einen neuen juristischen Rattenkönig auszubrüten.[376] Andrerseits proklamiert das französische Gesetz prinzipiell, was in England nur im Namen von Kindern, Unmündigen und Frauenzimmern erkämpft und erst neuerdings als allgemeines Recht beansprucht wird.[377]

In den Vereinigten Staaten von Nordamerika blieb jede selbständige Arbeiterbewegung gelähmt, solange die Sklaverei einen Teil der Republik verunstaltete. Die Arbeit in weißer Haut kann sich nicht dort emanzipieren, wo sie in schwarzer Haut gebrandmarkt wird. Aber aus dem Tod der Sklaverei entsproß sofort ein neu verjüngtes Leben. Die erste Frucht des Bürgerkriegs war die Achtstundenagitation, mit den Siebenmeilenstiefeln der Lokomotive vom Atlantischen bis zum Stillen Ozean ausschreitend, von Neuengland bis nach Kalifornien. Der allgemeine Arbeiterkongreß zu Baltimore (Aug. 1866) erklärt:

„Das erste und große Erheischnis der Gegenwart, um die Arbeit dieses Landes von der kapitalistischen Sklaverei zu befreien, ist der Erlaß eines Gesetzes, wodurch 8 Stunden den Normalarbeitstag in allen Staaten der amerikanischen Union bilden sollen. Wir sind entschlossen, alle unsre Macht aufzubieten, bis dies glorreiche Resultat erreicht ist."[378]

Gleichzeitig (Anfang September 1866) beschloß der „Internationale Arbeiterkongreß" zu Genf auf Vorschlag des Londoner Generalrats: „Wir erklären die Beschränkung des Arbeitstags für eine vorläufige Bedingung, ohne welche alle andren Bestrebungen nach Emanzipation scheitern müssen ... Wir schlagen 8 Arbeitsstunden als legale Schranke des Arbeitstags vor."

So besiegelt die auf beiden Seiten des Atlantischen Meers instinktiv aus den Produktionsverhältnissen selbst erwachsne Arbeiterbewegung den Ausspruch des englischen Fabrikinspektors R. J. Saunders:

„Weitere Schritte zur Reform der Gesellschaft sind niemals mit irgendeiner Aussicht auf Erfolg durchzuführen, wenn nicht zuvor der Arbeitstag beschränkt und seine vorgeschriebne Schranke strikt erzwungen wird."[379]

---

[376] „Z.B. in meinem Distrikt, in denselben Fabrikbaulichkeiten, ist derselbe Fabrikant Bleicher und Färber unter dem ‚Bleicherei- und Färberei-Akt', Drucker unter dem ‚Printworks' Act' und finischer unter dem ‚Fabrikakt' ... „ („Report of Mr. Baker in „Reports etc. for 31st Oct. 1861", p. 20.) Nach Aufzählung der verschiednen Bestimmungen dieser Akte und der daher folgenden Komplikation, sagt Herr Baker: „Man sieht, wie schwer es sein muß die Vollziehung dieser 3 Parlamentsakte zu sichern, wenn der Fabrikeigner das Gesetz zu umgehn beliebt." [l.c.p. 21.] Was aber den Herrn Juristen dadurch gesichert ist, sind Prozesse.

[377] So getrauen sich endlich die Fabrikinspektoren zu sagen: „Diese Einwände" (des Kapitals gegen legale Beschränkung der Arbeiterzeit) „müssen unterliegen vor dem großen Grundsatz der Rechte der Arbeit ... es gibt einen Zeitpunkt, an dem des Unternehmers Recht auf die Arbeit seines Arbeiters aufhört und dieser selbst über seine Zeit verfügen kann, auch wenn er noch nicht erschöpft ist." („Reports etc. for 31st Oct. 1862", p. 54.)

[378] „Wir, die Arbeiter von Dunkirk, erklären, daß die unter dem jetzigen System erheischte Länge der Arbeitszeit zu groß ist und dem Arbeiter keine Zeit für Erholung und Entwicklung läßt, ihn vielmehr auf einen Zustand der Knechtschaft herabdrückt, der wenig besser als die Sklaverei ist (a condition of servitude but little better than slavery). Deshalb beschlossen, daß 8 Stunden für einen Arbeitstag genügen und legal als genügend anerkannt werden müssen; daß wir zu unsrem Beistand die Presse anrufen, den gewaltigen Hebel ... und alle, die diesen Beistand versagen, als Feinde der Arbeitsreform und Arbeiterrechte betrachten." (Beschlüsse der Arbeiter zu Dunkirk, Staat New York, 1866.)

[379] „Reports et. for 31st Oct. 1848", p. 112.

Man muß gestehn, daß unser Arbeiter anders aus dem Produktionsprozeß herauskommt als er in ihn eintrat. Auf dem Markt trat er als Besitzer der Ware „Arbeitskraft“ andren Warenbesitzern gegenüber, Warenbesitzer dem Warenbesitzer. Der Kontrakt, wodurch er dem Kapitalisten seine Arbeitskraft verkaufte, bewies sozusagen schwarz auf weiß, daß er frei über sich selbst verfügt. Nach geschlossenem Handel wird entdeckt, daß er „kein freier Agent“ war, daß die Zeit, wofür es ihm freisteht, seine Arbeitskraft zu verkaufen, die Zeit ist, wofür er gezwungen ist, sie zu verkaufen,[380] daß in der Tat sein Sauger nicht losläßt, „solange noch ein Muskel, eine Sehne, ein Tropfen Bluts auszubeuten“.[381] Zum „Schutz“ gegen die Schlange ihrer Qualen müssen die Arbeiter ihre Köpfe zusammenrotten und als Klasse ein Staatsgesetz erzwingen, ein übermächtiges gesellschaftliches Hindernis, das sie selbst verhindert, durch freiwilligen Kontrakt mit dem Kapital sich und ihr Geschlecht in Tod und Sklaverei zu verkaufen.[382] An die Stelle des prunkvollen Katalogs der „unveräußerlichen Menschenrechte“ tritt die bescheidne Magna Charta eines gesetzlich beschränkten Arbeitstags, die „endlich klarmacht, wann die Zeit, die der Arbeiter verkauft, endet und wann die ihm selbst gehörige Zeit beginnt“.[383] Quantum mutatus ab illo! (Welch große Veränderung!)

Rate und Masse des Mehrwerts

Wie bisher wird in diesem Kapitel der Wert der Arbeitskraft, also der zur Reproduktion oder Erhaltung der Arbeitskraft notwendige Teil des Arbeitstags, als gegebne, konstante Größe unterstellt.

Dies also vorausgesetzt, ist mit der Rate zugleich die Masse des Mehrwerts gegeben, die der einzelne Arbeiter dem Kapitalisten in bestimmter Zeitperiode liefert. Beträgt z.B. die notwendige Arbeit täglich 6 Stunden, ausgedrückt in einem

---

[380] „Diese Machenschaften“ (die Manöver des Kapitals z.B. 1848-1850) „haben überdies den unwiderlegbaren Beweis erbracht, wie falsch die so oft vorgebrachte Behauptung ist, die Arbeiter hätten keinen Schutz nötig, sondern müßten angesehen werden als frei verfügende Besitzer des einzigen Eigentums, das sie haben, der Arbeit ihrer Hände und des Schweißes ihrer Stirn.“ („Reports etc. for 30th April 1850“, p. 45.) „Freie Arbeite, wenn sie überhaupt so genannt werden kann, bedarf zu ihrem Schutze selbst in einem freien Land des starken Armes des Gesetzes.“ („Reports etc. for 31st Oct. 1864“, p. 34.) „Zur erlauben, was gleichbedeutend ist mit zwingen, ... 14 Stunden täglich mit oder ohne Mahlzeiten zu arbeiten usw.“ („Reports etc. for 30th April 1863“, p. 40.)

[381] Friedrich Engels, „Die englische Zehnstundenbill“, l.c.p. 5 (Siehe Band 7, S. 233).

[382] Die Zehnstundenbill hat in den ihr unterworfnen Industriezweigen „die Arbeiter vor gänzlicher Degeneration gerettet und ihren physischen Zustand beschützt“. („Reports etc. for 31st Oct. 1859“, p. 47.) „Das Kapital“ (in den Fabriken) „kann niemals die Maschinerie in Bewegung halten über eine begrenzte Zeitperiode, ohne die beschäftigten Arbeiter an ihrer Gesundheit und ihrer Moral zu beschädigen; und sie sind nicht in einer Lage, sich selbst zu schützen.“

[383] „Einen noch größeren Vorteil bedeutet es, daß endlich klar unterschieden wird zwischen der Zeit, die dem Arbeiter selbst und der, die seinem Unternehmer gehört. Der Arbeiter weiß nun, wann die Zeit, die er verkauft, beendet ist und seine eignen beginnt, und da er dies vorher genau weiß, kann er über seine eignen Minuten für seine eigne Zwecke im voraus verfügen.“ (l.c.p. 52.) „Indem sie“ (die Fabrikgesetze) „sie zu Herrn ihrer eignen Zeit gemacht haben, haben sie ihnen eine moralische Energie gegeben, die sie dahinführt, möglicherweise die politische Macht in Besitz zu nehmen.“ (l.c.p. 47.) Mit verhaltner Ironie und in sehr vorsichtigen Ausdrücken deuten die Fabrikinspektoren an, daß das jetzige Zehnstundengesetz auch den Kapitalisten einigermaßen von seiner naturwüchsigen Brutalität als bloßer Verkörperung des Kapitals befreit und ihm Zeit zu einiger „Bildung“ gegeben habe. Vorher „hatte der Unternehmer für nichts anderes als Geld, der Arbeiter für nichts andres als Arbeit Zeit“. (l.c.p. 48.)

Goldquantum von 3 sh. = 1 Taler, so ist der Taler der Tageswert einer Arbeitskraft oder der im Ankauf einer Arbeitskraft vorgeschoßne Kapitalwert. Ist ferner die Rate des Mehrwerts 100%, so produziert dies variable Kapital von 1 Taler eine Masse Mehrwert von 1 Taler, oder der Arbeiter liefert täglich eine Masse Mehrarbeit von 6 Stunden.

Das variable Kapital ist aber der Geldausdruck für den Gesamtwert aller Arbeitskräfte, die der Kapitalist gleichzeitig verwendet. Sein Wert ist also gleich dem Durchschnittswert einer Arbeitskraft, multipliziert mit der Anzahl der verwandten Arbeitskräfte. Bei gegebnem Wert der Arbeitskraft steht also die Größe des variablen Kapitals in direktem Verhältnis zur Anzahl der gleichzeitig beschäftigten Arbeiter. Ist der Tageswert einer Arbeitskraft = 1 Taler, so ist also ein Kapital vorzuschießen von 100 Talern, um 100, von n Talern, um n Arbeitskräfte täglich zu exploitieren.

Ebenso: Produziert ein variables Kapital von 1 Taler, der Tageswert einer Arbeitskraft, einen täglichen Mehrwert von 1 Taler, so ein variables Kapital von 100 Talern einen täglichen Mehrwert von 100, und eins von n Talern einen täglichen Mehrwert von 1 Taler x n. Die Masse des produzierten Mehrwerts ist also gleich dem Mehrwert, den der Arbeitstag des einzelnen Arbeiters liefert, multipliziert mit der Anzahl der angewandten Arbeiter. Da aber ferner die Masse Mehrwert, die der einzelne Arbeiter produziert, bei gegebnem Wert der Arbeitskraft, durch die Rat des Mehrwerts bestimmt ist, so folgt dies erste Gesetz: Die Masse des produzierten Mehr- werts ist gleich der Größe des vorgeschoßnen variablen Kapitals multipliziert mit der Rate des Mehrwerts oder ist bestimmt durch das zusammengesetzte Verhältnis zwischen der Anzahl der von demselben Kapitalisten gleichzeitig exploitierten Arbeitskräfte und dem Exploitationsgrad der einzelnen Arbeitskraft. (In der autorisierten französischen Ausgabe wurde der zweite Teil dieses Satzes wie folgt wiedergegeben: „oder aber sie ist gleich dem Wert einer Arbeitskraft multipliziert mit dem Grad ihrer Exploitation und multipliziert mit der Anzahl der gleichzeitig exploitierten Arbeitskräfte.")

Nennen wir also die Masse des Mehrwerts M, den vom einzelnen Arbeiter im Tagesdurchschnitt gelieferten Mehrwert m, das im Ankauf der einzelnen Arbeitskraft täglich vorgeschoßne variable Kapital v, die Gesamtsumme des variablen Kapitals V, den Wert einer Durchschnitts-Arbeitskraft k, ihren Exploitationsgrad a'/a (Mehrarbeit)/(Notwendige Arbeit) und die Anzahl der angewandten Arbeiter n, so erhalten wir:

$$M = \begin{cases} m/v \times V \times V \\ k \times a'/a \times n \end{cases}$$

Es wird fortwährend unterstellt, nicht nur daß der Wert einer Durchschnitts-Arbeitskraft konstant ist, sondern daß die von einem Kapitalisten angewandten Arbeiter auf Durchschnitts-Arbeiter reduziert sind. Es gibt Ausnahmefälle, wo der produzierte Mehrwert nicht verhältnismäßig zur Anzahl der exploitierten Arbeiter wächst, aber dann bleibt auch der Wert der Arbeitskraft nicht konstant.

In der Produktion einer bestimmten Masse Mehrwert kann daher die Abnahme des einen Faktors durch Zunahme des andren ersetzt werden. Wird das variable Kapital vermindert und gleichzeitig in demselben Verhältnis die Rate des Mehrwerts erhöht, so bleibt die Masse des produzierten Mehrwerts unverändert. Muß unter den frühern Annahmen der Kapitalist 100 Taler vorschießen, um 100 Arbeiter täglich zu exploitieren, und beträgt die Rate des Mehrwerts 50%, so wirft dies variable Kapital von 100 einen Mehrwert von 50 Talern ab oder von 100 x 3 Arbeitsstunden. Wird die Rate des Mehrwerts verdoppelt, oder der Arbeitstag, statt von 6 zu 9, von 6 zu 12 Stunden verlängert, so wirft das um die Hälfte verminderte variable Kapital von 50 Talern ebenfalls einen Mehrwert von 50 Talern ab oder von 50 x 6 Arbeitsstunden. Verminderung des variablen Kapitals ist also ausgleichbar durch proportionelle Erhöhung im Exploitationsgrad der Arbeitskraft oder die Abnahme in der Anzahl der beschäftigten Arbeiter durch proportionelle Verlängerung des Arbeitstags. Innerhalb gewisser Grenzen wird die vom Kapital erpreßbare Zufuhr der Arbeit also unabhängig von der Arbeiterzufuhr.[384] Umgekehrt läßt Abnahme in der Rate des Mehrwerts die Masse des produzierten Mehrwerts unverändert, wenn propotionell die Größe des variablen Kapitals oder die Anzahl der beschäftigten Arbeiter wächst.

Indes hat der Ersatz von Arbeiteranzahl oder Größe des variablen Kapitals durch gesteigerte Rate des Mehrwerts oder Verlängerung des Arbeitstags unüberspringbare Schranken. Welches immer der Wert der Arbeitskraft sei, ob daher die zur Erhaltung des Arbeiters notwendige Arbeitszeit 2 oder 10 Stunden betrage, der Gesamtwert, den ein Arbeiter tagaus, tagein produzieren kann, ist immer kleiner als der Wert, worin sich 24 Arbeitsstunden vergegenständlichen, kleiner als 12 sh. oder 4 Taler, wenn dies der Geldausdruck von 24 vergegenständlichten Arbeitsstunden. Unter unsrer frühern Annahme, wonach täglich 6 Arbeitsstunden erheischt, um die Arbeitskraft selbst zu reproduzieren oder den in ihrem Ankauf vorgeschoßnen Kapitalwert zu ersetzen, produziert ein variables Kapital von 500 Talern, das 500 Arbeiter zu Mehrwertsrate von 100% oder mit zwölfstündigem Arbeitstag verwendet, täglich einen Mehrwert von 500 Talern oder 6 x 500 Arbeitsstunden. Ein Kapital von 100 Talern, das 100 Arbeiter täglich verwendet zur Mehrwertsrate von 200% oder mit 18stündigem Arbeitstag, produziert nur eine Mehrwertsmasse von 200 Talern oder 12 x 100 Arbeitsstunden. Und sein gesamtes Wertprodukt, Äquivalent des vorgeschoßnen variablen Kapitals plus Mehrwert, kann tagaus, tagein niemals die Summe von 400 Talern oder 24 x 100 Arbeitsstunden erreichen. Die absolute Schranke des durchschnittlichen Arbeitstags, der von Natur immer kleiner ist als 24 Stunden, bildet eine absolute Schran-

[384] Dies Elementargesetz scheint den Herren von der Vulgärökonomie unbekannt die, umgekehrte Archimedes, in der Bestimmung der Marktpreise der Arbeit durch Nachfrage und Zufuhr den Punkt gefunden zu haben glauben, nicht um die Welt aus den Angeln zu heben, sondern um sie stillzusetzen.

ke für den Ersatz von vermindertem variablen Kapital durch gesteigerte Rate des Mehrwerts oder von verringerter exploitierten Arbeiteranzahl durch erhöhten Exploitationsgrad der Arbeitskraft. Dies handgreifliche zweite Gesetz ist wichtig zur Erklärung vieler Erscheinungen, entspringend aus der später zu entwickelnden Tendenz des Kapitals, die von ihm beschäftigte Arbeiteranzahl oder seinen variablen in Arbeitskraft umgesetzten Bestandteil soviel als immer möglich zu reduzieren, im Widerspruch zu seiner andren Tendenz, die möglichst große Masse von Mehrwert zu produzieren. Umgekehrt. Wächst die Masse der verwandten Arbeitskräfte oder die Größe des variablen Kapitals, aber nicht verhältnismäßig zur Abnahme in der Rate des Mehrwerts, so sinkt die Masse des produzierten Mehrwerts.

Ein drittes Gesetz ergibt sich aus der Bestimmung der Masse des produzierten Mehrwerts durch die zwei Faktoren, Rate des Mehrwerts und Größe des vorgeschoßnen variablen Kapitals. Die Rate des Mehrwerts oder den Exploitationsgrad der Arbeitskraft, und den Wert der Arbeitskraft oder die Größe der notwendigen Arbeitszeit gegeben, ist es selbstverständlich, daß, je größer das variable Kapital, desto größer die Masse des produzierten Werts und Mehrwerts. Ist die Grenze des Arbeitstags gegeben, ebenso die Grenze seines notwendigen Bestandteils, so hängt die Masse von Wert und Mehrwert, die ein einzelner Kapitalist produziert, offenbar ausschließlich ab von der Masse Arbeit, die er in Bewegung setzt. Diese aber hängt, unter den gegebnen Annahmen, ab von der Masse Arbeitskraft oder der Arbeiteranzahl, die er exploitiert, und diese Anzahl ihrerseits ist bestimmt durch die Größe des von ihm vorgeschoßnen variablen Kapitals. Bei gegebner Rate des Mehrwerts und gegebnem Wert der Arbeitskraft verhalten sich also die Massen des produzierten Mehrwerts direkt wie die Größen der vorgeschoßnen variablen Kapitale. Nun weiß man aber, daß der Kapitalist sein Kapital in zwei Teile teilt. Einen Teil legt er aus in Produktionsmitteln. Dies ist der konstante Teil seines Kapitals. Den andren Teil setzt er um in lebendige Arbeitskraft. Dieser Teil bildet sein variables Kapital. Auf Basis derselben Produktionsweise findet in verschiednen Produktionszweigen verschiedne Teilung des Kapitals in konstanten und variablen Bestandteil statt. Innerhalb desselben Produktionszweige wechselt dies Verhältnis mit wechselnder technischer Grundlage und gesellschaftlicher Kombination des Produktionsprozesses. Wie aber ein gegebnes Kapital immer zerfalle in konstanten und variablen Bestandteil, ob der letztre sich zum erstren verhalte wie 1:2, 1:10 oder 1:x, das eben aufgestellte Gesetz wird nicht davon berührt, da früherer Analyse gemäß der Wert des konstanten Kapitals im Produktenwert zwar wiedererscheint, aber nicht in das neugebildete Wertprodukt eingeht. Um 1.000 Spinner zu verwenden, sind natürlich mehr Rohmaterialen, Spindeln usw. erheischt, als um 100 zu verwenden. Der Wert dieser zuzusetzenden Produktionsmittel aber mag steigen, fallen, unverändert bleiben, groß oder klein sein, er bleibt ohne irgendeinen Einfluß auf den Verwertungsprozeß der sie bewegenden Arbeitskräfte. Das oben konstatierte Gesetz nimmt also die Form an: Die von verschiednen Kapitalen produzierten Massen von Wert und Mehrwert verhalten sich bei gegebnem Wert und gleich großem Exploitationsgrad der Arbeitskraft direkt wie die Größen der variablen Bestandteile dieser Kapitale, d.h. ihrer in lebendige Arbeitskraft umgesetzten Bestandteile.

Dies Gesetz widerspricht offenbar aller auf den Augenschein gegründeten Erfahrung. Jedermann weiß, daß ein Baumwollspinner, der, die Prozentteile des angewandten Gesamtkapitals berechnet, relativ viel konstantes und wenig variables Kapital anwendet, deswegen keinen kleinren Gewinn oder Mehrwert erbeutet als ein Bäcker, der relativ viel variables und wenig konstantes Kapital in Bewegung setzt. Zur Lösung dieses scheinbaren Widerspruchs bedarf es noch vieler Mittelglieder, wie es vom Standpunkt der elementaren Algebra vieler Mittelglieder bedarf, um zu verstehn, daß 0/0 eine wirkliche Größe darstellen kann. Obgleich sie das Gesetz nie formuliert hat, hängt die klassische Ökonomie instinktiv daran fest, weil es eine notwendige Konsequenz des Wertgesetzes überhaupt ist. Sie sucht es durch gewaltsame Abstraktion vor den Widersprüchen der Erscheinung zu retten. Man wird später[385] sehn, wie die Ricardosche Schule an diesem Stein des Anstoßes gestolpert ist. Die Vulgärökonomie, die „wirklich auch nichts gelernt hat", pocht hier, wie überall, auf den Schein gegen das Gesetz der Erscheinung. Sie glaubt im Gegensatz zu Spinoza, daß „die Unwissenheit ein hinreichender Grund ist".

Die Arbeit, die vom Gesamtkapital einer Gesellschaft tagaus, tagein in Bewegung gesetzt wird, kann als ein einziger Arbeitstag betrachtet werden. Ist z.B. die Zahl der Arbeiter eine Million und beträgt der Durchschnittsarbeitstag eines Arbeiters 10 Stunden, so besteht der gesellschaftliche Arbeitstag aus 10 Millionen Stunden. Bei gegebner Länge dieses Arbeitstags, seien seine Grenzen physisch oder sozial gezogen, kann die Masse des Mehrwerts nur vermehrt werden durch Vermehrung der Arbeiteranzahl, d.h. der Arbeiterbevölkerung. Das Wachstum der Bevölkrung bildet hier die mathematische Grenze für Produktion des Mehrwerts durch das gesellschaftliche Gesamtkapital. Umgekehrt. Bei gegebner Größe der Bevölkrung wird diese Grenze gebildet durch die mögliche Verlängerung des Arbeitstags.[386] Man wird im folgenden Kapitel sehn, daß dies Gesetz nur für die bisher behandelte Form des Mehrwerts gilt.

Aus der bisherigen Betrachtung der Produktion des Mehrwerts ergibt sich, daß nicht jede beliebige Geld- oder Wertsumme in Kapital verwandelbar, zu dieser Verwandlung vielmehr ein bestimmtes Minimum von Geld oder Tauschwert in der Hand des einzelnen Geld- oder Warenbesitzers vorausgesetzt ist. Das Minimum von variablem Kapital ist der Kostenpreis einer einzelnen Arbeitskraft, die das ganze Jahr durch, tagaus, tagein, zur Gewinnung von Mehrwert vernutzt wird. Wäre dieser Arbeiter im Besitz seiner eignen Produktionsmittel und be-

[385] Näheres darüber im „Vierten Buch".

[386] „Die Arbeit einer Gesellschaft, das ist die in der Wirtschaft verwandte Zeit, stellt eine gegebene Größe dar, sagen wir 10 Stunden täglich von einer Million Menschen oder 10 Millionen Stunden ... Das Kapital ist in seinem Wachstum begrenzt. In jeder gegebenen Periode besteht diese Grenze in dem wirklichen Ausmaß der in der Wirtschaft verwandten Zeit." („An Essay on the Political Economy of Nations", London 1821, p. 47, 49.)

gnügte er sich, als Arbeiter zu leben, so genügte ihm die zur Reproduktion seiner Lebensmittel notwendige Arbeitszeit, sage von 8 Stunden täglich. Er brauchte also auch nur Produktionsmittel für 8 Arbeitsstunden. Der Kapitalist dagegen, der ihn außer diesen 8 Stunden sage 4 Stunden Mehrarbeit verrichten läßt, bedarf einer zusätzlichen Geldsumme zur Beschaffung der zusätzlichen Produktionsmittel. Unter unsrer Annahme jedoch müßte er schon zwei Arbeiter anwenden, um von dem täglich angeeigneten Mehrwert wie ein Arbeiter leben, d.h. seine notwendigen Bedürfnisse befriedigen zu können. In diesem Fall wäre bloßer Lebensunterhalt der Zweck seiner Produktion, nicht Vermehrung des Reichtums, und das letztre ist unterstellt bei der kapitalistischen Produktion. Damit er nur doppelt so gut lebe wie ein gewöhnlicher Arbeiter und die Hälfte des produzierten Mehrwerts in Kapital zurückverwandle, müßte er zugleich mit der Arbeiterzahl das Minimum des vorgeschoßnen Kapitals um das Achtfache steigern. Allerdings kann er selbst, gleich seinem Arbeiter, unmittelbar Hand im Produktionsprozesse anlegen, aber ist dann auch nur ein Mittelding zwischen Kapitalist und Arbeiter, ein „kleiner Meister". Ein gewisser Höhegrad der kapitalistischen Produktion bedingt, daß der Kapitalist die ganze Zeit, während deren er als Kapitalist, d.h. als personifiziertes Kapital funktioniert, zur Aneignung und daher Kontrolle fremder Arbeit und zum Verkauf der Produkte dieser Arbeit verwenden könne.[387] Die Verwandlung des Handwerksmeisters in den Kapitalisten suchte das Zunftwesen des Mittelalters dadurch gewaltsam zu verhindern, daß es die Arbeiteranzahl, die ein einzelner Meister beschäftigen durfte, auf ein sehr geringes Maximum beschränkte. Der Geld- oder Warenbesitzer verwandelt sich erst wirklich in einen Kapitalisten, wo die für die Produktion vorgeschoßne Minimalsumme weit über dem mittelaltrigen Maximum steht. Hier, wie in der Naturwissenschaft, bewährt sich die Richtigkeit des von Hegel in seiner „Logik" entdeckten Gesetzes, daß bloß quantitative Verändrungen auf einem gewissen Punkt in qualitative Unterschiede umschlagen.[388]

[387] „Der Pächter darf nicht auf seiner eigenen Arbeit aufbauen; und wenn er es tut, so wird er meiner Meinung nach dadurch verlieren. Seine Tätigkeit sollte in der Beaufsichtigung des Ganzen bestehen: er muß auf seinen Drescher achten, denn sonst wird bald der Lohn hinausgeworfen sein für Getreide, das nicht ausgedroschen ist; ebenso müssen seine Mäher, Schnitter usw. überwacht werden; er muß ständig seine Zäune nachsehen; er muß aufpassen, ob nichts vernachlässigt wird; das würde der Fall sein, wenn er sich auf einen Punkt beschränken würde." ([J. Arbuthnot,] „An Enquiry into the Connection between the Price of Provisions, and the Size of Farms etc." By a Farmer, London 1773, p. 12.) Diese Schrift ist sehr interessant. Man kann darin die Genesis des „capitalist farmer" oder „merchant farmer" („kapitalistischen Pächters" oder „kaufmännischen Pächters"), wie er ausdrücklich genannt wird, studieren und seiner Selbstverherrlichung gegenüber dem „small farmer" („kleinen Pächter"), dem es wesentlich um die Subsistenz zu tun ist, zuhören. „Die Kapitalistenklasse wird zuerst teilweise und schließlich ganz und gar entbunden von der Notwendigkeit der Handarbeit." („Textbook of Lectures on the Polit. Economy of Nations". By the Rev. Richard Jones, Hertford 1852, Lecture III, p. 39.)

[388] Die in der modernen Chemie angewandte, von Laurent und Gerhardt zuerst wissenschaftlich entwickelte Molekulartheorie beruht auf keinem andren Gesetze. {Zusatz zur 3. Ausg.} - Wir bemerken zur Erklärung dieser für den Nichtchemiker ziemlich dunklen Anmerkung, daß der Verfasser hier von den von C. Gerhardt 1843 zuerst so benannten „homologen Reihen" von Kohlenwasserstoffverbindungen spricht, von denen jede eine eigne algebraische Zusammensetzungsformel hat. So die Reihe der Paraffine: CnH2n+2; die der normalen Alkohole: CnH2n+2; die der normalen fetten Säuren: CnH2nO2 und viele andre. In obigen Beispielen wird durch einfachen quantitativen Zusatz von CH2 zur Molekularformel jedesmal ein qualitativ verschiedner Körper gebildet. Über die, von Marx überschätzte, Teilnahme Laurents und Gerhardts an der Feststellung dieser wichtigen Tatsache vgl. Kopp, „Entwicklung der

Das Minimum der Wertsumme, worüber der einzelne Geld- oder Warenbesitzer verfügen muß, um sich in einen Kapitalisten zu entpuppen, wechselt auf verschiednen Entwicklungsstufen der kapitalistischen Produktion und ist, bei gegebner Entwicklungsstufe, verschieden in verschiednen Produktionssphären, je nach ihren besondren technischen Bedingungen. Gewisse Produktionssphären erheischen schon in den Anfängen der kapitalistischen Produktion ein Minimum von Kapital, das sich noch nicht in der Hand einzelner Individuen vorfindet. Dies veranlaßt teils Staatssubsidien an solche Private, wie in Frankreich zur Zeit Colberts und wie in manchen deutschen Staaten bis in unsre Epoche hinein, teils die Bildung von Gesellschaften mit gesetzlichem Monopol für den Betrieb gewisser Industrie- und Handelszweige[389] - die Vorläufer der modernen Aktiengesellschaften.

Wir halten uns nicht beim Detail der Verändrungen auf, die das Verhältnis von Kapitalist und Lohnarbeiter im Verlaufe des Produktionsprozesses erfuhr, also auch nicht bei den weitren Fortbestimmungen des Kapitals selbst. Nur wenige Hauptpunkte seien hier betont.

Innerhalb des Produktionsprozesses entwickelte sich das Kapital zum Kommando über die Arbeit, d.h. über die sich betätigende Arbeitskraft oder den Arbeiter selbst. Das personifizierte Kapital, der Kapitalist, paßt auf, daß der Arbeiter sein Werk ordentlich und mit dem gehörigen Grad von Intensität verrichte.

Das Kapital entwickelte sich ferner zu einem Zwangsverhältnis, welches die Arbeiterklasse nötigt, mehr Arbeit zu verrichten, als der enge Umkreis ihrer eignen Lebensbedürfnisse vorschrieb. Und als Produzent fremder Arbeitsamkeit, als Auspumper von Mehrarbeit und Exploiteur von Arbeitskraft übergipfelt es an Energie, Maßlosigkeit und Wirksamkeit alle frühern auf direkter Zwangsarbeit beruhenden Produktionssysteme.

Das Kapital ordnet sich zunächst die Arbeit unter mit den technischen Bedingungen, worin es sie historisch vorfindet. Es verändert daher nicht unmittelbar die Produktionsweise. Die Produktion von Mehrwert in der bisher betrachteten Form, durch einfache Verlängrung des Arbeitstags, erschien daher von jedem Wechsel der Produktionsweise selbst unabhängig. Sie war in der altmodischen Bäckerei nicht minder wirksam als in der modernen Baumwollspinnerei.

Betrachten wir den Produktionsprozeß unter dem Gesichtspunkt des Arbeitsprozesses, so verhielt sich der Arbeiter zu den Produktionsmitteln nicht als Kapital, sondern als bloßem Mittel und Material seiner zweckmäßigen produktiven Tätigkeit. In einer Gerberei z.B. behandelt er die Felle als seinen bloßen Arbeitsgegenstand. Es ist nicht der Kapitalist, dem er das Fell gerbt. Anders, sobald wir den Produktionsprozeß unter dem Gesichtspunkt des Verwertungsprozesses betrachteten. Die Produktionsmittel verwandelten sich sofort in Mittel zur Einsaugung fremder Arbeit. Es ist nicht mehr der Arbeiter, der die Produktionsmittel

---

Chemie", München 1873, S. 709 und 716, und Schorlemmer, „Rise and Progress of Organic Chemistry", London 1879, p. 54. - F. E.

[389] „Die Gesellschaft Monopolia" nennt Martin Luther derartige Institute.

anwendet, sondern es sind die Produktionsmittel, die den Arbeiter anwenden. Statt von ihm als stoffliche Elemente seiner produktiven Tätigkeit verzehrt zu werden, verzehren sie ihn als Ferment ihres eignen Lebensprozesses, und der Lebensprozeß des Kapitals besteht nur in seiner Bewegung als sich selbst verwertender Wert. Schmelzöfen und Arbeitsgebäude, die des Nachts ruhn und keine lebendige Arbeit einsaugen, sind „reiner Verlust" („mere loss") für den Kapitalisten. Darum konstituieren Schmelzöfen und Arbeitsgebäude einen „Anspruch auf die Nachtarbeit" der Arbeitskräfte. Die bloße Verwandlung des Geldes in gegenständliche Faktoren des Produktionsprozesses, in Produktionsmittel, verwandelt letztre in Rechtstitel und Zwangstitel auf fremde Arbeit und Mehrarbeit. Wie diese der kapitalistischen Produktion eigentümliche und sie charakterisierende Verkehrung, ja Verrückung des Verhältnisses von toter und lebendiger Arbeit, von Wert und wertschöpferischer Kraft, sich im Bewußtsein der Kapitalistenköpfe abspiegelt, zeige schließlich noch ein Beispiel. Während der englischen Fabrikantenrevolte von 1848-1850 schrieb „der Chef der Leinen- und Baumwollspinnerei zu Paisley, einer der ältesten und respektabelsten Firmen von Westschottland, der Kompagnie Carlile, Söhne und Co., die seit 1752 besteht und Generation nach Generation von derselben Familie geführt wird" - dieser äußerst intelligente Gentleman also schrieb in die „Glasgow Daily Mail" vom 25. April 1849 einen Brief[390] unter dem Titel: „Das Relaissystem", worin u.a. folgende grotesk naive Stelle unterläuft:

„Laßt uns nun die Übel betrachten, die aus einer Reduktion der Arbeitszeit von 12 auf 10 Stunden fließen ... Sie ‚belaufen' sich auf die allerernsthafteste Beschädigung der Aussichten und des Eigentums des Fabrikanten. Arbeitete er" (d.h. seine „Hände") „12 Stunden und wird er auf 10 beschränkt, dann schrumpfen je 12 Maschinen oder Spindeln seines Etablissements auf 10 zusammen (then every 12 machines or spindles, in his establischment, shrink to 10), und wollte er seine Fabrik verkaufen, so würden sie nur als 10 gewertschätzt werden, so daß so ein sechster Teil vom Wert einer jeden Fabrik im ganzen Lande abgezogen würde."[391]

Diesem erbangestammten Kapitalhirn von Westschottland verschwimmt der Wert der Produktionsmittel, Spindeln usw., so sehr mit ihrer Kapitaleigenschaft, sich selbst zu verwerten oder täglich ein bestimmtes Quantum fremder Gratisarbeit einzuschlucken, daß der Chef des Hauses Carlile und Co. in der Tat wähnt, beim Verkauf seiner Fabrik werde ihm nicht nur der Wert der Spindeln gezahlt, sondern obendrein ihre Verwertung, nicht nur die Arbeit, die in ihnen steckt und zur Produktion von Spindeln derselben Art nötig ist, sondern auch die Mehrarbeit, die sie täglich aus den braven Westschotten von Paisley auspumpen helfen, und ebendeshalb, meint er, schrumpfe mit der Verkürzung des Arbeitstags um zwei Stunden der Verkaufspreis von je 12 Spinnmaschinen auf den von je 10 zusammen!

[390] „Reports of Insp. of Fact. for 30th April 1849", p. 59.

[391] l.c.p. 60. Fabrikinspektor Stuart, selbst Schotte, und im Gegensatz zu den englischen Fabrikinspektoren ganz in kapitalistischer Denkart befangen, bemerkt ausdrücklich, dieser Brief, den er seinem Bericht einverleibt, „sei die allernützlichste Mitteilung, die irgendeiner der Fabrikanten, welche das Relaissystem anwenden, gemacht, und ganz besonders darauf berechnet, die Vorurteile und Bedenken gegen jenes System zu beseitigen".

DIE PRODUKTION DES RELATIVEN MEHRWERTS

Begriff des relativen Mehrwerts

Der Teil des Arbeitstags, der bloß ein Äquivalent für den vom Kapital gezahlten Wert der Arbeitskraft produziert, galt uns bisher als konstante Größe, was er in der Tat ist unter gegebnen Produktionsbedingungen, auf einer vorhandnen ökonomischen Entwicklungsstufe der Gesellschaft. Über diese seine notwendige Arbeitszeit hinaus konnte der Arbeiter 2, 3, 4, 6 usw. Stunden arbeiten. Von der Größe dieser Verlängrung hingen Rate des Mehrwerts und Größe des Arbeitstags ab. War die notwendige Arbeitszeit konstant, so dagegen der Gesamtarbeitstag variabel. Unterstelle jetzt einen Arbeitstag, dessen Größe und dessen Teilung in notwendige Arbeit und Mehrarbeit gegeben sind. Die Linie a c, a __________ b __ c, stelle z.B. einen zwölfstündigen Arbeitstag vor, das Stück a b 10 Stunden notwendig Arbeit, das Stück b c 2 Stunden Mehrarbeit. Wie kann nun die Produktion von Mehrwert vergrößert, d.h. die Mehrarbeit verlängert werden, ohne jede weitere Verlängrung oder unabhängig von jeder weiteren Verlängrung von a c?

Trotz gegebner Grenzen des Arbeitstags a c scheint b c verlängerbar, wenn nicht durch Ausdehnung über seinen Endpunkt c, der zugleich der Endpunkt des Arbeitstags a c ist, so durch Verschiebung seines Anfangspunkts b in entgegengesetzter Richtung nach a hin. Nimm an, b‘ _ b in a _________ b‘ _ b __ c sei gleich der Hälfte von b c oder gleich einer Arbeitsstunde. Wird nun in dem zwölfstündigen Arbeitstag a c der Punkt b nach b‘ verrückt, so dehnt sich b c aus zu b‘ c, die Mehrarbeit wächst um die Hälfte, von 2 auf 3 Stunden, obgleich der Arbeitstag nach wie vor nur 12 Stunden zählt. Diese Ausdehnung der Mehrarbeit von b c auf b‘ c, von 2 auf 3 Stunden, ist aber offenbar unmöglich ohne gleichzeitige Zusammenziehung der notwendigen Arbeit von a b auf a b‘, von 10 auf 9 Stunden. Der Verlängrung der Mehrarbeit entspräche die Verkürzung der notwendigen Arbeit, oder ein Teil der Arbeitszeit, die der Arbeiter bisher in der Tat für sich selbst verbraucht, verwandelt sich in Arbeitszeit für den Kapitalisten. Was verändert, wäre nicht die Länge des Arbeitstags, sondern seine Teilung in notwendige Arbeit und Mehrarbeit.

Andrerseits ist die Größe der Mehrarbeit offenbar selbst gegeben mit gegebner Größe des Arbeitstags und gegebnem Wert der Arbeitskraft. Der Wert der Arbeitskraft, d.h. die zu ihrer Produktion erheischte Arbeitszeit, bestimmt die zur Reproduktion ihres Werts notwendige Arbeitszeit. Stellt sich eine Arbeitsstunde in einem Goldquantum von einem halben Shilling oder 6 d. dar, und beträgt der

Tageswert der Arbeitskraft 5 sh., so muß der Arbeiter täglich 10 Stunden arbeiten, um den ihm vom Kapital gezahlten Tageswert seiner Arbeitskraft zu ersetzen oder ein Äquivalent für den Wert seiner notwendigen täglichen Lebensmittel zu produzieren. Mit dem Wert dieser Lebensmittel ist der Wert seiner Arbeitskraft,[392] mit dem Wert seiner Arbeitskraft ist die Größe seiner notwendigen Arbeitszeit gegeben. Die Größe der Mehrarbeit aber wird erhalten durch Subtraktion der notwendigen Arbeitszeit vom Gesamtarbeitstag. Zehn Stunden subtrahiert von zwölf lassen zwei, und es ist nicht abzusehn, wie die Mehrarbeit unter den gegebnen Bedingungen über zwei Stunden hinaus verlängert werden kann. Allerdings mag der Kapitalist statt 5 sh. dem Arbeiter nur 4 sh. 6 d. oder noch weniger zahlen. Zur Reproduktion dieses Werts von 4 sh. 6 d. würden 9 Arbeitsstunden genügen, von dem zwölfstündigen Arbeitstag daher 3 statt 2 Stunden der Mehrarbeit anheimfallen und der Mehrwert selbst von 1 sh. auf 1 sh. 6 d. steigen. Dies Resultat wäre jedoch nur erzielt durch Herabdrückung des Lohns des Arbeiters unter den Wert seiner Arbeitskraft. Mit den 4 sh. 6 d., die er in 9 Stunden produziert, verfügt er über 1/10 weniger Lebensmittel als vorher, und so findet nur eine verkümmerte Reproduktion seiner Arbeitskraft statt. Die Mehrarbeit würde hier nur verlängert durch Überschreitung ihrer normalen Grenzen, ihre Domäne nur ausgedehnt durch usurpatorischen Abbruch von der Domäne der notwendigen Arbeitszeit. Trotz der wichtigen Rolle, welche diese Methode in der wirklichen Bewegung des Arbeitslohnes spielt, ist sie hier ausgeschlossen durch die Voraussetzung, daß die Waren, also auch die Arbeitskraft, zu ihrem vollen Wert gekauft und verkauft werden. Dies einmal unterstellt, kann die zur Produktion der Arbeitskraft oder zur Reproduktion ihres Werts notwendige Arbeitszeit nicht abnehmen, weil der Lohn des Arbeiters unter den Wert seiner Arbeitskraft, sondern nur wenn dieser Wert selbst sinkt. Bei gegebner Länge des Arbeitstags des Arbeitstags muß die Verlängrung der Mehrarbeit aus der Verkürzung der notwendigen Arbeitszeit entspringen, nicht umgekehrt die Verkürzung der notwendigen Arbeitszeit aus der Verlängrung der Mehrarbeit. In unsrem Beispiel muß der Wert der Arbeitskraft wirklich um 1/10 sinken, damit die notwendige Arbeitszeit um 1/10 abnehme, von 10 auf 9 Stunden, und daher die Mehrarbeit sich von 2 auf 3 Stunden verlängre.

Eine solche Senkung des Werts der Arbeitskraft um 1/10 bedingt aber ihrerseits, daß dieselbe Masse Lebensmittel, die früher in 10, jetzt in 9 Stunden produziert wird. Dies ist jedoch unmöglich ohne eine Erhöhung der Produktivkraft

[392] Der Wert des täglichen Durchschnittslohns ist bestimmt durch das, was der Arbeiter braucht, „um zu leben, zu arbeiten und sich fortzupflanzen". (William Petty, „Political Anatomy of Ireland", 1672, p. 64.) „Der Preis der Arbeit wird immer vom Preis der notwendigen Lebensmittel bestimmt." Der Arbeiter erhält nicht den entsprechenden Lohn, „wann immer ... der Lohn des Arbeiters nicht hinreicht, eine so große Familie, wie sie das Los vieler von ihnen ist, entsprechend seinem niedrigen Stand und als Arbeiter zu ernähren". (J. Vanderlint, l.c.p. 15.) „Der einfache Arbeiter, der nichts als seine Arme und seinen Fleiß besitzt, hat nichts, außer wenn es ihm gelingt, seine Arbeit an andre zu verkaufen ... Bei jeder Art Arbeit muß es dahin kommen, und kommt es in der Tat dahin, daß der Lohn des Arbeiters auf das begrenzt ist, was er notwendig zu seinem Lebensunterhalt braucht." (Turgot, „Réflexions etc.", „Oeuvres", éd. Daire, t. I, p. 10.) „Der Preis der Subsistenzmittel ist in der Tat gleich den Kosten der Produktion der Arbeit." (Malthus, „Inquiry into etc. Rent", Lond. 1815, p. 48, Note.)

der Arbeit. Mit gegebnen Mitteln kann ein Schuster z.B. ein Paar Stiefel in einem Arbeitstag von 12 Stunden machen. Soll er in derselben Zeit zwei Paar Stiefel machen, so muß sich die Produktivkraft seiner Arbeit verdoppeln, und sie kann sich nicht verdoppeln ohne eine Änderung in seinen Arbeitsmitteln oder seiner Arbeitsmethode oder beiden zugleich. Es muß daher eine Revolution in den Produktionsbedingungen seiner Arbeit eintreten, d.h. in seiner Produktionsweise und daher im Arbeitsprozeß selbst. Unter Erhöhung der Produktivkraft der Arbeit verstehn wir hier überhaupt eine Verändrung im Arbeitsprozeß, wodurch die zur Produktion einer Ware gesellschaftlich erheischte Arbeitszeit verkürzt wird, ein kleinres Quantum Arbeit also die Kraft erwirbt, ein größres Quantum Gebrauchswert zu produzieren.[393] Während also bei der Produktion des Mehrwerts in der bisher betrachteten Form die Produktionsweise als gegeben unterstellt war, genügt es für die Produktion von Mehrwert durch Verwandlung not- wendiger Arbeit in Mehrarbeit keineswegs, daß das Kapital sich des Arbeitsprozesses in seiner historisch überlieferten oder vorhandnen Gestalt bemächtigt und nur seine Dauer verlängert. Es muß die technischen und gesellschaftlichen Bedingungen des Arbeitsprozesses, also die Produktionsweise selbst umwälzen, um die Produktivkraft der Arbeit zu erhöhn, durch die Erhöhung der Produktivkraft der Arbeit den Wert der Arbeitskraft zu senken und so den zur Reproduktion dieses Werts notwendigen Teil des Arbeitstags zu verkürzen.

Durch Verlängrung des Arbeitstags produzierten Mehrwert nenne ich absoluten Mehrwert; den Mehrwert dagegen, der aus Verkürzung der notwendigen Arbeitszeit und entsprechender Verändrung im Größenverhältnis der beiden Bestandteile des Arbeitstags entspringt - relativen Mehrwert.

Um den Wert der Arbeitskraft zu senken, muß die Steigerung der Produktivkraft Industriezweige ergreifen, deren Produkte den Wert der Arbeitskraft bestimmen, also entweder dem Umkreis der gewohnheitsmäßigen Lebensmittel angehören oder sie ersetzen können. Der Wert einer Ware ist aber nicht nur bestimmt durch das Quantum der Arbeit, welche ihr die letzte Form gibt, sondern ebensowohl durch die in ihren Produktionsmitteln enthaltne Arbeitsmasse. Z.B. der Wert eines Stiefels nicht nur durch die Schusterarbeit, sondern auch durch den Wert von Leder, Pech, Draht usw. Steigerung der Produktivkraft und entsprechende Verwohlfeilerung der Waren in den Industrien, welche die stofflichen Elemente des konstanten Kapitals, die Arbeitsmittel und das Arbeitsmaterial, zur Erzeugung der notwendigen Lebensmittel liefern, senken also ebenfalls den Wert der Arbeitskraft. In Produktionszweigen dagegen, die weder notwendige Lebensmittel liefern noch Produktionsmittel zu ihrer Herstellung, läßt die erhöhte Produktivkraft den Wert der Arbeitskraft unberührt.

[393] „Wenn die Gewerbe sich vervollkommnen, so bedeutet das nichts andres als die Entdeckung neuer Wege, auf denen ein Produkt mit weniger Menschen oder (was dasselbe ist) in kürzer Zeit als vorher verfertigt werden kann." (Galiani, l.c.p. 158, 159.) „Die Ersparnis an den Kosten der Produktion kann nichts anderes sein als Ersparnis an der zur Produktion angewandten Arbeitsmenge." (Sismondi, „Études etc.", t. I, p. 22.)

Die verwohlfeilerte Ware senkt natürlich den Wert der Arbeitskraft nur pro tanto, d.h. nur im Verhältnis, worin sie in die Reproduktion der Arbeitskraft eingeht. Hemden z.B. sind ein notwendiges Lebensmittel, aber nur eins von vielen. Ihre Verwohlfeilerung vermindert bloß die Ausgabe des Arbeiters für Hemden. Die Gesamtsumme der notwendigen Lebensmittel besteht jedoch nur aus verschiednen Waren, lauter Produkten besondrer Industrien, und der Wert jeder solchen Ware bildet stets einen aliquoten Teil vom Wert der Arbeitskraft. Dieser Wert nimmt ab mit der zu seiner Reproduktion notwendigen Arbeitszeit, deren Gesamtverkürzung gleich der Summe ihrer Verkürzungen in allen jenen besondren Produktionszweigen ist. Wir behandeln dies allgemeine Resultat hier so, als wäre es unmittelbares Resultat und unmittelbarer Zweck in jedem einzelnen Fall. Wenn ein einzelner Kapitalist durch Steigerung der Produktivkraft der Arbeit z.B. Hemden verwohlfeilert, schwebt ihm keineswegs notwendig der Zweck vor, den Wert der Arbeitskraft und daher die notwendige Arbeitszeit pro tanto zu senken, aber nur soweit er schließlich zu diesem Resultat beiträgt, trägt er bei zur Erhöhung der allgemeinen Rate des Mehrwerts.[394] Die allgemeinen und notwendigen Tendenzen des Kapitals sind zu unterscheiden von ihren Erscheinungsformen.

Die Art und Weise, wie die immanenten Gesetze der kapitalistischen Produktion in der äußern Bewegung der Kapitale erscheinen, sich als Zwangsgesetze der Konkurrenz geltend machen und daher als treibende Motive dem individuellen Kapitalisten zum Bewußtsein kommen, ist jetzt nicht zu betrachten, aber soviel erhellt von vornherein: Wissenschaftliche Analyse der Konkurrenz ist nur möglich, sobald die innere Natur des Kapitals begriffen ist, ganz wie die scheinbare Bewegung der Himmelskörper nur dem verständlich, der ihre wirkliche, aber sinnlich nicht wahrnehmbare Bewegung kennt. Dennoch ist zum Verständnis der Produktion des relativen Mehrwerts und bloß auf Grundlage der bereits gewonnenen Resultate folgendes zu bemerken.

Stellt sich eine Arbeitsstunde in einem Goldquantum von 6 d. oder 1/2 sh. dar, so wird in zwölfstündigem Arbeitstag ein Wert von 6 sh. produziert. Gesetzt, mit der gegebnen Produktivkraft der Arbeit würden 12 Stück Waren in diesen 12 Arbeitsstunden verfertigt. Der Wert der in jedem Stück vernutzten Produktionsmittel, Rohmaterial usw. sei 6 d. Unter diesen Umständen kostet die einzelne Ware 1 sh., nämlich 6 d. für den Wert der Produktionsmittel, 6 d. für den in ihrer Verarbeitung neu zugesetzten Wert. Es gelinge nun einem Kapitalisten, die Produktivkraft der Arbeit zu verdoppeln und daher 24 statt 12 Stück dieser Warenart in dem zwölfstündigen Arbeitstag zu produzieren. Bei unverändertem Wert der Produktionsmittel sinkt der Wert der einzelnen Ware jetzt auf 9 d., nämlich 6 d. für den Wert der Produktionsmittel, 3 d. für den durch die letzte Arbeit neu zugesetzten Wert. Trotz der verdoppelten Produktivkraft schafft der Arbeitstag nach

[394] „Wenn der Fabrikant durch Verbesserung der Maschinerie seine Produkte verdoppelt ... gewinnt er (schließlich) bloß, sofern er dadurch befähigt wird, den Arbeiter wohlfeiler zu kleiden ... und so ein kleinerer Teil des Gesamtertrags auf den Arbeiter fällt." (Ramsay, l.c.p. 168, 169.)

wie vor nur einen Neuwert von 6 sh., welcher sich jedoch jetzt auf doppelt soviel Produkte verteilt. Auf jedes einzelne Produkt fällt daher nur noch 1/24 statt 1/12 dieses Gesamtwerts, 3 d. statt 6 d. oder, was dasselbe ist, den Produktionsmitteln wird bei ihrer Verwandlung in Produkt, jedes Stück berechnet, jetzt nur noch eine halbe statt wie früher eine ganze Arbeitsstunde zugesetzt. Der individuelle Wert dieser Ware steht nun unter ihrem gesellschaftlichen Wert, d.h., sie kostet weniger Arbeitszeit als der große Haufen derselben Artikel, produziert unter den gesellschaftlichen Durchschnittsbedingungen. Das Stück kostet im Durchschnitt 1 sh. oder stellt 2 Stunden gesellschaftlicher Arbeit dar; mit der veränderten Produktionsweise kostet es nur 9 d. oder enthält nur 1 1/2 Arbeitsstunden. Der wirkliche Wert einer Ware ist aber nicht ihr individueller, sondern ihr gesellschaftlicher Wert, d.h., er wird nicht durch die Arbeitszeit gemessen, die sie im einzelnen Fall dem Produzenten tatsächlich kostet, sondern durch die gesellschaftlich zu ihrer Produktion erheischte Arbeitszeit. Verkauft also der Kapitalist, der die neue Methode anwendet, seine Ware zu ihrem gesellschaftlichen Wert von 1 sh., so verkauft er sie 3 d. über ihrem individuellen Wert und realisiert so einen Extramehrwert von 3 d. Andrerseits stellt sich aber der zwölfstündige Arbeitstag jetzt für ihn in 24 Stück Ware dar statt früher in 12. Um also das Produkt eines Arbeitstags zu verkaufen, bedarf er doppelten Absatzes oder eines zweifach größern Markts. Unter sonst gleichbleibenden Umständen erobern seine Waren nur größern Marktraum durch Kontraktion ihrer Preise. Er wird sie daher über ihrem individuellen, aber unter ihrem gesellschaftliche Wert verkaufen, sage zu 10 d. das Stück. So schlägt er an jedem einzelnen Stück immer noch einen Extramehrwert von 1 d. heraus. Diese Steigerung des Mehrwerts findet für ihn statt, ob oder ob nicht seine Ware dem Umkreis der notwendigen Lebensmittel angehört und daher bestimmend in den allgemeinen Wert der Arbeitskraft eingeht. Vom letztren Umstand abgesehn, existiert also für jeden einzelnen Kapitalisten das Motiv, die Ware durch erhöhte Produktivkraft der Arbeit zu verwohlfeilern.

Indes entspringt selbst in diesem Fall die gesteigerte Produktion von Mehrwert aus der Verkürzung der notwendigen Arbeitszeit und entsprechender Verlängrung der Mehrarbeit.[395] Die notwendige Arbeitszeit betrage 10 Stunden oder der Tageswert der Arbeitskraft 5 sh., die Mehrarbeit 2 Stunden, der täglich produzierte Mehrwert daher 1 sh. Unser Kapitalist produziert aber jetzt 24 Stück, die er zu 10 d. per Stück oder zusammen zu 20 sh. verkauft. Da der Wert der Produktionsmittel gleich 12 Schilling, ersetzen 14 2/5 Stück Ware nur das vorgeschoßne konstante Kapital. Der zwölfstündige Arbeitstag stellt sich in den übrigbleibenden 9 3/5 Stück dar. Da der Preis der Arbeitskraft = 5 sh., stellt sich im Produkt von 6 Stück die notwendige Arbeitszeit dar und in 3 3/5 Stück die Mehrarbeit. Das Ver-

[395] „Der Profit eines Menschen hängt nicht ab von seinem Kommando über das Produkt der Arbeit andrer, sondern von seinem Kommando über Arbeit selbst. Wenn er seine Waren zu einem höhern Preis verkaufen kann, während die Löhne seiner Arbeiter unverändert bleiben, so zieht er augenscheinlich Gewinn daraus ... Ein kleinerer Teil dessen, was er produziert, reicht hin, jene Arbeit in Bewegung zu setzen, und demzufolge verbleibt ihm ein größerer Teil.“ ([J. Cazenove,] „Outlines of Polit. Econ.“, London 1832, p. 49, 50.)

hältnis der notwendigen Arbeit zur Mehrarbeit, welches unter den gesellschaftlichen Durchschnittsbedingungen 5:1 betrug, beträgt jetzt nur noch 5:3. Dasselbe Resultat erhält man so: Der Produktenwert des zwölfstündigen Arbeitstags ist 20 sh. Davon gehören 12 sh. dem nur wieder erscheinenden Wert der Produktionsmittel. Bleiben also 8 sh. als Geldausdruck des Werts, worin sich der Arbeitstag darstellt. Dieser Geldausdruck ist höher als der Geldausdruck der gesellschaftlichen Durchschnittsarbeit von derselben Sorte, wovon sich 12 Stunden nur in 6 sh. ausdrücken. Die Arbeit von ausnahmsweiser Produktivkraft wirkt als potenzierte Arbeit oder schafft in gleichen Zeiträumen höhere Werte als die gesellschaftliche Durchschnittsarbeit derselben Art. Aber unser Kapitalist zahlt nach wie vor nur 5 sh. für den Tageswert der Arbeitskraft. Der Arbeiter bedarf daher, statt früher 10, jetzt nur noch 7 1/2 Stunden zur Reproduktion dieses Werts. Seine Mehrarbeit wächst daher um 2 1/2 Stunden, der von ihm produzierte Mehrwert von 1 auf 3 sh. Der Kapitalist, der die verbesserte Produktionsweise anwendet, eignet sich daher einen größern Teil des Arbeitstags für die Mehrarbeit an als die übrigen Kapitalisten in demselben Geschäft. Er tut im einzelnen, was das Kapital bei der Produktion des relativen Mehrwerts im großen und ganzen tut. Andrerseits aber verschwindet jener Extramehrwert, sobald die neue Produktionsweise sich verallgemeinert und damit die Differenz zwischen dem individuellen Wert der wohlfeiler produzierten Waren und ihrem gesellschaftliche Wert verschwindet. Dasselbe Gesetz der Wertbestimmung durch die Arbeitszeit, das dem Kapitalisten mit der neuen Methode in der Form fühlbar wird, daß er seine Ware unter ihrem gesellschaftlichen Wert verkaufen muß, treibt seine Mitbewerber als Zwangsgesetz der Konkurrenz zur Einführung der neuen Produktionsweise.[396] Die allgemeine Rate des Mehrwerts wird also durch den ganzen Prozeß schließlich nur berührt, wenn die Erhöhung der Produktivkraft der Arbeit Produktionszweige ergriffen, also Waren verwohlfeilert hat, die in den Kreis der notwendigen Lebensmittel eingehn, daher Elemente des Werts der Arbeitskraft bilden.

Der Wert der Waren steht in umgekehrtem Verhältnis zur Produktivkraft der Arbeit. Ebenso, weil durch Warenwerte bestimmt, der Wert der Arbeitskraft. Dagegen steht der relative Mehrwert in direktem Verhältnis zur Produktivkraft der Arbeit. Er steigt mit steigender und fällt mit fallender Produktivkraft. Ein gesellschaftlicher Durchschnittsarbeitstag von 12 Stunden, Geldwert als gleichbleibend vorausgesetzt, produziert stets dasselbe Wertprodukt von 6 sh., wie diese Wertsumme sich immer verteile zwischen Äquivalent für den Wert der Arbeitskraft und Mehrwert. Fällt aber infolge gesteigerter Produktivkraft der Wert der täglichen Lebensmittel und daher der Tageswert der Arbeitskraft von 5 sh. auf

[396] „Wenn mein Nachbar billig verkaufen kann, indem er mit wenig Arbeit viel herstellt, muß ich danach trachten, ebenso billig wie er zu verkaufen. So erzeugt jede Kunst, jedes Verfahren oder jede Maschine, die mit der Arbeit von weniger Händen und infolgedessen billiger arbeitet, bei andren eine Art Zwang und einen Wettbewerb, entweder dieselbe Kunst, dasselbe Verfahren oder Maschine anzuwenden, oder etwas Ähnliches zu erfinden, damit alle auf gleichem Stand seien und keiner seinen Nachbar unterbieten könne." („The Advantages of the East-India Trade to England", Lond. 1720, p. 67.)

3 sh., so wächst der Mehrwert von 1 sh. auf 3 sh. Um den Wert der Arbeitskraft zu reproduzieren, waren 10 und sind jetzt nur noch 6 Arbeitsstunden nötig. Vier Arbeitsstunden sind frei geworden und können der Domäne der Mehrarbeit annexiert werden. Es ist daher der immanente Trieb und die beständige Tendenz des Kapitals, die Produktivkraft der Arbeit zu steigern, um die Ware und durch die Verwohlfeilerung der Ware den Arbeiter selbst zu verwohlfeilern.[397]

Der absolute Wert der Ware ist dem Kapitalisten, der sie produziert, an und für sich gleichgültig. Ihn interessiert nur der in ihr steckende und im Verkauf realisierbare Mehrwert. Realisierung von Mehrwert schließt von selbst Ersatz des vorgeschoßnen Werts ein. Da nun der relative Mehrwert in direktem Verhältnis zur Entwicklung der Produktivkraft der Arbeit wächst, während der Wert der Waren in umgekehrtem Verhältnis zur selben Entwicklung fällt, da also derselbe identische Prozeß die Waren verwohlfeilert und den in ihnen enthaltnen Mehrwert steigert, löst sich das Rätsel, daß der Kapitalist, dem es nur um die Produktion von Tauschwert zu tun ist, den Tauschwert der Waren beständig zu senken strebt, ein Widerspruch, womit einer der Gründer der politischen Ökonomie, Quesnay, seine Gegner quälte und worauf sie ihm die Antwort schuldig blieben.

„Ihr gebt zu", sagt Qeusnay, „daß, je mehr man, ohne Nachteil für die Produktion, Kosten oder kostspielige Arbeiten in der Fabrikation industrieller Produkte ersparen kann, desto vorteilhafter diese Ersparung, weil sie den Preis des Machwerks vermindert. Und trotzdem glaubt ihr, daß die Produktion des Reichtums, der aus den Arbeiten der Industriellen herkommt, in der Vermehrung des Tauschwerts ihres Machwerks besteht."[398]

Ökonomie der Arbeit durch Entwicklung der Produktivkraft der Arbeit[399] bezweckt in der kapitalistischen Produktion also durchaus nicht Verkürzung des Arbeitstags. Sie bezweckt nur Verkürzung der für Produktion eines bestimmten Warenquantums notwendigen Arbeitszeit. Daß der Arbeiter bei gesteigerter Produktivkraft seiner Arbeit in einer Stunde z.B. 10mal mehr Ware früher produziert,

[397] „In welchem Verhältnis immer die Ausgaben eines Arbeiters verringert werden, in gleichem Verhältnis wird auch sein Lohn verringert, wenn die Einschränkungen der Industrie gleichzeitig aufgehoben werden." („Considerations concerning taking off the Bounty on Corn exported etc.", Lond. 1753, p. 7.) „Das Interesse der Industrie erfordert, daß Korn und alle Lebensmittel so billig wie möglich sind; was immer sie verteuert, muß auch die Arbeit verteuern ... in allen Ländern, in denen die Industrie keinen Einschränkungen unterliegt muß, der Preis der Lebensmittel auf den Preis der Arbeit einwirken. Dieser wird stets herabgesetzt werden, wenn die notwendigen Lebensmittel billiger werden." (l.c.p. 3.) „Die Löhne werden im selben Verhältnis gesenkt, in dem die Produktionskräfte anwachsen. Die Maschine verbilligt zwar die notwendigen Lebensmittel, aber sie verbilligt außerdem auch den Arbeiter." (A Prize Essay on the comparative merits of Competition and Cooperation", London 1834, p. 27.)

[398] „Ils conviennent que plus on peut sans préjudice, épargner de frais ou de travaux dispendieux dans la fabrication des ouvrages des artisans, plus cette épargne est profitable par la diminution des prix de ces ouvrages. Cependant ils croient que a production de richesse qui résulte des travaux des artisans consiste dans l'augmentation de la valeur vénale de leurs ouvrages." (Quesnay, „Dialogues sur le Commerce et sur les Travaux des Artisans", p.188, 189.)

[399] „Diese Spekulanten, die so sehr sparen an der Arbeit der Arbeiter, die sie bezahlen müßten." (J. N. Bidaut, „Du Monopole qui s'établit dans les arts industriels et le commerce", Paris 1828, p. 13.) „Der Unternehmer wird immer alles daransetzen, um Zeit und Arbeit zu sparen." (Dugald Stewart, „Works", ed. by Sir W. Hamilton, v. VIII, Edinburgh 1855, „Lectures on Polit. Econ.", p. 318.) „Sie" (die Kapitalisten) „sind daran interessiert, daß die Produktivkräfte der Arbeiter, die sie beschäftigen, so groß wie möglich seien. Diese Kraft zu steigern, darauf ist ihre Aufmerksamkeit, und zwar fast ausschließlich gerichtet." (R. Jones, l.c., Lecture III.)

also für jedes Stück Ware 10mal weniger Arbeitszeit braucht, verhindert durchaus nicht, ihn nach wie vor 12 Stunden arbeiten und in den 12 Stunden 1.200 statt früher 120 Stück produzieren zu lassen. Ja, sein Arbeitstag mag gleichzeitig verlängert werden, so daß er jetzt in 14 Stunden 1.400 Stück produziert usw. Man kann daher bei Ökonomen vom Schlag eines MacCulloch, Ure, Senior und tutti quanti auf einer Seite lesen, daß der Arbeiter dem Kapital für die Entwicklung der Produktivkräfte Dank schuldet, weil sie die notwendige Arbeitszeit verkürzt, und auf der nächsten Seite, daß er diesen Dank beweisen muß, indem er statt 10 künftig 15 Stunden arbeitet. Die Entwicklung der Produktivkraft der Arbeit, innerhalb der kapitalistischen Produktion, bezweckt, den Teil des Arbeitstags, den der Arbeiter für sich selbst arbeiten muß, zu verkürzen, um grade dadurch den andren Teil des Arbeitstags, den er für den Kapitalisten umsonst arbeiten kann, zu verlängern. Wieweit dies Resultat auch ohne Verwohlfeilerung der Waren erreichbar, wird sich zeigen in den besondren Produktionsmethoden des relativen Mehrwerts, zu deren Betrachtung wir jetzt übergehn.

Kooperation

Die kapitalistische Produktion beginnt, wie wir sahen, in der Tat erst, wo dasselbe individuelle Kapital eine größere Anzahl Arbeiter gleichzeitig beschäftigt, der Arbeitsprozeß also seinen Umfang erweitert und Produkt auf größrer quantitativer Stufenleiter liefert. Das Wirken einer größern Arbeiteranzahl zur selben Zeit, in demselben Raum (oder, wenn man will, auf demselben Arbeitsfeld), zur Produktion derselben Warensorte, unter dem Kommando desselben Kapitalisten, bildet historisch und begrifflich den Ausgangspunkt der kapitalistischen Produktion. Mit Bezug auf die Produktionsweise selbst unterscheidet sich z.B. die Manufaktur in ihren Anfängen kaum anders von der zünftigen Handwerksindustrie als durch die größere Zahl der gleichzeitig von demselben Kapital beschäftigten Arbeiter. Die Werkstatt des Zunftmeisters ist nur erweitert.

Der Unterschied ist also zunächst bloß quantitativ. Man sah, daß die Masse des Mehrwerts, welche ein gegebnes Kapital produziert, gleich dem Mehrwert, den der einzelne Arbeiter liefert, multipliziert mit der Anzahl der gleichzeitig beschäftigten Arbeiter. Diese Anzahl ändert an und für sich nichts an der Rate des Mehrwerts oder dem Exploitationsgrad der Arbeitskraft, und mit Bezug auf die Produktion von Warenwert überhaupt scheint jede qualitative Verändrung des Arbeitsprozesses gleichgültig. Es folgt dies aus der Natur des Werts. Vergegenständlicht sich ein zwölfstündiger Arbeitstag in 6 sh., so 1.200 solcher Arbeitstage in 6 sh. × 1.200. In dem einen Fall haben sich 12 × 1.200, in dem andren 12 Arbeitsstunden den Produkten einverleibt. In der Wertproduktion zählen viele immer nur als viele einzelne. Für die Wertproduktion macht es also keinen Unterschied, ob 1.200 Arbeiter vereinzelt produzieren oder vereint unter dem Kommando desselben Kapitals.

Indes findet doch innerhalb gewisser Grenzen eine Modifikation statt. In Wert vergegenständlichte Arbeit ist Arbeit von gesellschaftlicher Durchschnittsqualität, also die Äußerung einer durchschnittlichen Arbeitskraft. Eine Durchschnittsgröße existiert aber immer nur als Durchschnitt vieler verschiedner Größenindividuen derselben Art. In jedem Industriezweig weicht der individuelle Arbeiter, Peter oder Paul, mehr oder minder vom Durchschnittsarbeiter ab. Diese individuellen Abweichungen, welche mathematisch „Fehler" heißen, kompensieren sich und verschwinden, sobald man eine größere Anzahl Arbeiter zusammennimmt. Der berühmte Sophist und Sykophant Edmund Burke will aus seinen praktischen Erfahrungen als Pächter sogar wissen, daß schon „für ein so geringes Peloton" wie 5 Ackerknechte aller individuelle Unterschied der Arbeit verschwindet, also die ersten besten im Mannesalter befindlichen fünf englischen Ackerknechte zusammengenommen in derselben Zeit grad soviel Arbeit verrichten als beliebige andre fünf englische Ackerknechte.[400] Wie dem auch sei, es ist klar, daß der Gesamtarbeitstag einer größren Anzahl gleichzeitig beschäftigter Arbeiter, dividiert durch die Anzahl der Arbeiter, an und für sich ein Tag gesellschaftlicher Durchschnittsarbeit ist. Der Arbeitstag des einzelnen sei z.B. zwölfstündig. So bildet der Arbeitstag von 12 gleichzeitig beschäftigten Arbeitern einen Gesamtarbeitstag von 144 Stunden, und obgleich die Arbeit eines jeden des Dutzend mehr oder minder von der gesellschaftlichen Durchschnittsarbeit abweichen, der einzelne daher etwas mehr oder weniger Zeit zu derselben Verrichtung brauchen mag, besitzt der Arbeitstag jedes einzelnen als ein Zwölftel des Gesamtarbeitstags von 144 Stunden die gesellschaftliche Durchschnittsqualität. Für den Kapitalisten aber, der ein Dutzend beschäftigt, existiert der Arbeitstag als Gesamtarbeitstag des Dutzend. Der Arbeitstag jedes einzelnen existiert als aliquoter Teil des Gesamtarbeitstags, ganz unabhängig davon, ob die zwölf einander in die Hand arbeiten oder ob der ganze Zusammenhang ihrer Arbeiten nur darin besteht, daß sie für denselben Kapitalisten arbeiten.

Werden dagegen von den 12 Arbeitern je zwei von einem kleinen Meister beschäftigt, so wird es zufällig, ob jeder einzelne Meister dieselbe Wertmasse produziert und daher die allgemeine Rate des Mehrwerts realisiert. Es fänden individuelle Abweichungen statt. Verbrauchte ein Arbeiter bedeutend mehr Zeit in der Produktion einer Ware, als gesellschaftlich erheischt ist, wiche die für ihn individuell notwendige Arbeitszeit bedeutend ab von der gesellschaftlich notwendigen oder der Durchschnittsarbeitszeit, so gälte seine Arbeit nicht als Durchschnittsarbeit, seine Arbeitskraft nicht als durchschnittliche Arbeitskraft.

[400] „Ohne Frage besteht ein beträchtlicher Unterschied zwischen dem Wert der Arbeit eines Mannes und dem der Arbeit eines andren durch unterschiedliche Kraft, Geschicklichkeit und redlichen Fleiß. Aber ich bin auf Grund meiner sorgfältigen Beobachtung völlig sicher, daß beliebige fünf Mann in ihrer Gesamtheit eine gleiche Menge Arbeit liefern wie fünf andre, die in den erwähnten Lebensperioden stehen. Das heißt, daß sich unter diesen fünf Mann einer befindet, der alle Eigenschaften eines guten Arbeiters hat, einer ein schlechter Arbeiter ist, während die andren drei mittelmäßig sind und sich dem ersten und letzten annähern. So wird man also schon in einer so kleinen Gruppe von selbst fünf Mann die Gesamtheit all dessen finden, was fünf Mann leisten können." (E. Burke, l.c.p. 15, 16.) Cf. Quételet über das Durchschnittsindividuum.

Sie verkaufte sich gar nicht oder nur unter dem Durchschnittswert der Arbeitskraft. Ein bestimmtes Minimum der Arbeitsfertigkeit ist also vorausgesetzt, und wir werden später sehn, daß die kapitalistische Produktion Mittel findet, dies Minimum zu messen. Nichtsdestoweniger weicht das Minimum vom Durchschnitt ab, obgleich auf der andren Seite der Durchschnittswert der Arbeitskraft gezahlt werden muß. Von den sechs Kleinmeistern würde der eine daher mehr, der andre weniger als die allgemeine Rate des Mehrwerts herausschlagen. Die Ungleichheiten würden sich für die Gesellschaft kompensieren, aber nicht für den einzelnen Meister. Das Gesetz der Verwertung überhaupt realisiert sich also für den einzelnen Produzenten erst vollständig, sobald er als Kapitalist produziert, viele Arbeiter gleichzeitig anwendet, also von vornherein gesellschaftliche Durchschnittsarbeit in Bewegung setzt.[401]

Auch bei gleichbleibender Arbeitsweise bewirkt die gleichzeitige Anwendung einer größren Arbeiteranzahl eine Revolution in den gegenständlichen Bedingungen des Arbeitsprozesses. Baulichkeiten, worin viele arbeiten, Lager für Rohmaterial usw., Gefäße, Instrumente, Apparate usw., die vielen gleichzeitig oder abwechselnd dienen, kurz, ein Teil der Produktionsmittel wird jetzt gemeinsam im Arbeitsprozeß konsumiert. Einerseits wird der Tauschwert von Waren, also auch von Produktionsmitteln, durchaus nicht erhöht durch irgendwelche erhöhte Ausbeutung ihres Gebrauchswerts. Andrerseits wächst der Maßstab der gemeinsam gebrauchten Produktionsmittel. Ein Zimmer, worin 20 Weber mit ihren 20 Webstühlen arbeiten, muß weiter gestreckt sein als das Zimmer eines unabhängigen Webers mit zwei Gesellen. Aber die Produktion einer Werkstatt für 20 Personen kostet weniger Arbeit als die von 10 Werkstätten für je zwei Personen, und so wächst überhaupt der Wert massenweise konzentrierter und gemeinsamer Produktionsmittel nicht verhältnismäßig mit ihrem Umfang und ihrem Nutzeffekt. Gemeinsam vernutzte Produktionsmittel geben geringren Wertbestandteil an das einzelne Produkt ab, teils weil der Gesamtwert, den sie abgeben, sich gleichzeitig auf eine größre Produktenmasse verteilt, teils weil sie, im Vergleich zu vereinzelten Produktionsmitteln, zwar mit absolut größrem, aber, ihren Wirkungskreis betrachtet, mit relativ kleinrem Wert in den Produktionsprozeß eintreten. Damit sinkt ein Wertbestandteil des konstanten Kapitals, also proportionell zu seiner Größe auch der Gesamtwert der Ware. Die Wirkung ist dieselbe, als ob die Produktionsmittel der Ware wohlfeiler produziert würden. Diese Ökonomie in der Anwendung der Produktionsmittel entspringt nur aus ihrem gemeinsamen Konsum im Arbeitsprozeß vieler. Und sie erhalten diesen Charakter als Bedingungen gesellschaftlicher Arbeit oder gesellschaftliche Bedingungen der Arbeit im Unterschied von den zersplitterten und relativ kostspieligen Produktionsmitteln vereinzelter selbständiger Arbei-

[401] Herr Professor Roscher will entdeckt haben, daß eine Nähmamsell, die während zwei Tagen von der Frau Professorin beschäftigt wird, mehr Arbeit liefert, als zwei Nähmamsellen, welche die Frau Professorin am selben Tage beschäftigt. Der Herr Professor stelle seine Beobachtungen über den kapitalistischen Produktionsprozeß nicht in der Kinderstube an und nicht unter Umständen, worin die Hauptperson fehlt, der Kapitalist.

ter oder Kleinmeister, selbst wenn die vielen nur räumlich zusammen, nicht miteinander arbeiten. Ein Teil der Arbeitsmittel erwirbt diesen gesellschaftlichen Charakter, bevor ihn der Arbeitsprozeß selbst erwirbt.

Die Ökonomie der Produktionsmittel ist überhaupt von doppeltem Gesichtspunkt zu betrachten. Das eine Mal, soweit sie Waren verwohlfeilert und dadurch den Wert der Arbeitskraft senkt. Das andre Mal, soweit sie das Verhältnis des Mehrwerts zum vorgeschoßnen Gesamtkapital, d.h. zur Wertsumme seiner konstanten und variablen Bestandteile, verändert. Der letztre Punkt wird erst im ersten Abschnitt des Dritten Buchs dieses Werks erörtert, wohin wir des Zusammenhangs wegen auch manches schon hierher Gehörige verweisen. Der Gang der Analyse gebietet diese Zerreißung des Gegenstands, die zugleich dem Geist der kapitalistischen Produktion entspricht. Da hier nämlich die Arbeitsbedingungen dem Arbeiter selbständig gegenübertreten, erscheint auch ihre Ökonomie als eine besondre Operation, die ihn nichts angeht und daher getrennt ist von den Methoden, welche seine persönliche Produktivität erhöhen.

Die Form der Arbeit vieler, die in demselben Produktionsprozeß oder in verschiednen, aber zusammenhängenden Produktionsprozessen planmäßig neben- und miteinander arbeiten, heißt Kooperation.[402]

Wie die Angriffskraft einer Kavallerieschwadron oder die Widerstandskraft eines Infanterieregiments wesentlich verschieden ist von der Summe der von jedem Kavalleristen und Infanteristen vereinzelt entwickelten Angriffs- und Widerstandskräfte, so die mechanische Kraftsumme vereinzelter Arbeiter von der gesellschaftlichen Kraftpotenz, die sich entwickelt, wenn viele Hände gleichzeitig in derselben ungeteilten Operation zusammenwirken, z.B. wenn es gilt, eine Last zu heben, eine Kurbel zu drehn oder einen Widerstand aus dem Weg zu räumen.[403] Die Wirkung der kombinierten Arbeit könnte hier von der vereinzelten gar nicht oder nur in viel längren Zeiträumen oder nur auf einem Zwergmaßstab hervorgebracht werden. Es handelt sich hier nicht nur um Erhöhung der individuellen Produktivkraft durch die Kooperation, sondern um die Schöpfung einer Produktivkraft, die an und für sich Massenkraft sein muß.[404]

Abgesehn von der neuen Kraftpotenz, die aus der Verschmelzung vieler Kräfte in eine Gesamtkraft entspringt, erzeugt bei den meisten produktiven Arbeiten der bloße gesellschaftliche Kontakt einen Wetteifer und eine eigne Erregung der Lebensgeister (animal spirits), welche die individuelle Leistungsfähigkeit der einzelnen erhöhen, so daß ein Dutzend Personen zusammen in einem gleich-

[402] „Concours de forces." (Destutt de Tracy, l.c.p. 80.)

[403] „Es gibt zahlreiche Verrichtungen von so einfacher Art, daß sie keine Zerlegung in Teile zulassen, die jedoch nur durch das Zusammenwirken vieler Paare von Händen ausgeführt werden können. So das Heben eines großen Baumstamms auf einen Wagen ... kurz, alles, was nicht getan werden kann, ohne daß sich eine große Zahl von Händepaaren gegenseitig und gleichzeitig bei derselben ungeteilten Beschäftigung helfen." (E. G. Wakefield, „A View of the Art of Colonization", London 1849, p. 168.)

[404] „Während ein Mann nicht fähig ist, eine Tonnenlast zu heben, und 10 Mann sich dabei anstrengen müssen, können es einhundert Mann aber mit der Kraft nur je eines ihrer Finger tun." (John Bellers, „Proposals for raising a colledge of industry", London 1696, p. 21.)

zeitigen Arbeitstag von 144 Stunden ein viel größres Gesamtprodukt liefern als zwölf vereinzelte Arbeiter, von denen jeder 12 Stunden, oder als ein Arbeiter, der 12 Tage nacheinander arbeitet.[405] Dies rührt daher, daß der Mensch von Natur, wenn nicht, wie Aristoteles meint, ein politisches,[406] jedenfalls ein gesellschaftliches Tier ist.

Obgleich viele dasselbe oder Gleichartiges gleichzeitig miteinander verrichten, kann die individuelle Arbeit eines jeden dennoch als Teil der Gesamtarbeit verschiedne Phasen des Arbeitsprozesses selbst darstellen, die der Arbeitsgegenstand, infolge der Kooperation, rascher durchläuft. Z.B. wenn Maurer eine Reihe von Händen bilden, um Bausteine vom Fuß eines Gestells bis zu seiner Spitze zu befördern, tut jeder von ihnen dasselbe, aber dennoch bilden die einzelnen Verrichtungen kontinuierliche Teile einer Gesamtverrichtung, besondre Phasen, die jeder Baustein im Arbeitsprozeß durchlaufen muß und wodurch ihn etwa die 24 Hände des Gesamtarbeiters rascher fördern als die zwei Hände jedes einzelnen Arbeiters, der das Gerüst auf- und abstiege.[407] Der Arbeitsgegenstand durchläuft denselben Raum in kürzerer Zeit. Andrerseits findet Kombination der Arbeit statt, wenn ein Bau z.B. von verschiednen Seiten gleichzeitig angegriffen wird, obgleich die Kooperierenden dasselbe oder Gleichartiges tun. Der kombinierte Arbeitstag von 144 Stunden, der den Arbeitsgegenstand vielseitig im Raum angreift, weil der kombinierte Arbeiter oder Gesamtarbeiter vorn und hinten Augen und Hände hat und in gewissem Grad Allgegenwart besitzt, fördert das Gesamtprodukt rascher als 12 zwölfstündige Arbeitstage mehr oder minder vereinzelter Arbeiter, die ihr Werk einseitiger angreifen müssen. In derselben Zeit reifen verschiedne Raumteile des Produkts.

Wir betonten, daß die vielen, die einander ergänzen, dasselbe oder Gleichartiges tun, weil diese einfachste Form gemeinsamer Arbeit auch in der ausgebildetsten Gestalt der Kooperation eine große Rolle spielt. Ist der Arbeitsprozeß kompliziert, so erlaubt die bloße Masse der Zusammenarbeitenden, die ver-

[405] „Man hat auch" (wenn dieselbe Arbeiterzahl von einem Pächter auf 300, statt von 10 Pächtern auf je 30 acres angewandt wird) „in der relativen Zahl der Knechte einen Vorteil, der nicht so leicht zu erkennen ist, außer von Männern der Praxis. Man sagt natürlich, daß sich 1:4 wie 3:12 verhält; aber dies bewährt sich nicht in der Praxis. Denn in der Erntezeit und bei vielen andren Verrichtungen, die ähnliche Eile erfordern, wird durch Zusammenfassen vieler Arbeitskräfte die Arbeit besser und schneller geschafft. Z.B. bewältigen bei der Ernte 2 Fuhrleute, 2 Auflader, 2 Zureicher, 2 Recher, dazu der Rest beim Schober oder in der Scheune zusammen doppelt soviel Arbeit wie die gleiche Anzahl, wenn sie in verschiedne Gruppen und auf verschiedne Pachten aufgeteilt wäre." ([J. Arbuthnot,] „An Enquiry into the Connection between the present price of provisions and the size of farms." By a Farmer, London 1773, p. 7, 8.)

[406] Aristoteles' Definition ist eigentlich die, daß der Mensch von Natur Stadtbürger. Sie ist für das klassische Altertum ebenso charakteristisch als Franklins Definition, daß der Mensch von Natur Instrumentenmacher, für das Yankeetum.

[407] „Ferner muß man feststellen, daß diese partielle Arbeitsteilung auch da erfolgen kann, wo die Arbeiter mit einer gleichen Verrichtung beschäftigt sind. Maurer z.B., die Ziegel von Hand zu Hand zu einem höheren Gerüst wandern lassen, tun alle die gleiche Arbeit, und dennoch existiert unter ihnen eine Art von Arbeitsteilung, die darin besteht, daß jeder von ihnen den Ziegel ein bestimmtes Stück weiterwandern läßt und alle zusammen ihn viel schneller an den gegebnen Ort kommen lassen, als wenn jeder von ihnen seinen Ziegel einzeln bis zum höheren Gerüst hinauftrüge." (F. Skrabek, „Théorie des richesses sociales", 2ème éd., Paris 1839, t. I, p. 97, 98.)

schiednen Operationen unter verschiedne Hände zu verteilen, daher gleichzeitig zu verrichten und dadurch die zur Herstellung des Gesamtprodukts nötig Arbeitszeit zu verkürzen.[408]

In vielen Produktionszweigen gibt es kritische Momente, d.h. durch die Natur des Arbeitsprozesses selbst bestimmte Zeitepochen, während deren bestimmte Arbeitsresultate erzielt werden müssen. Soll z.B. eine Herde Schafe geschoren oder eine Morgenanzahl Kornland gemäht und geherbstet werden, so hängt Quantität und Qualität des Produkts davon ab, daß die Operation zu einer gewissen Zeit begonnen und zu einer gewissen Zeit beendet wird. Der Zeitraum, den der Arbeitsprozeß einnehmen darf, ist hier vorgeschrieben, wie etwa beim Heringsfang. Der einzelne kann aus einem Tag nur einen Arbeitstag herausschneiden, sage von 12 Stunden, aber die Kooperation von 100 z.B. erweitert einen zwölfstündigen Tag zu einem Arbeitstag von 1.200 Stunden. Die Kürze der Arbeitsfrist wird kompensiert durch die Größe der Arbeitsmasse, die im entscheidenden Augenblick auf das Produktionsfeld geworfen wird. Die rechtzeitige Wirkung hängt hier ab von der gleichzeitigen Anwendung vieler kombinierten Arbeitstage, der Umfang des Nutzeffekts von der Arbeiteranzahl, die jedoch stets kleiner bleibt als die Anzahl der Arbeiter, die vereinzelt in demselben Zeitraum denselben Wirkungsraum ausfüllen würden.[409] Es ist der Mangel dieser Kooperation, wodurch im Westen der Vereinigten Staaten eine Masse Korn und in den Teilen Ostindiens, wo englische Herrschaft das alte Gemeinwesen zerstört hat, eine Masse Baumwolle jährlich verwüstet wird.[410]

Auf der einen Seite erlaubt die Kooperation, die Raumsphäre der Arbeit auszurecken, und wird daher für gewisse Arbeitsprozesse schon durch den räumlichen Zusammenhang des Arbeitsgegenstandes erheischt, wie bei Trockenlegung von Land, Eindämmung, Bewäßrung, Kanal-, Straßen-, Eisenbahnbauten usw. Andrerseits ermöglicht sie, verhältnismäßig zur Stufenleiter der Produktion, räumliche Verengung des Produktionsgebiets. Diese Beschränkung der Raumsphäre der Arbeit bei gleichzeitiger Ausdehnung ihrer Wirkungssphäre, wodurch eine Masse falscher Kosten (faux frais) erspart werden, entspringt aus der Konglomeration

[408] „Wenn es sich um die Ausführung einer komplizierten Arbeit handelt, müssen verschiedene Dinge gleichzeitig getan werden. Der eine macht das eine, während der andere etwas andres macht, und alle tragen zu einer Wirkung bei, die ein einzelner Mensch nicht hätte erzeugen können. Der eine rudert, während der andere steuert und ein dritter das Netz auswirft oder den Fisch harpuniert, und der Fischfang hat einen Erfolg, der ohne diese Kooperation unmöglich wäre." (Destutt de Tracy, l.c.p. 78.)

[409] „Ihre" (der Arbeit in der Agrikultur) „Ausführung im entscheidenden Augenblick hat um so größere Wirkung." ([J. Arbuthnot,] „An Inquiry into the Connection between the present price etc.", p. 7.) „In der Agrikultur gibt es keinen wichtigeren Faktor als den Faktor der Zeit." (Liebig, „Über Theorie und Praxis in der Landwirthschaft", 1856, p. 23.)

[410] „Das nächste Übel, da man schwerlich in einem Lande zu finden erwartet, welches mehr Arbeit exportiert als irgendein andres der Welt, abgesehen vielleicht von China und England, besteht in der Unmöglichkeit, eine genügende Anzahl von Händen zur Baumwollernte zu beschaffen. Infolgedessen bleiben große Mengen Baumwolle ungepflückt, während ein andrer Teil von der Erde aufgesammelt wird, wenn er abgefallen und selbstverständlich verfärbt und teilweise verfault ist, so daß wegen Arbeitermangels zur richtigen Jahreszeit der Pflanzer tatsächlich gezwungen ist, sich mit dem Verlust eines großen Teils jener Baumwollernte abzufinden, auf die England so sehr wartet." („Bengal Hurkaru. Bi-Monthly Overland Summary of News", 22nd July 1861.)

der Arbeiter, dem Zusammenrücken verschiedner Arbeitsprozesse und der Konzentration der Produktionsmittel.[411]

Verglichen mit einer gleich großen Summe vereinzelter individueller Arbeitstage, produziert der kombinierte Arbeitstag größre Massen von Gebrauchswert und vermindert daher die zur Produktion eines bestimmten Nutzeffekts nötig Arbeitszeit. Ob er im gegebnen Fall diese gesteigerte Produktivkraft erhält, weil er die mechanische Kraftpotenz der Arbeit erhöht oder ihre räumliche Wirkungssphäre ausdehnt oder das räumliche Produktionsfeld im Verhältnis zur Stufenleiter der Produktion verengt oder im kritischen Moment viel Arbeit in wenig Zeit flüssig macht oder den Wetteifer der einzelnen erregt und ihre Lebensgeister spannt oder den gleichartigen Verrichtungen vieler den Stempel der Kontinuität und Vielseitigkeit aufdrückt, oder verschiedne Operationen gleichzeitig verrichtet oder die Produktionsmittel durch ihren gemeinschaftlichen Gebrauch öko- nomisiert oder der individuellen Arbeit den Charakter gesellschaftlicher Durchschnittsarbeit verleiht, unter allen Umständen ist die spezifische Produktivkraft des kombinierten Arbeitstags gesellschaftliche Produktivkraft der Arbeit oder Produktivkraft gesellschaftlicher Arbeit. Sie entspringt aus der Kooperation selbst. Im planmäßigen Zusammenwirken mit andern streift der Arbeiter seine individuellen Schranken ab und entwickelt sein Gattungsvermögen.[412]

Wenn Arbeiter überhaupt nicht unmittelbar zusammenwirken können, ohne zusammen zu sein, ihre Konglomeration auf bestimmtem Raum daher Bedingung ihrer Kooperation ist, können Lohnarbeiter nicht kooperieren, ohne daß dasselbe Kapital, derselbe Kapitalist sie gleichzeitig anwendet, also ihre Arbeitskräfte gleichzeitig kauft. Der Gesamtwert dieser Arbeitskräfte oder die Lohnsumme der Arbeiter für den Tag, die Woche usw., muß daher in der Tasche des Kapitalisten vereint sein, bevor die Arbeitskräfte selbst im Produktionsprozeß vereint werden. Zahlung von 300 Arbeitern auf einmal, auch nur für einen Tag, bedingt mehr Kapitalauslage als Zahlung weniger Arbeiter Woche für Woche, während des ganzen Jahrs. Die Anzahl der kooperierenden Arbeiter, oder die Stufenleiter der Kooperation, hängt also zunächst ab von der Größe des Kapitals, das der einzelne Kapitalist im Ankauf von Arbeitskraft auslegen kann, d.h. von dem Umfang, worin je ein Kapitalist über die Lebensmittel vieler Arbeiter verfügt.

Und wie mit dem variablen, verhält es sich mit dem konstanten Kapital. Die Auslage für Rohmaterial z.B. ist 30 mal größer für den einen Kapitalisten, der 300, als für jeden der 30 Kapitalisten, der je 10 Arbeiter beschäftigt. Wertumfang

[411] „Beim Fortschritt in der Bodenbebauung wird alles Kapital und alle Arbeit, die früher zerstreut auf 500 acres verwandt wurden, ja vielleicht noch mehr, jetzt auf die gründlichere Bearbeitung von 100 acres konzentriert." Obgleich „im Verhältnis zum angewandten Betrage von Kapital und Arbeit der Raum enger geworden ist, stellt er doch eine erweiterte Produktionssphäre dar, im Vergleich zu der Produktionssphäre, die früher von einem einzigen, unabhängigen Produzenten besessen oder bebaut worden war". (R. Jones, „An Essay on the Distribution of Wealth", „On Rent", London 1831, p. 191.)

[412] „Die Kraft des einzelnen Menschen ist ganz gering, aber die Vereinigung der ganz geringen Kräfte ergibt Gesamtkraft, die größer ist als die Summe aller Teilkräfte, so daß schon die bloße Vereinigung der Kräfte die Zeit verringern und den Raum ihrer Wirkung vergrößern kann." (G. R. Carli, Note zu P. Verri, l.c., t. XV, p. 196.)

und Stoffmasse der gemeinsam benutzten Arbeitsmittel wachsen zwar nicht in demselben Grad wie die beschäftigte Arbeiteranzahl, aber sie wachsen beträchtlich. Konzentration größrer Massen von Produktionsmitteln in der Hand einzelner Kapitalisten ist also materielle Bedingung für die Kooperation von Lohnarbeitern, und der Umfang der Kooperation, oder die Stufenleiter der Produktion, hängt ab vom Umfang dieser Konzentration.

Ursprünglich erschien eine gewisse Minimalgröße des individuellen Kapitals notwendig, damit die Anzahl der gleichzeitig ausgebeuteten Arbeiter, daher die Masse des produzierten Mehrwerts hinreiche, den Arbeitsanwender selbst von der Handarbeit zu entbinden, aus einem Kleinmeister einen Kapitalisten zu machen und so das Kapitalverhältnis formell herzustellen. Sie erscheint jetzt als materielle Bedingung für die Verwandlung vieler zersplitterter und voneinander unabhängiger individueller Arbeitsprozesse in einen kombinierten gesellschaftlichen Arbeitsprozeß.

Ebenso erschien ursprünglich das Kommando des Kapitals über die Arbeit nur als formelle Folge davon, daß der Arbeiter statt für sich, für den Kapitalisten und daher unter dem Kapitalisten arbeitet. Mit der Kooperation vieler Lohnarbeiter entwickelt sich das Kommando des Kapitals zum Erheischnis für Ausführung des Arbeitsprozesses selbst, zu einer wirklichen Produktionsbedingung. Der Befehl des Kapitalisten auf dem Produktionsfeld wird jetzt so unentbehrlich wie der Befehl des Generals auf dem Schlachtfeld.

Alle unmittelbar gesellschaftliche oder gemeinschaftliche Arbeit auf größrem Maßstab bedarf mehr oder minder einer Direktion, welche die Harmonie der individuellen Tätigkeiten vermittelt und die allgemeinen Funktionen vollzieht, die aus der Bewegung des produktiven Gesamtkörpers im Unterschied von der Bewegung seiner selbständigen Organe entspringen. Ein einzelner Violinspieler dirigiert sich selbst, ein Orchester bedarf des Musikdirektors. Diese Funktion der Leitung, Überwachung und Vermittlung, wird zur Funktion des Kapitals, sobald die ihm untergeordnete Arbeit kooperativ wird. Als spezifische Funktion des Kapitals erhält die Funktion der Leitung spezifische Charaktermale.

Zunächst ist das treibende Motiv und der bestimmende Zweck des kapitalistischen Produktionsprozesses möglichst große Selbstverwertung des Kapitals,[413] d.h. möglichst große Produktion von Mehrwert, also möglichst große Ausbeutung der Arbeitskraft durch den Kapitalisten. Mit der Masse der gleichzeitig beschäftigten Arbeiter wächst ihr Widerstand und damit notwendig der Druck des Kapitals zur Bewältigung dieses Widerstands. Die Leitung des Kapitalisten ist nicht nur eine aus der Natur des gesellschaftlichen Arbeitsprozesses entspringende und ihm angehörige besondre Funktion, sie ist zugleich Funktion der Ausbeutung eines gesellschaftlichen Arbeitsprozesses und daher bedingt durch den unvermeidlichen Antagonismus zwischen dem Ausbeuter und dem Rohmaterial

[413] „Profite ... sind der einzige Zweck des Geschäfts." (J. Vanderlint, l.c.p. 11.)

seiner Ausbeutung. Ebenso wächst mit dem Umfang der Produktionsmittel, die dem Lohnarbeiter als fremdes Eigentum gegenüberstehn, die Notwendigkeit der Kontrolle über deren sachgemäße Verwendung.[414] Die Kooperation der Lohnarbeiter ist ferner bloße Wirkung des Kapitals, das sie gleichzeitig anwendet. Der Zusammenhang ihrer Funktionen und ihre Einheit als produktiver Gesamtkörper liegen außer ihnen, im Kapital, das sie zusammenbringt und zusammenhält. Der Zusammenhang ihrer Arbeiten tritt ihnen daher ideel als Plan, praktisch als Autorität des Kapitalisten gegenüber, als Macht eines fremden Willens, der ihr Tun seinem Zweck unterwirft.

Wenn daher die kapitalistische Leitung dem Inhalt nach zwieschlächtig ist, wegen der Zwieschlächtigkeit des zu leitenden Produktionsprozesses selbst, welcher einerseits gesellschaftlicher Arbeitsprozeß zur Herstellung eines Produkts, andrerseits Verwertungsprozeß des Kapitals, so ist sie der Form nach despotisch. Mit der Entwicklung der Kooperation auf größrem Maßstab entwickelt dieser Despotismus seine eigentümlichen Formen. Wie der Kapitalist zunächst entbunden wird von der Handarbeit, sobald sein Kapital jene Minimalgröße erreicht hat, womit die eigentlich kapitalistische Produktion erst beginnt, so tritt er jetzt die Funktion unmittelbarer und fortwährender Beaufsichtigung der einzelnen Arbeiter und Arbeitergruppen selbst wieder ab an eine besondre Sorte von Lohnarbeitern. Wie eine Armee militärischer, bedarf eine unter dem Kommando desselben Kapitals zusammenwirkende Arbeitermasse industrieller Oberofiziere (Dirigenten, managers) und Unteroffiziere (Arbeitsaufseher, foremen, overlookers, contre-maîtres), die während des Arbeitsprozesses im Namen des Kapitals kommandieren. Die Arbeit der Oberaufsicht befestigt sich zu ihrer ausschließlichen Funktion. Bei Vergleichung der Produktionsweise unabhängi- ger Bauern oder selbständiger Handwerker mit der auf Sklaverei beruhenden Plantagenwirtschaft zählt der politische Ökonom diese Arbeit der Oberaufsicht zu den faux frais de production.[415] Bei Betrachtung der kapitalistischen Produktionsweise identifiziert er dagegen die Funktion der Leitung, soweit sie aus der Natur des gemeinschaftlichen Arbeitsprozesses entspringt, mit derselben Funktion, soweit sie durch den kapitalistischen und daher antagonistischen Charakter dieses Prozesses

[414] Ein englisches Philisterblatt, der „Spectator" vom 26. Mai 1866, berichtet, daß nach Einführung einer Art von Kompagniegeschäft zwischen Kapitalist und Arbeitern in der „wirework company of Manchester" (Gesellschaft für Drahtverarbeitung in Manchester): „das erste Ergebnis eine plötzliche Abnahme der Materialverschwendung war, da die Arbeiter nicht einsahen, weshalb sie mit ihrem Eigentum verschwenderischer umgehen sollten als mit dem der Kapitalisten, und Materialverschwendung ist neben schlichten Außenständen vielleicht die größte Verlustquelle in den Fabriken". Das selbe Blatt entdeckt als Grundmangel der Rochdale cooperative experiments: „They showed that associations of workmen could manage shops, mills, and almost all forms of industry with success, and they immensely improved the condition of the men, but then they did not leave a clear place for masters." („Sie bewiesen, daß Arbeiterassoziationen Boutiquen, Fabriken und beinahe alle Formen der Industrie mit Erfolg handhaben können, und sie verbesserten außerordentlich die Lage der Leute selbst, aber! aber, dann ließen sie keine sichtbaren Platz für Kapitalisten offen." Quelle horreur! (Wie schrecklich!))

[415] Nachdem Professor Cairnes die „superintendence of labour" („Überwachung der Arbeit") als einen Hauptcharakter der Sklavenproduktion in den südlichen Staaten von Nordamerika dargestellt hat, fährt er fort: „Da der bäuerliche Eigentümer" (des Nordens) „das ganze Produkt seines Bodens (bei Cairnes: Produkt seiner Arbeit) für sich behält, braucht er keine besonderen Ansporn zur Anstrengung. Überwachung wird hier völlig unnötig." (Cairnes, l.c.p. 48, 49.)

bedingt wird.[416] Der Kapitalist ist nicht Kapitalist, weil er industrieller Leiter ist, sondern er wird industrieller Befehlshaber, weil er Kapitalist ist. Der Oberbefehl in der Industrie wird Attribut des Kapitals, wie zur Feudalzeit der Oberbefehl in Krieg und Gericht Attribut des Grundeigentums war.[417]

Eigentümer seiner Arbeitskraft ist der Arbeiter, solange er als Verkäufer derselben mit dem Kapitalist marktet, und er kann nur verkaufen, was er besitzt, seine individuelle, vereinzelte Arbeitskraft. Dies Verhältnis wird in keiner Weise dadurch verändert, daß der Kapitalist 100 Arbeitskräfte statt einer kauft oder mit 100 voneinander unabhängigen Arbeitern Kontrakte schließt statt mit einem einzelnen. Er kann die 100 Arbeiter anwenden, ohne sie kooperieren zu lassen. Der Kapitalist zahlt daher den Wert der 100 selbständigen Arbeitskräfte, aber er zahlt nicht die kombinierte Arbeitskraft der Hundert. Als unabhängige Personen sind die Arbeiter Vereinzelte, die in ein Verhältnis zu demselben Kapital, aber nicht zueinander treten. Ihre Kooperation beginnt erst im Arbeitsprozeß, aber im Arbeitsprozeß haben sie bereits aufgehört, sich selbst zu gehören. Mit dem Eintritt in denselben sind sie dem Kapital einverleibt. Als Kooperierende, als Glieder eines werktätigen Organismus, sind sie selbst nur eine besondre Existenzweise des Kapitals. Die Produktivkraft, die der Arbeiter als gesellschaftlicher Arbeiter entwickelt, ist daher Produktivkraft des Kapitals. Die gesellschaftliche Produktivkraft der Arbeit entwickelt sich unentgeltlich, sobald die Arbeiter unter bestimmte Bedingungen gestellt sind, und das Kapital stellt sie unter diese Bedingungen. Weil die gesellschaftliche Produktivkraft der Arbeit dem Kapital nichts kostet, weil sie andrerseits nicht von dem Arbeiter entwickelt wird, bevor seine Arbeit selbst dem Kapital gehört, erscheint sie als Produktivkraft, die das Kapital von Natur besitzt, als seine immanente Produktivkraft.

Kolossal zeigt sich die Wirkung der einfachen Kooperation in den Riesenwerken der alten Asiaten, Ägypter, Etrusker usw.

„Es geschah in vergangnen Zeiten, daß diese asiatischen Staaten nach Bestreitung ihrer Zivil- und Militärausgaben sich im Besitz eines Überschusses von Lebensmitteln befanden, die sie für Werke der Pracht und des Nutzens verausgaben konnten. Ihr Kommando über die Hände und Arme fast der ganzen nicht ackerbauenden Bevölkrung und die ausschließliche Verfügung des Monarchen und der Priesterschaft über jenen Überschuß boten ihnen die Mittel zur Errichtung jener mächtigen Monumente, womit sie das Land erfüllten ... In der Bewegung der kolossalen Statuen und der enormen Massen, deren Transport Staunen erregt, wurde fast nur menschliche Arbeit verschwenderisch angewandt. Die Zahl der Arbeiter und die Konzentration ihrer Mühen genügte. So sehn wir mächtige Korallenriffe

[416] Sir James Steuart, überhaupt ausgezeichnet durch offnes Auge für die charakteristisch-gesellschaftlichen Unterschiede verschiedner Produktionsweisen, bemerkt: „Warum vernichten größe Manufakturunternehmungen das Hausgewerbe, wenn nicht dadurch, daß sie der Einfachheit der Sklavenarbeit näher kommen?" („Princ. of Pol. Econ.", London 1767, v. I, p. 167, 168.)

[417] Auguste Comte und seine Schule hätten daher in derselben Art die ewige Notwendigkeit von Feudalherrn beweisen können, wie sie dies für die Kapitalherrn getan.

aus den Tiefen des Ozeans zu Inseln anschwellen und festes Land bilden, obgleich jeder individuelle Ablagerer (depositary) winzig, schwach und verächtlich ist. Die nicht ackerbauenden Arbeiter einer asiatischen Monarchie haben außer ihren individuellen körperlichen Bemühungen wenig zum Werk zu bringen, aber ihre Zahl ist ihre Kraft, und die Macht der Direktion über diese Massen gab jenen Riesenwerken den Ursprung. Es war die Konzentration der Revenuen, wovon die Arbeiter leben, in einer Hand oder wenigen Händen, welcher solche Unternehmungen möglich machte."[418]

Diese Macht asiatischer und ägyptischer Könige oder etruskischer Theokraten usw. ist in der modernen Gesellschaft auf den Kapitalisten übergegangen, ob er nun als vereinzelter Kapitalist auftritt, oder, wie bei Aktiengesellschaften, als kombinierter Kapitalist.

Die Kooperation im Arbeitsprozeß, wie wir sie in den Kulturanfängen der Menschheit, bei Jägervölkern[419] oder etwa in der Agrikultur indischer Gemeinwesen vorherrschend finden, beruht einerseits auf dem Gemeineigentum an den Produktionsbedingungen, andrerseits darauf, daß das einzelne Individuum sich von der Nabelschnur des Stammes oder des Gemeinwesens noch ebensowenig losgerissen hat wie das Bienenindividuum vom Bienenstock. Beides unterscheidet sie von der kapitalistischen Kooperation. Die sporadische Anwendung der Kooperation auf großem Maßstab in der antiken Welt, dem Mittelalter und den modernen Kolonien beruht auf unmittelbaren Herrschafts- und Knechtschaftsverhältnissen, zumeist auf der Sklaverei. Die kapitalistische Form setzt dagegen von vornherein den freien Lohnarbeiter voraus, der seine Arbeitskraft dem Kapital verkauft. Historisch jedoch entwickelt sie sich im Gegensatz zur Bauernwirtschaft und zum unabhängigen Handwerksbetrieb, ob dieser zünftige Form besitze oder nicht.[420] Ihnen gegenüber erscheint die kapitalistische Kooperation nicht als eine besondre historische Form der Kooperation, sondern die Kooperation selbst als eine dem kapitalistischen Produktionsprozeß eigentümliche und ihn spezifisch unterscheidende historische Form.

Wie die durch die Kooperation entwickelte gesellschaftliche Produktivkraft der Arbeit als Produktivkraft des Kapitals erscheint, so die Kooperation selbst als eine spezifische Form des kapitalistischen Produktionsprozesses im Gegensatz zum Produktionsprozeß vereinzelter unabhängiger Arbeiter oder auch Kleinmeister. Es ist die erste Änderung, welche der wirkliche Arbeitsprozeß durch seine Subsumtion unter das Kapital erfährt. Diese Änderung geht naturwüchsig vor sich. Ihre Voraussetzung, gleichzeitige Beschäftigung einer größren Anzahl von

[418] R. Jones, „Text-book of Lectures etc.", p. 77, 78. Die altassyrischen, ägyptischen usw. Sammlungen in London und andren europäischen Hauptstädten machen uns zu Augenzeugen jener kooperativen Arbeitsprozesse.

[419] Linguet in seiner „Théorie des Lois civiles" hat vielleicht nicht unrecht, wenn er die Jagd für die erste Form der Kooperation und Menschenjagd (Krieg) für eine der ersten Formen der Jagd erklärt.

[420] Die kleine Bauernwirtschaft und der unabhängige Handwerksbetrieb, die beide teils die Basis der feudalen Produktionsweise bilden, teils nach deren Auflösung neben dem kapitalistischen Betrieb erscheinen, bilden zugleich die ökonomische Grundlage der klassischen Gemeinwesen zu ihrer besten Zeit, nachdem sich das ursprünglich orientalische Gemeineigentum aufgelöst und bevor sich die Sklaverei der Produktion ernsthaft bemächtigt hat.

Lohnarbeitern in demselben Arbeitsprozeß, bildet den Ausgangspunkt der kapitalistischen Produktion. Dieser fällt mit dem Dasein des Kapitals selbst zusammen. Wenn sich die kapitalistische Produktionsweise daher einerseits als historische Notwendigkeit für die Verwandlung des Arbeitsprozesses in einen gesellschaftlichen Prozeß darstellt, so andrerseits diese gesellschaftliche Form des Arbeitsprozesses als eine vom Kapital angewandte Methode, um ihn durch Steigerung seiner Produktivkraft profitlicher auszubeuten.

In ihrer bisher betrachteten einfachen Gestalt fällt die Kooperation zusammen mit der Produktion auf größrer Stufenleiter, bildet aber keine feste charakteristische Form einer besondren Entwicklungsepoche der kapitalistischen Produktionsweise. Höchstens erscheint sie annähernd so in den noch handwerksmäßigen Anfängen der Manufaktur[421] und in jeder Art großer Agrikultur, welche der Manufakturperiode entspricht und sich wesentlich nur durch die Masse der gleichzeitig angewandten Arbeiter und den Umfang der konzentrierten Produktionsmittel von der Bauernwirtschaft unterscheidet. Die einfache Kooperation ist stets noch vorherrschende Form solcher Produktionszweige, worin das Kapital auf großer Stufeneiter operiert, ohne daß Teilung der Arbeit oder Maschinerie eine bedeutende Rolle spielte.

Die Kooperation bleibt die Grundform der kapitalistischen Produktionsweise, obgleich ihre einfache Gestalt selbst als besondre Form neben ihren weiterentwickelten Formen erscheint.

Teilung der Arbeit und Manufaktur

1. Doppelter Ursprung der Manufaktur

Die auf Teilung der Arbeit beruhende Kooperation schafft sich ihre klassische Gestalt in der Manufaktur. Als charakteristische Form des kapitalistischen Produktionsprozesses herrscht sie vor während der eigentlichen Manufakturperiode, die, rauh angeschlagen, von Mitte des 16. Jahrhunderts bis zum letzten Drittel des achtzehnten währt.

Die Manufaktur entspringt auf doppelte Weise.

Entweder werden Arbeiter von verschiedenartigen, selbständigen Handwerken, durch deren Hände ein Produkt bis zu seiner letzten Reife laufen muß, in eine Werkstatt unter dem Kommando desselben Kapitalisten vereinigt. Z.B. eine Kutsche war das Gesamtprodukt der Arbeiten einer großen Anzahl unabhängiger Handwerker, wie Stellmacher, Sattler, Schneider, Schlosser, Gürtler, Drechsler, Posamentierer, Glaser, Maler, Lackierer, Vergolder usw. Die Kutschenma-

[421] „Ist nicht die Vereinigung von Geschicklichkeit, Fleiß und Wetteifer vieler zusammen am selben Werk der Weg, es vorwärts zu bringen? Und wäre es sonst England möglich gewesen, seine Wollmanufaktur zu einem solchen Grad der Vollendung zu bringen?“ (Berkeley, „The Querist“, Lond. 1750, p. 56, § 521.)

nufaktur vereinigt alle diese verschiednen Handwerker in ein Arbeitshaus, wo sie einander gleichzeitig in die Hand arbeiten. Man kann eine Kutsche zwar nicht vergolden, bevor sie gemacht ist. Werden aber viele Kutschen gleichzeitig gemacht, so kann ein Teil beständig vergoldet werden, während ein andrer Teil eine frühre Phase des Produktionsprozesses durchläuft. Soweit stehn wir noch auf dem Boden der einfachen Kooperation, die ihr Material an Menschen und Dingen vorfindet. Indes tritt sehr bald eine wesentliche Veränderung ein. Der Schneider, Schlosser, Gürtler usw., der nur im Kutschenmachen beschäftigt ist, verliert nach und nach mit der Gewohnheit auch die Fähigkeit, sein altes Handwerk in seiner ganzen Ausdehnung zu betreiben. Andrerseits erhält sein vereinseitigtes Tun jetzt die zweckmäßigste Form für die verengte Wirkungssphäre. Ursprünglich erschien die Kutschenmanufaktur als eine Kombination selbständiger Handwerke. Sie wird allmählich Teilung der Kutschenproduktion in ihre verschiednen Sonderoperationen, wovon jede einzelne zur ausschließlichen Funktion eines Arbeiters kristallisiert und deren Gesamtheit vom Verein dieser Teilarbeiter verrichtet wird. Ebenso entstand die Tuchmanufaktur und eine ganze Reihe andrer Manufakturen aus der Kombination verschiedner Handwerke unter Kommando desselben Kapitals.[422]

Die Manufaktur entspringt aber auch auf entgegengesetztem Wege. Es werden viele Handwerker, die dasselbe oder Gleichartiges tun, z.B. Papier oder Typen oder Nadeln machen, von demselben Kapital gleichzeitig in derselben Werkstatt beschäftigt. Es ist dies Kooperation in der einfachsten Form. Jeder dieser Handwerker (vielleicht mit einem oder zwei Gesellen) macht die ganze Ware und vollbringt also die verschiednen, zu ihrer Herstellung erheischten Operationen der Reihe nach. Er arbeitet in seiner alten handwerksmäßigen Weise fort. Indes veranlassen bald äußere Umstände, die Konzentration der Arbeiter in demselben Raum und die Gleichzeitigkeit ihrer Arbeiten anders zu vernutzen. Es soll z.B. ein größeres Quantum fertiger Ware in einer bestimmten Zeitfrist geliefert werden. Die Arbeit wird daher verteilt. Statt die verschiednen Operationen von demselben Handwerker in einer zeitlichen Reihenfolge verrichten zu lassen, werden sie voneinander losgelöst, isoliert, räumlich nebeneinander gestellt, jede derselben einem andren Handwerker zugewiesen und alle zusammen von den Kooperierenden gleichzeitig ausgeführt. Diese zufällige Verteilung wiederholt

[422] Um ein mehr modernes Beispiel dieser Bildungsart der Manufaktur anzuführen, folgendes Zitat. Die Seidenspinnerei und Weberei von Lyon und Nîmes „ist ganz patriarchalisch; sie beschäftigt viele Frauen und Kinder, aber ohne sie zu übermüden oder zugrunde zu richten; sie läßt sie in ihren schönen Tälern der Drôme, des Var, der Isère und von Vaucluse, um dort Seidenraupen zu züchten, und ihre Kokons abzuwickeln; sie wird niemals zu einem regelrechten Fabrikbetrieb. Um trotzdem in so hohen Maße angewandt zu werden ... nimmt hier das Prinzip der Arbeitsteilung eine besondere Eigenart an. Es gibt zwar Haspleriinnen, Seidenzwirner, Färber, Kettenschlichter, ferner Weber; aber sie sind nicht in derselben Werkstatt vereinigt, nicht von demselben Meister abhängig; alle sind sie unabhängig.“ (A. Blanqui, „Cours d'Écon. Industrielle“, Recueilli par A. Blaise, Paris 1838-1839, p. 79.) Seit Blanqui dies schrieb, sind die verschiednen unabhängigen Arbeiter zu Teil in Fabriken vereinigt worden. {Zur 4. Aufl. - Und seit Marx obiges schrieb, hat der Kraftstuhl sich in diesen Fabriken eingebürgert und verdrängt rasch den Handwebstuhl. Die Krefelder Seidenindustrie weiß ebenfalls ein Lied davon zu singen. - F. E.}

sich, zeigt ihre eigentümlichen Vorteile und verknöchert nach und nach zur systematischen Teilung der Arbeit. Aus dem individuellen Produkt eines selbständigen Handwerkers, der vielerlei tut, verwandelt sich die Ware in das gesellschaftliche Produkt eines Vereins von Handwerkern, von denen jeder fortwährend nur eine und dieselbe Teiloperation verrichtet. Dieselben Operationen, die ineinander flossen als sukzessive Verrichtungen des deutschen zünftigen Papiermachers, verselbständigten sich in der holländischen Papiermanufaktur zu nebeneinander laufenden Teiloperationen vieler kooperierenden Arbeiter. Der zünftige Nadler von Nürnberg bildet das Grundelement der englischen Nadelmanufaktur. Während aber jener eine Nadler eine Reihe von vielleicht 20 Operationen nacheinander durchlief, verrichteten hier bald 20 Nadler nebeneinander, jeder nur eine der 20 Operationen, die infolge von Erfahrungen noch viel weiter gespaltet, isoliert und zu ausschließlichen Funktionen einzelner Arbeiter verselbständigt wurden.

Die Ursprungsweise der Manufaktur, ihre Herausbildung aus dem Handwerk ist also zwieschlächtig. Einerseits geht sie von der Kombination verschiedenartiger, selbständiger Handwerke aus, die bis zu dem Punkt verunselbständigt und vereinseitigt werden, wo sie nur noch einander ergänzende Teiloperationen im Produktionsprozeß einer und derselben Ware bilden. Andrerseits geht sie von der Kooperation gleichartiger Handwerker aus, zersetzt dasselbe individuelle Handwerk in seine verschiednen besondren Operationen und isoliert und verselbständigt diese bis zu dem Punkt, wo jede derselben zur ausschließlichen Funktion eines besondren Arbeiters wird. Einerseits führt daher die Manufaktur Teilung der Arbeit in einen Produktionsprozeß ein oder entwickelt sie weiter, andrerseits kombiniert sie früher geschiedne Handwerke. Welches aber immer ihr besondrer Ausgangspunkt, ihre Schlußgestalt ist dieselbe - ein Produktionsmechanismus, dessen Organe Menschen sind.

Zum richtigen Verständnis der Teilung der Arbeit in der Manufaktur ist es wesentlich, folgende Punkte festzuhalten: Zunächst fällt die Analyse des Produktionsprozesses in seine besondren Phasen hier ganz und gar zusammen mit der Zersetzung einer handwerksmäßigen Tätigkeit in ihre verschiednen Teiloperationen. Zusammengesetzt oder einfach, die Verrichtung bleibt handwerksmäßig und daher abhängig von Kraft, Geschick, Schnelle, Sicherheit des Einzelarbeiters in Handhabung seines Instruments. Das Handwerk bleibt die Basis. Diese enge technische Basis schließt wirklich wissenschaftliche Analyse des Produktionsprozesses aus, da jeder Teilprozeß, den das Produkt durchmacht, als handwerksmäßige Teilarbeit ausführbar sein muß. Eben weil das handwerksmäßige Geschick so die Grundlage des Produktionsprozesses bleibt, wird jeder Arbeiter ausschließlich einer Teilfunktion angeeignet und seine Arbeitskraft in das lebenslängliche Organ dieser Teilfunktion verwandelt. Endlich ist diese Teilung der Arbeit eine besondre Art der Kooperation, und manche ihrer Vorteile entspringen aus dem allgemeinen Wesen, nicht aus dieser besondren Form der Kooperation.

2. Der Teilarbeiter und sein Werkzeug

Gehn wir nun näher auf das einzelne ein, so ist zunächst klar, daß ein Arbeiter, der lebenslang eine und dieselbe einfache Operation verrichtet, seinen ganzen Körper in ihr automatisch einseitiges Organ verwandelt und daher weniger Zeit dazu verbraucht als der Handwerker, der eine ganze Reihe von Operationen abwechselnd ausführt. Der kombinierte Gesamtarbeiter, der den lebendigen Mechanismus der Manufaktur bildet, besteht aber aus lauter solchen einseitigen Teilarbeitern. Im Vergleich zum selbständigen Handwerk wird daher mehr in weniger Zeit produziert oder die Produktivkraft der Arbeiter gesteigert.[423] Auch vervollkommnet sich die Methode der Teilarbeit, nachdem sie zur ausschließlichen Funktion einer Person verselbständigt ist. Die stete Wiederholung desselben beschränkten Tuns und die Konzentration der Aufmerksamkeit auf dieses Beschränkte lehren erfahrungsmäßig den bezweckten Nutzeffekt mit geringstem Kraftaufwand erreichen. Da aber immer verschiedne Arbeitergenerationen gleichzeitig zusammenleben und in denselben Manufakturen zusammenwirken, befestigen, häufen und übertragen sich bald die so gewonnenen technischen Kunstgriffe.[424]

Die Manufaktur produziert in der Tat die Virtuosität des Detailarbeiters, indem sie die naturwüchsige Sonderung der Gewerbe, die sie in der Gesellschaft vorfand, im Innern der Werkstatt reproduziert und systematisch zum Extrem treibt. Andrerseits entspricht ihre Verwandlung der Teilarbeit in den Lebensberuf eines Menschen dem Trieb früherer Gesellschaften, die Gewerbe erblich zu machen, sie in Kasten zu versteinern oder in Zünfte zu verknöchern, falls bestimmte historische Bedingungen dem Kastenwesen widersprechende Variabilität des Individuums erzeugen. Kasten und Zünfte entspringen aus demselben Naturgesetz, welches die Sonderung von Pflanzen und Tieren in Arten und Unterarten regelt, nur daß auf einem gewissen Entwicklungsgrad die Erblichkeit der Kasten oder die Ausschließlichkeit der Zünfte als gesellschaftliches Gesetz dekretiert wird.[425]

„Die Musline von Dakka sind an Feinheit, die Kattune und andre Zeuge von Koromandel an Pracht und Dauerhaftigkeit der Farben niemals übertroffen worden. Und dennoch werden sie produziert ohne Kapital, Maschinerie, Teilung der Arbeit oder irgendeins der andren Mittel, die der Fabrikation in Europa so viele

[423] „Je mehr eine Arbeit von großer Mannigfaltigkeit gegliedert und verschiedenen Teilarbeitern zugewiesen wird, um so mehr muß sie notwendigerweise besser und schneller ausgeführt werden, mit weniger Verlust an Zeit und Arbeit." („The Advantages of the East India Trade", Lond. 1720, p. 71.)

[424] „Leicht von der Hand gehende Arbeit ist überlieferte Geschicklichkeit." (Th. Hodgskin, Popular Political Economy, p. 48.)

[425] „Auch die Künste sind ... in Ägypten zu dem gehörigen Grad von Vollkommenheit gediehn. Denn in diesem Lande allein dürfen die Handwerker durchaus nicht in die Geschäfte einer andren Bürgerklasse eingreifen, sondern bloß den nach dem Gesetz ihrem Stamme erblich zugehörigen Beruf treiben ... Bei andren Völkern findet man, daß die Gewerbsleute ihre Aufmerksamkeit auf zu viele Gegenstände verteilen ... Bald versuchen sie es mit dem Landbau, bald lassen sie sich in Handelsgeschäfte ein, bald befassen sie sich mit zwei oder drei Künsten zugleich. In Freistaaten laufen sie meist in die Volksversammlungen ... In Ägypten dagegen verfällt jeder Handwerker in schwere Strafen, wenn er sich in Staatsgeschäfte mischt oder mehrere Künste zugleich treibt. So kann nichts ihren Berufsfleiß stören ... Zudem, wie sie von ihren Vorfahren viele Regeln haben, sind sie eifrig darauf bedacht, noch neue Vorteile aufzufinden." (Diodorus Siculus: „Historische Bibliothek", l. I, c. 74.)

Vorteile bieten. Der Weber ist ein vereinzeltes Individuum, der das Gewebe auf Bestellung eines Kunden verfertigt und mit einem Webstuhl von der einfachsten Konstruktion, manchmal nur bestehend aus hölzernen, roh zusammengefügten Stangen. Er besitzt nicht einmal einen Apparat zum Aufziehn der Kette, der Webstuhl muß daher in seiner ganzen Länge ausgestreckt bleiben und wird so unförmlich und weit, daß er keinen Raum findet in der Hütte des Produzenten, der seine Arbeit daher in freier Luft verrichten muß, wo sie durch jede Wetterändrung unterbrochen wird."[426]

Es ist nur das von Generation auf Generation gehäufte und von Vater auf Sohn vererbte Sondergeschick, das dem Hindu wie der Spinne diese Virtuosität verleiht. Und dennoch verrichtet ein solcher indischer Weber sehr komplizierte Arbeit, verglichen mit der Mehrzahl der Manufakturarbeiter.

Ein Handwerker, der die verschiednen Teilprozesse in der Produktion eines Machwerks nacheinander ausführt, muß bald den Platz, bald die Instrumente wechseln. Der Übergang von einer Operation zur andren unterbricht den Fluß seiner Arbeit und bildet gewissermaßen Poren in seinem Arbeitstag. Diese Poren verdichten sich, sobald er den ganzen Tag eine und dieselbe Operation kontinuierlich verrichtet, oder sie verschwinden in dem Maße, wie der Wechsel seiner Operation abnimmt. Die gesteigerte Produktivität ist hier entweder der zunehmenden Ausgabe von Arbeitskraft in einem gegebnen Zeitraum geschuldet, also wachsender Intensität der Arbeit oder einer Abnahme des unproduktiven Verzehrs von Arbeitskraft. Der Überschuß von Kraftaufwand nämlich, den jeder Übergang aus der Ruhe in die Bewegung erheischt, kompensiert sich bei längrer Fortdauer der einmal erreichten Normalgeschwindigkeit. Andrerseits zerstört die Kontinuität gleichförmiger Arbeit die Spann- und Schwungkraft der Lebensgeister, die im Wechsel der Tätigkeit selbst ihre Erholung und ihren Reiz finden.

Die Produktivität der Arbeit hängt nicht nur von der Virtuosität des Arbeiters ab, sondern auch von der Vollkommenheit seiner Werkzeuge. Werkzeuge derselben Art, wie Schneider-, Bohr-, Stoß-, Schlaginstrumente usw., werden in verschiednen Arbeitsprozessen gebraucht, und in demselben Arbeitsprozeß dient dasselbe Instrument zu verschiednen Verrichtungen. Sobald jedoch die verschiednen Operationen eines Arbeitsprozesses voneinander losgelöst sind und jede Teiloperation in der Hand des Teilarbeiters eine möglichst entsprechende und daher ausschließliche Form gewinnt, werden Verändrungen der vorher zu verschiednen Zwecken dienenden Werkzeuge notwendig. Die Richtung ihres Formwechsels ergibt sich aus der Erfahrung der besondren Schwierigkeiten, welche die unveränderte Form in den Weg legt. Die Differenzierung der Arbeitsinstrumente, wodurch Instrumente derselben Art besondre feste Formen für jede

besondre Nutzanwendung erhalten, und ihre Spezialisierung, wodurch jedes solches Sonderinstrument nur in der Hand spezifischer Teilarbeiter in seinem

[426] „Historical and descriptive Account of Brit. India etc." By Hugh Murray, James Wilson etc., Edinburgh 1832, v. II, p. 449, 450. Der indische Webstuhl ist hochschäftig, d.h., die Kette ist vertikal aufgespannt.

ganzen Umfang wirkt, charakterisieren die Manufaktur. Zu Birmingham allein produziert man etwa 500 Varietäten von Hämmern, wovon jeder nicht nur für einen besondren Produktionsprozeß, sondern eine Anzahl Varietäten oft nur für verschiedne Operationen in demselben Prozeß dient. Die Manufakturperiode vereinfacht, verbessert und vermannigfacht die Arbeitswerkzeuge durch deren Anpassung an die ausschließlichen Sonderfunktionen der Teilarbeiter.[427] Sie schafft damit zu- gleich eine der materiellen Bedingungen der Maschinerie, die aus einer Kombination einfacher Instrumente besteht.

Der Detailarbeiter und sein Instrument bilden die einfachen Elemente der Manufaktur. Wenden wir uns jetzt zu ihrer Gesamtgestalt.

3. Die beiden Grundformen der Manufaktur heterogene Manufaktur und organische Manufaktur

Die Gliederung der Manufaktur besitzt zwei Grundformen, die trotz gelegentlicher Verschlingung zwei wesentlich verschiedne Arten bilden und namentlich auch bei der spätren Verwandlung der Manufaktur in die maschinenartig betriebne, große Industrie eine ganz verschiedne Rolle spielen. Dieser Doppelcharakter entspringt aus der Natur des Machwerks selbst. Es wird entweder gebildet durch bloß mechanische Zusammensetzung selbständiger Teilprodukte oder verdankt seine fertige Gestalt einer Reihenfolge zusammenhängender Prozesse und Manipulationen.

Eine Lokomotive z.B. besteht aus mehr als 5.000 selbständigen Teilen. Sie kann jedoch nicht als Beispiel der ersten Art der eigentlichen Manufaktur gelten, weil sie ein Gebilde der großen Industrie ist. Wohl aber die Uhr, an welcher auch William Petty die manufakturmäßige Teilung der Arbeit veranschaulicht. Aus dem individuellen Werk eines Nürnberger Handwerkers verwandelte sich die Uhr in das gesellschaftliche Produkt einer Unzahl von Teilarbeitern, wie Rohwerkmacher, Uhrfedermacher, Zifferblattmacher, Spiralfedermacher, Steinloch- und Rubinhebelmacher, Zeigermacher, Gehäusemacher, Schraubenmacher, Vergolder, mit vielen Unterabteilungen, wie z.B. Räderfabrikant (Messing- und Stahlräder wieder geschieden), Triebmacher, Zeigerwerkmacher, acheveur de pignon (befestigt die Räder auf den Trieben, poliert die facettes usw.), Zapfenmacher, planteur de finissage (setzt verschiedne Räder und Triebe in das Werk), finisseur de barillet (läßt Zähne einschneiden, macht die Löcher zur richtigen Weite, härtet Stellung und Gesperr), Hemmungmacher, bei der Zylinderhemmung wieder Zylindermacher, Steigradmacher, Unruhe- macher, Requettemacher (das Rückwerk, woran

[427] Darwin bemerkt in seinem epochemachenden Werk „Über die Entstehung der Arten" mit Bezug auf die natürlichen Organe der Pflanzen und Tiere: „Solange ein und dasselbe Organ verschiedne Arbeiten zu verrichten hat, läßt sich ein Grund für seine Veränderlichkeit vielleicht darin finden, daß natürliche Züchtung jede kleine Abweichung der Form weniger sorgfältig erhält oder unterdrückt, als wenn dasselbe Organ nur zu einem besondren Zwecke allein bestimmt wäre. So mögen Messer, welche allerlei Dinge zu schneiden bestimmt sind, im ganzen so ziemlich von einerlei Form sein, während ein nur zu einerlei Gebrauch bestimmtes Werkzeug für jeden andren Gebrauch auch eine andre Form haben muß."

die Uhr reguliert wird), planteur d'échappement (eigentliche Hemmungmacher); dann der repasseur de barillet (macht Federhaus und Stellung ganz fertig), Stahlpolierer, Räderpolierer, Schraubenpolierer, Zahlenmaler, Blattmacher (schmilzt das Email auf das Kupfer), fabricant de pendants (macht bloß die Bügel des Gehäuses), finisseur de charnière (steckt den Messingstift in die Mitte des Gehäuses etc.), faiseur de secret (macht die Federn im Gehäuse, die den Deckel aufspringen machen), graveur, ciseleur, polisseur de boîte (Polierer des Gehäuses) usw., usw., endlich der repasseur, der die ganze Uhr zusammensetzt und sie gehend abliefert. Nur wenige Teile der Uhr laufen durch verschiedne Hände, und alle diese membra disjecta sammeln sich erst in der Hand, die sie schließlich in ein mechanisches Ganzes verbindet. Dies äußerliche Verhältnis des fertigen Produkts zu seinen verschiedenartigen Elementen läßt hier, wie bei ähnlichem Machwerk, die Kombination der Teilarbeiter in derselben Werkstatt zufällig. Die Teilarbeiten können selbst wieder als voneinander unabhängige Handwerke betrieben werden, wie im Kanton Waadt und Neuchâtel, während in Genf z.B. große Uhrenmanufakturen bestehn, d.h. unmittelbare Kooperation der Teilarbeiter unter dem Kommando eines Kapitals stattfindet. Auch im letztren Fall werden Zifferblatt, Feder und Gehäuse selten in der Manufaktur selbst verfertigt. Der kombinierte manufakturmäßige Betrieb ist hier nur unter ausnahmsweisen Verhältnissen profitlich, weil die Konkurrenz unter den Arbeitern, die zu Hause arbeiten wollen, am größten ist, die Zersplittrung der Produktion in eine Masse heterogener Prozesse wenig Verwendung gemeinschaftlicher Arbeitsmittel erlaubt und der Kapitalist bei der zerstreuten Fabrikation die Auslage für Arbeitsgebäude usw. erspart.[428] Indes ist auch die Stellung dieser Detailarbeiter, die zu Hause, aber für einen Kapitalisten (Fabrikant, établisseur) arbeiten, ganz und gar verschieden von der des selbständigen Handwerkers, welcher für seine eignen Kunden arbeitet.[429]

Die zweite Art der Manufaktur, ihre vollendete Form, produziert Machwerke, die zusammenhängende Entwicklungsphasen, eine Reihenfolge von Stufenprozessen durchlaufen, wie z.B. der Draht in der Nähnadelmanufaktur die Hände von 72 und selbst 92 spezifischen Teilarbeitern durchläuft.

Soweit solche Manufaktur ursprünglich zerstreute Handwerke kombiniert, vermindert sie die räumliche Trennung zwischen den besondren Produktionsphasen des Machwerks. Die Zeit seines Übergangs aus einem Stadium in das andre wird

[428] Genf hat im Jahr 1854 80.000 Uhren produziert, noch nicht ein Fünfteil der Uhrenproduktion des Kantons Neuchâtel. Chaux-de-Fonds, das man als eine einzige Uhrenmanufaktur betrachten kann, liefert allein jährlich doppelt soviel als Genf. Von 1850-1861 lieferte Genf 720.000 Uhren. Siehe „Report from Geneva on the Watch Trade" in „Reports by H. M.'s Secretaries of Embassy and Legation on the Manufactures, Commerce etc.", Nr. 6, 1863. Wenn die Zusammenhangslosigkeit der Prozesse, worin die Produktion nur zusammengesetzter Machwerke zerfällt, an und für sich die Verwandlung solcher Manufakturen in den Maschinenbetrieb der großen Industrie sehr erschwert, kommen bei der Uhr noch zwei andre Hindernisse hinzu, die Kleinheit und Delikatesse ihrer Elemente und ihr Luxuscharakter, daher ihre Varietät, so daß z.B. in den besten Londoner Häusern das ganze Jahr hindurch kaum ein Dutzend Uhren gemacht werden, die sich ähnlich sehn. Die Uhrenfabrik von Vacheron & Constantin, die mit Erfolg Maschinerie anwendet, liefert auch höchstens 3-4 verschiedne Varietäten von Größe und Form.

[429] In der Uhrmacherei, diesem klassischen Beispiel der heterogenen Manufaktur, kann man sehr genau die oben erwähnte aus der Zersetzung der handwerksmäßigen Tätigkeit entspringende Differenzierung und Spezialisierung der Arbeitsinstrumente studieren.

verkürzt, ebenso die Arbeit, welche diese Übergänge vermittelt.[430] Im Vergleich zum Handwerk wird so Produktivkraft gewonnen, und zwar entspringt dieser Gewinn aus dem allgemeinen kooperativen Charakter der Manufaktur. Andrerseits bedingt ihr eigentümliches Prinzip der Teilung der Arbeit eine Isolierung der verschiednen Produktionsphasen, die als ebenso viele handwerksmäßige Teilarbeiten gegeneinander verselbständigt sind. Die Herstellung und Erhaltung des Zusammenhangs zwischen den isolierten Funktionen ernötigt beständigen Transport des Machwerks aus einer Hand in die andre und aus einem Prozeß in den andren. Vom Standpunkt der großen Industrie tritt dies als eine charakteristische, kostspielige und dem Prinzip der Manufaktur immanente Beschränktheit hervor.[431]

Betrachtet man ein bestimmtes Quantum Rohmaterial, z.B. von Lumpen in der Papiermanufaktur oder von Draht in der Nadelmanufaktur, so durchläuft es in den Händen der verschiednen Teilarbeiter eine zeitliche Stufenfolge von Produktionsphasen bis zu seiner Schlußgestalt. Betrachtet man dagegen die Werkstatt als einen Gesamtmechanismus, so befindet sich das Rohmaterial gleichzeitig in allen seinen Produktionsphasen auf einmal. Mit einem Teil seiner vielen instrumentbewaffneten Hände zieht der aus den Detailarbeiten kombinierte Gesamtarbeiter den Draht, während er gleichzeitig mit andren Händen und Werkzeugen ihn streckt, mit andren schneidet, spitzt etc. Aus einem zeitlichen Nacheinander sind die verschiednen Stufenprozesse in ein räumliches Nebeneinander verwandelt. Daher Lieferung von mehr fertiger Ware in demselben Zeitraum.[432] Jene Gleichzeitigkeit entspringt zwar aus der allgemeinen kooperativen Form des Gesamtprozesses, aber die Manufaktur findet nicht nur die Bedingungen der Kooperation vor, sondern schafft sie teilweise erst durch die Zerlegung der handwerksmäßigen Tätigkeit. Andrerseits erreicht sie diese gesellschaftliche Organisation des Arbeitsprozesses nur durch Festschmieden desselben Arbeiters an dasselbe Detail.

Da das Teilprodukt jedes Teilarbeiters zugleich nur eine besondre Entwicklungsstufe desselben Machwerks ist, liefert ein Arbeiter dem andren oder eine Arbeitergruppe der andern ihr Rohmaterial. Das Arbeitsresultat des einen bildet den Ausgangspunkt für die Arbeit des andren. Der eine Arbeiter beschäftigt daher hier unmittelbar den andren. Die notwendige Arbeitszeit zur Erreichung des bezweckten Nutzeffekts in jedem Teilprozeß wird erfahrungsmäßig festgestellt, und der Gesamtmechanismus der Manufaktur beruht auf der Voraussetzung, daß in gegebner Arbeitszeit ein gegebnes Resultat erzielt wird. Nur unter dieser Voraussetzung können die verschiednen, einander ergänzenden Arbeitsprozesse

---

[430] „Wenn die Menschen so dicht nebeneinander arbeiten, muß der Transport notwendigerweise geringer sein." („The Advantages of the East India Trade", p. 106.)

[431] „Die Vereinzelung der verschiedenen Produktionsstufen in der Manufaktur, die aus der Verwendung von Handarbeit folgt, erhöht die Produktionskosten ungeheuer, wobei der Verlust in der Hauptsache durch die bloße Beförderung von einem Arbeitsprozeß zum anderen entsteht." („The Industry of Nations", Lond. 1855, part II, p. 200.)

[432] „Sie" (die Teilung der Arbeit) „verursacht auch eine Zeitersparnis, indem sie die Arbeit in ihre verschiedenen Zweige zerlegt, die alle im gleichen Augenblick ausgeführt werden können ... Durch die gleichzeitige Durchführung all der verschiedenen Arbeitsprozesse, die ein einzelner getrennt hätte ausführen müssen, wird es z.B. möglich, eine Menge Nadeln in derselben Zeit fertigzustellen, in der eine einzelne Nadel sonst nur abgeschnitten oder zugespitzt worden wäre." (Dugald Stewart, l.c.p. 319.)

ununterbrochen, gleichzeitig und räumlich nebeneinander fortgehn. Es ist klar, daß diese unmittelbare Abhängigkeit der Arbeiten und daher der Arbeiter voneinander jeden einzelnen zwingt, nur die notwendige Zeit zu seiner Funktion zu verwenden, und so eine ganz andre Kontinuität, Gleichförmigkeit, Regelmäßigkeit, Ordnung[433] und namentlich auch Intensität der Arbeit erzeugt wird als im unabhängigen Handwerk oder selbst der einfachen Kooperation. Daß auf eine Ware nur die zu ihrer Herstellung gesellschaftlich notwendige Arbeitszeit verwandt wird, erscheint bei der Warenproduktion überhaupt als äußrer Zwang der Konkurrenz, weil, oberflächlich ausgedrückt, jeder einzelne Produzent die Ware zu ihrem Marktpreis verkaufen muß. Lieferung von gegebnem Produktenquantum in gegebner Arbeitszeit wird dagegen in der Manufaktur technisches Gesetz des Produktionsprozesses selbst.[434]

Verschiedne Operationen bedürfen jedoch ungleicher Zeitlängen und liefern daher in gleichen Zeiträumen ungleiche Quanta von Teilprodukten. Soll also derselbe Arbeiter tagaus, tagein stets nur dieselbe Operation verrichten, so müssen für verschiedne Operationen verschiedne Verhältniszahlen von Arbeitern verwandt werden, z.B. 4 Gießer und 2 Abbrecher auf einen Frottierer in einer Typenmanufaktur, wo der Gießer stündlich 2.000 Typen gießt, der Abbrecher 4.000 abbricht und der Frottierer 8.000 blank reibt. Hier kehrt das Prinzip der Kooperation in seiner einfachsten Form zurück, gleichzeitige Beschäftigung vieler, die Gleichartiges tun, aber jetzt als Ausdruck eines organischen Verhältnisses. Die manufakturmäßige Teilung der Arbeit vereinfacht und vermannigfacht also nicht nur die qualitativ unterschiednen Organe des gesellschaftlichen Gesamtarbeiters, sondern schafft auch ein mathematisch festes Verhältnis für den quantitativen Umfang dieser Organe, d.h. für die relative Arbeiterzahl oder relative Größe der Arbeitergruppen in jeder Sonderfunktion. Sie entwickelt mit der qualitativen Gliederung die quantitative Regel und Proportionalität des gesellschaftlichen Arbeitsprozesses.

Ist die passendste Verhältniszahl der verschiednen Gruppen von Teilarbeitern erfahrungsmäßig festgesetzt für eine bestimmte Stufenleiter der Produktion, so kann man diese Stufenleiter nur ausdehnen, indem man ein Multipel jeder besondren Arbeitergruppe verwendet.[435] Es kommt hinzu, daß dasselbe Individuum gewisse Arbeiten ebensogut auf größerer als kleinerer Staffel ausführt, z.B. die Arbeit der Oberaufsicht, den Transport der Teilprodukte aus einer Produkti-

[433] „Je mannigfaltiger die Spezialarbeiter in jeder Manufaktur, ... um so ordentlicher und regelmäßiger ist jede Arbeit; diese muß notwendig in weniger Zeit getan werden, und die Arbeit muß sich vermindern." („The Advantages etc.", p. 68.)

[434] Indes erreicht der manufakturmäßige Betrieb dies Resultat in vielen Zweigen nur unvollkommen, weil er die allgemeinen chemischen und physikalischen Bedingungen des Produktionsprozesses nicht mit Sicherheit zu kontrollieren weiß.

[435] „Wenn die Erfahrung, je nach der besondren Natur der Produkte jeder Manufaktur, sowohl die vorteilhafteste Art, die Fabrikation in Teiloperationen zu spalten, als auch die für sie nötige Arbeiterzahl kennen gelehrt hat, werden alle Etablissements, die kein exaktes Multipel dieser Zahl anwenden, mit mehr Kosten fabrizieren ... Dies ist eine der Ursachen der kolossalen Ausdehnung industrieller Etablissements." (Ch. Babbage, „On the Economy of Machinery", Lond. 1832, ch. XXI, p. 172, 173.)

onsphase in die andre usw. Die Verselbständigung dieser Funktionen oder ihre Zuweisung an besondre Arbeiter wird also erst vorteilhaft mit Vergrößrung der beschäftigten Arbeiterzahl, aber diese Vergrößrung muß sofort alle Gruppen proportionell ergreifen.

Die einzelne Gruppe, eine Anzahl von Arbeitern, die dieselbe Teilfunktion verrichten, besteht aus homogenen Elementen und bildet ein besondres Organ des Gesamtmechanismus. In verschiednen Manufakturen jedoch ist die Gruppe selbst ein gegliederter Arbeitskörper, während der Gesamtmechanismus durch die Wiederholung oder Vervielfältigung dieser produktiven Elementarorganismen gebildet wird. Nehmen wir z.B. die Manufaktur von Glasflaschen. Sie zerfällt in drei wesentlich unterschiedne Phasen. Erstens die vorbereitende Phase, wie Bereitung der Glaskomposition, Mengung von Sand, Kalk usw. und Schmelzung dieser Komposition zu einer flüssigen Glasmasse.[436] In der ersten Phase sind verschiedne Teilarbeiter beschäftigt, ebenso in der Schlußphase, der Entfernung der Flaschen aus den Trockenöfen, ihrer Sortierung, Verpackung usw. Zwischen beiden Phasen steht in der Mitte die eigentliche Glasmacherei oder Verarbeitung der flüssigen Glasmasse. An demselben Munde eines Glasofens arbeitet eine Gruppe, die in England das „hole" (Loch) heißt und aus einem bottle maker oder finischer, einem blower, einem gatherer, einem putter up oder whetter off und einem taker in (Flaschenmacher oder Fertigmacher, einem Bläser, einem Anfänger, einem Aufstapler oder Absprenger und einem Abträger) zusammengesetzt ist. Diese fünf Teilarbeiter bilden ebenso viele Sonderorgane eines einzigen Arbeitskörpers, der nur als Einheit, also nur durch unmittelbare Kooperation der fünf wirken kann. Fehlt ein Glied des fünfteiligen Körpers, so ist er paralysiert. Derselbe Glasofen hat aber verschiedne Öffnungen, in England z.B. 4-6, deren jede einen irdenen Schmelztiegel mit flüssigem Glas birgt und wovon jede eine eigne Arbeitergruppe von derselben fünfgliedrigen Form beschäftigt. Die Gliederung jeder einzelnen Gruppe beruht hier unmittelbar auf der Teilung der Arbeit, während das Band zwischen den verschiednen gleichartigen Gruppen einfache Kooperation ist, die eins der Produktionsmittel, hier den Glasofen, durch gemeinsamen Konsum ökonomischer verbraucht. Ein solcher Glasofen mit seinen 4-6 Gruppen bildet eine Glashütte, und eine Glasmanufaktur umfaßt eine Mehrzahl solcher Hütten, zugleich mit den Vorrichtungen und Arbeitern für die einleitenden und abschließenden Produktionsphasen.

Endlich kann die Manufaktur, wie sie teilweis aus der Kombination verschiedner Handwerke entspringt, sich zu einer Kombination verschiedner Manufakturen entwickeln. Die größren englischen Glashütten z.B. fabrizieren ihre irdenen Schmelztiegel selbst, weil von deren Güte das Gelingen oder Mißlingen des Produkts wesentlich abhängt. Die Manufaktur eines Produktionsmittels wird hier mit der Manufaktur des Produkts verbunden. Umgekehrt kann die Manufaktur

[436] In England ist der Schmelzofen getrennt vom Glasofen, an dem das Glas verarbeitet wird, in Belgien z.B. dient derselbe Ofen zu beiden Prozessen.

des Produkts verbunden werden mit Manufakturen, worin es selbst wieder als Rohmaterial dient oder mit deren Produkten es später zusammengesetzt wird. So findet man z.B. die Manufaktur von Flintglas kombiniert mit der Glasschleiferei und der Gelbgießerei, letztre für die metallische Einfassung mannigfacher Glasartikel. Die verschiednen kombinierten Manufakturen bilden dann mehr oder minder räumlich getrennte Departemente einer Gesamtmanufaktur, zugleich voneinander unabhängige Produktionsprozesses, jeder mit eigner Teilung der Arbeit. Trotz mancher Vorteile, welche die kombinierte Manufaktur bietet, gewinnt sie, auf eigner Grundlage, keine wirklich technische Einheit. Diese entsteht erst bei ihrer Verwandlung in den maschinenmäßigen Betrieb.

Die Manufakturperiode, welche Verminderung der zur Warenproduktion notwendigen Arbeitszeit bald als bewußtes Prinzip ausspricht,[437] entwickelt sporadisch auch den Gebrauch von Maschinen, namentlich für gewisse einfache erste Prozesse, die massenhaft und mit großem Kraftaufwand auszuführen sind. So wird z.B. bald in der Papiermanufaktur das Zermalmen der Lumpen durch Papiermühlen und in der Metallurgie das Zerstoßen der Erze durch sogenannte Pochmühlen verrichtet.[438] Die elementarische Form aller Maschinerie hatte das römische Kaiserreich überliefert in der Wassermühle.[439] Die Handwerksperiode vermachte die großen Erfindungen des Kompasses, des Pulvers, der Buchdruckerei und der automatischen Uhr. Im großen und ganzen jedoch spielt die Maschinerie jene Nebenrolle, die Adam Smith ihr neben der Teilung der Arbeit anweist.[440] Sehr wichtig wurde die sporadische Anwendung der Maschinerie im 17. Jahrhundert, weil sie den großen Mathematikern jener Zeit praktische Anhaltspunkte und Reizmittel zur Schöpfung der modernen Mechanik darbot.

Die spezifische Maschinerie der Manufakturperiode bleibt der aus vielen Teilarbeitern kombinierte Gesamtarbeiter selbst. Die verschiednen Operationen, die der Produzent einer Ware abwechselnd verrichtet und die sich im Ganzen seines Arbeitsprozesses verschlingen, nehmen ihn verschiedenartig in Anspruch. In der einen muß er mehr Kraft entwickeln, in der andren mehr Gewandtheit, in der dritten mehr geistige Aufmerksamkeit usw., und dasselbe Individuum besitzt diese Eigenschaften nicht in gleichem Grad. Nach der Trennung, Verselbständigung

[437] Man kann dies unter andren ersehn aus W. Petty, John Bellers, Andrew Yarranton, „The Advantages of the East-India Trade“ und J. Vanderlint.

[438] Noch gegen Ende des 16. Jahrhunderts bedient sich Frankreich der Mörser und Siebe zum Pochen und Waschen der Erze.

[439] Die ganze Entwicklungsgeschichte der Maschinerie läßt sich verfolgen an der Geschichte der Getreidemühlen. Die Fabrik heißt im Englischen immer noch mill (Mühle). In deutschen technologischen Schriften aus den ersten Dezennien des 19. Jahrhunderts findet man noch den Ausdruck Mühle nicht nur für alle mit Naturkräften getriebene Maschinerie, sondern selbst für alle Manufakturen, die maschinenartige Apparate anwenden.

[440] Wie man aus dem Vierten Buch dieser Schrift näher sehn wird, hat A. Smith keinen einzigen neuen Satz über die Teilung der Arbeit aufgestellt. Was ihn aber als den zusammenfassenden politischen Ökonomen der Manufakturperiode charakterisiert, ist der Akzent, den er auf die Teilung der Arbeiter legt. Die untergeordnete Rolle, die er der Maschinerie anweist, rief im Beginn der großen Industrie Lauderdales, in einer weiterentwickelten Epoche Ures Polemik hervor. A. Smith verwechselt auch die Differenzierung der Instrumente, wobei die Teilarbeiter der Manufaktur selbst sehr tätig waren, mit der Maschinenerfindung. Es sind nicht die Manufakturarbeiter, sondern Gelehrte, Handwerker, selbst Bauern (Brindley) usw., die hier eine Rolle spielen.

und Isolierung der verschiednen Operationen werden die Arbeiter ihren vorwiegenden Eigenschaften gemäß geteilt, klassifiziert und gruppiert. Bilden ihre Naturbesonderheiten die Grundlage, worauf sich die Teilung der Arbeit pfropft, so entwickelt die Manufaktur, einmal eingeführt, Arbeitskräfte, die von Natur nur zu einseitiger Sonderfunktion taugen. Der Gesamtarbeiter besitzt jetzt alle produktiven Eigenschaften in gleich hohem Grad der Virtuosität und verausgabt sie zugleich aufs ökonomischste, indem er alle seine Organe, individualisiert in besondren Arbeitern oder Arbeitergruppen, ausschließlich zu ihren spezifischen Funktionen verwendet.[441] Die Einseitigkeit und selbst die Unvollkommenheit des Teilarbeiters werden zu seiner Vollkommenheit als Glied des Gesamtarbeiters.[442] Die Gewohnheit einer einseitigen Funktion verwandelt ihn in ihr naturgemäß sicher wirkendes Organ, während der Zusammenhang des Gesamtmechanismus ihn zwingt, mit der Regelmäßigkeit eines Maschinenteils zu wirken.[443]

Da die verschiednen Funktionen des Gesamtarbeiters einfacher oder zusammengesetzter, niedriger oder höher, erheischen seine Organe, die individuellen Arbeitskräfte, sehr verschiedne Grade der Ausbildung und besitzen daher sehr verschiedne Werte. Die Manufaktur entwickelt also eine Hierarchie der Arbeitskräfte, der eine Stufenleiter der Arbeitslöhne entspricht. Wird einerseits der individuelle Arbeiter einer einseitigen Funktion angeeignet und lebenslang annexiert, so werden ebensosehr die verschiednen Arbeitsverrichtungen jener Hierarchie der natürlichen und erworbnen Geschicklichkeiten angepaßt.[444] Jeder Produktionsprozeß bedingt indes gewisse einfache Hantierungen, deren jeder Mensch, wie er geht und steht, fähig ist. Auch sie werden jetzt von ihrem flüssigen Zusammenhang mit den inhaltvollern Momenten der Tätigkeit losgelöst und zu ausschließlichen Funktionen verknöchert.

Die Manufaktur erzeugt daher in jedem Handwerk, das sie ergreift, eine Klasse sogenannter ungeschickter Arbeiter, die der Handwerksbetrieb streng ausschloß. Wenn sie die durchaus vereinseitigte Spezialität auf Kosten des ganzen Arbeitsvermögens zur Virtuosität entwickelt, beginnt sie auch schon den Mangel aller

[441] „Indem man das Machwerk in mehrere verschiedne Operationen teilt, deren jede verschiedne Grade von Gewandtheit und Kraft erheischt, kann der Manufakturherr sich genau das jeder Operation entsprechende Quantum von Kraft und Gewandtheit verschaffen. Wäre dagegen das ganze Werk von einem Arbeiter zu verrichten, so müßte dasselbe Individuum genug Gewandtheit für die delikatesten und genug Kraft für die mühseligsten Operationen besitzen." (Ch. Babbage, l.c., ch. XIX.)

[442] Z.B. einseitige Muskelentwicklung, Knochenverkrümmung usw.

[443] Sehr richtig antwortet Herr Wm. Marschall, der general manager einer Glasmanufakter, auf die Frage des Untersuchungskommissärs, wie die Arbeitsamkeit unter den beschäftigten Jungen aufrechterhalten werde: „Sie können ihre Arbeit gar nicht vernachlässigen; haben sie erst einmal zu arbeiten begonnen, so müssen sie auch weitermachen; sie sind gradeso wie Teile einer Maschine." („Child. Empl. Comm., Fourth Report", 1865, p. 247.)

[444] Dr. Ure in seiner Apotheose der großen Industrie fühlt die eigentümlichen Charaktere der Manufaktur schärfer heraus als frühere Ökonomen, die nicht sein polemisches Interesse hatten, und selbst als seine Zeitgenossen, z.B. Babbage, der ihm zwar überlegen ist als Mathematiker und Mechaniker, aber dennoch die große Industrie eigentlich nur vom Standpunkt der Manufaktur auffaßt. Ure bemerkt: „Die Aneignung der Arbeiter an jede Sonderoperation bildet das Wesen der Verteilung der Arbeiten." Andrerseits bezeichnet er diese Verteilung als „Anpassung der Arbeiten an die verschiednen individuellen Fähigkeiten" und charakterisiert endlich das ganze Manufaktursystem als „ein System von Gradationen nach dem Rang der Geschicklichkeit", als „eine Teilung der Arbeit nach den verschiednen Graden des Geschicks" usw. (Ure, „Philos. of Manuf.", p. 19-23 passim.)

Entwicklung zu einer Spezialität zu machen. Neben die hierarchische Abstufung tritt die einfache Scheidung der Arbeiter in geschickte und ungeschickte. Für letztre fallen die Erlernungskosten ganz weg, für erstre sinken sie, im Vergleich zum Handwerker, infolge vereinfachter Funktion. In beiden Fällen sinkt der Wert der Arbeitskraft.[445] Ausnahme findet statt, soweit die Zersetzung des Arbeitsprozesses neue zusammenfassende Funktionen erzeugt, die im Handwerksbetrieb gar nicht oder nicht in demselben Umfang vorkamen. Die relative Entwertung der Arbeitskraft, die aus dem Wegfall oder der Verminderung der Erlernungskosten entspringt, schließt unmittelbar höhere Verwertung des Kapitals ein, denn alles, was die zur Reproduktion der Arbeitskraft notwendige Zeit verkürzt, verlängert die Domäne der Mehrarbeit.

4. Teilung der Arbeit innerhalb der Manufaktur und Teilung der Arbeit innerhalb der Gesellschaft

Wir betrachteten erst den Ursprung der Manufaktur, dann ihre einfachen Elemente, den Teilarbeiter und sein Werkzeug, endlich ihren Gesamtmechanismus. Wir berühren jetzt kurz das Verhältnis zwischen der manufakturmäßigen Teilung der Arbeit und der gesellschaftlichen Teilung der Arbeit, welche die allgemeine Grundlage aller Warenproduktion bildet.

Hält man nur die Arbeit selbst im Auge, so kann man die Trennung der gesellschaftlichen Produktion in ihre großen Gattungen, wie Agrikultur, Industrie usw., als Teilung der Arbeit im allgemeinen, die Sonderung dieser Produktionsgattungen in Arten und Unterarten als Teilung der Arbeit im besondren, und die Teilung der Arbeit innerhalb einer Werkstatt als Teilung der Arbeit im einzelnen bezeichnen.[446]

Die Teilung der Arbeit innerhalb der Gesellschaft und die entsprechende Beschränkung der Individuen auf besondre Berufssphären entwickelt sich, wie die Teilung der Arbeit innerhalb der Manufaktur, von entgegengesetzten Ausgangspunkten. Innerhalb einer Familie,[447] weiter entwickelt eines Stammes, entspringt eine naturwüchsige Teilung der Arbeit aus den Geschlechts- und Alterverschie-

[445] „Jeder Handwerker, der ... instand gesetzt wurde, sich durch die Praxis in einer Einzelverrichtung zu vervollkommnen ... wurde ein billigerer Arbeiter."

[446] „Die Teilung der Arbeit geht von der Trennung der verschidenartigsten Professionen fort bis zu jener Teilung, wo mehrere Arbeiter sich in die Anfertigung eines und desselben Produkts teilen, wie in der Manufaktur." (Storch, „Cours d'Écon. Pol.", Pariser Ausgabe, t. I, p. 173.) „Wir begegnen bei den Völkern, die eine gewisse Stufe der Zivilisation erreicht haben, drei Arten von Arbeitsteilung: die erste, die wir die allgemeine nennen, führt die Scheidung der Produzenten in Landwirte, Gewerbetreibende und Kaufleute herbei, sie entspricht den drei Hauptzweigen der nationalen Arbeit; die zweite, die man die besondere nennen könnte, ist die Teilung jedes Arbeitszweigs in Arten ... die dritte Arbeitsteilung endlich, die man als Teilung der Arbeitsverrichtung oder als Arbeitsteilung im eigentlichen Sinne bezeichnen sollte, ist diejenige, die sich in den einzelnen Handwerken und Berufen herausbildet ... und in den meisten Manufakturen und Werkstätten Fuß faßt." (Skarbek, l.c.p. 84, 85.)

[447] {Note zur 3. Aufl. - Spätere sehr gründliche Studien der menschlichen Urzustände führten den Verfasser zum Ergebnis, daß ursprünglich nicht die Familie sich zum Stamm ausgebildet, sondern umgekehrt, der Stamm die ursprüngliche naturwüchsige Form der auf Blutsverwandtschaft beruhenden menschlichen Vergesellschaftung war, so daß aus der beginnenden Auflösung der Stammesbande erst später die vielfach verschiednen Formen der Familie sich entwickelten. - F. E.}

denheiten, also auf rein physiologischer Grundlage, die mit der Ausdehnung des Gemeinwesens, der Zunahme der Bevölkerung und namentlich dem Konflikt zwischen verschiednen Stämmen und der Unterjochung eines Stamms durch den andren ihr Material ausweitet. Andrerseits, wie ich früher bemerkt , entspringt der Produktenaustausch an den Punkten, wo verschiedne Familien, Stämme, Gemeinwesen in Kontakt kommen, denn nicht Privatpersonen sondern Familien, Stämme usw. treten sich in den Anfängen der Kultur selbständig gegenüber. Verschiedne Gemeinwesen finden verschiedne Produktionsmittel und verschiedne Lebensmittel in ihrer Naturumgebung vor. Ihre Produktionsweise, Lebensweise und Produkte sind daher verschieden. Es ist diese naturwüchsige Verschiedenheit, die bei dem Kontakt der Gemeinwesen den Austausch der wechselseitigen Produkte und daher die allmähliche Verwandlung dieser Produkte in Waren hervorruft. Der Austausch schafft nicht den Unterschied der Produktionssphären, sondern setzt die unterschiednen in Beziehung und verwandelt sie so in mehr oder minder voneinander abhängige Zweige einer gesellschaftlichen Gesamtproduktion. Hier entsteht die gesellschaftliche Teilung der Arbeit durch den Austausch ursprünglich verschiedner, aber voneinander unabhängiger Produktionssphären. Dort, wo die physiologische Teilung der Arbeit den Ausgangspunkt bildet, lösen sich die besondren Organe eines unmittelbar zusammengehörigen Ganzen voneinander ab, zersetzen sich, zu welchem Zersetzungsprozeß der Warenaustausch mit fremden Gemeinwesen den Hauptanstoß gibt, und verselbständigen sich bis zu dem Punkt, wo der Zusammenhang der verschiednen Arbeiten durch den Austausch der Produkte als Waren vermittelt wird. Es ist in dem einen Fall Verunselbständigung der früher Selbständigen, in dem andren Verselbständigung der früher Unselbständigen.

Die Grundlage aller entwickelten und durch Warenaustausch vermittelten Teilung der Arbeit ist die Scheidung von Stadt und Land.[448] Man kann sagen, daß die ganze ökonomische Geschichte der Gesellschaft sich in der Bewegung dieses Gegensatzes resümiert, auf den wir jedoch hier nicht weiter eingehn.

Wie für die Teilung der Arbeit innerhalb der Manufaktur eine gewisse Anzahl gleichzeitig angewandter Arbeiter die materielle Voraussetzung bildet, so für die Teilung der Arbeit innerhalb der Gesellschaft die Größe der Bevölkerung und ihre Dichtigkeit, die hier an die Stelle der Agglomeration in derselben Werkstatt tritt.[449] Indes ist diese Dichtigkeit etwas Relatives. Ein relativ spärlich bevölkertes Land mit entwickelten Kommunikationsmitteln besitzt eine dichtere Bevölkerung als ein mehr bevölkertes Land mit unentwickelten Kommunikationsmitteln,

[448] Sir James Steuart hat diesen Punkt am besten behandelt. Wie wenig sein Werk, welches 10 Jahres vor dem „Wealth of Nations“ erschien, heutzutage bekannt ist, sieht man u.a. daraus, daß die Bewundrer des Malthus nicht einmal wissen, daß dieser in der ersten Ausgabe seiner Schrift über die „Population“, vom rein deklamatorischen Teil abgesehn, neben den Pfaffen Wallace und Townsend fast nur den Steuart abschreibt.

[449] „Es gibt eine gewisse Bevölkerungsdichte, die zweckdienlich ist, sowohl für den gesellschaftlichen Verkehr als auch für jenes Zusammenwirken der Kräfte, durch das der Ertrag der Arbeit gesteigert wird.“ (James Mill, l.c.p. 50.) „Wenn die Zahl der Arbeiter wächst, steigt die Produktivkraft der Gesellschaft im gleichen Verhältnis zu diesem Wachstum, multipliziert mit der Wirkung der Arbeitsteilung.“ (Th. Hodgskin, l.c.p. 120.)

und in dieser Art sind z.B. die nördlichen Staaten der amerikanischen Union dichter bevölkert als Indien.[450]

Da Warenproduktion und Warenzirkulation die allgemeine Voraussetzung der kapitalistischen Produktionsweise, erheischt manufakturmäßige Teilung der Arbeit eine schon bis zu gewissem Entwicklungsgrad gereifte Teilung der Arbeit im Innern der Gesellschaft. Umgekehrt entwickelt und vervielfältigt die manufakturmäßige Teilung der Arbeit rückwirkend jene gesellschaftliche Teilung der Arbeit. Mit der Differenzierung der Arbeitsinstrumente differenzieren sich mehr und mehr die Gewerbe, welche diese Instrumente produzieren.[451] Ergreift der manufakturmäßige Betrieb ein Gewerb, das bisher als Haupt- oder Nebengewerb mit andren zusammenhing und von demselben Produzenten ausgeführt wurde, so findet sofort Scheidung und gegenseitige Verselbständigung statt. Ergreift er eine besondre Produktionsstufe einer Ware, so verwandeln sich ihre verschiednen Produktionsstufen in verschiedne unabhängige Gewerbe. Es ward bereits angedeutet, daß, wo das Machwerk ein bloß mechanisch zusammengesetztes Ganze von Teilprodukten, die Teilarbeiten sich selbst wieder zu eignen Handwerken verselbständigen können. Um die Teilung der Arbeiter vollkommner innerhalb einer Manufaktur auszuführen, wird derselbe Produktionszweig, je nach der Verschiedenheit seiner Rohstoffe oder der verschiednen Formen, die derselbe Rohstoff erhalten kann, in verschiedne, zum Teil ganz neue Manufakturen gespaltet. So wurden bereits in der ersten Hälfte des 18. Jahrhunderts in Frankreich allein über 100 verschiedenartige Seidenzeuge gewebt, und in Avignon z.B. war es Gesetz, daß „jeder Lehrling sich immer nur einer Fabrikationsart widmen und nicht die Verfertigung mehrerer Zeugarten zugleich lernen durfte". Die territoriale Teilung der Arbeit, welche besondre Produktionszweige an besondre Distrikte eines Landes bannt, erhält neuen Anstoß durch den manufakturmäßigen Betrieb, der alle Besonderheiten ausbeutet.[452] Reiches Material zur Teilung der Arbeit innerhalb der Gesellschaft liefert der Manufakturperiode die Erweiterung des Weltmarkts und das Kolonialsystem, die zum Umkreis ihrer allgemeinen Existenzbedingungen gehören. Es ist hier nicht der Ort, weiter nachzuweisen, wie sie neben der ökonomischen jede andre Sphäre der Gesellschaft ergreift und überall die Grundlage zu jener Ausbildung des Fachwesens, der Spezialitäten, und einer Parzellierung des Menschen legt, die schon A. Ferguson, den Lehrer A. Smiths, in den Ausruf ausbrechen ließ: „Wir machen eine Nation von Heloten, und es gibt keine Freien unter uns."[453]

[450] Infolge der großen Baumwollnachfrage seit 1861 wurde in einigen sonst zahlreich bevölkerten Distrikten Ostindiens die Baumwollproduktion auf Kosten der Reisproduktion ausgedehnt. Es entstand daher partielle Hungersnot, weil wegen mangelnder Kommunikationsmittel und daher mangelnden physischen Zusammenhangs der Reisausfall in einem Distrikt nicht durch Zufuhr aus andren Distrikten ausgeglichen werden konnte.

[451] So bildete die Fabrikation der Weberschiffchen schon während des 17. Jahrhunderts einen besondren Industriezweig in Holland.

[452] „Ist nicht die Wollmanufaktur Englands in verschiedene Teile oder Zweige geschieden, die sich an besonderen Orten festgesetzt haben, wo sie allein oder hauptsächlich hergestellt werden; feine Tuche in Somersetshire, grobe in Yorkshire, doppelbreite in Exeter, Seide in Sudbury, Krepps in Norwich, Halbwollstoffe in Kendal, Decken in Whitney usw.!" (Berkeley, „The Qerist", 1750, § 520.)

[453] A. Ferguson, „History of Civil Society", Edinb. 1767, part IV, sect. II, p. 285.

Trotz der zahlreichen Analogien jedoch und der Zusammenhänge zwischen der Teilung der Arbeit im Innern der Gesellschaft und der Teilung innerhalb einer Werkstatt sind beide nicht nur graduell, sondern wesentlich unterschieden. Am schlagendsten scheint die Analogie unstreitig, wo ein innres Band verschiedne Geschäftszweige verschlingt. Der Viehzüchter z.B. produziert Häute, der Gerber verwandelt die Häute in Leder, der Schuster das Leder in Stiefel. Jeder produziert hier ein Stufenprodukt, und die letzte fertige Gestalt ist das kombinierte Produkt ihrer Sonderarbeiten. Es kommen hinzu die mannigfachen Arbeitszweige, die dem Viehzüchter, Gerber, Schuster Produktionsmittel liefern. Man kann sich nun mit A. Smith einbilden, diese gesellschaftliche Teilung der Arbeit unterscheide sich von der manufakturmäßigen nur subjektiv, nämlich für den Beobachter, der hier die mannigfachen Teilarbeiten auf einen Blick räumlich zusammensieht, während dort ihre Zerstreuung über große Flächen und die große Zahl der in jedem Sonderzweig Beschäftigten den Zusammenhang verdunklen.[454] Was aber stellt den Zusammenhang her zwischen den unabhängigen Arbeiten von Viehzüchter, Gerber, Schuster? Das Dasein ihrer respektiven Produkte als Waren. Was charakterisiert dagegen die manufakturmäßige Teilung der Arbeit? Daß der Teilarbeiter keine Ware produziert.[455] Erst das gemeinsame Produkt der Teilarbeiter verwandelt sich in Ware.[456] Die Teilung der Arbeit im Innern der Gesellschaft ist vermittelt durch den Kauf und Verkauf der Produkte verschiedner Arbeitszweige, der Zusammenhang der Teilarbeiten in der Manufaktur durch den Verkauf verschiedner Arbeitskräfte an denselben Kapitalisten, der sie als kombinierte Arbeitskraft verwendet. Die manufakturmäßige Teilung der Arbeit unterstellt Konzentration der Produktionsmittel in der Hand eines Kapitalisten, die

[454] In den eigentlichen Manufakturen, sagt er, scheint die Teilung der Arbeit größer, weil „die in jedem einzelnen Arbeitszweig Beschäftigten oft in einem Arbeitshaus zusammen sein und vom Beobachter mit einem Blick übersehen werden können. In jenen großen Manufakturen (!) dagegen, welche dazu bestimmt sind, die Hauptbedürfnisse der großen Masse der Bevölkerung zu befriedigen, sind in jedem einzelnen Arbeitszweig so viele Arbeiter beschäftigt, daß man sie unmöglich in einem Arbeitshaus zusammenbringen kann ... die Teilung ist nicht annähernd so offensichtlich." (A. Smith, „Wealth of Nations", b. I, ch. I.) Der berühmte Passus in demselben Kapitel, der mit den Worten beginnt: „Man betrachte die Habe des gewöhnlichsten Handwerkers oder Tagelöhners in einem zivilisierten und blühenden Lande usw." und dann weiter ausmalt, wie zahllos mannigfaltige Gewerbe zur Befriedigung der Bedürfnisse eines gewöhnlichen Arbeiters zusammenwirken, ist ziemlich wörtlich kopiert aus B. de Mandevilles Remarks zu seiner „Fable of the Bees, or, Privte Vices, Publick Benefits." (Erste Ausgabe ohne Remarks 1705, mit den Remarks 1714.)

[455] „Es gibt aber nichts mehr, was man als den natürlichen Lohn der Arbeit eines einzelnen bezeichnen könnte. Jeder Arbeiter erzeugt nur einen Teil eines Ganzen, und da jeder Teil für sich allein ohne Wert oder Nutzen ist, gibt es nichts, was der Arbeiter nehmen und wovon er sagen könnte: Das ist mein Erzeugnis, das will ich für mich behalten." („Labour defended against the claims of Capital", Lond. 1825, p. 25.) Der Verfasser dieser vorzüglichen Schrift ist der früher zitierte Th. Hodgskin.

[456] Note zur 2. Ausgabe. Dieser Unterschied zwischen gesellschaftlicher und manufakturmäßiger Teilung der Arbeit wurde den Yankees praktisch illustriert. Eine der während des Bürgerkriegs zu Washington neu ausgeheckten Steuern war die Akzise von 6% auf „alle industriellen Produkte". Frage: Was ist ein industrielles Produkt? Antwort des Gesetzgebers: Ein Ding ist produziert, „wenn es gemacht ist" (when it is made), und es ist gemacht, wenn für den Verkauf fertig. Nun ein Beispiel aus vielen. Manufakturen zu New York und Philadelphia hatten früher Regenschirme mit allem Zubehör „gemacht". Da ein Regenschirm aber ein Mixtum compositum ganz heterogener Bestandteile, wurden letztre nach und nach zu Machwerken unabhängig voneinander und an verschiednen Orten betriebner Geschäftszweige. Ihre Teilprodukte gingen nun als selbständige Waren ein in die Regenschirm-Manufaktur, welche sie nur noch in ein Ganzes zusammensetzt. Die Yankees haben derartige Artikel „assembled articles" (versammelte Artikel) getauft, was sie namentlich verdienten als Sammelplätze von Steuern. So „versammelte" der Regenschirm erstens 6% Akzise auf den Preis jedes seiner Elemente und hinwiederum 6% auf seinen eignen Gesamtpreis.

gesellschaftliche Teilung der Arbeit Zersplitterung der Produktionsmittel unter viele voneinander unabhängige Warenproduzenten. Statt daß in der Manufaktur das eherne Gesetz der Verhältniszahl oder Proportionalität bestimmte Arbeitermassen unter bestimmte Funktionen subsumiert, treiben Zufall und Willkür ihr buntes Spiel in der Verteilung der Warenproduzenten und ihrer Produktionsmittel unter die verschiednen gesellschaftlichen Arbeitszweige. Zwar suchen sich die verschiednen Produktionssphären beständig ins Gleichgewicht zu setzen, indem einerseits jeder Warenproduzent einen Gebrauchswert produzieren, also ein besondres gesellschaftliches Bedürfnis befriedigen muß, der Umfang dieser Bedürfnisse aber quantitativ verschieden ist und ein innres Band die verschiednen Bedürfnismassen zu einem naturwüchsigen System verkettet; indem andrerseits das Wertgesetz der Waren bestimmt, wieviel die Gesellschaft von ihrer ganzen disponiblen Arbeitszeit auf die Produktion jeder besondren Warenart verausgaben kann. Aber diese beständige Tendenz der verschiednen Produktionssphären, sich ins Gleichgewicht zu setzen, betätigt sich nur als Reaktion gegen die beständige Aufhebung dieses Gleichgewichts. Die bei der Teilung der Arbeit im Innern der Werkstatt a priori und planmäßig befolgte Regel wirkt bei der Teilung der Arbeit im Innern der Gesellschaft nur a posteriori als innre, stumme, im Barometerwechsel der Marktpreise wahrnehmbare, die regellose Willkür der Warenproduzenten überwältigende Naturnotwendigkeit. Die manufakturmäßige Teilung der Arbeit unterstellt die unbedingte Autorität des Kapitalisten über Menschen, die bloße Glieder eines ihm gehörigen Gesamtmechanismus bilden; die gesellschaftliche Teilung der Arbeit stellt unabhängige Warenproduzenten einander gegenüber, die keine andre Autorität anerkennen als die der Konkurrenz, den Zwang, den der Druck ihrer wechselseitigen Interessen auf sie ausübt, wie auch im Tierreich das bellum omnium contra omnes (der Krieg aller gegen alle) die Existenzbedingungen aller Arten mehr oder minder erhält. Dasselbe bürgerliche Bewußtsein, das die manufakturmäßige Teilung der Arbeit, die lebenslängliche Annexation des Arbeiters an eine Detailverrichtung und die unbedingte Unterordnung der Teilarbeiter unter das Kapital als eine Organisation der Arbeit feiert, welche ihre Produktivkraft steigre, denunziert daher ebenso laut jede bewußte gesellschaftliche Kontrolle und Reglung des gesellschaftliche Produktionsprozesses als einen Eingriff in die unveretzlichen Eigentumsrechte, Freiheit und sich selbst bestimmende „Genialität" des individuellen Kapitalisten. Es ist sehr charakteristisch, daß die begeisterten Apologeten des Fabriksystems nichts Ärgres gegen jede allgemeine Organisation der gesellschaftlichen Arbeit zu sagen wissen, als daß sie die ganze Gesellschaft in eine Fabrik verwandeln würde.

Wenn die Anarchie der gesellschaftlichen und die Despotie der manufakturmäßigen Arbeitsteilung einander in der Gesellschaft der kapitalistischen Produktionsweise bedingen, bieten dagegen frühere Gesellschaftsformen, worin die Besonderung der Gewerbe sich naturwüchsig entwickelt, dann kristallisiert und endlich gesetzlich befestigt hat, einerseits das Bild einer plan- und autoritätsmäßigen Organisation der gesellschaftlichen Arbeit, während sie anderseits die

Teilung der Arbeit innerhalb der Werkstatt ganz ausschließen oder nur auf einem Zwergmaßstab oder nur sporadisch und zufällig entwickeln.[457]

Jene uraltertümlichen, kleinen indischen Gemeinwesen z.B., die zum Teil noch fortexistieren, beruhn auf gemeinschaftlichem Besitz des Grund und Bodens, auf unmittelbarer Verbindung von Agrikultur und Handwerk und auf einer festen Teilung der Arbeit, die bei Anlage neuer Gemeinwesen als gegebner Plan und Grundriß dient. Sie bilden sich selbst genügende Produktionsganze, deren Produktionsgebiet von 100 bis auf einige 1.000 Acres wechselt. Die Hauptmasse der Produkte wird für den unmittelbaren Selbstbedarf der Gemeinde produziert, nicht als Ware, und die Produktion selbst ist daher unabhängig von der durch Warenaustausch vermittelten Teilung der Arbeit im großen und ganzen der indischen Gesellschaft. Nur der Überschuß der Produkte verwandelt sich in Ware, zum Teil selbst wieder erst in der Hand des Staats, dem ein bestimmtes Quantum seit undenklichen Zeiten als Naturalrente zufließt. Verschiedne Teile Indiens besitzen verschiedne Formen des Gemeinwesens. In der einfachsten Form bebaut die Gemeinde das Land gemeinschaftlich und verteilt seine Produkte unter ihre Glieder, während jede Familie Spinnen, Weben usw. als häusliches Nebengewerb treibt. Neben dieser gleichartig beschäftigten Masse finden wir den „Haupteinwohner", Richter, Polizei und Steuereinnehmer in einer Person; den Buchhalter, der die Rechnung über den Ackerbau führt und alles darauf Bezügliche katastriert und registriert; einen Beamten, der Verbrecher verfolgt und fremde Reisende beschützt und von einem Dorf zum andren geleitet; den Grenzmann, der die Grenzen der Gemeinde gegen die Nachbargemeinden bewacht; den Wasseraufseher, der das Wasser aus den gemeinschaftlichen Wasserbehältern zu Ackerbauzwecken verteilt; den Braminen, der die Funktionen des religiösen Kultus verrichtet; den Schulmeister, der die Gemeindekinder im Sand schreiben und lesen lehrt; den Kalenderbraminen, der als Astrolog die Zeiten für Saat, Ernte und die guten und bösen Stunden für alle besondren Ackerbauarbeiten angibt; einen Schmied und einen Zimmermann, welche alle Ackerbauwerkzeuge verfertigen und ausbessern; den Töpfer, der alle Gefäße für das Dorf macht; den Barbier, den Wäscher für die Reinigung der Kleider, den Silberschmied, hier und da den Poeten, der in einigen Gemeinden den Silberschmied, in andren den Schulmeister ersetzt. Dies Dutzend Personen wird auf Kosten der ganzen Gemeinde erhalten. Wächst die Bevölkerung, so wird eine neue Gemeinde nach dem Muster der alten auf unbebautem Boden angesiedelt. Der Gemeindemechanismus zeigt planmäßige Teilung der Arbeit, aber ihre manufakturmäßige Teilung ist unmöglich, indem der Markt für Schmied, Zimmermann usw. unverändert bleibt und höchstens, je nach dem Größenunterschied der Dörfer, statt eines Schmieds, Töpfers usw. ihrer zwei

[457] „Man kann als allgemeine Regel aufstellen: Je weniger die Autorität der Teilung der Arbeit innerhalb der Gesellschaft vorsteht, desto mehr entwickelt sich die Arbeitsteilung im Innern der Werkstatt und um so mehr ist sie der Autorität eines einzelnen unterworfen. Danach steht die Autorität in der Werkstatt und die in der Gesellschaft, in bezug auf die Arbeitsteilung, im umgekehrten Verhältnis zueinander." (Karl Marx, l.c.p. 130, 131 (Siehe Band 4, S. 151).)

oder drei vorkommen.[458] Das Gesetz, das die Teilung der Gemeindearbeit regelt, wirkt hier mit der unverbrüchlichen Autorität eines Naturgesetzes, während jeder besondre Handwerker, wie Schmied usw., nach überlieferter Art, aber selbständig und ohne Anerkennung irgendeiner Autorität in seiner Werkstatt, alle zu seinem Fach gehörigen Operationen verrichtet. Der einfache produktive Organismus dieser selbstgenügenden Gemeinwesen, die sich beständig in derselben Form reproduzieren und, wenn zufällig zerstört, an demselben Ort, mit demselben Namen, wieder aufbauen,[459] liefert den Schlüssel zum Geheimnis der Unveränderlichkeit asiatischer Gesellschaften, so auffallend kontrastiert durch die beständige Auflösung und Neubildung asiatischer Staaten und rastlosen Dynastenwechsel. Die Struktur der ökonomischen Grundelemente der Gesellschaft bleibt von den Stürmen der politischen Wolkenregion unberührt.

Die Zunftgesetze, wie schon früher bemerkt, verhinderten planmäßig, durch äußerste Beschränkung der Gesellenzahl, die ein einzelner Zunftmeister beschäftigen durfte, seine Verwandlung in einen Kapitalisten. Ebenso konnte er Gesellen nur beschäftigen in dem ausschließlichen Handwerk, worin er selbst Meister war. Die Zunft wehrte eifersüchtig jeden Übergriff des Kaufmannskapitals ab, der einzig freien Form des Kapitals, die ihr gegenüberstand. Der Kaufmann konnte alle Waren kaufen, nur nicht die Arbeit als Ware. Er war nur geduldet als Verleger der Handwerksprodukte. Riefen äußere Umstände eine fortschreitende Teilung der Arbeit hervor, so zerspalteten sich bestehende Zünfte in Unterarten oder lagerten sich neue Zünfte neben die alten hin, jedoch ohne Zusammenfassung verschiedner Handwerke in einer Werkstatt. Die Zunftorganisation, sosehr ihre Besondrung, Isolierung und Ausbildung der Gewerbe zu den materiellen Existenzbedingungen der Manufakturperiode gehören, schloß daher die manufakturmäßige Teilung der Arbeit aus. Im großen und ganzen blieben der Arbeiter und seine Produktionsmittel miteinander verbunden wie die Schnecke mit dem Schneckenhaus, und so fehlte die erste Grundlage der Manufaktur, die Verselbständigung der Produktionsmittel als Kapital gegenüber dem Arbeiter.

Während die Teilung der Arbeit im Ganzen einer Gesellschaft, ob vermittelt oder unvermittelt durch den Warenaustausch, den verschiedenartigsten ökonomischen Gesellschaftsformationen angehört, ist die manufakturmäßige Teilung der Arbeit eine ganz spezifische Schöpfung der kapitalistischen Produktionsweise.

---

[458] Lieut. Col. Mark Wilks, „Historical Sketches on the South of India", Lond. 1810 bis 1817, v. I, p. 118-120. Eine gute Zusammenstellung der verschiednen Formen des indischen Gemeinwesens findet man in George Campbells „Modern India", London 1852.

[459] „Unter dieser einfachen Form ... haben die Einwohner des Landes seit unvordenklichen Zeiten gelebt. Die Grenzen der Dorfgebiete wurden nur selten geändert; und obgleich die Dörfer wiederholt durch Krieg, Hungersnot und Seuchen heimgesucht, ja verwüstet wurden, haben derselbe Name, dieselben Grenzen, dieselben Interessen und selbst dieselben Familien sich durch Generationen fortgesetzt. Die Einwohner ließen sich durch den Zusammenbruch und die Teilung von Königreichen nicht anfechten; solange das Dorf ungeteilt bleibt, ist es ihnen gleichgültig, an welche Macht es abgetreten wird oder welchem Herrscher es zufällt. Seine innere Wirtschaft bleibt unverändert." (Th. Stamfort Raffles, late Lieut. Gov. of Java, „The History of Java", Lond. 1817, v. I, p. 285.)

5. Der kapitalistische Charakter der Manufaktur

Eine größere Arbeiteranzahl unter dem Kommando desselben Kapitals bildet den naturwüchsigen Ausgangspunkt, wie der Kooperation überhaupt, so der Manufaktur. Umgekehrt entwickelt die manufakturmäßige Teilung der Arbeit das Wachstum der angewandten Arbeiterzahl zur technischen Notwendigkeit. Das Arbeiterminimum, das ein einzelner Kapitalist anwenden muß, ist ihm jetzt durch die vorhandne Teilung der Arbeit vorgeschrieben. Andrerseits sind die Vorteile weitrer Teilung bedingt durch weitere Vermehrung der Arbeiteranzahl, die nur noch in Vielfachen ausführbar. Mit dem variablen muß aber auch der konstante Bestandteil des Kapitals wachsen, neben dem Umfang der gemeinsamen Produktionsbedingungen, wie Baulichkeiten, Öfen usw., namentlich auch und viel rascher als die Arbeiteranzahl, das Rohmaterial. Seine Masse, verzehrt in gegebner Zeit durch gegebnes Arbeitsquantum, nimmt in demselben Verhältnis zu wie die Produktivkraft der Arbeit infolge ihrer Teilung. Wachsender Minimalumfang von Kapital in der Hand der einzelnen Kapitalisten oder wachsende Verwandlung der gesellschaftlichen Lebensmittel und Produktionsmittel in Kapital ist also ein aus dem technischen Charakter der Manufaktur entspringendes Gesetz.[460]

Wie in der einfachen Kooperation ist in der Manufaktur der funktionierende Arbeitskörper eine Existenzform des Kapitals. Der aus vielen individuellen Teilarbeitern zusammengesetzte gesellschaftliche Produktionsmechanismus gehört dem Kapitalisten. Die aus der Kombination der Arbeiten entspringende Produktivkraft erscheint daher als Produktivkraft des Kapitals. Die eigentliche Manufaktur unterwirft nicht nur den früher selbständigen Arbeiter dem Kommando und der Disziplin des Kapitals, sondern schafft überdem eine hierarchische Gliederung unter den Arbeitern selbst. Während die einfache Kooperation die Arbeitsweise der einzelnen im großen und ganzen unverändert läßt, revolutioniert die Manufaktur sie von Grund aus und ergreift die individuelle Arbeitskraft an ihrer Wurzel. Sie verkrüppelt den Arbeiter in eine Abnormität, indem sie sein Detailgeschick treibhausmäßig fördert durch Unterdrückung einer Welt von produktiven Trieben und Anlagen, wie man in den La-Plata-Staaten ein ganzes Tier abschlachtet, um sein Fell oder seinen Talg zu erbeuten. Die besondren Teilarbeiten werden nicht nur unter verschiedne Individuen verteilt, sondern das Individuum selbst wird geteilt, in das automatische Triebwerk einer Teilarbeit verwandelt[461] und die abgeschmackte Fabel des Menenius Agrippa verwirklicht, die einen

[460] „Es genügt nicht, daß zur Unterabteilung der Handwerke nötig Kapital" (sollte heißen, die dazu nötigen Lebens- und Produktionsmittel) „sich in der Gesellschaft vorhanden vorfinde; es ist außerdem nötig, daß es in den Händen der Unternehmer in hinreichend beträchtlichen Massen akkumuliert sei, um sie zur Arbeit auf großer Stufenleiter zu befähigen ... Je mehr die Teilung zunimmt, erheischt die beständige Beschäftigung einer selben Zahl von Arbeitern immer beträchtlicheres Kapital in Werkzeugen, Rohstoffen usw." (Storch, „Cours d'Écon. Polit.", Pariser Ausg., t. I, p. 250, 251.) „Die Konzentration der Produktionsinstrumente und die Arbeitsteilung sind ebenso untrennbar voneinander wie auf dem Gebiete der Politik die Zentralisation der öffentlichen Gewalten und die Teilung der Privatinteressen." (Karl Marx, l.c.p. 134 (Siehe Band, S.153).)

[461] Dugald Stewart nennt die Manufakturarbeiter „lebende Automaten ... , die für Teilarbeiten verwandt werden". (l.c.p. 318.)

Menschen als bloßes Fragment seines eignen Körpers darstellt.[462] Wenn der Arbeiter ursprünglich seine Arbeitskraft an das Kapital verkauft, weil ihm die materiellen Mittel zur Produktion einer Ware fehlen, versagt jetzt seine individuelle Arbeitskraft selbst ihren Dienst, sobald sie nicht an das Kapital verkauft wird. Sie funktioniert nur noch in einem Zusammenhang, der erst nach ihrem Verkauf existiert, in der Werkstatt des Kapitalisten. Seiner natürlichen Beschaffenheit nach verunfähigt, etwas Selbständiges zu machen, entwickelt der Manufakturarbeiter produktive Tätigkeit nur noch als Zubehör zur Werkstatt des Kapitalisten.[463] Wie dem auserwählten Volk auf der Stirn geschrieben stand, daß es das Eigentum Jehovas, so drückt die Teilung der Arbeit dem Manufakturarbeiter einen Stempel auf, der ihn zum Eigentum des Kapitals brandmarkt.

Die Kenntnisse, die Einsicht und der Wille, die der selbständige Bauer oder Handwerker, wenn auch auf kleinem Maßstab, entwickelt, wie der Wilde alle Kunst des Kriegs als persönliche List ausübt, sind jetzt nur noch für das Ganze der Werkstatt erheischt. Die geistigen Potenzen der Produktion erweitern ihren Maßstab auf der einen Seite, weil sie auf vielen Seiten verschwinden. Was die Teilarbeiter verlieren, konzentriert sich ihnen gegenüber im Kapital.[464] Es ist ein Produkt der manufakturmäßigen Teilung der Arbeit, ihnen die geistigen Potenzen des materiellen Produktionsprozesses als fremdes Eigentum und sie beherrschende Macht gegenüberzustellen. Dieser Scheidungsprozeß beginnt in der einfachen Kooperation, wo der Kapitalist den einzelnen Arbeitern gegenüber die Einheit und den Willen des gesellschaftlichen Arbeitskörpers vertritt. Er entwickelt sich in der Manufaktur, die den Arbeiter zum Teilarbeiter verstümmelt. Er vollendet sich in der großen Industrie, welche die Wissenschaft als selbständige Produktionspotenz von der Arbeit trennt und in den Dienst des Kapitals preßt.[465]

In der Manufaktur ist die Bereicherung des Gesamtarbeiters und daher des Kapitals an gesellschaftlicher Produktivkraft bedingt durch die Verarmung des Arbeiters an individuellen Produktivkräften.

„Die Unwissenheit ist die Mutter der Industrie wie des Aberglaubens. Nachdenken und Einbildungskraft sind dem Irrtum unterworfen; aber die Gewohnheit, den Fuß oder die Hand zu bewegen, hängt weder von dem einen noch von der andren ab. Manufakturen prosperieren also da am meisten, wo man am meisten sich des Geistes entschlägt, in der Art, daß die Werkstatt als eine Maschine betrachtet werden kann, deren Teile Menschen sind."[466]

[462] Bei den Korallen bildet jedes Individuum in der Tat den Magen für die ganze Gruppe. Es führt ihr aber Nahrungsstoff zu, statt wie der römische Patrizier ihn wegzuführen.

[463] „Der Arbeiter, der ein ganzes Handwerk beherrscht, kann überall arbeiten und seinen Unterhalt finden: der andere" (der Manufakturarbeiter) „ist nur noch ein Zubehör und besitzt, von seinen Arbeitskollegen getrennt, weder Befähigung noch Unabhängigkeit und ist deshalb gezwungen, das Gesetz anzunehmen, das man für richtig hält, ihm aufzuerlegen." (Storch, l.c., édit. Petersb. 1815, t. I, p. 204.)

[464] A. Ferguson, l.c.p. 281: „Der eine mag gewonnen haben, was der andere verloren hat."

[465] „Der Mann des Wissens und der produktive Arbeiter sind weit voneinander getrennt, und die Wissenschaft, statt in der Hand des Arbeiters seine eignen Produktivkräfte für ihn selbst zu vermehren, hat sich fast überall ihm gegenübergestellt ... Kenntnis wird ein Instrument, fähig, von der Arbeit getrennt und ihr entgegengesetzt zu werden." (W. Thompson, „An Inquiry into the Principles of the Distribution of Wealth", London 1824, p. 274.)

[466] A. Ferguson, l.c.p. 280.

In der Tat wandten einige Manufakturen in der Mitte des 18. Jahrhunderts für gewisse einfache Operationen, welche aber Fabrikgeheimnisse bildeten, mit Vorliebe halbe Idioten an.[467]

„Der Geist der großen Mehrzahl der Menschen", sagt A. Smith, „entwickelt sich notwendig aus und an ihren Alltagsverrichtungen. Ein Mensch, der sein ganzes Leben in der Verrichtung weniger einfacher Operationen verausgabt ... hat keine Gelegenheit, seinen Verstand zu üben ... Er wird im allgemeinen so stupid und unwissend, wie es für eine menschliche Kreatur möglich ist."

Nachdem Smith den Stumpfsinn des Teilarbeiters geschildert, fährt er fort:

„Die Einförmigkeit seines stationären Lebens verdirbt natürlich auch den Mut seines Geistes ... Sie zerstört selbst die Energie seines Körpers und verunfähigt ihn, seine Kraft schwunghaft und ausdauernd anzuwenden, außer in der Detailbeschäftigung, wozu er herangezogen ist. Sein Geschick in seinem besondren Gewerke scheint so erworben auf Kosten seiner intellektuellen, sozialen und kriegerischen Tugenden. Aber in jeder industriellen und zivilisierten Gesellschaft ist dies der Zustand, worin der arbeitende Arme (the labouring poor), d.h. die große Masse des Volks notwendig verfallen muß."[468]

Um die aus der Teilung der Arbeit entspringende völlige Verkümmerung der Volksmasse zu verhindern, empfiehlt A. Smith Volksunterricht von Staats wegen, wenn auch in vorsichtig homöopathischen Dosen. Konsequent polemisiert dagegen sein französischer Übersetzer und Kommentator, G. Garnier, der sich unter dem ersten französischen Kaisertum naturgemäß zum Senator entpuppte. Volksunterricht verstoße wider die ersten Gesetze der Teilung der Arbeit und mit demselben „proskribiere man unser ganzes Gesellschaftssystem".

„Wie alle andren Teilungen der Arbeit", sagte er, „wird die zwischen Handarbeit und Verstandesarbeit[469] ausgesprochner und entschiedner im Maße, wie die Gesellschaft" (er wendet richtig diesen Ausdruck an für das Kapital, das Grundeigentum und ihren Staat) „reicher wird. Gleich jeder andren ist diese Teilung der Arbeit eine Wirkung vergangner und eine Ursache künftiger Fortschritte ... Darf die Regierung denn dieser Teilung der Arbeit entgegenwirken und sie in ihrem naturgemäßen Gang aufhalten? Darf sie einen Teil der Staatseinnahme zum Versuch verwenden, zwei Klassen von Arbeit, die ihre Teilung und Trennung erstreben, zu verwirren und zu vermischen?"[470]

Eine gewisse geistige und körperliche Verkrüppelung ist unzertrennlich selbst von der Teilung der Arbeit im ganzen und großen der Gesellschaft. Da aber die

[467] J. D. Tuckett, „A History of the Past and Present State of the Labouring Population", London 1846, v. I, p. 148.
[468] A. Smith, „Wealth of Nations", b. V, ch. I, art. II. Als Schüler A. Fergusons, der die nachteiligen Folgen der Teilung der Arbeit entwickelt hatte, war A. Smith über diesen Punkt durchaus klar. Im Eingang seines Werks, wo die Teilung der Arbeit exprofesso gefeiert wird, deutet er sie nur vorübergehend als Quelle der gesellschaftlichen Ungleichheiten an. Erst im 5. Buch über das Staatseinkommen reproduziert er Ferguson. Ich habe in „Misère de a Philosophie" das Nötige über das historische Verhältnis von Ferguson, A. Smith, Lemontey und Say in ihrer Kritik der Teilung der Arbeit gegeben und dort auch zuerst die manufakturmäßig Teilung der Arbeit als spezifische Form der kapitalistischen Produktionsweise dargestellt. (l.c.p. 122 sq. (Siehe Band, S. 145-147))
[469] Ferguson sagt bereits l.c.p. 281: „Und das Denken selbst kann in diesem Zeitalter der Arbeitsteilungen zu einem besonderen Gewerbe werden."
[470] G. Garnier, t. V seiner Übersetzung, p. 4-5.

Manufakturperiode diese gesellschaftliche Zerspaltung der Arbeitszweige viel weiter führt, andrerseits erst mit der ihr eigentümlichen Teilung das Individuum an seiner Lebenswurzel ergreift, liefert sie auch zuerst das Material und den Anstoß zur industriellen Pathologie.[471]

„Einen Menschen unterabteilen, heißt ihn hinrichten, wenn er das Todesurteil verdient, ihn meuchelmorden, wenn er es nicht verdient. Die Unterabteilung der Arbeit ist der Meuchelmord eines Volks.“[472]

Die auf Teilung der Arbeit beruhende Kooperation oder die Manufaktur ist in ihren Anfängen ein naturwüchsiges Gebild. Sobald sie einige Konsistenz und Breite des Daseins gewonnen, wird sie zur bewußten, planmäßigen und systematischen Form der kapitalistischen Produktionsweise. Die Geschichte der eigentlichen Manufaktur zeigt, wie die ihr eigentümliche Teilung der Arbeit zunächst erfahrungsmäßig, gleichsam hinter dem Rücken der handelnden Personen, die sachgemäßen Formen gewinnt, dann aber, gleich dem zünftigen Handwerke, die einmal gefundne Form traditionell festzuhalten strebt und in einzelnen Fällen jahrhundertlang festhält. Ändert sich diese Form, so, außer in Nebendingen, immer nur infolge einer Revolution der Arbeitsinstrumente. Die moderne Manufaktur - ich spreche hier nicht von der auf Maschinerie beruhenden großen Industrie - findet entweder, wie z.B. die Kleidermanufaktur, in den großen Städten, wo sie entsteht, die disjecta membra poetae (zerstreuten Glieder des Dichters) bereits fertig vor und hat sie nur aus ihrer Zerstreuung zu sammeln, oder das Prinzip der Teilung liegt auf flacher Hand, indem einfach die verschiednen Verrichtungen der handwerksmäßigen Produktion (z.B. beim Buchbinden) besondren Arbeitern ausschließlich angeeignet werden. Es kostet noch keine Woche Erfahrung, in solchen Fällen die Verhältniszahl zwischen den für jede Funktion nötigen Händen zu finden.[473]

Die manufakturmäßige Teilung der Arbeit schafft durch Analyse der handwerksmäßigen Tätigkeit, Spezifizierung der Arbeitsinstrumente, Bildung der Teilarbeiter, ihre Gruppierung und Kombination in einem Gesamtmechanismus, die qualitative Gliederung und quantitative Proportionalität gesellschaftlicher

[471] Ramazzini, Professor der praktischen Medizin zu Padua, veröffentlichte 1713 sein Werk „De morbis artificum“, 1777 ins Französische übersetzt, wieder abgedruckt 1841 in der „Encyclopédie des Sciences Médicales. 7me Div. Auteurs Classiques“. Die Periode der großen Industrie hat seinen Katalog der Arbeiterkrankheiten natürlich sehr vermehrt. Siehe u.a. „Hygiène physique et morale de l'ouvrier dans les grandes villes en général, et dans la ville de Lyon en particulier“. Par le Dr. A. L. Fonteret, Paris 1858, und [R. H. Rohatzsch,] „Die Krankheiten, welche verschiednen Ständen, Altern und Geschlechtern eigenthümlich sind“, 6 Bände, Ulm 1840. Im Jahre 1854 ernannte die Society of Arts eine Untersuchungskommission über industrielle Pathologie. Die Liste der von dieser Kommission gesammelten Dokumente findet man im Katalog des „Twickenham Economic Museum“. Sehr wichtig die offiziellen „Reports on Public Health“. Sieh auch Eduard Reich, M.D., „Ueber die Entartung des Menschen“, Erlangen 1868.

[472] „To subdivide a man is to execute him, if he deserves the sentence, to assassinate him, if he does not ... the subdivision of labour is the assassination of a people.“ (D. Urquhart, „Familiar Words“, London 1855, p. 119.) Hegel hatte sehr ketzerische Ansichten über die Teilung der Arbeit. „Unter gebildeten Menschen kann man zunächst solche verstehn, die alles machen können, was andre tun“, sagt er in seiner Rechtsphilosophie.

[473] Der gemütliche Glaube an das Erfindungsgenie, das der einzelne Kapitalist in der Teilung der Arbeit a priori ausübe, findet sich nur noch bei deutschen Professoren, wie Herrn Roscher z.B., der dem Kapitalisten, aus dessen Jupiterhaupt die Teilung der Arbeit fertig hervorspringe, zum Dank „diverse Arbeitslöhne“ widmet. Die größre oder geringre Anwendung der Teilung der Arbeit hängt von der Länge der Börse ab, nicht von der Größe des Genies.

Produktionsprozesse, also eine bestimmte Organisation gesellschaftlicher Arbeit und entwickelt damit zugleich neue, gesellschaftliche Produktivkraft der Arbeit. Als spezifisch kapitalistische Form des gesellschaftlichen Produktionsprozesses - und auf den vorgefundnen Grundlagen konnte sie sich nicht anders als in der kapitalistischen Form entwickeln - ist sie nur eine besondre Methode, relativen Mehrwert zu erzeugen oder die Selbstverwertung des Kapitals - was man gesellschaftlichen Reichtum, „Wealth of Nations" usw. nennt - auf Kosten der Arbeiter zu erhöhn. Sie entwickelt die gesellschaftliche Produktivkraft der Arbeit nicht nur für den Kapitalisten, statt für den Arbeiter, sondern durch die Verkrüpplung des individuellen Arbeiters. Sie produziert neue Bedingungen der Herrschaft des Kapitals über die Arbeit. Wenn sie daher einerseits als historischer Fortschritt und notwendiges Entwicklungsmoment im ökonomischen Bildungsprozeß der Gesellschaft erscheint, so andrerseits als ein Mittel zivilisierter und raffinierter Exploitation.

Die politische Ökonomie, die als eigne Wissenschaft erst in der Manufakturperiode aufkommt, betrachtet die gesellschaftliche Teilung der Arbeit überhaupt nur vom Standpunkt der manufakturmäßigen Teilung der Arbeit,[474] als Mittel, mit demselben Quantum Arbeit mehr Ware zu produzieren, daher die Waren zu verwohlfeilern und die Akkumulation des Kapitals zu beschleunigen. Im strengsten Gegensatz zu dieser Akzentuierung der Quantität und des Tauschwerts halten sich die Schriftsteller des klassischen Altertums ausschließlich an Qualität und Gebrauchswert.[475] Infolge der Scheidung der gesellschaftlichen Produktionszweige werden die Waren besser gemacht, die verschiednen Triebe und Talente der Menschen wählen sich entsprechende Wirkungssphären,[476] und ohne Beschränkung ist nirgendwo Bedeutendes zu leisten.[477] Also Produkt und Produzent werden verbessert durch die Teilung der Arbeit. Wird gelegentlich auch das Wachstum der Produktenmasse erwähnt, so nur mit Bezug auf die größre Fülle

[474] Mehr als A. Smith fixieren ältere Schriftsteller, wie Petty, wie der anonyme Verfasser der „Advantages of the East-India Trade" etc., den kapitalistischen Charakter der manufakturmäßigen Teilung der Arbeit.

[475] Ausnahme unter den Modernen bilden einige Schriftsteller des 18. Jahrhunderts, die in bezug auf Teilung der Arbeit fast nur den Alten nachsprechen, wie Beccaria und James Harris. So Beccaria: „Jedem beweist seine eigne Erfahrung, daß, wenn man Hand und Geist immer derselben Art von Arbeiten und Produkten zuwendet, man diese leichter, reichlicher und besser herstellt, als wenn jeder einzeln für sich das, was er benötigt, herstellen würde ... Auf diese Weise teilen sich die Menschen zum Nutzen der Allgemeinheit und zu ihrem eignen Vorteil in verschiedne Klassen und Stände." (Cesare Beccaria, „Elementi di Econ. Publica", ed. Custodi, Part. Moderna, t. XI, p. 28.) James Harris, später Earl of Malmesbury, berühmt durch die „Diaries" über seine Gesandtschaft in Petersburg, sagt selbst in einer Note zu seinem „Dialogue concerning Happiness", London 1741, später wieder abgedruckt in „Three Treatises etc.", 3. ed., Lond. 1772: „Der ganze Beweis dafür, daß die Gesellschaft etwas Natürliches ist" (nämlich durch die „Teilung der Beschäftigungen"), „ist dem zweiten Buch von Platos „Republik" entnommen."

[476] So in der Odyssee, XIV, 228: „Denn ein andrer Mann ergötzt sich auch an andren Arbeiten" und Archilochus beim Sextus Empiricus: „Jeder erquickt seinen Sinn bei andrer Arbeit."

[477] „Poll' hpistato erga, kakwz d' hpistato panta „[griechsch: „Poll' epistaio erga, kakos d'epistano panta." („Viele Arbeiten konnt' er, doch alle konnt' er schlecht.") - Der Athenienser fühlte sich als Warenproduzent dem Spartaner überlegen, weil dieser im Krieg wohl über Menschen, nicht aber über Geld verfügen könne, wie Thukydides den Perikles sagen läßt in der Rede, worin er die Athenienser zum Peloponnesischen Krieg aufstachet: „Mit ihren Körpern Krieg zu führen sind die Selbstwirtschaftenden eher bereit als mit Geld." (Thuk., l. I, c. 141.) Dennoch blieb ihr Ideal, auch in der materiellen Produktion, die autarkeia [griechisch: autarkeia] (Autarkie), die der Teilung der Arbeit gegenübersteht, „denn bei diesen gibt es Wohlstand, bei jenen aber auch die Unabhängigkeit". Man muß dabei erwägen, daß es noch zur Zeit des Sturzes der 30 Tyrannen keine 5.000 Athener ohne Grundeigentum gab.

des Gebrauchswerts. Es wird mit keiner Silbe des Tauschwerts, der Verwohlfeilerung der Waren gedacht. Dieser Standpunkt des Gebrauchswerts herrscht sowohl bei Plato,[478] der die Teilung der Arbeit als Grundlage der gesellschaftlichen Scheidung der Stände behandelt, als bei Xenophon,[479] der mit seinem charakteristisch bürgerlichen Instinkt schon der Teilung der Arbeit innerhalb einer Werkstatt näher rückt. Platos Republik, soweit in ihr die Teilung der Arbeit als das gestaltende Prinzip des Staats entwickelt wird, ist nur atheniensische Idealisierung des ägyptischen Kastenwesens, wie Ägypten als industrielles Musterland auch andren seiner Zeitgenossen gilt, z.B. dem Isokrates,[480] und diese Bedeutung selbst noch für die Griechen der römischen Kaiserzeit behielt.[481]

Während der eigentlichen Manufakturperiode, d.h. der Periode, worin die Manufaktur die herrschende Form der kapitalistischen Produktionsweise, stößt die volle Ausführung ihrer eignen Tendenzen auf vielseitige Hindernisse. Obgleich sie, wie wir sahen, neben der hierarchischen Gliederung der Arbeiter eine einfache Scheidung zwischen geschickten und ungeschickten Arbeitern schafft, bleibt die Zahl der letztren durch den überwiegenden Einfluß der erstren sehr be-

[478] Plato entwickelt die Teilung der Arbeit innerhalb des Gemeinwesens aus der Vielseitigkeit der Bedürfnisse und der Einseitigkeit der Anlagen der Individuen. Hauptgesichtspunkt bei ihm, daß der Arbeiter sich nach dem Werk richten müsse, nicht das Werk nach dem Arbeiter, was unvermeidlich, wenn er verschiedne Künste zugleich, also eine oder die andre als Nebenwerk treibe. „Denn die Arbeit will nicht warten auf die freie Zeit dessen, der sie macht, sondern der Arbeiter muß sich an die Arbeit halten, aber nicht in leichtfertiger Weise. - Dies ist notwendig. - Daraus folgt also, daß man mehr von allem verfertigt und sowohl schöner als auch leichter, wenn einer nur eine Sache macht, seiner natürlichen Begabung gemäß und zur richtigen Zeit, frei von andern Geschäften." („De Republica", II, 2. ec., Baiter, Orelli etc.) Ähnlich bei Thukydides, l.c.c. 142: „Das Seewesen ist eine Kunst so sehr wie irgend etwas andres und kann nicht bei etwa vorkommenden Fällen als Nebenwerk betrieben werden, sondern vielmehr nichts andres neben ihm als Nebenwerk." Muß das Werk, sagt Plato, auf den Arbeiter warten, so wird oft der kritische Zeitpunkt der Produktion verpaßt und das Machwerk verdorben, „ergo ukairon diollutai" [griechisch: „ergou kairon diollytai." („die rechte Zeit für die Arbeit geht verloren")] Dieselbe platonische Idee findet man wieder im Protest der englischen Bleichereibesitzer gegen die Klausel des Fabrikakts, die eine bestimmte Eßstunde für alle Arbeiter festsetzt. Ihr Geschäft könne sich nicht nach den Arbeitern richten, denn „von den verschiedenen Operationen des Absengens, Waschens, Bleichens, Mangelns, Pressens und Färbens kann keine in einem bestimmten Augenblick ohne Gefahr der Schädigung abgebrochen werden ... Das Erzwingen derselben Essensstunde für alle Arbeiter kann gelegentlich wertvolle Güter dadurch in Gefahr bringen, daß der Arbeitsprozeß nicht beendet wird." Le platonisme où va-t-il se nicher! (Wo wird der Platonismus sich noch überall einnisten!)

[479] Xenophon erzählt, es sei nicht nur ehrenvoll, Speisen von der Tafel des Perserkönigs zu erhalten, sondern diese Speisen seien auch viel schmackhafter als andre. „Und dies ist nichts Wunderbares, denn wie die übrigen Künste in den großen Städten besonders vervollkommnet sind, ebenso werden die königlichen Speisen ganz eigens zubereitet. Denn in den kleinen Städten macht derselbe Bettstelle, Türe, Pflug, Tisch; oft baut er obendrein noch Häuser und ist zufrieden, wenn er selbst so eine für seinen Unterhalt ausreichende Kundschaft findet. Es ist rein unmöglich, daß ein Mensch, der so vielerlei treibt, alles gut mache. In den großen Städten aber, wo jeder einzelne viele Käufer findet, genügt auch ein Handwerk, um seinen Mann zu nähren. Ja oft gehört dazu nicht einmal ein ganzes Handwerk, sondern der eine macht Mannsschuhe, der andre Weiberschuhe. Hier und da lebt einer bloß vom Nähen, der andre vom Zuschneiden der Schuhe; der eine schneidet bloß Kleider zu, der andre setzt die Stücke nur zusammen. Notwendig ist es nun, daß der Verrichter der einfachsten Arbeit sie unbedingt auch am besten macht. Ebenso steht's mit der Kochkunst." (Xen., „Cyrop.", l. VIII, c. 2.) Die zu erzielende Güte des Gebrauchswerts wird hier ausschließlich fixiert, obgleich schon Xenophon die Stufenleiter der Arbeitsteilung vom Umfang des Markts abhängig weiß.

[480] „Er" (Busiris) „teilte alle in besondere Kasten ... befahl, daß immer die nämlichen die gleichen Geschäfte treiben sollten, weil er wußte, daß die, welche mit ihren Beschäftigungen wechseln, in keinem Geschäft gründlich werden; die aber, welche beständig bei denselben Beschäftigungen bleiben, jedes aufs vollendetste zustande bringen. Wirklich werden wir auch finden, daß sie in Beziehung auf Künste und Gewerbe ihre Rivalen mehr übertroffen haben als sonst der Meister den Stümper und in Beziehung auf die Einrichtung, wodurch sie die Königsherrschaft und übrige Staatsverfassung erhalten, so vortrefflich sind, daß die berühmten Philosophen, welche darüber zu sprechen unternehmen, die Staatsverfassung Ägyptens vor andren lobten." (Isokr., „Busiris", c. 8.)

[481] cf. Diod. Sic.

schränkt. Obgleich sie die Sonderoperationen dem verschiednen Grad von Reife, Kraft und Entwicklung ihrer lebendigen Arbeitsorgane anpaßt und daher zu produktiver Ausbeutung von Weibern und Kindern drängt, scheitert diese Tendenz im großen und ganzen an den Gewohnheiten und dem Widerstand der männlichen Arbeiter. Obgleich die Zersetzung der handwerksmäßigen Tätigkeit die Bildungskosten und daher den Wert der Arbeiter senkt, bleibt für schwierigere Detailarbeit eine längre Erlernungszeit nötig und wird auch da, wo sie vom Überfluß, eifersüchtig von den Arbeitern aufrechterhalten. Wir finden z.B. in England die laws of apprenticeship (Lehrlingsgesetze) mit ihrer siebenjährigen Lernzeit bis zum Ende der Manufakturperiode in Vollkraft und erst von der großen Industrie über Haufen geworfen. Da das Handwerksgeschick die Grundlage der Manufaktur bleibt und der in ihr funktionierende Gesamtmechanismus kein von den Arbeitern selbst unabhängiges objektives Skelett besitzt, ringt das Kapital beständig mit der Insubordination der Arbeiter.

„Die Schwäche der menschlichen Natur", ruft Freund Ure aus, „ist so groß, daß der Arbeiter, je geschickter, desto eigenwilliger und schwieriger zu behandeln wird und folglich dem Gesamtmechanismus durch seine rappelköpfigen Launen schweren Schaden zufügt."[482]

Durch die ganze Manufakturperiode läuft daher die Klage über den Disziplinmangel der Arbeiter.[483] Und hätten wir nicht die Zeugnisse gleichzeitiger Schriftsteller, die einfachen Tatsachen, daß es vom 16. Jahrhundert bis zur Epoche der großen Industrie dem Kapital mißlingt, sich der ganzen disponiblen Arbeitszeit der Manufakturarbeiter zu bemächtigen, daß die Manufakturen kurzlebig sind und mit der Ein- oder Auswandrung der Arbeiter ihren Sitz in dem einen Land verlassen und in dem andren aufschlagen, würden Bibliotheken sprechen. „Ordnung muß auf die eine oder die andre Weise gestiftet werden", ruft 1770 der wiederholt zitierte Verfasser des „Essay on Trade and Commerce". Ordnung, hallt es 66 Jahre später zurück aus dem Mund des Dr. Andrew Ure, „Ordnung" fehlte in der auf „dem scholastischen Dogma der Arbeit" beruhenden Manufaktur, und „Arkwright schuf die Ordnung".

Zugleich konnte die Manufaktur die gesellschaftliche Produktion weder in ihrem ganzen Umfang ergreifen noch in ihrer Tiefe umwälzen. Sie gipfelte als ökonomisches Kunstwerk auf der breiten Grundlage des städtischen Handwerks und der ländlich häuslichen Industrie. Ihre eigne enge technische Basis trat auf einem gewissen Entwicklungsgrad mit den von ihr selbst geschaffnen Produktionsbedürfnissen in Widerspruch.

Eins ihrer vollendetsten Gebilde war die Werkstatt zur Produktion der Arbeitsinstrumente selbst, und namentlich auch der bereits angewandten komplizierteren mechanischen Apparate.

[482] Ure, l.c.p. 20.

[483] Das im Text Gesagte gilt viel mehr für England als für Frankreich und mehr für Frankreich als Holland.

„Ein solches Atelier", sagt Ure, „bot dem Auge die Teilung der Arbeit in ihren mannigfachen Abstufungen. Bohrer, Meißel, Drechselbank hatten jede ihre eignen Arbeiter, hierarchisch gegliedert nach dem Grad ihrer Geschicklichkeit."

Dies Produkt der manufakturmäßigen Teilung der Arbeit produzierte seinerseits - Maschinen. Sie heben die handwerksmäßige Tätigkeit als das regelnde Prinzip der gesellschaftlichen Produktion auf. So wird einerseits der technische Grund der lebenslangen Annexation des Arbeiters an eine Teilfunktion weggeräumt. Andrerseits fallen die Schranken, welche dasselbe Prinzip der Herrschaft des Kapitals noch auferlegte.

Maschinerie und große Industrie (Teil I)

1. Entwicklung der Maschinerie

John Stuart Mill sagt in seinen „Prinzipien der politischen Ökonomie":

„Es ist fraglich, ob alle bisher gemachten mechanischen Erfindungen die Tagesmühe irgendeines menschlichen Wesens erleichtert haben."[484]

Solches ist jedoch auch keineswegs der Zweck der kapitalistisch verwandten Maschinerie. Gleich jeder andren Entwicklung der Produktivkraft der Arbeit soll sie Waren verwohlfeilern und den Teil des Arbeitstags, den der Arbeiter für sich selbst braucht, verkürzen, um den andren Teil seines Arbeitstags, den er dem Kapitalisten umsonst gibt, zu verlängern. Sie ist Mittel zur Produktion von Mehrwert.

Die Umwälzung der Produktionsweise nimmt in der Manufaktur die Arbeitskraft zum Ausgangspunkt, in der großen Industrie das Arbeitsmittel. Es ist also zunächst zu untersuchen, wodurch das Arbeitsmittel aus einem Werkzeug in eine Maschine verwandelt wird oder wodurch sich die Maschine vom Handwerksinstrument unterscheidet. Es handelt sich hier nur um große, allgemeine Charakterzüge, denn abstrakt strenge Grenzlinien scheiden ebensowenig die Epochen der Gesellschafts- wie die der Erdgeschichte.

Mathematiker und Mechaniker - und man findet dies hier und da von englischen Ökonomen wiederholt - erklären das Werkzeug für eine einfache Maschine und die Maschine für ein zusammengesetztes Werkzeug. Sie sehn hier keinen wesentlichen Unterschied und nennen sogar die einfachen mechanischen Potenzen, wie Hebel, schiefe Ebne, Schraube, Keil usw., Maschinen.[485] In der Tat besteht jede Maschine aus jenen einfachen Potenzen, wie immer verkleidet und kombiniert. Vom ökonomischen Standpunkt jedoch taugt die Erklärung nichts, denn ihr fehlt das historische Element. Andrerseits sucht man den Unterschied zwischen Werk-

[484] „It is questionable, if all the mechanical inventions yet made have lightened the day's toil of any human being." Mill hätte sagen sollen, „of any human being not fed by other people's labour" („irgendeines menschlichen Wesens, das nicht von andrer Leute Arbeit lebt"), denn die Maschinerie hat unstreitig die Zahl der vornehmen Müßiggänger sehr vermehrt.
[485] Sieh z.B. Huttons „Course of Mathematics".

zeug und Maschine darin, daß beim Werkzeug der Mensch die Bewegungskraft, bei der Maschine eine von der menschlichen verschiedne Naturkraft, wie Tier, Wasser, Wind usw.[486] Danach wäre ein mit Ochsen bespannter Pflug, der den verschiedensten Produktionsepochen angehört, eine Maschine, Claussens Circular Loom (Rundwebstuhl), der von der Hand eines einzigen Arbeiters bewegt, 96.000 Maschen in einer Minute verfertigt, ein bloßes Werkzeug. Ja, derselbe loom wäre Werkzeug, wenn mit der Hand, und Maschine, wenn mit Dampf bewegt. Da die Anwendung von Tierkraft eine der ältesten Erfindungen der Menschheit, ginge in der Tat die Maschinenproduktion der Handwerksproduktion voraus. Als John Wyatt 1735 seine Spinnmaschine und mit ihr die industrielle Revolution des 18. Jahrhunderts ankündigte, erwähnte er mit keinem Wort, daß statt eines Menschen ein Esel die Maschine treibe, und dennoch fiel diese Rolle dem Esel zu. Eine Maschine, „um ohne Finger zu spinnen", lautete sein Programm.[487]

Alle entwickelte Maschinerie besteht aus drei wesentlich verschiednen Teilen, der Bewegungsmaschine, dem Transmissionsmechanismus, endlich der Werkzeugmaschine oder Arbeitsmaschine. Die Bewegungsmaschine wirkt als Triebkraft des ganzen Mechanismus. Sie erzeugt ihre eigne Bewegungskraft, wie die Dampfmaschine, kalorische Maschine, elektro-magnetische Maschine usw., oder sie empfängt den Anstoß von einer schon fertigen Naturkraft außer ihr, wie das Wasserrad vom Wassergefäll, der Windflügel vom Wind usw. Der Transmissionsmechanismus, zusammengesetzt aus Schwungrädern, Treibwellen, Zahnrädern, Kreiselrädern, Schäften, Schnüren, Riemen, Zwischengeschirr und Vorgelege der verschiedensten Art, regelt die Bewegung, verwandelt, wo es nötig, ihre Form, z.B. aus einer perpendikulären in eine kreisförmige, verteilt und überträgt sie auf die Werkzeugmaschinerie. Beide Teile des Mechanismus sind nur vorhanden, um der Werkzeugmaschine die Bewegung mitzuteilen, wodurch sie den Arbeitsgegenstand anpackt und zweckgemäß verändert. Dieser Teil der Maschinerie, die

[486] „Von diesem Gesichtspunkt aus läßt sich denn auch eine scharfe Grenze zwischen Werkzeug und Maschine ziehn: Spaten, Hammer, Meißel usw., Hebel- und Schraubenwerke, für welche, mögen sie übrigens noch so künstlich sein, der Mensch die bewegende Kraft ist ... dies alles fällt unter den Begriff des Werkzeugs; während der Pflug mit der ihn bewegenden Tierkraft, Wind- usw. Mühlen zu den Maschinen zu zählen sind." (Wilhelm Schulz, „Die Bewegung der Produktion", Zürich 1843, p. 38.) Eine in mancher Hinsicht lobenswerte Schrift.

[487] Schon vor ihm wurden, wenn auch sehr unvollkommene, Maschinen zum Vorspinnen angewandt, wahrscheinlich zuerst in Italien. Eine kritische Geschichte der Technologie würde überhaupt nachweisen, wie wenig irgendeine Erfindung des 18. Jahrhunderts einem einzelnen Individuum gehört. Bisher existiert kein solches Werk. Darwin hat das Interesse auf die Geschichte der natürlichen Technologie gelenkt, d.h. auf die Bildung der Pflanzen- und Tierorgane als Produktionsinstrumente für das Leben der Pflanzen und Tiere. Verdient die Bildungsgeschichte der produktiven Organe des Gesellschaftsmenschen, der materiellen Basis jeder besondren Gesellschaftsorganisation, nicht gleiche Aufmerksamkeit? Und wäre sie nicht leichter zu liefern, da, wie Vico sagt, die Menschengeschichte sich dadurch von der Naturgeschichte unterscheidet, daß wir die eine gemacht und die andre nicht gemacht haben? Die Technologie enthüllt das aktive Verhalten des Menschen zur Natur, den unmittelbaren Produktionsprozeß seines Lebens, damit auch seiner gesellschaftlichen Lebensverhältnisse und der ihnen entquellenden geistigen Vorstellungen. Selbst alle Religionsgeschichte, die von dieser materiellen Basis abstrahiert, ist - unkritisch. Es ist in der Tat viel leichter, durch Analyse den irdischen Kern der religiösen Nebelbildungen zu finden, als umgekehrt, aus den jedesmaligen wirklichen Lebensverhältnissen ihre verhimmelten Formen zu entwickeln. Die letztre ist die einzig materialistische und daher wissenschaftliche Methode. Die Mängel des abstrakt naturwissenschaftlichen Materialismus, der den geschichtlichen Prozeß ausschließt, ersieht man schon aus den abstrakten und ideologischen Vorstellungen seiner Wortführer, sobald sie sich über ihre Spezialität hinauswagen.

Werkzeugmaschine, ist es, wovon die industrielle Revolution im 18. Jahrhundert ausgeht. Sie bildet noch jeden Tag von neuem den Ausgangspunkt, sooft Handwerksbetrieb oder Manufakturbetrieb in Maschinenbetrieb übergeht.

Sehn wir uns nun die Werkzeugmaschine oder eigentliche Arbeitsmaschine näher an, so erscheinen im großen und ganzen, wenn auch oft in sehr modifizierter Form, die Apparate und Werkzeuge wieder, womit der Handwerker und Manufakturarbeiter arbeitet, aber statt als Werkzeuge des Menschen jetzt als Werkzeuge eines Mechanismus oder als mechanische. Entweder ist die ganze Maschine nur eine mehr oder minder veränderte mechanische Ausgabe des alten Handwerksinstruments, wie bei dem mechanischen Webstuhl,[488] oder die am Gerüst der Arbeitsmaschine angebrachten tätigen Organe sind alte Bekannte, wie Spindeln bei der Spinnmaschine, Nadeln beim Strumpfwirkerstuhl, Sägeblätter bei der Sägemaschine, Messer bei der Zerhackmaschine usw. Der Unterschied dieser Werkzeuge von dem eigentlichen Körper der Arbeitsmaschine erstreckt sich bis auf ihre Geburt. Sie werden nämlich immer noch großenteils handwerksmäßig oder manufakturmäßig produziert und später erst an den maschinenmäßig produzierten Körper der Arbeitsmaschine befestigt.[489] Die Werkzeugmaschine ist also ein Mechanismus, der nach Mitteilung der entsprechenden Bewegung mit seinen Werkzeugen dieselben Operationen verrichtet, welche früher der Arbeiter mit ähnlichen Werkzeugen verrichtete. Ob die Triebkraft nun vom Menschen ausgeht oder selbst wieder von einer Maschine, ändert am Wesen der Sache nichts. Nach Übertragung des eigentlichen Werkzeugs vom Menschen auf einen Mechanismus tritt eine Maschine an die Stelle eines bloßen Werkzeugs. Der Unterschied springt sofort ins Auge, auch wenn der Mensch selbst noch der erste Motor bleibt. Die Anzahl von Arbeitsinstrumenten, womit er gleichzeitig wirken kann, ist durch die Anzahl seiner natürlichen Produktionsinstrumente, seiner eignen körperlichen Organe, beschränkt. Man versuchte in Deutschland erst einen Spinner zwei Spinnräder treten, ihn also gleichzeitig mit zwei Händen und zwei Füßen arbeiten zu lassen. Dies war zu anstrengend. Später erfand man ein Tretspinnrand mit zwei Spindeln, aber die Spinnvirtuosen, die zwei Fäden gleichzeitig spinnen konnten, waren fast so selten als zweiköpfige Menschen. Die Jenny spinnt dagegen von vornherein mit 12-18 Spindeln, der Strumpfwirkerstuhl strickt mit viel 1.000 Nadeln auf einmal usw. Die Anzahl der Werkzeuge, womit dieselbe Werkzeugmaschine gleichzeitig spielt, ist von vornherein emanzipiert von der organischen Schranke, wodurch das Handwerkszeug eines Arbeiters beengt wird.

An vielem Handwerkszeug besitzt der Unterschied zwischen dem Menschen als bloßer Triebkraft und als Arbeiter mit dem eigentlichen Operateur eine sinnlich besonderte Existenz. Z.B. beim Spinnrad wirkt der Fuß nur als Triebkraft,

[488] Namentlich in der ursprünglichen Form des mechanischen Webstuhls erkennt man den alten Webstuhl auf den ersten Blick wieder. Wesentlich verändert erscheint er in seiner modernen Form.

[489] Erst seit ungefähr 1850 wird ein stets wachsender Teil der Werkzeuge der Arbeitsmaschinen maschinenmäßig in England fabriziert, obgleich nicht von denselben Fabrikanten, welche die Maschinen selbst machen. Maschinen zur Fabrikation solcher mechanischen Werkzeuge sind z.B. die automatic bobbin-making engine, card-setting engine, Maschinen zum Machen der Weberlitzen, Maschinen zum Schmieden von mule und throstle Spindeln.

während die Hand, die an der Spindel arbeitet, zupft und dreht, die eigentliche Spinnoperation verrichtet. Grade diesen letzten Teil des Handwerksinstruments ergreift die industrielle Revolution zuerst und überläßt dem Menschen, neben der neuen Arbeit die Maschine mit seinem Auge zu überwachen und ihre Irrtümer mit seiner Hand zu verbessern, zunächst noch die rein mechanische Rolle der Triebkraft. Werkzeuge dagegen, auf die der Mensch von vornherein nur als einfache Triebkraft wirkt, wie z.B. beim Drehn der Kurbel einer Mühle,[490] bei[m] Pumpen, beim Auf- und Abbewegen der Arme eines Blasebalgs, beim Stoßen eines Mörsers etc., rufen zwar zuerst die Anwendung von Tieren, Wasser, Wind[491] als Bewegungskräften hervor. Sie recken sich, teilweise innerhalb, sporadisch schon lange vor der Manufakturperiode zu Maschinen, aber sie revolutionieren die Produktionsweise nicht. Daß sie selbst in ihrer handwerksmäßigen Form bereits Maschinen sind, zeigt sich in der Periode der großen Industrie. Die Pumpen z.B., womit die Holländer 1836/37 den See von Harlem auspumpten, waren nach dem Prinzip gewöhnlicher Pumpen konstruiert, nur daß zyklopische Dampfmaschinen statt der Menschenhände ihre Kolben trieben. Der gewöhnliche und sehr unvollkommne Blasbalg des Grobschmieds wird noch zuweilen in England durch bloße Verbindung seines Arms mit einer Dampfmaschine in eine mechanische Luftpumpe verwandelt. Die Dampfmaschine selbst, wie sie Ende des 17. Jahrhunderts während der Manufakturperiode erfunden ward und bis zum Anfang der 80er Jahre des 18. Jahrhunderts fortexistierte[492], rief keine industrielle Revolution hervor. Es war vielmehr umgekehrt die Schöpfung der Werkzeugmaschinen, welche die revolutionierte Dampfmaschine notwendig machte. Sobald der Mensch, statt mit dem Werkzeug auf den Arbeitsgegenstand, nur noch als Triebkraft auf eine Werkzeugmaschine wirkt, wird die Verkleidung der Triebkraft in menschliche Muskel zufällig und kann Wind, Wasser, Dampf usw. an die Stelle treten. Dies schließt natürlich nicht aus, daß solcher Wechsel oft große technische Ändrungen des ursprünglich für menschliche Treibkraft allein konstruierten Mechanismus bedingt. Heutzutage werden alle Maschinen, die sich erst Bahn brechen müssen, wie Nähmaschinen, Brotbereitungsmaschinen usw., wenn sie den kleinen Maßstab nicht von vornherein durch ihre Bestimmung ausschließen, für menschliche und rein mechanische Triebkraft zugleich konstruiert.

Die Maschine, wovon die industrielle Revolution ausgeht, ersetzt den Arbeiter, der ein einzelnes Werkzeug handhabt, durch einen Mechanismus, der mit einer

[490] Moses von Ägypten sagt: „Du sollst dem Ochsen, der drischt, nicht das Maul verbinden." Die christlich germanischen Philanthropen legten dagegen dem Leibeignen, den sie als Triebkraft zum Mahlen verwandten, eine große hölzerne Scheibe um den Hals, damit er kein Mehl mit der Hand zum Mund bringen könne.

[491] Teils Mangel an lebendigem Wassergefäll, teils Kampf gegen sonstigen Wasserüberfluß zwangen die Holländer zur Anwendung des Winds als Triebkraft. Die Windmühle selbst erhielten sie aus Deutschland, wo diese Erfindung einen artigen Kampf zwischen Adel, Pfaffen und Kaiser hervorrief, wem denn von den drei der Wind „gehöre". Luft macht eigen, hieß es in Deutschland, während der Wind Holland frei machte. Was er hier eigen machte, war nicht der Holländer, sondern der Grund und Boden für den Holländer. Noch 1836 wurden 12.000 Windmühlen von 6.000 Pferdekraft in Holland verwandt, um zwei Dritteile des Lands vor Rückverwandlung in Morast zu schützen.

[492] Sie wurde zwar schon sehr verbessert durch Watts erste, sogenannte einfach wirkende Kampfmaschine, blieb aber in dieser Form bloße Hebemaschine für Wasser und Salzsole.

Masse derselben oder gleichartiger Werkzeuge auf einmal operiert und von einer einzigen Triebkraft, welches immer ihre Form, bewegt wird.[493] Hier haben wir die Maschine, aber erst als einfaches Element der maschinenmäßigen Produktion.

Die Erweitrung des Umfangs der Arbeitsmaschine und der Zahl ihrer gleichzeitig operierenden Werkzeuge bedingt einen massenhafteren Bewegungsmechanismus, und dieser Mechanismus zur Überwältigung seines eignen Widerstands eine mächtigere Triebkraft als die menschliche, abgesehn davon, daß der Mensch ein sehr unvollkommnes Produktionsinstrument gleichförmiger und kontinuierlicher Bewegung ist. Vorausgesetzt, daß er nur noch als einfache Triebkraft wirkt, also an die Stelle seines Werkzeugs eine Werkzeugmaschine getreten ist, können Naturkräfte ihn jetzt auch als Triebkraft ersetzen. Von allen aus der Manufakturperiode überlieferten großen Bewegungskräften war die Pferdekraft die schlechteste, teils weil ein Pferd seinen eignen Kopf hat, teils wegen seiner Kostspieligkeit und des beschränkten Umfangs, worin es in Fabriken allein anwendbar ist.[494] Dennoch wurde das Pferd häufig während der Kinderzeit der großen Industrie angewandt, wie außer dem Jammer gleichzeitiger Agronomen schon der bis heute überlieferte Ausdruck der mechanischen Kraft in Pferdekraft bezeugt. Der Wind war zu unstet und unkontrollierbar, und die Anwendung der Wasserkraft überwog außerdem in England, dem Geburtsort der großen Industrie, schon während der Manufakturperiode. Man hatte bereits im 17. Jahrhundert versucht, zwei Läufer und also auch zwei Mahlgänge mit einem Wasserrad in Bewegung zu setzen. Der geschwollne Umfang des Transmissionsmechanismus geriet aber jetzt in Konflikt mit der nun unzureichenden Wasserkraft, und dies ist einer der Umstände, der zur genauern Untersuchung der Reibungsgesetze trieb. Ebenso führte das ungleichförmige Wirken der Bewegungskraft bei Mühlen, die durch Stoßen und Ziehen mit Schwengeln in Bewegung gesetzt wurden, auf die Theorie und Anwendung des Schwungrads[495], das später eine so wichtige Rolle in der großen Industrie spielt. In dieser Art entwickelte die Manufakturperiode die ersten wissenschaftlichen und technischen Elemente der großen Industrie. Arkwrights Throstlesspin-

[493] „Die Vereinigung aller dieser einfachen Instrumente, durch einen einzigen Motor in Bewegung gesetzt, bildet eine Maschine." (Babbage, l.c.[p. 136.])

[494] John C. Morton verlas Dezember 1859 in der Society of Arts einen Aufsatz über „die in der Agrikultur angewandten Kräfte". Es heißt darin u.a.: „Jede Verbeßrung, welche die Gleichförmigkeit des Bodens fördert, macht die Dampfmaschine zur Erzeugung rein mechanischer Kraft anwendbarer ... Pferdekraft wird erheischt, wo krumme Hecken und andre Hindernisse gleichförmige Aktion verhindern. Diese Hindernisse schwinden täglich mehr. In Operationen, die mehr Ausübung des Willens und weniger wirkliche Kraft erfordern, ist die durch den menschlichen Geist von Minute zu Minute gelenkte Kraft, also Menschenkraft, allein anwendbar." Herr Morton reduziert dann Dampfkraft, Pferdekraft und Menschenkraft auf die bei Dampfmaschinen gewöhnliche Maßeinheit, nämlich die Kraft, 33.000 Pfund in der Minute um einen Fuß zu heben, und berechnet die Kosten einer Dampfpferdekraft bei der Dampfmaschine auf 3 d. und beim Pferde auf 5 1/2 d. per Stunde. Ferner kann das Pferd bei voller Erhaltung seiner Gesundheit nur 8 Stunden täglich angewandt werden. Durch Dampfkraft können mindestens 3 von je 7 Pferden auf bebautem Land während des ganzen Jahrs erspart werden, zu einem Kostenpreis, nicht größer als dem der entlaßnen Pferde während der 3 oder 4 Monate, wo sie allein wirklich vernutzt werden. In den Agrikulturoperationen, worin die Dampfkraft angewandt werden kann, verbessert sie endlich, verglichen mit der Pferdekraft, die Qualität des Machwerks. Um das Werk der Dampfmaschine zu verrichten, müßten 66 Arbeiter per Stunde zu zusammen 15 sh., und um das der Pferde zu verrichten, 32 Mann zu zusammen 8 sh per Stunde angewandt werden.

[495] Faulhaber, 1625; De Cous, 1688.

nerei wurde von vornherein mit Wasser getrieben. Indes war auch der Gebrauch der Wasserkraft als herrschender Triebkraft mit erschwerenden Umständen verbunden. Sie konnte nicht beliebig erhöht und ihrem Mangel nicht abgeholfen werden, sie versagte zuweilen und war vor allem rein lokaler Natur.[496] Erst mit Watts zweiter, sog. doppelt wirkender Dampfmaschine war ein erster Motor gefunden, der seine Bewegungskraft selbst erzeugt aus der Verspeisung von Kohlen und Wasser, dessen Kraftpotenz ganz unter menschlicher Kontrolle steht, der mobil und ein Mittel der Lokomotion, städtisch und nicht gleich dem Wasserrad ländlich, die Konzentration der Produktion in Städten erlaubt, statt sie wie das Wasserrad über das Land zu zerstreuen[497], universell in seiner technologischen Anwendung, in seiner Residenz verhältnismäßig wenig durch lokale Umstände bedingt. Das große Genie Watts zeigt sich in der Spezifikation des Patents, das er April 1784 nahm, und worin seine Dampfmaschine nicht als eine Erfindung zu besondren Zwecken, sondern als allgemeiner Agent der großen Industrie geschildert wird. Er deutet hier Anwendungen an, wovon manche, wie z.B. der Dampfhammer, mehr als ein halbes Jahrhundert später erst eingeführt wurden. Jedoch bezweifelte er die Anwendbarkeit der Dampfmaschine auf Seeschiffahrt. Seine Nachfolger, Boulton und Watt, stellten 1851 die kolossalste Dampfmaschine für Ocean steamers (Ozeandampfer) auf der Londoner Industrieausstellung aus.

Nachdem erst die Werkzeuge aus Werkzeugen des menschlichen Organismus in Werkzeuge eines mechanischen Apparats, der Werkzeugmaschine, verwandelt, erhielt nun auch die Bewegungsmaschine eine selbständige, von den Schranken menschlicher Kraft völlig emanzipierte Form. Damit sinkt die einzelne Werkzeugmaschine, die wir bisher betrachtet, zu einem bloßen Element der maschinenmäßigen Produktion herab. Eine Bewegungsmaschine konnte jetzt viele Arbeitsmaschinen gleichzeitig treiben.

Mit der Anzahl der gleichzeitig bewegten Arbeitsmaschine wächst die Bewegungsmaschine und dehnt sich der Transmissionsmechanismus zu einem weitläufigen Apparat aus.

Es ist nun zweierlei zu unterscheiden, Kooperation vieler gleichartiger Maschinen und Maschinensystem.

In dem einen Fall wird das ganze Machwerk von derselben Arbeitsmaschine verrichtet. Sie führt alle die verschiednen Operationen aus, welche ein Handwerker mit seinem Werkzeug, z.B. der Weber mit seinem Webstuhl, verrichtete oder

[496] Die moderne Erfindung der Turbinen befreit die industrielle Ausbeutung der Wasserkraft von vielen frühern Schranken.

[497] „In der Frühzeit der Textilmanufaktur war der Standort der Fabrik von der Existenz eines Wasserlaufs abhängig, der genügend Gefälle hatte, um ein Wasserrad zu drehen; und obwohl nun die Einrichtung der Wassermühlen den Beginn der Auflösung des Systems der Hausindustrie bedeutete, stellten die Mühlen, die notwendigerweise an Wasserläufen gelegen sein mußten und häufig in beträchtlicher Entfernung voneinander standen, eher einen Teil eines ländlichen als eines städtischen Systems dar; erst durch die Einführung der Dampfkraft als Ersatz für den Wasserlauf wurden die Fabriken in Städten und an Orten zusammengedrängt, wo Kohle und Wasser, die zur Dampferzeugung benötigt wurden, in ausreichender Menge vorhanden waren. Die Dampfmaschine ist die Mutter der Industriestädte." (A. Redgrave in „Reports of the Insp. of Fact. 30th April 1860", p. 36.)

welche Handwerker mit verschiednen Werkzeugen, sei es selbständig oder als Glieder einer Manufaktur, der Reihe nach ausführten.[498] Z.B. in der modernen Manufaktur von Briefkuverts faltete ein Arbeiter das Papier mit dem Falzbein, ein andrer legte den Gummi auf, ein dritter schlug die Klappe um, auf welche die Devise aufgedrückt wird, ein vierter bossierte die Devise usw., und bei jeder dieser Teiloperationen mußte jede einzelne Enveloppe die Hände wechseln. Eine einzige Enveloppemaschine verrichtet alle diese Operationen auf einen Schlag und macht 3.000 und mehr Enveloppes in einer Stunde. Eine auf der Londoner Industrieausstellung von 1862 ausgestellte amerikanische Maschine zur Bereitung von Papiertuten schneidet das Papier, kleistert, faltet und vollendet 300 Stück per Minute. Der innerhalb der Manufaktur geteilte und in einer Reihenfolge ausgeführte Gesamtprozeß wird hier von einer Arbeitsmaschine vollbracht, die durch Kombination verschiedner Werkzeuge wirkt. Ob nun eine solche Arbeitsmaschine nur mechanische Wiedergeburt eines komplizierteren Handwerkszeuges sei oder Kombination verschiedenartiger, manufakturmäßig partikularisierter einfacher Instrumente - in der Fabrik, d.h. in der auf Maschinenbetrieb gegründeten Werkstatt, erscheint jedesmal die einfache Kooperation wieder, und zwar zunächst (wir sehn hier vom Arbeiter ab) als räumliche Konglomeration gleichartiger und gleichzeitig zusammenwirkender Arbeitsmaschinen. So wird eine Webfabrik durch das Nebeneinander vieler mechanischen Webstühle und eine Nähfabrik durch das Nebeneinander vieler Nähmaschinen in demselben Arbeitsgebäude gebildet. Aber es existiert hier eine technische Einheit, indem die vielen gleichartigen Arbeitsmaschinen gleichzeitig und gleichmäßig ihren Impuls empfangen vom Herzschlag des gemeinsamen ersten Motors, auf sie übertragen durch den Transmissionsmechanismus, der ihnen auch teilweis gemeinsam ist, indem sich nur besondre Ausläufe davon für jede einzelne Werkzeugmaschine verästeln. Ganz wie viele Werkzeuge die Organe einer Arbeitsmaschine, bilden viele Arbeitsmaschinen jetzt nur noch gleichartige Organe desselben Bewegungsmechanismus.

Ein eigentliches Maschinensystem tritt aber erst an die Stelle der einzelnen selbständigen Maschine, wo der Arbeitsgegenstand eine zusammenhängende Reihe verschiedner Stufenprozesse durchläuft, die von einer Kette verschiedenartiger, aber einander ergänzender Werkzeugmaschinen ausgeführt werden. Hier erscheint die der Manufaktur eigentümliche Kooperation durch Teilung der Arbeit wieder, aber jetzt als Kombination von Teilarbeitsmaschinen. Die spezifischen Werkzeuge der verschiednen Teilarbeiter, in der Wollmanufaktur z.B. der Wollschläger, Wollkämmer, Wollscherer, Wollspinner usw., verwandeln sich jetzt in die Werkzeuge spezifizierter Arbeitsmaschinen, von denen jede ein besondres Organ für eine

[498] Vom Standpunkt der manufakturmäßigen Teilung war Weben keine einfache, sondern vielmehr eine komplizierte handwerksmäßige Arbeit, und so ist der mechanische Webstuhl eine Maschine, die sehr Mannigfaltiges verrichtet. Es ist überhaupt eine falsche Vorstellung, daß die moderne Maschinerie sich ursprünglich solcher Operationen bemächtigt, welche die manufakturmäßige Teilung der Arbeit vereinfacht hatte. Spinnen und Weben wurden während der Manufakturperiode in neue Arten gesondert und ihre Werkzeugen verbessert und variiert, aber der Arbeitsprozeß selbst, in keiner Weise geteilt, blieb handwerksmäßig. Es ist nicht die Arbeit, sondern das Arbeitsmittel, wovon die Maschine ausgeht.

besondre Funktion im System des kombinierten Werkzeugmechanismus bildet. Die Manufaktur selbst liefert dem Maschinensystem in den Zweigen, worin es zuerst eingeführt wird, im großen und ganzen die naturwüchsige Grundlage der Teilung und daher der Organisation des Produktionsprozesses.[499] Indes tritt sofort ein wesentlicher Unterschied ein. In der Manufaktur müssen Arbeiter, vereinzelt oder in Gruppen, jeden besondren Teilprozeß mit ihrem Handwerkszeug ausführen. Wird der Arbeiter dem Prozeß angeeignet, so ist aber auch vorher der Prozeß dem Arbeiter angepaßt. Dies subjektive Prinzip der Teilung fällt weg für die maschinenartige Produktion. Der Gesamtprozeß wird hier objektiv, an und für sich betrachtet, in seine konstituierenden Phasen analysiert, und das Problem, jeden Teilprozeß auszuführen und die verschiednen Teilprozesse zu verbinden, durch technischen Anwendung der Mechanik, Chemie usw. gelöst[500], wobei natürlich nach wie vor die theoretische Konzeption durch gehäufte praktische Erfahrung auf großer Stufenleiter vervollkommnet werden muß. Jede Teilmaschine liefert der zunächst folgenden ihr Rohmaterial, und da sie alle gleichzeitig wirken, befindet sich das Produkt ebenso fortwährend auf den verschiednen Stufen seines Bildungsprozesses, wie im Übergang aus einer Produktionsphase in die andre. Wie in der Manufaktur die unmittelbare Kooperation der Teilarbeiter bestimmte Verhältniszahlen zwischen den besondren Arbeitergruppen schafft, so in dem gegliederten Maschinensystem die beständige Beschäftigung der Teilmaschinen durch einander ein bestimmtes Verhältnis zwischen ihrer Anzahl, ihrem Umfang und ihrer Geschwindigkeit. Die kombinierte Arbeitsmaschine, jetzt ein gegliedertes System von verschiedenartigen einzelnen Arbeitsmaschinen und von Gruppen derselben, ist um so vollkommner, je kontinuierlicher ihr Gesamtprozeß, d.h. mit je weniger Unterbrechung das Rohmaterial von seiner ersten Phase zu seiner letzten übergeht, je mehr also statt der Menschenhand der Mechanismus selbst es von einer Produktionsphase in die andre fördert. Wenn in der Manufaktur die Isolierung der Sonderprozesse ein durch die Teilung der Arbeit selbst gegebnes Prinzip ist, so herrscht dagegen in der entwickelten Fabrik die Kontinuität der Sonderprozesse.

Ein System der Maschinerie, beruhe es nun auf bloßer Kooperation gleichartiger Arbeitsmaschinen, wie in der Weberei, oder auf einer Kombination verschiedenar-

[499] Vor der Epoche der großen Industrie war die Wollmanufaktur die herrschende Manufaktur Englands. In ihr wurden daher während der ersten Hälfte des 18. Jahrhunderts die meisten Experimente gemacht. Der Baumwolle, deren mechanische Verarbeitung minder mühvolle Vorbereitungen erfordert, kamen die an der Schafwolle gemachten Erfahrungen zugut, wie später umgekehrt die mechanische Wollindustrie sich auf Grundlage der mechanischen Baumwollspinnerei und Weberei entwickelt. Einzelne Elemente der Wollmanufaktur sind erst seit den letzten Dezennien dem Fabriksystem einverleibt worden, z.B. das Wollkämmen. „Die Anwendung mechanischer Kraft auf den Prozeß des Wollkämmens ... , die seit der Einführung der ‚Kämmaschine', speziell der Listerschen, in großem Ausmaß erfolgt ... , hatte unzweifelhaft die Wirkung, daß eine große Anzahl von Arbeitern aus der Arbeit geworfen wurde. Wolle wurde vorher mit der Hand gekämmt, zumeist in der Cottage des Kämmers. Jetzt wird sie ganz allgemein in der Fabrik gekämmt, und Handarbeit ist, abgesehen von einigen besonderen Arten von Arbeit, bei denen handgekämmte Wolle noch vorgezogen wird, verdrängt worden. Viele von den Handkämmern fanden Arbeit in den Fabriken, aber das Arbeitsprodukt des Handkämmers ist im Verhältnis zu dem der Maschine so klein, daß eine sehr große Zahl von Kämmern ohne Beschäftigung geblieben ist." („Rep. of Insp. of Fact. for 31st Oct. 1856", p. 16.)

[500] „Das Prinzip des Fabriksystems besteht also darin ... die Teilung des Arbeitsprozesses in seine wesentlichen Bestandteile an die Stelle der Verteilung oder Abstufung der Arbeit unter die einzelnen Handwerker zu setzen." (Ure, l.c.p. 20.)

tiger, wie in der Spinnerei, bildet an und für sich einen großen Automaten, sobald es von einem sich selbst bewegenden ersten Motor getrieben wird. Indes kann das Gesamtsystem z.B. von der Dampfmaschine getrieben werden, obgleich entweder einzelne Werkzeugmaschinen für gewisse Bewegungen noch den Arbeiter brauchen, wie die zum Einfahren der Mule nötige Bewegung vor der Einführung der selfacting mule und immer noch bei Feinspinnerei, oder aber bestimmte Teile der Maschine zur Verrichtung ihres Werks gleich einem Werkzeug vom Arbeiter gelenkt werden müssen, wie beim Maschinenbau vor der Verwandlung des slide rest (ein Drehapparat) in einen selfactor. Sobald die Arbeitsmaschine alle zur Bearbeitung des Rohstoffs nötigen Bewegungen ohne menschliche Beihilfe verrichtet und nur noch menschlicher Nachhilfe bedarf, haben wir ein automatisches System der Maschinerie, das indes beständiger Ausarbeitung im Detail fähig ist. So sind z.B. der Apparat, der die Spinnmaschine von selbst stillsetzt, sobald ein einzelner Faden reißt, und der selfachting stop, der den verbesserten Dampfwebstuhl stillsetzt, sobald der Spule des Weberschiffs der Einschlagsfaden ausgeht, ganz moderne Erfindung. Als ein Beispiel sowohl der Kontinuität der Produktion als der Durchführung des automatischen Prinzips kann die moderne Papierfabrik gelten. An der Papierproduktion kann überhaupt der Unterschied verschiedner Produktionsweisen, auf Basis verschiedner Produktionsmittel, wie der Zusammenhang der gesellschaftlichen Produktionsverhältnisse mit diesen Produktionsweisen, im einzelnen vorteilhaft studiert werden, da uns die ältere deutsche Papiermacherei Muster der handwerksmäßigen Produktion, Holland im 17. und Frankreich im 18. Jahrhundert Muster der eigentlichen Manufaktur und das moderne England Muster der automatischen Fabrikation in diesem Zweig liefern, außerdem in China und Indien noch zwei verschiedne altasiatische Formen derselben Industrie existieren.

Als gegliedertes System von Arbeitsmaschinen, die ihre Bewegung nur vermittelst der Transmissionsmaschinerie von einem zentralen Automaten empfangen, besitzt der Maschinenbetrieb seine entwickeltste Gestalt. An die Stelle der einzelnen Maschine tritt hier ein mechanisches Ungeheuer, dessen Leib ganze Fabrikgebäude füllt und dessen dämonische Kraft, erst versteckt durch die fast feierlich gemeßne Bewegung seiner Riesenglieder, im fieberhaft tollen Wirbeltanz seiner zahllosen eigentlichen Arbeitsorgane ausbricht.

Es gab Mules, Dampfmaschinen usw., bevor es Arbeiter gab, deren ausschließliches Geschäft es war, Dampfmaschinen, Mules usw. zu machen, ganz wie der Mensch Kleider trug, bevor es Schneider gab. Die Erfindungen von Vaucanson, Arkwright, Watt usw. waren jedoch nur ausführbar, weil jene Erfinder ein von der Manufakturperiode fertig geliefertes und beträchtliches Quantum geschickter mechanischer Arbeiter vorfanden. Ein Teil dieser Arbeiter bestand aus selbständigen Handwerkern verschiedner Profession, ein andrer Teil war in Manufakturen vereinigt, worin, wie früher erwähnt, die Teilung der Arbeit mit besondrer Strenge waltete. Mit der Zunahme der Erfindungen und der wachsenden Nachfrage nach den neu erfundnen Maschinen entwickelte sich mehr und mehr einerseits die

Sondrung der Maschinenfabrikation in mannigfaltige selbständige Zweige, andrerseits die Teilung der Arbeit im Innern der maschinenbauenden Manufakturen. Wir erblicken hier also in der Manufaktur die unmittelbare technische Grundlage der großen Industrie. Jene produzierte die Maschinerie, womit diese in den Produktionssphären, die sie zunächst ergriff, den handwerks- und manufakturmäßigen Betrieb aufhob. Der Maschinenbetrieb erhob sich also naturwüchsig auf einer ihm unangemeßnen materiellen Grundlage. Auf einem gewissen Entwicklungsgrad mußte er diese erst fertig vorgefundne und dann in ihrer alten Form weiter ausgearbeitete Grundlage selbst umwälzen und sich eine seiner eignen Produktionsweise entsprechende neue Basis schaffen. Wie die einzelne Maschine zwergmäßig bleibt, solange sie nur durch Menschen bewegt wird, wie das Maschinensystem sich nicht frei entwickeln konnte, bevor an die Stelle der vorgefundnen Triebkräfte - Tier, Wind und selbst Wasser - die Dampfmaschine trat, ebenso war die große Industrie in ihrer ganzen Entwicklung gelähmt, solange ihr charakteristisches Produktionsmittel, die Maschine selbst, persönlicher Kraft und persönlichem Geschick seine Existenz verdankte, also abhing von der Muskelentwicklung, der Schärfe des Blicks und der Virtuosität der Hand, womit der Teilarbeiter in der Manufaktur und der Handwerker außerhalb derselben ihr Zwerginstrument führten. Abgesehn von der Verteurung der Maschinen infolge dieser Ursprungsweise - ein Umstand, welcher das Kapital als bewußtes Motiv beherrscht blieb so die Ausdehnung der bereits maschinenmäßig betriebnen Industrie und das Eindringen der Maschinerie in neue Produktionszweige rein bedingt durch das Wachstum einer Arbeiterkategorie, die wegen der halbkünstlerischen Natur ihres Geschäfts nur allmählich und nicht sprungweis vermehrt werden konnte. Aber auf einer gewissen Entwicklungsstufe geriet die große Industrie auch technisch in Widerstreit mit ihrer handwerks- und manufakturmäßigen Unterlage. Ausreckung des Umfangs der Bewegungsmaschinen, des Transmissionsmechanismus und der Werkzeugmaschinen, größere Komplikation, Mannigfaltigkeit und strengere Regelmäßigkeit ihrer Bestandteile, im Maße wie die Werkzeugmaschine sich von dem handwerksmäßigen Modell, das ihren Bau ursprünglich beherrscht, losriß und eine freie, nur durch ihre mechanische Aufgabe bestimmte Gestalt erhielt[501], Ausbildung des automatischen Systems und stets unvermeidlichere Anwendung von schwer zu bewältigendem Material, z.B. Eisen statt Holz - die Lösung aller dieser naturwüchsig entspringenden Aufgaben stieß überall auf die persönlichen Schranken, die auch das in der Manufaktur kombinierte Arbeiterpersonal nur dem Grad, nicht dem Wesen nach durchbricht. Maschinen z.B. wie die moderne

[501] Der mechanische Webstuhl in seiner ersten Form besteht hauptsächlich aus Holz, der verbesserte, moderne, aus Eisen. Wie sehr im Anfang die alte Form des Produktionsmittels seine neue Form beherrscht, zeigt u.a. die oberflächlichste Vergleichung des modernen Dampfwebstuhls mit dem alten, der modernen Blasinstrumente in Eisengießereien mit der ersten unbehiflichen mechanischen Wiedergeburt des gewöhnlichen Blasbalgs, und vielleicht schlagender als alles andre eine vor der Erfindung der jetzigen Lokomotiven versuchte Lokomotive, die in der Tat zwei Füße hatte, welche sie abwechselnd wie ein Pferd aufhob. Erst nach weitrer Entwicklung der Mechanik und gehäufter praktischer Erfahrung wird die Form die Form gänzlich durch das mechanische Prinzip bestimmt und daher gänzlich emanzipiert von der überlieferten Körperform des Werkzeugs, das sich zur Maschine entpuppt.

Druckerpresse, der moderne Dampfwebstuhl und die moderne Kardiermaschine, konnten nicht von der Manufaktur geliefert werden.

Die Umwälzung der Produktionsweise in einer Sphäre der Industrie bedingt ihre Umwälzung in der andren. Es gilt dies zunächst für solche Industriezweige, welche zwar durch die gesellschaftliche Teilung der Arbeit isoliert sind, so daß jeder derselben eine selbständige Ware produziert, sich aber dennoch als Phasen eines Gesamtprozesses verschlingen. So machte die Maschinenspinnerei Maschinenweberei nötig und beide zusammen die mechanisch-chemische Revolution in der Bleicherei, Druckerei und Färberei. So rief andrerseits die Revolution in der Baumwollspinnerei die Erfindung des gin zur Trennung der Baumwollfaser vom Samen hervor, womit erst die Baumwollproduktion auf dem nun erheischten großen Maßstab möglich ward.[502] Die Revolution in der Produktionsweise der Industrie und Agrikultur ernötigte namentlich aber auch eine Revolution in den allgemeinen Bedingungen des gesellschaftlichen Produktionsprozesses, d.h. den Kommunikations- und Transportmitteln. Wie die Kommunikations- und Transportmittel einer Gesellschaft, deren Pivot, um mich eines Ausdrucks Fouriers zu bedienen, die kleine Agrikultur mit ihrer häuslichen Nebenindustrie und das städtische Handwerk waren, den Produktionsbedürfnissen der Manufakturperiode mit ihrer erweiterten Teilung der gesellschaftlichen Arbeit, ihrer Konzentration von Arbeitsmitteln und Arbeitern und ihren Kolonialmärkten durchaus nicht mehr genügen konnten, daher auch in der Tat umgewälzt wurden, so verwandelten sich die von der Manufakturperiode überlieferten Transport- und Kommunikationsmittel bald in unerträgliche Hemmschuhe für die große Industrie mit ihrer fieberhaften Geschwindigkeit der Produktion, ihrer massenhaften Stufenleiter, ihrem beständigen Werfen von Kapital- und Arbeitermassen aus einer Produktionssphäre in die andre und ihren neugeschaffnen weltmarktlichen Zusammenhängen. Abgesehn von ganz umgewälztem Segelschiffbau, wurde das Kommunikations- und Transportwesen daher allmählich durch ein System von Flußdampfschiffen, Eisenbahnen, ozeanischen Dampfschiffen und Telegraphen der Produktionsweise der großen Industrie angepaßt. Die furchtbaren Eisenmassen aber, die jetzt zu schmieden, zu schweißen, zu schneiden, zu bohren und zu formen waren, erforderten ihrerseits zyklopische Maschinen, deren Schöpfung der manufakturmäßige Maschinenbau versagte.

Die große Industrie mußte sich also ihres charakteristischen Produktionsmittels, der Maschine selbst, bemächtigen und Maschinen durch Maschinen produzieren. So erst schuf sie ihre adäquate technische Unterlage und stellte sich auf ihre eignen Füße. Mit dem wachsenden Maschinenbetrieb in den ersten Dezennien des 19. Jahrhunderts bemächtigte sich die Maschinerie in der Tat allmählich der Fabrikation der Werkzeugmaschinen. Jedoch erst während

[502] Des Yankee Eli Whitney cottongin war bis zur neuesten Zeit im wesentlichen weniger verändert worden als irgendeine andre Maschine des 18. Jahrhunderts. Erst in den letzten Dezennien (vor 1867) hat ein andrer Amerikaner, Herr Emery von Albany, New York, Whitneys Maschine durch eine ebenso einfache als wirksame Verbeßrung antiquiert.

der letztverfloßnen Dezennien riefen ungeheurer Eisenbahnbau und ozeanische Dampfschiffahrt die zur Konstruktion von ersten Motoren angewandten zyklopischen Maschinen ins Leben.

Die wesentlichste Produktionsbedingung für die Fabrikation von Maschinen durch Maschinen war eine jeder Kraftpotenz fähige und doch zugleich ganz kontrollierbare Bewegungsmaschine. Sie existierte bereits in der Dampfmaschine. Aber es galt zugleich die für die einzelnen Maschinenteile nötigen streng geometrischen Formen wie Linie, Ebne, Kreis, Zylinder, Kegel und Kugel maschinenmäßig zu produzieren. Dies Problem löste Henry Maudslay im ersten Dezennium des 19. Jahrhunderts durch die Erfindung des slide-rest, der bald automatisch gemacht und in modifizierter Form von der Drechselbank, wofür er zuerst bestimmt war, auf andre Konstruktionsmaschinen übertragen wurde. Diese mechanische Vorrichtung ersetzt nicht irgendein besondres Werkzeug, sondern die menschliche Hand selbst, die eine bestimmte Form hervorbringt, durch Vorhalten, Anpassen und Richtung der Schärfe von Schneideinstrumenten usw. gegen oder über das Arbeitsmaterial, z.B. Eisen. So gelang es, die geometrischen Formen der einzelnen Maschinenteile „mit einem Grad von Leichtigkeit, Genauigkeit und Raschheit zu produzieren, den keine gehäufte Erfahrung der Hand des geschicktesten Arbeiters verleihen verleihen konnte“.[503]

Betrachten wir nun den Teil der zum Maschinenbau angewandten Maschinerie, der die eigentliche Werkzeugmaschine bildet, so erscheint das handwerksmäßige Instrument wieder, aber in zyklopischem Umfang. Der Operateur der Bohrmaschine z.B. ist ein ungeheurer Bohrer, der durch eine Dampfmaschine getrieben wird und ohne den umgekehrt die Zylinder großer Dampfmaschinen und hydraulischer Pressen nicht produziert werden könnten. Die mechanische Drechselbank ist die zyklopische Wiedergeburt der gewöhnlichen Fußdrechselbank, die Hobelmaschine ein eiserner Zimmermann, der mit denselben Werkzeugen in Eisen arbeitet, womit der Zimmermann in Holz; das Werkzeug, welches in den Londoner Schiffswerften das Furnierwerk schneidet, ist ein riesenartiges Rasiermesser, das Werkzeug der Schermaschine, welche Eisen schneidet, wie die Schneiderschere Tuch, eine Monstreschere, und der Dampfhammer operiert mit einem gewöhnlichen Hammerkopf, aber von solchem Gewicht, daß Thor selbst ihn nicht schwingen könnte.[504] Einer dieser Dampfhämmer z.B., die eine Erfindung von Nasmyth sind, wiegt über 6 Tonnen und stürzt mit einem perpendikulären Fall von 7 Fuß auf einen Amboß von 36 Tonnen Gewicht. Er pulverisiert

[503] „The Industry of Nations“, Lond. 1855, Part II, p. 239. Es heißt ebendaselbst: „So einfach und äußerlich unbedeutend, wie dieses Zubehör zur Drehbank erscheinen mag, glauben wir doch nicht zu viel zu behaupten, wenn wir feststellen, daß sein Einfluß auf die bessere und ausgedehntere Verwendung von Maschinen ebenso groß gewesen ist wie der, den Watts Verbesserungen der Dampfmaschine hervorgerufen haben. Seine Einführung hatte sofort eine Vervollkommnung und Verbilligung aller Maschinen zur Folge und trieb zu weiteren Erfindungen und Verbesserungen.“

[504] Eine dieser Maschinen in London zum Schmieden von paddle-wheel shafts (Schaufelradwellen) führt den Namen „Thor“. Sie schmiedet einen Schaft von 16 1/2 Tonnen Gewicht mit derselben Leichtigkeit, wie der Schmied ein Hufeisen.

spielend einen Granitblock und ist nicht minder fähig, einen Nagel in weiches Holz mit einer Aufeinanderfolge leiser Schläge einzutreiben.[505]

Als Maschinerie erhält das Arbeitsmittel eine materielle Existenzweise, welche Ersetzung der Menschenkraft durch Naturkräfte und erfahrungsmäßiger Routine durch bewußte Anwendung der Naturwissenschaft bedingt. In der Manufaktur ist die Gliederung des gesellschaftlichen Arbeitsprozesses rein subjektiv, Kombination von Teilarbeitern; im Maschinensystem besitzt die große Industrie einen ganz objektiven Produktionsorganismus, den der Arbeiter als fertige materielle Produktionsbedingung vorfindet. In der einfachen und selbst in der durch Teilung der Arbeit spezifizierten Kooperation erscheint die Verdrängung des vereinzelten Arbeiters durch den vergesellschafteten immer noch mehr oder minder zufällig. Die Maschinerie, mit einigen später zu erwähnenden Ausnahmen, funktioniert nur in der Hand unmittelbar vergesellschafteter oder gemeinsamer Arbeit. Der kooperative Charakter des Arbeitsprozesses wird jetzt also durch die Natur des Arbeitsmittels selbst diktierte technische Notwendigkeit.

2. Wertabgabe der Maschinerie an das Produkt

Man sah, daß die aus Kooperation und Teilung der Arbeit entspringenden Produktivkräfte dem Kapital nichts kosten. Sie sind Naturkräfte der gesellschaftlichen Arbeit. Naturkräfte, wie Dampf, Wasser usw., die zu produktiven Prozessen angeeignet werden, kosten ebenfalls nichts. Wie aber der Mensch eine Lunge zum Atmen braucht, braucht er ein „Gebild von Menschenhand", um Naturkräfte produktiv zu konsumieren. Ein Wasserrad ist nötig, um die Bewegungskraft des Wassers, eine Dampfmaschine, um die Elastizität des Dampfs auszubeuten. Wie mit den Naturkräften verhält es sich mit der Wissenschaft. Einmal entdeckt, kostet das Gesetz über die Abweichung der Magnetnadel im Wirkungskreise eines elektrischen Stroms oder über Erzeugung von Magnetismus im Eisen, um das ein elektrischer Strom kreist, keinen Deut.[506] Aber zur Ausbeutung dieser Gesetze für Telegraphie usw. bedarf es eines sehr kostspieligen und weitläufigen Apparats. Durch die Maschine wird, wie wir sahen, das Werkzeug nicht verdrängt. Aus einem Zwergwerkzeug des menschlichen Organismus reckt es sich in Umfang und Anzahl zum Werkzeug eines vom Menschen geschaffnen Mechanismus. Statt mit dem Handwerkszeug, läßt das Kapital den Arbeiter jetzt mit einer Maschine arbeiten, die ihre Werkzeuge selbst führt. Wenn es daher auf den ersten Blick klar ist, daß die große Industrie durch Einverleibung ungeheurer Naturkräfte und

[505] Die in Holz arbeitenden Maschinen, die auch auf kleinem Maßstab angewandt werden können, sind meist amerikanische Erfindung.

[506] Die Wissenschaft kostet dem Kapitalisten überhaupt „nichts", was ihn durchaus nicht hindert, sie zu exploitieren. Die „fremde" Wissenschaft wird dem Kapital einverleibt wie fremde Arbeit. „Kapitalistische" Aneignung und „persönliche" Aneignung, sei es von Wissenschaft, sei es von materiellem Reichtum, sind aber ganz und gar disparate Dinge. Dr. Ure selbst bejammerte die grobe Unbekanntschaft seiner lieben, Maschinen exploitierenden Fabrikanten mit der Mechanik, und Liebig weiß von der haarsträubenden Unwissenheit der englischen chemischen Fabrikanten in der Chemie zu erzählen.

der Naturwissenschaft in den Produktionsprozeß die Produktivität der Arbeit außerordentlich steigern muß, ist es keineswegs ebenso klar, daß diese gesteigerte Produktivkraft nicht durch vermehrte Arbeitsausgabe auf der andren Seite erkauft wird. Gleich jedem andren Bestandteil des konstanten Kapitals schafft die Maschinerie keinen Wert, gibt aber ihren eignen Wert an das Produkt ab, zu dessen Erzeugung sie dient. Soweit sie Wert hat und daher Wert auf das Produkt überträgt, bildet sie einen Wertbestandteil desselben. Statt es zu verwohlfeilern, verteuert sie es im Verhältnis zu ihrem eignen Wert. Und es ist handgreiflich, daß Maschine und systematisch entwickelte Maschinerie, das charakteristische Arbeitsmittel der großen Industrie, unverhältnismäßig an Wert schwillt, verglichen mit den Arbeitsmitteln des Handwerks- und Manufakturbetriebs.

Es ist nun zunächst zu bemerken, daß die Maschinerie stets ganz in den Arbeitsprozeß und immer nur teilweis in den Verwertungsprozeß eingeht. Sie setzt nie mehr Wert zu, als sie im Durchschnitt durch ihre Abnutzung verliert. Es findet also große Differenz statt zwischen dem Wert der Maschinen und dem periodisch von ihr auf das Produkt übertragnen Wertteil. Es findet eine große Differenz statt zwischen der Maschine als wertbildendem und als produktbildendem Element. Je größer die Periode, während welcher dieselbe Maschinerie wiederholt in demselben Arbeitsprozeß dient, desto größer jene Differenz. Allerdings haben wir gesehn, daß jedes eigentliche Arbeitsmittel oder Produktionsinstrument immer ganz in den Arbeitsprozeß und stets nur stückweis, im Verhältnis zu seinem täglichen Durchschnittsverschleiß, in den Verwertungsprozeß eingeht. Diese Differenz jedoch zwischen Benutzung und Abnutzung ist viel größer bei der Maschinerie als bei dem Werkzeug, weil sie, aus dauerhafterem Material gebaut, länger lebt, weil ihre Anwendung, durch streng wissenschaftliche Gesetze geregelt, größre Ökonomie in der Verausgabung ihrer Bestandteile und ihrer Konsumtionsmittel ermöglicht, und endlich, weil ihr Produktionsfeld unverhältnismäßig größer ist als das des Werkzeugs. Ziehn wir von beiden, von Maschinerie und Werkzeug, ihre täglichen Durchschnittskosten ab oder den Wertbestandteil, den sie durch täglichen Durchschnittsverschleiß und den Konsum von Hilfsstoffen, wie Öl, Kohlen usw., dem Produkt zusetzen, so wirken sie umsonst, ganz wie ohne Zutun menschlicher Arbeit vorhandne Naturkräfte. Um soviel größer der produktive Wirkungsumfang der Maschinerie als der des Werkzeuge, um soviel größer ist der Umfang ihres unentgeltlichen Dienstes, verglichen mit dem des Werkzeugs. Erst in der großen Industrie lernt der Mensch, das Produkt seiner vergangnen, bereits vergegenständlichten Arbeit auf großem Maßstab gleich einer Naturkraft umsonst wirken zu lassen.[507]

[507] Ricardo faßt diese, übrigens von ihm ebensowenig wie der allgemeine Unterschied zwischen Arbeitsprozeß und Verwertungsprozeß entwickelte Wirkung der Maschinen manchmal so vorzugsweise ins Auge, daß er gelegentlich den Wertbestandteil vergißt, den Maschinen an das Produkt abgeben, und sie ganz und gar mit den Naturkräften zusammenwirft. So z.B. „Adam Smith unterschätzt nirgends die Dienste, die Naturkräfte und Maschinerie uns leisten, aber er unterscheidet sehr richtig die Natur des Wertes, den sie den Waren zusetzen ... da sie ihre Arbeit kostenlos tun, setzt ihr uns geleisteter Beistand dem Tauschwert nichts zu". (Ricardo, l.c.p. 336, 337.) Ricardos Bemerkung ist natürlich richtig gegen. J. B. Say, der sich vorfaselt, die Maschinen leisteten den „Dienst", Wert zu schaffen, der Teil des „Profits" bilde.

Es ergab sich bei Betrachtung der Kooperation und Manufaktur, daß gewisse allgemeine Produktionsbedingungen, wie Baulichkeiten usw., im Vergleich mit den zersplitterten Produktionsbedingungen vereinzelter Arbeiter durch den gemeinsamen Konsum ökonomisiert werden, daher das Produkt weniger verteuern. Bei der Maschinerie wird nicht nur der Körper einer Arbeitsmaschine von ihren vielen Werkzeugen, sondern dieselbe Bewegungsmaschine nebst einem Teil des Transmissionsmechanismus von vielen Arbeitsmaschinen gemeinsam verbraucht.

Gegeben die Differenz zwischen dem Wert der Maschinerie und dem auf ihr Tagesprodukt übertragnen Wertteil, hängt der Grad, worin dieser Wertteil das Produkt verteuert, zunächst vom Umfang des Produkts ab, gleichsam von seiner Oberfläche. Herr Baynes aus Blackburn schätzt in einer 1857 veröffentlichten Vorlesung, daß „jede reale[508] mechanische Pferdekraft 450 selfacting Mulespindeln nebst Vorgeschirr treibt oder 200 Throstlespindeln oder 15 Webstühle für 40 inch cloth (Zoll Tuch) nebst den Vorrichtungen zum Aufziehn der Kette, Schlichten usw."

Es ist im ersten Fall das Tagesprodukt von 450 Mulespindeln, im zweiten von 200 Throstlespindeln, im dritten von 15 mechanischen Webstühlen, worüber sich die täglichen Kosten einer Dampfpferdekraft und der Verschleiß der von ihr in Bewegung gesetzten Maschinerie verteilen, so daß hierdurch auf eine Unze Garn oder eine Elle Geweb nur ein winziger Wertteil übertragen wird. Ebenso im obigen Beispiel mit dem Dampfhammer. Da sich sein täglicher Verschleiß, Kohlenkonsum usw. verteilen auf die furchtbaren Eisenmassen, die er täglich hämmert, hängt sich jedem Zentner Eisen nur ein geringer Wertteil an, der sehr groß wäre, sollte das zyklopische Instrument kleine Nägel eintreiben.

Den Wirkungskreis der Arbeitsmaschine, also die Anzahl ihrer Werkzeuge, oder, wo es sich um Kraft handelt, deren Umfang gegeben, wird die Produktenmasse von der Geschwindigkeit abhängen, womit sie operiert, also z.B. von der Geschwindigkeit, womit sich die Spindel dreht, oder der Anzahl Schläge, die der Hammer in einer Minute austeilt. Manche jener kolossalen Hämmer geben 70 Schläge, Ryders Schmiedepatentmaschne, die Dampfhämmer in kleineren Dimensionen zum Schmieden von Spindeln anwendet, 700 Schläge in einer Minute.

[508] {Note zur 3. Aufl. - Eine „Pferdekraft" ist gleich der Kraft von 33.000 Fußpfund in der Minute, d.h. der Kraft, die 33.000 Pfund in der Minute um 1 Fuß (englisch) hebt oder 1 Pfund um 33.000 Fuß. Dies ist die oben gemeinte Pferdekraft. In der gewöhnlichen Geschäftssprache und auch hie und da in Zitaten dieses Buchs wird aber unterschieden zwischen „nominellen" und „kommerziellen" oder „indizierten" Pferdekräften derselben Maschine. Die alte oder nominelle Pferdekraft wird berechnet ausschließlich aus Kolbenhub und Zylinderdurchmesser und läßt Dampfdruck und Kolbengeschwindigkeit ganz außer Berücksichtigung. D.h., faktisch sagt sie aus: Diese Dampfmaschine hat z.B. 50 Pferdekraft, wenn sie mit demselben schwachen Dampfdruck und derselben geringen Kolbengeschwindigkeit getrieben wird wie zur Zeit von Boulton und Watt. Letztere beiden Faktoren sind aber seitdem enorm gewachsen. Um die von einer Maschine heute wirklich gelieferte mechanische Kraft zu messen, wurde der Indikator erfunden, der den Dampfdruck anzeigt. Die Kolbengeschwindigkeit läßt sich leicht feststellen. So ist das Maß der „indizierten" oder „kommerziellen" Pferdekraft einer Maschine eine mathematische Formel, welche Zylinderdurchmesser, Höhe des Kolbenhubs, Kolbengeschwindigkeit und Dampfdruck gleichzeitig berücksichtigt und damit anzeigt, wievielmal die Maschine in der Minute 33.000 Fußpfund wirklich leistet. Eine nominelle Pferdekraft kann daher in Wirklichkeit drei, vier, selbst fünf indizierte oder wirkliche Pferdekräfte leisten. Dies zur Erklärung verschiedner späterer Zitate. - F. E.}

Die Proportion gegeben, worin die Maschinerie Wert auf das Produkt überträgt, hängt die Größe dieses Wertteils von ihrer eignen Wertgröße ab.[509] Je weniger Arbeit sie selbst enthält, desto weniger Wert setzt sie dem Produkt zu. Je weniger Wert abgebend, desto produktiver ist sie und desto mehr nähert sich ihr Dienst dem der Naturkräfte. Die Produktion der Maschinerie durch Maschinerie verringert aber ihren Wert, verhältnismäßig zu ihrer Ausdehnung und Wirkung.

Eine vergleichende Analyse der Preise handwerks- oder manufakturmäßig produzierter Waren und der Preise derselben Waren als Maschinenprodukt ergibt im allgemeinen das Resultat, daß beim Maschinenprodukt der dem Arbeitsmittel geschuldete Wertbestandteil relativ wächst, aber absolut abnimmt. Das heißt, seine absolute Größe nimmt ab, aber seine Größe im Verhältnis zum Gesamtwert des Produkts, z.B. eines Pfundes Garns, nimmt zu.[510]

Es ist klar, daß bloßes Deplacement der Arbeit stattfindet, also die Gesamtsumme der zur Produktion einer Ware erheischten Arbeit nicht vermindert oder die Produktivkraft der Arbeit nicht vermehrt wird, wenn die Produktion einer Maschine so viel Arbeit kostet, als ihre Anwendung erspart. Die Differenz jedoch zwischen der Arbeit, die sie kostet, und der Arbeit, die sie erspart, oder der Grad ihrer Produktivität hängt offenbar nicht ab von der Differenz zwischen ihrem eignen Wert und dem Wert des von ihr ersetzten Werkzeugs. Die Differenz dauert so lange, als die Arbeitskosten der Maschine und daher der von ihr dem Produkt zugesetzte Wertteil kleiner bleiben als der Wert, den der Arbeiter mit seinem Werkzeug dem Arbeitsgegenstand zusetzen würde. Die Produktivität der Maschinen mißt sich daher an dem Grad, worin sie menschliche Arbeitskraft ersetzt. Nach Herrn Baynes kommen auf 450 Mulespindeln nebst Vormaschinerie, die von einer

[509] Der in kapitalistischen Vorstellungen befangne Leser vermißt hier natürlich den „Zins", den die Maschine, pro rata ihres Kapitalwerts, dem Produkt zusetzt. Es ist jedoch leicht einzusehn, daß die Maschine, da sie so wenig als irgendein andrer Bestandteil des konstanten Kapitals Neuwert erzeugt, keinen solchen unter dem Namen „Zins" zusetzen kann. Es ist ferner klar, daß hier, wo es sich um die Produktion des Mehrwerts handelt, kein Teil desselben unter dem Namen „Zins" a priori vorausgesetzt werden kann. Die kapitalistische Rechnungsweise, die prima facie (dem ersten Anschein nach) abgeschmackt und den Gesetzen der Wertbildung widersprechend scheint, findet im Dritten Buch dieser Schrift ihre Erklärung.

[510] Dieser von der Maschine zugesetzte Wertbestandteil fällt absolut und relativ, wo sie Pferde verdrängt, überhaupt Arbeitstiere, die nur als Bewegungskraft, nicht als Stoffwechselmaschinen benutzt werden. Nebenbei bemerkt, Descartes mit seiner Definition der Tiere als bloßer Maschinen sieht mit den Augen der Manufakturperiode im Unterschied zum Mittelalter, dem das Tier als Gehilfe des Menschen galt, wie später wieder dem Herrn v. Haller in seiner „Restauration der Staatswissenschaften". Daß Descartes ebenso wie Baco eine veränderte Gestalt der Produktion und praktische Beherrschung der Natur durch den Menschen als Resultat der veränderten Denkmethode betrachtete, zeigt sein „Discours de la Méthode", wo es u.a. heißt: „Es ist möglich" (durch die von ihm in die Philosophie eingeführte Methode), „zu Kenntnissen zu gelangen, die für das Leben sehr nützlich sind, und an Stelle jener spekulativen Philosophie, die man in den Schulen lehrt, eine praktische Philosophie zu finden, durch die wir die Kräfte und die Wirksamkeit des Feuers, des Wassers, der Luft, der Gestirne und aller anderen uns umgebenden Körper - indem wir sie ebenso genau kennen wie die verschiedenen Gewerbe unserer Handwerker - auch ebenso zu all den Gebrauchszwecken verwenden könnten, für die sie geeignet sind, und uns so zu Meistern und Besitzern der Natur machen können", und so „zur Vervollkommnung des menschlichen Lebens beitragen." In der Vorrede zu Sir Dudley Norths, „Discourses upon Trade" (1691) heißt es, die Methode des Descartes, auf die politischen Ökonomie angewandt, habe sie von alten Märchen und abergläubischen Vorstellungen über Geld, Handel usw. zu befreien angefangen. Im Durchschnitt schließen sich jedoch die englischen Ökonomen der frühern Zeit an Baco und Hobbes als ihre Philosophen an, während Locke später „der Philosoph" kat exochn (schlechthin) der politischen Ökonomie für England, Frankreich und Italien ward.

Dampfpferdekraft getrieben werden, 2 1/2 Arbeiter[511] und werden mit jeder selfacting mule spindle bei zehnstündigem Arbeitstag 13 Unzen Garn (Durchschnittsnummer), also wöchentlich 365 5/8 Pfund Garn von 2 1/2 Arbeitern gesponnen. Bei ihrer Verwandlung in Garn absorbieren ungefähr 366 Pfund Baumwolle (wir sehn der Vereinfachung halber vom Abfall ab) also nur 150 Arbeitsstunden oder 15 zehnstündige Arbeitstage, während mit dem Spinnrad, wenn der Handspinner 13 Unzen Garn in 60 Stunden liefert, dasselbe Quantum Baumwolle 2.700 Arbeitstage von 10 Stunden oder 27.000 Arbeitsstunden absorbieren würde.[512] Wo die alte Methode des blockprinting oder der Handkattundruckerei durch Maschinendruck verdrängt ist, druckt eine einzige Maschine mit dem Beistand eines Mannes oder Jungen so viel vierfarbigen Kattun in einer Stunde wie früher 200 Männer.[513] Bevor Eli Whitney 1793 den cottongin erfand, kostete die Trennung eines Pfundes Baumwolle vom Samen einen Durchschnittsarbeitstag. Infolge seiner Erfindung konnten täglich 100 Pfd. Baumwolle von einer Negerin gewonnen werden und die Wirksamkeit des gin ward seitdem noch bedeutend erhöht. Ein Pfund Baumwollfaser, früher zu 50 Cents produziert, wird später mit größrem Profit, d.h. mit Einschluß von mehr unbezahlter Arbeit, zu 10 Cents verkauft. In Indien wendet man zur Trennung der Faser vom Samen ein halbmaschinenartiges Instrument an, die Churka, womit ein Mann und eine Frau täglich 28 Pfd. reinigen. Mit der von Dr. Forbes vor einigen Jahren erfundnen Churka produzieren 1 Mann und 1 Junge täglich 250 Pf.; wo Ochsen, Dampf oder Wasser als Triebkräfte gebraucht werden, sind nur wenige Jungen und Mädchen als feeders (Handlanger des Materials für die Maschine) erheischt. Sechzehn dieser Maschinen, mit Ochsen getrieben, verrichten täglich das frühere Durchschnittstagewerk von 750 Leuten.[514]

Wie bereits erwähnt, verrichtet die Dampfmaschine, beim Dampfpflug, in einer Stunde zu 3 d. oder 1/4 sh. so viel Werk wie 66 Menschen zu 15 sh. per Stunde. Ich komme auf dieses Beispiel zurück gegen eine falsche Vorstellung. Die 15 sh. sind nämlich keineswegs der Ausdruck der während einer Stunde von den 66 Menschen zugefügten Arbeit. War das Verhältnis von Mehrarbeit zu notwendiger Arbeit 100%, so produzierten diese 66 Arbeiter per Stunde einen Wert von 30 sh., obgleich sich nur 33 Stunden in einem Äquivalent für sie selbst, d.h. im Arbeitslohn von 15 sh. darstellen. Gesetzt also, eine Maschine koste ebensoviel als der Jahreslohn von 150 durch sie verdrängten Arbeitern, sage 3.000 Pfd.St., so sind 3.000 Pfd.St. keineswegs der Geldausdruck der von 150 Arbeitern gelieferten und

[511] Nach einem Jahresbericht der Handelskammer zu Essen (Okt. 1863) produzierte 1862 die Kruppsche Gußstahlfabrik mittelst 161 Schmelz-, Glüh- und Zementöfen, 32 Dampfmaschinen (im Jahr 1800 war das ungefähr die Gesamtzahl der in Manchester angewandten Dampfmaschinen) und 14 Dampfhämmern, welche zusammen 1.236 Pferdekraft repräsentieren, 49 Schmiedeessen, 203 Werkzeugmaschinen und zirka 2.400 Arbeitern - 13 Millionen Pfund Gußstahl. Hier noch nicht 2 Arbeiter auf 1 Pferdekraft.

[512] Babbage berechnet, daß in Java 117% dem Baumwollwert fast nur durch die Spinnarbeit zugesetzt werden. Zur selben Zeit (1832) betrug in England der Gesamtwert, den Maschinerie und Arbeit der Baumwolle bei der Feinspinnerei zusetzten, ungefähr 33% auf den Wert des Rohmaterials. („On the Economy of Machinery", p. 165, 166.)

[513] Beim Maschinendruck außerdem Farbe erspart.

[514] Vgl. „Paper read by Dr. Watson, Reporter on Products to the Government of India, before the Society of Arts", 17. April 1860.

dem Arbeitsgegenstand zugesetzten Arbeit, sondern nur des Teils ihrer Jahresarbeit, der sich für sie selbst in Arbeitslohn darstellt. Dagegen drückt der Geldwert der Maschine von 3.000 Pfd.St. alle während ihrer Produktion verausgabte Arbeit aus, in welchem Verhältnis immer diese Arbeit Arbeitslohn für den Arbeiter und Mehrwert für den Kapitalisten bilde. Kostet die Maschine also ebensoviel als die von ihr ersetzte Arbeitskraft, so ist die in ihr selbst vergegenständlichte Arbeit stets viel kleiner als die von ersetzte lebendige Arbeit.[515]

Ausschließlich als Mittel zur Verwohlfeilerung des Produkts betrachtet, ist die Grenze für den Gebrauch der Maschinerie darin gegeben, daß ihre eigne Produktion weniger Arbeit kostet, als ihre Anwendung Arbeit ersetzt. Für das Kapital jedoch drückt sich diese Grenze enger aus. Da es nicht die angewandte Arbeit zahlt, sondern den Wert der angewandten Arbeitskraft, wird ihm der Maschinengebrauch begrenzt durch die Differenz zwischen dem Maschinenwert und dem Wert der von ihr ersetzten Arbeitskraft. Da die Teilung des Arbeitstags in notwendige Arbeit und Mehrarbeit in verschiednen Ländern verschieden ist, ebenso in demselben Lande zu verschiednen Perioden oder während derselben Periode in verschiednen Geschäftszweigen; da ferner der wirkliche Lohn des Arbeiters bald unter den Wert seiner Arbeitskraft sinkt, bald über ihn steigt, kann die Differenz zwischen dem Prise der Maschinerie und dem Preise der von ihr zu ersetzenden Arbeitskraft sehr variieren, wenn auch die Differenz zwischen dem zur Produktion der Maschine nötigen Arbeitsquantum und dem Gesamtquantum der von ihr ersetzten Arbeit dieselbe bleibt.[516] Es ist aber nur die erstere Differenz, welche die Produktionskosten der Ware für den Kapitalisten selbst bestimmt und ihn durch die Zwangsgesetze der Konkurrenz beeinflußt. Es werden daher heute Maschinen in England erfunden, die nur in Nordamerika angewandt werden, wie Deutschland im 16. und 17. Jahrhundert Maschinen erfand, die nur Holland anwandte, und wie manche französische Erfindung des 18. Jahrhunderts nur in England ausgebeutet ward. Die Maschine selbst produziert in älter entwickelten Ländern durch ihre Anwendung auf einige Geschäftszweige in andren Zweigen solchen Arbeitsüberfluß (redundancy of labour, sagt Ricardo), daß hier der Fall des Arbeitslohns unter den Wert der Arbeitskraft den Gebrauch der Maschinerie verhindert und ihn vom Standpunkt des Kapitals, dessen Gewinn ohnehin aus der Vermindrung nicht der angewandten, sondern der bezahlten Arbeit entspringt, überflüssig, oft unmöglich macht. In einigen Zweigen der englischen Wollmanufaktur ist während der letzten Jahre die Kinderarbeit sehr vermindert, hier und da fast verdrängt worden. Warum? Der Fabrikakt ernötigte eine doppelte Kinderreihe, von denen je eine 6, die andre 4 Stunden, oder jede nur 5 Stunden arbeitet. Die Eltern wollten aber die half-times (Halbzeitler) nicht wohlfeiler verkaufen als früher die full-times (Vollzeitler). Daher Ersetzung der half-times durch Maschine-

[515] „Diese stummen Agenten" (die Maschinen) „sind immer das Produkt von viel weniger Arbeit als jene, die sie verdrängen, selbst dann, wenn sie gleichen Geldwert haben." (Ricardo, l.c.p. 40.)

[516] Note zur 2. Ausgabe. In einer kommunistischen Gesellschaft hätte daher die Maschinerie einen ganz andren Spielraum als in der bürgerlichen Gesellschaft.

rie.[517] Vor dem Verbot der Arbeit von Weibern und Kindern (unter 10 Jahren) in Minen fand das Kapital die Methode, nackte Weiber und Mädchen, oft mit Männern zusammengebunden in Kohlen- und andren Minen zu vernutzen, so übereinstimmend mit seinem Moralkodex und namentlich auch seinem Hauptbuch, daß es erst nach dem Verbot zur Maschinerie griff. Die Yankees haben Maschinen zum Steinklopfen erfunden. Die Engländer wenden sie nicht an, weil der „Elende" („wretch" ist Kunsstausdruck der englischen politischen Ökonomie für den Agrikulturarbeiter), der diese Arbeit verrichtet, einen so geringen Teil seiner Arbeit bezahlt erhält, daß Maschinerie die Produktion für den Kapitalisten verteuern würde.[518] In England werden gelegentlich statt der Pferde immer noch Weiber zum Ziehn usw. bei den Kanalbooten verwandt[519], weil die zur Produktion von Pferden und Maschinen erheischte Arbeit ein mathematisch gegebenes Quantum, die zur Erhaltung von Weibern der Surpluspopulation dagegen unter aller Berechnung steht. Man findet daher nirgendwo schamlosere Verschwendung von Menschenkraft für Lumpereien, als gerade in England, dem Land der Maschinen.

3. Nächste Wirkungen des maschinenmäßigen Betriebs auf den Arbeiter

Den Ausgangspunkt der großen Industrie bildet, wie gezeigt, die Revolution des Arbeitsmittels, und das umgewälzte Arbeitsmittel erhält seine meist entwickelte Gestalt im gegliederten Maschinensystem der Fabrik. Bevor wir zusehn, wie diesem objektiven Organismus Menschenmaterial einverleibt wird, betrachten wir einige allgemeine Rückwirkungen jener Revolution auf den Arbeiter selbst.

a) Aneignung zuschüssiger Arbeitskräfte durch das Kapital. Weiber- und Kinderarbeit

Sofern die Maschinerie Muskelkraft entbehrlich macht, wird sie zum Mittel, Arbeiter ohne Muskelkraft oder von unreifer Körperentwicklung, aber größrer Geschmeidigkeit der Glieder anzuwenden. Weiber- und Kinderarbeit war daher das erste Wort der kapitalistischen Anwendung der Maschinerie! Dies gewaltige Ersatzmittel von Arbeit und Arbeitern verwandelte sich damit sofort in ein Mittel, die Zahl der Lohnarbeiter zu vermehren durch Einreihung aller Mitglieder der Arbeiterfamilie, ohne Unterschied von Geschlecht und Alter, unter die unmittelbare Botmäßigkeit des Kapitals. Die Zwangsarbeit für den Kapitalisten usurpierte

[517] „Die Anwender der Arbeit wollen nicht unnötig zwei Schichten von Kindern unter dreizehn in Dienst nehmen ... Eine Gruppe von Fabrikanten, die Spinner von Wollgarn, verwendet tatsächlich heute selten Kinder unter dreizehn Jahren, d.h. Halbzeitler. Sie haben verbesserte und neue Maschinen verschiedener Art eingeführt, durch die eine Verwendung von Kindern" (d.h. unter 13 J.) „ganz überflüssig wurde; als Beispiel will ich zur Illustration für diese Verminderung der Zahl der Kinder einen Arbeitsprozeß erwähnen, bei dem an die bestehenden Maschinen ein Apparat, genannt Anstückmaschine, angeschlossen wurde, durch den die Arbeit von sechs oder vier Halbzeitlern, je nach der Beschaffenheit der einzelnen Maschine, von einer jugendlichen Person" (über 13 J.) „geleistet werden kann ... Das Halbzeitsystem" stimulierte „die Erfindung der Anstückmaschine." („Reports of Insp. of Fact. for 31st Oct. 1858", [p. 42, 43].)

[518] „Maschinerie ... kann häufig solange nicht verwendet werden, solange die Arbeit" (er meint Lohn) „nicht steigt." (Ricardo, l.c.p. 479.)

[519] Sieh „Report of the Social Science Congress at Edinburgh. Octob. 1863".

nicht nur die Stelle des Kinderspiels, sondern auch der freien Arbeit im häuslichen Kreis, innerhalb sittlicher Schranke, für die Familie selbst.[520]

Der Wert der Arbeitskraft war bestimmt nicht nur durch die zur Erhaltung des individuellen erwachsnen Arbeiters, sondern durch die zur Erhaltung der Arbeiterfamilie nötige Arbeitszeit. Indem die Maschinerie alle Glieder der Arbeiterfamilie auf den Arbeitsmarkt wirft, verteilt sie den Wert der Arbeitskraft des Mannes über seine ganze Familie. Sie entwertet daher seine Arbeitskraft. Der Ankauf der in 4 Arbeitskräfte z.B. parzellierten Familie kostet vielleicht mehr als früher der Ankauf der Arbeitskraft des Familienhaupts, aber dafür treten 4 Arbeitstage an die Stelle von einem, und ihr Preis fällt im Verhältnis zum Überschuß der Mehrarbeit der vier über die Mehrarbeit des einen. Vier müssen nun nicht nur Arbeit, sondern Mehrarbeit für das Kapital liefern, damit eine Familie lebe. So erweitert die Maschinerie von vornherein mit dem menschlichen Exploitationsmaterial, dem eigensten Ausbeutungsfeld des Kapitals[521], zugleich den Exploitationsgrad.

Sie revolutioniert ebenso von Grund aus die formelle Vermittlung des Kapitalverhältnisses, den Kontrakt zwischen Arbeiter und Kapitalist. Auf Grundlage des Warenaustausches war es erste Voraussetzung, daß sich Kapitalist und Arbeiter als freie Personen, als unabhängige Warenbesitzer, der eine Besitzer von Geld und Produktionsmitteln, der andre Besitzer von Arbeitskraft, gegenübertraten. Aber jetzt kauft das Kapital Unmündige oder Halbmündige. Der Arbeiter verkaufte früher seine eigne Arbeitskraft, worüber er als formell freie Person verfügte. Er verkauft jetzt Weib und Kind. Er wird Sklavenhändler.[522] Die Nachfrage

[520] Dr. Edward Smith wurde während der den Amerikanischen Bürgerkrieg begleitenden Baumwollkrise von der englischen Regierung nach Lancashire, Cheshire usw. geschickt, zur Berichterstattung über den Gesundheitszustand der Baumwollarbeiter. Er berichtet u.a.: Hygienisch habe die Krise, abgesehn von der Verbannung der Arbeiter aus der Fabrikatmosphäre, vielerlei andre Vorteile. Die Arbeiterfrauen fänden jetzt die nötige Muße, ihren Kindern die Brust zu reichen, statt sie mit Godfrey's Cordial (einem Opiat) zu vergiften. Sie hätten die Zeit gewonnen, kochen zu lernen. Unglücklicherweise fiel diese Kochkunst in einen Augenblick, wo sie nichts zu essen hatten. Aber man sieht, wie das Kapital die für die Konsumtion nötige Familienarbeit usurpiert hat zu seiner Selbstverwertung. Ebenso wurde die Krise benutzt, um in eignen Schulen die Töchter der Arbeiter nähen zu lehren. Eine amerikanische Revolution und eine Weltkrise erheischt, damit die Arbeitermädchen, die für die ganze Welt spinnen, nähen lernen!

[521] „Die Zahl der Arbeiter hat sehr zugenommen, weil man immer mehr Männer durch Frauenarbeit und vor allem Erwachsenen- durch Kinderarbeit ersetzt. Drei Mädchen im Alter von 13 Jahren mit Löhnen von 6 bis 8 sh. die Woche haben einen Mann reifen Alters mit einem Lohn von 18 bis 45 sh. verdrängt." (Th. de Quincey, „The Logic of Politic. Econ.", Lond. 1844, Note zu p. 147.) Da gewisse Funktionen der Familie, z.B. Warten und Säugen der Kinder usw., nicht ganz unterdrückt werden können, müssen die vom Kapital konfiszierten Familienmütter mehr oder minder Stellvertreter dingen. Die Arbeiten, welche der Familienkonsum erheischt, wie Nähen, Flicken usw., müssen durch Kauf fertiger Waren ersetzt werden. Der verminderten Ausgabe von häuslicher Arbeit entspricht also vermehrte Geldausgabe. Die Produktionskosten der Arbeiterfamilie wachsen daher und gleichen die Mehreinnahme aus. Es kommt hinzu, daß Ökonomie und Zweckmäßigkeit in Vernutzung und Bereitung der Lebensmittel unmöglich werden. Über diese von der offiziellen politischen Ökonomie verheimlichten Tatsachen findet man reichliches Material in den „Reports" der Fabrikinspektoren, der „Children's Employment Commission" und namentlich auch den „Reports on Public Health".

[522] Im Kontrast zur großen Tatsache, daß die Beschränkung der Weiber- und Kinderarbeit in den englischen Fabriken von den erwachsnen männlichen Arbeitern dem Kapital aberobert wurde, findet man noch in den jüngsten Berichten der „Children's Employment Commission" wahrhaft empörende und durchaus sklavenhändlerische Züge der Arbeitereltern mit Bezug auf den Kinderschacher. Der kapitalistische Pharisäer aber, wie man aus denselben „Reports" sehn kann, denunziert diese von ihm selbst geschaffne, verewigte und exploitierte Bestialität, die er sonst „Freiheit der Arbeit" tauft. „Arbeit von kleinen Kindern wurde zu Hilfe genommen ... sogar um für ihr eigen täg-

nach Kinderarbeit gleicht oft auch in der Form der Nachfrage nach Negersklaven, wie man sie in amerikanischen Zeitungsinseraten zu lesen gewohnt war.

„Meine Aufmerksamkeit", sagt z.B. ein englischer Fabrikinspektor, „wurde gelenkt auf eine Annonce in dem Lokalblatt einer der bedeutendsten Manufakturstädte meines Distrikts, wovon folgendes die Kopie: Gebraucht 12 bis 20 Jungen, nicht jünger, als was für 13 Jahre passieren kann. Lohn 4 sh. per Woche. Anzufragen etc."[523]

Die Phrase „was für 13 Jahre passieren kann" bezieht sich darauf, daß nach dem Factory Act Kinder unter 13 Jahren nur 6 Stunden arbeiten dürfen. Ein amtlich qualifizierter Arzt (certifying surgeon) muß das Alter bescheinigen. Der Fabrikant verlangt also Jungen, die so aussehn, als ob sie schon dreizehnjährig. Die manchmal sprungweise Abnahme in der Anzahl der von Fabrikanten beschäftigten Kinder unter 13 Jahren, überraschend in der englischen Statistik der letzten 20 Jahre, war nach Aussage der Fabrikinspektoren selbst großenteils das Werk von certifying surgeons, welche das Kindesalter der Exploitationslust der Kapitalisten und dem Schacherbedürfnis der Eltern gemäß verschoben. In dem berüchtigten Londoner Distrikt von Bethnal Green wird jeden Montag und Dienstag morgen offner Markt gehalten, worin Kinder beiderlei Geschlechts vom 9. Jahre an sich selbst an die Londoner Seidenmanufakturen vermieten. „Die gewöhnlichen Bedingungen sind 1 sh. 8 d. die Woche (die den Eltern gehören) und 2 d. für mich selbst nebst Tee." Die Kontrakte gelten nur für die Woche. Die Szenen und die Sprache während der Dauer dieses Markts sind wahrhaft empörend.[524] Es kommt immer noch in England vor, daß Weiber „Jungen vom Workhouse nehmen und sie jedem beliebigen Käufer für 2 sh. 6 d. wöchentlich vermieten".[525] Trotz der Gesetzgebung werden immer noch mindestens 2.000 Jungen in Großbritannien als lebendige Schornsteinfegermaschinen (obgleich Maschinen zu ihrem Ersatz existieren) von ihren eignen Eltern verkauft.[526] Die von der Maschinerie bewirkte Revolution im Rechtsverhältnis zwischen Käufer und Verkäufer der Arbeitskraft, so daß die ganze Transaktion selbst den Schein eines Kontrakts zwischen freien Personen verliert, bot dem englischen Parlament später den juristischen Entschuldigungsgrund für Staatseinmischung in das Fabrikwesen. Sooft das Fabrikgesetz die Kinderarbeit in bisher unangefochtnen Industiezweigen auf 6 Stunden beschränkt, ertönt stets neu der Fabrikantenjammer: ein Teil der Eltern entziehe die Kinder nun der gemaßregelten Industrie, um sie in solche zu verkaufen, wo

---

lich Brot zu arbeiten. Ohne die Kraft, eine so über alles Maß schwere Arbeit zu ertragen, ohne Belehrung, die ihrer künftigen Lebensführung zustatten käme, wurden sie in eine physisch und moralisch verseuchte Umgebung hineingestoßen. Der jüdische Historiker hat über die Zerstörung Jerusalems durch Titus die Bemerkung gemacht, es sei kein Wunder gewesen, daß die Stadt vernichtet, ja so völlig vernichtet worden sei, wenn eine unmenschliche Mutter ihren eigenen Sprößling opferte, um die Gier hemmungslosen Hungers zu stillen." („Public Economy Concentrated", Carlisle 1833, p. 66.)

[523] A. Redgrave in „Reports of Insp. of Fact. for 31st October 1858", p. 40, 41.

[524] „Children's Employment Commission, V. Report", London 1866, p. 81, n. 31. {Zur 4 Aufl. - Die Seidenindustrie von Bethnal Green ist jetzt fast vernichtet. - F. E.}

[525] „Child. Employm. Comm., III. Report", Lond. 1864, p. 53, n. 15.

[526] l.c., „V. Report", p.XXII, n. 137.

noch „Freiheit der Arbeit“ herrscht, d.h., wo Kinder unter 13 Jahren gezwungen werden, wie Erwachsne zu arbeiten, also auch teurer loszuschlagen sind. Da aber das Kapital von Natur ein Leveller ist, d.h. in allen Produktionssphären Gleichheit der Exploitationsbedingungen der Arbeit als sein angebornes Menschenrecht verlangt, wird die legale Beschränkung der Kinderarbeit in einem Industriezweig Ursache ihrer Beschränkung in dem andren.

Bereits früher wurde der physische Verderb der Kinder und jungen Personen angedeutet, wie der Arbeiterweiber, welche die Maschinerie erst direkt in den auf ihrer Grundlage aufschießenden Fabriken und dann indirekt in allen übrigen Industriezweigen der Exploitation des Kapitals unterwirft. Hier verweilen wir daher nur bei einem Punkt, der ungeheuren Sterblichkeit von Arbeiterkindern in ihren ersten Lebensjahren. In England gibt es 16 Registrationsdistrikte, wo im jährlichen Durchschnitt auf 100.000 lebende Kinder unter einem Jahr nur 9.085 Todesfälle (in einem Distrikt nur 7.047) kommen, in 24 Distrikten über 10.000, aber unter 11.000, in 39 Distrikten über 11.000, aber unter 12.000, in 48 Distrikten über 12.000, aber unter 13.000, in 22 Distrikten über 20.000, in 25 Distrikten über 21.000, in 17 über 22.000, in 11 über 23.000, in Hoo, Wolverhampton, Ashton-under-Lyne und Preston über 24.000, in Nottingham, Stockport und Bradford über 25.000, in Wisbeach 26.001 und in Manchester 26.125.[527] Wie eine offizielle ärztliche Untersuchung im Jahre 1861 nachwies, sind, von Lokalumständen abgesehn, die hohen Sterblichkeitsraten vorzugsweise der außerhäuslichen Beschäftigung der Mütter geschuldet und der daher entspringenden Vernachlässigung und Mißhandlung der Kinder, u.a. unpassender Nahrung, Mangel an Nahrung, Fütterung mit Opiaten usw., dazu die unnatürliche (3. und 4. Auflage: natürliche) Entfremdung der Mütter gegen ihre Kinder, im Gefolge davon absichtliche Aushungerung und Vergiftung.[528] In solchen Agrikulturdistrikten, „wo ein Minimum weiblicher Beschäftigung existiert, ist dagegen die Sterblichkeitsrate am niedrigsten“.[529] Die Untersuchungskommission von 1861 ergab jedoch das unerwartete Resultat, daß in einigen an der Nordsee gelegnen rein ackerbauenden Distrikten die Sterblichkeitsrate von Kindern unter einem Jahr fast die der verrufensten Fabrikdistrikte erreichte. Dr. Julian Hunter wurde daher beauftragt, dies Phänomen an Ort und Stelle zu erforschen. Sein Bericht ist dem „VI. Report on Public Health“ einverleibt.[530] Man hatte bisher vermutet, Malaria und andre, niedrig gelegnen und sumpfigen Landstrichen eigentümliche Krankheiten dezimierten die Kinder. Die Untersuchung ergab das grade Gegen-

[527] „Sixth Report on Public Health“, Lond. 1864, p. 34.

[528] „Sie“ (die Untersuchung von 1861) „ ... zeigte überdies, daß, während unter den beschriebenen Umständen die Kleinkinder an der Vernachlässigung und schlechten Behandlung zugrunde gehen, die durch die Arbeit ihrer Mütter bedingt sind, die Mütter in erschreckendem Ausmaß die natürlichen Regungen gegenüber ihren Sprößlingen verlieren - gewöhnlich kümmert sie deren Tod nicht sehr, und manchmal ... ergreifen sie direkte Maßnahmen, um ihn herbeizuführen.“ (l.c.)

[529] l.c.p. 454.

[530] l.c.p. 454-462. „Reports by Dr. Henry Julian Hunter on the excessive mortality of infants in some rural districts of England.“

teil, nämlich, „daß dieselbe Ursache, welche die Malaria vertrieb, nämlich die Verwandlung des Bodens aus Morast im Winter und dürftiger Weide im Sommer in fruchtbares Kornland, die außerordentliche Todesrate der Säuglinge schuf".[531]

Die 70 ärztlichen Praktiker, die Dr. Hunter in jenen Distrikten verhörte, waren „wunderbar einstimmig" über diesen Punkt. Mit der Revolution der Bodenkultur wurde nämlich das industrielle System eingeführt.

„Verheiratete Weiber, die in Banden mit Mädchen und Jungen zusammen arbeiten, werden dem Pächter von einem Manne, welcher der ‚Gangmeister' heißt und die Banden im ganzen mietet, für eine bestimmte Summe zur Verfügung gestellt. Diese Banden wandern oft viele Meilen von ihren Dörfern weg, man trifft sie morgens und abends auf den Landstraßen, die Weiber bekleidet mit kurzen Unterröcken und entsprechenden Röcken und Stiefeln und manchmal Hosen, sehr kräftig und gesund von Aussehn, aber verdorben durch gewohnheitsmäßige Liederlichkeit und rücksichtslos gegen die unheilvollen Folgen, welche ihre Vorliebe für diese tätige und unabhängige Lebensart auf ihre Sprößlinge wälzt, die zu Haus verkümmern."[532]

Alle Phänomene der Fabrikdistrikte reproduzieren sich hier, in noch höherm Grad versteckter Kindermord und Behandlung der Kinder mit Opiaten.[533]

„Meine Kenntnis der von ihr erzeugten Übel", sagt Dr. Simon, der ärzliche Beamte des englischen Privy-Council und Redakteur en chef der Berichte über „Public Health", „muß den tiefen Abscheu entschuldigen, womit ich jede umfassende industrielle Beschäftigung erwachsner Weiber betrachte."[534] „Es wird", ruft Fabrikinspektor R. Baker in einem offiziellen Bericht aus, „es wird in der Tat ein Glück für die Manufakturdistrikte Englands sein, wenn jeder verheirateten Frau, die Familie hat, verboten wird, in irgendeiner Fabrik zu arbeiten."[535]

Die aus der kapitalistischen Exploitation der Weiber- und Kinderarbeit entspringende moralische Verkümmrung ist von F. Engels in seiner „Lage der arbeitenden Klasse Englands" (Siehe Band 2) und von andren Schriftstellern so erschöpfend dargestellt worden, daß ich hier nur daran erinnere. Die intellektuelle Verödung aber, künstlich produziert durch die Verwandlung unreifer Menschen in bloße Maschinen zur Fabrikation von Mehrwert und sehr zu unterscheiden von jener naturwüchsigen Unwissenheit, welche den Geist in Brache legt ohne Verderb seiner Entwicklungsfähigkeit, seiner natürlichen Fruchtbarkeit selbst, zwang endlich sogar das englische Parlament in allen dem Fabrikgesetz unterworfnen Industrien, den Elementarunterricht zur gesetzlichen Bedingung für den

[531] l.c.p. 35 u. p. 455, 456.

[532] l.c.p. 456.

[533] Wie in den englischen Fabrikdistrikten, so dehnt sich auch in den Agrikulturdistrikten der Opiumkonsum unter den erwachsnen Arbeitern und Arbeiterinnen täglich aus. „Den Verkauf von Opiaten voranzutreiben ... ist das große Ziel einiger unternehmender Großhändler. Von Drogisten werden sie als der gangbarste Artikel angesehen."(l.c.p. 459.) Säuglinge, die Opiate empfingen, „verschrumpelten in kleine alte Männchen oder verschrumpften zu kleinen Affen". (l.c.p. 460.) Man sieht, wie Indien und China sich an England rächen.

[534] l.c.p. 37.

[535] „Reports of Insp. of Fact. for 31st Oct. 1862", p. 59. Dieser Fabrikinspektor war früher Arzt.

„produktiven" Verbrauch von Kindern unter 14 Jahren zu machen. Der Geist der kapitalistischen Produktion leuchtete hell aus der liederlichen Redaktion der sog. Erziehungsklauseln der Fabrikakte, aus dem Mangel administrativer Maschinerie, wodurch dieser Zwangsunterricht großenteils wieder illusorisch wird, aus der Fabrikantenopposition selbst gegen dies Unterrichtsgesetz und aus ihren praktischen Kniffen und Schlichen zu seiner Umgehung.

„Die Gesetzgebung allein ist zu tadeln, weil sie ein Truggesetz (delusive law) erlassen hat, das unter dem Schein, für die Erziehung der Kinder zu sorgen, keine einzige Bestimmung enthält, wodurch dieser vorgeschützte Zweck gesichert werden kann. Es bestimmt nichts, außer daß die Kinder für eine bestimmte Stundenzahl" (3 Stunden) „per Tag innerhalb der vier Wände eines Platzes, Schule benamst, eingeschlossen werden sollen und daß der Anwender des Kindes hierüber wöchentlich ein Zertifikat von einer Person erhalten muß, die sich als Schullehrer oder Schullehrerin mit ihrem Namen unterzeichnet."[536]

Vor dem Erlaß des amendierten Fabrikakts von 1844 waren Schulbesuchszertifikate nicht selten, die von Schulmeister oder Schulmcisterin mit einem Kreuz unterzeichnet wurden, da letztre selbst nicht schreiben konnten.

„Beim Besuch, den ich einer solchen Zertifikate ausstellenden Schule abstattete, war ich so betroffen von der Unwissenheit des Schulmeisters, daß ich zu ihm sagte: „Bitte, mein Herr, können Sie lesen?" Seine Antwort war: ‚Ih jeh, Ebbes (summat).' Zu seiner Rechtfertigung fügte er hinzu: ‚Jedenfalls stehe ich vor meinen Schülern.'"

Während der Vorbereitung des Akts von 1844 denunzierten die Fabrikinspektoren den schmählichen Zustand der Plätze, Schulen benamst, deren Zertifikate sie als zu Gesetz vollgültig zulassen mußten. Alles was sie durchsetzten, war, daß seit 1844 „die Zahlen im Schulzertifikat in der Handschrift des Schulmeisters ausgefüllt, ditto sein Vor- und Zuname von ihm selbst unterschrieben sein müssen".[537]

Sir John Kincaid, Fabrikinspektor für Schottland, erzählt von ähnlichen amtlichen Erfahrungen.

„Die erste Schule, die wir besuchten, wurde von einer Mrs. Ann Killin gehalten. Auf meine Aufforderung, ihren Namen zu buchstabieren, machte sie gleich einen Schnitzer, indem sie mit dem Buchstaben C begann, aber sich sofort korrigierend sagte, ihr Name fange mit K an. Bei Ansicht ihrer Unterschrift in den Schulzertifikatbüchern bemerkte ich jedoch, daß sie ihn verschiedenartig buchstabierte, während die Handschrift keinen Zweifel über ihre Lehrunfähigkeit ließ. Auch gab sie selbst zu, sie könne das Register nicht führen ... In einer zweiten Schule fand ich das Schulzimmer 15 Fuß lang und 10 Fuß breit und zählte in diesem Raum 75 Kinder, die etwas Unverständliches herquiekten."[538] „Es sind jedoch nicht nur solche Jammerhöhlen, worin die Kinder Schulzertifikate, aber

[536] Leonard Horner in „Reports of Insp. of Fact. for 30th April 1857", p. 17.
[537] id. in „Reports of Insp. of Fact. for 31st Oct. 1855", p. 18, 19.
[538] Sir John Kincaid in „Reports of Insp. of Fact. for 31st Oct. 1858", p. 31, 32.

keinen Unterricht erhalten, denn in vielen Schulen, wo der Lehrer kompetent ist, scheitern seine Bemühungen fast ganz an dem sinnverwirrenden Knäuel von Kindern aller Alter, aufwärts von Dreijährigen. Sein Auskommen, elend im besten Fall, hängt ganz von der Zahl der Pence ab, empfangen von der größten Anzahl Kinder, die es möglich ist, in ein Zimmer zu stopfen. Dazu kommt spärliche Schulmöblierung, Mangel an Büchern und andrem Lehrmaterial und die niederschlagende Wirkung einer benauten und ekelhaften Luft auf die armen Kinder selbst. Ich war in vielen solchen Schulen, wo ich ganze Reihen Kinder sah, die absolut nichts taten; und dies wird als Schulbesuch bescheinigt, und solche Kinder figurieren in der offiziellen Statistik als erzogen (educated).“[539]

In Schottland suchen die Fabrikanten dem Schulbesuch unterworfne Kinder möglichst auszuschließen.

„Die genügt, um die große Mißgunst der Fabrikanten gegen die Erziehungsklauseln zu beweisen.“[540]

Grotesk-entsetzlich erscheint dies in den Kattunusw. Druckereien, die durch ein eignes Fabrikgesetz geregelt sind. Nach den Bestimmungen des Gesetzes „muß jedes Kind, bevor es in einer solchen Druckerei beschäftigt wird, Schule besucht haben für mindestens 30 Tage und nicht weniger als 150 Stunden während der 6 Monate, die dem ersten Tag seiner Beschäftigung unmittelbar vorhergehn. Während der Fortdauer seiner Beschäftigung in der Druckerei muß es Schule besuchen ebenfalls für eine Periode von 30 Tagen und 150 Stunden während jeder Wechselperiode von 6 Monaten ... Der Schulbesuch muß zwischen 8 Uhr morgens und 6 Uhr nachmittags stattfinden. Kein Besuch von weniger als 2 1/2 oder mehr als 5 Stunden an demselben Tag soll als Teil der 150 Stunden gezählt werden. Unter gewöhnlichen Umständen besuchen die Kinder die Schule vormittags und nachmittags für 30 Tage, 5 Stunden per Tag, und nach Ablauf der 30 Tage, wenn die statutenmäßgie Gesamtsumme von 150 Stunden erreicht ist, wenn sie, in ihrer eignen Sprache zu reden, ihr Buch abgemacht haben, kehren sie zur Druckerei zurück, wo sie wieder 6 Monate bleiben, bis ein andrer Abschlagstermin des Schulbesuchs fällig wird, und dann bleiben sie wieder in der Schule, bis das Buch wieder abgemacht ist ... Sehr viele Jungen, welche die Schule während der vorschriftsmäßigen 150 Stunden besuchen, sind bei ihrer Rückkehr aus dem sechsmonatlichen Aufenthalt in der Druckerei gradeso weit wie im Anfang ... Sie haben natürlich alles wieder verloren, was sie durch den früheren Schulbesuch gewonnen hatten. In anderen Kattundruckereien wird der Schulbesuch ganz und gar abhängig gemacht von den Geschäftsbedürfnissen der Fabrik. Die erforderliche Stundenzahl wird vollgemacht während jeder sechsmonatlichen Periode durch Abschlagszahlungen von 3 bis 5 Stunden auf einmal, die vielleicht über 6 Monate zerstreut sind. Z.B. an einem Tage wird die Schule besucht von 8 bis 11 Uhr morgens, an einem andren Tage von 1 bis 4 Uhr nachmittags, und nachdem

[539] Leonard Horner in „Reports etc. for 30th Apr. 1857“, p. 17, 18.
[540] Sir J. Kincaid [in] „Rep. Insp. Fact. 31st Oct. 1856“, p. 66.

das Kind dann wieder für eine Reihe Tage weggeblieben, kommt es plötzlich wieder von 3 bis 6 Uhr nachmittags; dann erscheint es vielleicht für 3 oder 4 Tage hintereinander, oder für eine Woche, verschwindet dann wieder für 3 Wochen oder einen ganzen Monat und kehrt zurück an einigen Abfallstagen für einige Sparstunden, wenn seine Anwender seiner zufällig nicht bedürfen; und so wird das Kind sozusagen hin und her gepufft (buffeted) von der Schule in die Fabrik, von der Fabrik in die Schule, bis die Summe der 150 Stunden abgezählt ist."[541]

Durch den überwiegenden Zusatz von Kindern und Weibern zum kombinierten Arbeitspersonal bricht die Maschinerie endlich den Widerstand, den der männliche Arbeiter in der Manufaktur der Despotie des Kapitals noch entgegensetzte.[542]

b) Verlängrung des Arbeitstags

Wenn die Maschinerie das gewaltigste Mittel ist, die Produktivität der Arbeit zu steigern, d.h. die zur Produktion einer Ware nötige Arbeitszeit zu verkürzen, wird sie als Träger des Kapitals zunächst in den unmittelbar von ihr ergriffnen Industrien zum gewaltigsten Mittel, den Arbeitstag über jede naturgemäße Schranke hinaus zu verlängern. Sie schafft einerseits neue Bedingungen, welche das Kapital befähigen, dieser seiner beständigen Tendenz die Zügel frei schießen zu lassen, andrerseits neue Motive zur Wetzung seines Heißhungers nach fremder Arbeit.

Zunächst verselbständigt sich in der Maschinerie die Bewegung und Werktätigkeit des Arbeitsmittels gegenüber dem Arbeiter. Es wird an und für sich ein industrielles Perpetuum mobile, das ununterbrochen fortproduzieren würde, stieße es nicht auf gewisse Naturschranken in seinen menschlichen Gehilfen: ihre Körperschwäche und ihren Eigenwillen. Als Kapital, und als solches besitzt der Automat im Kapitalisten Bewußtsein und Willen, ist es daher mit dem Trieb begeistet, die widerstrebende, aber elastische menschliche Naturschranke auf den Minimalwiderstand einzuzwängen.[543] Dieser ist ohnehin vermindert durch die scheinbare Leichtigkeit der Arbeit an der Maschine und das füg- und biegsamere Weiber- und Kinderelement.[544]

[541] A. Redgrave in „Reports of Insp. of Fact. for 31st Oct. 1857", p. 41-43. In den englischen Industriezweigen, wo der eigentliche Fabrikakt (nicht der zuletzt im Text angeführte Print Work's Act) seit längerer Zeit herrscht, sind die Hindernisse gegen die Erziehungsklauseln in den letzten Jahren einigermaßen überwältigt worden. In den nicht dem Fabrikgesetz unterworfenen Industrien herrschen noch sehr die Ansichten des Glasfabrikanten J. Geddes, der den Untersuchungskommissär White dahin belehrt: „Soviel ich sehn kann, ist das größre Quantum Erziehung, welches ein Teil der Arbeiterklasse seit den letzten Jahren genoß, vom Übel. Es ist gefährlich, indem es sie zu unabhängig macht." („Children's Empl. Commission, IV. Report", London 1865, p. 253.)

[542] „Herr E., ein Fabrikant, unterrichtete mich, daß er ausschließlich Weiber bei seinen mechanischen Webstühlen beschäftigt; er gebe verheirateten Weibern den Vorzug, besonders solchen mit Familie zu Hause, die von ihnen für den Unterhalt abhängt; sie sind viel aufmerksamer und gelehriger als unverheiratete und zur äußersten Anstrengung ihrer Kräfte gezwungen, um die notwendigen Lebensmittel beizuschaffen. So werden die Tugenden, die eigentümlichen Tugenden des weiblichen Charakters, zu seinem Schaden verkehrt - so wird alles Sittliche und Zarte ihrer Natur zum Mittel ihrer Sklaverei und ihres Leidens gemacht." („Ten Hours' Factory Bill. The Speech of Lord Ashley, 15th March", London 1844, p. 20.)

[543] „Seit der allgemeinen Einführung von kostspieligen Maschinen ist die menschliche Natur weit über ihre durchschnittliche Kraft beansprucht worden." (Robert Owen, „Observations on the effects of the manufacturing system", 2nd ed., London 1817, [p. 16].)

[544] Die Engländer, die gern die erste empirische Erscheinungsform einer Sache als ihren Grund betrachten, geben

Die Produktivität der Maschinerie steht, wie wir sahen, in umgekehrtem Verhältnis zur Größe des von ihr auf das Machwerk übertragnen Wertbestandteils. Je länger die Periode, worin sie funktioniert, desto größer die Produktenmasse, worüber sich der von ihr zugesetzte Wert verteilt, und desto kleiner der Wertteil, den sie der einzelnen Ware zufügt. Die aktive Lebensperiode der Maschinerie ist aber offenbar bestimmt durch die Länge des Arbeitstags oder die Dauer des täglichen Arbeitsprozesses, multipliziert mit der Anzahl Tage, worin er sich wiederholt.

Der Maschinenverschleiß entspricht keineswegs exakt mathematisch ihrer Benutzungszeit. Und selbst dies vorausgesetzt, umfaßt eine Maschine, die während 7 1/2 Jahren täglich 16 Stunden dient, eine ebenso große Produktionsperiode und setzt dem Gesamtprodukt nicht mehr Wert zu als dieselbe Maschine, die während 15 Jahren nur 8 Stunden täglich dient. Im erstren Fall aber wäre der Maschinenwert doppelt so rasch reproduziert als im letztren und der Kapitalist hätte vermittelst derselben in 7 1/2 Jahren so viel Mehrarbeit eingeschluckt als sonst in 15.

Der materielle Verschleiß der Maschine ist doppelt. Der eine entspringt aus ihrem Gebrauch, wie Geldstücke durch Zirkulation verschleißen, der andre aus ihrem Nichtgebrauch, wie ein untätig Schwert in der Scheide verrostet. Es ist dies ihr Verzehr durch die Elemente. Der Verschleiß erster Art steht mehr oder minder in direktem Verhältnis, der letztre zu gewissem Grad in umgekehrtem Verhältnis zu ihrem Gebrauch.[545]

Neben dem materiellen unterliegt die Maschine aber auch einem sozusagen moralischen Verschließ. Sie verliert Tauschwert im Maße, worin entweder Maschinen derselben Konstruktion wohlfeiler reproduziert werden können oder beßre Maschinen konkurrierend neben sie treten.[546] In beiden Fällen ist ihr Wert, so jung und lebenskräftig sie sonst noch sein mag, nicht mehr bestimmt durch die tatsächlich in ihr selbst vergegenständlichte, sondern durch die zu ihrer eignen Reproduktion oder zur Reproduktion der beßren Maschine notwendige Arbeitszeit. Sie ist daher mehr oder minder entwertet. Je kürzer die Periode, worin ihr Gesamtwert reproduziert wird, desto geringer die Gefahr des moralischen Verschleißes, und je länger der Arbeitstag, um so kürzer jene Periode. Bei der ersten

---

oft den großen herodischen Kinderraub, den das Kapital in den Anfängen des Fabriksystems an den Armen- und Waisenhäusern verübte und wodurch es sich ein ganz willenloses Menschenmaterial einverleibte, als Grund der langen Arbeitszeit in den Fabriken an. So z.B. Fielden, selbst englischer Fabrikant: „Es ist klar, daß die lange Arbeitszeit durch den Umstand herbeigeführt wurde, daß man eine so große Anzahl verlassener Kinder aus verschiednen Teilen des Landes bekommen hat, so daß die Fabrikherren von den Arbeitern unabhängig waren und sie, nachdem sie erst einmal mit Hilfe des auf diese Weise aufgetriebenen armseligen Menschenmaterials die lange Arbeitszeit zur Gewohnheit gemacht hatten, diese auch ihren Nachbarn leichter aufzwingen konnten." (J. Fielden, „The Curse of the Factory System", Lond. 1836, p. 11.) Mit Bezug auf Weiberarbeit sagt Fabrikinspektor Saunders im Fabrikbericht von 1844: „ Unter den Arbeiterinnen gibt es Frauen, die hintereinander für viele Wochen, mit Ausfall nur weniger Tage, von 6 Uhr morgens bis 12 Uhr nachts beschäftigt werden, mit weniger als 2 Stunden für Mahlzeiten, so daß ihnen für 5 Tage in der Woche von den 24 Tagesstunden nur 6 bleiben, um von und nach Haus zu gehn und im Bett auszuruhn."

[545] „Der Anlaß ... zur Schädigung der empfindlichen beweglichen Teile des metallenen Mechanismus kann im Stillstand liegen." (Ure, l.c.p. 281.)

[546] Der schon früher erwähnte „Manchester Spinner" („Times", 26. Nov. 1862) zählt unter den Kosten der Maschinerie auf: „Er" (nämlich der „Abzug für Verschleiß der Maschinerie") „hat auch den Zweck, den Verlust zu decken, der fortgesetzt dadurch entsteht, daß Maschinen, bevor sie verschlissen sind, durch andre von neuer und besserer Konstruktion außer Gebrauch gesetzt werden."

Einführung der Maschinerie in irgendeinen Produktionszweig folgen Schlag auf Schlag neue Methoden zu ihrer wohlfeilern Reproduktion[547] und Verbeßrungen, die nicht nur einzelne Teile oder Apparate, sondern ihre ganze Konstruktion ergreifen. In ihrer ersten Lebensperiode wirkt daher dies besondre Motiv zur Verlängrung des Arbeitstags am akutesten.[548]

Unter sonst gleichbleibenden Umständen und bei gegebnem Arbeitstag erheischt Exploitation verdoppelter Arbeiteranzahl ebensowohl Verdopplung des in Maschinerie und Baulichkeiten ausgelegten Teils des konstanten Kapitals als des in Rohmaterial, Hilfsstoffen usw. ausgelegten. Mit verlängertem Arbeitstag dehnt sich die Stufenleiter der Produktion, während der in Maschinerie und Baulichkeiten ausgelegte Kapitalteil unverändert bleibt.[549] Nicht nur der Mehrwert wächst daher, sondern die zur Ausbeutung desselben notwendigen Auslagen nehmen ab. Zwar findet dies auch sonst mehr oder minder bei aller Verlängrung des Arbeitstags statt, fällt aber hier entscheidender ins Gewicht, weil der in Arbeitsmittel verwandelte Kapitalteil überhaupt mehr ins Gewicht fällt.[550] Die Entwicklung des Maschinenbetriebs bindet nämlich einen stets wachsenden Bestandteil des Kapitals in eine Form, worin es einerseits fortwährend verwertbar ist, andrerseits Gebrauchswert und Tauschwert verliert, sobald sein Kontakt mit der lebendigen Arbeit unterbrochen wird. „Wenn“, belehrte Herr Ashwort, ein englischer Baumwollmagnat, den Professor Nassau W. Senior, „wenn ein Ackersmann seinen Spaten niederlegt, macht er für diese Periode ein Kapital von 18 d. nutzlos. Wenn einer von unsren Leuten“ (d.h. den Fabrikarbeitern) „die Fabrik verläßt, macht er ein Kapital nutzlos, das 100.000 Pfd.St. gekostet hat.“[551]

Man denke nur! Ein Kapital, das 100.000 Pfd.St. gekostet hat, auch nur für einen Augenblick „nutzlos“ zu machen! Es ist in der Tat himmelschreiend, daß einer unsrer Leute überhaupt jemals die Fabrik verläßt! Der wachsende Umfang der Maschinerie macht, wie der von Ashworth belehrte Senior einsieht, eine stets wachsende Verlängrung des Arbeitstags „wünschenswert“.[552]

[547] „Man schätzt im großen, daß eine einzige Maschine nach einem neuen Modell zu konstruieren fünfmal soviel kostet als die Rekonstruktion derselben Maschine nach demselben Modell.“ (Babbage, l.c.p. 211, 212.)

[548] „Seit einigen Jahren sind so bedeutende und zahlreiche Verbesserungen in der Tüllfabrikation gemacht worden, daß eine gut erhaltne Maschine zum ursprünglichen Kostenpreis von 1.200 Pfd.St. einige Jahre später zu 60 Pfd. St. verkauft wurde ... Die Verbeßrungen folgten sich mit solcher Geschwindigkeit, daß Maschinen unvollendet in der Hand ihrer Bauer blieben, weil sie durch glücklichere Erfindungen bereits veraltet waren.“ In dieser Sturm- und Drangperiode dehnten daher die Tüllfabrikanten bald die ursprüngliche Arbeitszeit von 8 Stunden mit doppelter Mannschaft auf 24 Stunden aus. (l.c.p. 233.)

[549] „Es ist selbstverständlich, daß mit der Ebbe und Flut des Marktes und dem abwechselnden Wachsen und Schrumpfen der Nachfrage die Gelegenheiten ständig wiederkehren werden, wo der Fabrikant zusätzliches zirkulierendes Kapital anwenden kann, ohne zusätzliches fixes Kapital zu verwenden ... wenn zusätzliche Mengen an Rohmaterial ohne zusätzliche Ausgaben für Gebäude und Maschinerie verarbeitet werden können.“ (R. Torrens, „On Wages and Combination“, Lond. 1834, p. 64.)

[550] Der im Text erwähnte Umstand ist nur der Vollständigkeit wegen erwähnt, da ich erst im Dritten Buch die Profitrate, d.h. das Verhältnis des Mehrwerts zum vorgeschoßnen Gesamtkapital, behandle.

[551] „When a labourer“, said Mr. Ashworth, „lays down his spade, he renders useless, for that period, a capital worth 18 d. When one of our people leaves the mill, he renders useless a capital that has cost 100.000 pounds (bei Senior: 100 £).“ (Senior, „Letters on the Factory Act“, Lond. 1837, p. 14.)

[552] „Das große Übergewicht des fixen im Verhältnis zum zirkulierenden Kapital ... macht lange Arbeitszeit wünschenswert.“ Mit dem wachsenden Umfang der Maschinerie usw. „wird der Antrieb zur Verlängerung der Arbeitszeit

Die Maschine produziert relativen Mehrwert, nicht nur, indem sie die Arbeitskraft direkt entwertet und dieselbe indirekt durch Verwohlfeilerung der in ihre Reproduktion eingehenden Waren verwohlfeilert, sondern auch, indem sie bei ihrer ersten sporadischen Einführung die vom Maschinenbesitzer verwandte Arbeit in potenzierte Arbeit verwandelt, den gesellschaftlichen Wert des Maschinenprodukts über seinen individuellen Wert erhöht und den Kapitalisten so befähigt, mit geringrem Wertteil des Tagesprodukts den Tageswert der Arbeitskraft zu ersetzen. Während dieser Übergangsperiode, worin der Maschinenbetrieb eine Art Monopol bleibt, sind daher die Gewinne außerordentlich, und der Kapitalist sucht diese „erste Zeit der jungen Liebe" gründlichst auszubeuten durch möglichste Verlängrung des Arbeitstags. Die Größe des Gewinns wetzt den Heißhunger nach mehr Gewinn.

Mit der Verallgemeinerung der Maschinerie im selben Produktionszweig sinkt der gesellschaftliche Wert des Maschinenprodukts auf seinen individuellen Wert und macht sich das Gesetz geltend, daß der Mehrwert nicht aus den Arbeitskräften entspringt, welche der Kapitalist durch die Maschine ersetzt hat, sondern umgekehrt aus den Arbeitskräften, welche er an ihr beschäftigt. Der Mehrwert entspringt nur aus dem variablen Teil des Kapitals, und wir sahen, daß die Masse des Mehrwerts durch zwei Faktoren bestimmt ist, die Rate des Mehrwerts und die Anzahl der gleichzeitig beschäftigten Arbeiter. Bei gegebner Länge des Arbeitstags wird die Rate des Mehrwerts bestimmt das Verhältnis, worin der Arbeitstag in notwendige Arbeit und Mehrarbeit zerfällt. Die Anzahl der gleichzeitig beschäftigten Arbeiter hängt ihrerseits ab von dem Verhältnis des variablen Kapitalteils zum konstanten. Es ist nun klar, daß der Maschinenbetrieb, wie er immer durch Steigrung der Produktivkraft der Arbeit die Mehrarbeit auf Kosten der notwendigen Arbeit ausdehne, dies Resultat nur hervorbringt, indem er die Anzahl der von einem gegebnen Kapital beschäftigten Arbeiter vermindert. Er verwandelt einen Teil des Kapitals, der früher variabel war, d.h. sich in lebendige Arbeitskraft umsetzte, in Maschinerie, also in konstantes Kapital, das keinen Mehrwert produziert. Es ist unmöglich, z.B. aus zwei Arbeitern so viel Mehrwert auszupressen als aus 24. Wenn jeder der 24 Arbeiter auf 12 Stunden nur eine Stunde Mehrarbeit liefert, liefern sie zusammen 24 Stunden Mehrarbeit, während die Gesamtarbeit der zwei Arbeiter nur 24 Stunden beträgt. Es liegt also in der Anwendung der Maschinerie zur Produktion von Mehrwert ein immanenter Widerspruch, indem sie von den beiden Faktoren des Mehrwerts, den ein Kapital von gegebner Größe liefert, den einen Faktor, die Rate des Mehrwerts, nur dadurch vergrößert, daß sie den andren Faktor, die Arbeiterzahl, verkleinert. Dieser immanente Widerspruch tritt hervor, sobald mit der Verallgemeinerung der Ma-

stärker, da dies das einzige Mittel ist, eine große Masse fixen Kapitals profitabel zu machen". (l.c.p. 11-14.) „Es gibt verschiedne Auslagen bei einer Fabrik, welche konstant bleiben, ob die Fabrik mehr oder weniger Zeit arbeite, z.B. Rente für die Baulichkeiten, lokale und allgemeine Steuern, Feuerversicherung, Arbeitslohn für verschiedne permanente Arbeiter. Verschlechtrung der Maschinerie nebst verschiednen andern Lasten, deren Proportion zum Profit im selben Verhältnis abnimmt, wie der Umfang der Produktion zunimmt." („Reports of the Insp. of Fact. for 31st Oct. 1862", p. 19.)

schinerie in einem Industriezweig der Wert der maschinen- mäßig produzierten Ware zum regelnden gesellschaftlichen Wert aller Waren derselben Art wird, und es ist dieser Widerspruch, der wiederum das Kapital, ohne daß es sich dessen bewußt wäre[553], zur gewaltsamsten Verlängrung des Arbeitstags treibt, um die Abnahme in der verhältnismäßigen Anzahl der exploitierten Arbeiter durch Zunahme nicht nur der relativen, sondern auch absoluten Mehrarbeit zu kompensieren.

Wenn also die kapitalistische Anwendung der Maschinerie einerseits neue mächtige Motive zur maßlosen Verlängrung des Arbeitstags schafft und die Arbeitsweise selbst wie den Charakter des gesellschaftlichen Arbeitskörpers in einer Art umwälzt, die den Widerstand gegen diese Tendenz bricht, produziert sie andrerseits, teils durch Einstellung dem Kapital früher unzugänglicher Schichten der Arbeiterklasse, teils durch Freisetzung der von der Maschine verdrängten Arbeiter, eine überflüssige Arbeiterpopulation[554], die sich das Gesetz vom Kapital diktieren lassen muß. Daher das merkwürdige Phänomen in der Geschichte der modernen Industrie, daß die Maschine alle sittlichen und natürlichen Schranken des Arbeitstags über den Haufen wirft. Daher das ökonomische Paradoxon, daß das gewaltigste Mittel zur Verkürzung der Arbeitszeit in das unfehlbarste Mittel umschlägt, alle Lebenszeit des Arbeiters und seiner Familie in disponible Arbeitszeit für die Verwertung des Kapitals zu verwandeln. „Wenn", träumte Aristoteles, der größte Denker des Altertums, „wenn jedes Werkzeug auf Geheiß, oder auch vorausahnend, das ihm zukommende Werk verrichten könnte, wie des Dädalus Kunstwerke sich von selbst bewegten oder die Dreifüße des Hephästos aus eignem Antrieb an die heilige Arbeit gingen, wenn so die Weberschiffe von selbst webten, so bedürfte es weder für den Werkmeister der Gehilfen noch für die Herrn der Sklaven."[555]

Und Antipatros, ein griechischer Dichter aus der Zeit des Cicero, begrüßte die Erfindung der Wassermühle zum Mahlen des Getreides, diese Elementarform aller produktiven Maschinerie, als Befreierin der Sklavin- nen und Herstellerin des goldnen Zeitalters![556] „Die Heiden, ja die Heiden!" Sie begriffen, wie der

[553] Warum dieser immanente Widerspruch dem einzelnen Kapitalisten und daher auch der in seinen Anschauungen befangnen politischen Ökonomie nicht zum Bewußtsein kommt, wird man aus den ersten Abschnitten des Dritten Buchs ersehn.

[554] Es ist eins der großen Verdienste Ricardos, die Maschinerie nicht nur als Produktionsmittel von Waren, sondern auch von „redundant population" („überschüssiger Bevölkerung") begriffen zu haben.

[555] F. Biese, „Die Philosophie des Aristoteles", Zweiter Band, Berlin 1842, p. 408.

[556] Ich gebe hier die Stolbergsche Übersetzung des Gedichts, weil es ganz so wie die früheren Zitate über Teilung der Arbeit den Gegensatz der antiken Anschauung zur modernen charakterisiert.

„Schonet der mahlenden Hand, o Müllerinnen, und schlafet
Sanft! es verkünde der Hahn euch den Morgen umsonst!
Däo hat die Arbeit der Mädchen den Nymphen befohlen,
Und itzt hüpfen sie leicht über die Räder dahin,
Daß die erschütterten Achsen mit ihren Speichen sich wälzen,
Und im Kreise die Last drehen des wälzenden Steins.
Laßt uns Leben das Leben der Väter, und laßt uns der Gaben
Arbeitslos uns freuen, welche die Göttin uns schenkt."

(„Gedichte aus dem Griechischen übersetzt von Christian Graf zu Stolberg", Hamburg 1782.)

gescheite Bastiat entdeckt hat, und schon vor ihm der noch klügre MacCulloch, nichts von politischer Ökonomie und Christentum. Sie begriffen u.a. nicht, daß die Maschine das probateste Mittel zur Verlängerung des Arbeitstags ist. Sie entschuldigten etwa die Sklaverei des einen als Mittel zur vollen menschlichen Entwicklung des andren. Aber Sklaverei der Massen predigen, um einige rohe oder halbgebildete Parvenüs zu „eminent spinners“, „extensive sausage makers“ und „influential shoe black dealers“ („hervorragenden Spinnern“, „großen Wurstfabrikanten“ und „einflußreichen Schuhwichshändlern“) zu machen, dazu fehlte ihnen das spezifisch christliche Organ.

c) Intensifikation der Arbeit

Die maßlose Verlängrung des Arbeitstags, welche die Maschinerie in der Hand des Kapitals produziert, führt, wie wir sahen, später eine Reaktion der in ihrer Lebenswurzel bedrohten Gesellschaft herbei und damit einen gesetzlich beschränkten Normalarbeitstag. Auf Grundlage des letztren entwickelt sich ein Phänomen, das uns schon früher begegnete, zu entscheidender Wichtigkeit - nämlich die Intensifikation der Arbeit. Bei der Analyse des absoluten Mehrwerts handelte es sich zunächst um die extensive Größe der Arbeit, während der Grad ihrer Intensität als gegeben vorausgesetzt war. Wir haben jetzt den Umschlag der extensiven Größe in intensive oder Gradgröße zu betrachten.

Es ist selbstverständlich, daß mit dem Fortschritt des Maschinenwesens und der gehäuften Erfahrung einer eignen Klasse von Maschinenarbeitern die Geschwindigkeit und damit die Intensität der Arbeit naturwüchsig zunehmen. So geht in England während eines halben Jahrhunderts die Verlängrung des Arbeitstags Hand in Hand mit der wachsenden Intensität der Fabrikarbeit. Indes begreift man, daß bei einer Arbeit, wo es sich nicht um vorübergehende Paroxysmen handelt, sondern um tagaus, tagein wiederholte, regelmäßige Gleichförmigkeit, ein Knotenpunkt eintreten muß, wo Ausdehnung des Arbeitstags und Intensität der Arbeit einander ausschließen, so daß die Verlängrung des Arbeitstags nur mit schwächrem Intensitätsgrad der Arbeit und umgekehrt ein erhöhter Intensitätsgrad nur mit Verkürzung des Arbeitstags verträglich bleibt. Sobald die allmählich anschwellende Empörung der Arbeiterklasse den Staat zwang, die Arbeitszeit gewaltsam zu verkürzen und zunächst der eigentlichen Fabrik einen Normalarbeitstag zu diktieren, von diesem Augenblick also, wo gesteigerte Produktion von Mehrwert durch Verlängrung der Arbeitstags ein für allemal abgeschnitten war, warf sich das Kapital mit aller Macht und vollem Bewußtsein auf die Produktion von relativem Mehrwert durch beschleunigte Entwicklung des Maschinensystems. Gleichzeitig tritt eine Änderung in dem Charakter des relativen Mehrwerts ein. Im allgemeinen besteht die Produktionsmethode des relativen Mehrwerts darin, durch gesteigerte Produktivkraft der Arbeit den Arbeiter zu befähigen, mit derselben Arbeitsausgabe in derselben Zeit mehr zu produzieren. Dieselbe Arbeitszeit setzt nach wie vor dem Gesamtprodukt denselben Wert zu, obgleich dieser unveränderte Tauschwert sich jetzt in mehr Gebrauchswerten darstellt und daher der Wert der einzelnen Ware sinkt. Anders jedoch, sobald die gewaltsame Verkürzung des Arbeitstags mit dem ungeheuren Anstoß, den sie der Entwicklung der Produktivkraft und der Ökonomisierung der Produktionsbedingungen gibt, zugleich vergrößerte Arbeitsausgabe in derselben Zeit, erhöhte Anspannung der Arbeitskraft, dichtere Ausfüllung der Poren der Arbeitszeit, d.h. Kondensation der Arbeit dem Arbeiter zu einem Grad aufzwingt, der nur innerhalb des verkürzten Arbeitstags erreichbar ist. Diese Zusammenpressung einer größren Masse Arbeit in eine gegebne Zeitperiode zählt jetzt als was sie ist, als größres Arbeitsquantum. Neben das Maß der Arbeitszeit als „ausgedehnter Größe" tritt jetzt das Maß ihres Verdichtungsgrads.[557] Die intensivere Stunde des zehnstündigen Arbeitstags enthält jetzt so viel oder mehr Arbeit, d.h. verausgabte Arbeitskraft, als die porösere Stunde des zwölfstündigen Arbeitstags. Ihr Produkt hat daher so viel oder mehr Wert als das der poröseren 1 1/5 Stunden. Abgesehn von der Erhöhung des relativen Mehrwerts durch die gesteigerte Produktivkraft der Arbeit, liefern jetzt z.B. 3 1/3 Stunden Mehrarbeit auf 6 2/3 Stunden notwendiger Arbeit dem Kapitalisten dieselbe Wertmasse wie vorher 4 Stunden Mehrarbeit auf 8 Stunden notwendiger Arbeit.

Es fragt sich nun, wie wird die Arbeit intensifiziert?

Die erste Wirkung des verkürzten Arbeitstags beruht auf dem selbstverständlichen Gesetz, daß die Wirkungsfähigkeit der Arbeitskraft im umgekehrten Verhältnis zu ihrer Wirkungszeit steht. Es wird daher, innerhalb gewisser Grenzen, am Grad der Kraftäußerung gewonnen, was an ihrer Dauer verlorengeht. Daß der Arbeiter aber auch wirklich mehr Arbeitskraft flüssig macht, dafür sorgt das Kapital durch die Methode der Zahlung.[558] In Manufakturen, der Töpferei z.B., wo die Maschinerie keine oder unbedeutende Rolle spielt, hat die Einführung des Fabrikgesetzes schlagend bewiesen, daß bloße Verkürzung des Arbeitstags die Regelmäßigkeit, Gleichförmigkeit, Ordnung, Kontinuität und Energie der Arbeit wundervoll erhöht.[559] Diese Wirkung schien jedoch zweifelhaft in der eigentlichen Fabrik, weil die Abhängigkeit des Arbeiters von der kontinuierlichen und gleichförmigen Bewegung der Maschine hier längst die strengste Disziplin geschaffen hatte. Als daher 1844 die Herabsetzung des Arbeitstags unter 12 Stunden verhandelt ward, erklärten die Fabrikanten fast einstimmig, „ihre Aufseher paßten in den verschiednen Arbeitsräumen auf, daß die Hände keine Zeit verlören", „der Grad der Wachsamkeit und Aufmerksamkeit auf seiten der Arbeiter (the extent of vigilance and attention on the part of the workmen) sei kaum steigrungsfähig", und alle andren Umstände, wie Gang der Maschinerie usw. als gleichbleibend vorausgesetzt, „sei es daher Unsinn, in wohlgeführten Fabriken

[557] Es finden natürlich überhaupt Unterschiede in der Intensität der Arbeiten verschiedner Produktionszweige statt. Diese kompensieren sich, wie schon A. Smith gezeigt hat, zum Teil durch jeder Arbeitsart eigne Nebenumstände. Einwirkung auf die Arbeitszeit als Wertmaß findet aber auch hier nur statt, soweit intensive und extensive Größe sich als entgegengesetzte und einander ausschließende Ausdrücke desselben Arbeitsquantums darstellen.

[558] Namentlich durch den Stücklohn, eine Form, die im sechsten Abschnitt entwickelt wird.

[559] Siehe „Reports of Insp. of Fact. for 31st Oct. 1865".

von der gesteigerten Aufmerksamkeit usw. der Arbeiter irgendein erkleckliches Resultat zu erwarten".[560]

Diese Behauptung ward durch Experimente widerlegt. Herr R. Gardner ließ in seinen zwei großen Fabriken zu Preston vom 20. April 1844 anstatt 12 nur noch 11 Stunden per Tag arbeiten. Nach ungefähr Jahresfrist ergab sich das Resultat, daß „dasselbe Quantum Produkt zu denselben Kosten erhalten ward, und sämtliche Arbeiter in 11 Stunden ebensoviel Arbeitslohn verdienten, wie früher in 12".[561]

Ich übergehe hier die Experimente in den Spinn- und Kardierräumen, weil sie mit Zunahme in der Geschwindigkeit der Maschinerie (um 2%) verbunden waren. In dem Webedepartement dagegen, wo zudem sehr verschiedne Sorten leichter, figurenhaltiger Phantasieartikel gewebt wurden, fand durchaus keine Änderung in den objektiven Produktionsbedingungen statt. Das Resultat war: „Vom 6. Januar bis 20. April 1844, mit zwölfstündigem Arbeitstag, wöchentlicher Durchschnittslohn jedes Arbeiters 10 sh. 1 1/2 d., vom 20. April bis 29. Juni 1844, mit elfstündigem Arbeitstag, wöchentlicher Durchschnittslohn 10 sh. 3 1/2 d."[562]

Es wurde hier in 11 Stunden mehr produziert als früher in 12, ausschließlich infolge größrer gleichmäßiger Ausdauer der Arbeiter und Ökonomie ihrer Zeit. Während sie denselben Lohn empfingen und 1 Stunde freie Zeit gewannen, erhielt der Kapitalist dieselbe Produktenmasse und sparte Verausgabung von Kohle, Gas usw. für eine Stunde. Ähnliche Experimente wurden mit gleichem Erfolg in den Fabriken der Herren Horrocks und Jacson ausgeführt.[563]

Sobald die Verkürzung des Arbeitstags, welche zunächst die subjektive Bedingung der Kondensation der Arbeit schafft, nämlich die Fähigkeit des Arbeiters, mehr Kraft in gegebner Zeit flüssig zu machen, zwangsgesetzlich wird, wird die Maschine in der Hand des Kapitals zum objektiven und systematisch angewandten Mittel, mehr Arbeit in derselben Zeit zu erpressen. Es geschieht dies in doppelter Weise: durch erhöhte Geschwindigkeit der Maschinen und erweiterten Umfang der von demselben Arbeiter zu überwachenden Maschinerie oder seines Arbeitsfeldes. Verbesserte Konstruktion der Maschinerie ist teils notwendig zur Ausübung des größren Drucks auf den Arbeiter, teils begleitet sie von selbst die Intensifikation der Arbeit, weil die Schranke des Arbeitstags den Kapitalisten zu strengstem Haushalt der Produktionskosten zwingt. Die Verbesserung der Dampfmaschine erhöht die Anzahl ihrer Kolbenschläge in einer Minute und erlaubt zugleich, durch größere Kraftersparung einen umfangreichren Mechanismus mit demselben Motor zu treiben, bei gleichbleibendem oder selbst fallendem Kohlenverzehr. Die Verbesserung des Transmissionsmechanismus vermindert

[560] „Reports of Insp. of Fact. for 1844 and the quarter ending 30th April 1845", p. 20, 21.

[561] l.c.p. 19. Da der Stücklohn derselbe blieb, hing die Höhe des Wochenlohns vom Quantum des Produkts ab.

[562] l.c.p. 20.

[563] l.c.p. 21. Das moralische Element spielte bedeutende Rolle in den oben erwähnten Experimenten. „Wir", erklärten die Arbeiter dem Fabrikinspektor, „wir arbeiten munterer, wir denken ständig an die Belohnung, abends früher wegzukommen, und ein tatkräftiger und freudiger Geist durchdringt die ganze Fabrik, vom jüngsten Anstücker bis zum ältesten Arbeiter, und wir können einander viel bei der Arbeit helfen." (l.c.)

die Reibung und, was die moderne Maschinerie so augenfällig vor der ältren auszeichnet, reduziert Durchmesser und Gewicht der großen und kleinen Wellenbäume auf ein stets fallendes Minimum. Die Verbesserungen der Arbeitsmaschinerie endlich vermindern bei erhöhter Geschwindigkeit und ausgedehnterer Wirkung ihren Umfang, wie beim modernen Dampfwebstuhl, oder vergrößern mit dem Rumpf Umfang und Zahl der von ihr geführten Werkzeuge, wie bei der Spinnmaschine, oder vermehren die Beweglichkeit dieser Werkzeuge durch unscheinbare Detailveränderungen, wie derartig bei der selfacting mule in der Mitte der fünfziger Jahre die Geschwindigkeit der Spindeln um 1/5 gesteigert wurde.

Die Verkürzung des Arbeitstags auf 12 Stunden datiert in England von 1832. Schon 1836 erklärte ein englischer Fabrikant:

„Verglichen mit früher ist die Arbeit, die in den Fabriken zu verrichten, sehr gewachsen, infolge der größren Aufmerksamkeit und Tätigkeit, welche die bedeutend vermehrte Geschwindigkeit der Maschinerie vom Arbeiter erheischt."[564]

Im Jahr 1844 machte Lord Ashley, jetzt Graf Shaftesbury, folgende dokumentarisch belegte Aufstellungen im Hause der Gemeinen:

„Die Arbeit der in den Fabrikprozessen Beschäftigten ist jetzt dreimal so groß, als bei der Einführung solcher Operationen. Die Maschinerie hat zweifelsohne ein Werk verrichtet, welches die Sehnen und Muskeln von Millionen Menschen ersetzt, aber sie hat auch erstaunlich (prodigiously) die Arbeit der durch ihre furchtbare Bewegung beherrschten Menschen vermehrt ... Die Arbeit, einem Paar Mules während 12 Stunden auf und ab zu folgen, zum Spinnen von Garn Nr. 40, schloß im Jahre 1815 das Durchlaufen einer Distanz von 8 Meilen ein. Im Jahre 1832 betrug die im Gefolge eines Mulepaars, zum Spinnen derselben Nummer, während 12 Stunden zu durchreisende Distanz 20 Meilen und oft mehr. Im Jahre 1825 hatte der Spinner während 12 Stunden 820 Auszüge an jeder Mule zu machen, was eine Gesamtsumme von 1.640 für 12 Stunden ergab. Im Jahre 1832 hatte der Spinner während seines zwölfstündigen Arbeitstags an jeder Mule 2.200 Auszüge zu machen, zusammen 4.400, im Jahre 1844 an jeder Mule 2.400, zusammen 4.800: und in einigen Fällen ist die erheischte Arbeits- masse (amount of labour) noch größer ... Ich habe hier ein andres Dokument von 1842 in der Hand, worin nachgewiesen wird, daß die Arbeit progressiv zunimmt, nicht nur, weil eine größre Entfernung zu durchreisen ist, sondern weil die Quantität der produzierten Waren sich vermehrt, während die Händezahl proportionell abnimmt; und ferner, weil nun oft schlechtere Baumwolle gesponnen wird, die mehr Arbeit erfordert ... Im Kardierraum hat auch große Zunahme der Arbeit stattgefunden. Eine Person tut jetzt die Arbeit, die früher zwischen zwei verteilt war ... In der Weberei, worin eine große Anzahl Personen, meist weiblichen Geschlechts, beschäftigt ist, ist die Arbeit während der letzten Jahre um volle 10% gewachsen, infolge der vermehrten Geschwindigkeit der Maschinerie. Im Jahre 1838 war die

[564] John Fielden, l.c.p. 32.

Zahl der hanks (Docken), die wöchentlich gesponnen wurde, 18.000, im Jahre 1843 belief sie sich auf 21.000. Im Jahr 1819 war die Zahl der picks (Schußschläge) beim Dampfwebestuhl 60 per Minute, im Jahre 1842 betrug sie 140, was einen großen Zuwachs von Arbeit anzeigt."[565]

Angesichts dieser merkwürdigen Intensität, welche die Arbeit unter der Herrschaft des Zwölfstundengesetzes bereits 1844 erreicht hatte, schien damals die Erklärung der englischen Fabrikanten berechtigt, jeder weitere Fortschritt in dieser Richtung sei unmöglich, daher jede weitere Abnahme der Arbeitszeit identisch mit Abnahme der Produktion. Die scheinbare Richtigkeit ihres Räsonnements wird am besten bewiesen durch folgende gleichzeitige Äußerung ihres rastlosen Zensors, des Fabrikinspektors Leonard Horner:

„Da die produzierte Quantität hauptsächlich geregelt wird durch die Geschwindigkeit der Maschinerie, muß es das Interesse des Fabrikanten sein, sie mit dem äußersten Geschwindigkeitsgrad zu treiben, der mit folgenden Bedingungen vereinbar ist: Bewahrung der Maschinerie vor zu raschem Verderb, Erhaltung der Qualität des fabrizierten Artikels, und Fähigkeit des Arbeiters, der Bewegung zu folgen ohne größre Anstrengung, als er kontinuierlich leisten kann. Es ereignet sich oft, daß der Fabrikant in seiner Hast die Bewegung zu sehr beschleunigt. Brüche und schlechtes Machwerk wiegen dann die Geschwindigkeit mehr als auf, und er ist gezwungen, den Gang der Maschinerie zu mäßigen. Da ein aktiver und einsichtsvoller Fabrikant das erreichbare Maximum ausfindet, schloß ich, daß es unmöglich ist, in 11 Stunden so viel zu produzieren als in 12. Ich nahm außerdem an, daß der per Stücklohn bezahlte Arbeiter sich aufs äußerste anstrengt, soweit er denselben Arbeitsgrad kontinuierlich aushalten kann."[566]

Horner schloß daher, trotz der Experimente von Gardner usw., daß eine weitre Herabsetzung des Arbeitstages unter 12 Stunden die Quantität des Produkts vermindern müsse.[567] Er selbst zitiert 10 Jahre später sein Bedenken von 1845 zum Beweis, wie wenig er damals noch die Elastizität der Maschinerie und der menschlichen Arbeitskraft begriff, die beide gleichmäßig durch die zwangsweise Verkürzung des Arbeitstags aufs höchste gespannt werden.

Kommen wir nun zur Periode nach 1847, seit Einführung des Zehnstundengesetzes in die englischen Baumwoll-, Woll-, Seiden- und Flachsfabriken.

„Die Geschwindigkeit der Spindeln ist auf Throstles um 500, auf Mules um 1.000 Drehungen in einer Minute gewachsen, d.h. die Geschwindigkeit der Throstlespindel, die 1839 4.500 Drehungen in einer Minute zählte, beträgt nun" (1862) „5.000, und die der Mulespindel, die 5.000 zählte, beträgt jetzt 6.000 in der Minute; dies beläuft sich im ersten Fall auf 1/10 und im zweiten auf 1/6 (1.-4. Auflage: 1/5) zusätzlicher Geschwindigkeit."[568]

[565] Lord Ashley, l.c.p. 6-9 passim.
[566] „Reports of Insp. of Fact. to 30th April 1845", p. 20.
[567] l.c.p. 22.
[568] „Reports of Insp. of Fact. for 31st Oct. 1862", p. 62.

Jas. Nasmyth, der berühmte Zivilingenieur von Patricroft, bei Manchester, setzte 1852 in einem Brief an Leonard Horner die von 1848-1852 gemachten Verbesserungen in der Dampfmaschine auseinander. Nachdem er bemerkt, daß die Dampfpferdekraft, in der offiziellen Fabrikstatistik fortwährend geschätzt nach ihrer Wirkung im Jahr 1828[569], nur noch nominell ist und nur als Index der wirklichen Kraft dienen kann, sagt er u.a.:

„Es unterliegt keinem Zweifel, daß Dampfmaschinerie von demselben Gewicht, oft dieselben identischen Maschinen, an denen nur die modernen Verbeßrungen angebracht sind, im Durchschnitt 50% mehr Werk als früher verrichten und daß in vielen Fällen dieselben identischen Dampfmaschinen, die in den Tagen der beschränkten Geschwindigkeit von 220 Fuß per Minute 50 Pferdekraft lieferten, heute, mit vermindertem Kohlenkonsum, über 100 liefern ... Die moderne Dampfmaschine von derselben nominellen Pferdekraft wird mit größrer Gewalt als früher getrieben, infolge der Verbeßrungen in ihrer Konstruktion, vermindertem Umfang und Bau der Dampfkessel usw. ... Obgleich daher dieselbe Händezahl wie früher im Verhältnis zur nominellen Pferdekraft beschäftigt wird, werden weniger Hände verwand im Verhältnis zur Arbeitsmaschinerie."[570]

Im Jahre 1850 verwandten die Fabriken des Vereinigten Königreichs 134.217 nominelle Pferdekraft zur Bewegung von 25.638.716 Spindeln und 301.445 Webstühlen. Im Jahr 1856 betrug die Zahl der Spindeln und Webstühle respektive 33.503.580 und 369.205. Wäre die erheischte Pferdekraft dieselbe geblieben wie 1850, so waren 1856: 175.000 Pferdekraft nötig. Sie betrug aber nach dem offiziellen Ausweis nur 161.435, also über 10.000 Pferdekraft weniger, als wenn man nach der Basis von 1850 rechnet.[571]

„Die durch den letzten Return von 1856" (offizielle Statistik) „festgestellten Tatsachen sind, daß das Fabriksystem reißend rasch um sich greift, die Zahl der Hände im Verhältnis zur Maschinerie abgenommen hat, die Dampfmaschine durch Ökonomie der Kraft und andre Methoden ein größres Maschinengewicht treibt und ein vermehrtes Quantum Machwerk erzielt wird infolge verbesserter Arbeitsmaschinen, veränderter Methoden der Fabrikation, erhöhter Geschwindigkeit der Maschinerie und vieler andrer Ursachen."[572] „Die großen in Maschinen jeder Art eingeführten Verbeßrungen haben deren Produktivkraft sehr gesteigert. Ohne allen Zweifel gab die Verkürzung des Arbeitstags ... den Stachel zu diesen Verbeßrungen. Letztre und die intensivre Anstrengung des Arbeiters

[569] Dies hat sich geändert mit dem „Parliamentary Return" von 1862. Hier tritt die wirkliche Dampfpferdekraft der modernen Dampfmaschinen und Wasserräder an die Stelle der nominellen (s. Note 508). Auch sind die Dublierspindeln nicht mehr zusammengeworfen mit den eigentlichen Spinnspindeln (wie in den „Returns" von 1839, 1850 und 1856); ferner ist für die Wollfabriken die Zahl der „gigs" („Rauhmaschinen") hinzugefügt, Scheidung eingeführt zwischen Jute- und Hanffabriken einerseits, Flachsfabriken andrerseits, endlich zum ersten Mal die Strumpfwirkerei in den Bericht aufgenommen.

[570] „Reports of Insp. of Fact. for 31st Oct. 1856", p. 14, 20.

[571] l.c.p. 14, 15.

[572] l.c.p. 20.

bewirkten, daß wenigstens ebensoviel Machwerk in dem“ (um zwei Stunden oder 1/6) „verkürzten Arbeitstag als früher während des längren geliefert wird.“[573]

Wie die Bereicherung der Fabrikanten mit der intensivren Ausbeutung der Arbeitskraft zunahm, beweist schon der eine Umstand, daß das durchschnittliche Wachstum der englischen Baumwollen- usw. -Fabriken von 1838 bis 1850 pro Jahr 32, von 1850 bis 1856 dagegen 86 jährlich betrug.

So groß in den 8 Jahren 1848 bis 1856, unter der Herrschaft des zehnstündigen Arbeitstags, der Fortschritt der englischen Industrie, wurde er wieder weit überflügelt in der folgenden sechsjährigen Periode von 1856 bis 1862. In der Seidenfabrik z.B. 1856: Spindeln 1.093.799, 1862: 1.388.544; 1856: Webstühle 9.260 und 1862: 10.709. Dagegen 1856: Arbeiteranzahl 56.137 und 1862: 52.429. Dies ergibt Zunahme der Spindelzahl 26,9% und der Webstühle 15,6% mit gleichzeitiger Abnahme der Arbeiteranzahl um 7%. Im Jahre 1850 wurden in der Worsted-Fabrik angewandt 875.830 Spindeln, 1856: 1.324.549 (Zunahme von 51,2%) und 1862: 1.289.172 (Abnahme von 2,7%). Zählt man aber die Dublierspindeln ab, die in der Aufzählung für das Jahr 1856, aber nicht für 1862 figurieren, so blieb die Anzahl der Spindeln seit 1856 ziemlich stationär. Dagegen ward seit 1850 in vielen Fällen die Geschwindigkeit der Spindeln und Webstühle verdoppelt. Die Zahl der Dampfwebstühle in der Worsted-Fabrik 1850: 32.617, 1856: 38.956 und 1862: 43.048. Es waren dabei beschäftigt 1850: 79.737 Personen, 1856: 87.794 und 1862: 86.063, aber davon Kinder unter 14 Jahren 1850: 9.956, 1856: 11.228: und 1862 13.178. Trotz sehr vermehrter Anzahl der Webstühle, 1862 verglichen mit 1856, nahm also die Gesamtzahl der beschäftigten Arbeit ab, die der exploitierten Kinder zu.[574]

Am 27. April 1863 erklärte das Parlamentsmitglied Ferrand im Unterhause:

„Arbeiterdelegierte von 16 Distrikten von Lancashire und Cheshire, in deren Auftrag ich spreche, haben mir mitgeteilt, daß die Arbeit in den Fabriken infolge der Verbeßrung der Maschinerie beständig wachse. Statt daß früher eine Person mit Gehilfen zwei Webstühle bediente, bedient sie jetzt drei ohne Gehilfen, und es ist gar nichts Ungewöhnliches, daß eine Person ihrer vier bedient usw. Zwölf Stunden Arbeit, wie aus den mitgeteilten Tatsachen hervorgeht, werden jetzt in weniger als 10 Arbeitsstunden gepreßt. Es ist daher selbstverständlich, in welchem ungeheuren Umfang die Mühen der Fabrikarbeiter sich seit den letzten Jahren vermehrt haben.“[575]

[573] „Reports etc. for 31st Oct. 1858“, p. 10. Vgl. „Reports etc. for 30th April 1860“, p. 30 sqq.

[574] „Reports of Insp. of Fact. for 31st Oct. 1862“, p. 100, 103, 129, 130.

[575] Mit dem modernen Dampfwebstuhl fabriziert ein Weber jetzt in 60 Stunden per Woche auf 2 Stühlen 26 Stück einer gewissen Art von bestimmter Länge und Breite, wovon er auf dem alten Dampfwebstuhl nur 4 fabrizieren konnte. Die Webkosten eines solchen Stücks waren schon Anfang der 1850er Jahre von 2 sh. 9 d. auf 5 1/8 d. gefallen.

Zusatz zur 2. Ausgabe. „Vor 30 Jahren“ (1841) „verlangte man von einem Baumwollgarnspinner mit 3 Gehilfen nur die Überwachung eines Mulepaars mit 300 bis 324 Spindeln. Mit 5 Gehilfen hat er jetzt“ (Ende 1871) „Mules zu überwachen, deren Spindelzahl 2.200 beträgt, und produziert mindestens siebenmal mehr Garn als 1841.“ (Alexander Redgrave, Fabrikinspektor, in „Journal of the Soc. of Arts“, Jan. 5. 1872.)

Obgleich daher die Fabrikinspektoren die günstigen Resultate der Fabrikgesetze von 1844 und 1850 unermüdlich und mit vollem Recht lobpreisen, gestehn sie doch, daß die Verkürzung des Arbeitstags bereits eine die Gesundheit der Arbeiter, also die Arbeitskraft selbst zerstörende Intensität der Arbeit hervorgerufen habe.

„In den meisten Baumwoll-, Worsted- und Seidenfabriken scheint der erschöpfende Zustand von Aufregung, nötig für die Arbeit an der Maschinerie, deren Bewegung in den letzten Jahren so außerordentlich beschleunigt worden ist, eine der Ursachen des Überschusses der Sterblichkeit an Lungenkrankheiten, den Dr. Greenhow in seinem jüngsten bewundernswerten Bericht nachgewiesen hat."[576]

Es unterliegt nicht dem geringsten Zweifel, daß die Tendenz des Kapitals, sobald ihm Verlängrung des Arbeitstags ein für allemal durch das Gesetz abgeschnitten ist, sich durch systematische Steigrung des Intensitätsgrads der Arbeit gütlich zu tun und jede Verbeßrung der Maschinerie in ein Mittel zu größrer Aussaugung der Arbeitskraft zu verkehren, bald wieder zu einem Wendepunkt treiben muß, wo abermalige Abnahme der Arbeitsstunden unvermeidlich wird.[577] Andrerseits überflügelt der Sturmmarsch der englischen Industrie von 1848 bis zur Gegenwart, d.h. während der Periode des zehnstündigen Arbeitstags, noch weit mehr die Zeit von 1833 bis 1837, d.h. die Periode des zwölfstündigen Arbeitstags, als letztre das halbe Jahrhundert seit Einführung des Fabriksystems, d.h. die Periode des unbeschränkten Arbeitstags.[578]

[576] „Reports of Insp. of Fact. for 31st Oct. 1861", p. 25, 26.

[577] Die Achtstundenagitation hat jetzt (1867) in Lancashire unter den Fabrikarbeitern begonnen.

[578] Folgende wenige Zahlen zeigen den Fortschritt der eigentlichen „Factories" im U[nited] Kingd[om] seit 1848:

				Export: Quantität
	1848	1851	1860	1865
Baumwollfabrik				
Baumwollgarn (Pfd.)	135.831.162	143.966.106	197.343.655	103.751.455
Nähgarn (Pfd.)		4.392.176	6.297.554	4.648.611
Baumwollgewebe (Yds.)	1.091.373.930	1.543.161.789	2.776.218.427	2.015.237.851
Flachs- und Hanffabrik				
Garn (Pfd.)	11.722.182	18.841.326	31.210.612	36.777.334
Gewebe (Yds.)	88.901.519	129.106.753	143.996.773	247.012.329
Seidenfabrik				
Kettengarn, Twist, Garn (Pfd.)	(1846) 466.825	462.513	897.402	812.589
Gewebe(Yds.)		(Pfd.) 1.181.455	(Pfd.) 1.307.293	2.869.837
Wollfabrik				
Wollen- u. Worsted-Garn (Pfd.)		14.670.880	27.533.968	31.669.267
Gewebe(Yds.)		151.231.153	190.371.537	278.837.418

Maschinerie und große Industrie (Teil II)

4. Die Fabrik

Wir betrachteten im Beginn dieses Kapitels den Leib der Fabrik, die Gliedrung des Maschinensystems. Wir sahen dann, wie die Maschinerie das menschliche Exploitationsmaterial des Kapitals vermehrt durch Aneignung der Weiber- und Kinderarbeit, wie sie die ganze Lebenszeit des Arbeiters konfisziert durch maßlose Ausdehnung des Arbeitstags und wie ihr Fortschritt, der ein ungeheuer wachsendes Produkt in stets kürzrer Zeit zu liefern erlaubt, endlich als systematisches Mittel dient, in jedem Zeitmoment mehr Arbeit flüssig zu machen oder die Arbeitskraft stets intensiver auszubeuten. Wir wenden uns nun zum Fabrikganzen, und zwar in seiner ausgebildetsten Gestalt.

Dr. Ure, der Pindar der automatischen Fabrik, beschreibt sie einerseits als „Kooperation verschiedner Klassen von Arbeitern, erwachsnen und nicht erwachsnen, die mit Gewandtheit und Fleiß ein System produktiver Maschinerie überwachen, das ununterbrochen durch eine Zentralkraft (den ersten Motor) in Tätigkeit gesetzt wird“, andrerseits als „einen ungeheuren Automaten, zusammengesetzt aus zahllosen mechanischen und selbstbewußten Organen, die im Einverständnis und ohne Unterbrechung wirken, um einen und denselben Gegenstand zu produzieren, so daß alle diese Organe einer Bewegungskraft untergeordnet sind, die sich von selbst bewegt“.

Diese beiden Ausdrücke sind keineswegs identisch. In dem einen erscheint der kombinierte Gesamtarbeiter oder gesellschaftliche Arbeitskörper als über-

				Export: Wert (in Pfd.St.)
	1848	1851	1860	1865
Baumwollfabrik				
Baumwollgarn (Pfd.)	5.927.831	6.634.026	9.870.875	10.351.049
Baumwollgewebe	16753369	23.454.810	42.141.505	46.903.796
Flachs- und Hanffabrik				
Garn	493.449	951.426	1.801.272	2.505.497
Gewebe	1.802.789	4.107.396	4.804.803	9.155.358
Seidenfabrik				
Kettengarn, Twist, Garn	77.789	196.380	826.107	768.064
Gewebe		1.130.398	1.587.303	1.409.221
Wollfabrik				
Wollen- u. Worsted-Garn	776.975	1.484.544	3.843.450	5.424.047
Gewebe	5.733.828	8.377.183	12.156.998	20.102.259

(Sieh die Blaubücher: „Statistical Abstract for the U. Kingd.“, Nr. 8 und Nr. 13, Lond. 1861 und 1866.) In Lancashire vermehrten sich die Fabriken zwischen 1839 und 1850 nur um 4%, zwischen 1850 und 1856 um 19%, zwischen 1856 und 1862 um 33%, während in beiden elfjährigen Perioden die Zahl der beschäftigten Personen absolut zunahm, relativ fiel. Cf. „Reports of Fact. for 31st Oct. 1862“, p. 63. In Lancashire herrscht die Baumwollfabrik vor. Welchen proportionellen Raum sie aber in der Fabrikation von Garn und Gewerbe überhaupt einnimmt, sieht man daraus, daß auf sie allein von allen derartigen Fabriken in England, Wales, Schottland und Irland 45,2% fallen, von allen Spindeln 83,3%, von allen Dampfwebstühlen 81,4%, von aller sie bewegenden Dampfpferdekraft 72,6% und von der Gesamtzahl der beschäftigten Personen 58,2%. (l.c.p. 62, 73.)

greifendes Subjekt und der mechanische Automat als Objekt; in dem andren ist der Automat selbst das Subjekt, und die Arbeiter sind nur als bewußte Organe seinen bewußtlosen Organen beigeordnet und mit denselben der zentralen Bewegungskraft untergeordnet. Der erstere Ausdruck gilt von jeder möglichen Anwendung der Maschinerie im großen, der andre charakterisiert ihre kapitalistische Anwendung und daher das moderne Fabriksystem. Ure liebt es daher auch, die Zentralmaschine, von der die Bewegung ausgeht, nicht nur als Automat, sondern als Autokrat darzustellen.

„In diesen großen Werkstätten versammelt die wohltätige Macht des Dampfes ihre Myriaden von Untertanen um sich."[579]

Mit dem Arbeitswerkzeug geht auch die Virtuosität in seiner Führung vom Arbeiter auf die Maschine über. Die Leistungsfähigkeit des Werkzeugs ist emanzipiert von den persönlichen Schranken menschlicher Arbeitskraft. Damit ist die technische Grundlage aufgehoben, worauf die Teilung der Arbeit in der Manufaktur beruht. An die Stelle der sie charakterisierenden Hierarchie der spezialisierten Arbeiter tritt daher in der automatischen Fabrik die Tendenz der Gleichmachung oder Nivellierung der Arbeiten, welche die Gehilfen der Maschinerie zu verrichten haben[580], an die Stelle der künstlich erzeugten Unterschiede der Teilarbeiter treten vorwiegend die natürlichen Unterschiede des Alters und Geschlechts.

Soweit in der automatischen Fabrik die Teilung der Arbeit wiedererscheint, ist sie zunächst Verteilung von Arbeitern unter die spezialisierten Maschinen und von Arbeitermassen, die jedoch keine gegliederten Gruppen bilden, unter die verschiednen Departements der Fabrik, wo sie an nebeneinander gereihten gleichartigen Werkzeugmaschinen arbeiten, also nur einfache Kooperation unter ihnen stattfindet. Die gegliederte Gruppe der Manufaktur ist ersetzt durch den Zusammenhang des Hauptarbeiters mit wenigen Gehilfen. Die wesentliche Scheidung ist die von Arbeitern, die wirklich an den Werkzeugmaschinen beschäftigt sind (es kommen hiezu einige Arbeiter zur Bewachung, resp. Füttrung der Bewegungsmaschine), und von bloßen Handlangern (fast ausschließlich Kinder) dieser Maschinenarbeiter. Zu den Handlangern zählen mehr oder minder alle „Feeders" (die den Maschinen bloß Arbeitsstoff darreichen). Neben diese Hauptklassen tritt ein numerisch unbedeutendes Personal, das mit der Kontrolle der gesamten Maschinerie und ihrer beständigen Reparatur beschäftigt ist, wie Ingenieure, Mechaniker, Schreiner usw. Es ist eine höhere, teils wissenschaftlich gebildete, teils handwerksmäßige Arbeiterklasse, außerhalb des Kreises der Fabrikarbeiter und ihnen nur aggregiert.[581] Diese Teilung der Arbeit ist rein technisch.

[579] Ure, l.c.p. 18.

[580] l.c.p. 20. Vgl. Karl Marx, „Misère etc.", p.140, 141. (Siehe Band 4, S. 156/157)

[581] Es ist charakteristisch für die Absicht des statistischen Betrugs, die auch sonst noch im Detail nachweisbar wäre, wenn die englische Fabrikgesetzgebung die zuletzt im Text erwähnten Arbeiter ausdrücklich als Nicht-Fabrikarbeiter von ihrem Wirkungskreis ausschließt, andrerseits die vom Parlament veröffentlichten „Returns" ebenso ausdrücklich nicht nur Ingenieure, Mechaniker usw., sondern auch Fabrikdirigenten, Kommis, Ausläufer, Lageraufseher, Verpacker usw., kurz alle Leute, mit Ausschluß des Fabrikeigentümers selbst, in die Kategorie der Fabrikarbeiter einschließen.

Alle Arbeit an der Maschine erfordert frühzeitige Anlernung des Arbeiters, damit er seine eigne Bewegung der gleichförmig kontinuierlichen Bewegung eines Automaten anpassen lerne. Soweit die Gesamtmaschinerie selbst ein System mannigfacher, gleichzeitig wirkender und kombinierter Maschinen bildet, erfordert auch die auf ihr beruhende Kooperation eine Verteilung verschiedenartiger Arbeitergruppen unter die verschiedenartigen Maschinen. Aber der Maschinenbetrieb hebt die Notwendigkeit auf, diese Verteilung manufakturmäßig zu befestigen durch fortwährende Aneignung derselben Arbeiter an dieselbe Funktion.[582] Da die Gesamtbewegung der Fabrik nicht vom Arbeiter ausgeht, sondern von der Maschine, kann fortwährender Personenwechsel stattfinden ohne Unterbrechung des Arbeitsprozesses. Den schlagendsten Beweis hierzu liefert das während der englischen Fabrikantenrevolte von 1848-1850 ins Werk gesetzte Relaissystem. Die Geschwindigkeit endlich, womit die Arbeit an der Maschine im jugendlichen Alter erlernt wird, beseitigt ebenso die Notwendigkeit, eine besondre Klasse Arbeiter ausschließlich zu Maschinenarbeitern heranzuziehn.[583] Die Dienste der bloßen Handlanger aber sind in der Fabrik teils durch Maschinen ersetzbar[584], teils erlauben sie wegen ihrer völligen Einfachheit raschen und beständigen Wechsel der mit dieser Plackerei belasteten Personen.

Obgleich nun die Maschinerie das alte System der Teilung der Arbeit technisch über den Haufen wirft, schleppt es sich zunächst als Tradition der Manufaktur gewohnheitsmäßig in der Fabrik fort, um dann systematisch vom Kapital als Exploitationsmittel der Arbeitskraft in noch ekelhaftrer Form reproduziert und befestigt zu werden. Aus der lebenslangen Spezialität, ein Teilwerkzeug zu führen, wird die lebenslange Spezialität, einer Teilmaschine zu dienen. Die Maschinerie wird mißbraucht, um den Arbeiter selbst von Kindesbeinen in den Teil einer Teil-

[582] Ure gibt dies zu. Er sagt, daß die Arbeiter „im Notfall nach dem Willen des Dirigenten von einer Maschine zur andren versetzt werden können“, und ruft triumphierend aus: „Dergleichen Wechsel steht im offnen Widerspruch mit der alten Routine, die die Arbeit teilt und dem einen Arbeiter die Aufgabe zuweist, den Kopf einer Stecknadel zu fassonieren, dem andren, ihre Spitze zu schleifen.“ Er hätte sich vielmehr fragen sollen, warum diese „alte Routine“ in der automatischen Fabrik nur im „Notfall“ verlassen wird.

[583] Wenn Not an Mann ist, wie z.B. während des Amerikanischen Bürgerkriegs, wird der Fabrikarbeiter ausnahmsweise vom Bourgeois zu den gröbsten Arbeiten, wie Straßenbau usw., verwandt. Die englischen „ateliers nationaux“ („Nationalwerkstätten“) des Jahres 1862 u. folg. für die beschäftigungslosen Baumwollarbeiter unterschieden sich dadurch von den französischen von 1848, daß in diesen der Arbeiter auf Kosten des Staats unproduktive Arbeiten, in jenen zum Vorteil des Bourgeois produktive städtische Arbeiten, und zwar wohlfeiler als die regelmäßigen Arbeiter, mit denen er so in Konkurrenz geworfen ward, zu verrichten hatte. „Das körperliche Aussehen der Baumwollarbeiter ist zweifellos besser geworden. Das führe ich ... soweit es sich um die Männer handelt, auf die Beschäftigung im Freien bei öffentlichen Arbeiten zurück.“ (Es handelt sich hier von den Preston-Fabrikarbeitern, die am „Preston Moor“ beschäftigt wurden.) („Rep. of Insp. of Fact. Oct. 1863“, p. 59.)

[584] Beispiel: Die verschiednen mechanischen Apparate, die zum Ersatz von Kinderarbeit seit dem Gesetz von 1844 in der Wollfabrik eingeführt wurden. Sobald die Kinder der Herren Fabrikanten selbst „ihre Schule“ als Handlanger der Fabrik durchzumachen haben, wird dies fast noch unangebaute Gebiet der Mechanik bald einen merkwürdigen Aufschwung nehmen. „Die self-acting mules sind vielleicht eine so gefährliche Maschinerie als irgendeine andere. Die meisten Unglücksfälle begegnen kleinen Kindern, und zwar infolge ihres Kriechens unter die Mules, um den Boden zu fegen, während die Mules in Bewegung sind. Verschiedne ‚minders‘“ (Arbeiter an der Mule) „wurden“ (von den Fabrikinspektoren) „gerichtlich verfolgt und zu Geldstrafen verurteilt wegen dieses Vergehns, aber ohne irgendwelchen allgemeinen Vorteil. Wenn Maschinenmacher nur einen Selbstfeger erfinden wollten, durch dessen Gebrauch die Notwendigkeit für diese kleinen Kinder, unter die Maschinerie zu kriechen, wegfiele, so wäre das ein glücklicher Beitrag zu unsren Protektionsmaßregeln.“ („Reports of Insp. of Factories for 31st October 1866“, p. 63.)

maschine zu verwandeln.[585] Nicht nur werden so die zu seiner eignen Reproduktion nötigen Kosten bedeutend vermindert, sondern zugleich seine hilflose Abhängigkeit vom Fabrikganzen, also vom Kapitalisten, vollendet. Hier wie überall muß man unterscheiden zwischen der größren Produktivität, die der Entwicklung des gesellschaftlichen Produktionsprozesses, und der größren Produktivität, die seiner kapitalistischen Ausbeutung geschuldet ist.

In Manufaktur und Handwerk bedient sich der Arbeiter des Werkzeugs, in der Fabrik dient er der Maschine. Dort geht von ihm die Bewegung des Arbeitsmittels aus, dessen Bewegung er hier zu folgen hat. In der Manufaktur bilden die Arbeiter Glieder eines lebendigen Mechanismus. In der Fabrik existiert ein toter Mechanismus unabhängig von ihnen, und sie werden ihm als lebendige Anhängsel einverleibt.

„Der trübselige Schlendrian einer endlosen Arbeitsqual, worin derselbe mechanische Prozeß immer wieder durchgemacht wird, gleicht der Arbeit des Sisyphus; die Last der Arbeit, gleich dem Felsen, fällt immer wieder auf den abgematteten Arbeiter zurück."[586]

Während die Maschinenarbeit das Nervensystem aufs äußerste angreift, unterdrückt sie das vielseitige Spiel der Muskeln und konfisziert alle freie körperliche und geistige Tätigkeit.[587] Selbst die Erleichterung der Arbeit wird zum Mittel der Tortur, indem die Maschine nicht den Arbeiter von der Arbeit befreit, sondern seine Arbeit vom Inhalt. Aller kapitalistischen Produktion, soweit sie nicht nur Arbeitsprozeß, sondern zugleich Verwertungsprozeß des Kapitals, ist es gemeinsam, daß nicht der Arbeiter die Arbeitsbedingung, sondern umgekehrt die Arbeitsbedingung den Arbeiter anwendet, aber erst mit der Maschinerie erhält diese Verkehrung technisch handgreifliche Wirklichkeit. Durch seine Verwandlung in einen Automaten tritt das Arbeitsmittel während des Arbeitsprozesses selbst dem Arbeiter als Kapital gegenüber, als tote Arbeit, welche die lebendige Arbeitskraft beherrscht und aussaugt. Die Scheidung der geistigen Potenzen des Produktionsprozesses von der Handarbeit und die Verwandlung derselben in Mächte des Kapitals über die Arbeit vollendet sich, wie bereits früher angedeutet, in der auf Grundlage der Maschinerie aufgebauten großen Industrie. Das Detailgeschick des individuellen, entleerten Maschinenarbeiters verschwindet als ein winzig Nebending vor der Wissenschaft, den ungeheuren Naturkräften und der gesellschaftlichen Massenarbeit, die im Maschinensystem verkörpert sind und mit ihm die Macht des „Meisters" (master) bilden. Dieser Meister, in dessen Hirn

[585] Man würdige daher den fabelhaften Einfall Proudhons, der die Maschinerie nicht als Synthese von Arbeitsmitteln, sondern als Synthese von Teilarbeiten für die Arbeiter selbst - „konstruiert". (Vgl. Band 4, S. 149)

[586] F. Engels, „Lage etc.", p.217 (siehe Band 2, S. 398). Selbst ein ganz ordinärer, optimistischer Freihändler, Herr Molinar, bemerkt: „Ein Mann verbraucht sich schneller, wenn er täglich fünfzehn Stunden die gleichförmige Bewegung eines Mechanismus überwacht, als wenn er in derselben Zeitspanne seine physische Kraft gebraucht. Diese Arbeit der Überwachung, die vielleicht als eine nützliche Gymnastik für den Geist dienen könnte, wenn sie nicht zu lange ausgedehnt würde, zerstört auf die Dauer, durch ihr Übermaß, Geist und Körper zugleich." (G. de Molinari, „Études Économiques", Paris 1846, [p. 49].)

[587] F. Engels, l.c.p. 216 (ebenda, S. 397/398)

die Maschinerie und sein Monopol an derselben unzertrennlich verwachsen sind, ruft daher in Kollisionsfällen den „Händen" verächtlich zu:

„Die Fabrikarbeiter sollten in heilsamer Erinnrung halten, daß ihre Arbeit in der Tat eine sehr niedrige Sorte geschickter Arbeit ist; daß keine leichter aneigenbar und in Anbetracht ihrer Qualität besser belohnt ist, daß keine durch kurze Unterweisung des mindest Erfahrnen in so kurzer Zeit und in solchem Überfluß zugeführt werden kann. Des Meisters Maschinerie spielt in der Tat eine viel wichtigere Rolle in dem Geschäfte der Produktion als die Arbeit und das Geschick des Arbeiters, die eine Erziehung von 6 Monaten lehren und jeder Bauernknecht lernen kann."[588]

Die technische Unterordnung des Arbeiters unter den gleichförmigen Gang des Arbeitsmittels und die eigentümliche Zusammensetzung des Arbeitskörpers aus Individuen beider Geschlechter und verschiedenster Altersstufen schaffen eine kasernenmäßige Disziplin, die sich zum vollständigen Fabrikregime ausbildet und die schon früher erwähnte Arbeit der Oberaufsicht, also zugleich die Teilung der Arbeiter in Handarbeiter und Arbeitsaufseher, in gemeine Industriesoldaten und Industrieunteroffiziere, völlig entwickelt.

„Die Hauptschwierigkeit in der automatischen Fabrik bestand in der notwendigen Disziplin, um die Menschen auf ihre unregelmäßigen Gewohnheiten in der Arbeit verzichten zu machen und sie zu identifizieren mit der unveränderlichen Regelmäßigkeit des großen Automaten. Aber einen den Bedürfnissen und der Geschwindigkeit des automatischen Systems entsprechenden Disziplinarkodex zu erfinden und mit Erfolg auszuführen war ein Unternehmen, des Herkules würdig, das ist das edle Werk Arkwrights! Selbst heutzutage, wo das System in seiner ganzen Vollendung organisiert ist, ist es fast unmöglich, unter den Arbeitern, die das Alter der Mannbarkeit zurückgelegt haben, nützliche Gehilfen für das automatische System zu finden."[589]

Der Fabrikkodex, worin das Kapital seine Autokratie über seine Arbeiter, ohne die sonst vom Bürgertum so beliebte Teilung der Gewalten und das noch beliebtere Repräsentativsystem, privatgesetzlich und eigenherrlich formuliert, ist nur die kapitalistische Karikatur der gesellschaftlichen Reglung des Arbeitsprozesses, welche nötig wird mit der Kooperation auf großer Stufenleiter und der Anwendung gemeinsamer Arbeitsmittel, namentlich der Maschinerie. An die Stelle der Peitsche des Sklaventreibers tritt das Strafbuch des Aufsehers. Alle Strafen

[588] „The factory operatives should keep in wholesome remembrance the fact that theirs is really a low species of skilled labour; and that there is none which is more easily acquired or of its quality more amply remunerated, or which, by a short training of the least expert can be more quickly as well as abundantly acquired ... The master's machinery really plays a far more important part in the business of production than the labour and the skill of the operative, which six months' education can teach, and a common labourer can learn." (The Master Spinners' and Manufacturers' Defence Fund. Report of the Committee", Manchester 1854, p. 17.) Man wird später sehn, daß der „Master" aus einem andern Loch pfeift, sobald er mit Verlust seiner „lebendigen" Automaten bedroht ist.

[589] Ure, l.c.p. 15. Wer Arkwrights Lebensgeschichte kennt, wird das Wort „edel" diesem genialen Barbier nie an den Kopf werfen. Von allen großen Erfindern des 18. Jahrhunderts war er unstreitig der größte Dieb fremder Erfindungen und der gemeinster Kerl.

lösen sich natürlich auf in Geldstrafen und Lohnabzüge, und der gesetzgeberische Scharfsinn der Fabrik-Lykurge macht ihnen die Verletzung ihrer Gesetze womöglich noch einbringlicher als deren Befolgung.[590]

Wir deuten nur hin auf die materiellen Bedingungen, unter denen die Fabrikarbeit verrichtet wird. Alle Sinnesorgane werden gleichmäßig verletzt durch die künstlich gesteigerte Temperatur, die mit Abfällen des Rohmaterials geschwängerte Atmosphäre, den betäubenden Lärm usw., abgesehn von der Lebensgefahr unter dicht gehäufter Maschinerie, die mit der Regelmäßigkeit der Jahreszeiten

[590] „Die Sklaverei, in der die Bourgeoisie das Proletariat gefesselt hält, kommt nirgends deutlicher ans Tageslicht als im Fabriksystem. Hier hört alle Freiheit rechtlich und faktisch auf. Der Arbeiter muß morgens um halb 6 in der Fabrik sein; kommt er ein paar Minuten zu spät, so wird er gestraft, kommt er 10 Minuten zu spät, so wird er gar nicht hereingelassen, bis das Frühstück vorüber ist, und verliert einen Vierteltag am Lohn. Er muß auf Kommando essen, trinken und schlafen ... Die despotische Glocke ruft ihn vom Bette, ruft ihn vom Frühstück und Mittagstisch. Und wie geht es nun gar erst in der Fabrik? Hier ist der Fabrikant absoluter Gesetzgeber. Er erläßt Fabrikregulationen, wie er Lust hat; er ändert und macht Zusätze zu seinem Kodex, wie es ihm beliebt; und wenn er das tollste Zeug hineinsetzt, so sagen doch die Gerichte zum Arbeiter: Da ihr unter diesen Kontrakt euch freiwillig begeben habt, jetzt müßt ihr ihn auch befolgen ... Diese Arbeiter sind dazu verdammt, vom neunten Jahr bis zu ihrem Tode unter der geistigen und körperlichen Fuchtel zu leben." (F. Engels, l.c.p. 217 sqq. (Siehe Band 2, S. 398-400)) Was „die Gerichte sagen", will ich an zwei Beispielen erläutern. Der eine Fall spielt in Sheffield, Ende 1866. Dort hatte sich ein Arbeiter für 2 Jahre in eine Metallfabrik verdingt. Infolge eines Zwistes mit dem Fabrikanten verließ er die Fabrik und erklärte, unter keinen Umständen mehr für ihn arbeiten zu wollen. Wurde wegen Kontraktbruchs verklagt, zu zwei Monaten Gefängnis verurteilt. (Bricht der Fabrikant den Kontrakt, so kann er nur civiliter (zivilrechtlich) verklagt werden und riskiert nur eine Geldbuße.) Nach Absitzen der zwei Monate stellt derselbe Fabrikant ihm Ladung zu, dem alten Kontrakt gemäß in die Fabrik zurückzukehren. Arbeiter erklärt; Nein. Den Kontraktsbruch habe er bereits abgebüßt. Fabrikant verklagt von neuem, Gericht verurteilt von neuem, obgleich einer der Richter, Mr. Shee, dies öffentlich als juristische Ungeheuerlichkeit denunziert, wonach ein Mann sein ganzes Leben durch periodisch für dasselbe identische Vergehn, resp. Verbrechen, wieder und wieder bestraft werden könne. Dieses Urteil wurde gefällt nicht von den „Great Unpaid", provinzialen Dogberries, sondern zu London, von einem der höchsten Gerichtshöfe. {Zur 4. Aufl. - Dies ist jetzt abgeschafft. Einige wenige Fälle ausgenommen - z.B. bei öffentlichen Gaswerken -, ist jetzt in England der Arbeiter beim Kontraktbruch dem Beschäftiger gleichgestellt und kann nur zivilrechtlich belangt werden. - F. E.} - Der zweite Fall spielt in Wiltshire, Ende November 1863. Ungefähr 30 Dampfstuhlweberinnen, in der Beschäftigung eines gewissen Harrupp, Tuchfabrikant von Leower's Mill, Westbury Leigh, machten einen strike, weil dieser selbe Harrupp die angenehme Gewohnheit hatte, ihnen für Verspätung am Morgen Lohnabzug zu machen, und zwar 6 d. für 2 Minuten, 1 sh. für 3 Minuten und 1 sh. 6 d. für 10 Minuten. Dies macht bei 9 sh. per Stunde 4 Pfd.St. 10 sh. per Tag, während ihr Durchschnittslohn im Jahr nie über 10 bis 12 sh. wöchentlich steigt. Harrupp hat ebenfalls einen Jungen bestellt, um die Fabrikstunde zu blasen, was er selber manchmal vor 6 Uhr morgens tut, und wenn die Hände nicht grade da sind, sobald er aufhört, werden die Tore geschlossen und die draußen in Geldbuße genommen; und da keine Uhr im Gebäude, sind die unglücklichen Hände in der Gewalt des von Harrupp inspirierten jugendlichen Zeitwächters. Die im „strike" begriffnen Hände, Familienmütter und Mädchen, erklärten, sie wollten wieder ans Werk gehn, wenn der Zeitwächter durch eine Uhr ersetzt und ein rationellrer Straftarif eingeführt würde. Harrupp zitierte 19 Weiber und Mädchen vor die Magistrate wegen Kontraktsbruch. Sie wurden verurteilt zu je 6 d. Strafe und 2 sh. 6 d. Kosten, unter lauter Entrüstung des Auditoriums. Harrupp wurde vom Gericht weg von einer zischenden Volksmasse begleitet. - Eine Lieblingsoperation der Fabrikanten ist, die Arbeiter durch Lohnabzüge für die Fehler des ihnen gelieferten Materials zu züchtigen. Diese Methode rief 1866 allgemeinen strike in den englischen Töpferdistrikten hervor. Die Berichte der „Ch. Employm. Commiss." (1863-1866) geben Fälle, wo der Arbeiter, statt Lohn zu erhalten, durch seine Arbeit, und vermittelst des Strafreglements, noch obendrein Schuldner seines erlauchten „Master" wird. Erbauliche Züge über den Lohnabzugs-Scharfsinn der Fabrikautokraten lieferte auch die jüngste Baumwollkrise. „Ich hatte selbst", sagt Fabrikinspektor R. Baker, „vor kurzem gerichtliche Verfolgung wider einen Baumwollfabrikanten einzuleiten, weil er in diesen schweren und qualvollen Zeitläuften 10 d. von einigen der von ihm beschäftigten ‚jungen'" (mehr als dreizehnjährigen) „Arbeiter abzog für das ärztliche Alterszertifikat, das ihm nur 6 d. kostet und wofür das Gesetz nur einen Abzug von 3 d., das Herkommen gar keinen erlaubt ... Ein andrer Fabrikant, um denselben Zweck ohne Konflikt mit dem Gesetz zu erreichen, belastet jedes der armen Kinder, die für ihn arbeiten, mit einem Shilling als Sportel für Erlernung der Kunst und des Mysteriums, zu spinnen, sobald das ärztliche Zeugnis sie reif für diese Beschäftigung erklärt. Es existieren also Unterströmungen, die man kennen muß, um solche außerordentliche Phänomene, wie strikes zu Zeiten wie die gegenwärtige" (es handelt sich um einen strike in der Fabrik zu Darven, Juni 1863, unter den Maschinenwebern) „zu begreifen." („Reports of Insp. of Fact. for 30th April 1863", p. 50, 51.) (Die Fabrikberichte gehn immer weiter als ihr offizielles Datum.)

ihre industriellen Schlachtbulletins produziert.[591] Die Ökonomisierung der gesellschaftlichen Produktionsmittel, erst im Fabriksystem treibhausmäßig gereift, wird in der Hand des Kapitals zugleich zum systematischen Raub an den Lebensbedingungen des Arbeiters während der Arbeit, an Raum, Luft, Licht, und an persönlichen Schutzmitteln wider lebensgefährliche oder gesundheitswidrige Umstände des Produktionsprozesses, von Vorrichtungen zur Bequemlichkeit des Arbeiters gar nicht zu sprechen.[592] Nennt Fourier mit Unrecht die Fabriken „gemilderte Bagnos“[593]?

5. Kampf zwischen Arbeiter und Maschine

Der Kampf zwischen Kapitalist und Lohnarbeiter beginnt mit dem Kapitalverhältnis selbst. Er tobt fort während der ganzen Manufakturperiode.[594] Aber erst seit der Einführung der Maschinerie bekämpft der Arbeiter das Arbeitsmittel

[591] Die Gesetze zum Schutz gegen gefährliche Maschinerie haben wohltätig gewirkt. „Aber ... es existieren jetzt neue Quellen von Unglücksfällen, die vor 20 Jahren nicht existiert haben, namentlich die vermehrte Geschwindigkeit der Maschinerie. Räder, Walzen, Spindeln und Webstühle werden jetzt mit vermehrter und stets noch wachsender Gewalt getrieben; die Finger müssen rascher und sichrer den gebrochnen Faden anpacken, denn wenn mit Zaudern oder Unvorsicht angelegt, sind sie geopfert ... Eine große Anzahl Unglücksfälle wird verursacht durch den Eifer der Arbeiter, ihr Werk rasch auszuführen. Man muß sich erinnern, daß es für die Fabrikanten von der höchsten Wichtigkeit ist, ihre Maschinerie ununterbrochen in Bewegung zu halten, d.h. Garn und Geweb zu produzieren. Jeder Stillstand von einer Minute ist nicht nur ein Verlust an Triebkraft, sondern an Produktion. Die Arbeiter werden daher durch Arbeitsaufseher, interessiert in der Quantität des Machwerks, dazu gehetzt, die Maschinerie in Bewegung zu halten; und es ist dies nicht minder wichtig für Arbeiter, die nach Gewicht oder Stück gezahlt werden. Obgleich es daher in den meisten Fabriken formell verboten ist, Maschinerie während ihrer Bewegung zu reinigen, ist diese Praxis allgemein. Diese Ursache allein hat während der letzten 6 Monate 906 Unglücksfälle produziert ... Obgleich das Reinigungsgeschäft tagaus, tagein vorgeht, ist der Sonnabend jedoch meist für gründliches Reinigen der Maschinerie festgesetzt, und das geschieht großenteils während der Bewegung der Maschinerie ... Es ist eine unbezahlte Operation, und die Arbeiter suchen daher so rasch als möglich damit fertig zu werden. Daher ist die Anzahl der Unglücksfälle freitags und ganz besonders samstags viel größer als an den übrigen Wochentagen. Freitags beträgt der Überschuß über die Durchschnittszahl der ersten 4 Wochentage ungefähr 12%, sonnabends der Überschuß von Unglücksfällen über den Durchschnitt der vorhergehenden 5 Tage 25%; zieht man aber in Rechnung, daß der Fabriktag samstags nur 7 1/2 Stunden, an den übrigen Wochentagen 10 1/2 Stunden zählt - so steigt der Überschuß um mehr als 65%.“(„Reports of Insp. of Factories for etc. 31st October 1866“, London 1867, p. 9, 15, 16, 17.)

[592] Im ersten Abschnitt des Dritten Buchs werde ich berichten über einen jüngster Zeit angehörigen Feldzug der englischen Fabrikanten gegen die Klauseln des Fabrikakts zum Schutz der Gliedmaßen der „Hände“ vor lebensgefährlicher Maschinerie. Hier genüge ein Zitat aus einem offiziellen Bericht des Fabrikinspektors Leonard Horner: „Ich habe Fabrikanten mit unentschuldbarer Frivolität von einigen der Unglücksfälle sprechen hören, z.B. der Verlust eines Fingers sei eine Kleinigkeit. Das Leben und die Aussichten eines Arbeiters hängen so sehr von seinen Fingern ab, daß ein solcher Verlust ein äußerst ernstes Ereignis für ihn ist. Wenn ich solch gedankenlos Geschwätz höre, stelle ich die Frage: Unterstellt, Sie brauchen einen zusätzlichen Arbeiter, und ihrer zwei meldeten sich, beide in jeder andren Hinsicht gleich tüchtig, aber der eine ohne Daumen oder Vorfinger, welchen würden Sie wählen? Sie zögerten nie einen Augenblick, für den Vollfingrigen zu entscheiden ... Diese Herrn Fabrikanten haben falsche Vorurteile gegen das, was sie pseudo-philanthropische Gesetzgebung nennen.“ („Reports of Insp. of Fact. for 31st Oct. 1855“, [p. 6/7].) Diese Herrn sind „gescheite Leut“ und schwärmen nicht umsonst für die Sklavenhalter-Rebellion!

[593] In den Fabriken, die am längsten dem Fabrikakt mit seiner Zwangsbeschränkung der Arbeitszeit und seinen sonstigen Regulationen unterworfen, sind manche frühre Mißstände verschwunden. Die Verbesserung der Maschinerie selbst erheischt auf einem gewissen Punkt eine „verbesserte Konstruktion der Fabrikgebäude“, die den Arbeitern zugut kommt. (cf. „Reports etc. for 31st Oct. 1863“, p. 109.)

[594] Sieh u.a. John Houghton, „Husbandry and Trade improved“, Lond. 1727. „The Advantages of the East India Trade“, 1720. John Bellers, l.c. „Die Meister und die Arbeiter befinden sich unglücklicherweise in ewigem Kriegszustand miteinander. Jene haben das unveränderliche Ziel, ihre Arbeit so billig wie möglich getan zu erhalten; und sie zögern nicht, zu diesem Zweck jede List anzuwenden, während diese ebenso darauf bedacht sind, bei jeder Gelegenheit ihre Meister zur Erfüllung ihrer höheren Forderungen zu zwingen.“ „An Inquiry into the causes of the Present High Prices of Provisions“, 1767. p. 61, 62. (Verf. Rev. Nathaniel Forster, ganz auf Seite der Arbeiter.)

selbst, die materielle Existenzweise des Kapitals. Er revoltiert gegen diese bestimmte Form des Produktionsmittels als die materielle Grundlage der kapitalistischen Produktionsweise.

Ziemlich ganz Europa erlebte während des 17. Jahrhunderts Arbeiterrevolten gegen die sog. Bandmühle (auch Schnurmühle oder Mühlenstuhl genannt), eine Maschine zum Weben von Bändern und Borten.[595] Ende des ersten Dritteiles des 17. Jahrhunderts erlag eine Windsägemühle, von einem Holländer in der Nähe Londons angelegt, vor Pöbelexzessen. Noch Anfang des 18. Jahrhunderts überwanden durch Wasser getriebne Sägemaschinen in England nur mühsam den parlamentarisch unterstützten Volkswiderstand. Als Everet 1758 die erste vom Wasser getriebne Maschine zum Wollscheren erbaut hatte, wurde sie von 100.000 außer Arbeit gesetzten Menschen in Brand gesteckt. Gegen die scribbling mills (Krempelmühlen) und Kardiermaschinen Arkwrigths petitionierten 50.000 Arbeiter, die bisher vom Wollkratzen gelebt, beim Parlament. Die massenhafte Zerstörung von Maschinen in den englischen Manufakturdistrikten während der ersten 15 Jahre des 19. Jahrhunderts, namentlich infolge der Ausbeutung des Dampfwebstuhls, bot, unter dem Namen der Ludditenbewegung, der Antijakobiner-Regierung eines Sidmouth, Castlereagh usw. den Vorwand zu reaktionärsten Gewaltschritten. Es bedarf Zeit und Erfahrung, bevor der Arbeiter die Maschinerie von ihrer kapitalistischen Anwendung unterscheiden und daher seine Angriffe vom materiellen Produktionsmittel selbst auf dessen gesellschaftliche Exploitationsform übertragen lernt.[596]

Die Kämpfe um den Arbeitslohn innerhalb der Manufaktur setzen die Manufaktur voraus und sind keineswegs gegen ihre Existenz gerichtet. Soweit die Bildung der Manufakturen bekämpft wird, geschieht es von den Zunftmeistern und privilegierten Städten, nicht von den Lohnarbeitern. Bei Schriftstellern der Manufakturperiode wird die Teilung der Arbeit daher vorherrschend als Mittel aufgefaßt, virtuell Arbeiter zu ersetzen, aber nicht, wirklich Arbeiter zu verdrängen.

[595] Die Bandmühle ward in Deutschland erfunden. Der italienische Abbé Lancellotti in einer Schrift, die 1636 zu Venedig erschien, erzählt: „Anton Müller aus Danzig habe vor ungefähr 50 Jahren“ (L. schrieb 1629) „eine sehr künstliche Maschine in Danzig gesehn, die 4-6 Gewebe auf einmal verfertigte; weil der Stadtrat aber besorgt habe, diese Erfindung möchte eine Masse Arbeiter zu Bettlern machen, so habe er die Erfindung unterdrückt und den Erfinder heimlich ersticken oder ersäufen lassen.“ In Leyden wurde dieselbe Maschine zuerst 1629 angewandt. Die Emeuten der Bortenwirker zwangen den Magistrat erst zu ihrem Verbot; durch verschiedne Verordnungen von 1623, 1639 usw. von seiten der Generalstaaten sollte ihr Gebrauch beschränkt werden; endlich erlaubt, unter gewissen Bedingungen, durch Verordnung vom 15. Dezember 1661. „In dieser Stadt“, sagt Boxhorn („Inst. Pol.“, 1663) von der Einführung der Bandmühle in Leyden, „erfanden vor ungefähr zwanzig Jahren irgendwelche Leute ein Instrument zum Weben, mit dem ein einzelner mehr und leichter Gewebe herstellen konnte, als sonst mehrere in der gleichen Zeit. Dadurch kam es zu Unruhen und zu Klagen der Weber, bis der Gebrauch dieses Instruments vom Magistrat verboten wurde.“ Dieselbe Maschine ward 1676 in Köln verboten, während ihre Einführung in England gleichzeitige Arbeiterunruhen hervorrief. Durch kaiserliches Edikt vom 19. Februar 1685 wurde ihr Gebrauch in ganz Deutschland untersagt. In Hamburg wurde sie öffentlich auf Befehl des Magistrats verbrannt. Karl VI. erneuerte 9. Februar 1719 das Edikt von 1685, und Kursachsen erlaubte ihren öffentlichen Gebrauch erst 1765. Diese Maschine, die so viel Lärm in der Welt gemacht hat, war in der Tat Vorläufer der Spinn- und Webmaschinen, also der industriellen Revolution des 18. Jahrhunderts. Sie befähigte einen in der Weberei ganz unerfahrnen Jungen, durch bloßes Ab- und Zustoßen einer Treibstange den ganzen Stuhl mit allen seinen Schützen in Bewegung zu setzen, und lieferte, in ihrer verbesserten Form, 40-50 Stück auf einmal.

[596] In altmodischen Manufakturen wiederholt sich noch heute zuweilen die rohe Form der Arbeiterempörungen gegen die Maschinerie. So z.B. im Feilenschleifen zu Sheffield 1865.

Dieser Unterschied ist selbstverständlich. Sagt man z.B., es würden 100 Millionen Menschen in England erheischt sein, um mit dem alten Spinnrad die Baumwolle zu verspinnen, die jetzt von 500.000 mit der Maschine versponnen wird, so heißt das natürlich nicht, daß die Maschine den Platz dieser Millionen, die nie existiert haben, einnahm. Es heißt nur, daß viele Millionen Arbeiter erheischt wären, um die Spinnmaschinerie zu ersetzen. Sagt man dagegen, daß der Dampfwebstuhl in England 80.000 Weber auf das Pflaster warf, so spricht man nicht von existierender Maschinerie, die durch eine bestimmte Arbeiterzahl ersetzt werden müßte, sondern von einer existierenden Arbeiterzahl, die faktisch durch Maschinerie ersetzt oder verdrängt worden ist. Während der Manufakturperiode blieb der handwerksmäßige Betrieb, wenn auch zerlegt, die Grundlage. Die neuen Kolonialmärkte konnten durch die relativ schwache Anzahl der vom Mittelalter überlieferten städtischen Arbeiter nicht befriedigt werden, und die eigentlichen Manufakturen öffneten zugleich dem mit Auflösung der Feudalität von Grund und Boden verjagten Landvolke neue Produktionsgebiete. Damals trat also an der Teilung der Arbeit und der Kooperation in den Werkstätten mehr die positive Seite hervor, daß sie beschäftigte Arbeiter produktiver machen.[597] Kooperation und Kombination der Arbeitsmittel in den Händen weniger rufen, auf die Agrikultur angewandt, zwar große, plötzliche und gewaltsame Revolutionen der Produktionsweise und daher der Lebensbedingungen und Beschäftigungsmittel der Landbevölkerung hervor, in vielen Ländern lang vor der Periode der großen Industrie. Aber dieser Kampf spielt ursprünglich mehr zwischen großen und kleinen Landeigentümern als zwischen Kapital und Lohnarbeit; andrerseits, soweit Arbeiter durch Arbeitsmittel, Schafe, Pferde usw. verdrängt werden, bilden unmittelbare Gewaltakte hier in erster Instanz die Voraussetzung der industriellen Revolution. Erst werden die Arbeiter vom Grund und Boden verjagt, und dann kommen die Schafe. Der Landdiebstahl auf großer Stufenleiter, wie in England, schafft der großen Agrikultur erst ihr Anwendungsfeld.[598] In ihren Anfängen hat diese Umwälzung der Agrikultur daher mehr den Schein einer politischen Revolution.

Als Maschine wird das Arbeitsmittel sofort zum Konkurrenten des Arbeiters selbst.[599] Die Selbstverwertung des Kapitals durch die Maschine steht im di-

[597] Sir James Steuart faßt auch die Wirkung der Maschinerie noch ganz in diesem Sinn. „Ich sehe also die Maschinen als Mittel an, um (ihrer Wirkungsfähigkeit nach) die Zahl der tätigen Menschen zu erhöhen, ohne daß man deren mehr zu ernähren braucht ... Wodurch unterscheidet sich die Wirkung einer Maschine von derjenigen neuer Einwohner? (Fzs. Übers., t. I, I. I, ch. XIX.) Viel naiver Petty, der sagt, daß sie die „Polygamie" ersetze. Dieser Gesichtspunkt paßt höchstens für einige Teile der Ver. Staaten. Dagegen: „Maschinerie kann selten mit Erfolg dazu gebracht werden, die Arbeit eines einzelnen zu vermindern: bei ihrer Konstruktion würde man mehr Zeit verlieren, als durch ihre Anwendung ersparen. Sie ist nur wirklich nützlich, wenn sie auf große Massen wirkt, wenn eine einzige Maschine die Arbeit von Tausenden unterstützen kann. Maschinerie wird daher stets am meisten in den dichtest bevölkerten Ländern angewandt, wo es die meisten Arbeitslosen gibt ... Sie wird in Gebrauch genommen nicht wegen Mangel an Arbeitern, sondern der Leichtigkeit wegen, mit der diese zur Arbeit in Massen gebracht werden können." (Piercy Ravenstone, „Thoughts on the Funding System and its Effects", Lond. 1824, p. 45.)

[598] {Zur 4. Aufl. - Dies gilt auch für Deutschland. Wo bei uns große Agrikultur besteht, also namentlich im Osten, ist sie erst möglich geworden durch das, seit dem 16. Jahrhundert, namentlich aber seit 1648, eingerissene „Bauernlegen". - F. E.}

[599] „Maschinerie und Arbeit sind in ständiger Konkurrenz." (Ricardo, l.c.p. 479.)

rekten Verhältnis zur Arbeiterzahl, deren Existenzbedingungen sie vernichtet. Das ganze System der kapitalistische Produktion beruht darauf, daß der Arbeiter seine Arbeitskraft als Ware verkauft. Die Teilung der Arbeit vereinseitigt diese Arbeitskraft zum ganz partikularisierten Geschick, ein Teilwerkzeug zu führen. Sobald die Führung des Werkzeugs der Maschine anheimfällt, erlischt mit dem Gebrauchswert der Tauschwert der Arbeiterkraft. Der Arbeiter wird unverkäuflich, wie außer Kurs gesetztes Papiergeld. Der Teil der Arbeiterklasse, den die Maschinerie so in überflüssige, d.h. nicht länger zur Selbstverwertung des Kapitals unmittelbar notwendige Bevölkerung verwandelt, geht einerseits unter in dem ungleichen Kampf des alten handwerksmäßigen und manufakturmäßigen Betriebs wider den maschinenmäßigen, überflutet andrerseits alle leichter zugänglichen Industriezweige, überfüllt den Arbeitsmarkt und senkt daher den Preis der Arbeitskraft unter ihren Wert. Ein großer Trost für die pauperisierten Arbeiter soll sein, daß ihre Leiden teils nur „zeitlich" („a temporary inconvenience"), teils daß die Maschinerie sich nur allmählich eines ganzen Produktionsfelds bemächtigt, wodurch Umfang und Intensität ihrer vernichtenden Wirkung gebrochen werde. Der eine Trost schlägt den andren. Wo die Maschine allmählich ein Produktionsfeld ergreift, produziert sie chronisches Elend in der mit ihr konkurrierenden Arbeiterschichte. Wo der Übergang rasch, wirkt sie massenhaft und akut. Die Weltgeschichte bietet kein entsetzlicheres Schauspiel als den allmählichen, über Dezennien verschleppten, endlich 1838 besiegelten Untergang der englischen Handbaumwollweber. Viele von ihnen starben am Hungertod, viele vegetierten lange mit ihren Familien auf 2 1/2 d. täglich.[600] Akut dagegen wirkte die englische Baumwollmaschinerie auf Ostindien, dessen Generalgouverneur 1834/35 konstatierte:

„Das Elend findet kaum seine Parallele in der Geschichte des Handels. Die Knochen der Baumwollweber bleichen die Ebenen von Indien."

Allerdings, sofern diese Weber das Zeitliche segneten, bereitete ihnen die Maschine nur „zeitliche Mißstände". Übrigens ist die „zeitliche" Wirkung der Maschinerie permanent, indem sie beständig neue Produktionsgebiete ergreift. Die verselbständigte und entfremdete Gestalt, welche die kapitalistische Produktionsweise überhaupt den Arbeitsbedingungen und dem Arbeitsprodukt gegenüber

[600] Die Konkurrenz zwischen Handgeweb und Maschinengeweb wurde in England vor der Einführung des Armengesetzes von 1834 dadurch verlängert, daß man die tief unter das Minimum gefallenen Löhne durch Pfarreiunterstützung ergänzte. „Reverend Mr. Turner war 1827 Pfarrer in Wilmslow in Cheshire, einem industriellen Distrikt. Die Fragen des Komitees für Auswanderung und Mr. Turners Antworten zeigen, wie der Wettbewerb der Handarbeit mit der Maschinerie aufrechterhalten wird. Frage: ‚Hat nicht die Anwendung des Kraftwebstuhls die des Handwebstuhls verdrängt?' Antwort: ‚Zweifellos; sie würde ihn noch mehr, als bereits geschehn, verdrängt haben, wären die Handweber nicht in den Stand gesetzt worden, sich einer Lohnherabsetzung zu unterwerfen.' Frage: ‚Aber der Handweber hat doch durch diese Unterwerfung sich mit einem Lohn zufriedengegeben, der für seine Lebensunterhalt unzureichend ist, und verlangt nach Pfarreizuschuß für den Rest seines Lebensunterhalts?' Antwort: ‚Ja, und in der Tat wird der Wettbewerb zwischen dem Handwebstuhl und dem Kraftwebstuhl durch die Armenunterstützung aufrechterhalten.' So ist also erniedrigender Pauperismus oder Auswanderung der Vorteil, den die Einführung der Maschinerie den Werktätigen gebracht hat, sie sind aus geachteten und in gewissem Grade unabhängigen Handwerkern zu kriecherischen Elenden herabgedrückt worden, die das entwürdigende Brot der Mildtätigkeit essen. Das nennt man einen zeitlichen Mißstand." („A Prize Essay on the comparative merits of Competition and Co-operation", Lond. 1834, p. 29.)

dem Arbeiter gibt, entwickelt sich also mit der Maschinerie zum vollständigen Gegensatz.[601] Daher mit ihr zum erstenmal die brutale Revolte des Arbeiters gegen das Arbeitsmittel.

Das Arbeitsmittel erschlägt den Arbeiter. Dieser direkte Gegensatz erscheint allerdings am handgreiflichsten, sooft neu eingeführte Maschinerie konkurriert mit überlieferten Handwerks- oder Manufakturbetrieb. Aber innerhalb der großen Industrie selbst wirkt fortwährende Verbeßrung der Maschinerie und Entwicklung des automatischen Systems analog.

„Der beständige Zweck verbesserter Maschinerie ist, die Handarbeit zu vermindern oder einen Ring in der Produktionskette der Fabrik durch Substitution eiserner für menschliche Apparate zu vollenden."[602] „Die Anwendung von Dampf- und Wasserkraft auf Maschinerie, die bisher mit der Hand bewegt wurde, ist das Ereignis jedes Tages ... Die kleineren Verbeßrungen in der Maschinerie, welche Ökonomie der Bewegungskraft, Verbeßrung des Machwerks, vermehrte Produktion in derselben Zeit oder Verdrängung eines Kindes, eines Frauenzimmers oder eines Mannes bezwecken, sind konstant, und obgleich scheinbar nicht von großem Gewicht, haben sie dennoch wichtige Resultate."[603] „Überall, wo eine Operation viel Geschick und eine sichre Hand verlangt, entzieht man sie so schnell als möglich den Armen des zu geschickten und oft zu Unregelmäßigkeiten aller Art geneigten Arbeiters, um einen besondren Mechanismus damit zu betrauen, der so gut geregelt ist, daß ein Kind ihn überwachen kann."[604] „Im automatischen System wird das Talent des Arbeiters progressiv verdrängt."[605] „Die Verbeßrung der Maschinerie erfordert nicht nur Vermindrung in der Anzahl der beschäftigten erwachsnen Arbeiter zur Erzielung eines bestimmten Resultats, sondern sie substituiert eine Klasse von Individuen einer andren Klasse, eine minder geschickte einer geschickteren, Kinder den Erwachsnen, Frauen den Männern. Alle diese Wechsel verursachen

[601] „Die gleiche Ursache, die die Nettorevenue des Landes anwachsen läßt" (d.h., wie Ricardo an derselben Stelle erläutert, the revenues of landlords and capitalists, deren Wealth, ökonomisch betrachtet, überhaupt = Wealth of the Nation), „kann gleichzeitig einen Überfluß an Bevölkerung erzeugen und die Lage des Arbeiters verschlechtern." (Ricardo, l.c.p. 469.) „Der beständige Zweck und die Tendenz jeder Vervollkommnung des Mechanismus ist in der Tat, sich der Arbeit des Menschen ganz zu entschlagen oder ihren Preis zu vermindern durch Substitution von Weiber- und Kinderarbeit für die der erwachsnen männlichen Arbeiter oder roher Arbeiter für geschickte." (Ure, [l.c.p. 23].)

[602] „Reports of Insp. of Fact. 31st Oct. 1858", p. 43.

[603] „Reports etc. 31st Oct. 1856", p. 15.

[604] „Ure, l.c.p. 19. „Der große Vorteil der im Ziegelbacken angewandten Maschinerie besteht darin, den Anwender ganz und gar von geschickten Arbeitern unabhängig zu machen." („Ch. Empl. Comm., V. Report", Lond. 1866, p. 130, n. 46.)

Zusatz z. 2. A. Herr Sturrock, Superintendent des Maschinendepartements der Great Northern Railway sagt aus mit Bezug auf Maschinenbau (Lokomotiven usw.): „Kostspielige (expensive) englische Arbeiter werden jeden Tag weniger gebraucht. Die Produktion wird vermehrt durch die Anwendung verbesserter Instrumente, und diese Instrumente werden bedient von einer niedrigen Sorte Arbeit (a low class of labour) ... Früher produzierte geschickte Arbeit notwendigerweise alle Teils der Dampfmaschine. Dieselben Teile werden jetzt produziert durch Arbeit mit weniger Geschick, aber guten Instrumenten ... Unter Instrumenten verstehe ich die beim Maschinenbau angewandten Maschinen." („Royal Commission on Railways. Minutes of Evidence", n. 17862 und 17863, London 1867.)

[605] Ure, l.c.p. 20.

beständige Fluktuationen in der Rate des Arbeitslohns."[606] „Die Maschinerie wirft unaufhörlich Erwachsne aus der Fabrik heraus."[607]

Die außerordentliche Elastizität des Maschinenwesens infolge gehäufter praktischer Erfahrung, des schon vorhandnen Umfangs mechanischer Mittel und des beständigen Fortschritts der Technik zeigte uns sein Sturmmarsch unter dem Druck eines verkürzten Arbeitstags. Aber wer hätte 1860, im Zenitjahr der englischen Baumwollindustrie, die galoppierenden Verbesserungen der Maschinerie und die entsprechende Deplacierung von Handarbeit geahnt, welche die drei folgenden Jahre unter dem Stachel des Amerikanischen Bürgerkriegs hervorriefen? Von den offiziellen Anführungen der englischen Fabrikinspektoren über diesen Punkt genügen hier ein paar Beispiele. Ein Manchester Fabrikant erklärt:

„Statt 75 Kardiermaschinen brauchen wir jetzt nur 12, welche dieselbe Quantität von ebenso guter, wenn nicht beßrer Qualität liefern ... Die Ersparung an Arbeitslohn beträgt 10 Pfd.St. wöchentlich, die an Baumwollabfall 10%."In einer Manchester Feinspinnerei wurde „vermittelst beschleunigter Bewegung und Einführung verschiedner self-acting Prozesse in einem Departement 1/4, in einem über 1/2 des Arbeiterpersonals beseitigt, während die Kämmaschine an der Stelle der zweiten Kardiermaschine die Zahl der früher im Kardierraum beschäftigten Hände sehr vermindert hat".

Eine andre Spinnfabrik schätzt ihre allgemeine Ersparung von „Händen" auf 10%. Die Herren Gilmore, Spinner zu Manchester, erklären:

„In unsrem blowing departement (unserer Gebläseabteilung) schätzten wir die infolge neuer Maschinerie gemachte Ersparung an Händen und Arbeitslohn auf ein volles Drittel ... in dem jack frame und drawing frame room (Spul- und Streckmaschinenraum) ungefähr 1/3 weniger in Auslage und Händen; im Spinnraum ungefähr 1/3 weniger in Auslage. Aber das ist nicht alles; wenn unser Garn jetzt zum Weber geht, ist es so sehr verbessert durch die Anwendung der neuen Maschinerie, daß sie mehr und besseres Gewebe als mit dem alten Maschinengarn produzieren."[608]

Fabrikinspektor A. Redgrave bemerkt hiezu:

„Die Verminderung der Arbeiter bei gesteigerter Produktion schreitet rasch vorwärts; in den Wollfabriken begann kürzlich eine neue Reduktion der Hände, und sie dauert fort; vor wenigen Tagen sagte mir ein Schulmeister, der bei Rochdale wohnt, die große Abnahme in den Mädchenschulen sei nicht nur dem Druck der Krise geschuldet, sondern auch den Änderungen in der Maschinerie der Wollfabrik, infolge deren eine Durchschnittsreduktion von 70 Halbzeitlern stattgefunden."[609]

[606] l.c.p. 321.
[607] l.c.p. 23.
[608] „Reports of Insp. of Fact., 31st Oct. 1863", p. 108 sqq.
[609] l.c.p. 109. Die rasche Verbesserung der Maschinerie während der Baumwollkrise erlaubte den englischen Fabrikanten gleich nach Beendigung des Amerikanischen Bürgerkriegs, im Umsehen den Weltmarkt wieder zu überfüllen.

Das Gesamtresultat der dem Amerikanischen Bürgerkrieg geschuldeten mechanischen Verbesserungen in der englischen Baumwollindustrie zeigt folgende Tabelle:

Zahl der Fabriken	1856	1861	1868
England und Wales	2.046	2.715	2.405
Schottland	152	163	131
Irland	12	9	13
Vereinigtes Königreich	2.210	2.887	2.549

Anzahl der Dampfwebstühle	1856	1861	1868
England und Wales	275.590	367.125	344.719
Schottland	21.624	30.110	31.864
Irland	1.622	1.757	2.746
Vereinigtes Königreich	298.847	399.992	379.329

Anzahl der Spindeln	1856	1861	1868
England und Wales	25.818.576	28.352.125	30.478.228
Schottland	2.041.129	1.915.398	1.397.546
Irland	150.512	119.944	124.240
Vereinigtes Königreich	28.010.217	30.387.467	32.000.014

Anzahl der beschäftigten Personen	1856	1861	1868
England und Wales	341.170	407.598	357.052
Schottland	34.698	41.237	39.809
Irland	3.345	2.734	4.203
Vereinigtes Königreich	379.213	451.569	401.064

Von 1861 bis 1868 verschwanden also 338 Baumwollfabriken; d.h., produktivere und großartigere Maschinerie konzentrierte sich in den Händen einer geringern

Die Gewebe wurden schon während der letzten 6 Monate von 1866 fast unverkäuflich. Damit fing die Konsignation der Waren nach China und Indien an, was den „glut" (die „Überfüllung") natürlich noch intensiver machte. Anfang 1867 nahmen die Fabrikanten zu ihrem gewöhnlichen Ausfluchtsmittel Zuflucht, Herabsetzung des Arbeitslohns um 5%. Die Arbeiter widersetzten sich und erklärten, theoretisch ganz richtig, das einzige Heilmittel sei, kurze Zeit, 4 Tage per Woche, zu arbeiten. Nach längerem Sträuben mußten die selbst ernannten Industriekapitäne sich hierzu entschließen, an einigen Stellen mit, an andren ohne Lohnherabsetzung um 5%.

Zahl von Kapitalisten. Die Zahl der Dampfwebstühle nahm ab um 20.663; aber ihr Produkt hatte sich gleichzeitig vermehrt, so daß ein verbesserter Webstuhl jetzt mehr leistete als ein alter. Endlich die Spindelzahl wuchs um 1.612.547, während die Zahl der beschäftigten Arbeiter um 50.505 abnahm. Das „zeitweilig" Elend, womit die Baumwollkrise die Arbeiter erdrückte, wurde also gesteigert und befestigt durch raschen und anhaltenden Fortschritt der Maschinerie.

Die Maschinerie wirkt jedoch nicht nur als übermächtiger Konkurrent, stets auf dem Sprung, den Lohnarbeiter „überflüssig" zu machen. Als ihm feindliche Potenz wird sie laut und tendenziell vom Kapital proklamiert und gehandhabt. Sie wird das machtvollste Kriegsmittel zur Niederschlagung der periodischen Arbeiteraufstände, strikes usw. wider die Autokratie des Kapitals.[610] Nach Gaskell war gleich die Dampfmaschine ein Antagonist der „Menschenkraft", der den Kapitalisten befähigte, die steigenden Ansprüche der Arbeiter niederzuschmettern, die das beginnende Fabriksystem zur Krise zu treiben drohten.[611] Man könnte eine ganze Geschichte der Erfindungen seit 1830 schreiben, die bloß als Kriegsmittel des Kapitals wider Arbeiteremeuten ins Leben traten. Wir erinnern vor allem an die selfacting mule, weil sie eine neue Epoche des automatischen Systems eröffnet.[612]

In seiner Aussage vor der Trades Unions Commission berichtet Nasmyth, der Erfinder des Dampfhammers, wie folgt über die Verbeßrungen der Maschinerie, die er einführte infolge des großen und langen strikes der Maschinenarbeiter 1851:

„Der bezeichnende Zug unsrer modernen mechanischen Verbeßrungen ist die Einführung selbsttätiger Werkzeugmaschinen. Was jetzt ein mechanischer Arbeiter zu tun hat, und was jeder Junge tun kann, ist nicht, selbst zu arbeiten, sondern die schöne Arbeit der Maschine zu überwachen. Die ganze von ihrer Geschicklichkeit ausschließlich abhängende Klasse von Arbeitern ist jetzt beseitigt. Früher beschäftigte ich vier Jungen auf einen Mechaniker. Dank diesen neuen mechanischen Kombinationen habe ich die Zahl der erwachsenen Männer von 1.500 auf 750 reduziert. Die Folge war eine bedeutende Vermehrung meines Profits."

Ure sagt von einer Maschine zum Farbendruck in den Kattundruckereien:

„Endlich suchten sich die Kapitalisten von dieser unerträglichen Sklaverei" (nämlich den ihnen lästigen Kontraktsbedingungen der Arbeiter) „zu befreien, indem sie die Hilfsquellen der Wissenschaft anriefen, und bald waren sie reintegriert in ihre legitimen Rechte, die des Kopfes über die andern Körperteile."

Er sagt von einer Erfindung zum Kettenschlichten, deren unmittelbarer Anlaß ein strike:

[610] „Das Verhältnis zwischen Meistern und Händen in den Flint- und Flaschenglas-Bläsereien ist ein chronischer strike." Daher der Aufschwung der Manufaktur des gepreßten Glases, wo die Hauptoperationen durch Maschinerie ausgeführt werden. Eine Firma bei Newcastle, die früher jährlich 350.000 Pfund geblasnes Flintglas produzierte, produziert jetzt statt dessen 3.000.500 Pfund gepreßtes Glas. („Ch. Empl. Comm. IV. Rep.", 1865, p. 272, 263.)

[611] Gaskell, „The Manufacturing Population of England", Lond. 1833, p. 11, 12.

[612] Einige sehr bedeutende Anwendungen von Maschinen zum Maschinenbau erfand Herr Fairbairn infolge von strikes in seiner eignen Maschinenfabrik.

„Die Horde der Unzufriednen, die sich hinter den alten Linien der Teilung der Arbeit unbesiegbar verschanzt wähnte, sah sich so in die Flanke genommen und ihre Verteidigungsmittel vernichtet durch die moderne mechanische Taktik. Sie mußten sich auf Gnade und Ungnade ergeben."

Er sagt von der Erfindung der selfacting mule:

„Sie war berufen, die Ordnung unter den industriellen Klassen wiederherzustellen ... Diese Erfindung bestätigt die von uns bereits entwickelte Doktrin, daß das Kapital, indem es die Wissenschaft in seinen Dienst preßt, stets die rebellische Hand der Arbeit zur Gelehrigkeit zwingt."[613]

Obgleich Ures Schrift 1835 erschien, also zur Zeit eines relativ noch schwach entwickelten Fabriksystems, bleibt sie der klassische Ausdruck des Fabrikgeists, nicht nur wegen ihres offenherzigen Zynismus, sondern auch wegen der Naivetät, womit er die gedankenlosen Widersprüche des Kapitalhirns ausplaudert. Nachdem er z.B. die „Doktrin" entwickelt, daß das Kapital mit Hilfe der von ihm in Sold genommenen Wissenschaft „stets die rebellische Hand der Arbeit zur Gelehrigkeit zwingt", entrüstet er sich darüber, „daß man von gewisser Seite die mechanisch-physische Wissenschaft anklagt, sich dem Despotismus reicher Kapitalisten zu leihen und zum Unterdrückungsmittel der armen Klassen herzugeben".

Nachdem er weit und breit gepredigt, wie vorteilhaft rasche Entwicklung der Maschinerie den Arbeitern, warnt er sie, daß sie durch ihre Widersetzlichkeit, strikes usw., die Entwicklung der Maschinerie beschleunigen.

„Derartige gewaltsame Revolten", sagt er, „zeigen die menschliche Kurzsichtigkeit in ihrem verächtlichsten Charakter, dem Charakter eines Menschen, der sich zu seinem eignen Henker macht."

Wenige Seiten vorher heißt es umgekehrt:

„Ohne die heftigen Kollisionen und Unterbrechungen, verursacht durch die irrigen Ansichten der Arbeiter, hätte sich das Fabriksystem noch viel rascher entwickelt und viel nützlicher für alle interessierten Parteien."

Dann ruft er wieder aus:

„Zum Glück für die Bevölkerung der Fabrikbezirke Großbritanniens finden die Verbeßrungen in der Mechanik nur allmählich statt." „Mit Unrecht", sagt er, „klagt man die Maschinen an, daß sie den Arbeitslohn der Erwachsnen vermindern, indem sie einen Teil derselben verdrängen, wodurch ihre Anzahl das Bedürfnis nach Arbeit übersteigt. Aber sie vermehren die Nachfrage nach Kinderarbeit und erhöhen damit *deren* Lohnrate."

Derselbe Trostspender verteidigt andrerseits die Niedrigkeit der Kinderlöhne damit, daß „sie die Eltern abhalten, ihre Kinder zu früh in die Fabriken zu schicken". Sein ganzes Buch ist eine Apologie des unbeschränkten Arbeitstags, und es erinnert seine liberale Seele an die dunkelsten Zeiten des Mittelalters, wenn

[613] Ure, l.c.p. 367-370.

die Gesetzgebung verbietet, Kinder von 13 Jahren mehr als 12 Stunden per Tag abzurackern. Dies hält ihn nicht ab, die Fabrikarbeiter zu einem Dankgebet an die Vorsehung aufzufordern, die ihnen durch die Maschinerie „die Muße verschafft habe, über ihre unsterblichen Interessen nachzudenken".[614]

6. Die Kompensationstheorie bezüglich der durch Maschinerie verdrängten Arbeiter

Eine ganze Reihe bürgerlicher Ökonomen, wie James Mill, MacCulloch, Torrens, Senior, J. St. Mill usw. behauptet, daß alle Maschinerie, die Arbeiter verdrängt, stets gleichzeitig und notwendig ein adäquates Kapital zur Beschäftigung derselben identischen Arbeiter freisetzt.[615]

Man unterstelle, ein Kapitalist wende 100 Arbeiter an, z.B. in einer Tapetenmanufaktur, den Mann zu 30 Pfd.St. jährlich. Das von ihm jährlich ausgelegte variable Kapital beträgt also 3.000 Pfd.St. Er entlasse 50 Arbeiter und beschäftige die übrigbleibenden 50 mit einer Maschinerie, die ihm 1.500 Pfd.St. kostet. Der Vereinfachung halber wird von Baulichkeiten, Kohlen usw. abgesehn. Man nimmt ferner an, das jährlich verzehrte Rohmaterial koste nach wie vor 3.000 Pfd.St.[616] Ist durch diese Metamorphose irgendein Kapital „freigesetzt"? In der alten Betriebsweise bestand die ausgelegte Gesamtsumme von 6.000 Pfd.St. halb aus konstantem und halb aus variablem Kapital. Sie besteht jetzt aus 4.500 Pfd. St. (3.000 Pfd.St. für Rohmaterial und 1.500 Pfd.St. für Maschinerie) konstantem und 1.500 Pfd.St. variablem Kapital. Statt der Hälfte bildet der variable oder in lebendige Arbeitskraft umgesetzte Kapitalteil nur noch 1/4 des Gesamtkapitals. Statt der Freisetzung findet hier Bindung von Kapital in einer Form statt, worin es aufhört, sich gegen Arbeitskraft auszutauschen, d.h. Verwandlung von variablem in konstantes Kapital. Das Kapital von 6.000 Pfd.St. kann, unter sonst gleichbleibenden Umständen, jetzt niemals mehr als 50 Arbeiter beschäftigen. Mit jeder Verbeßrung der Maschinerie beschäftigt es weniger. Kostete die neu eingeführte Maschinerie weniger als die Summe der von ihr verdrängten Arbeitskraft und Arbeitswerkzeuge, also z.B. statt 1.500 nur 1.000 Pfd.St., so würde ein variables Kapital von 1.000 Pfd.St. in konstantes verwandelt oder gebunden, während ein Kapital von 500 Pfd.St. freigesetzt würde. Letzteres, denselben Jahreslohn unterstellt, bildet einen Beschäftigungsfonds für ungefähr 16 Arbeiter, während 50 entlassen sind, ja für viel weniger als 16 Arbeiter, da die 500 Pfd.St. zu ihrer Verwandlung in Kaital wieder zum Teil in konstantes Kapital verwandelt werden müssen, also auch nur zum Teil in Arbeitskraft umgesetzt werden können.

Indes, gesetzt auch, die Anfertigung der neuen Maschinerie beschäftige eine größre Anzahl Mechaniker; soll das eine Kompensation sein für die aufs Pflaster

[614] Ure, l.c.p. 368, 7, 370, 280, 321, 281, 475.

[615] Ricardo teilte ursprünglich diese Ansicht, widerrief sie aber später ausdrücklich mit seiner charakteristischen wissenschaftlichen Unbefangenheit und Wahrheitsliebe. Sieh l.c., ch. XXXI „On Machinery".

[616] NB, ich gebe die Illustration ganz in der Weise der obengenannten Ökonomen.

geworfnen Tapetenmacher? Im besten Fall beschäftigt ihre Anfertigung weniger Arbeiter, als ihre Anwendung verdrängt. Die Summe von 1.500 Pfd.St., die nur den Arbeitslohn der entlaßnen Tapetenmacher darstellte, stellt jetzt, in der Gestalt von Maschinerie, dar: 1. den Wert der zu ihrer Herstellung erforderlichen Produktionsmittel, 2. den Arbeitslohn der sie anfertigenden Mechaniker, 3. den ihrem „Meister" zufallenden Mehrwert. Ferner: einmal fertig, braucht die Maschine nicht erneuert zu werden bis nach ihrem Tod. Um also die zusätzliche Anzahl Mechaniker dauernd zu beschäftigen, muß ein Tapetenfabrikant nach dem andern Arbeiter durch Maschinen verdrängen.

In der Tat meinen jene Apologeten auch nicht diese Art Freisetzung von Kapital. Sie meinen die Lebensmittel der freigesetzten Arbeiter. Es kann nicht geleugnet werden, daß im obigen Fall z.B. die Maschinerie nicht nur 50 Arbeiter freisetzt und dadurch „disponibel" macht, sondern zugleich ihren Zusammenhang mit Lebensmitteln zum Wert von 1.500 Pfd.St. aufhebt und so diese Lebensmittel „freisetzt". Die einfache und keineswegs neue Tatsache, daß die Maschinerie den Arbeiter von Lebensmitteln freisetzt, lautet also ökonomisch, daß die Maschinerie Lebensmittel für den Arbeiter freisetzt oder in Kapital zu seiner Anwendung verwandelt. Man sieht, es kommt alles auf die Ausdrucksweise an. Nominibus mollire licet mala (Es geziemt sich, das Böse mit Worten zu mildern).

Nach dieser Theorie waren die Lebensmittel zum Wert von 1.500 Pfd.St. ein durch die Arbeit der fünfzig entlaßnen Arbeiter verwertetes Kapital. Dies Kapital verliert folglich seine Beschäftigung, sobald die fünfzig Feiertag bekommen, und hat nicht Ruh noch Rast, bis es eine neue „Anlage" gefunden, worin besagte fünfzig es wieder produktiv konsumieren können. Früher oder später müssen also Kapital und Arbeiter sich wieder zusammenfinden, und dann ist die Kompensation da. Die Leiden der durch die Maschinerie verdrängten Arbeiter sind also ebenso vergänglich wie die Reichtümer dieser Welt.

Die Lebensmittel zum Betrag von 1.500 Pfd.St. standen den entlaßnen Arbeitern niemals als Kapital gegenüber. Was ihnen als Kapital gegenüberstand, waren die jetzt in Maschinerie verwandelten 1.500 Pfd.St. Näher betrachtet, repräsentierten diese 1.500 Pfd.St. nur einen Teil der vermittelst der entlaßnen 50 Arbeiter jährlich produzierten Tapeten, die sie in Geldform statt in natura von ihrem Anwender zum Lohn erhielten. Mit den in 1.500 Pfd.St. verwandelten Tapeten kauften sie Lebensmittel zu demselben Betrag. Diese existierten für sie daher nicht als Kapital, sondern als Waren, und sie selbst existierten für diese Waren nicht als Lohnarbeiter, sondern als Käufer. Der Umstand, daß die Maschinerie sie von Kaufmitteln „freigesetzt" hat, verwandelt sie aus Käufern in Nicht-Käufer. Daher verminderte Nachfrage für jene Waren. Voilà tout. (Das ist alles.) Wird diese verminderte Nachfrage nicht durch vermehrte Nachfrage von andrer Seite kompensiert, so sinkt der Marktpreis der Waren. Dauert dies länger und in größrem Umfange, so erfolgt ein Deplacement der in der Produktion jener Waren beschäftigten Arbeiter. Ein Teil des Kapitals, das früher notwendige Lebensmittel produzierte, wird in andrer Form reproduziert. Während des Falls der Marktpreise und des Deplacements von Kapital werden auch die in der Produktion der notwendigen Lebensmittel beschäftigten Arbeiter von einem Teil ihres Lohns „freigesetzt". Statt also zu beweisen, daß die Maschinerie durch die Freisetzung der Arbeiter von Lebensmitteln letztere gleichzeitig in Kapital zur Anwendung der erstren verwandelt, beweist der Herr Apologet mit dem probaten Gesetz von Nachfrage und Zufuhr umgekehrt, daß die Maschinerie nicht nur in dem Pro- dutionszweig, worin sie eingeführt, sondern auch in den Produktionszweigen, worin sie nicht eingeführt wird, Arbeiter aufs Pflaster wirft.

Die wirklichen, vom ökonomischen Optimismus travestierten Tatsachen sind diese: Die von der Maschinerie verdrängten Arbeiter werden aus der Werkstatt hinaus auf den Arbeitsmarkt geworfen und vermehren dort die Zahl der schon für kapitalistische Ausbeutung disponiblen Arbeitskräfte. Im siebenten Abschnitt wird sich zeigen, daß diese Wirkung der Maschinerie, die uns hier als eine Kompensation für die Arbeiterklasse dargestellt wird, den Arbeiter im Gegenteil als furchtbarste Geißel trifft. Hier nur dies: Die aus einem Industriezweig hinausgeworfnen Arbeiter können allerdings in irgendeinem andern Beschäftigung suchen. Finden sie solche, und knüpft sich damit das Band zwischen ihnen und den mit ihnen freigesetzten Lebensmitteln wieder, so geschieht dies vermittelst eines neuen, zuschüssigen Kapitals, das nach Anlage drängt, keineswegs aber vermittelst des schon früher funktionierenden und jetzt in Maschinerie verwandelten Kapitals. Und selbst dann, wie geringe Aussicht haben sie! Verkrüppelt durch die Teilung der Arbeit, sind diese armen Teufel außerhalb ihres alten Arbeitskreises so wenig wert, daß nur in wenigen niedrigen und daher beständig überfüllten und unterbezahlten Arbeitszweigen Zugang finden.[617] Ferner attrahiert jeder Industriezweig jährlich einen neuen Menschenstrom, der ihm sein Kontingent zum regelmäßigen Ersatz und Wachstum liefert. Sobald die Maschinerie einen Teil der bisher in einem bestimmten Industriezweig beschäftigten Arbeiter freisetzt, wird auch die Ersatzmannschaft neu verteilt und in andern Arbeitszweigen absorbiert, während die ursprünglichen Opfer in der Übergangszeit großenteils verkommen und verkümmern.

Es ist eine unzweifelhafte Tatsache, daß die Maschinerie an sich nicht verantwortlich ist für die „Freisetzung" der Arbeiter von Lebensmitteln. Sie verwohlfeilert und vermehrt das Produkt in dem Zweig, den sie ergreift, und läßt die in andren Industriezweigen produzierte Lebensmittelmasse zunächst unverändert. Nach wie vor ihrer Einführung besitzt die Gesellschaft also gleich viel oder mehr Lebensmittel für die deplacierten Arbeiter, ganz abgesehn von dem enor-

[617] Ein Ricardianer bemerkt hierüber gegen die Fadaisen J. B. Says: „Bei entwickelter Teilung der Arbeit ist das Geschick der Arbeiter nur in dem besondren Zweig anwendbar, worin sie angelernt wurden; sie selbst sind eine Art von Maschinen. Es hilft daher absolut nichts, papageimäßig zu plappern, daß die Dinge eine Tendenz haben, ihr Niveau zu finden. Wir müssen um uns schauen und sehn, daß sie für lange Zeit ihr Niveau nicht finden können; daß, wenn sie es finden, das Niveau niedriger steht als beim Anfang des Prozesses." („An Inquiry into those Principles rspecting the Nature of Demand etc.", Lond. 1821, p. 72.)

men Teil des jährlichen Produkts, der von Nichtarbeitern vergeudet wird. Und dies ist die Pointe der ökonomischen Apologetik! Die von der kapitalistischen Anwendung der Maschinerie untrennbaren Widersprüche und Antagonismen existieren nicht, weil sie nicht aus der Maschinerie selbst erwachsen, sondern aus ihrer kapitalistischen Anwendung! Da also die Maschinerie an sich betrachtet die Arbeitszeit verkürzt, während sie kapitalistisch angewandt den Arbeitstag verlängert, an sich die Arbeit erleichtert, kapitalistisch angewandt ihre Intensität steigert, an sich ein Sieg des Menschen über die Naturkraft ist, kapitalistisch angewandt den Menschen durch die Naturkraft unterjocht, an sich den Reichtum des Produzenten vermehrt, kapitalistisch angewandt ihn verpaupert usw., erklärt der bürgerliche Ökonom einfach, das Ansichbetrachten der Maschinerie beweise haarscharf, daß alle jene handgreiflichen Widersprüche bloßer Schein der gemeinen Wirklichkeit, aber an sich, also auch in der Theorie gar nicht vorhanden sind. Er spart sich so alles weitre Kopfzerbrechen und bürdet seinem Gegner obendrein die Dummheit auf, nicht die kapitalistische Anwendung der Maschinerie zu bekämpfen, sondern die Maschinerie selbst.

Keineswegs leugnet der bürgerliche Ökonom, daß dabei auch zeitweilige Unannehmlichkeiten herauskommen; aber wo gäbe es eine Medaille ohne Kehrseite! Eine andre als die kapitalistische Ausnutzung der Maschinerie ist für ihn unmöglich. Ausbeutung des Arbeiters durch die Maschine ist ihm also identisch mit Ausbeutung der Maschine durch den Arbeiter. Wer also enthüllt, wie es um die kapitalistische Anwendung der Maschinerie in Wirklichkeit bestellt ist, der will ihre Anwendung überhaupt nicht, der ist ein Gegner des sozialen Fortschritts![618] Ganz das Räsonnement des berühmten Gurgelschneiders Bill Sikes:

„Meine Herren Geschwornen, diesen Handlungsreisenden ist allerdings die Gurgel abgeschnitten worden. Diese Tatsache aber ist nicht meine Schuld, sie ist die Schuld des Messers. Sollen wir wegen solcher zeitweiligen Unannehmlichkeiten den Gebrauch des Messers abschaffen? Bedenken Sie ja! Wo wäre Ackerbau und Handwerk ohne Messer? Ist es nicht ebenso heilbringend in der Chirurgie wie gelehrt in der Anatomie? Dazu williger Gehilfe bei fröhlichem Mahl? Schaffen Sie das Messer ab - Sie schleudern uns zurück in die tiefste Barbarei.“[619]

Obwohl die Maschinerie notwendig Arbeiter verdrängt in den Arbeitszweigen, wo sie eingeführt wird, so kann sie dennoch eine Zunahme von Beschäftigung in andern Arbeitszweigen hervorrufen. Diese Wirkung hat aber nichts gemein mit der sogenannten Kompensationstheorie. Da jedes Maschinenprodukt, z.B. eine Elle Maschinengeweb, wohlfeiler ist als das von ihm verdrängte gleichar-

[618] Ein Virtuose in diesem anmaßlichen Kretinismus ist u.a. MacCulloch. „Wenn es vorteilhaft ist“, sagt er z.B. mit der affektierten Naivetät eines Kindes von 8 Jahren, „das Geschick des Arbeiters mehr und mehr zu entwickeln, so daß er fähig wird, ein stets wachsendes Warenquantum mit demselben oder geringerem Arbeitsquantum zu produzieren, so muß es auch vorteilhaft sein, daß er sich solcher Maschinerie zu seinem Beistande bediene, wie sie ihn am wirksamsten in der Erreichung dieses Resultats unterstützt.“ (MacCulloch, „Princ. of Pol. Econ.“, Lond. 1830, p. 182.)
[619] „Der Erfinder der Spinnmaschine hat Indien ruiniert, was uns indes wenig rührt.“ (A. Thiers, „De la Propriété“, [p. 275].) Herr Thiers verwechselt hier die Spinnmaschine mit dem mechanischen Webstuhl, „was uns indes wenig rührt“.

tige Handprodukt, folgt als absolutes Gesetz: Bleibt das Gesamtquantum des maschinenmäßig produzierten Artikels gleich dem Gesamtquantum des von ihm ersetzten handwerks- oder manufakturmäßig produzierten Artikels, so vermindert sich die Gesamtsumme der angewandten Arbeit. Die etwa zur Produktion der Arbeitsmittel selbst, der Maschinerie, Kohle usw., erheischte Arbeitszunahme muß kleiner sein als die durch Anwendung der Maschinerie bewirkte Arbeitsabnahme. Das Maschinenprodukt wäre sonst ebenso teuer oder teuer als das Handprodukt. Statt aber gleichzubleiben, wächst tatsächlich die Gesamtmasse des von einer verminderten Arbeiteranzahl produzierten Maschinenartikels weit über die Gesamtmasse des verdrängten Handwerksartikels. Gesetzt, 400.000 Ellen Maschinengeweb würden von weniger Arbeitern produziert als 100.000 Ellen Handgeweb. In dem vervierfachten Produkt steckt viermal mehr Rohmaterial. Die Produktion des Rohmaterials muß also vervierfacht werden. Was aber die verzehrten Arbeitsmittel, wie Baulichkeiten, Kohlen, Maschinen usw. betrifft, so ändert sich die Grenze, innerhalb deren die zu ihrer Produktion erheischte zusätzliche Arbeit wachsen kann, mit der Differenz zwischen der Masse des Maschinenprodukts und der Masse des von derselben Arbeitszahl herstellbaren Handprodukts.

Mit der Ausdehnung des Maschinenbetriebs in einem Industriezweig steigert sich also zunächst die Produktion in den andren Zweigen, die ihm seine Produktionsmittel liefern. Wieweit dadurch die beschäftigte Arbeitermasse wächst, hängt, Länge des Arbeitstags und Intensität der Arbeit gegeben, von der Zusammensetzung der verwandten Kapitale ab, d.h. vom Verhältnis ihrer konstanten und variablen Bestandteile. Dies Verhältnis seinerseits variiert sehr mit dem Umfang, worin die Maschinerie jene Gewerbe selbst schon ergriffen hat oder ergreift. Die Anzahl zu Kohlen- und Metallbergwerken verurteilter Menschen schwoll ungeheuer mit dem Fortschritt des englischen Maschinenwesens, obgleich ihr Anwachs in den letzten Dezennien durch Gebrauch neuer Maschinerie für den Bergbau verlangsamt wird.[620] Eine neue Arbeiterart springt mit der Maschine ins Leben, ihr Produzent. Wir wissen bereits, daß der Maschinenbetrieb sich dieses Produktionszweigs selbst auf stets massenhafterer Stufenleiter bemächtigt.[621] Was ferner das Rohmaterial betrifft[622], so unterliegt es z.B. keinem Zweifel, daß der Sturmmarsch der Baumwollspinnerei den Baumwollbau der Vereinigten Staaten und mit ihm nicht nur den afrikanischen Sklavenhandel treibhausmäßig förderte, sondern zugleich die Negerzucht zum Hauptgeschäft der sogenannten Grenz-Sklavenstaaten machte. Als 1790 der erste Sklavenzensus in den Verei-

[620] Nach dem Zensus von 1861 (Vol. II, Lond. 1863) betrug die Zahl der in den Kohlenbergwerken von England und Wales beschäftigten Arbeiter 246.613, wovon 73.546 unter und 173.067 über 20 Jahre. Zur ersten Rubrik gehören 835 fünf- bis zehnjährige, 30.701 zehn- bis fünfzehnjährige, 42.010 fünfzehn- bis neunzehnjährige. Die Zahl der in Eisen-, Kupfer-, Blei-, Zinn- und allen andren Metallminen Beschäftigten: 319.222.

[621] In England und Wales 1861 in der Produktion von Maschinerie beschäftigt: 60.807 Personen, eingezählt die Fabrikanten samt ihren Kommis usw., ditto alle Agenten und Handelsleute in diesem Fach. Ausgeschlossen dagegen die Produzenten kleinerer Maschinen, wie Nähmaschinen usw., ebenso die Produzenten der Werkzeuge für die Arbeitsmaschinen, wie Spindeln usw. Zahl sämtlicher Zivilingenieure betrug 3.329.

[622] Da Eisen einer der wichtigsten Rohstoffe, so sei hier bemerkt, daß 1861 in England und Wales 125.771 Eisengießer, wovon 123.430 männlich, 2.341 weiblich. Von den erstern 30.810 unter und 92.620 über 20 Jahre.

nigten Staaten aufgenommen ward, betrug ihre Zahl 697.000, dagegen 1861 ungefähr vier Millionen. Andrerseits ist es nicht minder gewiß, daß das Aufblühen der mechanischen Wollfabrik mit der progressiven Verwandlung von Ackerland in Schafweide die massenhafte Verjagung und „Überzähligmachung" der Landarbeiter hervorrief. Irland macht noch in diesem Augenblick den Prozeß durch, seine seit 1845 beinahe um die Hälfte verminderte Bevölkerung noch weiter auf das dem Bedürfnis seiner Landlords und der englischen Herrn Wollfabrikanten exakt entsprechende Maß herabzudrücken.

Ergreift die Maschinerie Vor- und Zwischenstufen, welche ein Arbeitsgegenstand bis zu seiner letzten Form zu durchlaufen hat, so vermehrt sich mit dem Arbeitsmaterial die Arbeitsnachfrage in den noch handwerks- oder manufakturmäßig betriebnen Gewerken, worin das Maschinenfabrikat eingeht. Die Maschinenspinnerei z.B. lieferte das Garn so wohlfeil und so reichlich, daß die Handweber zunächst, ohne vermehrte Auslage, volle Zeit arbeiten konnten. So steig ihr Einkommen.[623] Daher Menschenzufluß in die Baumwollweberei, bis schließlich die von Jenny, Throstle und Mule in England z.B. ins Leben gerufnen 800.000 Baumwollweber wieder vom Dampfwebstuhl erschlagen wurden. So wächst mit dem Überfluß der maschinenmäßig produzierten Kleidungsstoffe die Zahl der Schneider, Kleidermacherinnen, Näherinnen usw., bis die Nähmaschine erscheint.

Entsprechend der steigenden Masse von Rohstoffen, Halbfabrikaten, Arbeitsinstrumenten usw., die der Maschinenbetrieb mit relativ geringer Arbeitszahl liefert, sondert sich die Bearbeitung dieser Rohstoffe und Halbfabrikate in zahllose Unterarten, wächst also die Mannigfaltigkeit der gesellschaftlichen Produktionszweige. Der Maschinenbetrieb treibt die gesellschaftliche Teilung der Arbeit ungleich weiter als die Manufaktur, weil er die Produktivkraft der von ihm ergriffnen Gewerbe in ungleich höhrem Grad vermehrt.

Das nächste Resultat der Maschinerie ist, den Mehrwert und zugleich die Produktenmasse, worin er sich darstellt, also mit der Substanz, wovon die Kapitalistenklasse samt Anhang zehrt, diese Gesellschaftsschichten selbst zu vergrößern. Ihr wachsender Reichtum und die relativ beständig fallende Anzahl der zur Produktion der ersten Lebensmittel erheischten Arbeiter erzeugen mit neuem Luxusbedürfnis zugleich neue Mittel seiner Befriedigung. Ein größrer Teil des gesellschaftlichen Produkts verwandelt sich in Surplusprodukt und ein größrer Teil des Surplusprodukts wird in verfeinerten und vermannigfachten Formen reproduziert und verzehrt. In andren Worten: Die Luxusproduktion wächst.[624] Die Verfeinerung und Vermannigfachung der Produkte entspringt ebenso aus

[623] „Eine Familie von 4 erwachsnen Personen (Baumwollwebern) mit zwei Kindern als winders (Haspler) gewann Ende des letzten und Anfang des gegenwärtigen Jahrhunderts 4 Pfd.St. per Woche bei 10stündiger Tagesarbeit; war die Arbeit sehr dringend, so konnten sie mehr verdienen ... Früher hatten sie immer gelitten von mangelnder Garnzufuhr." (Gaskell, l.c.p. 34, 35.)

[624] F. Engels in „Lage usw." (siehe Band 2) weist den jämmerlichen Zustand eines großen Teils grade dieser Luxusarbeiter nach. Massenhafte neue Belege hierzu in den Berichten der „Child. Empl. Comm."

den neuen weltmarktlichen Beziehungen, welche die große Industrie schafft. Es werden nicht nur mehr ausländische Genußmittel gegen das heimische Produkt ausgetauscht, sondern es geht auch eine größre Masse fremder Rohstoffe, Ingredienzien, Halbfabrikate usw. als Produktionsmittel in die heimische Industrie ein. Mit diesen weltmarktlichen Beziehungen steigt die Arbeitsnachfrage in der Transportindustrie und spaltet sich letztre in zahlreiche neue Unterarten.[625]

Die Vermehrung von Produktions- und Lebensmitteln bei relativ abnehmender Arbeiterzahl treibt zur Ausdehnung der Arbeit in Industriezweigen, deren Produkte, wie Kanäle, Warendocks, Tunnels, Brücken usw., nur in fernrer Zukunft Früchte tragen. Es bilden sich, entweder direkt auf der Grundlage der Maschinerie, oder doch der ihr entsprechenden allgemeinen industriellen Umwälzung, ganz neue Produktionszweige und daher neue Arbeitsfelder. Ihr Raumanteil an der Gesamtproduktion ist jedoch selbst in den meistentwickelten Ländern keineswegs bedeutend. Die Anzahl der von ihnen beschäftigten Arbeiter steigt im direkten Verhältnis, worin die Notwendigkeit rohster Handarbeit reproduziert wird. Als Hauptindustrien dieser Art kann man gegenwärtig Gaswerke, Telegraphie, Photographie, Dampfschiffahrt und Eisenbahnwesen betrachten. Der Zensus von 1861 (für England und Wales) ergibt in der Gasindustrie (Gaswerke, Produktion der mechanischen Apparate, Agenten der Gaskompagnien usw.) 16.211 Personen, Telegraphie 2.399, Photographie 2.366, Dampfschiffdienst 3.570 und Eisenbahnen 70.599, worunter ungefähr 28.000 mehr oder minder permanent beschäftigte „ungeschickte" Erdarbeiter nebst dem ganzen administrativen und kommerziellen Personal. Also Gesamtzahl der Individuen in diesen fünf neuen Industrien 94.145.

Endlich erlaubt die außerordentlich erhöhte Produktivkraft in den Sphären der großen Industrie, begleitet, wie sie ist, von intensiv und extensiv gesteigerter Ausbeutung der Arbeitskraft in allen übrigen Produktionssphären, einen stets größren Teil de Arbeiterklasse unproduktiv zu verwenden und so namentlich die alten Haussklaven unter dem Namen der „dienenden Klasse", wie Bediente, Mägde, Lakaien usw., stets massenhafter zu reproduzieren. Nach dem Zensus von 1861 zählte die Gesamtbevölkerung von England und Wales 20.066.224 Personen, wovon 9.776.259 männlich und 10.289.965 weiblich. Zieht man hiervon ab, was zu alt oder zu jung zur Arbeit, alle „unproduktiven" Weiber, jungen Personen und Kinder, dann die „ideologischen" Stände, wie Regierung, Pfaffen, Juristen, Militär usw., ferner alle, deren ausschließliches Geschäft der Verzehr fremder Arbeit in der Form von Grundrente, Zins usw., endlich Paupers, Vaga- bunden, Verbrecher usw., so bleiben in rauher Zahl 8 Millionen beiderlei Geschlechts und der verschiedensten Altersstufen, mit Einschluß sämtlicher irgendwie in der Produktion, dem Handel, der Finanz usw. funktionierenden Kapitalisten. Von diesen 8 Millionen kommen auf:

[625] 1861 in England und Wales 94.665 in der Handelsmarine beschäftigte Seeleute.

Ackerbauarbeiter (mit Einschluß der Hirten und bei Pächtern wohnenden Ackerknechte und Mägde)	1.098.261 Personen
Alle in Baumwoll-, Woll-, Worsted-, Flachs-, Hanf-, Seide-, Jutefabriken und in der mechanischen Strumpfwirkerei und Spitzenfabrikation Beschäftigten	642.607 Personen*
Alle in Kohlen- und Metallbergwerken Beschäftigten	565.835 Personen
In sämtlichen Metallwerken (Hochöfen, Walzwerke usw.) und Metallmanufakturen aller Art Beschäftigten	396.998 Personen**
Dienende Klasse	1.208.648 Personen***

Rechnen wir die in allen textilen Fabriken Beschäftigten zusammen mit dem Personal der Kohlen- und Metallbergwerke, so erhalten wir 1.208.442; rechnen wir sie zusammen mit dem Personal aller Metallwerke und Manufakturen, so die Gesamtzahl 1.039.605, beidemal kleiner als die Zahl der modernen Haussklaven. Welch erhebendes Resultat der kapitalistisch exploitierten Maschinerie!

* Davon nur 177.596 männlichen Geschlechts über 13 Jahre.

** Davon weiblichen Geschlechts 30.501.

*** Davon männlichen Geschlechts: 137.447. Ausgeschlossen von den 1.208.648 alles Personals, das nicht in Privathäusern dient.

Zusatz zur 2. Ausg. Von 1861 bis 1870 hat sich die Zahl männlicher Diener beinahe verdoppelt. Sie war angewachsen auf 267.671. Im Jahr 1847 gab es 2.694 Wildhüter (für die aristokratischen Wildgehege), 1869 dagegen 4.921. - Die jungen, beim Londoner kleinen Spießbürger dienenden Mädchen heißen in der Volkssprache „little slaveys", kleine Sklaven.

7. Repulsion und Attraktion von Arbeitern mit Entwicklung des Maschinenbetriebs. Krisen der Baumwollindustrie

Alle zurechnungsfähigen Repräsentanten der politischen Ökonomie geben zu, daß neue Einführung der Maschinerie pestartig wirkt auf die Arbeiter in den überlieferten Handwerken und Manufakturen, womit sie zunächst konkurriert. Fast alle beächzen die Sklaverei des Fabrikarbeiters. Und was ist der große Trumpf, den alle ausspielen? Daß die Maschinerie, nach den Schrecken ihrer Einführungs- und Entwicklungsperiode, die Arbeitssklaven in letzter Instanz vermehrt, statt sie schließlich zu vermindern! Ja, die politische Ökonomie jubelt sich aus in dem abscheulichen Theorem, abscheulich für jeden „Philanthropen", der an die ewige Naturnotwendigkeit der kapitalistischen Produktionsweise glaubt, daß selbst die bereits auf Maschinenbetrieb begründete Fabrik, nach bestimmter Periode des Wachstums, nach kürzrer oder längrer „Übergangszeit", mehr Arbeiter abplackt, als sie ursprünglich aufs Pflaster warf![626]

[626] Ganilh betrachtet dagegen als Schlußresultat des Maschinenbetriebs absolut verminderte Anzahl der Arbeitssklaven, auf deren Kosten dann eine vermehrte Anzahl der „gens honnêtes" („anständigen Leute") zehrt und ihre bekannte „perfectibilité perfectible" (vervollkommnungsfähige Vervollkommnungsfähigkeit) entwickelt. So wenig er die Bewegung der Produktion der Produktion versteht, fühlt er wenigstens, daß die Maschinerie eine sehr fatale Institution, wenn ihre Einführung beschäftigte Arbeiter in Paupers verwandelt, während ihre Entwicklung mehr Arbeitssklaven ins Leben ruft, als sie erschlagen hat. Den Kretinismus seines eignen Standpunkts kann man nur in

Zwar zeigte sich schon an einigen Beispielen, z.B. den englischen Worsted- und Seidenfabriken, daß auf einem gewissen Entwicklungsgrad außerordentliche Ausdehnung von Fabrikzweigen mit nicht nur relativer, sondern absoluter Abnahme der angewandten Arbeiteranzahl verbunden sein kann. Im Jahr 1860, als ein Spezialzensus aller Fabriken des Vereinigten Königreichs auf Befehl des Parlaments aufgenommen ward, zählte die dem Fabrikinspektor *R. Baker* zugewiesne Abteilung der Fabrikdistrikte von Lancashire, Cheshire und Yorkshire 652 Fabriken; von diesen enthielten 570: Dampfwebstühle 85.622, Spindeln (mit Ausschluß der Dublierspindeln) 6.819.156, Pferdekraft in Dampfmaschinen 27.439, in Wasserrädern 1.390, beschäftigte Personen 94.119. Im Jahr 1865 dagegen enthielten dieselben Fabriken: Webstühle 95.163, Spindeln 7.025.031, Pferdekraft in Dampfmaschinen 28.925, in Wasserrädern 1.445, beschäftigte Personen 88.913. Von 1860 bis 1865 betrug also die Zunahme dieser Fabriken an Dampfwebstühlen 11%, an Spindeln 3%, an Dampfpferdekraft 5%, während gleichzeitig die Zahl der beschäftigten Personen um 5,5% abnahm.[627] Zwischen 1852 und 1862 fand beträchtliches Wachstum der englischen Wollfabrikation statt, während die Zahl der angewandten Arbeiter beinahe stationär blieb.

„Dies zeigt, in wie großem Maße neu eingeführte Maschinerie die Arbeit vorhergehender Perioden verdrängt hatte."[628]

In empirisch gegebnen Fällen ist die Zunahme der beschäftigten Fabrikarbeiter oft nur scheinbar, d.h. nicht der Ausdehnung der bereits auf Maschinenbetrieb beruhenden Fabrik geschuldet, sondern der allmählichen Annexation von Nebenzweigen. Z.B. die Zunahme der mechanischen Webstühle und der durch sie beschäftigten Fabrikarbeiter von 1838-1858 war in der (britischen) Baumwollfabrik einfach der Ausdehnung dieses Geschäftszweigs geschuldet; in den andren Fabriken dagegen der Neuanwendung von Dampfkraft auf den Teppich-, Band-, Leinenwebstuhl usw., die vorher durch menschliche Muskelkraft getrieben wurden.[629] Die Zunahme dieser Fabrikarbeiter war also nur der Ausdruck einer Abnahme in der Gesamt-

---

seinen eignen Worten ausdrücken: „Die Klassen, die dazu verdammt sind, zu produzieren und zu konsumieren, vermindern sich, und die Klassen, die die Arbeit leiten, der ganzen Bevölkerung Linderung, Trost und Einsicht bringen, vermehren sich ... und eignen sich alle Vorteile an, die sich aus den Verringerung der Arbeitskosten, dem Überfluß an Waren und dem niedrigen Preis der Konsumgüter ergeben. Unter dieser Leitung erhebt sich das Menschengeschlecht zu den höchsten Schöpfungen des Genies, durchdringt die geheimnisvollen Tiefen der Religion, stellt die heilsamen Grundsätze der Moral auf" (die darin besteht „sich alle Vorteile anzueignen usw."), „die Gesetze zum Schutze der Freiheit" (der Freiheit für „die Klassen, die dazu verdammt sind, zu produzieren"?) „und der Macht, des Gehorsams und der Gerechtigkeit, der Pflicht und der Menschlichkeit." Dies Kauderwelsch in „Des Systèmes d'Économie Politique etc." Par M. Ch. Ganilh, 2ème éd., Paris 1821, t. I, p. 224, cf. ib p. 212.

[627] „Reports of Insp. of Fact., 31st Oct. 1865", p. 58 sq. Gleichzeitig war aber auch schon die materielle Grundlage für Beschäftigung einer wachsenden Arbeiterzahl gegeben in 110 neuen Fabriken mit 11.625 Dampfwebstühlen, 628.576 Spindeln, 2.695 Dampf- und Wasser-Pferdekraft. (l.c.)

[628] „Reports etc. for 31st Oct. 1862", p. 79.

Zusatz zur 2. Ausg. Ende Dezember 1871 sagte Fabrikinspektor A. Redgrave in einem Vortrag, gehalten zu Bradford, in der „New Mechanics' Institution": „Was mich seit einiger Zeit frappiert hat, war die veränderte Erscheinung der Wollfabriken. Früher waren sie mit Weibern und Kindern gefüllt, jetzt scheint die Maschinerie alles Werk zu tun. Auf Anfrage gab mir ein Fabrikant folgenden Aufschluß: Unter dem alten System beschäftigte ich 63 Personen; nach Einführung verbesserter Maschinerie reduzierte ich meine Hände auf 33, und jüngst, infolge neuer großer Veränderungen war ich imstande, sie von 33 auf 13 zu reduzieren."

[629] „Reports etc. for 31st Oct. 1856", p. 16.

zahl der beschäftigten Arbeiter. Es wird hier endlich ganz davon abgesehn, daß überall, mit Ausnahme der Metallfabriken, jugendliche Arbeiter (unter 18 Jahren), Weiber und Kinder das weit vorwiegende Element des Fabrikpersonals bilden.

Man begreift jedoch, trotz der vom Maschinenbetrieb faktisch verdrängten und virtuell ersetzten Arbeitermasse, wie mit seinem eignen Wachstum, ausgedrückt in vermehrter Anzahl von Fabriken derselben Art oder den erweiterten Dimensionen vorhandner Fabriken, die Fabrikarbeiter schließlich zahlreicher sein können als die von ihnen verdrängten Manufakturarbeiter oder Handwerker. Das wöchentlich angewandte Kapital von 500 Pfd.St. bestehe z.B. in der alten Betriebsweise aus 2/5 konstantem und 3/5 variablem Bestandteil, d.h. 200 Pfd.St. seien in Produktionsmitteln ausgelegt, 300 Pfd.St. in Arbeiterkraft, sage 1 Pfd.St. per Arbeiter. Mit dem Maschinenbetrieb verwandelt sich die Zusammensetzung des Gesamtkapitals. Es zerfällt jetzt z.B. in 4/5 konstanten und 1/5 variablen Bestandteil, oder es werden nur noch 100 Pfd.St. in Arbeitskraft ausgelegt. Zwei Drittel der früher beschäftigten Arbeiter werden also entlassen. Dehnt sich dieser Fabrikbetrieb aus und wächst bei sonst gleichbleibenden Produktionsbedingungen das angewandte Gesamtkapital von 500 auf 1500, so werden jetzt 300 Arbeiter beschäftigt, so viele wie vor der industriellen Revolution. Wächst das angewandte Kapital weiter auf 2.000, so werden 400 Arbeiter beschäftigt, also 1/3 mehr als mit der alten Betriebsweise. Absolut ist die angewandte Arbeiterzahl um 100 gestiegen, relativ, d.h. im Verhältnis zum vorgeschoßnen Gesamtkapital, ist sie um 800 gefallen, denn das Kapital von 2000 Pfd.St. hätte in der alten Betriebsweise 1200 statt 400 Arbeiter beschäftigt. Relative Abnahme der beschäftigten Arbeiterzahl verträgt sich also mit ihrer absoluten Zunahme. Es wurde oben angenommen, daß mit dem Wachstum des Gesamtkapitals seine Zusammensetzung konstant bleibt, weil die Produktionsbedingungen. Man weiß aber bereits, daß mit jedem Fortschritt des Maschinenwesens der konstante, aus Maschinerie, Rohmaterial usw. bestehende Kapitalteil wächst, während der variable, in Arbeitskraft ausgelegte fällt, und man weiß zugleich, daß in keiner andren Betriebsweise die Verbeßrung so konstant, daher die Zusammensetzung des Gesamtkapitals so variabel ist. Dieser beständige Wechsel ist aber ebenso beständig unterbrochen durch Ruhepunkte und bloß quantitative Ausdehnung auf gegebner technischer Grundlage. Damit wächst die Anzahl der beschäftigten Arbeiter. So betrug die Anzahl aller Arbeiter in den Baumwoll-, Woll-, Worsted-, Flachs- und Seidenfabriken des Vereinigten Königreichs 1835 nur 354.684, während 1861 allein die Zahl der Dampfweber (beiderlei Geschlechts und der verschiedensten Altersstufen vom 8. Jahr an) 230.654 betrug. Allerdings erscheint dies Wachstum minder groß, wenn man erwägt, daß die britischen Handbaumwollweber mit den von ihnen selbst beschäftigten Familien 1838 noch 800.000 zählten[630], ganz abgesehn von den in Asien und auf dem europäischen Kontinent verdrängten.

[630] „Die Leiden der Handweber" (von Baumwolle und mit Baumwolle gemischten Stoffen) „waren Gegenstand der Untersuchung durch eine königl. Kommission, aber obgleich ihr Elend anerkannt und bejammert wurde, überließ man die Verbeßrung (!) ihrer Lage dem Zufall und dem Wechsel der Zeit, und man darf hoffen, daß diese Leiden jetzt"

In den wenigen Bemerkungen, die über diesen Punkt noch zu machen, berühren wir zum Teil rein tatsächlich Verhältnisse, wozu unsre theoretische Darstellung selbst noch nicht geführt hat.

Solange sich der Maschinenbetrieb in einem Industriezweig auf Kosten des überlieferten Handwerks oder der Manufaktur ausdehnt, sind seine Erfolge so sicher, wie etwa der Erfolg einer mit dem Zündnadelgewehr bewaffneten Armee gegen eine Armee von Bogenschützen wäre. Diese erste Periode, worin die Maschine erst ihren Wirkungskreis erobert, ist entscheidend wichtig wegen der außerordentlichen Profite, die sie produzieren hilft. Diese bilden nicht nur an und für sich eine Quelle beschleunigter Akkumulation, sondern ziehen großen Teil des beständig neugebildeten und nach neuer Anlage drängenden gesellschaftlichen Zusatzkapitals in die begünstigte Produktionssphäre. Die besondren Vorteil der ersten Sturm- und Drangperiode wiederholen sich beständig in den Produktionszweigen, worin die Maschinerie neu eingeführt wird. Sobald aber das Fabrikwesen eine gewisse Breite des Daseins und bestimmten Reifegrad gewonnen hat, sobald namentlich seine eigne technische Grundlage, die Maschinerie, selbst wieder durch Maschinen produziert wird, sobald Kohlen- und Eisengewinnung wie die Verarbeitung der Metalle und das Transportwesen revolutioniert, überhaupt die der großen Industrie entsprechenden allgemeinen Produktionsbedingungen hergestellt sind, erwirbt diese Betriebsweise eine Elastizität, eine plötzliche sprungweise Ausdehnungsfähigkeit, die nur an dem Rohmaterial und dem Absatzmarkt Schranken findet. Die Maschinerie bewirkt einerseits direkte Vermehrung des Rohmaterials, wie z.B. der cotton gin die Baumwollproduktion vermehrte.[631] Andrerseits sind Wohlfeilheit des Maschinenprodukts und das umgewälzte Transport- und Kom- munikationswesen Waffen zur Erobrung fremder Märkte. Durch den Ruin ihres handwerksmäßigen Produkts verwandelt der Maschinenbetrieb sie zwangsweise in Produktionsfelder seines Rohmaterials. So wurde Ostindien zur Produktion von Baumwolle, Wolle, Hanf, Jute, Indigo usw. für Großbritannien gezwungen.[632] Die beständige „Überzähligmachung" der Arbeiter in den Ländern der großen Industrie befördert treibhausmäßige Auswandrung und Kolonisation fremder Länder, die sich in Pflanzstätten für das Rohmaterial des Mutterlands verwandeln, wie Australien z.B. in eine Pflanzstätte

(20 Jahre später!) „beinahe (nearly) erloschen sind, wozu die jetzige große Ausdehnung der Dampfwebstühle aller Wahrscheinlichkeit nach beigetragen hat." („Rep. Insp. Fact., 31st Oct. 1856", p. 15.)

[631] Andre Methoden, wodurch die Maschinerie auf die Produktion des Rohmaterials einwirkt, werden im Dritten Buch erwähnt.

[632]

Baumwollausfuhr von Ostindien nach Großbritannien					
1846	34.540.143 Pfd.	1860	204.141.168 Pfd.	1865	445.947.600 Pfd
Wollausfuhr von Ostindien nach Großbritannien					
1846	4.570.581 Pfd.	1860	20.214.173 Pfd.	1865	20.679.111 Pfd.

von Wolle.[633] Es wird eine neue, den Hauptsitzen des Maschinenbetriebs entsprechende internationale Teilung der Arbeit geschaffen, die einen Teil des Erdballs in vorzugsweis agrikoles Produktionsfeld für den andern als vorzugsweis industrielles Produktionsfeld umwandelt. Diese Revolution hängt zusammen mit Umwälzungen in der Agrikultur, die hier noch nicht weiter zu erörtern sind.[634]

Auf Antrieb des Herrn Gladstone verordnete das Haus der Gemeinen am 18. Februar 1867 eine Statistik über sämtliche von 1831-1866 in das Vereinigte Königreich eingeführte und ausgeführte Kornfrucht, Getreide und Mehl aller Art. Ich gebe nachstehend das zusammenfassende Resultat. Das Mehl ist auf Quarters Korn reduziert. (S. Tabelle auf Seite 419. (Siehe vorliegenden Band S. 479))

Die ungeheure, stoßweise Ausdehnbarkeit des Fabrikwesens und seine Abhängigkeit vom Weltmarkt erzeugen notwendig fieberhafte Produktion und darauf folgende Überfüllung der Märkte, mit deren Kontraktion Lähmung eintritt. Das Leben der Industrie verwandelt sich in eine Reihenfolge von Perioden mittlerer Lebendigkeit, Prosperität, Überproduktion, Krise und Stagnation. Die Unsicherheit und Unstetigkeit, denen der Maschinenbetrieb die Beschäftigung und damit die Lebenslage des Arbeiters unterwirft, werden normal mit diesem Periodenwechsel des industriellen Zyklus. Die Zeiten der Prosperität abgerechnet, rast

[633]

Wollausfuhr vom Kap der Guten Hoffnung nach Großbritannien					
1846	2.958.457 Pfd.	1860	16.574.345 Pfd.	1865	28.820.623 Pfd.
Wollausfuhr von Australien nach Großbritannien					
1846	21.789.346 Pfd.	1860	59.166.616 Pfd.	1865	109.734.261 Pfd.

[634] Die ökonomische Entwicklung der Vereinigten Staaten ist selbst ein Produkt der europäischen, näher englischen großen Industrie. In ihrer jetzigen Gestalt (1866) müssen sie stets noch als Kolonialland von Europa betrachtet werden. {Zur 4. Aufl. - Seitdem haben sie sich zum zweiten Industrieland der Welt entwickelt, ohne darum ihren Kolonialcharakter ganz eingebüßt zu haben. - F. E.}

Baumwollausfuhr der Vereinigten Staaten nach Großbritannien (in Pfd.)			
1846	401.949.393	1852	765.630.544
1859	961.707.264	1860	1.115.890.608

Ausfuhr von Korn usw. aus den Vereinigten Staaten nach Großbritannien (1850 und 1862)				
Weizen cwts.	1850	16.202.312	1862	41.033.503
Gerste cwts.	1850	3.669.653	1862	6.624.800
Hafer cwts.	1850	3.174.801	1862	4.426.994
Roggen cwts.	1850	388.749	1862	7.108
Weizenmehl cwts.	1850	3.819.440	1862	7.207.113
Buchweizen cwts.	1850	1.054	1862	19.571
Mais cwts.	1850	5.473.161	1862	11.694.818
Bere oder Bigg (bes. Gerstenart) cwts.	1850	2.039	1862	7.675
Erbsen cwts.	1850	811.620	1862	1.024.722
Bohnen cwts.	1850	1.822.972	1862	2.037.137
Gesamteinfuhr cwts.	1850	35.365.801	1862	74.083.441

zwischen den Kapitalisten heftigster Kampf um ihren individuellen Raumanteil am Markt. Dieser Anteil steht in direktem Verhältnis zur Wohlfeilheit des Produkts. Außer der hierdurch erzeugten Rivalität im Gebrauch verbesserter, Arbeitskraft ersetzender Maschinerie und neuer Produktionsmethoden tritt jedesmal ein Punkt ein, wo Verwohlfeilerung der Ware durch gewaltsamen Druck des Arbeitslohnes unter den Wert der Arbeitskraft erstrebt wird.[635]

Wachstum in der Anzahl der Fabrikarbeiter ist also bedingt durch proportionell viel raschres Wachstum des in den Fabriken angelegten Gesamtkapitals. Dieser Prozeß vollzieht sich aber nur innerhalb der Ebb- und Flutperioden des industriellen Zyklus. Er wird zudem stets unterbrochen durch den technischen Fortschritt, der Arbeiter bald virtuell ersetzt, bald faktisch verdrängt. Dieser qualitative Wechsel im Maschinenbetrieb entfernt beständig Arbeiter aus der Fabrik oder verschließ ihr Tor dem neuen Rekrutenstrom, während die bloß quantitative Ausdehnung der Fabriken neben den Herausgeworfnen frische Kontingente verschlingt. Die Arbeiter werden so fortwährend repelliert und attrahiert, hin- und hergeschleudert, und dies bei beständigem Wechsel in Geschlecht, Alter und Geschick der Angeworbnen.

Die Schicksale des Fabrikarbeiters werden am besten veranschaulicht durch raschen Überblick der Schicksale der englischen Baumwollindustrie.

Von 1770 bis 1815 Baumwollindustrie gedrückt oder stagnant 5 Jahre. Während dieser ersten 45jährigen Periode besaßen die englischen Fabrikanten das Monopol der Maschinerie und des Weltmarkts. 1815 bis 1821 gedrückt, 1822 und 1823 prosperierend, 1824 Aufhebung der Koalitionsgesetze, allgemeine große Ausdehnung der Fabriken, 1825 Krise; 1826 großes Elend und Aufstände unter den Baumwollarbeitern; 1827 leise Beßrung, 1828 großer Anwachs von Dampfwebstühlen und Ausfuhr; 1829 übergipfelt die Ausfuhr, besonders nach Indien, alle frühren Jahre; 1830 überfüllte Märkte, großer Notstand, 1831

[635] In einem Aufruf der von den Schuhfabrikanten zu Leicester durch einen „lock out" aufs Pflaster geworfnen Arbeiter an die „Trade Societies of England", Juli 1866, heißt es u.a.: „Seit etwa 20 Jahren wurde die Schuhmacherei in Leicester umgewälzt durch Einführung des Nietens statt des Nähens. Gute Löhne konnten damals verdient werden. Bald dehnte sich dies neue Geschäft sehr aus. Große Konkurrenz zeigte sich unter den verschiednen Firmen, welche den geschmackvollsten Artikel liefern könne. Kurz nachher jedoch entsprang eine schlechtre Art Konkurrenz, nämlich die, einander im Markt zu unterverkaufen (undersell). Die schädlichen Folgen offenbarten sich bald in Lohnherabsetzung, und so reißend schnell war der Fall im Preise der Arbeit, daß viele Firmen jetzt nur noch die Hälfte des ursprünglichen Lohns zahlen. Und dennoch, obgleich die Löhne tiefer und tiefer sinken, scheinen die Profite mit jeder Ändrung des Arbeitstarifs zu wachsen." - Selbst ungünstige Perioden der Industrie werden von den Fabrikanten benutzt, um durch übertriebne Lohnherabsetzung, d.h. direkten Diebstahl an den notwendigsten Lebensmitteln des Arbeiters, außerordentliche Profite zu machen. Ein Beispiel. Es handelt sich um die Krise in der Seidenweberei zu Coventry: „Aus Nachweisen, die ich sowohl von Fabrikanten als Arbeitern erhielt, folgt zweifelsohne, daß die Löhne in einem größren Umfang verkürzt wurden, als die Konkurrenz ausländischer Produzenten oder andre Umstände ernötigten. Die Majorität der Weber arbeitet zu einer Lohnherabsetzung von 30 bis 40%. Ein Stück Band, wofür der Weber fünf Jahre früher 6 oder 7 sh. erhielt, bringt ihm jetzt nur 3 sh. 3 d. oder 3 sh. 6 d. ein; andre Arbeit, früher zu 4 sh. und 4 sh. 3 d. bezahlt, erhält jetzt nur 2 sh. oder 2 sh. 3 d. Die Lohnherabsetzung ist größer, als zum Stachel der Nachfrage erheischt ist. In der Tat, bei vielen Arten von Band war die Lohnherabsetzung nicht einmal begleitet von irgendeiner Herabsetzung im Preise des Artikels." (Bericht des Kommissärs F. D. Longe in „Ch. Emp. Comm., V. Rep. 1866", p. 114, n.1.)

bis 1833 fortdauernder Druck; der Handel nach Ostasien (Indien und China) wird dem Monopol der Ostindischen Kompanie entzogen. 1834 großes Wachstum von Fabriken und Maschinerie, Mangel an Händen. Das neue Armengesetz befördert die Wandrung der Landarbeiter in die Fabrikdistrikte. Fegung der ländlichen Grafschaften von Kindern. Weißer Sklavenhandel. 1835 große Prosperität. Gleichzeitige Tothungrung der Baumwollhandweber, 1836 große Prosperität. 1837 und 1838 gedrückter Zustand und Krise. 1839 Wiederaufleben. 1840 große Depression, Aufstände, Einschreiten des Militärs. 1841 und 1842 furchtbares Leiden der Fabrikarbeiter. 1842 schließen die Fabrikanten die Hände von den Fabriken aus, um den Widerruf der Korngesetze zu erzwingen. Die Arbeiter strömen zu vielen Tausenden nach Yorkshire, vom Militär zurückgetrieben, ihre Führer vor Gericht zu Lancaster gestellt. 1843 großes Elend. 1844 Wiederaufleben. 1845 große Prosperität. 1846 erst fortdauernder Aufschwung, dann Symptome der Reaktion. Widerruf der Korngesetze. 1847 Krise. Allgemeine Herabsetzung der Löhne um 10 und mehr Prozent zur Feier des „big loaf". 1848 fortdauernder Druck. Manchester unter militärischem Schutz. 1849 Wiederaufleben. 1850 Prosperität. 1851 fallende Warenpreise, niedrige Löhne, häufige strikes. 1852 beginnende Verbeßrung. Fortdauer der strikes, Fabrikanten drohn mit Import fremder Arbeiter. 1853 steigende Ausfuhr. Achtmonatlicher strike und großes Elend zu Preston. 1854 Prosperität, Überfüllung der Märkte. 1855 Berichte von Bankerotten strömen ein aus den Vereinigten Staaten, Kanada, ostasiatischen Märkten. 1856 große Prosperität. 1857 Krise. 1858 Verbeßrung. 1859 große Prosperität, Zunahme der Fabriken. 1860 Zenit der englischen Baumwollindustrie. Indische, australische und andre Märkte so überführt, daß sie noch 1863 kaum den ganzen Quark absorbiert haben. Französischer Handelsvertrag. Enormes Wachstum von Fabriken und Maschinerie. 1861 Aufschwung dauert Zeitlang fort, Reaktion, Amerikanischer Bürgerkrieg, Baumwollnot. 1862 bis 1863 vollständiger Zusammenbruch.

Die Geschichte der Baumwollnot ist zu charakteristisch, um nicht einen Augenblick dabei zu verweilen. Aus den Andeutungen der Zustände des Weltmarkts 1860 bis 1861 ersieht man, daß die Baumwollnot den Fabrikanten gelegen kam und zum Teil vorteilhaft war, eine Tatsache, anerkannt in Berichten der Manchester Handelskammer, im Parlament proklamiert von Palmerston und Derby, durch die Ereignisse bestätigt.[636] Allerdings gab es 1861 unter den 2.887 Baumwollfabriken des Vereinigten Königreichs viel kleine. Nach dem Bericht des Fabrikinspektors A. Redgrave, dessen Verwaltungsbezirk von jenen 2887 Fabriken 2109 einschließt,

[636] Vgl. „Reports of Insp. of Fact. for 31st Oct. 1862", p. 30

Fünfjährige Perioden und Jahr 1866	1831-1835	1836-1840	1841-1845	1846-1850	1851-1855	1856-1860	1861-1865	1866
Jährlicher Durchschnitt.								
Import Qrs.	1.096.373	2.389.729	2.843.865	8.776.552	8.345.237	10.913.612	15.009.871	16.457.340
Jahresdurchschnitt.								
Export Qrs.	225.263	251.770	139.056	155.461	307.491	341.150	302.754	216.218
Überschuß von Import über Export der Durchschnittsjahre.	871.110	2.137.959	2.704.809	8.621.091	8.037.746	10.572.462	14.707.117	216.218
Population.								
Jährliche Durchschnittszahl in jeder Periode.	24.621.107	25.929.507	27.262.569	27.797.598	27.572.923	28.391.544	29.381.760	29.935.404
Durchschnittsquantum von Korn etc. in Qrs., jährlich verzehrt per Individuum, bei gleicher Teilung unter die Bevölkerung, im Überschuß über die heimische Produktion.	0,036	0,082	0,099	0,31	0,291	0,372	0,501	0,543

wendeten von letztren 392 oder 19% nur unter 10 Dampf-Pferdekraft an, 345 oder 16% 10 und unter 20, 1.372 dagegen 20 und mehr Pferdekraft.[637] Die Mehrzahl der kleinen Fabriken waren Webereien, während der Prosperitätsperiode seit 1858 errichtet, meist durch Spekulanten, wovon der eine das Garn, der andre die Maschinerie, der dritte die Baulichkeit lieferte, unter dem Betrieb ehemaliger overlookers oder andrer unbemittelter Leute. Diese kleinen Fabrikanten gingen meist unter. Dasselbe Schicksal hätte ihnen die durch das Baumwollpech verhinderte Handelskrise bereitet. Obgleich sie 1/3 der Fabrikantenzahl bildeten, absorbierten ihre Fabriken einen ungleich geringeren Teil des in der Baumwollindustrie angelegten Kapitals. Was den Umfang der Lähmung betrifft, so standen nach den authentischen Schätzungen im Oktober 1862 60,3% der Spindeln und 58% der Webstühle still. Dies bezieht sich auf den ganzen Industriezweig und war natürlich sehr modifiziert in den einzelnen Distrikten. Nur sehr wenige Fabriken arbeiteten volle Zeit (60 Stunden per Woche), die übrigen mit Unterbrechungen. Selbst für die wenigen Arbeiter, die volle Zeit und zu dem gewohnten Stücklohn beschäftigt, schmälerte sich notwendig der Wochenlohn infolge der Ersetzung beßrer Baumwolle durch schlechtre, der Sea Island durch ägyptische (in Feinspinnereien), amerikanischer und ägyptischer durch Surat (ostindisch) und reiner Baumwolle durch Mischungen von Baumwollabfall mit Surat. Die kürzre Fiber der Suratbaumwolle, ihre schmutzige Beschaffenheit, die größre Brüchigkeit der Fäden, der Ersatz des Mehls durch alle Art schwerer Ingredienzien beim Schlichten des Kettengarns usw. verminderten die Geschwindigkeit der Maschinerie oder die Zahl der Webstühle, die ein Weber überwachen konnte, vermehrten die Arbeit mit den Irrtümern der Maschine und beschränkten mit der Produktenmasse den Stücklohn. Beim Gebrauch von Surat und mit voller Beschäftigung belief sich der

[637] l.c.p. 18, 19.

Verlust des Arbeiters auf 20, 30 und mehr Prozent. Die Mehrzahl der Fabrikanten setzte aber auch die Rate des Stücklohns um 5, 7 1/2 und 10 Prozent herab. Man begreift daher die Lage der nur 3, 3 1/2, 4 Tage wöchentlich oder nur 6 Stunden per Tag Beschäftigten. Nachdem schon eine relative Verbeßrung eingetreten war, 1863, für Weber, Spinner usw. Wochenlöhne von 3 sh. 4 d., 3 sh. 10 d., 4 sh. 6 d., 5 sh. 1 d. usw.[638] Selbst unter diesen qualvollen Zuständen stand der Erfindungsgeist des Fabrikanten in Lohnabzügen nicht still. Diese wurden zum Teil verhängt als Strafe für die seiner schlechten Baumwolle, unpassenden Maschinerie usw. geschuldeten Fehler des Machwerks. Wo der Fabrikant aber Eigentümer der cottages der Arbeiter, vergütete er sich selbst für Hausrente durch Abzüge vom nominellen Arbeitslohn. Fabrikinspektor Redgrave erzählt von selfacting minders (sie überwachen ein Paar selfacting mules), die „am Ende vierzehntägiger voller Arbeit 8 sh. 11 d. verdienten, und von dieser Summe wurde die Hausrente abgezogen, wovon der Fabrikant jedoch die Hälfte als Geschenk zurückgab, so daß die minders volle 6 sh. 11 d. nach Hause trugen. Der Wochenlohn der Weber rangierte von 2 sh. 6 d. aufwärts während der Schlußzeit von 1862.“[639]

Selbst dann wurde die Hausmiete von den Löhnen häufig abgezogen, wenn die Hände nur kurze Zeit arbeiteten.[640] Kein Wunder, daß in einigen Teilen Lancashires eine Art Hungerpest ausbrach! Charakteristischer als alles dies aber war es, wie die Revolutionierung des Produktionsprozesses auf Kosten des Arbeiters vor sich ging. Es waren förmliche experimenta in corpore vili (Experimente an einem wertlosen Körper), wie die der Anatomen an Fröschen.

„Obgleich ich“, sagt Fabrikinspektor Redgrave, „die wirklichen Einnahmen der Arbeiter in vielen Fabriken gegeben habe, muß man nicht schließen, daß sie denselben Betrag Woche für Woche beziehn. Die Arbeiter erliegen den größten Schwankungen wegen des beständigen Experimentierens (experimentalizing) der Fabrikanten ... ihre Einkünfte steigen und fallen mit der Qualität des Baumwollgemischs; bald nähern sie sich um 15% ihren frühren Einnahmen, und die nächste oder zweitfolgende Woche fallen sie um 50 bis 60%.“[641]

Diese Experimente wurden nicht nur auf Kosten der Lebensmittel der Arbeiter gemacht. Mit allen ihren fünf Sinnen hatten sie zu büßen.

„Die im Öffnen der Baumwolle Beschäftigten unterrichten mich, daß der unerträgliche Gestank sie übel macht ... Den in den Misch-, Scribbling- (Krempel) und Kardierräumen Angewandten irritiert der freigesetzte Staub und Schmutz alle Kopföffnungen, erregt Husten und Schwierigkeit des Atmens ... Wegen der Kürze der Fiber wird dem Garn beim Schlichten eine große Menge Stoff zugesetzt, und zwar allerlei Substitute statt des früher gebrauchten Mehls. Daher Übelkeit und Dyspepsie der Weber. Bronchitis herrscht vor wegen des Staubs,

[638] „Reports of Fact. for 31st. Oct. 1863“, p. 41-45, 51.
[639] „Reports etc. 31st Oct. 1863“, p. 41, 42.
[640] l.c.p. 57.
[641] l.c.p. 50, 51.

ebenso Halsentzündung, ferner eine Hautkrankheit infolge der Irritation der Haut durch den im Surat enthaltnen Schmutz."

Andrerseits waren die Substitute des Mehls ein Fortunatussäckel für die Herrn Fabrikanten durch Vermehrung des Garngewichts. Sie machten „15 Pfund Rohmaterial, wenn verwebt, 20 Pfund wiegen".[642] In dem Bericht der Fabrikinspektoren vom 30. April 1864 liest man:

„Die Industrie verwertet diese Hilfsquelle jetzt in wahrhaft unanständigem Maß. Ich weiß von guter Autorität, daß achtpfündiges Geweb von 5 1/4 Pfund Baumwolle und 2 1/4 Pfund Schlichte gemacht wird. Ein andres 5 1/4 pfündiges Geweb enthielt zwei Pfund Schlichte. Dies waren ordinäre Shirtings (Hemdenstoffe) für den Export. In andren Arten wurden manchmal 50% Schlichte zugesetzt, so daß Fabrikanten sich rühmen können und sich auch wirklich rühmen, daß sie reich werden durch den Verkauf von Geweben für weniger Geld, als das nominell in ihnen enthaltne Garn kostet."[643]

Die Arbeiter aber hatten nicht nur unter den Experimenten der Fabrikanten in den Fabriken, und der Munizipalitäten außerhalb der Fabriken, nicht nur von Lohnherabsetzung und Arbeitslosigkeit, von Mangel und Almosen, von den Lobreden der Lords und Unterhäusler zu leiden.

„Unglückliche Frauenzimmer, beschäftigungslos infolge der Baumwollnot, wurden Auswürflinge der Gesellschaft und blieben es ... Die Zahl junger Prostituierten hat mehr zugenommen als seit den letzten 25 Jahren."[644]

Man findet also in den ersten 45 Jahren der britischen Baumwollindustrie, von 1770-1815, nur 5 Jahre der Krise und Stagnation, aber dies war die Periode ihres Weltmonopols. Die zweite, 48jährige Periode von 1815 bis 1863 zählt nur 20 Jahre des Wiederauflebens und der Prosperität auf 28 Jahre des Drucks und der Stagnation. Von 1815-1830 beginnt die Konkurrenz mit dem kontinentalen Europa und den Vereinigten Staaten. Seit 1833 wird Ausdehnung der asiatischen Märkte erzwungen durch „Zerstörung der Menschenrace". Seit Widerruf der Korngesetze, von 1846 bis 1863, auf acht Jahre mittlerer Lebendigkeit und Prosperität 9 Jahre Druck und Stagnation. Die Lage der erwachsnen männlichen Baumwollarbeiter, selbst während der Prosperitätszeit, zu beurteilen aus der beigefügten Note.[645]

[642] l.c.p. 62, 63.

[643] „Reports etc. 30th April 1864", p. 27.

[644] Aus Brief des Chief Constable (Polizeichefs) Harris von Bolton in „Reports of Insp. of Fact., 31st Oct. 1865", p. 61, 62.

[645] In einem Aufruf der Baumwollarbeiter, Frühling 1863, zur Bildung einer Emigrationsgesellschaft heißt es u.a.: „Daß eine große Emigration von Fabrikarbeitern jetzt absolut notwendig ist, werden nur wenige leugnen. Daß aber ein beständiger Emigrationsstrom zu allen Zeiten erheischt und es ohne denselben unmöglich ist, unsre Stellung unter gewöhnlichen Umständen zu behaupten, zeigen folgende Tatsachen: Im Jahr 1814 betrug der offizielle Wert (der nur Index der Quantität) der exportierten Baumwollgüter 17.665.378 Pfd.St., ihr wirklicher Marktwert 20.070.824 Pfd.St. Im Jahr 1858 betrug der offizielle Wert der exportierten Baumwollgüter 182.221.681 Pfd.St., ihr wirklicher Marktwert nur 43.001.322 Pfd.St., so daß Verzehnfachung der Quantität wenig mehr als Verdopplung des Äquivalents bewirkte. Dies für das Land überhaupt und die Fabrikarbeiter im besondren so unheilvolle Resultat ward durch verschiedne zusammenwirkende Ursachen hervorgebracht. Eine der hervorstechendsten ist der beständige Überfluß von Arbeit,

Maschinerie und große Industrie (Teil III)

8. Revolutionierung von Manufaktur, Handwerk und Hausarbeit durch die große Industrie

a) Aufhebung der auf Handwerk und Teilung der Arbeit beruhenden Kooperation

Man hat gesehn, wie die Maschinerie die auf dem Handwerk beruhende Kooperation und die auf Teilung der handwerksmäßigen Arbeit beruhende Manufaktur aufhebt. Ein Beispiel der ersten Art ist die Mähmaschine, sie ersetzt die Kooperation von Mähern. Ein schlagendes Beispiel der zweiten Art ist die Maschine zur Fabrikation von Nähnadeln. Nach Adam Smith verfertigten zu seiner Zeit 10 Männer durch Teilung der Arbeit täglich über 48.000 Nähnadeln. Eine einzige Maschine liefert dagegen 145.000 in einem Arbeitstag von 11 Stunden. Eine Frau oder ein Mädchen überwacht im Durchschnitt 4 solche Maschinen und produziert daher mit der Maschinerie täglich an 600.000, in der Woche über 3.000.000 Nähnadeln.[646] Sofern eine einzelne Arbeitsmaschine an die Stelle der Kooperation oder der Manufaktur tritt, kann sie selbst wieder zur Grundlage handwerksmäßigen Betriebs werden. Indes bildet diese auf Maschinerie beruhende Reproduktion des Handwerkbetriebs nur den Übergang zum Fabrikbetrieb, der in der Regel jedesmal eintritt, sobald mechanische Triebkraft, Dampf oder Wasser, die menschlichen Muskeln in der Bewegung der Maschine ersetzt. Sporadisch und ebenfalls nur vorübergehend kann kleiner Betrieb sich verbinden mit mechanischer Triebkraft durch Miete des Dampfs, wie in einigen Manufakturen Birminghams, durch Gebrauch kleiner kalorischer Maschinen, wie in gewissen Zweigen der Weberei usw.[647] In der Seidenweberei zu Coventry entwickelte sich naturwüchsig das Experiment der „Cottage-Fabriken". In der Mitte von Cottage-Reihen, quadratmäßig gebaut, wurde ein sog. Engine House (Maschinenhaus) errichtet für die Dampfmaschine und dies durch Schäfte mit den Webstühlen in den cottages verbunden. In allen Fällen war der Dampf gemietet, z.B. zu 2 1/2 sh. per Webstuhl. Diese Dampfrente war wöchentlich zahlbar, die Webstühle mochten laufen oder nicht. Jede cottage enthielt 2-6 Webstühle, den Arbeitern

---

unentbehrlich für diesen Geschäftszweig, der, unter Strafe der Vernichtung, beständiger Expansion des Markts bedarf. Unsre Baumwollfabriken können stillgesetzt werden durch die periodische Stagnation des Handels, welche, unter gegenwärtiger Einrichtung, so unvermeidlich ist, wie der Tod selbst. Aber deswegen steht der menschliche Erfindungsgeist nicht still. Obgleich, niedrig angeschlagen, 6 Millionen dies Land während der letzten 25 Jahre verlassen haben, befindet sich dennoch infolge fortwährender Verdrängung der Arbeit, um das Produkt zu verwohlfeilern, ein großer Prozentsatz der erwachsnen Männer selbst in den Zeiten höchster Prosperität außerstand, Beschäftigung irgendeiner Art auf irgendwelche Bedingungen in den Fabriken zu finden." („Reports of Insp. of Fact., 30th April 1863", p. 51, 52.) Man wird in einem spätern Kapitel sehn, wie die Herrn Fabrikanten während der Baumwollkatastrophe die Emigration der Fabrikarbeiter auf alle Art, selbst von Staats wegen, zu verhindern suchten.

[646] „Ch. Empl. Comm., III. Report", 1864, p. 108, n. 447.

[647] In den Vereinigten Staaten ist derartige Reproduktion des Handwerks auf Grundlage der Maschinerie häufig. Die Konzentration, bei dem unvermeidlichen Übergang in den Fabrikbetrieb, wird eben deswegen, im Vergleich zu Europa und selbst zu England, dort mit Siebenmeilenstiefeln marschieren.

gehörig, oder auf Kredit gekauft, oder gemietet. Der Kampf zwischen der Cottage-Fabrik und der eigentlichen Fabrik währte über 12 Jahre. Er hat geendet mit dem gänzlichen Ruin der 300 cottage factories.[648] Wo die Natur des Prozesses nicht von vornherein Produktion auf großer Stufenleiter bedang, durchliefen in der Regel die in den letzten Dezennien neu aufkommenden Industrien, wie z.B. Briefkuvert-, Stahlfedermachen usw., erst den Handwerksbetrieb und dann den Manufakturbetrieb als kurzlebige Übergangsphasen zum Fabrikbetrieb. Diese Metamorphose bleibt dort am schwierigsten, wo die manufakturmäßige Produktion des Machwerks keine Stufenfolge von Entwicklungsprozessen, sondern eine Vielheit disparater Prozesse einschließt. Dies bildete z.B. ein großes Hindernis der Stahlfederfabrik. Jedoch wurde schon vor ungefähr anderthalb Dezennien ein Automat erfunden, der 6 disparate Prozesse auf einen Schlag verrichtet. Das Handwerk lieferte die ersten 12 Dutzend Stahlfedern 1820 zu 7 Pfd.St. 4 sh., die Manufaktur lieferte sie 1830 zu 8 sh., und die Fabrik liefert sie heute dem Großhandel zu 2 bis 6 d.[649]

b) Rückwirkung des Fabrikwesens auf Manufaktur und Hausarbeit

Mit der Entwicklung des Fabrikwesens und der sie begleitenden Umwälzung der Agrikultur dehnt sich nicht nur die Produktionsleiter in allen andren Industriezweigen aus, sondern verändert sich auch ihr Charakter. Das Prinzip des Maschinenbetriebs, den Produktionsprozeß in seine konstituierenden Phasen zu analysieren und die so gegebnen Probleme durch Anwendung der Mechanik, Chemie usw., kurz der Naturwissenschaften zu lösen, wird überall bestimmend. Maschinerie drängt sich daher bald für diesen, bald für jenen Teilprozeß in die Manufakturen. Die feste Kristallisation ihrer Gliederung, der alten Teilung der Arbeit entstammend, löst sich damit auf und macht fortwährendem Wechsel Platz. Abgesehn hiervon wird die Zusammensetzung des Gesamtarbeiters oder des kombinierten Arbeitspersonals von Grund aus umgewälzt. Im Gegensatz zur Manufakturperiode gründet sich der Plan der Arbeitsteilung jetzt auf Anwendung der Weiberarbeit, der Arbeit von Kindern aller Altersstufen, ungeschickter Arbeiter, wo es immer tubar, kurz der „cheap labour", wohlfeilen Arbeit, wie der Engländer sie charakteristisch nennt. Dies gilt nicht nur für alle auf großer Stufenleiter kombinierte Produktion, ob sie Maschinerie anwende oder nicht, sondern auch für die sog. Hausindustrie, ob ausgeübt in den Privatwohnungen der Arbeiter oder in kleinen Werkstätten. Diese sog. moderne Hausindustrie hat mit der altmodischen, die unabhängiges städtisches Handwerk, selbständige Bauernwirtschaft und vor allem ein Haus der Arbeiterfamilie voraussetzt, nichts gemein als den Namen. Sie ist jetzt verwandelt in das auswärtige Departement der Fabrik, der Manufaktur oder des Warenmagazins. Neben den Fabrikarbeitern, Manufaktur-

[648] Vgl. „Reports of Insp. of Fact., 31st Oct. 1865", p. 64.

[649] Herr Gillott errichtete zu Birmingham die erste Stahlfedermanufaktur auf großer Stufenleiter. Sie lieferte schon 1851 über 180 Millionen Federn und verzehrte jährlich 120 Tonnen Stahlblech. Birmingham, das diese Industrie im Vereinigten Königreich monopolisiert, produziert jetzt jährlich Milliarden von Stahlfedern. Die Zahl der beschäftigten Personen betrug nach dem Zensus von 1861:1.428, darunter 1.268 Arbeiterinnen, vom 5. Jahr an einrolliert.

arbeitern und Handwerkern, die es in großen Massen räumlich konzentriert und direkt kommandiert, bewegt das Kapital durch unsichtbare Fäden andre Armee in den großen Städten und über das flache Land zerstreuter Hausarbeiter. Beispiel: die Hemdenfabrik der Herren Tillie zu Londonderry, Irland, die 1.000 Fabrikarbeiter und 9.000 auf dem Land zerstreute Hausarbeiter beschäftigt.[650]

Die Exploitation wohlfeiler und unreifer Arbeitskräfte wird in der modernen Manufaktur schamloser als in der eigentlichen Fabrik, weil die hier existierende technische Grundlage, Ersatz der Muskelkraft durch Maschinen und Leichtigkeit der Arbeit, dort großenteils wegfällt, zugleich der weibliche oder noch unreife Körper den Einflüssen giftiger Substanzen usw. aufs gewissenloseste preisgegeben wird. Sie wird in der sog. Hausarbeit schamloser als in der Manufaktur, weil die Widerstandsfähigkeit der Arbeiter mit ihrer Zersplitterung abnimmt, eine ganze Reihe räuberischer Parasiten sich zwischen den eigentlichen Arbeitgeber und den Arbeiter drängt, die Hausarbeit überall mit Maschinen- oder wenigstens Manufakturbetrieb in demselben Produktionszweig kämpft, die Armut dem Arbeiter die nötigsten Arbeitsbedingungen, Raum, Licht, Ventilation usw. raubt, die Unregelmäßigkeit der Beschäftigung wächst, und endlich in diesen letzten Zufluchtsstätten der durch die große Industrie und Agrikultur „überzählig" Gemachten die Arbeiterkonkurrenz notwendig ihr Maximum erreicht. Die durch den Maschinenbetrieb erst systematisch ausgebildete Ökonomisierung der Produktionsmittel, von vornherein zugleich rücksichtsloseste Verschwendung der Arbeitskraft und Raub an den normalen Voraussetzungen der Arbeitsfunktion, kehrt jetzt diese ihre antagonistische und menschenmörderische Seite um so mehr heraus, je weniger in einem Industriezweig die gesellschaftliche Produktivkraft der Arbeit und die technische Grundlage kombinierter Arbeitsprozesse entwickelt sind.

c) Die moderne Manufaktur

Ich will nun an einigen Beispielen die oben aufgestellten Sätze erläutern. Der Leser kennt in der Tat schon massenhafte Belege aus dem Abschnitt über den Arbeitstag. Die Metallmanufakturen in Birmingham und Umgegend wenden großenteils für sehr schwere Arbeit 30.000 Kinder und junge Personen nebst 10.000 Weibern an. Man findet sie hier in den gesundheitswidrigen Gelbgießereien, Knopffabriken, Glasur-, Galvanisierungs- und Lackierarbeiten.[651] Die Arbeitsexzesse für Erwachsne und Unerwachsne haben verschiednen Londoner Zeitungs- und Buchdruckereien den rühmlichen Namen: „Das Schlachthaus" gesichert.[652] Dieselben Exzesse, deren Schlachtopfer hier namentlich Weiber, Mädchen und Kinder, in der Buchbinderei. Schwere Arbeit für Unerwachsne in den Seilereien, Nachtarbeit in Salzwerken, Lichter- und andren chemischen Manufakturen; mörderischer Verbrauch von Jungen in Seidenwebereien, die nicht mechanisch

[650] „Ch. Empl. Comm., II. Rep.", 1864, p. LXVIII, n. 415.
[651] Und nun gar Kinder im Feilenschleifen zu Sheffield!
[652] „Ch. Empl. Comm., V. Rep.", 1866, p. 3, n. 24; p. 6, n. 55, 56; p. 7, n. 59, 60.

betrieben werden, zum Drehen der Webstühle.[653] Eine der infamsten, schmutzigsten und schlechtbezahltesten Arbeiten, wozu mit Vorliebe junge Männer und Weiber verwandt werden, ist das Sortieren der Lumpen. Man weiß, daß Großbritannien, abgesehn von seinen eignen unzähligen Lumpen, das Emporium für den Lumpenhandel der ganzen Welt bildet. Sie strömen dahin von Japan, den entferntesten Staaten Südamerikas und den kanarischen Inseln. Ihre Hauptzufuhrquellen aber sind Deutschland, Frankreich, Rußland, Italien, Ägypten, Türkei, Belgien und Holland. Sie dienen zur Düngung, Fabrikation von Flocken (für Bettzeug), Shoddy (Kunstwolle) und als Rohmaterial des Papiers. Die weiblichen Lumpensortierer dienen als Medien, um Pocken und andre ansteckende Seuchen, deren erste Opfer sie selbst sind, zu kolportieren.[654] Als klassisches Beispiel für Überarbeit, schwere und unpassende Arbeit, und daher folgende Brutalisierung der von Kindesbeinen an konsumierten Arbeiter kann, neben der Minen- und Kohlenproduktion, die Ziegel- oder Backsteinmacherei gelten, wozu in England die neuerfundene Maschine nur noch sporadisch angewandt wird (1866). Zwischen Mai und September dauert die Arbeit von 5 Uhr morgens bis 8 Uhr abends, und, wo Trocknung in freier Luft stattfindet, oft von 4 Uhr morgens bis 9 Uhr abends. Der Arbeitstag von 5 Uhr morgens bis 7 Uhr abends gilt für „reduziert“, „mäßig“. Kinder beiderlei Geschlechts werden vom 6. und selbst vom 4. Jahr an verwandt. Sie arbeiten dieselbe Stundenzahl, oft mehr als die Erwachsnen. Die Arbeit ist hart, und die Sommerhitze steigert noch die Erschöpfung. In einer Ziegelei zu Mosley z.B. machte ein 24jähriges Mädchen 2.000 Ziegel täglich, unterstützt von zwei unerwachsnen Mädchen als Gehilfen, welche den Lehm trugen und die Ziegelsteine aufhäuften. Diese Mädchen schleppten täglich 10 Tonnen die schlüpfrigen Seiten der Ziegelgrube von einer Tiefe von 30 Fuß herauf und über eine Entfernung von 210 Fuß.

„Es ist unmöglich für ein Kind, durch das Fegfeuer einer Ziegelei zu passieren ohne große moralische Degradation ... Die nichtswürdige Ansprache, die sie vom zartesten Alter an zu hören bekommen, die unflätigen, unanständigen und schamlosen Gewohnheiten, unter denen sie unwissend und verwildert aufwachsen, machen sie für die spätre Lebenszeit gesetzlos, verworfen, liederlich ... Eine furchtbare Quelle der Demoralisation ist die Art der Wohnlichkeit. Jeder moulder (Former)“ (der eigentlich geschickte Arbeiter und Chef einer Arbeitergruppe) „liefert seiner Bande von 7 Personen Logis und Tisch in seiner Hütte oder cottage. Ob zu seiner Familie gehörige oder nicht, Männer, Jungen, Mädchen schlafen in der Hütte. Diese besteht gewöhnlich aus 2, nur ausnahmsweis aus 3 Zimmern, alle auf dem Erdgeschoß, mit wenig Ventilation. Die Körper sind so erschöpft durch die große Transpiration während des Tags, daß weder Gesundheitsregeln, Reinlichkeit noch Anstand irgendwie beobachtet werden. Viele dieser Hütten

[653] l.c.p. 114, 115, n. 6-7. Der Kommissär bemerkt richtig, daß, wenn sonst die Maschine den Menschen, hier der Junge verbatim die Maschine ersetzt.
[654] Sieh Bericht über den Lumpenhandel und zahlreiche Belege: „Public Health, VIII. Report“, Lond. 1866. Appendix, p. 196-208.

sind wahre Modelle von Unordnung, Schmutz und Staub ... Das größte Übel des Systems, welches junge Mädchen zu dieser Art Arbeit verwendet, besteht darin, daß es sie in der Regel von Kindheit an für ihr ganzes spätres Leben an das verworfenste Gesindel festkettet. Sie werden rohe, bösmäulige Buben (rough, foulmouthed boys), bevor die Natur sie gelehrt hat, daß sie Weiber sind. Gekleidet in wenige schmutzige Lumpen, die Beine weit über das Knie entblößt, Haar und Gesicht mit Dreck beschmiert, lernen sie alle Gefühle der Sittsamkeit und der Scham mit Verachtung behandeln. Während der Essenszeit liegen sie auf den Feldern ausgestreckt oder gucken den Jungen zu, die in einem benachbarten Kanal baden. Ist ihr schweres Tagewerk endlich vollbracht, so ziehn sie beßre Kleider an und begleiten die Männer in Bierkneipen."

Daß die größte Versoffenheit von Kindesbeinen an in dieser ganzen Klasse herrscht, ist nur naturgemäß.

„Das Schlimmste ist, daß die Ziegelmacher an sich selbst verzweifeln. Sie könnten, sagte einer der Bessern zum Kaplan von Southallfield, ebensowohl versuchen, den Teufel zu erheben und zu bessern als einen Ziegler, mein Herr! („You might as well try to raise and improve the devil as a brickie, Sir!")[655]

Über die kapitalistische Ökonomisierung der Arbeitsbedingungen in der modernen Manufaktur (worunter hier alle Werkstätten auf großer Stufenleiter, außer eigentlichen Fabriken, zu verstehn) findet man offizielles und reichlichstes Material in dem IV. (1861) und VI. (1864) „Public Health Report". Die Beschreibung der workshops (Arbeitslokale), namentlich der Londoner Drucker und Schneider, überbietet die ekelhaftesten Phantasien unsrer Romanschreiber. Die Wirkung auf den Gesundheitszustand der Arbeiter ist selbstverständlich. Dr. Simon, der oberste ärztliche Beamte des Privy Council und offizielle Herausgeber der „Public Health Reports", sagt u.a.:

„In meinem vierten Bericht „ (1861) „zeigte ich, wie es für die Arbeiter praktisch unmöglich ist, darauf zu bestehen, was ihr erstes Gesundheitsrecht ist, das Recht, daß, zu welchem Werk immer ihr Anwender sie versammelt, die Arbeit, soweit es von ihm abhängt, von allen vermeidbaren gesundheitswidrigen Umständen befreit sein soll. Ich wies nach, daß, während die Arbeiter praktisch unfähig sind, sich selbst diese Gesundheitsjustiz zu verschaffen, sie keinen wirksamen Beistand von den bestallten Administratoren der Gesundheitspolizei erlangen können ... Das Leben von Myriaden von Arbeitern und Arbeiterinnen wird jetzt nutzlos gefoltert und verkürzt durch das endlose physische Leiden, welches ihre bloße Beschäftigung erzeugt."[656]

Zur Illustration des Einflusses der Arbeitslokale auf den Gesundheitszustand gibt Dr. Simon folgende Sterblichkeitsliste:

[655] „Child. Empl. Comm., V. Report", 1866, p. XVI-XVIII, n. 86-97 und p. 130 bis 133, n. 39-71. Vgl. auch ib., III Report, 1864, p. 48, 56.
[656] „Public Health, VI. Rep.", Lond. 1864, p. 29, 31.

Personenzahl aller Altersstufen in den resp. Industrien angewandt		Industrien verglichen in bezug auf Gesundheit	Sterblichkeitsrate auf 100.000 Männer in den resp. Industrien zu den angegebenen Altersstufen		
			25. bis 35. J.	35. bis 45. J.	45. bis 55. J.
958.265		Agrikult. in England und Wales	743	805	1.145
22.301	Männer	} Lond. Schneider	958	1.262	2.093
12.377	Weiber				
13.803		Lond. Drucker	894	1.747	2.367 [657]

d) Die moderne Hausarbeit

Ich wende mich jetzt zur sog. Hausarbeit. Um sich eine Vorstellung von dieser auf dem Hintergrund der großen Industrie aufgebauten Exploitationssphäre des Kapitals und ihren Ungeheuerlichkeiten zu machen, betrachte man z.B. die scheinbar ganz idyllische, in einigen abgelegnen Dörfern Englands betriebne Nägelmacherei.[658] Hier genügen einige Beispiele aus den noch gar nicht maschinenmäßig betriebnen oder mit Maschinen- und Manufakturbetrieb (1.-4. Auflage: Manufakturtrieb) konkurrierenden Zweigen der Spitzenfabrik und Strohflechterei.

Von den 150.000 Personen, die in der englischen Spitzenproduktion beschäftigt, fallen ungefähr 10.000 unter die Botmäßigkeit des Fabrikakts von 1861. Die ungeheure Mehrzahl der übrigbleibenden 140.000 sind Weiber, junge Personen und Kinder beiderlei Geschlechts, obgleich das männliche Geschlecht nur schwach vertreten ist. Der Gesundheitszustand dieses „wohlfeilen" Exploitationsmaterials ergibt sich aus folgender Aufstellung des Dr. Trueman, Arzt beim General Dispensary von Nottingham. Von je 686 Patienten, Spitzenmacherinnen, meist zwischen dem 17. und 24. Jahr, waren schwindsüchtig:

1852 1 auf 45,	1857 1 auf 13,
1853 1 auf 28,	1858 1 auf 15,
1854 1 auf 17,	1859 1 auf 9,
1855 1 auf 18,	1860 1 auf 8,
1856 1 auf 15,	1861 1 auf 8. [659]

Dieser Fortschritt in der Rate der Schwindsucht muß dem optimistischsten Fortschrittler und lügenfauchendsten deutsche Freihandelshausierburschen genügen.

Der Fabrikakt von 1861 regelt das eigentliche Machen der Spitzen, soweit es durch Maschinerie geschieht, und dies ist die Regel in England. Die Zweige, die

[657] l.c.p. 30. Dr. Simon bemerkt, daß die Sterblichkeit der Londoner Schneider und Drucker vom 25.-35. Jahr in der Tat viel größer ist, weil ihre Londoner Anwender eine große Zahl junger Leute zum 30. Jahr hinauf vom Land als „Lehrlinge" und „improvers" (die sich in ihrem Handwerk ausbilden wollen) erhalten. Diese figurieren im Zensus als Londoner, sie schwellen die Kopfzahl, worauf die Londoner Sterblichkeitsrate berechnet wird, ohne verhältnismäßig zur Zahl der Londoner Todesfälle beizutragen. Großer Teil von ihnen kehrt nämlich und ganz besonders in schweren Krankheitsfällen, zum Land zurück. (l.c.)

[658] Es handelt sich hier um gehämmerte Nägel im Unterschied von den maschinenmäßig fabrizierten geschnittenen Nägeln. Siehe „Child. Empl. Comm., III. Report", p. XI, p. XIX, n. 125-130; p. 52. n. 11; p. 113-114, n. 487; p. 137, n. 674.

[659] „Child. Empl. Comm., II. Report", p. XXII, n. 166.

wir hier kurz berücksichtigen, und zwar nicht, soweit die Arbeiter in Manufakturen, Warenhäusern usw. konzentriert, sondern nur sofern sie sog. Hausarbeiter sind, zerfallen 1. in das finishing (letztes Zurechtmachen der maschinenmäßig fabrizierten Spitzen, eine Kategorie, die wieder zahlreiche Unterabteilungen einschließt), 2. Spitzenklöppeln.

Das Lace finishing wird als Hausarbeit betrieben entweder in sog. „Mistresses Houses" oder von Weibern, einzeln oder mit ihren Kindern, in ihren Privatwohnungen. Die Weiber, welche die „Mistresses Houses" halten, sind selbst arm. Das Arbeitslokal bildet Teil ihrer Privatwohnung. Sie erhalten Aufträge von Fabrikanten, Besitzern von Warenmagazinen usw. und wenden Weiber, Mädchen und junge Kinder an, je nach dem Umfang ihrer Zimmer und der fluktuierenden Nachfrage des Geschäfts. Die Zahl der beschäftigten Arbeiterinnen wechselt von 20 zu 40 in einigen, von 10 zu 20 in andren dieser Lokale. Das durchschnittliche Minimalalter, worin Kinder beginnen, ist 6 Jahre, manche jedoch unter 5 Jahren. Die gewöhnliche Arbeitszeit währt von 8 Uhr morgens bis 8 Uhr abends, mit 1 1/2 Stunden für Mahlzeiten, die unregelmäßig und oft in den stinkigen Arbeitslöchern selbst genommen werden. Bei gutem Geschäft währt die Arbeit oft von 8 Uhr (manchmal 6 Uhr) morgens bis 10, 11 oder 12 Uhr nachts. In englischen Kasernen beträgt der vorschriftsmäßige Raum für jeden Soldaten 500-600 Kubikfuß, in den Militärlazaretten 1.200. In jenen Arbeitslöchern kommen 67-100 Kubikfuß auf jede Person. Gleichzeitig verzehrt Gaslicht den Sauerstoff der Luft. Um die Spitzen rein zu halten, müssen die Kinder oft die Schuhe ausziehn, auch im Winter, obgleich das Estrich aus Pflaster oder Ziegeln besteht.

„Es ist nichts Ungewöhnliches in Nottingham, 15 bis 20 Kinder in einem kleinen Zimmer von vielleicht nicht mehr als 12 Fuß im Quadrat zusammengepökelt zu finden, während 15 Stunden aus 24 beschäftigt an einer Arbeit, an sich selbst erschöpfend durch Überdruß und Monotonie, zudem unter allen nur möglichen gesundheitszerstörenden Umständen ausgeübt ... Selbst die jüngsten Kinder arbeiten mit einer gespannten Aufmerksamkeit und Geschwindigkeit, die erstaunlich sind, fast niemals ihren Fingern Ruhe oder langsamre Bewegung gönnend. Richtet man Fragen an sie, so erheben sie das Auge nicht von der Arbeit, aus Furcht, einen Moment zu verlieren."

Der „lange Stock" dient den „mistresses" als Anregungsmittel im Verhältnis, worin die Arbeitszeit verlängert wird.

„Die Kinder ermüden allmählich und werden so rastlos wie Vögel gegen das Ende ihrer langen Gebundenheit an eine Beschäftigung, eintönig, für die Augen angreifend, erschöpfend durch die Einförmigkeit der Körperhaltung. Es ist wahres Sklavenwerk." („Their work is like slavery.")[660]

Wo Frauen mit ihren eignen Kindern zu Hause, d.h. im modernen Sinn, in einem gemieteten Zimmer, häufig in einer Dachstube arbeiten, sind die Zustände

[660] „Child. Empl. Comm., II. Report", 1864, p. XIX, XX, XXI.

womöglich noch schlimmer. Diese Art Arbeit wird 80 Meilen im Umkreis von Nottingham ausgegeben. Wenn das in den Warenhäusern beschäftigte Kind sie 9 oder 10 Uhr abends verläßt, gibt man ihm oft noch ein Bündel mit auf den Weg, um es zu Hause fertigzumachen. Der kapitalistische Pharisäer, vertreten durch einen seiner Lohnknechte, tut das natürlich mit der salbungsvollen Phrase: „das sei für Mutter", weiß aber sehr wohl, daß das arme Kind aufsitzen und helfen muß.[661]

Die Industrie des Spitzenklöppelns wird hauptsächlich in zwei englischen Agrikulturdistrikten betrieben, dem Honiton Spitzendistrikt, 20 bis 30 Meilen längs der Südküste von Devonshire, mit Einschluß weniger Plätze von Nord-Devon, und einem andren Distrikt, der großen Teil der Grafschaften von Buckingham, Bedford, Northampton und die benachbarten Teile von Oxfordshire und Huntingdonshire umfaßt. Die cottages der Ackerbautaglöhner bilden durchschnittlich die Arbeitslokale. Manche Manufakturherrn wenden über 3.000 dieser Hausarbeiter an, hauptsächlich Kinder und junge Personen, ausschließlich weiblichen Geschlechts. Die beim Lace finishing beschriebnen Zustände wiederholen sich. Nur treten an die Stelle der „mistresses houses" die sog. „lace schools" (Spitzenschulen), gehalten von armen Weibern in ihren Hütten. Vom 5. Jahr an, manchmal jünger, bis zum 12. oder 15. arbeiten die Kinder in diesen Schulen, während des ersten Jahres die jüngsten von 4 bis 8 Stunden, später von 6 Uhr morgens bis 8 und 10 Uhr abends.

„Die Zimmer sind im allgemeinen gewöhnliche Wohnstuben kleiner cottages, der Kamin zugestopft zur Abwehr von Luftzug, die Insassen manchmal auch im Winter nur von ihrer eignen animalischen Wärme geheizt. In andren Fällen sind diese sog. Schulzimmer kleinen Vorratskammern ähnliche Räume, ohne Feuerplatz ... Die Überfüllung dieser Löcher und die dadurch bewirkte Luftverpestung sind oft extrem. Dazu kommt die schädliche Wirkung von Gerinnen, Abtritten, verwesenden Stoffen und andrem Unrat, gewöhnlich in den Zugängen zu kleinren cottages."

Mit Bezug auf den Raum:

„In einer Spitzenschule 18 Mädchen und Meisterin, 33 Kubikfuß für jede Person; in einer andren, wo unerträglicher Gestank, 18 Personen, per Kopf 24 1/2 Kubikfuß. Man findet in dieser Industrie Kinder von 2 und 2 1/2 Jahren verwandt."[662]

Wo das Spitzenklöppeln in den ländlichen Grafschaften von Buckingham und Bedford aufhört, beginnt die Strohflechterei. Sie erstreckt sich über großen Teil von Hertfordshire und die westlichen und nördlichen Teile von Essex. Es waren 1861 beschäftigt im Strohflechten und Strohhutmachen 48.043 Personen, 3.815 davon männlichen Geschlechts aller Altersstufen, die andren weiblichen Geschlechts, und zwar 14.913 unter 20 Jahren, davon an 7.000 Kinder. An die Stelle der Spitzenschulen treten hier die „straw plait schools" (Strohflechtschulen). Die Kinder beginnen hier den Unterricht im Strohflechten gewöhnlich vom 4., manch-

[661] l.c.p. XXI, XXII.
[662] l.c.p. XXIX, XXX.

mal zwischen dem 3. und 4. Jahr. Erziehung erhalten sie natürlich keine. Die Kinder selbst nennen die Elementarschulen „natural schools“ (natürliche Schulen) im Unterschied zu diesen Blutaussaugungsanstalten, worin sie einfach an der Arbeit gehalten werden, um das von ihren halbverhungerten Müttern vorgeschriebne Machwerk, meist 30 Yards per Tag, zu verfertigen. Diese Mütter lassen sie dann oft noch zu Haus bis 10, 11, 12 Uhr nachts arbeiten. Das Stroh schneidet ihnen Finger und Mund, durch den sie es beständig anfeuchten. Nach der von Dr. Ballard resümierten Gesamtansicht der medizinischen Beamten Londons bilden 300 Kubikfuß den Minimalraum für jede Person in einem Schlaf- oder Arbeitszimmer. In den Strohflechtschulen ist der Raum aber noch spärlicher zugemessen als in den Spitzenschulen, 12 2/3, 17, 18 1/2 und unter 22 Kubikfuß für jede Person.

„Die kleinre dieser Zahlen“, sagt Kommissär White, „repräsentieren weniger Raum als die Hälfte von dem, den ein Kind einnehmen würde, wenn verpackt in eine Schachtel von 3 Fuß nach allen Dimensionen.“

Dies der Lebensgenuß der Kinder bis zum 12. oder 14. Jahr. Die elenden, verkommenen Eltern sinnen nur darauf, aus den Kindern soviel als möglich herauszuschlagen. Aufgewachsen fragen die Kinder natürlich keinen Deut nach den Eltern und verlassen sie.

„Es ist kein Wunder, daß Unwissenheit und Laster überströmen in einer so aufgezüchteten Bevölkerung ... Ihre Moral steht auf der niedrigsten Stufe ... Eine große Anzahl der Weiber hat illegitime Kinder und manche in so unreifem Alter, daß selbst die Vertrauten der Kriminalstatistik darüber erstarren.“[663]

Und das Heimatsland dieser Musterfamilien ist, so sagt der sicher im Christentum kompetente Graf Montalembert, Europas christliches Musterland!

Der Arbeitslohn, in den eben behandelten Industriezweigen überhaupt jämmerlich (der ausnahmsweise Maximallohn der Kinder in den Strohflechtschulen 3 sh.), wird noch tief unter seinen Nominalbetrag herabgedrückt durch das namentlich in den Spitzendistrikten allgemein vorherrschende Trucksystem.[664]

e) Übergang der modernen Manufaktur und Hausarbeit zur großen Industrie. Beschleunigung dieser Revolution durch Anwendung der Fabrikgesetze auf jene Betriebsweisen

Die Verwohlfeilerung der Arbeitskraft durch bloßen Mißbrauch weiblicher und unreifer Arbeitskräfte, bloßen Raub aller normalen Arbeits- und Lebensbedingungen und bloße Brutalität der Über- und Nachtarbeit, stößt zuletzt auf gewisse nicht weiter überschreitbare Naturschranken, und mit ihr auch die auf diesen Grundlagen beruhende Verwohlfeilerung der Waren und kapitalistische Exploitation überhaupt. Sobald dieser Punkt endlich erreicht ist, und es dauert lange, schlägt die Stunde für Einführung der Maschinerie und die nun rasche Verwandlung der zersplitterten Hausarbeit (oder auch Manufaktur) in Fabrikbetrieb.

[663] l.c.p. XL, XLI.
[664] „Child. Empl. Comm., I. Rep.“, 1863, p. 185.

Das kolossalste Beispiel dieser Bewegung liefert die Produktion von „Wearing Apparel" (zum Anzug gehörige Artikel). Nach der Klassifikation der „Child. Empl. Comm." umfaßt diese Industrie Strohhut- und Damenhutmacher, Kappenmacher, Schneider, milliners und dressmakers[665], Hemdenmacher und Näherinnen, Korsetten-, Handschuh-, Schuhmacher, nebst vielen kleineren Zweigen, wie Fabrikation von Halsbinden, Halskragen usw. Das in England und Wales in diesen Industrien beschäftigte weibliche Personal betrug 1861:586.298, wovon mindestens 115.242 unter 20, 16.560 unter 15 Jahren. Zahl dieser Arbeiterinnen im Vereinigten Königreich 1861:750.334. Die Zahl der gleichzeitig in Hut-, Schuh-, Handschuhmacherei und Schneiderei beschäftigten männlichen Arbeiter in England und Wales: 437.969, wovon 14.964 unter 15 Jahren, 89.285 fünfzehn- bis zwanzigjährig, 333.117 über 20 Jahren. Es fehlen in dieser Angabe viele hierher gehörige kleinere Zweige. Nehmen wir aber die Zahlen, wie sie stehn, so ergibt sich für England und Wales allein, nach dem Zensus von 1861, eine Summe von 1.024.267 Personen, also ungefähr so viel, wie Ackerbau und Viehzucht absorbieren. Man fängt an zu verstehn, wozu dic Maschinerie so ungeheure Produktenmassen hervorzaubern und so ungeheure Arbeitermassen „freisetzen" hilft.

Die Produktion des „Wearing Apparel" wird betrieben durch Manufakturen, welche in ihrem Innern nur die Teilung der Arbeit reproduzierten, deren membra disjecta sie fertig vorfanden; durch kleinere Handwerks- meister, die aber nicht wie früher für individuelle Konsumenten, sondern für Manufakturen und Warenmagazine arbeiten, so daß oft ganze Städte und Landstriche solche Zweige, wie Schusterei usw., als Spezialität ausüben; endlich im größten Umfang durch sog. Hausarbeiter, welche das auswärtige Departement der Manufakturen, Warenmagazine und selbst der kleineren Meister bilden.[666] Die Massen des Arbeitsstoffs, Rohstoffs, Halbfabrikate usw. liefert die große Industrie, die Masse des wohlfeilen Menschenmaterials (taillable à merci et miséricorde (auf Gnade und Barmherzigkeit ausgeliefert)) besteht aus den durch die große Industrie und Agrikultur „Freigesetzten". Die Manufakturen dieser Sphäre verdankten ihren Ursprung hauptsächlich dem Bedürfnis des Kapitalisten, eine jeder Bewegung der Nachfrage entsprechende schlagfertige Armee unter der Hand zu haben.[667] Diese Manufakturen ließen jedoch neben sich den zerstreuten handwerksmäßigen und Hausbetrieb als breite Grundlage fortbestehn. Die große Produktion von Mehrwert in diesen Arbeitszweigen, zugleich mit der progressiven Verwohlfeilerung ihrer Artikel, war und ist hauptsächlich geschuldet dem Minimum des zu kümmerlicher Vegetation nötigen Arbeitslohns, verbunden mit dem Maximum menschenmöglicher Arbeitszeit. Es war eben die Wohlfeilheit des in Ware verwandel-

[665] Millinery bezieht sich eigentlich nur auf den Kopfputz, doch auch Damenmäntel und Mantillen, während Dressmakers mit unsren Putzmacherinnen identisch sind.

[666] Die englische millinery und das dressmaking werden meist in den Baulichkeiten der Anwender, teils durch dort wohnhafte und engagierte Arbeiterinnen, teils durch auswärts wohnende Taglöhnerinnen betrieben.

[667] Kommissär White besuchte eine Manufaktur für Militärkleider, die 1.000 bis 1.200 Personen, fast alle weiblichen Geschlechts, beschäftigte, eine Schuhmanufaktur mit 1.300 Personen, wovon beinahe die Hälfte Kinder und junge Personen usw. („Child. Empl. Comm., II. Rep.", p. XLVII, n. 319.)

ten Menschenschweißes und Menschenbluts, welche den Absatzmarkt beständig erweiterte und täglich erweitert, für England namentlich auch den Kolonialmarkt, wo überdem englische Gewohnheit und Geschmack vorherrschen. Endlich trat ein Knotenpunkt ein. Die Grundlage der alten Methode, bloß brutale Ausbeutung des Arbeitermaterials, mehr oder minder begleitet von systematisch entwickelter Arbeitsteilung, genügte dem wachsenden Markt und der noch rascher wachsenden Konkurrenz der Kapitalisten nicht länger. Die Stunde der Maschinerie schlug. Die entscheidend revolutionäre Maschine, welche die sämtlichen zahllosen Zweige dieser Produktionssphäre, wie Putzmacherei, Schneiderei, Schusterei, Näherei, Hutmacherei usw. gleichmäßig ergreift, ist - die Nähmaschine.

Ihre unmittelbare Wirkung auf die Arbeiter ist ungefähr die aller Maschinerie, welche in der Periode der großen Industrie neue Geschäftszweige erobert. Kinder im unreifsten Alter werden entfernt. Der Lohn der Maschinenarbeiter steigt verhältnismäßig zu dem der Hausarbeiter, wovon viele zu „den Ärmsten der Armen" („the poorest of the poor") gehören. Der Lohn der besser gestellten Handwerker, mit denen die Maschine konkurriert, sinkt. Die neuen Maschinenarbeiter sind ausschließlich Mädchen und junge Frauen. Mit Hilfe der mechanischen Kraft vernichten sie das Monopol der männlichen Arbeit in schwererem Werk und verjagen aus leichterem Massen alter Weiber und unreifer Kinder. Die übermächtige Konkurrenz erschlägt die schwächsten Handarbeiter. Das greuliche Wachstum des Hungertods (death from starvation) in London während des letzten Dezenniums läuft parallel mit der Ausdehnung der Maschinennäherei.[668] Die neuen Arbeiterinnen der Nähmaschine, welche von ihnen mit Hand und Fuß oder mit der Hand allein, sitzend und stehend, je nach Schwere, Größe und Spezialität der Maschine, bewegt wird, verausgaben große Arbeitskraft. Ihre Beschäftigung wird gesundheitswidrig durch die Dauer des Prozesses, obgleich er meist kürzer als im alten System. Überall, wo die Nähmaschine, wie beim Schuh-, Korsett-, Hutmachen usw., ohnehin enge und überfüllte Werkstätten heimsucht, vermehrt sie die gesundheitswidrigen Einflüsse.

„Die Wirkung", sagt Kommissär Lord, „beim Eintritt in niedrig gestochne Arbeitslokale, wo 30 bis 40 Maschinenarbeiter zusammenwirken, ist unerträglich ... Die Hitze, teilweis den Gasöfen zur Wärmung der Bügeleisen geschuldet, ist schrecklich ... Wenn selbst in solchen Lokalen sog. mäßige Arbeitsstunden, d.h. von 8 Uhr morgens bis 6 Uhr abends, vorherrschen, fallen dennoch jeden Tag 3 oder 4 Personen regelmäßig in Ohnmacht."[669]

Die Umwälzung der gesellschaftlichen Betriebsweise, dies notwendige Produkt der Umwandlung des Produktionsmittels, vollzieht sich in einem bunten Wirrwarr von Übergangsformen. Sie wechseln mit dem Umfang, worin, und

[668] Ein Beispiel. Am 26. Februar 1864 enthält der wöchentliche Sterblichkeitsbericht des Register General 5 Fälle von Hungertod. Am selben Tag berichtet die „Times" einen neuen Fall von Hungertod. Sechs Opfer des Hungertods in einer Woche!

[669] „Child. Empl. Comm., II. Rep.", 1864, p. LXVII, n. 406-409; p. 84, n. 124; p. LXXIII, n. 441; p. 68, n. 6; p. 84, n. 126; p. 78, n. 85; p. 76, n. 69; p. LXXII, n. 438.

der Zeitlänge, während welcher die Nähmaschine den einen oder andren Industriezweig bereits ergriffen hat; mit der vorgefundnen Lage der Arbeiter, dem Übergewicht des Manufaktur-, Handwerks- oder Hausbetriebs, dem Mietpreis der Arbeitslokale[670] usw. In der Putzmacherei z.B., wo die Arbeit meist schon organisiert war, hauptsächlich durch einfache Kooperation, bildet die Nähmaschine zunächst nur einen neuen Faktor des Manufakturbetriebs. In der Schneiderei, Hemdenmacherei, Schusterei usw. durchkreuzen sich alle Formen. Hier eigentlicher Fabrikbetrieb. Dort erhalten Zwischenanwender das Rohmaterial vom Kapitalisten en chef und gruppieren in „Kammern" oder „Dachstuben" 10 bis 50 und noch mehr Lohnarbeiter um Nähmaschinen. Endlich wie bei aller Maschinerie, die kein gegliedertes System bildet, und im Zwergformat anwendbar ist, benutzen Handwerker oder Hausarbeiter, mit eigner Familie oder Zuziehung weniger fremder Arbeiter, auch ihnen selbst gehörige Nähmaschinen.[671] Tatsächlich überwiegt jetzt in England das System, daß der Kapitalist eine größre Maschinenanzahl in seinen Baulichkeiten konzentriert und dann das Maschinenprodukt zur weiteren Verarbeitung unter die Armee der Hausarbeiter verteilt.[672] Die Buntheit der Übergangsformen versteckt jedoch nicht die Tendenz zur Verwandlung in eigentlichen Fabrikbetrieb. Diese Tendenz wird genährt durch den Charakter der Nähmaschine selbst, deren mannigfaltige Anwendbarkeit zur Vereinigung früher getrennter Geschäftszweige in derselben Baulichkeit und unter dem Kommando desselben Kapitals drängt; durch den Umstand, daß vorläufiges Nadelwerk und einige andre Operationen am geeignetsten am Sitz der Maschine verrichtet werden; endlich durch die unvermeidliche Expropriation der Handwerker und Hausarbeiter, die mit eignen Maschinen produzieren. Dies Fatum hat sie zum Teil schon jetzt erreicht. Die stets wachsende Masse des in Nähmaschinen angelegten Kapitals[673] spornt die Produktion und erzeugt Marktstockungen, welche das Signal zum Verkauf der Nähmaschinen durch die Hausarbeiter läuten. Die Überproduktion von solchen Maschinen selbst zwingt ihre absatzbedürftigen Produzenten, sie auf wöchentliche Miete zu verleihn, und schafft damit eine für die kleinen Maschineneigner tödliche Konkurrenz.[674] Stets noch fortdauernde Konstruktionswechsel und Verwohlfeilerung der Maschinen depreziieren ebenso beständig ihre alten Exemplare und lassen sie nur noch massenhaft, zu Spottpreisen gekauft, in der Hand großer Kapitalisten, profitlich anwenden. Endlich gibt die Substitution der Dampfmaschine für den Menschen, hier wie in allen ähnlichen Umwälzungsprozessen, den Ausschlag. Die Anwendung der Dampfkraft

[670] „Der Mietpreis der Arbeitslokale scheint der Faktor zu sein, der schließlich den Ausschlag gibt, und folglich hat sich in der Hauptstadt das alte System, Arbeit an kleine Unternehmer und Familien auszugeben, am längsten erhalten und ist am ehesten wieder aufgenommen worden." (l.c.p. 83, n. 123.) Der Schlußsatz bezieht sich ausschließlich auf Schusterei.

[671] In der Handschuhmacherei usw., wo die Lage der Arbeiter von der der Paupers kaum unterscheidbar, kommt dies nicht vor.

[672] l.c.p. 83, n. 122.

[673] In der für den Großverkauf produzierenden Stiefel- und Schuhmacherei von Leicester allein waren 1864 bereits 800 Nähmaschinen im Gebrauch.

[674] l.c.p. 84, n. 124.

stößt im Anfang auf rein technische Hindernisse, wie Schütteln der Maschinen, Schwierigkeit in der Beherrschung ihrer Geschwindigkeit, raschen Verderb der leichtern Maschinen usw., lauter Hindernisse, welche die Erfahrung bald überwinden lehrt.[675] Wenn einerseits die Konzentration vieler Arbeitsmaschinen in größren Manufakturen zur Anwendung der Dampfkraft treibt, beschleunigt andrerseits die Konkurrenz des Dampfes mit Menschenmuskeln Konzentration von Arbeitern und Arbeitsmaschinen in großen Fabriken. So erlebt England gegenwärtig in der kolossalen Produktionssphäre des „Wearing Apparel", wie in den meisten übrigen Gewerken, die Umwälzung der Manufaktur, des Handwerks und der Hausarbeit in Fabrikbetrieb, nachdem alle jene Formen, unter dem Einfluß der großen Industrie gänzlich verändert, zersetzt, entstellt, bereits längst alle Ungeheuerlichkeiten des Fabriksystems ohne seine positiven Entwicklungsmomente reproduziert und selbst übertrieben hatten.[676]

Diese naturwüchsig vorgehende industrielle Revolution wird künstlich beschleunigt durch die Ausdehnung der Fabrikgesetze auf alle Industriezweige, worin Weiber, junge Personen und Kinder arbeiten. Die zwangsmäßige Regulation des Arbeitstags nach Länge, Pausen, Anfangs- und Endpunkt, das System der Ablösung für Kinder, der Ausschluß aller Kinder unter einem gewissen Alter usw. ernötigen einerseits vermehrte Maschinerie[677] und Ersatz von Muskeln durch Dampf als Triebkraft.[678] Andrerseits, um im Raum zu gewinnen, was in der Zeit verlorengeht, findet Streckung der gemeinschaftlich vernutzten Produktionsmittel statt, der Öfen, Baulichkeiten usw., also in einem Wort größre Konzentration der Produktionsmittel und entsprechende größre Konglomeration von Arbeitern. Der leidenschaftlich wiederholte Haupteinwand jeder mit dem Fabrikgesetz bedrohten Manufaktur ist in der Tat die Notwendigkeit größrer Kapitalauslage, um das Geschäft in seinem alten Umfang fortzuführen. Was aber die Zwischenformen zwischen Manufaktur und Hausarbeit und letztre selbst betrifft, so versinkt ihr Boden mit der Schranke des Arbeitstags und der Kinderarbeit. Schrankenlose Ausbeutung wohlfeiler Arbeitskräfte bildet die einzige Grundlage ihrer Konkurrenzfähigkeit.

[675] So im Armee-Kleidungsdepot zu Pimlico, London, in der Hemdenfabrik von Tillie und Henderson zu Londonderry, in der Kleiderfabrik der Firma Tait zu Limerick, die an 1.200 „Hände" vernutzt.

[676] „Die Tendenz zum Fabriksystem." (l.c.p. LXVII.) „Das ganze Gewerbe befindet sich jetzt in einem Übergangsstadium und macht die gleichen Veränderungen durch, die auch die Spitzenindustrie, die Weberei usw., durchgemacht haben." (l.c., n. 405.) „Eine völlige Revolution." (l.c.p. XLVI, n. 318.) Zur Zeit der „Child. Empl. Comm." von 1840 war die Strumpfwirkerei noch Handarbeit. Seit 1846 wurde verschiedenartige Maschinerie eingeführt, jetzt durch Dampf getrieben. Die Gesamtzahl der in der englischen Strumpfwirkerei beschäftigten Personen beiderlei Geschlechts und aller Altersstufen vom 3. Jahr an betrug 1862 ungefähr 120.000 Personen. Davon, nach Parliamentary Return vom 11. Februar, 1862 doch nur 4.063 unter der Botmäßigkeit des Fabrikakts.

[677] So z.B. in der Töpferei berichtet die Firma Cochran von der „Britannia Pottery, Glasgow": „Um unsere Produktionshöhe aufrechtzuerhalten, verwenden wir jetzt in weitem Umfang Maschinen, die von ungelernten Arbeitern bedient werden, und jeder Tag überzeugt uns, daß wir eine größere Menge herstellen können als nach dem alten Verfahren." („Reports of Insp. of Fact., 31st Oct. 1865", p. 13.) „Die Wirkung des Fabrikakts ist, zu weitrer Einführung von Maschinerie zu treiben." (l.c.p. 13, 14.)

[678] So nach Einführung des Fabrikakts in die Töpferei große Zunahme der power jiggers statt der handmoved jiggers (Drehscheiben mit Kraftantrieb statt der Drehscheiben mit Handantrieb).

Wesentliche Bedingung des Fabrikbetriebs, namentlich sobald er der Regulation des Arbeitstags unterliegt, ist normale Sicherheit des Resultats, d.h. Produktion eines bestimmten Quantums Ware oder eines bezweckten Nutzeffekts in gegebnem Zeitraum. Die gesetzlichen Pausen des regulierten Arbeitstags unterstellen ferner plötzlichen und periodischen Stillstand der Arbeit ohne Schaden für das im Produktionsprozeß befindliche Machwerk. Diese Sicherheit des Resultats und Unterbrechungsfähigkeit der Arbeit sind natürlich in rein mechanischen Gewerken leichter erzielbar als dort, wo chemische und physikalische Prozesse eine Rolle spielen, wie z.B. in Töpferei, Bleicherei, Färberei, Bäckerei, den meisten Metallmanufakturen. Mit dem Schlendrian des unbeschränkten Arbeitstags, der Nachtarbeit und freier Menschenverwüstung gilt jedes naturwüchsige Hindernis bald für eine ewige „Naturschranke" der Produktion. Kein Gift vertilgt Ungeziefer sichrer als das Fabrikgesetz solche „Naturschranken". Niemand schrie lauter über „Unmöglichkeiten" als die Herren von der Töpferei. 1864 wurde ihnen das Fabrikgesetz oktroyiert, und alle Unmöglichkeiten waren schon 16 Monate später verschwunden. Die durch das Fabrikgesetz hervorgerufne „verbesserte Methode, Töpferbrei (slip) durch Druck statt durch Verdunstung zu machen, die neue Konstruktion der Öfen zum Trocknen der ungebrannten Ware usw. sind Ereignisse von großer Wichtigkeit in der Kunst der Töpferei und bezeichnen einen Fortschritt derselben, wie ihn das letzte Jahrhundert nicht aufweisen kann ... Die Temperatur der Öfen ist beträchtlich vermindert, bei beträchtlicher Abnahme im Kohlenkonsum und raschrer Wirkung auf die Ware."[679]

Trotz aller Prophezeiung stieg nicht der Kostenpreis des Erdenguts, wohl aber die Produktenmasse, so daß die Ausfuhr der 12 Monate von Dezember 1864 bis Dezember 1865 einen Wertüberschuß von 138.628 Pfd.St. über den Durchschnitt der drei vorigen Jahre ergab. In der Fabrikation von Zündhölzern galt es als Naturgesetz, daß Jungen, selbst während der Herunterwürgung ihres Mittagsmahls, die Hölzer in eine warme Phosphorkomposition tunkten, deren giftiger Dampf ihnen in das Gesicht stieg. Mit der Notwendigkeit, Zeit zu ökonomisieren, erzwang der Fabrikakt (1864) eine „dipping machine" (Eintauchungsmaschine), deren Dämpfe den Arbeiter nicht erreichen können.[680] So wird jetzt in den noch nicht dem Fabrikgesetz unterworfnen Zweigen der Spitzenmanufaktur behauptet, die Mahlzeiten können nicht regelmäßig sein, wegen der verschiednen Zeitlängen, die verschiedne Spitzenmaterialien zur Trocknung brauchen, und die von 3 Minuten auf eine Stunde und mehr variieren. Hierauf antworten die Kommissäre der „Children's Employment Comm.":

„Die Umstände sind dieselben wie in der Tapetendruckerei. Einige der Hauptfabrikanten in diesem Zweig machten lebhaft geltend, die Natur der verwandten Materialien und die Verschiedenartigkeit der Prozesse, die sie durchlaufen, erlaub-

[679] „Rep. Insp. Fact., 31st Oct. 1865", p. 96 und 127.

[680] Die Einführung dieser und andrer Maschinerie in die Zündholzfabrik hat in einem Departement derselben 230 junge Personen durch 32 Jungen und Mädchen von 14 bis 17 Jahren ersetzt. Diese Ersparung von Arbeitern wurde 1865 weitergeführt durch Anwendung der Dampfkraft.

ten ohne großen Verlust keine plötzliche Stillsetzung der Arbeit für Mahlzeiten ... Durch die 6. Klausel der 6. Sektion des Factory Acts Extension Act (Gesetzes zur Ausdehnung der Fabrikgesetze)" (1864) „ward ihnen eine achtzehnmonatliche Frist vom Erlassungsdatum des Akts an eingeräumt, nach deren Ablauf sie sich den durch den Fabrikakt spezifizierten Erfrischungspausen fügen müßten."[681]

Kaum hatte das Gesetz parlamentarische Sanktion erhalten, als die Herrn Fabrikanten auch entdeckten:

„Die Mißstände, die wir von der Einführung des Fabrikgesetzes erwarteten, sind nicht eingetreten. Wir finden nicht, daß die Produktion irgendwie gelähmt ist. In der Tat, wir produzieren mehr in derselben Zeit."[682]

Man sieht, das englische Parlament, dem sicher niemand Genialität vorwerfen wird, ist durch Erfahrung zur Einsicht gelangt, daß ein Zwangsgesetz alle sog. Naturhindernisse der Produktion gegen Beschränkung und Reglung des Arbeitstags einfach wegdiktieren kann. Bei Einführung des Fabrikakts in einem Industriezweig wird daher ein Termin von 6 bis 18 Monaten gestellt, innerhalb dessen es Sache des Fabrikanten ist, die technischen Hindernisse wegzuräumen. Mirabeaus „Impossible? Ne me dites jamais ce bête de mot!" („Unmöglich? Kommt mir nie mit diesem dummen Wort!") gilt namentlich für die moderne Technologie. Wenn aber das Fabrikgesetz so die zur Verwandlung des Manufakturbetriebs in Fabrikbetrieb notwendigen materiellen Elemente treibhausmäßig reift, beschleunigt es zugleich durch die Notwendigkeit vergrößerter Kapitalauslage den Untergang der kleineren Meister und die Konzentration des Kapitals.[683]

Abgesehn von den rein technischen und technisch beseitbaren Hindernissen stößt die Regulation des Arbeitstags auf unregelmäßige Gewohnheiten der Arbeiter selbst, namentlich wo Stücklohn vorherrscht und Verbummlung der Zeit in einem Tages- oder Wochenabschnitt durch nachträgliche Überarbeit oder Nachtarbeit gutgemacht werden kann, eine Methode, die den erwachsnen Arbeiter brutalisiert, seine unreifen und weiblichen Genossen ruiniert.[684] Obgleich diese Regellosigkeit in Verausgabung der Arbeitskraft eine naturwüchsige rohe Reaktion gegen die Langweile monotoner Arbeitsplackerei ist, entspringt sie jedoch in ungleich höherem Grad aus der Anarchie der Produktion selbst, die ihrerseits wieder ungezügelte Exploitation der Arbeitskraft durch das Kapital voraussetzt. Neben die

[681] „Child. Empl. Comm., II. Rep.", 1864, p. IX, n. 50.

[682] „Reports of Insp. of Fact., 31st Oct. 1865", p. 22.

[683] „Die nötigen Verbesserungen ... können in vielen alten Manufakturen nicht eingeführt werden, ohne Kapitalauslage über die Mittel vieler gegenwärtiger Besitzer ... Eine vorübergehende Desorganisation begleitet notwendig die Einführung der Fabrikakte. Der Umfang dieser Desorganisation steht in direktem Verhältnis zur Größe der zu heilenden Mißstände." (l.c.p. 96, 97.)

[684] In den Hochöfen z.B. „wird die Arbeitszeit gegen Ende der Woche im allgemeinen stark ausgedehnt, infolge der Gewohnheit der Arbeiter, am Montag und gelegentlich, teilweise oder ganz, auch am Dienstag zu feiern". („Child. Empl. Comm., III. Rep.", p. VI.) „Die kleinen Meister haben im allgemeinen eine sehr unregelmäßige Arbeitszeit. Sie verlieren 2 oder 3 Tage, und dann arbeiten sie die ganze Nacht, um den Verlust aufzuholen ... Sie beschäftigen immer ihre eignen Kinder, wenn sie welche haben." (l.c.p. VII.) „Der Mangel an Regelmäßigkeit beim Arbeitsanfang, der durch die Möglichkeit und die Übung, durch Überarbeit den Verlust einzuholen, gefördert wird." (l.c.p. XVIII.) „Ungeheurer Zeitverlust in Birmingham ... indem sie einen Teil der Zeit bummeln und in der restlichen Zeit sich abschuften." (l.c.p. XI.)

allgemeinen periodischen Wechselfälle des industriellen Zyklus und die besondren Marktschwankungen in jedem Produktionszweig treten namentlich die sog. Saison, beruhe sie nun auf Periodizität der Schiffahrt günstiger Jahreszeiten oder auf der Mode, und die Plötzlichkeit großer und in kürzester Frist auszuführender Ordres. Die Gewohnheit der letztern dehnt sich mit Eisenbahnen und Telegraphie aus.

„Die Ausdehnung des Eisenbahnsystems", sagt z.B. ein Londoner Fabrikant „durch das ganze Land hat die Gewohnheit kurzer Ordres sehr gefördert. Käufer kommen jetzt von Glasgow, Manchester und Edinburgh einmal in 14 Tagen oder für den Engroskauf zu den City-Warenhäusern, denen wir die Waren liefern. Sie geben Ordres, die unmittelbar ausgeführt werden müssen, statt vom Lager zu kaufen, wie es Gewohnheit war. In frühren Jahren waren wir stets fähig, während der schlaffen Zeit für die Nachfrage der nächsten Saison vorauszuarbeiten, aber jetzt kann niemand vorhersagen, was dann in Nachfrage sein wird."[685]

In den noch nicht dem Fabrikgesetz unterworfnen Fabriken und Manufakturen herrscht periodisch die furchtbarste Überarbeit während der sog. Saison, stoßweis infolge plötzlicher Ordres. Im auswärtigen Departement der Fabrik, der Manufaktur und des Warenmagazins, in der Sphäre der Hausarbeit, ohnehin durchaus unregelmäßig, für ihr Rohmaterial und ihre Ordres ganz abhängig von den Launen des Kapitalisten, den hier keine Rücksicht auf Verwertung von Baulichkeiten, Maschinen usw. bindet und der hier nichts riskiert als die Haut der Arbeiter selbst, wird so systematisch eine stets disponible, industrielle Reservearmee großgezüchtet, dezimiert während eines Teils des Jahrs durch unmenschlichsten Arbeitszwang, während des andren Teils verlumpt durch Arbeitsmangel.

„Die Anwender", sagt die „Child. Empl. Comm.", „exploitieren die gewohnheitsmäßige Unregelmäßigkeit der Hausarbeit, um sie in Zeiten, wo Extrawerk nötig, bis 11, 12, 2 Uhr nachts, in der Tat, wie die stehende Phrase lautet, auf alle Stunden hinaufzuforcieren", und dies in Lokalen, „wo der Gestank hinreicht, euch niederzuschmettern (the stench is enough to knock you down). Ihr geht vielleicht bis an die Tür und öffnet sie, aber schaudert zurück von weitrem Vorgehn."[686] „Es sind komische Käuze, unsre Anwender", sagt einer der verhörten Zeugen, ein Schuster, „sie glauben, es tue einem Jungen keinen Harm, wenn er während eines halben Jahrs totgerackert und während der andren Hälfte fast gezwungen wird, herumzuludern."[687]

Wie die technischen Hindernisse, so wurden und werden diese sog. „Geschäftsgewohnheiten" („usages which have grown with the growth of trade") von interessierten Kapitalisten als „Naturschranken" der Produktion behauptet, ein Lieblingsschrei der Baumwoll-Lords zur Zeit, als das Fabrikgesetz sie zuerst bedrohte. Obgleich ihre Industrie mehr als jede andre auf dem Weltmarkt

[685] „Child. Empl. Comm., IV. Rep.", p. XXXII. „Die Ausdehnung des Eisenbahnsystems soll diese Gewohnheit, plötzliche Ordres zu erteilen, sehr gefördert haben; für die Arbeiter ergeben sich daraus Hetztempo, Vernachlässigung der Essenszeiten und Überstunden." (l.c.p. XXXI.)
[686] „Child. Empl. Comm., IV. Rep.", p. XXXV, n. 235 und 237.
[687] l.c.p. 127, n.56.

und daher der Schiffahrt beruht, strafte die Erfahrung sie Lügen. Seitdem wird jedes angebliche „Geschäftshindernis" von den englische Fabrikinspektoren als hohle Flause behandelt.[688] Die gründlich gewissenhaften Untersuchungen der „Child. Empl. Comm." beweisen in der Tat, daß in einigen Industrien die bereits angewandte Arbeitsmasse nur gleichmäßiger über das ganze Jahr verteilt würde durch die Regulation des Arbeitstags[689], daß letztre der erste rationelle Zügel für die menschenmörderischen, inhaltlosen und an sich dem System der großen Industrie unangemeßnen Flatterlaunen der Mode[690], daß die Entwicklung der ozeanische Schiffahrt und der Kommunikationsmittel überhaupt den eigentlich technischen Grund der Saisonarbeit aufgehoben hat[691], daß alle andren angeblich unkontrollierbaren Umstände weggeräumt werden durch weitere Baulichkeiten, zusätzliche Maschinerie, vermehrte Anzahl der gleichzeitig beschäftigten Arbeiter[692] und von selbst folgenden Rückschlag auf das System des Großhandels.[693] Jedoch versteht sich das Kapital, wie es wiederholt durch den Mund seiner Repräsentanten erklärt, zu solcher Umwälzung „nur unter dem Druck eines allgemeinen Parlamentsakts"[694], der den Arbeitstag zwangsgesetzlich reguliert.

9. Fabrikgesetzgebung. (Gesundheits- und Erziehungsklauseln.) Ihre Verallgemeinerung in England

Die Fabrikgesetzgebung, diese erste bewußte und planmäßige Rückwirkung der Gesellschaft auf die naturwüchsige Gestalt ihres Produktionsprozesses, ist,

[688] „Was den Verlust anbelangt, der dem Handel durch nicht rechtzeitiges Erfüllen der Ordres zur Verschiffung entsteht, so erinnere ich mich, daß dies das Lieblingsargument der Fabrikherren 1832 war. Nichts, was jetzt zu diesem Gegenstand angeführt werden kann, könnte soviel Gewicht haben wie damals, als der Dampf noch nicht alle Entfernungen halbiert und neue Regelungen des Verkehrs eingeführt hatte. Diese Behauptung erwies sich damals, als wirklich die Probe aufs Exempel gemacht wurde, als nicht stichhaltig und würde gewiß auch jetzt einer Nachprüfung nicht standhalten." („Reports of Insp. of Fact., 31st Oct. 1862", p. 54, 44.)

[689] „Chil. Empl. Comm., III. Rep.", p. XVIII, n. 118.

[690] John Bellers bemerkt schon 1699: „Die Ungewißheit der Mode vergrößert die Zahl der notleidenden Armen. Sie birgt zwei große Mißstände in sich: 1. die Gesellen leiden im Winter Not aus Mangel an Arbeit, da die Schnittwarenhändler und Webermeister nicht wagen, ihre Kapitalien zur Beschäftigung von Gesellen zu verauslagen, bevor der Frühling kommt und sie wissen, was dann Mode sein wird; 2. im Frühling sind nicht genug Gesellen da, so daß die Webermeister viele Lehrlinge heranziehen müssen, um den Handel des Königreichs in einem viertel oder halben Jahr versorgen zu können, wodurch der Ackersmann vom Pflug gerissen, das flache Land von Arbeitern entblößt, die Städte sich zu einem großen Teil mit Bettlern füllen und manche, die sich zu betteln schämen, im Winter dem Hungertode ausgeliefert werden." („Essays about the Poor, Manufactures etc.", p. 9.)

[691] „Child. Empl. Comm., V. Rep.", p. 171, n.34.

[692] So heißt es z.B. in den Zeugenaussagen von Bradforder Exporthändlern: „Unter diesen Umständen ist es klar, daß Jungen nicht länger als vom 8 Uhr morgens bis 7 oder 7 1/2 Uhr abends in den Warenhäusern beschäftigt zu werden brauchen. Es ist nur eine Frage von Extra-Auslage und Extra-Händen. Die Jungen brauchten nicht so spät in die Nacht hinein zu arbeiten, wären einige Anwender nicht so profithungrig; eine Extramaschine kostet nur 16 oder 18 Pfd.St. ... Alle Schwierigkeiten entspringen aus ungenügenden Vorrichtungen und Raummangel." (l.c.p. 171, n.35, 36 u. 38.)

[693] l.c.[p. 81, n.32.] Ein Londoner Fabrikant, der übrigens die zwangsweise Regulation des Arbeitstags als Schutzmittel der Arbeiter gegen die Fabrikanten und der Fabrikanten selbst gegen den Großhandel betrachtet, sagt aus: „Der Druck in unsrem Geschäft ist verursacht durch die Verschiffer, die z.B. Ware mit einem Segelschiff verschicken wollen, um für eine bestimmte Saison an Ort und Stelle zu sein und zugleich die Frachtdifferenz zwischen Segelschiff und Dampfschiff einzustecken, oder von zwei Dampfschiffen das frühere wählen, um vor ihren Konkurrenten auf dem auswärtigen Markt zu erscheinen."

[694] „Dem könnte abgeholfen werden", sagt ein Fabrikant, „auf Kosten einer Erweiterung der Werke unter dem Druck eines allgemeinen Parlamentsakts." (l.c.p. X, n. 38.)

wie man gesehn, ebensosehr ein notwendiges Produkt der großen Industrie als Baumwollgarn, Selfactors und der elektrische Telegraph. Bevor wir zu ihrer Verallgemeinerung in England übergehn, sind noch einige nicht auf die Stundenzahl des Arbeitstags bezügliche Klauseln des englischen Fabrikakts kurz zu erwähnen.

Abgesehn von ihrer Redaktion, welche dem Kapitalisten ihre Umgehung erleichtert, sind die Gesundheitsklauseln äußerst mager, in der Tat beschränkt auf Vorschriften für Weißen der Wände und einige sonstige Reinlichkeitsmaßregeln, Ventilation und Schutz gegen gefährliche Maschinerie. Wie kommen im Dritten Buch auf den fanatischen Kampf der Fabrikanten gegen die Klausel zurück, die ihnen eine geringe Ausgabe zum Schutz der Gliedmaßen ihrer „Hände" aufoktroyiert. Hier bewährt sich wieder glänzend das Freihandelsdogma, daß in einer Gesellschaft antagonistischer Interessen jeder das Gemeinwohl durch Verfolgung seines Eigennutzes fördert. Ein Beispiel genügt. Man weiß, daß sich während der letztverfloßnen zwanzigjährigen Periode die Flachsindustrie und mit ihr die scutching mills (Fabriken zum Schlagen und Brechen des Flachses) in Irland sehr vermehrt haben. Es gab dort 1864 an 1.800 dieser mills. Periodisch im Herbst und Winter werden hauptsächlich junge Personen und Weiber, die Söhne, Töchter und Frauen der benachbarten kleinen Pächter, lauter mit Maschinerie ganz unbekannte Leute, von der Feldarbeit weggeholt, um die Walzwerke der scutching mills mit Flachs zu füttern. Die Unfälle sind nach Umfang und Intensität gänzlich beispiellos in der Geschichte der Maschinerie. Eine einzige scutching mill zu Kildinan (bei Cork) zählte von 1852 bis 1856 sechs Todesfälle und 60 schwere Verstümmlungen, welchen allen durch die einfachsten Anstalten, zum Preis von wenigen Schillingen, vorgebeugt werden konnte. Dr. W. White, der certifying surgeon der Fabriken zu Downpatrick, erklärt in einem offiziellen Bericht von 16. Dezember 1865:

„Die Unfälle in scutching mills sind furchtbarster Art. In vielen Fällen wird ein Vierteil des Körpers vom Rumpfe gerissen. Tod oder eine Zukunft elenden Unvermögens und Leidens sind gewöhnliche Folgen der Wunden. Die Zunahme der Fabriken in diesem Lande wird natürlich diese schauderhaften Resultate ausdehnen. Ich bin überzeugt, daß durch geeignete Staatsüberwachung der scutching mills große Opfer von Leib und Leben zu vermeiden sind."[695]

Was könnte die kapitalistische Produktionsweise besser charakterisieren als die Notwendigkeit, ihr durch Zwangsgesetz von Staats wegen die einfachsten Reinlichkeits- und Gesundheitsvorrichtungen aufzuherrschen?

„Der Fabrikakt von 1864 hat in den Töpfereien über 200 Werkstätten geweißt und gereinigt, nach zwanzigjähriger oder gänzlicher Enthaltung von jeder solchen Operation" (dies ist die „Abstinenz" des Kapitals!), „in Plätzen, wo 27.878 Arbeiter beschäftigt sind und bisher, während übermäßiger Tages-, oft Nachtarbeit, eine mefitische Atmosphäre einatmeten, welche eine sonst vergleichungs-

[695] l.c.p. XV, n .72 sqq.

weis harmlose Beschäftigung mit Krankheit und Tod schwängerte. Der Akt hat die Ventilationsmittel sehr vermehrt."[696]

Zugleich zeigt dieser Zweig des Fabrikakts schlagend, wie die kapitalistische Produktionsweise ihrem Wesen nach über einen gewissen Punkt hinaus jede rationelle Verbeßrung ausschließt. Es ward wiederholt bemerkt, daß die englischen Ärzte aus einem Munde 500 Kubikfuß Luftraum per Person für kaum genügendes Minimum bei fortgesetzter Arbeit erklären. Nun wohl! Wenn der Fabrikakt indirekt durch alle seine Zwangsmaßregeln die Verwandlung kleinerer Werkstätten in Fabriken beschleunigt, daher indirekt in das Eigentumsrecht der kleineren Kapitalisten eingreift und den großen das Monopol sichert, so würde die gesetzliche Aufherrschung des nötigen Luftraums für jeden Arbeiter in der Werkstätte Tausende von kleinen Kapitalisten mit einem Schlag direkt expropriieren! Sie würde die Wurzel der kapitalistischen Produktionsweise angreifen, d.h. die Selbstverwertung des Kapitals, ob groß oder klein, durch „freien" Ankauf und Konsum der Arbeitskraft. Vor diesen 500 Kubikfuß Luft geht daher der Fabrikgesetzgebung der Atem aus. Die Gesundheitsbehörden, die industriellen Untersuchungskommissionen, die Fabrikinspektoren wiederholen wieder und wieder die Notwendigkeit der 500 Kubikfuß und die Unmöglichkeit, sie dem Kapital aufzuoktroyieren. Sie erklären so in der Tat Schwindsucht und andre Lungenkrankheiten der Arbeit für eine Lebensbedingung des Kapitals.[697]

Armselig, wie die Erziehungsklauseln des Fabrikakts im ganzen erscheinen, proklamieren sie den Elementarunterricht als Zwangsbedingung der Arbeit.[698] Ihr Erfolg bewies zuerst die Möglichkeit der Verbindung von Unterricht und Gymnastik[699] mit Handarbeit, also auch von Handarbeit mit Unterricht und Gymnastik. Die Fabrikinspektoren entdeckten bald aus den Zeugenverhören der Schulmeister, daß die Fabrikkinder, obgleich sie nur halb soviel Unterricht genießen als die regelmäßigen Tagesschüler, ebensoviel und oft mehr lernen.

„Die Sache ist einfach. Diejenigen, die sich nur einen halben Tag in der Schule aufhalten, sind stets frisch und fast immer fähig und willig, Unterricht zu empfangen. Das System halber Arbeit und halber Schule macht jede der beiden Be-

[696] „Reports of Insp. of Fact., 31st Oct. 1865", p. 127.

[697] Man hat erfahrungsmäßig gefunden, daß ungefähr 25 Kubikzoll Luft bei jeder Atmung mittlerer Intensität von einem gesunden Durchschnittsindividuum konsumiert werden, und ungefähr 20 Atmungen per Minute vorgehen. Der Luftkonsum eines Individuums in 24 Stunden ergäbe danach ungefähr 720.000 Kubikzoll oder 416 Kubikfuß. Man weiß aber, daß einmal eingeatmete Luft nicht mehr zu demselben Prozeß dienen kann, bevor sie in der großen Werkstätte der Natur gereinigt wird. Nach den Experimenten von Valentin und Brunner scheint ein gesunder Mann ungefähr 1.300 Kubikzoll Kohlensäure per Stunde auszuatmen; dies ergäbe ungefähr 8 Unzen solider Kohle, von der Lunge in 24 Stunden abgeworfen. „Jeder Mann sollte wenigstens 800 Kubikfuß haben." (Huxley.)

[698] Nach dem englischen Fabrikakt können die Eltern Kinder unter 14 Jahren nicht in die „kontrollierten" Fabriken schicken, ohne ihnen zugleich Elementarunterricht erteilen zu lassen. Der Fabrikant ist verantwortlich für die Befolgung des Gesetzes. „Fabrikunterricht ist obligatorisch, und er gehört zu den Arbeitsbedingungen." („Reports of Insp. of Fact., 31st Oct. 1865", p. 111.)

[699] Über die vorteilhaftesten Erfolge der Verbindung von Gymnastik (für Jungen auch militärischer Exerzitien) mit Zwangsunterricht der Fabrikkinder und Armenschüler sieh die Rede von N. W. Senior im 7. jährlichen Kongreß der „National Association for the Promotion of Social Science" in „Report of Proceedings etc.", Lond. 1863, p. 63, 64, ebenso den Bericht der Fabrikinspektoren für 31. Okt. 1865, p.118, 119, 120, 126 sqq.

schäftigungen zur Ausruhung und Erholung von der andren und folglich viel angemeßner für das Kind als die ununterbrochne Fortdauer einer von beiden. Ein Junge, der von morgens früh in der Schule sitzt, und nun gar bei heißem Wetter, kann unmöglich mit einem andren wetteifern, der munter und aufgeweckt von seiner Arbeit kommt."[700]

Weitere Belege findet man in Seniors Rede auf dem soziologischen Kongreß zu Edinburgh 1863. Er zeigt hier auch u.a. noch, wie der einseitige unproduktive und verlängerte Schultag der Kinder der höhern und mittlern Klassen die Arbeit der Lehrer nutzlos vermehrt, „während er Zeit, Gesundheit und Energie der Kinder nicht nur fruchtlos, sondern absolut schädlich verwüstet".[701] Aus dem Fabriksystem, wie man im Detail bei Robert Owen verfolgen kann, entsproß der Keim der Erziehung der Zukunft, welcher für alle Kinder über einem gewissen Alter produktive Arbeit mit Unterricht und Gymnastik verbinden wird, nicht nur als eine Methode zur Steigerung der gesellschaftlichen Produktion, sondern als die einzige Methode zur Produktion vollseitig entwickelter Menschen.

Man hat gesehn, daß die große Industrie die manufakturmäßige Teilung der Arbeit mit ihrer lebenslänglichen Annexion eines ganzen Menschen an eine Detailoperation technisch aufhebt, während zugleich die kapitalistische Form der großen Industrie jene Arbeitsteilung noch monströser reproduziert, in der eigentlichen Fabrik durch Verwandlung des Arbeiters in den selbstbewußten Zubehör einer Teilmaschine, überall sonst teils durch sporadischen Gebrauch der Maschinen und der Maschinenarbeit[702], teils durch Einführung von Weiber-, Kinder- und ungeschickter Arbeit als neuer Grundlage der Arbeitsteilung. Der Widerspruch zwischen der manufakturmäßigen Teilung der Arbeit und dem Wesen der großen Industrie macht sich gewaltsam geltend. Er erscheint u.a. in der furchtbaren Tatsache, daß ein großer Teil der in den modernen Fabriken und Manufakturen be-

[700] „Reports of Insp. of Fact.", l.c. p.118, 119. Ein naiver Seidenfabrikant erklärt den Untersuchungskommissären der „Child. Empl. Comm.": „Ich durchaus überzeugt, daß das wahre Geheimnis der Produktion tüchtiger Arbeiter gefunden ist in der Vereinigung der Arbeit mit Unterricht von der Periode der Kindheit an. Natürlich muß die Arbeit weder zu anstrengend noch widerlich und ungesund sein. Ich wünschte, meine eignen Kinder hätten Arbeit und Spiel zur Abwechslung von der Schule." („Child. Empl. Comm., V. Rep.", p. 82, n.36.)

[701] Senior, l.c.p. 66. Wie die große Industrie auf einem gewissen Höhegrad durch die Umwälzung der materiellen Produktionsweise und der gesellschaftlichen Produktionsverhältnisse auch die Köpfe umwälzt, zeigt schlagend ein Vergleich zwischen der Rede des N. W. Senior von 1863 und seiner Philippika gegen das Fabrikgesetz von 1833 oder ein Vergleich der Ansichten des erwähnten Kongresses mit der Tatsache, daß es in gewissen ländlichen Teilen Englands armen Eltern immer noch bei Strafe des Hungertods verboten ist, ihre Kinder zu erziehen. So z.B. berichtet Herr Snell als gewöhnliche Praxis in Somersetshire, daß, wenn eine arme Person Pfarreihilfe anspricht, sie gezwungen wird, ihre Kinder aus der Schule zu nehmen. So erzählt Herr Wollaston, Pfarrer zu Feltham, von Fällen, wo alle Unterstützung gewissen Familien versagt wurde, „weil sie ihre Jungen zur Schule schickten"!

[702] Wo handwerksmäßige Maschinen, durch Menschenkraft getrieben, direkt oder indirekt mit entwickelter und daher mechanische Triebkraft voraussetzender Maschinerie konkurrieren, geht eine große Umwandlung vor mit Bezug auf den Arbeiter, der die Maschine treibt. Ursprünglich ersetzte die Dampfmaschine diesen Arbeiter, jetzt soll er die Dampfmaschine ersetzen. Die Spannung und Verausgabung seiner Arbeitskraft wird daher monströs, und nun gar für Unerwachsne, die zu dieser Tortur verurteilt sind! So fand der Kommissär Longe in Coventry und Umgebung Jungen von 10 bis 15 Jahren zum Drehn der Bandstühle verwandt, abgesehn von jüngeren Kindern, die Stühle von kleinerer Dimension zu drehn hatten. „Es ist außerordentlich mühsame Arbeit. Der Junge ist ein bloßer Ersatz für Dampfkraft." („Child. Empl. Comm., V. Rep. 1866", p.114, n.6.) Über die mörderischen Folgen „diese Systems der Sklaverei", wie der offizielle Bericht es nennt, l.c. sq.

schäftigten Kinder, vom zartesten Alter festgeschmiedet an die einfachsten Manipulationen, jahrelang exploitiert wird, ohne Erlernung irgendeiner Arbeit, die sie später auch nur in derselben Manufaktur oder Fabrik brauchbar machte. In den englischen Buchdruckereien z.B. fand früher ein dem System der alten Manufaktur und des Handwerks entsprechender Übergang der Lehrlinge von leichtren zu inhaltsvollren Arbeiten statt. Sie machten einen Lerngang durch, bis sie fertige Drucker waren. Lesen und schreiben zu können war für alle ein Handwerkserfordernis. Alles das änderte sich mit der Druckmaschine. Sie verwendet zwei Sorten von Arbeitern, einen erwachsnen Arbeiter, den Maschinenaufseher, und Maschinenjungen, meist von 11-17 Jahren, deren Geschäft ausschließlich darin besteht, einen Bogen Papier der Maschine zu unterbreiten oder ihr den gedruckten Bogen zu entziehen. Sie verrichten, in London namentlich, diese Plackerei 14, 15, 16 Stunden ununterbrochen während einiger Tage in der Woche und oft 36 Stunden nacheinander mit nur zwei Stunden Rast für Mahlzeit und Schlaf![703] Ein großer Teil von ihnen kann nicht lesen, und sie sind in der Regel ganz verwilderte, abnorme Geschöpfe.

„Um sie zu ihrem Werk zu befähigen, ist keine intellektuelle Ziehung irgendeiner Art nötig; sie haben wenig Gelegenheit für Geschick und noch weniger für Urteil; ihr Lohn, obgleich gewissermaßen hoch für Jungen, wächst nicht verhältnismäßig, wie sie selbst heranwachsen, und die große Mehrzahl hat keine Aussicht auf den einträglicheren und verantwortlicheren Posten des Maschinenaufsehers, weil auf jede Maschine nur ein Aufseher und oft 4 Jungen kommen.“[704]

Sobald sie zu alt für ihre kindische Arbeit werden, also wenigstens im 17. Jahr, entläßt man sie aus der Druckerei. Sie werden Rekruten des Verbrechens. Einige Versuche, ihnen anderswo Beschäftigung zu verschaffen, scheiterten an ihrer Unwissenheit, Roheit, körperlichen und geistigen Verkommenheit.

Was von der manufakturmäßigen Teilung der Arbeit im Innern der Werkstatt, gilt von der Teilung der Arbeit im Innern der Gesellschaft. Solange Handwerk und Manufaktur die allgemeine Grundlage der gesellschaftlichen Produktion bilden, ist die Subsumtion des Produzenten unter einen ausschließlichen Produktionszweig, die Zerreißung der ursprünglichen Mannigfaltigkeit seiner Beschäftigungen[705], ein notwendiges Entwicklungsmoment. Auf jener Grundlage findet jeder besondre Produktionszweig empirisch die ihm entsprechende technische Gestalt, vervollkommnet sie langsam und kristallisiert sie rasch, sobald ein gewisser Reifegrad erlangt ist. Was hier und da Wechsel hervorruft, ist außer neuem

[703] l.c.p. 3, n. 24.
[704] l.c.p. 7, n. 60.
[705] „In einigen Teilen von Hochschottland ... erschienen viele Schafhirten und cotters (Häusler) mit Frau und Kind, nach dem Statistical Account, in Schuhen, die sie selbst gemacht aus Leder, das sie selbst gegerbt, in Kleidern, die keine Hand außer ihrer eignen angetastet, deren Material sie selbst von den Schafen geschoren oder wofür sie den Flachs selbst gebaut hatten. In die Zubereitung der Kleider ging kaum irgendein gekaufter Artikel ein, mit Ausnahme von Pfrieme, Nadel, Fingerhut und sehr wenigen Teilen des im Weben angewandten Eisenwerks. Die Farben wurden von den Weibern selbst von Bäumen, Gesträuchen und Kräutern gewonnen usw.“ (Dugald Stewart, „Works“, ed. Hamilton, vol. VIII, p. 327-328.)

Arbeitsstoff, den der Handel liefert, die allmähliche Änderung des Arbeitsinstruments. Die erfahrungsmäßig entsprechende Form einmal gewonnen, verknöchert auch es, wie sein oft jahrtausendlanger Übergang aus der Hand einer Generation in die der andren beweist. Es ist charakteristisch, daß bis ins 18. Jahrhundert hinein die besondren Gewerke mysteries (mystères)[706] hießen, in deren Dunkel nur der empirisch und professionell Eingeweihte eindringen konnte. Die große Industrie zerriß den Schleier, der den Menschen ihren eignen gesellschaftlichen Produktionsprozeß versteckte und die verschiednen naturwüchsig besonderten Produktionszweige gegeneinander und sogar dem in jedem Zweig Eingeweihten zu Rätseln machte. Ihr Prinzip, jeden Produktionsprozeß, an und für sich und zunächst ohne alle Rücksicht auf die menschliche Hand, in seine konstituierenden Elemente aufzulösen, schuf die ganz moderne Wissenschaft der Technologie. Die buntscheckigen, scheinbar zusammenhangslosen und verknöcherten Gestalten des gesellschaftlichen Produktionsprozesses lösten sich auf in bewußt planmäßige und je nach dem bezweckten Nutzeffekt systematisch besonderte Anwendungen der Naturwissenschaft. Die Technologie entdeckte ebenso die wenigen großen Grundformen der Bewegung, worin alles produktive Tun des menschlichen Körpers, trotz aller Mannigfaltigkeit der angewandten Instrumente, notwendig vorgeht, ganz so wie die Mechanik durch die größte Komplikation der Maschinerie sich über die beständige Wiederholung der einfachen mechanischen Potenzen nicht täuschen läßt. Die moderne Industrie betrachtet und behandelt die vorhandne Form eines Produktionsprozesses nie als definitiv. Ihre technische Basis ist daher revolutionär, während die aller früheren Produktionsweisen wesentlich konservativ war.[707] Durch Maschinerie, chemische Prozesse und andre Methoden wälzt sie beständig mit der technischen Grundlage der Produktion die Funktionen der Arbeiter und die gesellschaftlichen Kombinationen des Arbeitsprozesses um. Sie revolutioniert damit ebenso beständig die Teilung der Arbeit im Innern der Gesellschaft und schleudert unaufhörlich Kapitalmassen und Arbeitermassen aus einem Produktionszweig in den andern. Die Natur der großen Industrie bedingt daher Wechsel der Arbeit, Fluß der Funktion, allseitige Beweglichkeit des Arbeiters. Andrerseits reproduziert sie in ihrer kapitalistischen Form die alte Teilung der Arbeit mit ihren knöchernen Partikularitären. Man hat gesehn,

[706] In dem berühmten „Livre des métiers" des Etienne Boileau wird unter andrem vorgeschrieben, daß ein Geselle bei seiner Aufnahme unter die Meister einen Eid leiste, „seine Brüder brüderlich zu lieben, sie zu stützen, jeder in seinem métier, nicht freiwillig die Gewerksgeheimnisse zu verraten und sogar im Interesse der Gesamtheit nicht zur Empfehlung seiner eignen Ware den Käufer auf die Fehler des Machwerks von andren aufmerksam zu machen".

[707] „Die Bourgeoisie kann nicht existieren, ohne die Produktionsinstrumente, also die Produktionsverhältnisse, also sämtliche gesellschaftlichen Verhältnisse fortwährend zu revolutionieren. Unveränderte Beibehaltung der alten Produktionsweise war dagegen die erste Existenzbedingung aller früheren industriellen Klassen. Die fortwährend Umwälzung der Produktion, die ununterbrochene Erschütterung aller gesellschaftlichen Zustände, die ewige Unsicherheit und Bewegung zeichnen die Bourgeoisepoche vor allen früheren aus. Alle festen, eingerosteten Verhältnisse mit ihrem Gefolge von altehrwürdigen Vorstellungen und Anschauungen werden aufgelöst, alle neugebildeten veralten, ehe sie veknöchern können. Alles Ständische und Stehende verdampft, alles Heilige wird entweiht, und die Menschen sind endlich gezwungen, ihre Lebensstellungen, ihre gegenseitigen Beziehungen mit nüchternen Augen anzusehn." (F. Engels und Karl Marx, „Manifest der Kommunistischen Partei", Lond. 1848, p. 5 (Siehe Band 4, S. 465))

wie dieser absolute Widerspruch alle Ruhe, Festigkeit, Sicherheit der Lebenslage des Arbeiters aufhebt, ihm mit dem Arbeitsmittel beständig das Lebensmittel aus der Hand zu schlagen[708] und mit seiner Teilfunktion ihn selbst überflüssig zu machen droht; wie dieser Widerspruch im ununterbrochnen Opferfest der Arbeiterklasse, maßlosester Vergeudung der Arbeitskräfte und den Verheerungen gesellschaftlicher Anarchie sich austobt. Dies ist die negative Seite. Wenn aber der Wechsel der Arbeit sich jetzt nur als überwältigendes Naturgesetz und mit der blind zerstörenden Wirkung eines Naturgesetzes durchsetzt, das überall auf Hindernisse stößt[709], macht die große Industrie durch ihre Katastrophen selbst es zur Frage von Leben oder Tod, den Wechsel der Arbeiten und daher möglichste Vielseitigkeit der Arbeiter als allgemeines gesellschaftliches Produktionsgesetz anzuerkennen und seiner normalen Verwirklichung die Verhältnisse anzupassen. Sie macht es zu einer Frage von Leben oder Tod, die Ungeheuerlichkeit einer elenden, für das wechselnde Exploitationsbedürfnis des Kapitals in Reserve gehaltenen, disponiblen Arbeiterbevölkerung zu ersetzen durch die absolute Disponibilität des Menschen für wechselnde Arbeitserfordernisse; das Teilindividuum, den bloßen Träger einer gesellschaftlichen Detailfunktion, durch das total entwickelte Individuum, für welches verschiedne gesellschaftliche Funktionen einander ablösende Betätigungsweisen sind. Ein auf Grundlage der großen Industrie naturwüchsig entwickeltes Moment dieses Umwälzungsprozesses sind polytechnische und agronomische Schulen, ein andres sind die „écoles d'enseignement professionnel“ (Berusschulen), worin die Kinder der Arbeiter einigen Unterricht in der Technologie und praktischen Handhabe der verschiednen Produktionsinstrumente erhalten. Wenn die Fabrikgesetzgebung als erste, dem Kapital notdürftig abgerungene Konzession nur Elementarunterricht mit fabrikmäßiger Arbeit verbindet, unterliegt es keinem Zweifel, daß die unvermeidliche Eroberung der politischen Gewalt durch die Arbeiterklasse auch dem technologischen Unterricht, theoretisch und praktisch, seinen Platz in den Arbeiterschulen erobern wird. Es unterliegt ebensowenig keinem Zweifel, daß die kapitalistische Form der Produktion und die ihr entsprechenden ökonomischen Arbeiterverhältnisse im diametralsten Widerspruch stehn mit solchen Umwälzungsfermenten und ihrem Ziel, der Aufhebung der alten Teilung der Arbeit. Die Entwicklung der Widersprüche einer geschichtlichen Produktionsform ist jedoch der einzig geschichtliche Weg ihrer Auflösung und Neugestaltung. „Ne sutor ultra crepidam“! (Schuster, bleib bei deinem Leisten!), die nec plus ultra (dieser Gipfel) handwerksmäßiger Weis-

[708] „Ihr nehmt mein Leben,
Wenn ihr die Mittel nehmt, wodurch ich lebe.“ (Shakespeare)

[709] Ein französischer Arbeiter schreibt bei seiner Rückkehr von San Franzisko: „Ich hätte nie geglaubt, daß ich fähig wäre, alle die Gewerbe auszuüben, die ich in Kalifornien betrieben habe. Ich war fest überzeugt, daß ich außer zur Buchdruckerei zu nichts gut sei ... Einmal in der Mitte dieser Welt von Abenteurern, welche ihr Handwerk leichter wechseln als ihr Hemde, meiner Treu! ich tat wie die andren. Da das Geschäft der Minenarbeit sich nicht einträglich genug auswies, verließ ich es und zog in die Stadt, wo ich der Reihe nach Typograph, Dachdecker, Bleigießer usw. wurde. Infolge dieser Erfahrung, zu allen Arbeiten tauglich zu sein, fühle ich mich weniger als Molluske und mehr als Mensch.“ (A. Corbon, „Der l'enseignement professionnel“, 2ème éd. p. 50.)

heit, wurde zur furchtbaren Narrheit von dem Moment, wo der Uhrmacher Watt die Dampfmaschine, der Barbier Arkwright den Kettenstuhl, der Juwelierarbeiter Fulton das Dampfschiff erfunden hatte.[710]

Soweit die Fabrikgesetzgebung die Arbeit in Fabriken, Manufakturen usw. reguliert, erscheint dies zunächst nur als Einmischung in die Exploitationsrechte des Kapitals. Jede Regulation der sog. Hausarbeit[711] stellt sich dagegen sofort als direkter Eingriff in die patria potestas (väterliche Gewalt) dar, d.h. modern interpretiert, in die elterliche Autorität, ein Schritt, wovor das zartfühlende englische Parlament lang zurückzubeben affektierte. Die Gewalt der Tatsachen zwang jedoch, endlich anzuerkennen, daß die große Industrie mit der ökonomischen Grundlage des alten Familienwesens und der ihr entsprechenden Familienarbeit auch die alten Familienverhältnisse selbst auflöst. Das Recht der Kinder mußte proklamiert werden.

„Unglücklicherweise", heißt es im Schlußbericht der „Child. Empl. Comm." von 1866, „leuchtet aus der Gesamtheit der Zeugenaussagen hervor, daß die Kinder beiderlei Geschlechts gegen niemand so sehr des Schutzes bedürfen als gegen ihre Eltern." Das System der maßlosen Exploitation der Kinderarbeit überhaupt und der Hausarbeit im besonderen wird dadurch „erhalten, daß die Eltern über ihre jungen und zarten Sprößlinge eine willkürliche und heillose Gewalt ohne Zügel oder Kontrolle ausüben ... Eltern dürfen nicht die absolute Macht besitzen, ihre Kinder zu reinen Maschinen zu machen, um soundso viel wöchentlichen Lohn herauszuschlagen... Kinder und junge Personen haben ein Recht auf den Schutz der Legislatur wider den Mißbrauch der elterlichen Gewalt, der ihre physische Kraft vorzeitig bricht und sie degradiert auf der Staffel moralischer und intellektueller Wesen."[712]

Es ist jedoch nicht der Mißbrauch der elterlichen Gewalt, der die direkt oder indirekte Exploitation unreifer Arbeitskräfte durch das Kapital schuf, sondern es ist umgekehrt die kapitalistische Exploitationsweise, welche die elterliche Gewalt, durch Aufhebung der ihr entsprechenden ökonomischen Grundlage, zu einem Mißbrauch gemacht hat. So furchtbar und ekelhaft nun die Auflösung des alten Familienwesens innerhalb des kapitalistischen Systems erscheint, so schafft nichtsdestoweniger die große Industrie mit der entscheidenden Rolle, die sie den

[710] John Bellers, ein wahres Phänomen in der Geschichte der politischen Ökonomie, begriff schon Ende des 17. Jahrhunderts mit vollster Klarheit die notwendige Aufhebung der jetzigen Erziehung und Arbeitseinteilung, welche Hypertrophie und Atrophie auf beiden Extremen der Gesellschaft, wenn auch in entgegengesetzter Richtung, erzeugen. Er sagt u.a. schön: „Müßig Lernen ist wenig besser als das Lernen von Müßiggang... Körperliche Arbeit hat Gott selbst ursprünglich eingerichtet... Arbeit ist so notwendig für die Gesundheit des Körpers, wie Essen für sein Leben; denn die Schmerzen, welche man sich durch Müßiggang erspart, wird man durch Krankheit bekommen... Arbeit tut Öl auf die Lampe des Lebens, Denken aber entzündet sie... Eine kindisch dumme Beschäftigung" (dies ahnungsvoll gegen die Basedows und ihre modernen Nachstümper) „läßt den Geist der Kinder dumm." („Proposals for raising a Colledge of Industry of all useful Trades and Husbandry", Lond. 1696, p. 12, 14, 16, 18.)

[711] Diese geht übrigens großenteils auch in kleineren Werkstätten vor, wie wir gesehn bei der Spitzenmanufaktur und Strohflechterei , und wie namentlich auch an den Metallmanufakturen in Sheffield, Birmingham usw. ausführlicher gezeigt werden könnte.

[712] „Child. Empl. Comm., V. Rep.", p. XXV, n.162 und II. Rep., p. XXXVIII, n. 285, 289, p. XXV, XXVI, n. 191.

Weibern, jungen Personen und Kindern beiderlei Geschlechts in gesellschaftlich organisierten Produktionsprozessen jenseits der Sphäre des Hauswesens zuweist, die neue ökonomische Grundlage für eine höhere Form der Familie und des Verhältnisses beider Geschlechter. Es ist natürlich ebenso albern, die christlich germanischer Form der Familie für absolut zu halten als die atrömische Form, oder die altgriechische, oder die orientalische, die übrigens untereinander eine geschichtliche Entwicklungsreihe bilden. Ebenso leuchtet ein, daß die Zusammensetzung des kombinierten Arbeitspersonals aus Individuen beiderlei Geschlechts und der verschiedensten Altersstufen, obgleich in ihrer naturwüchsig brutalen, kapitalistischen Form, wo der Arbeiter für den Produktionsprozeß, nicht der Produktionsprozeß für den Arbeiter da ist, Pestquelle des Verderbs und der Sklaverei, unter entsprechenden Verhältnissen umgekehrt zur Quelle humaner Entwicklung umschlagen muß.[713]

Die Notwendigkeit, das Fabrikgesetz aus einem Ausnahmegesetz für Spinnereien und Webereien, diese ersten Gebilde des Maschinenbetriebs, in ein Gesetz aller gesellschaftlichen Produktion zu verallgemeinern, entspringt, wie man sah, aus dem geschichtlichen Entwicklungsgang der großen Industrie, auf deren Hintergrund die überlieferte Gestalt von Manufaktur, Handwerk und Hausarbeit gänzlich umgewälzt wird, die Manufaktur beständig in die Fabrik, das Handwerk beständig in die Manufaktur umschlägt und endlich die Sphären des Handwerks und der Hausarbeit sich in relativ wunderbar kurzer Zeit zu Jammerhöhlen gestalten, wo die tollsten Ungeheuerlichkeiten der kapitalistischen Exploitation ihr freies Spiel treiben. Es sind zwei Umstände, welche zuletzt den Ausschlag geben, erstens die stets neu wiederholte Erfahrung, daß das Kapital, sobald es der Staatskontrolle nur auf einzelnen Punkten der gesellschaftlichen Peripherie anheimfällt, sich um so maßloser auf den andern Punkten entschädigt[714], zweitens der Schrei der Kapitalisten selbst nach Gleichheit der Konkurrenzbedingungen, d.h. gleichen Schranken der Arbeitsexploitation.[715] Hören wir hierüber zwei Herzensstöße. Die Herrn W. Cooksley (Nagel-, Ketten- usw. Fabrikanten zu Bristol) führten die Fabrikregulation freiwillig in ihrem Geschäft ein.

„Da das alte, unregelmäßige System in den benachbarten Werken fortdauert, sind sie der Unbill ausgesetzt, ihre Arbeitsjungen zur Fortsetzung der Arbeit anderswo nach 6 Uhr abends verlockt (enticed) zu sehn. ‚Dies', sagen sie natürlich, ‚ist eine Ungerechtigkeit gegen uns und ein Verlust, das es einen Teil der Kraft der Jungen erschöpft, deren voller Vorteil uns gebührt.'"[716]

Herr J. Simpson (Paper-Box Bag maker (Kartonagenfabrikant), London) erklärt den Kommissären der „Children Empl. Comm.":

„Er wolle jede Petition für Einführung der Fabrikakte unterzeichnen. Wie es sei, fühle er sich stets rastlos des Nachts (he always felt restless at night), nach

[713] „Fabrikarbeit kann genauso rein und vortrefflich sein wie Hausarbeit, ja vielleicht noch mehr." („Reports of Insp. of Fact., 31st Oct. 1865", p. 129.)

[714] l.c.p. 27, 32.

[715] Massenhafte Belege dazu in den „Rep. of Insp. of Fact.".

[716] „Child. Empl. Comm., V. Rep.", p. X, n. 35.

Schluß seiner Werkstatt, bei dem Gedanken, daß andre länger arbeiten ließen und ihm Aufträge vor der Nase wegschnappten."[717] „Es wäre ein Unrecht", sagt die „Child. Empl. Comm." zusammenfassend, „gegen die größren Arbeitsanwender, ihre Fabriken der Regulation zu unterwerfen, während in ihrem eignen Geschäftszweig der Kleinbetrieb keiner gesetzlichen Beschränkung der Arbeitszeit unterliegt. Zur Ungerechtigkeit ungleicher Konkurrenzbedingungen in bezug auf die Arbeitsstunden bei Ausnahme kleinerer Werkstätten käme noch der andre Nachteil für die größren Fabrikanten hinzu, daß ihre Zufuhr von jugendlicher und weiblicher Arbeit abgelenkt würde nach den vom Gesetz verschonten Werkstätten. Endlich gäbe dies Anstoß zur Vermehrung der kleineren Werkstätten, die fast ausnahmslos die mindest günstigen für Gesundheit, Komfort, Erziehung und allgemeine Verbesserung des Volks sind."[718]

In ihrem Schlußbericht schlägt die „Children's Employment Commission" vor, über 1.400.000 Kinder, junge Personen und Weiber, wovon ungefähr die Hälfte vom Kleinbetrieb und der Hausarbeit exploitiert wird, dem Fabrikakt zu unterwerfen.[719]

„Sollte", sagt sie, „das Parlament unsren Vorschlag in seinem ganzen Umfang annehmen, so ist es zweifellos, daß solche Gesetzgebung den wohltätigsten Einfluß ausüben werde, nicht nur auf die Jungen und Schwachen, mit denen sie sich zunächst beschäftigt, sondern auf die noch größre Masse von erwachsnen Arbeitern, die direkt" (Weiber) „und indirekt" (Männer) „unter ihren Wirkungskreis fallen. Sie würde ihnen regelmäßige und ermäßigte Arbeitsstunden aufzwingen; sie würde den Vorrat physischer Kraft, wovon ihr eignes Wohlergehen und das des Landes so sehr abhängt, haushalten und häufen; sie würde die aufsprossende Generation vor der Überanstrengung in frühem Alter schützen, welche ihre Konstitution untergräbt und zu vorzeitigem Verfall führt; sie würde schließlich, wenigstens bis zum 13. Jahr, die Gelegenheit des Elementarunterrichts bieten und damit der unglaublichen Unwissenheit ein Ende machen, die so treu in den Kommissionsberichten geschildert ist und nur mit qualvollster Empfindung und dem tiefen Gefühl nationaler Erniedrigung betrachtet werden kann."[720]

Das Toryministerium kündigte in der Thronrede vom 5. Februar 1867 an, daß es die Vorschläge[721] der industriellen Untersuchungskommission in „Bills"

[717] l.c.p. IX, n. 28.

[718] l.c.p. XXV, n. 165-167. Vgl. über die Vorzüge des Großbetriebes verglichen mit dem Zwergbetrieb „Child. Empl. Comm., III. Rep.", p. 13, n. 144; p. 25, n. 121; p. 26, n. 125; p. 27, n. 140 usw.

[719] Die zu maßregelnden Industriezweige sind: Spitzenmanufaktur, Strumpfwirkerei, Strohflechten, Manufaktur von Wearing Apparel mit ihren zahlreichen Arten, künstliche Blumenmacherei, Schuh-, Hut- und Handschuhmacherei, Schneiderei, alle Metallfabriken, von den Hochöfen bis zu den Nadelfabriken usw., Papierfabrik, Glasmanufaktur, Tabaksmanufaktur, India-Rubber (Gummi) Werke, Litzenfabrikation (für die Weberei), Handteppich-Weberei, Regenschirm- und Parasolmanufaktur, Fabrikation von Spindeln und Spulen, Buchdruckerei, Buchbinderei, Schreibmaterialienhandel (Stationery, dazu gehörig Verfertigung von Papierschachteln, Karten, Papierfärben usw.), Seilerei, Manufaktur von Gagatschmuck, Ziegeleien, Hand-Seidenmanufaktur, Coventry-Weberei, Salz-, Talglicht- und Zementierwerke, Zuckerraffinerie, Zwiebackmachen, verschiedne Holz- und andre vermischte Arbeiten.

[720] l.c.p. XXV, n. 169.

[721] Der Factory Acts Extension Act (das Gesetz zur Ausdehnung der Fabrikgesetze) ging durch 12. August 1867. Er reguliert alle Metall-Gießereien, -Schmieden und -Manufakturen, mit Einschluß der Maschinenfabriken, ferner

formuliert habe. Dazu hatte es eines neuen zwanzigjährigen Experimentum in corpore vili (Experiments an einem wertlosen Körper) bedurft. Bereits im Jahre 1840 war eine parlamentarische Kommission zur Untersuchung über Kinderarbeit ernannt worden. Ihr Bericht von 1842 entrollte nach den Worten N. W. Seniors „das furchtbarste Gemälde von Habsucht, Selbstsucht und Grausamkeit der Kapitalisten und Eltern, von Elend, Degradation Zerstörung der Kinder und jungen Personen, das jemals das Auge der Welt schlug ... Man wähnt vielleicht, der Bericht beschreibe die Greuel eines vergangnen Zeitalters. Leider aber liegen Berichte vor, daß diese Greuel fortdauern, so intensiv wie je. Eine vor zwei Jahren von Hardwicke veröffentlichte Broschüre erklärt, die 1842 gerügten Mißbräuche stehen heutzutage“ (1863) „in voller Blüte ... Dieser Bericht“ (von 1842) „lag unbeachtet zwanzig Jahre lang, während deren man jenen Kindern, herangewachsen ohne die geringste Ahnung weder von dem, was wir Moral nennen, noch von Schulbildung, Religion oder natürlicher Familienliebe - diesen Kindern erlaubte man, die Eltern der jetzigen Generation zu werden.“[722]

Inzwischen hatte die gesellschaftliche Lage sich geändert. Das Parlament wagte nicht, die Forderungen der Kommission von 1863 ebenso zurückzuweisen wie seinerzeit die von 1842. Daher wurden schon 1864, als die Kommission erst einen Teil ihrer Berichte veröffentlicht hatte, die Erdenwaren-Industrie (einschließlich der Töpferei), die Fabrikation von Tapeten, Zündhölzern, Patronen und Zündhütchen sowie das Samtscheren unter die für Textilindustrie gültigen Gesetze gestellt. In der Thronrede von 5. Februar 1867 kündigte das damalige Torykabinett weitere Bills an, gegründet auf die Schlußvorschläge der Kommission, die inzwischen 1866 ihr Werk vollendet hatte.

Am 15. August 1867 erhielt der Factory Acts Extension Act und am 21. August der Workshops‘ Regulation Act die königliche Bestätigung; der erstre Akt regelt die großen, der letztre die kleinen Geschäftszeige.

Der Factory Acts Extension Act reguliert die Hochöfen, Eisen- und Kupferwerke, Gießereien, Maschinenfabriken, Metallwerkstätten, Fabriken für Guttapercha, Papier, Glas, Tabak, ferner Druckereien und Buchbindereien und überhaupt alle industriellen Werkstätten dieser Art, worin 50 oder mehr Personen gleichzeitig während mindestens 100 Tagen im Jahr beschäftigt werden.

Um eine Vorstellung zu geben von der Ausdehnung des von diesem Gesetz umfaßten Gebiets, folgen hier einige der darin festgestellten Definitionen:

„*Handwerk* soll“ (in diesem Gesetz) „bedeuten: irgendwelche Handarbeit, geschäftsmäßig oder zum Erwerb betrieben bei, oder gelegentlich, der Verfertigung, Veränderung, Verzierung, Reparatur oder Fertigstellung zum Verkauf irgendeines Artikels oder eines Teils davon.“

Glas-, Papier-, Guttapercha-, Kautschuk-, Tabakmanufakturen, Buchdruckereien, Buchbindereien, endlich sämtliche Werkstätten, worin mehr als 50 Personen beschäftigt sind. - Der Hours of Labour Regulation Act (Das Gesetz zur Regelung der Arbeitszeit), passiert 17. August 1867, reguliert die kleinern Werkstätten und die sog. Hausarbeit. - Ich komme auf diese Gesetze, auf den neuen Mining Act (das neue Bergwerksgesetz) von 1872 etc. im II. Band zurück.

[722] Senior, „Social Science Congress“, p. 55-58.

„*Werkstatt* soll bedeuten: irgendwelche Stube oder Örtlichkeit, eingedeckt oder unter freiem Himmel, worin ein ‚Handwerk' betrieben wird von irgendeinem Kind, jugendlichen Arbeiter oder Frauenzimmer und worüber derjenige, der solches Kind, jugendlichen Arbeiter oder Frauenzimmer beschäftigt, das Recht des Zutritts und der Kontrolle hat."

„*Beschäftigt* soll bedeuten: tätig in einem ‚Handwerk', ob gegen Lohn oder nicht, unter einem Meister oder einem der Eltern, wie unten näher bestimmt."

„*Eltern* soll bedeuten: Vater, Mutter, Vormund oder andre Person, die die Vormundschaft oder Kontrolle über irgendein ... Kind oder einen jugendlichen Arbeiter hat."

Klausel 7, die Strafklausel für Beschäftigung von Kindern, jugendlichen Arbeitern und Frauenzimmern entgegen den Bestimmungen dieses Gesetzes, setzt Geldstrafen fest, nicht nur für den Inhaber der Werkstatt, ob einer der Eltern oder nicht, sondern auch für „die Eltern oder andre Personen, die das Kind, den jugendlichen Arbeiter oder das Frauenzimmer unter Obhut haben oder direkten Vorteil aus dessen Arbeit ziehen".

Der Factory Acts Extension Act, der die großen Etablissements trifft, steht zurück gegen den Fabrikakt durch eine Menge elender Ausnahmsbestimmungen und feiger Kompromisse mit den Kapitalisten.

Der Workshops' Regulation Act, erbärmlich in allen seinen Einzelheiten, blieb ein toter Buchstabe in der Hand der mit seiner Ausführung beauftragten städtischen und Lokalbehörden. Als das Parlament ihnen 1871 diese Vollmacht entzog, um sie den Fabrikinspektoren zu übertragen, deren Aufsichtsbezirk es so mit einem Schlage um mehr als 100.000 Werkstätten und allein 300 Ziegeleien vergrößerte, wurde ihr Personal sorgsamlichst um nur acht Assistenten vermehrt, wo es doch schon bisher viel zu schwach besetzt war.[723]

Was also in dieser englischen Gesetzgebung von 1867 auffällt, ist einerseits die dem Parlament der herrschenden Klassen aufgezwungne Notwendigkeit, so außerordentliche und ausgedehnte Maßregeln gegen die Übergriffe der kapitalistischen Exploitation im Prinzip anzunehmen; andrerseits die Halbheit, der Widerwille und die mala fides, womit es diese Maßregeln dann wirklich ins Leben reif.

Die Untersuchungskommission von 1862 schlug ebenfalls eine neue Regulierung der Bergwerksindustrie vor, einer Industrie, die sich von allen andern dadurch unterscheidet, daß bei ihr die Interessen von Grundbesitzern und industriellen Kapitalisten Hand in Hand gehn. Der Gegensatz dieser beiden Interessen hatte die Fabrikgesetzgebung begünstigt, die Abwesenheit dieses Gegensatzes reicht hin, die Verschleppung und Schikanen bei der Bergwerksgesetzgebung zu erklären.

[723] Das Personal der Fabrikinspektion bestand aus 2 Inspektoren, 2 Hilfsinspektoren und 41 Subinspektoren. Acht fernere Subinspektoren wurden 1871 ernannt. Die Gesamtkosten der Vollstreckung der Fabrikgesetze in England, Schottland und Irland beliefen sich 1871/72 auf nur 25.347 Pfd.St., einschließlich der Gerichtskosten bei Prozessen gegen Übertretungen.

Die Untersuchungskommission von 1840 hatte so schauderhafte und empörende Enthüllungen gemacht und einen solchen Skandal vor ganz Europa hervorgerufen, daß das Parlament sein Gewissen salvieren mußte durch den Mining Act von 1842, worin es sich darauf beschränkte, die Arbeit unter Tag von Weibern und von Kindern unter 10 Jahren zu verbieten.

Dann kam 1860 der Mines' Inspection Act, wonach Bergwerke von speziell dazu ernannten öffentlichen Beamten inspiziert werden, und Knaben zwischen 10 und 12 Jahren nicht beschäftigt werden sollen, außer wenn sie im Besitz eines Schulzeugnisses sind oder eine gewisse Anzahl Stunden die Schule besuchen. Dieser Akt blieb durchaus ein toter Buchstabe infolge der lächerlich geringen Anzahl der ernannten Inspektoren, der Winzigkeit ihrer Befugnisse und andrer Ursachen, die sich im Verlauf näher ergeben werden.

Eins der neusten Blaubücher über Bergwerke ist der „Report from the Select Committee on Mines, together with ... Evidence, 23 July 1866". Er ist das Werk eines Ausschusses von Unterhausmitgliedern, bevollmächtigt, Zeugen vorzuladen und zu verhören; ein dicker Folioband, worin der „Report" selbst nur fünf Zeilen umfaßt, des Inhalts: daß der Ausschuß nichts zu sagen weiß und daß noch mehr Zeugen verhört werden müssen!

Die Art der Zeugenexamination erinnert an die cross examinations (Kreuzverhöre) vor den englischen Gerichten, wo der Advokat durch unverschämte, sinnverwirrende Kreuz- und Querfragen den Zeugen aus der Fassung zu bringen und ihm die Worte im Mund zu verdrehn sucht. Die Advokaten hier sind die parlamentarischen Examinatoren selbst, darunter Minen-Eigner und Exploiteurs; die Zeugen Minenarbeiter, meist in Kohlenbergwerken. Die ganze Farce ist zu charakteristisch für den Geist des Kapitals, um hier nicht einige Auszüge zu geben. Zur leichteren Übersicht gebe ich die Resultate der Untersuchung usw. in Rubriken. Ich erinnre, daß Frage und obligate Antwort in den englischen Blue Books numeriert sind und daß die Zeugen, deren Aussagen hier zitiert werden, Arbeiter in Kohlenbergwerken.

1. Beschäftigung der Jungen vom 10. Jahr an in den Minen. Die Arbeit nebst obligatem Gang von und zu den Bergwerken dauert in der Regel 14 bis 15 Stunden, ausnahmsweise länger, von 3, 4, 5 Uhr morgens bis 4 und 5 Uhr abends. Die erwachsnen Arbeiter arbeiten in zwei Gängen oder 8 Stunden, aber kein solcher Wechsel für die Jungen, um die Kosten zu sparen. Die jungen Kinder hauptsächlich verwandt zum Öffnen und Schließen der Zugtüren in den verschiednen Abteilungen des Bergwerks, die ältern zu schwerer Arbeit, Kohlentransport usw. Die langen Arbeitsstunden unter der Erde dauern bis zum 18. oder 22. Jahr, wann der Übergang zur eigentlichen Minenarbeit stattfindet. Die Kinder und jungen Personen werden heutzutag härter abgeplackt als zu irgendeiner früheren Periode. Die Minenarbeiter verlangen fast einstimmig einen Parlamentsakt zum Verbot der Minenarbeit bis zum 14. Jahr. Und nun fragt Hussey Vivian (selbst Minenexploiteur):

„Hängt dies Verlangen nicht von der größeren oder geringeren Armut der Eltern ab?" - Und Mr. Bruce: „Wäre es nicht hart, wo der Vater tot oder verstümmelt usw., der Familie diese Ressource zu entziehn? Und es muß doch eine allgemeine Regel herrschen. Wollt Ihr in allen Fällen die Beschäftigung der Kinder bis zum 14. Jahr unter der Erde verbieten?" Antwort: „In allen Fällen." Vivian: „Wenn die Arbeit vor 14 Jahren in den Minen verboten, würden die Eltern die Kinder nicht in Fabriken usw. schicken? - In der Regel, nein." Arbeiter: „Das Auf- und Zuschließen der Türen sieht leicht aus. Es ist ein sehr qualvolles Geschäft. Vom beständigen Zug abgesehn, ist der Junge gefangengesetzt, ganz so gut wie in einer dunklen Kerkerzelle." Bourgeois Vivian: „Kann der Junge nicht lesen während der Türwacht, wenn er ein Licht hat? - Erstens müßte er sich die Kerzen kaufen. Aber außerdem würde es ihm nicht erlaubt werden. Er ist da, um auf sein Geschäft aufzupassen, er hat eine Pflicht zu erfüllen. Ich habe nie einen Jungen in der Grube lesen sehn."

2. Erziehung. Die Minenarbeiter verlangen Gesetz für Zwangsunterricht der Kinder, wie in den Fabriken. Sie erklären die Klausel des Akts von 1860, wonach Erziehungszertifikat zur Verwendung der Jungen von 10-12 Jahren erfordert, für rein illusorisch. Das „peinliche" Verhörverfahren der kapitalistischen Instruktionsrichter wird hier wahrhaft drollig.

„Ist der Akt mehr nötig gegen Anwender oder Eltern? - Gegen beide." „Mehr gegen den einen als den andern? - Wie soll ich das beantworten?" „Zeigen die Anwender irgendein Verlangen, die Arbeitsstunden dem Schulunterricht anzupassen? - Niemals." „Verbessern die Minenarbeiter hinterher ihre Erziehung? - Sie verschlechtern sich im allgemeinen; sie nehmen böse Gewohnheiten an; sie verlegen sich auf Trunk und Spiel und dergleichen und werden ganz und gar schiffbrüchig." „Warum nicht die Kinder in Abendschulen schicken? - In den meisten Kohlendistrikten existieren keine. Aber die Hauptsache ist, von der langen Überarbeit sind sie so erschöpft, daß ihnen die Augen vor Müdigkeit zufallen." „Also", schließt der Bourgeois, „Ihr seid gegen Erziehung? - Beileibe nicht, aber usw." „Sind die Minenbesitzer usw. nicht durch den Akt von 1860 gezwungen, Schulzertifikate zu verlangen, wenn sie Kinder zwischen 10 und 12 Jahren anwenden? - Durch das Gesetz, ja, aber die Anwender tun es nicht." „Nach Eurer Ansicht ist diese Gesetzklausel nicht allgemein ausgeführt? - Sie wird gar nicht ausgeführt." „Interessieren sich die Minenarbeiter sehr für die Erziehungsfrage? - Die große Mehrzahl." „Sind sie ängstlich für Durchführung des Gesetzes? - Die große Mehrzahl." „Warum denn erzwingen sie seine Durchführung nicht? - Mancher Arbeiter wünscht, Jungen ohne Schulzertifikat zu verweigern, aber er wird ein gezeichneter Mann (a market man)." „Gezeichnet durch wen? - Durch seinen Anwender." „Ihr glaubt doch nicht etwa, daß die Anwender einen Mann wegen Gehorsams gegen das Gesetz verfolgen würden? - Ich glaube, sie würden es tun." „Warum verweigern die Arbeiter nicht, solche Jungen anzuwenden? - Es ist nicht ihrer Wahl überlassen." „Ihr verlangt Parlamentsintervention? - Wenn irgend etwas Wirksames für die Erziehung der Kinder der Grubenarbeiter geschehen soll, so muß sie durch Parlamentsakt zwangsmäßig gemacht werden." „Soll das für die Kinder aller Arbeiter von Großbritannien gelten oder nur für Grubenarbeiter? - Ich bin hier, um im Namen der Grubenarbeiter zu sprechen." „Warum Grubenkinder von andren unterscheiden? - Weil sie eine Ausnahme von der Regel bilden." „In welcher Hinsicht? - In physischer." „Warum sollte Erziehung für sie wertvoller sein als für Knaben von andern Klassen? - Ich sage nicht, daß sie wertvoller für sie ist, aber wegen ihrer Überarbeitung in den Minen haben sie weniger Chancen für Erziehung in Tags- und Sonntagsschulen." „Nicht wahr, es ist unmöglich, Fragen dieser Art absolut zu behandeln?" „Sind genug Schulen in den Distrikten? - Nein." „Wenn der Staat verlangte, daß jedes Kind zur Schule geschickt, wo sollen denn die Schulen für alle die Kinder herkommen? - Ich glaube, sobald es die Umstände gebieten, werden die Schulen von selbst entspringen." „Die große Mehrzahl nicht nur der Kinder, sondern der erwachsnen Minenarbeiter kann weder schreiben noch lesen."

3. Weiberarbeit. Arbeiterinnen werden zwar seit 1842 nicht mehr unter, wohl aber über der Erde zum Aufladen der Kohlen usw., Schleppen der Kufen zu den Kanälen und Eisenbahnwagen, Sortieren der Kohlen usw. verbraucht. Ihre Anwendung hat sehr zugenommen in den letzten 3-4 Jahren. Es sind meist Weiber, Töchter und Witwen von Grubenarbeitern, vom 12. bis zum 50. und 60. Jahre.

„Was denken die Minenarbeiter von Beschäftigung von Weibern bei Bergwerken? - Sie verdammen sie allgemein." „Warum? - Sie betrachten es erniedrigend für das Geschlecht ... Sie tragen eine Art von Mannskleidern. In vielen Fällen wird alle Scham unterdrückt. Manche Weiber rauchen. Die Arbeit ist so schmutzig wie die in den Gruben selbst. Darunter sind viele verheiratete Frauen, die ihre häuslichen Pflichten nicht erfüllen können." „Können die Witwen ein so einträgliches Geschäft (8-10 sh. wöchentlich) anderswo finden? - Ich kann darüber nichts sagen." „Und dennoch" (Herz von Stein!) „seid Ihr entschlossen, ihnen diesen Lebensunterhalt abzuschneiden? - Sicher." „Woher diese Stimmung? - Wir, Minenarbeiter, haben zu viel Respekt für das schöne Geschlecht, um es zur Kohlengrube verdammt zu sehn ... Diese Arbeit ist großenteils sehr schwer. Viele dieser Mädchen heben 10 Tonnen per Tag." „Glaubt Ihr, daß die in den Bergwerken beschäftigten Arbeiterinnen unmoralischer sind als die in den Fabriken beschäftigten? - Der Prozentsatz der Schlechten ist größer als unter den Fabrikmädchen." „Aber Ihr seid auch mit dem Stand der Moralität in den Fabriken nicht zufrieden? - Nein." „Wollt Ihr denn auch die Weiberarbeit in den Fabriken verbieten? - Nein, ich will nicht." „Warum nicht? - Sie ist für das weibliche Geschlecht ehrenvoller und passender." „Dennoch ist sie schädlich für ihre Moralität, meint Ihr? - Nein, lange nicht so sehr als die Arbeit an der Grube. Ich spreche übrigens nicht nur aus moralischen, sondern auch aus physischen und sozialen Gründen. Die soziale Degradation der Mädchen ist jammervoll und extrem. Wenn diese Mädchen Frauen der Minenarbeiter werden, leiden die Männer tief unter dieser

Degradation, und es treibt sie von Haus und zum Soff." „Aber gälte nicht dasselbe für die bei Eisenwerken beschäftigten Weiber? - Ich kann nicht für andre Geschäftszweige sprechen." „Aber welcher Unterschied ist denn zwischen den bei Eisenwerken und Bergwerken beschäftigten Weibern? - Ich habe mich nicht mit dieser Frage beschäftigt." „Könnt Ihr einen Unterschied zwischen der einen oder der andern Klasse entdecken? - Ich habe nichts darüber vergewissert, kenne aber durch Visite von Haus zu Haus den schmählichen Zustand der Dinge in unsrem Distrikt." „Hättet Ihr nicht große Lust, Weiberbeschäftigung überall abzuschaffen, wo sie degradierend ist? - Ja ... die besten Gefühle der Kinder müssen von mütterlicher Zucht herkommen." „Aber das paßt ja auch auf agrikole Beschäftigung der Weiber? - Die dauert nur zwei Saisons, bei uns arbeiten sie alle vier Saisons durch, manchmal Tag und Nacht, naß bis auf die Haut, ihre Konstitution geschwächt, ihre Gesundheit gebrochen." „Ihr habt die Frage" (nämlich der Weiberbeschäftigung) „nicht allgemein studiert? - Ich habe um mich her geschaut und kann so viel sagen, daß ich nirgendwo etwas der weiblichen Beschäftigung an den Kohlengruben Paralleles gefunden habe. Es ist Mannsarbeit und Arbeit für starke Männer. Die beßre Klasse der Minenarbeiter, die sich zu heben und zu humanisieren sucht, statt irgend Stütze an ihren Weibern zu finden, wird durch sie heruntergezerrt."

Nachdem die Bourgeois noch weiter in die Kreuz und Quere gefragt, kommt endlich das Geheimnis ihres „Mitleidens" für Witwen, arme Familien usw. heraus:

„Der Kohleneigentümer ernennt gewisse Gentlemen zur Oberaufsicht und deren Politik ist es, um Beifall zu ernten, alles auf den möglichst ökonomischen Fuß zu setzen und die beschäftigten Mädchen erhalten 1 bis 1 sh. 6 d. täglich, wo ein Mann 2 sh. 6 d. erhalten müßte."

4. Totenschau-Juries.

„Mit Bezug auf die coroner's inquests (Untersuchungen des Totenbeschauers) in Euren Distrikten, sind die Arbeiter zufrieden mit dem Gerichtsverfahren, wenn Unfälle vorkommen? - Nein, sie sind es nicht." „Warum nicht? - Namentlich weil man Leute zu Juries macht, die absolut nichts von Minen wissen. Arbeiter werden nie zugezogen, außer als Zeugen. Im ganzen nimmt man Krämer aus der Nachbarschaft, welche unter dem Einfluß der Minenbesitzer, ihrer Kunden, stehn und nicht einmal die technischen Ausdrücke der Zeugen verstehn. Wir verlangen, daß Minenarbeiter einen Teil der Jury bilden. Im Durchschnitt steht der Urteilsspruch im Widerspruch zu den Zeugenaussagen." „Sollen Juries nicht unparteiisch sein? - „Ja." „Würden die Arbeiter es sein? - Ich sehe keine Motive, warum sie nicht unparteiisch sein sollten. Sie haben Sachkenntnis." „Aber würden sie nicht die Tendenz haben, im Interesse der Arbeiter ungerecht harte Urteile zu fällen? - Nein, ich glaube nicht."

5. Falsches Maß und Gewicht usw. Die Arbeiter verlangen wöchentliche statt vierzehntägiger Zahlung, Maß nach Gewicht statt nach Kubikraum der Kufen, Schutz gegen die Anwendung falschen Gewichts usw.

„Wenn die Kufen fraudulent vergrößert werden, so kann ein Mann ja die Mine verlassen nach 14tägiger Kündigung? - Aber, wenn er zu einem andern Platz geht, findet er dasselbe." „Aber er kann den Platz doch verlassen, wo das Unrecht verübt wird? - Es ist allgemein herrschend." „Aber der Mann kann seinen jedesmaligen Platz nach 14tägiger Kündigung verlassen? - Ja."

Streusand drauf!

6. Mineninspektion. Die Arbeiter leiden nicht nur von den Zufällen durch explodierende Gase.

„Wir haben uns ebensosehr zu beklagen über die schlechte Ventilation der Kohlengruben, so daß die Leute kaum darin atmen können; sie werden dadurch zu jeder Art Beschäftigung unfähig. So hat z.B. grade jetzt in dem Teil der Mine, wo ich arbeite, die Pestluft viele Leute für Wochen aufs Krankenbett geworfen. Die Hauptgänge sind meist luftig genug, aber nicht die Plätze, worin wir arbeiten. Sendet ein Mann Klage über Ventilation an den Inspektor, so wird er entlassen und ist ein ‚gezeichneter' Mann, der auch sonstwo keine Beschäftigung findet. Der ‚Mining inspection Act' von 1860 ist ein reiner Papierlappen. Der Inspektor, und ihre Zahl ist viel zu klein, macht vielleicht in 7 Jahren einmal eine formelle Visite. Unser Inspektor ist ein ganz unfähiger, siebzigjähriger Mann, der mehr als 130 Kohlenbergwerken vorsteht. Neben mehr Inspektoren brauchen wir Subinspektoren." „Soll dann die Regierung solch eine Armee von Inspektoren halten, daß sie alles, was Ihr verlangt, ohne Information der Arbeiter selbst tun können? - Das ist unmöglich, aber sie sollen sich die Information in den Minen selbst holen kommen." „Glaubt Ihr nicht, daß die Wirkung sein würde, die Verantwortlichkeit (!) für die Ventilation usw. von dem Minenbesitzer auf die Regierungsbeamten zu wälzen? - Keineswegs; es muß ihr Geschäft sein, die Befolgung der bereits bestehenden Gesetze zu erzwingen." „Wenn Ihr von Subinspektoren sprecht, meint Ihr Leute mit weniger Gehalt und von niedrigerem Charakter als die gegenwärtigen Inspektoren? - Ich wünsche sie keineswegs niedriger, wenn Ihr sie besser haben könnt." „Wollt Ihr mehr Inspektoren oder eine niedrigere Klasse von Leuten als die Inspektoren? - Wir brauchen Leute, die sich in den Minen selbst umtummeln, Leute, die keine Angst für die eigne Haut haben." „Wenn man Euren Wunsch nach Inspektoren von einer schlechtren Sorte erfüllte, würde ihr Mangel an Geschick nicht Gefahren erzeugen usw.? - Nein; es ist Sache der Regierung, passende Subjekte anzustellen."

Diese Art Examination wird endlich selbst dem Präsidenten des Untersuchungskomitees zu toll.

„Ihr wollt", fährt er dazwischen, „praktische Leute, die sich in den Minen selbst umsehn und an den Inspektor berichten, der dann seine höhere Wissenschaft verwenden kann." „Würde die Ventilation aller dieser alten Werke nicht viel Kosten verursachen? - Ja, Unkosten möchten erwachsen, aber Menschenleben würden beschützt."

Ein Kohlenarbeiter protestiert gegen die 17. Sektion des Akts von 1860:

„Gegenwärtig, wenn der Mineninspektor irgendeinen Teil der Mine in nicht bearbeitsfähigem Zustand findet, muß er es an den Minenbesitzer und den Minister des Innern berichten. Danach hat der Minenbesitzer 20 Tage Bedenkzeit; am Ende der 20 Tage kann er jede Veränderung verweigern. Tut er das aber, so hat er an den Minister des Innern zu schreiben und ihm 5 Bergwerksingenieure vorzuschlagen, worunter der Minister die Schiedsrichter erwählen muß. Wir behaupten, daß in diesem Fall der Minenbesitzer virtuell seine eignen Richter ernennt."

Der Bourgeoisexaminator, selbst Minenbesitzer:

„Dies ist ein rein spekulativer Einwand." „Ihr habt also sehr geringer Ansicht von der Redlichkeit der Bergwerksingenieure? - Ich sage, es ist sehr unbillig und ungerecht." „Besitzen Bergwerksingenieure nicht eine Art von öffentlichem Charakter, der ihre Entscheidungen über die von Euch befürchtete Parteilichkeit erhebt? - Ich verweigre, Fragen über den persönlichen Charakter dieser Leute zu beantworten. Ich bin überzeugt, daß sie in vielen Fällen sehr parteiisch handeln und daß diese Macht ihnen genommen werden sollte, wo Menschenleben auf dem Spiel stehn."

Derselbe Bourgeois hat die Unverschämtheit, zu fragen:

„Glaubt Ihr nicht, daß auch die Minenbesitzer Verluste bei den Explosionen haben?"

Endlich:

„Könnt Ihr Arbeiter Eure eignen Interessen nicht selbst wahrnehmen, ohne die Hilfe der Regierung anzurufen? - Nein."

Im Jahre 1865 gab es 3.217 Kohlenbergwerke in Großbritannien und - 12 Inspektoren. Ein Minenbesitzer von Yorkshire („Times", 26. Januar 1867) berechnet selbst, daß abgesehn von ihren rein bürokratischen Geschäften, die ihre ganze Zeit absorbieren, jede Mine nur einmal in 10 Jahren besichtigt werden könnte. Kein Wunder, daß die Katastrophen in den letzten Jahren (namentlich auch 1866 und 1867) progressiv in Anzahl und Umfang (manchmal mit einem Opfer von 200-300 Arbeitern) zugenommen haben. Dies sind die Schönheiten der „freien" kapitalistischen Produktion!

Jedenfalls ist der Akt von 1872, so mangelhaft er ist, der erste, der die Arbeitsstunden der in Bergwerken beschäftigten Kinder regelt und die Exploiteure und Grubenbesitzer in gewissem Maß für sogenannte Unfälle verantwortlich macht.

Die königliche Kommission von 1867 zur Untersuchung der Beschäftigung von Kindern, jugendlichen Personen und Weibern in der Agrikultur hat einige sehr wichtige Berichte veröffentlicht. Es sind verschiedne Versuche gemacht worden, die Prinzipien der Fabrikgesetzgebung, in modifizierter Form, auf die Agrikultur anzuwenden, aber bis jetzt schlugen sie alle total fehl. Worauf ich hier aber aufmerksam zu machen habe, ist das Bestehn einer unwiderstehlichen Tendenz zur allgemeinen Anwendung dieser Prinzipien.

Wenn die Verallgemeinerung der Fabrikgesetzgebung als physische und geistiges Schutzmittel der Arbeiterklasse unvermeidlich geworden ist, verallgemeinert und beschleunigt sie andrerseits, wie bereits angedeutet, die Verwandlung zerstreuter Arbeitsprozesse auf Zwergmaßstab in kombinierte Arbeitsprozesse auf großer, gesellschaftlicher Stufenleiter, also die Konzentration des Kapitals und die Alleinherrschaft des Fabrikregimes. Sie zerstört alle altertümlichen und Übergangsformen, wohinter sich die Herrschaft des Kapitals noch teilweise versteckt, und ersetzt sie durch seine direkt, unverhüllte Herrschaft. Sie verallgemeinert damit auch den direkten Kampf gegen diese Herrschaft. Während sie in den individuellen Werkstätten Gleichförmigkeit, Regelmäßigkeit, Ordnung und Ökonomie erzwingt, vermehrt sie durch den ungeheuren Sporn, den Schranke und Regel des Arbeitstags der Technik aufdrücken, die Anarchie und Katastrophen der kapitalistischen Produktion im großen und ganzen, die Intensität der Arbeit und die Konkurrenz der Maschinerie mit dem Arbeiter. Mit den Sphären des Kleinbetriebs und der Hausarbeit vernichtet sie die letzten Zufluchtsstätten der „Überzähligen" und damit das bisherige Sicherheitsventil des ganzen Gesellschaftsmechanismus. Mit den materiellen Bedingungen und der gesellschaftlichen Kombination des Produktionsprozesses reift sie die Widersprüche und Antagonismen seiner kapitalistischen Form, daher gleichzeitig die Bildungselemente einer neuen und die Umwälzungsmomente der alten Gesellschaft.[724]

[724] Robert Owen, der Vater der Kooperativfabriken und -boutiquen, der jedoch, wie früher bemerkt, die Illusionen seiner Nachtreter über die Tragweite dieser isolierten Umwandlungselemente keineswegs teilte, ging nicht nur tatsächlich in seinen Versuchen vom Fabriksystem aus, sondern erklärte es auch theoretisch für den Ausgangspunkt der sozialen Revolution. Herr Vissering, Professor der politischen Ökonomie an der Universität zu Leyden, scheint so etwas zu ahnen, wenn er in seinem „Handboek van Praktische Staathuishoudkunde", 1860-1862, welches die Plattheiten der Vulgärökonomie in entsprechendster Form vorträgt, für Handwerksbetrieb gegen große Industrie eifert. - {Zur 4. Aufl. - Der „neue juristische Rattenkönig", den die englische Gesetzgebung vermittelst der einander widersprechenden Factory Acts, Factory Acts Extension Act und Workshops' Act ins Leben gerufen, wurde endlich unerträglich, und so kam im Factory and Workshop Act 1878 eine Kodifikation der ganzen betreffenden Gesetzgebung zustande. Eine ausführliche Kritik dieses jetzt gültigen Industriekodex Englands kann hier natürlich nicht gegeben werden. Daher mögen folgende Notizen genügen: Der Akt umfaßt 1. Textilfabriken. Hier bleibt so ziemlich alles beim alten: erlaubte Arbeitszeit für Kinder über 10 Jahren: 5 1/2 Stunden täglich, oder aber 6 Stunden, und dann den Samstag frei; junge Personen und Frauen: 10 Stunden an fünf Tagen, höchstens 6 1/2 am Samstag. - 2. Nicht-Textilfabriken. Hier sind die Bestimmungen deren von Nr. 1 mehr angenähert als früher, aber noch immer bestehn manche, den Kapitalisten günstige Ausnahmen, die in manchen Fällen durch Spezialerlaubnis des Ministers des Innern noch ausdehnbar sind. - 3. Workshops, definiert ungefähr wie im frühern Akt; soweit Kinder, jugendliche Arbeiter oder Frauen darin beschäftigt, sind Workshops den nicht-textilen Fabriken so ziemlich gleichgestellt, doch wieder mit Erleichterungen im einzelnen. - 4. Workshops, in denen keine Kinder oder jugendliche Arbeiter, sondern nur Personen beiderlei Geschlechts über 18 Jahren beschäftigt werden; für diese Kategorie gelten noch weitre Erleichterungen. - 5. Domestic Workshops, wo nur Familienglieder in der Familienwohnung beschäftigt werden; noch elastischere Bestimmungen und gleichzeitig die Beschränkung, daß der Inspektor ohne besondre ministerielle oder richterliche Erlaubnis nur solche Räume betreten darf, die nicht zugleich als Wohnräume benutzt werden, und endlich die unbedingte Freigebung von Strohflechterei, Spitzenklöppelei und Handschuhmacherei innerhalb der Familie. Bei allen Mängeln ist der Akt immer noch, neben dem schweizerischen Bundesfabrikgesetz vom 23. März 1877, weitaus das beste Gesetz über den Gegenstand. Eine Vergleichung desselben mit dem erwähnten schweizerischen Bundesgesetz ist von besondrem Interesse, weil sie die Vorzüge wie die Nachteile der beiden gesetzgeberischen Methoden - der englischen, „historischen", von Fall zu Fall eingreifenden, und der kontinentalen, auf den Traditionen der französischen Revolution aufgebauten, mehr generalisierenden Methode - sehr anschaulich macht. Leider ist der englische Kodex in seiner Anwendung auf Workshops großenteils noch immer toter Buchstabe - wegen unzureichendem Inspektionspersonal. - F. E.}

10. Große Industrie und Agrikultur

Die Revolution, welche die große Industrie im Ackerbau und den sozialen Verhältnissen seiner Produktionsagenten hervorruft, kann erst später dargestellt werden. Hier genügt kurze Andeutung einiger vorweggenommenen Resultate. Wenn der Gebrauch der Maschinerie im Ackerbau großenteils frei ist von den physischen Nachteilen, die sie dem Fabrikarbeiter zufügt[725], wirkt sie hier noch intensiver und ohne Gegenstoß auf die „Überzähligmachung" der Arbeiter, wie man später im Detail sehn wird. In den Grafschaften Cambridge und Suffolk z.B. hat sich das Areal des bebauten Landes seit den letzten zwanzig Jahren sehr ausgedehnt, während die Landbevölkerung in derselben Periode nicht nur relativ, sondern absolut abnahm. In den Vereinigten Staaten von Nordamerika ersetzten Agrikultur-Maschinen einstweilen nur virtuell Arbeiter, d.h., sie erlauben dem Produzenten Bebauung einer größren Fläche, verjagen aber nicht wirklich beschäftigte Arbeiter. In England und Wales betrug 1861 die Zahl der in der Fabrikation von Ackerbau-Maschinen beteiligten Personen 1.034, während die Zahl der an Dampf- und Arbeitsmaschinen beschäftigten Agrikulturarbeiter nur 1.205 betrug.

In der Sphäre der Agrikultur wirkt die große Industrie insofern am revolutionärsten, als sie das Bollwerk der alten Gesellschaft vernichtet, den „Bauer", und ihm den Lohnarbeiter unterschiebt. Die sozialen Umwälzungsbedürfnisse und Gegensätze des Landes werden so mit denen der Stadt ausgeglichen. An die Stelle des gewohnheitsfaulsten und irrationellsten Betriebs tritt bewußte, technologische Anwendung der Wissenschaft. Die Zerreißung des ursprünglichen Familienbandes von Agrikultur und Manufaktur, welches die kindlich unentwickelte Gestalt beider umschlang, wird durch die kapitalistische Produktionsweise vollendet. Sie schafft aber zugleich die materiellen Voraussetzungen einer neuen, höheren Synthese, des Vereins von Agrikultur und Industrie, auf Grundlage ihrer gegensätzlich ausgearbeiteten Gestalten. Mit dem stets wachsenden Übergewicht der städtische Bevölkerung, die sie in großen Zentren zusammenhäuft, häuft die kapitalistische Produktion einerseits die geschichtliche Bewegungskraft der Gesellschaft, stört sie andrerseits den Stoffwechsel zwischen Mensch und Erde, d.h. die Rückkehr der vom Menschen in der Form von Nahrungs- und Kleidungsmitteln vernutzten Bodenbestandteile zum Boden, also die ewige Naturbedingung dauernder Bodenfruchtbarkeit. Sie zerstört damit zugleich die physische Gesundheit der Stadtarbeiter und das geistige Leben der Landarbeiter.[726] Aber sie zwingt

[725] Ausführliche Darstellung der im englischen Ackerbau angewandten Maschinerie findet man in „Die landwirthschaftliche Geräthe und Maschinen Englands" von Dr. W. Hamm. 2. Aufl., 1856. In seiner Skizze über den Entwicklungsgang der englischen Agrikultur folgt Herr Hamm zu kritiklos dem Herrn Leonce de Lavergne. {Zur 4. Aufl. - Jetzt natürlich veraltet. - F. E.}

[726] „Ihr teilt das Volk in zwei feindliche Lager, plumpe Bauern und verweichlichte Zwerge. Lieber Himmel! Eine Nation, zerspalten in landwirtschaftliche und Handelsinteressen, nennt sich gesund, ja hält sich für aufgeklärt und zivilisiert, nicht nur trotz, sondern gerade zufolge dieser ungeheuerlicher und unnatürlichen Trennung." (David Urquhart, l.c.p. 119.) Diese Stelle zeigt zugleich die Stärke und die Schwäche einer Art von Kritik, welche die Gegenwart zu be- und verurteilen, aber nicht zu begreifen weiß.

zugleich durch die Zerstörung der bloß naturwüchsig entstandnen Umstände jenes Stoffwechsels, ihn systematisch als regelndes Gesetz der gesellschaftlichen Produktion und in einer der vollen menschlichen Entwicklung adäquaten Form herzustellen. In der Agrikultur wie in der Manufaktur erscheint die kapitalistische Umwandlung des Produktionsprozesses zugleich als Martyrologie der Produzenten, das Arbeitsmittel als Unterjochungsmittel, Exploitationsmittel und Verarmungsmittel des Arbeiters, die gesellschaftliche Kombination der Arbeitsprozesse als organisierte Unterdrückung seiner individuellen Lebendigkeit, Freiheit und Selbständigkeit. Die Zerstreuung der Landarbeiter über größre Flächen bricht zugleich ihre Widerstandskraft, während Konzentration die der städtischen Arbeiter steigert. Wie in der städtischen Industrie wird in der modernen Agrikultur die gesteigerte Produktivkraft und größre Flüssigmachung der Arbeit erkauft durch Verwüstung und Versiechung der Arbeitskraft selbst. Und jeder Fortschritt der kapitalistischen Agrikultur ist nicht nur ein Fortschritt in der Kunst, den Arbeiter, sondern zugleich in der Kunst, den Boden zu berauben, jeder Fortschritt in Steigerung seiner Fruchtbarkeit für eine gegebne Zeitfrist zugleich ein Fortschritt in Ruin der dauernden Quellen dieser Fruchtbarkeit. Je mehr ein Land, wie die Vereinigten Staaten von Nordamerika z.B., von der großen Industrie als dem Hintergrund seiner Entwicklung ausgeht, desto rascher dieser Zerstörungsprozeß.[727] Die kapitalistische Produktion entwickelt daher nur die Technik und Kombination des gesellschaftlichen Produktionsprozesses, indem sie zugleich die Springquellen alles Reichtums untergräbt: die Erde und den Arbeiter.

[727] Vgl. Liebig, „Die Chemie in ihrer Anwendung auf Agrikultur und Physiologie", 7. Auflage, 1862, namentlich auch im Ersten Band die „Einleitung in die Naturgesetze des Feldbaus". Die Entwicklung der negativen Seite der modernen Agrikultur, vom naturwissenschaftlichen Standpunkt, ist eins der unsterblichen Verdienste Liebigs. Auch seine historischen Aperçus über die Geschichte der Agrikultur, obgleich nicht ohne grobe Irrtümer, enthalten Lichtblicke. Zu bedauern bleibt, daß er aufs Geratewohl Äußerungen wagt, wie folgende: „Durch eine weiter getriebne Pulverisierung und häufigeres Pflügen wird der Luftwechsel im Innern poröser Erdteile befördert, und die Oberfläche der Erdteile, auf welche die Luft einwirken soll, vergrößert und erneuert, aber es ist leicht verständlich, daß die Mehrbeträge des Feldes nicht proportionell der auf das Feld verwandten Arbeit sein können, sondern daß sie in einem weit kleineren Verhältnis steigen." „Dieses Gesetz", fügt Liebig hinzu, „ist von J. St. Mill zuerst in seinen ‚Princ. of Pol. Econ.', v. I, p. 17, in folgender Weise ausgesprochen: ‚Daß der Ertrag des Bodens caeteris paribus in einem abnehmenden Verhältnis wächst im Vergleich zum Anwachsen der Zahl der beschäftigten Arbeiter'" (Herr Mill wiederholt sogar das Ricardosche Schulgesetz in falscher Formel, denn da „the decrease of the labourers employes", die Abnahme der angewandten Arbeiter, in England beständig Schritt hielt mit dem Fortschritt der Agrikultur, fände das für und in England erfundne Gesetz wenigstens in England keine Anwendung), „'ist allgemeine Gesetz der Landwirtschaft', merkwürdig genug, da ihm dessen Grund unbekannt war." (Liebig, l.c., Bd. I, p. 143 u. Note.) Abgesehn von irriger Deutung des Wortes „Arbeit", worunter Liebig etwas andres versteht als die politische Ökonomie, ist es jedenfalls „merkwürdig genug", daß er Herrn J. St. Mill zum ersten Verkünder einer Theorie macht, die James Anderson zur Zeit A. Smiths zuerst veröffentlichte und in verschiedenen Schriften bis in den Anfang des 19. Jahrhunderts hinein wiederholte, die Malthus, überhaupt ein Meister des Plagiats (seine ganze Bevölkerungstheorie ist ein schamloses Plagiat), sich 1815 annexierte, die West zur selben Zeit und unabhängig von Anderson entwickelte, die Ricardo 1817 in Zusammenhang mit der allgemeinen Werttheorie brachte und die von da an unter dem Namen Ricardos die Runde der Welt gemacht hat, die 1820 von James Mill (dem Vater J. St. Mills) vulgarisiert und endlich u.a. auch von Herrn J. St. Mill als bereits Gemeinplatz gewordnes Schuldogma wiederholt wird. Es ist unleugbar, daß J. St. Mill seine jedenfalls „merkwürdige" Autorität fast nur ähnlichen Quiproquo verdankt.

DIE PRODUKTION DES ABSOLUTEN UND RELATIVEN MEHRWERTES

Absoluter und relativer Mehrwert

Der Arbeitsprozeß wurde (sieh fünftes Kapitel) zunächst abstrakt betrachtet, unabhängig von seinen geschichtlichen Formen, als Prozeß zwischen Mensch und Natur. Es hieß dort: „Betrachtet man den ganzen Arbeitsprozeß vom Standpunkt seines Resultats, so erscheinen beide, Arbeitsmittel und Arbeitsgegenstand, als Produktionsmittel und die Arbeit selbst als produktive Arbeit." Und in Note 7 wurde ergänzt: „Diese Bestimmung produktiver Arbeit, wie sie sich vom Standpunkt des einfachen Arbeitsprozesses ergibt, reicht keineswegs hin für den kapitalistischen Produktionsprozeß." Dies ist hier weiter zu entwickeln.

Soweit der Arbeitsprozeß ein rein individueller, vereinigt derselbe Arbeiter alle Funktionen, die sich später trennen. In der individuellen Aneignung von Naturgegenständen zu seinen Lebenszwecken kontrolliert er sich selbst. Später wird er kontrolliert. Der einzelne Mensch kann nicht auf die Natur wirken ohne Betätigung seiner eignen Muskeln unter Kontrolle seines eignen Hirns. Wie im Natursystem Kopf und Hand zusammengehören, vereint der Arbeitsprozeß Kopfarbeit und Handarbeit. Später scheiden sie sich bis zum feindlichen Gegensatz. Das Produkt verwandelt sich überhaupt aus dem unmittelbaren Produkt des individuellen Produzenten in ein gesellschaftliches, in das gemeinsame Produkt eines Gesamtarbeiters, d.h. eines kombinierten Arbeitspersonals, dessen Glieder der Handhabung des Arbeitsgegenstandes näher oder ferner stehn. Mit dem kooperativen Charakter des Arbeitsprozesses selbst erweitert sich daher notwendig der Begriff der produktiven Arbeit und ihres Trägers, des produktiven Arbeiters. Um produktiv zu arbeiten, ist es nun nicht mehr nötig, selbst Hand anzulegen; es genügt, Organ des Gesamtarbeiters zu sein, irgendeine seiner Unterfunktionen zu vollziehn. Die obige ursprüngliche Bestimmung der produktiven Arbeit, aus der Natur der materiellen Produktion selbst abgeleitet, bleibt immer wahr für den Gesamtarbeiter, als Gesamtheit betrachtet. Aber sie gilt nicht mehr für jedes seiner Glieder, einzeln genommen.

Andrerseits aber verengt sich der Begriff der produktiven Arbeit. Die kapitalistische Produktion ist nicht nur Produktion von Ware, sie ist wesentlich Produktion von Mehrwert. Der Arbeiter produziert nicht für sich, sondern für das Kapital. Es genügt daher nicht länger, daß er überhaupt produziert. Er muß Mehrwert produzieren. Nur der Arbeiter ist produktiv, der Mehrwert für den Kapitalisten produziert oder zur Selbstverwertung des Kapitals dient. Steht es frei, ein Beispiel außerhalb der Sphäre der materiellen Produktion zu wählen, so ist ein Schulmeister produktiver Arbeiter, wenn er nicht nur Kinderköpfe bearbeitet, sondern sich selbst abarbeitet zur Bereicherung des Unternehmers. Daß letztrer sein Kapital in einer Lehrfabrik angelegt hat, statt in einer Wurstfabrik, ändert nichts an dem Verhältnis. Der Begriff des produktiven Arbeiters schließt daher keineswegs bloß ein Verhältnis zwischen Tätigkeit und Nutzeffekt, zwischen Arbeiter und Arbeitsprodukt ein, sondern auch ein spezifisch gesellschaftliches, geschichtlich entstandnes Produktionsverhältnis, welches den Arbeiter zum unmittelbaren Verwertungsmittel des Kapitals stempelt. Produktiver Arbeiter zu sein ist daher kein Glück, sondern ein Pech. Im Vierten Buch dieser Schrift, welches die Geschichte der Theorie behandelt, wird man näher sehn, daß die klassische politische Ökonomie von jeher die Produktion von Mehrwert zum entscheidenden Charakter des produktiven Arbeiters machte. Mit ihrer Auffassung von der Natur des Mehrwerts wechselt daher ihre Definition des produktiven Arbeiters. So erklären die Physiokraten, nur die Ackerbauarbeit sei produktiv, weil sie allein einen Mehrwert liefre. Für die Physiokraten existiert Mehrwert aber ausschließlich in der Form der Grundrente.

Die Verlängrung des Arbeitstags über den Punkt hinaus, wo der Arbeiter nur ein Äquivalent für den Wert seiner Arbeitskraft produziert hätte, und die Aneignung dieser Mehrarbeit durch das Kapital - das ist die Produktion des absoluten Mehrwerts. Sie bildet die allgemeine Grundlage des kapitalistischen Systems und den Ausgangspunkt der Produktion des relativen Mehrwerts. Bei dieser ist der Arbeitstag von vornherein in zwei Stücke geteilt: notwendige Arbeit und Mehrarbeit. Um die Mehrarbeit zu verlängern, wird die notwendige Arbeit verkürzt durch Methoden, vermittelst deren das Äquivalent des Arbeitslohns in weniger Zeit produziert wird. Die Produktion des absoluten Mehrwerts dreht sich nur um die Länge des Arbeitstags; die Produktion des relativen Mehrwerts revolutioniert durch und durch die technischen Prozesse der Arbeit und die gesellschaftlichen Gruppierungen.

Sie unterstellt also eine spezifisch kapitalistische Produktionsweise, die mit ihren Methoden, Mitteln und Bedingungen selbst erst auf Grundlage der formellen Subsumtion der Arbeit unter das Kapital naturwüchsig entsteht und ausgebildet wird. An die Stelle der formellen tritt die reelle Subsumtion der Arbeit unter das Kapital.

Es genügt bloßer Hinweis auf Zwitterformen, worin die Mehrarbeit weder durch direkten Zwang dem Produzenten ausgepumpt wird, noch auch dessen formelle Unterordnung unter das Kapital eingetreten ist. Das Kapital hat sich hier noch nicht unmittelbar des Arbeitsprozesses bemächtigt. Neben die selbständigen Produzenten, die in überlieferter, urväterlicher Betriebsweise handwerkern oder ackerbauen, tritt der Wucherer oder Kaufmann, das Wucherkapital oder das Handelskapital, das sie parasitenmäßig aussaugt. Vorherrschaft dieser Exploitationsform in einer Gesellschaft schließt die kapitalistische Produktionsweise aus, zu der sie andrerseits, wie im spätren Mittelalter, den Übergang bilden kann. Endlich, wie das Beispiel der modernen Hausarbeit zeigt, werden gewisse Zwitterformen auf dem Hintergrund der großen Industrie stellenweis reproduziert, wenn auch mit gänzlich veränderter Physiognomie.

Wenn zur Produktion des absoluten Mehrwerts die bloß formelle Subsumtion der Arbeit unter das Kapital genügt, z.B. daß Handwerker, die früher für sich selbst oder auch als Gesellen eines Zunftmeisters arbeiteten, nun als Lohnarbeiter unter die direkte Kontrolle des Kapitalisten treten, zeigt sich andrerseits, wie die Methoden zur Produktion des relativen Mehrwerts zugleich Methoden zur Produktion des absoluten Mehrwerts sind. Ja, die maßlose Verlängrung des Arbeitstags stellte sich als eigenstes Produkt der großen Industrie dar. Überhaupt hört die spezifisch kapitalistische Produktionsweise auf, bloßes Mittel zur Produktion des relativen Mehrwerts zu sein, sobald sie sich eines ganzen Produktionszweigs, und noch mehr, sobald sie sich aller entscheidenden Produktionszweige bemächtigt hat. Sie wird jetzt allgemeine, gesellschaftlich herrschende Form des Produktionsprozesses. Als besondre Methode zur Produktion des relativen Mehrwerts wirkt sie nur noch, erstens soweit sie dem Kapital bisher nur formell untergeordnete Industrien ergreift, also in ihrer Propaganda. Zweitens, soweit ihr bereits anheimgefallne Industrien fortwährend revolutioniert werden durch Wechsel der Produktionsmethoden.

Von gewissem Gesichtspunkt scheint der Unterschied zwischen absolutem und relativem Mehrwert überhaupt illusorisch. Der relative Mehrwert ist absolut, denn er bedingt absolute Verlängrung des Arbeitstags über die zur Existenz des Arbeiters selbst notwendige Arbeitszeit. Der absolute Mehrwert ist relativ, denn er bedingt eine Entwicklung der Arbeitsproduktivität, welche erlaubt, die notwendige Arbeitszeit auf einen Teil des Arbeitstags zu beschränken. Faßt man aber die Bewegung des Mehrwerts ins Auge, so verschwindet dieser Schein der Einerleiheit. Sobald die kapitalistische Produktionsweise einmal hergestellt und allgemeine Produktionsweise geworden, macht sich der Unterschied zwischen absolutem und relativem Mehrwert fühlbar, sobald es gilt, die Rate des Mehrwerts überhaupt zu steigern. Vorausgesetzt, die Arbeitskraft werde zu ihrem Wert bezahlt, stehn wir dann vor dieser Alternative: Die Produktivkraft der Arbeit und ihren Normalgrad von Intensität gegeben, ist die Rate des Mehrwerts nur erhöhbar durch absolute Verlängrung des Arbeitstags; andrerseits, bei gegebner Grenze des Arbeitstags, ist die Rate des Mehrwerts nur erhöhbar durch relativen Größenwechsel seiner Bestandteile, der notwendigen Arbeit und der Mehrarbeit, was seinerseits, soll der Lohn nicht unter den Wert der Arbeitskraft sinken, Wechsel in der Produktivität oder Intensität der Arbeit voraussetzt.

Braucht der Arbeiter alle seine Zeit, um die zur Erhaltung seiner selbst und seiner Race nötigen Lebensmittel zu produzieren, so bleibt ihm keine Zeit, um unentgeltlich für dritte Personen zu arbeiten. Ohne einen gewissen Produktivitätsgrad der Arbeit keine solche disponible Zeit für den Arbeiter, ohne solche überschüssige Zeit keine Mehrarbeit und daher keine Kapitalisten, aber auch keine Sklavenhalter, keine Feudalbarone, in einem Wort keine Großbesitzerklasse.[728]

So kann von einer Naturbasis des Mehrwerts gesprochen werden, aber nur in dem ganz allgemeinen Sinn, daß kein absolutes Naturhindernis den einen abhält, die zu seiner eignen Existenz nötige Arbeit von sich selbst ab- und einem andern aufzuwälzen, z.B. ebensowenig wie absolute Naturhindernisse die einen abhalten, das Fleisch der andern als Nahrung zu verwenden.[729] Es sind durchaus nicht, wie es hier und da geschehn, mystische Vorstellungen mit dieser naturwüchsigen Produktivität der Arbeit zu verbinden. Nur sobald die Menschen sich aus ihren ersten Tierzuständen herausgearbeitet, ihre Arbeit selbst also schon in gewissem Grad vergesellschaftet ist, treten Verhältnisse ein, worin die Mehrarbeit des einen zur Existenzbedingung des andern wird. In den Kulturanfängen sind die erworbnen Produktivkräfte der Arbeit gering, aber so sind die Bedürfnisse, die sich mit und an den Mitteln ihrer Befriedigung entwickeln. Ferner ist in jenen Anfängen die Proportion der Gesellschaftsteile, die von fremder Arbeit leben, verschwindend klein gegen die Masse der unmittelbaren Produzenten. Mit dem Fortschritt der gesellschaftlichen Produktivkraft der Arbeit wächst diese Proportion absolut und relativ.[730] Das Kapitalverhältnis entspringt übrigens auf einem ökonomischen Boden, der das Produkt eines langen Entwicklungsprozesses ist. Die vorhandne Produktivität der Arbeit, wovon es als Grundlage ausgeht, ist nicht Gabe der Natur, sondern einer Geschichte, die Tausende von Jahrhunderten umfaßt.

Von der mehr oder minder entwickelten Gestalt der gesellschaftlichen Produktion abgesehn, bleibt die Produktivität der Arbeit an Naturbedingungen gebunden. Sie sind alle rückführbar auf die Natur des Menschen selbst, wie Race usw., und die ihn umgebende Natur. Die äußeren Naturbedingungen zerfallen ökonomisch in zwei große Klassen, natürlichen Reichtum an Lebensmitteln, also Bodenfruchtbarkeit, fischreiche Gewässer usw., und natürlichen Reichtum an Arbeitsmitteln, wie lebendige Wassergefälle, schiffbare Flüsse, Holz, Metalle, Kohle usw. In den Kulturanfängen gibt die erstere, auf höherer Entwicklungsstufe die zweite Art des natürlichen Reichtums den Ausschlag. Man vergleiche z.B. England mit Indien oder, in der antiken Welt, Athen und Korinth mit den Uferländern des Schwarzen Meeres.

Je geringer die Zahl der absolut zu befriedigenden Naturbedürfnisse und je größer die natürliche Bodenfruchtbarkeit und Gunst des Klimas, desto geringer die zur Erhaltung und Reproduktion des Produzenten notwendige Arbeitszeit.

[728] „Das bloße Vorhandensein der zu Kapitalisten gewordenen Meister als besondere Klasse hängt ab von der Produktivität der Arbeit." (Ramsay, l.c.p. 206.) „Wenn die Arbeit jedes Mannes nur genügen würde, seine eigne Nahrung zu produzieren, könnte es kein Eigentum geben." (Ravenstone, l.c.p. 14.)

[729] Nach einer kürzlich gemachten Berechnung leben allein in den bereits erforschten Erdgegenden mindestens noch vier Millionen Kannibalen.

[730] „Bei den wilden Indianern in Amerika gehört fast alles dem Arbeiter. 99 Teile von hundert sind dem Konto Arbeit zuzuschreiben. In England hat der Arbeiter vielleicht nicht einmal 2/3." („The Advantages of the East India etc.", p. 72, 73.)

Desto größer kann also der Überschuß seiner Arbeit für andere über seine Arbeit für sich selbst sein. So bemerkt schon Diodor über die alten Ägypter:

„Es ist ganz unglaublich, wie wenig Mühe und Kosten die Erziehung ihrer Kinder ihnen verursacht. Sie kochen ihnen die nächste beste einfache Speise; auch geben sie ihnen von der Papierstaude den untern Teil zu essen, soweit man ihn im Feuer rösten kann, und die Wurzeln und Stengel der Sumpfgewächse, teils roh, teils gesotten und gebraten. Die meisten Kinder gehn ohne Schuhe und unbekleidet, da die Luft so mild ist. Daher kostet ein Kind seinen Eltern, bis es erwachsen ist, im ganzen nicht über zwanzig Drachmen. Hieraus ist es hauptsächlich zu erklären, daß in Ägypten die Bevölkerung so zahlreich ist und darum so viele große Werke angelegt werden konnten."[731]

Indes sind die großen Bauwerke des alten Ägyptens dem Umfang seiner Bevölkerung weniger geschuldet, als der großen Proportion, worin sie disponibel war. Wie der individuelle Arbeiter um so mehr Mehrarbeit liefern kann, je geringer seine notwendige Arbeitszeit, so, je geringer der zur Produktion der notwendigen Lebensmittel erheischte Teil der Arbeiterbevökerung, desto größer ihr für andres Werk disponibler Teil.

Die kapitalistische Produktion einmal vorausgesetzt, wird, unter sonst gleichbleibenden Umständen und bei gegebner Länge des Arbeitstags, die Größe der Mehrarbeit mit den Naturbedingungen der Arbeit, namentlich auch der Bodenfruchtbarkeit, variieren. Es folgt aber keineswegs umgekehrt, daß der fruchtbarste Boden der geeignetste zum Wachstum der kapitalistischen Produktionsweise. Sie unterstellt Herrschaft des Menschen über die Natur. Eine zu verschwenderische Natur „hält ihn an ihrer Hand wie ein Kind am Gängelband". Sie macht seine eigne Entwicklung nicht zu einer Naturnotwendigkeit.[732] Nicht das tropische Klima mit seiner überwuchernden Vegetation, sondern die gemäßigte Zone ist das Mutterland des Kapitals. Es ist nicht die absolute Fruchtbarkeit des Bodens, sondern seine Differenzierung, die Mannigfaltigkeit seiner natürlichen Produkte, welche die Naturgrundlage der gesellschaftlichen Teilung der Arbeit bildet und den Menschen durch den Wechsel der Naturumstände, innerhalb deren er haust, zur Vermannigfachung seiner eignen Bedürfnisse, Fähigkeiten, Arbeitsmittel und Arbeitsweisen spornt. Die Notwendigkeit, eine Naturkraft gesellschaftlich zu kontrollieren, damit hauszuhalten, sie durch Werke von Menschenhand auf großem Maßstab erst anzueignen oder zu zähmen, spielt die entscheidendste Rolle

[731] Diodor, l.c., l. I, c. 80.

[732] „Da der erste" (der natürliche Reichtum) „höchst nobel und vorteilhaft ist, macht er das Volk sorglos, stolz und allen Ausschweifungen ergeben; der zweite dagegen erzwingt Sorgfalt, Gelehrsamkeit, Kunstfertigkeit und Staatsklugheit." („England's Treasure by Foreign Trade. Or the Balance of our Foreign Trade is the Rule of our Treasure. Written by Thomas Mun, of London, Merchant, and now published for the common good by his son John Mun", Lond. 1669, p. 181, 182.) „Auch kann ich mir für die Gesamtheit eines Volkes keinen schlimmeren Fluch vorstellen, als auf einen Fleck Erde gesetzt zu sein, auf dem die Erzeugung von Subsistenz- und Nahrungsmitteln zum großen Teil selbsttätig erfolgt und das Klima wenig Sorge für Kleidung und Obdach erfordert oder zuläßt ... möglich ist allerdings auch ein Extrem nach der andren Seite. Ein Boden, der trotz Arbeit keine Früchte hervorbringen kann, ist ebenso schlecht wie ein Boden, der ohne Arbeit reichlich Produkte erzeugt." ([N. Forster,] „An Inquiry into the Present High Price of Provisions", Lond. 1767, p. 10.)

in der Geschichte der Industrie. So z.B. die Wasserreglung in Ägypten[733], Lombardei, Holland usw. Oder in Indien, Persien usw., wo die Überrieslung durch künstliche Kanäle dem Boden nicht nur das unentbehrliche Wasser, sondern mit dessen Geschlämme zugleich den Minenaldünger von den Bergen zuführt. Das Geheimnis der Industrieblüte von Spanien und Sizilien unter arabischer Herrschaft war die Kanalisation.[734]

Die Gunst der Naturbedingungen liefert immer nur die Möglichkeit, niemals die Wirklichkeit der Mehrarbeit, also des Mehrwerts oder des Mehrprodukts. Die verschiednen Naturbedingungen der Arbeit bewirken, daß dieselbe Quantität Arbeit in verschiednen Ländern verschiedne Bedürfnismassen befriedigt[735], daß also, unter sonst analogen Umständen, die notwendige Arbeitszeit verschieden ist. Auf die Mehrarbeit wirken sie nur als Naturschranke, d.h. durch die Bestimmung des Punkts, wo die Arbeit für andre beginnen kann. In demselben Maß, worin die Industrie vortritt, weicht diese Naturschranke zurück. Mitten in der westeuropäischen Gesellschaft, wo der Arbeiter die Erlaubnis, für seine eigne Existenz zu arbeiten, nur durch Mehrarbeit erkauft, wird sich leicht eingebildet, es sei eine der menschlichen Arbeit eingeborne Qualität, ein Surplusprodukt zu liefern.[736] Man nehme aber z.B. den Einwohner der östlichen Inseln des asiatischen Archipelagus, wo der Sago wild im Walde wächst.

„Wenn die Einwohner, indem sie ein Loch in den Baum bohren, sich davon überzeugt haben, daß das Mark reif ist, so wird der Stamm umgeschlagen und in mehrere Stücke geteilt, das Mark wird herausgekratzt, mit Wasser gemischt und geseiht, es ist dann vollkommen brauchbares Sagomehl. Ein Baum gibt gemeiniglich 300 Pfund und kann 500 bis 600 Pfund geben. Man geht dort also in den Wald und schneidet sich sein Brot, wie man bei uns sein Brennholz schlägt.“[737]

[733] Die Notwendigkeit, die Perioden der Nilbewegung zu berechnen, schuf die ägyptische Astronomie und mit ihr die Herrschaft der Priesterkaste als Leiterin der Agrikultur. „Die Sonnenwende ist der Zeitpunkt des Jahres, an dem das Steigen des Nils beginnt und den daher die Ägypter mit der größten Sorgfalt beobachten mußten ... Es war dieses Äquinoktialjahr, das sie festsetzen mußten, um sich in ihren agrikolen Operationen danach zu richten. Sie mußten daher am Himmel ein sichtbares Zeichen seiner Wiederkehr suchen.“ (Cuvier, „Discours sur les révolutions du globe“, éd. Hoefer, Paris 1863, p. 141.)

[734] Eine der materiellen Grundlagen der Staatsmacht über die zusammenhangslosen kleinen Produktionsorganismen Indiens war Reglung der Wasserzufuhr. Die muhammedanischen Herrscher Indiens verstanden dies besser als ihre englischen Nachfolger. Wir erinnern nur an die Hungersnot von 1866, die mehr als einer Million Hindus in dem Distrikt von Orissa, Präsidentschaft Bengalen, das Leben kostete.

[735] „Es gibt keine zwei Länder, die eine gleiche Zahl der notwendigen Lebensmittel in gleicher Fülle und mit gleichem Aufwand an Arbeit liefern. Die Bedürfnisse der Menschen wachsen oder vermindern sich mit der Strenge oder Milde des Klimas, in dem sie leben, und folglich kann das verhältnismäßige Ausmaß an Erwerbstätigkeit, das die Bewohner der verschiednen Länder notwendigerweise betreiben müssen, nicht gleich sein, noch läßt sich der Grad der Verschiedenheit anders als nach den Hitze- und Kältegraden ermitteln. Man kann daher allgemein schließen, daß die Menge der für den Unterhalt einer gewissen Menschenzahl erforderlichen Arbeit in kalten Klimaten am größten, in warmen am geringsten ist; in jenen brauchen die Menschen nicht nur mehr Kleidung, sondern der Boden muß auch besser bebaut werden als in diesen.“ (An Essay on the Governing Causes of the Natural Rate of Interest“, Lond. 1750, p. 59.) Der Verfasser dieser epochemachenden anonymen Schrift ist J. Massie. Hume nahm daraus seine Zinstheorie.

[736] „Jede Arbeit muß“ (scheint auch zu den droits und devoirs du citoyen (Rechten und Pflichten des Bürgers) zu gehören) „einen Überschuß lassen.“ (Proudhon)

[737] F. Schouw, „Die Erde, die Pflanze und der Mensch“, 2. Aufl., Leipzig 1854, p. 148.

Gesetzt, ein solcher ostasiatischer Brotschneider brauche 12 Arbeitsstunden in der Woche zur Befriedigung aller seiner Bedürfnisse. Was ihm die Gunst der Natur unmittelbar gibt, ist viel Mußezeit. Damit er diese produktiv für sich selbst verwende, ist eine ganze Reihe geschichtlicher Umstände, damit er sie in Mehrarbeit für fremde Personen verausgabe, ist äußrer Zwang erheischt. Würde kapitalistische Produktion eingeführt, so müßte der Brave vielleicht 6 Tage in der Woche arbeiten, um sich selbst das Produkt eines Arbeitstags anzueignen. Die Gunst der Natur erklärt nicht, warum er jetzt 6 Tage in der Woche arbeitet oder warum er 5 Tage Mehrarbeit liefert. Sie erklärt nur, warum seine notwendige Arbeitszeit auf einen Tag in der Woche beschränkt ist. In keinem Fall aber entspränge sein Mehrprodukt aus einer der menschlichen Arbeit eingebornen, okkulten Qualität.

Wie die geschichtlich entwickelten, gesellschaftlichen, so erscheinen die naturbedingten Produktivkräfte der Arbeit als Produktivkräfte des Kapitals, dem sie einverleibt wird.

Ricardo kümmert sich nie um den Ursprung des Mehrwerts. Er behandelt ihn wie eine der kapitalistischen Produktionsweise, der in seinen Augen natürlichen Form der gesellschaftlichen Produktion, inhärente Sache. Wo er von der Produktivität der Arbeit spricht, da sucht er in ihr nicht die Ursache des Daseins von Mehrwert, sondern nur die Ursache, die seine Größe bestimmt. Dagegen hat seine Schule die Produktivkraft der Arbeit laut proklamiert als die Entstehungsursache des Profits (lies: Mehrwerts). Jedenfalls ein Fortschritt gegenüber den Merkantilisten, die ihrerseits den Überschuß des Preises der Produkte über ihre Produktionskosten aus dem Austausch herleiten, aus ihrem Verkauf über ihren Wert. Trotzdem hatte auch Ricardos Schule das Problem bloß umgangen, nicht gelöst. In der Tat hatten diese bürgerlichen Ökonomen den richtigen Instinkt, es sei sehr gefährlich, die brennende Frage nach dem Ursprung des Mehrwerts zu tief zu ergründen. Was aber sagen, wenn ein halbes Jahrhundert nach Ricardo Herr John Stuart Mill würdevoll seine Überlegenheit über die Merkantilisten konstatiert, indem er die faulen Ausflüchte der ersten Verflacher Ricardos schlecht wiederholt?

Mill sagt:

„Die Ursache des Profits ist die, daß die Arbeit mehr produziert, als für ihren Unterhalt erforderlich ist.“

Soweit nicht als die alte Leier; aber Mill will auch Eignes hinzutun:

„Oder um die Form des Satzes zu variieren: der Grund, weshalb das Kapital einen Profit liefert, ist der, daß Nahrung, Kleider, Rohstoffe und Arbeitsmittel längere Zeit dauern, als zu ihrer Produktion erforderlich ist.“

Mill verwechselt hier die Dauer der Arbeitszeit mit der Dauer ihrer Produkte. Nach dieser Ansicht würde ein Bäcker, dessen Produkte nur einen Tag dauern, aus seinen Lohnarbeitern nie denselben Profit ziehen können wie ein Maschinenbauer, dessen Produkte zwanzig Jahre und länger dauern. Allerdings, wenn die Vogelnester nicht längere Zeit vorhielten, als zu ihrem Bau erforderlich, so würden die Vögel sich ohne Nester behelfen müssen.

Diese Grundwahrheit einmal festgestellt, stellt Mill seine Überlegenheit über die Merkantilisten fest:

„Wir sehn also, daß der Profit entsteht, nicht aus dem Zwischenfall der Austäusche, sondern aus der Produktivkraft der Arbeit; der Gesamtprofit eines Landes ist immer bestimmt durch die Produktivkraft der Arbeit, gleichviel ob Austausch stattfindet oder nicht. Bestände keine Teilung der Beschäftigungen, so gäbe es weder Kauf noch Verkauf, aber immer noch Profit."

Hier sind also Austausch, Kauf und Verkauf, die allgemeinen Bedingungen der kapitalistischen Produktion, ein purer Zwischenfall, und es gibt immer noch Profit ohne Kauf und Verkauf der Arbeitskraft!

Weiter:

„Produziert die Gesamtheit der Arbeiter eines Landes 20% über ihre Lohnsumme, so werden die Profite 20% sein, was auch immer der Stand der Warenpreise."

Dies ist einerseits eine äußerst gelungne Tautologie, denn wenn Arbeiter einen Mehrwert von 20% für ihre Kapitalisten produzieren, so werden sich die Profite zum Gesamtlohn der Arbeiter verhalten wie 20:100. Andrerseits ist es absolut falsch, daß die Profite „20% sein werden". Sie müssen immer kleiner sein, weil Profite berechnet werden auf die Totalsumme des vorgeschoßnen Kapitals. Der Kapitalist habe z.B. 500 Pfd.St. vorgeschossen, davon 400 Pfd.St. in Produktionsmitteln, 100 Pfd.St. in Arbeitslohn. Die Rate des Mehrwerts sei, wie angenommen, 20%, so wird die Profitrate sein wie 20:500, d.h. 4% und nicht 20%.

Folgt eine glänzende Probe, wie Mill die verschiednen geschichtlichen Formen der gesellschaftlichen Produktion behandelt:

„Ich setze überall den gegenwärtigen Stand der Dinge voraus, der bis auf wenige Ausnahmen überall herrscht, d.h. daß der Kapitalist alle Vorschüsse macht, die Bezahlung des Arbeiters einbegriffen."

Seltsame optische Täuschung, überall einen Zustand zu sehn, der bis jetzt nur ausnahmsweise auf dem Erdball herrscht! Doch weiter. Mill ist gut genug, zuzugeben, „es sei nicht eine absolute Notwendigkeit, daß dem so sei". (In seinem Brief an N. F. Danielson vom 28. November 1878 schlug Marx folgende Fassung dieses Absatzes vor: Folgt eine glänzende Probe, wie Mill die verschiednen geschichtlichen Formen der gesellschaftlichen Produktion behandelt: „Ich setze überall", sagt er, „den gegenwärtigen Stand der Dinge voraus, der bis auf wenige Ausnahmen überall herrscht, wo Arbeiter und Kapitalisten einander als Klassen gegenüberstehen, d.h., daß der Kapitalist alle Vorschüsse macht, die Bezahlung des Arbeiters einbegriffen." Herr Mill will gern glauben, es sei nicht eine absolute Notwendigkeit, daß dem so sei - selbst in dem ökonomischen System, in dem Arbeiter und Kapitalisten einander als Klassen gegenüberstehen.) Im Gegenteil.

„Der Arbeiter könnte, selbst mit seinem ganzen Lohnbetrage, die Zahlung abwarten, bis die Arbeit vollständig fertig ist, wenn er die zu seiner Erhaltung in der Zwischenzeit nötigen Mittel hätte. Aber in diesem Falle wäre er in gewissem

Grade ein Kapitalist, der Kapital ins Geschäft legte, und einen Teil der zu seiner Fortführung nötigen Fonds lieferte."

Ebensogut könnte Mill sagen, der Arbeiter, der sich selbst nicht nur die Lebensmittel, sondern auch die Arbeitsmittel vorschießt, sei in Wirklichkeit sein eigner Lohnarbeiter. Oder der amerikanische Bauer sei sein eigner Sklave, der nur für sich selbst statt für einen fremden Herrn frondet.

Nachdem uns Mill derart klärlich erwiesen, daß die kapitalistische Produktion, selbst wenn sie nicht existierte, dennoch immer existieren würde, ist er nun konsequent genug, zu beweisen, daß sie selbst dann nicht existiert, wenn sie existiert:

„Und selbst im vorigen Fall" (wenn der Kapitalist dem Lohnarbeiter seine sämtlichen Subsistenzmittel vorschießt) „kann der Arbeiter unter demselben Gesichtspunkt betrachtet werden" (d.h. als ein Kapitalist). „Denn indem er seine Arbeit unter dem Marktpreise (!) hergibt, kann er angesehn werden, als schösse er die Differenz (?) seinem Unternehmer vor usw."[738]

In der tatsächlichen Wirklichkeit schießt der Arbeiter dem Kapitalisten seine Arbeit während einer Woche usw. umsonst vor, um am Ende der Woche usw. ihren Marktpreis zu erhalten; das macht ihn, nach Mill, zum Kapitalisten! In der platten Ebene erscheinen auch Erdhaufen als Hügel; man messe die Plattheit unsrer heutigen Bourgeoisie am Kaliber ihrer „großen Geister".

Größenwechsel von Preis der Arbeitskraft und Mehrwert

Der Wert der Arbeitskraft ist bestimmt durch den Wert der gewohnheitsmäßig notwendigen Lebensmittel des Durchschnittsarbeiters. Die Masse dieser Lebensmittel, obgleich ihre Form wechseln mag, ist in einer bestimmten Epoche einer bestimmten Gesellschaft gegeben und daher als konstante Größe zu behandeln. Was wechselt, ist der Wert dieser Masse. Zwei andre Faktoren gehn in die Wertbestimmung der Arbeitskraft ein. Einerseits ihre Entwicklungskosten, die sich mit der Produktionsweise ändern, andrerseits ihre Naturdifferenz, ob sie männlich oder weiblich, reif oder unreif. Der Verbrauch dieser differenten Arbeitskräfte, wieder bedingt durch die Produktionsweise, macht großen Unterschied in den Reproduktionskosten der Arbeiterfamilie und dem Wert des erwachsnen männlichen Arbeiters. Beide Faktoren bleiben jedoch bei der folgenden Untersuchung ausgeschlossen.[739]

Wir unterstellen, 1. daß die Waren zu ihrem Wert verkauft werden, 2. daß der Preis der Arbeitskraft wohl gelegentlich über ihren Wert steigt, aber nie unter ihn sinkt.

Dies einmal unterstellt, fand sich, daß die relativen Größen von Preis der Arbeitskraft und von Mehrwert durch drei Umstände bedingt sind: 1. die Lände

[738] J. St. Mill, „Principles of Political Economy", Lond. 1868, p. 252-253, passim. - {Obige Stellen sind nach der französischen Ausgabe des „Kapital" übersetzt. - F. E.}
[739] Der S. 281 (Siehe vorl. Band, S. 336) behandelte Fall ist hier natürlich ebenfalls ausgeschlossen. {Note zur 3. Auf. - F. E.}

des Arbeitstags oder die extensive Größe der Arbeit; 2. die normale Intensität der Arbeit oder ihre intensive Größe, so daß ein bestimmtes Arbeitsquantum in bestimmter Zeit verausgabt wird; 3. endlich die Produktivkraft der Arbeit, so daß je nach dem Entwicklungsgrad der Produktionsbedingungen dasselbe Quantum Arbeit in derselben Zeit ein größeres Quantum Produkt liefert. Sehr verschiedne Kombinationen sind offenbar möglich, je nachdem einer der drei Faktoren konstant und zwei variabel, oder zwei Faktoren konstant und einer variabel, oder endlich alle gleichzeitig variabel sind. Diese Kombinationen werden noch dadurch vermannigfacht, daß bei gleichzeitiger Variation verschiedner Faktoren die Größe und Richtung der Variation verschieden sein können. Im folgenden sind nur die Hauptkombinationen dargestellt.

I. Größe des Arbeitstags und Intensität der Arbeit konstant (gegeben), Produktivkraft der Arbeit variabel

Unter dieser Voraussetzung sind Wert der Arbeitskraft und Mehrwert durch drei Gesetze bestimmt.

Erstens: Der Arbeitstag von gegebner Größe stellt sich stets in demselben Wertprodukt dar, wie auch die Produktivität der Arbeit, mit ihr die Produktenmasse und daher der Preis der einzelnen Ware wechsle.

Das Wertprodukt eines zwölfstündigen Arbeitstags ist 6 sh. z.B., obgleich die Masse der produzierten Gebrauchswerte mit der Produktivkraft der Arbeit wechselt, der Wert von 6 sh. sich also über mehr oder weniger Waren verteilt.

Zweitens: Wert der Arbeitskraft und Mehrwert wechseln in umgekehrter Richtung zueinander. Wechsel in der Produktivkraft der Arbeit, ihre Zunahme oder Abnahme, wirkt in umgekehrter Richtung auf den Wert der Arbeitskraft und Arbeitskraft und in direkter auf den Mehrwert.

Das Wertprodukt des zwölfstündigen Arbeitstags ist eine konstante Größe, z.B. 6 sh. Diese konstante Größe ist gleich der Summe des Mehrwerts plus dem Wert der Arbeitskraft, den der Arbeiter durch ein Äquivalent ersetzt. Es ist selbstverständlich, daß von zwei Teilen einer konstanten Größe keiner zunehmen kann, ohne daß der andre abnimmt. Der Wert der Arbeitskraft kann nicht von 3 sh. auf 4 steigen, ohne daß der Mehrwert von 3 sh. auf 2 fällt, und der Mehrwert kann nicht von 3 auf 4 sh. steigen, ohne daß der Wert der Arbeitskraft von 3 sh. auf 2 fällt. Unter diesen Umständen also ist kein Wechsel in der absoluten Größe, sei es des Werts der Arbeitskraft, sei es des Mehrwerts, möglich ohne gleichzeitigen Wechsel ihrer relativen oder verhältnismäßigen Größen. Es ist unmöglich, daß sie gleichzeitig fallen oder steigen.

Der Wert der Arbeitskraft kann ferner nicht fallen, also der Mehrwert nicht steigen, ohne daß die Produktivkraft der Arbeit steigt, z.B. im obigen Fall kann der Wert der Arbeitskraft nicht von 3 auf 2 sh. sinken, ohne daß erhöhte Produktivkraft der Arbeit erlaubt, in 4 Stunden dieselbe Masse Lebensmittel zu produzieren, die vorher 6 Stunden zu ihrer Produktion erheischten. Umgekehrt kann der Wert der Arbeitskraft nicht von 3 auf 4 sh. steigen, ohne die Produktivkraft der Arbeit fällt, also 8 Stunden zur Produktion derselben Masse von Lebensmitteln erheischt sind, wozu früher 6 Stunden genügten. Es folgt hieraus, daß die Zunahme in der Produktivität der Arbeit den Wert der Arbeitskraft senkt und damit den Mehrwert steigert, während umgekehrt die Abnahme der Produktivität den Wert der Arbeitskraft steigert und den Mehrwert senkt.

Bei Formulierung dieses Gesetzes übersah Ricardo einen Umstand: Obgleich der Wechsel in der Größe des Mehrwerts oder der Mehrarbeit einen umgekehrten Wechsel in der Größe des Werts der Arbeitskraft oder der notwendigen Arbeit bedingt, folgt keineswegs, daß sie in derselben Proportion wechseln. Sie nehmen zu oder ab um dieselbe Größe. Das Verhältnis aber, worin jeder Teil des Wertprodukts oder des Arbeitstags zu- oder abnimmt, hängt von der ursprünglichen Teilung ab, die vor dem Wechsel in der Produktivkraft der Arbeit stattfand. War der Wert der Arbeitskraft 4 sh. oder die notwendige Arbeitszeit 8 Stunden, der Mehrwert 2 sh. oder die Mehrarbeit 4 Stunden und fällt, infolge erhöhter Produktivkraft der Arbeit, der Wert der Arbeitskraft auf 3 sh. oder die notwendige Arbeit auf 6 Stunden, so steigt der Mehrwert auf 3 sh. oder die Mehrarbeit auf 6 Stunden. Es ist dieselbe Größe von 2 Stunden oder 1 sh., die dort zugefügt, hier weggenommen wird. Aber der proportionelle Größenwechsel ist auf beiden Seiten verschieden. Während der Wert der Arbeitskraft von 4 sh. auf 3, also um 1/4 oder 25% sinkt, steigt der Mehrwert von 2 sh. auf 3, also um 1/2 oder 50%. Es folgt daher, daß die proportionelle Zu- oder Abnahme des Mehrwerts, infolge eines gegebnen Wechsels in der Produktivkraft der Arbeit, um so größer, je kleiner, und um so kleiner, je größer ursprünglich der Teil des Arbeitstags war, der sich in Mehrwert darstellt.

Drittens: Zu- oder Abnahme des Mehrwerts ist stets Folge und nie Grund der entsprechenden Ab- und Zunahme des Werts der Arbeitskraft.[740]

Da der Arbeitstag von konstanter Größe ist, sich in einer konstanten Wertgröße darstellt, jedem Größenwechsel des Mehrwerts ein umgekehrter Größenwechsel im Wert der Arbeitskraft entspricht und der Wert der Arbeitskraft nur wechseln kann mit einem Wechsel in der Produktivkraft der Arbeit, folgt unter diesen Bedingungen offenbar, daß jeder Größenwechsel des Mehrwerts aus einem umgekehrten Größenwechsel im Wert der Arbeitskraft entspringt. Wenn man daher gesehn, daß kein absoluter Größenwechsel im Wert der Arbeitskraft und des Mehrwerts möglich ist ohne einen Wechsel ihrer relativen Größen, so

[740] Zu diesem dritten Gesetz hat MacCulloch u.a. den abgeschmackten Zusatz gemacht, daß der Mehrwert ohne Fall im Wert der Arbeitskraft steigen kann durch Abschaffung von Steuern, die der Kapitalist früher zu zahlen hatte. Die Abschaffung solcher Steuern ändert absolut nichts an dem Quantum Mehrwert, das der industrielle Kapitalist in erster Hand dem Arbeiter auspumpt. Sie ändert nur die Proportion, worin er Mehrwert in seine eigne Tasche steckt oder mit dritten Personen teilen muß. Sie ändert also nichts an dem Verhältnis zwischen Wert der Arbeitskraft und Mehrwert. Die Ausnahme des MacCulloch beweist also nur sein Mißverständnis der Regel, ein Malheur, das ihm in der Vulgarisation Ricardos ebensooft passiert als dem J. B. Say in der Vulgarisation A. Smiths.

folgt jetzt, daß kein Wechsel ihrer relativen Wertgrößen möglich ist ohne einen Wechsel in der absoluten Wertgröße der Arbeitskraft.

Nach dem dritten Gesetz unterstellt der Größenwechsel des Mehrwerts eine durch Wechsel in der Produktivkraft der Arbeit verursachte Wertbewegung der Arbeitskraft. Die Grenze jenes Wechsels ist durch die neue Wertgrenze der Arbeitskraft gegebnen. Es können aber, auch wenn die Umstände dem Gesetz zu wirken erlauben, Zwischenbewegungen stattfinden. Fällt z.B. infolge erhöhter Produktivkraft der Arbeit der Wert der Arbeitskraft von 4 sh. auf 3 oder die notwendige Arbeitszeit von 8 Stunden auf 6, so könnte der Preis der Arbeitskraft nur auf 3 sh. 8 d., 3 sh. 6 d., 3 sh. 2 d. usw. fallen, der Mehrwert daher nur auf 3 sh. 4 d., 3 sh. 6 d., 3 sh. 10 d usw. steigen. Der Grad des Falls, dessen Minimalgrenze 3 sh., hängt von dem relativen Gewicht ab, das der Druck des Kapitals von der einen Seite, der Widerstand der Arbeiter von der andern Seite in die Waagschale wirft.

Der Wert der Arbeitskraft ist bestimmt durch den Wert eines bestimmten Quantums von Lebensmitteln. Was mit der Produktivkraft der Arbeit wechselt, ist der Wert dieser Lebensmittel, nicht ihre Masse. Die Masse selbst kann, bei steigender Produktivkraft der Arbeit, für Arbeiter und Kapitalist gleichzeitig und in demselben Verhältnis wachsen ohne irgendeinen Größenwechsel zwischen Preis der Arbeitskraft und Mehrwert. Ist der ursprüngliche Wert der Arbeitskraft 3 sh. und beträgt die notwendige Arbeitszeit 6 Stunden, ist der Mehrwert ebenfalls 3 sh. oder beträgt die Mehrarbeit auch 6 Stunden, so würde eine Verdopplung in der Produktivkraft der Arbeit, bei gleichbleibender Teilung des Arbeitstags, Preis der Arbeitskraft und Mehrwert unverändert lassen. Nur stellte sich jeder derselben in doppelt so vielen, aber verhältnismäßig verwohlfeilerten Gebrauchswerten dar. Obgleich der Preis der Arbeitskraft unverändert, wäre er über ihren Wert gestiegen. Fiele der Preis der Arbeitskraft, aber nicht bis zu der durch ihren neuen Wert gegebnen Minimalgrenze von 1 1/2 sh., sondern auf 2 sh. 10 d., 2 sh. 6 d. usw., so repräsentierte dieser fallende Preis immer noch eine wachsende Masse von Lebensmitteln. Der Preis der Arbeitskraft könnte so bei steigender Produktivkraft der Arbeit beständig fallen mit gleichzeitigem, fortwährendem Wachstum der Lebensmittelmasse des Arbeiters. Relativ aber, d.h. verglichen mit dem Mehrwert, sänke der Wert der Arbeitskraft beständig und erweiterte sich also die Kluft zwischen den Lebenslagen von Arbeiter und Kapitalist.[741]

Ricardo hat die oben aufgestellten drei Gesetze zuerst streng formuliert. Die Mängel seiner Darstellung sind, 1. daß er die besondern Bedingungen, innerhalb deren jene Gesetze gelten, für die sich von selbst verstehenden, allgemeinen und ausschließlichen Bedingungen der kapitalistischen Produktion ansieht. Er kennt keinen Wechsel, weder in der Länge des Arbeitstags noch in der Intensität der Arbeit, so daß bei ihm die Produktivität der Arbeit von selbst zum einzigen variab-

[741] „Wenn in der Produktivität der Industrie eine Änderung Platz greift, so daß durch eine gegebne Menge von Arbeit und Kapital mehr oder weniger erzeugt wird, kann der Lohnanteil sich offensichtlich ändern, während die Menge, welche dieser Anteil darstellt, die gleiche bleibt, oder die Menge kann sich ändern, während der Anteil unverändert bleibt." ([J. Cazenove,] „Outlines of Political Economy etc.", p. 67.)

len Faktor wird; - 2. aber, und dies verfälscht seine Analyse in viel höherem Grad, hat er ebensowenig wie die andern Ökonomen jemals den Mehrwert als solchen untersucht, d.h. unabhängig von seinen besondern Formen, wie Profit, Grundrente usw. Er wirft daher die Gesetze über die Rate des Mehrwerts unmittelbar zusammen mit den Gesetzen der Profitrate. Wie schon gesagt, ist die Profitrate das Verhältnis des Mehrwerts zum vorgeschossenen Gesamtkapital, während die Mehrwertsrate das Verhältnis ist des Mehrwerts zum bloß variablen Teil dieses Kapitals. Nimm an, ein Kapital von 500 Pfd.St. (C) teile sich in Rohstoffe, Arbeitsmittel etc. für zusammen 400 Pfd.St. (c) und in 100 Pfd.St. Arbeitslöhne (v); daß ferner der Mehrwert = 100 Pfd.St. (m). Dann ist die Mehrwertsrate m/v = (100 Pfd.St.) / (100 Pfd.St.) = 100%. Aber die Profitrate m/c = (100 Pfd.St.) / (500 Pfd.St.) = 20%. Es leuchtet außerdem ein, daß die Profitrate abhängen kann von Umständen, die keineswegs auf die Mehrwertsrate einwirken. Ich werde später im Dritten Buch dieser Schrift beweisen, daß dieselbe Rate des Mehrwerts sich in den verschiedensten Profitraten und verschiednen Raten des Mehrwerts, unter bestimmten Umständen, sich in derselben Profitrate ausdrücken können.

II. Konstanter Arbeitstag, konstante Produktivkraft der Arbeit, Intensität der Arbeit variabel

Wachsende Intensität der Arbeit unterstellt vermehrte Ausgabe von Arbeit in demselben Zeitraum. Der intensivere Arbeitstag verkörpert sich daher in mehr Produkten als der minder intensive von gleicher Stundenzahl. Mit erhöhter Produktivkraft liefert zwar auch derselbe Arbeitstag mehr Produkte. Aber im letztern Fall sinkt der Wert des einzelnen Produkts, weil es weniger Arbeit als vorher kostet, im erstern Fall bleibt er unverändert, weil das Produkt nach wie vor gleich viel Arbeit kostet. Die Anzahl der Produkte steigt hier ohne Fall ihres Preises. Mit ihrer Anzahl wächst ihre Preissumme, während dort dieselbe Wertsumme sich nur in vergrößerter Produktenmasse darstellt. Bei gleichbleibender Stundenzahl verkörpert sich also der intensivere Arbeitstag in höherem Wertprodukt, also, bei gleichbleibendem Wert des Geldes, in mehr Geld. Sein Wertprodukt variiert mit den Abweichungen seiner Intensität von dem gesellschaftlichen Normalgrad. Derselbe Arbeitstag stellt sich also nicht wie vorher in einem konstanten, sondern in einem variablen Wertprodukt dar, der intensivere, zwölfstündige Arbeitstag z.B. in 7 sh., 8 sh. usw. statt in 6 sh. wie der zwölfstündige Arbeitstag von gewöhnlicher Intensität. Es ist klar: Variiert das Wertprodukt des Arbeitstags, etwa von 6 auf 8 sh., so können beide Teile dieses Wertprodukts, Preis der Arbeitskraft und Mehrwert, gleichzeitig wachsen, sei es in gleichem oder ungleichem Grad. Preis der Arbeitskraft und Mehrwert können beide zur selben Zeit von 3 sh. auf 4 wachsen, wenn das Wertprodukt von 6 auf 8 steigt. Preiserhöhung der Arbeitskraft schließt hier nicht notwendig Steigerung ihres Preises über ihren Wert ein. Sie kann umgekehrt von einem Fall unter ihren Wert (4. Auflage: Fall ihres Werts) begleitet sein. Dies findet stets statt, wenn die Preiserhöhung der Arbeitskraft ihren beschleunigten Verschleiß nicht kompensiert.

Man weiß, daß mit vorübergehenden Ausnahmen ein Wechsel in der Produktivität der Arbeit nur dann einen Wechsel in der Wertgröße der Arbeitskraft und daher in der Größe des Mehrwerts bewirkt, wenn die Produkte der betroffenen Industriezweige in den gewohnheitsmäßigen Konsum des Arbeiters eingehn. Diese Schranke fällt hier fort. Ob die Größe der Arbeit extensiv oder intensiv wechsle, ihrem Größenwechsel entspricht ein Wechsel in der Größe ihres Wertprodukts, unabhängig von der Natur des Artikels, worin sich dieser Wert darstellt.

Steigerte sich die Intensität in allen Industriezweigen gleichzeitig und gleichmäßig, so würde der neue höhere Intensitätsgrad zum gewöhnlichen gesellschaftlichen Normalgrad und hörte damit auf, als extensive Größe zu zählen. Indes blieben selbst dann die durchschnittlichen Intensitätsgrade der Arbeit bei verschiednen Nationen verschieden und modifizierten daher die Anwendung des Wertgesetzes auf unterschiedne Nationalarbeitstage. Der intensivere Arbeitstag der einen Nation stellt sich in höherem Geldausdruck dar als der minder intensive der andren.[742]

III. Produktivkraft und Intensität der Arbeit konstant, Arbeitstag variabel

Der Arbeitstag kann nach zwei Richtungen variieren. Er kann verkürzt oder verlängert werden.

1. Verkürzung des Arbeitstags unter den gegebenen Bedingungen, d.h. gleichbleibender Produktivkraft und Intensität der Arbeit, läßt den Wert der Arbeitskraft und daher die notwendige Arbeitszeit unverändert. Sie verkürzt die Mehrarbeit und den Mehrwert. Mit der absoluten Größe des letztren fällt auch seine relative Größe, d.h. seine Größe im Verhältnis zur gleichbleibenden Wertgröße der Arbeitskraft. Nur durch Herabdrückung ihres Preises unter ihren Wert könnte der Kapitalist sich schadlos halten.

Alle hergebrachten Redensarten wider die Verkürzung des Arbeitstags unterstellen, daß das Phänomen sich unter den hier vorausgesetzten Umständen ereignet, während in der Wirklichkeit umgekehrt Wechsel in der Produktivität und Intensität der Arbeit entweder der Verkürzung des Arbeitstags vorhergehn oder ihr unmittelbar nachfolgen.[743]

2. Verlängerung des Arbeitstags: Die notwendige Arbeitszeit sei 6 Stunden oder der Wert der Arbeitskraft 3 sh., ebenso Mehrarbeit 6 Stunden und Mehrwert 3 sh. Der Gesamtarbeitstag beträgt dann 12 Stunden und stellt sich in einem Wertprodukt von 6 sh. dar. Wird der Arbeitstag um 2 Stunden verlängert und bleibt der Preis der Arbeitskraft unverändert, so wächst mit der absoluten die relative Grö-

[742] „Bei sonst gleichen Umständen kann der englische Fabrikant in einer bestimmten Zeit eine beträchtlich größere Menge von Arbeit herausbringen als ein ausländischer Fabrikant, so viel, um den Unterschied der Arbeitstage zwischen 60 Stunden wöchentlich hier und 72 bis 80 Stunden anderwärts auszugleichen." („Reports of Insp. of Fact. for 31st Oct. 1855", p. 65.) Größere gesetzliche Verkürzung des Arbeitstags in den kontinentalen Fabriken wäre das unfehlbarste Mittel zur Verminderung dieser Differenz zwischen der kontinentalen und der englischen Arbeitsstunde.

[743] „Es gibt kompensierenden Umstände ... die durch die Durchführung des Zehnstundengesetzes ans Licht gebracht worden sind." („Reports of Insp. of Fact. for 31st October 1848", p. 7.)

ße des Mehrwerts. Obgleich die Wertgröße der Arbeitskraft absolut unverändert bleibt, fällt sie relativ. Unter den Bedingungen von I. konnte die relative Wertgröße der Arbeitskraft nicht wechseln ohne einen Wechsel ihrer absoluten Größe. Hier, im Gegenteil, ist der relative Größenwechsel im Wert der Arbeitskraft das Resultat eines absoluten Größenwechsels des Mehrwerts.

Da das Wertprodukt, worin sich der Arbeitstag darstellt, mit seiner eignen Verlängerung wächst, können Preis der Arbeitskraft und Mehrwert gleichzeitig wachsen, sei es um gleiches oder ungleiches Inkrement. Dies gleichzeitige Wachstum ist also in zwei Fällen möglich, bei absoluter Verlängerung des Arbeitstags und bei wachsender Intensität der Arbeit ohne solche Verlängerung.

Mit verlängertem Arbeitstag kann der Preis der Arbeitskraft unter ihren Wert fallen, obgleich er nominell unverändert bleibt oder selbst steigt. Der Tageswert der Arbeitskraft ist nämlich, wie man sich erinnern wird, geschätzt auf ihre normale Durchschnittsdauer oder die normale Lebensperiode des Arbeiters und auf entsprechenden, normalen, der Menschennatur angemessnen Umsatz von Lebenssubstanz in Bewegung.[744] Bis zu einem gewissen Punkt kann der von Verlängerung des Arbeitstags untrennbare größere Verschleiß der Arbeitskraft durch größeren Ersatz kompensiert werden. Über diesen Punkt hinaus wächst der Verschleiß in geometrischer Progression und werden zugleich alle normalen Reproduktions- und Betätigungsbedingungen der Arbeitskraft zerstört. Der Preis der Arbeitskraft und ihr Exploitationsgrad hören auf, miteinander kommensurable Größen zu sein.

IV. Gleichzeitige Variationen in Dauer, Produktivkraft und Intensität der Arbeit

Es ist hier offenbar eine große Anzahl Kombinationen möglich. Je zwei Faktoren können variieren und einer konstant bleiben, oder alle drei können gleichzeitig variieren. Sie können in gleichem oder ungleichem Grad variieren, in derselben oder entgegengesetzter Richtung, ihre Variationen sich daher teilweis oder ganz aufheben. Indes ist die Analyse aller möglichen Fälle nach den unter I, II und III gegebenen Aufschlüssen leicht. Man findet das Resultat jeder möglichen Kombination, indem man der Reihe nach je einen Faktor als variabel und die andren zunächst als konstant behandelt. Wir nehmen hier daher nur noch kurze Notiz von zwei wichtigen Fällen.

1. Abnehmende Produktivkraft der Arbeit mit gleichzeitiger Verlängerung des Arbeitstags:

Wenn wir hier von abnehmender Produktivkraft der Arbeit sprechen, so handelt es sich von Arbeitszweigen, deren Produkte den Wert der Arbeitskraft bestim-

[744] „Die Arbeitsmenge, die ein Mann im Laufe von 24 Stunden geleistet hat, kann annähernd durch eine Untersuchung der chemischen Veränderungen bestimmt werden, die in seinem Körper stattgefunden haben, da veränderte Formen in der Materie die vorherige Anspannung von Bewegungskraft anzeigen." (Grove, „On the Correlation of Physical Forces", [p. 308, 309].)

men, also z.B. von abnehmender Produktivkraft der Arbeit infolge zunehmender Unfruchtbarkeit des Bodens und entsprechender Verteurung der Bodenprodukte. Der Arbeitstag sei zwölfstündig, sein Wertprodukt 6 sh., wovon die Hälfte den Wert der Arbeitskraft ersetze, die andre Hälfte Mehrwert bilde. Der Arbeitstag zerfällt also in 6 Stunden notwendiger Arbeit und 6 Stunden Mehrarbeit. Infolge der Verteurung der Bodenprodukte steige der Wert der Arbeitskraft von 3 auf 4 sh., also die notwendige Arbeitszeit von 6 auf 8 Stunden. Bleibt der Arbeitstag unverändert, so fällt die Mehrarbeit von 6 auf 4 Stunden, der Mehrwert von 3 auf 2 sh. Wird der Arbeitstag um 2 Stunden verlängert, also von 12 auf 14 Stunden, so bleibt die Mehrarbeit 6 Stunden, der Mehrwert 3 sh., aber seine Größe fällt im Vergleich zum Wert der Arbeitskraft, gemessen durch die notwendige Arbeit. Wird der Arbeitstag um 4 Stunden verlängert, von 12 auf 16 Stunden, so bleiben die proportionellen Größen von Mehrwert und Wert der Arbeitskraft, Mehrarbeit und notwendiger Arbeit unverändert, aber die absolute Größe des Mehrwerts wächst von 3 auf 4 sh., die der Mehrarbeit von 6 auf 8 Arbeitsstunden, also um 1/3 oder 33 1/3 %. Bei abnehmender Produktivkraft der Arbeit und gleichzeitiger Verlängerung des Arbeitstags kann also die absolute Größe des Mehrwerts unverändert bleiben, während seine proportionelle Größe fällt; seine proportionelle Größe kann unverändert bleiben, während seine absolute Größe wächst, und, je nach dem Grad der Verlängerung, können beide wachsen.

Im Zeitraume von 1799 bis 1815 führten die steigenden Preise der Lebensmittel in England eine nominelle Lohnsteigerung herbei, obwohl die wirklichen, in Lebensmitteln ausgedrückten Arbeitslöhne fielen. Hieraus schlossen West und Ricardo, daß die Verminderung der Produktivität der Ackerbauarbeit ein Fallen der Mehrwertsrate verursacht hätte, und machten diese nur in ihrer Phantasie gültige Annahme zum Ausgangspunkt wichtiger Analysen über das relative Größenverhältnis von Arbeitslohn, Profit und Grundrente. Dank der gesteigerten Intensität der Arbeit und der erzwungenen Verlängerung der Arbeitszeit war aber der Mehrwert damals absolut und relativ gewachsen. Es war dies die Periode, worin die maßlose Verlängerung des Arbeitstags sich das Bürgerrecht erwarb[745], die

[745] „Korn und Arbeit stimmen selten vollkommen überein; aber es gibt eine offensichtliche Grenze, über die hinaus sie nicht getrennt werden können. Die außergewöhnlichen Anstrengungen der arbeitenden Klassen in Zeiten der Teuerung, die den Rückgang der Löhne bewirken, von dem in den Aussagen" (nämlich vor den parlamentarischen Untersuchungsausschüssen 1814/15) „die Rede war, gereichen den einzelnen sehr zum Verdienst und begünstigen sicher das Anwachsen des Kapitals. Aber kein human Empfindender kann wünschen, daß sie ungemindert und ununterbrochen vor sich gehen. Sie sind höchst bewundernswert als zeitweilige Abhilfe; aber wenn sie immer stattfänden, so würden sie ähnlich wirken wie eine im Verhältnis zu ihrer Subsistenz bis an die alleräußerste Grenze getriebene Bevölkerung." (Malthus, Inquiry into the Nature and Progress of Rent", Lond. 1815, p. 48, Note.) Es macht Malthus alle Ehre, daß er den Ton legt auf die auch die auch an andrer Stelle in seinem Pamphlet direkt besprochne Verlängerung des Arbeitstags, während Ricardo und andre, im Angesicht der schreiendsten Tatsachen, die konstante Größe des Arbeitstags allen ihren Untersuchungen zugrund legten. Aber die konservativen Interessen, deren Knecht Malthus war, hinderten ihn zu sehn, daß die maßlose Verlängerung des Arbeitstags, zugleich mit außerordentlicher Entwicklung der Maschinerie und der Exploitation der Weiber- und Kinderarbeit, einen großen Teil der Arbeiterklasse „überzählig" machen mußten, namentlich sobald die Kriegsnachfrage und das englische Monopol des Weltmarkts aufhörten. Es war natürlich weit bequemer und den Interessen der herrschenden Klassen, die Malthus echt pfäffisch idolatrisiert,

Periode, speziell charakterisiert durch beschleunigte Zunahme hier des Kapitals, dort des Pauperismus.[746]

2. Zunehmende Intensität und Produktivkraft der Arbeit mit gleichzeitiger Verkürzung des Arbeitstags:

Gesteigerte Produktivkraft der Arbeit und ihre wachsende Intensität wirken nach einer Seite hin gleichförmig. Beide vermehren die in jedem Zeitabschnitt erzielte Produktenmasse. Beide verkürzen also den Teil des Arbeitstags, den der Arbeiter zur Produktion seiner Lebensmittel oder ihres Äquivalents braucht. Die absolute Minimalgrenze des Arbeitstags wird überhaupt gebildet durch diesen seinen notwendigen, aber kontraktiblen Bestandteil. Schrumpfte darauf der ganze Arbeitstag zusammen, so verschwände die Mehrarbeit, was unter dem Regime des Kapitals unmöglich. Die Beseitigung der kapitalistischen Produktionsform erlaubt, den Arbeitstag auf die notwendige Arbeit zu beschränken. Jedoch würde die letztre, unter sonst gleichbleibenden Umständen, ihren Raum ausdehnen. Einerseits weil die Lebensbedingungen des Arbeiters reicher und seine Lebensansprüche größer. Andrerseits würde ein Teil der jetzigen Mehrarbeit zur notwendigen Arbeit zählen, nämlich die zur Erzielung eines gesellschaftlichen Reserve- und Akkumulationsfonds nötig Arbeit.

Je mehr die Produktivkraft der Arbeit wächst, um so mehr kann der Arbeitstag verkürzt werden, und je mehr der Arbeitstag verkürzt wird, desto mehr kann die Intensität der Arbeit wachsen. Gesellschaftlich betrachtet, wächst die Produktivität der Arbeit auch mit ihrer Ökonomie. Diese schließt nicht nur die Ökonomisierung der Produktionsmittel ein, sondern die Vermeidung aller nutzlosen Arbeit. Während die kapitalistische Produktionsweise in jedem individuellen Geschäft Ökonomie erzwingt, erzeugt ihr anarchisches System der Konkurrenz die maßloseste Verschwendung der gesellschaftlichen Produktionsmittel und Arbeitskräfte, neben einer Unzahl jetzt unentbehrlicher, aber an und für sich überflüssiger Funktionen.

Intensität und Produktivkraft der Arbeit gegeben, ist der zur materiellen Produktion notwendige Teil des gesellschaftlichen Arbeitstags um so kürzer, der für freie, geistige und gesellschaftliche Betätigung der Individuen eroberte Zeitteil also um so größer, je gleichmäßiger die Arbeit unter alle werkfähigen Glieder der Gesellschaft verteilt, je weniger eine Gesellschaftsschichte die Naturnotwendigkeit der Arbeit von sich selbst ab- und einer andren Schichte zuwälzen kann. Die absolute Grenze für die Verkürzung des Arbeitstags ist nach dieser Seite hin die Allgemeinheit der Arbeit. In der kapitalistischen Gesellschaft wird freie Zeit für eine Klasse produziert durch Verwandlung aller Lebenszeit der Massen in Arbeitszeit.

---

viel entsprechender, diese „Übervölkerung" aus den ewigen Gesetzen der Natur als aus den nur historischen Naturgesetzen der kapitalistischen Produktion zu erklären.

[746] „Eine grundlegende Ursache des Anwachsens des Kapitals während des Krieges lag in den größeren Anstrengungen und vielleicht auch den größeren Entbehrungen der arbeitenden Klassen, die in jeder Gesellschaft die zahlreichsten sind. Durch die Dürftigkeit ihrer Lage wurden mehr Frauen und Kinder genötigt, Arbeit zu nehmen; und jene, die schon früher Arbeiter waren, waren aus demselben Grunde gezwungen, einen größeren Teil ihrer Zeit der Vermehrung der Produktion zu widmen." („Essays on Political Econ. in which are illustrated the Principal Causes of the Present National Distress", London 1830, p. 248.)

Verschiedne Formeln für die Rate des Mehrwerts

Man hat gesehn, daß die Rate des Mehrwerts sich darstellt in den Formeln:

I. Mehrwert / Variables Kapital (*m*/*v*)
= Mehrwert / Wert der Arbeitskraft
= Mehrarbeit / Notwendige Arbeit.

Die zwei ersten Formen stellen als Verhältnis von Werten dar, was die dritte als Verhältnis der Zeiten, worin diese Werte produziert werden. Diese einander ersetzenden Formeln sind begrifflich streng. Man findet sie daher wohl der Sache nach, aber nicht bewußt ausgearbeitet in der klassischen politischen Ökonomie. Hier begegnen wir dagegen den folgenden abgleiteten Formeln:

II. Mehrarbeit /Arbeitstag (In der autorisierten französischen Ausgabe setzt Marx diese erste Formel in Klammern, „weil sich der Begriff der Mehrarbeit in der bürgerlichen politischen Ökonomie nicht klar ausge drückt findet")
= Mehrwert / Produktenwert
= Mehrprodukt / Gesamtprodukt.

Eine und dieselbe Proportion ist hier abwechselnd ausgedrückt in der Form der Arbeitszeiten, der Werte, worin sie sich verkörpern, der Produkte, worin diese Werte existieren. Es wird natürlich unterstellt, daß unter Wert des Produkts nur das Wertprodukt des Arbeitstags zu verstehn, der konstante Teil des Produktenwerts aber ausgeschlossen ist.

In allen diesen Formeln ist der wirkliche Exploitationsgrad der Arbeit oder die Rate des Mehrwerts falsch ausgedrückt. Der Arbeitstag sei 12 Stunden. Mit den andren Annahmen unsres früheren Beispiels stellt sich in diesem Fall der wirkliche Exploitationsgrad der Arbeit dar in den Proportionen:

(6 Stunden Mehrarbeit) / (6 Stunden notwendige Arbeit) = (Mehrwert von 3 sh.) / (Variables Kapital von 3 sh.) = 100%.

Nach den Formeln II erhalten wir dagegen:

(6 Stunden Mehrarbeit) / (Arbeitstag von 12 Stunden) = (Mehrwert von 3 sh.) / (Wertprodukt von 6 sh) = 50%.

Diese abgeleiteten Formeln drücken in der Tat die Proportion aus, worin der Arbeitstag oder sein Wertprodukt sich zwischen Kapitalist und Arbeiter teilt. Gelten sie daher als unmittelbare Ausdrücke des Selbstverwertungsgrades des Kapitals, so gilt das falsche Gesetz: Die Mehrarbeit oder der Mehrwert kann nie 100% erreichen.[747] Da die Mehrarbeit stets nur einen aliquoten Teil des Arbeitstags oder der Mehrwert stets nur einen aliquoten Teil des Wertprodukts bilden kann, ist die Mehrarbeit notwendigerweise stets kleiner als der Arbeitstag oder der Mehrwert

[747] So z.B. in „Dritter Brief an v. Kirchmann von Rodbertus. Widerlegung der Ricardo'schen Theorie von der Grundrente und Begründung einer neuen Rententheorie", Berlin 1851. Ich komme später auf diese Schrift zurück, die trotz ihrer falschen Theorie von der Grundrente das Wesen der kapitalistischen Produktion durchschaut. - {Zusatz

stets kleiner als das Wertprodukt. Um sich zu verhalten wie 100/100, müßten sie aber gleich sein. Damit die Mehrarbeit den ganzen Arbeitstag absorbiere (es handelt sich hier um den Durchschnittstag der Arbeitswoche, des Arbeitsjahrs usw.), müßte die notwendige Arbeit auf Null sinken. Verschwindet aber die notwendige Arbeit, so verschwindet auch die Mehrarbeit, da letztre nur eine Funktion der ersten. Die Proportion Mehrarbeit/Arbeitstag = Mehrwert/Wertprodukt kann also niemals die Grenze 100/100 erreichen und noch weniger auf (100+x)/100 steigen. Wohl aber die Rate des Mehrwerts oder der wirkliche Exploitationsgrad der Arbeit. Nimm z.B. die Schätzung des Herrn L. de Lavergne, wonach der englische Ackerbauarbeiter nur 1/4, der Kapitalist (Pächter) dagegen 3/4 des Produkts[748] oder seines Werts erhält, wie die Beute sich immer zwischen Kapitalist und Grundeigentümer usw. nachträglich weiter verteilt. Die Mehrarbeit des englischen Landarbeiters verhält sich danach zu seiner notwendigen Arbeit = 3:1, ein Prozentsatz der Exploitation von 300%.

Die Schulmethode, den Arbeitstag als konstante Größe zu behandeln, wurde durch Anwendung der Formeln II befestigt, weil man hier die Mehrarbeit stets mit einem Arbeitstag von gegebner Größe vergleicht. Ebenso, wenn die Teilung des Wertprodukts ausschließlich ins Auge gefaßt wird. Der Arbeitstag, der sich bereits in einem Wertprodukt vergegenständlicht hat, ist stets ein Arbeitstag von gegebenen Grenzen.

Die Darstellung von Mehrwert und Wert der Arbeitskraft als Bruchteilen des Wertprodukts - eine Darstellungsweise, die übrigens aus der kapitalistischen Produktionsweise selbst erwächst und deren Bedeutung sich später erschließen wird - versteckt den spezifischen Charakter des Kapitalverhältnisses, nämlich den Austausch des variablen Kapitals mit der lebendigen Arbeitskraft und den entsprechenden Ausschluß des Arbeiters vom Produkt. An die Stelle tritt der falsche Schein eines Assoziationsverhältnisses, worin Arbeiter und Kapitalist das Produkt nach dem Verhältnis seiner verschiednen Bildungsfaktoren teilen.[749]

Übrigens sind die Formeln II stets in die Formeln I rückverwandelbar. Haben wir z.B. (Mehrarbeit von 6 stunden) / (Arbeitstag von 12 Stunden), so ist die not-

zur 3. Auf. - Man sieht hier, wie wohlwollend Marx seine Vorgänger beurteilte, sobald er bei ihnen einen wirklichen Fortschritt, einen richtigen neuen Gedanken fand. Inzwischen hat die Veröffentlichung der Rodbertusschen Briefe an Rud. Meyer obige Anerkennung einigermaßen eingeschränkt. Da heißt es: „Man muß das Kapital nicht bloß vor der Arbeit, sondern auch vor sich selbst retten, und das geschieht in der Tat am besten, wenn man die Tätigkeit des Unternehmer-Kapitalisten als volks- und staatswirtschaftliche Funktionen auffaßt, die ihm durch das Kapitaleigentum delegiert sind, und seinen Gewinn als eine Gehaltsform, weil wir noch keine andre soziale Organisation kennen. Gehälter dürfen aber geregelt werden und auch ermäßigt, wenn sie dem Lohn zu viel nehmen. So ist auch der Einbruch von Marx in die Gesellschaft - so möchte ich sein Buch nennen - abzuwehren ... Überhaupt ist das Marxsche Buch nicht sowohl eine Untersuchung über das Kapital als eine Polemik gegen die heutige Kapitalform, die er mit dem Kapitalbegriff selbst verwechselt, woraus eben seine Irrtümer entstehn." („Briefe etc. von Dr. Rodbertus-Jagetzow", herausgg. von Dr. Rud. Meyer, Berlin 1881, I. Bd., p.111, 48. Brief von Rodbertus.) - In solchen ideologischen Gemeinplätzen versanden die in der Tat kühnen Anläufe der R.'schen „sozialen Briefe". -F. E.}

[748] Der Teil des Produkts, der nur das ausgelegte konstante Kapital ersetzt, ist bei dieser Rechnung selbstverständlich abgezogen. - Herr L. de Lavergne, blinder Bewunderer Englands, gibt eher zu niedriges als zu hohes Verhältnis.

[749] Da alle entwickelten Formen des kapitalistischen Produktionsprozesses Formen der Kooperation sind, ist natürlich nichts leichter, als von ihrem spezifisch antagonistischen Charakter zu abstrahieren und sie so in freie Assoziationsformen umzufabeln, wie in des Grafen A. de Laborde, „De l'Esprit de l'Association dans tours les intérêts de la

wendige Arbeitszeit = Arbeitstag von zwölf Stunden minus Mehrarbeit von sechs Stunden, und so ergibt sich:

(Mehrarbeit von 6 Stunden) / (Notwendige Arbeit von 6 Stunden) = 100/100.

Eine dritte Formel, die ich gelegentlich schon antizipiert habe, ist:

III. Mehrwert / Wert der Arbeitskraft
= Mehrarbeit / Notwendige Arbeit
= Unbezahlte Arbeit / Bezahlte Arbeit.

Das Mißverständnis, wozu die Formel (Unbezahlte Arbeit) / (Bezahlte Arbeit) verleiten könnte, als zahle der Kapitalist die Arbeit und nicht die Arbeitskraft, fällt nach der früher gegebenen Entwicklung fort. (Unbezahlte Arbeit) / (Bezahlte Arbeit) ist nur populärer Ausdruck für (Mehrarbeit) / (Notwendige Arbeit). Der Kapitalist zahlt den Wert, resp. davon abweichenden Preis der Arbeitskraft und erhält im Austausch die Verfügung über die lebendige Arbeitskraft selbst. Seine Nutznießung dieser Arbeitskraft zerfällt in zwei Perioden. Während der einen Periode produziert der Arbeiter nur einen Wert = Wert seiner Arbeitskraft, also nur ein Äquivalent. Für den vorgeschoßnen Preis der Arbeitskraft erhält so der Kapitalist ein Produkt vom selben Preis. Es ist, als ob er das Produkt fertig auf dem Markt gekauft hätte. In der Periode der Mehrarbeit dagegen bildet die Nutznießung der Arbeitskraft Wert für den Kapitalisten, ohne ihm einen Wertersatz zu kosten.[750] Er hat diese Flüssigmachung der Arbeitskraft umsonst. In diesem Sinn kann die Mehrarbeit unbezahlte Arbeit heißen.

Das Kapital ist also nicht nur Kommando über Arbeit, wie A. Smith sagt. Es ist wesentlich Kommando über unbezahlte Arbeit. Aller Mehrwert, in welcher besondern Gestalt von Profit, Zins, Rente usw. er sich später kristallisiere, ist seiner Substanz nach Materiatur unbezahlter Arbeitszeit. Das Geheimnis von der Selbstverwertung des Kapitals löst sich auf in seine Verfügung über ein bestimmtes Quantum unbezahlter fremder Arbeit.

Communauté, Paris 1818. Der Yankee H. Carey bringt dies Kunststück mit demselben Erfolg gelegentlich selbst für die Verhältnisse des Sklavensystems fertig.

[750] Da alle entwickelten Formen des kapitalistischen Produktionsprozesses Formen der Kooperation sind, ist natürlich nichts leichter, als von ihrem spezifisch antagonistischen Charakter zu abstrahieren und sie so in freie Assoziationsformen umzufabeln, wie in des Grafen A. de Laborde, „De l'Esprit de l'Association dans tours les intérêts de la Communauté, Paris 1818. Der Yankee H. Carey bringt dies Kunststück mit demselben Erfolg gelegentlich selbst für die Verhältnisse des Sklavensystems fertig.

DER ARBEITSLOHN

Verwandlung von Wert resp. Preis der Arbeitskraft in Arbeitslohn

Auf der Oberfläche der bürgerlichen Gesellschaft erscheint der Lohn des Arbeiters als Preis der Arbeit, ein bestimmtes Quantum Geld, das für ein bestimmtes Quantum Arbeit gezahlt wird. Man spricht hier vom Wert der Arbeit und nennt seinen Geldausdruck ihren notwendigen oder natürlichen Preis. Man spricht andrerseits von Marktpreisen der Arbeit, d.h. über oder unter ihrem notwendigen Preis oszillierenden Preisen.

Aber was ist der Wert einer Ware? Gegenständliche Form der in ihrer Produktion verausgabten gesellschaftlichen Arbeit. Und wodurch messen wir die Größe ihres Werts? Durch die Größe der in ihr enthaltnen Arbeit. Wodurch wäre also der Wert z.B. eines zwölfstündigen Arbeitstags bestimmt? Durch die in einem Arbeitstag von 12 Stunden enthaltnen 12 Arbeitsstunden, was eine abgeschmackte Tautologie ist.[751]

Um als Ware auf dem Markt verkauft zu werden, müßte die Arbeit jedenfalls existieren, bevor sie verkauft wird. Könnte der Arbeiter ihr aber eine selbständige Existenz geben, so würde er Ware verkaufen und nicht Arbeit.[752]

Von diesen Widersprüchen abgesehn, würde ein direkter Austausch von Geld, d.h. vergegenständlichter Arbeit, mit lebendiger Arbeit entweder das Wertgesetz aufheben, welches sich grade erst auf Grundlage der kapitalistischen Produktion frei entwickelt, oder die kapitalistische Produktion selbst aufheben, welche grade auf der Lohnarbeit beruht. Der Arbeitstag von 12 Stunden stellt sich z.B.

[751] „Ricardo, geistreich genug, vermeidet eine Schwierigkeit, die auf den ersten Blick seiner Theorie entgegenzustehen scheint, daß nämlich der Wert von der in der Produktion verwandten Arbeitsmenge abhängig ist. Hält man an diesem Prinzip streng fest, so folgt daraus, daß der Wert der Arbeit abhängt von der zu ihrer Produktion aufgewandten Arbeitsmenge - was offenbar Unsinn ist. Durch eine geschickte Wendung macht deshalb Ricardo den Wert der Arbeit abhängig von der Menge der Arbeit, die zur Produktion des Lohnes erforderlich ist; oder, um mit seinen eigenen Worten zu sprechen, er behauptet, daß der Wert der Arbeit nach der Arbeitsmenge zu schätzen sei, die zur Produktion des Lohnes benötigt wird; worunter er die Arbeitsmenge versteht, die zur Produktion des Geldes oder der Ware notwendig ist, die dem Arbeiter gegeben werden. Gerade so gut könnte man sagen, daß der Wert von Tuch nicht nach der zu seiner Produktion verwandten Arbeitsmenge geschätzt werde, sondern nach der Arbeitsmenge, die zur Produktion des Silbers verwandt wurde, gegen welches das Tuch eingetauscht wird." ([S. Bailey,] „A Critical Dissertation on the Nature, etc., of Value", pp. 50, 51)

[752] „Wenn ihr Arbeit eine Ware nennt, so ist sie doch nicht einer Ware gleich, die zuerst zum Zweck des Tausches produziert und dann auf den Markt gebracht wird, wo sie mit anderen Waren, die grade auf dem Markte sind, in entsprechendem Verhältnis ausgetauscht wird; Arbeit wird in dem Augenblick geschaffen, in dem sie auf den Markt gebracht wird, ja sie wird auf den Markt gebracht, bevor sie geschaffen ist." („Observations on some verbal disputes etc.", p. 75, 76.)

in einem Geldwert von 6 sh. dar. Entweder werden Äquivalente ausgetauscht, und dann erhält der Arbeiter für zwölfstündige Arbeit 6 sh. Der Preis seiner Arbeit wäre gleich dem Preis seines Produkts. In diesem Fall produzierte er keinen Mehrwert für den Käufer seiner Arbeit, die 6 sh. verwandelten sich nicht in Kapital, die Grundlage der kapitalistischen Produktion verschwände, aber grade auf dieser Grundlage verkauft er seine Arbeit und ist seine Arbeit Lohnarbeit. Oder er erhält für 12 Stunden Arbeit weniger als 6 sh., d.h. weniger als 12 Stunden Arbeit. Zwölf Stunden Arbeit tauschen sich aus gegen 10, 6 usw. Stunden Arbeit. Diese Gleichsetzung ungleicher Größen hebt nicht nur die Wertbestimmung auf. Ein solcher sich selbst aufhebender Widerspruch kann überhaupt nicht als Gesetz auch nur ausgesprochen oder formuliert werden.[753]

Es nützt nichts, den Austausch von mehr gegen weniger Arbeit aus dem Formunterschied herzuleiten, daß sie das eine Mal vergegenständlicht, das andre Mal lebendig ist.[754] Dies ist um so abgeschmackter, als der Wert einer Ware nicht durch das Quantum wirklich in ihr vergegenständlichter, sondern durch das Quantum der zu ihrer Produktion notwendigen lebendigen Arbeit bestimmt wird. Eine Ware stelle 6 Arbeitsstunden dar. Werden Erfindungen gemacht, wodurch sie in 3 Stunden produziert werden kann, so sinkt der Wert auch der bereits produzierten Ware um die Hälfte. Sie stellt jetzt 3 statt früher 6 Stunden notwendige gesellschaftliche Arbeit dar. Es ist also das zu ihrer Produktion erheischte Quantum Arbeit, nicht deren gegenständliche Form, wodurch ihre Wertgröße bestimmt wird.

Was dem Geldbesitzer auf dem Warenmarkt direkt gegenübertritt, ist in der Tat nicht die Arbeit, sondern der Arbeiter. Was letztrer verkauft, ist seine Arbeitskraft. Sobald seine Arbeit wirklich beginnt, hat sie bereits aufgehört, ihm zu gehören, kann also nicht mehr von ihm verkauft werden. Die Arbeit ist die Substanz und das immanente Maß der Werte, aber sie selbst hat keinen Wert.[755]

Im Ausdruck: „Wert der Arbeit" ist der Wertbegriff nicht nur völlig ausgelöscht, sondern in sein Gegenteil verkehrt. Es ist ein imaginärer Ausdruck, wie etwa Wert der Erde. Diese imaginären Ausdrücke entspringen jedoch aus den Produktionsverhältnissen selbst. Sie sind Kategorien für Erscheinungsformen wesentlicher Verhältnisse. Daß in der Erscheinung die Dinge sich oft verkehrt

[753] „Wenn man Arbeit als eine Ware und Kapital, das Produkt von Arbeit, als eine andre behandelt, dann würde sich, wenn die Werte jener beiden Waren durch gleiche Arbeitsmengen bestimmt würden, eine gegebene Menge Arbeit ... gegen eine solche Menge Kapital austauschen, die durch die gleiche Arbeitsmenge erzeugt worden wäre; vergangene Arbeit würde ... gegen die gleiche Menge eingetauscht wie gegenwärtige. Aber der Wert der Arbeit, im Verhältnis zu anderen Waren ... wird eben nicht durch gleiche Arbeitsmengen bestimmt." (E. G. Wakefield in s. Edit. von A. Smiths, „Wealth of Nations", Lond. 1835, v. I, p. 230, 231, Note.)

[754] „Man mußte vereinbaren" (auch eine Ausgabe des „contrat social" („Gesellschaftsvertrags")), „daß, wann immer geleistete Arbeit gegen zu leistende Arbeit ausgetauscht wird, der letztere" (le capitaliste (der Kapitalist)) „einen höheren Wert erhalten müßte als der erstere" (le travailleur (der Arbeiter)). (Simonde (i.e. Sismondi) „De la Richesse Commerciale", Genève 1803, t. I, p. 37)

[755] Arbeit, der ausschließliche Maßstab des Wertes ... die Schöpferin allen Reichtums, ist keine Ware." (Th. Hodgskin, l.c.p. 186.)

darstellen, ist ziemlich in allen Wissenschaften bekannt, außer in der politischen Ökonomie.[756]

Die klassische politische Ökonomie entlehnte dem Alltagsleben ohne weitere Kritik die Kategorie „Preis der Arbeit", um sich dann hinterher zu fragen, wie wird dieser Preis bestimmt? Sie erkannte bald, daß der Wechsel im Verhältnis von Nachfrage und Angebot für den Preis der Arbeit, wie für den jeder andren Ware, nichts erklärt außer seinem Wechsel, d.h. die Schwankung der Marktpreise unter oder über eine gewisse Größe. Decken sich Nachfrage und Angebot, so hört, unter sonst gleichbleibenden Umständen, die Preisoszillation auf. Aber dann hören auch Nachfrage und Angebot auf, irgend etwas zu erklären. Der Preis der Arbeit, wenn Nachfrage und Angebot sich decken, ist ihr vom Verhältnis der Nachfrage und Angebot unabhängig bestimmter, ihr natürlicher Preis, der so als der eigentlich zu analysierende Gegenstand gefunden ward. Oder man nahm eine längere Periode der Schwankungen des Marktpreises, z.B. ein Jahr und fand dann, daß sich ihr Auf und Ab ausgleicht zu einer mittlern Durchschnittsgröße, einer konstanten Größe. Sie mußte natürlich anders bestimmt werden als die sich kompensierenden Abweichungen von ihr selbst. Dieser über die zufälligen Marktpreise der Arbeit übergreifende und sie regulierende Preis, der „notwendige Preis" (Physiokraten) oder „natürliche Preis" der Arbeit (Adam Smith) kann, wie bei andren Waren, nur ihr in Geld ausgedrückter Wert sein. In dieser Art glaubte die politische Ökonomie durch die zufälligen Preise der Arbeit zu ihrem Wert vorzudringen. Wie bei den andren Waren wurde dieser Wert dann weiter durch die Produktionskosten bestimmt. Aber was sind die Produktionskosten - des Arbeiters, d.h. die Kosten, um den Arbeiter selbst zu produzieren oder zu reproduzieren? Diese Frage schob sich der politischen Ökonomie bewußtlos für die ursprüngliche unter, da sie mit den Produktionskosten der Arbeit als solcher sich im Kreise drehte und nicht vom Flecke kam. Was sie also Wert der Arbeit (value of labour) nennt, ist in der Tat der Wert der Arbeitskraft, die in der Persönlichkeit des Arbeiters existiert und von ihrer Funktion, der Arbeit, ebenso verschieden ist wie eine Maschine von ihren Operationen. Beschäftigt mit dem Unterschied zwischen den Marktpreisen der Arbeit und ihrem sog. Wert, mit dem Verhältnis die-

[756] Solche Ausdrücke dagegen für bloße licentia poetica (dichterische Freiheit) zu erklären, zeigt nur die Ohnmacht der Analyse. Gegen Proudhons Phrase: „Man sagt von der Arbeit, daß sie einen Wert hat, nicht als eigentliche Ware, sondern im Hinblick auf die Werte, welche man in ihr potentiell enthalten annimmt. Der Wert der Arbeit ist ein figürlicher Ausdruck etc.", bemerke ich daher: „Er sieht in der Ware Arbeit, die eine furchtbare Realität ist, nur eine grammatische Ellipse. Demgemäß ist die ganze heutige, auf den Warencharakter der Arbeit begründete Gesellschaft von jetzt an eine poetische Lizenz, auf einen figürlichen Ausdruck begründet. Will die Gesellschaft ‚alle Unzuträglichkeiten ausmerzen', unter denen sie zu leiden hat, nun, so merze sie die anstößigen Ausdrücke aus, so ändere sie die Sprache, und sie braucht sich zu diesem Behufe nur an die Akademie zu wenden, um von ihr eine neue Ausgabe ihres Wörterbuchs zu verlangen." (K. Marx, „Misère de la Philosophie", p. 34, 35 (Siehe Band 4, S. 87/88).) Noch bequemer ist es natürlich, sich unter Wert gar nichts zu denken. Man kann dann ohne Umstände alles unter diese Kategorie subsumieren. So z.B. J. B. Say. Was ist „valeur" („Wert")? Antwort: „Das, was eine Sache wert ist" und was ist „prix („Preis")? Antwort: „Der Wert einer Sache ausgedrückt in Geld." Und warum hat „die Arbeit der Erde ... einen Wert? Weil man ihr einen Preis zuerkennt". Also Wert ist, was ein Ding wert ist, und die Erde hat einen „Wert", weil man ihren Wert „in Geld ausdrückt". Dies ist jedenfalls eine sehr einfache Methode, sich über das why (Warum) und wherefore (Weswegen) der Dinge zu verständigen.

ses Werts zur Profitrate, zu den vermittelst der Arbeit produzierten Warenwerten usw., entdeckte man niemals, daß der Gang der Analyse nicht nur von den Marktpreisen der Arbeit zu ihrem vermeintlichen Wert, sondern dahin geführt hatte, diesen Wert der Arbeit selbst wieder aufzulösen in den Wert der Arbeitskraft. Die Bewußtlosigkeit über dies Resultat ihrer eignen Analyse, die kritiklose Annahme der Kategorien „Wert der Arbeit", „natürlicher Preis der Arbeit" usw. als letzter adäquater Ausdrücke des behandelten Wertverhältnisses, verwickelte, wie man später sehn wird, die klassische politische Ökonomie in unauflösbare Wirren und Widersprüche, während sie der Vulgärökonomie eine sichere Operationsbasis für ihre prinzipiell nur dem Schein huldigende Flachheit bot.

Sehn wir nun zunächst, wie Wert und Preise der Arbeitskraft sich in dieser verwandelten Form als Arbeitslohn darstellen.

Man weiß, daß der Tageswert der Arbeitskraft berechnet ist auf eine gewisse Lebensdauer des Arbeiters, welcher eine gewisse Länge des Arbeitstags entspricht. Nimm an, der gewohnheitsmäßige Arbeitstag betrage 12 Stunden und der Tageswert der Arbeitskraft 3 sh., der Geldausdruck eines Werts, worin sich 6 Arbeitsstunden darstellen. Erhält der Arbeiter 3 sh., so erhält er den Wert seiner während 12 Stunden funktionierenden Arbeitskraft. Wird nun dieser Tageswert der Arbeitskraft als Wert der Tagesarbeit ausgedrückt, so ergibt sich die Formel: Die zwölfstündige Arbeit hat einen Wert von 3 sh. Der Wert der Arbeitskraft bestimmt so den Wert der Arbeit oder, in Geld ausgedrückt, ihren notwendigen Preis. Weicht dagegen der Preis der Arbeitskraft von ihrem Wert ab, so ebenfalls der Preis der Arbeit von ihrem sog. Wert.

Da der Wert der Arbeit nur ein irrationeller Ausdruck für den Wert der Arbeitskraft, ergibt sich von selbst, daß der Wert der Arbeit stets kleiner sein muß als ihr Wertprodukt, denn der Kapitalist läßt die Arbeitskraft stets länger funktionieren, als zur Reproduktion ihres eignen Werts nötig ist. Im obigen Beispiel ist der Wert der während 12 Stunden funktionierenden Arbeitskraft 3 sh., ein Wert, zu dessen Reproduktion sie 6 Stunden braucht. Ihr Wertprodukt ist dagegen 6 sh., weil sie in der Tat während 12 Stunden funktioniert, und ihr Wertprodukt nicht von ihrem eignen Werte, sondern von der Zeitdauer ihrer Funktion abhängt. Man erhält so das auf den ersten Blick abgeschmackte Resultat, daß Arbeit, die einen Wert von 6 sh. schafft, einen Wert von 3 sh. besitzt.[757]

Man sieht ferner: Der Wert von 3 sh., worin sich der bezahlte Teil des Arbeitstags, d.h. sechsstündige Arbeit darstellt, erscheint als Wert oder Preis des Gesamtarbeitstags von 12 Stunden, welcher 6 unbezahlte Stunden enthält. Die Form des Arbeitslohns löscht also jede Spur der Teilung des Arbeitstags in notwendige Arbeit und Mehrarbeit, in bezahlte und unbezahlte Arbeit aus. Alle Arbeit erscheint als bezahlte Arbeit. Bei der Fronarbeit unterscheiden sich räumlich und

[757] Vgl. „Zur Kritik der politischen Oekonomie", p. 40 (Siehe Band 13, S. 47), wo ich ankündige, daß bei Betrachtung des Kapitals das Problem gelöst werden soll: „Wie führt Produktion auf Basis des durch bloße Arbeitszeit bestimmten Tauschwerts zum Resultat, daß der Tauschwert der Arbeit kleiner ist als der Tauschwert ihres Produkts?"

zeitlich, handgreiflich sinnlich, die Arbeit des Fröners für sich selbst und seine Zwangsarbeit für den Grundherrn. Bei der Sklavenarbeit erscheint selbst der Teil des Arbeitstags, worin der Sklave nur den Wert seiner eignen Lebensmittel ersetzt, den er in der Tat also für sich selbst arbeitet, als Arbeit für seinen Meister. Alle seine Arbeit erscheint als unbezahlte Arbeit.[758] Bei der Lohnarbeit erscheint umgekehrt selbst die Mehrarbeit oder unbezahlte Arbeit als bezahlt. Dort verbirgt das Eigentumsverhältnis das Fürsichselbstarbeiten des Sklaven, hier das Geldverhältnis das Umsonstarbeiten des Lohnarbeiters.

Man begreift daher die entscheidende Wichtigkeit der Verwandlung von Wert und Preis der Arbeitskraft in die Form des Arbeitslohns oder in Wert und Preis der Arbeit selbst. Auf dieser Erscheinungsform, die das wirkliche Verhältnis unsichtbar macht und grade sein Gegenteil zeigt, beruhn alle Rechtsvorstellungen des Arbeiters wie des Kapitalisten, alle Mystifikationen der kapitalistische Produktionsweise, alle ihre Freiheitsillusionen, alle apologetischen Flausen der Vulgärökonomie.

Braucht die Weltgeschichte viele Zeit, um hinter das Geheimnis des Arbeitslohns zu kommen, so ist dagegen nichts leichter zu verstehen als die Notwendigkeit, die raisons d'être (Gründe des Daseins) dieser Erscheinungsform.

Der Austausch zwischen Kapital und Arbeit stellt sich der Wahrnehmung zunächst ganz in derselben Art dar wie der Kauf und Verkauf aller andren Waren. Der Käufer gibt eine gewisse Geldsumme, der Verkäufer einen von Geld verschiednen Artikel. Das Rechtsbewußtsein erkennt hier höchstens einen stofflichen Unterschied, der sich ausdrückt in den rechtlich äquivalenten Formeln: Do ut des, do ut facias, facio ut des, und facio ut facias. (Ich gebe, damit du gibst; ich gebe, damit du tust; ich tue, damit du gibst; und ich tue, damit du tust.)

Ferner: Da Tauschwert und Gebrauchswert an und für sich inkommensurable Größen sind, so scheint der Ausdruck: „Wert der Arbeit“, „Preis der Arbeit“ nicht irrationeller als der Ausdruck „Wert der Baumwolle“, „Preis der Baumwolle“. Es kommt hinzu, daß der Arbeiter gezahlt wird, nachdem er seine Arbeit geliefert hat. In seiner Funktion als Zahlungsmittel realisiert das Geld aber nachträglich den Wert oder Preis des gelieferten Artikels, also im gegebnen Fall den Wert oder Preis der gelieferten Arbeit. Endlich ist der „Gebrauchswert“, den der Arbeiter dem Kapitalisten liefert, in der Tat nicht seine Arbeitskraft, sondern ihre Funktion, eine bestimmte nützliche Arbeit, Schneiderarbeit, Schusterarbeit, Spinnarbeit usw. Daß dieselbe Arbeit nach einer andren Seite hin allgemeines wertbildendes Element ist, eine Eigenschaft, wodurch sie sich von allen andren Waren unterscheidet, fällt außerhalb des Bereichs des gewöhnlichen Bewußtseins.

Stellen wir uns auf den Standpunkt des Arbeiters, der für zwölfstündige Arbeit z.B. das Wertprodukt sechsstündiger Arbeit erhält, sage 3 sh., so ist für ihn in der Tat seine zwölfstündige Arbeit das Kaufmittel der 3 sh. Der Wert seiner Ar-

[758] Der „Morning Star“, ein bis zur Albernheit naives Londoner Freihandelsorgan, beteuerte während des Amerikanischen Bürgerkriegs wieder und wieder mit aller menschenmöglichen moralischen Entrüstung, daß die Neger in den „Confederate States“ ganz umsonst arbeiteten. Es hätte gefälligst die Tageskosten eines solchen Negers mit denen des freien Arbeiters im East End von London z.B. vergleichen sollen.

beitskraft mag variieren mit dem Wert seiner gewohnheitsmäßigen Lebensmittel von 3 auf 4 sh. oder von 3 auf 2 sh., oder bei gleichbleibendem Wert seiner Arbeitskraft mag ihr Preis, infolge wechselnden Verhältnisses von Nachfrage und Angebot, auf 4 sh. steigen oder auf 2 sh. fallen, er gibt stets 12 Arbeitsstunden. Jeder Wechsel in der Größe des Äquivalents, das er erhält, erscheint ihm daher notwendig als Wechsel im Wert oder Preis seiner 12 Arbeitsstunden. Dieser Umstand verleitete umgekehrt Adam Smith, der den Arbeitstag als eine konstante Größe behandelt[759], zur Behauptung, der Wert der Arbeit sei konstant, obgleich der Wert der Lebensmittel wechsle und derselbe Arbeitstag sich daher in mehr oder weniger Geld für den Arbeiter darstelle.

Nehmen wir andrerseits den Kapitalisten, so will er zwar möglichst viel Arbeit für möglichst wenig Geld erhalten. Praktisch interessiert ihn daher nur die Differenz zwischen dem Preis der Arbeitskraft und dem Wert, den ihre Funktion schafft. Aber er sucht alle Ware möglichst wohlfeil zu kaufen und erklärt sich überall seinen Profit aus der einfachen Prellerei, dem Kauf unter und dem Verkauf über dem Wert. Er kommt daher nicht zur Einsicht, daß, wenn so ein Ding wie Wert der Arbeit wirklich existierte, und er diesen Wert wirklich zahlte, kein Kapital existieren, sein Geld sich nicht in Kapital verwandeln würde.

Zudem zeigt die wirkliche Bewegung des Arbeitslohns Phänomene, die zu beweisen scheinen, daß nicht der Wert der Arbeitskraft bezahlt wird, sondern der Wert ihrer Funktion, der Arbeit selbst. Diese Phänomene können wir auf zwei große Klassen zurückführen. Erstens: Wechsel des Arbeitslohns mit wechselnder Länge des Arbeitstags. Man könnte ebensowohl schließen, daß nicht der Wert der Maschine, sondern der ihrer Operation bezahlt wird, weil es mehr kostet, eine Maschine für eine Woche als für einen Tag zu dingen. Zweitens: Der individuelle Unterschied in den Arbeitslöhnen verschiedner Arbeiter, welche dieselbe Funktion verrichten. Diesen individuellen Unterschied findet man, aber ohne Anlaß zu Illusionen, auch im System der Sklaverei, wo frank und frei, ohne Schnörkel, die Arbeitskraft selbst verkauft wird. Nur fällt der Vorteil einer Arbeitskraft die über dem Durchschnitt, oder der Nachteil einer Arbeitskraft, die unter dem Durchschnitt steht, im Sklavensystem dem Sklaveneigner zu, im System der Lohnarbeit dem Arbeiter selbst, weil seine Arbeitskraft in dem einen Fall von ihm selbst, in dem andern von einer dritten Person verkauft wird.

Übrigens gilt von der Erscheinungsform, „Wert und Preis der Arbeit" oder „Arbeitslohn", im Unterschied zum wesentlichen Verhältnis, welches erscheint, dem Wert und Preis der Arbeitskraft, dasselbe, was von allen Erscheinungsformen und ihrem verborgnen Hintergrund. Die ersteren reproduzieren sich unmittelbar spontan, als gang und gäbe Denkformen, der andre muß durch die Wissenschaft erst entdeckt werden. Die klassische politische Ökonomie stößt annähernd auf den wahren Sachverhalt, ohne ihn jedoch bewußt zu formulieren. Sie kann das nicht, solange sie in ihrer bürgerlichen Haut steckt.

[759] A. Smith spielt nur zufällig auf die Variation des Arbeitstags an bei Gelegenheit des Stücklohns.

Der Zeitlohn

Der Arbeitslohn nimmt selbst wieder sehr mannigfaltige Formen an, ein Umstand, nicht erkennbar aus den ökonomischen Kompendien, die in ihrer brutalen Interessiertheit für den Stoff jeden Formunterschied vernachlässigen. Eine Darstellung aller dieser Formen gehört jedoch in die spezielle Lehre von der Lohnarbeit, also nicht in dieses Werk. Dagegen sind die zwei herrschenden Grundformen hier kurz zu entwickeln.

Der Verkauf der Arbeitskraft findet, wie man sich erinnert, stets für bestimmte Zeitperioden statt. Die verwandelte Form, worin der Tageswert, Wochenwert usw. der Arbeitskraft sich unmittelbar darstellt, ist daher die des „Zeitlohns", also Tageslohn usw.

Es ist nun zunächst zu bemerken, daß die im fünfzehnten Kapitel dargestellten Gesetze über den Größenwechsel von Preis der Arbeitskraft und Mehrwert sich durch einfache Formveränderung in Gesetze des Arbeitslohns verwandeln. Ebenso erscheint der Unterschied zwischen dem Tauschwert der Arbcitskraft und der Masse der Lebensmittel, worin sich dieser Wert umsetzt, jetzt als Unterschied von nominellem und reellem Arbeitslohn. Es wäre nutzlos, in der Erscheinungsform zu wiederholen, was in der wesentlichen Form bereits entwickelt. Wir beschränken uns daher auf wenige, den Zeitlohn charakterisierende Punkte.

Die Geldsumme[760], die der Arbeiter für seine Tagesarbeit, Wochenarbeit usw. erhält, bildet den Betrag seines nominellen oder dem Wert nach geschätzten Arbeitslohns. Es ist aber klar, daß je nach der Länge des Arbeitstags, also je nach der täglich von ihm gelieferten Quantität Arbeit, derselbe Tageslohn, Wochenlohn usw. einen sehr verschiednen Preis der Arbeit, d.h. sehr verschiedne Geldsummen für dasselbe Quantum Arbeit darstellen kann.[761] Man muß also bei dem Zeitlohn wieder unterscheiden zwischen Gesamtbetrag des Arbeitslohns, Taglohns, Wochenlohns usw. und Preis der Arbeit. Wie nun diesen Preis finden, d.h. den Geldwert eines gegebnen Quantums Arbeit? Der durchschnittliche Preis der Arbeit ergibt sich, indem man den durchschnittlichen Tageswert der Arbeitskraft durch die Stundenzahl des durchschnittlichen Arbeitstags dividiert. Ist z.B. der Tageswert der Arbeitskraft 3 sh., das Wertprodukt von 6 Arbeitsstunden, und ist der Arbeitstag zwölfstündig, so ist der Preis einer Arbeitsstunde = (3 sh.)/12 = 3 d. Der so gefundene Preis der Arbeitsstunde dient als Einheitsmaß für den Preis der Arbeit.

Es folgt daher, daß der Taglohn, Wochenlohn usw. derselbe bleiben kann, obgleich der Preis der Arbeit fortwährend sinkt. War z.B. der gewohnheitsmäßige Arbeitstag 10 Stunden und der Tageswert der Arbeitskraft 3 sh., so betrug der

[760] Der Geldwert selbst wird hier immer als konstant vorausgesetzt.

[761] „Der Preis der Arbeit ist die Summe, die für eine gegebene Menge Arbeit gezahlt wird." (Sir Edward West, „Price of Corn and Wages of Labour", Lond. 1826, p. 67.) West ist der Verfasser der in der Geschichte der politischen Ökonomie epochemachenden anonymen Schrift: „Essay on the Application of Capital to Land. By a Fellow of Univ. of Oxford", Lond. 1815.

Preis der Arbeitsstunde 3 3/5 d.; er sinkt auf 3 d., sobald der Arbeitstag zu 12 Stunden, und 2 2/5 d., sobald er zu 15 Stunden steigt. Tages- oder Wochenlohn bleiben trotzdem unverändert. Umgekehrt kann der Taglohn oder Wochenlohn steigen, obgleich der Preis der Arbeit konstant bleibt oder selbst sinkt. War z.B. der Arbeitstag zehnstündig und ist der Tageswert der Arbeitskraft 3 sh., so der Preis einer Arbeitsstunde 3 3/5 d. Arbeitet der Arbeiter infolge zunehmender Beschäftigung und bei gleichbeibendem Preise der Arbeit 12 Stunden, so steigt sein Tageslohn nun auf 3 sh. 7 1/5 d. ohne Variation im Preise der Arbeit. Dasselbe Resultat könnte herauskommen, wenn statt der extensiven Größe der Arbeit ihre intensive Größe zunähme.[762] Steigen des nominellen Tages- oder Wochenlohns mag daher begleitet sein von gleichbleibendem oder sinkendem Preis der Arbeit. Dasselbe gilt von der Einnahme der Arbeiterfamilie, sobald das vom Familienhaupt gelieferte Arbeitsquantum durch die Arbeit der Familienglieder vermehrt wird. Es gibt also von der Schmälerung des nominellen Tages- oder Wochenlohns unabhängige Methoden zur Herabsetzung des Preises der Arbeit.[763]

Als allgemeines Gesetz aber folgt: Ist die Quantität der Tages-, Wochenarbeit usw. gegeben, so hängt der Tages- oder Wochenlohn vom Preise der Arbeit ab, der selbst variiert, entweder mit dem Wert der Arbeitskraft oder den Abweichungen ihres Preises von ihrem Werte. Ist dagegen der Preis der Arbeit gegeben, so hängt der Tages- oder Wochenlohn von der Quantität der Tages- oder Wochenarbeit ab.

Die Maßeinheit des Zeitlohns, der Preis der Arbeitsstunden, ist der Quotient des Tageswerts der Arbeitskraft, dividiert durch die Stundenzahl des gewohnheitsmäßigen Arbeitstags. Gesetzt, letztrer betrage 12 Stunden, der Tageswert der Arbeitskraft 3 sh., das Wertprodukt von 6 Arbeitsstunden. Der Preis der Arbeitsstunde ist unter diesen Umständen 3 d., ihr Wertprodukt 6 d. Wird der Arbeiter nun weniger als 12 Stunden täglich (oder weniger als 6 Tage in der Woche) beschäftigt, z.B. nur 6 oder 8 Stunden, so erhält er, bei diesem Preise der Arbeit, nur 2 oder 1 1/2 sh. Taglohn.[764] Da er nach der Voraussetzung im Durchschnitt

[762] „Die Arbeitslöhne hängen vom Preis der Arbeit und der Menge der geleisteten Arbeit ab ... Eine Erhöhung der Arbeitslöhne schließt nicht notwendig eine Steigerung des Preises der Arbeit ein. Bei länger Beschäftigung und größerer Anstrengung können die Arbeitslöhne beträchtlich anwachsen, während der Preis der Arbeit derselbe bleibt kann." (West, l.c.p. 67, 68 u. 112.) Die Hauptfrage: wie wird der „price of labour" bestimmt? fertigt West übrigens mit banalen Redensarten ab.

[763] Dies fühlt der fanatischste Vertreter der industriellen Bourgeoisie des 18. Jahrhunderts, der oft von uns zitierte Verfasser des „Essay on Trade and Commerce" richtig heraus, obgleich er die Sache konfus darstellt: „Es ist die Menge der Arbeit und nicht ihr Preis" (versteht darunter den nominellen Tages- oder Wochenlohn), „die durch den Preis der Nahrungsmittel und anderen lebensnotwendigen Dinge bestimmt wird: setzt den Preis der lebensnotwendigen Dinge stark herab, so senkt ihr natürlich entsprechend die Menge der Arbeit ... Die Fabrikherren wissen, daß es verschiedne Wege gibt, den Preis der Arbeit zu heben oder zu senken, außer der Änderung seines nominellen Betrags." (l.c.p. 48 u. 61.) In seinen „Three Lectures on the Rate of Wages", Lond. 1830, worin N. W. Senior Wests Schrift benutzt, ohne sie anzuführen, sagt er u.a.: „Der Arbeiter ist hauptsächlich an der Höhe des Arbeitslohnes interessiert." (p. 15.) Also der Arbeiter ist hauptsächlich interessiert in dem, was er erhält, dem nominellen Betrag des Lohns, nicht in dem, was er gibt, der Quantität der Arbeit!

[764] Die Wirkung solcher anormalen Unterbeschäftigung ist durchaus verschieden von der einer allgemeinen zwangsgesetzlichen Reduktion des Arbeitstags. Erstere hat mit der absoluten Länge des Arbeitstags nichts zu schaffen und kann ebensowohl bei 15stündigem als bei 6stündigem Arbeitstag eintreten. Der normale Preis der Arbeit ist im ersten Fall darauf berechnet, daß der Arbeiter 15 Stunden, im zweiten darauf, daß er 6 Stunden per Tag durchschnittlich arbeitet. Die Wirkung bleibt daher dieselbe, wenn er in dem einen Fall nur 7 1/2, in dem andren nur 3 Stunden beschäftigt wird.

6 Stunden täglich arbeiten muß, um nur einen dem Wert seiner Arbeitskraft entsprechenden Taglohn zu produzieren, da er nach derselben Voraussetzung von jeder Stunde nur 1/2 für sich selbst, 1/2 aber für den Kapitalisten arbeitet, so ist es klar, daß er das Wertprodukt von 6 Stunden nicht herausschlagen kann, wenn er weniger als 12 Stunden beschäftigt wird. Sah man früher die zerstörenden Folgen der Überarbeit, so entdeckt man hier die Quellen der Leiden, die für den Arbeiter aus seiner Unterbeschäftigung entspringen.

Wird der Stundenlohn in der Weise fixiert, daß der Kapitalist sich nicht zur Zahlung eines Tages- oder Wochenlohns verpflichtet, sondern nur zur Zahlung der Arbeitsstunden, während deren es ihm beliebt, den Arbeiter zu beschäftigen, so kann er ihn unter der Zeit beschäftigen, die der Schätzung des Stundenlohns oder der Maßeinheit für den Preis der Arbeit ursprünglich zugrunde liegt. Da diese Maßeinheit bestimmt ist durch die Proportion (Tageswert der Arbeitskraft) / (Arbeitstag von gegebner Stundenzahl), verliert sie natürlich allen Sinn, sobald der Arbeitstag aufhört, eine bestimmte Stundenzahl zu zählen. Der Zusammenhang zwischen der bezahlten und unbezahlten Arbeit wird aufgehoben. Der Kapitalist kann jetzt ein bestimmtes Quantum Mehrarbeit aus dem Arbeiter herausschlagen, ohne ihm die zu seiner Selbsterhaltung notwendige Arbeitszeit einzuräumen. Er kann jede Regelmäßigkeit der Beschäftigung vernichten und ganz nach Bequemlichkeit, Willkür und augenblicklichem Interesse die ungeheuerste Überarbeit mit relativer oder gänzlicher Arbeitslosigkeit abwechseln lassen. Er kann, unter dem Vorwand, den „normalen Preis der Arbeit" zu zahlen, den Arbeitstag, ohne irgend entsprechende Kompensation für den Arbeiter, anormal verlängern. Daher der durchaus rationelle Aufstand (1860) der im Baufach beschäftigten Londoner Arbeiter gegen den Versuch der Kapitalisten, diesen Stundenlohn aufzuherrschen. Die gesetzliche Beschränkung des Arbeitstags macht solchem Unfug ein Ende, obgleich natürlich nicht der aus Konkurrenz der Maschinerie, Wechsel in der Qualität der angewandten Arbeiter, partiellen und allgemeinen Krisen entspringenden Unterbeschäftigung.

Bei wachsendem Tages- oder Wochenlohn kann der Preis der Arbeit nominell konstant bleiben und dennoch unter sein normales Niveau sinken. Dies findet jedesmal statt, sobald mit konstantem Preis der Arbeit, resp. der Arbeitsstunde, der Arbeitstag über seine gewohnheitsmäßige Dauer verlängert wird. Wenn in dem Bruch (Tageswert der Arbeitskraft) / (Arbeitstag) der Nenner wächst, wächst der Zähler noch rascher. Der Wert der Arbeitskraft, weil ihr Verschleiß, wächst mit der Dauer ihrer Funktion und in rascherer Proportion als das Inkrement ihrer Funktionsdauer. In vielen Industriezweigen, wo Zeitlohn vorherrscht, ohne gesetzliche Schranken der Arbeitszeit, hat sich daher naturwüchsig die Gewohnheit herausgebildet, daß der Arbeitstag nur bis zu einem gewissen Punkt, z.B. bis zum Ablauf der zehnten Stunde, als normal gilt („normal working day", „the day's work", „the regular hours of work („normaler Arbeitstag", „Tagesarbeit", „reguläre Arbeitszeit“)). Jenseits dieser Grenze bildet die Arbeitszeit Überzeit (overtime) und wird, die Stunde als Maßeinheit genommen, besser bezahlt (extra pay), obgleich oft in lächerlich kleiner Proportion.[765] Der normale Arbeitstag existiert hier als Bruchteil des wirklichen Arbeitstags, und der letztere währt oft während des ganzen Jahres länger als der erstere.[766] Der Wachstum im Preis der Arbeit mit der Verlängerung des Arbeitstags über eine gewisse Normalgrenze gestaltet sich in verschiednen britischen Industriezweigen so, daß der niedrige Preis der Arbeit während der sog. Normalzeit dem Arbeiter die besser bezahlte Überzeit aufzwingt, will er überhaupt einen genügenden Arbeitslohn herausschlagen.[767] Gesetzliche Beschränkung des Arbeitstags macht diesem Vergnügen ein Ende.[768]

Es ist allgemein bekannte Tatsache, daß, je länger der Arbeitstag in einem Industriezweig, um so niedriger der Arbeitslohn.[769] Fabrikinspektor A. Redgrave illustriert dies durch eine vergleichende Übersicht der zwanzigjährigen Periode von 1839-1859, wonach der Arbeitslohn in den dem Zehnstundengesetz unterworfenen Fabriken stieg, während er fiel in den Fabriken, wo 14 bis 15 Stunden täglich gearbeitet wird.[770]

Zunächst folgt aus dem Gesetz: „Bei gegebnem Preis der Arbeit hängt der Tages- oder Wochenlohn von der Quantität der gelieferten Arbeit ab“, daß, je niedriger der Preis der Arbeit, desto größer das Arbeitsquantum sein muß oder desto länger der Arbeitstag, damit der Arbeiter auch nur einen kümmerlichen

[765] „Die Rate der Zahlung für Überzeit“ (in der Spitzenmanufaktur) „ist so klein, 1/2 d. usw. per Stunde, daß sie in peinlichem Kontrast steht zur massenhaften Unbill, die sie der Gesundheit und Lebenskraft der Arbeiter antut ... Der so gewonnene kleine Überschuß muß außerdem oft in Extra-Erfrischungsmitteln wieder verausgabt werden.“ („Child. Empl. Comm., II. Rep.“, p. XVI, n. 117.)

[766] Z.B. in der Tapetendruckerei vor der neulichen Einführung des Fabrikakts. „Wir arbeiteten ohne Pause für Mahlzeiten, so daß das Tageswerk von 10 1/2 Stunden um halb 5 Uhr nachmittags beendet ist, und alles spätere ist Überzeit, die selten vor 6 Uhr abends aufhört, so daß wir in der Tat das ganze Jahr durch Überzeit arbeiten.“ (Mr. Smiths Evidene in „Child. Empl. Comm., I. Rep.“, p. 125.)

[767] Z.B. in den schottischen Bleichereien. „In einigen Teilen Schottlands wurde diese Industrie“ (vor Einführung des Fabrikakts 1862) „nach dem System der Überzeit betrieben, d.h. 10 Stunden galten als normaler Arbeitstag. Dafür erhielt der Mann 1 sh. 2 d. Hierzu kam aber täglich eine Überzeit von 3 oder 4 Stunden, wofür 3 d. per Stunde gezahlt wurde. Folge dieses Systems: Ein Mann, der nur die Normalzeit arbeitete, konnte nur 8 sh. Wochenlohn verdienen. Ohne Überzeit reichte der Lohn nicht aus.“ („Reports of Insp. of Fact., 30th April 1863“, p. 10.) Die „Extrazahlung für Überzeit ist eine Versuchung, der die Arbeiter nicht widerstehen können“. („Rep. of Insp. of Fact., 30th April 1848“, p. 5.) Die Buchbinderei in der City von London verwendet sehr viele junge Mädchen vom 14.-15. Jahr an, und zwar unter dem Lehrlingskontrakt, der bestimmte Arbeitsstunden vorschreibt. Nichtsdestoweniger arbeiten sie in der Schlußwoche jedes Monats bis 10, 11, 12 und 1 Uhr nachts, zusammen mit den älteren Arbeitern, in sehr gemischter Gesellschaft. „Die Meister verlocken (tempt) sie durch Extralohn und Geld für ein gutes Nachtessen“, das sie in benachbarten Kneipen zu sich nehmen. Die große Liederlichkeit, so unter diesen „young immortals“ („jungen unsterblichen Seelen“) produziert („Child. Empl. Comm., V. Rep.“, p. 44, n. 191), findet ihre Kompensation darin, daß von ihnen unter andrem auch viele Bibeln und Erbauungsbücher gebunden werden.

[768] Sieh „Reports of Insp. of Fact., 30th April 1863“, l.c. Mit ganz richtiger Kritik des Sachverhältnisses erklärten die im Baufach beschäftigten Londoner Arbeiter während des großen strike und lock-out (Aussperrung) von 1860, den Stundenlohn nur annehmen zu wollen unter zwei Bedingungen: 1. daß mit dem Preis der Arbeitsstunde ein Normalarbeitstag von resp. 9 und 10 Stunden festgesetzt werde und der Preis für die Stunde des zehnstündigen Arbeitstags größer sei als für die des neunstündigen; 2. daß jede Stunde über den Normaltag hinaus als Überzeit verhältnismäßig höher bezahlt werde.

[769] „Es ist zudem eine recht bemerkenswerte Tatsache, daß da, wo in der Regel die Arbeitszeit lang ist, die Löhne gering sind.“(„Rep. of Insp. of Fact., 31st Oct. 1863“, p. 9.) „Die Arbeit, die einen Hungerlohn einbringt, ist meist übermäßig lang.“(„Public Health, Sixth Rep. 1863“, p. 15.)

[770] „Reports of Insp. of Fact., 30th April 1860“, p. 31, 32.

Durchschnittslohn sichre. Die Niedrigkeit des Arbeitspreises wirkt hier als Sporn zur Verlängerung der Arbeitszeit.[771]

Umgekehrt aber produziert ihrerseits die Verlängerung der Arbeitszeit einen Fall im Arbeitspreise und damit im Tages- oder Wochenlohn.

Die Bestimmung des Arbeitspreises durch (Tageswert der Arbeitskraft) / (Arbeitstag von gegebner Stundenzahl) ergibt, daß bloße Verlängerung des Arbeitstags den Arbeitspreis senkt, wenn keine Kompensation eintritt. Aber dieselben Umstände, welche den Kapitalisten befähigen, den Arbeitstag auf die Dauer zu verlängern, befähigen ihn erst und zwingen ihn schließlich, den Arbeitspreis auch nominell zu senken, bis der Gesamtpreis der vermehrten Stundenzahl sinkt, also der Tages- oder Wochenlohn. Hinweis auf zwei Umstände genügt hier. Verrichtet ein Mann das Werk von 1 1/2 oder 2 Männern, so wächst die Zufuhr der Arbeit, wenn auch die Zufuhr der auf dem Markt befindlichen Arbeitskräfte konstant bleibt. Die so unter den Arbeitern erzeugte Konkurrenz befähigt den Kapitalisten, den Preis der Arbeit herabzudrücken, während der fallende Preis der Arbeit ihn umgekehrt befähigt, die Arbeitszeit noch weiter heraufzuschrauben.[772] Bald jedoch wird diese Verfügung über anormale, d.h. das gesellschaftliche Durchschnittsniveau überfließende Quanta unbezahlter Arbeit zum Konkurrenzmittel unter den Kapitalisten selbst. Ein Teil des Warenpreises besteht aus dem Preis der Arbeit. Der nicht gezahlte Teil des Arbeitspreises braucht nicht im Warenpreis zu rechnen. Er kann dem Warenkäufer geschenkt werden. Dies ist der erste Schritt, wozu die Konkurrenz treibt. Der zweite Schritt, wozu sie zwingt, ist, wenigstens einen Teil des durch die Verlängerung des Arbeitstags erzeugten anormalen Mehrwerts ebenfalls aus dem Verkaufspreis der Ware auszuschließen. In dieser Weise bildet sich erst sporadisch und fixiert sich nach und nach ein anormal niedriger Verkaufspreis der Ware, der von nun an zur konstanten Grundlage kümmerlichen Arbeitslohns bei übermäßiger Arbeitszeit wird, wie er ursprünglich das Produkt dieser Umstände war. Wir deuten diese Bewegung bloß an, da die Analyse der Konkurrenz nicht hierhin gehört. Doch mag für einen Augenblick der Kapitalist selbst sprechen.

„In Birmingham ist die Konkurrenz unter den Meistern so groß, daß mancher von uns gezwungen ist, als Arbeitsanwender zu tun, was er sich schämen würde, sonst zu tun; und dennoch wird nicht mehr Geld gemacht (and yet no more money is made), sondern das Publikum allein hat den Vorteil davon.“[773]

[771] Die Hand-Nägelmacher in England haben z.B. wegen des niedrigen Arbeitspreises 15 Stunden täglich zu arbeiten, um den kümmerlichsten Wochenlohn herauszuschlagen. „Es sind viele, viele Stunden des Tags, und während aller der Zeit muß er hart schanzen, um 11 d. oder 1 sh. herauszuschlagen, und davon gehen 2 1/2 bis 3 d. ab für Verschleiß der Werkzeuge, Feuerung, Eisenabfall.“(„Child. Empl. Comm., III. Rep.“, p. 136, n. 671.) Die Weiber verdienen bei derselben Arbeitszeit nur einen Wochenlohn von 5 sh (l.c.p. 137, n. 674.)

[772] Wenn ein Fabrikarbeiter z.B. verweigerte, die hergebrachte lange Stundenzahl zu arbeiten, „würde er sehr schnell durch jemand ersetzt werden, der beliebig lang zu arbeiten gewillt ist, und würde so arbeitslos werden“. („Reports of Insp. of Fact., 31st Oct. 1848“, Evidence, p. 39, n. 58.) „Wenn ein Mann die Arbeit von zweien leistet ... wird im allgemeinen die Profitrate steigen ..., da diese zusätzliche Zufuhr von Arbeit ihren Preis herabgedrückt hat.“ (Senior, l.c.p. 15.)

[773] „Child. Empl. Comm., III. Rep.“, Evidence, p. 66, n. 22.

Man erinnert sich der Zwei Sorten Londoner Bäcker, wovon die eine Brot zum vollen Preise (the „fullpriced" backers), die andre es unter seinem normalen Preise verkauft („the underpriced", „the undersellers"). Die „fullpriced" denunzieren ihre Konkurrenten vor der parlamentarischen Untersuchungskommission:

„Sie existieren nur, indem sie erstens das Publikum betrügen" (durch Fälschung der Ware) „und zweitens 18 Arbeitsstunden aus ihren Leuten für den Lohn zwölfstündiger Arbeit herausschinden ... Die unbezahlte Arbeit (the unpaid labour) der Arbeiter ist das Mittel, wodurch der Konkurrenzkampf geführt wird ... Die Konkurrenz unter den Bäckermeistern ist die Ursache der Schwierigkeit in Beseitigung der Nachtarbeit. Ein Unterverkäufer, der sein Brot unter dem mit dem Mehlpreis wechselnden Kostpreis verkauft, hält sich schadlos, indem er mehr Arbeit aus seinen Leuten herausschlägt. Wenn ich nur 12 Stunden Arbeit aus meinen Leuten herausschlage, mein Nachbar dagegen 18 oder 20, muß er mich im Verkaufspreis schlagen. Könnten die Arbeiter auf Zahlung für Überzeit bestehen, so wäre es mit diesem Manöver bald zu Ende ... Eine große Anzahl der von den Unterverkäufern Beschäftigten sind Fremde, Jungen und andre, die fast mit jedem Arbeitslohn, den sie kriegen können, vorlieb zu nehmen gezwungen sind."[774]

Diese Jeremiade ist auch deswegen interessant, weil sie zeigt, wie nur der Schein der Produktionsverhältnisse sich im Kapitalistenhirn widerspiegelt. Der Kapitalist weiß nicht, daß der normale Preis der Arbeit ein bestimmtes Quantum unbezahlter Arbeit einschließt und eben diese unbezahlte Arbeit die normale Quelle seines Gewinns ist. Die Kategorie der Mehrarbeitszeit existiert überhaupt nicht für ihn, denn sie ist eingeschlossen im normalen Arbeitstag, den er im Taglohn zu zahlen glaubt. Wohl aber existiert für ihn die Überzeit, die Verlängerung des Arbeitstags über die dem gewohnten Preis der Arbeit entsprechende Schranke. Seinem unterverkaufenden Konkurrenten gegenüber besteht er sogar auf Extrazahlung (extra pay) für diese Überzeit. Er weiß wieder nicht, daß diese Extrazahlung ebensowohl unbezahlte Arbeit einschießt, wie der Preis der gewöhnlichen Arbeitsstunde. Z.B. der Preis einer Stunde des zwölfstündigen Arbeitstags ist 3 d., das Wertprodukt von 1/2 Arbeitsstunde, während der Preis der überzeitigen Arbeitsstunde 4 d., das Wertprodukt von 2/3 Arbeitsstunde. Im ersten Fall eignet sich der Kapitalist von einer Arbeitsstunde die Hälfte, im andern 1/3 ohne Zahlung an.

Der Stücklohn

Der Stücklohn ist nichts als verwandelte Form des Zeitlohns, wie der Zeitlohn die verwandelte Form des Wertes oder Preises der Arbeitskraft.

[774] „Report etc. relative to the Grievances complained of by the journeymen bakers", Lond. 1862, p. LII und ib., Evidence, n. 479, 359, 27. Indes lassen auch die fullpriced, wie früher erwähnt und wie ihr Wortführer Bennet selbst zugesteht, ihre Leute „Arbeit beginnen um 11 Uhr abends oder früher und verlängern sie oft bis 7 Uhr des folgenden Abends". (l.c.p. 22.)

Beim Stücklohn sieht es auf den ersten Blick aus, als ob der vom Arbeiter verkaufte Gebrauchswert nicht die Funktion seiner Arbeitskraft sei, lebendige Arbeit, sondern bereits im Produkt vergegenständlichte Arbeit, und als ob der Preis dieser Arbeit nicht wie beim Zeitlohn durch die Bruchzahl (Tageswert der Arbeitskraft) / (Arbeitstag von gegebner Stundenzahl), sondern durch die Leistungsfähigkeit des Produzenten bestimmt werde.[775]

Zunächst müßte die Zuversicht, die an diesen Schein glaubt, bereits stark erschüttert werden durch die Tatsache, daß beide Formen des Arbeitslohns zur selben Zeit in denselben Geschäftszweigen nebeneinander bestehn. Z.B.

„Die Setzer von London arbeiten in der Regel nach Stücklohn, während Zeitlohn bei ihnen die Ausnahme bildet. Umgekehrt bei den Setzern in den Provinzen, wo der Zeitlohn die Regel und der Stücklohn die Ausnahme. Die Schiffszimmerleute im Hafen von London werden nach Stücklohn bezahlt, in allen andren englischen Häfen nach Zeitlohn.“[776]

In denselben Londoner Sattlerwerkstätten wird oft für dieselbe Arbeit den Franzosen Stücklohn und den Engländern Zeitlohn gezahlt. In den eigentlichen Fabriken, wo Stücklohn allgemein vorherrscht, entziehn sich einzelne Arbeitsfunktionen aus technischen Gründen dieser Messung und werden daher nach Zeitlohn gezahlt.[777] An und für sich ist es jedoch klar, daß die Formverschiedenheit in der Auszahlung des Arbeitslohns an seinem Wesen nichts ändert, obgleich die eine Form der Entwicklung der kapitalistischen Produktion günstiger sein mag als die andre.

Der gewöhnliche Arbeitstag betrage 12 Stunden, wovon 6 bezahlt, 6 unbezahlt. Sein Wertprodukt sei 6 sh., das einer Arbeitsstunde daher 6 d. Es stelle sich erfahrungsmäßig heraus, daß ein Arbeiter, der mit dem Durchschnittsgrad von Intensität und Geschick arbeitet, in der Tat also nur die gesellschaftlich notwendige Arbeitszeit zur Produktion eines Artikels verwendet, 24 Stücke, ob diskret, oder meßbare Teile eines kontinuierlichen Machwerks, in 12 Stunden liefert. So ist der

[775] „Das System der Stückarbeit kennzeichnet eine Epoche in der Geschichte des Arbeiters; es steht in der Mitte zwischen der Stellung des einfachen Tagelöhners, der vom Willen des Kapitalisten abhängig ist, und dem genossenschaftlichen Handwerker, der in nicht ferner Zukunft in seiner Person den Handwerker und Kapitalisten zu vereinigen verspricht. Stückarbeiter sind tatsächlich ihre eigenen Meister, auch wenn sie am Kapital des Unternehmers arbeiten.“ (John Watts, „Trade Societies and Strikes, Machinery and Cooperative Societies“, Manchester 1865, p. 52, 53.) Ich zitiere dies Schriftchen, weil es eine wahre Gosse aller längst verfaulten, apologetischen Gemeinplätze. Derselbe Herr Watts machte früher in Owenismus und publizierte 1842 ein andres Schriftchen: „Facts and Fictions of Political Economy“, worin er u.a. Property für Robbery (Eigentum für Raub) erklärt. Es ist schon lange her.

[776] T. J. Dunning, „Trade‘s Unions and Strikes“, Lond. 1860, p. 22.

[777] Wie das gleichzeitige Nebeneinander dieser zwei Formen des Arbeitslohns Fabrikantenprellereien begünstigt: „Eine Fabrik beschäftigt 400 Leute, von welchen die Hälfte im Stücklohn arbeitet und ein unmittelbares Interesse daran hat, länger zu arbeiten. Die anderen 200 werden pro Tag bezahlt, arbeiten ebenso lang wie die anderen, aber erhalten kein Geld für die Überstunden ... Die Arbeit dieser 200 Leute während einer halben Stunde täglich ist gleich der Arbeit einer Person während 50 Stunden oder 5/6 der wöchentlichen Arbeitsleistung einer Person und stellt einen handgreiflichen Gewinn für den Unternehmer dar.“ („Reports of Insp. of Fact., 31st October 1860“, p. 9.) „Überstunden herrschen noch immer in beträchtlichem Umfange vor; und in den meisten Fällen mit der Sicherheit gegen Entdeckung und Bestrafung, die das Gesetz selbst gewährt. Ich habe in vielen früheren Berichten aufgezeigt ... welches Unrecht an allen Arbeitern begangen wird, die nicht Stücklohn, sondern Wochenlohn erhalten.“ (Leonard Horner in „Reports of Insp. of Fact., 30th April 1859“, p. 8, 9.)

Wert dieser 24 Stücke, nach Abzug des in ihnen enthaltnen konstanten Kapitalteils, 6 sh. und der Wert des einzelnen Stücks 3 d. Der Arbeiter erhält per Stücke 1 1/2 d. und verdient so in 12 Stunden 3 sh. Wie es beim Zeitlohn gleichgültig ist, ob man annimmt, daß der Arbeiter 6 Stunden für sich und 6 für den Kapitalisten, oder von jeder Stunde die eine Hälfte für sich und die andre für den Kapitalisten arbeitet, so auch hier, ob man sagt, jedes einzelne Stück sei halb bezahlt und halb unbezahlt, oder der Preis von 12 Stücken ersetze nur den Wert der Arbeitskraft, während in den 12 andern sich der Mehrwert verkörpere.

Die Form des Stücklohns ist ebenso irrationell als die des Zeitlohns. Während z.B. zwei Stück Ware, nach Abzug des Werts der in ihnen aufgezehrten Produktionsmittel, als Produkt einer Arbeitsstunde 6 d. wert sind, erhält der Arbeiter für sie einen Preis von 3 d. Der Stücklohn drückt unmittelbar in der Tat kein Wertverhältnis aus. Es handelt sich nicht darum, den Wert des Stücks durch die in ihm verkörperte Arbeitszeit zu messen, sondern umgekehrt die vom Arbeiter verausgabte Arbeit durch die Zahl der von ihm produzierten Stücke. Beim Zeitlohn mißt sich die Arbeit an ihrer unmittelbaren Zeitdauer, beim Stücklohn am Produktenquantum, worin Arbeit während bestimmter Zeitdauer verdichtet.[778] Der Preis der Arbeitszeit selbst ist schließlich bestimmt durch die Gleichung: Wert der Tagesarbeit = Tageswert der Arbeitskraft. Der Stücklohn ist also nur eine modifizierte Form des Zeitlohns.

Betrachten wir nun etwas näher die charakteristischen Eigentümlichkeiten des Stücklohns.

Die Qualität der Arbeit ist hier durch das Werk selbst kontrolliert, das die durchschnittliche Güte besitzen muß, soll der Stückpreise voll bezahlt werden. Der Stücklohn wird nach dieser Seite hin zu fruchtbarster Quelle von Lohnabzügen und kapitalistischer Prellerei.

Er bietet den Kapitalisten ein ganz bestimmtes Maß für die Intensität der Arbeit. Nur Arbeitszeit, die sich in einem vorher bestimmten und erfahrungsmäßig festgesetzten Warenquantum verkörpert, gilt als gesellschaftlich notwendige Arbeitszeit und wird als solche bezahlt. In den größeren Schneiderwerkstätten Londons heißt daher ein gewisses Stück Arbeit, z.B. eine Weste usw., Stunde, halbe Stunde usw., die Stunde zu 6 d. Aus der Praxis ist bekannt, wieviel das Durchschnittsprodukt einer Stunde. Bei neuen Moden, Reparaturen usw. entsteht Streit zwischen Anwender und Arbeiter, ob ein bestimmtes Arbeitsstück = einer Stunde usw., bis auch hier die Erfahrung entscheidet. Ähnlich in den Londoner Möbelschreinereien usw. Besitzt der Arbeiter nicht die durchschnittliche Leistungsfähigkeit, kann er daher ein bestimmtes Minimum vom Tagwerk nicht liefern, so entläßt man ihn.[779]

[778] „Der Lohn kann auf zwei Arten gemessen werden; entweder an der Dauer der Arbeit oder an ihrem Produkt" („Abrégé élémentaire des principes de l'Écon. Pol.", Paris 1796, p. 32.) Verfasser dieser anonymen Schrift: G. Garnier.
[779] „Es wird ihm" (dem Spinner) „ein bestimmtes Gewicht Baumwolle übergeben, und er muß dafür in einer gewissen Zeit ein bestimmtes Gewicht an Twist oder Garn von einem gewissen Feinheitsgrad liefern und erhält für jedes so beschaffene Pfund soundso viel. Ist die Arbeit von mangelhafter Qualität, so wird er bestraft; ist das Quantum geringer als das für eine bestimmte Zeit festgesetzte Minimum, so wird er entlassen und ein tüchtigerer Arbeiter eingestellt."(Ure, l.c.p. 316, 317.)

Da Qualität und Intensität der Arbeit hier durch die Form des Arbeitslohns selbst kontrolliert werden, macht sie großen Teil der Arbeitsaufsicht überflüssig. Sie bildet daher sowohl die Grundlage der früher geschilderten modernen Hausarbeit als eines hierarchisch gegliederten Systems der Exploitation und Unterdrückung. Das letztere besitzt zwei Grundformen. Der Stücklohn erleichtert einerseits das Zwischenschieben von Parasiten zwischen Kapitalist und Lohnarbeiter, Unterverpachtung der Arbeit (subletting of labour). Der Gewinn der Zwischenpersonen fließt ausschließlich aus der Differenz zwischen dem Arbeitspreis, den der Kapitalist zahlt, und dem Teil dieses Preises, den sie dem Arbeiter wirklich zukommen lassen.[780] Dies System heißt in England charakteristisch das „Sweating-System" (Ausschweißungssystem). Andrerseits erlaubt der Stücklohn dem Kapitalisten, mit dem Hauptarbeiter - in der Manufaktur mit dem Chef einer Gruppe, in den Minen mit dem Ausbrecher der Kohle usw., in der Fabrik mit dem eigentlichen Maschinenarbeiter - einen Kontrakt für soviel per Stück zu schließen, zu einem Preis, wofür der Hauptarbeiter selbst die Anwerbung und Zahlung seiner Hilfsarbeiter übernimmt. Die Exploitation der Arbeiter durch das Kapital verwirklicht sich hier vermittelst der Exploitation des Arbeiters durch den Arbeiter.[781]

Den Stücklohn gegeben, ist es natürlich das persönliche Interesse des Arbeiters, seine Arbeitskraft möglichst intensiv anzuspannen, was dem Kapitalisten eine Erhöhung des Normalgrads der Intensität erleichtert.[782]

Es ist ebenso das persönliche Interesse des Arbeiters, den Arbeitstag zu verlängern, weil damit sein Tages- oder Wochenlohn steigt.[783] Es tritt damit die beim Zeitlohn bereits geschilderte Reaktion ein, abgesehn davon, daß die Verlängerung des Arbeitstags, selbst bei konstant bleibendem Stücklohn, an und für sich eine Senkung im Preise der Arbeit einschließt.

[780] „Wenn das Arbeitsprodukt durch viele Hände geht, auf die alle ein Teil des Profits kommt, während nur das letzte Paar Hände die Arbeit verrichtet, dann geschieht es, daß die Bezahlung, welche schließlich die Arbeiterin erreicht, jämmerlich unangemessen ist." („Child. Empl. Comm. II. Rep.", p. LXX, n. 424.)

[781] Selbst der apologetische Watts bemerkt: „Es wäre eine große Verbesserung des Stücklohnsystems, wenn alle an einem Stück Arbeit Beschäftigten Teilhaber am Vertrag wären, jeder entsprechend seinen Fähigkeiten, statt daß ein Mann daran interessiert ist, seine Kameraden für seinen eigenen Vorteil abzurackern." (l.c.p. 53.) Über die Gemeinheiten dieses Systems vgl. „Child. Emp. Comm. Rep. III", p. 66, n. 22; p. 11, n. 124; p. XI, n. 13, 53, 59 usw.

[782] Diesem naturwüchsigen Resultat wird oft künstlich unter die Arme gegriffen. Z.B. im Engineering Trade (Maschinenbau) von London gilt es als herkömmlicher trick, „daß der Kapitalist einen Mann von überlegner physischer Kraft und Fertigkeit zum Chef einer Arbeiteranzahl auswählt. Er zahlt ihm vierteljährlich oder in andren Terminen einen Zuschußlohn unter der Übereinkunft, alles mögliche aufzubieten, um seine Mitarbeiter, die nur den gewöhnlichen Lohn erhalten, zur äußersten Nacheiferung anzustacheln ... Ohne weiteren Kommentar erklärt dies die Kapitalistenklage über „Lähmung der Tätigkeit oder überlegner Geschicklichkeit und Arbeitskraft (stinting the action, superior skill and working power) durch die Trade's Unions". „ (Dunning. l.c.p. 22, 23.) Da der Verfasser selbst Arbeiter und Sekretär einer Trade's Union, könnte dies für Übertreibung gelten. Aber man sehe z.B. die „highly respectable" („hochachtbare") agronomische Cyklopädie von J. Ch. Morton, Art. „Labourer", wo diese Methode den Pächtern als probat empfohlen wird.

[783] „Alle, die im Stücklohn bezahlt werden ... haben Vorteil von einer Überschreitung der gesetzlichen Grenzen der Arbeit. Diese Bereitschaft, Überstunden zu machen, ist besonders bei den Frauen zu beobachten, die als Weberinnern und Hasplerinnen beschäftigt sind." („Rep. of Insp. of Fact., 30th April 1858", p. 9.) „Dies Stücklohnsystem, so vorteilhaft für den Kapitalisten ... strebt direkt, den jungen Töpfer zu großer Überarbeit zu ermuntern, während der 4 oder 5 Jahre, worin er per Stück, aber zu niedrigem Preis, bezahlt wird. Es ist dies eine der großen Ursachen, denen die physische Degeneration der Töpfer zuzuschreiben ist." („Child. Empl. Comm. I. Rep.", p. XIII.)

Beim Zeitlohn herrscht mit wenigen Ausnahmen gleicher Arbeitslohn für dieselben Funktionen, während beim Stücklohn der Preis der Arbeitszeit zwar durch ein bestimmtes Produktenquantum gemessen ist, der Tags- oder Wochenlohn dagegen wechselt mit der individuellen Verschiedenheit der Arbeiter, wovon der eine nur das Minimum des Produkts in einer gegebnen Zeit liefert, der andre den Durchschnitt, der dritte mehr als den Durchschnitt. In bezug auf die wirkliche Einnahme treten hier also große Differenzen ein je nach dem verschiednen Geschick, Kraft, Energie, Ausdauer usw. der individuellen Arbeiter.[784] Dies ändert natürlich nichts an dem allgemeinen Verhältnis zwischen Kapital und Lohnarbeit. Erstens gleichen sich die individuellen Unterschiede für die Gesamtwerkstatt aus, so daß sie in einer bestimmten Arbeitszeit das Durchschnittsprodukt liefert und der gezahlte Gesamtlohn der Durchschnittslohn des Geschäftszweigs sein wird. Zweitens bleibt die Proportion zwischen Arbeitslohn und Mehrwert unverändert, da dem individuellen Lohn des einzelnen Arbeiters die von ihm individuell gelieferte Masse von Mehrwert entspricht. Aber der größere Spielraum, den der Stücklohn der Individualität bietet, strebt einerseits dahin, die Individualität und damit Freiheitsgefühl, Selbständigkeit und Selbstkontrolle der Arbeiter zu entwickeln, andrerseits ihre Konkurrenz unter- und gegeneinander. Er hat daher eine Tendenz, mit der Erhebung individueller Arbeitslöhne über das Durchschnittsniveau dies Niveau selbst zu senken. Wo aber bestimmter Stücklohn sich seit lange traditionell befestigt hatte und seine Herabsetzung daher besondre Schwierigkeiten bot, flüchteten die Meister ausnahmsweise auch zu seiner gewaltsamen Verwandlung in Zeitlohn. Hiergegen z.B. 1860 großer strike unter den Bandwebern von Conventry.[785] Der Stücklohn ist endlich eine Hauptstütze des früher geschilderten Stundensystems.[786]

[784] „Wo die Arbeit in irgendeinem Gewerbe nach der Stückzahl, zu soundso viel je Stück bezahlt wird ... können sich die Löhne dem Betrag nach sehr wesentlich voneinander unterscheiden ... Aber für Tagelohn besteht im allgemeinen ein einheitlicher Satz ... der vom Unternehmer und von Arbeiter als Standardlohn für den Durchschnittsarbeiter in dem Gewerbe anerkannt wird." (Dunnig, l.c.p. 17.)

[785] „Die Arbeit der Handwerksgesellen regelt sich nach dem Tag oder nach dem Stück (à la journée ou à la pièce) ... Die Meister wissen ungefähr, wieviel Werke die Arbeiter täglich in jedem métier (Gewerbe) verrichten können, und zahlen sie daher oft im Verhältnis zum Werk, das sie verrichten; so arbeiten diese Gesellen, soviel sie können, in ihrem eignen Interesse, ohne weitere Beaufsichtigung." (Cantillon, „Essai sur la Nature du Commerce en Général", Amst. Éd. 1756, p. 185 u. 202. Die Erste Ausgabe erschien 1755). Cantillon, aus dem Quesnay, Sir James Steuart und A. Smith reichlich geschöpft haben, stellt hier also schon den Stücklohn als bloß modifizierte Form des Zeitlohns dar. Die französische Ausgabe Cantillons kündigt sich auf dem Titel als Übersetzung aus dem Englischen an, aber die englische Ausgabe: „The Analysis of Trade, Commerce etc., by Philip Cantillon, late of the City of London, Merchant", ist nicht nur späteren Datums (von 1759), sondern erweist sich durch ihren Inhalt als eine spätere Bearbeitung. So z.B. findet sich in der französischen Ausgabe Hume noch nicht erwähnt, während umgekehrt in der englischen Petty kaum mehr figuriert. Die englische Ausgabe ist theoretisch unbedeutender, enthält aber allerlei spezifisch auf englischen Handel, Bullionhandel usw. Bezügliches, was im französischen Text fehlt. Die Worte im Titel der englischen Ausgabe, wonach die Schrift „Taken chiefly from the Manuscript of a very ingenious Gentleman deceased, and adapted etc." („Hauptsächlich dem Manuskript eines sehr geistreichen, verstorbenen Edelmanns entnommen und angepaßt usw."), scheinen daher mehr als bloße, damals sehr übliche, Fiktion.

[786] „Wie häufig haben wir gesehen, daß man in gewissen Werkstätten weit mehr Arbeiter einstellte, als zur Arbeit wirklich benötigt wurden? Oft nimmt man Arbeiter an in Erwartung einer noch ungewissen, manchmal sogar nur eingebildeten Arbeit: da man im Stücklohn zahlt, sagt man sich, daß man nichts riskiert, da alle verlorene Zeit zu Lasten der Unbeschäftigten geht." (H. Gregoir, „Les Typographes devant le Tribunal Correctionnel de Bruxelles", Bruxelles 1865, p. 9.)

Aus der bisherigen Darstellung ergibt sich, daß der Stücklohn die der kapitalistischen Produktionsweise entsprechendste Form des Arbeitslohns ist. Obgleich keineswegs neuer figuriert neben dem Zeitlohn offiziell u.a. in den französischen und englischen Arbeiterstatuten des vierzehnten Jahrhunderts -, gewinnt er doch erst größren Spielraum während der eigentlichen Manufakturperiode. In der Sturm- und Drangperiode der großen Industrie, namentlich von 1797 bis 1815, dient er als Hebel zur Verlängrung der Arbeitszeit und Herabsetzung des Arbeitslohns. Sehr wichtiges Material für die Bewegung des Arbeitslohns während jener Periode findet man in den Blaubüchern: „Report and Evidence from the Select Committee on Petitions respecting the Corn Laws“ (Parlamentssession 1813/14) und „Reports from the Lords‘ Committee, on the state of the Growth, Commerce, and Consumption of Grain, and all Laws relating thereto“. (Session 1814/15.) Man findet hier den dukumentarischen Nachweis für die fortwährende Senkung des Arbeitspreises seit dem Beginn des Antijakobinerkriegs. In der Weberei z.B. war der Stücklohn so gefallen, daß trotz des sehr verlängerten Arbeitstags der Taglohn jetzt niedriger stand als vorher.

„Die reale Einnahme des Webers ist sehr viel weniger als früher: seine Superiorität über den gewöhnlichen Arbeiter, die erst sehr groß war, ist fast ganz verschwunden. In der Tat, der Unterschied in den Löhnen geschickter und gewöhnlicher Arbeit ist jetzt viel unbedeutender als während irgendeiner früheren Periode.“[787]

Wie wenig die mit dem Stücklohn gesteigerte Intensität und Ausdehnung der Arbeit dem ländlichen Proletariat fruchteten, zeige folgende einer Parteischrift für Landlords und Pächter entlehnte Stelle:

„Bei weitem der größere Teil der Agrikulturoperationen wird durch Leute verrichtet, die für den Tag oder auf Stückwerk gedungen sind. Ihr Wochenlohn beträgt ungefähr 12 sh.; und obgleich man voraussetzen mag, daß ein Mann bei Stücklohn, unter dem größeren Arbeitssporn, 1 sh. oder vielleicht 2 sh. mehr verdient als beim Wochenlohn, so findet man dennoch, bei Schätzung seiner Gesamteinnahme, daß sein Verlust an Beschäftigung im Lauf des Jahrs diesen Zuschuß aufwiegt ... Man wird ferner im allgemeinen finden, daß die Löhne dieser Männer ein gewisses Verhältnis zum Preis der notwendigen Lebensmittel haben, so daß ein Mann mit zwei Kindern fähig ist, seine Familie ohne Zuflucht zur Pfarreiunterstützung zu erhalten.“[788]

Malthus bemerkte damals mit Bezug auf die vom Parlament veröffentlichten Tatsachen:

„Ich gestehe, ich sehe mit Mißvergnügen die große Ausdehnung der Praxis des Stücklohns. Wirklich harte Arbeit während 12 oder 14 Stunden des Tags, für irgend längere Zeitperioden, ist zuviel für ein menschliches Wesen.“[789]

In den dem Fabrikgesetz unterworfenen Werkstätten wird Stücklohn allgemeine Regel, weil das Kapital dort den Arbeitstag nur noch intensiv ausweiten kann.[790]

[787] „Remarks on the Commercial Policy of Great Britain“, London 1815, p. 48.

[788] „A Defence of the Landowners and Farmers of Great Britain“, Lond. 1814, p. 4, 5.

[789] Malthus, „Inquiry into the Nature etc. of Rent“, London 1815, [p. 49, Note].

[790] „Die Arbeiter auf Stücklohn bilden wahrscheinlich 4/5 aller Arbeiter in den Fabriken.“ („Reports of Insp. of

Mit der wechselnden Produktivität der Arbeit stellt dasselbe Produktenquantum wechselnde Arbeitszeit dar. Also wechselt auch der Stücklohn, da er Preisausdruck einer bestimmten Arbeitszeit. In unserem obigen Beispiel wurden in 12 Stunden 24 Stück produziert, während das Wertprodukt der 12 Stunden 6 sh. war, der Tageswert der Arbeitskraft 3 sh., der Preis der Arbeitsstunde 3 d. und der Lohn für ein Stück 1 1/2 d. In einem Stück war 1/2 Arbeitsstunde eingesaugt. Liefert derselbe Arbeitstag nun etwa infolge verdoppelter Produktivität der Arbeit 48 Stück statt 24, und bleiben alle andern Umstände unverändert, so sinkt der Stücklohn von 1 1/2 d. auf 3/4 d., da jedes Stück jetzt nur noch 1/4 statt 1/2 Arbeitsstunde darstellt. 24 × 1 1/2 d. = 3 sh. und ebenso 48 × 3/4 d. = 3 sh. In anderen Worten: Der Stücklohn wird in demselben Verhältnis heruntergesetzt, worin die Zahl der während derselben Zeit produzierten Stücke wächst[791], also die auf dasselbe Stück verwandte Arbeitszeit abnimmt. Dieser Wechsel des Stücklohns, soweit rein nominell, ruft beständige Kämpfe zwischen Kapitalist und Arbeiter hervor. Entweder, weil der Kapitalist den Vorwand benutzt, um wirklich den Preis der Arbeit herabzusetzen, oder weil die gesteigerte Produktivkraft der Arbeit von gesteigerter Intensität derselben begleitet ist. Oder weil der Arbeiter den Schein des Stücklohns, als ob ihm sein Produkt gezahlt werde und nicht seine Arbeitskraft, ernst nimmt und sich daher gegen eine Lohnherabsetzung sträubt, welcher die Herabsetzung im Verkaufspreis der Ware nicht entspricht.

„Die Arbeiter überwachen sorgfältig den Preis des Rohmaterials und den Preis der fabrizierten Güter und sind so fähig, die Profite ihrer Meister genau zu veranschlagen."[792]

Solchen Anspruch (3. und 4. Auflage: Ausspruch) fertigt das Kapital mit Recht als groben Irrtum über die Natur der Lohnarbeit ab.[793] Es zetert über diese Anmaßung, Steuern auf den Fortschritt der Industrie zu legen, und erklärt rundweg, daß die Produktivität der Arbeit (4. Auflage: Arbeiter) den Arbeiter überhaupt nichts angeht.[794]

Fact. for 30th April 1858", p. 9.)

[791] „Die Produktivkraft seiner Spinnmaschine wird genau gemessen und die Bezahlung für die mit ihr geleistete Arbeit vermindert sich *mit*, wenn auch nicht *entsprechend* der Zunahme ihrer Produktivkraft."(Ure, l.c.p. 317.) Letztre apologetische Wendung hebt Ure selbst wieder auf. Er gibt zu, daß bei einer Verlängrung der Mule z.B. eine zusätzliche Arbeit aus der Verlängrung entspringt. Die Arbeit nimmt also nicht in dem Maße ab, worin ihre Produktivität wächst. Ferner: „Durch diese Verlängrung wird die Produktivkraft der Maschine um ein Fünftel gesteigert. Daraufhin wird der Spinner nicht mehr zu demselben Satz für geleistete Arbeit bezahlt wie zuvor, aber weil dieser Satz nicht im Verhältnis von einem Fünftel vermindert wird, erhöht die Verbesserung seinen Geldverdienst für jede gegebene Zahl von Arbeitsstunden" - aber, aber - „die vorhergehende Feststellung erfordert eine gewisse Einschränkung ... der Spinner hat von seinem zusätzlichen halben Schilling etwas für zusätzliche jugendliche Hilfskräfte zu zahlen, und außerdem werden Erwachsene verdrängt" (l.c.p. 320, 321), was keineswegs eine Tendenz zur Steigerung des Arbeitslohns hat.

[792] H. Fawcett, „The Economic Position of the British Labourer", Cambridge and London 1865, p. 178.

[793] Im Londoner „Standard" vom 26. Oktober 1861 findet man Bericht über einen Prozeß der Firma John Bright et Co. vor den Rochdale Magistrates (Friedensrichtern), „die Vertreter der Trade Union der Teppichweber wegen Einschüchterung gerichtlich zu belangen. Die Teilhaber Brights hatten neue Maschinerie eingeführt, die 240 Yards Teppich in der Zeit und mit der Arbeit (!) produzieren sollten, die früher zur Produktion von 160 Yards erforderlich waren. Die Arbeiter hatten keinerlei Anrecht, an den Profiten teilzuhaben, die durch die Kapitalanlage ihrer Unternehmer in mechanischen Verbesserungen gemacht worden waren. Daher schlugen die Herren Bright vor, den Lohn von 1 1/2 d. pro Yard auf 1 d. zu senken, wodurch die Einkünfte der Arbeiter für die gleichen Arbeit genau so blieben wie vorher. Aber das war eine nominelle Herabsetzung, von der die Arbeiter, wie behauptet wird, vorher nicht ehrlich verständigt worden waren."

[794] „Trades Unions in ihrer Sucht, den Arbeitslohn aufrechtzuhalten, suchen an dem Profit verbesserter Maschine-

Nationale Verschiedenheit der Arbeitslöhne

Im fünfzehnten Kapitel beschäftigten uns die mannigfachen Kombinationen, welche einen Wechsel in der absoluten oder relativen (d.h. mit dem Mehrwert verglichen) Wertgröße der Arbeitskraft hervorbringen kann, während andrerseits wieder das Quantum von Lebensmitteln, worin der Preis der Arbeitskraft realisiert wird, von dem Wechsel dieses Preises unabhängige[795] oder verschiedne Bewegung durchlaufen konnte. Wie bereits bemerkt, verwandeln sich durch einfache Übersetzung des Werts, resp. Preises der Arbeitskraft in die exoterische Form des Arbeitslohns alle jene Gesetze in Gesetze der Bewegung des Arbeitslohns. Was innerhalb dieser Bewegung als wechselnde Kombination, kann für verschiedne Länder als gleichzeitige Verschiedenheit nationaler Arbeitslöhne erscheinen. Beim Vergleich nationaler Arbeitslöhne sind also alle den Wechsel in der Wertgröße der Arbeitskraft bestimmende Momente zu erwägen, Preis und Umfang der natürlichen und historisch entwickelten ersten Lebensbedürfnisse, Erziehungskosten des Arbeiters, Rolle der Weiber- und Kinderarbeit, Produktivität der Arbeit, ihre extensive und intensive Größe. Selbst die oberflächlichste Vergleichung erheischt, zunächst den Durchschnitts-Taglohn für dieselben Gewerbe in verschiednen Ländern auf gleich große Arbeitstage zu reduzieren. Nach solcher Ausgleichung der Taglöhne muß der Zeitlohn wieder in Stücklohn übersetzt werden, da nur der letztere ein Gradmesser sowohl für die Produktivität als die intensive Größe der Arbeit.

In jedem Lande gilt eine gewisse mittlere Intensität der Arbeit, unter welcher die Arbeit bei Produktion einer Ware mehr als die gesellschaftlich notwendige Zeit verbraucht, und daher nicht als Arbeit von normaler Qualität zählt. Nur ein über den nationalen Durchschnitt sich erhebender Intensitätsgrad ändert, in einem gegebnen Lande, das Maß des Werts durch die bloße Dauer der Arbeitszeit. Anders auf dem Weltmarkt, dessen integrierende Teile die einzelnen Länder sind. Die mittlere Intensität der Arbeit wechselt von Land zu Land; sie ist hier größer, dort kleiner. Diese nationalen Durchschnitte bilden also eine Stufenleiter, deren Maßeinheit die Durchschnittseinheit der universellen Arbeit ist. Verglichen mit der weniger intensiven, produziert also die intensivere nationale Arbeit in gleicher Zeit mehr Wert, der sich in mehr Geld ausdrückt.

Noch mehr aber wird das Wertgesetz in seiner internationalen Anwendung dadurch modifiziert, daß auf dem Weltmarkt die produktivere nationale Arbeit ebenfalls als intensivere zählt, sooft die produktivere Nation nicht durch die Konkurrenz gezwungen wird, den Verkaufspreis ihrer Ware auf ihren Wert zu senken.

Im Maß, wie in einem Lande die kapitalistische Produktion entwickelt ist, im selben Maß erheben sich dort auch die nationale Intensität und Produktivität der

---

rie teilzunehmen!" (Quelle horreur! (Wie schrecklich!))" ... sie verlangen höheren Lohn, weil die Arbeit verkürzt ist ... in anderen Worten, sie streben, eine Steuer auf industrielle Verbesserungen zu legen." („On Combination of Trades", New Edit., Lond. 1834, p. 42.)

[795] „Es ist nicht richtig, zu sagen, daß die Löhne" (handelt sich hier von ihrem Preise) „gestiegen sind, weil man mit ihnen mehr von einem billigeren Artikel kaufen kann." (David Buchanan in seiner Ausgabe von A. Smiths „Wealth etc.", 1814, v. I, p. 417, Note.)

Arbeit über das internationale Niveau.[796] Die verschiedenen Warenquanta derselben Art, die in verschiedenen Ländern in gleicher Arbeitszeit produziert werden, haben also ungleiche internationale Werte, die sich in verschiedenen Preisen ausdrücken, d.h. in je nach den internationalen Werten verschiednen Geldsummen. Der relative Wert des Geldes wird also kleiner sein bei der Nation mit entwickelterer kapitalistischer Produktionsweise als bei der mit wenig entwickelter. Folgt also, daß der nominelle Arbeitslohn, das Äquivalent der Arbeitskraft ausgedrückt in Geld, ebenfalls höher sein wird bei der ersten Nation als bei der zweiten; was keineswegs besagt, daß dies auch für den wirklichen Lohn gilt, d.h. für die dem Arbeiter zur Verfügung gestellten Lebensmittel.

Aber auch abgesehn von dieser relativen Verschiedenheit des Geldwerts in verschiedenen Ländern, wird man häufig finden, daß der Tages-, Wochen-, etc. Lohn bei der ersteren Nation höher ist als bei der zweiten, während der relative Arbeitspreis, d.h. der Arbeitspreis im Verhältnis sowohl zum Mehrwert wie zum Wert des Produkts, bei der zweiten Nation höher steht als bei der ersteren.[797]

J. W. Cowell, Mitglied der Fabrikkommission von 1833, kam nach sorgfältiger Untersuchung der Spinnerei zum Ergebnis, daß „in England die Löhne der Sache nach niedriger für den Fabrikanten sind als auf dem Kontinent, obwohl sie für den Arbeiter höher sein mögen“ (Ure, p. 314).

Der englische Fabrikinspektor Alexander Redgrave weist im Fabrikbericht vom 31. Oktober 1866 durch vergleichende Statistik mit den Kontinentalstaaten nach, daß trotz niedrigerem Lohn und viel längerer Arbeitszeit die kontinentale Arbeit, verhältnismäßig zum Produkt, teurer ist als die englische. Ein englischer Direktor (manager) in einer Baumwollfabrik in Oldenburg erklärt, daß dort die Arbeitszeit von 5.30 Uhr morgens bis 8 Uhr abends währt, samstags eingeschlossen, und daß die dortigen Arbeiter, wenn unter englischen Arbeitsaufsehen, während dieser Zeit nicht ganz soviel Produkt liefern als Engländer in 10 Stunden, unter deutschen Arbeitsaufsehern aber noch viel weniger. Der Lohn stehe viel tiefer als in England, in vielen Fällen um 50%, aber die Zahl der Hände im Verhältnis zur Maschinerie sei viel größer, in verschiedenen Departements im Verhältnis von 5:3. Herr Redgrave gibt sehr genaue Details über die russischen Baumwollfabriken. Die Data sind ihm geliefert durch einen dort noch kürzlich beschäftigten englischen manager. Auf diesem russischen Boden, an allen Infa-

[796] An andrer Stelle werden wir untersuchen, welche Umstände, in Beziehung auf die Produktivität, dies Gesetz für einzelne Produktionszweige modifizieren können.

[797] James Anderson bemerkt in Polemik gegen A. Smith: „Es verdient gleicherweise bemerkt zu werden, daß, obgleich der Preis der Arbeit in armen Ländern, wo die Feldfrüchte, und besonders das Getreide, billig sind, scheinbar gewöhnlich niedriger ist, so ist er doch in der Tat dort meistens wirklich höher als in andern Ländern. Denn nicht der Lohn, den ein Arbeiters pro Tag erhält, stellt den realen Preis der Arbeit dar, obgleich er ihr scheinbarer Preis ist. Der reale Preis ist das, was ein bestimmtes Quantum geleisteter Arbeit den Unternehmer tatsächlich kostet; und unter diesem Gesichtswinkel ist Arbeit in fast allen Fällen in reichen Ländern billiger als in ärmeren, obwohl der Preis des Getreides und anderer Lebensmittel gewöhnlich in den letzteren weit niedriger ist als in den ersteren ... Arbeit im Taglohn ist viel niedriger in Schottland als in England ... Arbeit im Stücklohn ist im allgemeinen billiger in England.“ (James Anderson, „Observations on the means of exciting a spirit of National Industry etc.“, Edinb. 1777, p. 350, 351.) - Umgekehrt produziert ihrerseits die Niedrigkeit des Arbeitslohns Verteuerung der Arbeit. „Arbeit ist teurer in Irland als in England ... weil die Löhne so viel niedriger sind.“ (Nr. 2074 in „Royal Commission on Railways, Minute“, 1867.)

mien so fruchtbar, stehn auch die alten Greuel aus der Kindheitspreiode der englischen factories (Fabriken) in vollster Blüte. Die Dirigenten sind natürlich Engländer, da der eingeborene russische Kapitalist nicht für das Fabrikgeschäft taugt. Trotz aller Überarbeit, fortlaufender Tag- und Nachtarbeit und schmählichster Unterzahlung der Arbeiter, vegetiert das russische Fabrikat nur durch Prohibition des ausländischen. - Ich gebe schließlich noch eine vergleichende Übersicht des Herrn Redgrave über die Durchschnitts-Spindelzahl per Fabrik und per Spinner in verschiednen Ländern Europas. Herr Redgrave bemerkt selbst, daß er diese Zahlen vor einigen Jahren gesammelt hat und daß seit der Zeit die Größe der Fabriken und die Spindelzahl per Arbeiter in England gewachsen seien. Er unterstellt aber verhältnismäßig gleich großen Fortschritt in den aufgezählten Kontinentalländern, so daß die Zahlenangaben ihren komparativen Wert behalten hätten.

Durchschnittsanzahl von Spindeln per Fabrik

In England Durchschnittszahl von Spindeln auf je eine Fabrik	12.600
In der Schweiz Durchschnittszahl von Spindeln auf je eine Fabrik	8.000
In Östreich Durchschnittszahl von Spindeln auf je eine Fabrik	7.000
In Sachsen Durchschnittszahl von Spindeln auf je eine Fabrik	4.500
In Belgien Durchschnittszahl von Spindeln auf je eine Fabrik	4.000
In Frankreich Durchschnittszahl von Spindeln auf je eine Fabrik	1.500
In Preußen Durchschnittszahl von Spindeln auf je eine Fabrik	1.500

Durchschnittsanzahl von Spindeln per Kopf

In Frankreich	eine Person auf 14 Spindeln
In Rußland	eine Person auf 28 Spindeln
In Preußen	eine Person auf 37 Spindeln
In Bayern	eine Person auf 46 Spindeln
In Östreich	eine Person auf 49 Spindeln
In Belgien	eine Person auf 50 Spindeln
In Sachsen	eine Person auf 50 Spindeln
In den kleinern deutschen Staaten	eine Person auf 55 Spindeln
In der Schweiz	eine Person auf 55 Spindeln
In Großbritannien	eine Person auf 74 Spindeln

„Diese Vergleichung“, sagt Herr Redgrave, „ist, außer andren Gründen, besonders auch deswegen für Großbritannien ungünstig, weil dort eine sehr große Zahl Fabriken existiert, worin die Maschinenweberei mit der Spinnerei verbunden ist, während die Rechnung keinen Kopf für die Webstühle abzieht. Die auswärtigen Fabriken sind dagegen meist bloße Spinnereien. Könnten wir genau Gleiches mit Gleichem vergleichen, so könne ich viele Baumwollspinnereien in meinem Distrikt aufzählen, worin Mules mit 2.200 Spindeln von einem einzigen Mann (minder) und zwei Handlangerinnen überwacht und täglich 220 Pfund Garn, 400 (englische) Meilen in Länge, fabriziert werden.“(„Reports of Insp. of Fact., 31st Oct. 1866“, p. 31-37 passim.)

Man weiß, daß in Osteuropa sowohl wie in Asien englische Kompanien Eisenbahnen in Bau übernommen haben und dabei neben einheimischen auch eine gewisse Zahl englischer Arbeiter verwenden. Durch praktische Notwendigkeit gezwungen, so den nationalen Unterschieden in der Intensität der Arbeit Rechnung zu tragen, hat ihnen das keinen Schaden gebracht. Ihre Erfahrung lehrt, daß, wenn auch die Höhe des Lohnes mehr oder weniger der mittleren Arbeitsintensität entspricht, der relative Arbeitspreis (im Verhältnis zum Produkt) sich im allgemeinen im entgegengesetzten Sinn bewegt.

In „Versuch über die Rate des Arbeitslohns“[798], einer seiner frühsten ökonomischen Schriften, sucht H. Carey nachzuweisen, daß die verschiednen nationalen Arbeitslöhne sich direkt verhalten wie die Produktivitätsgrade der nationalen Arbeitstage, um aus diesem internationalen Verhältnis den Schluß zu ziehen, daß der Arbeitslohn überhaupt steigt und fällt wie die Produktivität der Arbeit. Unsre ganze Analyse der Produktion des Mehrwerts beweist die Abgeschmacktheit dieser Schlußfolgerung, hätte Carey selbst seine Prämisse bewiesen, statt seiner Gewohnheit gemäß unkritisch und oberflächlich zusammengerafftes statistisches Material kunterbunt durcheinanderzuwürfeln. Das Beste ist, daß er nicht behauptet, die Sache verhalte sich wirklich so, wie sie sich der Theorie nach verhalten sollte. Die Staatseinmischung hat nämlich das naturgemäße ökonomische Verhältnis verfälscht. Man muß daher die nationalen Arbeitslöhne so berechnen, als ob der Teil derselben, der dem Staat in der Form von Steuern zufällt, dem Arbeiter selbst zufiele. Sollte Herr Carey nicht weiter darüber nachdenken, ob diese „Staatskosten“ nicht auch „naturgemäße Früchte“ der kapitalistischen Entwicklung sind? Das Räsonnement ist ganz des Mannes würdig, der die kapitalistischen Produktionsverhältnisse erst für ewige Natur- und Vernunftsgesetze erklärte, deren frei harmonisches Spiel nur durch die Staatseinmischung gestört werde, um hinterher zu entdecken, daß Englands diabolischer Einfluß auf den Weltmarkt, ein Einfluß, der, wie es scheint, nicht den Naturgesetzen der kapitalistischen Produktion entspringt, die Staatseinmischung nötig macht, nämlich den Schutz jener Natur- und Vernunftsgesetze durch den Staat, alias das Protektionssystem. Er entdeckte ferner, daß die Theoreme Ricardos usw., worin existierende gesellschaftliche Gegensätze und Widersprüche formuliert sind, nicht das ideale Produkt der wirklichen ökonomischen Bewegung, sondern daß umgekehrt die wirklichen Gegensätze der kapitalistischen Produktion in England und anderswo das Resultat der Ricardoschen usw. Theorie sind! Er entdeckte schließlich, daß es in letzter Instanz der Handel ist, der die eingebornen Schönheiten und Harmonien der kapitalistischen Produktionsweise vernichtet. Noch einen Schritt weiter, und er entdeckt vielleicht, daß der einzige Mißstand an der kapitalistischen Produktion das Kapital selbst ist. Nur ein Mann von so entsetzlicher Kritiklosigkeit und solcher Gelehrsamkeit de faux aloi (von falschem Gehalt) verdiente, trotz seiner protektionistische Ketzerei, die Geheimquelle der harmonischen Weisheit eines Bastiat und aller andern freihändlerischen Optimisten der Gegenwart zu werden.

[798] „Essay on the Rate of Wages: with an Examination of the Causes of the Differences in the Conditions of the Labouring Population throughout the World“, Philadelphia 1835.

DER AKKUMULATIONSPROZEß DES KAPITALS

Die Verwandlung einer Geldsumme in Produktionsmittel und Arbeitskraft ist die erste Bewegung, die das Wertquantum durchmacht, das als Kapital fungieren soll. Sie geht vor auf dem Markt, in der Sphäre der Zirkulation. Die zweite Phase der Bewegung, der Produktionsprozeß, ist abgeschlossen, sobald die Produktionsmittel verwandelt sind in Ware, deren Wert den Wert ihrer Bestandteile übertrifft, also das ursprünglich vorgeschossene Kapital plus eines Mehrwerts enthält. Diese Waren müssen alsdann wiederum in die Sphäre der Zirkulation geworfen werden. Es gilt, sie zu verkaufen, ihren Wert in Geld zu realisieren, dies Geld aufs neue in Kapital zu verwandeln, und so stets von neuem. Dieser immer dieselben sukzessiven Phasen durchmachende Kreislauf bildet die Zirkulation des Kapitals.

Die erste Bedingung der Akkumulation ist, daß der Kapitalist es fertiggebracht hat, seine Waren zu verkaufen und den größten Teil des so erhaltenen Geldes in Kapital rückzuverwandeln. Im folgenden wird vorausgesetzt, daß das Kapital seinen Zirkulationsprozeß in normaler Weise durchläuft. Die nähere Analyse dieses Prozesses gehört ins Zweite Buch.

Der Kapitalist, der den Mehrwert produziert, d.h. unbezahlte Arbeit unmittelbar aus den Arbeitern auspumpt und in Waren fixiert, ist zwar der erste Aneigner, aber keineswegs der letzte Eigentümer dieses Mehrwerts. Er hat ihn hinterher zu teilen mit Kapitalisten, die andre Funktionen im großen und ganzen der gesellschaftlichen Produktion vollziehn, mit dem Grundeigentümer usw. Der Mehrwert spaltet sich daher in verschiedne Teile. Seine Bruchstücke fallen verschiednen Kategorien von Personen zu und erhalten verschiedne, gegeneinander selbständige Formen, wie Profit, Zins, Handelsgewinn, Grundrente usw. Diese verwandelten Formen des Mehrwerts können erst im Dritten Buch behandelt werden.

Wir unterstellen hier also einerseits, daß der Kapitalist, der die Ware produziert, sie zu ihrem Wert verkauft, und verweilen nicht weiter bei seiner Rückkehr zum Warenmarkt, weder bei den neuen Formen, die dem Kapital anschießen in der Zirkulationssphäre, noch den darin eingehüllten konkreten Bedingungen der Reproduktion. Andrerseits gilt uns der kapitalistische Produzent als Eigentümer des ganzen Mehrwerts oder, wenn man will, als Repräsentant aller seiner Teilnehmer an der Beute. Wir betrachten also zunächst die Akkumulation abstrakt, d.h. als bloßes Moment des unmittelbaren Produktionsprozesses.

Soweit übrigens Akkumulation stattfindet, gelingt dem Kapitalisten der Verkauf der produzierten Ware und die Rückverwandlung des aus ihr gelösten Geldes in Kapital. Ferner: Der Bruch des Mehrwerts in verschiedne Stücke ändert nichts an seiner Natur, noch an den notwendigen Bedingungen, worin er zum Element der Akkumulation wird. Welche Proportion des Mehrwerts der kapitalistische Produzent immer für sich selbst festhalte oder an andre abtrete, er eignet ihn stets in erster Hand an. Was also bei unsrer Darstellung der Akkumulation unterstellt wird, ist bei ihrem wirklichen Vorgang unterstellt. Andrerseits verdunkeln die Zerspaltung des Mehrwerts und die vermittelnde Bewegung der Zirkulation die einfache Grundform des Akkumulationsprozesses. Seine reine Analyse erheischt daher vorläufiges Wegsehn von allen Phänomenen, welche das innere Spiel seines Mechanismus verstecken.

Einfache Reproduktion

Welches immer die gesellschaftliche Form des Produktionsprozesses, er muß kontinuierlich sein oder periodisch stets von neuem dieselben Stadien durchlaufen. Sowenig eine Gesellschaft aufhören kann zu konsumieren, kann sie aufhören zu produzieren. In einem stetigen Zusammenhang und dem beständigen Fluß seiner Erneuerung betrachtet, ist jeder gesellschaftliche Produktionsprozeß daher zugleich Reproduktionsprozeß.

Die Bedingungen der Produktion sind zugleich die Bedingungen der Reproduktion. Keine Gesellschaft kann fortwährend produzieren, d.h. reproduzieren, ohne fortwährend einen Teil ihrer Produkte in Produktionsmittel oder Elemente der Neuproduktion rückzuverwandeln. Unter sonst gleichbleibenden Umständen kann sie ihren Reichtum nur auf derselben Stufenleiter reproduzieren oder erhalten, indem sie die, während des Jahres z.B., verbrauchten Produktionsmittel, d.h. Arbeitsmittel, Rohmateriale und Hilfsstoffe, in natura durch ein gleiches Quantum neuer Exemplare ersetzt, welches von der jährlichen Produktenmasse abgeschieden und von neuem dem Produktionsprozeß einverleibt wird. Ein bestimmtes Quantum des jährlichen Produkts gehört also der Produktion. Von Haus aus für die produktive Konsumtion bestimmt, existiert es großenteils in Naturalformen, die von selbst die individuelle Konsumtion ausschließen.

Hat die Produktion kapitalistische Form, so die Reproduktion. Wie in der kapitalistischen Produktionsweise der Arbeitsprozeß nur als ein Mittel für den Verwertungsprozeß erscheint, so die Reproduktion nur als ein Mittel, den vorgeschoßnen Wert als Kapital zu reproduzieren, d.h. als sich verwertenden Wert. Die ökonomische Charaktermaske des Kapitalisten hängt nur dadurch an einem Menschen fest, daß sein Geld fortwährend als Kapital funktioniert. Hat z.B. die vorgeschoßne Geldsumme von 100 Pfd.St. sich dieses Jahr in Kapital verwandelt und einen Mehrwert von 20 Pfd.St. produziert, so muß sie das nächste Jahr usf. dieselbe Operation wiederholen. Als periodisches Inkrement des Kapitalwerts, oder periodische Frucht des prozessierenden Kapitals, erhält der Mehrwert die Form einer aus dem Kapital entspringenden Revenue.[799]

Dient diese Revenue dem Kapitalisten nur als Konsumtionsfonds oder wird sie ebenso periodisch verzehrt wie gewonnen, so findet, unter sonst gleichbleibenden Umständen, einfache Reproduktion statt. Obgleich letztere nun bloße Wiederholung des Produktionsprozesses auf derselben Stufenleiter, drückt diese bloße Wiederholung oder Kontinuität dem Prozesse gewisse neue Charaktere auf oder löst vielmehr die Scheincharaktere seines nur vereinzelten Vorgangs auf.

Der Produktionsprozeß wird eingeleitet mit dem Kauf der Arbeitskraft für eine bestimmte Zeit, und diese Einleitung erneuert sich beständig, sobald der Verkaufstermin der Arbeit fällig und damit eine bestimmte Produktionsperiode, Woche, Monat usw., abgelaufen ist. Gezahlt wird der Arbeiter aber erst, nachdem seine Arbeitskraft gewirkt und sowohl ihren eignen Wert als den Mehrwert in Waren realisiert hat. Er hat also wie den Mehrwert, den wir einstweilen nur als Konsumtionsfonds des Kapitalisten betrachten, so den Fonds seiner eignen Zahlung, das variable Kapital produziert, bevor es ihm in der Form des Arbeitslohnes zurückfließt, und er wird nur so lange beschäftigt, als er ihn beständig reproduziert. Daher die im sechzehnten Kapitel unter II. erwähnte Formel der Ökonomen, die das Salair als Anteil am Produkt selbst darstellt.[800] Es ist ein Teil des vom Arbeiter selbst beständig reproduzierten Produkts, das ihm in der Form des Arbeitslohns beständig zurückfließt. Der Kapitalist zahlt ihm den Warenwert allerdings in Geld. Dies Geld ist aber nur die verwandelte Form des Arbeitsprodukts. Während der Arbeiter einen Teil der Produktionsmittel in Produkt verwandelt, rückverwandelt sich ein Teil seines früheren Produkts in Geld. Es ist seine Arbeit von voriger Woche oder vom letzten halben Jahre, womit seine Arbeit von heute oder vom nächsten halben Jahr gezahlt wird. Die Illusion, welche die Geldform erzeugt, verschwindet sofort, sobald statt des einzelnen Kapitalisten und des einzelnen Arbeiters Kapitalistenklasse und Arbeiterklasse betrachtet werden. Die Kapitalistenklasse gibt der Arbeiterklasse beständig in Geldform Anweisungen auf einen Teil des von der letzteren produzierten und von der erstren angeeigneten Produkts. Diese Anweisungen gibt der Arbeiter der Kapitalistenklasse ebenso beständig zurück und entzieht ihr damit den ihm selbst zufallenden Teil seines eignen Produkts. Die Warenform des Produkts und die Geldform der Ware verkleiden die Transaktion.

[799] „Die Reichen, welche die Produkte der Arbeit andrer verzehren, erhalten sie nur durch Austauschakte (Warenkäufe). Sie scheinen daher einer baldigen Erschöpfung ihrer Reservefonds ausgesetzt ... Aber in der gesellschaftlichen Ordnung hat der Reichtum die Kraft erhalten, sich durch fremde Arbeit zu reproduzieren ... Der Reichtum, wie die Arbeit und durch die Arbeit, liefert eine jährliche Frucht, welche jedes Jahr vernichtet werden kann, ohne daß der Reiche ärmer wird. Diese Frucht ist die Revenue, die aus dem Kapital entspringt." (Sismondi, „Nouv. Princ. d'Écon. Pol.", t. I, p. 81, 82.)

[800] „Löhne wie auch Profite sind beide als ein Teil des fertigen Produkts zu betrachten." (Ramsay, l.c.p. 142.) „Der Anteil an dem Produkt, der dem Arbeiter unter der Form des Salairs zukommt." (J. Mill, „Elements etc.", Übers. von Parisot, Paris 1823, p. 33, 34.)

Das variable Kapital ist also nur eine besondre historische Erscheinungsform des Fonds von Lebensmitteln oder des Arbeitsfonds, den der Arbeiter zu seiner Selbsterhaltung und Reproduktion bedarf und den er in allen Systemen der gesellschaftlichen Produktion stets selbst produzieren und reproduzieren muß. Der Arbeitsfonds fließt ihm nur beständig in Form von Zahlungsmitteln seiner Arbeit zu, weil sein eignes Produkt sich beständig in der Form des Kapitals von ihm entfernt. Aber diese Erscheinungsform des Arbeitsfonds ändert nichts daran, daß dem Arbeiter seine eigne vergegenständlichte Arbeit vom Kapitalisten vorgeschossen wird.[801] Nehmen wir einen Fronbauer. Er arbeitet mit seinen eignen Produktionsmitteln auf seinem eignen Acker z.B. 3 Tage in der Woche. Die drei andren Wochentage verrichtet er Fronarbeit auf dem herrschaftlichen Gut. Er reproduziert seinen eignen Arbeitsfonds beständig, und dieser erhält ihm gegenüber nie die Form von einem Dritten für seine Arbeit vorgeschoßner Zahlungsmittel. Im Ersatz erhält auch niemals seine unbezahlte Zwangsarbeit die Form freiwilliger und bezahlter Arbeit. Wenn morgen der Gutsherr den Acker, das Zugvieh, die Samen, kurz die Produktionsmittel des Fronbauern sich selbst aneignet, so hat dieser von nun an seine Arbeitskraft an den Fronherrn zu verkaufen. Unter sonst gleichbleibenden Umständen wird er nach wie vor 6 Tage in der Woche arbeiten, 3 Tage für sich selbst, 3 für den Exfronherrn, der jetzt in einen Lohnherrn verwandelt ist. Er wird nach wie vor die Produktionsmittel als Produktionsmittel vernutzen und ihren Wert auf das Produkt übertragen. Nach wie vor wird ein bestimmter Teil des Produkts in die Reproduktion eingehn. Wie aber die Fronarbeit die Form der Lohnarbeit, nimmt der vom Fronbauer nach wie vor produzierte und reproduzierte Arbeitsfonds die Form eines ihm vom Fronherrn vorgeschoßnen Kapitals an. Der bürgerliche Ökonom, dessen beschränktes Hirn die Erscheinungsform von dem, was darin erscheint, nicht trennen kann, schließt die Augen vor der Tatsache, daß selbst noch heutzutag der Arbeitsfonds nur ausnahmsweis auf dem Erdrund in der Form von Kapital auftritt.[802]

Allerdings verliert das variable Kapital nur den Sinn eines aus dem eignen Fonds des Kapitalisten vorgeschoßnen Wertes[803], sobald wir den kapitalistischen Produktionsprozeß im beständigen Fluß seiner Erneuerung betrachten. Aber er muß doch irgendwo und irgendwann anfangen. Von unsrem bisherigen Standpunkt ist es daher wahrscheinlich, daß der Kapitalist irgendeinmal durch irgendeine, von unbezahlter fremder Arbeit unabhängige, ursprüngliche Akkumulation Geldbesitzer ward und daher den Markt als Käufer von Arbeitskraft beschreiten konnte. Indes bewirkt die bloße Kontinuität des kapitalistischen Produktions-

[801] „Wenn Kapital verwandt wird, um dem Arbeiter seinen Lohn vorzuschießen, fügt er dem Fonds zur Erhaltung der Arbeit nichts hinzu.“ (Cazenove in Note zu seiner ed. von Malthus‘ „Definitions in Polit. Econ.“, London 1853, p. 22.)

[802] „Die Subsistenzmittel der Arbeiter werden noch nicht auf einem Viertel der Erde den Arbeitern durch Kapitalisten vorgeschossen.“ (Richard Jones, „Textbook of Lectures on the Polit. Economy of Nations“, Hertford 1852, p. 36.)

[803] „Obgleich der manufacturer“ (i.e. Manufakturarbeiter) „seinen Lohn vom Meister vorgeschossen bekommt, verursacht er diesem in Wirklichkeit keine Kosten, da der Wert des Lohns zusammen mit einem Profit gewöhnlich in dem veredelten Wert des Gegenstands, auf den seine Arbeit verwandt wurde, wiederhergestellt wird.“ (A. Smith l.c., Book II, ch. III, p. 355.)

prozesses, oder die einfache Reproduktion, noch andre sonderbare Wechsel, die nicht nur den variablen Kapitalteil ergreifen, sondern das Gesamtkapital.

Beträgt der mit einem Kapital von 1.000 Pfd.St. periodisch, z.B. jährlich, erzeugte Mehrwert 200 Pfd.St. und wird dieser Mehrwert jährlich verzehrt, so ist es klar, daß nach fünfjähriger Wiederholung desselben Prozesses die Summe des verzehrten Mehrwerts = 5 × 200 ist oder gleich dem ursprünglich vorgeschoßnen Kapitalwert von 1.000 Pfd.St. Würde der jährliche Mehrwert nur teilweis verzehrt, z.B. nur zur Hälfte, so ergäbe sich dasselbe Resultat nach zehnjähriger Wiederholung des Produktionsprozesses, denn 10 × 100 = 1.000. Allgemein: Der vorgeschoßne Kapitalwert, dividiert durch den jährlich verzehrten Mehrwert, ergibt die Jahresanzahl oder die Anzahl von Reproduktionsperioden, nach deren Ablauf das ursprünglich vorgeschoßne Kapital vom Kapitalisten aufgezehrt und daher verschwunden ist. Die Vorstellung des Kapitalisten, daß er das Produkt der fremden unbezahlten Arbeit, den Mehrwert, verzehrt und den ursprünglichen Kapitalwert erhält, kann absolut nichts an der Tatsache ändern. Nach Abfluß einer gewissen Jahreszahl ist der von ihm geeignete Kapitalwert gleich der Summe des während derselben Jahreszahl ohne Äquivalent angeeigneten Mehrwerts und die von ihm verzehrte Wertsumme gleich dem ursprünglichen Kapitalwert. Allerdings behält er in der Hand ein Kapital, dessen Größe sich nicht verändert hat, wovon ein Teil, Gebäude, Maschinen usw., bereits vorhanden war, als er sein Geschäft in Gang brachte. Aber hier handelt es sich vom Wert des Kapitals und nicht von seinen materiellen Bestandteilen. Wenn jemand sein ganzes Besitztum aufzehrt dadurch, daß er Schulden aufnimmt, die dem Wert dieses Besitztums gleichkommen, so repräsentiert eben das ganze Besitztum nur die Gesamtsumme seiner Schulden. Und ebenso, wenn der Kapitalist das Äquivalent seines vorgeschoßnen Kapitals aufgezehrt hat, repräsentiert der Wert dieses Kapitals nur noch die Gesamtsumme des von ihm unentgeltlich angeeigneten Mehrwerts. Kein Wertatom seines alten Kapitals existiert fort.

Ganz abgesehn von aller Akkumulation verwandelt also die bloße Kontinuität des Produktionsprozesses, oder die einfache Reproduktion, nach kürzerer oder längerer Periode jedes Kapital notwendig in akkumuliertes Kapital oder kapitalisierten Mehrwert. War es selbst bei seinem Eintritt in den Produktionsprozeß persönlich erarbeitetes Eigentum seines Anwenders, früher oder später wird es ohne äquivalent angeeigneter Wert oder Materiatur, ob in Geldform oder anders, unbezahlter fremder Arbeit.

Wir sahen im vierten Kapitel: Um Geld in Kapital zu verwandeln, genügte nicht das Vorhandensein von Warenproduktion (4. Auflage: Wertproduktion) und Warenzirkulation. Es mußten erst, hier Besitzer von Wert oder Geld, dort Besitzer der wertschaffenden Substanz; hier Besitzer von Produktions- und Lebensmitteln, dort Besitzer von nichts als Arbeitskraft, einander als Käufer und Verkäufer gegenübertreten. Scheidung zwischen dem Arbeitsprodukt und der Arbeit selbst, zwischen den objektiven Arbeitsbedingungen und der subjektiven Arbeitskraft, war also die tatsächlich gegebne Grundlage, der Ausgangspunkt des kapitalistischen Produktionsprozesses.

Was aber anfangs nur Ausgangspunkt war, wird vermittelst der bloßen Kontinuität des Prozesses, der einfachen Reproduktion, stets aufs neue produziert und verewigt als eignes Resultat der kapitalistischen Produktion. Einerseits verwandelt der Produktionsprozeß fortwährend den stofflichen Reichtum in Kapital, in Verwertungs- und Genußmittel für den Kapitalisten. Andrerseits kommt der Arbeiter beständig aus dem Prozeß heraus, wie er in ihn eintrat - persönliche Quelle des Reichtums, aber entblößt von allen Mitteln, diesen Reichtum für sich zu verwirklichen. Da vor seinem Eintritt in den Prozeß seine eigne Arbeit ihm selbst entfremdet, dem Kapitalisten angeeignet und dem Kapital einverleibt ist, vergegenständlicht sie sich während des Prozesses beständig in fremdem Produkt. Da der Produktionsprozeß zugleich der Konsumtionsprozeß der Arbeitskraft durch den Kapitalisten, verwandelt sich das Produkt des Arbeiters nicht nur fortwährend in Ware, sondern in Kapital, Wert, der die wertschöpfende Kraft aussaugt, Lebensmittel, die Personen kaufen, Produktionsmittel, die den Produzenten anwenden.[804] Der Arbeiter selbst produziert daher beständig den objektiven Reichtum als Kapital, ihm fremde, ihn beherrschende und ausbeutende Macht, und der Kapitalist produziert ebenso beständig die Arbeitskraft als subjektive, von ihren eignen Vergegenständlichungs- und Verwirklichungsmitteln getrennte, abstrakte, in der bloßen Leiblichkeit des Arbeiters existierende Reichtumsquelle, kurz den Arbeiter als Lohnarbeiter.[805] Diese beständige Reproduktion oder Verewigung des Arbeiters ist das sine qua non (die unerläßliche Bedingung) der kapitalistischen Produktion.

Die Konsumtion des Arbeiters ist doppelter Art. In der Produktion selbst konsumiert er durch seine Arbeit Produktionsmittel und verwandelt sie in Produkte von höherem Wert als dem des vorgeschoßnen Kapitals. Dies ist seine produktive Konsumtion. Sie ist gleichzeitig Konsumtion seiner Arbeitskraft durch den Kapitalisten, der sie gekauft hat. Andrerseits verwendet der Arbeiter das für den Kauf der Arbeitskraft gezahlte Geld in Lebensmittel: dies ist seine individuelle Konsumtion. Die produktive und die individuelle Konsumtion des Arbeiters sind also total verschieden. In der ersten handelt er als bewegende Kraft des Kapitals und gehört dem Kapitalisten; in der zweiten gehört er sich selbst und verrichtet Lebensfunktionen außerhalb des Produktionsprozesses. Das Resultat der einen ist das Leben des Kapitalisten, das der andern ist das Leben des Arbeiters selbst.

[804] „Da ist eine besonders merkwürdige Eigenschaft der produktiven Konsumtion. Was produktiv konsumiert wird, ist Kapital, und es wird Kapital durch die Konsumtion." (James Mill, l.c.p. 242.) J. Mill ist jedoch dieser „besonders merkwürdigen Eigenschaft" nicht auf die Spur gekommen.

[805] „Es ist tatsächlich wahr, daß die erste Einführung einer Manufaktur viele Arme beschäftigt, aber sie bleiben arm, und die Fortdauer der Manufaktur erzeugt ihrer noch viele." („Reasons for a limited Exportation of Wool", Lond. 1677, p. 19.) „Der Pächter versichert nun entgegen aller Vernunft, daß er die Armen erhalte. In Wirklichkeit werden sie im Elend erhalten." („Reasons for the late Increase of the Poor Rates: or a comparative view of the prices of labour and provisions", Lond. 1777, p. 31.)

Bei Betrachtung des „Arbeitstags" usw. zeigte sich gelegentlich, daß der Arbeiter oft gezwungen ist, seine individuelle Konsumtion zu einem bloßen Inzident des Produktionsprozesses zu machen. In diesem Fall setzt er sich Lebensmittel zu, um seine Arbeitskraft im Gang zu halten, wie der Dampfmaschine Kohle und Wasser, dem Rad Öl zugesetzt wird. Seine Konsumtionsmittel sind dann bloß Konsumtionsmittel eines Produktionsmittels, seine individuelle Konsumtion direkt produktive Konsumtion. Dies erscheint jedoch als ein dem kapitalistischen Produktionsprozeß unwesentlicher Mißbrauch.[806]

Anders sieht die Sache aus, sobald wir nicht den einzelnen Kapitalisten und den einzelnen Arbeiter betrachten, sondern die Kapitalistenklasse und die Arbeiterklasse, nicht den vereinzelten Produktionsprozeß der Ware, sondern den kapitalistischen Produktionsprozeß in seinem Fluß und in seinem gesellschaftlichen Umfang. - Wenn der Kapitalist einen Teil seines Kapitals in Arbeitskraft umsetzt, verwertet er damit sein Gesamtkapital. Er schlägt zwei Fliegen mit einer Klappe. Er profitiert nicht nur von dem, was er vom Arbeiter empfängt, sondern auch von dem, was er ihm gibt. Das im Austausch gegen Arbeitskraft veräußerte Kapital wird in Lebensmittel verwandelt, deren Konsumtion dazu dient, Muskel, Nerven, Knochen, Hirn vorhandner Arbeiter zu reproduzieren und neue Arbeiter zu zeugen. Innerhalb der Grenzen des absolut Notwendigen ist daher die individuelle Konsumtion der Arbeiterklasse Rückverwandlung der vom Kapital gegen Arbeitskraft veräußerten Lebensmittel in vom Kapital neu exploitierbare Arbeitskraft. Sie ist Produktion und Reproduktion des dem Kapitalisten unentbehrlichsten Produktionsmittels, des Arbeiters selbst. Die individuelle Konsumtion des Arbeiters bleibt also ein Moment der Produktion und Reproduktion des Kapitals, ob sie innerhalb oder außerhalb der Werkstatt, Fabrik usw., innerhalb oder außerhalb des Arbeitsprozesses vorgeht, ganz wie die Reinigung der Maschine, ob sie während des Arbeitsprozesses oder bestimmter Pausen desselben geschieht. Es tut nichts zur Sache, daß der Arbeiter seine individuelle Konsumtion sich selbst und nicht dem Kapitalisten zulieb vollzieht. So bleibt der Konsum des Lastviehs nicht minder ein notwendiges Moment des Produktionsprozesses, weil das Vieh selbst genießt, was es frißt. Die beständige Erhaltung und Reproduktion der Arbeiterklasse bleibt beständige Bedingung für die Reproduktion des Kapitals. Der Kapitalist kann ihre Erfüllung getrost dem Selbsterhaltungs- und Fortpflanzungstrieb der Arbeiter überlassen. Er sorgt nur dafür, ihre individuelle Konsumtion möglichst auf das Notwendige einzuschränken, und ist himmelweit entfernt von jener südamerikanischen Roheit, die den Arbeiter zwingt, substantiellere statt weniger substantieller Nahrungsmittel einzunehmen.[807]

[806] Rossi würde nicht so emphatisch diesen Punkt verdeklamieren, wäre er wirklich in das Geheimnis der „productive consumption" eingedrungen.

[807] „Die Arbeiter in den Bergwerken Südamerikas, deren tägliches Geschäft (das schwerste vielleicht in der Welt) darin besteht, eine Last Erz, im Gewicht von 100 bis 200 Pfund, aus einer Tiefe von 450 Fuß auf ihren Schultern zutage zu fördern, leben nur noch von Brot und Bohnen; sie würden das Brot allein zur Nahrung vorziehn, allein ihre Herrn, welche gefunden haben, daß sie mit Brot nicht so stark arbeiten können, behandeln sie wie Pferde und zwingen sie, die Bohnen zu essen; die Bohnen sind aber verhältnismäßig an Knochenerde weit reicher als das Brot. (Liebig, l.c., 1. Theil, p. 194, Note.)

Daher betrachtet auch der Kapitalist und sein Ideolog, der politische Ökonom, nur den Teil der individuellen Konsumtion des Arbeiters als produktiv, der zur Verewigung der Arbeiterklasse erheischt ist, also in der Tat verzehrt werden muß, damit das Kapital die Arbeitskraft verzehre; was der Arbeiter außerdem zu seinem Vergnügen verzehren mag, ist unproduktive Konsumtion.[808] Würde die Akkumulation des Kapitals eine Erhöhung des Arbeitslohns und daher Vermehrung der Konsumtionsmittel des Arbeiters verursachen ohne Konsum von mehr Arbeitskraft durch das Kapital, so wäre das zuschüssige Kapital unproduktiv konsumiert.[809] In der Tat: die individuelle Konsumtion des Arbeiters ist für ihn selbst unproduktiv, denn sie reproduziert nur das bedürftige Individuum; sie ist produktiv für den Kapitalisten und den Staat, denn sie ist Produktion der den fremden Reichtum produzierenden Kraft.[810]

Von gesellschaftlichem Standpunkt ist also die Arbeiterklasse, auch außerhalb des unmittelbaren Arbeitsprozesses, ebensosehr Zubehör des Kapitals als das tote Arbeitsinstrument. Selbst ihre individuelle Konsumtion ist innerhalb gewisser Grenzen nur ein Moment des Reproduktionsprozesses des Kapitals. Der Prozeß aber sorgt dafür, daß diese selbstbewußten Produktionsinstrumente nicht weglaufen, indem er ihr Produkt beständig von ihrem Pol zum Gegenpol des Kapitals entfernt. Die individuelle Konsumtion sorgt einerseits für ihre eigne Erhaltung und Reproduktion, andrerseits durch Vernichtung der Lebensmittel für ihr beständiges Wiedererscheinen auf dem Arbeitsmarkt. Der römische Sklave war durch Ketten, der Lohnarbeiter ist durch unsichtbare Fäden an seinen Eigentümer gebunden. Der Schein seiner Unabhängigkeit wird durch den beständigen Wechsel der individuellen Lohnherrn und die fictio juris des Kontrakts aufrechterhalten.

Früher machte das Kapital, wo es ihm nötig schien, sein Eigentumsrecht auf den freien Arbeiter durch Zwangsgesetz geltend. So war z.B. die Emigration der Maschinenarbeiter in England bis 1815 bei schwerer Strafe verboten.

Die Reproduktion der Arbeiterklasse schließt zugleich die Überlieferung und Häufung des Geschicks von einer Generation zur andren ein.[811] Wie sehr der Kapitalist das Dasein einer solchen geschickten Arbeiterklasse unter die ihm zugehörigen Produktionsbedingungen zählt, sie in der Tat als die reale Existenz seines variablen Kapitals betrachtet, zeigt sich, sobald eine Krise deren Verlust androht. Infolge des Amerikanischen Bürgerkriegs und der ihn begleitenden Baumwollnot wurde bekanntlich die Mehrzahl der Baumwollarbeiter in Lancashire usw. aufs Pflaster geworfen. Aus dem Schoß der Arbeiterklasse selbst,

[808] James Mill, l.c.p. 238 sqq.

[809] „Stiege der Preis der Arbeit so hoch, daß trotz des Zuwachses von Kapital nicht mehr Arbeit angewandt werden könnte, so würde ich sagen, daß solcher Zuwachs von Kapital unproduktiv konsumiert wird." (Ricardo, l.c.p. 163.)

[810] „Die einzig produktive Konsumtion im eigentlichen Sinn ist die Konsumtion oder Zerstörung von Reichtum" (er meint den Verbrauch der Produktionsmittel) „durch Kapitalisten zum Zwecke der Reproduktion ... Der Arbeiter ... ist ein produktiver Konsument für die Person, die ihn anwendet, und für den Staat, aber, genau gesprochen, nicht für sich selbst." (Malthus, „Definitions etc.", p. 30.)

[811] „Das einzige Ding, wovon man sagen kann, daß es aufgespeichert und vorher präpariert ist, ist das Geschick des Arbeiters ... Die Akkumulation und Aufspeicherung geschickter Arbeit, diese wichtigste Operation wird, was die große Masse der Arbeiter betrifft, ohne irgendwelches Kapital vollbracht." (Hodgskin, „Labour Defended etc.", p. 12, 13.)

wie andrer Gesellschaftsschichten, erhob sich der Ruf nach Staatsunterstützung oder freiwilliger Nationalkollekte, um die Emigration der „Überflüssigen" in englische Kolonien oder die Vereinigten Staaten zu ermöglichen. Damals veröffentlichte die „Times" (24. März 1863) einen Brief von Edmund Potter, früher Präsident der Manchester Handelskammer. Sein Brief ward mit Recht im Unterhaus als „das Manifest der Fabrikanten" bezeichnet.[812] Wir geben hier einige charak- teristische Stellen, worin der Eigentumstitel des Kapitals auf die Arbeitskraft unverblümt ausgesprochen wird.

„Den Baumwollarbeitern mag gesagt werden, daß ihre Zufuhr zu groß ist ... sie müsse vielleicht um ein Dritteil reduziert werden, und dann würde eine gesunde Nachfrage für die übrigen zwei Dritteile eintreten ... Die öffentliche Meinung dringt auf Emigration ... Der Meister" (d.h. der Baumwollfabrikant) „kann nicht willig seine Arbeitszufuhr entfernt sehn; er mag denken, daß das ebenso ungerecht als unrichtig ist ... Wenn die Emigration aus öffentlichen Fonds unterstützt wird, hat er ein Recht, Gehör zu verlangen und vielleicht zu protestieren."

Selbiger Potter setzt dann weiter auseinander, wie nützlich die Baumwollindustrie, wie „sie unzweifelhaft die Bevölkerung aus Irland und den englischen Agrikulturdistrikten wegdrainiert hat", wie ungeheuer ihr Umfang, wie sie im Jahr 1860 5/13 des ganzen englischen Exporthandels lieferte, wie sie nach wenigen Jahren sich wieder ausdehnen werde durch Erweiterung des Markts, besonders Indiens, und durch Erzwingung hinreichender „Baumwollzufuhr, zu 6 d. das Pfund". Er fährt dann fort:

„Zeit - ein, zwei, drei Jahre vielleicht - wird die nötige Quantität produzieren ... Ich möchte dann die Frage stellen, ist diese Industrie wert, sie festzuhalten, ist es der Mühe wert, die Maschinerie" (nämlich die lebendigen Arbeitsmaschinen) „in Ordnung zu halten, und ist es nicht die größte Narrheit, daran zu denken, sie aufzugeben! Ich glaube das. Ich will zugeben, daß die Arbeiter nicht Eigentum sind (I allow that the workers are not a property), nicht das Eigentum Lancashires und der Meister; aber sie sind die Stärke beider; sie sind die geistige und geschulte Kraft, die in einer Generation nicht ersetzt werden kann; die andere Maschinerie dagegen, woran sie arbeiten (the mere machinery which they work), könnte zum großen Teil mit Vorteil ersetzt und verbessert werden in zwölf Monaten.[813] Ermuntert oder erlaubt (!) die Emigration der Arbeitskraft, und was wird aus dem Kapitalisten? (Encourage or allow the working power to emigrate, and what of the capitalist?)"

[812] „Dieser Brief kann als das Manifest der Fabrikanten angesehen werden." (Ferrand, Motion über den cotton famine (Antrag über die Baumwollnot), Sitzung des H. o. C. vom 27. April 1863.)

[813] Man erinnert sich, daß dasselbe Kapital aus einem andren Loch pfeift unter gewöhnlichen Umständen, wenn es gilt, den Arbeitslohn herabzusetzen. Dann erklären „die Meister" aus einem Munde (sieh Vierter Abschnitt, Note 188, S.389 (Siehe vorl. Band. S.446)): „Fabrikarbeiter sollten in heilsamer Erinnerung halten, daß ihre Arbeit in der Tat eine sehr niedrige Sorte geschickter Arbeit ist, daß keine leichter aneigenbar und in Anbetracht ihrer Qualität besser belohnt ist, daß keine durch kurze Unterweisung des mindest Erfahrnen in so kurzer Zeit und in solchem Überfluß zugeführt werden kann. Des Meisters Maschinerie" (die, wie wir jetzt hören, in 12 Monaten mit Vorteil und verbessert ersetzt werden kann) „spielt in der Tat eine viel wichtigere Rolle in dem Geschäft der Produktion als die Arbeit und das Geschick des Arbeiters" (die jetzt in 30 Jahren nicht ersetzbar sind), „die eine Erziehung von 6 Monaten lehren und jeder Bauernknecht lernen kann."

Dieser Herzensstoß erinnert an Hofmarschall Kalb.

„... Nehmt den Rahm der Arbeiter weg, und das fixe Kapital wird in hohem Grade entwertet und das zirkulierende Kapital wird sich nicht dem Kampf mit schmaler Zufuhr einer niedrigeren Sorte von Arbeit aussetzen ... Man sagt uns, die Arbeiter selbst wünschen die Emigration. Es ist sehr natürlich, daß sie das tun ... Reduziert, komprimiert das Baumwollgeschäft durch Wegnahme seiner Arbeitskräfte (by taking away its working power), durch Verminderung ihrer Lohnverausgabung sage um 1/3 oder 5 Millionen, und was wird dann aus der nächsten Klasse über ihnen, den Kleinkrämern? Was aus den Grundrenten, was aus der Miete der cottages? ... was aus dem kleinen Pächter, dem besseren Hausbesitzer und dem Grundeigentümer? Und sagt nun, ob irgendein Plan für alle Klassen des Landes selbstmörderischer sein kann als dieser, die Nation zu schwächen durch den Export ihrer besten Fabrikarbeiter und die Entwertung eines Teils ihres produktivsten Kapitals und Reichtums?" „Ich rate zu einer Anleihe von 5 bis 6 Millionen, über 2 oder 3 Jahre verteilt, administriert durch Spezialkommissäre, beigeordnet den Armenverwaltungen in den Baumwolldistrikten, unter speziellen gesetzlichen Regulationen, mit gewisser Zwangsarbeit, um die moralische Valuta der Almosenempfänger aufrechtzuerhalten ... Kann es irgend etwas Schlimmeres geben für Grundeigentümer oder Meister (can anything be worse for landowners or masters), als ihre besten Arbeiter aufzugeben und die übrigbleibenden zu demoralisieren und zu verstimmen durch eine ausgedehnte entleerende Emigration und Entleerung von Wert und Kapital in einer ganzen Provinz?"

Potter, das auserwählte Organ der Baumwollfabrikanten, unterscheidet doppelte „Maschinerie", deren jede dem Kapitalisten gehört und wovon die eine in seiner Fabrik steht, die andre des Nachts und Sonntags auswärtig in cottages haust. Die eine ist tot, die andre lebendig. Die tote Maschinerie verschlechtert und entwertet sich nicht nur jeden Tag, sondern von ihrer existierenden Masse veraltet ein großer Teil durch den steten technischen Fortschritt beständig so sehr, daß sie vorteilhaft und in wenigen Monaten durch neuere Maschinerie ersetzbar. Die lebendige Maschinerie verbessert sich umgekehrt, je länger sie währt, je mehr sie das Geschick von Generationen in sich aufhäuft. Die „Times" antwortete dem Fabrikmagnaten u.a.:

„Herr E. Potter ist so impressioniert von der außerordentlichen und absoluten Wichtigkeit der Baumwollmeister, daß er, um diese Klasse zu erhalten und ihr Metier zu verewigen, eine halbe Million der Arbeiterklasse wider ihren Willen in ein großes moralisches Workhouse einsperren will. Ist diese Industrie wert, sie festzuhalten? fragt Herr Potter. Sicher, durch alle ehrbaren Mittel, antworten wir. Ist es der Mühe wert, die Maschinerie in Ordnung zu halten? fragt wieder Herr Potter. Hier stutzen wir. Unter der Maschinerie versteht Herr Potter die menschliche Maschinerie, denn er beteuert, daß er sie nicht als absolutes Eigentum zu behandeln vorhat. Wir müssen gestehn, wir halten es nicht ‚der Mühe wert' oder selbst für möglich, die menschliche Maschinerie in Ordnung zu halten, d.h. sie einzusperren und einzuölen, bis man ihrer bedarf. Menschliche Maschinerie hat die Eigenschaft, während der Untätigkeit zu verrosten, ihr mögt noch soviel dran ölen oder reiben. Zudem ist menschliche Maschinerie, wie der Augenschein uns eben lehrt, imstand, von eignen Stücken den Dampf anzulassen und zu platzen oder einen Veitstanz in unsren großen Städten zu tollen. Es mag, wie Herr Potter sagt, längere Zeit zur Reproduktion der Arbeiter erheischt sein, aber mit Maschinisten und Geld zur Hand werden wir stets betriebsame, harte, industrielle Männer finden, um daraus mehr Fabrikmeister zu fabrizieren, als wir je verbrauchen können ... Herr Potter plaudert von einer Wiederbelebung der Industrie in 1, 2, 3 Jahren und verlangt von uns, die Emigration der Arbeitskraft nicht zu ermuntern oder nicht zu erlauben! Er sagt, es sei natürlich, daß die Arbeiter zu emigrieren wünschen, aber er meint, daß die Nation diese halbe Million Arbeiter mit den 700.000, die an ihnen hängen, ihrem Verlangen zum Trotz in die Baumwolldistrikte einsperren und, eine notwendige Konsequenz, ihr Mißvergnügen durch Gewalt niederschlagen und sie selbst durch Almosen fristen muß, alles das auf die Chance hin, daß die Baumwollmeister ihrer an einem beliebigen Tag wieder bedürfen mögen ... Die Zeit ist gekommen, wo die große öffentliche Meinung dieser Eilande etwas tun muß, um ‚diese Arbeitskraft' vor denen zu retten, die sie behandeln wollen, wie sie Kohle, Eisen und Baumwolle behandeln (to save this ‚working power' from those who would deal with it as they deal with iron, coal and cotton)."[814]

Der „Times"-Artikel war nur ein jeu d'esprit (geistreiches Gedankenspiel). Die „große öffentliche Meinung" war in der Tat der Meinung des Herrn Potter, daß die Fabrikarbeiter Mobiliarzubehör der Fabriken. Ihre Emigration wurde verhindert.[815] Man sperrte sie in das „moralische Workhouse" der Baumwolldistrikte, und sie bilden nach wie vor „die Stärke (the strength) der Baumwollmeister von Lancashire".

Der kapitalistische Produktionsprozeß reproduziert also durch seinen eignen Vorgang die Scheidung zwischen Arbeitskraft und Arbeitsbedingungen. Er reproduziert und verewigt damit die Exploitationsbedingungen des Arbeiters. Er zwingt beständig den Arbeiter zum Verkauf seiner Arbeitskraft, um zu leben, und befähigt beständig den Kapitalisten zu ihrem Kauf, um sich zu bereichern.[816] Es ist nicht mehr der Zufall, welcher Kapitalist und Arbeiter als Käufer und Verkäufer einander auf dem Warenmarkt gegenüberstellt. Es ist die Zwickmühle des Prozesses selbst, die den einen stets als Verkäufer seiner Arbeitskraft auf den

[814] „Times", 24. March 1863.

[815] Das Parlament votierte keinen Farthing für Emigration, sondern nur Gesetze, welche die Munizipalitäten befähigten, die Arbeiter zwischen Leben und Sterben zu halten oder sie zu exploitieren, ohne Zahlung von Normallöhnen. Als dagegen drei Jahre später die Rinderseuche ausbrach, durchbrach das Parlament wild sogar die parlamentarische Etikette und votierte im Umsehn Millionen zur Schadloshaltung der Millionäre von Landlords, deren Pächter sich ohnehin durch Steigerung der Fleischpreise schadlos hielten. Das bestiale Gebrüll der Grundeigentümer bei Eröffnung des Parlaments von 1866 bewies, daß man nicht Hindu zu sein braucht, um die Kuh Sabala anzubeten, noch Jupiter, um sich in einen Ochsen zu verwandeln.

[816] „Der Arbeiter forderte Unterhaltsmittel, um zu leben, der Chef forderte Arbeit, um zu verdienen." (Sismondi, l.c.p. 91.)

Warenmarkt zurückschleudert und sein eignes Produkt stets in das Kaufmittel des andren verwandelt. In der Tat gehört der Arbeiter dem Kapital, bevor er sich dem Kapitalisten verkauft. Seine ökonomische Hörigkeit[817] ist zugleich vermittelt und zugleich versteckt durch die periodische Erneurung seines Selbstverkaufs, den Wechsel seiner individuellen Lohnherrn und die Oszillation im Marktpreise der Arbeit.[818]

Der kapitalistische Produktionsprozeß, im Zusammenhang betrachtet oder als Reproduktionsprozeß, produziert also nicht nur Ware, nicht nur Mehrwert, er produziert und reproduziert das Kapitalverhältnis selbst, auf der einen Seite den Kapitalisten, auf der andren den Lohnarbeiter.[819]

Verwandlung von Mehrwert in Kapital

1. Kapitalistischer Produktionsprozeß auf erweiterter Stufenleiter.

Umschlag der Eigentumsgesetze der Warenproduktion in Gesetze der kapitalistischen Aneignung

Früher hatten wir zu betrachten, wie der Mehrwert aus dem Kapital, jetzt wie das Kapital aus dem Mehrwert entspringt. Anwendung von Mehrwert als Kapital oder Rückverwandlung von Mehrwert in Kapital heißt Akkumulation des Kapitals.[820]

Betrachten wir diesen Vorgang zunächst vom Standpunkt des einzelnen Kapitalisten. Ein Spinner z.B. habe ein Kapital von 10.000 Pfd.St. vorgeschossen, wovon vier Fünftel in Baumwolle, Maschinen etc., das letzte Fünftel in Arbeitslohn. Er produziere jährlich 240.000 Pfd. Garn zum Wert von 12.000 Pfd.St.. Bei einer Rate des Mehrwerts von 100% steckt der Mehrwert im Mehrprodukt oder Net-

[817] Eine bäuerlich plumpe Form dieser Hörigkeit existiert in der Grafschaft Durham. Es ist dies eine der wenigen Grafschaften, worin die Verhältnisse dem Pächter nicht unbestrittnen Eigentumstitel auf die Ackerbautaglöhner sichern. Die Bergwerkindustrie erlaubt letzteren eine Wahl. Der Pächter, im Gegensatz zur Regel, übernimmt hier daher nur Pacht von Ländereien, worauf sich cottages für die Arbeiter befinden. Der Mietpreis der cottage bildet Teil des Arbeitslohns. Diese cottages heißen „hind's houses" („Landarbeiterhäuser"). Sie werden den Arbeitern unter gewissen Feudalverpflichtungen vermietet unter einem Vertrag, der „bondage" (Hörigkeit) heißt und den Arbeiter z.B. bindet für die Zeit, während deren er anderswo beschäftigt ist, seine Tochter usw. zu stellen. Der Arbeiter selbst heißt bondsman, Höriger. Dies Verhältnis zeigt auch die individuelle Konsumtion des Arbeiters als Konsumtion für das Kapital oder produktive Konsumtion - von einer ganz neuen Seite: „Es ist merkwürdig zu beobachten, wie selbst der Kot dieses bondsman zu den Sporteln an seinen kalkulierenden Gebieter zählt ... Der Pächter erlaubt in der ganzen Nachbarschaft keinen Abtritt außer seinem eignen und duldet in dieser Beziehung keinen Abschlag von seinen Suzerainrechten." („Public Health. VII. Rep. 1864", p.188.)

[818] Man erinnert sich, daß bei der Arbeit der Kinder usw. selbst die Formalität des Selbstverkaufs verschwindet.

[819] „Das Kapital setzt die Lohnarbeit, die Lohnarbeit setzt das Kapital voraus. Sie bedingen sich wechselseitig, sie bringen sich wechselseitig hervor. Ein Arbeiter in einer Baumwollfabrik, produziert er nur Baumwollstoffe? Nein, er produziert Kapital. Er produziert Werte, die von neuem dazu dienen, seine Arbeit zu kommandieren und vermittelst derselben neue Werte zu schaffen." (Karl Marx, „Lohnarbeit und Kapital" in „N[eue] Rh[einische] Z[eitung]" Nr. 266, 7. April 1849.) Die unter diesem Titel in der „N.Rh.Z." veröffentlichten Artikel sind Bruchstücke der Vorlesungen, die ich über jenes Thema 1847 im deutschen Arbeiterverein in Brüssel hielt und deren Druck durch die Februarrevolution unterbrochen wurde. (Siehe Band 6, S. 410)

[820] „Akkumulation des Kapitals: die Verwendung eines Teiles der Revenue als Kapital." (Malthus, „Definitions etc.", ed. Cazenove, p.11.) „Verwandlung von Revenue in Kapital." (Malthus, „Princ. of Pol. Econ.", 2nd ed., Lond. 1836, p. 320.)

toprodukt von 40.000 Pfd. Garn, einem Sechstel des Bruttoprodukts, zum Wert von 2.000 Pfd. Sterling, den der Verkauf realisieren wird. Eine Wertsumme von 2.000 Pfd.St. ist eine Wertsumme von 2.000 Pfd.St. Man riecht und sieht diesem Gelde nicht an, daß es Mehrwert ist. Der Charakter eines Werts als Mehrwert zeigt, wie er zu seinem Eigner kam, ändert aber nichts an der Natur des Werts oder des Geldes.

Um die neu hinzugekommne Summe von 2.000 Pfd.St. in Kapital zu verwandeln, wird also der Spinner, alle andern Umstände gleichbleibend, vier Fünftel davon vorschießen im Ankauf von Baumwolle usw. und ein Fünftel im Ankauf neuer Spinnarbeiter, die auf dem Markte die Lebensmittel finden werden, deren Wert er ihnen vorgeschossen hat. Dann fungiert das neue Kapital von 2.000 Pfd. St. in der Spinnerei und bringt seinerseits einen Mehrwert von 400 Pfd. ein.

Der Kapitalwert war ursprünglich vorgeschossen in Geldform; der Mehrwert dagegen existiert von vornherein als Wert eines bestimmten Teils des Bruttoprodukts. Wird dieses verkauft, in Geld verwandelt, so gewinnt der Kapitalwert seine ursprüngliche Form wieder, aber der Mehrwert verwandelt seine ursprüngliche Daseinsweise. Von diesem Augenblick an sind jedoch Kapitalwert und Mehrwert beides Geldsummen, und ihre Wiederverwandlung in Kapital vollzieht sich auf ganz dieselbe Weise. Die eine wie die andre legt der Kapitalist an im Ankauf der Waren, die ihn instand setzen, die Verfertigung seines Artikels von neuem zu beginnen, und zwar diesmal auf erweiterter Stufenleiter. Um aber diese Waren zu kaufen, muß er sie auf dem Markte vorfinden.

Seine eignen Garne zirkulieren nur, weil er sein Jahresprodukt auf den Markt bringt, wie das alle andern Kapitalisten mit ihren Waren ebenfalls tun. Aber ehe sie auf den Markt kamen, hatten sie sich schon befunden im jährlichen Produktionsfonds, d.h. der Gesamtmasse der Gegenstände aller Art, worin die Gesamtsumme der Einzelkapitale oder das gesellschaftliche Gesamtkapital im Laufe des Jahres sich verwandelt und wovon jeder Einzelkapitalist nur einen aliquoten Teil in Händen hat. Die Vorgänge auf dem Markt bewerkstelligen nur den Umsatz der einzelnen Bestandteile der Jahresproduktion, schicken sie von einer Hand in die andre, aber sie können weder die Gesamt-Jahresproduktion vergrößern noch die Natur der produzierten Gegenstände ändern. Welcher Gebrauch also von dem jährlichen Gesamtprodukt gemacht werden kann, das hängt ab von seiner eignen Zusammensetzung, keineswegs aber von der Zirkulation.

Zunächst muß die Jahresproduktion alle die Gegenstände (Gebrauchswerte) liefern, aus denen die im Lauf des Jahres verbrauchten sachlichen Bestandteile des Kapitals zu ersetzen sind. Nach Abzug dieser bleibt das Netto- oder Mehrprodukt, worin der Mehrwert steckt. Und woraus besteht dies Mehrprodukt? Vielleicht in Dingen, bestimmt zur Befriedigung der Bedürfnisse und Gelüste der Kapitalistenklasse, die also in ihren Konsumtionsfonds eingehn? Wäre das alles, so würde der Mehrwert verjubelt bis auf die Hefen, und es fände bloß einfache Reproduktion statt.

Um zu akkumulieren, muß man einen Teil des Mehrprodukts in Kapital verwandeln. Aber, ohne Wunder zu tun, kann man nur solche Dinge in Kapital verwandeln, die im Arbeitsprozeß verwendbar sind, d.h. Produktionsmittel, und des ferneren Dinge, von denen der Arbeiter sich erhalten kann, d.h. Lebensmittel. Folglich muß ein Teil der jährlichen Mehrarbeit verwandt worden sein zur Herstellung zusätzlicher Produktions- und Lebensmittel, im Überschuß über das Quantum, das zum Ersatz des vorgeschossenen Kapitals erforderlich war. Mit einem Wort: der Mehrwert ist nur deshalb in Kapital verwandelbar, weil das Mehrprodukt, dessen Wert er ist, bereits die sachlichen Bestandteile eines neuen Kapitals enthält.[821]

Um nun diese Bestandteile tatsächlich als Kapital fungieren zu lassen, bedarf die Kapitalistenklasse eines Zuschusses von Arbeit. Soll nicht die Ausbeutung der schon beschäftigten Arbeiter extensiv oder intensiv wachsen, so müssen zusätzliche Arbeitskräfte eingestellt werden. Dafür hat der Mechanismus der kapitalistischen Produktion ebenfalls schon gesorgt, indem er die Arbeiterklasse reproduziert als vom Arbeitslohn abhängige Klasse, deren gewöhnlicher Lohn hinreicht, nicht nur ihre Erhaltung zu sichern, sondern auch ihre Vermehrung. Diese, ihm durch die Arbeiterklasse auf verschiednen Altersstufen jährlich gelieferten, zuschüssigen Arbeitskräfte braucht das Kapital nur noch den in der Jahresproduktion schon enthaltnen zuschüssigen Produktionsmitteln einzuverleiben, und die Verwandlung des Mehrwerts in Kapital ist fertig. Konkret betrachtet, löst sich die Akkumulation auf in Reproduktion des Kapitals auf progressiver Stufenleiter. Der Kreislauf der einfachen Reproduktion verändert sich und verwandelt sich, nach Sismondis Ausdruck, in eine Spirale.[822]

Kehren wir jetzt zu unserm Beispiel zurück. Es ist die alte Geschichte: Abraham zeugte Isaak, Isaak zeugte Jakob usw. Das ursprüngliche Kapital von 10.000 Pfd.St. bringt einen Mehrwert von 2.000 Pfd.St., der kapitalisiert wird. Das neue Kapital von 2.000 Pfd.St. bringt einen Mehrwert von 400 Pfd.St.; dieser, wiederum kapitalisiert, also in ein zweites zusätzliches Kapital verwandelt, bringt einen neuen Mehrwert von 80 Pfd.St., usw.

Wir sehen hier ab von dem vom Kapitalisten verzehrten Teil des Mehrwerts. Ebensowenig interessiert es uns für den Augenblick, ob die Zusatzkapitale zum ursprünglichen Kapital geschlagen oder von ihm zu selbständiger Verwertung getrennt werden; ob derselbe Kapitalist sie ausnutzt, der sie akkumuliert hat, oder ob er sie andern überträgt. Nur dürfen wir nicht vergessen, daß neben den neugebildeten Kapitalen das ursprüngliche Kapital fortfährt sich zu reproduzieren und Mehrwert zu produzieren, und daß dasselbe gilt von jedem akkumulierten Kapital in Beziehung auf das von ihm erzeugte Zusatzkapital.

[821] Es wird hier abstrahiert vom Ausfuhrhandel, vermittelst dessen eine Nation Luxusartikel in Produktions- oder Lebensmittel umsetzen kann und umgekehrt. Um den Gegenstand der Untersuchung in seiner Reinheit, frei von störenden Nebenumständen aufzufassen, müssen wir hier die gesamte Handelswelt als eine Nation ansehn und voraussetzen, daß die kapitalistische Produktion sich überall festgesetzt und sich aller Industriezweige bemächtigt hat.

[822] Sismondis Analyse der Akkumulation hat den großen Fehler, daß er sich zu sehr mit der Phrase: „Umsetzung von Revenue in Kapital" begnügt, ohne die materiellen Bedingungen dieser Operation zu ergründen.

Das ursprüngliche Kapital bildete sich durch den Vorschuß von 10.000 Pfd.St. Woher hat sie ihr Besitzer? Durch seine eigne Arbeit und die seiner Vorfahren! antworten uns einstimmig die Wortführer der politischen Ökonomie[823], und ihre Annahme scheint in der Tat die einzige, die zu den Gesetzen der Warenproduktion stimmt.

Ganz anders verhält es sich mit dem Zusatzkapital von 2.000 Pfd.St. Seinen Entstehungsprozeß kennen wir ganz genau. Es ist kapitalisierter Mehrwert. Von Ursprung an enthält er nicht ein einziges Wertatom, das nicht aus unbezahlter fremder Arbeit herstammt. Die Produktionsmittel, denen die zuschüssige Arbeitskraft einverleibt wird, wie die Lebensmittel, von denen diese sich erhält, sind nichts als integrierende Bestandteile des Mehrprodukts, des der Arbeiterklasse jährlich durch die Kapitalistenklasse entrissenen Tributs. Wenn diese mit einem Teil des Tributs von jener zusätzliche Arbeitskraft kauft, selbst zum vollen Preise, so daß Äquivalent sich austauscht gegen Äquivalent - es bleibt immer das alte Verfahren des Eroberers, der den Besiegten Waren abkauft mit ihrem eignen, geraubten Geld.

Wenn das Zusatzkapital seinen eignen Produzenten beschäftigt, so muß dieser erstens fortfahren, das ursprüngliche Kapital zu verwerten, und zudem den Ertrag seiner früheren Arbeit zurückkaufen mit mehr Arbeit, als er gekostet hat. Als Transaktion zwischen der Kapitalistenklasse und der Arbeiterklasse betrachtet, ändert es nichts an der Sache, wenn mit der unbezahlten Arbeit der bisher beschäftigten Arbeiter zuschüssige Arbeiter beschäftigt werden. Der Kapitalist verwandelt vielleicht auch das Zusatzkapital in eine Maschine, die den Produzenten des Zusatzkapitals aufs Pflaster wirft und durch ein paar Kinder ersetzt. In allen Fällen hat die Arbeiterklasse durch ihre diesjährige Mehrarbeit das Kapital geschaffen, das im nächsten Jahr zuschüssige Arbeit beschäftigen wird.[824] Das ist es, was man nennt: Kapital durch Kapital erzeugen.

Die Voraussetzung der Akkumulation des ersten Zusatzkapitals von 2.000 Pfd. St. war eine vom Kapitalisten vorgeschoßne, ihm kraft seiner „ursprünglichen Arbeit“ gehörige Wertsumme von 10.000 Pfd.St. Die Voraussetzung des zweiten Zusatzkapitals von 400 Pfd.St. dagegen ist nichts andres als die vorhergegangne Akkumulation des ersten, der 2.000 Pfd.St., dessen kapitalisierter Mehrwert es ist. Eigentum an vergangner unbezahlter Arbeit erscheint jetzt als die einzige Bedingung für gegenwärtige Aneignung lebendiger unbezahlter Arbeit in stets wachsendem Umfang. Je mehr der Kapitalist akkumuliert hat, desto mehr kann er akkumulieren.

Insofern der Mehrwert, woraus Zusatzkapital Nr. I besteht, das Resultat des Ankaufs der Arbeitskraft durch einen Teil des Originalkapitals war, ein Kauf, der den Gesetzen des Warenaustausches entsprach, und, juristisch betrachtet,

[823] „Die ursprüngliche Arbeit, der sein Kapital seine Entstehung schuldete.“ (Sismondi, l.c., éd. Paris, t. I, p. 109.)
[824] „Die Arbeit schafft das Kapital, bevor das Kapital die Arbeit anwendet.“ („Labour creates capital, before capital employs labour.“) (E. G. Wakefield, „England and America“, London 1833, v. II, p. 110.)

nichts voraussetzt als freie Verfügung auf seiten des Arbeiters über seine eignen Fähigkeiten, auf seiten des Geld- oder Warenbesitzers über ihm gehörige Werte; sofern Zusatzkapital Nr. II usw. bloß Resultat von Zusatzkapital Nr. I, also Konsequenz jenes ersten Verhältnisses; sofern jede einzelne Transaktion fortwährend dem Gesetz des Warenaustausches entspricht, der Kapitalist stets die Arbeitskraft kauft, der Arbeiter sie stets verkauft, und wir wollen annehmen selbst zu ihrem wirklichen Wert, schlägt offenbar das auf Warenproduktion und Warenzirkulation beruhende Gesetz der Aneignung oder Gesetz des Privateigentums durch seine eigne, innere, unvermeidliche Dialektik in sein direktes Gegenteil um. Der Austausch von Äquivalenten, der als die ursprüngliche Operation erschien, hat sich so gedreht, daß nur zum Schein ausgetauscht wird, indem erstens der gegen Arbeitskraft ausgetauschte Kapitalteil selbst nur ein Teil des ohne Äquivalent angeeigneten fremden Arbeitsproduktes ist und zweitens von seinem Produzenten, dem Arbeiter, nicht nur ersetzt, sondern mit neuem Surplus ersetzt werden muß. Das Verhältnis des Austausches zwischen Kapitalist und Arbeiter wird also nur ein dem Zirkulationsprozeß angehöriger Schein, bloße Form, die dem Inhalt selbst fremd ist und ihn nur mystifiziert. Der beständige Kauf und Verkauf der Arbeitskraft ist die Form. Der Inhalt ist, daß der Kapitalist einen Teil der bereits vergegenständlichten fremden Arbeit, die er sich unaufhörlich ohne Äquivalent aneignet, stets wieder gegen größeres Quantum lebendiger fremder Arbeit umsetzt. Ursprünglich erschien uns das Eigentumsrecht gegründet auf eigne Arbeit. Wenigstens mußte diese Annahme gelten, da sich nur gleichberechtigte Warenbesitzer gegenüberstehn, das Mittel zur Aneignung fremder Ware aber nur die Veräußerung der eignen Ware, und letztere nur durch Arbeit herstellbar ist. Eigentum erscheint jetzt auf Seite des Kapitalisten als das Recht, fremde unbezahlte Arbeit oder ihr Produkt, auf Seite des Arbeiters als Unmöglichkeit, sich sein eignes Produkt anzueignen. Die Scheidung zwischen Eigentum und Arbeit wird zur notwendigen Konsequenz eines Gesetzes, das scheinbar von ihrer Identität ausging.[825]

Sosehr die kapitalistische Aneignungsweise also den ursprünglichen Gesetzen der Warenproduktion ins Gesicht zu schlagen scheint, so entspringt sie doch keineswegs aus der Verletzung, sondern im Gegenteil aus der Anwendung dieser Gesetze. Ein kurzer Rückblick auf die Reihenfolge der Bewegungsphasen, deren Schlußpunkt die kapitalistische Akkumulation ist, stelle dies nochmals klar.

Zuerst haben wir gesehn, daß die ursprüngliche Verwandlung einer Wertsumme in Kapital sich durchaus gemäß den Gesetzen des Austausches vollzog. Der eine Kontrahent verkauft seine Arbeitskraft, der andre kauft sie. Der erstre empfängt den Wert seiner Ware, deren Gebrauchswert - die Arbeit - damit an den zweiten veräußert ist. Dieser verwandelt nunmehr ihm bereits gehörende Produk-

[825] Das Eigentum des Kapitalisten an dem fremden Arbeitsprodukt „ist strenge Konsequenz des Gesetzes der Aneignung, dessen Fundamentalprinzip umgekehrt der ausschließliche Eigentumstitel jedes Arbeiters am Produkt seiner eignen Arbeit war", (Cherbuliez, „Richesse ou Pauvreté", Paris 1841, p. 58, wo jedoch dieser dialektische Umschlag nicht richtig entwickelt wird.)

tionsmittel mit Hilfe von ihm ebenfalls gehörender Arbeit in ein neues Produkt, das ihm ebenfalls von Rechts wegen gehört.

Der Wert dieses Produkts schließt ein: erstens den Wert der verbrauchten Produktionsmittel. Die nützliche Arbeit kann diese Produktionsmittel nicht verbrauchen, ohne ihren Wert auf das neue Produkt zu übertragen; um aber verkäuflich zu sein, muß die Arbeitskraft imstande sein, in dem Industriezweig, wo sie verwandt werden soll, nützliche Arbeit zu liefern.

Der Wert des neuen Produkts schließt ferner ein: das Äquivalent des Werts der Arbeitskraft und einen Mehrwert. Und zwar deshalb, weil die für einen bestimmten Zeitraum, Tag, Woche etc., verkaufte Arbeitskraft weniger Wert besitzt, als ihr Gebrauch während dieser Zeit schafft. Der Arbeiter aber hat den Tauschwert seiner Arbeitskraft bezahlt erhalten und hat damit ihren Gebrauchswert veräußert - wie das bei jedem Kauf und Verkauf der Fall.

Daß diese besondre Ware Arbeitskraft den eigentümlichen Gebrauchswert hat, Arbeit zu liefern, also Wert zu schaffen, das kann das allgemeine Gesetz der Warenproduktion nicht berühren. Wenn also die in Arbeitslohn vorgeschoßne Wertsumme sich in Produkt nicht bloß einfach wieder vorfindet, sondern um einen Mehrwert vermehrt vorfindet, so rührt dies nicht her aus einer Übervorteilung des Verkäufers, der ja den Wert seiner Ware erhalten, sondern nur aus dem Verbrauch dieser Ware durch den Käufer.

Das Gesetz des Austausches bedingt Gleichheit nur für die Tauschwerte der gegeneinander weggegebenen Waren. Es bedingt sogar von vornherein Verschiedenheit ihrer Gebrauchswerte und hat absolut nichts zu schaffen mit ihrem Verbrauch, der erst nach geschloßnem und vollzognem Handel beginnt.

Die ursprüngliche Verwandlung des Geldes in Kapital vollzieht sich also im genauesten Einklang mit den ökonomischen Gesetzen der Warenproduktion und mit dem daraus sich ableitenden Eigentumsrecht. Trotzdem aber hat sie zum Ergebnis:

1. daß das Produkt dem Kapitalisten gehört und nicht dem Arbeiter;

2. daß der Wert dieses Produkts, außer dem Wert des vorgeschoßnen Kapitals, einen Mehrwert einschließt, der dem Arbeiter Arbeit, dem Kapitalisten aber nichts gekostet hat und der dennoch das rechtmäßige Eigentum des Kapitalisten wird;

3. daß der Arbeiter seine Arbeitskraft forterhalten hat und sie aufs neue verkaufen kann, wenn er einen Käufer findet.

Die einfache Reproduktion ist nur die periodische Wiederholung dieser ersten Operation; jedesmal wird, stets von neuem, Geld in Kapital verwandelt. Das Gesetz wird also nicht gebrochen, im Gegenteil es erhält nur Gelegenheit, sich dauernd zu betätigen.

„Plusieurs échanges successifs n'ont fait du dernier que le représentant du premier." („Mehrere aufeinander folgende Tauschakte machen aus dem letzten nur den Repräsentanten des ersten.") (Sismondi, l.c.p. 70.)

Und dennoch haben wir gesehn, daß die einfache Reproduktion hinreicht, um dieser ersten Operation - soweit sie als isolierter Vorgang gefaßt war - einen total veränderten Charakter aufzuprägen.

„Parmi ceux qui se partagent le revenu national, les uns“ (die Arbeiter) „y acquièrent chaque année un nouveau droit par un nouveau travail, les autres“ (die Kapitalisten) „y ont acquis antérieurement un droit permanent par un travail primitif.“ („Von denen, die sich in das nationale Einkommen teilen, erwerben die einen“ (die Arbeiter) „jedes Jahr durch neue Arbeit ein neues Recht darauf, die andren“ (die Kapitalisten) „haben bereits vorher durch eine ursprüngliche Arbeit ein dauerndes Recht darauf erworben.“) (Sismondi, l.c.p. 110, 111.)

Das Gebiet der Arbeit ist bekanntlich nicht das einzige, wo die Erstgeburt Wunder tut.

Es verschlägt auch nichts, wenn die einfache Reproduktion ersetzt wird durch die Reproduktion auf erweiterter Stufenleiter, durch die Akkumulation. Bei jener vermöbelt der Kapitalist den gesamten Mehrwert, bei dieser beweist er seine Bürgertugend durch Verzehrung nur eines Teils, und Verwandlung des Restes in Geld.

Der Mehrwert ist sein Eigentum, er hat nie einem andern gehört. Schießt er ihn zur Produktion vor, so macht er, ganz wie am Tag, wo er zuerst den Markt beschritt, Vorschüsse aus seinem eignen Fonds. Daß dieser Fonds diesmal aus der unbezahlten Arbeit seiner Arbeiter stammt, tut absolut nichts zur Sache. Wird Arbeiter B beschäftigt mit dem Mehrwert, den Arbeiter A produziert hat, so hat erstens A diesen Mehrwert geliefert, ohne daß man ihm den gerechten Preis seiner Ware um einen Heller verkürzt hat, und zweitens geht dies Geschäft den B überhaupt nichts an. Was B verlangt und das Recht hat zu verlangen, ist, daß der Kapitalist ihm den Wert seiner Arbeitskraft zahle.

„Tous deux gagnaient encore; l'ouvrier parce qu'on lui avançait les fruits de son travail“ (soll heißen du travail gratuit d'autres ouvriers) „avant qu'il fût fait;“ (soll heißen: avant que le sien ait porté de fruit) „le maître, parce que le travail de cet ouvrier valait plus que le salaire“ (soll heißen: produisait plus de valeur que celle de son salaire). („Alle beide gewannen noch; der Arbeiter, weil man ihm die Früchte seiner Arbeit vorgeschossen“ (soll heißen: unbezahlter Arbeit andrer Arbeiter), „bevor sie getan war;“ (soll heißen: bevor seine eigne Früchte getragen) „der Unternehmer, weil die Arbeit dieses Arbeiters mehr wert war als sein Lohn“ (soll heißen: mehr Wert erzeugte als den seines Lohns).) (Sismondi, l.c.p. 135.)

Allerdings sieht die Sache ganz anders aus, wenn wir die kapitalistische Produktion im ununterbrochnen Fluß ihrer Erneuerung betrachten und statt des einzelnen Kapitalisten und des einzelnen Arbeiters die Gesamtheit, die Kapitalistenklasse und ihr gegenüber die Arbeiterklasse ins Auge fassen. Damit aber würden wir einen Maßstab anlegen, der der Warenproduktion total fremd ist.

In der Warenproduktion stehn sich nur, voneinander unabhängig, Verkäufer und Käufer gegenüber. Ihre gegenseitigen Beziehungen sind zu Ende mit dem

Verfalltag des zwischen ihnen abgeschloßnen Vertrags. Wiederholt sich das Geschäft, dann (4. Auflage: denn) infolge eines neuen Vertrags, der mit dem vorhergehenden nichts zu tun hat und bei dem nur ein Zufall denselben Käufer mit demselben Verkäufer wieder zusammenbringt.

Soll also die Warenproduktion oder ein ihr angehöriger Vorgang nach ihren eignen ökonomischen Gesetzen beurteilt werden, so müssen wir jeden Austauschakt für sich betrachten, außerhalb alles Zusammenhangs mit dem Austauschakt, der ihm vorherging, wie mit dem, der ihm nachfolgt. Und da Käufe und Verkäufe nur zwischen einzelnen Individuen abgeschlossen werden, so ist es unzulässig, Beziehungen zwischen ganzen Gesellschaftsklassen darin zu suchen.

Wie lang auch die Reihenfolge der periodischen Reproduktionen und vorhergegangnen Akkumulationen, die das heute funktionierende Kapital durchgemacht hat, es bewahrt immer seine ursprüngliche Jungfräulichkeit. Solange bei jedem Austauschakt - einzeln genommen - die Gesetze des Austausches eingehalten werden, kann die Aneignungsweise eine totale Umwälzung erfahren, ohne das, der Warenproduktion gemäße, Eigentumsrecht irgendwie zu berühren. Dieses selbe Recht steht in Kraft wie am Anfang, wo das Produkt dem Produzenten gehört und wo dieser, Äquivalent gegen Äquivalent austauschend, sich nur durch eigne Arbeit bereichern kann, so auch in der kapitalistischen Periode, wo der gesellschaftliche Reichtum in stets steigendem Maß das Eigentum derer wird, die in der Lage sind, sich stets aufs neue die unbezahlte Arbeit andrer anzueignen.

Dies Resultat wird unvermeidlich, sobald die Arbeitskraft durch den Arbeiter selbst als Ware frei verkauft wird. Aber auch erst von da an verallgemeinert sich die Warenproduktion und wird sie typische Produktionsform; erst von da an wird jedes Produkt von vornherein für den Verkauf produziert und geht aller produzierte Reichtum durch die Zirkulation hindurch. Erst da, wo die Lohnarbeit ihre Basis, zwingt die Warenproduktion sich der gesamten Gesellschaft auf; aber auch erst da entfaltet sie alle ihre verborgnen Potenzen. Sagen, daß die Dazwischenkunft der Lohnarbeit die Warenproduktion fälscht, heißt sagen, daß die Warenproduktion, will sie unverfälscht bleiben, sich nicht entwickeln darf. Im selben Maß, wie sie nach ihren eignen immanenten Gesetzen sich zur kapitalistischen Produktion fortbildet, in demselben Maß schlagen die Eigentumsgesetze der Warenproduktion um in Gesetze der kapitalistischen Aneignung.[826]

Man sah, daß selbst bei einfacher Reproduktion alles vorgeschoßne Kapital, wie immer ursprünglich erworben, sich in akkumuliertes Kapital oder kapitalisierten Mehrwert verwandelt. Aber im Strom der Produktion wird überhaupt alles ursprünglich vorgeschoßne Kapital eine verschwindende Größe (magnitudo evanescens im mathematischen Sinn), verglichen mit dem direkt akkumulierten Kapital, d.h. dem in Kapital rückverwandelten Mehrwert oder Mehrprodukt, ob nun funktionierend in der Hand, die akkumuliert hat, oder in fremder Hand. Die

[826] Man bewundere daher die Pfiffigkeit Proudhons, der das kapitalistische Eigentum abschaffen will, indem er ihm gegenüber - die ewigen Eigentumsgesetze der Warenproduktion geltend macht!

politische Ökonomie stellt das Kapital daher überhaupt dar als „akkumulierten Reichtum“ (verwandelten Mehrwert oder Revenue), „der von neuem zur Produktion von Mehrwert verwandt wird“[827], oder auch den Kapitalisten als „Besitzer des Mehrprodukts“.[828] Dieselbe Anschauungsweise besitzt nur andre Form in dem Ausdruck, daß alles vorhandne Kapital akkumulierter oder kapitalisierter Zins sei, denn der Zins ist ein bloßes Bruchstück des Mehrwerts.[829]

2. Irrige Auffassung der Reproduktion auf erweiterter Stufenleiter seitens der politischen Ökonomie

Bevor wir nun auf einige nähere Bestimmungen der Akkumulation oder der Rückverwandlung von Mehrwert in Kapital eingehn, ist eine von der klassischen Ökonomie ausgeheckte Zweideutigkeit zu beseitigen.

So wenig die Waren, die der Kapitalist mit einem Teil des Mehrwerts für seine eigne Konsumtion kauft, ihm als Produktions- und Verwertungsmittel dienen, so wenig ist die Arbeit, die er zur Befriedigung seiner natürlichen und sozialen Bedürfnisse kauft, produktive Arbeit. Statt durch den Kauf jener Waren und Arbeit den Mehrwert in Kapital zu verwandeln, verzehrt oder verausgabt er ihn umgekehrt als Revenue. Gegenüber der altadligen Gesinnung, die, wie Hegel richtig sagt, „im Verzehren des Vorhandenen besteht“ und namentlich auch im Luxus persönlicher Dienste sich breitmacht, war es für die bürgerliche Ökonomie entscheidend wichtig, die Akkumulation des Kapitals als erste Bürgerpflicht zu verkünden und unermüdlich zu predigen: man kann nicht akkumulieren, wenn man seine ganze Revenue aufißt, statt einen guten Teil davon zu verausgaben in Werbung zuschüssiger produktiver Arbeiter, die mehr einbringen, als sie kosten. Andrerseits hatte sie gegen das Volksvorurteil zu polemisieren, welches die kapitalistische Produktion mit der Schatzbildung verwechselt[830] und daher wähnt, akkumulierter Reichtum sei Reichtum, welcher der Zerstörung in seiner vorhandnen Naturalform, also dem Verbrauch entzogen oder auch vor der Zirkulation gerettet werde. Verschluß des Geldes gegen die Zirkulation wäre grade das Gegenteil seiner Verwertung als Kapital und Warenakkumulation im schatzbildnerischen Sinn reine Narrheit.[831] Akkumulation von Waren in großen Massen ist

[827] „Kapital ist akkumulierter Reichtum, angewandt, um Profit zu erzielen.“ (Malthus, l.c.[p. 262.]) „Kapital ... besteht aus Reichtum, von der Revenue erspart und zur Erzielung von Profit gebraucht.“ (R. Jones, „Text-book of lectures on the Political Economy of Nations“, Hertford 1852, p. 16.)

[828] „Die Besitzer des Mehrprodukts oder Kapitals.“ („The Source and Remedy of the National Difficulties. A Letter to Lord John Russell“, Lond. 1821, [p. 4.])

[829] „Kapital, mit dem Zinseszins auf jeden Teil des gesparten Kapitals, reißt alles so sehr an sich, daß der ganze Reichtum auf der Welt, von dem Einkommen bezogen wird, schon vor langem Kapitalzins geworden ist.“ (London „Economist“ 19. July 1851)

[830] „Kein politischer Ökonom der heutigen Zeit kann unter Sparen nur Schatzbildung verstehen: und abgesehen von diesem abgekürzten und ungenügenden Verfahren, kann man sich keinen andren Gebrauch dieses Ausdrucks im Hinblick auf den nationalen Reichtum vorstellen als jenen, der aus der verschiedenen Verwendung des Ersparten hervorgehen muß und auf einer wirklichen Unterscheidung zwischen den verschiedenen Arten von Arbeit basiert, die davon erhalten werden.“ (Malthus, l.c.p. 38, 39.)

[831] So ist bei Balzac, der alle Schattierungen des Geizes so gründlich studiert hatte, der alte Wucherer Gobseck schon verkindischt, als er anfängt, sich einen Schatz aus aufgehäuften Waren zu bilden.

Resultat einer Zirkulationsstockung oder der Überproduktion.[832] Allerdings läuft in der Volksvorstellung einerseits das Bild der im Konsumtionsfonds der Reichen gehäuften, langsam sich verzehrenden Güter unter, andrerseits die Vorratbildung, ein Phänomen, das allen Produktionsweisen angehört und wobei wir einen Augenblick in der Analyse des Zirkulationsprozesses verweilen werden.

Soweit also ist die klassische Ökonomie im Recht, wenn sie den Verzehr von Mehrprodukt durch produktive Arbeiter statt durch unproduktive als charakteristisches Moment des Akkumulationsprozesses betont. Aber hier beginnt auch ihr Irrtum. A. Smith hat es zur Mode gemacht, die Akkumulation bloß als Konsumtion des Mehrprodukts durch produktive Arbeiter oder die Kapitalisierung des Mehrwerts als dessen bloßen Umsatz in Arbeitskraft darzustellen. Hören wir z.B. Ricardo:

„Man muß verstehn, daß alle Produkte eines Landes konsumiert werden; aber es macht den größten Unterschied, den man denken kann, ob sie konsumiert werden durch solche, die einen andren Wert reproduzieren, oder durch solche, die ihn nicht reproduzieren. Wenn wir sagen, daß Revenue erspart und zum Kapital geschlagen wird, so meinen wir, daß der Teil der Revenue, von dem es heißt, er sei zum Kapital geschlagen, durch produktive statt durch unproduktive Arbeiter verzehrt wird. Es gibt keinen größern Irrtum, als zu unterstellen, daß Kapital durch Nicht-Konsum vermehrt wird."[833]

Es gibt keinen größern Irrtum als der dem A. Smith von Ricardo und allen späteren nachgeplauderte, daß „der Teil der Revenue, von dem es heißt, er sei zum Kapital geschlagen, von produktiven Arbeitern verzehrt wird".

Nach dieser Vorstellung würde aller Mehrwert, der in Kapital verwandelt wird, zu variablem Kapital. Er teilt sich vielmehr, wie der ursprünglich vorgeschoßne Wert, in konstantes Kapital und variables Kapital, in Produktionsmittel und Arbeitskraft. Arbeitskraft ist die Form, worin das variable Kapital innerhalb des Produktionsprozesses existiert. In diesem Prozeß wird sie selbst vom Kapitalisten verzehrt. Sie verzehrt durch ihre Funktion - die Arbeit - Produktionsmittel. Zugleich verwandelt sich das im Ankauf der Arbeitskraft gezahlte Geld in Lebensmittel, die nicht von der „produktiven Arbeit", sondern vom „produktiven Arbeiter" verzehrt werden. A. Smith gelangt durch eine grundverkehrte Analyse zu dem abgeschmackten Resultat daß, wenn auch jedes individuelle Kapital sich in konstanten und variablen Bestandteil teilt, das gesellschaftliche Kapital sich in nur variables Kapital auflöst oder nur in Zahlung von Arbeitslohn verausgabt wird. Z.B. ein Tuchfabrikant verwandle 2.000 Pfd.St. in Kapital. Er legt einen Teil des Geldes im Ankauf von Webern aus, den andern Teil in Wollengarn, Wollenmaschinerie usw. Aber die Leute, von denen er das Garn und die Maschinerie kauft, zahlen wieder mit einem Teil davon Arbeit usw., bis die ganzen 2.000 Pfd. St. in Zahlung von Arbeitslohn verausgabt sind oder das ganze durch die 2.000

[832] „Akkumulation von Kapitalien ... Aufhören des Austausches ... Überproduktion." (Th. Corbet, l.c.p. 104.)
[833] Ricardo. l.c.p. 163, Note.

Pfd.St. repräsentierte Produkt durch produktive Arbeiter verzehrt ist. Man sieht: die ganze Wucht dieses Arguments liegt in dem Wort „usw.“, das uns von Pontius zu Pilatus schickt. In der Tat, A. Smith bricht die Untersuchung grade da ab, wo ihre Schwierigkeit beginnt.[834]

Solange man nur den Fonds der Gesamt-Jahresproduktion ins Auge faßt, ist der jährliche Reproduktionsprozeß leicht verständlich. Aber alle Bestandteile der Jahresproduktion müssen auf den Warenmarkt gebracht werden, und da beginnt die Schwierigkeit. Die Bewegungen der Einzelkapitale und persönlichen Revenuen kreuzen, vermengen, verlieren sich in einem allgemeinen Stellenwechsel - der Zirkulation des gesellschaftlichen Reichtums -, der den Blick verwirrt und der Untersuchung sehr verwickelte Aufgaben zu lösen gibt. Im dritten Abschnitt des Zweiten Buches werde ich die Analyse des wirklichen Zusammenhanges geben. Es ist das große Verdienst der Physiokraten, in ihrem Tableau economique zum ersten Mal den Versuch gemacht zu haben, ein Bild der Jahresproduktion zu geben in der Gestalt, in welcher sie aus der Zirkulation hervorgeht.[835]

Es versteht sich übrigens von selbst, daß die politische Ökonomie nicht verfehlt hat, im Interesse der Kapitalistenklasse A. Smiths Satz auszubeuten: daß der ganze in Kapital verwandelte Teil des Nettoprodukts von der Arbeiterklasse verzehrt wird.

3. Teilung des Mehrwerts in Kapital und Revenue.

Die Abstinenztheorie

Im vorigen Kapitel betrachteten wir den Mehrwert, resp. das Mehrprodukt, nur als individuellen Konsumtionsfonds des Kapitalisten, in diesem Kapitel bisher nur als einen Akkumulationsfonds. Er ist aber weder nur das eine noch das andre, sondern beides zugleich. Ein Teil des Mehr- werts wird vom Kapitalisten als Revenue verzehrt[836], ein andrer Teil als Kapital angewandt oder akkumuliert.

Bei gegebner Masse des Mehrwerts wird der eine dieser Teile um so größer sein, je kleiner der andre ist. Alle andern Umstände als gleichbleibend genommen, bestimmt das Verhältnis, worin diese Teilung sich vollzieht, die Größe der

[834] Trotz seiner „Logik“ kommt Herr J. St. Mill nirgendswo auch nur solcher fehlerhaften Analyse seiner Vorgänger auf die Sprünge, welche selbst innerhalb des bürgerlichen Horizonts, vom reinen Fachstandpunkt aus, nach Berichtigung schreit. Überall registriert er mit schülermäßigem Dogmatismus die Gedankenwirren seiner Meister. Auch hier: „Auf die Dauer gesehen, löst sich das Kapital selbst völlig in Lohn auf, und wenn es durch den Verkauf des Produkts ersetzt wird, so wird es wieder zu Lohn.“

[835] A. Smith hat in der Darstellung des Reproduktionsprozesses, daher auch der Akkumulation, nach mancher Seite hin nicht nur keine Fortschritte, sondern entschiedene Rückschritte gemacht im Vergleich zu seinen Vorgängern, namentlich den Physiokraten. Mit seiner im Text erwähnten Illusion hängt das ebenfalls von ihm der politischen Ökonomie vererbte, wahrhaft fabelhafte Dogma zusammen, daß der Preis der Waren aus Arbeitslohn, Profit (Zins) und Grundrente, also bloß aus Arbeitslohn und Mehrwert zusammengesetzt ist. Von dieser Basis ausgehend, gesteht wenigstens Storch naiv: „Es ist unmöglich, den notwendigen Preis in seine einfachsten Elemente aufzulösen.“ (Storch, l.c., Petersb., Édit. 1815, t. II, p .141, Note.) Eine schöne ökonomische Wissenschaft, die es für unmöglich erklärt, den Preis der Waren in seine einfachsten Elemente aufzulösen! Das Nähere hierüber wird man erörtert finden im 3. Abschn. des Zweiten und im 7. Abschn. des Dritten Buchs.

[836] Der Leser wird bemerken, daß das Wort Revenue doppelt gebraucht wird, erstens um den Mehrwert als perio-

Akkumulation. Wer aber diese Teilung vornimmt, das ist der Eigentümer des Mehrwerts, der Kapitalist. Sie ist also sein Willensakt. Von dem Teil des von ihm erhobnen Tributs, den er akkumuliert, sagt man, er spare ihn, weil er ihn nicht aufißt, d.h., weil er seine Funktion als Kapitalist ausübt, nämlich die Funktion, sich zu bereichern.

Nur soweit der Kapitalist personifiziertes Kapital ist, hat er einen historischen Wert und jenes historische Existenzrecht, das, wie der geistreiche Lichnowski sagt, keinen Datum nicht hat. Nur soweit steckt seine eigne transitorische Notwendigkeit in der transitorischen Notwendigkeit der kapitalistischen Produktionsweise. Aber soweit sind auch nicht Gebrauchswert und Genuß, sondern Tauschwert und dessen Vermehrung sein treibendes Motiv. Als Fanatiker der Verwertung des Werts zwingt er rücksichtslos die Menschheit zur Produktion um der Produktion willen, daher zu einer Entwicklung der gesellschaftlichen Produktivkräfte und zur Schöpfung von materiellen Produktionsbedingungen, welche allein die reale Basis einer höheren Gesellschaftsform bilden können, deren Grundprinzip die volle und freie Entwicklung jedes Individuums ist. Nur als Personifikation des Kapitals ist der Kapitalist respektabel. Als solche teilt er mit dem Schatzbildner den absoluten Bereicherungstrieb. Was aber bei diesem als individuelle Manie erscheint, ist beim Kapitalisten Wirkung des gesellschaftlichen Mechanismus, worin er nur ein Triebrad ist. Außerdem macht die Entwicklung der kapitalistischen Produktion eine fortwährende Steigerung des in einem industriellen Unternehmen angelegten Kapitals zur Notwendigkeit, und die Konkurrenz herrscht jedem individuellen Kapitalisten die immanenten Gesetze der kapitalistischen Produktionsweise als äußere Zwangsgesetze auf. Sie zwingt ihn, sein Kapital fortwährend auszudehnen, um es zu erhalten, und ausdehnen kann er es nur vermittelst progressiver Akkumulation.

Soweit daher sein Tun und Lassen nur Funktion des in ihm mit Willen und Bewußtsein begabten Kapitals, gilt ihm sein eigner Privatkonsum als ein Raub an der Akkumulation seines Kapitals, wie in der italienischen Buchhaltung Privatausgaben auf der Debetseite des Kapitalisten gegen das Kapital figurieren. Die Akkumulation ist Eroberung der Welt des gesellschaftlichen Reichtums. Sie dehnt mit der Masse des exploitierten Menschenmaterials zugleich die direkte und indirekte Herrschaft des Kapitalisten aus.[837]

Aber die Erbsünde wirkt überall. Mit der Entwicklung der kapitalistischen Produktionsweise, der Akkumulation und des Reichtums, hört der Kapitalist auf, bloße Inkarnation des Kapitals zu sein. Er fühlt ein „menschliches Rühren" für

disch aus dem Kapital entspringende Frucht, zweitens um den Teil dieser Frucht zu bezeichnen, der vom Kapitalisten periodisch verzehrt oder zu seinem Konsumtionsfonds geschlagen wird. Ich behalte diesen Doppelsinn bei, weil er mit dem Sprachgebrauch der englischen und französischen Ökonomen harmoniert.

[837] In der altmodischen, wenn auch stets erneuten, Form des Kapitalisten im Wucherer, veranschaulicht Luther sehr gut die Herrschsucht als Element des Bereicherungstriebs. „Die Heiden haben können aus der Vernunfft rechnen, dass ein Wucherer, sey ein vierfaltiger Dieb und Mörder. Wir Christen aber halten sie in solchen ehren das wir sie schier anbeten umb ihres Geldes willen ... Wer einem andern seine Narung aussauget, raubet und stilet, der thut eben so grossen Mord (so viel an jm ligt) als der einen Hungers sterbet und zu Grunde verterbet. Solches thut aber ein

seinen eignen Adam und wird so gebildet, die Schwärmerei für Askese als Vorurteil des altmodischen Schatzbildners zu belächeln. Während der klassische Kapitalist den individuellen Konsum als Sünde gegen seine Funktion und „Enthaltung“ von der Akkumulation brandmarkt, ist der modernisierte Kapitalist imstande, die Akkumulation als „Entsagung“ seines Genußtriebs aufzufassen. „Zwei Seelen wohnen, ach! in seiner Brust, die eine will sich von der andren trennen!“

In den historischen Anfängen der kapitalistischen Produktionsweise, und jeder kapitalistische Parvenü macht dies historische Stadium individuell durch - herrschen Bereicherungstrieb und Geiz als absolute Leidenschaften vor. Aber der Fortschritt der kapitalistischen Produktion schafft nicht nur eine Welt von Genüssen. Er öffnet mit der Spekulation und dem Kreditwesen tausend Quellen plötzlicher Bereicherung. Auf einer gewissen Entwicklungshöhe wird ein konventioneller Grad von Verschwendung, die zugleich Schaustellung des Reichtums und daher Kreditmittel ist, sogar zu einer Geschäftsnotwendigkeit des „unglücklichen“ Kapitalisten. Der Luxus geht in die Repräsentationskosten des Kapitals ein. Ohnehin bereichert sich der Kapitalist nicht, gleich dem Schatzbildner, im Verhältnis seiner persönlichen Arbeit und seines persönlichen Nichtkonsums, sondern im Maß, worin er fremde Arbeitskraft aussaugt und dem Arbeiter Entsagung aller Lebensgenüsse aufzwingt. Obgleich daher die Verschwendung des Kapitalisten nie den bona fide Charakter der Verschwendung des flotten Feudalherrn besitzt, in ihrem Hintergrund vielmehr stets schmutzigster Geiz und ängstlichste Berechnung lauern, wächst dennoch seine Verschwendung mit seiner Akkumulation, ohne daß die eine die andre zu beabbruchen braucht. Damit entwickelt sich gleichzeitig in der Hochbrust des Kapitalindividuums ein faustischer Konflikt zwischen Akkumulations- und Genußtrieb.

„Die Industrie von Manchester“, heißt es in einer Schrift, die Dr. Aikin 1795 veröffentlichte, „kann in vier Perioden geteilt werden. In der ersten waren die Fabrikanten gezwungen, hart für ihren Lebensunterhalt zu arbeiten.“

Wucherer, und sitzet die weil auf seinem Stuel sicher, so er billicher hangen solt am Galgen, und von soviel Raben gefressen werden, als er gülden gestolen hatte, wo anders so viel fleisches an jm were, das so viel Raben sich drein stücken und teilen kündten. Dieweil hanget man die kleinen Diebe ... Kleine Diebe ligen in Stöcken gefangen, grosse Diebe gehn in gold und seiden prangen ... Also ist auch kein grosser Menschenfeind auff Erden (nach dem Teuffel) denn ein Geitshals und Wucherer, denn er will über alle menschen Gott sein. Türcken, Krieger, Tyrannen sind auch böse Menschen, doch müssen sie lassen die Leute leben und bekennen, dass sie Böse und Feinde sind. Und können, ja müssen wol zu weilen sich über etliche erbarmen. Aber ein Wucherer und Geitzwanst der wilt das alle Welt im müsste in Hunger und Durst, Trauer und Not verderben, so viel an jm ist, auff das ers alles allein möcht haben, und jedermann von jm, als von einem Gott empfahen und ewiglich sein Leibeigener sein. Schauben, güldne Kette, Ringe tragen, das maul wischen, sich für einen theuren, frommen Mann lassen ansehen und rhümen ... Wucher ist ein gros und ungeheur monstrum, wie ein Beerwolff, der alles wüstet, mehr den kein Cacus, Gerion oder Antus. Und schmückt sich doch und wil fromm sein, das man nicht sehen sol, wo die Ochsen, die er rücklings in sein Loch zieht, hinkommen. Aber Hercules sol der Ochsen und der Gefangenen Geschrey horen und den Cacum suchen auch in Klippen und Felsen, die Ochsen wider lösen von dem Bösewicht. Denn Cacus heisst ein Bösewicht, der ein frommer Wucherer ist, stilet, raubet, frisst alles. Und wils doch nicht gethan haben, und sol ja nimand finden, weil die Ochsen rücklings in sein Loch gezogen, schein und fusstapffen geben, als seien sie herausgelassen. Also wil der Wucherer auch die Welt effen, als nütze er und gebe der welt ochsen, so er sie doch zu sich allein reisst und frisst ... Und so man die Strassenräuber, Mörder und Beuheder, redert und köpffet, wie viel mehr soltman alleWucherer redern und edern ... verjagen, verfluchen und köpffen.“ (Martin Luther, l.c.)

Sie bereicherten sich besonders durch Bestehlung der Eltern, die ihnen Jungen als apprentices (Lehrlinge) zuwiesen und dafür schwer blechen mußten, während die Lehrlinge ausgehungert wurden. Andrerseits waren die Durchschnittsprofite niedrig, und die Akkumulation verlangte große Sparsamkeit. Sie lebten wie Schatzbildner und verzehrten bei weitem nicht einmal die Zinsen ihres Kapitals.

„In der zweiten Periode hatten sie begonnen, kleine Vermögen zu erwerben, arbeiteten aber ebenso hart als zuvor", denn die unmittelbare Exploitation der Arbeit kostet Arbeit, wie jeder Sklaventreiber weiß, „und lebten nach wie vor in demselben frugalen Stil ... In der dritten Periode begann der Luxus, und das Geschäft wurde ausgedehnt durch Aussendung von Reitern" (berittenen Commis voyageurs) „für Ordres in jeder Marktstadt des Königreichs. Es ist wahrscheinlich, daß wenige oder keine Kapitale von 3.000 bis 4.000 Pfd.St., in der Industrie erworben, vor 1690 existierten. Um diese Zeit jedoch oder etwas später hatten die Industriellen schon Geld akkumuliert und begannen steinerne Häuser statt der von Holz und Mörtel aufzuführen ... Noch in den ersten Dezennien des 18. Jahrhunderts setzte sich ein Manchester Fabrikant, der eine Pint fremden Weins seinen Gästen vorsetzte, den Glossen und dem Kopfschütteln aller seiner Nachbarn aus."

Vor dem Aufkommen der Maschinerie betrug der abendliche Konsum der Fabrikanten in den Kneipen, wo sie zusammenkamen, nie mehr als 6 d. für ein Glas Punsch und 1 d. für eine Rolle Tabak. Erst 1758, und dies macht Epoche, sah man „eine im Geschäft wirklich engagierte Person mit eigner Equipage!" „Die vierte Periode", das letzte Dritteil des 18. Jahrhunderts, „ist die von großem Luxus und Verschwendung, unterstützt durch die Ausdehnung des Geschäfts."[838] Was würde der gute Dr. Aikin sagen, wenn er heutzutag in Manchester auferstände!

Akkumuliert, Akkumuliert! Das ist Moses und die Propheten! „Die Industrie liefert das Material, welches die Sparsamkeit akkumuliert."[839] Also spart, spart, d.h., rückverwandelt möglichst großen Teil des Mehrwerts oder Mehrprodukts in Kapital! Akkumulation um der Akkumulation, Produktion um der Produktion willen, in dieser Formel sprach die klassische Ökonomie den historischen Beruf der Bourgeoisperiode aus. Sie täuschte sich keinen Augenblick über die Geburtswehn des Reichtums[840], aber was nützt der Jammer über historische Notwendigkeit? Wenn der klassischen Ökonomie der Proletarier nur als Maschine zur Produktion von Mehrwert, gilt ihr aber auch der Kapitalist nur als Maschine zur Verwandlung dieses Mehrwerts in Mehrkapital. Sie nimmt seine historische Funktion in bitterm Ernst. Um seinen Busen vor dem unheilvollen Konflikt zwischen Genußtrieb und Bereicherungstrieb zu feien, verteidigte Malthus, im Anfang der zwanziger Jahre dieses Jahrhunderts, eine Teilung der Arbeit, welche dem wirklich in der Produktion begriffenen Kapitalisten das Geschäft

[838] Dr. Aikin, „Description of the Country from 30 to 40 miles round Manchester" Lond. 1795, p. [181], 182 sqq., [188].
[839] A. Smith, l.c., b. II, ch. III, [p. 367].
[840] Selbst J. B. Say sagt: „Die Ersparnisse der Reichen werden auf Kosten der Armen gemacht." „Der römische Proletarier lebte fast ganz auf Kosten der Gesellschaft ... Man könnte fast sagen, daß die moderne Gesellschaft auf Kosten der Proletarier lebt, von dem Teil, den sie auf Belohnung der Arbeit ihnen entzieht." (Sismondi, „Études etc.", t. I, p. 24.)

der Akkumulation, den andren Teilnehmern am Mehrwert, der Landaristokratie, Staats-, Kirchenpfründnern usw., das Geschäft der Verschwendung zuweist. Es ist von der höchsten Wichtigkeit, sagt er, „die Leidenschaft für Ausgabe und die Leidenschaft für Akkumulation (the passion for expenditure and the passion for accumulation) getrennt zu halten".[841] Die Herrn Kapitalisten, seit lange in Lebe- und Weltmänner verwandelt, schrien auf. Was, rief einer ihrer Wortführer, ein Ricardianer, Herr Malthus predigt hohe Grundrenten, hohe Steuern usw., um dem Industriellen einen fortwährenden Stachel durch unproduktive Konsumenten aufzudrücken! Allerdings Produktion, Produktion auf stets erweiterter Stufenleiter, lautet das Schibboleth, aber „Produktion wird durch einen solchen Prozeß weit mehr gehemmt als gefördert. Auch ist es nicht ganz billig (nor is it quite fair), eine Anzahl Personen so im Müßiggang zu erhalten, nur um andre zu kneipen, aus deren Charakter man schließen darf (who are likely, from their characters), daß, wenn ihr sie zu funktionieren zwingen könnt, sie mit Erfolg funktionieren."[842]

So unbillig er es findet, den industriellen Kapitalisten zur Akkumulation zu stacheln, indem man ihm das Fett von der Suppe weggchöpft, so notwendig dünkt ihm, den Arbeiter möglichst auf den Minimallohn zu beschränken, „um ihn arbeitsam zu erhalten". Auch verheimlicht er keinen Augenblick, daß Aneignung unbezahlter Arbeit das Geheimnis der Plusmacherei ist.

„Vermehrte Nachfrage von Seite der Arbeiter meint durchaus nichts als ihre Geneigtheit, weniger von ihrem eignen Produkt für sich selbst zu nehmen und einen größren Teil davon ihren Anwendern zu überlassen; und wenn man sagt, daß dies, durch Verminderung der Konsumtion" (auf seiten der Arbeiter) „glut" (Marktüberfüllung, Überproduktion) „erzeugt, so kann ich nur antworten, daß glut synonym mit hohem Profit ist."[843]

Der gelehrte Zank, wie die dem Arbeiter ausgepumpte Beute förderlichst für die Akkumulation zu verteilen sei zwischen industriellem Kapitalist und müßigem Grundeigentümer usw., verstummte vor der Julirevolution. Kurz nachher läutete das städtische Proletariat die Sturmglocke zu Lyon und ließ das Landproletariat den roten Hahn in England fliegen. Diesseits des Kanals grassierte der Owenismus, jenseits St.-Simonismus und Fourierismus. Die Stunde der Vulgärökonomie hatte geschlagen. Grade ein Jahr, bevor Nassau W. Senior zu Manchester ausfand, daß der Profit (inkl. Zins) des Kapitals das Produkt der unbezahlten „letzten zwölften Arbeitsstunde" ist, hatte er der Welt eine andre Entdeckung angekündigt. „Ich", sagte er feierlich, „ich ersetze das Wort Kapital, als Produktionsinstrument betrachtet, durch das Wort Abstinenz (Enthaltung)."[844]

[841] Malthus, l.c.p. 319, 320.
[842] „An Inquiry into those principles respecting the Nature of Demand etc.", p. 67.
[843] l.c.p. 59.
[844] Senior, „Principes fondamentaux de l'Écon. Pol." trad. Arrivabene, Paris 1836, p. 309. Dies war den Anhängern der alten klassischen Schule doch etwas zu toll. „Herr Senior schiebt dem Ausdruck Arbeit und Kapital den Ausdruck Arbeit und Abstinenz unter ... Abstinenz ist eine bloße Negation. Es ist nicht die Abstinenz, sondern der Gebrauch des produktiv verwandten Kapitals, welcher die Quelle des Profits bildet." (John Cazenove, l.c.p. 130, Note.) Herr John St. Mill exzerpiert dagegen auf der einen Seite Ricardos Profittheorie und annexiert auf der andren Seniors „remune-

Ein unübertroffenes Muster dies von den „Entdeckungen“ der Vulgärökonomie! Sie ersetzt eine ökonomische Kategorie durch eine sykophantische Phrase. Voila tout. (Das ist alles.) „Wenn der Wilde“, doziert Senior, „Bogen fabriziert, so übt er eine Industrie aus, aber er praktiziert nicht die Abstinenz.“ Dies erklärt uns, wie und warum in früheren Gesellschaftszuständen „ohne die Abstinenz“ des Kapitalisten Arbeitsmittel fabriziert wurden. „Je mehr die Gesellschaft fortschreitet, um so mehr Abstinenz erfordert sie“[845], nämlich von denen, welche die Industrie ausüben, sich die fremde Industrie und ihr Produkt anzueignen. Alle Bedingungen des Arbeitsprozesses verwandeln sich von nun in ebenso viele Abstinenzpraktiken des Kapitalisten. Daß Korn nicht nur gegessen, sondern auch gesät wird, Abstinenz des Kapitalisten! Daß der Wein die Zeit erhält, auszugären, Abstinenz des Kapitalisten![846] Der Kapitalist beraubt seinen eignen Adam, wenn er die „Produktionsinstrumente dem Arbeiter leiht“ (!), alias sie durch Einverleibung der Arbeitskraft als Kapital verwertet, statt Dampfmaschinen, Baumwolle, Eisenbahnen, Dünger, Zugpferde usf. aufzuessen oder, wie der Vulgärökonom sich das kindlich vorstellt, „ihren Wert“ in Luxus und andren Konsumtionsmitteln zu verprassen.[847] Wie die Kapitalistenklasse das anstellen soll, ist ein von der Vulgärökonomie bisher hartnäckig bewahrtes Geheimnis. Genug, die Welt lebt nur noch von der Selbstkasteiung dieses modernen Büßers des Wischnu, des Kapitalisten. Nicht nur die Akkumulation, die einfache „Erhaltung eines Kapitals erheischt beständige Kraftanstrengung, um der Versuchung zu widerstehn, es aufzuessen“.[848] Die einfache Humanität gebeut also offenbar, den Kapitalisten von Martyrtum und Versuchung zu erlösen, in derselben Weise, wie der georgische Sklavenhalter jüngst durch Abschaffung der Sklaverei von dem schmerzlichen Dilemma erlöst ward, ob das dem Negersklaven ausgepeitschte Mehrprodukt ganz in Champagner zu verjubeln oder auch teilweis in mehr Neger und mehr Land rückzuverwandeln.

In den verschiedensten ökonomischen Gesellschaftsformationen findet nicht nur einfache Reproduktion statt, sondern, obgleich auf verschiednem Maßstab, Reproduktion auf erweiterter Stufenleiter. Es wird progressiv mehr produziert

---

ration of abstinence“ (Belohnung für Enthaltung). So fremd ihm der Hegelsche „Widerspruch“, die Springquelle aller Dialektik, so heimisch ist er in platten Widersprüchen.

Zusatz zur 2. Ausg. Der Vulgärökonom hat nie die einfache Reflexion angestellt, daß jede menschliche Handlung als „Enthaltung“ von ihrem Gegenteil aufgefaßt werden kann. Essen ist Enthaltung von Fasten, Gehn Enthaltung von Stehn, Arbeiten Enthaltung von Faulenzen, Faulenzen Enthaltung von Arbeiten etc. Die Herren täten wohl, einmal nachzudenken über Spinozas: Determinatio est negatio (Begrenzung/Bestimmung ist Negation).

[845] Senior, l.c.p. 342, 343.

[846] „Kein Mensch ... wird z.B. seinen Weizen aussäen und ihn ein Jahr im Boden liegen oder seinen Wein jahrelang im Keller lassen, statt diese Dinge oder ihre Äquivalente sofort zu konsumieren ... wenn er nicht erwartete, zusätzlichen Wert zu erhalten etc.“ (Scrope, „Polit. Econ.“, edit. von A. Potter, New York 1841, p. 133.)

[847] „Die Entbehrung, die sich der Kapitalist auferlegt, indem er seine Produktionsmittel an den Arbeiter verleiht“ (diesen Euphemismus gebraucht, um nach probater vulgärökonomischer Manier den vom industriellen Kapitalisten exploitierten Lohnarbeiter mit dem industriellen Kapitalisten selbst zu identifizieren, welcher vom Geld verleihenden Kapitalisten pumpt!), „statt ihren Wert seinem eignen Gebrauch zu widmen, indem er sie in nützliche oder angenehme Gegenstände verwandelt.“ (G. de Molinari, l.c.p. 36.)

[848] „La conservation d'un capital exige ... un effort ... constant pour résister à la tentation de le consommer.“ (Courcelle-Seneuil, l.c.p. 20.)

und mehr konsumiert, also auch mehr Produkt in Produktionsmittel verwandelt. Dieser Prozeß erscheint aber nicht als Akkumulation von Kapital und daher auch nicht als Funktion des Kapitalisten, solange dem Arbeiter seine Produktionsmittel, daher auch sein Produkt und seine Lebensmittel, noch nicht in der Form von Kapital gegenüberstehn.[849] Der vor einigen Jahren verstorbene Richard Jones, Nachfolger von Malthus auf dem Lehrstuhl der politischen Ökonomie am ostindischen College zu Haileybury, erörtert dies gut an zwei großen Tatsachen. Da der zahlreichste Teil des indischen Volks selbstwirtschaftende Bauern, existiert ihr Produkt, ihre Arbeits- und Lebensmittel, auch nie „in der Form (in the shape) eines Fonds, der aus fremder Revenue erspart wird (saved from Revenue) und daher einen vorläufigen Prozeß der Akkumulation (a previous process of accumulation) durchlaufen hat".[850] Andrerseits werden die nicht-agrikolen Arbeiter in den Provinzen, wo die englische Herrschaft das alte System am wenigsten aufgelöst hat, direkt von den Großen beschäftigt, denen eine Portion des ländlichen Mehrprodukts als Tribut oder Grundrente zufließt. Ein Teil dieses Produkts wird in Naturalform von den Großen verzehrt, ein andrer Teil für sie von den Arbeitern in Luxus- und sonstige Konsumtionsmittel verwandelt, während der Rest den Lohn der Arbeiter bildet, die Eigentümer ihrer Arbeitsinstrumente sind. Produktion und Reproduktion auf erweiterter Stufenleiter gehn hier ihren Gang ohne alle Dazwischenkunft jenes wunderlichen Heiligen, jenes Ritters von der traurigen Gestalt, des „entsagenden" Kapitalisten.

4. Umstände, welche unabhängig von der proportionellen Teilung des Mehrwerts in Kapital und Revenue den Umfang der Akkumulation bestimmen:

Exploitationsgrad der Arbeitskraft - Produktivkraft der Arbeit - Wachsende Differenz zwischen angewandtem und konsumiertem Kapital - Größe des vorgeschoßnen Kapitals

Das Verhältnis, wonach der Mehrwert sich in Kapital und Revenue spaltet, als gegeben vorausgesetzt, richtet sich die Größe des akkumulierten Kapitals offenbar nach der absoluten Größe des Mehrwerts. Angenommen 80% würden kapitalisiert und 20% aufgegessen, so wird das akkumulierte Kapital 2.400 Pfd.St. oder 1.200 Pfd.St. betragen, je nachdem der Gesamt- Mehrwert sich auf 3.000 oder auf 1.500 Pfd.St. belaufen hat. Demnach wirken bei Bestimmung der Größe der Akkumulation alle die Umstände mit, die die Masse des Mehrwerts bestimmen.

[849] „Die besonderen Einkommensklassen, die am reichlichsten zum Fortschritt des nationalen Kapitals beitragen, ändern sich auf verschiedenen Stufen ihrer Entwicklung und sind infolgedessen gänzlich verschieden bei Nationen, die verschiedene Positionen in dieser Entwicklung einnehmen ... Profite ... eine unwichtige Quelle der Akkumulation, im Vergleich zu Löhnen und Renten, auf den früheren Stufen der Gesellschaft ... Wenn ein beträchtliches Anwachsen in den Kräften der nationalen Industrie tatsächlich stattgefunden hat, erlangen die Profite eine vergleichsweise größere Wichtigkeit als Quelle der Akkumulation." (Richard Jones, „Textbook etc.", p. 16, 21.)
[850] l.c.p. 36 sq. {Zur 4. Aufl. - Muß ein Versehen sein, die Stelle ist nicht gefunden worden. - F. E.}

Wir fassen sie hier nochmals zusammen, aber nur insofern sie mit Bezug auf die Akkumulation neue Gesichtspunkte bieten.

Man erinnert sich, daß die Rate des Mehrwerts in erster Instanz abhängt vom Exploitationsgrad der Arbeitskraft. Die politische Ökonomie würdigt diese Rolle so sehr, daß sie gelegentlich die Beschleunigung der Akkumulation durch erhöhte Produktionskraft der Arbeit identifiziert mit ihrer Beschleunigung durch erhöhte Exploitation des Arbeiters.[851] In den Abschnitten über die Produktion des Mehrwerts ward beständig unterstellt, daß der Arbeitslohn wenigstens gleich dem Wert der Arbeitskraft ist. Die gewaltsame Herabsetzung des Arbeitslohns unter diesen Wert spielt jedoch in der praktischen Bewegung eine zu wichtige Rolle, um uns nicht einen Augenblick dabei aufzuhalten. Sie verwandelt faktisch, innerhalb gewisser Grenzen, den notwendigen Konsumtionsfonds des Arbeiters in einen Akkumulationsfonds von Kapital.

„Arbeitslöhne", sagt J. St. Mill, „haben keine Produktivkraft; sie sind der Preis einer Produktivkraft; Arbeitslöhne tragen nicht, neben der Arbeit selbst, zur Warenproduktion bei, so wenig als der Preis der Maschinerie selbst. Könnte Arbeit ohne Kauf gehabt werden, so wären Arbeitslöhne überflüssig."[852]

Wenn aber die Arbeiter von der Luft leben könnten, so wären sie auch um keinen Preis zu kaufen. Ihr Nichtkosten ist also eine Grenze im mathematischen Sinn, stets unerreichbar, obgleich stets annäherbar. Es ist die beständige Tendenz des Kapitals, sie auf diesen nihilistischen Standpunkt herabzudrücken. Ein oft von mir zitierter Schriftsteller des 18. Jahrhunderts, der Verfasser des „Essay on Trade and Commerce", verrät nur das innerste Seelengeheimnis des englischen Kapitals, wenn er es für die historische Lebensaufgabe Englands erklärt, den englischen Arbeitslohn auf das französische und holländische Niveau herabzudrücken.[853] Er sagt u.a. naiv:

„Wenn aber unsre Armen" (Kunstausdruck für Arbeiter) „luxuriös leben wollen ... muß ihre Arbeit natürlich teuer sein ... Man betrachte nur die haarsträubende Masse von Überflüssigkeiten (heap of superfluities), die unsre Manufakturarbeiter verzehren, als da sind Branntwein, Gin, Tee, Zucker, fremde Früchte, starkes Bier, gedruckte Leinwand, Schnupf- und Rauchtabak etc."[854]

[851] „Ricardo sagt: ‚In verschiednen Stadien der Gesellschaft ist die Akkumulation des Kapitals oder der Mittel, Arbeit anzuwenden'" (sc. zu exploitieren) „‚mehr oder weniger rasch und muß in allen Fällen von den Produktivkräften der Arbeit abhängen. Die Produktivkräfte der Arbeit sind im allgemeinen am größten, wo Überfluß von fruchtbarem Boden existiert.' Bedeuten in diesem Satz die Produktivkräfte der Arbeit die Kleinheit des aliquoten Teils jedes Produkts, der denen zufällt, deren Handarbeit es produziert, so ist der Satz tautologisch, weil der übrigbleibende Teil der Fonds ist, woraus, wenn es seinem Eigner beliebt (if the owner pleases), Kapital akkumuliert werden kann. Aber dies ist meistens nicht der Fall, wo das Land am fruchtbarsten ist." („Observations on certain verbal disputes etc.", p. 74.)
[852] J. St. Mill, „Essays on some unsettled Questions of Polit. Economy", Lond. 1844, p. 90, 91.
[853] „An Essay on Trade and Commerce," Lond. 1770, p.44. Ähnlich brachte die „Times" vom Dezember 1866 und Januar 1867 Herzensergießungen englischer Minenbesitzer, worin der glückliche Zustand der belgischen Minenarbeiter geschildert ward, die nicht mehr verlangten und nicht mehr erhielten als strikt nötig, um für ihre „masters" zu leben. Die belgischen Arbeiter dulden viel, aber als Musterarbeiter in der „Times" zu figurieren! Anfang Februar 1867 antwortete der mit Pulver und Blei unterdrückte Strike der belgischen Minenarbeiter (bei Marchienne).
[854] l.c.p. 44, 46.

Er zitiert die Schrift eines Fabrikanten von Northamptonshire, der mit himmelwärts schielendem Blick jammert:

„Arbeit ist ein ganzes Dritteil wohlfeiler in Frankreich als in England: denn die französischen Armen arbeiten hart und fahren hart an Nahrung und Kleidung, und ihr Hauptkonsum sind Brot, Früchte, Kräuter, Wurzeln und getrockneter Fisch; denn sie essen sehr selten Fleisch, und wenn der Weizen teuer ist, sehr wenig Brot."[855] „Wozu", fährt der Essayist fort, „wozu noch kommt, daß ihr Getränk aus Wasser besteht oder ähnlichen schwachen Likören, so daß sie in der Tat erstaunlich wenig Geld ausgeben ... Ein derartiger Zustand der Dinge ist sicherlich schwer herbeizuführen aber er ist nicht unerreichbar, wie seine Existenz sowohl in Frankreich als Holland schlagend beweist."[856]

Zwei Jahrzehnte später verfolgte ein amerikanischer Humbug, der baronisierte Yankee Benjamin Thompson (alias Graf Rumford), dieselbe Philanthropielinie mit großem Wohlgefallen vor Gott und den Menschen. Seine „Essays" sind ein Kochbuch mit Rezepten aller Art, um Surrogate an die Stelle der teuren Normalspeisen des Arbeiters zu setzen. Ein besonders gelungnes Rezept dieses wunderlichen „Philosophen" ist folgendes:

„Fünf Pfund Gerste, fünf Pfund Mais, für 3 d. Heringe, 1 d. Salz, 1 d. Essig, 2 d. Pfeffer und Kräuter - Summa von 20 3/4 d. gibt eine Suppe für 64 Menschen, ja mit den Durchschnittspreisen von Korn kann die Kost auf 1/4 d. per Kopf" (noch nicht 3 Pfennige) „herabgedrückt werden."[857]

Mit dem Fortschritt der kapitalistischen Produktion hat die Warenfälschung Thompsons Ideale überflüssig gemacht.[858]

Ende des 18. und während der ersten Dezennien des 19. Jahrhunderts erzwangen die englischen Pächter und Landlords das absolute Minimalsalair, indem sie den Ackerbautaglöhnern weniger als das Minimum in der Form des Arbeitslohns,

[855] Der Fabrikant von Northamptonshire begeht eine im Herzensdrang entschuldbare pia fraus (einen entschuldbaren frommen Betrug). Er vergleicht angeblich das Leben englischer und französischer Manufakturarbeiter, schildert aber, wie er später in seiner Verdadderung selbst gesteht, mit den eben zitierten Worten französische Agrikulturarbeiter!

[856] l.c.p. 70, 71. Note zur dritten Auflage. Heute sind wir, dank der seitdem hergestellten Weltmarktskonkurrenz, ein gut Stück weiter. „Wenn China", erklärt das Parlamentsmitglied Stapleton seinen Wählern, „wenn China ein großes Industrieland wird, so sehe ich nicht ein, wie die europäische Arbeiterbevölkerung den Kampf aushalten könnte, ohne auf das Niveau ihrer Konkurrenten herabzusteigen." („Times", 3. Sept. 1873.) - Nicht mehr kontinentale, nein, chinesische Löhne, das ist jetzt das ersehnte Ziel des englischen Kapitals.

[857] Benjamin Thompson, „Essays, political, economical, and philosophical etc.", 3 vol., Lond. 1796 -1802, vol. 1, p. 294. In seinem „The State of the Poor, or an History of the Labouring Classes in England etc.", empfiehlt Sir F. M. Eden die Rumfofdsche Bettelsuppe bestens den Vorstehern von Workhouses und mahnt die englischen Arbeiter vorwurfsvoll, daß „es bei den Schotten viele Familien gibt, die statt von Weizen, Roggen und Fleisch, monatelang von Hafergrütze und Gerstenmehl, nur mit Salz und Wasser gemischt, leben und das obendrein noch sehr komfortabel (and that very comfortably too)". (l.c., v. I, b. II, ch. II, p. 503.) Ähnliche „Fingerzeige" im 19. Jahrhundert. „Die englischen Ackerbauarbeiter", heißt es z.B., „wollen keine Mischungen niederer Kornarten essen. In Schottland, wo die Erziehung besser ist, ist dies Vorurteil wahrscheinlich unbekannt." (Charles H. Parry M.D., „The Question af the Necessity of the existing Cornlaws considered, Lond. 1816, p. 69.) Derselbe Parry klagt jedoch, daß der englische Arbeiter jetzt (1815) sehr heruntergekommen sei, verglichen mit Edens Zeit (1797).

[858] Aus den Berichten der letzten parlamentarischen Untersuchungskommission über Fälschung von Lebensmitteln sieht man, daß selbst die Fälschung der Arzneistoffe in England nicht Ausnahme, sondern Regel bildet. Z.B. die Examination von 34 Proben von Opium, gekauft in ebensoviel verschiednen Londoner Apotheken, ergab, daß 31 verfälscht waren mit Mohnkapsel, Weizenmehl, Gummischleim, Ton, Sand usw. Viele enthielten kein Atom Morphin.

den Rest aber in der Form von Pfarreiunterstützung auszahlten. Ein Beispiel der Possenreißerei, womit die englischen Dogberries in ihrer „legalen" Festsetzung des Lohntarifs verfuhren:

„Als die Squires die Arbeitslöhne für Speenhamland 1795 festsetzten, hatten sie zu Mittag gespeist, dachten aber offenbar, daß die Arbeiter nicht desgleichen nötig hatten ... Sie entschieden, der Wochenlohn solle 3 sh. per Mann sein, wenn der Laib Brot von 8 Pfund 11 Unzen auf 1 sh. stünde, und er solle regelmäßig wachsen, bis der Laib 1 sh. 5 d. koste. Sobald er über diesen Preis stiege, sollte der Lohn proportionell abnehmen, bis der Preis des Laibes 2 sh. erreicht hätte; und dann sollte die Nahrung des Mannes 1/5 weniger als vorher sein."[859]

Vor dem Untersuchungskomitee des House of Lords, 1814, wird ein gewisser A. Bennett, großer Pächter, Magistrat, Armenhausverwalter und Lohnregulator, gefragt:

„Wird irgendeine Proportion zwischen dem Wert der Tagesarbeit und der Pfarreiunterstützung der Arbeiter beobachtet?" Antwort: „Ja. Das wöchentliche Einkommen jeder Familie wird über ihren Nominallohn hinaus voll gemacht bis zum Gallonlaib Brot (8 Pf. 11 Unzen) und 3 d. per Kopf ... Wir unterstellen den Gallonlaib hinreichend für die Erhaltung jeder Person in der Familie während der Woche; und die 3 d. sind für Kleider; und wenn es der Pfarrei beliebt, die Kleider selbst zu stellen, werden die 3 d. abgezogen. Diese Praxis herrscht nicht nur im ganzen Westen von Wiltshire, sondern, wie ich glaube, im ganzen Land."[860] „So", ruft ein Bourgeoisschriftsteller jener Zeit, „haben die Pächter jahrelang eine respektable Klasse ihrer Landsleute degradiert, indem sie dieselben zwangen, zum Workhouse ihre Zuflucht zu nehmen ... Der Pächter hat seine eignen Gewinne vermehrt, indem er selbst die Akkumulation des unentbehrlichsten Konsumfonds auf Seite der Arbeiter verhinderte."[861]

Welche Rolle heutzutag der direkte Raub am notwendigen Konsumtionsfonds des Arbeiters in der Bildung des Mehrwerts und daher des Akkumulationsfonds des Kapitals spielt, hat beispielsweis die sog. Hausarbeit (s. Kap. XV, 8, c.) gezeigt. Weitere Tatsachen im Verlauf dieses Abschnitts.

Obschon in allen Industriezweigen der aus Arbeitsmitteln bestehende Teil des konstanten Kapitals genügen muß für eine gewisse, durch die Größe der Anlage bestimmte Anzahl Arbeiter, so braucht er doch keineswegs immer in demselben Verhältnis zu wachsen wie die beschäftigte Arbeitsmenge. In einer Fabrikanlage mögen hundert Arbeiter bei achtstündiger Arbeit 800 Arbeitsstunden liefern. Will der Kapitalist diese Summe um die Hälfte steigern, so kann er 50 neue Arbeiter anstellen; dann muß er aber auch ein neues Kapital vorschießen, nicht nur für

[859] G. L. Newnham (barrister at law): „A Review of the Evidence before the Committees of the two Houses of Parliament on the Corn Laws", Lond. 1815, p. 20, Note.
[860] l.c.p. 19, 20.
[861] Ch. H. Parry. l.c.p. 77, 69. Die Herrn Landlords ihrerseits „indemnifizierten" sich nicht nur für den Antijakobinerkrieg, den sie im Namen Englands führten, sondern bereicherten sich enorm. „Ihre Renten verdoppelten, verdreifachten, vervierfachten und, in Ausnahmsfällen, versechsfachten sich in 18 Jahren." (l.c.p. 100, 101.)

Löhne, sondern auch für Arbeitsmittel. Er kann aber auch die alten 100 Arbeiter 12 Stunden arbeiten lassen statt 8, und dann genügen die schon vorhandnen Arbeitsmittel, die sich dann bloß rascher verschleißen. So kann durch höhere Anspannung der Arbeitskraft erzeugte, zusätzliche Arbeit das Mehrprodukt und den Mehrwert, die Substanz der Akkumulation, steigern ohne verhältnismäßige Steigerung des konstanten Kapitalteils.

In der extraktiven Industrie, den Bergwerken z.B., bilden die Rohstoffe keinen Bestandteil des Kapitalvorschusses. Der Arbeitsgegenstand ist hier nicht Produkt vorhergegangner Arbeit, sondern von der Natur gratis geschenkt. So Metallerz, Minerale, Steinkohlen, Steine etc. Hier besteht das konstante Kapital fast ausschließlich in Arbeitsmitteln, die ein vermehrtes Arbeitsquantum sehr gut vertragen können (Tag- und Nachtschicht von Arbeitern z.B.). Alle andern Umstände gleichgesetzt, wird aber Masse und Wert des Produkts steigen in direktem Verhältnis der angewandten Arbeit. Wie am ersten Tag der Produktion, gehn hier die ursprünglichen Produktbildner, daher auch die Bildner der stofflichen Elemente des Kapitals, Mensch und Natur, zusammen. Dank der Elastizität der Arbeitskraft hat sich das Gebiet der Akkumulation erweitert ohne vorherige Vergrößerung des konstanten Kapitals.

In der Agrikultur kann man das bebaute Land nicht ausdehnen ohne Vorschuß von zusätzlichem Samen und Dünger. Aber dieser Vorschuß einmal gemacht, übt selbst die rein mechanische Bearbeitung des Bodens eine wundertätige Wirkung auf die Massenhaftigkeit des Produkts. Eine größere Arbeitsmenge, geleistet von der bisherigen Anzahl Arbeiter, steigert so die Fruchtbarkeit, ohne neuen Vorschuß an Arbeitsmitteln zu erfordern. Es ist wieder direkte Wirkung des Menschen auf die Natur, welche zur unmittelbaren Quelle gesteigerter Akkumulation wird, ohne Dazwischenkunft eines neuen Kapitals.

Endlich in der eigentlichen Industrie setzt jede zusätzliche Ausgabe an Arbeit eine entsprechende Zusatzausgabe an Rohstoffen voraus, aber nicht notwendig auch an Arbeitsmitteln. Und da die extraktive Industrie und Agrikultur der fabrizierenden Industrie ihre eignen Rohstoffe und die ihrer Arbeitsmittel liefern, kommt dieser auch der Produktenzuschuß zugute, den jene ohne zusätzlichen Kapitalzuschuß erzeugt haben.

Allgemeines Resultat: Indem das Kapital sich die beiden Urbildner des Reichtums, Arbeitskraft und Erde, einverleibt, erwirbt es eine Expansions- -kraft, die ihm erlaubt, die Elemente seiner Akkumulation auszudehnen jenseits der scheinbar durch seine eigne Größe gesteckten Grenzen, gesteckt durch den Wert und die Masse der bereits produzierten Produktionsmittel, in denen es sein Dasein hat.

Ein andrer wichtiger Faktor in der Akkumulation des Kapitals ist der Produktivitätsgrad der gesellschaftlichen Arbeit.

Mit der Produktivkraft der Arbeit wächst die Produktenmasse, worin sich ein bestimmter Wert, also auch Mehrwert von gegebner Größe, darstellt. Bei gleichbleibender und selbst bei fallender Rate des Mehrwerts, sofern sie nur langsamer fällt, als die Produktivkraft der Arbeit steigt, wächst die Masse des Mehrprodukts. Bei gleichbleibender Teilung desselben in Revenue und Zusatzkapital kann daher die Konsumtion des Kapitalisten wachsen ohne Abnahme des Akkumulationsfonds. Die proportionelle Größe des Akkumulationsfonds kann selbst auf Kosten des Konsumtionsfonds wachsen, während die Verwohlfeilerung der Waren dem Kapitalisten ebenso viele oder mehr Genußmittel als vorher zur Verfügung stellt. Aber mit der wachsenden Produktivität der Arbeit geht, wie man gesehn, die Verwohlfeilerung des Arbeiters, also wachsende Rate des Mehrwerts, Hand in Hand, selbst wenn der reelle Arbeitslohn steigt. Er steigt nie verhältnismäßig mit der Produktivität der Arbeit. Derselbe variable Kapitalwert setzt also mehr Arbeitskraft und daher mehr Arbeit in Bewegung. Derselbe konstante Kapitalwert stellt sich in mehr Produktionsmitteln, d.h. mehr Arbeitsmitteln, Arbeitsmaterial und Hilfsstoffen dar, liefert also sowohl mehr Produktbildner als Wertbildner oder Arbeitseinsauger. Bei gleichbleibendem und selbst abnehmendem Wert des Zusatzkapitals findet daher beschleunigte Akkumulation statt. Nicht nur erweitert sich die Stufenleiter der Reproduktion stofflich, sondern die Produktion des Mehrwerts wächst schneller als der Wert des Zusatzkapitals.

Die Entwicklung der Produktivkraft der Arbeit reagiert auch auf das Originalkapital oder das bereits im Produktionsprozeß befindliche Kapital. Ein Teil des funktionierenden konstanten Kapitals besteht aus Arbeitsmitteln, wie Maschinerie usw., die nur in längeren Perioden konsumiert und daher reproduziert oder durch neue Exemplare derselben Art ersetzt werden. Aber jedes Jahr stirbt ein Teil dieser Arbeitsmittel ab oder erreicht das Endziel seiner produktiven Funktion. Er befindet sich daher jedes Jahr im Stadium seiner periodischen Reproduktion oder seines Ersatzes durch neue Exemplare derselben Art. Hat die Produktivkraft der Arbeit sich in der Geburtsstätte dieser Arbeitsmittel erweitert, und sie entwickelt sich fortwährend mit dem ununterbrochenen Fluß der Wissenschaft und der Technik, so tritt wirkungsvollere und, ihren Leistungsumfang betrachtet, wohlfeilere Maschine, Werkzeug, Apparat usw. an die Stelle der alten. Das alte Kapital wird in einer produktiveren Form reproduziert, abgesehn von der fortwährenden Detailveränderung an den vorhandnen Arbeitsmitteln. Der andre Teil des konstanten Kapitals, Rohmaterial und Hilfsstoffe, wird fortwährend innerhalb des Jahrs, der der Agrikultur entstammende meist jährlich reproduziert. Jede Einführung beßrer Methoden usw. wirkt hier also fast gleichzeitig auf Zuschußkapital und bereits in Funktion begriffnes Kapital. Jeder Fortschritt der Chemie vermannigfacht nicht nur die Zahl der nützlichen Stoffe und die Nutzanwendungen der schon bekannten, und dehnt daher mit dem Wachstum des Kapitals seine Anlagesphären aus. Er lehrt zugleich die Exkremente des Produktions- und Konsumtionsprozesses in den Kreislauf des Reproduktionsprozesses zurückschleudern, schafft also ohne vorherige Kapitalauslage neuen Kapitalstoff. Gleich vermehrter Ausbeutung des Naturreichtums durch bloß höhere Spannung der Arbeitskraft, bilden Wissenschaft und Technik eine von der gegebnen Größe des funktionierenden Kapitals unabhängige Potenz seiner Expansion. Sie reagiert zugleich auf den in sein Erneuerungsstadium eingetretenen Teil des Originalkapitals. In seine neue Form einverleibt es gratis den hinter dem Rücken seiner alten Form vollzogenen gesellschaftlichen Fortschritt. Allerdings ist diese Entwicklung der Produktivkraft zugleich begleitet von teilweiser Depreziation funktionierender Kapitale. Soweit diese Depreziation sich durch die Konkurrenz akut fühlbar macht, fällt die Hauptwucht auf den Arbeiter, in dessen gesteigerter Exploitation der Kapitalist Schadenersatz sucht.

Die Arbeit überträgt auf das Produkt den Wert der von ihr konsumierten Produktionsmittel. Andrerseits wächst Wert und Masse der durch gegebne Arbeitsmenge in Bewegung gesetzten Produktionsmittel im Verhältnis, wie die Arbeit produktiver wird. Setzt also auch dieselbe Arbeitsmenge ihren Produkten immer nur dieselbe Summe Neuwert zu, so wächst doch der alte Kapitalwert, den sie ihnen gleichzeitig überträgt, mit steigender Produktivität der Arbeit.

Ein englischer und ein chinesischer Spinner z.B. mögen dieselbe Stundenzahl mit derselben Intensität arbeiten, so werden beide in einer Woche gleiche Werte erzeugen. Trotz dieser Gleichheit besteht ein ungeheurer Unterschied zwischen dem Wert des Wochenprodukts des Engländers, der mit einem gewaltigen Automaten arbeitet, und des Chinesen, der nur ein Spinnrad hat. In derselben Zeit, wo der Chinese ein Pfund Baumwolle, verspinnt der Engländer mehrere hundert Pfund. Eine um mehrere hundert Mal größere Summe alter Werte schwellt den Wert seines Produkts an, in welchem sie in neuer nutzbarer Form erhalten werden und so von neuem als Kapital funktionieren können. „1782“, belehrt uns F. Engels, „lag die ganze Wollernte der vorhergehenden drei Jahre“ (in England) „aus Mangel an Arbeitern noch unverarbeitet da und hätte liegenbleiben müssen, wenn nicht die neuerfundne Maschinerie zu Hilfe gekommen wäre und sie versponnen hätte.“[862] Die in der Form von Maschinerie vergegenständlichte Arbeit stampfte natürlich unmittelbar keinen Menschen aus dem Boden, aber sie erlaubte einer geringen Arbeiteranzahl durch Zusatz von relativ wenig lebendiger Arbeit nicht nur die Wolle produktiv zu konsumieren und ihr Neuwert zuzusetzen, sondern in der Form von Garn usw. ihren alten Wert zu erhalten. Sie lieferte damit zugleich Mittel und Sporn zur erweiterten Reproduktion von Wolle. Es ist die Naturgabe der lebendigen Arbeit, alten Wert zu erhalten, während sie Neuwert schafft. Mit dem Wachstum von Wirksamkeit, Umfang und Wert ihrer Produktionsmittel, also mit der die Entwicklung ihrer Produktivkraft begleitenden Akkumulation erhält und verewigt die Arbeit daher in stets neuer Form einen stets schwellenden Kapitalwert.[863] Diese Naturkraft der Arbeit erscheint als Selbsterhaltungskraft des Kapitals, dem sie einverleibt ist, ganz wie ihre gesellschaftlichen Produktivkräfte als seine Eigenschaften, und wie die beständige Aneignung der Mehrarbeit durch den Kapitalisten als beständige Selbstverwertung des Kapitals. Alle Kräfte der Arbeit projektieren sich als Kräfte des Kapitals, wie alle Wertformen der Ware als Formen des Geldes.

[862] Friedrich Engels, „Lage der arbeitenden Klasse in England“, p. 20. (Siehe Band 2, S. 244)
[863] Die klassische Ökonomie hat wegen mangelhafter Analyse des Arbeits- und Verwertungsprozesses dies wich-

Mit dem Wachstum des Kapitals wächst die Differenz zwischen angewandtem und konsumiertem Kapital. In andren Worten: Es wächst die Wert- und Stoffmasse der Arbeitsmittel, wie Baulichkeiten, Maschinerie, Drainierungsröhren, Arbeitsvieh, Apparate jeder Art, die während längerer oder kürzerer Perioden, in beständig wiederholten Produktionsprozessen, ihrem ganzen Umfang nach funktionieren oder zur Erzielung bestimmter Nutzeffekte dienen, während sie nur allmählich verschleißen, daher ihren Wert nur stückweis verlieren, also auch nur stückweis auf das Produkt übertragen. Im Verhältnis, worin diese Arbeitsmittel als Produktbildner dienen, ohne dem Produkt Wert zuzusetzen, also ganz angewandt, aber nur teilweis konsumiert werden, leisten sie, wie früher erwähnt, denselben Gratisdienst wie Naturkräfte, Wasser, Dampf, Luft, Elektrizität usw. Dieser Gratisdienst der vergangnen Arbeit, wenn ergriffen und beseelt von der lebendigen Arbeit, akkumuliert mit der wachsenden Stufenleiter der Akkumulation.

Da die vergangne Arbeit sich stets in Kapital verkleidet, d.h. das Passivum der Arbeit von A, B, C usw. in das Aktivum des Nichtarbeiters X, sind Bürger und politische Ökonomen voll des Lobes für die Verdienste der vergangnen Arbeit,

---

tige Moment der Reproduktion nie ordentlich begriffen, wie man z.B. bei Ricardo sehn kann. Er sagt z.B.: Welches immer der Wechsel der Produktivkraft, „eine Million Menschen produziert in den Fabriken stets denselben Wert." Dies richtig, wenn Extension und Intensivgrad ihrer Arbeit gegeben. Es verhindert aber nicht, und Ricardo übersieht dies in gewissen Schlußfolgerungen, daß eine Million Menschen sehr verschiedne Massen von Produktionsmitteln, bei verschiedner Produktivkraft ihrer Arbeit, in Produkt verwandelt, daher sehr verschiedne Wertmassen in ihrem Produkt erhält, die von ihr gelieferten Produktenwerte also sehr verschieden sind. Ricardo hat, nebenbei bemerkt, an jenem Beispiel umsonst versucht, dem J. B. Say den Unterschied zwischen Gebrauchswert (den er hier wealth nennt, stofflichen Reichtum) und Tauschwert klarzumachen. Say antwortet: „Was die Schwierigkeit anbelangt, die Ricardo hervorhebt, wenn er sagt, daß bei besseren Verfahren eine Million Menschen zwei- bis dreimal soviel Reichtümer hervorbringen kann, ohne mehr Wert zu erzeugen, so verschwindet diese Schwierigkeit, wenn man, wie erforderlich, die Produktion als einen Austausch ansieht, bei dem man die produktiven Dienste seiner Arbeit, seiner Erde und seiner Kapitalien hergibt, um Produkte zu erhalten. Durch diese produktiven Dienste erhalten wir nämlich alle Produkte, die es auf der Welt gibt ... Also ... sind wir um so reicher, haben unsere produktiven Dienste um so größeren Wert, je größer die Menge nützlicher Dinge ist, die sie bei dem Produktion genannten Austausch einbringen. (J. B. Say, „Lettres à M. Malthus", Paris 1820, p. 168, 169.) Die „difficulté" („Schwierigkeit") - sie existiert für ihn, nicht für Ricardo -, die Say erklären soll, ist die: Warum vermehrt sich nicht der Wert der Gebrauchswerte, wenn ihre Quantität infolge gesteigerter Produktivkraft der Arbeit wächst? Antwort: Die Schwierigkeit wird dadurch gelöst, daß man den Gebrauchswert gefälligst Tauschwert nennt. Tauschwert ist ein Ding, das one way or another (so oder so) mit Austausch zusammenhängt. Man nenne also die Produktion einen „Austausch" von Arbeit und Produktionsmitteln gegen das Produkt, und es ist klar wie Wasser, daß man um so mehr Tauschwert erhält, je mehr Gebrauchswert einem die Produktion liefert. In andren Worten: Je mehr Gebrauchswerte, z.B. Strümpfe, ein Arbeitstag dem Strumpffabrikanten liefert, desto reicher ist er an Strümpfen. Plötzlich fällt Say jedoch ein, daß „mit der größern Quantität" der Strümpfe ihr „Preis" (der natürlich nichts mit dem Tauschwert zu tun hat) fällt, „weil die Konkurrenz sie" (die Produzenten) „zwingt, die Produkte für das hinzugeben, was sie sie kosten". Aber wo denn kommt der Profit her, wenn der Kapitalist die Waren zu dem Preis verkauft, den sie ihm kosten? Doch never mind (das macht nichts). Say erklärt, daß infolge der gesteigerten Produktivität jeder im Ersatz für dasselbe Äquivalent jetzt zwei statt früher ein Paar Strümpfe usw. erhält. Das Resultat, wobei er anlangt, ist grade der Satz Ricardos, den er widerlegen wollte. Nach dieser gewaltigen Denkanstrengung apostrophiert er Malthus triumphierend mit den Worten: „Das ist, mein Herr, die gut begründete Lehre, ohne die es, so erkläre ich, nicht möglich ist, die schwierigsten Fragen der politischen Ökonomie zu lösen, insbesondere, wie es kommt, daß eine Nation reicher werden kann, wenn ihre Produkte sich im Wert vermindern, obwohl der Reichtum Wert darstellt." (l.c.p. 170.) Ein englischer Ökonom bemerkt über ähnliche Kunststücke in Says „Lettres": „Diese affektierten Manieren zu schwatzen (those affected ways of talking) bilden im Ganzen das, was Herr Say seine Doktrin zu nennen beliebt und die er dem Malthus ans Herz legt, zu Hertford zu lehren, wie das schon „dans plusieurs parties de l'Europe" („in mehreren Teilen Europas") geschehe. Er sagt: ‚Wenn Sie an allen diesen Behauptungen einen paradoxen Charakter finden, betrachten Sie die Dinge, die sie ausdrücken, und ich wage zu glauben, daß sie Ihnen sehr einfach und sehr vernünftig vorkommen werden.' Zweifelsohne, und zugleich werden sie infolge desselben Prozesses alles andere, nur nicht original oder wichtig erscheinen." („An Inquiry into those Principles respecting the Nature of Demand etc.", p. 110.)

welche nach dem schottischen Genie MacCulloch sogar einen eignen Sold (Zins, Profit usw.) beziehn muß.[864] Das stets wachsende Gewicht der im lebendigen Arbeitsprozeß unter der Form von Produktionsmitteln mitwirkenden vergangnen Arbeit wird also ihrer dem Arbeiter selbst, dessen vergangne und unbezahlte Arbeit sie ist, entfremdeten Gestalt zugeschrieben, ihrer Kapitalgestalt. Die praktischen Agenten der kapitalistischen Produktion und ihre ideologischen Zungendrescher sind ebenso unfähig, das Produktionsmittel von der antagonistischen gesellschaftlichen Charaktermaske, die ihm heutzutag anklebt, getrennt zu denken, als ein Sklavenhalter den Arbeiter selbst von seinem Charakter als Sklave.

Bei gegebnem Exploitationsgrad der Arbeitskraft ist die Masse des Mehrwerts bestimmt durch die Anzahl der gleichzeitig ausgebeuteten Arbeiter, und diese entspricht, obgleich in wechselndem Verhältnis, der Größe des Kapitals. Je mehr also das Kapital vermittelst sukzessiver Akkumulationen wächst, desto mehr wächst auch die Wertsumme, die sich in Konsumtionsfonds und Akkumulationsfonds spaltet. Der Kapitalist kann daher flotter leben und zugleich mehr „entsagen". Und schließlich spielen alle Springfedern der Produktion um so energischer, je mehr ihre Stufenleiter sich erweitert mit der Masse des vorgeschossenen Kapitals.

5. Der sogenannte Arbeitsfonds

Es ergab sich im Verlauf dieser Untersuchung, daß das Kapital keine fixe Größe ist, sondern ein elastischer und mit der Teilung des Mehrwerts in Revenue und Zusatzkapital beständig fluktuierender Teil des gesellschaftlichen Reichtums. Man sah ferner, daß selbst bei gegebner Größe des funktionierenden Kapitals die ihm einverleibte Arbeitskraft, Wissenschaft und Erde (worunter ökonomisch alle ohne Zutat des Menschen von Natur vorhandnen Arbeitsgegenstände zu verstehn sind) elastische Potenzen desselben bilden, die ihm innerhalb gewisser Grenzen einen von seiner eignen Größe unabhängigen Spielraum gestatten. Es wurde dabei von allen Verhältnissen des Zirkulationsprozesses abgesehn, die sehr verschiedne Wirkungsgrade derselben Kapitalmasse verursachen. Es wurde, da wir die Schranken der kapitalistischen Produktion voraussetzen, also eine rein naturwüchsige Gestalt des gesellschaftlichen Produktionsprozesses, abgesehn von jeder mit den vorhandnen Produktionsmitteln und Arbeitskräften unmittelbar und planmäßig bewirkbaren rationelleren Kombination. Die klassische Ökonomie liebte es von jeher, das gesellschaftliche Kapital als eine fixe Größe von fixem Wirkungsgrad aufzufassen. Aber das Vorurteil ward erst zum Dogma befestigt durch den Urphilister Jeremias Bentham, dies nüchtern pedantische, schwatzlederne Orakel des gemeinen Bürgerverstandes des 19. Jahrhunderts.[865] Bentham ist unter den Philosophen, was Martin Tupper unter den Dichtern. Beide waren

[864] MacCulloch löste das Patent auf „wages of past labour" („Lohn für vergangene Arbeit") lange bevor Senior das Patent auf die „wages of abstinence" (den „Lohn für Enthaltung").

[865] Vgl. u.a. J. Bentham, „Théorie des Peines et des Récompenses", trad. Et. Dumont, 3ème éd., Paris 1826, t. II, l. IV, ch. II.

nur in England fabrizierbar.[866] Mit seinem Dogma werden die gewöhnlichsten Erscheinungen des Produktionsprozesses, wie z.B. dessen plötzliche Expansionen und Kontraktionen, ja sogar die Akkumulation, völlig unbegreif- bar.[867] Das Dogma wurde sowohl von Bentham selbst als von Malthus, James Mill, MacCulloch usw. zu apologetischen Zwecken vernutzt, namentlich um einen Teil des Kapitals, das variable oder in Arbeitskraft umsetzbare Kapital als eine fixe Größe darzustellen. Die stoffliche Existenz des variablen Kapitals, d.h. die Masse der Lebensmittel, die es für den Arbeiter repräsentiert, oder der sog. Arbeitsfonds, wurde in einem durch Naturketten abgeringten und unüberschreitbaren Sonderteil des gesellschaftlichen Reichtums verfabelt. Um den Teil des gesellschaftlichen Reichtums, der als konstantes Kapital oder, stofflich ausgedrückt, als Produktionsmittel funktionieren soll, in Bewegung zu setzen, ist eine bestimmte Masse lebendiger Arbeit erheischt. Diese ist technologisch gegeben. Aber weder ist die Anzahl der Arbeiter gegeben, erheischt, um diese Arbeitsmasse flüssig zu machen, denn das wechselt mit dem Exploitationsgrad der individuellen Arbeitskraft, noch der Preis dieser Arbeitskraft, sondern nur seine zudem sehr elastische Minimalschranke. Die Tatsachen, die dem Dogma zu Grund liegen, sind die: Einerseits hat der Arbeiter nicht mitzusprechen bei der Teilung des gesellschaftlichen Reichtums in Genußmittel der Nichtarbeiter und in Produktionsmittel. Andrerseits kann er nur in günstigen Ausnahmsfällen den sog. „Arbeitsfonds“ auf Kosten der „Revenue“ des Reichen erweitern.[868]

[866] Jeremias Bentham ist ein rein englische Phänomen. Selbst unsern Philosophen Christian Wolf nicht ausgenommen, hat zu keiner Zeit und in keinem Land der hausbackenste Gemeinplatz sich jemals so selbstgefällig breitgemacht. Das Nützlichkeitsprinzip war keine Erfindung Benthams. Er reproduzierte nur geistlos, was Helvetius und andere Franzosen des 18. Jahrhunderts geistreich gesagt hatten. Wenn man z.B. wissen will, was ist einem Hunde nützlich, so muß man die Hundenatur ergründen. Diese Natur selbst ist nicht aus dem „Nützlichkeitsprinzip“ zu konstruieren. Auf den Menschen angewandt, wenn man alle menschliche Tat, Bewegung, Verhältnisse usw. nach dem Nützlichkeitsprinzip beurteilen will, handelt es sich erst um die menschliche Natur im allgemeinen und dann um die in jeder Epoche historisch modifizierte Menschennatur. Bentham macht kein Federlesens. Mit der naivsten Trockenheit unterstellt er den modernen Spießbürger, speziell den englischen Spießbürger, als den Normalmenschen. Was diesem Kauz von Normalmensch und seiner Welt nützlich, ist an und für sich nützlich. An diesem Maßstab beurteilt er dann Vergangenheit, Gegenwart und Zukunft. Z.B. die christliche Religion ist nützlich, weil sie dieselben Missetaten religiös verpönt, die der Strafkodes juristisch verdammt. Kunstkritik ist „schädlich“, weil sie ehrbare Leute in ihrem Genuß an Martin Tupper stört usw. Mit solchem Schund hat der brave Mann, dessen Devise: „nulla dies sine linea“ („kein Tag sei ohne einen Strich“), Berge von Büchern gefüllt. Wenn ich die Courage meines Freundes H. Heine hätte, würde ich Herrn Jeremias ein Genie in der bürgerlichen Dummheit nennen.

[867] „Politische Ökonomen sind zu geneigt, eine bestimmte Quantität von Kapital und eine bestimmte Anzahl Arbeiter als Produktionsinstrumente von gleichförmiger Kraft und als mit einer gewissen gleichförmigen Intensität wirkend zu behandeln ... Diejenigen, die behaupten, daß Waren die einzigen Agenten der Produktion sind, beweisen, daß die Produktion überhaupt nicht erweitert werden kann, denn zu einer solchen Erweiterung müßten Lebensmittel, Rohmaterialien und Werkzeuge vorher vermehrt werden. was in der Tat darauf hinauskommt, daß kein Wachstum der Produktion ohne ihr vorheriges Wachstum stattfinden kann oder, in andren Worten. daß jedes Wachstum unmöglich ist.“ (S. Bailey, „Money and its Vicissitudes“, p. 58 u. 70.) Bailey kritisiert das Dogma hauptsächlich vom Standpunkt des Zirkulationsprozesses.

[868] J. St. Mill sagt in seinen „Principles of Polit. Economy“ [b. II, ch. I, § 3]: „Das Produkt der Arbeit wird heutzutag verteilt im umgekehrten Verhältnis zur Arbeit - der größte Teil an die, die niemals arbeiten, der nächstgrößte an die, deren Arbeit fast nur nominell ist, und so, auf absteigender Skala, schrumpft die Belohnung zusammen, im Maße wie die Arbeit härter und unangenehmer wird, bis die ermüdendste und erschöpfendste körperliche Arbeit nicht mit Sicherheit auch nur auf Gewinnung der Lebensbedürfnisse rechnen kann.“ Zur Vermeidung von Mißverständnis bemerke ich, daß, wenn Männer wie J. St. Mill usw. wegen des Widerspruchs ihrer altökonomischen Dogmen und ihrer modernen Tendenzen zu rügen sind, es durchaus unrecht wäre sie mit dem Troß der vulgärökonomischen Apologeten zusammenzuwerfen.

Zu welch abgeschmackter Tautologie es führt, die kapitalistische Schranke des Arbeitsfonds in seine gesellschaftliche Naturschranke umzudichten, zeige u.a. Professor Fawcett:

„Das zirkulierende Kapital[869] eines Landes", sagt er, „ist sein Arbeitsfonds. Um daher den durchschnittlichen Geldlohn, den jeder Arbeiter erhält, zu berechnen, haben wir nur einfach dies Kapital durch die Anzahl der Arbeiterbevölkerung zu dividieren."[870]

D.h. also, erst rechnen wir die wirklich gezahlten individuellen Arbeitslöhne in eine Summe zusammen, dann behaupten wir, daß diese Addition die Wertsumme des von Gott und Natur oktroyierten „Arbeitsfonds" bildet. Endlich dividieren wir die so erhaltne Summe durch die Kopfzahl der Arbeiter, um hinwiederum zu entdecken, wieviel jedem Arbeiter individuell im Durchschnitt zufallen kann. Eine ungemein pfiffige Prozedur dies. Sie verhindert Herrn Fawcett nicht, im selben Atemzug zu sagen:

„Der in England jährlich akkumulierte Gesamtreichtum wird in zwei Teile geteilt. Ein Teil wird in England zur Erhaltung unsrer eignen Industrie verwandt. Ein andrer Teil wird in andre Länder exportiert ... Der in unsrer Industrie angewandte Teil bildet keine bedeutende Portion des jährlich in diesem Land akkumulierten Reichtums."[871]

Der größere Teil des jährlich zuwachsenden Mehrprodukts, dem englischen Arbeiter ohne Äquivalent entwandt, wird also nicht in England, sondern in fremden Länder verkapitalisiert. Aber mit dem so exportierten Zusatzkapital wird ja auch ein Teil des von Gott und Bentham erfundnen „Arbeitsfonds" exportiert.[872]

Das allgemeine Gesetz der kapitalistischen Akkumulation

1. Wachsende Nachfrage nach Arbeitskraft mit der Akkumulation, bei gleichbleibender Zusammensetzung des Kapitals

Wir behandeln in diesem Kapitel den Einfluß, den das Wachstum des Kapitals auf das Geschick der Arbeiterklasse ausübt. Der wichtigste Faktor bei dieser Untersuchung ist die Zusammensetzung des Kapitals und die Veränderungen, die sie im Verlauf des Akkumulationsprozesses durchmacht.

[869] H. Fawcett, Prof. of Polit. Econ. at Cambridge: „The Economic Position of the British Labourer", Lond. 1865, p. 120.
[870] Ich erinnere hier den Leser, daß die Kategorien: variables und konstantes Kapital von mir zuerst gebraucht werden. Die politische Ökonomie seit A. Smith wirft die darin enthaltenen Bestimmungen mit den aus dem Zirkulationsprozeß entspringenden Formunterschieden von fixem und zirkulierendem Kapital kunterbunt zusammen. Das Nähere darüber im Zweiten Buch, zweiter Abschnitt.
[871] Fawcett, l.c.p. 123, 122.
[872] Man könnte sagen, daß nicht nur Kapital, sondern auch Arbeiter, in Form der Emigration, jährlich aus England exportiert werden. Im Text ist jedoch gar nicht die Rede vom Peculium der Auswanderer, die zum großen Teil keine Arbeiter sind. Die Pächterssöhne liefern große Portion. Das jährlich zur Verzinsung ins Ausland versandte englische Zusatzkapital steht in ungleich größerem Verhältnis zur jährlichen Akkumulation als die jährliche Auswanderung zum jährlichen Zuwachs der Bevölkerung.

Die Zusammensetzung des Kapitals ist in zweifachem Sinn zu fassen. Nach der Seite des Werts bestimmt sie sich durch das Verhältnis, worin es sich teilt in konstantes Kapital oder Wert der Produktionsmittel und variables Kapital oder Wert der Arbeitskraft, Gesamtsumme der Arbeitslöhne. Nach der Seite des Stoffs, wie er im Produktionsprozeß fungiert, teilt sich jedes Kapital in Produktionsmittel und lebendige Arbeitskraft; diese Zusammensetzung bestimmt sich durch das Verhältnis zwischen der Masse der angewandten Produktionsmittel einerseits und der zu ihrer Anwendung erforderlichen Arbeitsmenge andrerseits. Ich nenne die erstere die Wertzusammensetzung, die zweite die technische Zusammensetzung des Kapitals. Zwischen beiden besteht enge Wechselbeziehung. Um diese auszudrücken, nenne ich die Wertzusammensetzung des Kapitals, insofern sie durch seine technische Zusammensetzung bestimmt wird und deren Änderungen widerspiegelt: die organische Zusammensetzung des Kapitals. Wo von der Zusammensetzung des Kapitals kurzweg die Rede ist, ist stets seine organische Zusammensetzung zu verstehn.

Die zahlreichen in einem bestimmten Produktionszweig angelegten Einzelkapitale haben unter sich mehr oder weniger verschiedne Zusammensetzung. Der Durchschnitt ihrer Einzelzusammensetzungen ergibt uns die Zusammensetzung des Gesamtkapitals dieses Produktionszweigs. Endlich ergibt uns der Gesamtdurchschnitt der Durchschnittszusammensetzungen sämtlicher Produktionszweige die Zusammensetzung des gesellschaftlichen Kapitals eines Landes, und von dieser allein in letzter Instanz ist im folgenden die Rede.

Wachstum des Kapitals schließt Wachstum seines variablen oder in Arbeitskraft umgesetzten Bestandteils ein. Ein Teil des in Zusatzkapital verwandelten Mehrwerts muß stets rückverwandelt werden in variables Kapital oder zuschüssigen Arbeitsfonds. Unterstellen wir, daß, nebst sonst gleichbleibenden Umständen, die Zusammensetzung des Kapitals unverändert bleibt, d.h. eine bestimmte Masse Produktionsmittel oder konstantes Kapital stets dieselbe Masse Arbeitskraft erheischt, um in Bewegung gesetzt zu werden, so wächst offenbar die Nachfrage nach Arbeit und der Subsistenzfonds der Arbeiter verhältnismäßig mit dem Kapital und um so rascher, je rascher das Kapital wächst. Da das Kapital jährlich einen Mehrwert produziert, wovon ein Teil jährlich zum Originalkapital geschlagen wird, da dies Inkrement selbst jährlich wächst mit dem zunehmenden Umfang des bereits in Funktion begriffenen Kapitals und da endlich, unter besondrem Sporn des Bereicherungstriebs, wie z.B. Öffnung neuer Märkte, neuer Sphären der Kapitalanlage infolge neu entwickelter gesellschaftlicher Bedürfnisse usw., die Stufenleiter der Akkumulation plötzlich ausdehnbar ist durch bloß veränderte Teilung des Mehrwerts oder Mehrprodukts in Kapital und Revenue, können die Akkumulationsbedürfnisse des Kapitals das Wachstum der Arbeitskraft oder der Arbeiteranzahl, die Nachfrage nach Arbeitern ihre Zufuhr überflügeln und daher die Arbeitslöhne steigen. Dies muß sogar schließlich der Fall sein bei unveränderter Fortdauer obiger Voraussetzung. Da in jedem Jahr mehr Arbeiter beschäftigt werden als im vorhergehenden, so muß früher oder später der Punkt eintreten, wo die Bedürfnisse der Akkumulation anfangen, über die gewöhnliche Zufuhr von Arbeit hinauszuwachsen, wo also Lohnsteigerung eintritt. Klage hierüber ertönt in England während des ganzen fünfzehnten und der ersten Hälfte des achtzehnten Jahrhunderts. Die mehr oder minder günstigen Umstände, worin sich die Lohnarbeiter erhalten und vermehren, ändern jedoch nichts am Grundcharakter der kapitalistischen Produktion. Wie die einfache Reproduktion fortwährend das Kapitalverhältnis selbst reproduziert, Kapitalisten auf der einen Seite, Lohnarbeiter auf der andren, so reproduziert die Reproduktion auf erweiterter Stufenleiter oder die Akkumulation das Kapitalverhältnis auf erweiterter Stufenleiter, mehr Kapitalisten oder größere Kapitalisten auf diesem Pol, mehr Lohnarbeiter auf jenem. Die Reproduktion der Arbeitskraft, die sich dem Kapital unaufhörlich als Verwertungsmittel einverleiben muß, nicht von ihm loskommen kann und deren Hörigkeit zum Kapital nur versteckt wird durch den Wechsel der individuellen Kapitalisten, woran sie sich verkauft, bildet in der Tat ein Moment der Reproduktion des Kapitals selbst. Akkumulation des Kapitals ist also Vermehrung des Proletariats.[873]

Die klassische Ökonomie begriff diesen Satz so wohl, daß A. Smith, Ricardo usw., wie früher erwähnt, die Akkumulation sogar fälschlich identifizieren mit Konsum des ganzen kapitalisierten Teils des Mehrprodukts durch produktive Arbeiter oder mit seiner Verwandlung in zuschüssige Lohnarbeiter. Schon 1696 sagt John Bellers:

„Wenn jemand 100.000 Acres hätte und ebenso viele Pfunde Geld und ebensoviel Vieh, was wäre der reiche Mann ohne den Arbeiter außer selbst ein Arbeiter? Und wie die Arbeiter Leute reich machen, so desto mehr Arbeiter, desto mehr Reiche ... Die Arbeit des Armen ist die Mine des Reichen.“[874]

So Bernard de Mandeville im Anfang des 18. Jahrhunderts:

„Wo das Eigentum hinreichend geschützt ist, wäre es leichter, ohne Geld zu leben als ohne Arme, denn wer würde die Arbeit tun?... Wie die Arbeiter vor Aushungerung zu bewahren sind, so sollten sie nichts erhalten, was der Ersparung wert ist. Wenn hier und da einer aus der untersten Klasse durch ungewöhnlichen Fleiß und Bauchkneipen sich über die Lage erhebt, worin er aufgewachsen war, so muß ihn keiner daran hin- dern: ja es ist unleugbar der weiseste Plan für jede

[873] Karl Marx, l.c. (Siehe Band 6, S. 410) - „Bei gleicher Unterdrückung der Massen ist ein Land um so reicher, je mehr Proletarier es hat.“ (Colins, „L'Économie Politique, Source des Révolutions et des Utopies prétendues Socialistes“, Paris 1857, t. III, p. 331.) Unter „Proletarier“ ist ökonomisch nichts zu versteh. als der Lohnarbeiter, der „Kapital“ produziert und verwertet und aufs Pflaster geworfen wird, sobald er für die Verwertungsbedürfnisse des „Monsieur Kapital“, wie Pecqueur diese Person nennt, überflüssig ist. „Der kränkliche Proletarier des Urwalds“ ist ein artiges Roschersches Phantom. Der Urwäldler ist Eigentümer des Urwalds und behandelt den Urwald, ganz so ungeniert wie der Orang-Utang, als sein Eigentum. Er ist also nicht Proletarier. Dies wäre nur der Fall, wenn der Urwald ihn, statt er den Urwald exploitierte. Was seinen Gesundheitszustand betrifft, steht solcher wohl den Vergleich aus nicht nur mit dem des modernen Proletariers, sondern auch dem der syphilitischen und skrofulösen „Ehrbarkeit“. Doch versteht Herr Wilhelm Roscher unter Urwald wahrscheinlich die stammverwandte Lüneburger Heide.

[874] „As the Labourers make men rich, so the more Labourers, there will be the more rich men ... the Labour of the Poor being the Mines of the Rich.“ (John Bellers, l.c.p. 2.)

Privatperson, für jede Privatfamilie in der Gesellschaft, frugal zu sein; aber es ist das Interesse aller reichen Nationen, daß der größte Teil der Armen nie untätig sei und sie dennoch stets verausgaben, was sie einnehmen ... Diejenigen, die ihr Leben durch ihre tägliche Arbeit gewinnen, haben nichts, was sie anstachelt, dienstlich zu sein außer ihren Bedürfnissen, welche es Klugheit ist zu lindern, aber Narrheit wäre zu kurieren. Das einzige Ding, das den arbeitenden Mann fleißig machen kann, ist ein mäßiger Arbeitslohn. Ein zu geringer macht ihn je nach seinem Temperament kleinmütig oder verzweifelt, ein zu großer insolent und faul ... Aus dem bisher Entwickelten folgt, daß in einer freien Nation, wo Sklaven nicht erlaubt sind, der sicherste Reichtum aus einer Menge arbeitsamer Armen besteht. Außerdem, daß sie die nie versagende Zufuhrquelle für Flotte und Armee, gäbe es ohne sie keinen Genuß und wäre das Produkt keines Landes verwertbar. Um die Gesellschaft" (die natürlich aus den Nichtarbeitern besteht) „glücklich und das Volk selbst in kümmerlichen Zuständen zufrieden zu machen, ist es nötig, daß die große Majorität sowohl unwissend als arm bleibt. Kenntnis erweitert und vervielfacht unsere Wünsche, und je weniger ein Mann wünscht, desto leichter können seine Bedürfnisse befriedigt werden."[875]

Was Mandeville, ein ehrlicher Mann und heller Kopf, noch nicht begreift, ist, daß der Mechanismus des Akkumulationsprozesses selbst mit dem Kapital die Masse der „arbeitsamen Armen" vermehrt, d.h. der Lohnarbeiter, die ihre Arbeitskraft in wachsende Verwertungskraft des wachsenden Kapitals verwandeln und ebendadurch ihr Abhängigkeitsverhältnis von ihrem eignen, im Kapitalisten personifzierten Produkt verewigen müssen. Mit Bezug auf dies Abhängigkeitsverhältnis bemerkt Sir F. M. Eden in seiner „Lage der Armen, oder Geschichte der arbeitenden Klasse Englands":

„Unsere Zone erfordert Arbeit zur Befriedigung der Bedürfnisse, und deshalb muß wenigstens ein Teil der Gesellschaft unermüdet arbeiten ... Einige, die nicht arbeiten, haben dennoch die Produkte des Fleißes zu ihrer Verfügung. Das verdanken diese Eigentümer aber nur der Zivilisation und Ordnung; sie sind reine Kreaturen der bürgerlichen Institutionen.[876] Denn diese haben es anerkannt, daß man die Früchte der Arbeit auch anders als durch Arbeit sich aneignen kann. Die Leute von unabhängigem Vermögen verdanken ihr Vermögen fast ganz der Arbeit andrer, nicht ihrer eignen Fähigkeit, die durchaus nicht besser ist als die der andren; es ist nicht der Besitz von Land und Geld, sondern das Kommando über Arbeit (the command of labour), das die Reichen von

[875] B. de Mandeville, („The Fable of the Bees", 5th cd., Land. 1728, Remarks, p. 212, 213, 328.) - „Mäßiges Leben und beständige Arbeit sind für den Armen der Weg zum materiellen Glücke" (worunter er möglichst langen Arbeitstag und möglichst wenig Lebensmittel versteht) „und zum Reichtum für den Staat" (nämlich Grundeigentümer, Kapitalisten und ihre politischen Würdeträger und Agenten). („An Essay on Trade and Commerce", Lond. 1770, p. 54.)

[876] „Eden hätte fragen sollen, wessen Kreatur sind denn „die bürgerlichen Institutionen"? Vom Standpunkt der juristischen Illusion betrachtet er nicht das Gesetz als Produkt der materiellen Produktionsverhältnisse, sondern umgekehrt die Produktionsverhältnisse als Produkt des Gesetzes. Linguet warf Montesquieus illusorischen „Esprit des Lois" mit dem einen Wort über den Haufen: „L'esprit des lois, c'est la propriété".

den Armen unterscheidet ... Was dem Armen zusagt, ist nicht eine verworfene oder servile Lage, sondern ein bequemes und liberales Abhängigkeitsverhältnis (a state of easy and liberal dependence), und für die Leute von Eigentum hinreichender Einfluß und Autorität über die, die für sie arbeiten ... Ein solches Abhängigkeitsverhältnis ist, wie jeder Kenner der menschlichen Natur weiß, notwendig für den Komfort der Arbeiter selbst. „[877]

Sir F. M. Eden, beiläufig bemerkt, ist der einzige Schüler Adam Smiths, der während des achtzehnten Jahrhunderts etwas Bedeutendes geleistet hat.[878]

Unter den bisher unterstellten, den Arbeitern günstigsten Akkumulationsbedingungen kleidet sich ihr Abhängigkeitsverhältnis vom Kapital in erträgliche

[877] Eden, l.c., v. I, 1.1, ch. I, p. I, 2 und Preface, p. XX.

[878] Sollte der Leser an Malthus erinnern, dessen „Essay on Population" 1798 erschien, so erinnere ich, daß diese Schrift in ihrer ersten Form nichts als ein schülerhaft oberflächliches und pfäffisch verdeklamiertes Plagiat aus Defoe, Sir James Steuart, Townsend, Franklin, Wallace usw. ist und nicht einen einzigen selbstgedachten Satz enthält. Das große Aufsehn, das dies Pamphlet erregte, entsprang lediglich Parteiinteressen. Die Französische Revolution hatte im britischen Königreich leidenschaftliche Verteidiger gefunden; das „Populationsprinzip", langsam im 18. Jahrhundert herausgearbeitet, dann mitten in einer großen sozialen Krisis mit Pauken und Trompeten verkündet als das unfehlbare Gegengift gegen die Lehren von Condorcet u.a., wurde jubelnd begrüßt von der englischen Oligarchie als der große Austilger aller Gelüste nach menschlicher Fortentwicklung. Malthus, über seinen Erfolg hocherstaunt, gab sich dann daran, oberflächlich kompiliertes Material in das alte Schema zu stopfen und neues, aber nicht von Malthus entdecktes, sondern nur annexiertes, zuzufügen. - Nebenbei bemerkt. Obgleich Malthus Pfaffe der englischen Hochkirche, hatte er das Mönchsgelübde des Zölibats abgelegt. Dies ist nämlich eine der Bedingungen der fellowship (Mitgliedschaft) der protestantischen Universität zu Cambridge. „Daß die Mitglieder der Kollegien verheiratet sind, gestatten wir nicht, sondern sobald jemand eine Frau nimmt, hört er damit auf, Mitglied des Kollegiums zu sein." („Reports of Cambridge University Commission", p. 172.) Dieser Umstand unterscheidet Malthus vorteilhaft von den andren protestantischen Pfaffen, die das katholische Gebot des Priesterzölibats von sich selbst abgeschüttelt und das „Seid fruchtbar und mehret euch" in solchem Maß als ihre spezifisch biblische Mission vindiziert haben, daß sie überall in wahrhaft unanständigem Grad zur Vermehrung der Bevölkerung beitragen, während sie gleichzeitig den Arbeitern das „Populationsprinzip" predigen. Es ist charakteristisch, daß der ökonomische travestierte Sündenfall, der Adamsapfel, der „urgent appetite", „the checks which tend to blunt the shafts of Cupid" (die „dringliche Begierde, „die Hemmnisse, die die Pfeile Cupidos abzustumpfen suchen"), wie Pfaff Townsend munter sagt, daß dieser kitzlige Punkt von den Herrn von der protestantischen Theologie oder vielmehr Kirche monopolisiert ward und wird. Mit Ausnahme des venetianischen Mönches Ortes, eines originellen und geistreichen Schriftstellers, sind die meisten Populationslehrer protestantische Pfaffen. So Bruckner: „Théorie du Systeme animal", Leyde 1767, worin die ganze moderne Bevölkerungstheorie erschöpft ist und wozu der vorübergehende Zank zwischen Quesnay und seinem Schüler Mirabeau pére (der Ältere) über dasselbe Thema Ideen lieferte, dann Pfaffe Wallace, Pfaffe Townsend, Pfaffe Malthus und sein Schüler, der Erzpfaff Th. Chalmers, von kleineren pfäffischen Skribenten in this line (dieser Art) gar nicht zu reden. Ursprünglich ward die politische Ökonomie betrieben von Philosophen, wie Hobbes, Locke, Hume, Geschäfts- und Staatsleuten, wie Thomas Morus, Temple, Sully, de Witt, North, Law, Vanderlint, Cantillon, Franklin, und theoretisch namentlich, und mit dem größten Erfolg, von Medizinern, wie Petty, Barbon, Mandeville, Quesnay. Noch Mitte des 18. Jahrhunderts entschuldigt sich Rev. Mr. Tucker, ein bedeutender Ökonom für seine Zeit, daß er sich mit dem Mammon beschäftigte. Später, und zwar mit dem „Bevölkerungsprinzip" schlug die Stunde der protestantischen Pfaffen. Als ob er diese Geschäftsverpfuschung geahnt, sagt Petty, der die Population als Basis des Reichtums behandelt und, gleich Adam Smith, abgesagter Pfaffenfeind: „Die Religion blüht am besten, wenn die Priester am meisten kasteit werden, wie das Recht am besten, wo die Advokaten verhungern." Er rät daher den protestantischen Pfaffen, wenn sie einmal dem Apostel Paulus nicht folgen und sich nicht durch das Zölibat „abtöten" wollen, „doch ja nicht mehr Pfaffen zu hecken (not to breed more Churchmen) als die vorhandenen Pfründen (benefices) absorbieren können; d.h. wenn es nur 12.000 Pfründen in England und Wales gibt, ist es unweis, 24.000 Pfaffen zu hecken (it will not be safe to breed 24.000 ministers), denn die 12.000 Unversorgten werden stets einen Lebensunterhalt zu gewinnen suchen, und wie könnten sie das leichter tun, als indem sie unter das Volk gehn und es überreden, die 12.000 Pfründner vergifteten die Seelen, und hungerten selbige Seelen aus, und zeigten ihnen den Holzweg zum Himmel?" (Petty, „A Treatise on Taxes and Contributions", Lond. 1667, p. 57.) Adam Smiths Stellung zum protestantischen Pfaffentum seiner Zeit ist durch folgendes charakterisiert. In „A Letter to A. Smith, L. L. D. On the life, Death and Philosophy of his Friend David Hume. By One of the People called Christians", 4th ed., Oxford 1784, kanzelt Dr. Horne, hochkirchlicher Bischof von Norwich, den A. Smith ab, weil er in einem öffentlichen Send-

oder, wie Eden sagt, „bequeme und liberale“ Formen. Statt intensiver zu werden mit dem Wachstum des Kapitals, wird es nur extensiver, d.h. die Exploitations- und Herrschaftssphäre des Kapitals dehnt sich nur aus mit seiner eigenen Dimension und der Anzahl seiner Untertanen. Von ihrem eignen anschwellenden und schwellend in Zusatzkapital verwandelten Mehrprodukt strömt ihnen ein größerer Teil in der Form von Zahlungsmitteln zurück, so daß sie den Kreis ihrer Genüsse erweitern, ihren Konsumtionsfonds von Kleidern, Möbeln usw. besser ausstatten und kleine Reservefonds von Geld bilden können. So wenig aber bessere Kleidung, Nahrung, Behandlung und ein größeres Peculium das Abhängigkeitsverhältnis und die Exploitation des Sklaven aufheben, so wenig die des Lohnarbeiters. Steigender Preis der Arbeit infolge der Akkumulation des Kapitals besagt in der Tat nur, daß der Umfang und die Wucht der goldnen Kette, die der Lohnarbeiter sich selbst bereits geschmiedet hat, ihre losere Spannung erlauben. In den Kontroversen über diesen Gegenstand hat man meist die Hauptsache übersehn, nämlich die differentia specifica (den kennzeichnenden Unterschied) der kapitalistischen Produktion. Arbeitskraft wird hier gekauft, nicht um durch ihren Dienst oder ihr Produkt die persönlichen Bedürfnisse des Käufers zu befriedigen. Sein Zweck ist Verwertung seines Kapitals, Produktion von Waren, die mehr Arbeit enthalten, als er zahlt, also einen Wertteil enthalten, der ihm nichts kostet und dennoch durch den Warenverkauf realisiert wird. Produktion von Mehrwert oder Plusmacherei ist das absolute Gesetz dieser Produktionsweise. Nur soweit sie die Produktionsmittel als Kapital erhält, ihren eignen Wert als Kapital reproduziert und in unbezahlter Arbeit eine Quelle von Zuschußkapital liefert, ist die Arbeitskraft verkaufbar.[879] Die Bedingungen ihres Verkaufs, ob mehr oder minder günstig für den Arbeiter, schließen also die Notwendigkeit ihres steten

schreiben an Herrn Strahan seinen „Freund David“ (sc. Hume) „einbalsamiere“, weil er dem Publikum erzähle, wie „Hume auf seinem Sterbebett sich mit Lukian und Whist amüsierte“, und sogar die Frechheit hatte, zu schreiben: „Ich habe Hume stets, sowohl während seines Lebens wie nach seinem Tode so nahe dem Ideal eines vollkommen weisen und tugendhaften Mannes betrachtet, als die Schwäche der menschlichen Natur erlaubt.“ Der Bischof ruft entrüstet: „Ist es recht von Ihnen, mein Herr, uns als vollkommen weise und tugendhaft den Charakter und Lebenswandel eines Menschen zu schildern, der von einer unheilbaren Antipathie besessen war wider alles, was Religion heißt, und der jeden Nerv anspannte, um, so viel an ihm, selbst ihren Namen aus dem Gedächtnis der Menschen zu löschen?“ (l.c.p. 8.) „Aber laßt euch nicht entmutigen, Liebhaber der Wahrheit, der Atheismus ist kurzlebig.“ (p. 17.) Adam Smith „hat die gräßliche Ruchlosigkeit (the atrocious wickedness), den Atheismus durch das Land zu propagandieren“ (nämlich durch seine „Theory of moral sentiments“). „... Wir kennen Eure Schliche, Herr Doktor! Ihr meint's gut, rechnet aber diesmal ohne den Wirt. Ihr wollt uns durch das Beispiel von David Hume, Esq., weismachen, daß Atheismus der einzige Schnaps (cordial) für ein niedergeschlagnes Gemüt und das einzige Gegengift wider Todesfurcht ist ... Lacht nur über Babylon in Ruinen und beglückwünscht nur den verhärteten Bösewicht Pharao!“ (l.c.p. 21, 22.) Ein orthodoxer Kopf unter A. Smiths Kollegienbesuchern schreibt nach dessen Tod: „Smiths Freundschaft für Hume verhinderte ihn, ein Christ zu ... Er glaubte Hume alles aufs Wort. Wenn Hume ihm gesagt, der Mond sei ein grüner Käs, er hätt's geglaubt. Er glaubte ihm daher auch, daß es keinen Gott und keine Wunder gebe ... In seinen politischen Prinzipien streifte er an Republikanismus.“ („The Bee“ by James Anderson, 18 vls., Edinb. 1791-1793, vol. 3, p. 166, 165.) Pfaff Th. Chalmers hat A. Smith in Verdacht, daß er aus reiner Malice die Kategorie der „unproduktiven Arbeiter“ eigens für die protestantischen Pfaffen erfand, trotz ihrer gesegneten Arbeit im Weinberg des Herrn.

[879] Note zur 2. Ausgabe. „Die Grenze jedoch der Beschäftigung von industriellen wie von ländlichen Arbeitern ist dieselbe: nämlich die Möglichkeit für den Unternehmer, einen Profit aus ihrem Arbeitsprodukt herauszuschlagen. Steigt die Rate des Arbeitslohns so hoch, daß der Gewinn des Meisters unter den Durchschnittsprofit fällt, so hört er auf, sie zu beschäftigen, oder beschäftigt sie nur unter der Bedingung, daß sie eine Herabsetzung des Arbeitslohns zulassen.“ (John Wade, l.c.p. 240.)

Wiederverkaufs und die stets erweiterte Reproduktion des Reichtums als Kapital ein. Der Arbeitslohn, wie man gesehn, bedingt seiner Natur nach stets Lieferung eines bestimmten Quantums unbezahlter Arbeit auf seiten des Arbeiters. Ganz abgesehn vom Steigen des Arbeitslohns mit sinkendem Preis der Arbeit usw., besagt seine Zunahme im besten Fall nur quantitative Abnahme der unbezahlten Arbeit, die der Arbeiter leisten muß. Diese Abnahme kann nie bis zum Punkt fortgehn, wo sie das System selbst bedrohen würde. Abgesehn von gewaltsamen Konflikten über die Rate des Arbeitslohns, und Adam Smith hat bereits gezeigt, daß im großen und ganzen in solchem Konflikt der Meister stets Meister bleibt, unterstellt ein aus Akkumulation des Kapitals entspringendes Steigen des Arbeitspreises folgende Alternative.

Entweder fährt der Preis der Arbeit fort zu steigen, weil seine Erhöhung den Fortschritt der Akkumulation nicht stört; es liegt darin nichts Wunderbares, denn, sagt A. Smith, „selbst bei gesunknem Profit vermehren sich die Kapitale dennoch; sie wachsen selbst rascher als vorher ... Ein großes Kapital wächst selbst bei kleinerem Profit im allgemeinen rascher als ein kleines Kapital bei großem Profit. (l.c. I, p. 189.)

In diesem Falle ist es augenscheinlich, daß eine Verminderung der unbezahlten Arbeit die Ausdehnung der Kapitalherrschaft keineswegs beeinträchtigt. - Oder, das ist die andre Seite der Alternative, die Akkumulation erschlafft infolge des steigenden Arbeitspreises, weil der Stachel des Gewinns abstumpft. Die Akkumulation nimmt ab. Aber mit ihrer Abnahme verschwindet die Ursache ihrer Abnahme, nämlich die Disproportion zwischen Kapital und exploitabler Arbeitskraft. Der Mechanismus des kapitalistischen Produktionsprozesses beseitigt also selbst die Hindernisse, die er vorübergehend schafft. Der Arbeitspreis fällt wieder auf ein den Verwertungsbedürfnissen des Kapitals entsprechendes Niveau, ob dieses nun unter, über oder gleich mit dem Niveau, welches vor Eintritt des Lohnzuwachses als normal galt. Man sieht: Im ersten Fall ist es nicht die Abnahme im absoluten oder proportionellen Wachstum der Arbeitskraft oder Arbeiterbevölkerung, welche das Kapital überschüssig, sondern umgekehrt die Zunahme des Kapitals, welche die exploitable Arbeitskraft unzureichend macht. Im zweiten Fall ist es nicht die Zunahme im absoluten oder proportionellen Wachstum der Arbeitskraft oder der Arbeiterbevölkerung, welche das Kapital unzureichend, sondern umgekehrt die Abnahme des Kapitals, welche die exploitable Arbeitskraft, oder vielmehr ihren Preis, überschüssig macht. Es sind diese absoluten Bewegungen in der Akkumulation des Kapitals, welche sich als relative Bewegungen in der Masse der exploitablen Arbeitskraft widerspiegeln und daher der eignen Bewegung der letztren geschuldet scheinen. Um mathematischen Ausdruck anzuwenden: die Größe der Akkumulation ist die unabhängige Variable, die Lohngröße die abhängige, nicht umgekehrt. So drückt sich in der Krisenphase des industriellen Zyklus der allgemeine Fall der Warenpreise als Steigen des relativen Geldwerts, und in der Prosperitätsphase das allgemeine Steigen der Warenpreise als Fall des relativen Geldwerts aus. Die sog. Currency-Schule schließt daraus, daß bei hohen Preisen zu viel, bei niedrigen zu wenig Geld zirkuliert. (3. und 4. Auflage: bei hohen Preisen zu wenig, bei niedrigen zu viel Geld zirkuliert.) Ihre Ignoranz und völlige Verkennung der Tatsachen[880] finden würdige Parallele in den Ökonomen, welche jene Phänomene der Akkumulation dahin deuten, daß das eine Mal zu wenig und das andre Mal zu viel Lohnarbeiter existieren.

Das Gesetz der kapitalistischen Produktion, das dem angeblichen „natürlichen Populationsgesetz" zugrunde liegt, kommt einfach auf dies heraus: Das Verhältnis zwischen Kapital, Akkumulation und Lohnrate ist nichts als das Verhältnis zwischen der unbezahlten, in Kapital verwandelten Arbeit und der zur Bewegung des Zusatzkapitals erforderlichen zuschüssigen Arbeit. Es ist also keineswegs ein Verhältnis zweier voneinander unabhängigen Größen, einerseits der Größe des Kapitals, andrerseits der Zahl der Arbeiterbevölkerung, es ist vielmehr in letzter Instanz nur das Verhältnis zwischen der unbezahlten und der bezahlten Arbeit derselben Arbeiterbevölkerung. Wächst die Menge der von der Arbeiterklasse gelieferten und von der Kapitalistenklasse akkumulierten, unbezahlten Arbeit rasch genug, um nur durch einen außergewöhnlichen Zuschuß bezahlter Arbeit sich in Kapital verwandeln zu können, so steigt der Lohn, und alles andre gleichgesetzt, nimmt die unbezahlte Arbeit im Verhältnis ab. Sobald aber diese Abnahme den Punkt berührt, wo die das Kapital ernährende Mehrarbeit nicht mehr in normaler Menge angeboten wird, so tritt eine Reaktion ein: ein geringerer Teil der Revenue wird kapitalisiert, die Akkumulation erlahmt, und die steigende Lohnbewegung empfängt einen Gegenschlag. Die Erhöhung des Arbeitspreises bleibt also eingebannt in Grenzen, die die Grundlagen des kapitalistischen Systems nicht nur unangetastet lassen, sondern auch seine Reproduktion auf wachsender Stufenleiter sichern. Das in ein Naturgesetz mystifizierte Gesetz der kapitalistischen Akkumulation drückt also in der Tat nur aus, daß ihre Natur jede solche Abnahme im Exploitationsgrad der Arbeit oder jede solche Steigerung des Arbeitspreises ausschließt, welche die stetige Reproduktion des Kapitalverhältnisses und seine Reproduktion auf stets erweiterter Stufenleiter ernsthaft gefährden könnte. Es kann nicht anders sein in einer Produktionsweise, worin der Arbeiter für die Verwertungsbedürfnisse vorhandner Werte, statt umgekehrt der gegenständliche Reichtum für die Entwicklungsbedürfnisse des Arbeiters da ist. Wie der Mensch in der Religion vom Machwerk seines eignen Kopfes, so wird er in der kapitalistischen Produktion vom Machwerk seiner eignen Hand beherrscht.[881]

[880] Vgl. Karl Marx, Zur Kritik der Politischen Oekonomie", p. 165 sqq. (siehe Band 13, S. 154 ff.)
[881] „Gehen wir aber nun auf unsere erste Untersuchung zurück, wo nachgewiesen ist ... daß das Kapital selbst nur das Erzeugnis menschlicher Arbeit ist ... so scheint es ganz unbegreiflich, daß der Mensch unter die Herrschaft seines eigenen Produkts - das Kapital - geraten und diesem untergeordnet werden könne; und da dies in der Wirklichkeit doch unleugbar der Fall ist, so drängt sich unwillkürlich die Frage auf: wie hat der Arbeiter aus dem Beherrscher des Kapitals - als Schöpfer desselben - zum Sklaven des Kapitals werden können? (Von Thünen, „Der isolirte Staat", Zweiter Theil, Zweite Abtheilung, Rostock 1863, p. 5, 6.) Es ist das Verdienst Thünens, gefragt zu heben. Seine Antwort ist einfach kindisch.

2. Relative Abnahme des variablen Kapitalteils im Fortgang der Akkumulation und der sie begleitenden Konzentration

Nach den Ökonomen selbst ist es weder der vorhandne Umfang des gesellschaftlichen Reichtums noch die Größe des bereits erworbnen Kapitals, die eine Lohnerhöhung herbeiführen, sondern lediglich das fortgesetzte Wachsen der Akkumulation und der Geschwindigkeitsgrad ihres Wachstums (A. Smith, Buch 1, Kap. 8). Bisher haben wir nur eine besondre Phase dieses Prozesses betrachtet, diejenige, in der der Kapitalzuwachs stattfindet bei gleichbleibender technischer Zusammensetzung des Kapitals. Aber der Prozeß schreitet über diese Phase hinaus.

Die allgemeinen Grundlagen des kapitalistischen Systems einmal gegeben, tritt im Verlauf der Akkumulation jedesmal ein Punkt ein, wo die Entwicklung der Produktivität der gesellschaftlichen Arbeit der mächtigste Hebel der Akkumulation wird.

„Dieselbe Ursache, sagt A. Smith, „die die Löhne erhöht, nämlich die Zunahme des Kapitals, treibt zur Steigerung der produktiven Fähigkeiten der Arbeit und setzt eine kleinere Arbeitsmenge instand, eine größere Menge von Produkten zu erzeugen."

Abgesehn von Naturbedingungen, wie Fruchtbarkeit des Bodens usw., und vom Geschick unabhängiger und isoliert arbeitender Produzenten, das sich jedoch mehr qualitativ in der Güte als quantitativ in der Masse des Machwerks bewährt, drückt sich der gesellschaftliche Produktivgrad der Arbeit aus im relativen Größenumfang der Produktionsmittel, welche ein Arbeiter, während gegebner Zeit, mit derselben Anspannung von Arbeitskraft, in Produkt verwandelt. Die Masse der Produktionsmittel, womit er funktioniert, wächst mit der Produktivität seiner Arbeit. Diese Produktionsmittel spielen dabei eine doppelte Rolle. Das Wachstum der einen ist Folge, das der andren Bedingung der wachsenden Produktivität der Arbeit. Z.B. mit der manufakturmäßigen Teilung der Arbeit und der Anwendung von Maschinerie wird in derselben Zeit mehr Rohmaterial verarbeitet, tritt also größere Masse von Rohmaterial und Hilfsstoffen in den Arbeitsprozeß ein. Das ist die Folge der wachsenden Produktivität der Arbeit. Andrerseits ist die Masse der angewandten Maschinerie, Arbeitsviehs, mineralischen Düngers, Drainierungsröhren usw. Bedingung der wachsenden Produktivität der Arbeit. Ebenso die Masse der in Baulichkeiten, Riesenöfen, Transportmitteln usw. konzentrierten Produktionsmittel. Ob aber Bedingung oder Folge, der wachsende Größenumfang der Produktionsmittel im Vergleich zu der ihnen einverleibten Arbeitskraft drückt die wachsende Produktivität der Arbeit aus. Die Zunahme der letzteren erscheint also in der Abnahme der Arbeitsmasse verhältnismäßig zu der von ihr bewegten Masse von Produktionsmitteln oder in der Größenabnahme des subjektiven Faktors des Arbeitsprozesses, verglichen mit seinen objektiven Faktoren.

Diese Veränderung in der technischen Zusammensetzung des Kapitals, das Wachstum in der Masse der Produktionsmittel, verglichen mit der Masse der sie belebenden Arbeitskraft, spiegelt sich wider in seiner Wertzusammensetzung, in der Zunahme des konstanten Bestandteils des Kapitalwerts auf Kosten seines variablen Bestandteils. Es werden z.B. von einem Kapital, prozentweis berechnet, ursprünglich je 50% in Produktionsmitteln und je 50% in Arbeitskraft ausgelegt, später, mit der Entwicklung des Produktivgrads der Arbeit, je 80% in Produktionsmitteln und je 20% in Arbeitskraft usw. Dies Gesetz des steigenden Wachstums des konstanten Kapitalteils im Verhältnis zum variablen wird auf jedem Schritt bestätigt (wie schon oben entwickelt) durch die vergleichende Analyse der Warenpreise, gleichviel ob wir verschiedne ökonomische Epochen bei einer einzigen Nation vergleichen oder verschiedne Nationen in derselben Epoche. Die relative Größe des Preiselements, welches nur den Wert der verzehrten Produktionsmittel oder den konstanten Kapitalteil vertritt, wird in direktem, die relative Größe des andern, die Arbeit bezahlenden oder den variablen Kapitalteil vertretenden Preiselements, wird im allgemeinen in umgekehrtem Verhältnis stehn zum Fortschritt der Akkumulation.

Die Abnahme des variablen Kapitalteils gegenüber dem konstanten oder die veränderte Zusammensetzung des Kapitalwerts zeigt jedoch nur annähernd den Wechsel in der Zusammensetzung seiner stofflichen Bestandteile an. Wenn z.B. heute der in der Spinnerei angelegte Kapitalwert zu 7/8 konstant und 1/8 variabel ist, während er Anfang des 18. Jahrhunderts 1/2 konstant und 1/2 variabel war, so ist dagegen die Masse von Rohstoff, Arbeitsmitteln usw., die ein bestimmtes Quantum Spinnarbeit heute produktiv konsumiert, vielhundertmal größer als im Anfang des 18. Jahrhunderts. Der Grund ist einfach der, daß mit der wachsenden Produktivität der Arbeit nicht nur der Umfang der von ihr vernutzten Produktionsmittel steigt, sondern deren Wert, verglichen mit ihrem Umfang, sinkt. Ihr Wert steigt also absolut, aber nicht proportionell mit ihrem Umfang. Das Wachstum der Differenz zwischen konstantem und variablem Kapital ist daher viel kleiner als das der Differenz zwischen der Masse der Produktionsmittel, worin das konstante, und der Masse Arbeitskraft, worin das variable Kapital umgesetzt wird. Die erstere Differenz nimmt zu mit der letzteren, aber in geringerem Grad.

Übrigens, wenn der Fortschritt der Akkumulation die relative Größe des variablen Kapitalteils vermindert, schließt er damit die Steigerung ihrer absoluten Größe keineswegs aus. Gesetzt, ein Kapitalwert spalte sich anfangs in 50% konstantes und 50% variables Kapital, später in 80% konstantes und 20% variables. Ist inzwischen das ursprüngliche Kapital, sage 6.000 Pfd. St., gewachsen auf 18.000 Pfd. St., so ist sein variabler Bestandteil auch um 1/5 gewachsen. Er war 3.000 Pfd. St., er beträgt jetzt 3.600 Pfd. St. Wo aber früher ein Kapitalzuwachs von 20% genügt hätte, die Nachfrage nach Arbeit um 20% zu steigern, erfordert das jetzt Verdreifachung des ursprünglichen Kapitals.

Im vierten Abschnitt wurde gezeigt, wie die Entwicklung der gesellschaftlichen Produktivkraft der Arbeit Kooperation auf großer Stufenleiter voraussetzt, wie nur unter dieser Voraussetzung Teilung und Kombination der Arbeit organisiert, Produktionsmittel durch massenhafte Konzentration ökonomisiert, schon stofflich nur gemeinsam anwendbare Arbeitsmittel, z.B. System der Maschinerie usw., ins Leben gerufen, ungeheure Naturkräfte in den Dienst der Produktion gepreßt und die Verwandlung des Produktionsprozesses in technologische Anwendung der Wissenschaft vollzogen werden können. Auf Grundlage der Warenproduktion, wo die Produktionsmittel Eigentum von Privatpersonen sind, wo der Handarbeiter daher entweder isoliert und selbständig Waren produziert oder seine Arbeitskraft als Ware verkauft, weil ihm die Mittel zum Selbstbetrieb fehlen, realisiert sich jene Voraussetzung nur durch das Wachstum der individuellen Kapitale oder im Maße, worin die gesellschaftlichen Produktions- und Lebensmittel in das Privateigentum von Kapitalisten verwandelt werden. Der Boden der Warenproduktion kann die Produktion auf großer Stufenleiter nur in kapitalistischer Form tragen. Eine gewisse Akkumulation von Kapital in den Händen individueller Warenproduzenten bildet daher die Voraussetzung der spezifisch kapitalistischen Produktionsweise. Wir mußten sie deshalb unterstellen bei dem Übergang aus dem Handwerk in den kapitalistischen Betrieb. Sie mag die ursprüngliche Akkumulation heißen, weil sie statt historisches Resultat historische Grundlage der spezifisch kapitalistischen Produktion ist. Wie sie selbst entspringt, brauchen wir hier noch nicht zu untersuchen. Genug, sie bildet den Ausgangspunkt. Aber alle Methoden zur Steigerung der gesellschaftlichen Produktivkraft der Arbeit, die auf dieser Grundlage erwachsen, sind zugleich Methoden der gesteigerten Produktion des Mehrwerts oder Mehrprodukts, welches seinerseits das Bildungselement der Akkumulation. Sie sind also zugleich Methoden der Produktion von Kapital durch Kapital oder Methoden seiner beschleunigten Akkumulation. Die kontinuierliche Rückverwandlung von Mehrwert in Kapital stellt sich dar als wachsende Größe des in den Produktionsprozeß eingehenden Kapitals. Diese wird ihrerseits Grundlage einer erweiterten Stufenleiter der Produktion, der sie begleitenden Methoden zur Steigerung der Produktivkraft der Arbeit und beschleunigter Produktion von Mehrwert. Wenn also ein gewisser Grad der Kapitalakkumulation als Bedingung der spezifisch kapitalistischen Produktionsweise erscheint, verursacht die letztere rückschlagend eine beschleunigte Akkumulation des Kapitals. Mit der Akkumulation des Kapitals entwickelt sich daher die spezifisch kapitalistische Produktionsweise und mit der spezifisch kapitalistischen Produktionsweise die Akkumulation des Kapitals. Diese beiden ökonomischen Faktoren erzeugen, nach dem zusammengesetzten Verhältnis des Anstoßes, den sie sich gegenseitig erteilen, den Wechsel in der technischen Zusammensetzung des Kapitals, durch welchen der variable Bestandteil immer kleiner und kleiner wird, verglichen mit dem konstanten.

Jedes individuelle Kapital ist eine größere oder kleinere Konzentration von Produktionsmitteln mit entsprechendem Kommando über eine größere oder kleinere Arbeiterarmee. Jede Akkumulation wird das Mittel neuer Akkumulation. Sie erweitert mit der vermehrten Masse des als Kapital funktionierenden Reichtums seine Konzentration in den Händen individueller Kapitalisten, daher die Grundlage der Produktion auf großer Stufenleiter und der spezifisch kapitalistischen Produktionsmethoden. Das Wachstum des gesellschaftlichen Kapitals vollzieht sich im Wachstum vieler individuellen Kapitale. Alle andren Umstände als gleichbleibend vorausgesetzt, wachsen die individuellen Kapitale, und mit ihnen die Konzentration der Produktionsmittel, im Verhältnis, worin sie aliquote Teile des gesellschaftlichen Gesamtkapitals bilden. Zugleich reißen sich Ableger von den Originalkapitalen los und funktionieren als neue selbständige Kapitale. Eine große Rolle spielt dabei unter anderm die Teilung des Vermögens in Kapitalistenfamilien. Mit der Akkumulation des Kapitals wächst daher auch mehr oder minder die Anzahl der Kapitalisten. Zwei Punkte charakterisieren diese Art Konzentration, welche unmittelbar auf der Akkumulation beruht oder vielmehr mit ihr identisch ist. Erstens: Die wachsende Konzentration der gesellschaftlichen Produktionsmittel in den Händen individueller Kapitalisten ist, unter sonst gleichbleibenden Umständen, beschränkt durch den Wachstumsgrad des gesellschaftlichen Reichtums. Zweitens: Der in jeder besondren Produktionssphäre ansässige Teil des gesellschaftlichen Kapitals ist verteilt unter viele Kapitalisten, welche einander als unabhängige und miteinander konkurrierende Warenproduzenten gegenüberstehn. Die Akkumulation und die sie begleitende Konzentration sind also nicht nur auf viele Punkte zersplittert, sondern das Wachstum der funktionierenden Kapitale ist durchkreuzt durch die Bildung neuer und die Spaltung alter Kapitale. Stellt sich die Akkumulation daher einerseits dar als wachsende Konzentration der Produktionsmittel und des Kommandos über Arbeit, so andrerseits als Repulsion vieler individueller Kapitale voneinander.

Dieser Zersplitterung des gesellschaftlichen Gesamtkapitals in viele individuelle Kapitale oder der Repulsion seiner Bruchteile voneinander wirkt entgegen ihre Attraktion. Es ist dies nicht mehr einfache, mit der Akkumulation identische Konzentration von Produktionsmitteln und Kommando über Arbeit. Es ist Konzentration bereits gebildeter Kapitale, Aufhebung ihrer individuellen Selbständigkeit, Expropriation von Kapitalist durch Kapitalist, Verwandlung vieler kleineren in weniger größere Kapitale. Dieser Prozeß unterscheidet sich von dem ersten dadurch, daß er nur veränderte Verteilung der bereits vorhandnen und funktionierenden Kapitale voraussetzt, sein Spielraum also durch das absolute Wachstum des gesellschaftlichen Reichtums oder die absoluten Grenzen der Akkumulation nicht beschränkt ist. Das Kapital schwillt hier in einer Hand zu großen Massen, weil es dort in vielen Händen verlorengeht. Es ist die eigentliche Zentralisation im Unterschied zur Akkumulation und Konzentration.

Die Gesetze dieser Zentralisation der Kapitale oder der Attraktion von Kapital durch Kapital können hier nicht entwickelt werden. Kurze tatsächliche Andeutung genügt. Der Konkurrenzkampf wird durch Verwohlfeilerung der Waren geführt. Die Wohlfeilheit der Waren hängt, caeteris paribus (unter sonst gleichbleibenden Umständen), von der Produktivität der Arbeit, diese aber von der Stufenleiter der Produktion ab. Die größeren Kapitale schlagen daher die kleineren. Man erinnert sich ferner, daß mit der Entwicklung der kapitalistischen Produktionsweise der Minimalumfang des individuellen Kapitals wächst, das erheischt ist, um ein Geschäft unter seinen normalen Bedingungen zu betreiben. Die kleineren Kapitale drängen sich daher in Produktionssphären, deren sich die große Industrie nur noch sporadisch oder unvollkommen bemächtigt hat. Die Konkurrenz rast hier im direkten Verhältnis zur Anzahl und im umgekehrten Verhältnis zur Größe der rivalisierenden Kapitale. Sie endet stets mit Untergang vieler kleineren Kapitalisten, deren Kapitale teils in die Hand des Siegers übergehn, teils untergehn. Abgesehn hiervon bildet sich mit der kapitalistischen Produktion eine ganz neue Macht, das Kreditwesen, das in seinen Anfängen verstohlen, als bescheidne Beihilfe der Akkumulation, sich einschleicht, durch unsichtbare Fäden die über die Oberfläche der Gesellschaft in größern oder kleinern Massen zersplitterten Geldmittel in die Hände individueller oder assoziierter Kapitalisten zieht, aber bald eine neue und furchtbare Waffe im Konkurrenzkampf wird und sich schließlich in einen ungeheuren sozialen Mechanismus zur Zentralisation der Kapitale verwandelt.

Im Maß wie die kapitalistische Produktion und Akkumulation, im selben Maß entwickeln sich Konkurrenz und Kredit, die beiden mächtigsten Hebel der Zentralisation. Daneben vermehrt der Fortschritt der Akkumulation den zentralisierbaren Stoff, d.h. die Einzelkapitale, während die Ausweitung der kapitalistischen Produktion, hier das gesellschaftliche Bedürfnis, dort die technischen Mittel jener gewaltigen industriellen Unternehmungen schafft, deren Durchführung an eine vorgängige Zentralisation des Kapitals gebunden ist. Heutzutage ist also die gegenseitige Attraktionskraft der Einzelkapitale und die Tendenz zur Zentralisation stärker als je zuvor. Wenn aber auch die relative Ausdehnung und Energie der zentralisierenden Bewegung in gewissem Grad bestimmt ist durch die schon erreichte Größe des kapitalistischen Reichtums und die Überlegenheit des ökonomischen Mechanismus, so hängt doch der Fortschritt der Zentralisation keineswegs ab von dem positiven Größenwachstum des gesellschaftlichen Kapitals. Und dies speziell unterscheidet die Zentralisation von der Konzentration, die nur ein andrer Ausdruck für die Reproduktion auf erweiterter Stufenleiter ist. Die Zentralisation kann erfolgen durch bloße veränderte Verteilung schon bestehender Kapitale, durch einfache Veränderung der quantitativen Gruppierung der Bestandteile des gesellschaftlichen Kapitals. Das Kapital kann hier zu gewaltigen Massen in einer Hand anwachsen, weil es dort vielen einzelnen Händen entzogen wird. In einem gegebnen Geschäftszweig hätte die Zentralisation ihre äußerste Grenze erreicht, wenn alle darin angelegten Kapitale zu einem Einzelkapital verschmolzen wären.[882] In einer gegebnen Gesellschaft wäre diese Grenze erreicht erst in dem Augenblick, wo das gesamte gesellschaftliche Kapital vereinigt wäre in der Hand, sei es eines einzelnen Kapitalisten, sei es einer einzigen Kapitalistengesellschaft.

[882] (Zur 4. Aufl. - Die neuesten englischen und amerikanischen „Trusts“ streben dies Ziel bereits an, indem sie versuchen, wenigstens sämtliche Großbetriebe eines Geschäftszweigs zu einer großen Aktiengesellschaft mit praktischem Monopol zu vereinigen. - F. E.}

Die Zentralisation ergänzt das Werk der Akkumulation, indem sie die industriellen Kapitalisten instand setzt, die Stufenleiter ihrer Operationen auszudehnen. Sei dies letztre Resultat nun Folge der Akkumulation oder der Zentralisation; vollziehe sich die Zentralisation auf dem gewaltsamen Weg der Annexion - wo gewisse Kapitale so überwiegende Gravitationszentren für andre werden, daß sie deren individuelle Kohäsion brechen und dann die vereinzelten Bruchstücke an sich ziehn - oder geschehe die Verschmelzung einer Menge bereits gebildeter, resp. in der Bildung begriffner Kapitale vermittelst des glatteren Verfahrens der Bildung von Aktiengesellschaften - die ökonomische Wirkung bleibt dieselbe. Die gewachsne Ausdehnung der industriellen Etablissements bildet überall den Ausgangspunkt für eine umfassendere Organisation der Gesamtarbeit vieler, für eine breitre Entwicklung ihrer materiellen Triebkräfte, d.h. für die fortschreitende Umwandlung vereinzelter und gewohnheitsmäßig betriebner Produktionsprozesse in gesellschaftlich kombinierte und wissenschaftlich disponierte Produktionsprozesse.

Es ist aber klar, daß die Akkumulation, die allmähliche Vermehrung des Kapitals durch die aus der Kreisform in die Spirale übergehende Reproduktion ein gar langsames Verfahren ist, im Vergleich mit der Zentralisation, die nur die quantitative Gruppierung der integrierenden Teile des gesellschaftlichen Kapitals zu ändern braucht. Die Welt wäre noch ohne Eisenbahnen, hätte sie solange warten müssen, bis die Akkumulation einige Einzelkapitale dahin gebracht hätte, dem Bau einer Eisenbahn gewachsen zu sein. Die Zentralisation dagegen hat dies, vermittelst der Aktiengesellschaften, im Handumdrehn fertiggebracht. Und während die Zentralisation so die Wirkungen der Akkumulation steigert und beschleunigt, erweitert und beschleunigt sie gleichzeitig die Umwälzungen in der technischen Zusammensetzung des Kapitals, die dessen konstanten Teil vermehren auf Kosten seines variablen Teils und damit die relative Nachfrage nach Arbeit vermindern.

Die durch die Zentralisation über Nacht zusammengeschweißten Kapitalmassen reproduzieren und vermehren sich wie die andren, nur rascher, und werden damit zu neuen mächtigen Hebeln der gesellschaftlichen Akkumulation. Spricht man also vom Fortschritt der gesellschaftlichen Akkumulation, so sind darin - heutzutage - die Wirkungen der Zentralisation stillschweigend einbegriffen.

Die im Lauf der normalen Akkumulation gebildeten Zusatzkapitale (s. Kap. XXII, 1) dienen vorzugsweise als Vehikel zur Exploitation neuer Erfindungen und Entdeckungen, überhaupt industrieller Vervollkommnungen. Aber auch das alte Kapital erreicht mit der Zeit den Moment seiner Erneuerung an Haupt und Gliedern, wo es sich häutet und ebenfalls wiedergeboren wird in der vervollkommneten technischen Gestalt, worin eine geringere Masse Arbeit genügte, eine größere Masse Maschinerie und Rohstoffe in Bewegung zu setzen. Die hieraus notwendig folgende absolute Abnahme der Nachfrage nach Arbeit wird selbstredend um so größer, je mehr die diesen Erneuerungsprozeß durchmachenden Kapitale bereits zu Massen angehäuft sind vermöge der zentralisierenden Bewegung.

Einerseits attrahiert also das im Fortgang der Akkumulation gebildete Zuschußkapital, verhältnismäßig zu seiner Größe, weniger und weniger Arbeiter. Andrerseits repelliert das periodisch in neuer Zusammensetzung reproduzierte alte Kapital mehr und mehr früher von ihm beschäftigte Arbeiter.

3. Progressive Produktion einer relativen Übervölkerung oder industriellen Reservearmee

Die Akkumulation des Kapitals, welche ursprünglich nur als seine quantitative Erweiterung erschien, vollzieht sich, wie wir gesehn, in fortwährendem qualitativen Wechsel seiner Zusammensetzung, in beständiger Zunahme seines konstanten auf Kosten seines variablen Bestandteils.[883]

Die spezifisch kapitalistische Produktionsweise, die ihr entsprechende Entwicklung der Produktivkraft der Arbeit, der dadurch verursachte Wechsel in der organischen Zusammensetzung des Kapitals halten nicht nur Schritt mit dem Fortschritt der Akkumulation oder dem Wachstum des gesellschaftlichen Reichtums. Sie schreiten ungleich schneller, weil die einfache Akkumulation oder die absolute Ausdehnung des Gesamtkapitals von der Zentralisation seiner individuellen Elemente, und die technische Umwälzung des Zusatzkapitals von technischer Umwälzung des Originalkapitals begleitet sind. Mit dem Fortgang der Akkumulation wandelt sich also das Verhältnis von konstantem zu variablem Kapitalteil, wenn ursprünglich 1:1, in 2:1, 3:1, 4: 1, 5: 1, 7:1 usw., so daß, wie das Kapital wächst, statt 1/2 seines Gesamtwerts progressiv nur 1/3, 1/4, 1/5, 1/6, 1/5 usw. in Arbeitskraft, dagegen 2/3, 3/4, 4/5, 5/6, 7/8 usw. in Produktionsmittel umgesetzt wird. Da die Nachfrage nach Arbeit nicht durch den Umfang des Gesamtkapitals, sondern durch den seines variablen Bestandteils bestimmt ist, fällt sie also progressiv mit dem Wachstum des Gesamtkapitals, statt, wie vorhin unterstellt, verhältnismäßig mit ihm zu wachsen. Sie fällt relativ zur Größe des Gesamtkapitals und in beschleunigter Progression mit dem Wachstum dieser Größe. Mit dem Wachstum des Gesamtkapitals wächst zwar auch sein variabler Bestandteil, oder die ihm einverleibte Arbeitskraft, aber in beständig abnehmender Proportion. Die Zwischenpausen, worin die Akkumulation als bloße Erweiterung der Produktion auf gegebner technischer Grundlage wirkt, verkürzen sich. Nicht nur wird eine in wachsender Progression beschleunigte Akkumulation des Gesamtkapitals erheischt, um eine zusätzliche Arbeiterzahl von gegebner Größe zu absorbieren oder selbst, wegen der beständigen Metamorphose des alten Kapitals, die bereits funktionierende zu beschäftigen. Ihrerseits schlägt diese wachsende Akkumulation und Zentralisation selbst wieder um in eine Quelle neuer Wechsel der Zusammensetzung des Kapitals oder abermalig beschleunigter Abnahme seines variablen Bestandteils, verglichen mit dem konstanten. Diese mit

[883] Note zur 3. Auflage. - In Marx‘ Handexemplar steht hier die Randbemerkung: „Hier für Späteres zu bemerken: Ist die Erweiterung nur quantitativ, so verhalten sich bei größerem und kleinerem Kapital in demselben Geschäftszweig die Profite wie die Größen der vorgeschossenen Kapitale. Wirkt die quantitative Erweiterung qualitativ, so steigt zugleich die Rate des Profits für das größre Kapital. - F. E.}

dem Wachstum des Gesamtkapitals beschleunigte und rascher als sein eignes Wachstum beschleunigte relative Abnahme seines variablen Bestandteils scheint auf der andren Seite umgekehrt stets rascheres absolutes Wachstum der Arbeiterbevölkerung als das des variablen Kapitals oder ihrer Beschäftigungsmittel. Die kapitalistische Akkumulation produziert vielmehr, und zwar im Verhältnis zu ihrer Energie und ihrem Umfang, beständig eine relative, d.h. für die mittleren Verwertungsbedürfnisse des Kapitals überschüssige, daher überflüssige oder Zuschuß-Arbeiterbevölkerung.

Das gesellschaftliche Gesamtkapital betrachtet, ruft die Bewegung seiner Akkumulation bald periodischen Wechsel hervor, bald verteilen sich ihre Momente gleichzeitig über die verschiednen Produktionssphären. In einigen Sphären findet Wechsel in der Zusammensetzung des Kapitals statt ohne Wachstum seiner absoluten Größe, infolge bloßer Konzentration (3. Auflage: Zentralisation); in andren ist das absolute Wachstum des Kapitals mit absoluter Abnahme seines variablen Bestandteils oder der von ihm absorbierten Arbeitskraft verbunden; in andren wächst das Kapital bald auf seiner gegebnen technischen Grundlage fort und attrahiert zuschüssige Arbeitskraft im Verhältnis seines Wachstums, bald tritt organischer Wechsel ein und kontrahiert sich sein variabler Bestandteil; in allen Sphären ist das Wachstum des variablen Kapitalteils und daher der beschäftigten Arbeiterzahl stets verbunden mit heftigen Fluktuationen und vorübergehender Produktion von Übervölkerung, ob diese nun die auffallendere Form von Repulsion bereits beschäftigter Arbeiter annimmt oder die mehr unscheinbare, aber nicht minder wirksame, erschwerter Absorption der zuschüssigen Arbeiterbevölkerung in ihre gewohnten Abzugskanäle.[884] Mit der Größe des bereits funktionierenden Gesellschaftskapitals und dem Grad seines Wachstums, mit der Ausdehnung der Produktionsleiter und der Masse der in Bewegung gesetzten Arbeiter, mit der Entwicklung der Produktivkraft ihrer Arbeit, mit dem breiteren und volleren Strom aller Springquellen des Reichtums dehnt sich auch die Stufenleiter, worin größere Attraktion der Arbeiter durch das Kapital mit größerer Repulsion derselben verbunden ist, nimmt die Raschheit der Wechsel in der organischen Zusammensetzung des Kapitals und seiner technischen Form zu, und schwillt der Umkreis der Produktionssphären, die bald gleichzeitig, bald abwechselnd davon

[884] Der Zensus für England und Wales zeigt u.a.:

Alle in der Agrikultur beschäftigten Personen (Eigentümer, Pächter, Gärtner, Hirten usw. eingeschlossen) - 1851:2.011.447, 1861:1.924.110, Abnahme - 87.337. Worsted Manufaktur (Kammgarnweberei) - 1851:102.714 Personen, 1861:79.242; Seidenfabrik - 1851 111.940, 1861:101.678; Kattundrucker - 1851:12.098, 1861:12.556, welche geringe Zunahme trotz des enorm ausgedehnten Geschäfts große proportionelle Abnahme in der Zahl der beschäftigten Arbeiter bedingt. Hutmacher - 1851:15.957, 1861:13.814; Strohhut- und Bonnetmacher - 1851:20.393, 1861:18.176; Malzer - 1851:10.566, 1861:10.677; Lichtgießer - 1851: 4.949, 1861:4.686. Diese Abnahme ist u.a. der Zunahme der Gasbeleuchtung geschuldet. Kammacher - 1851:2.038, 1861:1.478; Holzsäger - 1851:30.552, 1861:31.647, geringe Zunahme infolge des Aufschwungs von Sägemaschinen; Nagelmacher - 1851:26.940, 1861:26.130, Abnahme infolge der Maschinenkonkurrenz; Arbeiter in Zinn- und Kupferbergwerken - 1851:31.360, 1861:32.041. Dagegen: Baumwollspinnereien und Webereien - 1851:371.777, 1861:456.646; Kohlenbergwerke - 1851:183.389, 1861:246.613. „Die Zunahme von Arbeitern ist im allgemeinen am größten seit 1851 in solchen Zweigen, worin die Maschinerie bisher noch nicht mit Erfolg angewandt worden. („Census of England and Wales for 1861“, vol. III, Lond. 1863, p. 35-39.)

ergriffen werden. Mit der durch sie selbst produzierten Akkumulation des Kapitals produziert die Arbeiterbevölkerung also in wachsendem Umfang die Mittel ihrer eignen relativen Überzähligmachung.[885] Es ist dies ein der kapitalistischen Produktionsweise eigentümliches Populationsgesetz, wie in der Tat jede besondre historische Produktionsweise ihre besondren, historisch gültigen Populationsgesetze hat. Ein abstraktes Populationsgesetz existiert nur für Pflanze und Tier, soweit der Mensch nicht geschichtlich eingreift.

Wenn aber eine Surplusarbeiterpopulation notwendiges Produkt der Akkumulation oder der Entwicklung des Reichtums auf kapitalistischer Grundlage ist, wird diese Übervölkerung umgekehrt zum Hebel der kapitalistischen Akkumulation, ja zu einer Existenzbedingung der kapitalistischen Produktionsweise. Sie bildet eine disponible industrielle Reservearmee, die dem Kapital ganz so absolut gehört, als ob es sie auf seine eignen Kosten großgezüchtet hätte. Sie schafft für seine wechselnden Verwertungsbedürfnisse das stets bereite exploitable Menschenmaterial, unabhängig von den Schranken der wirklichen Bevölkerungszunahme. Mit der Akkumulation und der sie begleitenden Entwicklung der Produktivkraft der Arbeit wächst die plötzliche Expansionskraft des Kapitals, nicht nur, weil die Elastizität des funktionierenden Kapitals wächst, und der absolute Reichtum, wovon das Kapital nur einen elastischen Teil bildet, nicht nur, weil der Kredit, unter jedem besondren Reiz, im Umsehn ungewöhnlichen Teil dieses Reichtums der Produktion als Zusatzkapital zur Verfügung stellt. Die technischen Bedingungen des Produktionsprozesses selbst, Maschinerie, Transportmittel usw. ermöglichen, auf größter Stufenleiter, die rascheste Verwandlung von Mehrprodukt in zuschüssige Produktionsmittel. Die mit dem Fortschritt der Akkumulation überschwellende und in Zusatzkapital verwandelbare Masse des gesellschaftlichen Reichtums drängt sich mit Frenesie in alte Produktionszweige, deren Markt sich plötzlich erweitert, oder in neu eröffnete, wie Eisenbahnen usw., deren Bedürfnis aus der Entwicklung der alten entspringt. In allen solchen Fällen müssen große Menschenmassen plötzlich und ohne Abbruch der Produk-

[885] nter allen Umständen dasselbe ist, dann folgt allerdings daraus, daß die Anzahl der beschäftigten Arbeiter sich nach dem Reichtum des Staates richtet. Aber eine solche Behauptung hat nicht den Anschein von Wahrscheinlichkeit. In dem Maße, wie die Naturwissenschaften gepflegt werden und die Zivilisation sich ausbreitet, wächst das fixe Kapital im Verhältnis zum zirkulierenden immer mehr und mehr an. Die Summe des bei der Produktion eines Stückes britischen Musselins verwendeten fixen Kapitals ist wenigstens hundertmal, wahrscheinlich aber tausendmal größer als jene, die zur Erzeugung eines ähnlichen Stückes indischen Musselins verwendet wird. Und der Anteil des zirkulierenden Kapitals ist hundert- oder tausendmal kleiner ... Wenn die Gesamtheit der jährlichen Ersparnisse dem fixen Kapital zugeschlagen würde, so würden sie sich nicht in einer erhöhten Nachfrage nach Arbeit auswirken." (John Barton, „Observations on the circumstances which influence the Condition of the labouring Classes of Societv", Lond. 1817, p. 16, 17.) „Die gleiche Ursache, die die Nettorevenue des Landes anwachsen läßt, kann gleichzeitig einen Überfluß an Bevölkerung erzeugen und die Lage des Arbeiters verschlechtern." (Ricardo, l.c.p. 469.) Mit der Zunahme des Kapitals „wird die Nachfrage" (nach Arbeit) „verhältnismäßig abnehmen". (l.c.p. 480, Note.) „Der Betrag des Kapitals, der zur Erhaltung von Arbeit bestimmt ist, kann sich ändern, unabhängig von irgendwelchen Veränderungen im Gesamtbetrag des Kapitals ... Große Schwankungen im Ausmaß der Beschäftigung und große Not können häufiger werden in dem Maße, wie das Kapital selbst reichlicher wird." (Richard Jones, „An Introductory Lecture on Pol. Econ.", Lond. 1833, p. 12.) „Nachfrage" (nach Arbeit) „wird steigen ... nicht im Verhältnis zur Akkumulation des Gesamtkapitals ... Jede Vermehrung des zur Reproduktion bestimmten nationalen Kapitals wird deshalb im Laufe des gesellschaftlichen Fortschritts einen stets geringeren Einfluß auf die Lage des Arbeiters haben." (Ramsay. l.c.p. 90, 91.)

tionsleiter in andren Sphären auf die entscheidenden Punkte werfbar sein. Die Übervölkerung liefert sie. Der charakteristische Lebenslauf der modernen Industrie, die Form eines durch kleinere Schwankungen unterbrochnen zehnjährigen Zyklus von Perioden mittlerer Lebendigkeit, Produktion unter Hochdruck, Krise und Stagnation, beruht auf der beständigen Bildung, größern oder geringern Absorption und Wiederbildung der industriellen Reservearmee oder Übervölkerung. Ihrerseits rekrutieren die Wechselfälle des industriellen Zyklus die Übervölkerung und werden zu einem ihrer energischsten Reproduktionsagentien.

Dieser eigentümliche Lebenslauf der modernen Industrie, der uns in keinem frühern Zeitalter der Menschheit begegnet, war auch in der Kindheitsperiode der kapitalistischen Produktion unmöglich. Die Zusammensetzung des Kapitals veränderte sich nur sehr allmählich. Seiner Akkumulation entsprach also im Ganzen verhältnismäßiges Wachstum der Arbeitsnachfrage. Langsam wie der Fortschritt seiner Akkumulation, verglichen mit der modernen Epoche, stieß er auf Naturschranken der exploitablen Arbeiterbevölkerung, welche nur durch später zu erwähnende Gewaltmittel wegräumbar waren. Die plötzliche und ruckweise Expansion der Produktionsleiter ist die Voraussetzung ihrer plötzlichen Kontraktion; letztere ruft wieder die erstere hervor, aber die erstere ist unmöglich ohne disponibles Menschenmaterial, ohne eine vom absoluten Wachstum der Bevölkerung unabhängige Vermehrung von Arbeitern. Sie wird geschaffen durch den einfachen Prozeß, der einen Teil der Arbeiter beständig „freisetzt", durch Methoden, welche die Anzahl der beschäftigten Arbeiter im Verhältnis zur vermehrten Produktion vermindern. Die ganze Bewegungsform der modernen Industrie erwächst also aus der beständigen Verwandlung eines Teils der Arbeiterbevölkerung in unbeschäftigte oder halbbeschäftigte Hände. Die Oberflächlichkeit der politischen Ökonomie zeigt sich u.a. darin, daß sie die Expansion und Kontraktion des Kredits, das bloße Symptom der Wechselperioden des industriellen Zyklus, zu deren Ursache macht. Ganz wie Himmelskörper, einmal in eine bestimmte Bewegung geschleudert, dieselbe stets wiederholen, so die gesellschaftliche Produktion, sobald sie einmal in jene Bewegung wechselnder Expansion und Kontraktion geworfen ist. Wirkungen werden ihrerseits zu Ursachen, und die Wechselfälle des ganzen Prozesses, der seine eignen Bedingungen stets reproduziert, nehmen die Form der Periodizität an. (In der autorisierten französischen Ausgabe findet sich an dieser Stelle folgende Einschaltung: „Aber erst von der Zeit an, als die mechanische Industrie so tiefe Wurzeln geschlagen hatte, daß sie auf die ganze nationale Produktion einen überwiegenden Einfluß ausübte; als durch sie der Außenhandel dem Binnenhandel den Rang abzulaufen begann; als sich der Weltmarkt sukzessive ausgedehnter Gebiete in der neuen Welt, in Asien und in Australien bemächtigte; als schließlich die industriellen Nationen, die auf die Arena traten, zahlreich genug geworden waren - erst von dieser Zeit an datierten jene sich stets wiedererzeugenden Zyklen, deren aufeinanderfolgende Phasen Jahre umfassen und die immer hinauslaufen auf eine allgemeine Krise, die Ende eines Zyklus und Ausgangspunkt eines neuen ist. Bis jetzt ist die periodische Dauer solcher Zyklen zehn oder elf Jahre, aber es gibt keinerlei Grund, diese Zahl als konstant zu betrachten. Im Gegenteil, aus den Gesetzen der kapitalistischen Produktion, wie wir sie eben entwickelt haben, muß man schließen, daß sie variabel ist und daß die Periode der Zyklen sich stufenweise verkürzen wird.") Ist letztere einmal konsolidiert, so begreift selbst die politische Ökonomie die Produktion einer relativen, d.h. mit Bezug auf das mittlere Verwertungsbedürfnis des Kapitals überschüssigen Bevölkerung als Lebensbedingung der modernen Industrie.

„Gesetzt", sagt H. Merivale, früher Professor der politischen Ökonomie zu Oxford, später Beamter des englischen Kolonialministeriums, „gesetzt, bei Gelegenheit einer Krise raffe die Nation sich zu einer Kraftanstrengung auf, um durch Emigration einige 100.000 überflüssige Arme loszuwerden, was würde die Folge sein? Daß bei der ersten Wiederkehr der Arbeitsnachfrage ein Mangel vorhanden wäre. Wie rasch immer die Reproduktion von Menschen sein mag, sie braucht jedenfalls den Zwischenraum einer Generation zum Ersatz erwachsner Arbeiter. Nun hängen die Profite unsrer Fabrikanten hauptsächlich von der Macht ab, den günstigen Moment lebhafter Nachfrage zu exploitieren und sich so für die Periode der Erlahmung schadlos zu halten. Diese Macht ist ihnen nur gesichert durch Kommando über Maschinerie und Handarbeit. Sie müssen disponible Hände vorfinden; sie müssen fähig sein, die Aktivität ihrer Operationen wenn nötig höher zu spannen oder abzuspannen, je nach dem Stand des Markts, oder sie können platterdings nicht in der Hetzjagd der Konkurrenz das Übergewicht behaupten, auf das der Reichtum dieses Landes gegründet ist."[886]

Selbst Malthus erkennt in der Übervölkerung, die er, nach seiner bornierten Weise, aus absolutem Überwuchs der Arbeiterbevölkerung, nicht aus ihrer relativen Überzähligmachung deutet, eine Notwendigkeit der modernen Industrie. Er sagt:

„Weise Gewohnheiten in bezug auf die Ehe, wenn zu einer gewissen Höhe getrieben unter der Arbeiterklasse eines Landes, das hauptsächlich von Manufaktur und Handel abhängt, würden ihm schädlich sein ... Der Natur der Bevölkerung gemäß kann ein Zuwachs von Arbeitern nicht zu Markt geliefert werden, infolge besondrer Nachfrage, bis nach Verlauf von 16 oder 18 Jahren, und die Verwandlung von Revenue in Kapital durch Ersparung kann sehr viel rascher Platz greifen; ein Land ist stets dem ausgesetzt, daß sein Arbeitsfonds rascher wächst als die Bevölkerung.[887]

Nachdem die politische Ökonomie so die beständige Produktion einer relativen Übervölkerung von Arbeitern für eine Notwendigkeit der kapitalistischen Akkumulation erklärt hat, legt sie, und zwar adäquat in der Figur einer alten Jungfer, dem „beau idéal (schönen Ideal) ihres Kapitalisten folgende Worte an die

[886] H. Merivale, „Lectures on Colonization and Colonies", Lond. 1841 and 1842, v. I, p. 146.

[887] „Prudential habits with regard to marriage, carried to a considerable extent among the labouring class of a country mainly depending upon manufactures and commerce, might injure it ... From the nature of a population, an increase of labourers cannot be brought into market, in consequence of a particular demand, till after the lapse of 16 or 18 years, and the conversion of revenue into capital, by saving, may take place much more rapidly; a country is always liable to an increase in the quantity of the funds for the maintenance of labour faster than the increase of population. (Malthus, „Princ. of Pol. Econ,", p. 215, 319,320.) In diesem Werk entdeckt Malthus endlich, vermittelst Sismondis,

durch ihre eigne Schöpfung von Zusatzkapital aufs Pflaster geworfnen „Überzähligen“ in den Mund:

„Wir Fabrikanten tun für euch, was wir können, indem wir das Kapital vermehren, von dem ihr subsistieren müßt; und ihr müßt das übrige tun, indem ihr eure Zahl den Subsistenzmitteln anpaßt.“[888]

Der kapitalistischen Produktion genügt keineswegs das Quantum disponibler Arbeitskraft, welches der natürliche Zuwachs der Bevölkerung liefert. Sie bedarf zu ihrem freien Spiel einer von dieser Naturschranke unabhängigen industriellen Reservearmee.

Bisher wurde unterstellt, daß der Zu- oder Abnahme des variablen Kapitals genau die Zu- oder Abnahme der beschäftigten Arbeiterzahl entspricht.

Bei gleichbleibender oder selbst verminderter Zahl der von ihm kommandierten Arbeiter wächst jedoch das variable Kapital, wenn der individuelle Arbeiter mehr Arbeit liefert und daher sein Arbeitslohn wächst, obgleich der Arbeitspreis gleichbleibt oder selbst sinkt, nur langsamer, als die Arbeitsmasse steigt. Der Zuwachs des variablen Kapitals wird dann Index von mehr Arbeit, aber nicht von mehr beschäftigten Arbeitern. Jeder Kapitalist hat das absolute Interesse, ein bestimmtes Arbeitsquantum aus kleinerer, statt ebenso wohlfeil oder selbst wohlfeiler aus größerer Arbeiterzahl auszupressen. In dem letzten Fall wächst die Auslage von konstantem Kapital verhältnismäßig zur Masse der in Fluß gesetzten Arbeit, im ersten Fall viel langsamer. Je größer die Stufenleiter der Produktion, desto entscheidender dies Motiv. Seine Wucht wächst mit der Akkumulation des Kapitals.

Man hat gesehn, daß die Entwicklung der kapitalistischen Produktionsweise und Produktivkraft der Arbeit - zugleich Ursache und Wirkung der Akkumulation - den Kapitalisten befähigt, mit derselben Auslage von variablem Kapital mehr Arbeit durch größere extensive oder intensive Exploitation der individuellen Arbeitskräfte flüssig zu machen. Man hat ferner gesehn, daß er mit demselben Kapitalwert mehr Arbeitskräfte kauft, indem er progressiv geschicktere Arbeiter durch ungeschicktere, reife durch unreife, männliche durch weibliche oder kindliche verdrängt.

Einerseits macht also, im Fortgang der Akkumulation, größeres variables Kapital mehr Arbeit flüssig, ohne mehr Arbeiter zu werben, andererseits macht variables Kapital von derselben Größe mehr Arbeit mit derselben Masse Arbeitskraft flüssig und endlich mehr niedere Arbeitskräfte durch Verdrängung höherer.

Die Produktion einer relativen Übervölkerung oder die Freisetzung von Arbeitern geht daher noch rascher voran als die ohnehin mit dem Fortschritt der Akkumulation beschleunigte technische Umwälzung des Produktionsprozesses und die entsprechende proportionelle Abnahme des variablen Kapitalteils gegen

die schöne Dreieinigkeit der kapitalistischen Produktion: Überproduktion - Überpopulation - Überkonsumtion, three very delicate monsters, indeed! (drei sehr delikate Ungeheuer, in der Tat!) Vgl. F. Engels, „Umrisse zu einer Kritik der Nationalökonomie“, l.c.p. 107 sqq. (Siehe Band 1, S. 518 bis 521)

[888] Harriet Martineau, „The Manchester Strike“, 1832, p. 101.

den konstanten. Wenn die Produktionsmittel, wie sie an Umfang und Wirkungskraft zunehmen, in geringerem Grad Beschäftigungsmittel der Arbeiter werden, wird dies Verhältnis selbst wieder dadurch modifiziert, daß im Maß, wie die Produktivkraft der Arbeit wächst, das Kapital seine Zufuhr von Arbeit rascher steigert als seine Nachfrage nach Arbeitern. Die Überarbeit des beschäftigten Teils der Arbeiterklasse schwellt die Reihen ihrer Reserve, während umgekehrt der vermehrte Druck, den die letztere durch ihre Konkurrenz auf die erstere ausübt, diese zur Überarbeit und Unterwerfung unter die Diktate des Kapitals zwingt. Die Verdammung eines Teils der Arbeiterklasse zu erzwungnem Müßiggang durch Überarbeit des andren Teils und umgekehrt, wird Bereicherungsmittel des einzelnen Kapitalisten[889] und beschleunigt zugleich die Produktion der industriellen Reservearmee auf einem dem Fortschritt der gesellschaftlichen Akkumulation entsprechenden Maßstab. Wie wichtig dies Moment in der Bildung der relativen Übervölkerung, beweist z. B. England. Seine technischen Mittel zur „Ersparung" von Arbeit sind kolossal. Dennoch, würde morgen allgemein die Arbeit auf ein rationelles Maß beschränkt und für die verschiednen Schichten der Arbeiterklasse wieder entsprechend nach Alter und Geschlecht abgestuft, so wäre die vorhandne Arbeiterbevölkerung absolut unzureichend zur Fortführung der nationalen Produktion auf ihrer jetzigen Stufenleiter. Die große Mehrheit der jetzt „unproduktiven" Arbeiter müßte in „produktive" verwandelt werden.

Im großen und ganzen sind die allgemeinen Bewegungen des Arbeitslohns ausschließlich reguliert durch die Expansion und Kontraktion der industriellen Reservearmee, welche dem Periodenwechsel des industriellen Zyklus entsprechen. Sie sind also nicht bestimmt durch die Bewegung der absoluten Anzahl der Arbeiterbevölkerung, sondern durch das wechselnde Verhältnis, worin die Arbeiterklasse in aktive Armee und Reservearmee zerfällt, durch die Zunahme und Abnahme des relativen Umfangs der Übervölkerung, durch den Grad, worin sie bald absorbiert, bald wieder freigesetzt wird. Für die moderne Industrie mit ihrem zehnjährigen Zyklus und seinen periodischen Phasen, die außerdem im Fortgang der Akkumulation

[889] Selbst während der Baumwollnot von 1863 findet man in einem Pamphlet der Baumwollspinner von Blackburn heftige Denunziation gegen die Überarbeit, die kraft des Fabrikgesetzes natürlich nur erwachsne männliche Arbeiter traf. „Man verlangte in dieser Fabrik von den erwachsenen Arbeitern eine zwölf- bis dreizehnstündige Arbeit täglich, obwohl es Hunderte gibt, die zum Müßiggang gezwungen sind, aber gern einen Teil der Arbeitszeit arbeiten möchten, um ihre Familien erhalten zu können und ihre Arbeitsbrüder vor einem vorzeitigen Tode infolge Überarbeit zu bewahren." „Wir", heißt es weiter, „möchten fragen, ob diese Praxis, Überzeit zu arbeiten, irgendwie erträgliche Verhältnisse zwischen Meistern und ‚Dienern' möglich macht? Die Opfer der Überarbeit fühlen die Unbill ebensosehr als die dadurch zu erzwungnem Müßiggang Verdammten (condemned to forced idleness). In diesem Distrikt reicht das zu verrichtende Werk hin, um alle teilweise zu beschäftigen, würde die Arbeit billig verteilt. Wir verlangen nur ein Recht, indem wir die Meister auffordern, allgemein nur kurze Zeit zu arbeiten, wenigstens solange der jetzige Stand der Dinge währt, statt einen Teil zu überarbeiten, während der andre durch Arbeitsmangel gezwungen wird, von der Wohltätigkeit seine Existenz zu fristen." („Reports of Insp. of Fact., 31st Oct. 1863", p. 8.) - Die Wirkung einer relativen Übervölkerung auf die beschäftigten Arbeiter begreift der Verfasser des „Essay on Trade and Commerce" mit seinem gewohnten unfehlbaren Bourgeoisinstinkt. „Eine andre Ursache der Faulenzerei (idleness) in diesem Königreich ist der Mangel einer hinreichenden Anzahl arbeitender Hände. Sooft durch irgendeine ungewöhnliche Nachfrage für Fabrikate die Arbeitsmasse ungenügend wird, fühlen die Arbeiter ihre eigne Wichtigkeit und wollen sie ihren Meistern ebenfalls fühlbar machen; es ist erstaunlich; aber so depraviert ist die Gesinnung dieser Kerle, daß in solchen Fällen Gruppen von Arbeitern sich kombiniert haben, um ihre Meister dadurch in Verlegenheit zu setzen, daß sie einen ganzen Tag durch faulenzten." („Essay etc.", p. 27, 28.) Die Kerle verlangten nämlich Lohnerhöhung.

durch stets rascher aufeinander folgende unregelmäßige Oszillationen durchkreuzt werden, wäre es in der Tat ein schönes Gesetz, welches die Nachfrage und Zufuhr von Arbeit nicht durch die Expansion und Kontraktion des Kapitals, also nach seinen jedesmaligen Verwertungsbedürfnissen regelte, so daß der Arbeitsmarkt bald relativ untervoll erscheint, weil das Kapital sich expandiert, bald wieder übervoll, weil es sich kontrahiert, sondern umgekehrt die Bewegung des Kapitals von der absoluten Bewegung der Bevölkerungsmenge abhängig machte. Dies jedoch ist das ökonomische Dogma. Nach demselben steigt infolge der Kapitalakkumulation der Arbeitslohn. Der erhöhte Arbeitslohn spornt zur rascheren Vermehrung der Arbeiterbevölkerung, und diese dauert fort, bis der Arbeitsmarkt überfüllt, also das Kapital relativ zur Arbeiterzufuhr unzureichend geworden ist. Der Arbeitslohn sinkt, und nun die Kehrseite der Medaille. Durch den fallenden Arbeitslohn wird die Arbeiterbevölkerung nach und nach dezimiert, so daß ihr gegenüber das Kapital wieder überschüssig wird, oder auch, wie andre es erklären, der fallende Arbeitslohn und die entsprechende erhöhte Exploitation des Arbeiters beschleunigt wieder die Akkumulation, während gleichzeitig der niedere Lohn das Wachstum der Arbeiterklasse in Schach hält. So tritt wieder das Verhältnis ein, worin die Arbeitszufuhr niedriger als die Arbeitsnachfrage, der Lohn steigt usw. Eine schöne Bewegungsmethode dies für die entwickelte kapitalistische Produktion! Bevor infolge der Lohnerhöhung irgendein positives Wachstum der wirklich arbeitsfähigen Bevölkerung eintreten könnte, wäre die Frist aber und abermal abgelaufen, worin der industrielle Feldzug geführt, die Schlacht geschlagen und entschieden sein muß.

Zwischen 1849 und 1859 trat, zugleich mit fallenden Getreidepreisen, eine praktisch betrachtet nur nominelle Lohnerhöhung in den englischen Agrikulturdistrikten ein, z.B. in Wiltshire stieg der Wochenlohn von 7 auf 8 sh., in Dorsetshire von 7 oder 8 auf 9 sh. usw. Es war dies Folge des übergewöhnlichen Abflusses der agrikolen Übervölkerung, verursacht durch Kriegsnachfrage, massenhafte Ausdehnung der Eisenbahnbauten, Fabriken, Bergwerke etc. Je niedriger der Arbeitslohn, desto höher drückt sich jedes noch so unbedeutende Steigen desselben in Prozentzahlen aus. Ist der Wochenlohn z.B. 20 sh. und steigt er auf 22, so um 10%; ist er dagegen nur 7 sh. und steigt auf 9, so um 28 4/7 %, was sehr erklecklich klingt. Jedenfalls heulten die Pächter und schwatzte sogar der „London Economist“[890] ganz ernsthaft von „a general and substantial advance“ (einer allgemeinen und beträchtlichen Erhöhung“) mit Bezug auf diese Hungerlöhne. Was taten nun die Pächter? Warteten sie, bis die Landarbeiter sich infolge dieser brillanten Zahlung so vermehrt hatten, daß ihr Lohn wieder fallen mußte, wie die Sache sich im dogmatisch ökonomischen Hirn zuträgt? Sie führten mehr Maschinerie ein, und im Umsehn waren die Arbeiter wieder „überzählig“ in einem selbst den Pächtern genügenden Verhältnis. Es war jetzt „mehr Kapital“ in der Agrikultur angelegt als vorher und in einer produktiveren Form. Damit fiel die Nachfrage nach Arbeit nicht nur relativ, sondern absolut.

[890] „Economist“, Jan. 21, 1860

Jene ökonomische Fiktion verwechselt die Gesetze, welche die allgemeine Bewegung des Arbeitslohns oder das Verhältnis zwischen Arbeiterklasse, d.h. Gesamtarbeitskraft und gesellschaftlichem Gesamtkapital regeln, mit den Gesetzen, welche die Arbeiterbevölkerung unter die besondren Produktionssphären verteilen. Wenn z.B. infolge günstiger Konjunktur die Akkumulation in einer bestimmten Produktionssphäre besonders lebhaft, die Profite hier größer als die Durchschnittsprofite, Zuschußkapital dahin drängt, so steigt natürlich Arbeitsnachfrage und Arbeitslohn. Der höhere Arbeitslohn zieht einen größeren Teil der Arbeiterbevölkerung in die begünstigte Sphäre, bis sie mit Arbeitskraft gesättigt ist und der Lohn auf die Dauer wieder auf sein früheres Durchschnittsniveau oder unter dasselbe fällt, falls der Zudrang zu groß war. Dann hört nicht nur die Einwanderung von Arbeitern in den fraglichen Geschäftszweig auf, sie macht sogar ihrer Auswanderung Platz. Hier glaubt der politische Ökonom zu sehn, „wo und wie", mit Zunahme des Lohns eine absolute Zunahme von Arbeitern, und mit der absoluten Zunahme der Arbeiter eine Abnahme des Lohns, aber er sieht in der Tat nur die lokale Oszillation des Arbeitsmarkts einer besondren Produktionssphäre, er sieht nur Phänomene der Verteilung der Arbeiterbevölkerung in die verschiednen Anlagesphären des Kapitals, je nach seinen wechselnden Bedürfnissen.

Die industrielle Reservearmee drückt während der Perioden der Stagnation und mittleren Prosperität auf die aktive Arbeiterarmee und hält ihre Ansprüche während der Periode der Überproduktion und des Paroxysmus im Zaum. Die relative Übervölkerung ist also der Hintergrund, worauf das Gesetz der Nachfrage und Zufuhr von Arbeit sich bewegt. Sie zwängt den Spielraum dieses Gesetzes in die der Exploitationsgier und Herrschsucht des Kapitals absolut zusagenden Schranken ein. Es ist hier der Ort, auf eine der Großtaten der ökonomischen Apologetik zurückzukommen. Man erinnert sich, daß, wenn durch Einführung neuer oder Ausdehnung alter Maschinerie ein Stück variables Kapital in konstantes verwandelt wird, der ökonomische Apologet diese Operation, welche Kapital „bindet" und ebendadurch Arbeiter „freisetzt", umgekehrt so deutet, daß sie Kapital für den Arbeiter freisetzt. Erst jetzt kann man die Unverschämtheit des Apologeten vollständig würdigen. Was freigesetzt wird, sind nicht nur die unmittelbar durch die Maschine verdrängten Arbeiter, sondern ebenso ihre Ersatzmannschaft und das, bei gewohnter Ausdehnung des Geschäfts auf seiner alten Basis, regelmäßig absorbierte Zuschußkontingent. Sie sind jetzt alle „freigesetzt", und jedes neue funktionslustige Kapital kann über sie verfügen. Ob es sie oder andre attrahiert, die Wirkung auf die allgemeine Arbeitsnachfrage wird Null sein, solange dies Kapital gerade hinreicht, um den Markt von ebensoviel Arbeitern zu befreien, als die Maschinen auf ihn geworfen. Beschäftigt es eine geringere Zahl, so wächst die Menge der Überzähligen; beschäftigt es eine größere, so wächst die allgemeine Arbeitsnachfrage nur um den Überschuß der Beschäftigten über die „Freigesetzten". Der Aufschwung, den Anlage suchende Zusatzkapitale sonst der allgemeinen Arbeitsnachfrage gegeben hätten, ist also in jedem Fall insoweit neutralisiert, wie die von der Maschine aufs Pflaster geworfnen Arbeiter reichen. D.h. also, der Mechanismus der kapitalistischen Produktion sorgt dafür, daß der absolute Zuwachs von Kapital von keiner entsprechenden Steigerung der allgemeinen Arbeitsnachfrage begleitet ist. Und dies nennt der Apologet eine Kompensation für das Elend, die Leiden und den möglichen Untergang der deplacierten Arbeiter während der Übergangsperiode, welche sie in die industrielle Reservearmee bannt! Die Nachfrage nach Arbeit ist nicht identisch mit Wachstum des Kapitals, die Zufuhr der Arbeit nicht mit dem Wachstum der Arbeiterklasse, so daß zwei voneinander unabhängige Potenzen aufeinander einwirkten. Les dés sont pipés. (Die Würfel sind gefälscht.) Das Kapital agiert auf beiden Seiten zugleich. Wenn seine Akkumulation einerseits die Nachfrage nach Arbeit vermehrt, vermehrt sie andrerseits die Zufuhr von Arbeitern durch deren „Freisetzung", während zugleich der Druck der Unbeschäftigten die Beschäftigten zur Flüssigmachung von mehr Arbeit zwingt, also in gewissem Grad die Arbeitszufuhr von der Zufuhr von Arbeitern unabhängig macht. Die Bewegung des Gesetzes der Nachfrage und Zufuhr von Arbeit auf dieser Basis vollendet die Despotie des Kapitals. Sobald daher die Arbeiter hinter das Geheimnis kommen, wie es angeht, daß im selben Maß, wie sie mehr arbeiten, mehr fremden Reichtum produzieren und die Produktivkraft ihrer Arbeit wächst, sogar ihre Funktion als Verwertungsmittel des Kapitals immer prekärer für sie wird; sobald sie entdecken, daß der Intensitätsgrad der Konkurrenz unter ihnen selbst ganz und gar von dem Druck der relativen Übervölkerung abhängt; sobald sie daher durch Trade's Unions usw. eine planmäßige Zusammenwirkung zwischen den Beschäftigten und Unbeschäftigten zu organisieren suchen, um die ruinierenden Folgen jenes Naturgesetzes der kapitalistischen Produktion auf ihre Klasse zu brechen oder zu schwächen, zetert das Kapital und sein Sykophant, der politische Ökonom, über Verletzung des „ewigen" und sozusagen „heiligen" Gesetzes der Nachfrage und Zufuhr. Jeder Zusammenhalt zwischen den Beschäftigten und Unbeschäftigten stört nämlich das „reine" Spiel jenes Gesetzes. Sobald andrerseits, in den Kolonien z.B., widrige Umstände die Schöpfung der industriellen Reservearmee und mit ihr die absolute Abhängigkeit der Arbeiterklasse von der Kapitalistenklasse verhindern, rebelliert das Kapital, samt seinem gemeinplätzlichen Sancho Pansa, gegen das „heilige" Gesetz der Nachfrage und Zufuhr und sucht ihm durch Zwangsmittel unter die Arme zu greifen.

4. Verschiedne Existenzformen der relativen Übervölkerung. Das allgemeine Gesetz der kapitalistischen Akkumulation

Die relative Übervölkerung existiert in allen möglichen Schattierungen. Jeder Arbeiter gehört ihr an während der Zeit, wo er halb oder gar nicht beschäftigt ist. Abgesehn von den großen, periodisch wiederkehrenden Formen, welche der Phasenwechsel des industriellen Zyklus ihr aufprägt, so daß sie bald akut in den Krisen erscheint, bald chronisch in den Zeiten flauen Geschäfts, besitzt sie fortwährend drei Formen: flüssige, latente und stockende.

In den Zentren der modernen Industrie - Fabriken, Manufakturen, Hütten und Bergwerken usw. - werden Arbeiter bald repelliert, bald in größerem Umfang wieder attrahiert, so daß im großen und ganzen die Zahl der Beschäftigten zunimmt, wenn auch in stets abnehmendem Verhältnis zur Produktionsleiter. Die Übervölkerung existiert hier in fließender Form.

Sowohl in den eigentlichen Fabriken wie in allen großen Werkstätten, wo Maschinerie als Faktor eingeht oder auch nur die moderne Teilung der Arbeit durchgeführt ist, braucht man massenhaft männliche Arbeiter bis zur Zurücklegung des Jugendalters. Dieser Termin einmal erreicht, bleibt nur eine sehr geringe Anzahl in denselben Geschäftszweigen verwendbar, während die Mehrzahl regelmäßig entlassen wird. Sie bildet ein Element der fließenden Übervölkerung, das mit dem Umfang der Industrie wächst. Ein Teil davon wandert aus und reist in der Tat nur dem auswandernden Kapital nach. Eine der Folgen ist, daß die weibliche Bevölkerung rascher wächst als die männliche, teste England. Daß der natürliche Zuwachs der Arbeitermasse die Akkumulationsbedürfnisse des Kapitals nicht sättigt und sie dennoch zugleich überschreitet, ist ein Widerspruch seiner Bewegung selbst. Es braucht größere Massen Arbeiter im früheren Alter, geringere im männlichen. Der Widerspruch ist nicht schreiender als der andre, daß über Mangel an Händen geklagt wird zur selben Zeit, wo viele Tausende auf dem Pflaster liegen, weil die Teilung der Arbeit sie an einen bestimmten Geschäftszweig kettet.[891] Der Konsum der Arbeitskraft durch das Kapital ist zudem so rasch, daß der Arbeiter von mittlerem Alter sich meist schon mehr oder minder überlebt hat. Er fällt in die Reihen der Überzähligen oder wird von einer höheren auf eine niedrigere Staffel hinabgedrängt. Gerade bei den Arbeitern der großen Industrie stoßen wir auf die kürzeste Lebensdauer.

„Dr. Lee, der Gesundheitsbeamte von Manchester, hat festgestellt, daß in jener Stadt die mittlere Lebensdauer der wohlhabenden Klasse 38, die der Arbeiterklasse nur 17 Jahre ist. In Liverpool beträgt sie 35 Jahre für die erstere, 15 für die Zweite. Es folgt also, daß die privilegierte Klasse eine Anweisung aufs Leben hat (have a lease of life) mehr als doppelt so groß als die ihrer weniger begünstigten Mitbürger."[892]

Unter diesen Umständen erheischt das absolute Wachstum dieser Fraktion des Proletariats eine Form, welche ihre Zahl schwellt, obgleich ihre Elemente sich schnell abnutzen. Also rasche Ablösung der Arbeitergenerationen. (Dasselbe Gesetz gilt nicht für die übrigen Klassen der Bevölkerung.) Dies gesellschaftliche Bedürfnis wird befriedigt durch frühe Ehen, notwendige Folge der Verhältnisse,

[891] Während im letzten Halbjahr von 1866 80.000 - 90.000 Arbeiter in London außer Arbeit geworfen wurden, heißt es im Fabrikbericht über dasselbe Halbjahr: „Es scheint nicht absolut richtig zu sein, wenn man sagt, daß Nachfrage stets grade in dem Augenblick Zufuhr hervorbringt, da es nötig ist. Auf Arbeit traf das nicht zu, denn viel Maschinerie mußte im letzten Jahre aus Mangel an Arbeitskräften stillstehn." („Report of Insp. of Fact. for 31st Oct. 1866", p. 81.)

[892] Eröffnungsrede der sanitären Konferenz, Birmingham, 14. Jan. 1875, von J. Chamberlain, damals Mayor der Stadt, jetzt (1883) Handelsminister.

worin die Arbeiter der großen Industrie leben, und durch die Prämie, welche die Exploitation der Arbeiterkinder auf ihre Produktion setzt.

Sobald sich die kapitalistische Produktion der Agrikultur, oder im Grad, worin sie sich derselben bemächtigt hat, nimmt mit der Akkumulation des hier funktionierenden Kapitals die Nachfrage für die ländliche Arbeiterbevölkerung absolut ab, ohne daß ihre Repulsion, wie in der nicht agrikolen Industrie, durch größere Attraktion ergänzt wäre. Ein Teil der Landbevölkerung befindet sich daher fortwährend auf dem Sprung, in städtisches oder Manufakturproletariat überzugehn, und in der Lauer auf dieser Verwandlung günstige Umstände. (Manufaktur hier im Sinn aller nichtagrikolen Industrie.)[893] Diese Quelle der relativen Übervölkerung fließt also beständig. Aber ihr beständiger Fluß nach den Städten setzt auf dem Lande selbst eine fortwährend latente Übervölkerung voraus, deren Umfang nur sichtbar wird, sobald sich die Abzugskanäle ausnahmsweise weit öffnen. Der Landarbeiter wird daher auf das Minimum des Salairs herabgedrückt und steht mit einem Fuß stets im Sumpf des Pauperismus.

Die dritte Kategorie der relativen Übervölkerung, die stockende, bildet einen Teil der aktiven Arbeiterarmee, aber mit durchaus unregelmäßiger Beschäftigung. Sie bietet so dem Kapital einen unerschöpflichen Behälter disponibler Arbeitskraft. Ihre Lebenslage sinkt unter das durchschnittliche Normalniveau der arbeitenden Klasse, und grade dies macht sie zur breiten Grundlage eigner Exploitationszweige des Kapitals. Maximum der Arbeitszeit und Minimum des Salairs charakterisieren sie. Wir haben unter der Rubrik der Hausarbeit ihre Hauptgestalt bereits kennengelernt. Sie rekrutiert sich fortwährend aus den Überzähligen der großen Industrie und Agrikultur und namentlich auch aus untergehenden Industriezweigen, wo der Handwerksbetrieb dem Manufakturbetrieb, letztrer dem Maschinenbetrieb erliegt. Ihr Umfang dehnt sich, wie mit Umfang und Energie der Akkumulation die „Überzähligmachung" fortschreitet. Aber sie bildet zugleich ein sich selbst reproduzierendes und verewigendes Element der Arbeiterklasse, das verhältnismäßig größeren Anteil am Gesamtwachstum derselben nimmt als die übrigen Elemente. In der Tat steht nicht nur die Masse der Geburten und Todesfälle, sondern die absolute Größe der Familien in umgekehrtem Verhältnis zur Höhe des Arbeitslohns, also zur Masse der Lebensmittel, worüber die verschiednen Arbeiterkategorien verfügen. Dies Gesetz der kapitalistischen Gesellschaft klänge unsinnig unter Wilden oder selbst zivilisierten Kolonisten. Es erinnert an die massenhafte Reproduktion individuell schwacher und vielgehetzter Tierarten.[894]

[893] „781 Städte" sind aufgezählt im Zensus von 1861 für England und Wales „mit 10.960.998 Einwohnern, während die Dörfer und Landkirchspiele nur 9.105.226 zählen ... Im Jahr 1851 figurierten 580 Städte im Zensus, deren Bevölkerung ungefähr gleich der Bevölkerung der sie umgebenden Landdistrikte war. Während aber in den letzteren die Bevölkerung wahrend der folgenden 10 Jahre nur um eine halbe Million wuchs, wuchs sie in den 580 Städten um 1.554.067. Der Bevölkerungszuwachs in den Landkirchspielen ist 6,5%, in den Städten 17,3%. Der Unterschied in der Rate des Wachstums ist der Wanderung vom Land in die Stadt geschuldet. Drei Viertel des Gesamtwachstums der Bevölkerung gehört den Städten. („Census etc.", VIII, p. 11, 12.)

[894] „Armut scheint die Fortpflanzung zu begünstigen." (A. Smith.) Dies ist sogar eine besonders weise Einrichtung Gottes nach dem galanten und geistreichen Abbe Galiani: „Gott hat es gefügt, daß die Menschen, die die nützlichsten Berufe ausüben, überreichlich geboren werden." (Galiani, l.c.p. 78.) „Elend, bis zum äußersten Grad von Hungersnot

Der tiefste Niederschlag der relativen Übervölkerung endlich behaust die Sphäre des Pauperismus. Abgesehn von Vagabunden, Verbrechern, Prostituierten, kurz dem eigentlichen Lumpenproletariat, besteht diese Gesellschaftsschichte aus drei Kategorien. Erstens Arbeitsfähige. Man braucht die Statistik des englischen Pauperismus nur oberflächlich anzusehn, und man findet, daß seine Masse mit jeder Krise schwillt und mit jeder Wiederbelebung des Geschäfts abnimmt. Zweitens: Waisen- und Pauperkinder. Sie sind Kandidaten der industriellen Reservearmee und werden in Zeiten großen Aufschwungs, wie 1860 z.B., rasch und massenhaft in die aktive Arbeiterarmee einrolliert. Drittens: Verkommene, Verlumpte, Arbeitsunfähige. Es sind namentlich Individuen, die an ihrer durch die Teilung der Arbeit verursachten Unbeweglichkeit untergehn, solche, die über das Normalalter eines Arbeiters hinausleben, endlich die Opfer der Industrie, deren Zahl mit gefährlicher Maschinerie, Bergwerksbau, chemischen Fabriken etc. wächst, Verstümmelte, Verkrankte, Witwen etc. Der Pauperismus bildet das Invalidenhaus der aktiven Arbeiterarmee und das tote Gewicht der industriellen Reservearmee. Seine Produktion ist eingeschlossen in der Produktion der relativen Übervölkerung, seine Notwendigkeit in ihrer Notwendigkeit, mit ihr bildet er eine Existenzbedingung der kapitalistischen Produktion und Entwicklung des Reichtums. Er gehört zu den faux frais der kapitalistischen Produktion, die das Kapital jedoch großenteils von sich selbst ab auf die Schultern der Arbeiterklasse und der kleinen Mittelklasse zu wälzen weiß.

Je größer der gesellschaftliche Reichtum, das funktionierende Kapital, Umfang und Energie seines Wachstums, also auch die absolute Größe des Proletariats und die Produktivkraft seiner Arbeit, desto größer die industrielle Reservearmee. Die disponible Arbeitskraft wird durch dieselben Ursachen entwickelt wie die Expansivkraft des Kapitals. Die verhältnismäßige Größe der industriellen Reservearmee wächst also mit den Potenzen des Reichtums. Je größer aber diese Reservearmee im Verhältnis zur aktiven Arbeiterarmee, desto massenhafter die konsolidierte Übervölkerung, deren Elend im umgekehrten Verhältnis zu ihrer Arbeitsqual steht. Je größer endlich die Lazarusschichte der Arbeiterklasse und die industrielle Reserve- armee, desto größer der offizielle Pauperismus. *Dies ist das absolute, allgemeine Gesetz der kapitalistischen Akkumulation.* Es wird gleich allen andren Gesetzen in seiner Verwirklichung durch mannigfache Umstände modifiziert, deren Analyse nicht hierher gehört.

Man begreift die Narrheit der ökonomischen Weisheit, die den Arbeitern predigt, ihre Zahl den Verwertungsbedürfnissen des Kapitals anzupassen. Der Mechanismus der kapitalistischen Produktion und Akkumulation paßt diese Zahl beständig diesen Verwertungsbedürfnissen an. Erstes Wort dieser Anpassung ist die Schöpfung einer relativen Übervölkerung oder industriellen Reservearmee,

---

und Pestilenz, vermehrt eher das Wachstum der Bevölkerung, statt es zu hemmen." (S. Laing, National Distress", 1844, p. 69.) Nachdem Laing dies statistisch illustriert, fahrt er fort: Befände sich alle Welt in bequemen Umständen, so wäre die Welt bald entvölkert." („If the people were all in easy circumstances, the world would soon be depopulated.")

letztes Wort das Elend stets wachsender Schichten der aktiven Arbeiterarmee und das tote Gewicht des Pauperismus.

Das Gesetz, wonach eine immer wachsende Masse von Produktionsmitteln, dank dem Fortschritt in der Produktivität der gesellschaftlichen Arbeit, mit einer progressiv abnehmenden Ausgabe von Menschenkraft in Bewegung gesetzt werden kann - dies Gesetz drückt sich auf kapitalistischer Grundlage, wo nicht der Arbeiter die Arbeitsmittel, sondern die Arbeitsmittel den Arbeiter anwenden, darin aus, daß, je höher die Produktivkraft der Arbeit, desto größer der Druck der Arbeiter auf ihre Beschäftigungsmittel, desto prekärer also ihre Existenzbedingung: Verkauf der eignen Kraft zur Vermehrung des fremden Reichtums oder zur Selbstverwertung des Kapitals. Rascheres Wachstum der Produktionsmittel und der Produktivität der Arbeit als der produktiven Bevölkerung drückt sich kapitalistisch also umgekehrt darin aus, daß die Arbeiterbevölkerung stets rascher wächst als das Verwertungsbedürfnis des Kapitals.

Wir sahen im vierten Abschnitt bei Analyse der Produktion des relativen Mehrwerts: innerhalb des kapitalistischen Systems vollziehn sich alle Methoden zur Steigerung der gesellschaftlichen Produktivkraft der Arbeit auf Kosten des individuellen Arbeiters; alle Mittel zur Entwicklung der Produktion schlagen um in Beherrschungs- und Exploitationsmittel des Produzenten, verstümmeln den Arbeiter in einen Teilmenschen, entwürdigen ihn zum Anhängsel der Maschine, vernichten mit der Qual seiner Arbeit ihren Inhalt, entfremden ihm die geistigen Potenzen des Arbeitsprozesses im selben Maße, worin letzterem die Wissenschaft als selbständige Potenz einverleibt wird; sie verunstalten die Bedingungen, innerhalb deren er arbeitet, unterwerfen ihn während des Arbeitsprozesses der kleinlichst gehässigen Despotie, verwandeln seine Lebenszeit in Arbeitszeit, schleudern sein Weib und Kind unter das Juggernaut-Rad des Kapitals. Aber alle Methoden zur Produktion des Mehrwerts sind zugleich Methoden der Akkumulation, und jede Ausdehnung der Akkumulation wird umgekehrt Mittel zur Entwicklung jener Methoden. Es folgt daher, daß im Maße wie Kapital akkumuliert, die Lage des Arbeiters, welches immer seine Zahlung, hoch oder niedrig, sich verschlechtern muß. Das Gesetz endlich, welches die relative Übervölkerung oder industrielle Reservearmee stets mit Umfang und Energie der Akkumulation in Gleichgewicht hält, schmiedet den Arbeiter fester an das Kapital als den Prometheus die Keile des Hephästos an den Felsen. Es bedingt eine der Akkumulation von Kapital entsprechende Akkumulation von Elend. Die Akkumulation von Reichtum auf dem einen Pol ist also zugleich Akkumulation von Elend, Arbeitsqual, Sklaverei, Unwissenheit, Brutalisierung und moralischer Degradation auf dem Gegenpol, d.h. auf Seite der Klasse, die ihr eignes Produkt als Kapital produziert.

Dieser antagonistische Charakter der kapitalistischen Akkumulation[895] ist in verschiednen Formen von politischen Ökonomen ausgesprochen, obgleich sie

[895] „Von Tag zu Tag wird es somit klarer, daß die Produktionsverhältnisse, in denen sich die Bourgeoisie bewegt, nicht einen einheitlichen, einfachen Charakter haben, sondern einen zwieschlächtigen; daß in denselben Verhältnissen, in denen der Reichtum produziert wird, auch das Elend produziert wird; daß in denselben Verhältnissen, in denen

zum Teil zwar analoge, aber dennoch wesentlich verschiedene Erscheinungen vorkapitalistischer Produktionsweisen damit zusammenwerfen.

Der venetianische Mönch Ortes, einer der großen ökonomischen Schriftsteller des 18. Jahrhunderts, faßt den Antagonismus der kapitalistischen Produktion als allgemeines Naturgesetz des gesellschaftlichen Reichtums.

„Das ökonomisch Gute und ökonomisch Böse halten sich in einer Nation stets das Gleichgewicht (il bene ed il male economico in una nazione sempre all'istessa misura), die Fülle der Güter für einige ist immer gleich dem Mangel derselben für andre (la copia dei beni in alcuni sempre eguale alla mancanza di essi in altri). Großer Reichtum von einigen ist stets begleitet von absoluter Beraubung des Notwendigen bei viel mehr andren. Der Reichtum einer Nation entspricht ihrer Bevölkerung, und ihr Elend entspricht ihrem Reichtum. Die Arbeitsamkeit in einigen erzwingt den Müßiggang in andren. Die Armen und Müßigen sind eine notwendige Frucht der Reichen und Tätigen" usw.[896]

In ganz grober Weise verherrlichte ungefähr 10 Jahre nach Ortes der hochkirchliche protestantische Pfaffe Townsend die Armut als notwendige Bedingung des Reichtums.

„Gesetzlicher Zwang zur Arbeit ist verbunden mit zuviel Mühe, Gewaltsamkeit und Geräusch, während der Hunger nicht nur ein friedlicher, schweigsamer, unaufhörlicher Druck, sondern als natürlichstes Motiv zur Industrie und Arbeit die machtvollste Anstrengung hervorruft."

Alles kommt also darauf an, den Hunger unter der Arbeiterklasse permanent zu machen, und dafür sorgt, nach Townsend, das Bevölkerungsprinzip, das besonders unter den Armen tätig ist.

„Es scheint ein Naturgesetz, daß die Armen zu einem gewissen Grad leichtsinnig (improvident) sind" (nämlich so leichtsinnig, auf die Welt zu kommen ohne goldne Löffel im Mund), „so daß stets welche da sind (that there always may be some) zur Erfüllung der servilsten, schmutzigsten und gemeinsten Funktionen des Gemeinwesens. Der Fonds von menschlichem Glück (the fund of human happiness) wird dadurch sehr vermehrt, die Delikateren (the more delicate) sind von der Plackerei befreit und können höherem Beruf usw. ungestört nachgehn ... Das Armengesetz hat die Tendenz, die Harmonie und Schönheit, die Symmetrie und Ordnung dieses Systems, welches Gott und die Natur in der Welt errichtet haben, zu zerstören."[897]

die Entwicklung der Produktivkräfte vor sich geht, sich eine Repressionskraft entwickelt; daß diese Verhältnisse den bürgerlichen Reichtum, d.h. den Reichtum der Bourgeoisklasse, nur erzeugen unter fortgesetzter Vernichtung des Reichtums einzelner Glieder dieser Klasse und unter Schaffug eines stets wachsenden Proletariats." (Karl Marx, „Misère de la Philosophie", p. 116. (Siehe Band 4, S. 141))

[896] G. Ortes, „Della Economia Nazionale libri sei 1774", bei Custodi, Parte Moderna, t. XXI, p. 6, 9, 22, 25 etc. Ortes Sagt l.c.p. 32: „Statt unnütze Systeme für das Glück der Völker aufzustellen, will ich mich darauf beschränken, die Gründe ihres Unglücks zu untersuchen."

[897] „A Dissertation on the Poor Laws. By a Wellwisher of Mankind (The Rev. Mr. J. Townsend), 1786", repub-

Fand der venetianische Mönch in dem Schicksalsschluß, der das Elend verewigt, die Existenzberechtigung der christlichen Wohltätigkeit, des Zölibats, der Klöster und frommen Stiftungen, so findet im Gegenteil der protestantische Pfründner darin den Vorwand, die Gesetze zu verdammen, kraft deren der Arme ein Recht auf kärgliche öffentliche Unterstützung besaß.

„Der Fortschritt des gesellschaftlichen Reichtums", sagt Storch, „erzeugt jene nützliche Klasse der Gesellschaft ... welche die langweiligsten, gemeinsten und ekelhaftesten Beschäftigungen ausübt, in einem Wort alles, was das Leben Unangenehmes und Knechtendes hat, auf ihre Schultern nimmt und ebendadurch den andren Klassen die Zeit, die Heiterkeit des Geistes und die konventionelle" (c'est bon! (das ist gut!)) „Charakterwürde verschafft etc."[898]

Storch fragt sich, welches denn eigentlich der Vorzug dieser kapitalistischen Zivilisation mit ihrem Elend und ihrer Degradation der Massen vor der Barbarei? Er findet nur eine Antwort - die Sicherheit!

„Durch den Fortschritt der Industrie und Wissenschaft", sagt Sismondi, „kann jeder Arbeiter jeden Tag viel mehr produzieren als er zu seinem Konsum braucht. Aber zu gleicher Zeit, während seine Arbeit den Reichtum produziert, würde der Reichtum, wäre er berufen, ihn selbst zu konsumieren, ihn wenig geeignet zur Arbeit machen." Nach ihm „würden die Menschen" (d.h. die Nichtarbeiter) „wahrscheinlich auf alle Vervollkommnungen der Künste verzichten wie auf alle Genüsse, die die Industrie uns verschafft, müßten sie diese durch anhaltende Arbeit, wie die des Arbeiters, erkaufen ... Die Anstrengungen sind heute geschieden von ihrer Belohnung; es ist nicht derselbe Mensch, der erst arbeitet und sich dann ausruht: im Gegenteil, eben weil der eine arbeitet, muß der andre sich ausruhn ... Die endlose Vervielfältigung der Produktivkräfte der Arbeit kann also kein andres Resultat haben als die Zunahme des Luxus und der Genüsse der müßigen Reichen."[899]

Destutt de Tracy endlich, der fischblütige Bourgeoisdoktrinär, spricht es brutal aus:

„Die armen Nationen sind die, wo das Volk gut dran ist, und die reichen Nationen sind die, wo es gewöhnlich arm ist."[900]

---

lished Lond. 1817, p. 15, 39, 41. Dieser „delikate" Pfaffe, dessen eben angeführte Schrift, nebst seiner Reise durch Spanien, Malthus oft seitenlang abschreibt, entlehnte den größten Teil seiner Doktrin aus Sir J. Steuart, den er jedoch verdreht. Z.B. wenn Steuert sagt: „Hier, in der Sklaverei, existierte eine gewaltsame Methode, die Menschheit arbeitsam" (für die Nichtarbeiter) „zu machen ... Die Menschen wurden damals zur Arbeit" (d.h. zur Gratisarbeit für andere) „gezwungen, weil sie Sklaven von andren waren; die Menschen sind jetzt zur Arbeit" (d.h. zur Gratisarbeit für Nichtarbeiter) „gezwungen, weil sie die Sklaven ihrer eignen Bedürfnisse sind", so schließt er deswegen nicht, wie der fette Pfründner, daß - die Lohnarbeiter stets am Hungertuch nagen sollen. Er will umgekehrt ihre Bedürfnisse vermehren und die wachsende Zahl ihrer Bedürfnisse zugleich zum Sporn ihrer Arbeit für „die Delikateren" machen.

[898] Storch, l.c., t. III, p. 223.

[899] Sismondi, l.c., t. I, p. 79, 80, 85.

[900] Destutt de Tracy, l.c.p. 231. „Les nations pauvres, c'est là où le peuple est à son aise; et les nations riches, c'est là où il est ordinairement pauvre."

Die sogenannte ursprüngliche Akkumulation

1. Das Geheimnis der ursprünglichen Akkumulation

Man hat gesehn, wie Geld in Kapital verwandelt, durch Kapital Mehrwert und aus Mehrwert mehr Kapital gemacht wird. Indes setzt die Akkumulation des Kapitals den Mehrwert, der Mehrwert die kapitalistische Produktion, dieser aber das Vorhandensein größerer Massen von Kapital und Arbeitskraft in den Händen von Warenproduzenten voraus. Diese ganze Bewegung scheint sich also in einem fehlerhaften Kreislauf herumzudrehn, aus dem wir nur hinauskommen, indem wir eine der kapitalistischen Akkumulation vorausgehende „ursprüngliche" Akkumulation („previous accumulation" bei Adam Smith) unterstellen, eine Akkumulation, welche nicht das Resultat der kapitalistischen Produktionsweise ist, sondern ihr Ausgangspunkt.

Diese ursprüngliche Akkumulation spielt in der politischen Ökonomie ungefähr dieselbe Rolle wie der Sündenfall in der Theologie. Adam biß in den Apfel, und damit kam über das Menschengeschlecht die Sünde. Ihr Ursprung wird erklärt, indem er als Anekdote der Vergangenheit erzählt wird. In einer längst verfloßnen Zeit gab es auf der einen Seite eine fleißige, intelligente und vor allem sparsame Elite und auf der andren faulenzende, ihr alles und mehr verjubelnde Lumpen. Die Legende vom theologischen Sündenfall erzählt uns allerdings, wie der Mensch dazu verdammt worden sei, sein Brot im Schweiß seines Angesichts zu essen; die Historie vom ökonomischen Sündenfall aber enthüllt uns, wieso es Leute gibt, die das keineswegs nötig haben. Einerlei. So kam es, daß die ersten Reichtum akkumulierten und die letztren schließlich nichts zu verkaufen hatten als ihre eigne Haut. Und von diesem Sündenfall datiert die Armut der großen Masse, die immer noch, aller Arbeit zum Trotz, nichts zu verkaufen hat als sich selbst, und der Reichtum der wenigen, der fortwährend wächst, obgleich sie längst aufgehört haben zu arbeiten. Solche fade Kinderei kaut Herr Thiers z.B. noch mit staatsfeierlichem Ernst, zur Verteidigung der propriété (des Eigentums), den einst so geistreichen Franzosen vor. Aber sobald die Eigentumsfrage ins Spiel kommt, wird es heilige Pflicht, den Standpunkt der Kinderfibel als den allen Altersklassen und Entwicklungsstufen allein gerechten festzuhalten. In der wirklichen Geschichte spielen bekanntlich Eroberung, Unterjochung, Raubmord, kurz Gewalt die große Rolle. In der sanften politischen Ökonomie herrschte von jeher die Idylle. Recht und „Arbeit" waren von jeher die einzigen Bereicherungsmittel, natürlich mit jedesmaliger Ausnahme von „diesem Jahr". In der Tat sind die Methoden der ursprünglichen Akkumulation alles andre, nur nicht idyllisch.

Geld und Ware sind nicht von vornherein Kapital, sowenig wie Produktions- und Lebensmittel. Sie bedürfen der Verwandlung in Kapital. Diese Verwandlung selbst aber kann nur unter bestimmten Umständen vorgehn, die sich dahin zusammenspitzen: Zweierlei sehr verschiedne Sorten von Warenbesitzern müssen sich gegenüber und in Kontakt treten, einerseits Eigner von Geld, Produktions- und Lebensmitteln, denen es gilt, die von ihnen geeignete Wertsumme zu verwerten durch Ankauf fremder Arbeitskraft; andrerseits freie Arbeiter, Verkäufer der eignen Arbeitskraft und daher Verkäufer von Arbeit. Freie Arbeiter in dem Doppelsinn, daß weder sie selbst unmittelbar zu den Produktionsmitteln gehören, wie Sklaven, Leibeigne usw., noch auch die Produktionsmittel ihnen gehören, wie beim selbstwirtschaftenden Bauer usw., sie davon vielmehr frei, los und ledig sind. Mit dieser Polarisation des Warenmarkts sind die Grundbedingungen der kapitalistischen Produktion gegeben. Das Kapitalverhältnis setzt die Scheidung zwischen den Arbeitern und dem Eigentum an den Verwirklichungsbedingungen der Arbeit voraus. Sobald die kapitalistische Produktion einmal auf eignen Füßen steht, erhält sie nicht nur jene Scheidung, sondern reproduziert sie auf stets wachsender Stufenleiter. Der Prozeß, der das Kapitalverhältnis schafft, kann also nichts andres sein als der Scheidungsprozeß des Arbeiters vom Eigentum an seinen Arbeitsbedingungen, ein Prozeß, der einerseits die gesellschaftlichen Lebens- und Produktionsmittel in Kapital verwandelt, andrerseits die unmittelbaren Produzenten in Lohnarbeiter. Die sog. ursprüngliche Akkumulation ist also nichts als der historische Scheidungsprozeß von Produzent und Produktionsmittel. Er erscheint als „ursprünglich", weil er die Vorgeschichte des Kapitals und der ihm entsprechenden Produktionsweise bildet.

Die ökonomische Struktur der kapitalistischen Gesellschaft ist hervorgegangen aus der ökonomischen Struktur der feudalen Gesellschaft. Die Auflösung dieser hat die Elemente jener freigesetzt.

Der unmittelbare Produzent, der Arbeiter, konnte erst dann über seine Person verfügen, nachdem er aufgehört hatte, an die Scholle gefesselt und einer andern Person leibeigen oder hörig zu sein. Um freier Verkäufer von Arbeitskraft zu werden, der seine Ware überall hinträgt, wo sie einen Markt findet, mußte er ferner der Herrschaft der Zünfte, ihren Lehrlings- und Gesellenordnungen und hemmenden Arbeitsvorschriften entronnen sein. Somit erscheint die geschichtliche Bewegung, die die Produzenten in Lohnarbeiter verwandelt, einerseits als ihre Befreiung von Dienstbarkeit und Zunftzwang; und diese Seite allein existiert für unsre bürgerlichen Geschichtschreiber. Andrerseits aber werden diese Neubefreiten erst Verkäufer ihrer selbst, nachdem ihnen alle ihre Produktionsmittel und alle durch die alten feudalen Einrichtungen gebotnen Garantien ihrer Existenz geraubt sind. Und die Geschichte dieser ihrer Expropriation ist in die Annalen der Menschheit eingeschrieben mit Zügen von Blut und Feuer.

Die industriellen Kapitalisten, diese neuen Potentaten, mußten ihrerseits nicht nur die zünftigen Handwerksmeister verdrängen, sondern auch die im Besitz der Reichtumsquellen befindlichen Feudalherren. Von dieser Seite stellt sich ihr Emporkommen dar als Frucht eines siegreichen Kampfes gegen die Feudalmacht und ihre empörenden Vorrechte sowie gegen die Zünfte und die Fesseln, die diese der freien Entwicklung der Produktion und der freien Ausbeutung des Menschen durch den Menschen angelegt. Die Ritter von der Industrie brachten es jedoch nur fertig, die Ritter vom Degen zu verdrängen, dadurch, daß sie Ereignisse ausbeuteten, an denen sie ganz unschuldig waren. Sie haben sich emporgeschwungen durch Mittel, ebenso gemein wie die, wodurch der römische Freigelassene sich einst zum Herrn seines patronus gemacht hat.

Der Ausgangspunkt der Entwicklung, die sowohl den Lohnarbeiter wie den Kapitalisten erzeugt, war die Knechtschaft des Arbeiters. Der Fortgang bestand in einem Formwechsel dieser Knechtung, in der Verwandlung der feudalen in kapitalistische Exploitation. Um ihren Gang zu verstehn, brauchen wir gar nicht so weit zurückzugreifen. Obgleich die ersten Anfänge kapitalistischer Produktion uns schon im 14. und 15. Jahrhundert in einigen Städten am Mittelmeer sporadisch entgegentreten, datiert die kapitalistische Ära erst vom 16. Jahrhundert. Dort, wo sie auftritt, ist die Aufhebung der Leibeigenschaft längst vollbracht und der Glanzpunkt des Mittelalters, der Bestand souveräner Städte, seit geraumer Zeit im Erbleichen.

Historisch epochemachend in der Geschichte der ursprünglichen Akkumulation sind alle Umwälzungen, die der sich bildenden Kapitalistenklasse als Hebel dienen; vor allem aber die Momente, worin große Menschenmassen plötzlich und gewaltsam von ihren Subsistenzmitteln losgerissen und als vogelfreie Proletarier auf den Arbeitsmarkt geschleudert werden. Die Expropriation des ländlichen Produzenten, des Bauern, von Grund und Boden bildet die Grundlage des ganzen Prozesses. Ihre Geschichte nimmt in verschiedenen Ländern verschiedene Färbung an und durchläuft die verschiedenen Phasen in verschiedener Reihenfolge und in verschiedenen Geschichtsepochen. Nur in England, das wir daher als Beispiel nehmen, besitzt sie klassische Form.[901]

2. Expropriation des Landvolks von Grund und Boden

In England war die Leibeigenschaft im letzten Teil des 14. Jahrhunderts faktisch verschwunden. Die ungeheure Mehrzahl der Bevölkerung[902] bestand damals und noch mehr im 15. Jahrhundert aus freien, selbstwirtschaftenden Bauern, durch welch feudales Aushängeschild ihr Eigentum immer versteckt sein mochte. Auf den größeren herrschaftlichen Gütern war der früher selbst leibeigne bailiff (Vogt) durch den freien Pächter verdrängt. Die Lohnarbeiter der Agrikultur be-

[901] In Italien. wo die kapitalistische Produktion sich am frühsten entwickelt, findet auch die Auflösung der Leibeigenschaftsverhältnisse am frühsten statt. Der Leibeigne wird hier emanzipiert, bevor er irgendein Recht der Verjährung an Grund und Boden gesichert hat. Seine Emanzipation verwandelt ihn also sofort in einen vogelfreien Proletarier, der überdem in den meist schon aus der Römerzeit überlieferten Städten die neuen Herren fertig vorfindet. Als die Revolution des Weltmarkts seit Ende des 15. Jahrhunderts die Handelssuprematie Norditaliens vernichtete, entstand eine Bewegung in umgekehrter Richtung. Die Arbeiter der Städte wurden massenweise aufs Land getrieben und gaben dort der nach Art des Gartenbaus getriebnen, kleinen Kultur einen nie gesehenen Aufschwung.

[902] „Die kleinen Grundeigentümer, die ihre eignen Felder mit eigner Hand behauten und eines bescheidnen Wohlstands sich erfreuten, ... bildeten damals einen weit wichtigeren Teil der Nation als jetzt ... Nicht weniger als 160.000 Grundeigentümer, die mit ihren Familien mehr als 1/7 der Gesamtbevölkerung ausgemacht haben müssen, lebten von der Bewirtschaftung ihrer kleinen Freehold Hufen“ (Freehold ist vollfreies Eigentum). „Das Durchschnittseinkom-

standen teils aus Bauern, die ihre Mußezeit durch Arbeit bei großen Grundeigentümern verwerteten, teils aus einer selbständigen, relativ und absolut wenig zahlreichen Klasse eigentlicher Lohnarbeiter. Auch letztre waren faktisch zugleich selbstwirtschaftende Bauern, indem sie außer ihrem Lohn Ackerland zum Belauf von 4 und mehr Acres nebst Cottages angewiesen erhielten. Sie genossen zudem mit den eigentlichen Bauern die Nutznießung des Gemeindelandes, worauf ihr Vieh weidete und das ihnen zugleich die Mittel der Feuerung, Holz, Torf usw. bot.[903] In allen Ländern Europas ist die feudale Produktion durch Teilung des Bodens unter möglichst viele Untersassen charakterisiert. Die Macht des Feudalherrn, wie die jedes Souveräns, beruhte nicht auf der Länge seiner Rentrolle, sondern auf der Zahl seiner Untertanen, und letzre hing von der Zahl selbstwirtschaftender Bauern ab.[904] Obgleich der englische Boden daher nach der normännischen Eroberung in riesenhafte Baronien verteilt ward, wovon eine einzige oft 900 alte angelsächsische Lordschaften einschloß, war er besät von kleinen Bauernwirtschaften, nur hier und da durchbrochen von größeren herrschaftlichen Gütern. Solche Verhältnisse, bei gleichzeitiger Blüte des Städtewesens, wie sie das 15. Jahrhundert auszeichnet, erlaubten jenen Volksreichtum, den der Kanzler Fortescue so beredt in seinen „Laudibus Legum Angliae" schildert, aber sie schlossen den Kapitalreichtum aus.

Das Vorspiel der Umwälzung, welche die Grundlage der kapitalistischen Produktionsweise schuf, ereignet sich im letzten Dritteil des 15. und den ersten Dezennien des 16. Jahrhunderts. Eine Masse vogelfreier Proletarier ward auf den Arbeitsmarkt geschleudert durch die Auflösung der feudalen Gefolgschaften, die, wie Sir James Steuart richtig bemerkt, „überall nutzlos Haus und Hof füllten". Obgleich die königliche Macht, selbst ein Produkt der bürgerlichen Entwicklung, in ihrem Streben nach absoluter Souveränität die Auflösung dieser Gefolgschaften gewaltsam beschleunigte, war sie keineswegs deren einzige Ursache. Vielmehr im trotzigsten Gegensatz zu Königtum und Parlament schuf der große Feudalherr ein ungleich größeres Proletariat durch gewaltsame Verjagung der Bauernschaft von dem Grund und Boden, worauf sie denselben feudalen Rechtstitel besaß wie er selbst, und durch Usurpation ihres Gemeindelandes. Den unmittelbaren Anstoß dazu gab in England namentlich das Aufblühn der flandrischen Wollmanufaktur

men dieser kleinen Grundbesitzer ... wird auf 60 bis 70 Pfd.St. geschätzt. Es wurde berechnet, daß die Zahl derer, die ihren eignen Grundbesitz bebauten, größer war als die der Pächter auf fremdem Boden." (Macaulay, „Hist. of England", 10th ed., London 1854, I, p. 333-334.) - Noch im letzten Drittel des 17. Jahrhundert waren 4/5 der englischen Volksmasse agrikol (l.c.p. 413). - Ich zitiere Macaulay, weil er als systematischer Geschichtsfälscher derartige Tatsachen möglichst „beschneidet".

[903] Man muß nie vergessen, daß selbst der Leibeigne nicht nur Eigentümer, wenn auch tributpflichtiger Eigentümer, der zu seinem Haus gehörigen Bodenparzellen war, sondern auch Miteigentümer des Gemeindelandes. „Der Bauer ist dort" (in Schlesien) „Leibeigener." Nichtsdestoweniger besitzen diese serfs (Leibeigenen) Gemeindegüter. „Man konnte bisher die Schlesier noch nicht zur Teilung des Gemeindelandes veranlassen, während es in der Neumark kaum ein Dorf gibt, in dem diese Teilung nicht mit größtem Erfolg durchgeführt worden wäre." (Mirabeau. „De la Monarchie Prussienne", Londres 1788, t. II, p. 125, 126.)

[904] „Japan, mit seiner rein feudalen Organisation des Grundeigentums und seiner entwickelten Kleinbauernwirtschaft, liefert ein viel treueres Bild des europäischen Mittelalters als unsre sämtlichen, meist von bürgerlichen Vorurteilen diktierten Geschichtsbücher. Es ist gar zu bequem, auf Kosten des Mittelalters „liberal" zu sein.

und das entsprechende Steigen der Wollpreise. Den alten Feudaladel hatten die großen Feudalkriege verschlungen, der neue war ein Kind seiner Zeit, für welche Geld die Macht aller Mächte. Verwandlung von Ackerland in Schafweide ward also sein Lösungswort. Harrison, in seiner „Description of England. Prefxed to Holinshed's Chronicles", beschreibt, wie die Expropriation der kleinen Bauern das Land ruiniert. „What care our great incroachers!" (Was fragen unsre großen Usurpatoren danach?) Die Wohnungen der Bauern und die Cottages der Arbeiter wurden gewaltsam niedergerissen oder dem Verfall geweiht.

„Wenn man", sagt Harrison, „die älteren Inventarien jedes Ritterguts vergleichen will, so wird man finden, daß unzählige Häuser und kleine Bauernwirtschaften verschwunden sind, daß das Land viel weniger Leute nährt, daß viele Städte verfallen sind, obgleich einige neue aufblühn ... Von Städten und Dörfern, die man für Schaftriften zerstört hat und worin nur noch die Herrschaftshäuser stehn, könnte ich etwas erzählen."

Die Klagen jener alten Chroniken sind immer übertrieben, aber sie zeichnen genau den Eindruck der Revolution in den Produktionsverhältnissen auf die Zeitgenossen selbst. Ein Vergleich zwischen den Schriften der Kanzler Fortescue und Thomas Morus veranschaulicht die Kluft zwischen dem 15. und 16. Jahrhundert. Aus ihrem goldnen Zeitalter, wie Thornton richtig sagt, stürzte die englische Arbeiterklasse ohne alle Zwischenübergänge in das eiserne.

Die Gesetzgebung erschrak vor dieser Umwälzung. Sie stand noch nicht auf der Zivilisationshöhe, wo „Wealth of the Nation" („Reichtum der Nation"), d.h. Kapitalbildung und rücksichtslose Exploitation und Verarmung der Volksmasse als ultima Thule aller Staatsweisheit gelten. In seiner Geschichte Heinrichs VII. sagt Baco:

„Um diese Zeit" (1489) „mehrten sich die Klagen über Verwandlung von Ackerland in Weide" (zur Schaftrift usw.), „leicht zu versehn durch wenige Hirten; und Pachtungen auf Zeit, auf Lebzeit und auf jährliche Kündigung (wovon ein großer Teil der Yeomen lebte) wurden in Dominialgüter verwandelt. Dies brachte einen Verfall des Volks hervor und infolgedessen einen Verfall von Städten, Kirchen, Zehnten ... In der Kur dieses Mißstandes war die Weisheit des Königs und des Parlaments zu dieser Zeit bewundernswert ... Sie ergriffen Maßregeln wider diese entvölkernde Usurpation der Gemeindeländereien (depopulating inclosures) und die ihr auf dem Fuß folgende entvölkernde Weidewirtschaft (depopulating pasture)."

Ein Akt Heinrich des Siebenten, 1489, c. 19, verbot die Zerstörung aller Bauernhäuser, zu denen wenigstens 20 Acres Land gehörten. In einem Akt 25, Heinrich VIII., wird dasselbe Gesetz erneuert. Es heißt u.a., daß „viele Pachtungen und große Viehherden, besonders Schafe, sich in wenigen Händen aufhäufen, wodurch die Grundrenten sehr gewachsen und der Ackerbau (tillage) sehr verfallen, Kirchen und Häuser niedergerissen, wunderbare Volksmassen verunfähigt seien, sich selbst und Familien zu erhalten".

Das Gesetz verordnet daher den Wiederbau der verfallnen Hofstätten, bestimmt das Verhältnis zwischen Kornland und Weideland usw. Ein Akt von 1533 klagt, daß manche Eigentümer 24.000 Schafe besitzen, und beschränkt deren Zahl auf 2.000.[905] Die Volksklage und die seit Heinrich dem VII. an 150 Jahre fortdauernde Gesetzgebung wider die Expropriation der kleinen Pächter und Bauern waren gleich fruchtlos. Das Geheimnis ihrer Erfolglosigkeit verrät uns Baco wider Wissen.

„Der Akt Heinrichs des Siebenten", sagt er in seinen „Essays, civil and moral", Sect. 29, „war tief und bewunderungswürdig, indem er Landwirtschaften und Ackerbauhäuser von bestimmtem Normalmaß schuf, d.h. eine Proportion von Land für sie erhielt, die sie befähigte, Untertanen von genügendem Reichtum und ohne servile Lage auf die Welt zu setzen und den Pflug in der Hand von Eigentümern, nicht von Mietlingen zu halten (to keep the plough in the hand of the owners and not hirelings)."[906]

Was das kapitalistische System erheischte, war umgekehrt servile Lage der Volksmasse, ihre eigne Verwandlung in Mietlinge und Verwandlung ihrer Arbeitsmittel in Kapital. Während dieser Übergangsperiode suchte die Gesetzgebung auch die 4 Acres Land bei der Cottage des ländlichen Lohnarbeiters zu erhalten und verbot ihm die Aufnahme von Mietsleuten in seine Cottage. Noch 1627, unter Karl I., wurde Roger Crocker von Fontmill verurteilt wegen Baus einer Cottage im Manor von Fontmill ohne 4 Acres Land als beständiges Annex an dieselbe; noch 1638, unter Karl I., wurde eine königliche Kommission ernannt, um die Durchführung der alten Gesetze, namentlich auch über die 4 Acres Land, zu erzwingen; noch Cromwell verbot Erbauung eines Hauses in 4 Meilen weitem Umkreis von London ohne Ausstattung desselben mit 4 Acres Land. Noch in der ersten Hälfte des 18. Jahrhunderts wird geklagt, wenn die Cottage des Landarbeiters kein Zubehör von 1 bis 2 Acres hat. Heutzutag ist er glücklich, wenn sie mit einem Gärtchen ausgestattet ist oder wenn er weitab von ihr ein Paar Ruten Land mieten kann.

„Grundherren und Pächter", sagt Dr. Hunter, „handeln hier Hand in. Hand. Wenige Acres zur Cottage würden den Arbeiter zu unabhängig machen."[907]

[905] In seiner „Utopia" spricht Thomas Morus von dem sonderbaren Land, wo „Schafe die Menschen auffressen". („Utopia", transl. Robinson, cd. Arber, London 1869, p. 41.)

[906] Baco setzt den Zusammenhang zwischen einer freien wohlhabenden Bauerschaft und guter Infanterie auseinander. „Es war dies wundervoll wichtig für die Macht und Haltung des Königreichs, Pachtung zu haben von genügendem Maß, um tüchtige Männer außer Not zu halten, und einen großen Teil des Bodens des Königreichs festzubinden im Besitz der Yeomanry oder von Leuten mittlerer Lage zwischen Edelleuten und Häuslern (cottagers) und Bauernknechten ... Denn es ist die allgemeine Meinung der kompetentesten Kriegskenner ..., daß die Hauptstärke einer Armee in der Infanterie oder dem Fußvolk besteht. Aber um eine gute Infanterie zu bilden, braucht man Leute, die nicht in serviler oder dürftiger Weise, sondern frei und in einer gewissen Wohlhabenheit aufgewachsen sind. Wenn ein Staat daher allzumeist in Edelleute und feine Herren ausschlägt, während Landleute und Pflüger deren bloßes Arbeitsvolk oder Ackerknechte sind oder auch Häusler, d.h. behauste Bettler, mögt ihr eine gute Reiterei haben, aber niemals gutes standhaftes Fußvolk ... Man sieht dies in Frankreich und Italien und einigen andren auswärtigen Gegenden, wo in der Tat alles Adel oder elende Bauerschaft ... so sehr, daß sie gezwungen sind, Lohnbanden von Schweizern u. dgl. für ihre Infanteriebataillone anzuwenden: woher es auch kommt, daß diese Nationen viel Volk und wenig Soldaten haben." („The Reign of Henry VII etc. Verbatim Reprint from Kennet's England, ed. 1719", Lond. 1870, p. 308.)

[907] Dr. Hunter, l.c.p. 134. - „Die Menge Land, die" (in den alten Gesetzen) „zugewiesen wurde, würde heute für zu groß gehalten werden für Arbeiter und eher als dazu geeignet, sie in kleine Pächter zu verwandeln." (George Roberts,

Einen neuen furchtbaren Anstoß erhielt der gewaltsame Expropriationsprozeß der Volksmasse im 16. Jahrhundert durch die Reformation und, in ihrem Gefolge, den kolossalen Diebstahl der Kirchengüter. Die katholische Kirche war zur Zeit der Reformation Feudaleigentümerin eines großen Teils des englischen Grund und Bodens. Die Unterdrückung der Klöster usw. schleuderte deren Einwohner ins Proletariat. Die Kirchengüter selbst wurden großenteils an raubsüchtige königliche Günstlinge verschenkt oder zu einem Spottpreis an spekulierende Pächter und Stadtbürger verkauft, welche die alten erblichen Untersassen massenhaft verjagten und ihre Wirtschaften zusammenwarfen. Das gesetzlich garantierte Eigentum verarmter Landleute an einem Teil der Kirchenzehnten ward stillschweigend konfisziert.[908] „Pauper ubique jacet" („der Arme ist überall unterjocht"), rief Königin Elisabeth nach einer Rundreise durch England. Im 43. Jahre ihrer Regierung war man endlich gezwungen, den Pauperismus offiziell anzuerkennen durch Einführung der Armensteuer.

„Die Urheber dieses Gesetzes schämten sich, seine Gründe auszusprechen, und schickten es daher, wider alles Herkommen, ohne irgendein preamble (Eingangsmotivierung) in die Welt."[909]

Durch 16. Car. I., 4 (4. Gesetz aus dem 16. Regierungsjahr Karl I.) wurde es perpetuell erklärt und erhielt in der Tat erst 1834 eine neue härtere Form.[910] Die-

„The Social History of the People of the Southern Counties of England in past centuries", Lond. 1856, p. 184.)

[908] „Das Recht der Armen, an den Kirchenzehnten beteiligt zu werden, ist durch alte Satzungen festgelegt." Tuckett, l.c., v. II, p. 804, 805.)

[909] William Cobbett, „A History of the Protestant Reformation", § 471.

[910] Den protestantischen „Geist" ersieht man u.a. aus folgendem. Im Süden Englands steckten verschiedne Grundeigentümer und wohlhabende Pächter die Köpfe zusammen und setzten über die richtige Interpretation des Armengesetzes der Elisabeth 10 Fragen auf, welche sie einem berühmten Juristen jener Zeit, Sergeant Snigge (später Richter unter Jakob I.), zum Gutachten vorlegten. „Neunte Frage: Einige der reichen Pächter der Pfarrei haben einen klugen Plan ausgeheckt, wodurch alle Wirre in Ausübung des Akts beseitigt werden kann. Sie schlagen den Bau eines Gefängnisses in der Pfarrei vor. Jedem Armen, der sich nicht in vorbesagtes Gefängnis einsperren lassen will, soll die Unterstützung versagt werden. Er soll dann der Nachbarschaft Anzeige gemacht werden, daß, wenn irgendeine Person geneigt, die Armen dieser Pfarrei zu pachten, sie versiegelte Vorschläge eingeben soll, an einem bestimmten Tag, zum niedrigsten Preis, wozu sie selbe uns abnehmen will. Die Urheber dieses Plans unterstellen. daß es in den Nachbargrafschaften Personen gibt, die unwillig sind zu arbeiten, und ohne Vermögen oder Kredit, um eine Pacht oder ein Schiff zu erwerben, so daß sie ohne Arbeit leben könnten (so as to live without labour). Solche dürften geneigt sein, der Pfarrei sehr vorteilhafte Vorschläge zu machen. Sollten hier und da Arme unter des Kontraktors Obhut kaputt gehn, so wird die Sünde an seiner Tür liegen, da die Pfarrei ihre Pflichten gegen selbige Arme erfüllt hätte. Wir fürchten jedoch, daß der gegenwärtige Akt keine Klugheitsmaßregel (prudential measure) dieser Art erlaubt; aber Sie müssen wissen, daß der Rest der freeholders (Freisassen) dieser Grafschaft und der anliegenden sich uns anschließen wird, um ihre Unterhausmitglieder zur Vorlage eines Gesetzes anzutreiben, welches Einsperrung und Zwangsarbeit der Armen gestattet, so daß jede Person, welche sich der Einsperrung widersetzt, zu keiner Unterstützung berechtigt sein soll. Dies, so hoffen wir, wird Personen im Elend abhalten, Unterstützung zu beanspruchen (will prevent persons in distress from wanting relief)." (R.Blakey, „The History of Political Literature from the earliest times", Lond. 1855, v. II, p. 84, 85.) - In Schottland fand die Abschaffung der Leibeigenschaft Jahrhunderte später statt als in England. Noch 1698 erklärte Fletcher von Saltoun im schottischen Parlament: „Die Zahl der Bettler ist in Schottland auf nicht weniger als 200.000 geschätzt. Das einzige Hilfsmittel, welches ich, ein Republikaner von Prinzip, vorschlagen kann, ist, den alten Zustand der Leibeigenschaft zu restaurieren und aus allen denen Sklaven zu machen, die unfähig sind, für ihre eigne Subsistenz zu sorgen." So Eden, l.c., b. I, ch. I, p. 60, 61. - „Von der Freiheit der Ackerbauer datiert der Pauperismus ... Manufakturen und Handel sind die wahren Eltern unsrer nationalen Armen." Eden, wie jener schottische Republikaner von Prinzip, irrt nur darin, daß nicht die Aufhebung der Leibeigenschaft, sondern die Aufhebung des Eigentums des Ackerbauers an Grund und Boden ihn zum Proletarier, resp. Pauper machte. - Englands Armengesetzen entspricht in Frankreich, wo sich die Expropriation in andrer Weise vollzog, die Ordonnanz von Moulins, 1566, und das Edikt von 1656.

se unmittelbaren Wirkungen der Reformation waren nicht ihre nachhaltigsten. Das Kircheneigentum bildete das religiöse Bollwerk der altertümlichen Grundeigentumsverhältnisse. Mit seinem Fall waren sie nicht länger haltbar.[911]

Noch in den letzten Dezennien des 17. Jahrhunderts war die Yeomanry, eine unabhängige Bauerschaft, zahlreicher als die Klasse der Pächter. Sie hatte die Hauptstärke Cromwells gebildet und stand, selbst nach Macaulays Geständnis, in vorteilhaftem Gegensatz zu den versoffen Mistjunkern und ihren Bedienten, den Landpfaffen, welche die herrschaftliche „Lieblingsmagd" unter die Haube bringen mußten. Noch waren selbst die ländlichen Lohnarbeiter Mitbesitzer am Gemeindeeigentum. 1750 ungefähr war die Yeomanry verschwunden[912], und in den letzten Dezennien des 18. Jahrhunderts die letzte Spur von Gemeindeeigentum der Ackerbauer. Wir sehn hier ab von den rein ökonomischen Triebfedern der Agrikulturrevolution. Wir fragen nach ihren gewaltsamen Hebeln.

Unter der Restauration der Stuarts setzten die Grundeigentümer eine Usurpation gesetzlich durch, die sich überall auf dem Kontinent auch ohne gesetzliche Weitläufigkeit vollzog. Sie hoben die Feudalverfassung des Bodens auf, d.h., sie schüttelten seine Leistungspflichten an den Staat ab, „entschädigten" den Staat durch Steuern auf die Bauerschaft und übrige Volksmasse, vindizierten modernes Privateigentum an Gütern, worauf sie nur Feudaltitel besaßen, und oktroyierten schließlich jene Niederlassungsgesetze (laws of settlement), die, mutatis mutandis, auf die englischen Ackerbauer wirkten wie des Tataren Boris Godunow Edikt auf die russische Bauerschaft.

Die „glorious Revolution" (glorreiche Revolution) brachte mit dem Oranier Wilhelm III.[913] die grundherrlichen und kapitalistischen Plusmacher zur Herrschaft. Sie weihten die neue Ära ein, indem sie den bisher nur bescheiden betriebenen Diebstahl an den Staatsdomänen auf kolossaler Stufenleiter ausübten. Diese Ländereien wurden verschenkt, zu Spottpreisen verkauft oder auch durch direkte Usurpation an Privatgüter annexiert.[914] Alles das geschah ohne die ge-

[911] Herr Rogers, obgleich damals Professor der politischen Ökonomie an der Universität zu Oxford, dem Stammsitz protestantischer Orthodoxie, betont in seiner Vorrede zur „History of Agriculture" die Pauperisierung der Volksmasse durch die Reformation.

[912] „A Letter to Sir T. C. Bunbury, Brt.: On the High Price of Provisions. By a Suffolk Gentleman", Ipswich 1795. p. 4. Selbst der fanatische Verteidiger des großen Pachtwesens, der Verfasser [J. Arbuthnot] der „Inquiry into the Connection of large farms etc.", Lond. 1773, p. 139, sagt: „Am meisten beklage ich den Verlust unserer Yeomanry, jener Schar von Männern, die in Wirklichkeit die Unabhängigkeit dieser Nation aufrechterhielten; und ich bedaure, ihre Ländereien jetzt in den Händen monopolisierender Lords an kleine Pächter verpachtet zu sehn, die ihre Pachten zu solchen Bedingungen halten, daß sie kaum mehr sind als Vasallen, die bei jeder mißlichen Gelegenheit einem Ruf Folge leisten müssen."

[913] Über die Privatmoral dieses bürgerlichen Helden u.a.: „Die großen Zuwendungen von Ländereien an Lady Orkney in Irland im Jahre 1695 sind ein öffentlicher Beweis für die Zuneigung des Königs und den Einfluß der Lady ... die köstlichen Dienste der Lady Orkney sollen bestanden haben in - foeda labiorum ministeria (schmutzigen Lippendiensten). (In der Sloane Manuscript Collection, auf dem Britischen Museum, Nr. 4224. Das Manuskript ist betitelt: „The charakter and behaviour of King William, Sunderland etc. as represented in Original letters to the Duke of Shrewsbury from Somers, Halifax, Oxford, Secretary Vernon etc." Es ist voller Kuriosa.)

[914] Die illegale Veräußerung der Krongüter, teils durch Verkauf und teils durch Schenkung, bildet ein skandalöses Kapitel in der englischen Geschichte ... eine gigantische Prellerei der Nation (gigantic fraud on the nation)." (F. W. Newman, „Lectures on Political Econ.", Lond. 1851. p. 129, 130.) - {Wie die heutigen englischen Großgrundbesitzer zu ihrem Besitz kamen, im einzelnen nachzusehn in [N. H. Evans,] „Our old Nobility. By Noblesse Oblige", London 1879. - F. E.}

ringste Beobachtung gesetzlicher Etikette. Das so fraudulent angeeignete Staatsgut samt dem Kirchenraub, soweit er während der republikanischen Revolution nicht abhanden gekommen, bildet die Grundlage der heutigen fürstlichen Domänen der englischen Oligarchie.[915] Die bürgerlichen Kapitalisten begünstigten die Operation, u.a. um den Grund und Boden in einen reinen Handelsartikel zu verwandeln, das Gebiet des agrikolen Großbetriebs auszudehnen, ihre Zufuhr vogelfreier Proletarier vom Lande zu vermehren usw. Zudem war die neue Grundaristokratie die natürliche Bundesgenossin der neuen Bankokratie, der eben aus dem Ei gekrochnen hohen Finanz und der damals auf Schutzzölle sich stützenden großen Manufakturisten. Die englische Bourgeoisie handelte für ihr Interesse ganz so richtig wie die schwedischen Stadtbürger, die umgekehrt, Hand in Hand mit ihrem ökonomischen Bollwerk, der Bauerschaft, die Könige in der gewaltsamen Resumption der Kronländereien von der Oligarchie (seit 1604, später unter Karl X. und Karl XI.) unterstützten.

Das Gemeindeeigentum - durchaus verschieden von dem eben betrachteten Staatseigentum - war eine altgermanische Einrichtung, die unter der Decke der Feudalität fortlebte. Man hat gesehn, wie die gewaltsame Usurpation desselben, meist begleitet von Verwandlung des Ackerlands in Viehweide, Ende des 15. Jahrhunderts beginnt und im 16. Jahrhundert fortdauert. Aber damals vollzog sich der Prozeß als individuelle Gewalttat, wogegen die Gesetzgebung 150 Jahre lang vergeblich ankämpft. Der Fortschritt des 18. Jahrhunderts offenbart sich darin, daß das Gesetz selbst jetzt zum Vehikel des Raubs am Volksland wird, obgleich die großen Pächter nebenbei auch ihre kleinen unabhängigen Privatmethoden anwenden.[916] Die parlamentarische Form des Raubs ist die der „Bills for Inclosures of Commons“ (Gesetze für Einhegung des Gemeindelandes), in andren Worten Dekrete, wodurch die Grundherrn Volksland sich selbst als Privateigentum schenken, Dekrete der Volksexpropriation. Sir F. M. Eden widerlegt sein pfiffiges Advokatenplädoyer, worin er das Gemeindeeigentum als Privateigentum der an die Stelle der Feudalen getretenen großen Grundeigentümer darzustellen sucht, indem er selbst einen „allgemeinen Parlamentsakt für Einhegung der Gemeindeländereien“ verlangt, also zugibt, daß ein parlamentarischer Staatsstreich zu ihrer Verwandlung in Privateigentum nötig ist, andrerseits aber von der Legislatur „Schadensersatz“ für die expropriierten Armen fordert.[917]

Während an die Stelle der unabhängigen Yeomen tenants-at-will traten, kleinere Pächter auf einjährige Kündigung, eine servile und von der Willkür der Landlords abhängige Rotte, half, neben dem Raub der Staatsdomänen, namentlich der sys-

[915] Man lese z.B. E. Burkes Pamphlet über das herzogliche Haus von Bedford, dessen Sprosse Lord John Russell, „the tomtit of liberalism“ („der Zaunkönig des Liberalismus“)

[916] „Die Pächter verbieten den cottagers (Häuslern), irgendeine lebendige Kreatur außer sich selbst zu erhalten, unter dem Vorwand, daß, wenn sie Vieh oder Geflügel hielten, sie von den Scheunen Futter stehlen würden. Sie sagen auch, haltet die Cottagers arm, und ihr haltet sie fleißig. Die wirkliche Tatsache aber ist, daß die Pächter so das ganze Recht an den Gemeindeländereien usurpieren.“ („A Political Enquiry into the Consequences of enclosing Waste Lands“, Lond. 1785, p. 75.)

[917] Eden, l. c., Preface, [p. XVII, XIX].

tematisch betriebne Diebstahl des Gemeindeeigentums jene großen Pachten anschwellen, die man im 18. Jahrhundert Kapital-Pachten[918] oder Kaufmanns-Pachten[919] nannte, und das Landvolk als Proletariat für die Industrie „freisetzen".

Das 18. Jahrhundert begriff jedoch noch nicht in demselben Maß wie das 19. die Identität zwischen Nationalreichtum und Volksarmut. Daher heftigste Polemik in der ökonomischen Literatur jener Zeit über die „inclosure of commons". Ich gebe aus dem massenhaften Material, das mir vorliegt, einige wenige Stellen, weil dadurch lebhaft die Zustände veranschaulicht werden.

„In vielen Pfarreien von Hertfordshire", schreibt eine entrüstete Feder, „sind 24 im Durchschnitt 50-150 Acres zählende Pachten in 3 Pachten zusammengeschmolzen."[920] „In Northamptonshire und Lincolnshire hat die Einhegung der Gemeindeländereien sehr vorgeherrscht und die meisten aus den Einhegungen entsprungnen neuen Lordschaften sind in Weide verwandelt; infolge davon haben viele Lordschaften jetzt nicht 50 Acres unter dem Pflug, wo früher 1.500 gepflügt wurden ... Ruinen früherer Wohnhäuser, Scheunen, Ställe usw." sind die einzigen Spuren der früheren Einwohner. „Hundert Häuser und Familien sind an manchen Plätzen zusammengeschrumpft ... auf 8 oder 10 ... Der Grundeigentümer in den meisten Pfarreien, wo die Einhegung erst seit 15 oder 20 Jahren vorging, sind sehr wenige in Vergleich zu den Zahlen, von denen das Land im offnen Feldzustand bebaut wurde. Es ist nichts Ungewöhnliches, 4 oder 5 reiche Viehmäster große, jüngst eingehegte Lordschaften usurpieren zu sehn, die sich früher in der Hand von 20-30 Pächtern und von ebenso vielen kleineren Eigentümern und Insassen befanden. Alle diese sind mit ihren Familien aus ihrem Besitztum herausgeworfen nebst vielen andren Familien, die durch sie beschäftigt und erhalten wurden."[921]

Es war nicht nur brachliegendes, sondern oft, unter bestimmter Zahlung an die Gemeinde, oder gemeinschaftlich, bebautes Land, das unter dem Vorwand der Einhegung vom angrenzenden Landlord annexiert wurde.

„Ich spreche hier vom Einschluß offner Felder und Ländereien, die bereits bebaut sind. Selbst die Schriftsteller, welche die Inclosures verteidigen, geben zu, daß letztre das Monopol großer Pachtungen vermehren, die Preise der Lebensmittel erhöhen und Entvölkerung produzieren ... und selbst die Einhegung wüster Ländereien, wie jetzt betrieben, raubt dem Armen einen Teil seiner Subsistenzmittel und schwellt Pachtungen auf, die bereits zu groß sind."[922] „Wenn", sagt Dr. Price, „das Land in die Hände einiger weniger großen Pächter gerät, werden die kleinen Pächter" (früher von ihm bezeichnet als „eine Menge kleiner Eigentü-

[918] „Capital farms." („Two Letters on the Flour Trade and the Dearness of Corn. By a Person in Business", Lond. 1767, p. 19, 20.)

[919] „Merchant-farms." („An Inquiry into the Present High Prices of Provision.", Lond. 1767, p. 111, Note.) Diese gute Schrift, die anonym erschien, verfaßt von dem Rev. Nathaniel Forster.

[920] Thomas Wright, „A short address to the Public on the Monopoly of large farms", 1779, p. 2, 3.

[921] Rev. Addington, „Enquiry into the Reasons for or against enclosing open fields", Lond. 1772, p. 37-43 passim.

[922] Dr. R. Price, l.c., v. II, p. 155, 156. Man lese Forster, Addington, Kent, Price und James Anderson und vergleiche das elende Sykophantengeschwätz MacCullochs in seinem Katalog, „The Literature of Political Economy", Lond. 1845.

mer und Pächter, die sich selbst und Familien erhalten durch das Produkt des von ihnen bestellten Landes, durch Schafe, Geflügel, Schweine usw., die sie auf das Gemeindeland schicken, so daß sie wenig Anlaß zum Kauf von Subsistenzmitteln haben") „verwandelt in Leute, die ihre Subsistenz durch Arbeit für andre gewinnen müssen und gezwungen sind, für alles, was sie brauchen, zu Markt zu gehen ... Es wird vielleicht mehr Arbeit verrichtet, weil mehr Zwang dazu herrscht ... Städte und Manufakturen werden wachsen, weil mehr Leute zu ihnen verjagt werden, welche Beschäftigung suchen. Dies ist der Weg, worin die Konzentration der Pachtungen naturgemäß wirkt und worin sie, seit vielen Jahren, in diesem Königreich tatsächlich gewirkt hat."[923]

Er faßt die Gesamtwirkung der inclosures so zusammen:

„Im ganzen hat sich die Lage der niederen Volksklassen fast in jeder Hinsicht verschlechtert, die kleineren Grundbesitzer und Pächter sind herabgedrückt auf den Stand von Taglöhnern und Mietlingen; und zur selben Zeit ist der Lebensgewinn in diesem Zustand schwieriger geworden."[924]

In der Tat wirkten Usurpation des Gemeindelands und die sie begleitende Revolution der Agrikultur so akut auf die Ackerbauarbeiter, daß, nach Eden selbst, zwischen 1765 und 1780 ihr Lohn anfing, unter das Minimum zu fallen und durch offizielle Armenunterstützung ergänzt zu werden. Ihr Arbeitslohn, sagt er, „genügte nur noch eben für die absoluten Lebensbedürfnisse".

Hören wir noch einen Augenblick einen Verteidiger der enclosures und Gegner des Dr. Price.

„Es ist kein richtiger Schluß, daß Entvölkerung vorhanden, weil man Leute nicht länger ihre Arbeit im offnen Feld verschwenden sieht ... Wenn nach Verwandlung kleiner Bauern in Leute, die für andre arbeiten müssen, mehr Arbeit flüssig gemacht wird, so ist das ja ein Vorteil, den die Nation" (wozu die Verwandelten natürlich nicht gehören) „wünschen muß ... Das Produkt wird größer sein, wenn ihre kombinierte Arbeit auf einer Pachtung angewandt wird: so wird Surplusprodukt für die Manufakturen gebildet, und dadurch werden Manufakturen, eine der Goldgruben dieser Nation, im Verhältnis zum produzierten Kornquantum vermehrt."[925]

[923] l.c.p. 147, 148.
[924] l.c.p. 159, 160. Man erinnert sich an das alte Rom. „Die Reichen hatten sich des größten Teils der ungeteilten Ländereien bemächtigt. Sie vertrauten den Zeitumständen, daß sie ihnen nicht mehr abgenommen würden, und kauften daher die in ihrer Nähe gelegenen Stücke der Armen, zum Teil mit deren Willen, zum Teil nahmen sie sie ihnen mit Gewalt, so daß sie nur mehr weit ausgedehnte Domänen statt einzelner Felder bebauten. Sie gebrauchten dabei Sklaven zum Landbau und zur Viehzucht, weil ihnen freie Leute weg von der Arbeit zum Kriegsdienst genommen worden wären. Der Besitz von Sklaven brachte ihnen auch insofern großen Gewinn, als sich diese wegen ihrer Befreiung vom Kriegsdienst ungefährdet vermehren konnten und eine Menge Kinder bekamen. So zogen die Mächtigen durchaus allen Reichtum an sich, und die ganze Gegend wimmelte von Sklaven. Der Italer dagegen wurden immer weniger, aufgerieben wie sie waren durch Armut, Abgaben und Kriegsdienst. Traten aber auch Zeiten des Friedens ein, so waren sie zu vollkommner Untätigkeit verdammt, weil die Reichen im Besitze des Bodens waren, und statt freier Leute Sklaven zum Ackerbau brauchten." (Appian, „Römische Bürgerkriege", 1,7.) Diese Stelle bezieht sich auf die Zeit vor dem licinischen Gesetze. Der Kriegsdienst, der den Ruin der römischen Plebejer so sehr beschleunigte, war auch ein Hauptmittel, wodurch Karl der Große die Verwandlung freier deutscher Bauern in Hörige und Leibeigne treibhausmäßig förderte.
[925] [J. Arbuthnot,] „An Inquiry into the Connection between the present Prices of Provisions etc.", p. 124, 129. Ähnlich, aber mit entgegengesetzter Tendenz: „Die Arbeiter werden von ihren Cottages vertrieben und gezwungen,

Die stoische Seelenruhe, womit der politische Ökonom frechste Schändung des „heiligen Rechts des Eigentums“ und gröbste Gewalttat wider Personen betrachtet, sobald sie erheischt sind, um die Grundlage der kapitalistischen Produktionsweise herzustellen, zeigt uns u.a. der überdem noch torystisch gefärbte und „philanthropische“ Sir F. M. Eden. Die ganze Reihe von Raubtaten, Greueln und Volksdrangsalen, welche die gewaltsame Volksexpropriation vom letzten Drittel des 15. bis zum Ende des 18. Jahrhunderts begleiten, treibt ihn nur zur „komfortablen“ Schlußreflexion:

„Die richtige (due) Proportion zwischen Acker- und Viehland mußte hergestellt werden. Noch im ganzen 14. und größten Teil des 15. Jahrhunderts kam 1 Acre Viehweide auf 2, 3 und selbst 4 Acres Ackerland. In Mitte des 16. Jahrhunderts verwandelte sich die Proportion in 2 Acres Viehland auf 2, später von 2 Acres Viehweide auf 1 Acre Ackerland, bis endlich die richtige Proportion von 3 Acres Viehland auf 1 Acre Ackerland herauskam.“

Im 19. Jahrhundert verlor sich natürlich selbst die Erinnerung des Zusammenhangs zwischen Ackerbauer und Gemeindeeigentum. Von späterer Zeit gar nicht zu reden, welchen Farthing Ersatz erhielt das Landvolk jemals für die 3.511.770 Acres Gemeindeland, die ihm zwischen 1810 und 1831 geraubt und parlamentarisch den Landlords von den Landlords geschenkt wurden?

Der letzte große Expropriationsprozeß der Ackerbauer von Grund und Boden endlich ist das sog. Clearing of Estates (Lichten der Güter, in der Tat Wegfegung der Menschen von denselben). Alle bisher betrachteten englischen Methoden kulminierten im „Lichten“. Wie man bei der Schilderung des modernen Zustands im vorigen Abschnitt sah, geht es jetzt, wo keine unabhängigen Bauern mehr wegzufegen sind, bis zum „Lichten“ der Cottages fort, so daß die Ackerbauarbeiter auf dem von ihnen bestellten Boden selbst nicht mehr den nötigen Raum zur eignen Behausung finden. Was aber „Clearing of Estates“ im eigentlichen Sinne bedeutet, das lernen wir nur kennen im gelobten Lande der modernen Romanliteratur, in Hochschottland. Dort zeichnet sich der Vorgang aus durch seinen systematischen Charakter, durch die Größe der Stufenleiter, worauf er mit einem Schlag vollzogen wird (in Irland haben Grundherrn es dahin gebracht, mehrere Dörfer gleichzeitig wegzufegen; in Hochschottland handelt es sich um Bodenflächen von der Größe deutscher Herzogtümer) - und endlich durch die besondre Form des unterschlagenen Grundeigentums.

Die Kelten Hochschottlands bestanden aus Clans, deren jeder Eigentümer des von ihm besiedelten Bodens war. Der Repräsentant des Clans, sein Chef oder „großer Mann“, war nur Titulareigentümer dieses Bodens, ganz wie die Königin von England Titulareigentümerin des nationalen Gesamtbodens ist. Als der englischen Regierung gelungen war, die inneren Kriege dieser „großen Männer“ und ihre fortwährenden Einfälle in die niederschottischen Ebenen zu unterdrücken,

in den Städten Beschäftigung zu suchen; - aber dann erhält man einen größeren Überschuß, und so wird das Kapital vermehrt.“ ([R. B. Seeley,] „The Perils of the Nation“, 2nd ed., Lond. 1843, p. XIV.)

gaben die Clanchefs ihr altes Räuberhandwerk keineswegs auf; sie änderten nur die Form. Aus eigner Autorität verwandelten sie ihr Titular-Eigentumsrecht in Privateigentumsrecht, und da sie bei den Clanleuten auf Widerstand stießen, beschlossen sie, diese mit offner Gewalt zu vertreiben.

„Ein König von England könnte mit demselben Recht sich anmaßen, seine Untertanen in die See zu jagen", sagt Professor Newman.[926] Diese Revolution, welche in Schottland nach der letzten Schilderhebung des Prätendenten begann, kann man in ihren ersten Phasen verfolgen bei Sir James Steuart[927] und James Anderson[928]. Im 18. Jahrhundert wurde zugleich den vom Land verjagten Gaelen die Auswanderung verboten, um sie gewaltsam nach Glasgow und andren Fabrikstädten zu treiben.[929] Als Beispiel der im 19. Jahrhundert herrschenden Methode[930] genügen hier die „Lichtungen" der Herzogin von Sutherland. Diese ökonomisch geschulte Person beschloß gleich bei ihrem Regierungsantritt eine ökonomische Radikalkur vorzunehmen und die ganze Grafschaft, deren Einwohnerschaft durch frühere, ähnliche Prozesse bereits auf 15.000 zusammengeschmolzen war, in Schaftrift zu verwandeln. Von 1814 bis 1820 wurden diese 15.000 Einwohner, ungefähr 3.000 Familien, systematisch verjagt und ausgerottet. Alle ihre Dörfer wurden zerstört und niedergebrannt, alle ihre Felder in Weide verwandelt. Britische Soldaten wurden zur Exekution kommandiert und kamen zu Schlägen mit den Eingebornen. Eine alte Frau verbrannte in den Flammen der Hütte, die sie zu verlassen sich weigerte. So eignete sich diese Madame 794.000 Acres Land an, das seit undenklichen Zeiten dem Clan gehörte. Den vertriebnen Eingebornen wies sie am Seegestad ungefähr 6.000 Acres zu, 2 Acres per Familie. Die 6.000 Acres hatten bisher wüst gelegen und den Eigentümern kein Einkommen abgeworfen. Die Herzogin ging in ihrem Nobelgefühl so weit, den Acre im Durchschnitt zu 2 sh. 6 d. Rente zu verpachten an die Clanleute, die seit Jahrhunderten ihr Blut für die Familie vergossen hatten. Das ganze geraubte Clanland

[926] „A king of England might as weil claim to drive his subjects into the sea." (F. W. Newman, l.c.p. 132.)
[927] Steuart sagt: „Die Rente dieser Länder" (er überträgt irrtümlich diese ökonomische Kategorie auf den Tribut der taksmen an den Clanchef) „ist durchaus unbedeutend im Vergleich zu ihrem Umfang, aber, was die Personenzahl betrifft, welche eine Pacht erhält, wird man vielleicht finden, daß ein Stück Boden in den Hochlanden von Schottland zehnmal mehr Leute ernährt, als Land von demselben Wert in den reichsten Provinzen." (l.c., v. I. ch. XVI. p. 104.)
[928] James Anderson, „Observations on the means of exciting a spirit of National Industry etc.", Edinburgh 1777.
[929] 1860 wurden gewaltsam Expropriierte nach Kanada exportiert unter falschen Versprechungen. Einige flohen in die Berge und benachbarten Eilande. Sie wurden von Polizisten verfolgt, kamen zum Handgemenge mit ihnen und entkamen.
[930] „In den Hochlanden", sagt Buchanan, der Kommentator A. Smiths, 1814, „wird der alte Eigentumszustand täglich gewaltsam umgewälzt ... Der Landlord, ohne Rücksicht auf die Erbpächter" (auch dies ist hier irrig angewandte Kategorie) „bietet das Land dem höchsten Bieter an, und wenn dieser ein Verbesserer (improver) ist, führt er unmittelbar ein neues Kultursystem ein. Der Boden, früher übersät mit kleinen Bauern, war im Verhältnis zu seinem Produkt bevölkert; unter dem neuen System verbesserter Kultur und vermehrter Renten wird größtmöglichstes Produkt zu möglichst geringen Kosten erhalten und zu diesem Behufe werden die nun nutzlos gewordenen Hände entfernt ... Die Auswürflinge des Heimlands suchen Subsistenz in den Fabrikstädten usw." (David Buchanan, „Observations on etc. A. Smith's Wealth of Nations", Edinb. 1814. vol. IV, p. 144.) „Die schottischen Großen haben Familien expropriiert, wie sie Unkraut ausroden würden, sie haben Dorfschaften und ihre Bevölkerung behandelt, wie die Indier in ihrer Rache die Höhlen wilder Bestien ... Der Mensch wird verschachert für ein Schafvlies oder eine Hammelkeule, ja für weniger ... Bei dem Einfall in die Nordprovinzen Chinas schlug man im Mongolenrat vor, die Einwohner auszurotten und ihr Land in Weide zu verwandeln. Diesen Vorschlag haben viele hochschottische Landlords in ihrem eignen Land gegen ihre eignen Landsleute ausgeführt." (George Ensor, „An Inquiry concerning the Population of Nations", Lond. 1818, p. 215, 216.)

teilte sie in 29 große Schafpachtungen, jede bewohnt von einer einzigen Familie, meist englische Pächterknechte. Im Jahre 1825 waren die 15.000 Gaelen bereits ersetzt durch 131.000 Schafe. Der an das Seegestad geworfne Teil der Aborigines (Eingeborenen) suchte vom Fischfang zu leben. Sie wurden Amphibien und lebten, wie ein englischer Schriftsteller sagt, halb auf dem Land und halb auf dem Wasser und lebten mit alledem nur halb von beiden.[931]

Aber die braven Gaelen sollten noch schwerer ihre bergromantische Idolatrie für die „großen Männer" des Clans abbüßen. Der Fischgeruch stieg den großen Männern in die Nase. Sie witterten etwas Profitliches dahinter und verpachteten das Seegestade den großen Fischhändlern von London. Die Gaelen wurden zum zweitenmal verjagt.[932]

Endlich aber wird ein Teil der Schaftriften rückverwandelt in Jagdrevier. Man weiß, daß es keine eigentlichen Wälder in England gibt. Das Wild in den Parks der Großen ist konstitutionelles Hausvieh, fett wie Londoner Aldermen. Schottland ist daher das letzte Asyl der „noblen Passion".

„In den Hochlanden", sagt Somers 1848, „sind die Waldungen sehr ausgedehnt worden. Hier auf der einen Seite von Gaick habt ihr den neuen Wald von Glenfeshie und dort auf der andren Seite den neuen Wald von Ardverikie. In derselben Linie habt ihr den Bleak-Mount, eine ungeheure Wüste, neulich errichtet. Von Ost zu West, von der Nachbarschaft von Aberdeen bis zu den Klippen von Oban, habt ihr jetzt eine fortlaufende Waldlinie, während sich in andren Teilen der Hochlande die neuen Wälder von Loch Archaig, Glengarry, Glenmoriston etc. befinden ... Die Verwandlung ihres Landes in Schafweide ... trieb die Gaelen auf unfruchtbarern Boden. Jetzt fängt Rotwild an, das Schaf zu ersetzen, und treibt jene in noch zermalmenderes Elend ... Die Wildwaldungen[933] und das Volk können nicht nebeneinander existieren. Eins oder das andre muß jedenfalls den Platz räumen. Laßt die Jagden in Zahl und Umfang im nächsten Vierteljahrhundert wachsen wie im vergangenen, und ihr werdet keinen Gaelen mehr auf seiner heimischen Erde finden. Diese Bewegung unter den Hochlands-Eigentümern ist teils der Mode geschuldet, aristokratischem Kitzel, Jagdliebhaberei usw., teils aber betreiben sie den Wildhandel ausschließlich mit einem Auge auf den Profit. Denn es ist Tatsache, daß ein Stuck Bergland, in Jagdung angelegt, in vielen Fällen ungleich profitabler ist denn als Schaftrift ... Der Liebhaber, der ein Jagd-

[931] Als die jetzige Herzogin von Sutherland die Mrs. Beecher-Stowe, Verfasserin von „Uncle Tom's Cabin", mit großem Prunk in London empfing, um ihre Sympathie für die Negersklaven der amerikanischen Republik auszustellen - was sie, nebst ihren Mitaristokratinnen, wohlweise während des Bürgerkriegs unterließ, wo jedes „noble" englische Herz für die Sklavenhalter schlug -, stellte ich in der „New-York Tribune" die Verhältnisse der Sutherlandschen Sklaven dar. (Band 8, S. 499-505) (Stellenweis ausgezogen von Carey in „The Slave Trade", Philadelphia 1853, p. 202, 203.) Mein Artikel ward in einem schottischen Blatt abgedruckt und rief eine artige Polemik zwischen letzterem und den Sykophanten der Sutherlands hervor.

[932] Interessantes über diesen Fischhandel findet man in Herrn David Urquharts „Portfolio, New Series". - Nassau W. Senior kennzeichnet in seiner oben zitierten nachgelaßnen Schrift „die Prozedur in Sutherlandshire als eine der wohltätigsten Lichtungen (clearings) seit Menschengedenken". (l.c.[p.282].)

[933] Die „deer forests" (Wildwaldungen) von Schottland enthalten keinen einzigen Baum. Man treibt die Schafe weg und die Hirsche hin auf die nackten Berge und nennt das einen „deer forest". Also nicht einmal Waldkultur!

revier sucht, beschränkt sein Angebot nur durch die Weite seiner Börse ... Leiden sind über die Hochlande verhängt worden nicht minder grausam, als die Politik normännischer Könige sie über England verhing. Rotwild hat freieren Spielraum erhalten, während die Menschen in engen und engem Zirkel gehetzt wurden ... Eine Freiheit des Volks nach der andren ward ihm geraubt ... Und die Unterdrückung wächst noch täglich. Lichtung und Vertreibung des Volks werden von den Eigentümern als festes Prinzip verfolgt, als eine agrikole Notwendigkeit, ganz wie Bäume und Gesträuch in den Wildnissen Amerikas und Australiens weggefegt werden, und die Operation geht ihren ruhigen, geschäftsmäßigen Gang."[934]

[934] Robert Somers, „Letters from the Highlands; or, the Famine of 1847", Lond. 1848. p. 12-28 passim. Diese Briefe erschienen ursprünglich in der „Times". Die englischen Ökonomen erklärten natürlich die Hungersnot der Gealen von 1847 aus ihrer - Übervölkerung. Jedenfalls „drückten" sie auf ihre Nahrungsmittel. - Das „Clearing of Estates" oder, wie es in Deutschland hieß, „Bauernlegen" machte sich hier besonders geltend nach dem Dreißigjährigen Krieg und rief noch 1790 in Kursachsen Bauernaufstände hervor. Es herrschte namentlich in Ostdeutschland. In den meisten Provinzen Preußens sicherte erst Friedrich II. den Bauern Eigentumsrecht. Nach der Eroberung Schlesiens zwang er die Grundherrn zur Wiederherstellung der Hütten, Scheunen usw., zur Ausstattung der Bauerngüter mit Vieh und Gerät. Er brauchte Soldaten für seine Armee und Steuerpflichtige für seinen Staatsschatz. Welches angenehme Leben übrigens der Bauer unter Friedrichs Finanzunwesen und Regierungsmischmasch von Despotismus, Bürokratie und Feudalismus führte, mag man aus folgender Stelle seines Bewunderers Mirabeau ersehn: „Der Flachs stellt also einen der größten Reichtümer des Bauern in Norddeutschland dar. Zum Unglück für das Menschengeschlecht ist das nur ein Hilfsmittel gegen das Elend und kein Weg zum Wohlstand. Die direkten Steuern, die Frondienste und Zwangsdienste aller Art richten den deutschen Bauern zugrunde, zumal er auch noch indirekte Steuern bei allem, was er kauft, mitbezahlen muß ... und um seinen Ruin vollständig zu machen, wagt er seine Produkte nicht dort und so zu verkaufen, wie er will; er wagt auch nicht, das, was er braucht, bei den Kaufleuten zu erstehen, die es ihm zu billigerem Preis liefern könnten. Alle diese Ursachen ruinieren ihn langsam, aber sicher, und ohne die Spinnerei wäre er nicht imstande, die direkten Steuern am Verfalltage zu zahlen; sie bietet ihm eine Hilfsquelle, indem sie sein Weib, seine Kinder, seine Mägde, seine Knechte und ihn selbst nützlich beschäftigt. Doch trotz dieser Hilfsquelle, welch mühseliges Leben! Im Sommer arbeitet er wie ein Sträfling beim Pflügen und bei der Ernte; um 9 Uhr legt er sich schlafen und steht um 2 Uhr auf, um mit seinen Arbeiten fertig zu werden; im Winter müßte er seine Kräfte durch eine längere Ruhe auffrischen; aber es würde ihm das Korn für Brot und Aussaat fehlen, wenn er sich der Bodenfrüchte entledigt, die er verkaufen müßte, um die Steuern zu bezahlen. Um dies Loch zu stopfen, muß er daher spinnen ... und zwar mit größter Beharrlichkeit. So geht denn der Bauer im Winter um Mitternacht oder ein Uhr zur Ruhe und steht um 5 oder 6 Uhr auf; oder aber er legt sich um 9 und steht um 2 Uhr auf und so alle Tage seines Lebens, abgesehen vom Sonntag. Dies Übermaß von Wachen und Arbeiten verbraucht den Menschen, und so kommt es, daß auf dem Lande Männer und Frauen viel früher altern als in der Stadt." Mirabeau, l.c., t. III, p. 212 sqq.)

Zusatz zur 2. Ausg. Im März (2.-4. Auflage: April) 1866, 18 Jahre nach der Veröffentlichung der oben zitierten Schrift von Robert Somers, hielt Professor Leone Levi einen Vortrag in der Society of Arts über die Verwandlung der Schaftriften in Wildwaldungen, worin er den Fortschritt der Verwüstung in den schottischen Hochlanden schildert. Er sagt u.a.: „Entvölkerung und Verwandlung in bloße Schaftrift boten das bequemste Mittel zu einem Einkommen ohne Auslage ... An der Stelle der Schaftrift ein deer forest wurde gewöhnlicher Wechsel in den Hochlanden. Die Schafe werden vertrieben durch wilde Tiere, wie man zuvor die Menschen vertrieb, um den Schafen Platz zumachen ... Man kann marschieren von den Gütern des Grafen von Dalhouise in Forfarshire bis zu John o'Groats, ohne je das Waldland zu verlassen. In vielen" (dieser Waldungen) „sind der Fuchs, die wilde Katze, der Marder, der Iltis, das Wiesel und der Alpenhase eingebürgert; während das Kaninchen, das Eichhorn und die Ratte seit kurzem ihren Weg dahin gefunden haben. Ungeheure Landstriche, welche in der Statistik Schottlands als Weiden von ausnahmsweiser Fruchtbarkeit und Ausdehnung figurierten, sind jetzt von aller Kultur und Verbesserung ausgeschlossen und einzig dem Jagdpläsier weniger Personen - und dies dauert nur für eine kurze Periode während des Jahrs - gewidmet."

Der Londoner „Economist" vom 2. Juni 1866 sagt: „Ein schottisches Blatt berichtet letzte Woche unter andren Neuigkeiten: ‚Eine der besten Schafpachten in Sutherlandshire, wofür jüngst, beim Verfall des laufenden Pachtkontrakts, eine Jahresrente von 1.200 Pfd.St. geboten ward, wird in einen deer forest verwandelt!' Die feudalen Instinkte betätigen ... wie zur Zeit, wo der normännische Erobrer ... 36 Dorfschaften zerstörte, um den New Forest zu schaffen ... Zwei Millionen Acres, welche einige der fruchtbarsten Ländereien Schottlands einbegreifen, sind ganz und gar wüst gelegt. Das natürliche Gras von Glen Tilt zählte zu den nahrhaftesten der Grafschaft Perth; der deer forest von Ben Aulder war der beste Grasgrund im weiten Distrikt von Badenoch; ein Teil des Black Mount forest war das vorzüglichste schottische Weideland für schwarzgesichtige Schafe. Von der Ausdehnung des für Jagdliebhaberei wüstgelegten Grund und Bodens mag man sich eine Vorstellung bilden aus der Tatsache, daß er einen viel größeren

Der Raub der Kirchengüter, die fraudulente Veräußerung der Staatsdomänen, der Diebstahl des Gemeindeeigentums, die usurpatorische und mit rücksichtslosem Terrorismus vollzogne Verwandlung von feudalem und Claneigentum in modernes Privateigentum, es waren ebenso viele idyllische Methoden der ursprünglichen Akkumulation. Sie eroberten das Feld für die kapitalistische Agrikultur, einverleibten den Grund und Boden dem Kapital und schufen der städtischen Industrie die nötige Zufuhr von vogelfreiem Proletariat.

3. Blutgesetzgebung gegen die Expropriierten seit Ende des 15. Jahrhunderts.

Gesetze zur Herabdrückung des Arbeitslohns

Die durch Auflösung der feudalen Gefolgschaften und durch stoßweise, gewaltsame Expropriation von Grund und Boden Verjagten, dies vogelfreie Proletariat konnte unmöglich ebenso rasch von der aufkommenden Manufaktur absorbiert werden, als es auf die Welt gesetzt ward. Andrerseits konnten die plötzlich aus ihrer gewohnten Lebensbahn Herausgeschleuderten sich nicht ebenso plötzlich in die Disziplin des neuen Zustandes finden. Sie verwandelten sich massenhaft in Bettler, Räuber, Vagabunden, zum Teil aus Neigung, in den meisten Fällen durch den Zwang der Umstände. Ende des 15. und während des ganzen 16. Jahrhunderts daher in ganz Westeuropa eine Blutgesetzgebung wider Vagabundage. Die Väter der jetzigen Arbeiterklasse wurden zunächst gezüchtigt für die ihnen angetane Verwandlung in Vagabunden und Paupers. Die Gesetzgebung behandelte sie als „freiwillige" Verbrecher und unterstellte, daß es von ihrem guten Willen abhänge, in den nicht mehr existierenden alten Verhältnissen fortzuarbeiten.

In England begann jene Gesetzgebung unter Heinrich VII.

Heinrich VIII., 1530: Alte und arbeitsunfähige Bettler erhalten eine Bettellizenz. Dagegen Auspeitschung und Einsperrung für handfeste Vagabunden. Sie sollen an einen Karren hinten angebunden und gegeißelt werden, bis das Blut von ihrem Körper strömt, dann einen Eid schwören, zu ihrem Geburtsplatz oder dorthin, wo sie die letzten drei Jahre gewohnt, zurückzukehren und „sich an die Arbeit zu setzen" (to put himself to labour). Welche grausame Ironie! 27 Heinrich VIII. (D.h. Gesetz aus dem 27. Regierungsjahr Heinrichs VIII. Die bei den folgenden Angaben an zweiter Stelle gegebenen Ziffern sind die Nummern der in dem betreffenden Regierungsjahr erlassenen Gesetze) wird das vorige Statut wiederholt, aber durch neue Zusätze verschärft. Bei zweiter Ertappung auf Vagabundage soll die Auspeitschung wiederholt und das halbe Ohr abgeschnitten, bei drittem Rückfall aber der Betroffne als schwerer Verbrecher und Feind des Gemeinwesens hingerichtet werden.

Flächenraum umfaßt als die ganze Grafschaft Perth. Den Verlust des Landes an Produktionsquellen infolge dieser gewaltsamen Verödung mag man daraus schätzen, daß der Boden des forest von Ben Aulder 15.000 Schafe nähren konnte und daß er nur 1/30 des gesamten Jagdreviers von Schottland beträgt ... All dies Jagdland ist durchaus unproduktiv ... es hätte ebensowohl in die Fluten der Nordsee versenkt werden können. Solchen improvisierten Einöden oder Wüsten sollte die starke Hand der Gesetzgebung den Garaus machen."

Edward VI.: Ein Statut aus seinem ersten Regierungsjahr, 1547, verordnet, daß, wenn jemand zu arbeiten weigert, soll er als Sklave der Person zugeurteilt werden, die ihn als Müßiggänger denunziert hat. Der Meister soll seinen Sklaven mit Brot und Wasser nähren, schwachem Getränk und solchen Fleischabfällen, wie ihm passend dünkt. Er hat das Recht, ihn zu jeder auch noch so eklen Arbeit durch Auspeitschung und Ankettung zu treiben. Wenn sich der Sklave für 14 Tage entfernt, ist er zur Sklaverei auf Lebenszeit verurteilt und soll auf Stirn oder Backen mit dem Buchstaben S gebrandmarkt, wenn er zum drittenmal fortläuft, als Staatsverräter hingerichtet werden. Der Meister kann ihn verkaufen, vermachen, als Sklaven ausdingen, ganz wie andres bewegliches Gut und Vieh. Unternehmen die Sklaven etwas gegen die Herrschaft, so sollen sie ebenfalls hingerichtet werden. Friedensrichter sollen auf Information den Kerls nachspüren. Findet sich, daß ein Herumstreicher drei Tage gelungert hat, so soll er nach seinem Geburtsort gebracht, mit rotglühendem Eisen auf die Brust mit dem Zeichen V gebrandmarkt, und dort in Ketten auf der Straße oder zu sonstigen Diensten verwandt werden. Gibt der Vagabund einen falschen Geburtsort an, so soll er zur Strafe der lebenslängliche Sklave dieses Orts, der Einwohner oder Korporation sein und mit S gebrandmarkt werden. Alle Personen haben das Recht, den Vagabunden ihre Kinder wegzunehmen und als Lehrlinge, Jungen bis zum 24. Jahr, Mädchen bis zum 20. Jahr, zu halten. Laufen sie weg, so sollen sie bis zu diesem Alter die Sklaven der Lehrmeister sein, die sie in Ketten legen, geißeln etc. können, wie sie wollen. Jeder Meister darf einen eisernen Ring um Hals, Arme oder Beine seines Sklaven legen, damit er ihn besser kennt und seiner sicherer ist.[935] Der letzte Teil dieses Status sieht vor, daß gewisse Arme von dem Ort oder den Individuen beschäftigt werden sollen, die ihnen zu essen und zu trinken geben und Arbeit für sie finden wollen. Diese Sorte Pfarreisklaven hat sich bis tief ins 19. Jahrhundert in England erhalten unter dem Namen roundsmen (Umgeher).

Elisabeth, 1572: Bettler ohne Lizenz und über 14 Jahre alt sollen hart gepeitscht und am linken Ohrlappen gebrandmarkt werden, falls sie keiner für zwei Jahre in Dienst nehmen will; im Wiederholungsfall, wenn über 18 Jahre alt, sollen sie - hingerichtet werden, falls sie niemand für zwei Jahre in Dienst nehmen will, bei dritter Rezidive aber ohne Gnade als Staatsverräter hingerichtet werden. Ähnliche Statute: 18 Elisabeth c. 13 und 1597.[936]

[935] Der Verfasser des „Essay on Trade etc.", 1770, bemerkt: „Unter der Regierung Edwards VI. scheinen sich die Engländer in der Tat mit vollem Ernst auf Encouragierung der Manufakturen und Beschäftigung der Armen verlegt zu haben. Dies ersehn wir aus einem merkwürdigen Statut, worin es heißt, daß alle Vagabunden gebrandmarkt werden sollen" usw. (l.c.p. 5.)

[936] Thomas Morus sagt in seiner „Utopia" [p. 41. 42]: „So geschieht's, daß ein gieriger und unersättlicher Vielfraß, die wahre Pest seines Geburtslandes, Tausende von Acres Land zusammenpacken und innerhalb einer Umpfählung oder einer Hecke einzäunen, oder durch Gewalt und Unbill ihre Eigner so abhetzen kann, daß sie gezwungen sind, alles zu verkaufen. Durch ein Mittel oder das andre, es mag biegen oder brechen, werden sie genötigt fortzutrollen - arme, einfältige, elende Seelen! Männer, Weiber, Gatten, Frauen, vaterlose Kinder, Witwen, jammernde Mütter mit ihren Säuglingen und der ganze Haushalt, gering an Mitteln und zahlreich an Köpfen, da der Ackerbau vieler Hände bedurfte. Weg schleppen sie sich, sage ich, aus der bekannten und gewohnten Heimstätte, ohne einen Ruheplatz zu finden; der Verkauf von all ihrem Hausgerät, obgleich von keinem großen Wert, würde unter andren Umständen einen gewissen Erlös geben; aber plötzlich an die Luft gesetzt, müssen sie ihn zu Spottpreisen los-

Jakob 1.: Eine herumwandernde und bettelnde Person wird für einen Landstreicher und Vagabunden erklärt. Die Friedensrichter in den Petty Sessions sind bevollmächtigt, sie öffentlich auspeitschen zu lassen und bei erster Ertappung 6 Monate, bei zweiter 2 Jahre ins Gefängnis zu sperren. Während des Gefängnisses soll sie so oft und soviel gepeitscht werden, als die Friedensrichter für gut halten ... Die unverbesserlichen und gefährlichen Landstreicher sollen auf der linken Schulter mit R gebrandmarkt und an die Zwangsarbeit gesetzt, und wenn man sie wieder auf dem Bettel ertappt, ohne Gnade hingerichtet werden. Diese Anordnungen, gesetzlich bis in die erste Zeit des 18. Jahrhunderts, wurden erst aufgehoben durch 12 Anna c. 23.

Ähnliche Gesetze in Frankreich, wo sich Mitte des 17. Jahrhunderts ein Vagabundenkönigreich (royaume des truands) zu Paris etabliert hatte. Noch in der ersten Zeit Ludwigs XVI. (Ordonnanz vom 13. Juli 1777) sollte jeder gesund gebaute Mensch vom 16. bis 60. Jahr, wenn ohne Existenzmittel und Ausübung einer Profession, auf die Galeeren geschickt werden. Ähnlich das Statut Karls V. für die Niederlande vom Oktober 1537, das erste Edikt der Staaten und Städte von Holland vom 19. März 1614, das Plakat der Vereinigten Provinzen vom 25. Juni 1649 usw.

So wurde das von Grund und Boden gewaltsam expropriierte, verjagte und zum Vagabunden gemachte Landvolk durch grotesk-terroristische Gesetze in eine dem System der Lohnarbeit notwendige Disziplin hineingepeitscht, -gebrandmarkt, -gefoltert.

Es ist nicht genug, daß die Arbeitsbedingungen auf den einen Pol als Kapital treten und auf den andren Pol Menschen, welche nichts zu verkaufen haben als ihre Arbeitskraft. Es genügt auch nicht, sie zu zwingen, sich freiwillig zu verkaufen. Im Fortgang der kapitalistischen Produktion entwickelt sich eine Arbeiterklasse, die aus Erziehung, Tradition, Gewohnheit die Anforderungen jener Produktionsweise als selbstverständliche Naturgesetze anerkennt. Die Organisation des ausgebildeten kapitalistischen Produktionsprozesses bricht jeden Widerstand, die beständige Erzeugung einer relativen Übervölkerung hält das

---

schlagen. Und wenn sie umhergeirrt, bis der letzte Heller verzehrt ist, was anders können sie tun außer stehlen und dann, bei Gott, in aller Form Rechtens gehangen werden, oder auf den Bettel ausgehn? Und auch dann werden sie ins Gefängnis geschmissen, als Vagabunden, weil sie sich herumtreiben und nicht arbeiten; sie, die kein Mensch an die Arbeit setzen will, sie mögen sich noch so eifrig dazu erbieten." Von diesen armen Flüchtlingen, von denen Thomas Morus sagt, daß man sie zum Diebstahl zwang, „wurden 72.000 große und kleine Diebe hingerichtet unter der Regierung Heinrich des Achten". (Holinshed, „Description of England". v. I. p. 186.) Zu Elisabeths Zeiten wurden „Landstreicher reihenweise aufgeknüpft; indes verstrich gewöhnlich kein Jahr, worin nicht 300 oder 400 an einem Platz oder dem andren dem Galgen anheimfielen". (Strype. „Annals of the Reformation and Establishment of Religion, and other Various Occurences in the Church of England during Queen Elisabeth's Happy Reign,", 2nd ed. 1725, vol. II.) Nach demselben Strype wurden in Somersetshire in einem einzigen Jahr 40 Personen hingerichtet, 35 gebrandmarkt, 37 ausgepeitscht und 183 „verzweifelte Bösewichter" freigegeben. Dennoch, sagt er, „schließt diese große Zahl der Angeklagten nicht 1/5 der peinlichen Verbrechen ein, dank der Fahrlässigkeit der Friedensrichter und dem albernen Mitleid des Volkes". Er fügt hinzu: „Die andren Grafschaften in England waren in keiner beßren Lage als Somersetshire und viele selbst in einer schlechteren."

Gesetz der Zufuhr von und Nachfrage nach Arbeit und daher den Arbeitslohn in einem den Verwertungsbedürfnissen des Kapitals entsprechenden Gleise, der stumme Zwang der ökonomischen Verhältnisse besiegelt die Herrschaft des Kapitalisten über den Arbeiter. Außerökonomische, unmittelbare Gewalt wird zwar immer noch angewandt, aber nur ausnahmsweise. Für den gewöhnlichen Gang der Dinge kann der Arbeiter den „Naturgesetzen der Produktion" überlassen bleiben, d.h. seiner aus den Produktionsbedingungen selbst entspringenden, durch sie garantierten und verewigten Abhängigkeit vom Kapital. Anders während der historischen Genesis der kapitalistischen Produktion. Die aufkommende Bourgeoisie braucht und verwendet die Staatsgewalt, um den Arbeitslohn zu „regulieren", d.h. innerhalb der Plusmacherei zusagender Schranken zu zwängen, um den Arbeitstag zu verlängern und den Arbeiter selbst in normalem Abhängigkeitsgrad zu erhalten. Es ist dies ein wesentliches Moment der sog. ursprünglichen Akkumulation.

Die Klasse der Lohnarbeiter, die in der letzten Hälfte des 14. Jahrhunderts entstand, bildete damals und im folgenden Jahrhundert nur einen sehr geringen Volksbestandteil, der in seiner Stellung stark beschützt war durch die selbständige Bauernwirtschaft auf dem Land und die Zunftorganisation der Stadt. In Land und Stadt standen sich Meister und Arbeiter sozial nahe. Die Unterordnung der Arbeit unter das Kapital war nur formell, d.h. die Produktionsweise selbst besaß noch keinen spezifisch kapitalistischen Charakter. Das variable Element des Kapitals wog sehr vor über sein konstantes. Die Nachfrage nach Lohnarbeit wuchs daher rasch mit jeder Akkumulation des Kapitals, während die Zufuhr von Lohnarbeit nur langsam nachfolgte. Ein großer Teil des nationalen Produkts, später in Akkumulationsfonds des Kapitals verwandelt, ging damals noch ein in den Konsumtionsfonds des Arbeiters.

Die Gesetzgebung über die Lohnarbeit, von Haus aus auf Exploitation des Arbeiters gemünzt und ihm in ihrem Fortgang stets gleich feindlich[937], wird in England eröffnet durch das Statute of Labourers (Arbeiterstatut) Edwards III., 1349. Ihm entspricht in Frankreich die Ordonnanz von 1350, erlassen im Namen des Königs Jean. Die englische und französische Gesetzgebung laufen parallel und sind dem Inhalt nach identisch. Soweit die Arbeiterstatuten Verlängerung des Arbeitstags zu erzwingen suchen, komme ich nicht auf sie zurück, da dieser Punkt früher (8. Kapitel, 5) erörtert.

Das Statute of Labourers wurde erlassen auf dringende Klage des Hauses der Gemeinen.

„Früher", sagt naiv ein Tory, „verlangten die Armen so hohen Arbeitslohn, daß sie Industrie und Reichtum bedrohten. Jetzt ist ihr Lohn so niedrig, daß er

[937] „Wann immer die Gesetzgebung versucht, die Differenzen zwischen Unternehmern und ihren Arbeitern zu regeln, sind ihre Ratgeber immer die Unternehmer" sagt A. Smith. „Der Geist der Gesetze ist das Eigentum", sagt Linguet.

ebenfalls Industrie und Reichtum bedroht, aber anders und vielleicht gefährlicher als damals."[938]

Ein gesetzlicher Lohntarif ward festgesetzt für Stadt und Land, für Stückwerk und Tagwerk. Die ländlichen Arbeiter sollen sich aufs Jahr, die städtischen „auf offnem Markt" verdingen. Es wird bei Gefängnisstrafe untersagt, höheren als den statutarischen Lohn zu zahlen, aber der Empfang höheren Lohns wird stärker bestraft als seine Zahlung. So wird auch noch in Sect. 18 und 19 des Lehrlingsstatuts von Elisabeth zehntägige Gefängnisstrafe über den verhängt, der höheren Lohn zahlt, dagegen einundzwanzigtägige Gefängnisstrafe über den, der ihn nimmt. Ein Statut von 1360 verschärfte die Strafen und ermächtigte den Meister sogar, durch körperlichen Zwang Arbeit zum gesetzlichen Lohntarif zu erpressen. Alle Kombinationen, Verträge, Eide usw., wodurch sich Maurer und Zimmerleute wechselseitig banden, werden für null und nichtig erklärt. Arbeiterkoalition wird als schweres Verbrechen behandelt vom 14. Jahrhundert bis 1825, dem Jahr der Abschaffung der Antikoalitionsgesetze. Der Geist des Arbeiterstatuts von 1349 und seiner Nachgeburten leuchtet hell daraus hervor, daß zwar ein Maximum des Arbeitslohns von Staats wegen diktiert wird, aber beileibe kein Minimum.

Im 16. Jahrhundert hatte sich, wie man weiß, die Lage der Arbeiter sehr verschlechtert. Der Geldlohn stieg, aber nicht im Verhältnis zur Depreziation des Geldes und dem entsprechenden Steigen der Warenpreise. Der Lohn fiel also in der Tat. Dennoch dauerten die Gesetze zum Behuf seiner Herabdrückung fort zugleich mit dem Ohrenabschneiden und Brandmarken derjenigen, „die niemand in Dienst nehmen wollte". Durch das Lehrlingsstatut 5 Elisabeth c. 3 wurden die Friedensrichter ermächtigt, gewisse Löhne festzusetzen und nach Jahreszeiten und Warenpreisen zu modifizieren. Jakob I. dehnte diese Arbeitsregulation auch auf Weber, Spinner und alle möglichen Arbeiterkategorien aus[939], Georg II. die Gesetze gegen Arbeiterkoalition auf alle Manufakturen.

In der eigentlichen Manufakturperiode war die kapitalistische Produktionsweise hinreichend erstarkt, um gesetzliche Regulation des Arbeitslohns ebenso unausführbar als überflüssig zu machen, aber man wollte für den Notfall die Waffen

[938] [B.Byles,] „Sophisms of Free Trade. By a Barrister", Lond. 1850. p.2 06. Er setzt maliziös hinzu. „Wir waren stets bei der Hand, für den Anwender einzuschreiten. Kann nichts geschehn für den Angewandten?"

[939] Aus einer Klausel des Statuts 2 Jakob I., c. 6, ersieht man, daß gewisse Tuchmacher sich herausnahmen, den Lohntarif offiziell als Friedensrichter in ihren eignen Werkstätten zu diktieren. - In Deutschland waren namentlich nach dem Dreißigjährigen Krieg Statuten zur Niederhaltung des Arbeitslohns häufig. „Sehr lästig war den Gutsherrn in dem menschenleeren Boden der Mangel an Dienstboten und Arbeitern. Allen Dorfsassen wurde verboten, Kammern an ledige Männer und Frauen zu vermieten, alle solche Inlieger sollten der Obrigkeit angezeigt und ins Gefängnis gesteckt werden, falls sie nicht Dienstboten werden wollten, auch wenn sie sich von andrer Tätigkeit erhielten, den Bauern um Taglohn säten oder gar mit Geld und Getreide handelten. (‚Kaiserliche Privilegien und Sanctiones für Schlesien', I, 125.) Durch ein ganzes Jahrhundert wird in den Verordnungen der Landesherrn immer wieder bittre Klage geführt über das boshafte und mutwillige Gesindel, das sich in die harten Bedingungen nicht fügen, mit dem gesetzlichen Lohn nicht zufrieden sein will; dem einzelnen Gutsherrn wird verboten, mehr zu geben, als die Landschaft in einer Taxe festgesetzt hat. Und doch sind die Bedingungen des Dienstes nach dem Krieg zuweilen noch besser, als sie 100 Jahre später waren; noch erhielt das Gesinde 1652 in Schlesien zweimal in der Woche Fleisch, noch in unsrem Jahrhundert hat es ebendort Kreise gegeben. wo sie es nur dreimal im Jahr erhielten. Auch der Taglohn war nach dem Kriege höher als in den folgenden Jahrhunderten. (G. Freytag.)

des alten Arsenals nicht entbehren. Noch 8 George II. verbot für Schneidergesellen in London und Umgegend mehr als 2 sh. 7 1/2 d. Taglohn, außer in Fällen allgemeiner Trauer; noch 13 George III. c. 68 überwies die Reglung des Arbeitslohns der Seidenwirker den Friedensrichtern; noch 1796 bedurfte es zweier Urteile der höheren Gerichtshöfe zur Entscheidung, ob friedensrichterliche Befehle über Arbeitslohn auch für Nichtagrikulturarbeiter gültig seien; noch 1799 bestätigte ein Parlamentsakt, daß der Lohn der Grubenarbeiter von Schottland durch ein Statut der Elisabeth und zwei schottische Akte von 1661 und 1671 reguliert sei. Wie sehr sich unterdes die Verhältnisse umgewälzt, bewies ein im englischen Unterhaus unerhörter Vorfall. Hier, wo man seit mehr als 400 Jahren Gesetze fabriziert hatte über das Maximum, welches der Arbeitslohn platterdings nicht übersteigen dürfe, schlug Whitbread 1796 für Ackerbautaglöhner ein gesetzliches Lohnminimum vor. Pitt widersetzte sich, gab aber zu, die „Lage der Armen sei grausam (cruel)". Endlich, 1813, wurden die Gesetze über Lohnregulation abgeschafft. Sie waren eine lächerliche Anomalie, seitdem der Kapitalist die Fabrik durch seine Privatgesetzgebung regulierte und durch die Armensteuer den Lohn des Landarbeiters zum unentbehrlichen Minimum ergänzen ließ. Die Bestimmungen der Arbeiterstatute (3. und 4. Auflage: Arbeitsstatute), über Kontrakte zwischen Meister und Lohnarbeiter, über Terminkündigungen u. dergl., welche nur eine Zivilklage gegen die kontraktbrüchigen Meister, aber Kriminalklage gegen den kontraktbrüchigen Arbeiter erlauben, stehn bis zur Stunde in voller Blüte.

Die grausamen Gesetze gegen die Koalitionen fielen 1825 vor der drohenden Haltung des Proletariats. Trotzdem fielen sie nur zum Teil. Einige schöne Überbleibsel der alten Statute verschwanden erst 1859. Endlich beanspruchte der Parlamentsakt vom 29. Juni 1871 die letzten Spuren dieser Klassengesetzgebung zu beseitigen durch gesetzliche Anerkennung der Trades' Unions. Aber ein Parlamentsakt vom selben Datum (An act to amend the criminal law relating to violence, threats and molestation (Ein Gesetz zur Ergänzung der Kriminalgesetzgebung über Gewaltakte, Bedrohung und Belästigung)) stellte tatsächlich den vorigen Stand in neuer Form wieder her. Durch diese parlamentarische Eskamotage wurden die Mittel, deren sich die Arbeiter bedienen können bei einem Strike oder Lock-out (Strike der verbündeten Fabrikanten durch gleichzeitigen Schluß ihrer Fabriken), dem gemeinen Recht entzogen und unter eine Ausnahms-Strafgesetzgebung gestellt, deren Interpretation den Fabrikanten selbst, in ihrer Eigenschaft als Friedensrichter, anheimfiel. Zwei Jahre vorher hatten dasselbe Unterhaus und derselbe Herr Gladstone in bekannter ehrlicher Weise einen Gesetzentwurf eingebracht zur Abschaffung aller Ausnahms-Strafgesetze gegen die Arbeiterklasse. Aber weiter als zur zweiten Lesung ließ man es nie kommen, und so schleppte man die Sache in die Länge, bis endlich die „große liberale Partei" durch eine Allianz mit den Tories den Mut gewann, sich entschieden gegen dasselbe Proletariat zu wenden, das sie zur Herrschaft gebracht hatte. Nicht zufrieden mit diesem Verrat, erlaubte die „große liberale Partei" den im Dienst der herrschenden Klassen allzeit schweifwedelnden englischen Richtern, die verjährten Gesetze über „Konspirationen" wieder auszugraben und sie auf Arbeiterkoalitionen anzuwenden. Man sieht, nur widerwillig und unter dem Druck der Massen verzichtete das englische Parlament auf die Gesetze gegen Strikes und Trades' Unions, nachdem es selbst, fünf Jahrhunderte hindurch, mit schamlosem Egoismus die Stellung einer permanenten Trades' Union der Kapitalisten gegen die Arbeiter behauptet hatte.

Gleich im Beginn des Revolutionssturms wagte die französische Bourgeoisie das eben erst eroberte Assoziationsrecht den Arbeitern wieder zu entziehn. Durch Dekret vom 14. Juni 1791 erklärte sie alle Arbeiterkoalition für ein „Attentat auf die Freiheit und die Erklärung der Menschenrechte", strafbar mit 500 Livres nebst einjähriger Entziehung der aktiven Bürgerrechte.[940] Dies Gesetz, welches den Konkurrenzkampf zwischen Kapital und Arbeit staatspolizeilich innerhalb dem Kapital bequemer Schranken einzwängt, überlebte Revolutionen und Dynastiewechsel. Selbst die Schreckensregierung ließ es unangetastet. Es ward erst ganz neulich aus dem Code Pénal gestrichen. Nichts charakteristischer als der Vorwand dieses bürgerlichen Staatsstreichs. „Obgleich", sagt Le Chapelier, der Berichterstatter, „es wünschenswert, daß der Arbeitslohn höher steige, als er jetzt steht, damit der, der ihn empfängt, außerhalb der durch die Entbehrung der notwendigen Lebensmittel bedingten absoluten Abhängigkeit sei, welche fast die Abhängigkeit der Sklaverei ist", dürfen dennoch die Arbeiter sich nicht über ihre Interessen verständigen, gemeinsam handeln und dadurch ihre „absolute Abhängigkeit, welche fast Sklaverei ist", mäßigen, weil sie eben dadurch „die Freiheit ihrer ci-devant maîtres (ehemaligen Meister), der jetzigen Unternehmer", verletzen (die Freiheit, die Arbeiter in der Sklaverei zu erhalten!) und weil eine Koalition gegen die Despotie der ehemaligen Meister der Korporationen - man rate! - eine Herstellung der durch die französische Konstitution abgeschafften Korporationen ist![941]

4. Genesis der kapitalistischen Produktion

Nachdem wir die gewaltsame Schöpfung vogelfreier Proletarier betrachtet, die blutige Disziplin, welche sie in Lohnarbeiter verwandelt, die schmutzige Haupt- und Staatsaktion, die mit dem Exploitationsgrad der Arbeit die Akkumulation des Kapitals polizeilich steigert, fragt sich, wo kommen die Kapitalisten ursprünglich her? Denn die Expropriation des Landvolks schafft unmittelbar nur große Grundeigentümer. Was die Genesis des Pächters betrifft, so können wir sie sozusagen mit der Hand betappen, weil sie ein langsamer, über viele Jahrhunderte sich fortwälzender Prozeß ist. Die Leibeignen selbst, woneben auch freie kleine Landeig-

[940] Artikel I dieses Gesetzes lautet: „Da eine der Grundlagen der französischen Verfassung in der Aufhebung aller Arten von Vereinigungen der Bürger desselben Standes und Berufs besteht, ist es verboten, sie unter irgendwelchem Vorwand oder in irgendwelcher Form wiederherzustellen." Artikel IV erklärt, daß, wenn „Bürger, die zum selben Beruf, Gewerbe, Handwerk gehören, zusammen beratschlagten und gemeinsame Abmachungen träfen, die darauf abzielen, die Leistungen ihres Gewerbes oder ihrer Arbeit zu verweigern oder nur zu einem bestimmten Preis zu gewähren, so sind besagte Beratungen und Abmachungen ... als verfassungswidrig und als Attentate auf die Freiheit und die Menschenrechte zu erklären usw.", also Staatsverbrechen, ganz wie in den alten Arbeiterstatuten. („Révolutions de Paris", Paris 1791, t. III, p. 523.)

[941] Buchez et Roux, „Histoire Parlementaire", t. X, p. 193-195 passim.

ner, befanden sich in sehr verschiednen Besitzverhältnissen und wurden daher auch unter sehr verschiednen ökonomischen Bedingungen emanzipiert.

In England ist die erste Form des Pächters der selbst leibeigne Bailiff. Seine Stellung ist ähnlich der des altrömischen Villicus, nur in engerer Wirkungssphäre. Während der zweiten Hälfte des 14. Jahrhunderts wird er ersetzt durch einen Pächter, den der Landlord mit Samen, Vieh und Ackerwerkzeug versieht. Seine Lage ist nicht sehr verschieden von der des Bauern. Nur beutet er mehr Lohnarbeit aus. Er wird bald Metayer, Halbpächter. Er stellt einen Teil des Ackerbaukapitals, der Landlord den andren. Beide teilen das Gesamtprodukt in kontraktlich bestimmter Proportion. Diese Form verschwindet in England rasch, um der des eigentlichen Pächters Platz zu machen, welcher sein eignes Kapital durch Anwendung von Lohnarbeitern verwertet und einen Teil des Mehrprodukts, in Geld oder in natura, dem Landlord als Grundrente zahlt.

Solange, während des 15. Jahrhunderts, der unabhängige Bauer und der neben dem Lohndienst zugleich selbstwirtschaftende Ackerknecht sich selbst durch ihre Arbeit bereichern, bleiben die Umstände des Pächters und sein Produktionsfeld gleich mittelmäßig. Die Agrikulturrevolution im letzten Dritteil des 15. Jahrhunderts, die fast während des ganzen 16. Jahrhunderts (jedoch mit Ausnahme seiner letzten Dezennien) fortwährt, bereichert ihn ebenso rasch, als sie das Landvolk verarmt.[942] Die Usurpation von Gemeindeweiden usw. erlaubt ihm große Vermehrung seines Viehstands fast ohne Kosten, während ihm das Vieh reichlichere Düngungsmittel zur Bestellung des Bodens liefert.

Im 16. Jahrhundert kommt ein entscheidend wichtiges Moment hinzu. Damals waren die Pachtkontrakte lang, oft für 99 Jahre laufend. Der fortdauernde Fall im Wert der edlen Metalle und daher des Geldes trug den Pächtern goldne Früchte. Er senkte, von allen andren, früher erörterten Umständen abgesehn, den Arbeitslohn. Ein Bruchstück desselben wurde zum Pachtprofit geschlagen. Das fortwährende Steigen der Preise von Korn, Wolle, Fleisch, kurz sämtlicher Agrikulturprodukte, schwellte das Geldkapital des Pächters ohne sein Zutun, während die Grundrente, die er zu zahlen hatte, im veralteten Geldwert kontrahiert war.[943] So

[942] „Pächter", sagt Harrison in seiner „Description of England", „denen es früher schwer ward, 4 Pfd.St. Rente zu zahlen, zahlen jetzt 40, 50, 100 Pfd.St. und glauben doch ein schlechtes Geschäft gemacht zu haben, wenn sie nach Ablauf ihres Pachtkontrakts nicht 6-7 Jahre Rente zurücklegen."

[943] Über den Einfluß der Depreziation des Geldes im 16. Jahrhundert auf verschiedne Klassen der Gesellschaft: „A Compendious or Briefe Examination of Certayne Ordinary Complaints of Diverse of our Countrymen in these our Days. By W. S., Gentleman", (London 1581). Die Dialogform dieser Schrift trug dazu bei, daß man sie lange Shakespeare zuschrieb und noch 1751 unter seinem Namen neu herausgab. Ihr Verfasser ist William Stafford. An einer Stelle räsoniert der Ritter (Knight) wie folgt:

Knight: „Ihr, mein Nachbar, der Landmann, Ihr Herr Händler, und Ihr, Gevatter Kupferschmied, sowie die anderen Handwerker, Ihr wißt Euch schon ganz gut zu helfen. Denn um wieviel alle Dinge teurer sind, als sie waren, um soviel erhöht Ihr die Preise Eurer Waren und Tätigkeiten, die Ihr wieder verkauft. Aber wir haben nichts zu verkaufen, dessen Preise wir erhöhen könnten, um einen Ausgleich zu schaffen für die Dinge, die wir wieder kaufen müssen." An einer andren Stelle fragt der Knight den Doktor: „Ich bitte Euch, was sind das für Gruppen von Leuten, die Ihr meint. Und, erstens, welche werden Eurer Meinung nach dabei keinen Verlust haben?" - Doktor: „Ich meine, alle diese, die vom Kaufen und Verkaufen leben, denn teuer wie sie kaufen, verkaufen sie nachher." - Knight: „Welches ist die nächste Gruppe, die, wie Ihr sagt, dabei gewinnen wird?" - Doktor: „Nun, alle, die Pachtungen oder Farmen in eigner bereicherte er sich gleichzeitig auf Kosten seiner Lohnarbeiter und seines Landlords. Kein Wunder also, wenn England Ende des 16. Jahrhunderts eine Klasse für die damaligen Verhältnisse reicher „Kapitalpächter" besaß.[944]

5. Rückwirkung der agrikolen Revolution auf die Industrie.

Herstellung des innern Markts für das industrielle Kapital

Die stoßweise und stets erneuerte Expropriation und Verjagung des Landvolks lieferte, wie man sah, der städtischen Industrie wieder und wieder Massen ganz außerhalb der Zunftverhältnisse stehender Proletarier, ein weiser Umstand, der den alten A. Anderson (nicht zu verwechseln mit James Anderson) in seiner Handelsgeschichte an direkte Intervention der Vorsehung glauben läßt. Wir müssen noch einen Augenblick bei diesem Element der ursprünglichen Akkumulation verweilen. Der Verdünnung des unabhängigen, selbstwirtschaftenden Landvolks entsprach nicht nur die Verdichtung des industriellen Proletariats, wie Geoffroy Saint-Hilaire die Verdichtung der Weltmaterie hier durch ihre Verdünnung dort erklärt.[945] Trotz der verminderten Zahl seiner Bebauer trug der Boden nach wie vor gleich viel oder mehr Produkt, weil die Revolution in den Grundeigentumsverhältnissen von verbesserten Methoden der Kultur, größerer Kooperation, Konzentration der Produktionsmittel usw. begleitet war und weil die ländlichen Lohnarbeiter nicht nur intensiver angespannt wurden[946], sondern auch das Produktionsfeld, worauf sie für sich selbst arbeiteten, mehr und mehr zusammenschmolz. Mit dem freigesetzten Teil des Landvolks werden also auch seine frühern Nahrungsmittel freigesetzt. Sie verwandeln sich jetzt in stoffliches

Bearbeitung" (d.h. Bebauung) „haben, zur alten Pacht, denn da, wo sie nach der alten Rate zahlen, verkaufen sie nach der neuen - das bedeutet, daß sie für ihr Land recht wenig zahlen und alles was darauf wächst, teuer verkaufen..." Knight: „Welche Gruppe ist es, die, wie Ihr sagt, einen größeren Verlust dabei haben soll, als diese Gewinn hatten?" - Doktor: „Es sind alle Adligen, Herren und alle andern, die entweder von einer festen Rente oder einem Stipendium leben, oder ihren Boden nicht selbst bearbeiten" (bebauen), „oder sich nicht mit Kaufen und Verkaufen beschäftigen."

[944] In Frankreich wird der Régisseur, der Verwalter und Eintreiber der Leistungen an den Feudalherrn wahrend des früheren Mittelalters, bald ein homme d'affaires (Geschäftsmann), der sich durch Erpressung, Prellerei usw. zum Kapitalisten hinaufschwindelt. Diese Regisseurs waren manchmal selbst vornehme Herrn. Z.B.: „Diese Rechnung gibt Herr Jacques de Thoraisse, ritterlicher Schloßherr auf Besançon, dem Herrn, der zu Dijon Rechnung führt für den Herrn Herzog und Grafen von Burgund über die Renten, die der genannten Schloßherrschaft gehören, vom 25. Tage des Dezembers 1359 bis zum 28. Tage des Dezembers 1360." (Alexis Monteil, „Histoire des Matériaux manuscrits etc.", p. 234, 235.) Es zeigt sich schon hier, wie in allen Sphären des gesellschaftlichen Lebens der Löwenanteil dem Vermittler zufällt. Im ökonomischen Gebiet z.B. schöpfen Finanziers, Börsenmänner, Kaufleute, Kleinkrämer, den Rahm der Geschäfte ab; im bürgerlichen Recht pflückt der Advokat die Parteien; in der Politik bedeutet der Repräsentant mehr als die Wähler, der Minister mehr als der Souverän; in der Religion wird Gott in den Hintergrund gedrängt vom „Mittler" und dieser wiederum zurück geschoben von den Pfaffen, die wieder unvermeidliche Vermittler sind zwischen dem guten Hirten und seinen Schafen. Wie in England, so waren in Frankreich die großen Feudalterritorien in unendlich viele kleine Wirtschaften geteilt, aber unter ungleich ungünstigeren Bedingungen für das Landvolk. Während des 14. Jahrhunderts kamen die Pachten, fermes oder terriers auf. Ihre Zahl wuchs beständig, weit über 100.000. Sie zahlten eine vom 12. bis zum 5. Teil des Produkts wechselnde Grundrente in Geld oder in natura. Die terriers waren Lehn, Hinterlehn etc. (fiefs, arrière-fiefs), je nach Weit und Umfang der Domänen, wovon manche nur wenige arpents (Morgen) zählten. Alle diese terriers besaßen Gerichtsbarkeit in irgendeinem Grad über die Bodeninsassen; es gab vier Grade. Man begreift den Druck des Landvolks unter allen diesen kleinen Tyrannen. Monteil sagt, daß es damals 160.000 Gerichte in Frankreich gab, wo heute 4.000 Tribunale (Friedensgerichte eingeschlossen) genügen.

[945] In seinen „Notions de Philosophie Naturelle", Paris 1838.

[946] Ein Punkt, den Sir James Steuart betont.

Element des variablen Kapitals. Der an die Luft gesetzte Bauer muß ihren Wert von seinem neuen Herrn, dem industriellen Kapitalisten, in der Form des Arbeitslohns erkaufen. Wie mit den Lebensmitteln verhielt es sich mit dem heimischen agrikolen Rohmaterial der Industrie. Es verwandelte sich in ein Element des konstanten Kapitals.

Man unterstelle z.B. einen Teil der westfälischen Bauern, die zu Friedrichs II. Zeit alle Flachs, wenn auch keine Seide spannen, gewaltsam expropriiert und von Grund und Boden verjagt, den andren zurückbleibenden Teil aber in Taglöhner großer Pächter verwandelt. Gleichzeitig erheben sich große Flachsspinnereien und Webereien, worin die „Freigesetzten" nun lohnarbeiten. Der Flachs sieht grad aus wie vorher. Keine Fiber an ihm ist verändert, aber eine neue soziale Seele ist ihm in den Leib gefahren. Er bildet jetzt einen Teil des konstanten Kapitals der Manufakturherrn. Früher verteilt unter eine Unmasse kleiner Produzenten, die ihn selbst bauten und in kleinen Portionen mit ihren Familien verspannen, ist er jetzt konzentriert in der Hand eines Kapitalisten, der andre für sich spinnen und weben läßt. Die in der Flachsspinnerei verausgabte Extraarbeit realisierte sich früher in Extraeinkommen zahlloser Bauernfamilien oder auch, zu Friedrichs II. Zeit, in Steuern pour le roi de Prusse (für den König von Preußen). Sie realisiert sich jetzt im Profit weniger Kapitalisten. Die Spindeln und Webstühle, früher verteilt über das flache Land, sind jetzt in wenig große Arbeitskasernen zusammengerückt, wie die Arbeiter, wie das Rohmaterial. Und Spindeln und Webstühle und Rohmaterial sind aus Mitteln unabhängiger Existenz für Spinner und Weber von nun an verwandelt in Mittel, sie zu kommandieren[947] und ihnen unbezahlte Arbeit auszusaugen. Den großen Manufakturen, wie den großen Pachtungen, sieht man es nicht an, daß sie aus vielen kleinen Produktionsstätten zusammengeschlagen und durch die Expropriation vieler kleinen unabhängigen Produzenten gebildet sind. Jedoch läßt sich die unbefangne Anschauung nicht beirren. Zur Zeit Mirabeaus, des Revolutionslöwen, hießen die großen Manufakturen noch manufactures réunies, zusammengeschlagne Werkstätten, wie wir von zusammengeschlagnen Äckern sprechen.

„Man sieht nur", sagt Mirabeau, „die großen Manufakturen, wo Hunderte von Menschen unter einem Direktor arbeiten und die man gewöhnlich vereinigte Manufakturen (rnanufactures réunies) nennt. Diejenigen dagegen, wo eine sehr große Anzahl Arbeiter zersplittert und jeder für seine eigne Rechnung arbeitet, werden kaum eines Blicks gewürdigt. Man stellt sie ganz in den Hintergrund. Dies ist ein sehr großer Irrtum, denn sie allein bilden einen wirklich wichtigen Bestandteil des Volksreichtums ... Die vereinigte Fabrik (fabrique réunie) wird einen oder zwei Unternehmer wunderbar bereichern, aber die Arbeiter sind nur besser oder schlechter bezahlte Taglöhner und nehmen in nichts am Wohlsein des

[947] „Ich werde gestatten", sagt der Kapitalist, „daß ihr die Ehre habt, mir zu dienen, unter der Bedingung, daß ihr mir für die Mühe, die ich mir mache, euch zu kommandieren, das wenige gebt, was euch bleibt." (J. J. Rousseau, „Discours sur l'Économie Politique", [Genève 1760, p 70].)

Unternehmers teil. In der getrennten Fabrik (fabrique séparée) dagegen wird niemand reich, aber eine Menge Arbeiter befindet sich im Wohlstand ... Die Zahl der fleißigen und wirtschaftlichen Arbeiter wird wachsen, weil sie in weiser Lebensart, in Tätigkeit ein Mittel erblicken, ihre Lage wesentlich zu verbessern, statt eine kleine Lohnerhöhung zu gewinnen, die niemals ein wichtiger Gegenstand für die Zukunft sein kann, sondern die Leute höchstens befähigt, etwas besser von der Hand in den Mund zu leben. Die getrennten individuellen Manufakturen, meist mit kleiner Landwirtschaft verbunden, sind die freien."[948]

Die Expropriation und Verjagung eines Teils des Landvolks setzt mit den Arbeitern nicht nur ihre Lebensmittel und ihr Arbeitsmaterial für das industrielle Kapital frei, sie schafft den innern Markt.

In der Tat, die Ereignisse, die die Kleinbauern in Lohnarbeiter und ihre Lebens- und Arbeitsmittel in sachliche Elemente des Kapitals verwandeln, schaffen gleichzeitig diesem letztern seinen inneren Markt. Früher erzeugte und bearbeitete die Bauernfamilie die Lebensmittel und Rohstoffe, die sie nachher größtenteils selbst verzehrte. Diese Rohstoffe und Lebensmittel sind jetzt Waren geworden; der Großpächter verkauft sie, in den Manufakturen findet er seinen Markt. Garn, Leinwand, grobe Wollenzeuge, Dinge deren Rohstoffe sich im Bereich jeder Bauernfamilie vorfanden und von ihr zum Selbstgebrauch versponnen und verweht wurden - verwandeln sich jetzt in Manufakturartikel, deren Absatzmarkt grade die Landdistrikte bilden. Die zahlreiche zerstreute Kundschaft, bisher bedingt durch eine Menge kleiner, für eigne Rechnung arbeitender Produzenten, konzentriert sich jetzt zu einem großen, vom industriellen Kapital versorgten Markt.[949]

So geht Hand in Hand mit der Expropriation früher selbstwirtschaftender Bauern und ihrer Losscheidung von ihren Produktionsmitteln die Vernichtung der ländlichen Nebenindustrie, der Scheidungsprozeß von Manufaktur und Agrikultur. Und nur die Vernichtung des ländlichen Hausgewerbes kann dem innern Markt eines Landes die Ausdehnung und den festen Bestand geben, deren die kapitalistische Produktionsweise bedarf.

Jedoch bringt es die eigentliche Manufakturperiode zu keiner radikalen Umgestaltung. Man erinnert sich, daß sie sich der nationalen Produktion nur sehr stückweis bemächtigt und immer auf städtischem Handwerk und häuslich-ländlicher Nebenindustrie als breitem Hintergrund ruht. Wenn sie letztre unter einer Form, in besondren Geschäftszweigen, auf gewissen Punkten vernichtet, ruft sie dieselbe auf andren wieder hervor, weil sie derselben zur Bearbeitung des Rohmaterials

[948] Mirabeau, l.c., t. III, p. 20-109 passim. Wenn Mirabeau die zersplitterten Werkstätten auch für ökonomischer und produktiver hält als die „vereinigten", und in den letztren bloß künstliche Treibhauspflanzen unter der Pflege der Staatsregierungen sieht, erklärt sich das aus dem damaligen Zustand eines großen Teils der kontinentalen Manufakturen.

[949] „Zwanzig Pfund Wolle unauffällig in den jährlichen Kleiderbedarf einer Arbeiterfamilie verwandelt, durch ihren eignen Fleiß in den Pausen zwischen ihren anderen Arbeiten - das erregt kein Aufsehen. Aber bringt die Wolle auf den Markt, schickt sie in die Fabrik, dann zum Makler, dann zum Händler, dann habt ihr große Handels-Operationen und nominelles Kapital aufgewandt im zwanzigfachen Betrag ihres Werts ... Die arbeitende Klasse wird so ausgebeutet, um eine verelendete Fabrikbevölkerung, eine Parasitenklasse von Ladenbesitzern und ein fiktives Handels-, Geld- und Finanzsystem zu erhalten." (David Urquhart, l.c.p. 120.)

bis zu einem bestimmten Grad bedarf. Sie produziert daher eine neue Klasse kleiner Landleute, welche die Bodenbestellung als Nebenzweig und die industrielle Arbeit zum Verkauf des Produkts an die Manufaktur - direkt, oder auf dem Umweg des Kaufmanns - als Hauptgeschäft treiben. Dies ist ein Grund, wenn auch nicht der Hauptgrund, eines Phänomens, welches den Forscher der englischen Geschichte zunächst verwirrt. Vom letzten Dritteil des 15. Jahrhunderts an findet er fortlaufende, nur in gewissen Intervallen unterbrochne Klage über die zunehmende Kapitalwirtschaft auf dem Land und die progressive Vernichtung der Bauerschaft. Andrerseits findet er stets diese Bauerschaft wieder von neuem vor, wenn auch in verminderter Zahl und unter stets verschlechterter Form.[950] Der Hauptgrund ist: England ist vorzugsweise bald Kornbauer, bald Viehzüchter, in Wechselperioden, und mit ihnen schwankt der Umfang des bäuerlichen Betriebs. Erst die große Industrie liefert mit den Maschinen die konstante Grundlage der kapitalistischen Agrikultur, expropriiert radikal die ungeheure Mehrzahl des Landvolks und vollendet die Scheidung zwischen Ackerbau und häuslich-ländlichem Gewerbe, dessen Wurzeln sie ausreißt - Spinnerei und Weberei.[951] Sie erobert daher auch erst dem industriellen Kapital den ganzen innern Markt.[952]

6. Genesis des industriellen Kapitalisten

Die Genesis des industriellen[953] Kapitalisten ging nicht in derselben allmählichen Weise vor wie die des Pächters. Zweifelsohne verwandelten sich manche kleine Zunftmeister und noch mehr selbständige kleine Handwerker oder auch Lohnarbeiter in kleine Kapitalisten und durch allmählich ausgedehntere Exploitation von Lohnarbeit und entsprechende Akkumulation in Kapitalisten sans phrase (hier: schlechthin). In der Kindheitsperiode der kapitalistischen Produktion ging's vielfach zu wie in der Kindheitsperiode des mittelaltrigen Städtewesens, wo die Frage, wer von den entlaufnen Leibeignen soll Meister sein und wer Die-

[950] Ausnahme bildet hier Cromwells Zeit. Solange die Republik währte, erhob sich die englische Volksmasse in allen Schichten aus der Degradation, wozu sie unter den Tudors gesunken war.

[951] Tuckett weiß, daß aus den eigentlichen Manufakturen und der Zerstörung der ländlichen oder häuslichen Manufaktur, mit Einführung der Maschinerie, die große Wollindustrie hervorgeht. (Tuckett, l.c., v. I, p. 139-144.) „Der Pflug, das Joch waren die Erfindung von Göttern und die Beschäftigung von Heroen: sind Webstuhl, Spindel und Spinnrad minder edler Abkunft? Ihr trennt das Spinnrad und den Pflug, die Spindel und das Joch, und erhaltet Fabriken und Armenhäuser, Kredit und Paniks, zwei feindliche Nationen, agrikole und kommerzielle.“ (David Urquhart, l.c.p. 122.) Nun kommt aber Carey und klagt, sicher nicht mit Unrecht, England an, daß es jedes andre Land in ein bloßes Agrikulturvolk zu verwandeln strebt, dessen Fabrikant England. Er behauptet, in dieser Art sei die Türkei ruiniert worden, weil „den Eignern und Bebauern des Bodens niemals gestattet war“ (von England), „sich selbst zu kräftigen durch die natürliche Allianz zwischen dem Pflug und dem Webstuhl, dem Hammer und der Egge“. („The Slave Trade“, p. 125.) Nach ihm ist Urquhart selbst einer der Hauptagenten des Ruins der Türkei, wo er im englischen Interesse Freihandelspropaganda gemacht habe. Das Beste ist, daß Carey, nebenbei großer Russenknecht, durch das Protektionssystem jenen Scheidungsprozeß, den es beschleunigt, verhindern will.

[952] Die philanthropischen englischen Ökonomen, wie Mill, Rogers, Goldwin Smith, Fawcett usw., und liberale Fabrikanten, wie John Bright und Kons., fragen, wie Gott den Kain nach seinem Bruder Abel, so den englischen Grundaristokraten, wo sind unsre Tausende von Freeholders (Freisassen) hingekommen? Aber wo seid ihr denn hergekommen? Aus der Vernichtung jener Freeholders. Warum fragt ihr nicht weiter, wo sind die unabhängigen Weber, Spinner, Handwerker hingekommen?

[953] Industriell hier im Gegensatz zu agrikol. Im „kategorischen“ Sinn ist der Pächter ein industrieller Kapitalist so gut wie der Fabrikant.

ner, großenteils durch das frühere oder spätere Datum ihrer Flucht entschieden wurde. Indes entsprach der Schneckengang dieser Methode in keiner Weise den Handelsbedürfnissen des neuen Weltmarkts, welchen die großen Entdeckungen Ende des 15. Jahrhunderts geschaffen hatten. Aber das Mittelalter hatte zwei verschiedne Formen des Kapitals überliefert, die in den verschiedensten ökonomischen Gesellschaftsformationen reifen und, vor der Ära der kapitalistischen Produktionsweise, als Kapital quand meme (überhaupt) gelten - das Wucherkapital und das Kaufmannskapital.

„Gegenwärtig geht aller Reichtum der Gesellschaft erst in die Hand des Kapitalisten ... er zahlt dem Grundeigentümer die Rente, dem Arbeiter den Lohn, dem Steuer- und Zehntenkollektor ihre Ansprüche und behält einen großen, in der Tat den größten und täglich anwachsenden Teil des jährlichen Produkts der Arbeit für sich selbst. Der Kapitalist kann jetzt als der Eigner des ganzen gesellschaftlichen Reichtums in erster Hand betrachtet werden, obgleich kein Gesetz ihm das Recht auf dies Eigentum übertragen hat ... Dieser Wechsel im Eigentum wurde durch das Zinsnehmen auf Kapital bewirkt ... und es ist nicht wenig merkwürdig, daß die Gesetzgeber von ganz Europa dies durch Gesetze wider den Wucher verhindern wollten ... Die Macht des Kapitalisten über allen Reichtum des Landes ist eine vollständige Revolution im Eigentumsrecht, und durch welches Gesetz oder welche Reihe von Gesetzen wurde sie bewirkt?"[954]

Der Verfasser hätte sich sagen sollen, daß Revolutionen nicht durch Gesetze gemacht werden.

Das durch Wucher und Handel gebildete Geldkapital wurde durch die Feudalverfassung auf dem Land, durch die Zunftverfassung in den Städten an seiner Verwandlung in industrielles Kapital behindert.[955] Diese Schranken fielen mit der Auflösung der feudalen Gefolgschaften, mit der Expropriation und teilweisen Verjagung des Landvolks. Die neue Manufaktur ward in See-Exporthäfen errichtet oder auf Punkten des flachen Landes, außerhalb der Kontrolle des alten Städtewesens und seiner Zunftverfassung. In England daher erbitterter Kampf der corporate towns gegen diese neuen industriellen Pflanzschulen.

Die Entdeckung der Gold- und Silberländer in Amerika, die Ausrottung, Versklavung und Vergrabung der eingebornen Bevölkerung in die Bergwerke, die beginnende Eroberung und Ausplünderung von Ostindien, die Verwandlung von Afrika in ein Geheg zur Handelsjagd auf Schwarzhäute, bezeichnen die Morgenröte der kapitalistischen Produktionsära. Diese idyllischen Prozesse sind Hauptmomente der ursprünglichen Akkumulation. Auf dem Fuß folgt der Handelskrieg der europäischen Nationen, mit dem Erdrund als Schauplatz. Er wird eröffnet

[954] „The Natural and Artifical Rights of Property Contrasted", Lond. 1832, p. 98, 99. Verfasser der anonymen Schrift: Th. Hodgskin.

[955] Sogar noch 1794 schickten die kleinen Tuchmacher von Leeds eine Deputation an das Parlament, zur Petition um ein Gesetz, das jedem Kaufmann verbieten sollte, Fabrikant zu werden. (Dr. Aikin, l.c.)

durch den Abfall der Niederlande von Spanien, nimmt Riesenumfang an in Englands Antijakobinerkrieg, spielt noch fort in den Opiumkriegen gegen China usw.

Die verschiednen Momente der ursprünglichen Akkumulation verteilen sich nun, mehr oder minder in zeitlicher Reihenfolge, namentlich auf Spanien, Portugal, Holland, Frankreich und England. In England werden sie Ende des 17. Jahrhunderts systematisch zusammengefaßt im Kolonialsystem, Staatsschuldensystem, modernen Steuersystem und Protektionssystem. Diese Methoden beruhn zum Teil auf brutalster Gewalt, z.B. das Kolonialsystem. Alle aber benutzten die Staatsmacht, die konzentrierte und organisierte Gewalt der Gesellschaft, um den Verwandlungsprozeß der feudalen in die kapitalistische Produktionsweise treibhausmäßig zu fördern und die Übergänge abzukürzen. Die Gewalt ist der Geburtshelfer jeder alten Gesellschaft, die mit einer neuen schwanger geht. Sie selbst ist eine ökonomische Potenz.

Von dem christlichen Kolonialsystem sagt ein Mann, der aus dem Christentum eine Spezialität macht, W. Howitt:

„Die Barbareien und ruchlosen Greueltaten der sog. christlichen Racen, in jeder Region der Welt und gegen jedes Volk, das sie unterjochen konnten, finden keine Parallele in irgendeiner Ära der Weltgeschichte, bei irgendeiner Race, ob noch so wild und ungebildet, mitleidlos und schamlos."[956]

Die Geschichte der holländischen Kolonialwirtschaft - und Holland war die kapitalistische Musternation des 17. Jahrhunderts - „entrollt ein unübertreffbares Gemälde von Verrat, Bestechung, Meuchelmord und Niedertracht".[957] Nichts charakteristischer als ihr System des Menschendiebstahls in Celebes, um Sklaven für Java zu erhalten. Die Menschenstehler wurden zu diesem Zweck abgerichtet. Der Dieb, der Dolmetscher und der Verkäufer waren die Hauptagenten in diesem Handel, eingeborne Prinzen die Hauptverkäufer. Die weggestohlne Jugend wurde in den Geheimgefängnissen von Celebes versteckt, bis reif zur Verschickung auf die Sklavenschiffe. Ein offizieller Bericht sagt:

„Diese eine Stadt von Makassar z.B. ist voll von geheimen Gefängnissen, eins schauderhafter als das andre, gepfropft mit Elenden, Opfern der Habsucht und Tyrannei, in Ketten gefesselt, ihren Familien gewaltsam entrissen."

Um sich Malakkas zu bemächtigen, bestachen die Holländer den portugiesischen Gouverneur. Er ließ sie 1641 in die Stadt ein. Sie eilten sofort zu seinem Hause und meuchelmordeten ihn, um auf die Zahlung der Bestechungssumme von 21.875 Pfd. St. zu „entsagen". Wo sie die Füße hinsetzten, folgte Verödung und Entvölkerung. Banjuwangi, eine Provinz von Java, zählte 1750 über 80.000 Einwohner, 1811 nur noch 8.000. Das ist der doux commerce (sanfte Handel)!

[956] William Howitt, „Colonization and Christianity. A Popular History of the Treatment of the Natives by the Europeans in all their Colonies", Lond. 1838, p. 9. Über die Behandlung der Sklaven gute Kompilation bei Charles Comte, „Traité de la Législation", 3me éd. Bruxelles 1837. Man muß dies Zeug im Detail studieren, um zu sehn, wozu der Bourgeois sich selbst und den Arbeiter macht, wo er die Welt ungeniert nach seinem Bilde modeln kann.
[957] Thomas Stamford Raffles, late Lieut. Gov. of that island, „The History of Java", Lond. 1817. [v. II, p. CXC, CXCI.]

Die Englisch-Ostindische Kompanie erhielt bekanntlich, außer der politischen Herrschaft in Ostindien, das ausschließliche Monopol des Teehandels wie des chinesischen Handels überhaupt und des Gütertransports von und nach Europa. Aber die Küstenschiffahrt von Indien und zwischen den Inseln wie der Handel im Innern Indiens wurden Monopol der höhern Beamten der Kompanie. Die Monopole von Salz, Opium, Betel und andren Waren waren unerschöpfliche Minen des Reichtums. Die Beamten selbst setzten die Preise fest und schanden nach Belieben den unglücklichen Hindu. Der Generalgouverneur nahm teil an diesem Privathandel. Seine Günstlinge erhielten Kontrakte unter Bedingungen, wodurch sie, klüger als die Alchimisten, aus nichts Gold machten. Große Vermögen sprangen wie die Pilze an einem Tage auf, die ursprüngliche Akkumulation ging vonstatten ohne Vorschuß eines Schillings. Die gerichtliche Verfolgung des Warren Hastings wimmelt von solchen Beispielen. Hier ein Fall. Ein Opiumkontrakt wird einem gewissen Sullivan zugeteilt, im Augenblick seiner Abreise - in öffentlichem Auftrage - nach einem von den Opiumdistrikten ganz entlegnen Teil Indiens. Sullivan verkauft seinen Kontrakt für 40 000 Pfd.St. an einen gewissen Binn, Binn verkauft ihn denselben Tag für 60.000 Pfd.St., und der schließliche Käufer und Ausführer des Kontrakts erklärt, daß er hinterher noch einen ungeheuren Gewinn herausschlug. Nach einer dem Parlament vorgelegten Liste ließen sich die Kompanie und ihre Beamten von 1757 bis 1766 von den Indiern 6 Millionen Pfd. St. schenken! Zwischen 1769 und 1770 fabrizierten die Engländer eine Hungersnot durch den Aufkauf von allem Reis und durch Weigerung des Wiederverkaufs außer zu fabelhaften Preisen.[958]

Die Behandlung der Eingebornen war natürlich am tollsten in den nur zum Exporthandel bestimmten Pflanzungen, wie Westindien, und in den dem Raubmord preisgegebenen reichen und dichtbevölkerten Ländern, wie Mexiko und Ostindien. Jedoch auch in den eigentlichen Kolonien verleugnete sich der christliche Charakter der ursprünglichen Akkumulation nicht. Jene nüchternen Virtuosen des Protestantismus, die Puritaner Neu-Englands, setzten 1703 durch Beschlüsse ihrer Assembly eine Prämie von 40 Pfd.St. auf jedes indianische Skalp und jede gefangne Rothaut, 1720 Prämie von 100 Pfd.St. auf jedes Skalp, 1744, nachdem Massachusetts-Bay einen gewissen Stamm zum Rebellen erklärt hatte, folgende Preise: für männliches Skalp, 12 Jahre und darüber, 100 Pfd.St. neuer Währung, für männliche Gefangne 105 Pfd.St., für gefangne Weiber und Kinder 50 Pfd.St., für Skalps von Weibern und Kindern 50 Pfd. St.! Einige Dezennien später rächte sich das Kolonialsystem an der unterdes aufrührerisch gewordnen Nachkommenschaft der frommen pilgrim fathers. Unter englischem Antrieb und Sold wurden sie tomahawked. Das britische Parlament erklärte Bluthunde und Skalpieren für „Mittel, welche Gott und die Natur in seine Hand gegeben".

[958] Im Jahr 1866 starben in der einzigen Provinz Orissa mehr als eine Million Hindus am Hungertod. Nichtsdestoweniger suchte man die indische Staatskasse zu bereichern durch die Preise, wozu man den Verhungernden Lebensmittel abließ.

Das Kolonialsystem reifte treibhausmäßig Handel und Schiffahrt. Die „Gesellschaften Monopolia“ (Luther) waren gewaltige Hebel der Kapital-Konzentration. Den aufschießenden Manufakturen sicherte die Kolonie Absatzmarkt und eine durch das Marktmonopol potenzierte Akkumulation. Der außerhalb Europa direkt durch Plünderung, Versklavung und Raubmord erbeutete Schatz floß ins Mutterland zurück und verwandelte sich hier in Kapital. Holland, welches das Kolonialsystem zuerst völlig entwickelte, stand schon 1648 im Brennpunkt seiner Handelsgröße. Es war „in fast ausschließlichem Besitz des ostindischen Handels und des Verkehrs zwischen dem europäischen Südwesten und Nordosten. Seine Fischereien, Seewesen, Manufakturen übertrafen die eines jeden andren Landes. Die Kapitalien der Republik waren vielleicht bedeutender als die des übrigen Europa insgesamt.“

Gülich vergißt hinzuzusetzen: Hollands Volksmasse war schon 1648 mehr überarbeitet, verarmter und brutaler unterdrückt als die des übrigen Europas insgesamt.

Heutzutage führt industrielle Suprematie die Handelssuprematie mit sich. In der eigentlichen Manufakturperiode dagegen ist es die Handelssuprematie, die die industrielle Vorherrschaft gibt. Daher die vorwiegende Rolle, die das Kolonialsystem damals spielte. Es war „der fremde Gott“, der sich neben die alten Götzen Europas auf den Altar stellte und sie eines schönen Tages mit einem Schub und Bautz sämtlich über den Haufen warf. Es proklamierte die Plusmacherei als letzten und einzigen Zweck der Menschheit.

Das System des öffentlichen Kredits, d.h. der Staatsschulden, dessen Ursprünge wir in Genua und Venedig schon im Mittelalter entdecken, nahm Besitz von ganz Europa während der Manufakturperiode. Das Kolonialsystem mit seinem Seehandel und seinen Handelskriegen diente ihm als Treibhaus. So setzte es sich zuerst in Holland fest. Die Staatsschuld, d.h. die Veräußerung des Staats - ob despotisch, konstitutionell oder republikanisch - drückt der kapitalistischen Ära ihren Stempel auf. Der einzige Teil des sogenannten Nationalreichtums, der wirklich in den Gesamtbesitz der modernen Völker eingeht, ist - ihre Staatsschuld.[959] Daher ganz konsequent die moderne Doktrin, daß ein Volk um so reicher wird, je tiefer es sich verschuldet. Der öffentliche Kredit wird zum Credo des Kapitals. Und mit dem Entstehen der Staatsverschuldung tritt an die Stelle der Sünde gegen den heiligen Geist, für die keine Verzeihung ist, der Treubruch an der Staatsschuld.

Die öffentliche Schuld wird einer der energischsten Hebel der ursprünglichen Akkumulation. Wie mit dem Schlag der Wünschelrute begabt sie das unproduktive Geld mit Zeugungskraft und verwandelt es so in Kapital, ohne daß es dazu nötig hätte, sich der von industrieller und selbst wucherischer Anlage unzertrennlichen Mühwaltung und Gefahr auszusetzen. Die Staatsgläubiger geben in Wirk-

[959] William Cobbett bemerkt, daß in England alle öffentlichen Anstalten als „königliche“ bezeichnet werden, zum Ersatz dafür gab es jedoch die „National“-Schuld (national debt).

lichkeit nichts, denn die geliehene Summe wird in öffentliche leicht übertragbare Schuldscheine verwandelt, die in ihren Händen fortfungieren, ganz als wären sie ebensoviel Bargeld. Aber auch abgesehn von der so geschaffnen Klasse müßiger Rentner und von dem improvisierten Reichtum der zwischen Regierung und Nation die Mittler spielenden Finanziers - wie auch von dem der Steuerpächter, Kaufleute, Privatfabrikanten, denen ein gut Stück jeder Staatsanleihe den Dienst eines vom Himmel gefallenen Kapitals leistet - hat die Staatsschuld die Aktiengesellschaften, den Handel mit negoziablen Effekten aller Art, die Agiotage emporgebracht, in einem Wort: das Börsenspiel und die moderne Bankokratie.

Von ihrer Geburt an waren die mit nationalen Titeln aufgestutzten großen Banken nur Gesellschaften von Privatspekulanten, die sich den Regierungen an die Seite stellten und, dank den erhaltnen Privilegien, ihnen Geld vorzuschießen imstande waren. Daher hat die Akkumulation der Staatsschuld keinen unfehlbareren Gradmesser als das sukzessive Steigen der Aktien dieser Banken, deren volle Entfaltung von der Gründung der Bank von England datiert (1694). Die Bank von England begann damit, der Regierung ihr Geld zu 8% zu verleihen; gleichzeitig war sie vom Parlament ermächtigt, aus demselben Kapital Geld zu münzen, indem sie es dem Publikum nochmals in Form von Banknoten lieh. Sie durfte mit diesen Noten Wechsel diskontieren, Waren beleihen und edle Metalle einkaufen. Es dauerte nicht lange, so wurde dies von ihr selbst fabrizierte Kreditgeld die Münze, worin die Bank von England dem Staat Anleihen machte und für Rechnung des Staats die Zinsen der öffentlichen Schuld bezahlte. Nicht genug, daß sie mit einer Hand gab, um mit der andern mehr zurückzuempfangen; sie blieb auch, während sie empfing, ewige Gläubigerin der Nation bis zum letzten gegebnen Heller. Allmählich wurde sie der unvermeidliche Behälter der Metallschätze des Landes und das Gravitationszentrum des gesamten Handelskredits. Um dieselbe Zeit, wo man in England aufhörte, Hexen zu verbrennen, fing man dort an, Banknotenfälscher zu hängen. Welchen Effekt auf die Zeitgenossen das plötzliche Auftauchen dieser Brut von Bankokraten, Finanziers, Rentiers, Maklern, Stockjobbers und Börsenwölfen machte, beweisen die Schriften jener Zeit, z.B. Bolingbrokes.[960]

Mit den Staatsschulden entstand ein internationales Kreditsystem, das häufig eine der Quellen der ursprünglichen Akkumulation bei diesem oder jenem Volk versteckt. So bilden die Gemeinheiten des venetianischen Raub- systems eine solche verborgne Grundlage des Kapitalreichtums von Holland, dem das verfallende Venedig große Geldsummen lieh. Ebenso verhält es sich zwischen Holland und England. Schon im Anfang des 18. Jahrhunderts sind die Manufakturen Hollands weit überflügelt und hat es aufgehört, herrschende Handels- und Industrienation zu sein. Eins seiner Hauptgeschäfte von 1701-1776 wird daher

[960] „Wenn die Tataren heute Europa überfluteten, würde es schwerhalten, ihnen verständlich zu machen, was bei uns ein Finanzier ist. (Montesquieu, „Esprit des lois", t. IV, p. 33, éd. Londres 1769.)

das Ausleihen ungeheurer Kapitalien, speziell an seinen mächtigen Konkurrenten England. Ähnliches gilt heute zwischen England und den Vereinigten Staaten. Manch Kapital, das heute in den Vereinigten Staaten ohne Geburtsschein auftritt, ist erst gestern in England kapitalisiertes Kinderblut.

Da die Staatsschuld ihren Rückhalt in den Staatseinkünften hat, die die jährlichen Zins- usw. Zahlungen decken müssen, so wurde das moderne Steuersystem notwendige Ergänzung des Systems der Nationalanleihen. Die Anleihen befähigen die Regierung, außerordentliche Ausgaben zu bestreiten, ohne daß der Steuerzahler es sofort fühlt, aber sie erfordern doch für die Folge erhöhte Steuern. Andrerseits zwingt die durch Anhäufung nacheinander kontrahierter Schulden verursachte Steuererhöhung die Regierung, bei neuen außerordentlichen Ausgaben stets neue Anleihen aufzunehmen. Die moderne Fiskalität, deren Drehungsachse die Steuern auf die notwendigsten Lebensmittel (also deren Verteuerung) bilden, trägt daher in sich selbst den Keim automatischer Progression. Die Überbesteuerung ist nicht ein Zwischenfall, sondern vielmehr Prinzip. In Holland, wo dies System zuerst inauguriert, hat daher der große Patriot de Witt es in seinen Maximen gefeiert als das beste System, um den Lohnarbeiter unterwürfig, frugal, fleißig und ... mit Arbeit überladen zu machen. Der zerstörende Einfluß, den es auf die Lage der Lohnarbeiter ausübt, geht uns hier jedoch weniger an als die durch es bedingte gewaltsame Expropriation des Bauern, des Handwerkers, kurz aller Bestandteile der kleinen Mittelklasse. Darüber bestehn keine zwei Meinungen, selbst nicht bei den bürgerlichen Ökonomen. Verstärkt wird seine expropriierende Wirksamkeit noch durch das Protektionssystem, das einer seiner integrierenden Teile ist.

Der große Anteil an der Kapitalisation des Reichtums und der Expropriation der Massen, der auf die öffentliche Schuld und das ihr entsprechende Fiskalitätssystem fällt, hat eine Menge Schriftsteller, wie Cobbett, Doubleday und andre, dahin geführt, mit Unrecht hierin die Grundursache des Elends der modernen Völker zu suchen.

Das Protektionssystem war ein Kunstmittel, Fabrikanten zu fabrizieren, unabhängige Arbeiter zu expropriieren, die nationalen Produktions- und Lebensmittel zu kapitalisieren, den Übergang aus der altertümlichen in die moderne Produktionsweise gewaltsam abzukürzen. Die europäischen Staaten rissen sich um das Patent dieser Erfindung, und einmal in den Dienst der Plusmacher eingetreten, brandschatzten sie zu jenem Behuf nicht nur das eigne Volk, indirekt durch Schutzzölle, direkt durch Exportprämien usw. In den abhängigen Nebenlanden wurde alle Industrie gewaltsam ausgerodet, wie z. B. die irische Wollmanufaktur durch England. Auf dem europäischen Kontinent ward nach Colberts Vorgang der Prozeß noch sehr vereinfacht. Das ursprüngliche Kapital des Industriellen fließt hier zum Teil direkt aus dem Staatsschatz.

„Warum", ruft Mirabeau, „so weit die Ursache des Manufakturglanzes Sachsens vor dem Siebenjährigen Krieg suchen gehn? 180 Millionen Staatsschulden!"[961]

Kolonialsystem, Staatsschulden, Steuerwucht, Protektion, Handelskriege usw., diese Sprößlinge der eigentlichen Manufakturperiode, schwellen riesenhaft während der Kinderperiode der großen Industrie. Die Geburt der letztren wird gefeiert durch den großen herodischen Kinderraub. Wie die königliche Flotte, rekrutieren sich die Fabriken vermittelst der Presse. So blasiert Sir F. M. Eden ist über die Greuel der Expropriation des Landvolks von Grund und Boden seit dem letzten Drittel des 15. Jahrhunderts bis zu seiner Zeit, dem Ende des 18. Jahrhunderts, so selbstgefällig er gratuliert zu diesem Prozeß, „notwendig", um die kapitalistische Agrikultur und „das wahre Verhältnis von Ackerland und Viehweide herzustellen", beweist er dagegen nicht dieselbe ökonomische Einsicht in die Notwendigkeit des Kinderraubs und der Kindersklaverei für die Verwandlung des Manufakturbetriebs in den Fabrikbetrieb und die Herstellung des wahren Verhältnisses von Kapital und Arbeitskraft. Er sagt:

„Es mag vielleicht der Erwägung des Publikums wert sein, ob irgendeine Manufaktur, die zu ihrer erfolgreichen Ausführung Cottages und Workhouses von armen Kindern ausplündern muß, damit sie, truppweis sich ablösend, den größten Teil der Nacht durch abgerackert und der Ruhe beraubt werden; eine Manufaktur, die außerdem Haufen beiderlei Geschlechts, von verschiednen Altersstufen und Neigungen, so zusammenhudelt, daß die Ansteckung des Beispiels zu Verworfenheit und Liederlichkeit führen muß - ob solch eine Manufaktur die Summe des nationalen und individuellen Glücks vermehren kann?"[962] „In Derbyshire, Nottinghamshire und besonders Lancashire", sagt Fielden, „wurde die jüngst erfundne Maschinerie angewandt in großen Fabriken, dicht bei Strömen, fähig, das Wasserrad zu drehn. Tausende von Händen waren plötzlich erheischt an diesen Plätzen, fern von den Städten; und Lancashire namentlich, bis zu jener Zeit vergleichungsweis dünn bevölkert und unfruchtbar, bedurfte jetzt vor allem einer Population. Die kleinen und flinken Finger waren vor allem in Requisition. Sofort sprang die Gewohnheit auf, Lehrlinge (!) aus den verschiednen Pfarrei-Workhouses von London, Birmingham und sonstwo zu beziehn. Viele, viele Tausende dieser kleinen hilflosen Kreaturen, vom 7. bis zum 13. oder 14. Jahr, wurden so nach dem Norden spediert. Es war die Gewohnheit für den Meister" (d.h. den Kinderdieb), „seine Lehrlinge zu kleiden, nähren und logieren in einem Lehrlingshaus nah bei der Fabrik. Aufseher wurden bestellt, um ihre Arbeit zu überwachen. Es war das Interesse dieser Sklaventreiber, die Kinder aufs äußerste abzuarbeiten, denn ihre Zahlung stand im Verhältnis zum Produktenquantum, das aus dem Kind erpreßt werden konnte. Grausamkeit war natürliche Folge ... In vielen Fabrikdistrikten, besonders Lancashires, wurden die herzzereißendsten

[961] „Pourquoi aller chercher si loin la cause de l'éclat manufacturier de la Saxe avant la guerre? Cent quatre-vingt millions de dettes faites par les souverains!" (Mirabeau, l.c., t. VI, p. 101.)
[962] Eden, l.c., b. II, ch. I, p. 421.

Torturen verübt an diesen harmlosen und freundlosen Kreaturen, die den Fabrikherrn konsigniert waren. Sie wurden zu Tod gehetzt durch Arbeitsexzesse ... sie wurden gepeitscht, gekettet und gefoltert mit dem ausgesuchtesten Raffinement von Grausamkeit; sie wurden in vielen Fällen bis auf die Knochen ausgehungert, während die Peitsche sie an der Arbeit hielt ... Ja, in einigen Fällen wurden sie zum Selbstmord getrieben! ... Die schönen und romantischen Täler von Derbyshire, Nottinghamshire und Lancashire, abgeschlossen vom öffentlichen Auge, wurden grause Einöden von Tortur und - oft von Mord! ... Die Profite der Fabrikanten waren enorm. Das wetzte nur ihren Werwolfsheißhunger. Sie begannen die Praxis der Nachtarbeit, d.h. nachdem sie eine Gruppe Hände durch das Tagwerk gelähmt, hielten sie eine andre Gruppe für das Nachtwerk bereit; die Tagesgruppe wanderte in die Betten, welche die Nachtgruppe grade verlassen hatte und vice versa. Es ist Volksüberlieferung in Lancashire, daß die Betten nie abkühlten."[963]

Mit der Entwicklung der kapitalistischen Produktion während der Manufakturperiode hatte die öffentliche Meinung von Europa den letzten Rest von Schamgefühl und Gewissen eingebüßt. Die Nationen renommierten zynisch mit jeder Infamie, die ein Mittel zu Kapitalakkumulation. Man lese z.B. die naiven Handelsannalen des Biedermanns A. Anderson. Hier wird es als Triumph englischer Staatsweisheit ausposaunt, daß England im Frieden von Utrecht den Spaniern durch den Asientovertrag das Privilegium abzwang, den Negerhandel, den es bisher nur zwischen Afrika und dem englischen Westindien betrieb, nun auch zwischen Afrika und dem spanischen Amerika betreiben zu dürfen. England erhielt das Recht, das spanische Amerika bis 1743 jährlich mit 4.800 Negern zu versorgen. Dies gewährte zugleich einen offiziellen Deckmantel für den britischen Schmuggel. Liverpool wuchs groß auf der Basis des Sklavenhandels. Er bildet seine Methode der ursprünglichen Akkumulation. Und bis heutzutag blieb die Liverpooler „Ehrbarkeit" Pindar des Sklavenhandels, welcher - vgl. die zitierte Schrift des Dr. Aikin von 1795 - „den kommerziellen Unternehmungsgeist bis zur Leidenschaft steigere, famose Seeleute bilde und enormes Geld einbringe". Liverpool beschäftigte 1730 im Sklavenhandel 15 Schiffe, 1751: 53, 1760: 74, 1770: 96 und 1792: 132.

[963] „John Fielden, l.c.p. 5, 6. Über die ursprünglichen Infamien des Fabrikwesens vgl. Dr. Aikin (1795), l.c.p. 219, und Gisborne, „Enquiry into the duties of men" 1795, v. II. - Da die Dampfmaschine die Fabriken von den ländlichen Wasserfällen weg in die Mitte von Städten verpflanzte, fand der „entsagungslustige" Plusmacher das Kindermaterial nun zur Hand, ohne gewaltsame Sklavenzufuhr aus den Workhouses. - Als Sir R. Peel (Vater des „Ministers der Plausibilität") seine Bill zum Schutz der Kinder 1815 einbrachte, erklärte F. Horner (lumen (Leuchte) des Bullion-Komitees und intimer Freund Ricardos) im Unterhaus: „Es ist notorisch, daß mit den Effekten eines Bankrotteurs eine Bande, wenn er solchen Ausdruck brauchen dürfe, von Fabrikkindern zur Auktion öffentlich, als Teil des Eigentums, annonciert und losgeschlagen wurde. Vor zwei Jahren" (1813) „kam ein abscheulicher Fall vor die King's Bench (das Oberhofgericht). Es handelte sich um eine Anzahl Knaben. Eine Pfarrei von London hatte sie einem Fabrikanten übermacht, der übertrug sie wieder auf einen andren. Sie wurden schließlich von einigen Menschenfreunden in einem Zustand absoluter Verhungerung (absolute famine) entdeckt. Ein andrer Fall, noch abscheulicher, sei zu seiner Kenntnis als Mitglied des parlamentarischen Untersuchungskomitees gebracht worden. Vor nicht vielen Jahren schlossen eine Londoner Pfarrei und ein Fabrikant von Lancashire einen Vertrag, wodurch stipuliert wurde, daß er auf je 20 gesunde Kinder einen Idioten mit in den Kauf zu nehmen habe."

Während sie die Kindersklaverei in England einführte, gab die Baumwollindustrie zugleich den Anstoß zur Verwandlung der früher mehr oder minder patriarchalischen Sklavenwirtschaft der Vereinigten Staaten in ein kommerzielles Exploitationssystem. Überhaupt bedurfte die verhüllte Sklaverei der Lohnarbeiter in Europa zum Piedestal die Sklaverei sans phrase (ohne Hülle) in der neuen Welt.[964]

Tantae molis erat (solcher Mühe bedurfte es), die „ewigen Naturgesetze" der kapitalistischen Produktionsweise zu entbinden, den Scheidungsprozeß zwischen Arbeitern und Arbeitsbedingungen zu vollziehn, auf dem einen Pol die gesellschaft- lichen Produktions- und Lebensmittel in Kapital zu verwandeln, auf dem Gegenpol die Volksmasse in Lohnarbeiter, in freie „arbeitende Arme", dies Kunstprodukt der modernen Geschichte.[965] Wenn das Geld, nach Augier, „mit natürlichen Blutflecken auf einer Backe zur Welt kommt"[966] so das Kapital von Kopf bis Zeh, aus allen Poren, blut- und schmutztriefend.[967]

7. Geschichtliche Tendenz der kapitalistischen Akkumulation

Worauf kommt die ursprüngliche Akkumulation des Kapitals, d.h. seine historische Genesis, hinaus? Soweit sie nicht unmittelbare Verwandlung von Sklaven und Leibeignen in Lohnarbeiter, also bloßer Formwechsel ist, bedeutet sie nur die Expropriation der unmittelbaren Produzenten, d.h. die Auflösung des auf eigner Arbeit beruhenden Privateigentums.

Privateigentum, als Gegensatz zum gesellschaftlichen, kollektiven Eigentum, besteht nur da, wo die Arbeitsmittel und die äußeren Bedingungen der Arbeit Privatleuten gehören. Je nachdem aber diese Privatleute die Arbeiter oder die

[964] 1790 kamen im englischen Westindien 10 Sklaven auf 1 Freien, im französischen 14 auf 1, im holländischen 23 auf 1. (Henry Brougham, „An Inquiry into the Colonial Policy of the European Powers" Edinb. 1803, v. II, p. 74.)

[965] Der Ausdruck „labouring poor" („arbeitende Arme") findet sich in den englischen Gesetzen vom Augenblick, wo die Klasse der Lohnarbeiter bemerkenswert wird. Die „labouring poor" stehn im Gegensatz, einerseits zu den „idle poor" („müßigen Armen"), Bettlern usw., andrerseits zu den Arbeitern, die noch keine gepflückten Hühner, sondern Eigentümer ihrer Arbeitsmittel sind. Aus dem Gesetz ging der Ausdruck „labouring poor" in die politische Ökonomie über, von Culpeper, J. Child usw. bis A. Smith und Eden. Danach beurteile man die bonne foi (den guten Glauben) des „execrable political cantmonger („ekelghaften politischen Heuchlers") Edmund Burke, wenn er den Ausdruck „labouring poor" für „execrable political cant" („ekelhafte politische Heuchelei") erklärt. Dieser Sykophant, der im Sold der englischen Oligarchie den Romantiker gegenüber der Französischen Revolution spielte, ganz wie er, im Sold der nordamerikanischen Kolonien beim Beginn der amerikanischen Wirren, gegenüber der englischen Oligarchie den Liberalen gespielt hatte, war durch und durch ordinärer Bourgeois: „Die Gesetze des Handels sind die Gesetze der Natur und folglich die Gesetze Gottes." (E. Burke, l.c.p. 32, 32.) Kein Wunder, daß er, den Gesetzen Gottes und der Natur getreu, stets sich selbst auf dem besten Markt verkauft hat! Man findet in des Rev. Tuckers Schriften - Tucker war Pfaff und Tory, im übrigen aber anständiger Mann und tüchtiger politischer Ökonom - sehr gute Charakteristik dieses Edmund Burke während seiner liberalen Zeit. Bei der infamen Charakterlosigkeit, die heutzutag herrscht und devotest an „die Gesetze des Handels" glaubt, ist es Pflicht, wieder und wieder die Burkes zu brandmarken, die sich von ihren Nachfolgern nur durch eins unterscheiden - Talent!

[966] Marie Augier, „Du Crédit Public", [Paris 1842. p. 265].

[967] „Kapital", sagt der Quarterly Reviewer, „flieht Tumult und Streit und ist ängstlicher Natur. Das ist sehr wahr, aber doch nicht die ganze Wahrheit. Das Kapital hat einen Horror vor Abwesenheit von Profit oder sehr kleinem Profit, wie die Natur vor der Leere. Mit entsprechendem Profit wird Kapital kühn. Zehn Prozent sicher, und man kann es überall anwenden; 20 Prozent, es wird lebhaft; 50 Prozent, positiv waghalsig; für 100 Prozent stampft es alle menschlichen Gesetze unter seinen Fuß; 300 Prozent, und es existiert kein Verbrechen, das es nicht riskiert, selbst auf Gefahr des Galgens. Wenn Tumult und Streit Profit bringen, wird es sie beide encouragieren. Beweis: Schmuggel und Sklavenhandel." (T.J. Dunning, l.c.p. 35, 36.)

Nichtarbeiter sind, hat auch das Privateigentum einen andern Charakter. Die unendlichen Schattierungen, die es auf den ersten Blick darbietet, spiegeln nur die zwischen diesen beiden Extremen liegenden Zwischenzustände wider.

Das Privateigentum des Arbeiters an seinen Produktionsmitteln ist die Grundlage des Kleinbetriebs, der Kleinbetrieb eine notwendige Bedingung für die Entwicklung der gesellschaftlichen Produktion und der freien Individualität des Arbeiters selbst. Allerdings existiert diese Produktionsweise auch innerhalb der Sklaverei, Leibeigenschaft und andrer Abhängigkeitsverhältnisse. Aber sie blüht nur, schnellt nur ihre ganze Energie, erobert nur die adäquate klassische Form, wo der Arbeiter freier Privateigentümer seiner von ihm selbst gehandhabten Arbeitsbedingungen ist, der Bauer des Ackers, den er bestellt, der Handwerker des Instruments, worauf er als Virtuose spielt.

Diese Produktionsweise unterstellt Zersplitterung des Bodens und der übrigen Produktionsmittel. Wie die Konzentration der letztren, so schließt sie auch die Kooperation, Teilung der Arbeit innerhalb derselben Produktionsprozesse, gesellschaftliche Beherrschung und Reglung der Natur, freie Entwicklung der gesellschaftlichen Produktivkräfte aus. Sie ist nur verträglich mit engen naturwüchsigen Schranken der Produktion und der Gesellschaft. Sie verewigen wollen hieße, wie Pecqueur mit Recht sagt, „die allgemeine Mittelmäßigkeit dekretieren". Auf einem gewissen Höhegrad bringt sie die materiellen Mittel ihrer eignen Vernichtung zur Welt. Von diesem Augenblick regen sich Kräfte und Leidenschaften im Gesellschaftsschoße, welche sich von ihr gefesselt fühlen. Sie muß vernichtet werden, sie wird vernichtet. Ihre Vernichtung, die Verwandlung der individuellen und zersplitterten Produktionsmittel in gesellschaftlich konzentrierte, daher des zwerghaften Eigentums vieler in das massenhafte Eigentum weniger, daher die Expropriation der großen Volksmasse von Grund und Boden und Lebensmitteln und Arbeitsinstrumenten, diese furchtbare und schwierige Expropriation der Volksmasse bildet die Vorgeschichte des Kapitals. Sie umfaßt eine Reihe gewaltsamer Methoden, wovon wir nur die epochemachenden als Methoden der ursprünglichen Akkumulation des Kapitals Revue passieren ließen. Die Expropriation der unmittelbaren Produzenten wird mit schonungslosestem Vandalismus und unter dem Trieb der infamsten, schmutzigsten, kleinlichst gehässigsten Leidenschaften vollbracht. Das selbsterarbeitete, sozusagen auf Verwachsung des einzelnen, unabhängigen Arbeitsindividuums mit seinen Arbeitsbedingungen beruhende Privateigentum wird verdrängt durch das kapitalistische Privateigentum, welches auf Exploitation fremder, aber formell freier Arbeit beruht.[968]

Sobald dieser Umwandlungsprozeß nach Tiefe und Umfang die alte Gesellschaft hinreichend zersetzt hat, sobald die Arbeiter in Proletarier, ihre Arbeitsbedingungen in Kapital verwandelt sind, sobald die kapitalistische Produktionsweise auf eignen Füßen steht, gewinnt die weitere Vergesellschaftung der Arbeit und

[968] „Wir befinden uns in einer Lage, die für die Gesellschaft gänzlich neu ist ... wir streben dahin, jede Art Eigentum von jeder Art Arbeit zu trennen." (Sismondi, „Nouveaux Principes le Écon. Polit.", t. II, p. 434.)

weitere Verwandlung der Erde und andrer Produktionsmittel in gesellschaftlich ausgebeutete, also gemeinschaftliche Produktionsmittel, daher die weitere Expropriation der Privateigentümer, eine neue Form. Was jetzt zu expropriieren, ist nicht länger der selbstwirtschaftende Arbeiter, sondern der viele Arbeiter exploitierende Kapitalist.

Diese Expropriation vollzieht sich durch das Spiel der immanenten Gesetze der kapitalistischen Produktion selbst, durch die Zentralisation der Kapitale. Je ein Kapitalist schlägt viele tot. Hand in Hand mit dieser Zentralisation oder der Expropriation vieler Kapitalisten durch wenige entwickelt sich die kooperative Form des Arbeitsprozesses auf stets wachsender Stufenleiter, die bewußte technische Anwendung der Wissenschaft, die planmäßige Ausbeutung der Erde, die Verwandlung der Arbeitsmittel in nur gemeinsam verwendbare Arbeitsmittel, die Ökonomisierung aller Produktionsmittel durch ihren Gebrauch als Produktionsmittel kombinierter, gesellschaftlicher Arbeit, die Verschlingung aller Völker in das Netz des Weltmarkts und damit der internationale Charakter des kapitalistischen Regimes. Mit der beständig abnehmenden Zahl der Kapitalmagnaten, welche alle Vorteile dieses Umwandlungsprozesses usurpieren und monopolisieren, wächst die Masse des Elends, des Drucks, der Knechtschaft, der Entartung, der Ausbeutung, aber auch die Empörung der stets anschwellenden und durch den Mechanismus des kapitalistischen Produktionsprozesses selbst geschulten, vereinten und organisierten Arbeiterklasse. Das Kapitalmonopol wird zur Fessel der Produktionsweise, die mit und unter ihm aufgeblüht ist. Die Zentralisation der Produktionsmittel und die Vergesellschaftung der Arbeit erreichen einen Punkt, wo sie unverträglich werden mit ihrer kapitalistischen Hülle. Sie wird gesprengt. Die Stunde des kapitalistischen Privateigentums schlägt. Die Expropriateurs werden expropriiert.

Die aus der kapitalistischen Produktionsweise hervorgehende kapitalistische Aneignungsweise, daher das kapitalistische Privateigentum, ist die erste Negation des individuellen, auf eigne Arbeit gegründeten Privateigentums. Aber die kapitalistische Produktion erzeugt mit der Notwendigkeit eines Naturprozesses ihre eigne Negation. Es ist Negation der Negation. Diese stellt nicht das Privateigentum wieder her, wohl aber das individuelle Eigentum auf Grundlage der Errungenschaft der kapitalistischen Ära: der Kooperation und des Gemeinbesitzes der Erde und der durch die Arbeit selbst produzierten Produktionsmittel.

Die Verwandlung des auf eigner Arbeit der Individuen beruhenden, zersplitterten Privateigentums in kapitalistisches ist natürlich ein Prozeß, ungleich mehr langwierig, hart und schwierig als die Verwandlung des tatsächlich bereits auf gesellschaftlichem Produktionsbetrieb beruhenden kapitalistischen Eigentums in gesellschaftliches. Dort handelte es sich um die Expropriation der Volksmasse durch wenige Usurpatoren, hier handelt es sich um die Expropriation weniger Usurpatoren durch die Volksmasse.[969]

Die moderne Kolonisationstheorie[970]

Die politische Ökonomie verwechselt prinzipiell zwei sehr verschiedne Sorten Privateigentum, wovon das eine auf eigner Arbeit des Produzenten beruht, das andre auf der Ausbeutung fremder Arbeit. Sie vergißt, daß das letztre nicht nur den direkten Gegensatz des erstren bildet, sondern auch bloß auf seinem Grab wächst.

Im Westen von Europa, dem Heimatsland der politischen Ökonomie, ist der Prozeß der ursprünglichen Akkumulation mehr oder minder vollbracht. Das kapitalistische Regiment hat hier entweder die ganze nationale Produktion sich direkt unterworfen, oder, wo die Verhältnisse noch unentwickelter, kontrolliert es wenigstens indirekt die neben ihm fortexistierenden, verkommenen, der veralteten Produktionsweise angehörigen Gesellschaftsschichten. Auf diese fertige Welt des Kapitals wendet der politische Ökonom mit desto ängstlicherem Eifer und desto größerer Salbung die Rechts- und Eigentumsvorstellungen der vorkapitalistischen Welt an, je lauter die Tatsachen seiner Ideologie ins Gesicht schreien.

Anders in den Kolonien. Das kapitalistische Regiment stößt dort überall auf das Hindernis des Produzenten, welcher als Besitzer seiner eignen Arbeitsbedingungen sich selbst durch seine Arbeit bereichert statt den Kapitalisten. Der Widerspruch dieser zwei diametral entgegengesetzten ökonomischen Systeme betätigt sich hier praktisch in ihrem Kampf. Wo der Kapitalist die Macht des Mutterlandes im Rücken hat, sucht er die auf eigner Arbeit beruhende Produktions- und Aneignungsweise gewaltsam aus dem Weg zu räumen. Dasselbe Interesse, welches den Sykophanten des Kapitals, den politischen Ökonomen, im Mutterland bestimmt, die kapitalistische Produktionsweise theoretisch für ihr eignes Gegenteil zu erklären, dasselbe Interesse treibt ihn hier „to make a clean breast of it" („die Sache offen herauszusagen") und den Gegensatz beider Produktionsweisen laut zu proklamieren. Zu diesem Behuf weist er nach, wie die Entwicklung der gesellschaftlichen Produktivkraft der Arbeit, Kooperation, Arbeitsteilung, Anwendung der Maschinerie im großen usw. unmöglich sind ohne die Expropri-

---

[969] „Der Fortschritt der Industrie, dessen willenloser und widerstandloser Träger die Bourgeoisie ist, setzt an die Stelle der Isolierung der Arbeiter durch die Konkurrenz ihre revolutionäre Vereinigung durch die Assoziation. Mit der Entwicklung der großen Industrie wird also unter den Füßen der Bourgeoisie die Grundlage selbst weggezogen, worauf sie produziert und die Produkte sich aneignet. Sie produziert also vor allem ihre eignen Totengräber. Ihr Untergang und der Sieg des Proletariats sind gleich unvermeidlich ... Von allen Klassen, welche heutzutage der Bourgeoisie gegenüberstehn, ist nur das Proletariat eine wirklich revolutionäre Klasse. Die übrigen Klassen verkommen und gehn unter mit der großen Industrie, das Proletariat ist ihr eigenstes Produkt. Die Mittelstände, der kleine Industrielle, der kleine Kaufmann, der Handwerker, der Bauer, sie alle bekämpfen die Bourgeoisie, um ihre Existenz als Mittelstände vor dem Untergang zu sichern ... sie sind reaktionär, denn sie suchen daß Rad der Geschichte zurückzudrehn." (Karl Marx und F. Engels, „Manifest der Kommunistischen Partei" London 1848, p. 11. 9. (Band 4, S. 474, 472))

[970] Es handelt sich hier von wirklichen Kolonien, jungfräulichem Boden, der durch freie Einwanderer kolonisiert wird. Die Vereinigten Staaten sind, ökonomisch gesprochen, immer noch Kolonialland Europas. Übrigens gehören auch solche alten Pflanzungen hierher, wo die Aufhebung der Sklaverei die Verhältnisse gänzlich umgewälzt hat.

ation der Arbeiter und die entsprechende Verwandlung ihrer Produktionsmittel in Kapital. Im Interesse des sog. Nationalreichtums sucht er nach Kunstmitteln zur Herstellung der Volksarmut. Sein apologetischer Panzer zerbröckelt hier Stück für Stück wie mürber Zunder.

Es ist das große Verdienst E. G. Wakefields, nicht irgend etwas Neues über die Kolonien[971], aber in den Kolonien die Wahrheit über die kapitalistischen Verhältnisse des Mutterlands entdeckt zu haben. Wie das Protektionssystem in seinen Ursprüngen[972] die Fabrikation von Kapitalisten im Mutterland, so erstrebt Wakefields Kolonisationstheorie, welche England eine Zeitlang gesetzlich ins Werk zu setzen suchte, die Fabrikation von Lohnarbeitern in den Kolonien. Das nennt er „systematic colonization" (systematische Kolonisation).

Zunächst entdeckte Wakefield in den Kolonien, daß das Eigentum an Geld, Lebensmitteln, Maschinen und andren Produktionsmitteln einen Menschen noch nicht zum Kapitalisten stempelt, wenn die Ergänzung fehlt, der Lohnarbeiter, der andre Mensch, der sich selbst freiwillig zu verkaufen gezwungen ist. Er entdeckte, daß das Kapital nicht eine Sache ist, sondern ein durch Sachen vermitteltes gesellschaftliches Verhältnis zwischen Personen.[973] Herr Peel, jammert er uns vor, nahm Lebensmittel und Produktionsmittel zum Belauf von 50.000 Pfd. St. aus England nach dem Swan River, Neuholland, mit. Herr Peel war so vorsichtig, außerdem 3.000 Personen der arbeitenden Klasse, Männer, Weiber und Kinder mitzubringen. Einmal am Bestimmungsplatz angelangt, „blieb Herr Peel, ohne einen Diener, sein Bett zu machen oder ihm Wasser aus dem Fluß zu schöpfen".[974] Unglücklicher Herr Peel, der alles vorsah, nur nicht den Export der englischen Produktionsverhältnisse nach dem Swan River!

Zum Verständnis der folgenden Entdeckungen Wakefields zwei Vorbemerkungen. Man weiß: Produktions- und Lebensmittel, als Eigentum des unmittelbaren Produzenten, sind kein Kapital. Sie werden Kapital nur unter Bedingungen, worin sie zugleich als Exploitations- und Beherrschungsmittel des Arbeiters dienen. Diese ihre kapitalistische Seele ist aber im Kopfe des politischen Ökonomen so innig mit ihrer stofflichen Substanz vermählt, daß er sie unter allen Umständen Kapital tauft, auch wo sie das grade Gegenteil sind. So bei Wakefield. Ferner: die Zersplitterung der Produktionsmittel als individuelles Eigentum vieler voneinander unabhängigen, selbstwirtschaftenden Arbeiter nennt er gleiche Teilung des Kapitals. Es geht dem politischen Ökonomen wie dem feudalen Juristen. Letzterer klebte auch auf reine Geldverhältnisse seine feudalen Rechtsetiketten.

[971] Die wenigen Lichtblicke Wakefields über das Wesen der Kolonien selbst sind vollständig antizipiert durch Mirabeau pére, den Physiokraten, und noch viel früher durch englische Ökonomen.

[972] Es wird später eine temporäre Notwendigkeit im internationalen Konkurrenzkampf. Welches aber immer sein Motiv, die Folgen bleiben dieselben.

[973] „Ein Neger ist ein Neger. In bestimmten Verhältnissen wird er erst zum Sklaven. Eine Baumwollspinnmaschine ist eine Maschine zum Baumwollspinnen. Nur in bestimmten Verhältnissen wird sie zu Kapital. Aus diesen Verhältnissen herausgerissen, ist sie so wenig Kapital, wie Gold an und für sich Geld oder der Zucker der Zuckerpreis ist ... Das Kapital ist ein gesellschaftliches Produktionsverhältnis. Es ist ein historisches Produktionsverhältnis." (Karl Marx, „Lohnarbeit und Kapital", „N[eue] Rh[einische] Z[eitung]", Nr. 266 vom 7. April 1849. (Bd. 6, S. 407/408))

[974] E. G. Wakefield, „England and America", v. II, p. 33.

„Wäre", sagt Wakefield, „das Kapital unter alle Mitglieder der Gesellschaft in gleiche Portionen verteilt, so hätte kein Mensch ein Interesse, mehr Kapital zu akkumulieren, als er mit seinen eignen Händen anwenden kann. Dies ist in gewissem Grad der Fall in neuen amerikanischen Kolonien, wo die Leidenschaft für Grundeigentum die Existenz einer Klasse von Lohnarbeitern verhindert."[975]

Solange also der Arbeiter für sich selbst akkumulieren kann, und das kann er, solange er Eigentümer seiner Produktionsmittel bleibt, ist die kapitalistische Akkumulation und die kapitalistische Produktionsweise unmöglich. Die dazu unentbehrliche Klasse der Lohnarbeiter fehlt. Wie wurde nun im alten Europa die Expropriation des Arbeiters von seinen Arbeitsbedingungen, daher Kapital und Lehnarbeit, hergestellt? Durch einen contrat social (Gesellschaftsvertrag) ganz origineller Art.

„Die Menschheit ... adoptierte eine einfache Methode zur Förderung der Akkumulation des Kapitals", die ihr natürlich seit Adams Zeiten als letzter und einziger Zweck ihres Daseins vorschwebte; „sie teilte sich in Eigner von Kapital und Eigner von Arbeit ... diese Teilung war das Resultat freiwilliger Verständigung und Kombination."[976]

Mit einem Wort: die Masse der Menschheit expropriierte sich selbst zu Ehren der „Akkumulation des Kapitals". Nun sollte man glauben, der Instinkt dieses selbstentsagenden Fanatismus müsse sich namentlich in Kolonien den Zügel frei schießen lassen, wo allein Menschen und Umstände existieren, welche einen contrat social aus dem Traumreich in das der Wirklichkeit übersetzen könnten. Aber wozu dann überhaupt die „systematische Kolonisation" im Gegensatz zur naturwüchsigen Kolonisation? Aber, aber: „in den nördlichen Staaten der amerikanischen Union ist es zweifelhaft, ob ein Zehntel der Bevölkerung der Kategorie der Lohnarbeiter angehört ... In England ... besteht die große Volksmasse aus Lohnarbeitern."[977]

Ja, der Selbstexpropriationstrieb der arbeitenden Menschheit zu Ehren des Kapitals existiert so wenig, daß Sklaverei, selbst nach Wakefield, die einzige naturwüchsige Grundlage des Kolonialreichtums ist. Seine systematische Kolonisation ist ein bloßes pis aller (ein Notbehelf), da er nun einmal mit Freien statt mit Sklaven zu tun hat.

„Die ersten spanischen Ansiedler in Santo Domingo erhielten keine Arbeiter aus Spanien. Aber ohne Arbeiter" (d.h. ohne Sklaverei) „wäre des Kapital kaputt gegangen oder wenigstens auf die kleinen Massen zusammengeschrumpft, worin jedes Individuum es mit seinen eignen Händen anwenden kann. Dies fand wirklich statt in der letzten von den Engländern gegründeten Kolonie, wo ein großes Kapital in Samen, Vieh und Instrumenten unterging am Mangel von Lohnarbei-

[975] l.c., v. I, p.17.
[976] l.c.p. 18.
[977] l.c.p. 42, 43, 44.

tern und wo kein Ansiedler viel mehr Kapital besitzt, als er mit seinen eignen Händen anwenden kann."[978]

Man sah: die Expropriation der Volksmasse von Grund und Boden bildet die Grundlage der kapitalistischen Produktionsweise. Das Wesen einer freien Kolonie besteht umgekehrt darin, daß die Masse des Bodens noch Volkseigentum ist und jeder Ansiedler daher einen Teil davon in sein Privateigentum und individuelles Produktionsmittel verwandeln kann, ohne den spätren Ansiedler an derselben Operation zu verhindern.[979] Dies ist das Geheimnis sowohl der Blüte der Kolonien als ihres Krebsschadens - ihres Widerstands wider die Ansiedlung des Kapitals.

„Wo Land sehr wohlfeil ist und alle Menschen frei sind, wo jeder nach Wunsch ein Stück Land für sich selbst erhalten kann, ist Arbeit nicht nur sehr teuer, was den Anteil des Arbeiters an seinem Produkt angeht, sondern die Schwierigkeit ist, kombinierte Arbeit zu irgendeinem Preis zu erhalten."[980]

Da in den Kolonien die Scheidung des Arbeiters von den Arbeitsbedingungen und ihrer Wurzel, dem Grund und Boden, noch nicht existiert oder nur sporadisch oder auf zu beschränktem Spielraum, existiert auch noch nicht die Losscheidung der Agrikultur von der Industrie, noch nicht die Vernichtung der ländlich häuslichen Industrie, und wo soll da der innere Markt für das Kapital herkommen?

„Kein Teil der Bevölkerung Amerikas ist ausschließlich agrikol, mit Ausnahme der Sklaven und ihrer Anwender, die Kapital und Arbeit für große Werke kombinieren. Freie Amerikaner, die den Boden selbst bauen, treiben zugleich viele andre Beschäftigungen. Ein Teil der von ihnen gebrauchten Möbel und Werkzeuge wird gewöhnlich von ihnen selbst gemacht. Sie bauen häufig ihre eignen Häuser und bringen das Produkt ihrer eignen Industrie zu noch so fernem Markt. Sie sind Spinner und Weber, sie fabrizieren Seife und Kerzen, Schuhe und Kleider für ihren eignen Gebrauch. In Amerika bildet der Landbau oft das Nebengeschäft eines Grobschmieds, Müllers oder Krämers."[981]

Wo bleibt unter solchen Käuzen das „Entsagungsfeld" für den Kapitalisten?

Die große Schönheit der kapitalistischen Produktion besteht darin, daß sie nicht nur beständig den Lohnarbeiter als Lohnarbeiter reproduziert, sondern im Verhältnis zur Akkumulation des Kapitals stets eine relative Übervölkerung von Lohnarbeitern produziert. So wird das Gesetz von Arbeitsnachfrage und Zufuhr in richtigem Gleis gehalten, die Lohnschwankung innerhalb der kapitalistischen Exploitation zusagende Schranken gebannt und endlich die so unentbehrliche soziale Abhängigkeit des Arbeiters vom Kapitalisten verbürgt, ein absolutes Abhängigkeitsverhältnis, das der politische Ökonom zu Haus, im Mutterland, brei-

[978] l.c., v. II, p. 5.

[979] „Land, um Element der Kolonisation zu werden, muß nicht nur unangebaut sein, sondern öffentliches Eigentum, welches in Privateigentum verwandelt werden kann." (l.c., v. II, p. 125.)

[980] l.c., v. I, p. 247.

[981] l.c.p. 21, 22.

mäulig umlügen kann in ein freies Kontraktverhältnis von Käufer und Verkäufer, von gleich unabhängigen Warenbesitzern, Besitzern der Ware Kapital und der Ware Arbeit. Aber in den Kolonien reißt der schöne Wahn entzwei. Die absolute Bevölkerung wächst hier viel rascher als im Mutterland, indem viele Arbeiter erwachsen auf die Welt kommen, und dennoch ist der Arbeitsmarkt stets untervoll. Das Gesetz der Arbeitsnachfrage und Zufuhr gerät in die Brüche. Einerseits wirft die alte Welt fortwährend exploitationslustiges, entsagungebedürftiges Kapital ein; andrerseits stößt die regelmäßige Reproduktion der Lohnarbeiter als Lohnarbeiter auf die unartigsten und teilweis unüberwindliche Hindernisse. Und nun gar die Produktion von überzähligen Lohnarbeitern im Verhältnis zur Akkumulation des Kapitals! Der Lohnarbeiter von heute wird morgen unabhängiger, selbstwirtschaftender Bauer oder Handwerker. Er verschwindet vom Arbeitsmarkt, aber - nicht ins Workehouse. Diese beständige Verwandlung der Lohnarbeiter in unabhängige Produzenten, die statt für das Kapital, für sich selbst arbeiten, und statt den Herrn Kapitalisten sich selbst bereichern, wirkt ihrerseits durchaus schadhaft auf die Zustände des Arbeitsmarkts zurück. Nicht nur bleibt der Exploitationsgrad des Lohnarbeiters unanständig niedrig. Der letztre verliert obendrein mit dem Abhängigkeitsverhältnis auch das Abhängigkeitsgefühl vom entsagenden Kapitalisten. Daher alle Mißstände, die unser E. G. Wakefield so brav, so beredt und so rührend schildert.

Die Zufuhr von Lohnarbeit, klagt er, ist weder beständig noch regelmäßig, noch genügend. Sie „ist stets nicht nur zu klein, sondern unsicher“.[982]

„Obgleich das zwischen Arbeiter und Kapitalist zu teilende Produkt groß ist, nimmt der Arbeiter einen so großen Teil, daß er rasch ein Kapitalist wird ... Dagegen können wenige, selbst wenn sie ungewöhnlich lang leben, große Reichtumsmassen akkumulieren.“[983]

Die Arbeiter erlauben den Kapitalisten platterdings nicht, auf Zahlung des größten Teils ihrer Arbeit zu entsagen. Es hilft ihm nichts, wenn er so schlau ist, mit seinem eignen Kapital auch seine eignen Lohnarbeiter aus Europa zu importieren.

„Sie hören bald auf, Lohnarbeiter zu sein, sie verwandeln sich bald in unabhängige Bauern oder gar in Konkurrenten ihrer alten Meister auf dem Lohnarbeitsmarkt selbst.“[984]

Man begreife den Greuel! Der brave Kapitalist hat seine eignen leibhaftigen Konkurrenten selbst aus Europa für sein eignes gutes Geld importiert! Da hört denn doch alles auf! Kein Wunder, wenn Wakefield klagt über mangelndes Abhängigkeitsverhältnis und Abhängigkeitsgefühl der Lohnarbeiter in den Kolonien. Wegen der hohen Löhne, sagt sein Schüler Merivale, existiert in den Kolonien der leidenschaftliche Drang nach wohlfeilerer und unterwürfigerer Arbeit, nach

[982] l.c., v. II, p. 116.
[983] l.c., v. I, p. 131
[984] l.c., v. II, p. 5.

einer Klasse, welcher der Kapitalist die Bedingungen diktieren kann, statt sie von ihr diktiert zu erhalten ... In altzivilisierten Ländern ist der Arbeiter, obgleich frei, naturgesetzlich abhängig vom Kapitalisten, in Kolonien muß diese Abhängigkeit durch künstliche Mittel geschaffen werden.[985]

Was ist nun, nach Wakefield, die Folge dieses Mißstands in den Kolonien? Ein „barbarisches System der Zerstreuung" der Produzenten und des Nationalvermögens.[986] Die Zersplitterung der Produktionsmittel unter unzählige, selbstwirtschaftende Eigentümer vernichtet mit der Zentralisation des Kapitals alle Grundlage kombinierter Arbeit. Jedes langatmige Unternehmen, das sich über Jahre erstreckt und Auslage von fixem Kapital erheischt, stößt auf Hindernisse der Ausführung. In Europa zögert das Kapital keinen Augenblick, denn die Arbeiterklasse bildet sein lebendiges Zubehör, stets im Überfluß da, stets zur Verfügung. Aber in den Kolonialländern! Wakefield erzählt eine äußerst schmerzensreiche Anekdote. Er unterhielt sich mit einigen Kapitalisten von Kanada und dem Staat New York, wo zudem die Einwanderungswogen oft stocken und einen Bodensatz „überzähliger" Arbeiter niederschlagen.

„Unser Kapital", seufzt eine der Personen des Melodramas, „unser Kapital lag bereit für viele Operationen, die eine beträchtliche Zeitperiode zu ihrer Vollendung brauchen; aber konnten wir solche Operationen beginnen mit Arbeitern, welche, wir wußten es, uns bald den Rücken wenden würden? Wären wir sicher gewesen, die Arbeit solcher Einwandrer festhalten zu können, wir hätten sie mit Freude sofort engagiert und zu hohem Preis. Ja, trotz der Sicherheit ihres Verlustes würden wir sie dennoch engagiert haben, wären wir einer frischen Zufuhr je nach unsrem Bedürfnis sicher gewesen."[987]

Nachdem Wakefield die englische kapitalistische Agrikultur und ihre „kombinierte" Arbeit prunkvoll kontrastiert hat mit der zerstreuten amerikanischen Bauernwirtschaft, entschlüpft ihm auch die Kehrseite der Medaille. Er schildert die amerikanische Volksmasse als wohlhabend, unabhängig, unternehmend und

---

[985] Merivale, l. c., v. II, p. 235-314 passim. Selbst der sanfte, freihändlerische Vulgärökonom Molinari sagt. „In den Kolonien, in denen die Sklaverei abgeschafft worden ist, ohne daß man die Zwangsarbeit durch eine entsprechende Menge freier Arbeit ersetzt hätte, sah man das Gegenteil von dem sich abspielen, was sich täglich vor unseren Augen zuträgt. Man sah die einfachen Arbeiter ihrerseits die industriellen Unternehmer ausbeuten, indem sie Löhne von ihnen forderten, die in gar keinem Verhältnis stehen zu dem rechtmäßigen Anteil, der ihnen am Produkt zukäme. Da die Pflanzer außerstande waren, für ihren Zucker einen ausreichenden Preis zu erhalten, um die Steigerung der Löhne decken zu können, waren sie genötigt, den Mehrbetrag zunächst aus ihren Profiten, darauf aus ihren Kapitalien selbst zu decken. Eine Menge Pflanzer wurde so ruiniert, während andere ihre Betriebe schlossen, um dem bevorstehenden Ruin zu entgehen ... Es ist zweifellos besser, Anhäufungen von Kapitalien zugrunde gehen zu sehen, als Generationen von Menschen" (wie generös von dem Herrn Molinari!); „aber wäre es nicht besser, wenn weder die einen noch die anderen zugrunde gingen?" (Molinari, l.c. p. 51, 52.) Herr Molinari, Herr Molinari! Was wird denn aus den zehn Geboten, aus Moses und den Propheten, aus dem Gesetz der Nachfrage und Zufuhr, wenn in Europa der „entrepreneur" dem Arbeiter und in Westindien der Arbeiter dem entrepreneur seine part légitime (seinen rechtmäßigen Anteil) verkürzen kann Und was ist gefälligst diese „part légitime", die nach Ihrem Geständnis der Kapitalist in Europa täglich nicht zahlt? Den Herrn Molinari juckt es gewaltig, dort drüben, in den Kolonien, wo die Arbeiter so „simpel" sind, den Kapitalisten zu „exploitieren", das sonst automatisch wirkende Gesetz der Nachfrage und Zufuhr polizeilich in den richtigen Gang zu setzen.

[986] Wakefield, l.c., v. II, p. 52.

[987] l.c.p. 191, 192.

relativ gebildet, während „der englische Agrikulturarbeiter ein elender Lump (a miserable wretch) ist, ein Pauper ... In welchem Land außer Nordamerika und einigen neuen Kolonien übersteigen die Löhne der auf dem Land angewandten freien Arbeit nennenswert die unentbehrlichsten Subsistenzmittel des Arbeiters? ... Zweifelsohne, Ackerpferde in England, da sie ein wertvolles Eigentum sind, werden viel besser genährt als der englische Landbebauer."[988]

Aber never mind (was soll's), Nationalreichtum ist nun einmal von Natur identisch mit Volkselend.

Wie nun den antikapitalistischen Krebsschaden der Kolonien heilen? Wollte man allen Grund und Boden mit einem Schlag aus Volkseigentum in Privateigentum verwandeln, so zerstörte man zwar die Wurzel des Übels, aber auch - die Kolonie. Die Kunst ist, zwei Fliegen mit einer Klappe zu schlagen. Man gebe von Regierungs wegen der jungfräulichen Erde einen vom Gesetz der Nachfrage und Zufuhr unabhängigen, einen künstlichen Preis, welcher den Einwandrer zwingt, längere Zeit zu lohnarbeiten, bis er genug Geld verdienen kann, um Grund und Boden zu kaufen[989] und sich in einen unabhängigen Bauern zu verwandeln. Den Fonds, der aus dem Verkauf der Ländereien zu einem für den Lohnarbeiter relativ prohibitorischen Preis fließt, also diesen aus dem Arbeitslohn durch Verletzung des heiligen Gesetzes von Nachfrage und Zufuhr erpreßten Geldfonds, verwende die Regierung andrerseits, um im selben Maß, wie er wächst, Habenichtse aus Europa in die Kolonien zu importieren und so dem Herrn Kapitalisten seinen Lohnarbeitsmarkt vollzuhalten. Unter diesen Umständen tout sera pour le mieux dans le meilleur des mondes possibles (alles ist aufs beste bestellt in der besten aller Welten). Dies ist das große Geheimnis der „systematischen Kolonisation".

„Nach diesem Plan", ruft Wakefield triumphierend aus, „muß die Zufuhr von Arbeit konstant und regelmäßig sein; denn erstens, da kein Arbeiter fähig ist, sich Land zu verschaffen, bevor er für Geld gearbeitet hat, würden alle einwandernden Arbeiter dadurch, daß sie für Lohn kombiniert arbeiten, ihrem Anwender Kapital zur Anwendung von mehr Arbeit produzieren; zweitens jeder, der die Lohnarbeit an den Nagel hinge und Grundeigner würde, würde grade durch den Ankauf des Landes einen Fonds zur Herüberbringung frischer Arbeit nach den Kolonien sichern."[990]

Der von Staats wegen oktroyierte Bodenpreis muß natürlich „genügend" (sufficient price) sein, d.h. so hoch, „daß er die Arbeiter verhindert, unabhängige Bauern zu werden, bis andre da sind, um ihren Platz auf dem Lohnarbeitsmarkt einzunehmen".[991] Dieser „genügende Bodenpreis" ist nichts als eine euphemistische

[988] l.c., v. I, p. 47, 246.
[989] „Es sei, fügt ihr hinzu, der Aneignung des Bodens und der Kapitalien zu verdanken, daß der Mensch, der nur seine Arme besitzt, Beschäftigung findet und sich ein Einkommen schafft ... es kommt im Gegenteil gerade von der individuellen Aneignung des Bodens, daß es Menschen gibt, die nur ihre Arme besitzen ... Wenn ihr einen Menschen in den luftleeren Raum versetzt, raubt ihr ihm die Luft. So handelt ihr auch, wenn ihr euch des Bodens bemächtigt ... Das heißt, ihn in die alles Reichtums bare Leere versetzen, damit er nicht anders als nach eurem Willen leben kann." (Colins, l.c., t. III, p. 267-271 passim.)
[990] Wakefield, l.c., v. II, p. 192.
[991] l.c. p. 45.

Umschreibung des Lösegelds, welches der Arbeiter dem Kapitalisten zahlt für die Erlaubnis, sich vom Lohnarbeitsmarkt aufs Land zurückzuziehn. Erst muß er dem Herrn Kapitalisten „Kapital" schaffen, damit er mehr Arbeiter ausbeuten könne, und dann auf dem Arbeitsmarkt einen „Ersatzmann" stellen, den die Regierung auf seine Kosten seinem ehemaligen Herrn Kapitalisten über die See spediert.

Es ist höchst charakteristisch, daß die englische Regierung diese von Herrn Wakefield eigens zum Gebrauch in Kolonialländern verschriebene Methode der „ursprünglichen Akkumulation" jahrelang ausgeführt hat. Das Fiasko war natürlich ebenso schmählich als das des Peelschen Bankakts. Der Emigrationsstrom wurde nur von den englischen Kolonien nach den Vereinigten Staaten abgelenkt. Unterdes hat der Fortschritt der kapitalistischen Produktion in Europa, begleitet von wachsendem Regierungsdruck, Wakefields Rezept überflüssig gemacht. Einerseits läßt der ungeheure und kontinuierliche Menschenstrom, jahraus, jahrein nach Amerika getrieben, stockende Niederschläge im Osten der Vereinigten Staaten zurück, indem die Emigrationswelle von Europa die Menschen rascher dorthin auf den Arbeitsmarkt wirft, als die Emigrationswelle nach dem Westen sie abspülen kann. Andrerseits hat der Amerikanische Bürgerkrieg eine kolossale Nationalschuld in seinem Gefolge gehabt und mit ihr Steuerdruck, Erzeugung der allergemeinsten Finanzaristokratie, Verschenkung eines ungeheuren Teils der öffentlichen Ländereien an Spekulanten-Gesellschaften zur Ausbeutung von Eisenbahnen, Bergwerken etc. - kurz die rascheste Zentralisation des Kapitals. Die große Republik hat also aufgehört, das gelobte Land für auswandernde Arbeiter zu sein. Die kapitalistische Produktion geht dort mit Riesenschritten voran, wenn auch Lohnsenkung und Abhängigkeit des Lohnarbeiters noch lange nicht auf das europäische Normalniveau heruntergebracht sind. Die von Wakefield selbst so laut denunzierte, schamlose Verschleuderung des unbebauten Kolonialbodens an Aristokraten und Kapitalisten seitens der englischen Regierung hat namentlich in Australien[992], zusammen mit dem Menschenstrom, den die Gold-Diggings (Gold-Fundstätten) hinziehn, und der Konkurrenz, welche der Import englischer Waren selbst dem kleinsten Handwerker macht, eine hinreichende „relative Abeiterübervölkerung" erzeugt, so daß fast jedes Postdampfschiff die Hiobspost einer Überfüllung des australischen Arbeitsmarktes - „glut of the Australian labour-market" - bringt, und die Prostitution dort stellenweis so üppig gedeiht wie auf dem Haymarket von London.

Jedoch beschäftigt uns hier nicht der Zustand der Kolonien. Was uns allein interessiert, ist das in der neuen Welt von der politischen Ökonomie der alten Welt entdeckte und laut proklamierte Geheimnis: kapitalistische Produktions- und Akkumulationsweise, also auch kapitalistisches Privateigentum, bedingen die Vernichtung des auf eigner Arbeit beruhenden Privateigentums, d.h. die Expropriation des Arbeiters.

[992] Sobald Australien sein eigner Gesetzgeber wurde, erließ es natürlich den Ansiedlern günstige Gesetze, aber die englische, einmal vollzogne Bodenverschleuderung steht im Wege. „Das erste und wichtigste Ziel, welches das neue Landgesetz von 1862 erstrebt, besteht darin, größere Erleichterungen für die Ansiedlung des Volkes zu schaffen." („The Land Law of Victoria, by the Hon. G. Duffy, Minister of Public Lands" Lond. 1862, [p. 3].)